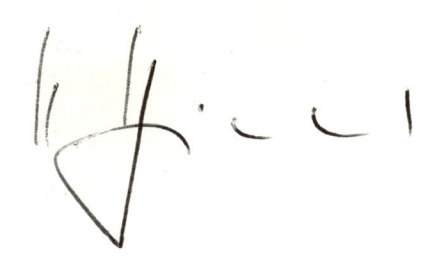

Schriften der Gesellschaft für
Wirtschafts- und Sozialwissenschaften des Landbaues e. V.
Band XIII

Agrarwirtschaft und wirtschaftliche Instabilität

mit Beiträgen von

B. Alber · S. Bauer · L. v. Bremen · H.-J. Budde · H. Bujard · H. Bunnies · L. Debus
W. Doppler · I. Evers · R. Filip-Köhn · G. Gaschütz · H. de Haen · C.-H. Hanf · E. Hanf
G. Haxsen · A. Henze · J. Hesselbach · W. Horlebein · H. Janßen · F. Kuhlmann
und J. Kurz · C. Langbehn und G. Heitzhausen · A. Lex · B. Molitor · H. D. Ostendorf
G. Preuschen · F. W. Probst · W. Scheper · E. Schmidt · F. Schmidt · K.-D. Schmidt
H. Scholz · J.-V. Schrader · W. Skomroch · St. Tangermann · K.-H. Thamling
M. Thiele-Wittig · C. Thoroe · B. Tries · G. Viatte · H. v. Witzke · J. Ziche

Im Auftrag der Gesellschaft
für Wirtschafts- und Sozialwissenschaften des Landbaues e. V.
herausgegeben von C. Langbehn und H. Stamer

BLV Verlagsgesellschaft München Bern Wien

Alle Rechte der Vervielfältigung und Verbreitung
einschließlich Film, Funk und Fernsehen sowie der Fotokopie
und des auszugsweisen Nachdrucks vorbehalten.
© BLV Verlagsgesellschaft mbH, München, 1976
Druck: Druckerei Hablitzel, Dachau · Buchbinder: Conzella, München
Printed in Germany · ISBN 3-405-11629-5

Inhaltsübersicht

Vorwort
von Prof. Dr. C. Langbehn, Kiel
und Prof. Dr. H. Stamer, Kiel VIII

AGRARWIRTSCHAFT UND WIRTSCHAFTLICHE INSTABILITÄT

Ursachen und Auswirkungen der gesamtwirtschaftlichen Instabilität in der Bundesrepublik Deutschland
von Dr. B. Molitor, Bonn 1

Ursachen und Auswirkungen weltwirtschaftlicher Instabilität sowie die Strategie zu ihrer Beseitigung
von Dipl.-Volkswirt K.-D. Schmidt, Kiel 9

Ergebnisse der Diskussion, zusammengestellt von W. Schubert, Kiel 23

Causes and consequences of instability on world agricultural markets
von G. Viatte, Paris 25

Ursachen und Ausmaß der Instabilität an den Weltmärkten für landwirtschaftliche Produktionsmittel
von Dr. L. v. Bremen, Braunschweig-Völkenrode 33

Weltmarktpreise und EG-Agrarpreispolitik
von Dr. St. Tangermann, Göttingen 47

Ergebnisse der Diskussion, zusammengestellt von K. Tamme, Kiel 71

Die Elemente rationaler Entscheidungen unter Unsicherheit
von Prof. Dr. C.-H. Hanf, Kiel 73

Mathematische Modelle als Entscheidungshilfen bei Unsicherheit - gegenwärtiger Stand, neuere Entwicklung
von Prof. Dr. E. Hanf, Stuttgart-Hohenheim 93

Eine Betriebsplanung bei Unsicherheit
von Prof. Dr. W. Skomroch, Bonn 107

Ergebnisse der Diskussion, zusammengestellt von K. Tamme, Kiel 131

Auswirkungen von Instabilität auf den Weltmärkten für Rohstoffe und Agrarprodukte auf Produktion, Beschäftigung und Preise im Agrar- und Ernährungssektor sowie in der übrigen Wirtschaft der Bundesrepublik Deutschland
von Dr. I. Evers, Bonn 133

 - Korreferat von Frau Dipl. Volkswirt R. Filip-Köhn, Berlin 155

Der Einfluß gesamtwirtschaftlicher Konjunkturschwankungen auf die Preisbildung auf einzelnen Produkt- und Faktormärkten des Agrarsektors
von Dipl.-Ing. agr. G. Haxsen, Göttingen 157

Ergebnisse der Diskussion, zusammengestellt von W. Schubert, Kiel 173

MAKROÖKONOMISCHE ARBEITSGRUPPE

Auswirkungen von Preis- und Mengenschwankungen auf die landwirtschaftlichen Einkommen
von Dipl.-Ing. agr. S. Bauer, Bonn 175

- Korreferat von Dipl.-Ing. agr. H. v. Witzke, Göttingen 205

Redistributive Inflationswirkungen für die Landwirtschaft in den Bereichen Preispolitik, Einkommensverteilung und -umverteilung
von Dr. C. Thoroe, Kiel 209

- Korreferat von Dr. H. Scholz, Bonn 227

Möglichkeiten und Grenzen einer internationalen landwirtschaftlichen Stabilisierungspolitik
von Dipl.-Volkswirt L. Debus, Hohenheim 231

- Korreferat von Dr. H. Bunnies, Kiel 253

Stabilisierungspolitik im Hinblick auf die nationale und internationale Versorgung mit Nahrungsmitteln
von Prof. Dr. A. Henze, Stuttgart-Hohenheim 257

- Korreferat von Frau Prof. Dr. M. Thiele-Wittig, Duisburg 279

Stabilisierungspolitik im Hinblick auf den Milch- und Rindfleischmarkt
von Dr. J.-V. Schrader, Göttingen 283

- Korreferat von Dipl.-Ing. agr. F. W. Probst, Braunschweig-Völkenrode . . 313

Möglichkeiten einer Stabilisierung auf dem Zuckermarkt
von Dr. E. Schmidt, Braunschweig-Völkenrode 321

- Korreferat von Dr. H. Bujard, Essen 347

Der Beitrag von wichtigen Agrarmarktveranstaltungen und von Preisfindungsstellen zur Preisbildung und Preisstabilisierung
von Dr. B. Alber, Stuttgart-Hohenheim 363

- Korreferat von Dipl.-Ing. agr. F. Schmidt, Göttingen 375

Die Notierung von geschätzten Gleichgewichtspreisen - ein Beitrag zur Preisstabilisierung auf dem Obstmarkt
von Dr. H. Janßen, Stuttgart-Hohenheim 379

- Korreferat von Dr. H. D. Ostendorf, Weihenstephan 393

Ergebnisse der Diskussion, zusammengestellt von M. Gregersen und B. Otto, Kiel . 403

MIKROÖKONOMISCHE ARBEITSGRUPPE

Kapitalbildung und privater Konsum von Landwirten bei unsicheren Einkommenserwartungen
von Prof. Dr. H. de Haen, Göttingen 405

Analyse des Entscheidungsverhaltens von Landwirten
von Prof. Dr. C. Langbehn und Dipl.-Ing. agr. G. Heitzhausen, Kiel 425

Ergebnisse der Diskussion, zusammengestellt von F. Raue, Kiel 445

Ziele und Verhaltensweisen von Landwirten
von Prof. Dr. J. Hesselbach und Dipl.-Ing. agr. W. Horlebein 447

Sicherheitsbestreben und ökonomisches Entscheidungsverhalten von Nebenerwerbslandwirten - Beitrag zu einer theoretischen Grundlegung -
von Dr. J. Ziche und Dr. A. Lex, Weihenstephan 461

Ergebnisse der Diskussion, zusammengestellt von G. Heitzhausen, Kiel 471

Einfluß des Selbstversorgungsgrades des landwirtschaftlichen Betriebes auf das Wirtschaftsrisiko
von Prof. Dr. G. Preuschen, Bad Kreuznach 473

Einzelbetriebliche Anpassung der Schweineproduktion bei variablen Preisen
von Dr. H.-J. Budde, Bonn 477

Methodik zur optimalen Anpassung von Produktionsabläufen der Rindermast bei unsicherer Erwartung
von Dr. G. Gaschütz und Dr. K.-H. Thamling, Kiel 493

Simulationsmodell zur Entwicklung und zum Test von Instrumenten zur Steuerung von Schweineproduktionssystemen bei unsicheren Produkt- und Produktionsmittelpreiserwartungen
von Prof. Dr. F. Kuhlmann und Dipl.-Ing. agr. J. Kurz, Gießen 501

Simulationsmodelle für die Wasserverteilung und Anwendungsprobleme
von Dr. W. Doppler, Stuttgart-Hohenheim 521

Anwendung der Theorie stochastischer Spiele auf die einzelbetriebliche Organisationsplanung
von Dr. B. Tries, Braunschweig-Völkenrode 543

Ergebnisse der Diskussion, zusammengestellt von H. Jochimsen, Kiel 555

Zentrale Fragen der landwirtschaftlichen Stabilisierungspolitik - Kurzprotokoll der Podiumsdiskussion -
Diskussionsleiter Prof. Dr. W. Scheper, Kiel 557

Vorwort

Der vorliegende Band enthält die Referate und Korreferate sowie Zusammenfassungen der Diskussionen der 16. Jahrestagung der Gesellschaft für Wirtschafts- und Sozialwissenschaften des Landbaues vom 8. - 10. Oktober 1975 in Kiel.

Mit dem für diese Tagung gewählten Thema "Agrarwirtschaft und wirtschaftliche Instabilität" wird ein Problemkreis angesprochen, von dem angesichts der gegenwärtigen und absehbaren wirtschaftlichen Entwicklung in der Welt zu erwarten ist, daß er auch in den kommenden Jahren eine hohe Aktualität für die Landwirtschaft behält.

Den unterschiedlichen Disziplinen und Arbeitsrichtungen der in der Gesellschaft zusammengeschlossenen Wirtschafts- und Sozialwissenschaftlern entsprechend wird das komplexe Thema unter diversen Aspekten behandelt, wie bereits die Untergliederung des Tagungsprogrammes in Einzelthemen erkennen läßt.

Den makroökonomischen Teil eröffnen Beiträge über Ursachen und Auswirkungen gesamtwirtschaftlicher und weltwirtschaftlicher Instabilität am 1. Tag im Rahmen einer Plenumssitzung aller Teilnehmer. Grenzen und Möglichkeiten einzelner Stabilisierungspolitiken im Hinblick auf verschiedene Zielsetzungen stehen im Mittelpunkt einer makroökonomischen Arbeitsgruppe am folgenden Tag. In einer gemeinsamen Schlußsitzung und Podiumsdiskussion werden wichtige Einzelthemen und die dazu vorgetragenen Gedanken wieder aufgegriffen und eingehend erörtert. Insgesamt weisen alle Diskussionsteilnehmer darauf hin, daß es notwendig sei, die Voraussetzungen für eine rationale Stabilisierungspolitik zu verbessern. Hierzu gehöre insbesondere eine Verbesserung des Informationsstandes. Die Meinungen über Möglichkeiten und Grenzen einer sinnvollen Stabilisierungspolitik bleiben dagegen kontrovers.

Bei den mikroökonomischen Referaten stehen drei Themenkreise im Vordergrund: Ursachen und Bedeutung von Unsicherheit sowie Reaktionsmöglichkeiten in der landwirtschaftlichen Betriebsleitung, Analyse des tatsächlichen Entscheidungsverhaltens von Landwirten und spezielle methodische Ansätze in der Planung bei unsicheren Erwartungen. Die kritische Prüfung der vorliegenden Referate zeigt einerseits, daß neue und weiterführende Ansätze zur Verbesserung des mikroökonomischen Instrumentariums bei der Berücksichtigung von Unsicherheit in der Betriebsplanung aufgezeigt werden. Andererseits wird ebenso deutlich, daß die Einsichten in das tatsächliche Verhalten von Landwirten in einer von Unsicherheit gekennzeichneten Entscheidungssituation noch sehr unbefriedigend sind.

Bei der Konzeption des weit gespannten Programmes und bei der Vorbereitung der Tagung sind die Tagungsleiter und Herausgeber dieses Bandes vor allem durch den Rat der Kollegen Professor W. Scheper und Professor G. Schmitt stets hilfreich unterstützt worden. Ihnen und allen denjenigen, die durch Referate und Diskussionsbeiträge zu der Tagung beigetragen und damit die Herausgabe dieses Bandes möglich gemacht haben, gilt unser besonderer Dank.

Kiel, im Frühjahr 1976   Cay Langbehn
                                                                                  Hans Stamer

URSACHEN UND AUSWIRKUNGEN DER GESAMTWIRTSCHAFTLICHEN
INSTABILITÄT IN DER BUNDESREPUBLIK DEUTSCHLAND

von

Bernhard Molitor, Bonn

1	Einleitung	1
2	Ursachen der wirtschaftlichen Instabilität	1
3	Aufgaben und Maßnahmen der Wirtschaftspolitik	3
3.1	Kurzfristig wirksame Maßnahmen	4
3.2	Mittel- und langfristige Wirkungen und Notwendigkeiten einer konjunkturgerechten Wirtschaftspolitik	6

1 Einleitung

Einem Praktiker der Wirtschaftspolitik steht derzeit bei makroökonomischen Analysen und Prognosen eine außerordentlich große Vorsicht, wenn nicht sogar Bescheidenheit an. Noch nie wichen in der Bundesrepublik - wie übrigens auch in den meisten anderen Industrieländern - die Vorausschätzungen für die Wirtschaftsentwicklung so stark vom tatsächlichen Verlauf ab, wie im Jahre 1975. Wie ist es zu erklären, daß für die Wirtschaftswissenschaftlichen Forschungsinstitute, internationale Organisationen, den Sachverständigenrat und auch das Bundeswirtschaftsministerium die Wirtschaftsaktivität 1975 so schwer abwägbar war? Während im Herbst 1974 fast überall noch mit einem recht spürbaren Wirtschaftswachstum gerechnet wurde, lag das reale Bruttosozialprodukt im 1. Halbjahr 1975 um 5 % unter dem Niveau der gleichen Vorjahreszeit und selbst bei sich im Herbst wieder belebender Produktionsentwicklung dürfte im Jahresdurchschnitt 1975 insgesamt das reale Sozialprodukt um 3 bis 4 % zurückgehen.

2 Ursachen der wirtschaftlichen Instabilität

Der Sachverständigenrat hat zurecht in seinem Sondergutachten zur konjunkturpolitischen Lage im August 1975 darauf hingewiesen, daß ein entscheidender Grund für das Ausbleiben des in der Bundesrepublik erwarteten konjunkturellen Aufschwungs die unvorhergesehen lange und starke Rezession der Weltwirtschaft war. Doch muß auch die starke Weltrezession erklärt werden, und die Frage scheint berechtigt, ob nicht tiefer liegende Ursachen den Konjunktureinbruch sowohl weltweit als auch national verschärft haben und ob sich nicht wesentliche Änderungen im Ablaufmuster der Konjunkturverläufe ergeben haben.

Sowohl intern als auch international haben sich im Zuge des wachsenden Wohlstandes in den Industrieländern, der in den letzten Jahren ungewöhnlich raschen Ausweitung des Welthandels, sowie der zunehmenden Forderungen der Entwicklungsländer, angemessen an der Prosperität der Weltwirtschaft beteiligt zu werden, erhebliche Strukturveränderungen ergeben. Die Nachfrageschwankungen sind infolge von schneller sich wandelnder Verbraucherpräferenzen und Marktsättigungserscheinungen für die verschiedenen Produkte größer geworden; neue Industriestandorte wurden attraktiver, was im übrigen nicht allein mit Unterschieden in den Lohnkosten zu erklären ist; die Energiekrise unterstreicht, daß die Zeiten relativ billiger Energie vorüber sind und sich damit auch raschere Verschiebungen in der Industriestruktur der Bundesrepublik ergeben können. Ich möchte aber - vielleicht etwas überspitzt - die Frage stellen, ob nicht vor allem die negativen Auswirkungen der Inflation für Wachstum und Beschäftigung allgemein unterschätzt worden sind?

Die Inflation, deren mögliche Ursachen Klaus-Dieter Schmidt in seinem Beitrag eingehend analysiert hat, erwies sich nicht als das die wirtschaftliche und soziale Umwelt kaum verschmutzende Schmiermittel für rasches Wirtschaftswachstum und hohes Beschäftigungsniveau. Im Gegenteil, nach der Euphorie in der Anlaufphase wurden mehr und mehr die Nachteile sichtbar, auf die die wissenschaftliche Theorie, aber auch Wirtschaftspraktiker seit langem hingewiesen haben. Je länger und je stärker die inflationären Auftriebskräfte anhielten, je mehr sich die inflationären Verhaltensweisen verkrusteten, desto größer wurde auch die Gefahr eines tiefgreifenden Einbruchs. Insofern ist die Instabilität im Wachstum nicht zuletzt eine unmittelbare Folge des inflationären Auftriebsprozesses. Angesichts der starken Interdependenz der verschiedenen Volkswirtschaften strahlen dabei Fehlentwicklungen in einem oder mehreren Ländern sehr leicht auch auf die anderen aus. Entgegen manchen Erwartungen kann hier der Übergang zu flexiblen Wechselkursen nur partiell Abhilfe schaffen. Er kann zwar vermeiden helfen, daß ein inflationär angeheizter Exportsog zum Zuge kommt und dadurch vom Ausland ausgehende Inflationsimpulse übertragen werden; aber der Ausfall von Nachfrage, der sich aufgrund von Fehlallokationen in den Produktionsfaktoren und Verzerrungen in der Einkommensverteilung in einem Inflationsland ergibt, kann - wie gerade die derzeitige weltwirtschaftliche Entwicklung zeigt - auch bei flexiblen Wechselkursen auf die übrigen Länder durchschlagen. Denn kurzfristig kann - zumindest in Ländern mit hohem Exportanteil am Bruttosozialprodukt (er belief sich im Durchschnitt der letzten Jahre in der Bundesrepublik auf rd. 1/4 und 1974 sogar auf 30 %) - ein erheblicher Ausfall von Auslandsnachfrage nur teilweise durch binnenwirtschaftliche Nachfragestimulierung ausgeglichen werden; dafür ist die Struktur der einzelnen Nachfrageaggregate zu verschieden.

Wie stark die inflationären Verzerrungen im güterwirtschaftlichen Bereich und in der Einkommensentwicklung sind, läßt sich auch deutlich an Beispielen für die Bundesrepublik zeigen, obwohl sie in den vergangenen Jahren am Ende der internationalen Preissteigerungsskale stand und mit einer jährlichen Steigerung der Verbraucherpreise um knapp 6 % weiterhin steht:

- Obwohl nach Ausbruch der Energiekrise Ende 1973 die Expansion der realen Endnachfrage weltweit sich bereits stark abflachte, verzeichneten die internationalen Rohstoff- und Halbwarenmärkte weiterhin eine inflationär angeheizte spekulative Nachfrage. Die gesamten Auftragseingänge in den deutschen Grundstoff- und Produktionsgüterindustrien stiegen saisonbereinigt im ersten Halbjahr 1974 um fast ein Fünftel. Der spätere Nachfrageeinbruch war damit in diesem Bereich bereits vorprogrammiert.

- Die derzeitigen Wohnungshalden, die zu einem großen Teil auf einer verfehlten Flucht in die "Betonmark" beruhen, zeigen deutlich, welchen Umfang Fehldispositionen aufgrund inflationärer Verhaltensweisen in einem einzigen Sektor annehmen können.

Aber auch makroökonomisch lassen sich die Verzerrungen nachweisen, wobei es allerdings sehr schwierig ist, Ursachen und Auswirkungen inflationärer Entwicklungen zu unterscheiden, da sehr starke Wechselwirkungen zwischen beiden bestehen. Zugrunde gelegt sei ein Periodenvergleich vor und nach 1969, als der in den vergangenen Jahren zu beobachtende Preisauftriebsprozess einsetzte.

- Die funktionale Einkommensverteilung hat sich deutlich zu Lasten der Unternehmereinkommen verschoben. Die Lohnkosten je Produkteinheit, der wichtigste inländische Kostenfaktor, stiegen von

1970 bis 1974 mit 8,4 % erheblich stärker als vorher (1964/69: 2,2 %). Die bereinigte gesamtwirtschaftliche Lohnquote, die im Durchschnitt der 60er Jahre bei sehr geringen konjunkturellen Schwankungen knapp unter 62 % lag, erhöhte sich seit Beginn der 70er Jahre bis 1974 auf einen Rekordstand von 65,3 % und dürfte 1975 weiter steigen. Ein Quotenanstieg von 1 %-Punkt bedeutet bei einem Volkseinkommen von 766 Mrd. DM (1974) einen Umverteilungseffekt von 7,7 Mrd. DM.

- Die Verwendungsstruktur des Bruttosozialprodukts hat sich in den letzten Jahren vor allem als Folge des überproportionalen Wachstums der verfügbaren Nettoeinkommen der privaten Haushalte und einer steigenden Staatsquote zu Lasten der privaten Investitionstätigkeit verschlechtert. Der Anteil der Unternehmensinvestitionen (ohne Wohnungsbau), der im Durchschnitt der 60er Jahre bei 15,2 % des Bruttosozialproduktes lag, ging von 1970 (Höchststand von 16,7 %) bis 1974 auf 13,3 zurück und wird 1975 weiter abnehmen.

- Gleichzeitig hielt bis in die erste Jahreshälfte 1974 der starke, weitgehend durch ein inflationäres Nachfragegefälle bedingte Exportsog aus dem Ausland an, so daß der Anteil der Ausfuhr von Gütern und Dienstleistungen am deutschen Sozialprodukt 1974 auf 30 % stieg und damit die Bundesrepublik gegenüber dem folgenden Nachfrageeinbruch aus dem Ausland umso verwundbarer wurde.

3 Aufgabe und Maßnahmen der Wirtschaftspolitik

Die Wirtschaftspolitik steht daher in der Bundesrepublik vor einer außerordentlich komplexen Aufgabe:

- Sie muß der Inflation weiter Einhalt gebieten, damit der Prozeß von Fehlallokationen nicht wieder in Gang kommt. Dabei ist zu berücksichtigen, daß von weiteren Restriktionsmaßnahmen kurzfristig keine Stabilisierungsfortschritte mehr zu erwarten sind. Stabilisierungsfortschritte sollten vielmehr durch eine Verminderung der Stückkosten über eine bessere Auslastung der verfügbaren Kapazitäten angestrebt werden. Dies setzt gleichzeitig gemäßigte Einkommenssteigerungen und keine höhere Steuerbelastung der Unternehmen voraus.

- Die derzeit sehr ernste Arbeitsmarktlage verbietet es, eine Belebung der Gesamtnachfrage zunächst von einer Wende der Auslandsnachfrage zu erwarten. Die konjunkturellen Beschäftigungsrisiken müßten vielmehr durch binnenwirtschaftliche Stützungsmaßnahmen vermindert werden. Dafür spricht auch die internationale Verantwortung, die die Bundesrepublik angesichts ihrer immer noch relativ starken Leistungsbilanz hat.

- Allerdings wäre es verfehlt anzunehmen, daß allein die Bundesrepublik durch binnenwirtschaftliche Maßnahmen den internationalen Konjunkturzug wieder ins Rollen bringen kann. Dazu ist ihr Gewicht viel zu gering. Doch kann und muß sie im Rahmen der inzwischen angelaufenen internationalen konzertierten Aktion ihren Beitrag zur Konjunkturankurbelung leisten.

- Kurzfristig wirkende Aktionen müssen in eine mittelfristige Strategie zur Wiederherstellung und Sicherung eines hohen Beschäftigungsniveaus eingebettet werden. Dabei ist insbesondere zu berücksichtigen, daß zwar kurzfristig wegen der derzeitigen Unterauslastung der Kapazitäten ein relativ hohes Wachstum möglich erscheint, daß aber längerfristig ein überproportionaler Anstieg der produktiven Investitionen notwendig ist; denn nach Erreichen eines normalen Auslastungsgrades kann mittelfristig das Sozialprodukt nur noch im Rahmen der Ausweitung des Produktionspotentials wachsen (derzeitige Größenordnung etwa 2 % gegenüber 4 1/2 bis 5 % in den 60er Jahren); d.h. nur bei verstärktem Investitionswachstum kann die derzeitige Arbeitslosigkeit wieder auf ein erträgliches Maß zurückgeführt und die in den kommenden 10 Jahren wieder wachsende Zahl deutscher Erwerbspersonen (Zunahme um über 800 000) beschäftigt werden. Daraus folgt, daß der Anteil der gewerblichen Investitionen am Bruttosozialprodukt mittelfristig zu Lasten anderer Verwendungsarten (Konsumquote, Staatsverbrauch) gesteigert werden muß. Dafür spricht außerdem, daß die außen- und binnenwirtschaftlich notwendigen strukturellen Anpassungsprozesse der Produktion nur mit erhöhten Investitionen der Unternehmen befriedigend zu meistern sind. Letztlich kann somit nur mit Hilfe erhöhter Investitionen ein für die Sicherung der Beschäftigung stabilitätsgerechtes Wachstum erreicht werden. Dieses ist langfristig auch eine unabdingbare Voraussetzung für eine Steigerung der individuellen Realeinkommen sowie eine leistungsfähige und -gerechte Aufrechterhaltung und Entwicklung der Staatsaufgaben und des Systems der sozialen Sicherung.

Entsprechend wurden die jüngsten Beschlüsse der Bundesregierung bewußt mit doppelter Zielrichtung gefaßt, um

- kurzfristig ein prozyklisches Verhalten der öffentlichen Haushalte zu vermeiden und außerdem über öffentliche Ausgaben zusätzliche Nachfrage zu mobilisieren. Das bedeutet, daß ein höheres Staatsdefizit kurzfristig bewußt in Kauf genommen wird. Es ist 1975 und 1976 - auch nach Feststellung des Sachverständigenrates - konjunkturgerecht. Demgemäß wurde auch der Nachtragshaushalt des Bundes gestaltet. Länder und Gemeinden werden sich hoffentlich entsprechend verhalten. Den Gemeinden werden dafür durch das gemeinsame Bund-Länderprogramm zur Stützung von Bau- und anderen Investitionen zusätzliche Mittel zur Verfügung gestellt.

- schon jetzt Entscheidungen auf mittelfristige Sicht zu treffen, die darauf hinwirken, daß das staatliche Ausgabenwachstum und die Zunahme des privaten Verbrauchs mit dem Ziel verstärkter Investitionstätigkeit im Unternehmenssektor in Einklang gebracht werden und wirtschafts- und gesellschaftspolitisch ein Klima für eine gesunde wirtschaftliche Entwicklung in der Bundesrepublik geschaffen wird.

3.1 Kurzfristig wirksame Maßnahmen des Staates

Bei den kurzfristigen Aktionen mußte berücksichtigt werden, daß die Wirtschaftspolitik in der Bundesrepublik vor allem mit den im Dezember 1974 beschlossenen Maßnahmen (Investitionszulage, Verstärkung der öffentlichen Investitionen) sowie der Steuer- und Kindergeldreform in beträchtlichem Maße expansiv ausgerichtet wurde. Sie addieren sich zusammen mit dem jüngsten Ausgabenprogramm zu dem umfangreichsten staatlichen Expansionsprogramm der Nachkriegszeit auf (1974/1975 rd. 31 Mrd. DM zusätzliche öffentliche Ausgaben bzw. Steuererleichterungen). Auch im internationalen Vergleich steht die Bundesrepublik gemessen am Bruttosozialprodukt mit ihren Expansionsmaßnahmen an der Spitze. Ein - wenn auch methodologisch nur mit Vorbehalt zu verwendender - Indikator ist dafür die Tatsache, daß in keinem Industrieland der Swing im Defizit des Zentralstaates (nach der EG-Definition entspricht dem das Gesamtdefizit von Bund und Ländern) 1975 so hoch ist wie in der Bundesrepublik, wo er sich 1975 auf etwa 4,2 % des BSP belaufen wird.

Hinzu kommt, daß sich die Bundesbank vor allem seit Herbst 1974 darum bemüht, einen angemessenen monetären Rahmen für eine steigende Aktivität zu schaffen. Nach den wiederholten Diskontsenkungen steht die Bundesrepublik heute mit einem 3 1/2 %-Satz am untersten Ende der internationalen Diskontskala; kennzeichnender erscheint mir fast noch, daß sich die Bundesbank im Gegensatz zur US-Notenbank, die schon im Verlaufe dieses Jahres relativ frühzeitig einen Anstieg der Kreditzinsen hinnahm, auch durch quantitativ recht erhebliche Interventionen am Kapitalmarkt einem Anstieg der Zinssätze entgegenwirkt. Überdies muß man wohl das 8 %-Ziel für die Ausweitung der Zentralbankgeldmenge bei rückläufiger Wirtschaftsaktivität anders bewerten als bei einem wachsenden Sozialprodukt, das seinerzeit diesem Ziel als Annahme zugrunde lag.

Bei der Festlegung des kurzfristigen Ausgabenprogramms war außerdem von folgenden Erwägungen auszugehen:

- Aufgabe war es vor allem, die Beschäftigungsrisiken in den kommenden Monaten zu vermindern und zugleich die binnenwirtschaftlichen Voraussetzungen für einen allgemeinen Wiederanstieg von Produkten und Beschäftigung zu verbessern.

- Nach den sehr starken - vielleicht nicht alle Erwartungen erfüllenden - indirekten Anreizen zur Ausweitung der privaten Nachfrage (Investitionszulage, Steuer- und Kindergeldreform), ging es vorwiegend darum, von der öffentlichen Hand unmittelbar effektive Nachfrage zu schaffen.

- Dabei war zugleich der Gefahr eines prozyklischen Verhaltens der öffentlichen Haushalte und insbesondere der Gemeinden vorzubeugen, die mehr als zwei Drittel der öffentlichen Investitionen vornehmen.

- Außerdem schien es angebracht, einen über das mittelfristig erwünschte Ausmaß hinausgehenden Kapazitätsabbau in der Bauwirtschaft, der später unter Umständen wieder zu einer neuen Inflationsquelle werden könnte, nicht erst eintreten zu lassen; dabei sind Aussagen darüber, welche Kapazitäten zur Befriedigung der Nachfrage mittelfristig erwünscht sind, allerdings recht problematisch.

- In diesem Zusammenhang hätte es wenig Sinn, noch zusätzliche Mittel für den sozialen Wohnungsbau oder ganz allgemein in den Mietwohnungsbau hineinzupumpen, worauf nicht zuletzt auch die Länder im Konjunkturrat sehr deutlich hingewiesen haben. Die Wohnungshalden zeigen, daß hier das Angebot der Nachfrage weit vorausgeeilt ist. Im sozialen Wohnungsbau sind außerdem mittlerweile die Quadratmeterpreise so hoch, daß bei den daraus resultierenden Kostenmieten die Wohnungen vielfach nur mit hohen Mietsubventionen belegbar sind.

Bei der Auswahl der geeigneten Projekte hat sich die Bundesregierung von den gleichen Kriterien leiten lassen, die auch der Sachverständigenrat in seinem Sondergutachten (Ziff. 42) empfohlen hat, nämlich

- möglichst rasche Auftragsvergabe und zügige Abwicklung der Projekte; grundsätzlich sollen die Aufträge bis zum 31. Dezember 1975 vergeben sein; dort wo Sonderbedingungen wie bei der Althausmodernisierung oder der Bausparzwischenfinanzierung vorliegen, sind die Fristen allerdings länger.

- möglichst geringe Folgekosten, damit die öffentlichen Haushalte in Zukunft nicht zusätzlich belastet werden;

- im Hinblick auf die Haushaltsentlastung in künftigen Jahren möglichst ein Vorziehen von Projekten, die für zukünftige Planungsperioden in jedem Fall vorgesehen werden.

Das Programm, dessen Einzelteile ich hier als bekannt voraussetzen möchte, ist mit einem Ausgabenvolumen von 5,75 Mrd. DM das größte einzelne konjunkturelle öffentliche Ausgabenprogramm, das bisher in der Bundesrepublik beschlossen wurde. Hervorzuheben ist in diesem Zusammenhang die kooperative Haltung der Länder, die sich, sieht man von den Ausgaben des Bundes für eigene Investitionen (1,2 Mrd. DM) und für Arbeitsbeschaffungsmaßnahmen der Bundesanstalt für Arbeit (0,6 Mrd. DM) ab, einen ebenso hohen Anteil wie der Bund übernommen haben (jeweils 1,35 Mrd. DM). Hinzu kommt ein Gemeindeanteil von rd. 750 Mio DM. Den Gemeinden wurden außerdem für Infrastrukturmaßnahmen insgesamt 1 Mrd. DM zinsverbilligte Darlehen von dem ERP-Sondervermögen und von der Kreditanstalt für Wiederaufbau zur Verfügung gestellt. Davon können bis zu 500 Mio DM für die Finanzierung ihres Eigenanteils am kommunalen Infrastrukturprogramm (einschl. der Stadtsanierung) verwendet werden.

Bund und Länder setzen für die Finanzierung ihres Ausgabenanteils die noch verfügbaren Konjunkturausgleichsrücklagen ein, die für diesen Zweck freigegeben wurden (Bund 2,50 Mrd. DM, Länder 1,35 Mrd. DM). Doch sind darüber hinaus weitere Mittel notwendig.

Da bei den Programmteilen Wohnungsmodernisierung und Zwischenfinanzierung von Bausparverträgen (Ausgaben von Bund und Ländern insgesamt 700 Mio DM bzw. 300 Mio DM) die öffentliche Hand nur Zuschüsse gewährt, dürfte unter Hinzurechnung der Eigenmittel der privaten Haushalte und der Wohnungsgesellschaften ein direktes zusätzliches Auftragsvolumen von mehr als 10 Mrd. DM erreicht werden. Dabei wurde bereits ein beträchtlicher "Mitnehmereffekt", d.h. die Begünstigung von solchen Aufträgen, die auch ohne Förderungsmaßnahme als Nachfrage am Markt wirksam geworden wäre, unterstellt. Hinzu kommt die Multiplikatorwirkung, die gerade im Baugewerbe, in das der bei weitem größte Teil der Mittel fließt, relativ hoch zu veranschlagen ist.

Es sei im übrigen gerade anläßlich der Jahrestagung der Gesellschaft für Wirtschafts- und Sozialwissenschaften des Landbaues nicht unerwähnt gelassen, daß bei den zusätzlichen Investitionen des Bundes auch der Geschäftsbereich des Bundesministers für Ernährung, Landwirtschaft und Forsten nicht übergangen wurde (Mitteleinsatz 30 Mio DM). Im Wohnungsbaumodernisierungsprogramm wurden überdies ausdrücklich die landwirtschaftlichen Wohnungen eingeschlossen, die im übrigen ja auch schon in anderem Rahmen vom Staat gefördert werden.

Ein konjunkturelles Ausgabenprogramm hätte dann wenig Sinn, wenn gleichzeitig durch die schwache Wirtschaftsaktivität bedingte Steuermindereinnahmen und Ausgaben für die höhere Zahl der Arbeitslosen zu Beschneidungen bei anderen Projekten führen würden. Um dies zu vermeiden hat die Bundesregierung einen Nachtragshaushalt für 1975 mit einem zusätzlichen Kreditbedarf von rd. 15 Mrd. DM vorgelegt. Damit werden insbesondere der Bundesanstalt für Arbeit weitere Zuschüsse zur Finanzierung ihrer Leistungen für Arbeitslose und Kurzarbeiter zur Verfügung gestellt, so daß die einkommensstabilisierenden Wirkungen der Arbeitslosenversicherung gewährleistet bleiben. Außerdem werden die im Zusammenhang mit der rezessiven Wirtschaftsentwicklung eingetretenen Steuermindereinnahmen voll durch Kreditaufnahme ersetzt und damit ein entsprechender Nachfrageausfall vermieden.

Es wäre sehr viel für die Stabilisierung der Konjunktur gewonnen, wenn Länder und Gemeinden sich entsprechend verhalten. Damit werden prozyklische Wirkungen der öffentlichen Haushalte, wie sie teilweise sehr stark in früheren Abschwächungsphasen zu verzeichnen waren, vermieden.

3.2 Mittel- und langfristige Wirkungen und Notwendigkeiten einer konjunkturgerechten Wirtschaftspolitik

Im Gegensatz zum kurzfristigen Ausgabenprogramm muß sich die mittelfristige Strategie für ein stetiges, nicht inflationäres Wirtschafts- und Beschäftigungswachstum wegen ihrer komplexen Natur verstärkt um öffentliches Verständnis bemühen. Dafür beispielhaft nur einige Gründe:

- Es ist psychologisch verständlich, daß bei Schwierigkeiten in der Gegenwart die öffentliche Meinung den kurzfristig wirksamen Aktionen für die Lösung dieser Schwierigkeiten ein größeres Gewicht beimißt. Jedoch sind die derzeitigen Schwierigkeiten mit kurzfristigen nachfragestimulierenden Maßnahmen auf Dauer nicht lösbar. Das scharfe Absinken der Investitionsquote und die in den nächsten 10 Jahren wieder zunehmende Erwerbsbevölkerung erfordert es, daß jetzt die Ausgangsbedingungen für eine ökonomisch bessere Verteilungsstruktur des Bruttosozialproduktes geschaffen werden. Neue Investitionen werden von den Unternehmen nicht allein und auch nicht in erster Linie im Hinblick auf kurzfristige Nachfrage vorgenommen, sondern vor allem von ihren längerfristigen Absatzerwartungen und den längerfristigen Perspektiven der Wirtschafts- und Gesellschaftspolitik bestimmt.

- Der einzelne Bürger hat nicht immer ein Gespür für klare Periodenabgrenzungen. Er sieht die Dinge häufig im Zeitraffertempo, bei dem viel später liegende Wirkungen in Gegenwartsnähe gerückt werden. So stößt es zuweilen auf Unverständnis, daß nachfragestimulierende Maßnahmen im Bereich der öffentlichen Haushalte gleichzeitig mit Spar- und Steuerbeschlüssen verbunden werden. Tatsächlich konzentrieren sich jedoch die Wirkungen der letztgenannten Beschlüsse erst auf die Jahre ab 1977, wenn der erwartete Konjunkturaufschwung bereits in Gang sein wird. Bis dahin gehen von der öffentlichen Hand kräftige Nachfrageimpulse aus.

- In diesem Zusammenhang sind selbst bei ökonomisch vorgebildeten Politikern und Journalisten Mißverständnisse durch eine einseitig fiskale Betrachtungsweise möglich. So wird z.B. ein Großteil der mit dem zusätzlichen Ausgabenprogramm beschlossenen Investitionen haushaltsmäßig zwar dem Jahre 1975 zugerechnet, effektive Investitionsaufwendungen werden sie aber erst im Jahre 1976, wenn die entsprechende Produktionsleistung erbracht wird. Die realen öffentlichen Investitionen werden daher 1976 steigen. Im übrigen ist ein Teil des Ausgabenprogramms - Wohnungsbaumodernisierung, Bausparzwischenfinanzierung - den Wohnungsbauinvestitionen zuzurechnen, für die auch deshalb nach ihrem starken Rückgang 1975 im nächsten Jahr wieder ein reales Wachstum erwartet werden kann.

Bei den jüngsten Beschlüssen der Bundesregierung ging es zunächst darum, klarzustellen, wie die derzeit zwar hohen, aber dennoch vorübergehend durchaus konjunkturgerechten Haushaltsdefizite mittelfristig auf ein vernünftiges Maß abgebaut werden. Wer heute mehr ausgibt, um die Konjunktur anzukurbeln, muß auch sagen, wie er bei besserer Konjunktur wieder die Kasse ins Reine bringt. Andernfalls besteht die Gefahr, daß eine anhaltende Unsicherheit über den staatlichen Finanzierungsbedarf das Investitionsklima beeinträchtigt. Dies in doppelter Hinsicht: Einmal erschwert ein zu hoher Kreditbedarf des Staates den Rückgriff der Unternehmer auf den Kapitalmarkt. Zum anderen müssen diese befürchten, daß der Staat zum Abbau seiner Defizite die Steuerbelastung der Unternehmen erhöht; das aber würde neue Kostenbelastungen bedeuten und damit die für die Investitionen notwendigen Erträge mindern. Beides ist investitionshemmend.

Die Maßnahmen zur Verbesserung der Haushaltsstruktur die die Bundesregierung am 10. September 1975 beschlossen hat, sollen das Finanzierungsdefizit des Bundes von 38,9 Mrd. DM im Jahre 1976 um 27,6 Mrd. DM auf 11,3 Mrd. DM im Jahre 1979 zurückführen. Die größte Verringerung entfällt mit fast 18 Mrd. DM auf das Jahr 1977. Bei der Beurteilung des für 1979 noch vorgesehenen Defizits muß auch berücksichtigt werden, daß der Geldschöpfung über die Zahlungsbilanz bei flexiblen Wechselkursen gegenüber den meisten Ländern - die Länder die am System der "europäischen Schlange" teilnehmen, bilden hier eine Ausnahme - sehr enge Grenzen gesetzt sind.
Die Rückführung der Defizite bedeutet Opfer auf allen Seiten, sei es daß Einsparungen bei öffentlichen Ausgaben vorgenommen, sei es daß die Beiträge zur Arbeitslosenversicherung erhöht oder die Verbrauchersteuern ab 1.1.1977 fühlbar angehoben werden.

Dabei konnte auch die Landwirtschaft nicht ausgenommen werden. Sie bringt ihren Beitrag zur Verbesserung der Haushaltsstruktur vor allem durch den Abbau des Aufwertungsausgleiches, der im Zusammenhang mit der D-Mark-Aufwertung 1969 als Übergangsmaßnahme eingeführt worden ist. Er war eigentlich nur für vier Jahre konzipiert und soll jetzt in 4 Jahren stufenweise abgeschafft werden. Zusammen mit dem ab 1976 vorgesehenen Wegfall der Frachthilfe Getreide, der Exportförderung von Zuchtvieh und der Zuschüsse für den zentralen Fonds zur Absatzförderung entlastet damit die deutsche Landwirtschaft den Haushalt des Jahres 1979 um 1,087 Mrd. DM. Gemessen an der bereits genannten Verringerung des Haushaltsdefizits um 27,6 Mrd. DM ist das knapp 4 %. Dabei muß allerdings gesehen werden, daß andere Maßnahmen wie z.B. die Mehrwertsteuererhöhung ebenfalls die Landwirtschaft treffen.

Das notwendige überdurchschnittliche Wachstum der Investitionen erfordert darüber hinaus eine Stärkung der Ertragskraft der Unternehmen. Diese setzt einmal voraus, daß die Tarifvertragsparteien bei ihren Lohnabschlüssen die Notwendigkeit einer Erhöhung der Investitionsquote verstärkt berücksichtigen und damit bestehende Arbeitsplätze sichern bzw. neue Arbeitsplätze schaffen helfen. Zugleich darf die Investitionstätigkeit der Unternehmen nicht von der Steuerseite her durch neue Belastungen gehemmt werden. Auch hier hat die Regierung weitgehend Klarheit geschaffen:

- die Körperschaftssteuerreform, durch die die Doppelbesteuerung aufgehoben wird, soll zum 1.1.1977 in Kraft treten;
- die ertragsabhängigen oder nichtertragsabhängigen Steuern der Unternehmen sollen nicht erhöht werden;
- eine steuerliche Entlastung zur Förderung der Investitionstätigkeit der Unternehmen, die allerdings wegen der Haushaltslage sehr schwierig ist, wird noch geprüft.

Für die Sicherung eines von unternehmerischer Initiative geprägten Wirtschaftsklimas ist Vertrauen in die langfristige Konstanz der ökonomischen Rahmenbedingungen notwendig. Innerhalb der Bundesrepublik bedeutet dies, daß die marktwirtschaftliche Ordnung nicht durch systemüberwindende Experimente - dazu gehört unter anderem auch Investitionslenkung, Vergesellschaftung der Banken, Beschränkung der wirtschaftlichen Dispositionsfreiheit multinationaler Unternehmern - angetastet wird. Der Bundeskanzler und der Bundeswirtschaftsminister haben hier durch ihre Stellungnahmen im Parlament und in der Öffentlichkeit eindeutig Position bezogen.

Auch von seiten der internationalen Rahmenbedingungen darf auf die Unternehmen nicht unnötig neue Unsicherheit zukommen. Dies setzt aktive Bemühungen um die Erhaltung des freien Welthandels und ein Entgegenwirken jeglichen protektionistischen Tendenzen voraus - unter welchem Vorwand sie auch immer laufen. Es bedeutet zugleich eine vernünftige Reform des internationalen Währungssystems, durch die die Expansion des Welthandels auf solide Grundlagen gestellt und gleichzeitig eine neue weltweite Inflation verhindert wird; davon sind wir derzeit noch weit entfernt. Es erfordert außerdem eine stärkere Beteiligung der Entwicklungsländer am Wohlstandsmehrungsprozess, und zwar mit Mitteln, die einer marktwirtschaftlichen Ordnung nicht zuwiderlaufen und einen realen Ressourcentransfer aus den reichen Ländern ohne Ingangsetzen einer neuen Inflationsspirale ermöglichen. Es unterstreicht aber auch die Notwendigkeit, die derzeitige Stagnation in der europäischen Integrationspolitik zu überwinden. Denn in einem Land mit einem so hohen Exportanteil wie der Bundesrepublik werden Investitionen und Beschäftigung nicht zuletzt von den Möglichkeiten der Unternehmen bestimmt, dynamisch und im freien Wettbewerb auch auf den Märkten anderer Länder, langfristig ihre Chancen zu nutzen.

URSACHEN UND AUSWIRKUNGEN WELTWIRTSCHAFTLICHER
INSTABILITÄT SOWIE DIE STRATEGIEN ZU IHRER BESEITIGUNG 1)

von

Klaus - Dieter Schmidt, Kiel

1	Der Befund	9
2	Die Diagnose	10
3	Die Therapie	18

1 Der Befund

Im Spätsommer 1975 verharrt die Wirtschaft der westlichen Welt noch immer in einer tiefen Rezession, für die es - was ihre Dauer und Stärke anlangt - nach dem Zweiten Weltkrieg keine Parallele gibt. Zwar mehren sich in einigen Ländern die Anzeichen für eine konjunkturelle Erholung, so in den Vereinigten Staaten und in Japan, und auch die Bundesrepublik Deutschland hat gute Aussichten, in den nächsten Monaten die "Talsohle" hinter sich zu lassen. Doch ändert dies nichts mehr daran, daß die ökonomische Bilanz des Jahres 1975 enttäuschend ausfallen wird. In den OECD-Ländern zusammengenommen dürfte das reale Sozialprodukt im Jahresdurchschnitt um 2 v.H. schrumpfen, nachdem es schon 1974, wenn auch nur leicht, zurückgegangen war.

Zwei Jahre schrumpfende Produktion bei wachsendem Produktionspotential bedeuten sinkende Auslastung der Kapazitäten und steigende Arbeitslosigkeit: Im Durchschnitt der OECD-Länder dürften gegenwärtig die Sachkapazitäten nur zu etwa 93 v.H. ausgelastet sein, gemessen an einer Vollauslastung von 100 v.H. Rund 15 Millionen Arbeitnehmer sind ohne einen Arbeitsplatz, das entspricht einer Arbeitslosenquote von 5 v.H.

Bis vor wenigen Wochen hielten es auch ernst zu nehmende Beobachter der internationalen Wirtschaftsszene nicht für ausgeschlossen, daß sich aus der weltweiten Rezession eine weltweite Depression entwickeln könne. Die Krisenanfälligkeit der kapitalistischen Volkswirtschaften, so lautet der Befund eines großen deutschen Wirtschaftsforschungsinstituts, sei heute grundsätzlich noch genauso groß "wie in der guten alten Zeit".

Ein weiteres Symptom weltwirtschaftlicher Instabilität - hier allerdings unterscheidet sich die heutige Situation von derjenigen in den zwanziger und dreißiger Jahren - ist die hartnäckig anhaltende

---

1) Der Verfasser dankt seinen Kollegen GÜNTER FLEMIG und DEAN SPINANGER für eine kritische Durchsicht des Manuskripts und die Mithilfe bei der Zusammenstellung der statistischen Daten. Etwaige Fehler und Mängel gehen selbstverständlich nicht zu ihren Lasten.

Inflation. Auch wenn sich die Inflationsraten im Gefolge der scharfen Rezession etwas verringert haben - im Durchschnitt der OECD-Länder dürften die Verbraucherpreise 1975 "nur" noch um 9 v.H. steigen, nach 13 1/2 v.H. im Jahre 1974 -, so bleibt doch ein erheblicher Inflationssockel, mit dem alle Länder in den Aufschwung hineingehen: An den Weltrohstoffmärkten tendieren die Preise bereits wieder nach oben, ohne daß vorher das alte Niveau, wie es seit dem Abklingen der Korea-Hausse fast zwei Jahrzehnte bestanden hatte, auch nur annähernd erreicht worden wäre.

Betrachtet man die zyklischen Bewegungen der wirtschaftlichen Aktivität seit Ende der fünfziger Jahre (wobei saison- und trendbereinigte Reihen für die Industrieproduktion und für die Verbraucherpreise der OECD-Länder exemplarisch für die Schwankungen von Mengen und Preisen stehen), so kann man sich des Eindrucks nicht erwehren, daß die Amplituden der Zyklen nicht kleiner, sondern größer geworden sind (Schaubild). Hinzu kommt, daß der inflatorische Trend zunehmend steiler verläuft, während sich der Trend der Produktion allem Anschein nach abgeschwächt hat. Anders ausgedrückt: Wir müssen eine deutliche Zunahme der weltwirtschaftlichen Instabilität konstatieren. Dieses Ergebnis ist deshalb bemerkenswert, weil es im Gegensatz zu der lange Zeit verbreiteten Auffassung steht, die Wirtschaftspolitik habe den Wirtschaftsablauf beherrschen gelernt. Natürlich gab es auch früher schon skeptische Stimmen, die davor warnten, zu ehrgeizige Ziele zu setzen, wie z.B. die Schwankungen der wirtschaftlichen Aktivität völlig auszuschalten: Auf die Frage, ob der Konjunkturzyklus tot sei, die sich Mitte der sechziger Jahre eine internationale Konferenz kompetenter Konjunkturfachleute vorgelegt hatte, waren überwiegend negative Antworten zu hören (vgl. BRONFENBRENNER, 3). Doch glaubte man, dank der inzwischen gewonnenen Einsichten über das Wesen des Konjunkturzyklus und gestützt auf ein modernes konjunkturpolitisches Instrumentarium, die Wellenbewegungen weitgehend glätten zu können. Es hat den Anschein, als sei nach den jüngsten Erfahrungen selbst diese Vorstellung revisionsbedürftig.

2 Die Diagnose

Das zyklische Auf und Ab der wirtschaftlichen Aktivitäten, wie wir es seit den Anfängen des modernen Industriekapitalismus beobachten, stellt die Wissenschaft noch immer vor Rätsel, obwohl es kaum einen Nationalökonomen von Rang gibt, der sich nicht irgendwann einmal auf konjunkturtheoretischem Gebiet versucht hätte. So verfügen wir heute zwar über eine Vielzahl von Erklärungshypothesen, deren systematische Ordnung, wie JÖHR (14, S. 133) einmal bemerkte, selbst schon zu einem wichtigen wissenschaftstheoretischen Problem geworden ist, aber über keine eigentliche Konjunkturtheorie. Zum Teil ergänzen sich diese Hypothesen, zum Teil widersprechen sie sich aber auch. Man kann sie einteilen in die sogenannten "exogenen Theorien" (hierzu zählen etwa JEVONS Sonnenfleckentheorie, BEVERIDGES Wetterzyklentheorie, LÖSCHS Geburtenwellentheorie oder SOMBARTS Theorie von den Schwankungen der Goldproduktion), die die Konjunkturschwankungen im wesentlichen auf erratische Schocks, also Anstöße von außen, zurückführen, und in die "endogenen Theorien", die sie aus dem Systemzusammenhang heraus erklären, nämlich aus der Existenz von Lags, Puffern und Nichtlinearitäten. Das bekannteste und zugleich einfachste dieser Oszillationsmodelle ist das Cobweb-Theorem, das HANAU zur Erklärung des Schweinezyklus herangezogen hat; etwas komplizierter in ihrer formalen Struktur sind die auf der Theorie vom Multiplikator und Akzelerator aufbauenden Konjunkturmodelle, wie das Modell von HANSEN/SAMUELSON.

Was hingegen immer noch fehlt, ist eine integrierende Theorie, die die verschiedenen Ansätze vereint. Doch auch nach gut einem Jahrhundert der Deutung und Systematisierung sind die Aussichten hierfür denkbar schlecht. Die Komplexität der wirtschaftlichen Zusammenhänge bringt es nun einmal mit sich, daß verschiedene Interpretationen möglich sind. Weder für ein einzelnes Land noch für einen Konjunkturzyklus läßt sich in der Regel eine Hypothese zwingend aufstellen oder widerlegen. Dies macht verständlich, warum sich so viele Ökonomen, wenn es um das Konjunkturphänomen geht, in einen resignierenden Erklärungsmonismus flüchten.

Um mir die Arbeit zu erleichtern, werde ich das Thema meines Vortrages leicht abwandeln, indem

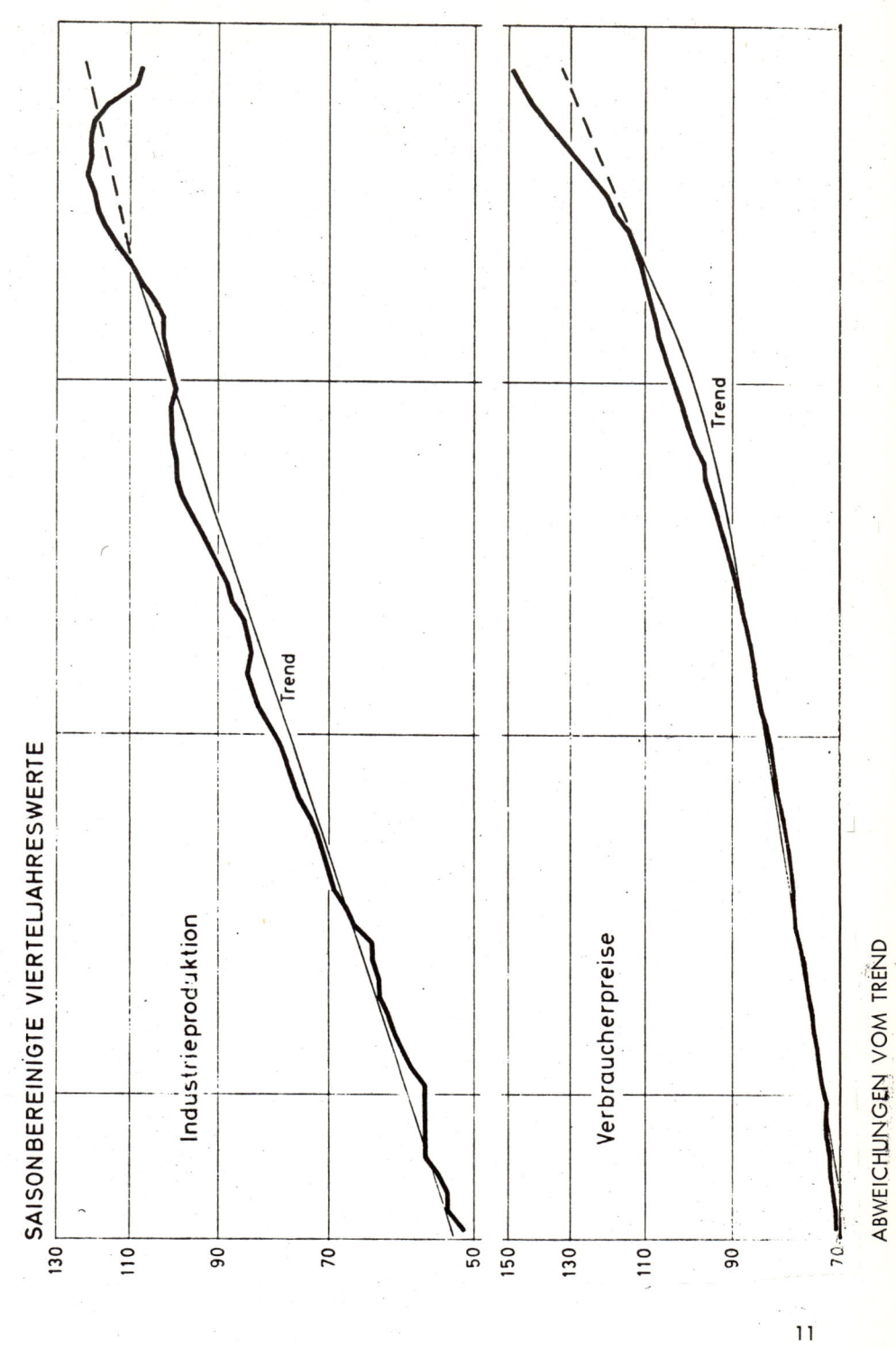

Schaubild 1: Produktion und Verbraucherpreise in den OECD-Ländern 1959 - 1975

1970 = 100

SAISONBEREINIGTE VIERTELJAHRESWERTE

Industrieproduktion

Trend

Verbraucherpreise

Trend

ABWEICHUNGEN VOM TREND

ich mich vornehmlich mit den Ursachen und Auswirkungen zunehmender weltwirtschaftlicher Instabilität beschäftige. Dies scheint mir auch deshalb gerechtfertigt, weil - wie ich anfangs zu zeigen versucht habe - die Anfälligkeit der kapitalistischen Volkswirtschaften gegen Störungen in den letzten Jahren offenbar größer geworden ist - ein Tatbestand, der für sich allein schon einer Erklärung bedarf.

Zudem werde ich mich - schon wegen des mir gesetzten Zeitlimits - auf die Diskussion einiger zentraler Erklärungshypothesen beschränken: Wollte man das Thema wirklich umfassend behandeln, so müßte man zunächst die unterschiedlichen Erklärungshypothesen darstellen und dabei jene aussondern, die dem Test auf logische Konsistenz nicht standhalten; die verbleibenden Hypothesen wären dann dahingehend zu überprüfen, inwieweit sie mit den Fakten übereinstimmen. Eine solche Beschränkung, wie sie hier vorgenommen wird, ist natürlich nicht unproblematisch, denn sie beinhaltet notgedrungen ein gewisses Maß an subjektiver Willkür. Dies gilt um so mehr, weil gerade über dieses Thema unter den Ökonomen ein heftiger Glaubenskrieg (mit durchaus handfestem ideologischen Hintergrund) im Gang ist, bekannt als Fiskalismus - Monetarismus - Kontroverse:

- Seit langem war es mehr oder weniger opinio communis, daß die Ursachen der Konjunkturschwankungen in der - aus welchen Gründen auch immer - Instabilität des privaten Sektors zu suchen sind. Nach der Großen Depression Anfang der dreißiger Jahre, insbesondere im Anschluß an die Arbeiten von KEYNES, gesellte sich dazu die Überzeugung, daß das marktwirtschaftliche System nicht automatisch zum Gleichgewicht tendiert, wie das die klassische Theorie angenommen hatte, sondern daß es zu einer - stabilen - Unterbeschäftigungssituation kommen kann. Deshalb sollte fortan der Staat für die Steuerung der Konjunktur verantwortlich sein, wobei insbesondere die Fiskalpolitik durch eine Veränderung der Einnahmen und/oder Ausgaben dafür zu sorgen hat, daß das für die Erhaltung der Vollbeschäftigung erforderliche Nachfrageniveau gewährleistet ist (Antizyklische Fiskalpolitik).
- Die Position der "Fiskalisten" ist seit einigen Jahren heftigen Attacken der "Monetaristen" ausgesetzt. Ihre Vertreter, allen voran MILTON FRIEDMAN und KARL BRUNNER, gehen von der Stabilität des privaten Sektors aus und führen Konjunkturschwankungen auf destabilisierende Eingriffe des Staates in den Wirtschaftsablauf zurück 1). Statt für eine Politik fallweiser Eingriffe, plädieren sie für eine trendorientierte Konjunkturpolitik (Potentialorientierte Geldpolitik).

Es ist hier nicht der Ort, die Pros und Kontras dieser unterschiedlichen Positionen eingehender zu behandeln. Es mag genügen, auf die in letzter Zeit geradezu lawinenartig angeschwollene Literatur hinzuweisen (vgl. JOHNSON, 15, S. 1 ff; FAND, 6, S. 276 ff). Es ist freilich nicht zu übersehen, daß zwischen beiden Auffassungen ein theoretisch schwer zu überbrückender Unterschied besteht. Dennoch bestärken mich gerade die negativen Erfahrungen der Konjunkturpolitik darin, nicht einem Erklärungsmodell den Vorzug zu geben, sondern Toleranz zu üben in bezug auf zwei koexistierende Modelle. Denn ich vermag einerseits die monetaristische Theorie von Stabilität des kapitalistischen Wirtschaftsprozesses nicht so recht zu teilen, will andererseits aber auch nicht bestreiten, daß konjunkturpolitische Maßnahmen in der Vergangenheit, wenn vielleicht auch nicht zyklenbildend, so doch zyklenverstärkend gewirkt haben. Ich werde daher im folgenden versuchen, beiden Standpunkten gerecht zu werden.

Aus dem Katalog der zahlreichen Erklärungshypothesen greife ich drei heraus:
- Der kapitalistische Entwicklungsprozeß vollzieht sich in langen Wellen: Seit Anfang der siebziger

---

1) Exemplarisch hierfür ist etwa die Argumentation eines der führenden Monetaristen, L. ANDERSON (1, S. 116): "A central monetarist proposition is that the economy is basically stable. The economy will naturally move along a trend path of output determined by growth in its productive potential. The basic source of short-run economic instability are monetary actions which result in accelerations and decelerations in the rate of money growth."

Jahre befinden wir uns in der Abschwungsphase einer solchen Welle. Dies hat zur Folge, daß die kürzeren konjunkturellen Schwingungen nun stärker hervortreten als in den fünfziger und sechziger Jahren, in denen sie vom steileren Wachstumstrend überlagert waren.
- Mit zunehmender Verflechtung der nationalen Volkswirtschaften ist der internationale Konjunktur- und Inflationsverbund enger geworden; da außerdem die Konjunkturpolitik stärker als früher synchronisiert ist, antizyklisch gedachte Maßnahmen aber wegen Verzögerungen bei der Durchführung meist prozyklisch wirken, spielen diese ungewollt die Rolle eines Konjunkturverstärkers.
- Die Marktwirtschaft hat immer mehr die für ihre Funktionsfähigkeit erforderliche Elastizität verloren. Verkrustete Macht- und Marktstrukturen führen vielfach zu inversen Reaktionen. Hinzu kommt, daß ein verstärkter Sanktionsabbau die Stabilisierungspolitik zunehmend ineffizienter macht oder ihr Aktionsfeld einengt.

Natürlich schließen sich die verschiedenen Hypothesen nicht aus; teilweise müssen sie sogar im Zusammenhang gesehen werden. Auf der anderen Seite hat nicht jede von ihnen für jedes Land die gleiche Bedeutung.

Was die erste Hypothese anlangt, so gründet sie sich auf eine Theorie, die, nachdem sie lange Zeit in Vergessenheit geraten war, in den letzten Jahren eine solche Renaissance erlebte, daß sie inzwischen sogar die Kolumnen der Illustriertenpresse füllt (vgl. HAFFNER, 11, S. 92): Gemeint ist die Theorie von den Kondratieff-Zyklen, wie SCHUMPETER die (von dem Russen KONDRATIEFF und dem Niederländer DE WOLFF unabhängig voneinander entdeckten) langen Wellen der Wirtschaftstätigkeit genannt hat. Danach vollzieht sich der kapitalistische Entwicklungsprozeß in Zyklen mit einer Dauer von fünfzig bis sechzig Jahren, hervorgerufen durch technologische Umwälzungen, wie die Erfindung der Dampfmaschine, die Einführung der Eisenbahn oder die Entwicklung der Petrochemie. Seit Anfang der siebziger Jahre, so behaupten nun die Vertreter dieser Theorie, befindet sich die Weltwirtschaft in der Abschwungsphase des 4. Kondratieff-Zyklus. Die zunehmende Instabilität resultiert danach aus einer Verschlechterung der globalen Wachstumsbedingungen. Hierfür spräche auch die Beobachtung, daß stagnierende oder schrumpfende Branchen in der Regel stärkere konjunkturelle Schwankungen aufweisen als Wachstumsbranchen.

Obwohl die Existenz langer Wellen umstritten ist - die Mehrzahl der Konjunkturforscher betrachtet sie eher als ein Ergebnis der "Rechenprozedur" (um nicht zu sagen: eines allzu unkritischen Umgangs mit den Verfahren der Zeitreihenanalyse) -, so scheint es doch so, daß man damit die Nachkriegsentwicklung bis zur Gegenwart recht gut beschreiben kann. Die Periode des raschen Wachstums der Weltwirtschaft dauerte 25 Jahre - genau die Zeitspanne, die KONDRATIEFF und DE WOLFF für die Aufschwungsphase einer langen Welle gefunden hatten. Was die jüngste Entwicklung anlangt, so besteht weitgehend Konsens darüber, daß wir es diesmal nicht nur mit einer Stabilisierungskrise nach altem Muster zu tun haben, sondern auch mit einer weltweiten Strukturkrise (FELS, 7, S. 9 ff): In allen Industrieländern sind es die gleichen Problembereiche, die - wie die Automobilindustrie, die Textilindustrie und die Bauwirtschaft - zur Stagnation oder zum Schrumpfen verurteilt scheinen, und es sind bislang nur wenige Bereiche auszumachen, die - im Sinne Schumpeters - künftig die Schrittmacher des Wachstums sein werden.

Wenn ich auch der These vom "negativen Kondratieff" als Ursache zunehmender weltwirtschaftlicher Instabilität eine gewisse Plausibilität nicht absprechen mag, so überwiegt bei mir dennoch die Skepsis: Dies schon deshalb, weil ich mich nur schwerlich mit einer solch mechanistischen Erklärung zufrieden geben kann, nach der sich technologisch Umbrüche gleichsam naturgesetzlich einstellen sollen nach dem Rhythmus der sieben fetten und sieben mageren Jahre. Jedenfalls ist nicht so recht einzusehen, warum es in den nächsten zwanzig bis dreißig Jahren keine weltverändernden wissenschaftlichen Erfindungen mehr geben soll und keine Pionierunternehmen, die diese wirtschaftlich verwerten. Es trifft zwar zu, daß momentan vielleicht keine technischen Erfindungen von der Bedeutung des Flugzeugs, des Computers oder des Automobils am Horizont erscheinen. Dafür zeichnen sich viele interdependente Erfindungen ab, die mehr in Richtung auf neue Techniken und Systeme zielen. Es ist bemerkenswert, daß selbst ein so engagierter Vertreter des Kondratieff-Schemas wie L. DUP-

RIEZ den kapitalistischen Entwicklungsprozeß nicht als determiniert betrachtete, sondern ihn jederzeit offen wähnte für neue Entwicklungsrichtungen. Der verbreitete Wachstumspessimismus unserer Tage scheint mir zum großen Teil aus der Neigung zu resultieren, kurzfristige Entwicklungen zu extrapolieren.

Die zunehmende weltwirtschaftliche Instabilität wird häufig - und damit komme ich zur zweiten Erklärungshypothese - mit der zunehmenden internationalen Verflechtung der nationalen Volkswirtschaften erklärt. Dies habe zur Folge, daß sich Konjunkturschwankungen rascher als bisher von einem Land auf ein anderes übertragen können und schließlich wechselseitig verstärken. Auch diese Hypothese hat viel für sich, doch hat sie zwei gravierende Mängel: Sie stimmt nur bedingt mit den Fakten überein und sie gilt nur unter bestimmten Annahmen, nämlich in einem System fester Wechselkurse und/oder bei einer Synchronisierung der Konjunkturpolitik.

- Zwar hatten wir in den Jahren 1972 bis 1975 tatsächlich einen solchen internationalen Konjunkturgleichschritt, was die Stärke der gegenwärtigen Rezession ebenso erklärt wie die des vorangegangenen Booms, doch kann diese Konstellation auch zufällig zustande gekommen sein: Tatsächlich läßt sich ein weltweiter Konjunkturverbund nach dem Zweiten Weltkrieg nur noch einmal beobachten, nämlich im Jahre 1958, als die westeuropäischen Volkswirtschaften in den Sog der US-amerikanischen Rezession gerieten (vgl. GEBERT, SCHMIDT, 9, S. 10 ff). In allen anderen Zyklen hatten wir sogenannte Konjunkturschaukeln, die wechselseitig zur Konjunkturstabilisierung beitrugen. 1969/70, um nur ein Beispiel zu nennen, hat die Rezession in den Vereinigten Staaten nicht verhindert, daß es in den westeuropäischen Ländern zu einem Boom kam. Bis vor kurzem wurde daher nicht selten die gegenteilige Auffassung vertreten, daß nämlich der internationale Konjunkturverbund eher lockerer geworden ist. Bezeichnend hierfür ist folgendes Zitat aus einem erst in diesem Jahr erschienenen Lehrbuch über Geld- und Konjunkturtheorie: "Obwohl das Netz der außenwirtschaftlichen Beziehungen zwischen den Industrieländern mit marktwirtschaftlicher Ordnung nicht weniger dicht geknüpft ist als früher, gehen die Konjunkturschwankungen in fast allen Ländern mehr oder weniger ihren eigenen Gang - nicht nur in den führenden Industrieländern wie in den USA, in Japan und in der BRD, sondern auch in manchen kleineren, hochgradig außenhandelsabhängigen Ländern Westeuropas wie z.B. in Österreich und der Schweiz" (DÜRR, NEUHAUSER, 5, S. 100).
- Überdies geht die Theorie vom internationalen Konjunkturzusammenhang von festen Wechselkursen zwischen den einzelnen Ländern aus - der Verbund scheint aber gerade enger geworden zu sein, seit die meisten Währungen mehr oder weniger frei floaten, und er war paradoxerweise relativ locker zur Zeit des Bretton-Wood-Systems. Noch in seinem letzten Jahresgutachten hatte der Sachverständigenrat zur Begutachtung der gesamtwirtschaftlichen Entwicklung die Vermutung geäußert, daß durch die Spaltung in vier Währungsblöcke der Konjunkturverbund innerhalb der europäischen Gemeinschaft wieder gelockert werde (vgl. Sachverständigenrat, 20, S. 35). Die Erklärung für dieses wenig plausible Ergebnis ist vielleicht darin zu sehen, daß anstelle der starren Wechselkurse eine stärkere Koordinierung der nationalen Wirtschaftspolitik getreten ist. Tatsächlich sieht es so aus, als hätten die einzelnen Länder die Chance für eine autonome Konjunkturpolitik nicht genutzt, sondern im Gegenteil die internationale Kooperation intensiviert. "Man zieht es vor, gemeinsam zu handeln, aber die Koordination dauert ihre Zeit, und größere time-lags der Konjunkturpolitik führen zu verstärkten zyklischen Schwankungen. So sitzen wir alle in schöner Gemeinsamkeit im Boot der internationalen Konjunktur, aber dieses Boot schaukelt sehr viel unangenehmer, als wir es aus der Vergangenheit gewohnt sind" (GIERSCH, 10, S. 17).

Man kann nun mit GIERSCH argumentieren, daß ein "Zuviel" und "Zuspät" an internationaler Kooperation die Ursache der größeren Instabilität ist, man kann aber auch das Gegenteil behaupten, daß nämlich angesichts der zunehmenden Marktmacht großer Anbietergruppen - die wegen ihres über die Ländergrenzen hinaus reichenden Einflusses die Effizienz einer nationalen Konjunkturpolitik immer mehr in Frage stellen - zu wenig kooperiert worden ist. Im ersten Fall ist es dann die zunehmende internationale Kooperation bei der Planung und Durchführung der Konjunkturpolitik, im zweiten Fall die internationale Koordination derjenigen, die außerhalb der Regierung Entscheidungen treffen.

Nimmt man den zweiten Fall etwas genauer unter die Lupe, so werden in der Regel mehrere Aspekte hervorgehoben:

- Die zunehmende Vermachtung der Märkte führt zu einer nach unten immer starreren Preis- und Lohnstruktur, die die Konjunkturpolitik ihrer Symmetrie beraubt: Expansive Maßnahmen führen überwiegend nur noch zu Preis- und Lohnsteigerungen, während restriktive Maßnahmen überwiegend Produktions- und Beschäftigungsrückgänge nach sich ziehen. Im Ergebnis resultierte daraus eine expansionistisch ausgerichtete Konjunkturpolitik, die zur Beschleunigung der Inflation geführt, ihr Ziel, die Hebung des Beschäftigungsgrades, aber immer weniger erreicht hat.
- Zunehmende Marktmacht verleitet nicht nur zu konjunkturpolitischer Asymmetrie, sie führt auch zur Ineffizienz der Konjunkturpolitik schlechthin: Sei es, daß die mächtigen Anbietergruppen die Maßnahmen staatlicher Stellen unterlaufen können, sei es, daß die politischen Instanzen ihre Maßnahmen von vornherein so treffen, daß sie mit den Interessen der organisierten Gruppen übereinstimmen. Überspitzt kann man sagen, daß sich das Machtgleichgewicht zwischen den Unternehmen und den Gewerkschaften auf der einen Seite und dem Staat auf der anderen Seite verschoben hat, nicht zuletzt als Folge eines zunehmenden Sanktionsabbaus, wie er sich etwa in der von den Regierungen gegebenen Vollbeschäftigungsgarantie manifestiert.
- Kritiker dieser These argumentieren häufig, daß die organisierten Gruppen den Konflikt mit der Staatsautorität nicht durchstehen könnten, wenn die politischen Interessen von ihrer Macht konsequent Gebrauch machten. Tatsächlich haben die Gewerkschaften den Konflikt mit der Geldpolitik, zu dem es 1973 und 1974 in vielen Ländern gekommen war, eindeutig verloren, wie sich an den steigenden Arbeitslosenzahlen unschwer ablesen läßt. Zu Recht argumentieren die "Monetaristen", daß die Inflation in der Welt ein Ende finden müsse, sobald die Notenbanken das erforderliche Geld zu ihrer Finanzierung verweigerten.
- Trotzdem darf man nicht übersehen, daß die Potenz der Stabilisierungspolitik, wie sie die "Monetaristen" für die Geldpolitik in Anspruch nehmen, vielfach nur im theoretischen Modell besteht. Die Schwierigkeiten mit der Konjunktursteuerung, wie wir sie heute in allen westlichen Industrieländern beobachten, haben ihre Ursache in erster Linie in den gegebenen gesellschaftlichen und politischen Rahmenbedingungen. Erschwert wird die Stabilisierungspolitik vor allem dadurch, daß immer mehr gesellschaftspolitische Ziele angestrebt werden, die zu den eigentlichen stabilisierungspolitischen Zielen in Widerspruch stehen 1): Hat die Regierung eine Vollbeschäftigungsgarantie abgegeben und verfolgen die autonomen Gruppen Verteilungsziele, die nicht mit den Zielen der Stabilisierungspolitik im Einklang stehen, dann muß notwendigerweise das Ziel der Preisniveaustabilität auf der Strecke bleiben, möglicherweise auch das Beschäftigungsziel.

Von den drei vorgetragenen Erklärungshypothesen scheint mir letztere die meiste praktische Relevanz zu besitzen, insbesondere, wenn wir an die Situation in anderen Ländern denken, in denen permanente Sozialkonflikte die Stabilisierungspolitik schon im Ansatz scheitern lassen.

Inwieweit der konflikttheoretische Ansatz die Realität hinreichend zu erklären vermag, soll kurz an zwei Ereignissen untersucht werden, die die Wirtschaftsgeschichte der letzten Jahre entscheidend geprägt haben: der sogenannte Dollarüberhang und die Explosion der Rohstoffpreise.

---

1) Das gilt insbesondere für jene Länder, in denen sich die Regierungen zunehmenden Sozialkonflikten gegenübersehen, wie Großbritannien, Italien und Frankreich. Überaus skeptisch beurteilt etwa ein Kenner der englischen Verhältnisse die Möglichkeiten der Geldpolitik für sein Land: "Whether or not monetary laxity promoted the pay explosion, monetary restraint is unlikely to be able to contain it. The development of institutions and procedures that will contain it is dependent upon a widespread acceptance of the need for them that does not now exist.
(H. PHELPS-BROWN, 19, S. 21).

- Eine wesentliche Ursache der zunehmenden weltwirtschaftlichen Instabilität seit dem Ende der sechziger Jahre war wahrscheinlich die Überflutung der Welt mit amerikanischer Währung: Allein von Ende 1969 bis Anfang 1972 stiegen die Dollarbestände der Zentralbanken von 78 Mrd. $ auf 133 Mrd. $. Der gewaltige Dollarabfluß war die Folge einer jahrelangen Nachfrage- und Kosteninflation, ausgelöst durch wachsende Budgetdefizite und eine Politik des leichten Geldes, mit der die Vereinigten Staaten die Lasten des Vietnam-Krieges und dazu noch die eines kostspieligen Sozialprogramms finanzierten. In einer kritischen Darstellung der amerikanischen Wirtschaftspolitik seit dem Ende des Zweiten Weltkrieges spricht Edward KNIGHT von den "Guns and Butter Excesses" der Johnson- und Nixon-Administration: "Although the administration conceded that Vietnam and high level economic activity would make it increasingly difficult to keep the economy in balance, it felt there was no economic justification for a substantial cutback in non-defense spending. In its view, the economy at the time could afford both guns and butter" (KNIGHT, 16, S. 398). Es mag sein, daß die Regierung die Kosten ihrer Politik unterschätzt hatte; als sie Steuererhöhungen ins Auge faßte, scheiterte sie mehrfach am erbitterten Widerstand des Congress.

Eine solche Strategie, die einem Verteilungskonflikt im Innern aus dem Wege ging, dafür aber den Verbündeten einen Teil der Lasten aufbürdete, war nur möglich, solange diese bereit waren, gute Ware gegen schlechte Dollars herzugeben. Da die Europäer und Japaner den Vereinigten Staaten nicht vorschreiben konnten, welche Geldpolitik sie zu betreiben hätten und die Amerikaner auch nicht willens waren, einer Änderung der Dollarparität über eine Erhöhung des Goldpreises zuzustimmen, blieb zunächst wohl auch kaum eine andere Wahl. Es ist freilich schwer verständlich, warum sich später Europäer und Japaner so hartnäckig weigerten, die amerikanische Wiedergutmachung in Form einer kräftigen Dollarabwertung hinzunehmen. Offenbar standen die Regierungen dieser Länder unter dem Druck organisierter Produzentengruppen, die sich gegen eine Verschlechterung ihrer Wettbewerbsposition sträubten.

- Infolge der Aufblähung der internationalen Liquidität geriet die Weltwirtschaft 1972/73 in einen inflatorischen Boom, der die Preisexplosion an den Weltmärkten für Nahrungsmittel und Industrierohstoffe auslöste. Gegenüber dem Stand von Ende 1971 haben sich die Preise aller Rohstoffe im Durchschnitt etwa verdreifacht, der Preis für Rohöl sogar vervierfacht. Den Rohstoff produzierenden Ländern gelang damit endlich das, was sie rund zwanzig Jahre vergeblich versucht hatten, nämlich eine tiefgreifende Umverteilung der realen Ressourcen auf dieser Welt. Daß es sich dabei nicht nur um den Versuch einer dauerhaften Verschiebung der "terms of trade" zwischen den Entwicklungsländern und den Industrieländern handelt, sondern daß sich hierbei auch die Industrieländer selbst an beiden Fronten gegenüberstehen, zeigt sich deutlich an den gegenwärtigen Positionen im Streit um den künftigen Ölpreis zwischen den Vereinigten Staaten und Großbritannien auf der einen und den anderen westeuropäischen Staaten unter Führung Frankreichs sowie Japans auf der anderen Seite.

Die unmittelbare Konsequenz dieser Verteuerung für die Verbraucherländer war eine drastische Verschlechterung der "terms of trade", die sich für 1974 auf 2 bis 3 v.H. des realen Sozialprodukts beziffern läßt. Ein Teil des Einkommens, das sonst dort zur Verfügung gestanden hätte, wurde somit an die Öl und Rohstoffe exportierenden Staaten abgetreten. Da nur ein Bruchteil dieser Beträge über verstärkte Warenexporte in die Verbraucherländer zurückfloß, ist die Weltsparquote kräftig gestiegen - auch dies erklärt die Stärke der weltweiten Rezession. Entscheidend war allerdings, daß in den Verbraucherländern kaum eine gesellschaftliche Gruppe bereit war, die Kosten, die aus der Verschlechterung der realen Austauschverhältnisse herrührten, mit zu tragen, was fast überall zur Verschärfung der Inflation und dort, wo diese energisch bekämpft wurde, zur Verschärfung der Arbeitslosigkeit führte.

Ich glaube, daß mit der Verschärfung des Verteilungskonfliktes und seiner Verlagerung auf die internationale Ebene ein erheblicher Teil der zunehmenden weltwirtschaftlichen Instabilität erklärt werden kann. Dieser Verteilungskonflikt war lange Zeit von der schleichenden Inflation verdeckt. In ihrem 1963 erschienenen Artikel über "Inflationstheorien" konnten BRONFENBRENNER und HOLZMANN (4, S. 615) noch schreiben: "Inflation acts as the great social mollifier by allowing various social groups to raise their money incomes (and perhaps real incomes) without cutting any other group's money income." Nachdem inzwischen die Geldillusion weitgehend abgebaut ist, hat dieser "social mollifier" seine Bedeutung verloren. Die Unfähigkeit der verantwortlichen Instanzen, den Konflikt zu lösen, tangiert damit zunehmend den realen Bereich.

Natürlich lassen sich auch andere Gründe finden, die bei vordergründiger Betrachtung sogar mehr ins Auge fallen. Wenn wir an die Explosion der Rohstoffpreise in den Jahren 1972 bis 1974 denken, so kam noch manches hinzu: die witterungsbedingt schlechten Getreideernten in den Vereinigten Staaten, die Produktionsausfälle bei einer Reihe von Genußmitteln infolge Dürre und Frost, das Ausbleiben der Anchovis-Fischschwärme vor der peruanischen Küste. Aber ähnliche Ereignisse hat es früher auch schon gegeben und dennoch hielten sich die zyklischen Preisbewegungen in Grenzen. Diesmal hingegen waren die Preissteigerungen zweimal so groß wie während des Koreakrieges, und auch die weltweite Rezession hat allem Anschein nach die Aufwärtsbewegung nicht gestoppt, sondern nur vorübergehend unterbrochen.

Die von mir angebotenen Hypothesen über die Ursachen zunehmender weltwirtschaftlicher Instabilität werden vielleicht nicht überall akzeptiert. Sie erklären wohl einen Teil der Realität, aber sicher nicht die ganze Realität; andere Deutungen sind möglich. Dagegen kann man ein hohes Maß an Übereinstimmung erwarten, wenn es um die Beurteilung ihrer Auswirkungen geht. So besteht sicherlich Einvernehmen darüber, daß es wünschenswert ist, die zyklischen Schwankungen von Produktion und Beschäftigung in möglichst engen Grenzen zu halten, und es gibt auch kaum mehr einen Dissens hinsichtlich der Wirkungen einer Dauerinflation, obwohl noch vor nicht allzu langer Zeit eine respektable Minderheit unter den Ökonomen die Auffassung vertrat, die Inflation sei ein taugliches Mittel zur Förderung des Wachstums und zur Hebung des Beschäftigungsgrades.

Mehr fragmentarisch als systematisch sei hier nur auf einige wenige Aspekte des Problems hingewiesen:

- Vorübergehende oder länger anhaltende Unterauslastung des Produktionspotentials ist gleichbedeutend mit <u>Wohlfahrtseinbußen</u>. Denn wird in einem Jahr weniger als von den Kapazitäten her möglich gewesen wäre produziert, so ist die nicht realisierte Produktionsmenge unwiderruflich verloren. Hinzu kommen die Langzeitwirkungen unterlassener Investitionen, die das Wachstum des Produktionspotentials beeinträchtigen. Überschlägig geschätzt dürften in den westdeutschen Industrieländern 1975 durch die Rezession Wachstumsverluste in Höhe von 225 Mrd. $ (in 1974er Preisen) entstanden sein - das ist etwa die Hälfte des Sozialprodukts, das die Entwicklungsländer in diesem Jahr erzeugt haben (550 Mrd. $). Natürlich läßt sich argumentieren, daß sich der Wechsel von guten und schlechten Zeiten, wie er sich in dem zyklischen Auf und Ab der Produktion manifestiert, stimulierender auf die wirtschaftliche und gesellschaftliche Entwicklung auswirkt: Rezessionen hätten dann den Charakter von Reinigungskrisen, die bei Unternehmern und Arbeitnehmern Leistungsreserven erschließen. Es ist jedoch zu fragen, ob man diese produktivitätssteigernden Wirkungen nicht auch anders erreichen kann, etwa indem man den Wettbewerb intensiviert.

Wohlfahrtseinbußen resultieren aber auch daraus, daß eine Verfehlung des Stabilisierungsziels zur <u>Fehlallokation von Ressourcen</u> führt. Es genügt hier auf den Zusammenhang zwischen Dauerinflation und Kapitalfehlleitung im Bereich des Wohnungsbaus hinzuweisen. Aber auch zyklische Bewegungen von Nachfrage und Preisen können zu Störungen im realen Bereich führen: Nicht nur im Agrarbereich, sondern auch in einer ganzen Reihe von Industriezweigen können wir typische "Schweinezyklen" beobachten, das heißt gegenläufige oszillatorische Bewegungen von Preisen und Mengen. So läßt sich das Ausmaß der Explosion der Rohstoffpreise Anfang der siebziger Jahre zum Teil mit der Preisbaisse in den fünfziger und sechziger Jahren erklären, die dazu geführt hatte, daß die Kapazitäten in der Rohstofferzeugung nicht genügend ausgeweitet worden waren. Unter allokationspolitischem Aspekt bedeutet schließlich auch der durch das Preisdiktat der Ölländer ausgelöste Substitutionsprozeß im Energiebereich eine gewaltige Kapitalfehlleitung. Dies wird sich spätestens dann zeigen, wenn die OPEC-Staaten unter dem Druck der Substitutionskonkurrenz den hohen Ölpreis werden zurücknehmen müssen; und sie können dies um so leichter, weil sie nur zu einem Bruchteil der Kosten produzieren wie die potentiellen Konkurrenten.

- Auch integrationspolitisch birgt die zunehmende Instabilität der westlichen Welt erhebliche Gefahren, denn Inflation, Arbeitslosigkeit und Zahlungsbilanzungleichgewichte behindern den freien internationalen Waren- und Kapitalverkehr, der nach dem Zweiten Weltkrieg gegen vielfachen Widerstand in Gang gekommen war. Die Desintegrationstendenzen haben bereits jetzt ein gefährliches Maß erreicht, weil immer mehr Länder die Lösung ihrer Probleme in einer Renationalisierung der Wirtschaftspolitik suchen.

Zusammengenommen sind diese Wirkungen ziemlich verheerend, denn sie tragen dazu bei, das Vertrauen in die Funktionsfähigkeit des marktwirtschaftlichen Systems zu zerstören. Kritiker dieses Systems sehen daher in der gegenwärtigen Rezession nicht nur eine Stabilisierungs- und Strukturkrise, sondern auch eine Konstitutionskrise der Marktwirtschaft - oder eine Krise des Kapitalismus schlechthin. Eine erfolgreiche Stabilisierungspolitik ist somit zugleich das beste Mittel zur Systemstabilisierung.

3 Die Therapie

So sehr die Dringlichkeit einer wirksamen Stabilisierungspolitik anerkannt wird, so groß ist nach den Fehlschlägen der letzten Jahre aber auch die Ratlosigkeit hinsichtlich der einzuschlagenden Strategie. Auf der Suche nach einer überzeugenden Konzeption wird man erneut mit dem Streit zwischen "Fiskalisten" und Monetaristen" konfrontiert, nur wird er hier unter anderen Schlagworten geführt, wie "Zyklus versus Trendorientierung" oder "diskretionäre Konjunktursteuerung versus Regelbindung".

- Für die "Monetaristen" geht es zunächst einmal darum, die Stabilisierungspolitik zu stabilisieren. Dies ergibt sich folgerichtig aus deren Impulsdominanzhypothese. "Stabilisierung der Stabilisierungspolitik bedeutet, die entscheidende, weil quantitativ wichtigste Ursache dauernder Instabilität zu beseitigen" (NEUMANN, 17, S. 80). Ansatzpunkt hierfür ist nach FRIEDMAN eine im Grundsatz konstante Zuwachsrate der Geldmenge, die sich am langfristigen Wachstum des Produktionspotentials orientiert. Die "Monetaristen" behaupten nicht, damit jede Art von Instabilität vermeiden zu können; "andere Impulsfaktoren" (was immer das auch sein mag) könnten weiterhin Schwingungen erzeugen, nur würde diese durch eine trendorientierte Konjunkturpolitik merklich gedämpft.

- Die "Fiskalisten" leugnen inzwischen zwar in ihrer Mehrheit nicht mehr die Vorzüge, die eine trendorientierte Politik gegenüber einer diskretionären Steuerung bietet 1), sie haben jedoch Bedenken hinsichtlich der praktischen Relevanz des monetaristischen Konzepts. Skepsis herrscht insbesondere gegenüber der Hypothese von einem stringenten Zusammenhang zwischen Geldbasis, Geldmenge und wirtschaftlicher Aktivität. Insbesondere trauen die "Fiskalisten" der Geldpolitik nicht zu, daß sie durch eine Veränderung der relativen Preise, vor allem des Zinssatzes, die Investitionsneigung beeinflussen kann; sie setzen stattdessen auf eine Veränderung der Staatseinnahmen und -ausgaben.

---

1) Eine Minderheit betrachtet dagegen jede Art von trendorientierter Politik immer noch als ein destabilisierendes Element. So hält es HELLER (13, S. 26) für wahrscheinlich, daß die Übernahme des monetaristischen Konzepts "would condemn us to long periods of economic slack or inflation as the slow adjustment processes in wages and prices, given strong market power, delayed the economy's reaction to the monetary rule while policy makers stood helpless by".

Weniger dogmatisch festgelegte Ökonomen versuchen zu vermitteln: So schlägt etwa NIEHANS (18) einen "policy mix" vor, bei dem die Geldpolitik die längerfristige Stabilisierung des Preisniveaus zu übernehmen, die Fiskalpolitik dagegen sich um eine Glättung der Produktionsschwankungen zu bemühen hätte.

Nimmt man die stabilisierungspolitischen Rezepte in den westlichen Industrieländern genauer unter die Lupe, so zeigt sich dort in letzter Zeit eine vorsichtige Öffnung hin zur monetaristischen Konzeption. Hierbei dürfte eine Rolle spielen, daß seit dem Übergang zu flexiblen Wechselkursen die Geldpolitik ihre Funktionsfähigkeit weitgehend wiedererlangt hat, die sie bei fixen Wechselkursen eingebüßt hatte. Die Zeit ist freilich bisher zu kurz, um die Erfolgschancen dieser neuen Strategie beurteilen zu können. Noch hat die Weltwirtschaft den Aufschwung aus einem tiefen Konjunkturtal in Richtung auf einen gleichgewichtigen Wachstumspfad nicht geschafft, und noch ist die Inflation nicht unter Kontrolle.

Bis zum Beweis des Erfolges bleibt deshalb vorsichtige Skepsis angebracht. Wenn es zutrifft, daß die traditionelle Politik der Nachfragesteuerung mehr oder weniger an der Existenz von Marktmacht gescheitert ist, so muß man sich natürlich fragen, was der Übergang zu einer anderen Variante dieser Politik daran zu ändern vermag. In diesem Punkt bewegt sich die "Fiskalismus-Monetarismus-Debatte" allzu sehr an der Oberfläche. Natürlich haben die "Monetaristen" recht mit der These, daß in der Vergangenheit die Geldpolitik die Austragung des Verteilungskonflikts ermöglicht habe. Aber heißt dies auch, daß bei einer anderen Geldpolitik dieser Konflikt aus der Welt geschafft ist? Gelingt es nämlich nicht, zugleich auch eine nachhaltige Veränderung der Verhaltensweisen zu erzwingen, dann führt eine streng am Stabilisierungsziel ausgerichtete Nachfragesteuerung zwangsläufig in die Stagnation, wenn nicht gar in die Slumpflation. Das eindrucksvollste Beispiel hierfür liefert seit längerem Großbritannien, aber auch andere Länder, darunter die Bundesrepublik Deutschland, haben inzwischen ähnliche Erfahrungen machen müssen.

Falls die Diagnose richtig ist, daß in der Welt von heute das Problem der Stabilisierungspolitik primär ein ordnungspolitisches ist, so folgt daraus, daß zunächst einmal hier die Hebel anzusetzen sind. Damit rückt die Einkommenspolitik wieder ins Zentrum der Überlegungen, nicht in dem Sinne eines Entweder - Oder, sondern als ein zur Nachfragesteuerung komplementärer Ansatz (vgl. SCHMAHL, 21, S. 154).

Die Aussichten, Konflikte durch allgemeinen Konsensus zu lösen, werden von der Konflikttheorie überwiegend zurückhaltend beurteilt. Selbst optimistischer gestimmte Autoren sind in ihren Formulierungen sehr allgemein: "Probleme, die nur mit Gewalt gelöst werden können, müssen neu gestellt werden" (FRIEDRICH HACKER). Die Erfahrungen in anderen Industrieländern mögen den Schluß nahelegen, daß die Einkommenspolitik den Konflikt zwischen Geldwertstabilität und Vollbeschäftigung nicht zu lösen vermag (vgl. AHNEFELD, 2, S. 20 ff). Die Schwierigkeiten sind in letzter Zeit dadurch noch größer geworden, daß es sich nicht mehr nur um Verteilungskonflikte auf nationaler Ebene handelt (etwa zwischen Arbeit und Kapital, Schwarzen und Weißen, Landwirtschaft und gewerblicher Wirtschaft, Staat und privatem Sektor), sondern um einen internationalen Konflikt (etwa zwischen international organisierter Arbeit und international organisiertem Kapital, Industrieländern und der "Dritten Welt", "neureichen" und "armen" Entwicklungsländern). Man muß sich einmal vor Augen halten, was es für die Stabilisierungspolitik bedeutet, wenn international organisierte Gewerkschaften - bei unterschiedlichem Produktivitätsniveau - eine Angleichung der Reallöhne in den einzelnen Ländern anstreben (vgl. WEINBERG, 22). Dennoch: Schlichten läßt sich der Konflikt zwischen dem Stabilitätsziel und dem Beschäftigungsziel nur, wenn die Gesellschaft den organisierten Gruppen Regeln für ein sozialadäquates Verhalten auferlegt und diese sich dazu bekennen. Wer die Erfolgsaussichten einer solchen Politik gering einschätzt, muß die Alternative in Kauf nehmen: Eine Politik des "muddle through" mit Inflationsschüben in der Hochkonjunktur und Beschäftigungseinbußen in der Stabilisierungsrezession.

Versteht man den Begriff "Einkommenspolitik" im weitesten Sinne, etwa im Sinne von HABERLERS

Einkommenspolitik I und II (vgl. HABERLER, 12), so sind grundsätzlich zwei Varianten denkbar: Mehr Wettbewerb und mehr Dirigismus:

- Mehr Wettbewerb heißt: Verstärkte Fusionskontrolle, Verschärfung der Mißbrauchsaufsicht im Kartellrecht, Abbau von Zöllen und nichttarifären Handelsbeschränkungen, Förderung der Arbeitsmobilität, Abschaffung von Mindestlöhnen. Aber auch: Reform des Streik- und Aussperrungsrechts, Überprüfung des Systems sozialer Leistung, Verzicht auf die Vollbeschäftigungsgarantie.
- Mehr Dirigismus heißt: Beschränkung der Tarifautonomie und Übergang zu Preis- und Lohnkontrollen, Einführung von Export- und Importkontingenten, Verschärfung der Kapitalverkehrskontrollen, staatliche Investitionslenkung.

Grundsätzlich fällt die Wahl zwischen den Alternativen nicht schwer. Alle gesellschaftlichen Gruppen sind natürlich für mehr Wettbewerb - ausgenommen bei sich selbst. In der Praxis bevorzugt man dann doch immer wieder kurzsichtige dirigistische Lösungen, mit denen man nicht selten das Gegenteil von dem erreicht, was man sich vorgenommen hat.

Ein treffliches Demonstrationsobjekt, wie Stabilisierungsprobleme im weltweiten Rahmen von den Regierungen heute "gelöst" werden, ist die Behandlung der Rohstoffrage. Das ganze läuft unter dem Etikett "Kooperation", das dieser Strategie - als Alternative zur "Konfrontation" - schon vorab einen positiven Anstrich geben soll. Tatsächlich ist die Stabilisierung der Rohstoffpreise, wenn wir darunter die Vermeidung kurzfristiger extremer Preisschwankungen verstehen, eine sinnvolle Aufgabe; nicht nur im Interesse der Entwicklungsländer, die auf die Deviseneinnahmen aus Rohstoffverkäufen dringend angewiesen sind, sondern auch im Interesse der Industrieländer, denen an einer möglichst störungsfreien Belieferung gelegen sein muß. Ein wirkungsvolles Instrument zur Dämpfung extremer Preisschwankungen wäre etwa die Anlage von Buffer-Stocks, die von den Industrieländern oder internationalen Organisationen finanziert werden könnten (vgl. Weltrohstoffversorgung, 23, S. 39 f). Bei den zur Diskussion stehenden Vorschlägen geht es aber nicht so sehr um das Problem der Instabilität durch zyklische Preisausschläge, sondern um eine Zementierung von Kartell-Preisen, die deutlich über den Gleichgewichtspreisen liegen. Längerfristiger wirkt diese Strategie - und dies läßt sich an der Konstruktion des europäischen Agrarmarktes studieren - auf eine weltweite Überproduktion hin, womit die nächste Preisbaisse bereits programmiert wird.

Versucht man eine Bilanz zu ziehen, so ist das Ergebnis nicht gerade ermutigend. Dies sollte nicht als Resignation verstanden werden, sondern eher als Ratschlag, insbesondere auch an die Teilnehmer dieser Tagung, die im Hinblick auf das Stabilisierungsziel vielleicht zu hoch gesteckten Erwartungen auf ein realistisches Maß zurückzuführen. MILTON FRIEDMAN, dem man gewiß nicht nachsagen kann, es mangele ihm an Selbstvertrauen, hat es einmal so formuliert: "I believe that we economists in recent years have done vast harm - to society at large and to our profession in particular - by claiming more than we can deliver. We have thereby encouraged politicians to make extravagant promises, inculcate unrealistic expectations in the public at large, and promote discontent with reasonably satisfactory results because they fall short of the economists' promised land" (FRIEDMAN, 8, S. 17).

Vielleicht sollte man sich beim heutigen Stand unseres Wissens und unter den gegebenen gesellschaftspolitischen Bedingungen damit begnügen, die weltwirtschaftlichen Konjunkturschwankungen zu mildern, wie dies kürzlich HERBERT GIERSCH (10, S. 17) vorgeschlagen hat.

Die Erfolgsaussichten sind gegenwärtig auch hier nicht sonderlich groß, aber wahrscheinlich größer, als wenn man versuchen wollte, jederzeit und überall einzelne Teilmärkte zu stabilisieren. Rund ein halbes Jahrhundert nach seiner Entdeckung ist es noch nicht einmal gelungen, den "Schweinezyklus" auszuschalten.

Literatur

1. ANDERSON, L.C.: A Monetarist View of Demand Management: The United States Experience. In: GIERSCH, H.: Demand Management. Globalsteuerung, Kiel 1972.

2. AHNEFELD, A.: Neue Versuche mit der Einkommenspolitik. In: Die Weltwirtschaft, H. 1, 1972.

3. BRONFENBRENNER, M. (Hrsg.): Is the Business Cycle Obsolete? New York 1969.

4. BRONFENBRENNER, M. and HOLZMANN, F.D.: Survey of Inflation Theory. In: The American Economic Review, Vol. VIII, 1963.

5. DÜRR, F., NEUHAUSER, G.: Währungspolitik, Konjunktur- und Beschäftigungspolitik. Stuttgart 1975.

6. FAND, D.I.: Monetarism and Fiscalism. In: Banca Nazionale de Lavoro Quarterly Review, Vol. 23, 1970.

7. FELS, G.: Produktionsstruktur im Umbruch. In: Krise der Weltwirtschaft. Kieler Diskussionsbeiträge 37, Kiel 1975.

8. FRIEDMAN, M.: Have Monetary Policies Failed? In: The American Economic Review, Vol. 62, 1972.

9. GEBERT, D., SCHMIDT, K.D.: Der internationale Konjunkturverbund in den sechziger Jahren. In: Die Weltwirtschaft, H. 1, 1970.

10. GIERSCH, H.: Diskussionsbeitrag zu: Kooperation oder Konfrontation - Stürzt die Weltwirtschaft in eine Krise? Bergedorfer Gesprächskreis, Protokoll Nr. 50, 1975.

11. HAFFNER, S.: Wenn die Pferde nicht mehr saufen. In: Stern-Magazin, Nr. 36, 1975.

12. HABERLER, G.: Income Policies and Inflation: An Analysis of Basic Principles. Washington 1971.

13. HELLER, W.: Is Monetary Policy being Oversold? In: M. FRIEDMAN and W. HELLER, Monetary versus Fiscal Policy, New York 1969.

14. JÖHR, W.A.: Theoretische Grundlagen der Wirtschaftspolitik. Bd. II: Die Konjunkturschwankungen. Tübingen, Zürich, 1952.

15. JOHNSON, H.G.: The Keynesian Revolution and the Monetarist Counter-Revolution. In: The American Economic Review, Vol. 62, 1971.

16. KNIGHT, E.: Economic Policy and Inflation in the United States: A Survey of Developments from the Enactment of the Employment Act 1946 through 1972. In: Price and Wage Control: An Evaluation of Current Policies. Hearings before the Economic Committee Congress of the United States. 92nd Congress, 2nd Session, Washington 1972.

17. NEUMANN, M.: Stabilisierungspolitik in monetaristischer Sicht. In: Stabilisierungspolitik. WSI-Studien zur Wirtschafts- und Sozialforschung. Nr. 27, Köln 1974.

18. NIEHANS, J.: Stabilisierung in der offenen Volkswirtschaft. Vortrag auf der Jahrestagung der Gesellschaft für Wirtschafts- und Sozialwissenschaften - Verein für Socialpolitik - vom 2. bis 5.9.1974 in Zürich. (Bisher nur als Manuskript veröffentlicht).

19. PHELPS-BROWN, H.: A Non-Monetarist View of the Pay Explosion. In: The Three Banks Review, No. 105, 1975.

20 Sachverständigenrat zur Begutachtung der gesamtwirtschaftlichen Entwicklung: Vollbeschäftigung für morgen. Jahresgutachten 1974/75.

21 SCHMAHL, H.J.: Stagflation - Herausforderung für die Wirtschaftspolitik. In: Stabilisierungspolitik, WSI-Studien zur Wirtschafts- und Sozialforschung, Nr. 27, Köln 1974.

22 WEINBERG, N.: International Trade Union Co-operation and National Stabilisation Policies. In: The Labour Market and Inflation. Ed. by A.E. SMITH, London, Melbourne, Toronto, New York, 1968.

23 Vgl. Weltrohstoffversorgung: Konflikt oder Kooperation? Kieler Diskussionsbeitrag 36, 1974.

ERGEBNISSE DER DISKUSSION DER REFERATE VON
K.-D. SCHMIDT UND B. MOLITOR

zusammengestellt von

W. Schubert, Kiel

Die Diskussion über gesamtwirtschaftliche Instabilität sowohl auf weltwirtschaftlicher als auch auf nationaler Ebene bewegte sich im Rahmen der drei grundsätzlichen Gliederungspunkte beider Referate, nämlich Ursachen und Auswirkungen wirtschaftlicher Instabilität sowie Möglichkeiten zu ihrer Beseitigung.

I

1. Weitgehende Einigkeit bestand darüber, daß als eine der Hauptursachen fortschreitender Instabilität die zunehmende Verkrustung der Märkte als Folge von "Inflexibilitäten oligopolistischer Phänomene" sowohl national als auch international anzusehen ist. Bei der Gestaltung der zukünftigen Weltwirtschaftsordnung sollte deshalb versucht werden, den Zusammenhang zwischen vermehrtem Staatsdirigismus auch auf internationaler Ebene und zunehmender Inflexibilität des Vorschriftenrahmens stärker zu berücksichtigen. Die hieraus resultierende Schwierigkeit hinsichtlich der augenblicklichen Konjunktursteuerung in der Bundesrepublik Deutschland ist letztlich auch eine Folge der Unsicherheiten auf den Rohstoffmärkten und in der Rohstoffpolitik.

Übereinstimmung bestand in der Forderung nach verstärkter Wettbewerbspolitik auf den Weltmärkten sowie eine auf klaren marktwirtschaftlichen Positionen basierende bilaterale bzw. multilaterale Verhandlungsführung der Marktpartner.

2. Die Frage, ob die Instabilität in der BRD auch durch prozyklisches Verhalten des Staates begünstigt wird, wurde von beiden Rednern verneint. Das zeige sich schon am Finanzierungsdefizit bei Bund und Ländern von ca. 4,2 % für das Jahr 1975. Demgegenüber bestehe bei den Gemeinden sehr wohl eine Mentalität zur Parallelpolitik. Aus diesem Grunde setzt das Bauprogramm der Bundesregierung auch hauptsächlich bei den Gemeinden an.

II

Die Diskussion der Auswirkungen gesamtwirtschaftlicher Instabilität beschränkte sich auf die Gebiete Inflation und Stagflation.

1. Zu befürchten sei, daß als Folge mangelnder Flexibilität der Preise nach unten aufgrund internationaler Kartellbildung auf den Rohstoffmärkten und im gesamten Industriebereich, ferner durch das Subventionssystem im Agrarsektor, schon von einem relativ hohen Inflationssockel in den nächsten Konjunkturaufschwung gegangen werde. Daher müsse auch in Zukunft mit steigenden Inflationsraten gerechnet werden.

2. Der Aussage, daß der Dienstleistungsbereich wegen geringer Produktivitätszuwächse ein stärkeres Absinken der Inflationsraten verhindern würde, konnte entgegengehalten werden, daß Untersuchungen

in den USA seit 1950 diese Auffassung nicht bestätigten, da im Versicherungs-, Banken- und Transportgewerbe durchaus Rationalisierungsmöglichkeiten gegeben seien.

III

1. Im Zusammenhang mit der Vermeidung bzw. Beseitigung von Instabilitäten konnte Übereinstimmung darüber erzielt werden, daß die Instrumente der Fiskalpolitik als auch der Geldpolitik sich in der Praxis nicht sehr bewährt hätten, wobei jedoch zu bedenken sei, daß die Monetaristen im Gegensatz zu den Fiskalisten noch gar keine direkte Möglichkeit besessen haben, sich in der Praxis zu beweisen. Der Grund sei darin zu sehen, daß die Ergebnisse ihrer mittel- und langfristig orientierten Politik in der Bundesrepublik für die letzten Jahre noch nicht in bewertbarer Form vorliegen.

Wichtig erscheint aber, daß durch das Einführen flexibler Wechselkurse die Wirksamkeit der Geldpolitik sichtbar verbessert wurde, andererseits dadurch aber auch die konjunkturpolitische Eigenverantwortung der inländischen öffentlichen Stellen stark angestiegen ist. Zu bedenken ist jedoch, daß flexible Wechselkurse allein noch keine Wachstumsgarantien geben, da sie die Nachfrage nicht direkt ankurbeln können.

Die Frage, ob fiskalistische oder monetaristische Wirtschaftspolitik betrieben werden soll, muß als zweitrangig angesehen werden, solange man noch nicht genau weiß, ob die eine oder die andere Richtung politisch durchsetzbar ist bzw. wo die günstigste Kombination zwischen beiden liegt.

2. Deutlich geworden ist in den letzten Jahren, daß gesamtwirtschaftliche Instabilität durch eine nachfrageorientierte Konjunkturpolitik allein nicht zu beseitigen ist, da die KEYNESschen Annahmen des Bestehens von Geldillusionen in realiter weggefallen sind und die Inflationsraten in die Pläne der Wirtschaftssubjekte antizipiert wurden. Flankierende verteilungs- und strukturpolitische Maßnahmen könnten jedoch die Effizienzen der Fiskal- und Geldpolitik erheblich vergrößern.

3. Die Wissenschaft sollte sich ferner angeregt sehen, durch eigenständige Aufklärungsarbeit über ökonomische Grundzusammenhänge der Gesellschaft den allgemeinen wirtschaftlichen Erkenntnishorizont sowohl im privaten als auch im öffentlichen Bereich zu erweitern.

4. Als letztes Problem wurde die Möglichkeit einer Steuerung der globalen Investitionsquote durch Investitionslenkung angesprochen. Dabei muß erst einmal gefragt werden, ob die Investitionen über den Markt gelenkt werden oder von zentralen Lenkungsinstanzen als direkter Eingriff in die Unternehmerentscheidung erfolgen soll. Investitionslenkung über den Markt hat sich in der Vergangenheit schon bewährt und wird, verbunden mit Maßnahmen der Verteilungspolitik und einem Abbau allgemeiner Unsicherheiten in der Gesellschaft der westlichen Staaten durch bessere Transparenzmachung künftiger Entwicklungslinien Fehlallocationen in der Zukunft verringern. Es bestand unter den Rednern jedoch weitgehend Einigkeit darüber, daß direkte Eingriffe in den Investitionsbereich der Unternehmer nicht wünschenswert seien.

CAUSES AND CONSEQUENCES OF INSTABILITY ON WORLD
AGRICULTURAL MARKETS

by

Gérard Viatte, Paris [1]

Head of the Agricultural Markets Division, O.E.C.D., Paris
Lehrbeauftragter an der Eidg. Technischen Hochschule, Zürich

1	Introduction	25
1.1	Soya beans	26
1.2	Cereals	26
1.3	Livestock products	27
2	Major causes of instability	27
2.1	Technical factors	27
2.2	Economic factors	28
2.3	Political factors	28
3	Consequences of the instability	28
3.1	Impact on producers and consumers	28
3.2	Impact on developing countries	29
4	Possibilities to reduce market instability	29
4.1	Information	29
4.2	Stock policy	30
4.3	Medium-terms contracts	30
4.4	Management of world markets	31

1 Introduction

The agricultural markets have passed through a period of extreme instability since the beginning of this decade. It is true that the instability on national and international markets is not a new phenomenon. However, it has become more violent and more widespread as far as the number of commodities and countries are concerned. In recent years, the markets of the most important commodities have evolved in a completely unexpected way, and have experienced very marked and rapid changes.

---

1) The author assumes sole responsibility for the views expressed in this paper which do not necessarily correspond with those of the O.E.C.D.

Before going into a discussion of the causes and consequences of this instability, it may be useful to recall briefly some of the major examples which occurred in the last few years.

1.1 Soya beans

The first striking example was the so-called "soya bean crisis" which culminated in the summer of 1973. The economic and political consequences of this crisis were very important and the public were aware of these difficulties. The crisis was due to various factors including, in particular, a drop in fish meal production in Peru which was down from 2 to 0,9 million tons and purchases of soya beans by the U.S.S.R.. It must be stressed that this crisis occured in spite of a record crop in the United States in the autumn of 1972. The consequences of this crisis are well known : skyrocketting prices, export controls introduced by the United States despite the traditional doctrine of this country in favour of free markets, acute difficulties for the livestock industries in importing countries, etc. This was one of the first occasions when the problem of security of supply arose. Up to that time, at least in the agricultural sector, the major problem which was discussed in international political circles was the problem of market access.

1.2 Cereals

The developments which affected the world cereal economy have even more far-reaching consequences. The consequences of the instability are the most serious in this key sector, not only for the developed countries but mainly for the developing countries. It may be recalled that the situation in the late 60s was characterized by a relative oversupply (in relation to commercial demand), which led to the introduction of supply control in major producing countries in 1970/71 in order to reduce the amount of stocks, which was as high as 120 per cent of world trade in this year. These programmes were rather successful, in particular in the United States, Canada (LIFT programme), Australia and Japan (for rice) but further developments have shown that they have, in fact, been "over-successful". The situation changed completely in the 1972/73 season due to the very large purchases made by the U.S.S.R.. These purchases, which amounted to about 19 million tons of wheat (including some provisions for re-exports to Eastern Europe and other countries), were made in order to offset a drop in the 1972 wheat crop of about 13 million tons. Obviously, the U.S.S.R. had already suffered in the past from a significant and sudden drop in the cereals production. However, this was probably the first time that the U.S.S.R. tried to offset almost completely this decline in output in order to maintain a satisfactory level of nutrition within the country and, in particular, to avoid cutting the size of the herd. Food policy had received a higher priority and particular attention had been given to the particular needs of the livestock industry.

The cereals market continued to remain very strong in 1973/74. The volume of trade was very high because of significant imports by the U.S.S.R., Japan, and developing countries despite a very high level of production in most countries. The all-time record price for wheat was reached in February/March 1974 where the price on the Chicago market was higher than 6 dollars a bushel. At that time there was very serious concern about the risk of a lack of physical supply of cereals before the next crop of June/July 1974. The level of stocks was very low and the major exporters took some steps in order to make sure that home demand and demand by the traditional importers could be met. At the end of the 1973/74 season the level of stocks was much below the level which could be considered as a minimum safety level.

The World Food Conference took place in autumn 1974 in these difficult circumstances. The question of "world food security" was one of the key issues. Some immediate action was taken on the initiative of the Director General of F.A.O. to establish a certain degree of concertation between the major exporters and importers in order to make sure that the urgent needs of the developing countries could be met in order to avoid wide-ranging starvation. Particular attention was also given to the problem of food aid, stressing the need to maintain a certain degree of stability in the level of quantities of food aid, therefore making it less dependent on price variations. At the end of the 1974/75 season, some doubt arose about the risk of a new period of relative "over supply" : prices on the American market reached such a low level that the profitability of wheat production was questioned; fears were expressed that American farmers might be led to reduce their plantings. But these disappeared rapidly because the situation was completely changed by the unexpected purchases by the U.S.S.R. in July 1975. The consequences of these purchases for the exporting countries and for the other importing countries are not very clear yet. In particular, the possibility to rebuild stocks, which would be urgently needed, may be very limited during the new season.

1.3 Livestock products

Very serious and unexpected difficulties were also encountered in recent years in the meat sector. The scope of this paper is too limited to allow for in-depth analysis of the causes and consequences of these developments. The present situation of relative over-supply is due to the combination of various factors affecting both supply and demand. The major factor is probably the fact that, in the early 70s, producers had built up their herds in the expectation that prices would remain very high, or even continue to increase. As the same developments took place both in importing and exporting countries (E.E.C. and Australia are the most obvious examples), the difficulties became serious when all the production reached the market. Cyclical developments seem to play an increasing role in the beef economy, and the possible co-ordination of national beef cycles at world level is likely to create new problems.

Market instability is also a permanent feature in the field of dairy products. The "butter mountain" was the major problem of European agriculture a few years ago. Now the E.E.C., as well as some other countries, are faced with very high levels of stocks of skim milk powder, due to a reduction of use in animal feeding and to the new price relationship set up between butter and skim milk.

Many other examples could have been given about other products which concern the agriculture of not only the temperate zone, but also of developing countries, such as sugar. But this would require further analysis and we will limit this introduction to the presentation of those few cases which have a particular significance for European agriculture.

2   Major causes of instability

From a general point of view, two facts should be mentioned. The first one is the growing interdependence between countries. For example, much more attention is being given now to developments in less developed countries than a few decades ago. The fluctuations which occur in the U.S.S.R. have a more direct impact on other countries than before. The second general cause is the growing interdependence between various agricultural commodities, which is most evident in the animal feed sector. Within this sector there is a well known phenomenon of horizontal substitution between the various feeds, as well as a "vertical" link between the various feeds and animal products. The livestock industry is much more dependent on cereals and other concentrates than it was two or three decades ago.: any development regarding the crop level has an immediate influence on the conditions of production and the profitability of the livestock industry. On the other hand the trends of supply and demand developments of livestock products have a decisive impact on the demand for feedingstuffs.

2.1   Technical factors

If we move to more specific causes of instability, we should first consider the technical factors. The most obvious example of these factors is the climatic variations. Of course this is not a new feature. Nevertheless, it seems that this vulnerability to weather is increasing somewhat in a number of regions where marginal land is being brought into production, such as non-black soil in the U.S.S.R., or regions of North America and Australia. On the other hand, technical developments, such as irrigation, may reduce this vulnerability. Without entering into a discussion of a possible basic and long-term change in the world climatic conditions it does appear that, on balance, this vulnerability of agriculture to weather variations is not going to decrease significantly in the next few years.

2.2 Economic factors

A second group of factors which has a decisive influence on agricultural developments is the general economic factors. The behaviour of farmers and of the various firms of the "food system" is directly influenced by the general economic conditions. A few examples can be mentioned : - the increasing capitalisation of agriculture makes it more dependent on developments in the general capital markets; - the instability of the world monetary conditions influences the pattern of agricultural trade; - even in developed countries the demand for food, in particular for some expensive products, is much more sensitive to general economic and income developments than a few years ago (and a small change in beef demand has an amplified effect on the cereals or soya beans sector); - in developing countries general economic developments exert a decisive influence on production, demand and trade of agricultural products.

2.3 Political factors

Political factors may also be a cause of instability. This may be the case in Western developed countries although their policies are generally well known and rather stable. On the other hand, political developments in other countries such as the U.S.S.R. are more difficult to foresee : the basic change in the general socio-economic policy of the U.S.S.R. was one of the major "destabilizing" factors of the world markets in the last five years. Furthermore, the degree of political priority which will be given in the future to food and agriculture by the policy-makers of the U.S.S.R. will influence the future situation of the world agricultural markets : the agricultural potential of the U.S.S.R. is significant and it is not absolutely certain that the U.S.S.R. will always be such a large importer. In the developing countries, the policy to be followed in relation to income distribution is a good example of political influences on the food situation : a policy of increased equalisation of income between the various groups of the population is likely to result in a strong increase in food demand due to the higher income elasticities in the low income group of the population.

3 Consequences of the instability

The instability on world agricultural markets creates difficulties for all people involved with food and agriculture : producers and consumers, food industry and trade, importing and exporting countries etc. It is mainly reflected in very unstable prices on the world market and in variations in the level of stocks. At present, for some commodities such as cereals, the stock level is insufficient whereas it is too high for some other commodities. The whole food sector is suffering from switches from relative shortages to relative oversupply.

3.1 Impact on producers and consumers

The producers, (in particular in the countries where their situation is directly influenced by developments on the world markets either as exporters - United States - or as importers - Japan) have difficulties in making production plans and, in particular, taking decisions about investments. These difficulties are particularly acute for productions which have a long cycle and require a high degree of investment such as beef production. They also exist for poultry or pigmeat producers, as well as for the cereals producers who may have, in some countries, difficulties in taking the right planting decisions.

The consumers have also been hit by changes in food prices although the share of consumer expenditure devoted to food is constantly decreasing in developed countries and although the share of agriculture within the food prices themselves is also declining. The fluctuations in agricultural prices influence the general price developments and it is often argued that the general increase in agricultural prices contributes to an acceleration of the inflation process. At the present time there is a very lively debate in the United States on the possible influence of the rise of cereal prices on the general cost of living. In any case, the instability of food prices which has been quite noticeable in some countries, in particular outside the Community, has made the task of economic management more difficult.

3.2 Impact on developing countries

The major consequences of the instability of world agricultural markets are felt by developing countries. Even in periods of relative shortages and very high prices the importing developed countries are always able to purchase the food they need, although this may have some negative impact on their balance of payments. On the other hand, the developing countries face very serious difficulties when they cannot meet the conditions of the market. It was calculated that, at the time of record price level for wheat in the first half of 1974, the increase in the import bill for cereals of the South Asian countries was about equal to the increase of their import bill for oil. Although these calculations are subject to discussion, the fact remains that the balance of payments and the general economic situation of some important developing countries is highly sensitive to developments in the price of the basic foods which they may need to import at certain times in sizable quantities. At the same time these price developments in prices had an impact on food aid : food aid being, in most cases, expressed in money terms and not in physical terms, the price increase reduced the volume of food aid at the very time when the need for it was higher than ever. Recently, in particular as a result of the World Food Conference, food aid has been expressed by many donor countries in quantitative terms.

4 Possibilities to reduce market instability

4.1 Information

The first means which could be considered in order to reduce market instability is an improvement in the information system. Some efforts have been made, both at national and international level. Nevertheless the present situation remains unsatisfactory, in particular because of the absence of participation by some major countries such as the U.S.S.R. and China. The agreements concluded between the U.S.A. and the U.S.S.R. some time ago have not been fully successful as the U.S.A. were not sufficiently aware of the tremendous import needs of the U.S.S.R. this summer. The provision of data as such is not sufficient : it is necessary to find ways and means to explore and interpret these data either bilaterally or multilaterally through exchange of views between experts.

This exchange of information should mainly be directed to the short and medium-term developments. In the present situation of uncertainty and instability it seems rather hazardous to try to make long-term projections. It seems more urgent to concentrate on an in-depth analysis of possible developments in the next two or three years in order to monitor the market developments. This "monitoring of markets" requires also a much better analytical knowledge of the basic factors which may influence supply and demand of agricultural commodities. For too long a period the analyses have mainly been of a mathematical nature, and have led to extrapolations of the past. It is difficult in the present conditions to make a single set of forecasts, and it would seem useful to develop various "scenarios" based on different assumptions. This is a difficult but challenging task for the agricultural economists, which would also require a better co-ordination between the researchers and the policy-makers.

4.2 Stock policy

At the policy level many possibilities are discussed and could be envisaged. Taking into account the nature of this paper, I shall limit myself to a brief mention of the most relevant means of stabilization only. Stock policy could play a major role in offsetting the variations in supply and demand for major commodities. To be effective, it should be concerted between the various Member countries, and ensure a proper balance between the interests of the importing and exporting countries. Discussions are at present going on about the possibility of establishing co-ordinated stock policies for cereals in various fora such as F.A.O., the International Wheat Council, GATT etc. Some major issues still need to be solved : is the purpose of an international stock policy to set up a reserve for emergency cases only, or is to become one instrument of an overall policy for market organisations? In the latter case, stock policy would have to be co-ordinatiod with trade and price policies. What would be the desirable level of the stock of cereals and how would it be managed? Is it sufficient to co-ordinate national stock policies as foreseen for the moment by the F.A.O. Undertaking on World Food Security, or is it necessary to go a step further, and to establish an international reserve which would be managed by an international body? Where should the stocks be located? Is it possible to increase the volume of stocks kept by importing countries, in particular developing countries?

Furthermore, every type of stock policy raises the problem of the measures which would be used in order to build up the stocks or to sell stocks on the world markets. A trigger mechanism has to be found which has to be based either on prices or on quantities. However difficult these technical problems are, they could probably be solved provided the necessary political will exists. It seems urgent now to try to rebuild stocks in an orderly way provided this is possible on the basis of the prevailing market conditions. A few months ago it was hoped that the expected record crop level for cereals in the world could make it possible to rebuild stocks in various countries during the 1975/76 season. After the U.S.S.R. purchases this possibility seems more difficult and we are faced with a dilemma : on the one hand the necessity to rebuild stocks in order to be in a position to offset possible crop shortages next year and on the other hand the effort to avoid further tension on the market, i.e. further price increases which would make the situation more difficult for the importing countries, in particular the developing ones.

4.3 Medium-terms contracts

Another possibility which seems rather promising is the development of multi-annual contracts (three to five years) between major importing and exporting countries. Canada and Australia have already made use of this possibility for a number of years through the operations of their respective Wheat Boards, in particular for contracts with China. This instrument seems to be used much more often. The recent agreement concluded between the United States and the U.S.S.R. is the most important example. Japan and the United States have recently concluded a 3-year understanding on the provision of certain quantities of cereals and soya beans. A few months ago Japan and Australia concluded a similar agreement about the provision of sugar. It is obvious that the medium-term contracts also raise some difficulties. First of all, they often do not contain provisions about prices. If the prices have to be renegotiated every year, the stabilizing value of this contract is, of course, more limited. These contracts may provide a useful basis for the producers in exporting countries as they give them a certain assurance about their outlets. On the other hand, they also give a certain security of supply for the consuming countries. Many problems may need to be studied further in this respect. For example, one can wonder whether there is not a certain risk that the part of the market which would remain outside the framework of these various medium-term contracts would become even more unstable and volatile as all the fluctuations of supply and demand would be concentrated on a smaller share of the world international market. These developments are too recent for giving definitive answers to these issues, but this is certainly a field where some further efforts by both economists and policy-makers would be useful.

4.4 Management of world markets

A more general problem has to be mentioned before concluding this brief presentation - this is the problem of the organisation of world markets. Obviously this subject is too difficult to be dealt with in the framework of this short paper. The different theses are well known. We should try to avoid a dogmatic approach and to work out some formula in a pragmatic way which would be adapted to the situation of the various agricultural commodities. A "traditional" commodity agreement may be useful and workable for such basic commodities as cereals. For some other commodities more flexible instruments could be envisaged, such as a code of good behaviour by which importing and exporting countries would commit themselves to respect a certain discipline in their import and export practices. In any case a better management of world agricultural markets through a flexible system which could be adjusted both in relation to the commodities and also in the course of time is certainly needed. We can hope that the discussions which are at present taking place in various fora may lead to some improvement in this field, in order to reduce the most negative effects of the instability of the world agricultural markets.

URSACHEN UND AUSMASS DER INSTABILITÄT AN DEN WELTMÄRKTEN
FÜR LANDWIRTSCHAFTLICHE PRODUKTIONSMITTEL

von

Lüder von Bremen, Braunschweig-Völkenrode

1	Vorbemerkungen	33
2	Unruhe an den Märkten wichtiger landwirtschaftlicher Produktionsmittel	34
3	Auslösende Faktoren	35
3.1	Labile Ausgangssituation	35
3.2	Kostenschübe	36
3.3	Unterschiedliche Überwälzung	36
4	Strukturelle Eigenarten des Vorleistungsbereichs - Einige grundsätzliche Bemerkungen -	36
4.1	Zur Preisbildung bei erschöpfbaren Rohstoffen	37
4.2	Zur Preiselastizität von Angebot und Nachfrage auf den vorgelagerten Marktebenen	39
5	Entwicklungsländer als Hauptbetroffene und Mitverursacher der Marktschwankungen	40
5.1	Schwieriger Transfer von Technologien zur Produktionsmittelherstellung	40
5.2	Zur Abhängigkeit der Entwicklungsländer von den Weltmärkten	41
6	Längerfristige Konsequenzen	42
6.1	Entwicklung der Marktstrukturen	42
6.2	Alternativtechnologien	43

1 Vorbemerkungen

Die in den zurückliegenden Jahren an den Weltmärkten einiger wichtiger landwirtschaftlicher Produktionsmittel deutlich gewordenen Ungleichgewichte kamen als solche zumindest im Falle einzelner Produktionsmittel nicht unerwartet. Die gegen Ende des Jahres 1973 eingetretenen spezifischen weltwirtschaftlichen Bedingungskonstellationen sorgten aber dafür, daß auf verschiedenen Teilmärkten des Produktionsmittelbereichs Schwankungen eintraten, deren Intensität und deren nahezu synchroner Verlauf schließlich doch überraschten und die nun vielfältige Impulse dafür liefern, bei der Suche nach Instabilitätsursachen erweiterte Horizonte zu setzen.

Die Voraussetzung dafür, daß von der Krise im Produktionsmittelbereich recht weitgehende Denkanstöße ausgehen konnten, liegt in der rasch wachsenden Bedeutung industrieller Vorleistungen innerhalb der landwirtschaftlichen Produktionsverfahren begründet. Die Funktionsfähigkeit der Märkte für landwirtschaftliche Produktionsmittel ist zu einer wesentlichen Voraussetzung für die weltweite Kontinuität der Agrarproduktion geworden. Offenbar hat es erst der zurückliegenden und zum Teil noch andauernden Instabilitätserscheinungen bedurft, um das Bewußtsein für diesen Zusammenhang zu schärfen. Als positives Element der krisenhaften Vorgänge ist zu werten, daß sie in den Perspektiven zur Welternährung zuvor wenig beachtete Unsicherheitselemente zutage treten ließen. Die Abhängigkeit von den Weltmärkten für landwirtschaftliche Produktionsmittel muß sich nunmehr für viele Regionen im Hinblick auf die Sicherheit ihrer Nahrungsmittelversorgung als in ähnlicher Weise mit Risiken behaftet darstellen wie eine Abhängigkeit von den Weltmärkten für Agrarprodukte. Des weiteren sind die Gefahren sichtbar geworden, die kurz- und langfristig aus der Abhängigkeit moderner Agrartechnologien von ungleich verteilten fossilen Rohstoffen und industriellen Kapazitäten erwachsen.

2 Unruhe an den Märkten wichtiger landwirtschaftlicher Produktionsmittel

Als problematisch haben sich vor allem die Weltdüngermärkte erwiesen. Die Weltmarktpreise der Stickstoff- und Phosphatdüngemittel erreichten in der zweiten Hälfte 1974 ihren höchsten Stand. Es ist bemerkenswert, daß der seither eingetretene Abschwung durch ein Zurückbleiben der Entwicklungsländernachfrage hinter den Erwartungen, vereinzelt auch durch kräftige Nachfrageeinbrüche, eingeleitet worden ist. Und zwar hat nicht, wie allgemein erwartet, die oft prekäre Devisenlage dieser Länder primär dazu geführt. Vielmehr kam es auf der landwirtschaftlichen Beschaffungsebene zu ausgeprägten Nachfragereaktionen, des weiteren zu Auflösungserscheinungen im distributiven Bereich. Insbesondere kleine landwirtschaftliche Betriebe haben den Düngereinsatz eingeschränkt oder völlig eingestellt. Da häufig auch die für die Versorgung dieser Abnehmer wichtigen kleinen Handelsunternehmen infolge zu geringer Umsätze aus der Düngervermarktung ausgeschieden sind, stehen in diesen Fällen einem erneuten Verbrauchsanstieg selbst bei sich wieder normalisierenden Preisverhältnissen infrastrukturelle Hindernisse im Wege. In einigen als Abnehmer am Weltmarkt wichtigen Entwicklungsländern war bereits zur Jahreswende das Bild von verstopften Absatzkanälen und vereinzelt sogar von dem somit technisch bedingten Unvermögen gekennzeichnet, eingegangene Abnahmeverpflichtungen zu erfüllen. Erst mehrere Monate, nachdem diese den Wandel der Marktlage auslösenden Vorgänge deutlich geworden waren, wurde zusätzlich sichtbar, daß in verschiedenen Industrieländern der Mineraldüngereinsatz ebenfalls eingeschränkt wurde. Die letzteren Einschränkungen sind zwar nur regional begrenzt und in nennenswertem Maße auch nur bei Phosphatdüngern eingetreten. Dennoch waren sie im allgemeinen nicht erwartet worden und trafen auf eine in Reaktion auf das hohe Preisniveau kräftig expansive Produktion. Sie führten gemeinsam mit der verminderten Entwicklungsländernachfrage an den von spekulativen Elementen nicht freien Weltmärkten inzwischen zu deutlich veränderten Preiserwartungen.

Für die Pflanzenschutzmittelmärkte muß man im nachhinein feststellen, daß die im Vorjahr gehegten Befürchtungen zu negativ waren. Hier war es ja auch noch nicht zu Versorgungsengpässen gekommen; vielmehr zeichneten sich solche, wie einige Zeit zuvor bei Düngemitteln, nur ab, und zwar in Gestalt einer hinter dem Verbrauch zurückbleibenden Produktion und sich leerende Läger. Die kurzfristige industrielle Produktionsflexibilität ist offensichtlich unterschätzt worden. Die Preisbewegungen waren nicht annähernd so extrem wie bei Düngemitteln. Die augenblickliche Marktsättigung scheint auch nicht mit einem ähnlichen Preisverfall einherzugehen.

An den Weltmärkten für Treibstoffe und Energie im allgemeinen war die Anfälligkeit schon vor der in 1973 akut werdenden Ölkrise offenkundig gewesen. Sie ist auch bei heutigem Reservenhorizont mehr marktstrukturell und politisch als industriell-kapazitativ bedingt.

In einem etwas anderen Lichte stehen die bei Futtereiweißen durchgestandenen Marktschwankungen. Dort liegen der Erzeugung Rohstoffe regenerierbaren Charakters zugrunde. Diese sind zwar großenteils landwirtschaftlicher Herkunft und stehen damit wieder in Beziehung zu den anfangs genannten Produktionsmitteln und zu den ihnen vorgelagerten fossilen Rohstoffen und Industrieanlagen. Aber hier ist eine weitere Transformationsebene, nämlich die landwirtschaftliche, zwischengeschaltet, so daß der Zusammenhang mit den Schwierigkeiten im Bereich der bodenertragssteigernden Produktionsmittel zumindest kurzfristig einen weniger unmittelbaren Charakter hat.

Die Märkte für Agrarmaschinen und sonstige Investitionsgüter blieben demgegenüber vergleichsweise ruhig. Verknappungen mit langen Lieferfristen und erheblichen Preiszuwächsen machten sich zwar in den zurückliegenden 1 - 2 Jahren auch dort bemerkbar. Aber diese waren durch den Nachfrageaufschwung hervorgerufen worden, der sich aus den vor allem in Nordamerika günstigen agrarkonjunkturellen Perspektiven, ferner aus der gleichzeitig weltweit günstigen Auftragslage im Nutzfahrzeugbereich ergab. Im übrigen ist hier die Nachfrage sehr viel elastischer. Kurzfristige Verknappungen können nicht so gravierende Einflüsse auf die Agrarproduktion nehmen wie im Falle der anfangs genannten Produktionsmittel. Infolgedessen können auch psychologische Elemente als die Marktabläufe beeinflussende Argumente nicht soviel Raum einnehmen, wie es offensichtlich im Falle der zuvor genannten Produktionsmittel der Fall war.

Die krisenhaften Aspekte beschränkten sich somit im wesentlichen auf die Kategorie der "ertragssteigernden" bzw. "bodensparenden" Produktionsmittel. Sie stellten sich als vergleichsweise beunruhigend dar, weil sie ihren beängstigenden Charakter durch Vorgänge auf der Rohstoffebene erhalten hatten, die einer kurzfristig wirksamen Einflußnahme zumeist nicht zugänglich waren. Des weiteren hätten die modernen Agrartechnologien schon auf kurze Versorgungsstörungen zusammenbruchartig reagieren können. Schließlich rückte die Krise ins Bewußtsein, daß in der Herstellung einiger landwirtschaftlicher Produktionsmittel einer Ressourcensubstitution langfristig nicht ausgewichen werden kann.

Das Folgende bleibt ein Versuch, wesentliches des Erscheinungsbildes und die dahinter stehenden Bestimmungsgründe hervorzuheben. Wenn dabei die Weltmärkte für Düngemittel häufig im Mittelpunkt stehen, so deswegen, weil die Marktunruhe dort sehr ausgeprägt war, das Geschehen vergleichsweise durchsichtig ist und die zur Welternährungssicherung angestellten Perspektiven relativ weitgehend betroffen werden.

3 Auslösende Faktoren

3.1 Labile Ausgangssituation

Die krisenhaften Erscheinungen an den Produktionsmittelweltmärkten kamen in einer Phase zum Durchbruch, in welcher verschiedene Teilmärkte sich ohnehin schon in einer anfälligen Situation befunden hatten und auf äußere Anstöße empfindlich reagierten. Die Ursachen dieser ungünstigen Ausgangslage lassen sich auf den verschiedenen Teilmärkten in unterschiedlichem Maße zurückverfolgen. Recht deutlich werden sie bei den Stickstoffdüngern sichtbar, wo in den 60er Jahren zu hohe Verbrauchsvorausschätzungen und produktionstechnische Durchbrüche eine mehrjährige Überkapazitätsphase mit gedrücktem Preisniveau verursachten, in welcher wiederum die industrielle Expansion hinter den späteren Bedürfnissen zurückblieb.

Auch bei Pflanzenschutzmitteln hatte der sprunghafte Verbrauchsanstieg in 1973/74, die gleichzeitig leicht rückläufige Produktion und die damit verbundene Leerung der Läger, ferner über den Kohlenwasserstoffsektor hinausgehende Beeinträchtigungen in der Rohstoffversorgung sowie die Notwendigkeit, rasch Ersatz für aufgrund ihrer Umweltschädlichkeit verbotene Präparate zu schaffen, zu Zweifeln an den zukünftigen Möglichkeiten geführt, Erzeugung und Bedarf weltweit in Einklang zu bringen.

Die Weltmärkte für Erdöl und Ölderivate standen bereits vor dem Herbst 1973 unter dem Einfluß des Bewußtseins, daß den Förderländern in den vorangegangenen Jahren eine überragende Marktmacht zugewachsen war, die ein Preisdiktat und politisch motivierte Versorgungsunterbrechungen in den Bereich des Möglichen gerückt hatte.

3.2 Kostenschübe

In der so charakterisierten, wenig stabilen Ausgangssituation wurde der landwirtschaftliche Produktionsmittelsektor von verschiedenen über das allgemeine inflatorische Geschehen weit hinausragenden Kostenschüben betroffen. Die Preissprünge bei Kohlenwasserstoffen und Rohphosphaten galten von Anfang an in geringerem Maße als reversibel als die sonstiger Rohstoffe, so daß mit dauerhaften Folgen für Niveau und Struktur der landwirtschaftlichen Produktionsmittelpreise zu rechnen war.

Neben den Rohstoffpreisen sind in der zurückliegenden Knappheitsphase auch die Preise neuer Herstellungsanlagen in eine steile Aufwärtsbewegung geraten. Der Markt für diese spezifischen Investitionsgüter bleibt generell schwer einsehbar. Dennoch zugängliche sporadische Informationen zeigen, daß dieser Bereich auf die Investitionszyklen der Produktionsmittelhersteller mit kräftigen Preisausschlägen reagiert. Es handelt sich hier um einen engen Markt. Die Technologie und Ausrüstung anbietenden Firmen sind zudem oft zusätzlich in anderen z.Zt. gleichfalls prosperierenden Branchen tätig, z.B. als Hersteller für energietechnische Anlagen (vgl. z.B. F. KAHNERT, 1974, S. 9 ff.).

Ein weiterer krisenbegleitender Kostenschub ergab sich aus der Entwicklung der Frachtraten. Der Verlauf des zurückliegenden Frachtratenzyklus wurde vor allem deshalb bedenklich, weil sein Höhepunkt zeitlich mit dem Bruch in der Entwicklung der Kohlenwasserstoff- und Rohphosphatpreise und mit dem Akutwerden der weltweiten Verknappung von Düngemitteln zusammentraf. Es kam dadurch zu einer zusätzlichen Benachteiligung der rohstoffernen Produktionsmittelindustrien und insbesondere solcher Länder, die über weite Distanzen mit Fertigprodukten versorgt werden mußten, also vor allem der Entwicklungsländer.

3.3 Unterschiedliche Überwälzung

Die für den Produktionsmittelsektor aufgeführten Veränderungen der Kostenpreise korrespondieren zwar an den Inlandsmärkten wichtiger Herstellerländer weitgehend mit den auf der landwirtschaftlichen Beschaffungsebene eingetretenen Preisanhebungen. An den Weltmärkten, und das gilt vor allem für Düngemittel, ist diese an den Produktionskoeffizienten ausgerichtete Überwälzung in der Regel jedoch nicht erkennbar.

Offensichtlich hat am Beginn der Produktionsmittelkrise ein sich erneut ausbreitender "neomalthusianischer" Pessimismus (A. WEBER, 1974, S. 9 f.) eine gewisse Rolle gespielt. Denn gerade in einer Phase, in der sich die Welternährungslage wieder verschlechterte, wurde auch das Vertrauen in die Fähigkeit der Produktionsmittel bereitstellenden Industrien getrübt, den aufgetretenen Verknappungserscheinungen oder auch nur den möglich gewordenen Engpässen mit einer raschen Angebotsausweitung entgegentreten zu können. Letztere Bedenken gründeten sich im wesentlichen auf die in der Rohstoffversorgung zutage getretenen Unwägbarkeiten. Sie wurden bestärkt durch die Folgen, die sich gleichzeitig aus Naturereignissen (in der Futtereiweißproduktion Südamerikas), Umweltschutzzwängen (in der Stickstoffdüngerproduktion Japans, im Rohphosphatabbau der USA, in der Pflanzenschutzmittelanwendung), institutionellen bzw. logistischen Schwerfälligkeiten (Kalidünger- und Schwefelproduktion bzw. -transport in Kanada) und auch infolge produktionstechnischer Schwierigkeiten (mehrere Produktionszusammenbrüche im Stickstoffdüngersektor), also aus kaum beeinflußbaren Ursachen in verschiedenen für das Weltmarktgleichgewicht wichtigen Ländern ergaben. In Teilbereichen der Märkte haben auch, oder infolgedessen, spekulative Elemente eine die Preisausschläge verstärkende Rolle gespielt. - Wesentlich ist weiterhin, daß die Preisbildung an den Weltmärkten, im Gegensatz zu vielen nationalen Märkten, frei von Eingriffen übergeordneter Instanzen erfolgen kann. Außerdem haben Beweggründe des Wohlverhaltens gegenüber den Marktpartnern nicht das Gewicht wie an manchen Inlandsmärkten.

4 Strukturelle Eigenarten des Vorleistungsbereichs - Einige grundsätzliche Bemerkungen

Wollte man sich mit dieser Aufzählung der in den vergangenen 2 Jahren in den Vordergrund getretenen Erscheinungen und einiger häufig diskutierter, mehr vordergründiger und vor allem infolge besonderer Konstellationen wirksam gewordener Ursachen zufrieden geben, so könnte der Eindruck entstehen, die Marktungleichgewichte seien in diesem Ausmaß nur durch vorwiegend kurzfristig gültige Bedingungen ermöglicht worden, als hätte es sich um eine inzwischen weitgehend überwundene Erscheinung gehandelt, deren zufälliger Charakter und deren Einmaligkeit weitergehende Gedanken erübrigen. Es scheint darum notwendig zu sein, einige in den bisherigen Erklärungs- und Prognoseversuchen wenig beachtete, aber grundsätzliche und langfristig gültige Charakteristika der Produktionsmittelweltmärkte hervorzuheben und so das Ausmaß der Instabilität als ein über die temporären Erscheinungen hinausgehendes Problem zu beleuchten.

4.1 Zur Preisbildung bei erschöpfbaren Rohstoffen

Zunächst seien die Folgen angesprochen, die sich aus dem engen Zusammenhang zwischen einigen für die modernen Agrartechnologien essentiellen Produktionsmitteln und Rohstoffen fossiler Natur ergeben können. Denn im Falle der auf Kohlenwasserstoffbasis erzeugten Produktionsmittel hat das Preisbildungsargument "Erschöpfbarkeit des Rohstoffes" inzwischen ein unübersehbares, wenn auch insgesamt gesehen häufig noch von anderen Argumenten überdecktes Gewicht erlangt. Das gilt mit globaler Bedeutung vor allem für Stickstoffdünger, weil dort die Möglichkeiten einer wirtschaftlich vertretbaren Ressourcensubstitution auch bei heutigen Preisrelationen vergleichsweise gering sind, ferner natürlich für Treibstoffe und Energie im allgemeinen sowie in geringerem Maße für fast alle sonstigen Produktionsmittel. Auch am Weltmarkt für Rohphosphate ist dieses Preisbildungsargument punktuell zu erkennen; auf das Gesamtbild wirkt es sich allerdings nur geringfügig aus und wird durch andere Zusammenhänge völlig überdeckt; allein schon, weil dort die globalen Reservenhorizonte sehr viel weiter sind.

Die dann, wenn sich die baldige Erschöpfung der ausbeutbaren Lagerstätten eines Rohstoffes abzeichnet, im Anbietergebaren in den Vordergrund tretenden Verhaltensmuster werden in einer z.T. sehr gründlichen, bislang wenig zahlreichen, z.Zt. natürlich wachsenden Literatur beschrieben. Sie zeigen gewisse Ähnlichkeiten mit den Verhaltensweisen, die auch an der Bildung von Börsenkursen mitwirken. Sie sollen hier nur skizziert werden, und zwar lediglich mit Blickrichtung auf die von ihnen bewirkte Instabilität des Marktes und nicht mit Blick auf die sich tatsächlich einstellenden Preis- und Mengenniveaus; allerdings unter der Prämisse, daß die Bereitstellungskosten kein wesentliches Preisbildungsargument mehr darstellen.

Der wohl zuerst von HOTELLING in den Vordergrund gestellte Grundgedanke ist folgender (H. HOTELLING, 1931, S. 137 ff. - R.L. GORDON, 1967, S. 174 ff. - R.M. SOLOW, 1974, S. 2 f. - H.J. SCHÜRMANN, 1975, S. 67 f.): Wenn die Eigner in absehbarer Zeit erschöpfbarer Ressourcen nach ökonomischem Kalkül darüber entscheiden, wann sie ihre Bodenschätze abbauen und am Weltmarkt anbieten, treffen sie ihren Entschluß im Wege des Vergleichs zwischen dem augenblicklich je Mengeneinheit erzielbaren Nettoerlös p und dem Gegenwartswert zukünftig anbietbarer Rohstoffmengen. Letzterer ergibt sich aus der Diskontierung der für spätere Zeitabschnitte je Mengeneinheit erwarteten Erlöse mit Hilfe der in Alternativanlagen erwarteten Rendite r. Die Wirklichkeit könnte aussehen wie in Schaubild 1 dargestellt

$$(W_p = \frac{\frac{dp}{dt}}{p}) :$$

Wenn der Gegenwartswert zukünftiger Nettoerlöse je Mengeneinheit höher veranschlagt wird als der je Mengeneinheit sofort erzielbare, bleibt der Rohstoff unausgebeutet. Im entgegengesetzten Fall ist ein Rohstoffeigner an einem möglichst raschen Abbau interessiert, da sich ihm z.B. an den internationalen Kapitalmärkten günstigere Anlagealternativen bieten. Aber selbst dann, wenn die Nettoerlösanstiegserwartungen und die Alternativrenditeerwartungen übereinstimmen, ist die von dem Rohstoffeigner an den Markt gebrachte Menge nicht fixiert. Es besteht für das individuelle mengenmäßige Angebot ein Indifferenzbereich, dessen Grenzen z.B. im realen Fall einzelner Ölförderländer von den jeweiligen Deviseneinnahmebedürfnissen als Minimum und von den technischen Kapazitäten als Maximum gesetzt werden. Solange mehrere Anbieter am Markt auftreten und nicht

Schaubild 1:

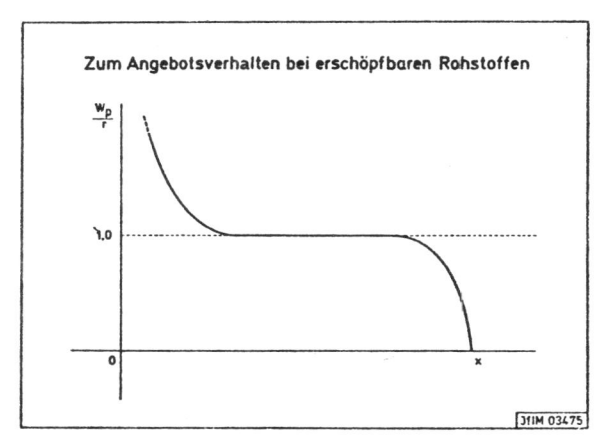

Zum Angebotsverhalten bei erschöpfbaren Rohstoffen

[Diagramm: Achsen W_p/r (vertikal) und x (horizontal); Kurve verläuft von hohen Werten kommend, asymptotisch gegen den Wert $1{,}0$ abfallend, dann ein langes horizontales Plateau bei $1{,}0$, und schließlich steiler Abfall gegen x-Achse.]

abgestimmt handeln, besteht die Wahrscheinlichkeit, daß das aggregierte Angebot über die gegebene Preis-Absatzfunktion zu einem Preisniveau führt, das die Erwartung "Rohstofferlöszuwachsraten gleich Alternativrendite", sofern sie bestehen sollte, zerstört. Ein mögliches Gleichgewicht wäre labiler Natur. Diese Aussage scheint auch für den Fall der Ölländer als Ganzes zuzutreffen, obwohl sich dort von Land zu Land sehr unterschiedliche Devisenbedürfnisse, Alternativrenditen, Förder- und Transportkostenverläufe sowie technische Produktionsmaxima und Erschöpfungshorizonte vorfinden.

Man muß darum davon ausgehen, daß eine Marktstabilisierung nur dann wahrscheinlich ist, wenn die Eigner dieser in absehbarer Zeit erschöpfbaren Ressourcen ein Kollektivmonopol bilden, Förderquoten verteilen (was im realen Fall des Ölmarktes nicht geschehen ist) und zutreffende Vorstellungen vom Verlauf der Gesamtnachfragekurve haben. Die Kartellführung müßte durch ihre Preis- und Mengenpolitik entscheidend dazu beitragen, daß die Erwartung "Ressourcenwertzuwachsraten gleich Alternativrendite" erhalten bleibt. Würde der Quotient W_p/r den Wert Eins überschreiten, so wüchse die Neigung einzelner Kartellmitglieder, ihre Förderquote zu senken. Eine Austrocknung des Marktes auf unrealistischem Preisniveau mit auch für die Rohstoffländer negativen Auswirkungen wäre die Folge. Würde der Quotient W_p/r den Wert Eins nachhaltig unterschreiten, so wüchse die Neigung zum möglichst raschen Überwechseln in alternative Anlageformen. Einzelne Kartellmitglieder würden sich bald nicht mehr an die getroffenen Absprachen halten und die ihnen zugebilligte Förderquote überschreiten. Die daraus entstehende Preiserosion würde immer neue Mitglieder dazu veranlassen, aus dem Kartell auszuscheren; mit der Folge eines sich beschleunigenden Preiszusammenbruchs. - Hier findet die Argumentation, die HOTELLING und die ihm folgenden Autoren für den Fall des Angebotsmonopols entwickelten, im übrigen eine Modifikation. Denn man kann an den angesprochenen Rohstoffmärkten zwar monopolistische Gegebenheiten erblicken, andererseits aber nicht Blöcke von einer Festigkeit vorfinden, die auch unter Preiserwartungen Bestand haben, die von dem genannten theoretischen Spezialfall abweichen. Im Falle eines wirklich stabilen Angebotsmonopols wäre letzteres nämlich möglich, d.h. die Nettoerlöszuwachsraten könnten höher liegen als die Alternativrenditen, wenn der Ressourceneigner eine Maximierung des Gegenwartswerts seiner Bestände ins Auge faßt.

Aber auch dann, wenn es in der geschilderten Weise einem Anbieterkartell gelingen sollte, über einen längeren Zeitraum hinweg für eine Aufeinanderfolge von Gleichgewichten mit jeweils höherem Preisniveau zu sorgen, besteht unter längerfristigem Aspekt wieder Instabilitätsgefahr. Denn aufgrund der längerfristig eben doch nicht gegebenen Voraussehbarkeit technologischer Entwicklungen und ihrer infolgedessen unzureichenden Antizipation in der Preisniveaugestaltung seitens der Rohstoffanbieter besteht die Wahrscheinlichkeit, daß Ersatzressourcen und Ersatzverfahren ("backstop technologies") wettbewerbsfähig werden, bevor die ursprünglich genutzten Ressourcen erschöpft sind. Die Wertentwicklung der letzteren kann sich dann nicht wie zuvor fortsetzen. Die Marktsituation wird damit wieder instabil. Es kann dazu kommen, daß die Eigner der bisher genutzten Ressourcen aus dem Kartell ausscheiden, verstärkt alternative Kapitalanlagemöglichkeiten wahrzunehmen versuchen, ihr Rohstoffangebot erhöhen, einen Preisverfall dabei hinnehmen, ihre Reserven erschöpfen und während dieser Zeitspanne Anreize zur Fortentwicklung von Alternativtechnologien unterdrücken sowie die Anwendung schon arbeitsfähiger Alternativverfahren behindern. Es bestünde dann die Gefahr einer Ressourcen- oder Technologielücke. Unter diesen Gesichtspunkten erscheint es als zwingend notwendig, Alternativtechnologien durch Festlegung von Mindestpreisen für alte, auslaufende Ressourcen langfristig zu schützen.

4.2 Zur Preiselastizität von Angebot und Nachfrage auf den vorgelagerten Marktebenen

Eine weitere Besonderheit des Preisbildungsmechanismus ergibt sich aus dem Aufeinandertreffen von produktionstechnisch wenig flexiblen und spezifisch ausgelegten Wirtschaftsbereichen. Chemische Industrie, Maschinenbau und Energiewirtschaft nehmen in der "technologischen Hierarchie" einen relativ hohen Rang ein, d.h. die Produktionsprozesse dieser Sektoren sind kapitalintensiv, forschungsintensiv, erfordern den Einsatz qualitativ hochstehender Arbeitskraft und weisen einen vergleichsweise hohen Grad an Limitationalität auf (vgl. z.B. G.C.HUFBAUER, 1966, S. 68 u. 110). Beschränkt man sich auf das vor allem interessierende Beispiel der Kohlenwasserstoffe, so handelt es sich dabei um einen Rohstoff von so weitgehender Limitationalität, daß dessen Ersatz nur durch das Auswechseln ganzer Verfahrensfolgen mit u.U. über den industriellen Bereich hinausreichenden Auswirkungen möglich ist. Wird der Maschinen- und sonstige Anlagenbau ausgenommen, so handelt es sich des weiteren um Industrien, die auf der landwirtschaftlichen Beschaffungsebene eine relativ schwankungsarme, an den Weltmärkten in der Regel expansive, mengenmäßige Nachfrage nach landwirtschaftlichen Produktionsmitteln erwarten können. Daraus läßt sich folgern, daß die Rohstoffnachfrage der hier angesprochenen Produktionsmittelindustrien vergleichsweise preisunelastisch ist. Allerdings wird dieses Instabilitätsargument im Falle der hier im Vordergrund stehenden Rohstoffe gemildert durch das offenbar viel preiselastischere Verhalten anderer Rohstoffnachfrager sowie durch die spezifischen, durch das Zusammentreffen von Rohstofferschöpfbarkeit und monopolistischer Angebotsstruktur gekennzeichneten Gegebenheiten dieser Märkte.

Auf der landwirtschaftlichen Beschaffungsebene kommt das an dieser Stelle angesprochene Instabilitätsargument jedoch zum Tragen. In wichtigen Teilbereichen der Produktionsmittel herstellenden Branchen gab es zu Beginn der Weltmarktverengungen, also etwa in 1973, neben geringen Lagerbeständen auch ausgelastete Kapazitäten. Infolge der in der Regel mehrjährigen Planungs-, Installations- und Anlaufzeiträume können expansive Kapazitätsanpassungen häufig nur in längeren Zeiträumen vorgenommen werden. Das Angebot z.B. an Stickstoffdüngern war kurzfristig relativ preisunelastisch, oder, was wesentlicher ist, es erschien den Marktbeteiligten als unelastisch.

Für die Instabilität auf dieser Marktebene von größerer Bedeutung, und aufgrund des besseren statistischen Einblickes auch eher quantifizierbar, ist wahrscheinlich das wenig preiselastische Nachfrageverhalten. Denn die Agrarsektoren der industrialisierten Länder ebenso wie Teile der Agrarsektoren von Entwicklungsländern bedienen sich heute gleichfalls hochentwickelter, eben "industrieller", Produktionsmethoden mit geringer Substitutionalität. Die schon dadurch bedingte geringe Preiselastizität der Produktionsmittelnachfrage wird noch unterstrichen durch die Reaktionsmechanismen, die infolge von Allokationslags bei sich wandelnden Faktorpreisrelationen auftreten können. Erfahrungsgemäß folgt die Faktorsubstitution der Faktorpreisrelationenentwicklung mit z.T. erheblicher Verzögerung. Bei den relativ billiger werdenden Produktionsmitteln, das waren bis zum Preisbruch in 1974 die rohstoffnahen Produktionsmittel, überstiegen somit die Wertgrenzprodukte in der Regel die Faktorpreise. Auch daraus läßt sich, das kann man anhand der tatsächlichen Abläufe in vielen Ländern untermauern, eine geringe Einsatzreagibilität für den Fall ableiten, daß die Preise dieser Faktoren im Vergleich zu anderen wieder steigen 1). - Unabhängig von diesen Zusammenhängen kam es in solchen Regionen, deren Agrarmärkte nicht vom Weltmarkt abgeschirmt sind, sogar noch zu "quasi-inversen" Reaktionen, weil sich infolge von Anbauflächenausdehnungen die Produktionsmittelnachfrage trotz verschlechterter Produkt-Faktorpreisrelationen steigerte.

Für die meisten Entwicklungsländer muß man demgegenüber von einer merklich größeren Preiselastizität der Produktionsmittelnachfrage ausgehen. Dieses ist eine im vergangenen Jahr im Düngerbereich unerwartet gemachte Erfahrung. Denn es war anzunehmen gewesen, daß dort, wo das Ernährungsniveau kaum noch unterschritten werden kann, die Produktionsmittelnachfrage wenig flexibel sein würde. Die Ursachen der nun sichtbar gewordenen Reaktionen sind vielfältig: Zunächst dürfte, auf die agrarsektorale Gesamtsituation abgestellt, in Entwicklungsländern noch eine erhebliche Substitutionalität der landwirtschaftlichen Produktion bestehen 2). Das ist gleichbedeutend mit einer hohen Preiselastizität der Nachfrage nach einzelnen Produktionsmitteln (vgl. hierzu den Hinweis bei H.B.CHENERY, 1975, S. 314 f.). Im zurückliegenden Preishoch wurde zusätzlich deutlich, daß Liquiditätsmangel zu der heftigen Nachfragereaktion beitrug. Zumeist wurde die Bereitstellung von Betriebsmittelkrediten dem gestiegenen Preisniveau nicht in ausreichendem Maße angepaßt. Zudem sind in vielen Entwicklungsländern die Preisrelationen zwischen Produktionsmitteln und Agrarprodukten infolge staatlicher Eingriffe ohnehin ungünstig.

5 Entwicklungsländer als Hauptbetroffene und Mitverursacher der Marktschwankungen

5.1 Schwieriger Transfer von Technologien zur Produktionsmittelherstellung

Die im vorangehenden Abschnitt entwickelte Deutung eines Teils der zurückliegenden Marktabläufe führt zu dem Schluß, daß die Entwicklungsländer aufgrund ihrer preiselastischen Nachfrage zwar zu einer Preisstabilisierung beigetragen haben. Andererseits blieb in den Entwicklungsländern der Produktionsmitteleinsatz aber erheblich hinter den Erwartungen zurück; in vielen Fällen kam es sogar zu Rückschlägen, die manchmal infolge der erwähnten infrastrukturellen Schwierigkeiten dauerhaften Charakter haben. Da bei einer agrartechnologischen Fortentwicklung auf den von den Industrieländern vorgezeichneten Bahnen die Ernährungssicherheit durch eine schwankende Produktionsmittelverfügbarkeit zunehmend gefährdet würde, hat das Bestreben vieler Entwicklungsländer weiteren Auftrieb erhalten, sich aus der Weltmarktabhängigkeit zu lösen und den Ausbau eigener Produktionsmittel-Industrien voranzutreiben (USDA (28), 1974, S. 60 ff.). Allerdings stimmen die Erfahrungen der Vergangenheit bedenklich. Vor allem die Chemische Industrie scheint als Ansatzpunkt einer Importsubstitutionspolitik wenig geeignet zu sein. Ihre Technologien setzen dem Transfer in die Entwicklungsländer offensichtliche Schwierigkeiten entgegen (vgl. hierzu ergänzend W. SCHEPER, 1974, S. 94). - Für Teilbereiche des Agrarmaschinenbaues gilt zwar ähnliches; jedoch konnten hier eher die Möglichkeiten einer internationalen Arbeitsteilung ausgeschöpft werden. Kompliziertere Bauteile werden häufig in den Industrieländern hergestellt. Die Endfertigung wird dann unter Zuhilfenahme eines möglichst großen Anteils inländischer Bauteile in den Entwicklungsländern vorgenommen. - So waren die gegen Ende der 60er und zu Beginn der 70er Jahre in den Entwicklungsländern im Bau befindlichen Düngerproduktionsanlagen häufig Anlaß für zu hohe Produktionsvorausschätzungen, welche ihrerseits wiederum falsche Annahmen zu Aufnahmefähigkeit der Weltmärkte bedingten und so die späteren Engpässe mitverursachten. Daraus ist mittlerweile eine gewisse Skepsis auch gegenüber den heute für die Entwicklungsländer vorausberechneten Produktionszahlen erwachsen.

---

1) In industrialisierten Ländern scheint dieses Argument eine größere Rolle zu spielen als in Entwicklungsländern, was auf den in ersteren mehr limitationalen Charakter der landwirtschaftlichen Produktionsprozesse und den infolgedessen stärker geneigten Grenzertragskurven (größeres Preisanpassungspotential im Falle gleicher mengenmäßiger Abweichung vom Einsatzoptimum) beruhen könnte.

2) Substitutionalität ist hier in einem weitgefaßten, die Verfahrenssubstitution einschließenden Sinne zu verstehen. So hat die Düngerkrise in vielen Fällen offenbar zur Wiederabkehr von den neuen Hochertragssorten zugunsten herkömmlicher Varietäten geführt.

Aus den Mißerfolgen, die einige Länder in der Düngerproduktion in den vergangenen Jahren zu verzeichnen hatten, wird ein wichtiges Dilemma der z.Zt. gültigen Strategien zur landwirtschaftlichen Entwicklung in der Dritten Welt sichtbar: Die zur Mineraldüngerherstellung notwendigen Technologien können zwar aus den industrialisierten Ländern übernommen werden, sie sind infolge ihrer spezifischen Faktoransprüche aber weder zur Auslösung eines industriellen take-off sonderlich geeignet (S. HIRSCH, 1974, S. 560), noch scheinen sie die Düngemittelversorgung der Entwicklungsländer sicherstellen zu können 1). Dort, wo die Anlagen zufriedenstellend arbeiten, nimmt die Abhängigkeit von den Produktionsmittel-Weltmärkten zwar ab, aber es verbleiben neue Abhängigkeiten in den Bereichen Rohstoffbeschaffung, Anlagen- und Ersatzteilbeschaffung, technisches know-how, Management u.a. (E. MANSFIELD, 1975, S. 374). Diese neuen und möglicherweise zwingenderen Abhängigkeiten werden auch heute nicht immer in ihrem vollen Ausmaß gesehen. Das zeigt sich z.B. an der in Einzelfällen negativen Reaktion von Entwicklungsländerregierungen auf die auf internationaler Ebene ins Auge gefaßten Pläne, Beratungs- und Hilfsdienste zur Überwindung produktionstechnischer und organisatorischer Probleme zu formieren. So gibt es bereits Stimmen, die in dem Bestreben der Entwicklungsländer, auf der Grundlage von ihrer jeweiligen Faktorausstattung wenig adäquaten Produktionstechniken ihren Mineraldüngerbedarf selbst zu decken, die Wurzel für neue Marktungleichgewichte und sogar für neue Ernährungsengpässe sehen (G. ALLEN, 1975, S. 23). - Es liegt natürlich nahe, den Ursprung derartiger Argumente im Lager der am Weltmarkt etablierten Düngerproduzenten zu vermuten. Zahlreiche stützende Beispiele lassen sich dennoch nicht in Abrede stellen. Es bleibt in diesem Zusammenhang erwähnenswert, daß die Volksrepublik China ihre im Vergleich zu anderen Entwicklungsländern offenbar großen Fortschritte in der Stickstoffdüngerherstellung erst erzielen konnte, nachdem es gelungen war, der inländischen Faktorausstattung mehr gerecht werdende Produktionsanlagen zu entwickeln und in Betrieb zu nehmen. Die vielfach kommentierten Käufe von großen Düngerproduktionsanlagen in westlichen Industrieländern dienen der Bewältigung akuter Engpässe. Sie werden das Kapazitätswachstum in den nächsten Jahren zwar beschleunigen, scheinen innerhalb des langfristigen Planungsvolumens jedoch keine überragende Rolle zu spielen (L.T.C. KUO, 1972, S. 104 f. - T.G. RAWSKI, 1975, S. 386 u. 388).

5.2 Zur Abhängigkeit der Entwicklungsländer von den Weltmärkten

Die Versorgung der Entwicklungsländer über die Weltmärkte beinhaltet somit auch positive Aspekte. Eine partielle außenwirtschaftliche Isolierung, welche mit der Installation eines faktorausstattungsadäquaten Produktionsapparates einhergehen müßte, und in den aktuellen Fällen in der Regel auch einhergeht, würde vermutlich zur Preisgabe von Kostenvorteilen führen, die die industrialisierten Länder in weiten Bereichen der Produktionsmittelherstellung zu haben scheinen und die im Wege des Handels auch den Entwicklungsländern zugute kommen können. - Es bleibt als Argument die Anfälligkeit der Weltmärkte.
Obgleich die jüngste, von der Weltbank unter Mitwirkung von FAO und UNIDO erstellte Prognose zu den Düngermärkten, abweichend von verschiedenen früheren Voraussagen, für den Beginn des nächsten Jahrzehnts eine ihrem Bedarf weitgehend angeglichene Stickstoffdüngerproduktion der Entwicklungsländergruppe für möglich hält, bleibt die Stabilisierung der Weltmärkte eine zur Lösung anstehende Aufgabe. Denn einerseits nähren die erwähnten früheren Mißerfolge eine gewisse Skepsis. Andererseits werden gerade die ärmsten Entwicklungsländer infolge ihres geringen Industrialisierungsvermögens und ihrer oft auch unter langfristigem Aspekt engen Inlandsmärkte weiterhin von den internationalen Märkten abhängig bleiben. Bei den sonstigen Düngerarten und Produktionsmittelgruppen ist die Aussicht auf gravierende Marktstrukturwandlungen ohnehin sehr viel geringer.

---

1) Die Kapazitätsauslastung blieb häufig hinter den Erwartungen zurück. Es traten Produktionsstörungen mit langwierigen Reparaturen auf. Infrastrukturelle Mängel behinderten und verteuerten die Rohstoff- und Ersatzteilzufuhr. Zudem erwies sich der Bau von Produktionsanlagen in Entwicklungsländern oft als erheblich teurer als in Industrieländern. Die klimatischen Bedingungen erfordern eine intensivere Wartung der Anlagen.

Seit der im Juni 1975 in der FAO-Düngemittelkommission vorgenommenen Bestandsaufnahme ergeben sich dazu auch einige positive Aspekte. So scheint in größerem Maße als zuvor die Notwendigkeit erkannt worden zu sein, die statistische Durchdringung des Marktgeschehens zu intensivieren. Auf gleicher Ebene liegt die Absicht, zukünftige Entwicklungsmöglichkeiten in fundierteren Prognosen zu erfassen und dabei zu einer Zusammenarbeit wenigstens zwischen den UN-Organisationen FAO und UNIDO sowie der Weltbank zu gelangen. In der Vergangenheit hatten die unterschiedlichen Zukunftsbeurteilungen dieser Institutionen, zu denen dann noch weitere, z.B. seitens der Tennesee Valley Authority (TVA) und der British Sulfur Corporation (BSC) traten, im Düngerbereich viel Verwirrung gestiftet (G. ALLEN, 1974). Bemerkenswert ist auch die günstige Beurteilung, welche das vor Jahresfrist auf dem Höhepunkt der Düngerkrise gegründete FAO-International Fertilizer Supply Scheme (IFS) im allgemeinen erfahren hat. Die wesentlichen Aufgaben von IFS bestanden in der länderweisen Bedarfsermittlung sowie in der finanziellen und organisatorischen Unterstützung bei der Abwicklung von Hilfslieferungen. Obwohl die Düngerhilfe großenteils bilateral erfolgt, ist es IFS zuzuschreiben, wenn in einer Reihe von Ländern vor allem die devisenpolitisch bedingten Hemmnisse in der Düngereinfuhr gemildert wurden.

In der zur Marktstabilisierung auf dem Düngersektor seit langem geführten Diskussion taucht immer wieder der Gedanke an ein weltweites Düngemittelabkommen auf, das sich am Vorbild von Rohstoffabkommen zu orientieren hätte. Zwar bleiben die Realisierungschancen solcher Pläne nach wie vor gering. Die Diskussionen haben aber die Probleme deutlicher werden lassen, die mit dem großen Anteil kurzfristiger Kontrakte an den Düngemittelbezügen der Entwicklungsländer verbunden sind. An den "spot markets" traten schon früh mengenmäßige Verengungen auf. Sie waren der Schauplatz von über die Durchschnittsentwicklung weit hinausgehenden Preisausschlägen. Im augenblicklichen Abschwung wird auch deutlich, daß spekulative Verhaltensweisen zu dem spektakulären Geschehen erheblich beigetragen haben. - Die Scheu vor längerfristigen Vereinbarungen am Düngemittelmarkt mag von dem stetigen Preisverfall während der 60er Jahre mitverursacht worden sein, als solche Abmachungen sich für den Abnehmer oft nachteilig auswirkten. Sie mag auch das Kennzeichen eines in den heutigen Größenordnungen noch jungen Marktes sein. In den zurückliegenden Jahren war sie eine wesentliche Ursache der außerordentlichen Preisschwankungen, die gemeinsam mit der oft mangelhaften statistischen Durchdringung und dem daraus folgenden Informationsdefizit Fehlbeurteilungen seitens der Marktbeteiligten förderte. - Die relative Kontinuität der mengenmäßigen Umsätze, durch die sich die Märkte für Düngemittel im Weltmaßstab auszeichnen, müßte den Aufbau langfristiger Lieferbeziehungen und damit die Erschließung eines wichtigen Preisstabilisierungspotentials erleichtern. Dennoch wird es angesichts der bisherigen Unruhe schwierig sein, Vertragsformeln zu finden, die die Einfuhrländer vor über Produktions- und Transportkostenschwankungen hinausgehenden Preisausschlägen schützen und gleichzeitig den Exporteuren ausreichende Anreize bieten.

6 Längerfristige Konsequenzen

6.1 Entwicklung der Marktstrukturen

Von wahrscheinlich größerer Bedeutung als die erwähnten Bestrebungen der Entwicklungsländer werden die Anstöße sein, die außerdem noch von den zurückliegenden Marktschwankungen ausgehen. Da in einigen Teilbereichen der Produktionsmittelmärkte die auf der Rohstoffebene einseitig ergriffenen Anbietermaßnahmen sehr weitgehende Folgen haben konnten, erhebt sich zunächst die Frage, inwieweit es zu marktstrukturellen Anpassungsreaktionen kommt, die diese nachteiligen Zusammenhänge abbauen. Ein in diesem Sinne zu Hoffnungen Anlaß gebender Wandel zeichnet sich im Futtereiweißbereich ab, wo sich in Südamerika ein neues exportorientiertes Zentrum der Sojaproduktion entwickelt.

Auf der Ebene der fossilen Rohstoffe können sich naturgemäß kaum ähnlich positive Ausblicke bieten. Die dort im Mittelpunkt stehenden Kohlenwasserstoffmärkte werden bereits so ausgiebig diskutiert, daß lediglich auf das folgende Grundsätzliche hinzuweisen bleibt: Die nach den starken Preissteigerungen der Jahre 1973 und 1974 forcierten Erschließungsarbeiten führen entweder zur Nutzbarmachung bereits bekannter Reserven oder wandeln den Status zuvor wahrscheinlicher Reserven in den gesicherter um. An der wahrscheinlichen globalen Reservensituation, und damit verbunden an den langfristigen Perspektiven, ändert sich somit ebensowenig wie an der räumlichen Verteilung der Förderschwerpunkte. Eine im Sinne der hier gestellten Frage größenordnungsmäßig beachtenswerte strukturelle Veränderung scheint nur im ostasiatischen Raum vor sich zu gehen, wo kräftig ansteigende Förderzahlen und intensiv vorangetriebene Erschließungsarbeiten, ferner eine sich auf den Rohstoffexport ausdehnende handelspolitische Öffnung der Volksrepublik China dem industriellen Verarbeitungszentrum Japan zu neuen Alternativen verhelfen könnte.

Am Weltmarkt für Rohphosphate hat der Verbrauchsrückgang bei Phosphatdüngemitteln inzwischen zu einer deutlichen Aufweichung der Anbieterstellung geführt, obwohl von zusammenbruchartigen Erscheinungen keine Rede sein kann. Vor allem die kleineren west- und nordafrikanischen Förderländer haben unter der veränderten Lage zu leiden und beginnen, die marokkanische Preisführerschaft mit preisgünstigeren Offerten zu untergraben. Die wieder aufgelebten Expansionsbemühungen der nordamerikanischen Anbieter können sich mittelfristig in gleicher Richtung auswirken. Wenig absehbar bleibt einstweilen die Rolle der osteuropäischen Staatshandelsländer, insbesondere der UdSSR. Auf der Grundlage langfristig ausgelegter bilateraler Abmachungen sollen in Zukunft vor allem aus Marokko, aber auch aus den USA bedeutende Mengen von Rohphosphaten bzw. Phosphorsäure dorthin fließen. Wenn damit die am freien Weltmarkt von den beiden Hauptexporteuren bisher gehaltenen Anteile merklich beschnitten werden sollten, könnte sich auch ihr Einfluß auf die Preisgestaltung wieder mindern.

Auf der Ebene der industriellen Verarbeitung scheinen größere Strukturveränderungen auf die Herstellung von Stickstoff- und auch Phosphat- bzw. Komplexdüngern beschränkt zu bleiben. Die kräftigste Expansion findet z.Zt. dort statt, wo Rohstoffe in Industrieländern oder in sich rasch industrialisierenden Ländern zur Verfügung stehen (vor allem osteuropäische Staatshandelsländer, ferner z.B. Volksrepublik China, Indien, Brasilien). In den herkömmlichen Rohstoffländern hemmt die fehlende Ausstattung mit industrierelevanten Faktoren, und zwar vor allem der Mangel an qualifizierten Arbeitskräften, den zumeist beabsichtigten Ausbau der Düngerproduktion. Infolgedessen liegt in den Öl fördernden Gebieten des Nahen Ostens und in den Phosphat fördernden Ländern Nordafrikas noch ein erhebliches Gewicht auf dem Ausbau der Zwischenprodukterzeugung (Ammoniak, Phosphorsäure). Die alten Produktionszentren Westeuropa und Nordamerika konnten in der zurückliegenden Verknappungsphase zwar noch eine begrenzte kurzfristige Anpassungsfähigkeit unter Beweis stellen, planen jedoch nur eine verhaltene Kapazitätserweiterung. Zur Zeit stellt die Rohstoffverfügbarkeit unter preislichem Aspekt wie auch unter Gesichtspunkten der Versorgungssicherheit ein stark in den Vordergrund getretenes Planungsargument dar. - Sollten die so nachgezeichneten Entwicklungslinien die zukünftigen Marktstrukturentwicklungen bestimmen, so bleibt es fraglich, ob damit eine geringere Anfälligkeit der Weltdüngermärkte verbunden sein wird. Denn immerhin treten auf der Anbieterseite dieser Marktebene Ländergruppen mehr als bisher in den Vordergrund, die ihre Fähigkeit zu abgestimmtem Verhalten bereits auf anderen Gebieten unter Beweis stellen konnten.

In den sonstigen wichtigen Bereichen der Produktionsmittel herstellenden Industrie sieht es nicht so aus, als seien gravierende strukturelle Veränderungen in weltweitem Maße zu erwarten. Von dem Aufschwung an den Maschinenmärkten in 1974 und 1975 (dieses gilt in ähnlicher Weise für die Pflanzenschutzmittelmärkte) profitierten vor allem die westlichen Industriezentren. Ihre Position scheint auf längere Sicht unangefochten zu bleiben.

6.2 Alternativtechnologien

Für das zukünftige Aussehen der Produktionsmittelweltmärkte gewinnen möglicherweise aber die auf technologischer Ebene deutlich gewordenen Notwendigkeiten mehr Gewicht. Denn unter längerfristigem Aspekt zwingt die globale Reservensituation zu grundsätzlichen produktionstechnischen Anpassungen. Fraglich ist, ob diese Veränderungen auf die Rohstoff- und Energieebene beschränkt bleiben können, oder ob sie in den Bereich der industriellen Transformation oder gar in die landwirtschaftliche Produktion selbst übergreifen.

Es muß im nachhinein überraschen, in wie geringem Maße Ökonomen ebenso wie Produktionstechniker die Abhängigkeit der modernen agrar- und ernährungswirtschaftlichen Produktionsverfahren von fossilen Rohstoffen, insbesondere von Kohlenwasserstoffen, und die damit verbundenen gefährlichen Ausblicke gesehen zu haben scheinen; obwohl es z.B. aus dem Lager entwicklungspolitisch interessierter Geologen eindringlich warnende Stimmen gegeben hat (G. BISCHOFF, 1974). An der Erschöpfung der Kohlenwasserstoffreserven ist die Herstellung von landwirtschaftlichen Produktionsmitteln z.Zt. noch in relativ geringem Maße beteiligt (ca. 5 % der jährlich geförderten Menge). Bedenklicher bleibt die derzeitig niedrige Substitutionalität der Kohlenwasserstoffe. Die Eleganz zum Beispiel einer Ammoniaksynthese auf Kohlenwasserstoffbasis ließe sich nach heutiger Kenntnis mit anderer Rohstoffgrundlage nicht erreichen. Selbst Ausblicke auf alternative Energiequellen beinhalten in bezug auf die künstliche Stickstoffbindung den Umweg über, dann synthetische, Kohlenwasserstoffe (USDA (29) 1974, S. 42 f.).

Wie wenig realistisch manche Voraussagen zur zukünftigen Entwicklung der Agrarproduktion sind, die sich an den bisherigen technologischen Trends orientieren, zeigt sich an den Ergebnissen von Forschungen zum ernährungswirtschaftlichen Energiebedarf (E.HIRST, 1974; D.PIMENTEL et al., 1973; J.S. STEINHART u.C.E.STEINHART, 1974; C.P.TIMMER, 1975). Z.B. läßt sich zeigen, daß etwa die gesamte auf der Erde z.Zt. jährlich geförderte Kohlenwasserstoffmenge schon bei heutiger Weltbevölkerungszahl zur Nahrungsmittelbereitstellung erforderlich wäre, wollte jeder Mensch den in Nordamerika bestehenden durchschnittlichen Ernährungsstandard genießen und würde die Weltnahrungsmittelproduktion nur mit den in Nordamerika üblichen Technologien erfolgen. - Auch die optimistischen Voraussagen gehen von der zutreffenden Annahme aus, daß die Verfügbarkeit industriell gefertigter Produktionsmittel, vor allem von Mineraldüngern, über die zukünftigen Möglichkeiten einer Steigerung der Weltagrarproduktion entscheiden wird (C. CLARK, 1970, S. 178 ff.; G. THIEDE, 1975, S. 286 ff.). Die Elastizität des Energieeinsatzes in bezug auf das Niveau der pflanzlichen Produktion war in industrialisierten Ländern in den zurückliegenden Jahrzehnten jedoch etwa dreimal so hoch wie die Elastizität des Energieeinsatzes in bezug auf die gesamtwirtschaftliche Bruttoproduktion (E. MEDINA, 1975; L.v.BREMEN, 1974, S. 343). Damit deuten sich die Grenzen der auf den fossilen Kohlenwasserstoffen beruhenden ernährungswirtschaftlichen Technologien an.

Der technische Fortschritt in der Landwirtschaft trägt in hohem Maße in den Produktionsmitteln inkorporierte Züge. (Y. HAYAMI und V.W. RUTTAN, 1971, S. 23). Die agrartechnologische Forschung ist zu einem großen Teil in der Zulieferindustrie beheimatet (W.L. PETERSON, 1971, S. 139; T.W. SCHULTZ, 1971, S. 97). Ihre Ausrichtung wird dort von den Ausblicken auf zukünftige Faktorpreisrelationen wesentlich beeinflußt. Schon um der Selbsterhaltung willen würde es im Vorleistungsbereich zu intensiven Bemühungen kommen, die notwendigen produktionstechnischen Anpassungen auf industrieller Ebene zu bewältigen und eine Abkehr der landwirtschaftlichen Produktionsverfahren von dem mit dem Schlagwort "Grüne Revolution" bedachten Technologiekomplex zu verhindern.

Es bleibt die grundsätzliche Frage bestehen, ob die von den verschiedenen Marktebenen nun ausgehenden Preissignale deutlich und beständig genug sind, um technologische Neuorientierungen zu induzieren. Des weiteren bleibt ungewiß, ob die zur Reallokation bzw. zur Entwicklung und Verbreitung neuer Techniken zur Verfügung stehenden Zeiträume jeweils ausreichen. Es gibt zwar Anlaß zu der Annahme, daß in einer sektoralen Produktionsfunktion die Struktur der partiellen Faktoreffizienzen bereits nach wenigen Jahren auf veränderte Faktorpreisrelationen reagiert (H.P. BINSWANGER, 1974, S. 974 f.). Andererseits zeigen Beispiele aus der Wirtschaftsgeschichte gerade für den Energiebereich, daß zur völligen Ressourcenauswechslung ausgedehnte Zeiträume benötigt wurden.

Literatur

1. ALLEN, G.: Confusion in Fertilizers and the World Food Situation. "European Chemical News", Large Plants Supplement vom 18.10.1974, S. 4 - 12.

2. ALLEN, G.: Agricultural Policies in the Shadow of Malthus. "Lloyds Bank Review", July 1975, No. 117, S. 14 - 31.

3. BINSWANGER, H.P.: The Measurement of Technical Change Biases with Many Factors of Production. "The American Economic Review", Vol. 64 (1974), No. 5, S. 964 - 976.

4. BISCHOFF, G.: Die Energievorräte der Erde. Möglichkeiten und Grenzen weltwirtschaftlicher Nutzung. "Glückauf", Jg. 110 (1974), S. 582 - 591.

5. BREMEN, L. v.: Aktuelle Aspekte der Welternährungswirtschaft - Industrielle Vorleistungen. "Agrarwirtschaft", Jg. 23 (1974), S. 336 - 347.

6. CHENERY, H.B.: The Structuralist Approach to Development Policy. "The American Economic Review", Vol. 65 (1975), No. 2, S. 310 - 316.

7. CLARK, C.: Die Menschheit wird nicht hungern. Bergisch Gladbach 1970.

8. GORDON, R.L.: A Reinterpretation of the Pure Theory of Exhaustion. "Journal of Political Economy", Vol. 75 (1967), S. 274 - 286.

9. HAYAMI, Y. und V.W. RUTTAN: Agricultural Development: An International Perspective. Baltimore und London 1971.

10. HIRSCH, S.: Capital or Technology? Confronting the Neo-Factor Proportions and Neo-Technology Accounts of International Trade. "Weltwirtschaftliches Archiv", Bd. 110 (1974), S. 535 - 563.

11. HIRST, E.: Food - Related Energy Requirements. "Science", Vol. 184 vom 12.4.1974, S. 134 - 148.

12. HOTELLING, H.: The Economics of Exhaustible Resources. "The Journal of Political Economy", Vol. 39 (1931), S. 137 - 175.

13. HUFBAUER, G.C.: Synthetic Materials and the Theory of International Trade. London 1966.

14. KAHNERT, F.: The Outlook for Fertilizer Supplies and Prices to the Beginning of the Next Decade. Vortragsmanuskript zum Oxford Agricultural Economics Symposium am 9. - 14.9.1974.

15. KUO, L.T.C.: The Technical Transformation of Agriculture in Communist China. New York, Washington und London 1972.

16. MANSFIELD, E.: International Technology Transfer: Forms, Resource Requirements, and Policies. "The American Economic Review", Vol. 65 (1975), No. 2, S. 372 - 376.

17. MEDINA, E.: Consommations d'énergie, essai de comparaisons internationales. "Economie et statistique", 66, Avril 1975, S. 3 - 21.

18. PETERSON, W.L.: The Returns to Investment in Agricultural Research in the United States. In: Resource Allocation in Agricultural Research. Hrsg. von W.L. Fishel. Minneapolis 1971, S. 139 - 162.

19. PIMENTEL, D., L.E. HURD, A.C. BELLOTI, M.J. FORSTER, I.N. OKA, O.D. SHOLES und R.J. WHITMAN: Food Production and the Energy Crisis. "Science", Vol. 182 vom 2.11.1973, S. 443 - 449.

20 RAWSKI, T.G.: Problems of Technology Absorption in Chinese Industry. "The American Economic Review", Vol. 65 (1975), No. 2, S. 383 - 388.

21 SCHEPER, W.: Zur Außenhandelsstruktur der Entwicklungsländer: Entwicklungstendenzen und Erklärungshypothesen. In: Agrarpolitik im Spannungsfeld der internationalen Entwicklungspolitik. Hrsg. von H.E. Buchholz und W.v. Urff. (Schriften der Gesellschaft für Wirtschafts- und Sozialwissenschaften des Landbaues e.V., Bd. 11) München, Bern und Wien 1974, S. 83-100.

22 SCHÜRMANN, H.J.: Vermachtungstendenzen im internationalen Ölhandel und wirtschaftspolitische Konsequenzen. "Wirtschaftspolitische Chronik", Jg. 24 (1975), H. 1, S. 47 - 81.

23 SCHULTZ, T.W.: The Allocation of Resources to Research. In: Resource Allocation in Agricultural Research. Hrsg. von W.L. Fishel. Minneapolis 1971, S. 90 - 120.

24 SOLOW, R.M.: The Economics of Resources or the Resources of Economics. "The American Economic Review", Vol. 64 (1974), No. 2, S. 1 - 14.

25 STEINHART, J.S. und C. E. STEINHART: Energy Use in the U.S. Food System. "Science", Vol. 184 vom 19.4.1974, S. 307 - 316.

26 THIEDE, G.: Europas grüne Zukunft. Düsseldorf und Wien 1975.

27 TIMMER, C.P.: Interaction of Energy and Food Prices in Less Developed Countries. "American Journal of Agricultural Economics", Vol. 57 (1975), S. 219 - 224.

28 USDA: The World Food Situation and Prospects to 1985. USDA - ERS, Foreign Agricultural Economic Report, No. 98, Washington D.C. 1974.

29 USDA: United States and World Fertilizer Outlook 1974 and 1980. USDA - ERS, Agricultural Economic Report, No. 257, Washington D.C. 1974.

30 WEBER, A.: Gegenwärtige und künftige Probleme der Welternährung. In: Agrarpolitik im Spannungsfeld der internationalen Entwicklungspolitik. Hrsg. von H.E. Buchholz und W.v. Urff. (Schriften der Gesellschaft für Wirtschafts- und Sozialwissenschaften des Landbaues e.V., Bd. 11) München, Bern und Wien 1974, S. 9 - 37.

31 Weltrohstoffversorgung: Konflikt oder Kooperation? (Kieler Diskussions-Beiträge, 36) Kiel 1974.

WELTMARKTPREISE UND EG-AGRARPREISPOLITIK

von

Stefan Tangermann, Göttingen

1	Protektion und Stabilisierung als Elemente der EG-Agrarpreispolitik	47
1.1	Agrarpreispolitik, nationale Probleme und internationaler Handel	47
1.2	Beziehungen zwischen Protektion und Stabilisierung	48
1.3	Ausmaß von Protektion und Stabilisierung	49
2	Weltmarktpreise und agrarpolitische Entscheidungen	52
2.1	Preisniveau	52
2.1.1	Versorgungssicherung	52
2.1.2	Regionalpolitische Motive	53
2.1.3	Steuerung des Anpassungsdrucks und Einkommensverteilung	54
2.1.4	Terms of Trade	56
2.2	Preisstabilität	57
2.3	Wirkungen und Rückwirkungen	59
3	Einige Größenordnungen	60
3.1	Wohlfahrtseffekte	60
3.2	Veränderung der Weltmarktpreise	62
3.3	Stabilisierung	63
4	Mögliche Konsequenzen	64
4.1	Maßnahmen im nationalen Interesse	64
4.2	Veränderungen im internationalen Interesse	65
5	Spezialprobleme innerhalb der EG	66

1   Protektion und Stabilisierung als Elemente der EG-Agrarpreispolitik

1.1   Agrarpreispolitik, nationale Probleme und internationaler Handel

In den meisten Industrieländern werden massive staatliche Eingriffe zugunsten der Landwirtschaft unternommen. Diese Eingriffe sind keine neue Erscheinung, ihre historischen Wurzeln lassen sich über einen weiten Zeitraum zurück verfolgen (TRACY, 43). Die Motive dieser weitreichenden Interventionen sind vielfältiger Natur. Als entscheidender gemeinsamer Beweggrund der Agrarpolitik findet sich dennoch über alle Unterschiede der spezifischen historischen und nationalen Situation hinweg die Einsicht, daß in einem besonders rasch schrumpfenden Wirtschaftsbereich Schwierigkeiten entstehen, die ohne staatliche Hilfen schwer zu meistern sind 1).

―――――――――
1) Siehe dazu z.B. SCHMITT, 39, und die dort angegebene Literatur.

Die Mannigfaltigkeit der ergriffenen agrarpolitischen Maßnahmen zeugt von einem erheblichen Einfallsreichtum der beteiligten Politiker und Administratoren. Trotz unterschiedlichster Techniken ist jedoch der wesentlichste Teil der Instrumente nach wie vor darauf ausgerichtet, die Erlöspreise der heimischen Landwirte zu steuern. Auch im Rahmen der gemeinsamen EG-Agrarpolitik haben preispolitische Maßnahmen ausschlaggebende Bedeutung. Die Agrarpreispolitik ist dabei in der Regel dazu verwendet worden, die inländischen Agrarpreise über das Weltmarktniveau hinauszuheben und gegenüber Schwankungen auf den Weltagrarmärkten abzuschirmen. Die nach dem zweiten Weltkrieg im Rahmen der GATT-Verhandlungen erreichten Fortschritte in der Liberalisierung des internationalen Handels haben den Agrarsektor nahezu unberührt gelassen.

Vieles spricht für die Vermutung, daß diese Loslösung der nationalen Agrarmärkte von der Entwicklung der internationalen Handelsbeziehungen nicht eine bewußte Form der Handelspolitik war, sondern lediglich eine mit mehr oder minder Bedauern hingenommene Konsequenz der Verfolgung nationaler agrarpolitischer Ziele mit einem traditionellen Instrumentarium: "Countries ... view their interferences with agricultural trade as an adjunct to their domestic agricultural policies and programmes and the nations have generally been unwilling to negotiate about matters that they consider to be primarily of domestic concern." (JOHNSON, 21, S. 22). Auch die Festsetzung der EG-Marktordnungspreise scheint bisher weitgehend an der internen Situation orientiert und ohne Rücksicht auf die Weltagrarmärkte erfolgt zu sein 1). Als Beleg dafür läßt sich z.B. das Gutachten des Wissenschaftlichen Beirates beim BML über "Orientierungskriterien für die landwirtschaftliche Preis- und Einkommenspolitik" (46) nennen. Ob die Festlegung des internen Agrarpreisniveaus auch in irgendeiner Beziehung zur Situation auf den Weltagrarmärkten gesehen werden könnte, wird in diesem Gutachten mit keinem Satz erwogen.

Die folgenden Ausführungen stellen den Versuch dar, einige Aspekte zu diskutieren, unter denen Niveau und Schwankungen der Weltagrarmarktpreise Bedeutung für die Gestaltung der inländischen Agrarpreispolitik haben können. Ein solcher Versuch ist leicht der Gefahr ausgesetzt, zur Verhärtung von einem unter zwei extremen Standpunkten beizutragen. Das eine Extrem liegt in der Auffassung, die Agrarpreispolitik habe die innereuropäischen Anpassungsprobleme der Landwirtschaft zu lösen und könne dabei wenig Rücksicht auf die Weltmärkte nehmen. Das andere Extrem ist die Haltung der uneingeschränkten Freihändler, denen jede Abweichung zwischen inländischem und internationalem Preis ein Dorn im Auge ist. Ausgangspunkt der folgenden Überlegungen ist die Vermutung, daß auch hier eine ausgewogene Lösung in der Mitte liegt und daß es weniger um die Entscheidung geht, die Weltmarktpreise unmittelbar im Inland gelten zu lassen oder sie völlig zu vergessen, sondern daß es - mehr vielleicht, als bisher in der Agrarpreispolitik realisiert - darauf ankommt, Kriterien dafür zu diskutieren, wie weit die inländischen Agrarmärkte gegenüber Niveau und Schwankungen der Weltmarktpreise abgeschirmt werden sollen.

1.2 Beziehungen zwischen Protektion und Stabilisierung

Zwei Gründe sprechen dafür, Protektion und Stabilisierung gleichzeitig zu behandeln. Einerseits scheinen Maßnahmen, die ursprünglich zur Stabilisierung des inländischen Agrarpreisniveaus gegenüber dem Weltmarkt konzipiert waren, eine immanente Tendenz zu haben, sich zu protektionistisch genutzten Instrumenten auszuwachsen. Andererseits - und dies mag zum Teil bereits ein Grund hierfür sein - bereitet es konzeptionelle und empirische Schwierigkeiten, Protektion und Stabilisierung zweifelsfrei voneinander zu trennen.

Die Entwicklung anfangs nur der Stabilisierung dienender Maßnahmen zu Methoden der Anhebung des Stützungsniveaus ließe sich anhand vieler Beispiele - nicht nur aus dem Bereich der Agrarpolitik -

---

1) Die wesentlichen Qualifikationen dieser Behauptung ergeben sich lediglich aus einer gewissen Besorgnis über die steigenden Ausgaben für Exporterstattung und aus der neuerlichen Anhebung des Zuckerpreises im Hinblick auf vermutete Weltmarktknappheiten.

verfolgen. Nicht zuletzt dürfte die politische Einflußnahme der betroffenen Produzenten darauf gerichtet sein, einmal eingeführte Stabilisierungsinstrumente auch zu anderen Zwecken zu nutzen. Deutliche Warnungen vor dieser Gefahr finden sich noch in einem Gutachten des Ausschusses für landwirtschaftliche Marktordnung aus dem Jahr 1950, 3. Dort wird die Notwendigkeit der Marktstabilisierung begründet und dann abschließend ausgeführt: "Die Inlandspreise dürfen jedoch niemals für lange Zeit wesentlich über oder unter dem Stand ordnungsmäßiger cif-Preise gehalten werden." 1). Die spätere Entwicklung ist von dieser Forderung deutlich abgewichen.

Die Schwierigkeiten der Unterscheidung zwischen Protektion und Stabilisierung hängen vornehmlich mit der Definition eines geeigneten Betrachtungszeitraums zusammen. Protektion kann als Anhebung des inländischen Güterpreises über das Preisniveau auf dem Weltmarkt angesehen werden 2), während mit Stabilisierung in diesem Zusammenhang die Abschwächung der Auswirkungen von Weltmarktpreis-Schwankungen auf den inländischen Markt gemeint ist. Was als Veränderung des Niveaus und was als zeitweilige Abweichung vom Niveau angesehen wird, hängt vom gewählten Zeithorizont ab. Diese Definition des Betrachtungszeitraums ist insoweit keine reine Spielerei mit Begriffen, wie daraus Konsequenzen für die Entscheidung gezogen werden, ob eine bestimmte Veränderung des Weltmarktpreisniveaus aus Stabilisierungsgründen vom inländischen Markt ferngehalten werden soll oder nicht. Diese Überlegung gibt gleichzeitig einen Anhaltspunkt für ein mögliches Abgrenzungskriterium. Als Schwankungen könnten alle die Preisbewegungen definiert werden, denen die inländische Produktions- und Konsumstruktur nicht folgen kann, ohne daß die Umstellungskosten den Vorteil der Reallokation übersteigen. Solche Preisbewegungen könnten als "funktionslos" bezeichnet werden 3).

Trotz gewisser Schwierigkeiten einer eindeutigen Unterscheidung zwischen Niveaubeeinflussung und Milderung von Schwankungen sollen im folgenden Protektion und Stabilisierung gegenüber dem Weltmarkt als zwei gedanklich zu trennende Maßnahmen behandelt werden, da sie, wenn auch empirisch nicht immer leicht gegeneinander abzugrenzen, doch verschiedene wirtschaftspolitische Grundprobleme betreffen.

1.3 Ausmaß von Protektion und Stabilisierung

Für die quantitative Messung der Protektion sind verschiedene Maßstäbe entwickelt worden, die sich durch ihren analytischen Gehalt und ihre wirtschaftspolitische Bedeutung unterscheiden 4). Für einen ersten Überblick eignet sich besonders der nominale Protektionsgrad, der angibt, um welchen Anteil die inländischen Erzeugerpreise durch Schutzmaßnahmen über den Weltmarktpreis hinausgehoben sind 5). Im Durchschnitt über alle erfaßten Produkte errechnete NEIDLINGER (37) für die Bundesrepublik Deutschland einen während der letzten fünfziger und ersten sechziger Jahre weitgehend gleichbleibenden Agrarschutz von etwa einem Drittel. Den gleichen Wert ermittelte HOWARTH (19), für den Gesamtbereich der Sechser-EG im Durchschnitt der Jahre 1965/66 bis 1967/68. Ein Vergleich mit den Ergebnissen von McCRONE (34) zeigt einen Anstieg des Protektionsgrades von der Mitte der

---

1) Dieser Satz findet sich im Gutachten A, das die Auffassungen von v. DIETZE, HANAU, NIEHAUS, TEICHMANN und WOERMANN wiedergibt (3, S. 65).

2) Dies ist die Definition der nominalen Protektion, während die Bestimmung der effektiven Protektion auf den Schutz der inländischen Wertschöpfung abstellt. Siehe dazu CORDEN,(5). Im folgenden ist mit Protektion, wenn nicht ausdrücklich anders angegeben, stets nominale Protektion gemeint.

3) Siehe dazu SCHMITT (39), und vor allem die dort genannten Arbeiten von HANAU.

4) Für eine generelle Darstellung siehe CORDEN (5). Einige spezifische Maßstäbe und eine Diskussion ihrer agrar- und handelspolitischen Relevanz finden sich in einer von JOSLING u.a. für die FAO angefertigten Studie (9).

5) Bezugsbasis für die Anteilszahlen sind die Inlandspreise.

fünfziger zur Mitte der sechziger Jahre: Für Deutschland hatte der Agrarschutz 1956 18 v.H. betragen, für die späteren sechs EG-Länder zusammen 14 v.H. 1). Seit Mitte der sechziger Jahre bis zum Zeitpunkt vor dem starken Anstieg der Weltmarktpreise 1973 dagegen scheint sich insgesamt die Situation für die Bundesrepublik Deutschland nur noch wenig geändert zu haben 2).

Überschlagsrechnungen (KOESTER und TANGERMANN, 31) zeigen, daß 1972 die Agrarpreise auf dem Weltmarkt knapp 30 v.H. unter dem deutschen Niveau gelegen haben. 1973 allerdings hat die beginnende Hausse auf den Weltmärkten den deutschen Protektionsgrad mit 18 v.H. wieder auf das Niveau in der Mitte der fünfziger Jahre gedrückt (ebenda).

Detailliertere Angaben für einzelne Produkte und verschiedene Länder sind in einer von JOSLING u.a. für die FAO erstellten Untersuchung (9) enthalten. Neben verschiedenen anderen Maßstäben zur Beurteilung der Protektionswirkungen agrarpolitischer Maßnahmen sind dort auch "producer subsidy equivalents" in Prozent ausgewiesen, die etwa mit nominalen Protektionssätzen vergleichbar sind 3). Für die Bundesrepublik Deutschland werden folgende Werte angegeben:

	1968	1969	1970
Weizen	35	44	40
Gerste	40	46	44
Mais	35	31	28
Zucker	68	52	33
Milch	55	61	60

Aus diesen Zahlen wird der im Vergleich zu anderen Getreidearten relativ niedrige Außenschutz bei Mais, die hohe - mit von 1968 bis 1970 ansteigenden Weltmarktpreisen allerdings abnehmende - Protektion bei Zucker und der starke Schutz der Milchproduktion deutlich.

Eine Fortsetzung dieser Studie für die jüngsten Jahre (JOSLING, 29), in der allerdings für die ursprünglichen sechs EG-Mitglieder leider nur Durchschnittswerte ausgewiesen werden, zeigt, wie die stark ansteigenden Weltmarktpreise implizit zu einem Rückgang der Protektion oder sogar negativer "Protektion" geführt haben. Siehe dazu Übersicht 1.

Im Gegensatz zu Studien über das Protektionsniveau scheinen Untersuchungen über das Ausmaß der Stabilisierung des Binnenmarktes gegenüber Schwankungen der Weltmarktpreise seltener zu sein. Für ein einzelnes Produkt mag Schaubild 1 eine ungefähre Vorstellung vermitteln. In dieser Graphik ist die monatliche Entwicklung des Weizenpreises innerhalb der Bundesrepublik Deutschland derjenigen des Importpreises frei Rotterdam (beide in DM) gegenübergestellt. Zunächst fällt die - weitgehend der zeitlichen Staffelung der Interventionspreise parallele - saisonale Preisbewegung auf dem Inlandsmarkt ins Auge, der kein vergleichbares Saisonschema der Importpreise gegenübersteht. Das legt die Frage nahe, ob es vorteilhaft sein könnte, einen größeren Teil des jahreszeitlichen Marktausgleichs durch internationalen Handel statt durch interne Lagerhaltung herbeizuführen. Sieht man von diesen Saisonbewegungen ab, so scheint in dem hier dargestellten Zeitraum bis zur zweiten Hälfte von 1972 kein fundamentaler Unterschied zwischen der Preisvariabilität auf dem Inlands- und dem Weltmarkt bestanden zu haben. Einigen stärkeren Bewegungen des Weltmarktpreises stehen einzelne "politikbedingte" Sprünge des Inlandspreises (Übergang zum EG-Preis 1967, DM-Aufwertung 1969) gegenüber. Von Ende 1972 an allerdings hat die bekannte starke Veränderung des Weltmarktpreises

---

1) Wie bei HOWARTH (19) ausgewiesen.

2) Die Preissenkung bei Inkrafttreten der EG-Marktordnungen 1967 dürfte allerdings zu einem zwischenzeitlichen Absinken des Protektionsgrades geführt haben.

3) Der Unterschied besteht darin, daß dieser Maßstab im Gegensatz zur nominalen Protektion auch Subventionen zu erfassen versucht, die nicht im Erzeugerpreis enthalten sind. Wo derartige Subventionen nicht existieren, sind beide Maßstäbe weitgehend vergleichbar.

Übersicht 1: "Producer Subsidy Equivalent" in Prozent für ausgewählte Länder und Agrarprodukte

Land	Produkt	1968	1969	1970	1971	1972	1973	1974
EG(6)	Weizen	34	41	39	42	24	-42	-29
	Gerste	39	53	32	50	26	- 1	-12
	Mais	52	43	32	49	35	5	1
	Milch	67	70	59	29	26	33	/
UK	Weizen	26	25	18	28	12	2	1
	Gerste	37	30	14	14	11	3	1
	Milch	52	53	52	42	28	23	20
USA	Weizen	29	41	44	36	45	7	0
	Gerste	1	12	12	2	19	4	3
	Mais	21	21	19	13	18	11	8
	Zucker	106	79	71	65	28	11	/
	Milch	53	60	60	45	28	43	/

Quelle: JOSLING (29).
/: z.Zt. noch nicht verfügbar. Die Reihen für Zucker in EG und UK sind z.Zt. insgesamt noch nicht verfügbar.

Schaubild 1: Weizenpreis auf dem Weltmarkt und in der Bundesrepublik Deutschland, Monatsdaten

eingesetzt, die ohne Parallele im Inland ist. Die vorher vorwiegend das Niveau stützende EG-Marktpolitik hat seit dieser Zeit ihr Stabilisierungspotential voll ausgespielt. Es erschiene interessant, für diesen wie für andere Märkte genauer zu untersuchen, in welcher Relation zueinander während einzelner Zeitabschnitte Niveaustützung und Stabilisierung gestanden haben.

2   Weltmarktpreise und agrarpolitische Entscheidungen

2.1   Preisniveau

Auf die Frage, in welcher Relation zu den Weltmarktpreisen die inländischen Güterpreise festzulegen sind, hat die an neoklassischen Gleichgewichtsvorstellungen und am Prinzip der gesamtwirtschaftlichen Wohlfahrtsmaximierung orientierte grundlegende Theorie des internationalen Handels eine einfache Antwort zu geben: Die inländischen Preise müssen den Weltmarktpreisen gleichen. Diese Antwort, die die konsequente Anwendung des marktwirtschaftlichen laissez-faire-Gedankens auf das Spezialproblem des internationalen Handels darstellt, kennzeichnet nach CORDEN (6) die erste Stufe post-merkantilistischer normativer Theorie der Handelspolitik. Die Einsicht, daß manche Abweichungen der Realität von den Annahmen der vollkommenen Konkurrenz dazu führen, daß laissez-faire nicht in jedem Fall automatisch ein Optimum garantiert, war Grundlage der zweiten Stufe. Verschiedene Argumente wurden entwickelt, die zeigten, daß Handelsbeschränkungen, vornehmlich Zölle, Abweichungen korrigieren und deshalb Bestandteil einer optimalen Politik sein können. Die Unterstellung liegt nahe, daß viele der gegenwärtigen protektionistischen Agrarpolitiker zur Zeit diese zweite Stufe erreicht haben.

Die dritte - und vorerst letzte Stufe der normativen Handelstheorie hat nach CORDEN die Verbindung zwischen laissez-faire und Freihandel gelöst und zu der Erkenntnis geführt, daß nur wenige binnenwirtschaftliche Verzerrungen die Beschränkung des internationalen Handels rechtfertigen und daß first-best Lösungen in der Regel fiskalpolitische Maßnahmen sind, die unmittelbar an den binnenwirtschaftlichen Verzerrungen ansetzen und den internationalen Handel ungestört lassen.

Die folgenden Überlegungen stellen weitgehend eine Anwendung dieser Betrachtungsweise dar [1]. "Abweichungen" oder "Verzerrungen" gegenüber dem grundlegenden neoklassischen Gleichgewichtsmodell sind dabei unvollkommene Marktfunktionen, vor allem aber Erweiterungen der Zielfunktion über das einfache Ziel der Wohlfahrtsmaximierung hinaus. Verschiedene mögliche Argumente für eine Beschränkung des internationalen Handels mit Agrarprodukten werden einzeln diskutiert. Die Behandlung muß verbal und kurz bleiben. Ein im Anhang dargestelltes einfaches mathematisches Modell, auf das verschiedentlich Bezug genommen wird, behandelt einzelne Aspekte etwas rigoroser [2].

2.1.1   Versorgungssicherung

Die besondere Bedeutung von Agrarprodukten als lebensnotwendige Verbrauchsgüter läßt es notwendig erscheinen, durch entsprechende wirtschaftspolitische Maßnahmen sicherzustellen, daß die Versorgung der Konsumenten mit diesen Gütern jederzeit sichergestellt ist. Entsprechende Zielsetzungen sind in den agrarpolitischen Zielkatalogen fast aller Länder, auch in demjenigen der EG enthalten. Da vor allem die Versorgung aus dem Ausland unter bestimmten Umständen gefährdet sein kann, erscheint es ratsam, eine gewisse Produktionskapazität im Inland aufrechtzuerhalten [3]. Dieses Ziel

---

[1] Eine zusammenfassende Darstellung der grundlegenden Gedanken dieser "theory of domestic distortions" findet sich bei BHAGWATI (4). Eine ausführliche Behandlung zahlreicher Einzelaspekte gibt das genannte Buch von CORDEN (6).
[2] Aus Gründen der Raumknappheit ist dieser Anhang, der in der zur Tagung verteilten Fassung des Referates enthalten war, hier fortgelassen. Auf Anfrage sendet der Verfasser Interessenten den Anhang gesondert zu.
[3] Zu einer ausführlichen Diskussion dieses Problemkreises siehe HENZE (18).

einer ausreichenden Selbstversorgung wird häufig als Argument für eine Protektion der inländischen Landwirtschaft gegenüber dem Weltmarkt genannt.

Für die Beurteilung dieses Protektionsargumentes ist es zunächst notwendig, die Zielsetzung "ausreichende Selbstversorgung" näher zu spezifizieren. Die sprachliche Verwandtschaft legt es nahe, die Höhe des laufenden Selbstversorgungsgrades als Kriterium zu wählen. Wird demgemäß tatsächlich der Anteil der Importe am laufenden inländischen Verbrauch oder einfach die absolute Höhe der Importe als feste Zielgröße vorgegeben, so ist eine Anhebung der inländischen Agrarpreise über den Weltmarktpreis das optimale Instrument, solange die Weltmarktpreise nicht hoch genug sind, um die gewünschte Selbstversorgung herbeizuführen (siehe dazu Abschnitt 3) des Anhangs) 1). Allerdings scheint es fraglich, ob eine derartige Spezifikation des Versorgungsziels dem zugrundeliegenden wirtschaftspolitischen Motiv voll entspricht. Vielmehr scheint es der Absicht, die Versorgung für Krisenzeiten sicherzustellen, eher angemessen, zunächst das erwünschte Verbrauchsniveau während einer Versorgungskrise festzulegen und dann die Produktionsstruktur entsprechend zu planen, den Verbrauch jedoch während ungestörter Phasen nicht zu verzerren.

Wird entsprechend dieser Überlegung lediglich ein bestimmtes Produktionsvolumen verlangt, so ist das optimale Instrument eine Subventionierung der Agrarproduktion (siehe Abschnitt 2) des Anhangs)2). Ist auch Lagerhaltung möglich, so hängt das optimale Subventionsniveau von den Grenzkosten der Lagerhaltung ab (siehe Abschnitt 4) des Anhangs) 3), 4). Außerhalb der Krisenzeit sollte sich dagegen bei dieser Zielformulierung der Verbrauch an den Weltmarktpreisen orientieren.

Überlegungen zur Versorgungssicherung scheinen allerdings bei der aktuellen Gestaltung der EG-Agrarpreispolitik, wenn überhaupt, höchstens eine untergeordnete Rolle zu spielen. Offizielle Stellungnahmen zum gewünschten minimalen Produktionsniveau sind nicht bekannt. Das läßt sich leicht mit der Tatsache erklären, daß das gegenwärtige Produktionsvolumen ohnehin deutlich über einem derartigen Minimalniveau liegt, was sich zumal für die Überschußprodukte zweifelsfrei behaupten läßt. Allerdings scheint es erwägenswert, ob nicht dennoch derartige Überlegungen angestellt werden sollten, die zumindest mit dem Ausmaß der gegenwärtigen Abweichung zwischen tatsächlicher Produktion und gewünschtem Minimalvolumen eines unter verschiedenen Kriterien einer rationalen Agrarpreispolitik bieten könnten.

2.1.2 Regionalpolitische Motive

In regionaler Differenzierung zu sehende Zielsetzungen spielen auch in der Agrarpolitik eine zunehmende Rolle. Erhaltung der Kulturlandschaft, Schutz vor Entvölkerung einzelner Landstriche, Bewahrung einer regional breitgestreuten wirtschaftlichen Aktivität sind Motive, die sich dieser Kategorie zuordnen lassen. Es bedarf keiner ausführlichen Diskussion, um darzulegen, daß eine generelle Protektion des Agrarpreisniveaus gegenüber dem Weltmarkt ein Instrument ist, das derartige Ziele nur mit einer Reihe von Nachteilen erreicht und deshalb keine first-best Lösung darstellt. Ist es schon schwer einsehbar, warum der gesamte Verbrauch von Agrarprodukten verzerrt werden sollte, um einzelne regionalpolitische Effekte zu erreichen, so ist es umso weniger klar, warum alle Landwirte von einer Maßnahme betroffen werden sollten, die lediglich bei einigen, bei denjenigen in den Zielregionen nämlich, Verhaltensänderungen hervorrufen soll. An diesem Beispiel wird die Grundaussage der "theory of domestic distortions" in besonders plastischer Weise deutlich: Wirtschaftspolitische Maßnahmen sollten so dicht wie möglich am Punkt der angestrebten Wirkung an-

---

1) Siehe Fußnote 2) S. 52.
2) dto.
3) Siehe hierzu die ausführlichen Überlegungen bei HENZE (18). Eine interessante Behandlung dieses Problemkreises mit einem Modell der Aktivitätsanalyse findet sich bei FOLKESSON (11 u. 12).
4) Siehe Fußnote 2) S. 52.

setzen, statt durch eine generelle Beschränkung des internationalen Handels neben dem erwünschten Effekt nachteilige Nebenwirkungen ("by-product distortions", CORDEN, 6, S. 12 ff) hervorzurufen. In diesem Fall wäre eine gezielte Subventionierung der Flächenbewirtschaftung bzw. des Arbeitseinsatzes in den betroffenen Regionen die optimale Maßnahme.

Die EG-Richtlinie zur Förderung der Landwirtschaft in Berggebieten und in bestimmten benachteiligten Gebieten, wenngleich offensichtlich stärker unter sozialpolitischen Motiven als zur gezielten regionalpolitischen Entwicklung beschlossen, stellt einen Schritt in die dargestellte Richtung dar.

2.1.3 Steuerung des Anpassungsdrucks und Einkommensverteilung

Neben den genannten Zielsetzungen dürfte das wesentliche Motiv für staatliche Maßnahmen zugunsten der Landwirtschaft die Milderung der Schwierigkeiten sein, die sich, zumal bei eingeschränkter Faktormobilität, in einem rasch schrumpfenden Wirtschaftsbereich ergeben. Diese Schwierigkeiten werden dann besonders groß, wenn der erforderliche Rückgang des Arbeitskräftebestandes über die durch Ausscheiden im Verlauf des Generationswechsels erreichbare Verminderungsrate hinausgeht (HEIDHUES, 16). Die dabei auftretenden sozialen Probleme zeigen sich einerseits in den Hindernissen eines Überwechselns zu außerlandwirtschaftlichen Arbeitsplätzen, andererseits in den daraus resultierenden niedrigen Einkommen in einem Teil der landwirtschaftlichen Betriebe. Die Agrarpolitik versucht in der Regel, diese Probleme zu mildern, indem sie die Nachfrage nach in der Landwirtschaft eingesetzten Ressourcen steigert, um deren Einkommen zu erhöhen (JOSLING, 25).

Die Erhöhung des inländischen Agrarpreisniveaus über die Weltmarktpreise durch Maßnahmen des Außenhandelsschutzes ist dabei zunächst bei statischer Betrachtung und typisch neoklassischen Annahmen aus zwei Gründen problematisch. Zum einen führt sie zu einer Verzerrung des Verbrauchs von Agrarprodukten und damit zu einem Verlust an Konsumentenwohlfahrt. Zum anderen wirkt sie undifferenziert auf den gesamten landwirtschaftlichen Faktoreinsatz. Ist die Begrenzung des Abwanderungsdrucks vornehmliche Zielsetzung und damit ein (Jahr für Jahr neu festzulegender) minimaler Bestand an Arbeitskräften angestrebt, so stellt eine Subvention auf den Arbeitseinsatz in der Landwirtschaft das günstigste Instrument dar (siehe Abschnitt 5) des Anhangs) 1). Wird ein vorgegebenes minimales Einkommen der landwirtschaftlichen Arbeitskräfte angestrebt, so erweisen sich direkte Einkommensübertragungen gegenüber der Preisstützung als überlegen (siehe Abschnitt 6) des Anhangs) 2).

In diesem Zusammenhang sind jedoch zwei Annahmen zu diskutieren, die der Darstellung bisher implizit zugrundelagen. Die erste bezieht sich auf die Kosten von Subventionszahlungen, die zweite betrifft die Behandlung von Einkommensumverteilungen. Beide Aspekte dürften im normativen wie im positiven Sinn erhebliche Bedeutung für den Agrarprotektionismus haben.

Bisher war unterstellt worden, daß die Erhebung von Finanzmitteln und die Zahlung von Subventionen keine gesamtwirtschaftlichen Kosten verursacht. Ist diese Annahme nicht gerechtfertigt, so sind die Aussagen abzuwandeln (CORDEN, 6, S. 42 ff). Unter diesen Umständen kann es zweckmäßig sein, den inländischen Agrarpreis über das Weltmarktpreisniveau anzuheben. Allerdings ist in der Regel ein trade-off zwischen Kosten der Subventionierung und nachteiligen Nebenwirkungen der Protektion zu berücksichtigen, so daß die günstigste Lösung typischerweise eine Kombination von Protektion und Subventionierung darstellt (siehe Abschnitt 7) des Anhangs) 3).

Wo dabei das zweckmäßige Verhältnis von Subvention und Protektion liegt, hängt entscheidend davon ab, welche (Grenz-)Kosten für Erhebung der Finanzmittel und Zahlung der Subvention zu unterstellen sind. Diese Kosten haben zum einen die Form von Allokationsverzerrungen, wie sie in der Theorie der optimalen Steuererhebung behandelt werden (z.B. MUSGRAVE, 36). Es läßt sich zeigen

---

1) Siehe Fußnote 2) S. 52.
2) dto.
3) dto.

54

(CORDEN, 6, S. 43 ff), daß derartige Kosten in keinem Fall einen Außenhandelsschutz rechtfertigen. Zum anderen ist der Ressourceneinsatz zu berücksichtigen, der für Steuererhebung und Subventionszahlung notwendig ist. Es scheint fraglich, ob angesichts eines ohnehin weit ausgebauten Steuer- und Subventionssystems und angesichts der erheblichen administrativen Aufwendungen für den Außenhandelsschutz bei Agrarprodukten derartige Grenzkosten eine ins Gewicht fallende Höhe haben.

Schließlich wird immer wieder betont, daß es politische Kosten der Erhebung öffentlicher Mittel gibt. WEINSCHENCK (45) formuliert das so, daß der Grenznutzen einer öffentlichen Geldeinheit höher sei als derjenige einer privaten. CORDEN (6, S. 55) führt aus: "Explicit taxation imposes psychic costs which implicit taxation does not. These are costs in the minds of the taxed public and hence costs to the government in loss of popularity. One cannot ignore an element of irrationality and illusion in popular attitudes to taxation." Soweit derartige Kosten bestehen, sind sie eine schwer von der Hand zu weisende Begründung für eine Belastung der Verbraucher durch gestützte Preise. Demokratische Gesellschaftsordnungen können Eigenschaften (und Vorteile) haben, die in neoklassischen Gleichgewichtsmodellen nicht zum Ausdruck kommen. Derartige qualitative Feststellungen sollten jedoch nicht verhindern, daß über die quantitative Bedeutung dieser Argumente nachgedacht wird. Der in einigen Bereichen feststellbare Trend zum Ersatz privater durch öffentliche Ausgaben (z.B. Nah- und Schienenverkehr, Postwesen, Ausbildung) läßt zumindest daran zweifeln, wie stark die Höherbewertung einer öffentlichen gegenüber einer privaten Mark tatsächlich politisch eingeschätzt wird. Daneben scheint die Gefahr groß, daß die politische Kehrseite dieses Arguments in der alltäglichen Auseinandersetzung der Interessengruppen die stärkere Wirkung entfaltet. Auch hierzu ist CORDEN (6, S. 56) zu zitieren: "Protection unnoticed is protection more secure." Es ist unschwer verständlich, weshalb landwirtschaftliche Interessenvertretungen die Preisstützung gegenüber einer direkten Einkommenssubventionierung vorziehen.

Schließlich bleibt darauf hinzuweisen, daß Möglichkeiten bestehen, zwar weiterhin die Verbraucher von Agrarprodukten zu belasten, wenn man meint, die Verbrauchsverzerrungen nicht durch direkte Steuern abbauen zu sollen. Immerhin aber ließen sich unter Umständen auf der Produktionsseite Vorteile erreichen, wenn die Transfers nicht über die Erzeugerpreise, sondern durch zwischengeschaltete staatliche Eingriffe unter die Produzenten verteilt würden (KOESTER und TANGERMANN, 31).

Eine andere Eigenschaft der obigen Überlegungen zur wohlfahrtsoptimalen Agrarpreispolitik betrifft die implizierten Konsequenzen für die Einkommensverteilung. Im Sinne der Pareto-Optimalität wurde nur gefragt, ob sich gesamtwirtschaftliche Verbesserungen erreichen lassen, die bei entsprechender Kompensation zumindest ein Wirtschaftssubjekt besser und kein anderes schlechter zu stellen erlauben. Ob eine solche Kompensation in der Realität möglich und wahrscheinlich wäre, wurde nicht behandelt. Eine andere Betrachtungsweise könnte von dem ausgehen, was CORDEN (6, S. 107 ff) als "conservative social welfare function" bezeichnet und wie folgt erläutert: "Put in its simplest form it includes the following income distribution target: any significant absolute reductions in real incomes of any significant section of the community should be avoided." Es erscheint plausibel, daß das Verhalten politischer Entscheidungsträger in demokratischen Gesellschaften eher von einer derartigen Norm als vom Gedanken der Pareto-Effizienz bestimmt ist und daß sich daraus ein erheblicher Teil des Protektionismus erklären läßt. Auch ein Übergang vom Außenhandelsschutz zu Subventionsmaßnahmen würde vermutlich, selbst wenn er das gesamte Einkommen des Agrarsektors ungeschmälert ließe, die Einkommensverteilung innerhalb der Landwirtschaft auf Dauer nicht vollkommen unverändert erhalten. Ein andauernder Preisschutz ist das sicherste Mittel zur Bewahrung der gegenwärtigen Einkommensverteilung.

Auch wenn dem Ökonomen nach gängiger Auffassung kein Recht zur Beurteilung von Wohlfahrtsfunktionen zusteht, scheint doch zumindest der Hinweis angebracht, daß auch das in der EG praktizierte Verfahren der Agrarpreispolitik Konsequenzen für die Einkommensverteilung hat, die manchen weniger konservativen, politisch dagegen ebenfalls breit akzeptierten Bemühungen um eine gleichmäßigere Verteilung deutlich zuwider laufen 1). JOHNSON (21, S. 184) stellt dazu lapidar fest: "There are no equity grounds that can be brought to bear to justify the transfer of income from consumers, including low-income consumers, to relatively high-income owners of farm land." Zumindest erschiene es etwas einseitig, gerade mit Argumenten der Einkommensverteilung am gegenwärtigen System des Agrarschutzes festhalten zu wollen.

2.1.4 Terms of Trade

Eines der stärksten Argumente, die auch unter Allokationsgesichtspunkten einen Außenhandelsschutz bei Agrarprodukten rechtfertigen können, spielt in der offenen politischen Diskussion fast keine Rolle. Das dürfte vornehmlich mit den internationalen Verteilungswirkungen zu erklären sein, die dieses Argument impliziert. Es handelt sich um die bekannte Aussage der Optimalzoll-Theorie, daß ein Land, dessen Anteil am Welthandel groß genug ist, um die Terms of Trade zu beeinflussen, seine nationale Wohlfahrt erhöhen kann, wenn es Protektion betreibt 2). Das optimale Ausmaß des Zollschutzes ist erreicht, wenn der inländische Preis der Grenzausgabe (bzw. bei Exporteuren der Grenzeinnahme) auf dem Weltmarkt entspricht. Unter einfachen Annahmen beträgt also bei einer Preiselastizität des Importangebotes von e der optimale Protektionsgrad $(1/e) \cdot 100$ Prozent (siehe Abschnitt 8) des Anhangs) 3), 4). Da die EG-Länder zusammengenommen ein bedeutender Nettoimporteur von Agrarprodukten sind, können sie davon ausgehen, daß ihre Importmengen die Weltmarktpreise nicht unbeeinflußt lassen. Könnten die EG-Agrarpolitiker z.B. unterstellen, daß die Preiselastizität des relevanten Importangebots 5 beträgt, so wäre ein Zollsatz von 20 % optimal.

Die Entscheidungssituation ist allerdings nicht so einfach, wie diese Überlegung es unterstellt. Die oligopolistische Struktur der Weltmärkte führt dazu, daß die EG-Länder nicht von einer gegebenen Angebotskurve ausgehen können, sondern Gegenmaßnahmen ihrer Handelspartner in Rechnung stellen müssen. Typischerweise wird gefolgert, daß derartige Gegenmaßnahmen den Vorteil einer Optimalzoll-Politik schmälern und in der Regel sogar negativ werden lassen (z.B. JOHNSON, 23). Die besonderen Verfahren des Außenhandelsschutzes für Agrarprodukte, die in vielen Ländern üblich sind, können u.U. die gegenteilige Wirkung haben und protektionistische Maßnahmen aus nationaler Sicht besonders vorteilhaft erscheinen lassen. Schaubild 2 soll den Grundgedanken dieser Überlegung veranschaulichen. Dieses Schaubild zeigt die Situation auf dem Weltmarkt, die ursprünglich bei Freihandel durch die Importnachfrage-Kurve des Inlands N_o und die Importangebotskurve A_o gekennzeichnet ist und zu einer Importmenge q_o und einem Weltmarktpreis p_o führt. Durch Außenhandelsschutz, der die Importmenge auf q_1 begrenzt, kann das Inland den Weltmarktpreis drücken und einen Terms of Trade-Gewinn in Höhe von $(p_o-p_2)q_1$ realisieren 5). Die übliche Vorstellung über Vergeltungsmaßnahmen der Exporteure geht davon aus, daß diese durch entsprechende Eingriffe ihre Angebotskurve nach links verschieben, um den Weltmarktpreis wieder anzuheben; in diesem Beispiel würde eine Verschiebung nach A_1 gerade wieder zum alten Preis führen. Der Terms of Trade-Gewinn ginge verloren, und das Inland hätte nur noch den Nachteil einer verzerrten Allokation.

Auf den Weltagrarmärkten dagegen mag die Entwicklung anders verlaufen. Das Inland könnte beabsichtigen, seinen Landwirten den Preis p_1 zu garantieren, und deshalb variable Abschöpfungen einführen, die die Importnachfragekurve bei p_1 abknicken und darunter sehr wenig elastisch werden lassen (N_1). Die Exportländer dagegen wollen ihren Landwirten weiterhin den Preis p_o zukommen

---

1) Eine quantitative Untersuchung dazu findet sich bei JOSLING und HAMWAY (30).
2) Unter der umfangreichen Literatur hierzu siehe z.B. SCITOVSKY (40) oder GRAAF (13).
3) Zu einer ausführlichen Diskussion siehe CORDEN (6), S. 158 ff.
4) Siehe Fußnote 2), S. 52.
5) Im Schaubild ist nicht notwendigerweise der orthodoxe Optimalzoll angegeben.

Schaubild 2: Außenschutz und Gegenmaßnahmen der Handelspartner bei Agrarprodukten

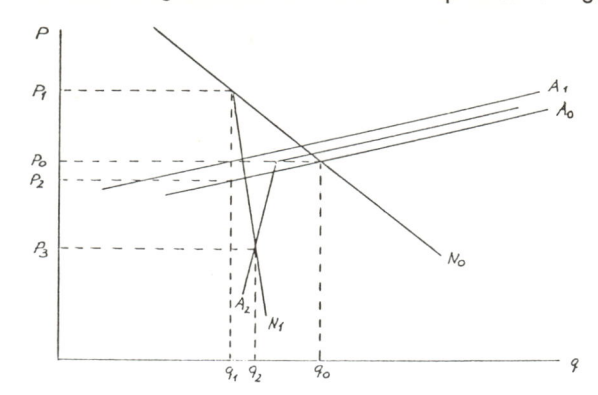

lassen; ihre Maßnahmen mögen zum Teil in Angebotsbeschränkungen liegen (Linksverschiebung der Angebotskurve), schließen darüberhinaus aber auch variable Exporterstattungen ein, die die Importangebotskurve bei p_0 abknicken lassen (A_2). Der Weltmarktpreis sinkt dann auf p_3. Das Inland hat einen erheblichen Terms of Trade-Gewinn in Höhe von $(p_0-p_3)q_2$.

So simpel diese Analyse ist 1), so scheint sie dennoch manche typische Aspekte einiger Weltagrarmärkte zu enthalten. Allerdings kann aus ihr noch nicht ohne weiteres gefolgert werden, daß eine Verminderung der Agrarprotektion in der EG in jedem Fall zu Wohlfahrtsverlusten der Mitgliedsländer führen würde. Die wesentlichen Einschränkungen ergeben sich aus den folgenden Gesichtspunkten:
- Protektion führt in jedem Fall zu Wohlfahrtsverlusten durch Terms of Trade-Effekte, wenn sie das Inland vom Importeur zum Exporteur werden läßt (Überschußprodukte in der EG).
- Wenn die Importmengen bei einem Gut durch den Außenhandelsschutz zu stark zurückgehen, ist der optimale Protektionsgrad überschritten (Produkte mit annähernder Selbstversorgung in der EG).
- Protektion bei einigen Gütern kann zur Verschlechterung der Terms of Trade bei nicht geschützten Substituten führen (CORDEN, 6, S. 194). Im Beispiel der EG könnte das der Fall bei eiweißreichen importierten Futtermitteln sein, die Getreide z.T. ersetzen (Soya).
- Innerhalb der EG treten schwierige Verteilungsprobleme auf, da einige Länder Netto-Importeure, andere dagegen Netto-Exporteure sind.
- Der Terms of Trade-Verlust bei Reduktion des Protektionsgrades hängt davon ab, wie sich die Exportländer tatsächlich verhalten. Da sich die weltweite Wohlfahrt bei einem Abbau der Protektion steigern läßt, können auf dem Verhandlungswege u.U. allseitig vorteilhafte Lösungen gefunden werden.

Auf die letzten beiden Gesichtspunkte wird unten noch zurückzukommen sein.

2.2 Preisstabilität

Es ist weithin akzeptiert, daß die besonderen Marktbedingungen bei landwirtschaftlichen Produkten dazu führen, daß Agrarpreise der Gefahr besonders starker Schwankungen ausgesetzt sind (z.B. HANAU, 15) und daß eine wesentliche Aufgabe der Agrarmarktpolitik darin besteht, das Ausmaß derartiger Schwankungen in Grenzen zu halten. Auf Märkten, die über Im- oder Exporte mit dem Weltmarkt in Beziehung stehen, gehört zu einer derartigen Stabilisierungspolitik auch die Milderung des Einflusses von Schwankungen der Weltmarktpreise. Die EG-Marktordnungen sind deshalb so gestaltet, daß sie die inländischen Agrarpreise nicht nur gegenüber dem Niveau, sondern auch gegenüber kurzfristigen Variationen der Weltmarktpreise weitgehend abschirmen.

---

1) Sie berücksichtigt z.B. nicht die Auswirkungen auf die Weltmärkte anderer Güter und ist schon insofern sehr unvollständig.

Während die Niveaustützung bisweilen kritisiert wird, scheint die Stabilisierung kaum diskutiert zu werden. Dahinter könnte die Annahme stehen, daß der Vorteil mit zunehmender Stabilität monoton steigt. Das wirft die Frage auf, ob es etwas wie einen optimalen Grad der Stabilisierung gegenüber dem Weltmarkt gibt. In neoklassischer Denkweise geschulte ökonomische Analyse würde unterstellen, daß es Nutzen und Kosten von Stabilität gibt und daß ein maximaler Nettonutzen erreicht ist, wo Grenzkosten und Grenznutzen gleich werden. Ohne auf die vielschichtige Problematik von Stabilitätsnutzen und -kosten und die umfangreiche Literatur dazu eingehen zu wollen, sollen hier nur einige im Zusammenhang mit der EG-Agrarpreispolitik besonders naheliegende Aspekte angesprochen werden.

Der Nutzen der Stabilität ergibt sich zum einen aus der Risikoabneigung von Konsumenten und Produzenten (z.B. ARROW, 2). Vor allem auf der Konsumentenseite ist damit gleichzeitig auch ein ausgeprägtes sozialpolitisches Motiv berührt, weil Preisschwankungen bei Nahrungsmitteln für niedrige Einkommensgruppen ein höheres Risiko in Relation zu den gesamten Verbrauchsausgaben bedeuten als in höheren Einkommensklassen 1). Zum anderen hängt der Stabilitätsnutzen mit Allokationsgesichtspunkten zusammen. Oben war bereits bei der Abgrenzung von Protektion und Stabilisierung auf mögliche Fehlallokation bei Preisschwankungen hingewiesen worden.

Andererseits verhindert Stabilisierung, daß die Produzenten sich auf die Variabilität der volkswirtschaftlichen Opportunitätskosten von Agrarprodukten einstellen. Welcher Nettoeffekt sich daraus für die inländische sektorale Faktorallokation ergibt, ist schwer allgemein zu sagen. Zum einen könnte Risikoabneigung der Produzenten bei instabilen Preisen zu einem geringeren aggregierten Faktoreinsatz führen als bei Preisstabilität. Andererseits könnte eingeschränkte Reversibilität von Arbeitseinsatz, Investitionen und Produktionsverfahren zu ratchet-Effekten führen: Bei Preisanstiegen eingeleitete Expansion wird bei sinkenden Preisen nicht wieder voll rückgängig gemacht; die Konsequenz könnte dann höherer Faktoreinsatz bei Instabilität sein.

Geht man dennoch zunächst davon aus, daß der Nutzen mit zunehmender Stabilität eindeutig ansteigt, so wäre nun nach den Stabilitätskosten zu fragen. Typischerweise wären Kosten in der Art einer Versicherungsprämie zu erwarten. Im Zusammenhang mit Agrarmärkten könnten diese Kosten die Form von Lagerhaltung zum Ausgleich von Mengenschwankungen annehmen. Mit zunehmender Lagerhaltung und damit zunehmendem Stabilisierungspotential ansteigende Kosten wären mit dem erreichbaren Stabilisierungsnutzen zu vergleichen und würden typischerweise irgendwo unterhalb vollkommener Stabilität ein Optimum angeben. Für die EG-Agrarpolitik dagegen scheint es solche (gesamtwirtschaftlichen 2)) Kosten der Stabilisierung nicht zu geben. Sie kann mit dem gewählten Instrumentarium von variablen Abschöpfungen und Erstattungen den Weltmarkt als einen Puffer wirken lassen, der ohne eigenen aktiven Stabilisierungsbeitrag der EG sämtliche Schocks aufnimmt. Da die (europäischen) Kosten der Stabilisierung null sind, erscheint möglichst weitgehende Stabilisierung als die günstigste Lösung. Entsprechend scheint in der Realität auch verfahren zu werden.

Es liegt nahe, aus dieser Überlegung den Schluß zu ziehen, daß bei weltweiter Betrachtung Länder, die sich wie die EG verhalten, ein Ausmaß der Stabilität für ihre internen Agrarmärkte realisieren, das oberhalb des globalen Optimums liegt. Denn irgendwo auf der Welt entstehen die Kosten der internen EG-Stabilisierung. Da die Abschirmung des EG-Agrarmarktes zu erhöhter Instabilität auf dem

---

1) Soweit in landwirtschaftlichen Betrieben die Relation aus Einkommen und Verkaufserlösen mit zunehmenden Verkaufserlösen abnimmt (HEIDHUES und TANGERMANN, 17), ist die Situation hinsichtlich des relativen Risikos auf der Produzentenseite eher umgekehrt.

2) Staatliche Aufwendungen für Erstattungen stellen lediglich Umverteilung dar. Da hier zunächst von Niveaustützung abstrahiert und lediglich reine Stabilisierung diskutiert wird, gleichen sich zudem Erstattungen und Abschöpfungen im Zeitablauf aus. Zudem wird unterstellt, daß der Staat als ganzes wenig Risikoabneigung hat, da er immer liquide genug ist, Weltmarktpreisschwankungen auszugleichen.

Weltmarkt führt, können diese Kosten zwei Formen annehmen: Andere Länder haben besonders weitreichende Maßnahmen zur Stabilisierung des Weltmarktes zu ergreifen (z.B. Vorratshaltung der USA) und/oder das erhöhte Risiko besonders starker Instabilität hinzunehmen (z.B. Entwicklungsländer mit wenig ausgebautem Außenschutz und knappen Devisenreserven). Diese Folgerung ist jedoch unter zwei Aspekten zu qualifizieren. Einerseits bedeutet nicht jede "Abwälzung" von Instabilität auf den Weltmarkt gleichzeitig auch eine Belastung anderer Länder. In dem Ausmaß, in dem sich positive und negative Abweichungen verschiedener am Handel beteiligter Länder gegeneinander ausgleichen, haben im Gegenteil alle Partner einen Gewinn 1). Der Welthandel ist in dieser Hinsicht ein besonders effizienter Stabilisator (JOSLING, 28). Das Instrumentarium des EG-Außenschutzes allerdings ist so konstruiert, daß es die Pufferwirkung des Weltmarktes nicht nur auf diesen Umfang beschränkt, sondern jegliche Instabilität abwälzt, ob sie von anderen Ländern aufgenommen werden kann oder nicht.

Andererseits ist zu bedenken, daß die Stabilisierung des Binnenmarktes - nicht nur in der EG - mit Niveaustützung Hand in Hand geht. Das weltweite Produktionsvolumen ist damit höher als es auf freien Märkten wäre. Dieses Mehr an Produktion kann in gewisser Weise als Puffer gegen Instabilität gesehen werden. Zwar wird dadurch noch nicht Stabilität an sich geschaffen, die Instabilität findet aber sozusagen auf einem höheren Versorgungsniveau statt und ist damit u.U. weniger gravierend. Bei der Beurteilung dieses schwer zu bewertenden Arguments ist allerdings zu bedenken, daß das durch Protektion einiger Länder gedrückte Weltmarktpreisniveau in anderen, weniger protektionistischen Ländern die Ausweitung des Produktionsvolumens dämpft. Das hat Konsequenzen nicht nur für die Versorgungslage der gesamten Welt, sondern auch für die Verteilung der Lasten von Instabilität. Soweit die Dämpfung des eigenen Produktionsvolumens Länder mit bedeutendem Zuschußbedarf und knappen Devisenreserven betrifft, sind diese schlechter gestellt, da eine größere eigene Produktion sie unabhängiger von Weltmarktschwankungen machen könnte.

Per Saldo hat es den Anschein, als ließe sich die Hypothese aufrechterhalten, daß die Möglichkeit der kostenfreien Abwälzung von Instabilität auf den Weltmarkt dazu führt, daß die Länder mit protektionistischer Agrarpolitik in globaler Sicht ein zu hohes Maß interner Stabilität realisieren. Wird dieser Hypothese zugestimmt, so ist daraus die Forderung abzuleiten, daß diese Länder sich einerseits verstärkt an den Kosten internationaler Stabilisierungsbemühungen beteiligen und andererseits etwas mehr Instabilität des Weltmarktes in ihren heimischen Märkten absorbieren sollten. Das könnte gleichzeitig dazu führen, daß bewußter als bisher erwogen wird, welches Ausmaß an interner Stabilität angestrebt werden soll. LINDBECK (33) weist darauf hin, daß bisher zu wenig über die Alternative zur Abwehr externer Störungen nachgedacht werde, die darin bestehe, die interne Reaktionsflexibilität zu erhöhen.

2.3 Wirkungen und Rückwirkungen

War bisher diskutiert worden, wie sich die Agrarpreispolitik angesichts der Entwicklung der Weltmarktpreise verhält, so ist nun zu fragen, welche Rückwirkungen auf die Weltmarktpreise sich daraus ergeben. Dieser Aspekt kann relativ kurz abgehandelt werden, da die wesentlichen Folgerungen unmittelbar deutlich sind.

Anhebung des inländischen Agrarpreisniveaus stimuliert die Produktion und dämpft die Nachfrage, reduziert also die Importnachfrage bzw. steigert das Exportangebot gegenüber dem Weltmarkt. Das gilt wegen des Konsumeffekts, wenn auch in wesentlich geringerem Ausmaß, selbst bei mengenmäßiger Beschränkung des inländischen Angebots. Da Angebot und Nachfrage auf dem Weltmarkt nicht

---

1) Unter diesem Aspekt wäre es interessant zu diskutieren, inwieweit die Bildung eines europäischen Agrarmarktes mit besonders intensivem internen Ausgleich zur Stabilisierung des Weltmarktes beigetragen hat und in welcher Relation dieser mögliche Stabilisierungsbeitrag zur destabilisierenden Wirkung des gemeinsamen Außenschutzes steht.

völlig preiselastisch, sondern wegen protektionistischer Maßnahmen in anderen Ländern eher relativ unelastisch sind, ergibt sich daraus ein Druck auf die Weltmarktpreise. Unmittelbar Leidtragende sind die Exportländer. Schwieriger zu beurteilen sind die Folgen für die gegenwärtig auf Importe angewiesenen Entwicklungsländer. Einerseits profitieren sie gegenwärtig von der Möglichkeit preiswerter Einfuhren. Andererseits werden die Anreize zur Entwicklung des eigenen Agrarsektors abgeschwächt, was bei beschränkten alternativen Entwicklungsmöglichkeiten auf längere Sicht nachteilig sein kann.

Abschirmung des inländischen Marktes gegen Fluktuationen des Weltmarktes engt den Umfang des insgesamt zur Pufferung verfügbaren Volumens ein und erhöht damit die Instabilität des Weltmarktes. Da das Instrumentarium des EG-Außenschutzes so konstruiert ist, daß nicht nur externe Störungen abgewehrt, sondern auch interne Mengenschwankungen weitgehend ungedämpft ausgelagert werden, erhöht sich die Instabilität des Weltmarktes noch. Leidtragende sind diejenigen, die sich zur Stabilisierung des Weltmarktes verpflichtet fühlen, bzw. diejenigen, die nicht die Mittel haben, diese Instabilität abzuwehren.

Zusammengefaßt läßt sich also sagen, daß die handelspolitischen Komponenten der Agrarpolitik zur Abwehr von etwas dienen, was sie zum Teil selbst verursachen: Niedrige und instabile Weltmarktpreise. Diese Situation entsteht nicht zuletzt dadurch, daß - entsprechend den binnenwirtschaftlichen Allokationsproblemen bei externen Effekten - aufgrund der internationalen Entscheidungssituation ein Teil der Auswirkungen agrarpreispolitischer Maßnahmen nicht in den Ländern anfällt, die diese Maßnahmen ergreifen. Eine andere Formulierung dafür ist, daß die industrialisierten Länder versuchen, ihre eigenen Agrarprobleme auf den Weltmarkt zu exportieren (z.B. JOSLING, 27).

3 Einige Größenordnungen

In den vorausgehenden Abschnitten sind die Beziehungen zwischen Weltmarktpreisen und interner Agrarpreispolitik allgemein diskutiert worden. Welche Bedeutung die dabei abgeleiteten Aussagen für die praktische Gestaltung der Politik haben könnten, läßt sich jedoch kaum beurteilen, solange die Größenordnungen der möglichen Effekte nicht bekannt sind. Im folgenden sollen daher die Ergebnisse einiger Schätzversuche kurz wiedergegeben werden. Dabei ergibt sich das Problem, daß unterschiedliche methodische Ansätze und abweichende regionale und zeitliche Geltungsbereiche einen Vergleich zwischen den zitierten Arbeiten weitgehend verhindern. Die angegebenen Zahlen mögen daher mehr dazu geeignet sein, das Interesse an den Größenordnungen zu wecken, als endgültige Erkenntnisse zu vermitteln.

3.1 Wohlfahrtseffekte

Verschiedene Versuche sind unternommen worden, den Wohlfahrtsgewinn abzuschätzen, der bei einem Abbau der Agrarprotektion durch bessere Nutzung der internationalen Arbeitsteilung erzielt werden könnte. Die ambitionierteste Untersuchung dürfte dabei diejenige sein, die im Rahmen der FAO-Projektionen für 1980 mit Hilfe eines Modells für das Gleichgewicht auf den Weltagrarmärkten u.a. die Auswirkungen des Agrarprotektionismus auf das Welteinkommen zu ermitteln versucht (8). Zwar gibt die Problematik des dabei verwendeten Modells, wie in der Studie selbst betont wird, einigen Anlaß zur Skepsis gegenüber den Ergebnissen. Immerhin aber stellt diese Arbeit zumindest den Versuch dar, die Rückwirkungen der nationalen Politiken auf die Weltagrarmärkte explizit mit zu erfassen. Es wird gefragt, wie sich das Bruttosozialprodukt aller am Welthandel beteiligten Ländergruppen 1980 ändern würde, wenn alle Länder auf jeden Agrarprotektionismus verzichten sollten. Lediglich die verbesserte Verwendung der Ressourcen wird berücksichtigt, Änderung der Konsumentenwohlfahrt ist nicht in den Ergebnissen enthalten. Folgende Zahlen werden genannt:

	Anstieg des Bruttosozialprodukts	
	Mrd. $	v.H. des Ausgangswerts
Entwickelte Länder	26,4	0,8
Entwicklungsländer	37,6	5,8
Zentralverwaltungswirtschaften	20,3	2,2
Welt insgesamt	84,3	1,7

Von der Steigerung des gesamten Welteinkommens um 1,7 v.H. würden danach die Entwicklungsländer mit nahezu sechs Prozent höherem Sozialprodukt den größten Vorteil haben. Aber auch die Industrieländer könnten ihr Sozialprodukt um nahezu ein Prozent steigern, wenn sie den Agrarprotektionismus abbauen.

Auf nationaler Ebene hat JOSLING (24) eine Studie für das Vereinigte Königreich durchgeführt, die den Gewinn an Konsumentenwohlfahrt einbezieht [1]. Für das Ende der sechziger Jahre kommt er zu dem Ergebnis, daß der Übergang vom System des deficiency payment zu Weltmarktpreisen einen Gewinn von 3 Mill. E (weniger als 0,01 v.H. des britischen Bruttosozialprodukts) erbringen könnte. Wären die Preise nicht durch staatliche Transfers, sondern durch Außenhandelsschutz gestützt gewesen, so hätte der zusätzliche Gewinn 2 Mill. E betragen, worin sich der Effekt auf die Konsumentenwohlfahrt wiederspiegelt. Hätten statt der damaligen Preise bereits die höheren Agrarpreise der EG gegolten und wären diese ebenfalls von den Konsumenten getragen worden, so hätte der gesamtwirtschaftliche Wohlfahrtsverlust gegenüber der Situation bei Weltmarktpreisen 34 Mill. E (knapp 0,1 v.H. des Bruttosozialprodukts) betragen.

Zu höheren Werten gelangen GULBRANDSEN und LINDBECK (14), die die Wohlfahrtsverluste aufgrund der Agrarprotektion in Schweden für 1967 abzuschätzen versuchen. Aufgrund der auch von JOSLING verwendeten Analyse von Angebots- und Nachfragekurven bei Agrarprodukten ermitteln sie einen möglichen Wohlfahrtsgewinn bei Senkung des Protektionsgrades auf das durchschnittliche Niveau der übrigen schwedischen Wirtschaftsbereiche in Höhe von 0,8 Mrd. Schwedenkronen oder etwa 0,6 v.H. des schwedischen Bruttosozialprodukts. Neben dieser Schätzung geben diese Autoren auch den möglichen Wohlfahrtsgewinn an, der sich errechnet, wenn der landwirtschaftliche Ressourceneinsatz nicht entsprechend der tatsächlichen Angebotskurve des Agrarsektors, sondern gemäß gesamtwirtschaftlicher Opportunitätskosten der Produktionsfaktoren bewertet wird. Für diesen Ansatz kommen sie zu Wohlfahrtseffekten von 4,7 Mrd. Schwedenkronen oder 3,5 v.H. des schwedischen Sozialprodukts.

Die angesprochene Bewertungsfrage weist auf eines der grundlegenden Probleme derartiger Untersuchungen hin, das darin besteht, daß in komparativ-statischer Analyse ein unmittelbarer Übergang von gestützten Agrarpreisen zu dem niedrigeren Weltmarktniveau unterstellt wird. Abgesehen davon, daß eine derartige plötzliche Preisänderung politisch schwer vorstellbar ist, ergibt sich dabei die Schwierigkeit, die tatsächlichen Reaktionen des Agrarsektors und die realisierbaren Opportunitätskosten abzuschätzen. KOESTER und TANGERMANN (31) haben deshalb versucht, in dynamischer Betrachtungsweise unterschiedliche Entwicklungspfade miteinander zu vergleichen, die sich bei verschiedenen Änderungsraten der realen Agrarpreise in der Bundesrepublik Deutschland einstellen könnten. Lediglich die Effekte auf der Produktionsseite werden dabei berücksichtigt. Ergebnis dieser Schätzung ist, daß eine zukünftige Anhebung der nominalen Agrarpreise mit einer Rate, die um 1 v.H. jährlich unter der Steigerungsrate bei Fortsetzung der gegenwärtigen Preispolitik liegt, im Jahr 5 (10; 15) nach Beginn dieser zurückhaltenderen Agrarpreispolitik zu einem Wohlfahrtsgewinn von etwa 1,1 (1,8; 3,0) Mrd. DM je Jahr führen kann; diese Beträge würden etwa 0,1 v.H. (0,2 v.H.; 0,3 v.H.) des dann zu erwartenden deutschen Volkseinkommens ausmachen. Gleichzeitig wurde in

---

[1] Siehe dazu auch JOHNSON, 21, S. 233 ff.

dieser Studie die Sensibilität der Ergebnisse gegenüber der angenommenen Höhe des Weltmarktpreisniveaus geprüft, um daraus Aussagen über die relative Vorzüglichkeit verschiedener Politikalternativen angesichts ungewisser Voraussicht über die Weltmarktsituation ableiten zu können. Es zeigte sich, daß die genannten, für eine "mittlere" Entwicklung der Weltmarktpreise geltenden Ergebnisse erheblich nach oben oder unten zu modifizieren sind, wenn niedrigere oder höhere Weltmarktpreise erwartet werden können. Auch bei relativ hohen Weltmarktpreisen ergab sich allerdings noch ein Allokationsvorteil für die zurückhaltendere Preispolitik.

Die zitierten Ergebnisse zeigen Wohlfahrtsverluste aufgrund protektionistischer Agrarpreispolitik, die in Relation zum gesamten Sozialprodukt für so gering gehalten werden mögen, daß eine Diskussion darüber sich kaum lohne. Sie scheinen damit das Argument von LEIBENSTEIN (32) zu stützen, daß Verluste an Allokationseffizienz durch Marktverzerrungen im Vergleich zu mangelnder technischer Effizienz innerhalb der Betriebe ("X-efficiency") so geringfügig sind, daß man wesentlich mehr über letztere als über erstere nachdenken solle. Allerdings wäre in diesem Zusammenhang zu diskutieren, wie weit gerade durch gestützte Agrarpreise auch der Druck auf höchste innerbetriebliche Effizienz beeinflußt wird. Der hohe Stand der Produktionstechnik in einigen traditionellen Niedrigpreis-Ländern mag in diesem Zusammenhang von Bedeutung sein.

3.2 Veränderung der Weltmarktpreise

Mit Ausnahme der FAO-Studie haben die im vorigen Abschnitt zitierten Untersuchungen lediglich die binnenwirtschaftlichen Auswirkungen der Agrarprotektion berücksichtigt und die Effekte für den Weltmarkt und damit die Rückwirkungen auf andere Länder nicht einbezogen. Dabei wäre es von erheblichem Interesse, abzuschätzen, in wieweit das gegenwärtige Niveau der Weltmarktpreise vom Agrarprotektionismus der am Handel beteiligten Länder beeinflußt ist. Die komplexe Struktur der Weltagrarmärkte allerdings läßt derartige Schätzungen zu problematischen Unterfangen werden. Das mag erklären, weshalb relativ wenige Untersuchungen hierzu vorzuliegen scheinen und weshalb deren Ergebnisse weit voneinander abweichen.

Die umfassendste Studie ist wiederum die bereits oben genannte Ergänzung zur FAO-Projektion für 1980 (8). Sie versucht abzuschätzen, um welche Prozentsätze die Weltmarktpreise 1980 gegenüber der Situation bei Fortbestand der gegenwärtigen protektionistischen Maßnahmen ansteigen könnten, wenn alle beteiligten Länder jeglichen Agrarprotektionismus aufgäben. Folgende Steigerungssätze in v.H. werden genannt:

Weizen	28,3	Rindfleisch	20,1
Reis	64,4	Schweinefleisch	9,9
Futtergetreide	23,9	Geflügelfleisch	27,8
Zucker	53,8	Milchprodukte	30,8

Zu teilweise erheblich abweichenden Ergebnissen kommen die ohne Verwendung eines formalen Modells von den vermuteten Mengeneffekten der nationalen Agrarprogramme ausgehenden Schätzungen von JOHNSON (21) für das Ende der sechziger Jahre. JOHNSON vermutet, daß bei Weizen, Futtergetreide und Soya während dieser Zeit die Weltmarktpreise kaum oder höchstens um 10 v.H. über den tatsächlichen Preisen gelegen hätten, wenn vollkommener Freihandel geherrscht hätte. "I would conclude that if there were a gradual and consistent move towards free trade in agricultural products, substantial price increases would occur only for butter, sugar, rice and perhaps for beef and veal." (21, S. 160). Das Ausmaß der bei diesen Produkten erwarteten Preisanstiege wird allerdings nicht angegeben.

Eine relativ grobe aggregierte Schätzung führt GULBRANDSEN und LINDBECK (14) zu der Annahme, daß das gesamte Niveau der Weltmarktpreise für Agrarprodukte in der Mitte der sechziger Jahre um 20 bis 30 Prozent höher gelegen hätte, wenn alleine alle westeuropäischen Länder auf jeden Agrarprotektionismus verzichtet hätten.

Wenn diese Schätzungen auch schwer auf einen gemeinsamen Nenner zu bringen sind, so läßt sich doch aus ihnen die generelle Vermutung ableiten, daß ein Abbau des Agrarprotektionismus zumindest bei einigen wichtigen Produkten zu einer spürbaren Preissteigerung auf dem Weltmarkt führen würde, daß dieser Anstieg jedoch im allgemeinen nicht ausreichen würde, um die Weltmarktpreise etwa von dem Niveau zu Ende der sechziger und Anfang der siebziger Jahre auf das interne EG-Niveau anzuheben. Ein weltweiter Abbau des Agrarschutzes würde unter diesen Bedingungen mit einer Senkung des internen Agrarpreisniveaus einhergehen. Wie weit diese Aussage angesichts der gegenwärtigen Weltmarktsituation zu modifizieren ist, läßt sich schwer beurteilen, solange nicht geklärt ist, welche Bedeutung kurz- und langfristige Faktoren für die jüngsten Veränderungen haben.

3.3 Stabilisierung

Spärlicher noch als hinsichtlich des Niveaus scheinen Untersuchungen zu sein, die sich mit den Schwankungen der Weltmarktpreise und ihrer Abhängigkeit von den nationalen Agrarpolitiken befassen. Das dürfte z.T. daran liegen, daß Fragen der Weltmarktstabilisierung häufig nicht so sehr im Zusammenhang mit der Gestaltung der nationalen Agrarpolitiken, sondern mehr unter dem Aspekt ausgleichender Lagerhaltung oder internationaler Abkommen diskutiert werden 1). Sollte dagegen die oben besprochene Hypothese zutreffen, daß eine weltweite Tendenz zu über das Optimum hinausgehender interner Stabilisierung besteht, so wäre auch die Frage von Bedeutung, welchen Beitrag eine Abwandlung der nationalen Agrarpolitiken zur Stabilisierung des Weltmarktes leisten könnte.

Hier soll kurz diskutiert werden, wie sich eine Öffnung der internen Agrarmärkte gegenüber den Schwankungen auf dem Weltmarkt auswirken würde. Ausgangspunkt ist dabei eine nationale Marktpolitik wie diejenige der EG, die sämtliche Preisschwankungen des Weltmarktes über variable Abschöpfungen und Erstattungen in ihren Auswirkungen auf den Binnenmarkt vollkommen abfängt. Der Beitrag zur Stabilisierung des Weltmarktes, den eine vollständige Öffnung gegenüber dessen Schwankungen 2) erbringen könnte, hängt einerseits von der relativen Größe des inländischen und des Weltmarktes ab und ist andererseits von der relativen Höhe der Angebots- und Nachfrageelastizitäten auf Binnen- und Weltmarkt bestimmt. Solange kurzfristige Schwankungen betrachtet werden, dürften die Preiselastizitäten der Nachfrage und des Angebotes (letzteres innerhalb der Produktionsperiode ohnehin nur aus Lagerbeständen) auf dem Binnenmarkt relativ gering sein. Man kann vermuten, daß sie auf dem Weltmarkt eher noch niedriger sind, da viele Länder versuchen, die Schwankungen des Weltmarktpreises ohne Auswirkung auf die internen Märkte bleiben zu lassen.

Nimmt man zur Vereinfachung an, daß die Summe der Preiselastizitäten von Angebot und Nachfrage auf dem Weltmarkt kurzfristig ebenso hoch ist wie auf dem betrachteten Binnenmarkt, so ist nur noch nach der relativen Marktgröße zu fragen. Wählt man die Bedeutung der EG für die Weltgetreidemärkte als Beispiel, so kommt man zu folgenden Relationen zwischen Gesamtverbrauch innerhalb der Neuner-EG und gesamten Weltexporten 3) (Weltexporte = 100):

	1970/71	1971/72	1972/73
Weizen	84,6	84,9	64,9
Übriges Getreide	152,2	145,0	126,0
Getreide insgesamt	117,3	115,2	93,0.

Faßt man diese Zahlen grob dahingehend zusammen, daß der Umfang des internen EG-Getreidemarkt-

---

1) Vergleiche hierzu etwa JOSLING (28) und SINHA (41).

2) Diese Öffnung gegenüber den Schwankungen könnte durchaus mit einer weiteren Stützung des internen Preisniveaus einhergehen. Siehe dazu unten.

3) Weltexporte ohne intra EG-Handel. Errechnet nach 10, 42 und 44.

tes etwa demjenigen des Weltmarktes entspricht (mit niedrigerer Bedeutung der EG bei Weizen und höherer bei übrigem Getreide), so läßt sich unter den genannten Elastizitätsannahmen sagen, daß eine Öffnung des EG-Getreidemarktes gegenüber den Preisschwankungen des Weltmarktes letztere etwa halbieren könnte.

Eine derartig grobe Überschlagsrechnung kann selbstverständlich nicht mehr als Hinweise auf denkbare Größenordnungen geben, sie zeigt aber, daß die Öffnung oder Schließung der internen Agrarmärkte gegenüber den Schwankungen des Weltmarktes erhebliche Bedeutung für dessen Instabilität haben kann.

4 Mögliche Konsequenzen

Führt schon die abstrakte normative Analyse nicht in jedem Fall zu eindeutigen Aussagen, so ist es noch schwieriger, die Frage zu beantworten, welche Konsequenzen sich aus dieser Analyse für die wünschenswerte oder auch nur für die wahrscheinliche Gestaltung der tatsächlichen Politik ergeben. Ein wichtiger Ausgangspunkt dürfte dabei die Unterstellung sein, daß Nationen sich vornehmlich von ihrem eigenen Interesse leiten lassen und daß deshalb auch weltweit vorteilhafte Veränderungen nur zu erreichen sind, wenn die Länder, die diese Veränderungen herbeiführen könnten, auch in der einen oder anderen Form an den Vorteilen teilhaben werden. Aus dieser Sicht liegt die Unterscheidung nahe zwischen solchen Veränderungen, die für die betroffenen Länder unmittelbar vorteilhaft sind und deshalb gewisse Chancen der Realisierung auch im nationalen Alleingang haben, und anderen Maßnahmen, deren Erfolg international verteilt ist, so daß lediglich auf Gegenseitigkeit ausgerichtete Verhandlungen auf internationaler Ebene zum Ziel führen könnten.

4.1 Maßnahmen im nationalen Interesse

Wird bisweilen gesagt, ein Abbau des Agrarprotektionismus habe für alle beteiligten Länder Vorteile, so zeigen Überlegungen hinsichtlich der Terms of Trade, daß für die Importländer der Abbau des eigenen Agrarschutzes lediglich soweit von Interesse ist, wie er gegenwärtig über dem Optimalzoll liegt. Die Diskussion der spezifischen Gegenreaktionen von Agrarexporteuren zeigte, daß dieser im begrenzten nationalen Interesse optimale Zoll unter Umständen relativ hoch sein kann. Er ist allerdings mit Sicherheit überschritten, wenn wie im Fall der EG Produkte bis zum Nettoexport gestützt werden oder wenn der verbleibende Nettoimport verschwindend gering wird. Ist die Idee des Optimalzolls auch mehr ein gedankliches Konzept als eine unmittelbar verwendbare Richtschnur für die praktische Festlegung eines bestimmten Protektionsgrades, so läßt sich doch folgern, daß die EG aus einem teilweisen Abbau des Außenschutzes Allokationsvorteile ziehen könnte. Daß dabei auch die Exportländer bessergestellt würden, kann als positiver Nebeneffekt betrachtet werden.

Obwohl die Erwartung gesamtwirtschaftlichen Vorteils innerhalb der EG Hoffnung auf eine teilweise Reduktion des Protektionsgrades auch ohne Abstimmung mit anderen Ländern machen könnte, scheinen die politischen Aussichten darauf nicht allzu vielversprechend zu sein. Die Sorge über die Einkommenssituation in der EG-Landwirtschaft scheint einer Verringerung des Außenschutzes im Wege zu stehen, und alternative Möglichkeiten der Einkommensstützung durch binnenwirtschaftliche Maßnahmen werden nur zögernd in Betracht gezogen. Das könnte damit erklärt werden, daß die Kosten der Bereitstellung derartiger direkter Einkommenshilfen für zu hoch erachtet werden. Allerdings spricht manches dafür, daß eher die politischen Kosten sichtbarer Belastungen und Zahlungen als ökonomische Kosten dieser staatlichen Transfers das gegenwärtig wirksame Hindernis darstellen. Eine fortgesetzte Diskussion der Politikalternativen und ihrer Vor- und Nachteile gerade auch im wissenschaftlichen Bereich könnte diese politische Einschätzung im Lauf der Zeit wandeln.

Wahrscheinlicher jedoch dürfte sein, daß statt dessen ansteigende politische Kosten einer unveränderten Fortsetzung der gegenwärtigen Politik eine Wandlung herbeiführen 1). Ist es schon erstaun-

---

1) Zu den Chancen einer Änderung der EG-Handelspolitik bei Agrarprodukten siehe mit ähnlicher Argumentation auch JOSLING (26).

lich, mit welcher Gelassenheit Verbraucher und Steuerzahler bisher manche Auswirkungen der EG-Agrarpreispolitik hinnehmen, so könnte bei ansteigenden finanziellen Lasten der gegenwärtigen Politik und zunehmender Absurdität einzelner Maßnahmen zur "Marktentlastung" (Getreidedenaturierung, Magermilchkreislauf, Weindestillation) doch eines Tages eine Fühlbarkeitsschwelle überschritten und damit ein Umdenken eingeleitet werden. Der Beziehung zwischen EG-Agrarpreispolitik und Weltmarktpreisen könnte dann auch aus interner Sicht wieder vermehrt Bedeutung zugemessen werden. Rechtzeitiges Nachdenken über die dann möglichen Konsequenzen könnte die Basis der verfügbaren Politikalternativen verbreitern.

4.2 Veränderungen im internationalen Interesse

Eine Liberalisierung des internationalen Agrarhandels, die zu Protektionsgraden unterhalb des Optimalzolls führt, hat für die betroffenen Länder nationale Nachteile. Und auch ein Beitrag zur Stabilisierung des Weltmarktes scheint für die Länder, die sich bisher durch variablen Außenschutz wirksam abschirmen können, mehr nationale Kosten als Vorteile zu bringen. In diesem Bereich können lediglich internationale Verhandlungen weiterführen, die den beteiligten Ländern im Gegenzug zu eigenen Zugeständnissen Vorteile auf anderen Gebieten bieten. Die bisherigen Erfahrungen im Rahmen der GATT-Verhandlungen und der Welternährungskonferenz geben allerdings wenig Anlaß zu weitreichendem Optimismus. Dabei scheinen die Aussichten umso schlechter zu sein, je weniger es gelingt, die Agrarverhandlungen in den allgemeinen Rahmen der Gespräche über die Liberalisierung des internationalen Handels und die zukünftige Gestaltung der Entwicklungshilfe einzuspannen, weil die Möglichkeiten gegenseitigen Nehmens und Gebens dann umso stärker eingeschränkt sind.

Unter den z.B. im REY-Report (38) diskutierten verschieden weitreichenden Möglichkeiten internationaler Absprachen über einen weltweiten Abbau des Agrarprotektionismus scheint gegenwärtig bestenfalls der am wenigsten ambitionierte Schritt reale Chancen zu haben, der in einer Einigung darauf bestünde, nicht noch mehr neue Maßnahmen des Protektionismus weiter anzuheben. Dabei dürfte einer umfassenden quantitativen Untersuchung der Handelseffekte aller von den einzelnen Ländern verwendeten agrarpolitischen Maßnahmen als Beurteilungsgrundlage wichtige Bedeutung zukommen, wie sie z.B. von JOHNSON (21) gefordert wird und in einer FAO-Studie (9) bereits in Ansätzen verwirklicht ist. Eine offene Diskussion über quantitative Maßstäbe der Protektion und über Wirkungen auf das Handelsvolumen könnte die Grundlage für das "Einfrieren" des Protektionsniveaus und einen späteren allmählichen Abbau sein. Dabei verdienen vor allem Vorschläge Interesse, die darauf abzielen, in die internationalen Verhandlungen lediglich solche Maßnahmen des Agrarschutzes einzubeziehen, die durch ihre Auswirkungen auf Produktion und Konsum den Handel mit Agrarprodukten beeinflussen, den Ländern jedoch freie Hand bei solchen Instrumenten zu lassen, die die Agrareinkommen stützen ohne Effekte auf die Agrarmärkte zu haben [1]. Würden derartige Vorschläge akzeptiert und in der Gestaltung der nationalen Agrarpolitiken berücksichtigt, so würde eines der wesentlichen Hindernisse auf dem Weg zur Liberalisierung des Agrarhandels verringert, das in der Sorge der Regierungen über den zunehmenden Anpassungsdruck auf die Landwirte bei verringertem Niveau des Außenschutzes besteht.

Parallel zu den Verhandlungen über einen Abbau des Protektionsniveaus sind Fortschritte in den internationalen Bemühungen um Stabilisierung der Weltagrarmärkte erforderlich. In diesem Zusammenhang werden vornehmlich Lagerhaltung und Warenabkommen diskutiert. Es erscheint erwägenswert, daneben auch vermehrt die Möglichkeit einer teilweisen Öffnung der Binnenmärkte gegenüber den Bewegungen des Weltmarktes ins Auge zu fassen und damit das in einem freieren internationalen Handel liegende Stabilisierungspotential zu nutzen. Dabei braucht nicht notwendigerweise auch das durchschnittliche Stützungsniveau vermindert zu werden. So könnte sich z.B. die EG entschließen, ihre Abschöpfungen und Erstattungen etwas weniger variabel als gegenwärtig zu handhaben und stattdessen einen Teil der Preisschwankungen des Weltmarktes in die Binnenmärkte hineinwirken zu

---

[1] Siehe z.B. JOHNSON (22) und JOSLING (26).

lassen. Durch eine entsprechende Konstruktion der Formel zur Berechnung der Abschöpfung bzw. Erstattung könnte dennoch das durchschnittliche Agrarpreisniveau innerhalb der EG aufrechterhalten werden 1). Gleichzeitig wäre eine Ausweitung der Bandbreite zwischen Schwellen- und Interventionspreis erforderlich, um die Intervention nicht zu schnell greifen zu lassen. Bei starkem Rückgang der Weltmarktpreise könnten dennoch Mengen vom Weltmarkt in die inländische Intervention fließen, bei entsprechender Konstruktion der Exporterstattungen bzw. -belastungen würden umgekehrt inländische Interventionsbestände zur Auflockerung des Weltmarktes in Phasen extrem hoher Preise beitragen. Die Einbeziehung der inländischen Interventionsbestände in die Stabilisierung des Weltmarktes ist zwar kein notwendiger Bestandteil der vorgeschlagenen Abwandlung der Abschöpfungsformel, sie könnte jedoch einen von anderen Ländern begrüßten zusätzlichen Stabilisierungsbeitrag der EG leisten. Da eine derartige Änderung des gegenwärtigen EG-Systems der variablen Abschöpfungen und Erstattungen für die EG selber keinen unmittelbaren Vorteil hat, könnte sie lediglich bei entsprechenden Gegenleistungen anderer Länder eingeführt werden. Das könnte z.B. bedeuten, daß die EG die Möglichkeit einer solchen Abwandlung ihres Systems als Angebot in die GATT-Verhandlungen einbringt und dafür gleichwertige Reaktionen ihrer Verhandlungspartner erwartet.

So gering die Aussichten auf Liberalisierung des Agrarhandels gegenwärtig auch scheinen, es bleibt doch zu hoffen, daß in zukünftigen Verhandlungen Leistungen und Gegenleistungen gefunden und vereinbart werden, die zu allseitigem Vorteil eine allmähliche Öffnung der nationalen Agrarmärkte erlauben. Sollten derartige Fortschritte ausbleiben, so sind die größten Nachteile noch nicht einmal unbedingt im Agrarbereich selbst, sondern u.U. eher noch auf den übrigen Warenmärkten zu befürchten. Der REY-Report (38, S. 75) warnt eindringlich: "there is danger, ... that the scope and significance of agricultural trade may hamper more general progress in trade policy and trade relations."

5 Spezialprobleme innerhalb der EG

In den vorausgehenden Abschnitten war bisher die EG wie eine einzelne Nation mit einheitlichen Interessen und einem voll integrierten Markt behandelt worden. Solange jedoch das einzelstaatliche Element innerhalb der Gemeinschaft noch stark, wenn nicht sogar stärker als das supranationale Denken ausgeprägt ist, ergeben sich aus den hier dargelegten Überlegungen verschiedene Konsequenzen für Regelungen innerhalb der EG. Zwei wichtige Folgerungen sollen kurz angesprochen werden.

Zwei wesentliche Argumente für einen Außenschutz bei Agrarprodukten stehen in Beziehung zu Verteilungsfragen. Einkommenssicherung für den Agrarsektor durch Preisstützung betrifft die binnenwirtschaftliche, Verbesserung der Terms of Trade beeinflußt die internationale Einkommensverteilung. Beide Aspekte haben Bedeutung auch für die Verteilung zwischen den EG-Mitgliedsstaaten. Je niedriger der Selbstversorgungsgrad eines EG-Landes im Vergleich zum Durchschnitt der Gemeinschaft ist, umso mehr tragen die Verbraucher dieses Landes zur Einkommensstützung der Landwirte in anderen Mitgliedsländern bei und umgekehrt. Plastischer formuliert: Ein erheblicher Teil der Einkommenstransfers an französische Landwirte wird von deutschen Verbrauchern geleistet. Historische Konstellationen und anders verlaufende Verteilungswirkungen auf übrigen Gebieten mögen diese internationalen Transfers innerhalb der Gemeinschaft rechtfertigen. Die Überlegungen zu den politischen Kosten einer möglichen direkten Einkommenssubventionierung erhalten jedoch unter diesem Aspekt

---

1) Gegenwärtig werden die Abschöpfungen a aufgrund des Schwellenpreises s und des Weltmarktpreises w berechnet als $a = s-w$. Entsprechend obigem Vorschlag könnte die Höhe der Abschöpfungen nach der Formel $a = c + \alpha(s-w)$ bestimmt werden mit $0 \leq \alpha < 1$ und einer Konstanten c, die bei gegebenem α für das angenommene bzw. gegenwärtige Durchschnittsniveau des Weltmarktpreises gerade zum gewünschten Inlandspreis führt. Nach dieser Abschöpfungsformel würde der Anteil $1-\alpha$ der Preisschwankungen auf dem Weltmarkt ins Inland übertragen.

eine zusätzliche Dimension. Es ist zu entscheiden, ob diese internationalen Transfers, soweit sie politisch erwünscht sind, durch sichtbare Leistungen, etwa in Form von Finanzbeiträgen zum EG-Haushalt, oder in unsichtbarer Weise durch Verbraucherbelastungen geleistet werden sollen. Ein Gesichtspunkt für diese Entscheidung mag darin liegen, daß die Regierung eines Landes, das Netto-Transfers an andere Mitgliedsländer erbringt, dies außenpolitisch vermutlich besser verwerten könnte, wenn diese Transfers als sichtbare Zahlungen zutage lägen.

Der EG-Verteilungsaspekt der Terms of Trade-Erwägungen ergibt sich daraus, daß die gemeinsame Durchführung und Finanzierung der Agrarmarktpolitik die Situation der Nettoimport- und Nettoexportländer unterschiedlich berührt. Im Hinblick auf die Terms of Trade auf dem Weltmarkt würden die Importländer typischerweise eine Stimulierung, die Exportländer eine Dämpfung der inländischen Produktion befürworten. Die Einbindung in die gemeinsame Agrarpolitik modifiziert diese Interessenlage in zweifacher Weise, da der Außenhandel nun nicht nur mit dem Weltmarkt, sondern auch mit den im Agrarpreis zum inländischen Niveau parallel laufenden anderen Mitgliedsländern erfolgt, und da die Zolleinnahmen bzw. Exportsubventionen nicht mehr unmittelbar die nationalen Budgets berühren. Für die Importländer sinkt damit der Anreiz zur Ausweitung der inländischen Produktion, für die Exportländer wird ein Anstieg ihrer Agrarerzeugung weniger nachteilig. Verbleibt für die Gemeinschaft, wie das in der EG der Fall ist, insgesamt noch ein Nettoimportbedarf, so kann sich eine gemeinsame Dämpfung der Importe vom Weltmarkt nach wie vor lohnen. Finanzielle Ausgleichsmaßnahmen innerhalb der Gemeinschaft hätten dann allerdings die erwünschte Verteilung des Gewinns zu sichern. Es wäre interessant, die Finanzbeziehungen innerhalb der EG unter diesem Aspekt näher zu analysieren.

Eine andere Folgerung aus den Überlegungen zur Protektion gegenüber dem Weltmarkt betrifft die Differenzierung des Agrarpreisniveaus zwischen den EG-Mitgliedsländern, wie sie gegenwärtig durch den Grenzausgleich erfolgt. Eine gängige Forderung der Freihandels-Anhänger lautet, dieser Grenzausgleich müsse zugunsten eines einheitlichen Agrarpreises abgebaut werden, um eine bessere Arbeitsteilung innerhalb der EG zu erreichen. In der Diskussion darüber haben bisher Überlegungen zur Allokation zwischen dem Gesamtbereich der EG einerseits und dem Weltmarkt andererseits anscheinend eine untergeordnete Rolle gespielt.

Welche Bedeutung derartige Überlegungen haben könnten, hängt davon ab, wie die realistische Alternative zum gegenwärtigen System des Grenzausgleichs aussähe. Bestünde sie darin, daß lediglich die Länder mit positivem Grenzausgleich diesen abbauen, die Staaten mit einem Agrarpreisniveau unterhalb der gemeinsamen Ebene ihren negativen Grenzausgleich jedoch beibehalten, so würde der durchschnittliche Protektionsgrad der EG gegenüber dem Weltmarkt gesenkt und der Handel mit Drittländern gefördert. Wäre jedoch die Alternative, daß alle Länder gleichzeitig zum gemeinsamen Agrarpreisniveau zurückkehren, so könnte die Antwort nicht derartig einfach ausfallen. Die Grenzausgleichssätze, Angebots- und Nachfrageelastizitäten und Marktvolumina innerhalb der einzelnen Länder müßten miteinander verglichen werden, wenn festgestellt werden soll, ob ein derartiger Abbau des Grenzausgleichs den Handel mit Drittländern fördern oder einschränken würde. Bedenkt man neben diesen Überlegungen noch, daß auch die oben angesprochenen Transferströme innerhalb der EG durch die nationale Differenzierung der Agrarpreise erheblich betroffen werden können, so erscheint das Problem des Grenzausgleichs auf den EG-Agrarmärkten noch wesentlich komplexer, als bereits die bisher geführte kontroverse Diskussion vermuten ließ.

Literatur

1. Agrarbericht der Bundesregierung. Verschiedene Jahrgänge.
2. ARROW, K.J.: Essays in the Theory of Risk-Bearing. Amsterdam 1970.
3. Ausschuß für landwirtschaftliche Marktordnungen: Gutachten vom 1. März 1950. In: Sammelband der Gutachten des Wissenschaftlichen Beirates beim Bundesministerium für Ernährung, Landwirtschaft und Forsten von 1949 bis 1974. Hiltrup 1975.
4. BHAGWATI, J.: The Generalized Theory of Distortions and Welfare. In: J. BHAGWATI u.a. (Hrsg.), Trade, Balance of Payments and Growth. Papers in International Economics in Honor of C.P. KINDLEBERGER. Amsterdam 1971.
5. CORDEN, W.M.: The Theory of Protection. Oxford 1971.
6. CORDEN, W.M.: Trade Policy and Economic Welfare. Oxford 1974.
7. Deutsche Bundesbank: Monatsberichte der Deutschen Bundesbank, verschiedene Jahrgänge.
8. FAO: A World Price Equilibrium Model. Committee on Commodity Problems. 46th Session. Projections Research Working Paper No. 3. Rom, 11. Oktober 1971. (CCP 71/W.P.3).
9. FAO: Agricultural Protection: Domestic Policy and International Trade. International Agricultural Adjustment: Supporting Study No. 9. Rom, November 1973 (C73/LIM/9).
10. FAO: World Grain Statistics. Verschiedene Jahrgänge.
11. FOLKESSON, L.: Models for Planning of the Food Supply under Emergency Conditions. "European Review of Agricultural Economics", Vol. 1 (1973), S. 79 - 95.
12. DERS.: Studies of the Optimal Swedish Agricultural Resource Use by Application of Linear Programming Models. The Royal Agricultural College of Sweden, Department of Economics and Statistics. Uppsala 1975.
13. GRAAF, J. de V.: Theoretical Welfare Economics. Cambridge 1957.
14. GULBRANDSEN, O., und A. LINDBECK: The Economics of the Agricultural Sector. Stockholm 1973.
15. HANAU, A.: The Disparate Stability of Farm and Non-Farm Prices. In: Proceedings of the 10th International Conference of Agricultural Economists (1958). London, New York, Toronto 1960.
16. HEIDHUES, T.: Ursachen und Ausmaß der unzureichenden Faktormobilität in der Landwirtschaft. In: G. SCHMITT (Hrsg.), Mobilität der landwirtschaftlichen Produktionsfaktoren und regionale Wirtschaftspolitik. München, Bern, Wien 1972.
17. HEIDHUES, T., und S. TANGERMANN: Effects of Compensation Policies in Redressing or Accentuating Inequities in Europe. In: E.O. HEADY und L.R. WHITING (Hrsg.), Externalities in the Transformation of Agriculture: The Distribution of Benefits and Costs from Development. Ames/Iowa 1975.
18. HENZE, A.: Die Sicherstellung der nationalen Güterversorgung. "Agrarwirtschaft", Sonderheft 48. Hannover 1972.
19. HOWARTH, R.W.: Agricultural Support in Western Europe. Institute of Economic Affairs, Research Monographs No. 25. London 1971.
20. International Wheat Council: World Wheat Statistics. Verschiedene Jahrgänge.

21 JOHNSON, D.G.: World Agriculture in Disarray. London 1973.

22 DERS.: Impact of Farm Support Policies on International Trade. In: H. CORBET und R. JACKSON (Hrsg.), In Search of a New World Economic Order. London 1974.

23 JOHNSON, H.G.: Optimum Tariffs and Retaliation. "Review of Economic Studies", Vol.21 (1953), S. 142 - 153.

24 JOSLING, T.: Agriculture and Britain s Trade Policy Dilemma. Thames Essay No. 2, Trade Policy Research Centre. London 1970.

25 DERS.: Agricultural Policy in a Period of Change. In: T. JOSLING u.a., Burdens and Benefits of Farm-Support Policies. London 1972.

26 DERS.: Expansion of Commercial Trade in Agricultural Products. In: F. McFADZEAN u.a. (Hrsg.), Towards an Open World Economy. London 1972.

27 DERS.: International Policies and Programs. In: E. HEADY und L.R. WHITING (Hrsg.), Externalities in the Transformation of Agriculture: The Distribution of Benefits and Costs from Development. Ames/Iowa 1975.

28 DERS.: Towards an International System of Grain Reserves. In: Public Policy and British Agriculture. Trade Policy Research Center. Erscheint demnächst.

29 DERS.: The Development of Agricultural Protection Since 1968. In Vorbereitung.

30 JOSLING, T., und D. HAMWAY: Distribution of Costs and Benefits of Farm Policy. In: T. JOSLING u.a., Burdens and Benefits of Farm-Support Policies. London 1972.

31 KOESTER, U., und S. TANGERMANN: Alternativen der Agrarpolitik. Eine Kosten-Nutzen-Analyse im Auftrag des Bundesministeriums für Ernährung, Landwirtschaft und Forsten. Hiltrup 1976.

32 LEIBENSTEIN, H.: Allocative Efficiency vs. X-Efficiency. "American Economic Review", Vol. 66 (1966), S. 392 - 415.

33 LINDBECK, A.: Research on Internal Adjustment to External Disturbances: A European View. In: C.F. BERGSTEN (Hrsg.), The Future of the International Economic Order and Agenda for Research. Levington, Toronto, London 1973.

34 McCRONE, G.: The Economics of Subsidising Agriculture. London 1962.

35 MÄLER, K.G.: Optimal Price Policy for Agriculture at Production Capacity Restriction. In: O. GULBRANDSEN und A. LINDBECK, The Economics of the Agricultural Sector. Stockholm 1973.

36 MUSGRAVE, R.A.: The Theory of Public Finance. New York 1959.

37 NEIDLINGER, G.: Versuch einer Quantifizierung der Wirkung unmittelbar preiswirksamer Agrarschutzmaßnahmen in der Bundesrepublik Deutschland. "Agrarwirtschaft", Sonderheft 23, Hannover 1967.

38 OECD: Policy Perspectives for International Trade and Economic Relations. Report by the High Level Group on Trade and Related Problems to the Secretary-General of OECD. Paris 1972.

39 SCHMITT, G.: Landwirtschaft in der Marktwirtschaft. Das Dilemma der Agrarpolitik. In: D. CASSEL, G. GUTMANN und H.J. THIEME (Hrsg.), 25 Jahre Marktwirtschaft in der Bundesrepublik Deutschland. Stuttgart 1972.

40 SCITOVSKY, T.: A Reconsideration of the Theory of Tariffs. In: SCITOVSKY, Papers on Welfare and Growth. Stanford 1964.

41 SINHA, R.P.: World Food Security. "Journal of Agricultural Economics". Erscheint demnächst.

42 Statistisches Jahrbuch für Ernährung, Landwirtschaft und Forsten 1974.

43 TRACY, M.: Agriculture in Western Europe: Crises and Adaptation Since 1880. London 1964.

44 UHLMANN, F.: Die Märkte für Getreide und Kartoffeln."Agrarwirtschaft", Jg. 23 (1974), S. 393 - 403.

45 WEINSCHENCK, G.: Die Zukunft der Landwirtschaft. "Agrarwirtschaft", Jg. 22 (1973), S. 365 - 371.

46 Wissenschaftlicher Beirat beim Bundesministerium für Ernährung, Landwirtschaft und Forsten: Gutachten über Orientierungskriterien für die landwirtschaftliche Preis- und Einkommenspolitik vom Mai 1972. In: Sammelband der Gutachten von 1949 bis 1974. Hiltrup 1975.

ERGEBNISSE DER DISKUSSION DER REFERATE VON
G. VIATTE, L.v.BREMEN und S. TANGERMANN

zusammengestellt von

K. Tamme, Kiel

Herr VIATTE vertrat in seinem Referat die Ansicht, bilaterale Abkommen wie z.B. das jüngste Getreideabkommen zwischen den USA und der UdSSR seien geeignet, Instabilitäten auf den jeweiligen Märkten abzuschwächen. Hierzu wurde die Gegenthese aufgestellt, bilaterale Abkommen führten für jene Länder, die nicht in das Abkommen einbezogen sind, speziell bei Marktunterversorgungen zu verstärkter Instabilität. Weiterhin wurden Zweifel an der Wirksamkeit bilateraler Abkommen vorgebracht, da sie einerseits Ländern mit politisch wenig Macht schwer zugänglich seien und andererseits der Weltrohstoffmarkt - und hier insbesondere die Weltagrarmärkte - ohnehin einen starken Residualcharakter aufweise, der durch zweiseitige Verträge noch verstärkt werde. Damit bleibe bei zunehmenden bilateralen Abkommen ein immer kleiner werdender Anteil für die Pufferung über Buffer-Stocks übrig und führe so zu wahrscheinlich immer instabiler werdenden Verhältnissen. Es ließe sich hieraus die utopische Forderung des "Alles oder Nichts" ableiten; zumindest sollte jedoch versucht werden, einen wesentlichen Prozentsatz des Marktes in den Griff zu bekommen. Wenn etwa 70 v.H. oder 80 v.H. des Marktes in bilaterale Abkommen eingehen, müßten daneben noch zwei weitere Voraussetzungen, nämlich eine geringe Teilnehmerzahl und ähnliche Interessen der Teilnehmer, erfüllt sein, um Marktstabilisierung über ein Kartell zu erreichen. Dennoch könne für die übrigen Marktteilnehmer keine Stabilität garantiert werden. Um hier einen Ausweg zu finden, müsse man institutionelle Regelungen treffen, wie sie sich beispielsweise durch eine internationale Lagerhaltungspolitik anbieten. Voraussetzungen hierfür seien jedoch Verbesserung der Information sowie ihre Analyse und Diskussion, um sachgerechte Schlußfolgerungen ziehen zu können. Auf diese Information aufbauend sollten vor allem mittelfristige (zwei bis vier Jahre) Projektionen durchgeführt werden, die einen rechtzeitigen stabilisierenden Markteingriff ermöglichen. Grundsätzlich stimmte man darin überein, daß von den bilateralen Abkommen ein zusätzlicher destabilisierender Impuls ausgehen kann. Dennoch komme speziell dem Abkommen zwischen den USA und der UdSSR positive Bedeutung zu, denn es sei so eine leichtere Einschätzung der Marktsituation möglich, und das könne zu mehr Stabilität führen.

Man war sich mit dem Referenten v. BREMEN darin einig, daß der Markt durch seine Steuerungsinstrumente zu entscheiden vermag, wer, für wen, was produziert. Ebenso sei die Frage des Produktionszeitpunktes modelltheoretisch klar zu beantworten. Für die praktische Politik habe dieser modelltheoretische Ansatz jedoch sehr geringe Bedeutung, da vielmehr für die jetzige oder zukünftige Produktion entscheidend sei, welches Gewicht dem Risikofaktor beigemessen werde. Schätze man das Risiko sehr hoch ein, sei die Wirkung der Steuerungsmechanismen des Marktes auch in zeitlicher Hinsicht gering. Es liege hier somit ein gewisses Marktversagen vor, denn die Steuerung über die Zeit erfolge von den marktwirtschaftlichen Anpassungskräften nur unvollkommen. Dennoch könne man bei unterschiedlicher Risikoneigung der einzelnen Länder zu einer Angebotsfunktion des betreffenden Rohstoffes gelangen. In diesem Zusammenhang wurde die unterschiedliche Höhe der Nachfrageelastizitäten nach Endprodukten in entwickelten Ländern und Entwicklungsländern diskutiert.

Dabei kam zum Ausdruck, daß für diesen Unterschied insbesondere der Liquiditätseffekt infolge stark gestiegener Rohstoffpreise in den Entwicklungsländern bestimmend sei.

Intensiv wurde der von Herrn TANGERMANN unterbreitete Vorschlag diskutiert, das jetzige System der generellen Preisstützung durch gezielte Subventionen zu ergänzen, die möglichst nahe am Ort des Ungleichgewichts ansetzen sollten. Als Ideal könne man sich ein Modell vorstellen, in dem sich handelspolitische Stützungsmaßnahmen und Subventionen im Gleichgewicht befinden. Dadurch würde der evtl. gewünschte Effekt erzielt, etwas mehr Instabilität des Weltmarktes auf den Inlandsmarkt zu übertragen. In der Diskussion gab man zu bedenken, daß eine solche Umschichtung und Maßnahmenkoppelung zu noch ausgeprägterer, schwer kontrollierbarer Bürokratie sowie zu noch stärkeren Marktungleichgewichten führen könne. Vielmehr sollte man überprüfen, ob die Streichung bestehender Stabilisierungsinstrumente überhaupt zu mehr Instabilität führe. Mit dem Verzicht solcher Instrumente sollte die EG versuchen, mehr Stabilität auf den residualen Weltmärkten zu erreichen. Allerdings bestehe aus egoistischer Sicht der EG keine Veranlassung, einen solchen Schritt ohne Gegenleistungen zu vollziehen. Das könne jedoch z.B. in GATT-Verhandlungen ein Angebot sein, um ein Entgegenkommen bei industriellen Produkten zu erzielen. Insgesamt gesehen komme es darauf an, worauf man in anderen Bereichen verzichten muß, wenn international mehr stabilisiert werden soll. Das wiederum sei eine Frage des politischen Kompromisses.

DIE ELEMENTE RATIONALER ENTSCHEIDUNGEN UNTER UNSICHERHEIT

von

C.-Hennig Hanf, Kiel [1]

1	Grundprobleme rationaler, wirtschaftlicher Entscheidungen unter Unsicherheit	74
2	Zur Ableitung operationaler Zielsysteme bei Entscheidungen unter Unsicherheit	74
3	Zur Darstellung der entscheidungsrelevanten Umwelt	76
3.1	Typologie unsicherer Daten	76
3.2	Formen der Unsicherheit in Bereichen der landwirtschaftlichen Produktion	78
3.3	Zum Ausmaß der Unsicherheit in existenten landwirtschaftlichen Betrieben	83
4	Maßnahmen zur Nutzensteigerung bei Unsicherheit	84
4.1	Anpassung und Antizipation	84
4.2	Informationsgewinnung	84
4.3	Prophylaktische Maßnahmen	85
4.4	Maßnahmen zur Steigerung der Effizienz nachträglicher Anpassungen	86
4.5	Schlußbemerkung	87
5	Zur Abgrenzung typischer Entscheidungssituationen	88
6	Zur Wahl des optimalen Planungsmodells	89
6.1	Kriterien der Auswahl	89
6.2	Der Planungsaufwand	89
6.3	Eine Möglichkeit zur Erhöhung der Planungseffizienz	89
6.4	Eine Anmerkung zur Darstellung von Annahmen und Ergebnissen von Planungsrechnungen	90

[1] Ich danke Herrn E. HANF und Herrn W. SKOMROCH für zahlreiche wertvolle kritische Anmerkungen und Ergänzungsvorschläge zu einer früheren Fassung dieses Beitrages.

1 Grundprobleme rationaler, wirtschaftlicher Entscheidungen unter Unsicherheit

Wirtschaftliche Entscheidungen müssen unter folgenden Bedingungen gefällt werden:
1. Das Ergebnis einer Handlung wird von der Konstellation einer Reihe von Faktoren (der Umwelt) bestimmt, die sich der Beeinflussung durch den Entscheidenden ganz oder teilweise entziehen.
2. Die sich tatsächlich realisierende Konstellation dieser Faktoren ist zum Zeitpunkt der Entscheidung nicht eindeutig prognostizierbar.
3. Die Zahl der möglichen Konstellationen ist in der Regel nahezu unbeschränkt.
4. Die Zahl der möglichen Handlungen (der Aktionsraum) ist ebenfalls in der Regel praktisch unbeschränkt.

Um unter diesen Bedingungen eine Entscheidung nach dem ökonomischen Prinzip fällen zu können, muß man die Realität in einem formalen Modell abbilden, in der Regel in einem mathematischen Modell 1). Da die Realität nicht vollständig abgebildet werden kann, ergibt sich die Notwendigkeit, die reale Welt problem- und modellgerecht zu vereinfachen. Um nun auf der Basis solcher formaler Modelle rationale Entscheidungen fällen zu können, müssen weiterhin die verfolgten Zwecke ebenfalls so formalisiert werden, daß sie als operationale Zielfunktionen des formalen Modells dienen können. Schließlich sind bei konsequenter Anwendung des ökonomischen Prinzips die notwendigen Aufwendungen zur Ausfüllung und Lösung des Formalproblems bei der Wahl des zur Entscheidungsvorbereitung verwendeten Modells zu berücksichtigen. In denjenigen Fällen, in denen die mit der Entscheidungsvorbereitung beauftragte Person oder Institution nicht identisch ist mit derjenigen Person oder Institution, die die Entscheidung fällt, ergibt sich zusätzlich das Problem der Darstellung der Annahmen und der Interpretation der Lösungen des Formalproblems.

Rationale Entscheidungen unter Unsicherheit setzen also voraus, daß für folgende Probleme adäquate Lösungen gefunden werden:
1. Abbildung des Systems der Zwecke in operationale Zielfunktionen
2. Abbildung der relevanten Umwelt
3. Abbildung des Aktionsraumes
4. Wahl des "optimalen" Planungsmodells
5. Darstellung der Annahmen und der Lösung des Formalproblems.

Ergänzend sei noch bemerkt, daß "rationale" Entscheidungen wiederum voraussetzen, daß zur Lösung der o.a. Teilprobleme - die selbst wieder Entscheidungen unter Unsicherheit verlangen - das ökonomische Prinzip konsequent Anwendung findet 2).

2 Zur Ableitung operationaler Zielsysteme bei Entscheidungen unter Unsicherheit

Rationale Entscheidungen setzen ein vollständiges und operationales Zielsystem voraus (HAX, 4; HEINEN, 5).
Dies beinhaltet:
- alle verfolgten Ziele (Zwecke) sind explizit erfaßt,
- der Zielrealisationsgrad ist meßbar,
- Präferenzrelationen für alle Ziele liegen vor und

---

1) MÜLLER-MERBACH (9, S. 6) formuliert dies noch schärfer. "Die Ablehnung der Mathematik ist gleichbedeutend mit einer Ablehnung des einzigen Instrumentariums, mit dem sich das ökonomische Prinzip realisieren läßt."

2) Vielfach wird hieraus die prinzipielle Unlösbarkeit des Problems bzw. die prinzipielle Unmöglichkeit rationaler Entscheidungen gefolgert, da es sich um ein unendlich rekursives System handle. Diese Schlußfolgerung ist falsch, da stets bei der n-ten Rekursion der Fall eintritt, daß die "Kosten" in Bezug auf die Zwecke "Null" werden und damit selbst bei beliebig kleinem Nutzen eine eindeutige rationale Lösung existiert.

- eine Nutzenbewertung der Präferenzrelationen konfliktärer (antinomischer) Ziele ist gegeben (KRELLE, 7).

Insbesondere die Bestimmung der Präferenzrelationen und deren Nutzenbewertung bei konfliktären Zielen bereitet erhebliche Schwierigkeiten, die häufig durch folgende, rigorose Annahmen umgangen werden:

1a. Es existiert eine Zielgröße, deren Verfolgung die übrigen Ziele positiv beeinflußt bzw. zumindest die Verfolgung der übrigen Ziele nicht beeinträchtigt (HEINEN, 5), oder
1b. die Nutzenschätzung der Ergebnisse in bezug auf die einzelnen Ziele ist lediglich unterhalb bestimmter Mindestwerte und oberhalb bestimmter Höchstwerte voneinander abhängig, innerhalb dieser Anspruchsniveaugrenzen dagegen voneinander unabhängig (BAMBERG/COENENBERG, 1).
2. Es werden ausschließlich Maximierungs- (bzw. Minimierungs-)ziele verfolgt.

Mit diesen Annahmen reduzieren sich Entscheidungsprobleme auf die Maximierung (Minimierung) einer Zielvariablen (Annahme 2), wobei die übrigen Ziele entweder als Nebenbedingungen auftreten (Annahme 1b) oder als nicht relevant betrachtet werden (Annahme 1a). Eine solche Vorgehensweise ist auch im landwirtschaftlichen Bereich durchaus üblich und hat sich bei einer Reihe von Entscheidungsproblemen bewährt.

Soll jedoch die stets existente Unsicherheit in die Entscheidung explizit einbezogen werden, so ist neben einem Maximierungsziel ein Sicherheitsziel zu berücksichtigen. Da der Aspekt der Unsicherheit vor allem bei längerfristigen Planungen von Bedeutung ist, muß man in der Regel zusätzlich eine Zeitpräferenzrelation beachten. Insgesamt sind also bei Entscheidungen unter Unsicherheit zumindest eine Höhenpräferenzrelation, eine Zeitpräferenz und eine Risiko- bzw. Unsicherheitspräferenz zu berücksichtigen.

Da diese drei Zielkriterien konfliktär sind, müßten sie in einer gemeinsamen Nutzenfunktion zusammengefaßt werden (TEICHMANN, 12). Man könnte nun versuchen, in Anlehnung an RAMSEY (10) solche (unbewußt vorhandenen) Teichmann-Nutzenfunktionen empirisch durch Vorlage fiktiver Entscheidungssituationen zu schätzen. Dagegen ist jedoch einzuwenden:
- Wenn Höhen-, Zeit- und Unsicherheitspräferenzen und deren Nutzenbewertung simultan getestet werden sollen, wird eine sehr große Zahl von Tests notwendig.
- Präferenzrelationen sind zwar individuelle Eigenschaften, aber sicher nicht zeitlich invariant.
- Es ist nicht auszuschließen, daß bei fiktiven Entscheidungen andere Aktionen präferiert werden als bei realen Entscheidungen.

Die bisherigen Ausführungen lassen sich kurz dahingehend zusammenfassen:
- Rationale Entscheidungen unter Unsicherheit setzen Nutzenfunktionen voraus, die Höhen-, Zeit- und Unsicherheitspräferenzrelationen umfassen.
- Solche Nutzenfunktionen können in der Regel nicht bestimmt werden.

Unter diesen ungünstigen Prämissen lassen sich dennoch in vielen Fällen sinnvolle Entscheidungshilfen geben, wenn zwei pragmatische, für sehr viele Entscheidungsfälle akzeptable, vereinfachende Annahmen getroffen werden, und zwar:
- Die Zeitpräferenzrelation ist von der Höhen- und Unsicherheitspräferenzrelation unabhängig.
- Alle Präferenzrelationen beinhalten Maximierungs- bzw. Minimierungsregeln.

Aus diesen Annahmen ergeben sich folgende Konsequenzen:
1. Zur Berücksichtigung der Zeitpräferenz kann eine Diskontierung der Ergebnisse der Aktionen auf einen bestimmten Zeitpunkt verwendet werden.
2. Die zu schätzende Nutzenfunktion umfaßt nur noch zwei Präferenzrelationen, was die o.a. Einwendungen zwar nicht aufhebt, aber abschwächt.
3. Die explizite Schätzung einer Nutzenfunktion kann ganz vermieden werden, wenn an Stelle einer Optimallösung die Gesamtheit der bezüglich der Höhen- und der Unsicherheitspräferenzrelation

effizienten Lösungen bestimmt werden. Zur Entscheidung selbst muß man dann zwar auch noch die Nutzenfunktion kennen (d.h. meist nur einige Punkte davon), aber man benötigt sie nicht schon a) zur Feststellung der realisierbaren Handlungsmöglichkeiten und auch nicht b) zum Vergleich dieser Handlungsmöglichkeiten bezüglich ihrer "objektiven Vorzüglichkeit".

3 Zur Darstellung der entscheidungsrelevanten Umwelt

3.1 Typologie unsicherer Daten

Notwendige Voraussetzung einer rationalen Entscheidung bei Unsicherheit ist es, die möglichen Konstellationen der das Ergebnis beeinflussenden Umweltdaten problemgerecht abzubilden. Im folgenden werden kurz einige "Eigenschaften" unsicherer Daten skizziert, die in der Regel zu beachten sind, wobei diese "Eigenschaften" zum Teil nur im Hinblick auf ein spezielles Entscheidungsproblem zu definieren sind.

In Übersicht 1 sind solche "Eigenschaften" unsicherer Daten angegeben, die im folgenden kurz erläutert werden sollen.

Übersicht 1: Wichtige "Eigenschaften" unsicherer Daten

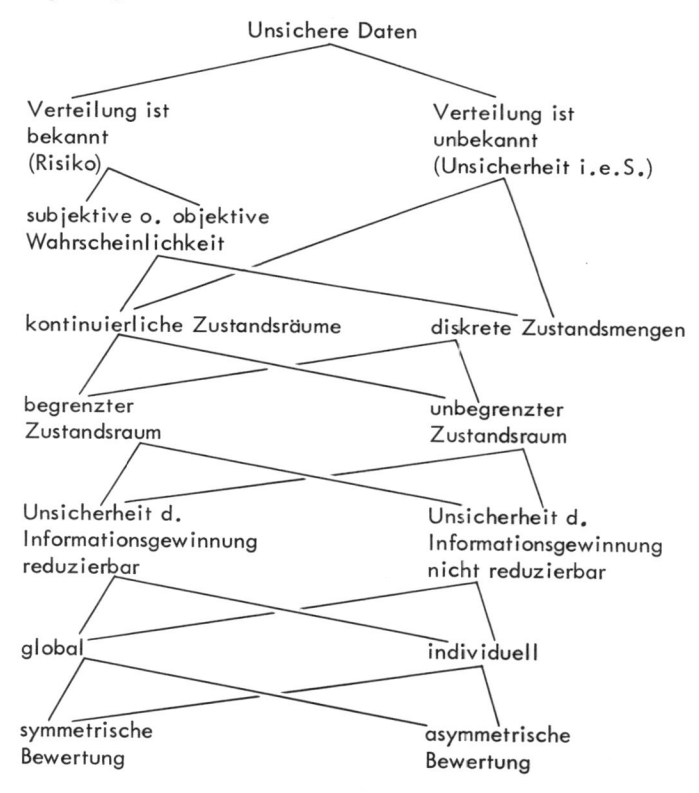

```
                          Unsichere Daten
                         /               \
            Verteilung ist              Verteilung ist
            bekannt                     unbekannt
            (Risiko)                    (Unsicherheit i.e.S.)
            
         subjektive o. objektive
         Wahrscheinlichkeit
         /              \
   kontinuierliche Zustandsräume    diskrete Zustandsmengen
         /              \
   begrenzter                      unbegrenzter
   Zustandsraum                    Zustandsraum
         /              \
   Unsicherheit d.                 Unsicherheit d.
   Informationsgewinnung           Informationsgewinnung
   reduzierbar                     nicht reduzierbar
         /              \
   global                          individuell
         /              \
   symmetrische                    asymmetrische
   Bewertung                       Bewertung
```

3.1.1 Kenntnis der Verteilung

Definitionsgemäß liegt Unsicherheit vor, wenn es für möglich erachtet wird, daß eine Variable verschiedene Werte (Zustände) annehmen kann. Es sind hier zwei Extremfälle zu unterscheiden:

a. Es ist lediglich bekannt, welche Werte (Zustände) die Variable annehmen kann.
b. Es ist bekannt, welche Werte die Variable annehmen kann und mit welcher Wahrscheinlichkeit das Eintreffen der einzelnen Werte zu erwarten ist.

Im ersten Fall spricht man von Ungewißheit i.e.S. oder von Unsicherheit i.e.S., im zweiten Fall von der Risikosituation (SCHNEEWEISS, 11; KNIGHT, 6) 1). In der Realität kommen diese Extremfälle selten vor, Fall 2 beschränkt sich auf Lotterien u.ä., in Fall 1 wird man bei vollkommener Unkenntnis der Eintreffenswahrscheinlichkeiten logischerweise von einer Gleichverteilung ausgehen.

3.1.2 Subjektive, objektive Wahrscheinlichkeit

Im Regelfall muß man eine mehr oder weniger subjektive Annahme über die Wahrscheinlichkeitsverteilung treffen. Es sei hier angemerkt, daß häufig fälschlicherweise der Begriff "objektive Wahrscheinlichkeit" dann verwendet wird, wenn eine Wahrscheinlichkeitsverteilung aus historischem Material abgeleitet wird. Die Gewinnung einer solchen Verteilung ist dann zwar intersubjektiv nachprüfbar, die Subjektivität bleibt jedoch prinzipiell bestehen, sie beschränkt sich jedoch auf die Wahl der Verteilungsfunktion und die Annahme der Kontinuität von Vergangenheit zur Zukunft.

Schließlich ist darauf zu verweisen, daß intersubjektiv nachprüfbare Verteilungen nicht in jedem Fall groben subjektiven Schätzungen vorzuziehen sind, da die letzteren u.U. spezielle Informationen implizieren.

3.1.3 Zustandsraum

Man bezeichnet den Zustandsraum einer Variablen als "begrenzt", wenn diese Variable nur Werte aufweisen kann, die innerhalb eines exakt definierbaren Intervalls liegen. Den Begriff "unbegrenzt" wird man dementsprechend verwenden, wenn solche eindeutigen Grenzen nicht existieren. Als "diskret" wird man sie bezeichnen, wenn sie nur bestimmter Werte im zulässigen Bereich annehmen kann (so z.B. natürliche Zahlen), "kontinuierlich", wenn theoretisch alle Werte zwischen den Grenzen auftreten können. Bei der Modellbildung müssen diese "Eigenschaften" exakt definiert werden, wobei jedoch in der Realität keine eindeutige Zuordnung gegeben ist, so kann beispielsweise der Hektarertrag als diskrete Variable behandelt werden, da i.d.R. eine Verwendung von Ertragsstufen ausreicht, er kann aber auch als kontinuierliche Variable verwendet werden, da jeder Wert (bis auf die Meßgenauigkeit) auftreten kann.

3.1.4 Art des Informationsmangels

Unsicherheit hat stets seine Ursache im "Nichtwissen" bzw. in "mangelnder Information". Mangelnde Information kann dabei darauf zurückzuführen sein, a) daß nicht kontrollierbare (Zufalls-)Mechanismen auf das funktionale System wirken und b) daß bestimmte Zusammenhänge dem Entscheidenden nicht bekannt sind.

Im vorgenannten Fall b) ist es prinzipiell durch Informationsbeschaffung möglich, die Unsicherheit zu beheben, wohingegen in Fall a) nur eine Reduzierung bis auf die Kenntnis der stochastischen Gesetze möglich ist.

Eine eindeutige Trennung von a) und b) ist jedoch nicht möglich, da heute noch als "stochastisch" erscheinende Prozesse durch neue wissenschaftliche Erkenntnisse zu deterministischen werden können und umgekehrt. Zudem wird man aus ökonomischen Überlegungen heraus eine Reihe von Zusammenhängen bewußt als "unerklärbar" belassen, da die Informationsbeschaffung unrentabel erscheint.

---

1) Die Bezeichnung "Risikosituation" ist unglücklich gewählt, da sie sich nicht mit dem Inhalt des Begriffes "Risiko" im üblichen Sprachgebrauch deckt.

3.1.5 Global, individuell

Diese Unterscheidung soll kennzeichnen, ob die Abweichungen einer Variablen bei allen vergleichbaren Entscheidungsträgern in der Regel in eine Richtung gehen, oder ob diese Variable bei jedem Entscheidungsträger individuelle Schwankungen aufweist. Als global würde man z.B. Preis- und Ertragsschwankungen bezeichnen, als individuell die jährlichen Schwankungen der Milchleistung. Diese Unterscheidung ist insbesondere für die Erstellung von Planungshilfsmitteln (Kataloge o.ä.) von Bedeutung.

3.1.6 Symmetrie der Bewertung

Insbesondere bei kurzfristiger Betrachtung zeigen einzelne Einflußfaktoren eine sehr unterschiedliche Wirkung auf das Ergebnis, je nachdem, ob sie positiv oder negativ vom erwarteten Wert abweichen. Zur Kennzeichnung dieser "Eigenschaft", die sehr stark vom Planungsfall abhängt, sollen die Begriffe "asymmetrische bzw. symmetrische" Bewertung dienen. So würde man beispielsweise der Variablen "Futterertrag" i.d.R. den Begriff asymmetrische Bewertung zuordnen, weil Futtererträge, die geringer als der in der Planung angesetzte Wert sind, zu teuren Substitutionen führen, wohingegen "Überschüsse" nur sehr bedingt verwertbar sind.

3.2 Formen der Unsicherheit in Bereichen der landwirtschaftlichen Produktion

Zur Darstellung der "Eigenschaften" der wichtigsten, unsicheren Daten im landwirtschaftlichen Produktionsbereich soll von dem in Übersicht 2 wiedergegebenen Tableauausschnitt eines mehrperiodischen linearen Programms ausgegangen werden. Die mit * versehenen Teilmatrizen umfassen überwiegend Koeffizienten, die mit Unsicherheit behaftet sind. Folgt man einer zeilenweisen Interpretation, ergibt sich in etwa folgendes Bild.

Übersicht 2: Ausschnitt aus einem mehrperiodischen LP-Modell

		Produktion von				Investitionen			
		End-pr.	Zw.-pr.	Verkauf	Zukauf	Land	K-güter	Arbeit	Geldtransfer zw. Perioden
Endprodukte	$0 \geq$	$-M^*_1$		$+1$					
Zwischenprodukte	$0 \geq$	$+M_2$	$-M^*_3$		-1				
Land	$L_o \geq$	$+1$	$+1$			-1			
Arbeit	$A^*_o \geq$	$+A^*_1$	$+A^*_2$					$-A^*_3$	
Kapitalgüter	$K^*_o \geq$	$+K^*_1$	$+K^*_2$				$-K^*_3$		
Geld	$G_o =$	$+G^*_1$	$+G^*_2$	$-G^*_3$	$+G^*_4$	$+G^*_5$	$+G^*_6$	$+G^*_7$	$+G_8$

Periode 2

3.2.1 Unsicherheit im Output der Produktionsprozesse

Die Teilmatrizen M^*_1 und M^*_3 geben den naturalen Output der Produktionsverfahren wieder. Die Unsicherheit bezüglich dieser Daten ist im wesentlichen auf folgende Faktoren zurückzuführen:

1. Witterungseinflüsse
   a. Niederschläge, Sonnenscheindauer etc.
   b. Hagel, Spätfröste, Überschwemmungen etc.

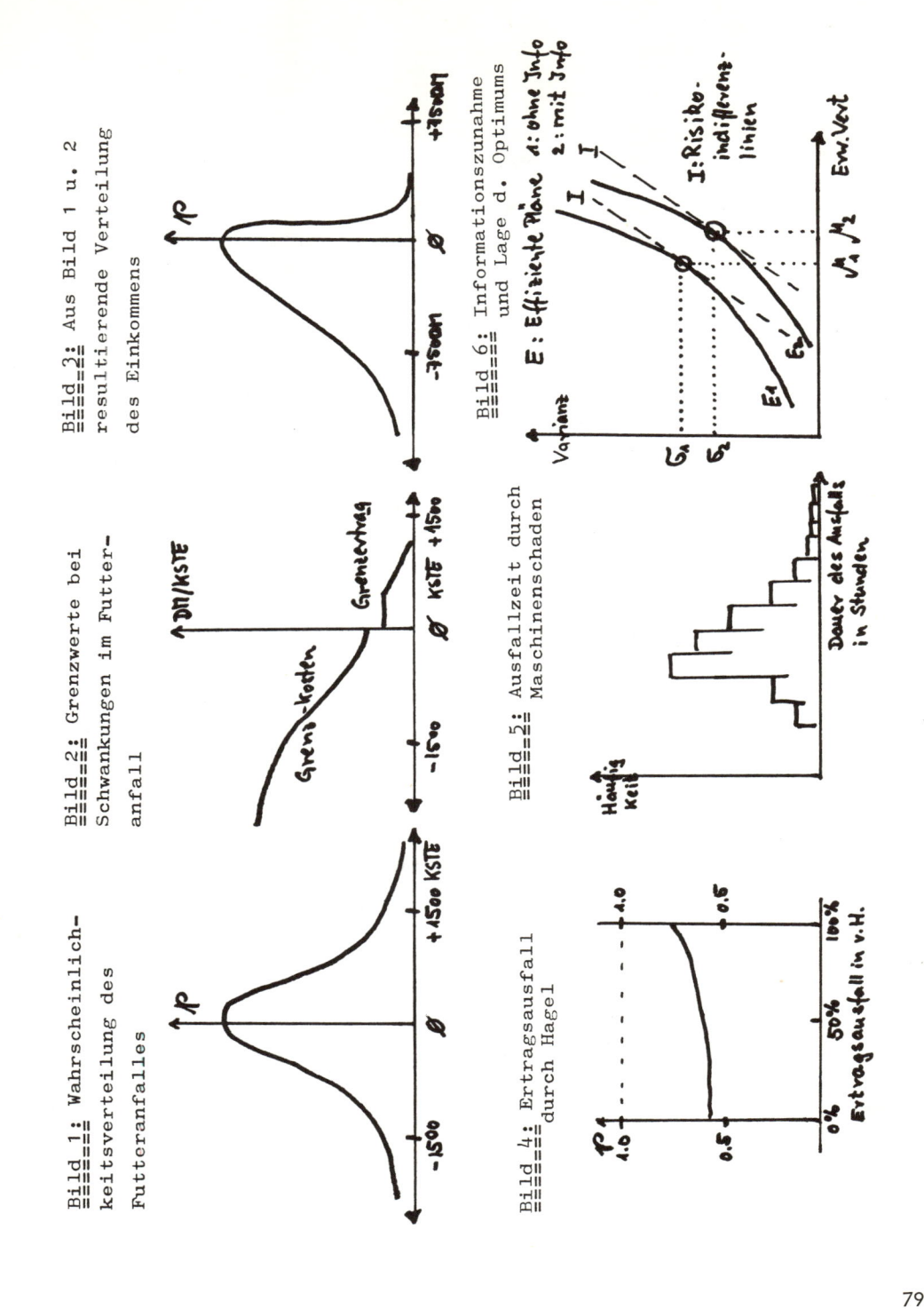

Bild 1: Wahrscheinlichkeitsverteilung des Futteranfalles

Bild 2: Grenzwerte bei Schwankungen im Futteranfall

Bild 3: Aus Bild 1 u. 2 resultierende Verteilung des Einkommens

Bild 4: Ertragsausfall durch Hagel

Bild 5: Ausfallzeit durch Maschinenschaden

Bild 6: Informationszunahme und Lage d. Optimums

E: Effiziente Pläne 1: ohne Info 2: mit Info
I: Risikoindifferenzlinien

2. Entwicklungsstörungen
   a. Krankheiten bei Pflanze und Tier, Schädlingsbefall etc.
   b. Tierseuchen etc.
3. Sonstiges, so z.B.
   a. Exaktheit der Durchführung einzelner Tätigkeiten
      Wahl des Zeitpunktes der Durchführung
      genetisches Potential der Tiere etc.
   b. Ausfall einer Arbeitsperson durch Unfall o.ä.

Betrachtet man zunächst die jeweils unter a. aufgeführten Faktoren und die daraus resultierenden Outputschwankungen, so erscheinen folgende Annahmen i.A. als akzeptabel:
- Diese Einflußfaktoren selbst sind normalverteilt,
- die durch die Faktoren verursachten Abweichungen der Outputvariablen sind ebenfalls normalverteilt, dabei ist i.d.R. von einer Normalverteilung um einen "Trend" auszugehen,
- der Zustandsraum kann mit den "Eigenschaften" kontinuierlich und unbegrenzt hinreichend gekennzeichnet werden, obwohl für fast alle Variablen die absolute Grenze von Null gilt,
- es ist in der Regel eine intersubjektiv nachprüfbare Wahrscheinlichkeitsverteilung aus den zurückliegenden Perioden zu schätzen, wobei durch Ausschöpfung aller verfügbaren Informationen jedoch keine völlige Eliminierung der Unsicherheit möglich ist,
- eine symmetrische Wirkung auf die Zielfunktion ist von den in der Teilmatrix M^*_1 zusammengefaßten Variablen zu erwarten (Mengenanpasser),
- wohingegen bei den in M^*_2 erfaßten, nur bedingt handelsfähigen Zwischenprodukten eher von einer asymmetrischen Wirkung insbesondere bei kurzfristiger Betrachtung auszugehen ist (vgl. dazu das in Bild 1 bis 3 dargestellte Beispiel für die Futterproduktion),
- bezüglich der "Globalität" ist zu unterscheiden, ob die Variabilität vorrangig auf Witterungseinflüsse zurückzuführen ist (pflanzliche Produktion) oder vorwiegend auf individuell wirkende Faktoren (Veredelungsproduktion).

Abschließend sei kurz auf die jeweils unter b) genannten Einflußfaktoren eingegangen. Diese Faktoren sind am ehesten noch mit einer diskreten 0-1-Verteilung zu beschreiben. Betrachtet man beispielsweise die Schadenswirkung von Hagelniederschlägen, so ist mit einer Wahrscheinlichkeitsverteilung zu rechnen, die in etwa der in Bild 4 angegebenen entspricht. Wie aus Bild 4 hervorgeht, ist von einer begrenzten Verteilung auszugehen (Grenzen: kein Schaden - Totalschaden). Als bekannt bzw. schätzbar ist die Verteilung bei den Witterungsfaktoren anzunehmen, wohingegen für Faktoren wie Krankheit, Unfall etc. auf einzelbetrieblicher Ebene - wenn überhaupt - nur stark subjektiv geprägte Wahrscheinlichkeitsverteilungen zu schätzen sind. Die "Globalität" ist bei Hagel, Seuchen etc. zumindest regional gegeben, bei Krankheiten, Unfällen etc. nicht.

In Übersicht 3 sind die hier dargestellten Überlegungen nochmals schematisch zusammengefaßt.

3.2.2 Unsicherheit im Bereich der Arbeitswirtschaft

Zur Analyse der Form der Unsicherheit in der Arbeitswirtschaft ist es zweckmäßig, einerseits zwischen der Unsicherheit bezüglich der verfügbaren Arbeitskapazität (Teilmatrizen A^*_0 und A^*_3 und der Unsicherheit bezüglich des Arbeitszeitbedarfes pro Produktionseinheit (A^*_1 und A^*_2) zu unterscheiden, und andererseits zwischen "langfristigen" und "kurzfristigen" Aspekten. Bei kurzfristiger Betrachtung (einperiodische Planung) ist die Unsicherheit im wesentlichen auf a) Witterungseinflüsse, b) Störungen des mechanisierten Ablaufes, c) Ausfall einer Arbeitsperson und d) sonstige, hauptsächlich von der Disposition der Arbeitspersonen bedingte Einflüsse zurückzuführen.

Sowohl für die unter a) als auch die unter d) genannte Gruppe von Einflußfaktoren ist eine kontinuierliche und praktisch unbegrenzte Verteilung anzunehmen, weiterhin kann davon ausgegangen werden, daß daraus eine kontinuierliche und praktisch unbegrenzte Variation des Arbeitszeitbedarfs

Übersicht 3: Typ der Unsicherheit bei Outputdaten

	I	II	III	IV	V
Zustandsraum	kontinuierlich			diskret	
Grenzen des Z'Raumes	praktisch irrelevant, da sie nicht erreicht werden			Grenze: kein Einfluß - Totalausfall	
Typ der Verteilung	Normalverteilung			0-1-Variable	
Verteilung schätzbar	ja		bedingt	ja	nein
Unsicherheit durch Informationsgewinnung reduzierbar	nur sehr bedingt			nein	
Wirkung auf Zielgröße	symmetrisch	asymmetrisch	symmetrisch	asymmetrisch senkt Erw.wert rel. geringf. erhöht Wahrsch.lichk. extrem ung. Sit.	
Globalität	regional stark	regional stark	keine	regional ja	nein
Beispiele	Erträge Marktfruchtbau	Erträge Futterbau	Leistungen Veredelungsproduktion	Hagel, Frost, Tierseuchen	Unfälle, spez. Seuchen

und der verfügbaren Arbeitskapazität resultiert. Die häufig verwendete Annahme einer Normalverteilung bezüglich des Arbeitszeitbedarfes erscheint jedoch problematisch, da einer Verringerung des Arbeitszeitbedarfes bei günstiger Konstellation der Faktoren ein erheblich größerer Widerstand des technischen Systems entgegensteht als einer Erhöhung des Arbeitszeitbedarfes. Die Annahme von linksschiefen Verteilungen erscheint adäquater. Infolge der relativ schnell wechselnden Organisationsstruktur und der wechselnden technischen Systeme bestehen nur sehr begrenzte Möglichkeiten, den Verlauf einer solchen Wahrscheinlichkeitsverteilung empirisch zu schätzen, so daß in der Regel einfache Beta-Verteilungen anzuwenden sind.

Betrachtet man die Wirkung auf die Zielgröße (Gewinn, Einkommen), so ist in der Regel davon auszugehen, daß Arbeitszeitaufwendungen, die geringer als die Planungsdaten sind, einen Grenzwert von Null aufweisen, wohingegen Verzögerungen des Arbeitsablaufes sehr schnell zu relativ hohen Grenzkosten führen, woraus eine asymmetrische Bewertung resultiert.

Störungen im technischen Ablauf der Prozesse führen zu einer sprunghaften, aber sehr unterschiedlichen Vergrößerung des Arbeitszeitaufwandes, so daß in etwa mit einer Wahrscheinlichkeitsdichtefunktion zu rechnen ist, wie sie in Bild 5 dargestellt ist. Für Planungszwecke wird häufig die Annahme einer diskreten 0-1-Verteilung angebracht sein, wobei allerdings die Bestimmung der Störwahrscheinlichkeit nur subjektiv erfolgen kann. Eine ähnliche Verteilung ist auch für die durch Ausfall von Arbeitspersonen verursachte Schwankung der verfügbaren Arbeitskapazität anzunehmen, wobei allerdings sehr kurzen Ausfällen (1 - 2 Tage) eine vergleichsweise hohe Wahrscheinlichkeit zukommt (Familienfeste o.ä.).

Bei langfristiger Planung ist neben den bereits beschriebenen Unsicherheitsmomenten noch die durch technische Fortschritte verursachte mögliche Veränderung des Arbeitszeitaufwandes je Produktionseinheit zu berücksichtigen. Auf einzelbetrieblicher Ebene sind diese Veränderungen des Arbeitszeitbedarfes in der Regel an Ersatz- oder Neuinvestitionen gebunden, worauf in folgendem Abschnitt näher eingegangen werden soll.

Bezüglich der verfügbaren Arbeitskapazität sind bei langfristiger Planung zusätzlich als Unsicherheitsursachen die Veränderung der tariflichen Arbeitszeit (Lohnarbeitsbetriebe) und die Veränderung der Familienarbeitssituation aus unterschiedlichsten Gründen zu beachten. Beide Unsicherheitsquellen führen zu einer sprunghaften Veränderung der verfügbaren Arbeitskapazität (diskrete Variable), die Eintretenswahrscheinlichkeit ist in jedem Fall nur subjektiv bestimmbar und in der Regel durch Informationsbeschaffung kaum verbesserbar.

3.2.3 Unsicherheit bezüglich der Kapazität und Leistungsfähigkeit technischer Hilfsmittel

Da für viele Prozesse die Einsatzzeit technischer Hilfsmittel und die Arbeitszeit eng korreliert sind, gelten weitgehend dieselben Bestimmungsfaktoren und Verteilungen, wie sie bereits im vorausgehenden Abschnitt dargestellt wurden, so daß hier nur kurz auf die durch technische Fortschritte verursachte Unsicherheit bei langfristiger Betrachtung eingegangen werden soll.

Betrachtet man die vergangene Entwicklung, so zeigt sich, daß technische Fortschritte a) durch ständige Verbesserungen der bestehenden Systeme und b) durch Einführung neuer technischer Lösungen zum Tragen kommen. Im ersteren Fall führt dies zu Unsicherheit bezüglich der zu verwendenden Rate der technischen Verbesserung. Zur Schätzung dürfte hier die Annahme einer Normalverteilung um einen "Trend" akzeptabel sein, wobei der "Trend" selbst wieder eine unsichere Größe ist.

Ein anderes Bild bezüglich der stochastischen Größe "zukünftiger Leistungsvorrat" ergibt sich bei Berücksichtigung des Falles b). Die Einführung neuer Systeme führt in jedem Fall zu einer sprunghaften Veränderung des Leistungsvorrates. Für einzelne Maschinen dürfte es kaum möglich sein, Aussagen über Ausmaß und Zeitpunkt eines solchen Sprunges zu machen. Im besten Fall lassen sich obere "Grenzen" für einen solchen Sprung prognostizieren. Da mit zunehmendem Abstand zum Zeitpunkt der Entscheidung die Wahrscheinlichkeit eines Sprunges zunimmt, erscheint lediglich bei Investitionen in sehr nahe liegenden Perioden die Annahme von Normalverteilungen bzw. anderen bekannten Verteilungen gerechtfertigt.

3.2.4 Unsicherheit bezüglich der monetären Daten

Geht man von dem in Übersicht 1 dargestellten mehrperiodischen Ansatz aus, sind die in den Teilmatrizen G^*_1 bis G^*_7 erfaßten Daten im wesentlichen Produktions- und Betriebsmittelpreise. Bezüglich der Ausprägung der Unsicherheit ist zweckmäßigerweise zwischen Preisen zu unterscheiden,
a) die auf betrieblicher Ebene fixiert sind,
b) die durch agrarpolitische Maßnahmen reglementiert werden
und solchen,
c) die einer freien Preisbildung unterworfen sind.

Generell läßt sich sagen, daß die Preise Variablen mit einem kontinuierlichen Zustandsraum sind und Abweichungen vom Erwartungswert zumindest kurzfristig zu einer symmetrischen Variation des Zielfunktionswertes führen. Die wichtigsten Unterschiede bezüglich des Zustandsraumes sind stichwortartig in Übersicht 4 wiedergegeben.

3.2.5 Zusammenfassung

Insgesamt ergibt sich etwa folgendes Bild für den Typ der Unsicherheit der wichtigsten ergebnisbeeinflussenden Daten:
1. Für die Mehrzahl der Daten erscheint eine symmetrische, aus der Vergangenheit abgeleitete Wahrscheinlichkeitsverteilung (Normalverteilung) eine adäquate Approximation.
2. Bei längerfristiger Betrachtung gewinnt die subjektive Bestimmung der Wahrscheinlichkeitsverteilung an Gewicht.
3. Trotz der im allgemeinen vorhandenen Symmetrie der Verteilung ist bei einer Reihe von Daten bei kurzfristiger Betrachtung mit einer starken asymmetrischen Beeinflussung der Zielfunktion zu rechnen.

4. Langfristig ist wegen der Anpassungsmöglichkeiten an Veränderungen der Preis- und Ertragsrelationen eine asymmetrische Wirkung auf die Zielfunktion zu unterstellen.
5. Die Annahme diskreter Verteilungen bietet für eine Reihe spezieller Einflußfaktoren jedoch eine wesentliche bessere Approximation als die Annahme kontinuierlicher Verteilungen.

Übersicht 4: Typ der Unsicherheit bei Preisen

	vertragl. gesicherte Preise		staatl. beeinflußte Preise		freie Preisbildung	
	kurzfr.	langfr.	kurzfr.	langfr.	kurzfr.	langfr.
Grenzen der Verteilung	det.	-	obere und untere Grenze	-	-	-
Typ der Verteilung	det.	normal	schief an einer Grenze	normal	normal	normal
Informationsbasis zur Schätzung der Verteilung um den Erwartungswert	det.	Betr.daten + Querschn.-daten	Betriebsdaten + Gesetze	Gesetze	Betr.daten + gesamtwirtschaftlich	vorrangig gesamtwirtschaftl.
Globalität	nicht existent	nein	ja schwacher Betriebseinfl.	ja	ja stärkerer Betriebseinfl.	

3.3 Zum Ausmaß der Unsicherheit in existenten landwirtschaftlichen Betrieben

Im folgenden Abschnitt sollen kurz die wichtigsten Ergebnisse einer Vorstudie über das Ausmaß der Unsicherheit in landwirtschaftlichen Betrieben wiedergegeben werden 1): Diese Studie basiert auf der Analyse der 15-jährigen Daten von 72 Buchführungsbetrieben.

3.3.1 Zur Messung des Unsicherheitsgrades

Die o.a. Studie beschränkt sich zunächst auf die Betrachtung der kurzfristigen Unsicherheit, worunter die Unsicherheit bezüglich des Ergebnisses der laufenden Produktionsperiode zum Zeitpunkt der wichtigsten Produktionsentscheidungen verstanden wird. Zur Beschreibung des Ergebnisraumes werden Erwartungswert und Standardabweichung verwendet, zum zwischenbetrieblichen Vergleich die Variationskoeffizienten. Die Schätzung der Erwartungswerte und Standardabweichungen erfolgt auf drei Wegen:
1. Berechnung der Mittelwerte und Standardabweichung verschiedener Einkommensgrößen der letzten 15 Jahre.
2. Berechnung des Trendwertes der Einkommen und der Streuung um den Trend.
3. Berechnung der Erwartungswerte und Varianzen der in der Definitionsgleichung des Einkommens auftretenden Variablen und Ableitung der Einkommenserwartung und der Gesamtvarianz aus diesen Einzelschätzungen.

3.3.2 Ergebnisse

Die Ergebnisse dieser Vorstudie sind zwar mit etlichen Vorbehalten wegen des verwendeten Daten-

---

1) C.H. HANF unter Mitarbeit von F. NAGEL (3).

materials und einiger technischer Unzulänglichkeiten zu interpretieren, dennoch zeigen sie einige interessante Aspekte.
1. Der Grad der Unsicherheit in landwirtschaftlichen Betrieben ist bei kurzfristiger Betrachtung erheblich. Im Gruppendurchschnitt lagen die einzelbetrieblichen Variationskoeffizienten der Roheinkommen/Betrieb bei 0.4 bis 0.5 je nach Berechnungsart.
2. Es existieren erhebliche Unterschiede im Grad der Unsicherheit. Die Extreme lagen zwischen 0.15 und bei über 1.5.
3. Zwischen Erwartungswert des Einkommens und Grad der Unsicherheit (gemessen am Variationskoeffizienten) ist eine, wenn auch geringe, so doch signifikante, positive Korrelation festzustellen.
4. Betriebe mit hohem Anteil selbsterzeugter, nicht marktfähiger Betriebsmittel weisen einen vergleichsweise geringen Grad an Unsicherheit auf.
5. Relativ hohe Unsicherheitsgrade weisen Betriebe mit einem hohen Anteil der flächenunabhängigen Veredelung am Roheinkommen aus, ebenso wie Betriebe mit überdurchschnittlicher Flächenausstattung.

Eine einwandfreie Isolierung des Einflusses der hier aufgeführten Faktoren war infolge der geringen Zahl von Betrieben nicht möglich, es ist jedoch nahezu auszuschließen, daß die Unterschiede ausschließlich durch die Multikollinearität hervorgerufen wurden.

4   Maßnahmen zur Nutzensteigerung bei Unsicherheit

4.1   Anpassung und Antizipation

Liegt Unsicherheit über die relevante Umwelt zum Entscheidungszeitpunkt vor, wird das tatsächlich erzielte Ergebnis stets ungünstiger sein (höchstens gleich gut) als dasjenige, das sich in der ex-post Betrachtung als das günstigste erweist. Ein konsequent rational Handelnder wird nun versuchen, die Differenz zwischen maximal möglichem und tatsächlich erreichtem Erfolg möglichst gering zu halten.

Dieses Ziel wird zum einen dadurch erreicht, daß die aufgrund von "erwarteten" Werten geplante Organisation (Handlung) im nachhinein so gut wie möglich an die von den "erwarteten" Werten abweichenden, tatsächlich eintretenden Bedingungen angepaßt wird. Die Häufigkeit der Planrevision ist dabei von wesentlichem Einfluß auf den Anpassungserfolg, worauf an anderer Stelle eingegangen wird.

Neben der o.a. nachträglichen Anpassung der Organisation können eine Reihe von Maßnahmen genutzt werden, deren Ziel es ist, von vornherein die Differenz zwischen maximal möglichem und tatsächlich erzieltem Erfolg der Handlung zu minimieren. Zur Darstellung dieser Maßnahmen sollen drei Gruppen unterschieden werden:
1. Maßnahmen zur Verringerung der Unsicherheit über die relevante Umwelt (Informationsgewinnung)
2. Maßnahmen zur Verringerung der Wirkung der unsicheren Umwelt auf die Zielgrößen (prophylaktische Maßnahmen)
3. Maßnahmen zur Effizienzsteigerung nachträglicher Anpassungen.

4.2   Informationsgewinnung

Die Informationsgewinnung ist eine der wichtigsten Maßnahmen zur Verbesserung des Handlungserfolges bei Unsicherheit, da bessere Information sowohl zu einer Verringerung der Unsicherheit als auch zu einer Erhöhung des Erwartungswertes des Zielwertes bei rationalem Verhalten führt (vgl. Bild 6).

Um die Möglichkeiten der Nutzung dieser Maßnahmen auch im landwirtschaftlichen Bereich zu verdeutlichen, soll zwischen erzielbarer, objektiv verfügbarer und subjektiv verfügbarer Information unterschieden werden.

Unter dem Begriff "erzielbare" Information soll die Gesamtheit derjenigen Informationen subsumiert werden, die bereits "irgendwo" zur Verfügung stehen oder mit einem realistischen Zeit- und Geldaufwand zu erarbeiten sind. Unter "objektiv verfügbarer" Information ist dann die Gesamtheit der Information zu verstehen, die "ohne große Mühe" erreichbar sind, so beispielsweise die in landwirtschaftlichen Wochenblättern regelmäßig veröffentlichten Markt- und Preisdaten. Dem Entscheidenden – dem Betriebsleiter – ist in der Regel nur ein Bruchteil dieser Information beim Entscheidungsprozeß gegenwärtig. Dieser Teil soll "subjektiv verfügbare" Information genannt werden.

Im Entscheidungsprozeß wird ausschließlich diese letztgenannte Teilgesamtheit an verfügbarer Information verwendet. Hier liegt dann auch ein Ansatzpunkt zur Verbesserung der Entscheidungseffizienz, denn jeder Betriebsleiter kann durch gezielte Informationssuche sein subjektiv verfügbares Informationspotential wesentlich erhöhen. Dabei könnte er durch folgende überbetrieblichen Aktivitäten wirksam unterstützt werden:

1. Erarbeitung von Informationssystemen, die der Unsicherheit der Daten speziell Rechnung tragen. (So schlägt z.B. W. SKOMROCH vor, eine Art KTBL-Katalog zu erarbeiten, der die mögliche Entwicklung der Daten mit ihren mutmaßlichen Eintreffenswahrscheinlichkeiten enthält.)
2. Konzentration, Systematisierung und spezifische Aufbereitung der von öffentlichen Institutionen erarbeiteten Informationen, um eine gezielte und dem Bildungsstand des Landwirts bzw. des Beraters angemessene Informationsaufnahme zu ermöglichen.
3. Gezielte Ausbildung und Weiterbildung von Landwirten und Beratern, um die Fähigkeit der Informationsabsorption zu erhöhen.
4. Entwicklung von programmierten Systemen zur optimalen Informationsverarbeitung.

4.3 Prophylaktische Maßnahmen

Der Gruppe der prophylaktischen Maßnahmen kommt auch in der Landwirtschaft große Bedeutung zu, und hier steht ein sehr vielfältiges Instrumentarium zur Verfügung. Es soll deswegen zwischen zwei Untergruppen unterschieden werden, und zwar:

a) Spezielle Maßnahmen, deren Ziel es ist zu verhindern, daß ungünstige Ereignisse eintreten bzw., daß deren (extreme) negative Folgen vermieden werden.
b) Organisatorische Maßnahmen mit dem Ziel der Verringerung der Varianz des Zielwertes durch Ausgleich möglicher positiver und negativer Abweichungen.

Beide Gruppen lassen sich nicht immer eindeutig voneinander trennen. Wesentlichster Unterschied ist im Ansatzpunkt der Maßnahmen zu sehen, so setzen die unter a) anzuführenden Maßnahmen speziell bei solchen Umweltbedingungen an, deren Eintreffenswahrscheinlichkeit zwar sehr gering ist, aber die bei Eintreffen schwerwiegende negative Folgen aufweisen.

4.3.1 Spezielle Maßnahmen zur Abwehr ungünstiger Ereignisse

Zu dieser Gruppe von Maßnahmen gehört das Abschließen von Versicherungen, Gewährklauseln u.ä. In diesem Fall wird versucht, die negativen Folgen eines als potentiell erachteten Zustandes zu sublimentieren. Die Eintreffenswahrscheinlichkeit des betreffenden Zustandes selbst bleibt von dieser Maßnahme unberührt.

Eine zweite Gruppe von Maßnahmen ist darauf abgestellt, das Eintreffen bestimmter Zustände (Ereignisse) unmöglich oder zumindest unwahrscheinlich zu machen. Hierzu gehört der prophylaktische Pflanzenschutz, hygienische Maßnahmen in der Veredelungsproduktion, aber auch Maßnahmen der Fruchtfolge etc.

Weiterhin sind hier auch planerische Maßnahmen einzuordnen, deren Ziel es ist, solche Handlungsalternativen bzw. Handlungskombinationen auszuschließen, bei denen ein bestimmter minimaler Erfolg nicht mit an "Sicherheit grenzender" Wahrscheinlichkeit überschritten wird. Dazu gehört das "chance-contrained-programming" und die häufig genutzte Möglichkeit der Verwendung "pessimistischer" Schätzungen der Daten an Stelle der Erwartungswerte.

Letzteres ist jedoch äußerst problematisch, da dann zwar sichergestellt ist, daß die Wahrscheinlichkeit des Eintretens eines nicht mehr akzeptierbar ungünstigen Ergebnisses einen bestimmten Wert nicht überschreitet. Andererseits besteht jedoch keine Kontrolle darüber, welche Wahrscheinlichkeit eigentlich für das nicht mehr akzeptierte Unterschreiten eines bestimmten Mindestergebnisses gefordert wurde.

4.3.2 Prophylaktischer Ausgleich positiver und negativer Abweichungen

Eine weitere Möglichkeit der Antizipation der Unsicherheit besteht in der Wahl solcher Handlungskombinationen, die einen gewissen Ausgleich der positiven Abweichungen in den einzelnen Zielkomponenten erwarten lassen. Im wesentlichen sind hier drei Wege des Ausgleiches zu diskutieren:
1. Der innerbetriebliche Ausgleich im Zeitablauf
2. Der Ausgleich zwischen Teilbereichen des Betriebes
3. Der zwischenbetriebliche Ausgleich.

Zu 1. Hierzu gehören Maßnahmen wie Lagerhaltung, Kassenhaltung, Bildung von Rücklagen etc. Dabei ist zu beachten, daß diese Maßnahmen nur in dem Umfange als Unsicherheitsabwehrmaßnahmen zu betrachten sind, in dem bewußt ein Überschuß über den erwarteten Bedarf gehalten wird. Zufällige oder durch Fehlplanung entstehende Überschüsse können nicht als Risikoabwehr bezeichnet werden.

Zu 2. Ein innerbetrieblicher Ausgleich potentiell auftretender negativer Abweichungen durch potentiell auftretende positive Abweichungen kann dadurch erreicht werden, daß jeweils negativ korrelierte Größen im Plan gleichgewichtig aufgenommen werden. Hier kann von einem direkten Risikoausgleich gesprochen werden. Eine andere Möglichkeit ist in der Reduzierung des "Anteils" der "stark" unsicheren Größen am Zielfunktionswert durch Aufnahme damit unkorrelierter Größen zu sehen. Hier spricht man von indirektem Risikoausgleich oder von Diversifikation der Produktion.

Zu 3. Ein zwischenbetrieblicher Risikoausgleich kann durch spezielle Verträge zwischen unterschiedlich strukturierten Betrieben erfolgen, so insbesondere im vertikalen Verbund durch langfristige Abnahme- bzw. Bezugsverträge. Bei starker Spezialisierung landwirtschaftlicher Betriebe ist auch ein gewisser Ausgleich im horizontalen Verbund denkbar.

4.4 Maßnahmen zur Steigerung der Effizienz nachträglicher Anpassungen

4.4.1 Möglichkeiten der Effizienzsteigerung

Trotz aller Maßnahmen, die ergriffen werden können, um die negativen Auswirkungen einer unsicheren Umwelt gering zu halten, stellt die nachträgliche Anpassung an sich ändernde Bedingungen eine notwendige und sicher die wichtigste Maßnahme zur Sicherung eines "zufriedenstellenden" Betriebserfolges dar. Dabei ist der Erfolg nachträglicher Anpassungen abhängig a) von der Effizienz des gewählten Planungsinstruments, b) von der Anpassungsgeschwindigkeit (Anpassungshäufigkeit), c) vom verfügbaren Anpassungsspielraum und d) von den Kosten der Anpassungsplanung. Es können nun eine Reihe von speziellen Maßnahmen "vorsorglich" ergriffen werden, die den Grenzertrag nachträglicher Anpassungen zu erhöhen vermögen. Im einzelnen sind da vor allem zu nennen:
1. Kontrolle
2. Erarbeitung von Eventualplänen
3. Erhaltung von Anpassungsspielräumen
4. Planungsorganisatorische Maßnahmen.

4.4.2 Kontrolle

Eine laufende Kontrolle wichtiger, systembeeinflussender Variablen ist vor allem dann wichtig, wenn Datenänderungen eine vorher festgelegte Fühlbarkeitsschwelle überschreiten müssen, um Anpassungen im Produktionsplan rentabel zu machen. Der Vorteil von Kontrollen ist dann zu sehen

a) in der Verkürzung des Anpassungszeitraumes und damit der Verringerung der Verluste durch zeitweise suboptimales Handeln und/oder b) in der Reduzierung der Zahl und damit der Kosten der notwendigen Anpassungsplanungen.

4.4.3 Eventualplanung

Eine weitere Möglichkeit der Erhöhung der Anpassungsgeschwindigkeit kann durch das Herausarbeiten von Eventualplänen erreicht werden, wobei Eventualpläne exakte Handlungsanweisungen im voraus für alle denkbaren und als entscheidungsrelevant angesehenen Umweltzustände festlegen (LAUX, 8). Die Verwendung von Eventualplänen setzt stets Kontrollen voraus. Eventualpläne sind vor allem von Vorteil:
- wenn die Bearbeitung eines neuen Planes viel Zeit benötigt, so daß zwischen der Feststellung einer Datenänderung und der möglichen Reaktion erhebliche Anpassungsgewinne nicht realisiert werden können,
- wenn aus technischen Gründen Planungs- und Entscheidungszeitpunkt auseinander liegen, was im landwirtschaftlichen Bereich insbesondere für kurzfristige, termingebundene Entscheidungen zutrifft, an deren Entscheidungsvorbereitung (Planung) außerbetriebliche Fachkräfte (Berater) teilnehmen, und schließlich
- wenn die Kosten der Planung vom Termin der Planung abhängen.

4.4.4 Anpassungsspielraum

Der notwendige Spielraum für nachträgliche Anpassungen kann auf zwei Wegen a priori berücksichtigt werden und somit zur Verbesserung des Erfolges von Anpassungsentscheidungen beitragen.
1. Bereits bei der Auswahl der Handlungskombinationen im Zeitpunkt t werden die verschiedenen, möglicherweise notwendigen Anpassungen in t+1, ...t+n berücksichtigt. Diesem Vorgehen entspricht die "flexible" Planung (LAUX, 8).
2. Eine weitere Möglichkeit ist in der Auswahl einer solchen Organisation in t zu sehen, die an sich "flexibel" ist, ohne dabei explizit zu berücksichtigen, welche Anpassungen in t+1,...t+n zu erwarten sind. Dies stellt im übrigen die einzige Möglichkeit der a priori-Berücksichtigung von nicht vorhersehbaren Änderungen der relevanten Umwelt dar.

Hauptproblem im zweitgenannten Fall - also Flexibilitätsplanung ohne Bezug auf bestimmte Datenänderungen - sind:
- Ob eine Organisation "flexibel" ist, läßt sich immer erst expost feststellen. Im voraus können nur Vermutungen angestellt werden, welche spezifischen Eigenschaften einer Organisation die Anpassungsmöglichkeiten an unvorhergehene Datenänderungen beeinflussen.
- Der zu erwartende Nutzen von Flexibilität in diesem Sinne ist ex ante nicht schätzbar, da definitionsgemäß weder Richtung, Ausmaß noch Wahrscheinlichkeit des Eintreffens einer unvorhergesehenen Datenänderung bekannt sein können.

4.4.5 Planungsorganisatorische Maßnahmen

Ein wichtiger Ansatzpunkt zur Erhöhung der Effizienz nachträglicher Anpassungen ist in der Organisation der Planung bzw. der Entscheidungsvorbereitung zu sehen. Da im landwirtschaftlichen Betrieb Entscheidungen sehr unterschiedlicher zeitlicher Reichweite und sehr unterschiedlichen Integrationsgrades gefällt werden müssen, kann durch eine entsprechende Aufteilung des gesamten Entscheidungsraumes in Teilbereiche die Elastizität betrieblicher Entscheidungen wesentlich erhöht werden.

4.5 Schlußbemerkung

Im vorausgehenden Abschnitt wurde versucht, die Vielfalt der möglichen Maßnahmen zur Antizipation von Unsicherheit darzustellen (vgl. auch Übersicht 5). Insbesondere dem Verfahren der Informationsgewinnung und den verschiedenen Maßnahmen zur Verbesserung des Erfolges von nachträgli-

Übersicht 5: Maßnahmen zur Sicherung und Verbesserung des Ergebnisses bei Unsicherheit

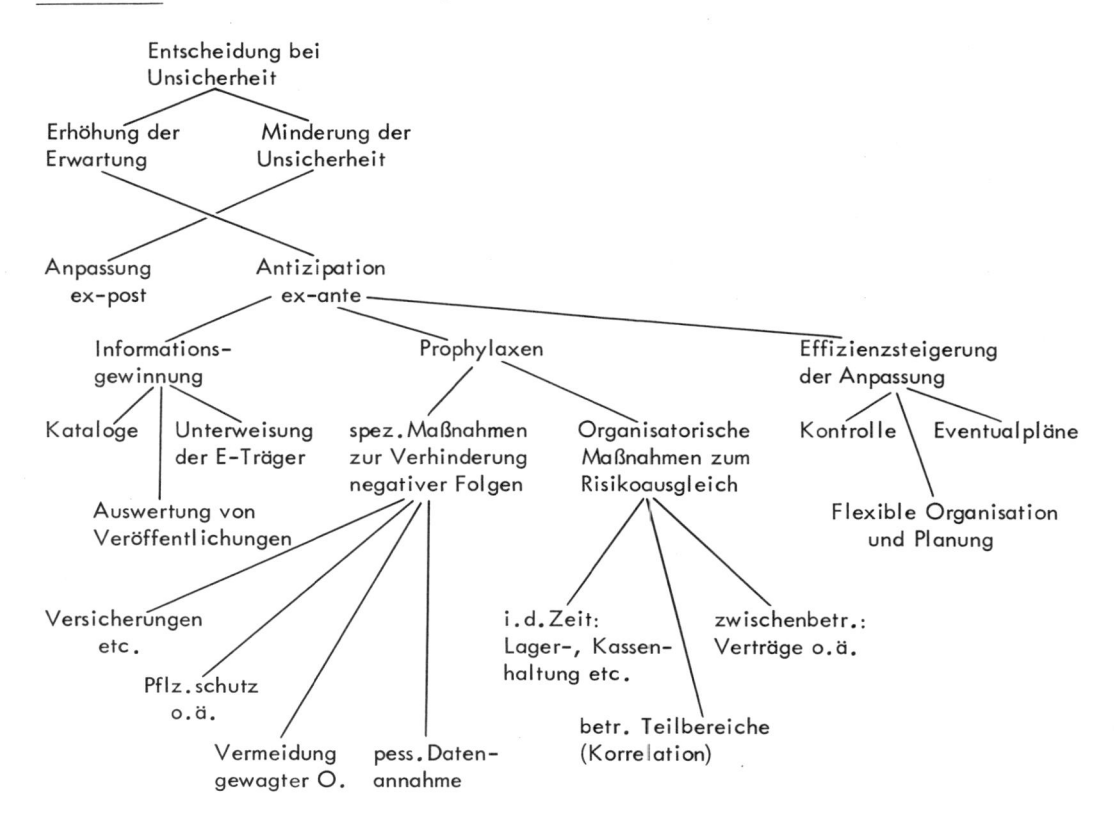

```
                    Entscheidung bei
                    Unsicherheit
                    ╱         ╲
         Erhöhung der      Minderung der
         Erwartung         Unsicherheit

         Anpassung        Antizipation
         ex-post          ex-ante

              Informations-       Prophylaxen      Effizienzsteigerung
              gewinnung                            der Anpassung

      Kataloge │ Unterweisung  spez.Maßnahmen   Organisatorische   Kontrolle │ Eventualpläne
               │ der E-Träger  zur Verhinderung Maßnahmen zum
                               negativer Folgen Risikoausgleich
               Auswertung von                                          Flexible Organisation
               Veröffentlichungen                                      und Planung

      Versicherungen                          i.d.Zeit:        zwischenbetr.:
      etc.                                    Lager-, Kassen-  Verträge o.ä.
                                              haltung etc.
           Pflz.schutz
           o.ä.                                              betr. Teilbereiche
                   Vermeidung   pess.Daten-                  (Korrelation)
                   gewagter O.  annahme
```

chen Anpassungen an Datenänderungen sollte dabei von wissenschaftlicher Seite besondere Aufmerksamkeit gewidmet werden, da sie sowohl den Erwartungswert erhöhen als auch die Unsicherheit reduzieren.

5 Zur Abgrenzung typischer Entscheidungssituationen

Grundsätzlich ist davon auszugehen, daß betriebswirtschaftliche Entscheidungen stets Teilentscheidungen in einem permanenten, simultanen, unter Unsicherheit verlaufenden Entscheidungsprozeß sind (ELSNER, 2). Im praktischen Entscheidungsfall müssen jedoch diese Teilentscheidungen i.d.R. teilweise isoliert werden, wodurch verschiedene Entscheidungsfälle entstehen, die jeweils durch eine Kombination der folgenden Gegensatzpaare grob gekennzeichnet werden können:
1. isoliert - simultan
2. einstufig - mehrstufig
3. einmalig - sich wiederholend

Eine eindeutige Abgrenzung der oben angeführten Fälle ist dabei nicht möglich. So beinhaltet die Typisierung "isoliert - simultan" nur eine quantitative, keine prinzipielle Unterscheidung von Entscheidungssituationen, d.h. diese Typisierung deutet nur das Ausmaß der berücksichtigten horizontalen Interdependenzen an.

Mehrstufig werden solche Entscheidungsfälle genannt, bei denen die Gesamtentscheidung sich aus zeitlich oder sachlich nacheinander gelagerten Teilentscheidungen zusammensetzt und die Verbindung zwischen den "Stufen" des Entscheidungsprozesses so eng ist, daß eine simultane Betrachtung

aller Teilentscheidungen notwendig wird. Einstufig werden dementsprechend solche Entscheidungssituationen genannt, in denen die "wichtigsten" Entscheidungen an einem Zeitpunkt oder von einer Instanz zu fällen sind.
Die Unterscheidung "einmalig - sich wiederholend" scheint am eindeutigsten, aber auch die Unterscheidung zwischen einer Abfolge einmaliger Entscheidungen und sich wiederholender Entscheidungen ist oft ebenfalls nicht eindeutig zu treffen.

Eine ausführlichere Darstellung möglicher Entscheidungssituationen findet sich im folgenden Beitrag von E. HANF.

6   Zur Wahl des optimalen Planungsmodells

6.1   Kriterien der Auswahl

Die Wahl des für eine Entscheidungsvorbereitung zu verwendenden Planungsmodells ist selbstverständlich an den möglichen und notwendigen, in den vorausgehenden Abschnitten 2. bis 5. dargestellten Vereinfachungen des realen Entscheidungsproblems zu orientieren, so ist insbesondere bei Planung unter Unsicherheit zu beachten:
1. die Formulierung des Zielsystems,
2. die Form der Unsicherheit in den einzelnen, die relevante Umwelt bildenden Variablen,
3. die möglichen Maßnahmen zur Antizipation von Unsicherheit und
4. die jeweilige Entscheidungssituation.

Darüber hinaus sind aber auch folgende Auswahlkriterien von erheblicher praktische Bedeutung:
5. der Planungsaufwand und
6. die Möglichkeiten der Interpretation von Modellannahmen und Modellergebnissen, wenn Planer und Entscheidender nicht identisch sind.

6.2   Der Planungsaufwand

Bei den kritischen Überlegungen zur Zweckmäßigkeit des Einsatzes bestimmter Planungsmodelle zur Entscheidungshilfe ist auf der Aufwandseite in jedem Fall zu berücksichtigen:
- die Höhe der Rechenkosten und Kosten der Rechenvorbereitung,
- der Personal- und Sachaufwand zur Beschaffung der Planungsdaten und
- der Aufwand zur Interpretation des Modells und dessen Ergebnissen.

Darüber hinaus sollte aber auch beachtet werden,
- welche Aufwendungen notwendig sind, um die verfügbaren Methoden praktisch anwendbar zu machen und
- welche Aufwendungen notwendig sind, um die Entscheidungshelfer in die Lage zu versetzen, diese Methoden problemadäquat anzuwenden.

Diese letztgenannten Aufwendungen sind sicher nicht bei jedem einzelnen Entscheidungsfall einzubeziehen; sie sollten aber Kriterien für die Erarbeitung und Empfehlung von Modellen zur Entscheidungshilfe sein.

6.3   Eine Möglichkeit zur Erhöhung der Planungseffizienz

Isolierungen von Teilentscheidungen und Vereinfachungen der relevanten Bedingungen sind notwendige Bestandteile der Entscheidungsvorbereitung. Zu starke Isolierung und zu weitgehende Vereinfachung birgt stets die Gefahr einer Fehlspezifikation des Modells und damit der Empfehlung einer ungünstigen Problemlösung. Andererseits verursacht jede Erhöhung des Integrationsgrades und jede zusätzliche Spezifizierung der Umwelt eine Zunahme des Planungsaufwandes. Um unnötigen Planungsaufwand zu vermeiden, ist deswegen zunächst von einem möglichst stark vereinfachten Modell auszugehen und die Ergebnisse mit dem Realproblem zu konfrontieren und gegebenenfalls den Ansatz zu revidieren (MÜLLER-MERBACH, 9). Bei komplexen Planungsproblemen erweist es sich dabei als notwendig, diesen Revisionsvorgang zu systematisieren. Die einzelnen Bereiche der Vereinfachung und Isolierung müssen anhand der Planungsergebnisse daraufhin überprüft werden, ob mögliche Fehlspezifikationen des Modells zu einer anderen Handlungsempfehlung führen würden. Falls dies der Fall ist, muß versucht werden, durch zusätzliche Information eine bessere Darstellung der Realität zu erreichen (vgl. Übersicht 6). Im Beitrag von W. SKOMROCH wird eine solche Vorgehensweise am Beispiel der Planung eines landwirtschaftlichen Betriebes exemplifiziert.

6.4 Eine Anmerkung zur Darstellung von Annahmen und Ergebnissen von Planungsrechnungen

Abschließend sei noch kurz auf das in der Praxis äußerst wichtige Problem der sachgerechten und dem Entscheidenden verständlichen Darstellung der Implikationen und Ergebnisse eines Planungsansatzes hingewiesen. Dabei handelt es sich zwar primär um eine didaktische Aufgabe, da aber der ökonomische Erfolg der Beratungsarbeit davon wesentlich abhängig ist, sollte dieses Gebiet auf stärkeres Interesse in der angewandten Betriebswirtschaftslehre stoßen.

Übersicht 6: Prozeß der Modellbildung

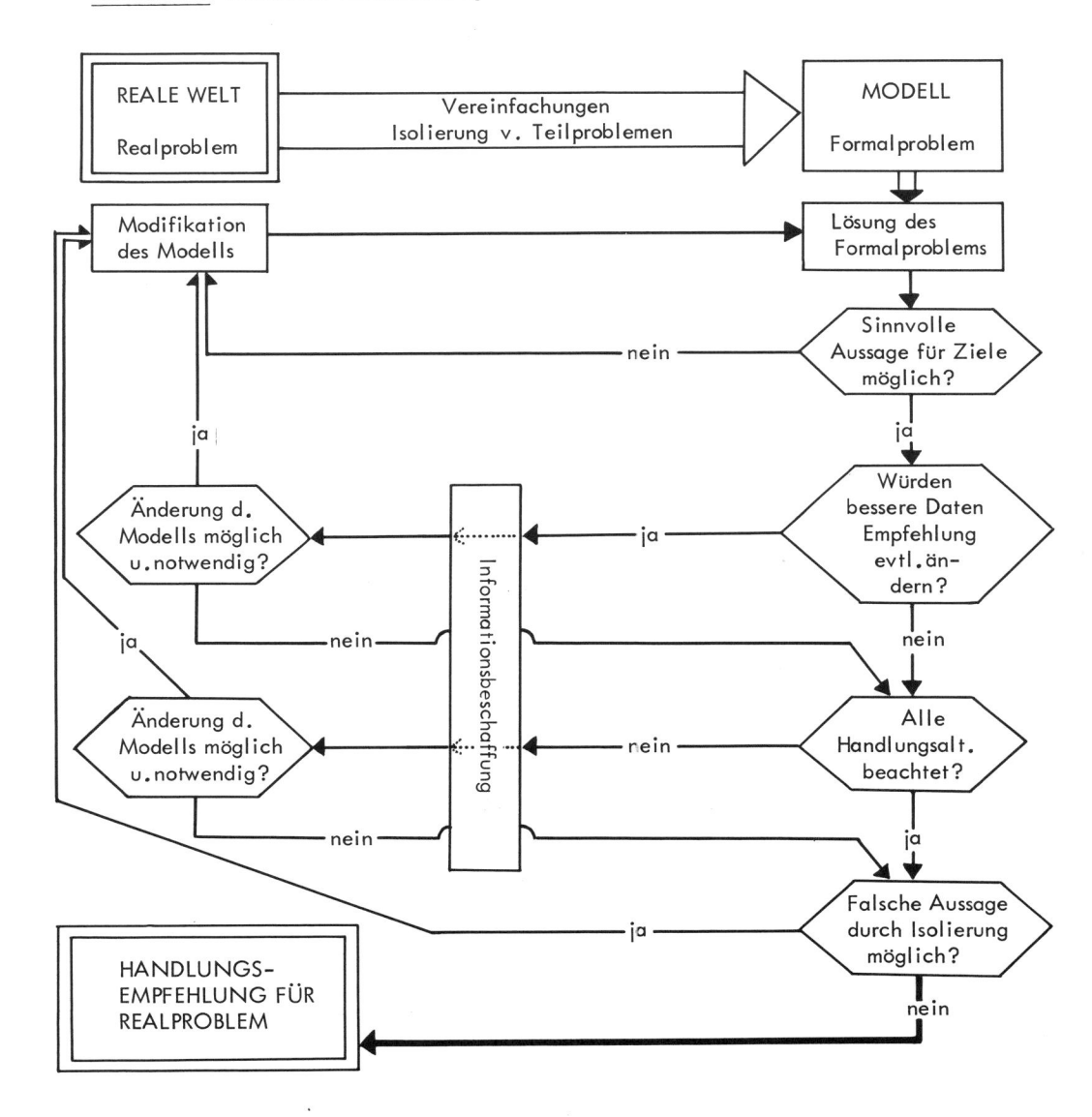

Literatur

1. BAMBERG/COENENBERG: Betriebswirtschaftliche Entscheidungslehre. WiSo Kurzlehrbücher, Reihe Betriebswirtschaft, München 1974.
2. ELSNER, K.: Mehrstufige Produktionstheorie und dynamisches Programmieren. Schriften zur wirtschaftswissenschaftl. Forschung, Bd. 11, Meisenheim am Glan 1964.
3. HANF, C.-H. unter Mitarbeit von F. NAGEL: Bestimmung des Unsicherheitsgrades in landwirtschaftlichen Betrieben. Eine Vorstudie. Arbeitsberichte des Inst. f. ldw. Betriebs- und Arbeitslehre Kiel, Bericht 75/5.
4. HAX, H.: Bewertungsprobleme bei der Formulierung von Zielfunktionen für Entscheidungsmodelle, Zeitschrift für betriebswirtsch. Forschung, 24, S. 477 - 479.
5. HEINEN, A.: Grundlagen betriebswirtschaftlicher Entscheidungen. Das Zielsystem der Unternehmung, 2. Aufl., Wiesbaden 1971.
6. KNIGHT, F.H.: Risk, uncertainty and profit. Boston - New York 1921.
7. KRELLE, W.: Präferenz- und Entscheidungstheorie, Tübingen 1968.
8. LAUX, H.: Unternehmensbewertung bei Unsicherheit. In: Zeitschrift für Betriebswirtschaft, 41, S. 525 - 540.
9. MÜLLER-MERBACH, H.: Operations Research, 3. Aufl. München 1973.
10. RAMSEY, F.P.: The foundations of mathematics and other logical essays, Chapter VII, Truth and Probability, S. 156 - 198, London 1954.
11. SCHNEEWEISS, H.: Entscheidungskriterien bei Risiko, Berlin, Heidelberg, New York 1967.
12. TEICHMANN, H.: Der Stand der Entscheidungstheorie. Die Unternehmung, 25, S. 127 - 147.

MATHEMATISCHE MODELLE ALS ENTSCHEIDUNGSHILFEN BEI UNSICHERHEIT -
GEGENWÄRTIGER STAND, NEUERE ENTWICKLUNGEN

von

E. Hanf, Hohenheim

1	Entscheidungsproblem, -prozeß, -modell	93
2	Mathematische Modelle als Entscheidungshilfen	98
2.1	Simultane Planungs- und Entscheidungsmodelle	98
2.2	Getrennte Modelle für Planung und Entscheidung	100
2.3	Differenzierte Modelle	101
3	Charakterisierung neuerer Entwicklungen	101

Planung und Entscheidung mittels mathematischer Methoden bzw. Modelle gehören in den Bereich der vorbeugenden Maßnahmen. Nach vorausgegangenen, teilweise Kapazitäten bindenden Entscheidungen dient Planung der Effizienzsteigerung der Anpassung (MELLWIG, 1972) an veränderte bzw. sich verändernde Umweltsbedingungen. Planung ist eine in die Zukunft gerichtete Aktivität des Unternehmers und daher stets mit der Problematik der Prognostizierbarkeit der Planungsbedingungen verknüpft. Agrarische Planungsprobleme sind im allgemeinen - von Teilbereichskalkulationen sei abgesehen - "simultane Produktions- und Investitionsplanung" (PETERS, 1971).

1 Entscheidungsproblem, -prozeß, -modell

Nach allgemeiner Ansicht besteht ein Entscheidungsproblem, wenn
1. ein wirtschaftendes Subjekt über knappe Ressourcen verfügt und
2. die Macht hat, diese Ressourcen in verschiedenen Projekten bzw. Alternativen zu beschäftigen bzw. einzusetzen,
3. auf Grund der Knappheit nicht alle Alternativen realisiert werden können, also eine Wahl getroffen werden muß.
4. Darüber hinaus muß das Subjekt mit dem Einsatz der Ressourcen ein Ziel verfolgen,
5. dem Entscheidenden eine ökonomisch relevante Umwelt gegenüberstehen, deren Zustand im Realisierungszeitpunkt nicht mit Sicherheit vorausgesagt werden kann.
6. Das Subjekt muß Vorstellungen über den Zielerreichungsgrad haben, der erreicht wird, wenn eine der Alternativen mit einem der möglichen Umweltzustände zusammentrifft.

Demgemäß sind die Konstituenten eines Entscheidungsproblems (MENGES, 1969):
1. der "Entscheidungsträger" mit Verfügungsgewalt über knappe Ressourcen und einer Zielvorstellung,
2. ein "Aktionenraum", die Menge der Handlungsalternativen,

3. eine Menge von möglichen zukünftigen Umweltzuständen, der "Zustandsraum der Umwelt", und
4. eine Zuordnung, die jedem Zusammentreffen einer Alternative mit einem bestimmten Umweltzustand ein "Ergebnis" bzw. einen "Nutzen" zugeordnet, die "Ergebnis- oder Nutzen-Matrix".

Die Konstituierung der Alternativen und Feststellung der nötigen Inputs und möglichen Outputs heißt "Planung", die Auswahl einer Aktion zur Realisierung heißt "Entscheidung".

Je nach der verfügbaren Information über die Umweltzustände unterscheidet man Entscheidung (SCHNEEWEISS, 1967).
1. "bei Sicherheit", wenn die Menge der Umweltzustände aus genau einem Element besteht,
2. "bei Risiko", wenn über der Menge der Umweltzustände eine Wahrscheinlichkeitsverteilung bzw. eine Dichtefunktion bekannt ist (auch Unsicherheit i.e.S.),
3. "bei Unsicherheit", wenn die Menge der Umweltzustände bekannt ist, aber nur
3.1 subjektive "Vermutungen" über die Parameter der Verteilung quantifiziert werden können, bzw.
3.2 wenn keinerlei Wahrscheinlichkeitsaussagen möglich sind (auch Ungewißheit i.e.S.).

Die für Modelle des Entscheidungsprozesses relevanten Eigenschaften der Konstituenten des Entscheidungsproblems wurden bereits ausführlich dargestellt, hier nur eine kurze Skizzierung.
Die Menge der als relevant angesehenen Umweltzustände kann einerseits eine Menge diskreter Zustandsvektoren sein, andererseits - und das trifft für die meisten ökonomisch relevanten Umweltmerkmale zu - ein zwar begrenzter, aber kontinuierlicher Teilraum eines Vektorraums sein.

Im ersten Fall können Wahrscheinlichkeiten der "Ereignisse" bekannt sein, im zweiten Fall die Parameter einer multivariaten Verteilung, z.B. eine Multinormalverteilung. Beruhen die Quantifizierungen auf subjektiven Einsichten des Entscheidungsträgers, dann ist es im Hinblick auf das Entscheidungsproblem relevant, zu wissen, ob im Laufe des Realisierungsprozesses Informationen über die Umweltentwicklung gewonnen werden können - und damit eine Verbesserung der Ausgangsinformation möglich ist - oder nicht.

Der Aktionenraum kann ebenfalls sowohl eine Menge diskreter Aktionen, als auch ein kontinuierlicher Vektorraum sein. Die Aktionen ihrerseits können vom Planungszeitpunkt bis zum Planungshorizont zusammenhängende Ketten von Aktionen, Handlungsfolgen sein, d.h. simultan in der Zeit bzw. von Entscheidungszeitpunkt zu Entscheidungszeitpunkt wählbare Einzelaktionen, d.h. diskret in der Zeit.

Die Entscheidungssituationen bzw. -probleme differieren ebenfalls. Sucht man für einen vorgegebenen Planungszeitraum eine einzige zu realisierende Folge von Aktionen, so spricht man von einem einstufigen Prozeß. Sind zu verschiedenen aufeinanderfolgenden Entscheidungszeitpunkten alternative Aktionen realisierbar, so spricht man von mehrstufigen bzw. sequentiellen Prozessen (LAUX, 1971). Dabei kann eine Folge stets identischer Aktionenmengen vorliegen bzw. können den verschiedenen Entscheidungszeitpunkten unterschiedliche Aktionenmengen - insbesondere Anpassungsreaktionen - zugeordnet sein. Darunter wäre hier auch der bereits erwähnte Fall der Reaktionen auf zu Beginn des Planungs- und Entscheidungsprozesses noch unbekannte Zukunftsentwicklungen zu subsummieren, d.h., daß variable Aktionenräume vorliegen können. In mehrstufigen Entscheidungsprozessen besteht grundsätzlich die Möglichkeit, anfallende Informationen zu verarbeiten. Dies kann im Sinne klassischer Statistik durch Bildung einer jeweils neuen Ausgangsinformation geschehen bzw. im Sinne der Bayesschen Statistik als beobachtungsbedingte Verbesserung von subjektiven a-priori-Hypothesen über die Parameter der Verteilungen über dem Zustandsraum. Im letzten Falle der mehrstufigen Entscheidungsprozesse bei Informationsverarbeitung mit dem Bayesschen Theorem (MORGAN, 1968) spricht man von adaptiven Prozessen (BELLMANN, 1967; GRIESE, 1972; MURPHY, 1965; STURM, 1970; WEBER, 1970).

Die Eigenschaften des Zustandsraumes, des Aktionenraumes und des Entscheidungsproblems bzw. deren Kombinationen haben Einfluß auf den Bau der sie abbildenden Modelle. Innerhalb der jeweiligen Konstituente sind diese Eigenschaften nicht unabhängig voneinander, aber sie können im Zusammenspiel der drei Komponenten Umwelt, Alternativen, Problem nahezu beliebig kombiniert auftreten. Entsprechend vielfältig sind die mathematischen Modelle.

Bemerkt wurde bereits: Agrarplanungen sind simultane Produktions- und Investitionsplanungen. Daraus ergeben sich für die Modelle der Planung und Entscheidungsfindung Konsequenzen:

1. Sie müssen - auf welche Weise auch immer - die Unsicherheit der Prognosen zukünftiger Daten berücksichtigen. Die Vergangenheit des Planungsobjektes und seiner Umwelt liefert gewisse "sichere" Informationen über beobachtbare Abläufe bzw. Entwicklungen. In der Gegenwart, in der die Entscheidung erforderlich ist, wird diese Information zu Prognosen bzgl. der Entwicklung planungsrelevanter Daten des Objektes bzw. der Umwelt verarbeitet.

2. In den meisten Fällen werden die Folgen einer Entscheidung mehrere Produktionsperioden wirken. Die Modelle sollten also dynamisch sein, um zeitliche Interdependenzen zu berücksichtigen.

3. Im Planungszeitraum finden entweder sich wiederholende gleichartige Entscheidungen statt bzw. - was auf mehr Probleme zutrifft - zu gewissen Zeitpunkten ist Anpassung an die tatsächlich eintreffende Umweltsituation möglich. Die Modelle sollten also mehrstufig sein.

4. Das Objekt und seine Umwelt sind beobachtbar. Die anfallenden Informationen können verwertet werden. Sie beeinflussen die Planung, d.h. die Konstituierung der zukünftigen Aktionenräume im Sinne einer Verbesserung bzw. Sicherung des Zielerreichungsgrades und verändern die Prognosen für die zukünftigen Entwicklungen.

Die Modelle können daher als Regelungs-System im Sinne der Systemtheorie und insbesondere als Modelle adaptiver Prozesse verstanden werden.

Im folgenden soll diese Auffassung des Entscheidungsprozesses genauer beschrieben werden.

1. Ein gegebener Informationsstand zum Zeitpunkt t, $I(t)$, ermöglicht eine Entscheidung $E(t)$, die bewirkt, daß aus dem zur Zeit t verfügbaren Aktionenraum $A(t)$ eine Aktion a_t realisiert wird. Im Realisierungszeitraum t, das ist die zwischen den Entscheidungszeitpunkten t und t+1 liegende Periode, ereignet sich eine Umwelt S_t. Durch Zusammenwirken von S_t und a_t ergibt sich ein am Objekt beobachtbares Resultat $R(t)$, z.B. eine Messung des Zielerreichungsgrades, aber auch Veränderungen der technischen Gegebenheiten des Objektes, Kapazitätenänderungen u.a.m.. Das Zusammentreffen der Kombination Umweltzustand-Aktion (a_t, S_t) und des Resultats $R(t)$ bewirken eine Änderung des Informationsstandes, $I(t+1)$, und ermöglichen eine Reaktionsentscheidung.

$$I(t) \longrightarrow E(t) \longrightarrow a_t \longrightarrow R(t) \longrightarrow I(t+1) \longrightarrow \ldots$$
$$\uparrow$$
$$S_t$$

Dabei ist anzumerken, daß die Zeitpunkte t, t+1, ... nicht notwendig äquidistant sind. Sie treten im Sinne der Entropie-Zeit-Definition (MURPHY, 1965) dann ein, wenn

1.1 Veränderungen der Umwelt feststellbar und meßbar werden, und/oder wenn

1.2 Resultate der Aktionen beobachtbar und verfügbar werden, und wenn

1.3 Eingriffsmöglichkeiten in den Prozeß- (bzw. System-)ablauf möglich sind.

2. Die Entscheidung in t hängt ab vom Informationsstand

2.1 $E(t) = h(I(t))$

Der Informationsstand $I(t)$ seinerseits ist ein Datenvektor

2.2 $I(t) = (V(t), R(t-1), A(t), Z(t), ER(t))$.

Dabei ist $V(t)$ die Vergangenheit der Umwelt, also

2.3 $V(t) = (S_{t-i} / i=1, \ldots t)$,

R(t-1) das Resultat der vorausgegangenen Entscheidung und eine Funktion der vergangenen Aktionen-Ereignis-Kombinationen,

2.4 $R(1-t) = f((a_{t-i}, S_{t-i})/i=1, \ldots t)$.

Ferner ist A(t) der zur Zeit t verfügbare Aktionenraum, das sind Handlungspläne für den auf t folgenden Planungszeitraum, die Aktionen a_t sind in der Regel Anpassungsreaktionen an veränderte Umweltbedingungen zur Verbesserung bzw. Sicherung des Zielerreichungsgrades, die als Folge der vorausgegangenen Entscheidung E(t-1) in t erforderlich werden,

2.5 $A(t) = \{a_t\} = h((a_{t-i}, S_{t-i})/i=1, \ldots t)$,

sie hängen ab von den Bedingungen, die durch die zurückliegend realisierten Aktionen und Ereignisse geschaffen worden sind.

Z(t) ist die auf Grund der Vergangenheit der Umwelt und unter Umständen (nach Bayes) in Abhängigkeit von zurückliegenden Prognosen gebildete Vorausschau möglicher Zukunftsentwicklungen

2.6 $Z(t) = f((S_{t-i}, Z(t-i))/i = 1, \ldots t)$.

ER(t) sind die bei Zusammentreffen der Aktion a_i und der Umweltprojektion Z_j erwarteten Resultate e_{ij},

2.7 $ER(t) = (e_{ij} = f(a_i, Z_j), (a_i, Z_j)$ aus $A(t) \times Z(t))$.

In neuerer Zeit bilden "system"-analytische und "system"-theoretische Überlegungen einen gewichtigen Gesichtspunkt der Plaungsforschung. Hier seien nur drei Hinweise auf den System-Charakter des Planungs-Entscheidungs-Prozesses gegeben:

1. Entscheidungsträger, Objekt und Umwelt bilden ein dynamisches Regelsystem (FORRESTER, 1972). Geht man davon aus, daß von einzelbetrieblichen Entscheidungen keine nennenswerten Wirkungen auf die relevante ökonomische Umwelt der Preise, der Ertragsschwankungen etc. ausgehen, dann ist diese Umwelt im System eine stochastische Störgröße. Den Regelungscharakter des Systems beschreiben die Abhängigkeiten 2.1 und 2.2: sich ändernde Information bewirkt eine Änderung der Handlungsfolge zur Verbesserung bzw. Sicherung des Zielerreichungsgrades.

2. Umweltänderungen bewirken Informationsveränderungen, daraus resultieren Korrekturänderungen im Aktionenraum. In dieser Kurzfassung des Prozesses nähern wir uns begrifflich dem Gegenstand der Systemtheorie i.e.S., nämlich den Systemen von Differenzen bzw. Differentialgleichungen.

3. Faßt man Entscheidung und Realisierung zusammen,

   $E(t) \longrightarrow a_t := ED(t)$,

   dann wird durch

   3.1 $I(O) \longrightarrow ED(O) \longrightarrow R(O)$
   $\qquad\qquad\quad\;\;\uparrow$
   $\qquad\qquad\quad\; S_O$

   ein einmaliger, einstufiger, statischer Entscheidungsprozeß beschrieben.

   3.2 $I(O) \longrightarrow ED(O) \longrightarrow\longrightarrow\longrightarrow R(t)$
   $\qquad\qquad\quad\;\;\uparrow \quad\;\uparrow \quad\;\;\uparrow$
   $\qquad\qquad\quad\; S_O \;\; S_1 \ldots S_t$

stellt einen einmaligen, einstufigen, dynamischen und simultanen Entscheidungsprozeß ohne Anpassungsmöglichkeiten und Informationsverarbeitung dar.

Einem mehrstufigen Prozeß sich wiederholender gleichartiger Entscheidungen mit der Möglichkeit, anfallende Informationen zu verarbeiten, also zu lernen (-doing by learning-, MURPHY, 1965) entspricht die Darstellung

$$3.3 \quad I(t) \longrightarrow ED(t) \xrightarrow{\uparrow S_t} R(t)$$
$$\quad \uparrow \underline{\qquad I(t): = I(t+1) \qquad}$$

Durch Aufgliederung (Analyse) des Entscheidungsprozesses (des Systems) in eine Folge 1) von Entscheidungsakten mit unterschiedlichen Aktionenräumen entsteht ein Zyklus sich wiederholender Entscheidungsfolgen:

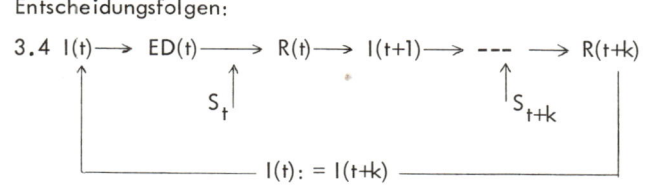

$$3.4 \quad I(t) \longrightarrow ED(t) \longrightarrow R(t) \longrightarrow I(t+1) \longrightarrow --- \longrightarrow R(t+k)$$
$$\uparrow S_t \qquad \qquad \uparrow S_{t+k}$$
$$\underline{\qquad\qquad I(t): = I(t+k) \qquad\qquad}$$

Diese Modellvorstellung vom Entscheidungsprozeß, angewandt auf den landwirtschaftlichen Betrieb und die damit verbundenen Entscheidungsprobleme, wird der Tatsache gerecht, daß Investitions-, Organisations-, Arbeitsablauf-, Verteilungs-, Lagerhaltungs-, Ersatz- und Nutzungsdauerentscheidungen und andere mehr (z.B. Finanzierung und Kassenhaltung etc.) während der Produktionsperioden zu ganz unterschiedlichen Zeitpunkten anfallen und unterschiedliche Anpassungsreaktionen ermöglichen.

Ein dieser Vorstellung entsprechendes Modell eines Planungs-, Entscheidungs- und Informationen verarbeitenden Systems würde aus einer -rekursiven- Verknüpfung sehr unterschiedlicher Operations-Research-Methoden bestehen 2).

Die damit erreichte Betonung des sequentiellen Charakters des Entscheidungsprozesses führt zu flexiblen, der Entwicklung in der Zeit sich anpassenden 3) Entscheidungsfolgen.

Es gilt offenbar:

1. Anpassungsreaktionen sind - soweit voraussehbar - als Eventualpläne zu berücksichtigen,
2. Kontrolle ist notwendig, um geplante Anpassungen durchführen zu können,
3. Informationsgewinnung während des Realisierungszeitraumes ist erforderlich, um neu sich ergebende Reaktionen konstituieren zu können,
4. sequentielle, fortgesetzte Planung ist erforderlich, um bestmögliche Anpassung zu gewährleisten.

Dieser aus der Analyse des Planungs- und Entscheidungsprozesses bzw. des -problems abgeleiteten Modellvorstellungen soll im folgenden das verfügbare und angewandte Methoden- bzw. Modellspektrum gegenübergestellt werden.

---

1) Der Vereinfachung wegen wurde hier für die Menge der Systemelemente eine lineare Anordnung gewählt.
2) Solche Modelle existieren zur Zeit für sektorale Probleme.
3) Über die risikomindernde Bedeutung durchgeführter Anpassungsentscheidungen wird (nachfolgend durch W. SKOMROCH) an Hand der Ergebnisse von Modellkalkulationen berichtet werden.

2 Mathematische Modelle als Entscheidungshilfen

Die Klassifizierung der mathematischen Modelle kann unter einer Reihe von Gesichtspunkten vorgenommen werden. In der folgenden Gliederung werden weniger formale Gesichtspunkte berücksichtigt und dargestellt, als vielmehr inhaltliche Vorgehensweise.

Man kann unterscheiden zwischen Modellen, die

2.1	den Planungs- und Entscheidungsprozeß simultan abbilden und solchen, die
2.2	aus einem Planungs- und einem übergeordneten Entscheidungsmodell bestehen.

Diese Klassifizierung ist allerdings nicht strikt trennend.

Unter den Modellen der ersten Art finden sich einige häufig angewandte Verfahren. Man kann unterscheiden:

2.1.1	Planen mit Sicherheitsäquivalenten,
2.1.2	stochastische Optimierung,
2.1.3	spieltheoretische Ansätze und
2.1.4	Entscheidungsbaumverfahren.
2.1.1	Beim Planen mit Sicherheitsäquivalenten wird die Unsicherheit der Daten dadurch berücksichtigt, daß in den Planungsansätzen - meist lineare Optimierungen - erwartete Werte, Mittelwerte, durch Risikoabzüge bzw. -zuschläge korrigierte Werte oder pessimistische Schätzungen für die planungsrelevanten Daten benutzt werden. Die Entscheidung wird durch Optimierung einer modellimmanenten Zielfunktion geführt, das Risiko der Entscheidung wird mit post-optimalen Methoden - Sensitivitätsanalysen (DINKELBACH, 1969 und GAL, 1973) - untersucht.
2.1.2	Ausgehend vom Ansatz der linearen Optimierung - max $Z = p'x$ bei $Ax \leq b$, $x \geq 0$ - und unter Beachtung der Tatsache, daß einige oder alle der Koeffizienten im Zielfunktionsvektor p bzw. in der Matrix der technischen Koeffizienten A bzw. im Kapazitätenvektor b stochastisch variabel sind, bezeichnet man eine Gruppe von Methoden als stochastische Optimierung (ZIMMERMANN, 1974).
2.1.2.1	Liegt Variabilität nur in der Zielfunktion vor, bzw. kann die Variation von Input- und Output-Koeffizienten in die Zielfunktion hochgerechnet werden und kennt man von der multivariaten Verteilung über dem p-Raum Mittelwerte, Varianzen und Covarianzen, und ist genau eine Linearkombination dieser Parameter als Nutzen- bzw. Zielfunktion bekannt, wird man ein quadratisches Optimierungsmodell formulieren können (FREUND, 1965; und z.B. BOUSSARD, 1963; oder PETERS, 1971).
2.1.2.2	Ausgehend von der potentiellen Variabilität aller Planungsdaten werden zwei Wege beschritten. Die Verteilung der Z-Werte wird über dem (p,A,b)-Ereignisraum durch Analyse oder Simulation vollständig beschrieben - man spricht vom Verteilungsproblem (TINTNER, ZIMMERMANN, 1974), der Entscheidungsmechanismus bleibt dabei offen -. Wegen der auftretenden Schwierigkeiten wird dieser Weg selten gewählt.
2.1.2.3	Dagegen werden in Theorie und Anwendung deterministische Ersatzprobleme formuliert. Dabei unterscheidet man sogenannte
2.1.2.3.1	Kompensationsformulierungen, wobei davon ausgegangen wird, daß nach einer einmal getroffenen Entscheidung das zufällige Ereignis eintritt, aber die Möglichkeit besteht, evtl. auftretende Verletzungen der Restriktionen in einem zweiten Schritt zu korrigieren. Das ist das typische Problem des Two-Stage-Linear-Programming (z.B. BÜHLER, 1971; WERNER, 1973). Charakteristisch für diese Methode ist das Konzept der "penalty-costs" - der Strafkosten für die ereignisbedingte Verletzung von Restriktionen und ihre Berücksichtigung in der Zielfunktion.

2.1.2.3.2 Die zweite Möglichkeit bietet das sogenannte Chance-Constrained-Programming. Hierbei werden z.B. der Erwartungswert von Z maximiert, (lineares Problem) bzw. die Varianz von Z minimiert (quadratisches Problem) und die technischen Nebenbedingungen derart transformiert, daß die Wahrscheinlichkeit, eine Restriktion 1) zu verletzen, einen gewissen Wert nicht überschreitet (PRECHT, 1972).

Für beide Wege der deterministischen Ersatzproblem-Formulierung gilt, daß lineare oder quadratische Optimierungsmodelle entstehen können.

2.1.3 Zu linearen Optimierungsaufgaben führt die Verwendung der spieltheoretischen Maximin-Regel (HAZELL, 1970) zur Bestimmung optimaler gemischter Strategien. Diese Regel erzeugt Aktionskombinationen, die für den Fall optimal sind, in dem die Umwelt ihre Strategien (Umweltzustände) derart mischt, daß sie dem Entscheidenden möglichst hohen Schaden zufügt. Zwei Bemerkungen seien zu diesem Konzept gemacht: Erstens trifft die Annahme des rationalen Gegenspielers der Spieltheorie für eine stochastische Umwelt nicht zu, zweitens hat der Begriff der gemischten Strategie in der Spieltheorie den Sinn einer bestimmten, aber zufälligen Mischung reiner Strategien in wiederholten Spielen. Diesem Gesichtspunkt wird in den entscheidungstheoretischen Anwendungen nicht entsprochen.

Zwei verschiedene Ansätze sind gemacht worden. Den reinen Strategien der Spieltheorie entsprechen einerseits

2.1.3.1 Aktivitäten des Planungsansatzes, also Produktionsverfahren (MAC INERNEY, 1969) bzw. andererseits

2.1.3.2 Organisationen (TADROS-CASLER, 1969, und TRIES, 1973). In beiden Fällen ist die gemischte Strategie eine pessimistische Lösung des Entscheidungsproblems, denn sie geht vom rationalen Verhalten des Gegenspielers Umwelt aus.

In den letzten Jahren wieder stärker diskutiert wird die Anwendung von Entscheidungsbaumverfahren, insbesondere des ihnen entsprechenden Algorithmus, das

2.1.4 Dynamic Programming (BELLMANN, 1967; HAX und LAUX, 1972; HENKE, 1973; LAUX, 1971; NEUMANN und GESSNER, 1974).

2.1.4.1 In ihrer klassischen Form ist die Methode geeignet, Probleme mit einer sehr niedrigen Zahl von Entscheidungsvariablen zu lösen. Deshalb wird sie in der Agrarplanung vorwiegend für Teilbereichskalkulationen verwendet (z.B. HINRICHS, 1974). Der Vorteil liegt in der Problemlosigkeit bezüglich Ganzzahligkeit und Nichtlinearität. Im Zusammenhang mit systemanalytischen Denkweisen gewinnt Dynamic Programming als Entscheidungsfunktional an Bedeutung.

2.1.4.2 Dynamic Programming und Bayessche Statistik sind in den adaptiven Prozessen kombiniert worden. In diesen Modellen werden die Umweltprognosen im Ablauf der Zeit durch die eintretenden Ereignisse in Abhängigkeit von früheren Hypothesen modifiziert und diesen neuen Prognosen geeignete Anpassungsreaktionen zugeordnet. Durch Simulation können Eventualpläne, bei Einführung einer eindeutigen Nutzenfunktion analytische Lösungen ermittelt werden (GRIESE, 1972; HALTER and DEAN, 1971; MURPHY, 1965; STURM, 1970; WEBER, 1970).

Vielfältig ist die Klasse von Modellen, die Planungsvorgang und Entscheidungsakt modelltechnisch trennen. Zwei Vorgehensweisen sollen hierunter insbesondere verstanden werden,

---

1) Ansatz nach MADANSKY bei EVERS, 1967; und HANF, E., 1970.

2.2.1 die Erzeugung von "vernünftigen" Aktionsalternativen und Entscheidung nach einem übergeordneten Auswahlkriterium,

2.2.2 die Erzeugung "effizienter" Pläne und Entscheidung mittels Indifferenzkurvensystem einer vorgegebenen "Nutzenfunktion" 1).

Sogenannte vernünftige Alternativen können auf verschiedene Weise erzeugt werden, z.B.

2.2.1.1 Auswahl nach intuitiv rationalen Kriterien bzw. systematisch überprüft anhand von Bilanzierungsrechnungen,

2.2.1.2 durch stochastische Simulation der Variablen-Niveaus im Aktionenraum,

2.2.1.3 durch parametrische Optimierung eines linearen Optimierungsmodells in relevanten Bereichen der Datenvariation,

2.2.1.4 durch Optimierung von Planungsansätzen unter der Annahme möglicher Datenkombinationen, sogenannte ereignisbedingte Optimierung.

Dem so erstellten Aktionenraum steht ein Umweltzustandsraum gegenüber. Eine Gruppe von Entscheidungskriterien kann angewandt werden, nahezu beliebige Kombinationsmöglichkeiten mit den Aktionenräumen 1. - 4. sind denkbar.

2.2.1.5 Entscheidungsvorbereitenden Charakter hat die Risiko-Analyse (MÜLLER-MERBACH, SKOMROCH), bei denen den Z-Werten u.a. die Wahrscheinlichkeiten zugeordnet werden, mit denen sie erreicht werden können.

2.2.1.6 Häufig angewandt werden die klassischen Entscheidungsregeln auf die Ergebnis-Matrix, die dem Zusammentreffen einer Aktion mit einem Umweltzustand ein eindeutiges Ergebnis zuordnet. Werden monetäre Größen funktional transformiert, spricht man auch von der "Nutzenmatrix". Die bekanntesten unter diesen Regeln sind das Maximin-, das Hurwicz-, das Bayes-Kriterium, die Laplace-Regel und die Savage-Niehans-Regel - das ist die Maximin-Regel über der Matrix der sogenannten "costs of regret" - (HALTER and DEAN, 1965; MENGES, 1969; SCHNEEWEISS, 1967) 2).

2.2.1.7 Zeitweilig wurden andere Funktionale als Entscheidungskriterien herangezogen, z.B. das infeasibility costs"-Konzept (HANF, E., 1970), das Konzept der Umstellkosten (TRIES, 1973) und andere meßbare Ersatzgrößen für Flexibilität.

Ist eine Transformationsfunktion bekannt, die jeder Aktion einen Nutzen in Abhängigkeit von einem Erwartungswert E der Zielfunktion und einem Variabilitäts- oder Unsicherheitsmaß U (z.B. Mittelwert und Varianz) über einem stochastisch variablen Koeffizientenraum zuordnet, dann kann ein Indifferenzkurvensystem (Linien gleichen Nutzens) bestimmt werden. Bestimmt man nun "effiziente" Pläne durch geeignete Parametrisierung derart, daß z.B.

2.2.2.1 jedem erwarteten Wert von Z eine Aktion mit minimaler Varianz bzw.

2.2.2.2 jedem erwarteten Wert von U eine Aktion maximaler Zielfunktionserwartung zugeordnet wird,

2.2.2.3 jeder maximal erlaubten Abweichung vom mittleren Wert von Z eine Aktion mit maximalem, erwartetem Z-Wert bzw.

2.2.2.4 jedem sinnvollen Wert von Z eine Aktion zugeordnet wird, deren Wahrscheinlichkeit maximal ist, diesen Wert zu übertreffen,

2.2.2.5 jedem Wert des Risiko-Aversionsparameters k (als U-Maß) im quadratischen Optimie-

---

1) Anzumerken ist, daß die Nutzenkonzeption (DEAN, 1975; DILLON, 1971; HALTER and DEAN, 1971; KOCH, 1974) nicht unumstritten ist, das gilt insbesondere für die Bernoulli-Nutzentheorie (dargestellt z.B. in SCHNEEWEISS, 1967).

2) Die Anwendung dieser Regeln ist umstritten, da sie gewissen, als plausibel geltenden Axiomen nicht vollständig genügen (HALTER and DEAN, 1971).

rungsansatz von Freund die optimale Organisation bezüglich $Z = f(k, \mu, \Sigma)$ zugeordnet wird,

dann wird unter den effizienten Plänen der mit maximalem Nutzen realisiert 1).

2.3 Differenzierte Modelle

Ausgehend von den modernen Wissenschaftsgebieten System-Analyse, -theorie und simulation (z.B. EISGRUBER and LEE, 1971; GROSSKOPF, 1973; KUHLMANN, 1973) wird der zunächst einstufig gedachte Entscheidungsprozeß 2) zergliedert in Folgen von Partialentscheidungen, die ganz unterschiedliche Aktionenräume betreffen können. Das System Planung-Entscheidung-Realisierung-Kontrolle wird in sequentiell geordnete Subsysteme zerlegt, was objektbezogen zu

2.3.1 teilintegrierten Planungs-, Entscheidungs- und Informationen verarbeitenden Systemen führt. Dabei können unterschiedliche mathematische Modelle für Teilbereichskalkulationen und -entscheidungen kombiniert werden. Hier finden neuerdings wieder die Entscheidungsbaumverfahren und Dynamic Programming als übergeordnete Modelle der Entscheidungsfindung Anwendung, während in den Entscheidungsknoten des Baumes Partialentscheidungen auf untergeordneter Ebene mit anderen Modellen (lineare Optimierung, Netzpläne) vorbereitet werden (z.B. bei JOCHUM, 1969). Simulation in solchen Modellen kann angewandt werden zum Sichtbarmachen systeminterner Zusammenhänge sowie zur Verdeutlichung der Wirkung externer Störungen der stochastisch gedachten Umwelt (GROSSKOPF, 1973; JOCHUM, 1969; STURM, 1970) 3).

2.3.2 Die im engeren Sinne systemtheoretische Betrachtungsweise mit Systemen von Differenzen- bzw. Differentialgleichungssystemen findet in der mikro-ökonomischen Entscheidungstheorie der Investitions- und Organisationsentscheidungen bisher kaum Anwendung, wohl aber im Bereich sektoraler, intersektoraler, regionaler und interregionaler Planung (z.B. FORRESTER, 1972).

3 Charakterisierung neuerer Entwicklungen

3.1 In anderen speziellen Betriebswirtschaftslehren findet in jüngerer Zeit das Zustandekommen von Entscheidungen mit seinen soziologischen, psychologischen und organisatorischen Aspekten immer größere Beachtung (dazu BERG, 1973; KOCH, 1974; KUPSCH, 1973). Im agrarischen Bereich ist eine parallele Entwicklung kaum zu beobachten. Gründe hierfür sind offenbar die Einfachheit des Systems (Entscheidung, Realisierung und Kontrolle liegen in einer Hand) und die geringe Relevanz (gemessen in der Höhe der zur Disposition stehenden Geldbeträge und Zahl der betroffenen Individuen) der agrarbetrieblichen Entscheidungsfälle.

3.2 Algorithmen zur Bearbeitung stochastischer Optimierungsprobleme sind entwickelt worden (dazu ZIMMERMANN, 1974), die Problemerkenntnis ist allerdings bereits vorausgeeilt. Denkweisen der Systemanalyse, Systemtheorie und Informatik führen zu den komplexen Modellen sequentieller Entscheidungsprozesse.

---

1) Es ergeben sich als optimale Aktionen diejenigen, für die im (E, U)-Koordinatensystem die Kurve der effizienten Pläne eine Indifferenzkurve gerade noch tangiert, d.h. für die die Nutzenfunktion den höchsten Wert annimmt. (Z.B. HAZELL and HOW, 1971; MARUYAMA und KAWAGUCHI, 1971; PETERS, 1971).

2) Man beachte dazu die Konzeption linearer Optimierungsmodelle.

3) Allerdings sind solche System-Modelle zur Zeit erst in Ansätzen auf betriebliche Probleme angewandt worden, im sektoralen Bereich sei hier auf das von DE HAEN beschriebene Korea-Modell verwiesen.

3.3 Charakteristisch für diese Entwicklung sind zusammengesetzte Modelle. Als übergeordnetes Entscheidungsfunktional finden häufig Dynamic Programming-Ansätze Anwendung.

3.4 Die Auffassung des Entscheidungsprozesses als Sequenz von Reaktionsmöglichkeiten in der Zeit legt die Berücksichtigung der Verarbeitung anfallende Informationen nahe. Durch Verwendung der Verfahren der Bayesschen Statistik ergeben sich so Modelle adaptiver Prozesse.

Diese zum Teil aus Beobachtungen in anderen Problembereichen abgeleiteten Tendenzen werden in Zukunft - zumindest im wissenschaftlichen Bereich - auch Auswirkungen auf die agrarbetriebliche Entscheidungsforschung haben.

Literatur

1. BARRON, F.H.: A Chance Constrained Optimization Model for Risk. Omega, Vol. 1 (1973), Nr. 3, S. 363 ff.
2. BELLMAN, R.: Dynamische Programmierung und selbstanpassende Prozesse. München, Wien, 1967.
3. BERG, C.C.: Individuelle Entscheidungsprozesse: Laborexperimente und Computersimulation. Wiesbaden, 1973.
4. BOUSSARD, J.M.: The Introduction of Risk into a Programming Model: Different Criteria and the Actual Behaviour of Farmers. European Economic Review, Vol. 1, Nr. 1, 1969, S. 92 ff.
5. BÜHLER, W.: Zur Lösung eines Zwei-Stufen-Risiko-Modells der Stochastischen Linearen Optimierung. Proceedings in Operations Research, Würzburg, Wien, 1971.
6. BUEHLMANN, H.: Mathematical Methods in Risk Theory. Berlin, Heidelberg, New York, 1970.
7. DEAN, G.W.: Firm Theory Incorporating Growth and Risk: Integration into Farm Management Research. Contributed Papers Read at the 15th International Conference of Agricultural Economists Papers 1 - 17, Oxford, 1975.
8. DEUT, J.B. and P.F. BYRNE: Investment Planning by Monte Carlo Simulation. Review of Marketing and Agricultural Economics. Vol. 37 (1969), S. 104 ff.
9. DEUT, J.B. and J.R. ANDERSON (eds): System Analysis in Agricultural Management. Sydney, 1971.
10. DILLON, J.L.: An Expository Review of Bernoullian Decision Theory in Agriculture. Review of Marketing and Agricultural Economics, Vol. 39 (1971), Nr. 1.
11. DINKELBACH, W.: Zur Frage unternehmerischer Zielsetzungen bei Entscheidungen unter Risiko (Zur Theorie des Absatzes). Wiesbaden, 1973.
12. DERS.: Sensitivitätsanalyse und parametrische Programmierung. Berlin, Heidelberg, New York, 1969.
13. EISGRUBER, L.M. and G.E. LEE: A Systems Approach to Studying the Growth of the Farm Firm. In: (Deut-Anderson, 1971).
14. EVERS, W.H.: A New Model for Stochastic Linear Programming. Management Science, Vol. 13, Nr. 9, May 1967, S. 680 ff.
15. FORRESTER, J.W.: Grundzüge einer Systemtheorie. Wiesbaden, 1972.
16. FOX, K.A. and J.K. SENGUPTA and E. THORBECKE: The Theory of Quantitative Economic Policy. North Holland Publ. Comp., 1973.
17. FREUND, R.J.: The Introduction of Risk into a Programming Model. Econometrica, Vol. 24 (1965).
18. GAL, T.: Betriebliche Entscheidungsprobleme, Sensitivitätsanalyse und parametrische Optimierung. Berlin, New York, 1973.
19. GRIESE, J.: Adaptive Verfahren im betrieblichen Entscheidungsprozeß. Würzburg, Wien, 1972.
20. GROSSKOPF, W.: Simulation-Anwendungsmöglichkeiten in der Agrarökonomie. Agrarwirtschaft, Jahrgang 22 (1973), S. 1 ff.

21 HAEGERT, L.: Die Aussagefähigkeit der Dualvariablen und die wirtschaftliche Deutung der Optimalitätsbedingungen beim Chance Constrained Programming (In: H. Hax (Hrsg.), 1970).

22 HALTER, A.N. and G.W. DEAN: Decisions under Uncertainty with Research Applications. Cincinatti, Ohio, 1971.

23 DIES.: Use of Simulation in Evaluating Management Policies under Uncertainty. Journal of Farm Economics, Vol. 47 (1965), S. 537 ff.

24 HANF, C.H.: Optimale Mähdrescherverschnittbreiten und Witterungsschwankungen. Eine Fallstudie. Arbeitsberichte des Inst. f. landw. Betriebs- und Arbeitslehre der Universität Kiel, Bericht 74/1.

25 HANF, E.: Über Entscheidungskriterien bei Unsicherheit. Agrarwirtschaft, Sonderheft 39, 1970.

26 HAX, H. (Hrsg.): Entscheidungen bei unsicheren Erwartungen. Köln, Opladen, 1970.

27 HAX, H. und LAUX, H.: Flexible Planung - Verfahrensregeln und Entscheidungsmodelle für die Planung bei Ungewißheit. Z.f.betriebsw. Forschung, Heft 5 (1972), S. 318 ff.

28 HAZELL, P.B.R.: Game Theory - An Extension of its Application to Farm Planning under Uncertainty. Journal of Agricultural Economics, May 1970.

29 HAZELL, P.B.R. and R.B. HOW: Obtaining Acceptable Farm Plans under Uncertainty. In: Policies, Planning and Management for Agricultural Development, Oxford 1971.

30 HENKE, M.: Mehrstufige Investitionsentscheidungen bei Ungewißheit - Lösungen auf der Basis der dynamischen Programmierung. Z.f. betriebsw. Forschung, 25 (1973), S. 113.

31 HINRICHS, P.: Die Formulierung und dynamische Optimierung von Entscheidungssequenzen. Meisenheim/Glan, 1974.

32 MAC INERNEY, J.P.: Maximin Programming - An Approach to Farm Planning under Uncertainty. J. of Agric. Economics, Vol. 18, Nr. 2, 1967.

33 DERS.: MAC INERNEY, J.P.: Linear Programming and Game Theory-Models-Some-Extensions. J.of Agric. Economics, Vol. 20, Nr. 2, 1969.

34 JOCHUM, H.: Flexible Planung als Grundlage unternehmerischer Entscheidungen. Dissertation, Saarbrücken, 1969.

35 KOCH, H.: Die Problematik der Bernoulli-Nutzen-Theorie - Die Theorie der Sekundäranpassung als ungewißheitstheoretische Konzeption. Jahrbücher der Nationalökonomie und Statistik, Bd. 188 (1974), 3.

36 KUHLMANN, F.: Zur Verwendung des systemtheoretischen Simulationsansatzes für die betriebswirtschaftliche Forschung. Agrarwirtschaft, Jahrgang 1973, S. 127 ff.

37 KUPSCH, P.U.: Das Risiko im Entscheidungsprozeß. Wiesbaden, 1973.

38 LAUX, H.: Flexible Investitionsplanung. Einführung in die Theorie der sequentiellen Entscheidungen bei Unsicherheit. Opladen, 1971.

39 LEIBER, F.: Risiko und Versicherung in der tierischen Produktion. Dissertation, Bonn, 1970.

40 MARUYAMA, J.: A Truncated Maximin Approach to Farm Planning under Uncertainty with Discrete Probability Distributions. American Journal of Agricultural Economics, Vol. 54 (1972), S. 192 ff.

41 MARUYAMA, J. and T. KAWAGUCHI: An Approach to Farm Planning under Ambiguity. In: Policies, Planning and Management for Agricultural Development, Oxford, 1971.

42 MELLWIG, W.: Anpassungsfähigkeit und Ungewißheitstheorie. Tübingen, 1972.

43 DERS.: Flexibilität als Aspekt unternehmerischen Handelns. Z.f.betriebsw. Forschung, Jahrgang 24 (1972), S. 72 ff.

44 MENGES, G.: Grundmodelle wirtschaftlicher Entscheidungen. Köln, Opladen, 1969.

45 MORGAN, B.W.: An Introduction to Bayesian Statistical Decision Processes. Prentice Hall, Inc., New Jersey, 1968.

46 MÜLLER-MERBACH, H.: Operations Research. Berlin, Frankfurt, 3. Aufl. S. 463 ff.

47 MURPHY, R.E.: Adaptive Processes in Economic Systems. Academic Press, New York, London, 1965.

48 NEUMANN, K. und P. GESSNER: Dynamische Optimierung und ihre Weiterentwicklung. In: Proceedings in Operations Research 3. Würzburg, Wien, 1974.

49 PETERS, L.: Simultane Produktions- und Investitionsplanung mit Hilfe der Portofolio-Selection. Berlin, 1971.

50 PRECHT, M.: Entscheidungsprobleme bei unvollkommener Information - Ein Beitrag zur Risikosituation der unsicheren Arbeitszeitspannen in der landwirtschaftlichen Betriebsplanung. Bayrisches Landwirtschaftliches Jahrbuch 1972, Sonderheft 4.

51 RUTENBERG, D.P.: Risk Aversion in Stochastic Programming with Recourse. Operations Research, Vol. 21 (1973), S. 377 ff.

52 SCHNEEWEISS, H.: Entscheidungskriterien bei Risiko. Berlin, Heidelberg, New York, 1967.

53 SCHNEIDER, D.: Anpassungsfähigkeit und Entscheidungsregel unter Ungewißheit. Z.f.betriebsw. Forschung, 1972, S. 745 ff.

54 STURM, S.: Mehrstufige Entscheidungen unter Ungewißheit (Zur Theorie adaptiver Prozesse). Meisenheim/Glan, 1970.

55 TADROS, M.E. and G.L. CASLER: A Game Theoretic Model for Farm Planning under Uncertainty. American Journal of Agricultural Economics, Vol. 51, 5, S. 1164 ff.

56 TINTNER, G.: Stochastic Linear Programming with Application to Agricultural Economics. In: Proceedings of the 2nd Symposion on Linear Programming. Nat. Bureau of Standards, Washington D.C., S. 197 ff.

57 TRIES, B.: Zur Frage der Flexibilitätsbestimmung bei Investitionen dauerhafter Produktionsmittel. Dissertation, Hohenheim, 1973.

58 THOMAS, W. and L. BLAKESLEE and L. ROGERS and N. WHITTLESEY: Separable Programming for Considering Risk in Farm Planning. American Journal of Agricultural Economics, Vol. 54 (1972), Nr. 2.

59 WEBER, K.: Entscheidungsprozesse unter Verwendung des Theorems von Bayes. (In: H. Hax (Hrsg.), 1970).

60 WEINSCHENCK, G.: Betriebsplanung bei unvollkommener Information. Agrarwirtschaft, 1965, Heft 1.

61 WERNER, M.: Ein Lösungsansatz für ein spezielles zweistufiges stochastisches Optimierungsproblem. Z.f. Operations Research, Bd. 17 (1973), S. 119 ff.

62 ZIMMERMANN, H.-J.: Neuere Entwicklung auf dem Gebiet der stochastischen Programmierung. In: Proceedings in Operations Research, Vol. 3, Würzburg, Wien, 1974.

EINE BETRIEBSPLANUNG BEI UNSICHERHEIT

von

Werner Skomroch und Arthur van der Beek, Bonn

1	Voraussetzungen und Probleme einer Planung bei ...	108
1.1	...Sicherheit über die Entwicklung der Daten	108
	Exkurs: Planungsrechnung und Planungsergebnisse bei Sicherheit über die Entwicklung der Daten	109
1.2	...Unsicherheit über die Entwicklung der Daten	110
2	Planungs-Rechnung und -Ergebnisse	112
2.1	Überlegungen zur Auswahl und Zahl der Zukunftslagen sowie zur Länge der Festlegungszeit	112
	Exkurs: Reagieren versus Informieren	116
	Exkurs: Schwankungsbereich des Zielbetrages und Änderungen der Betriebsorganisation	117
2.2	Zur Berücksichtigung der mutmaßlichen Eintreffenswahrscheinlichkeit von Zukunftslagen	119
	Exkurs: Zur Variation der Eintreffenswahrscheinlichkeit von Zukunftslagen	121
2.3	Die Berücksichtigung weiterer Datenänderungen und derer Verläufe	123

Vorbemerkung

Im folgenden wird - unter Beachtung der Ungewißheit über die Entwicklung der Daten - eine Betriebsplanung diskutiert, die als Grundlage für langfristig wirkende Entscheidungen über Organisationsformen (Ackerbau, Viehhaltung), Bewirtschaftungsintensität, Investitionen (Gebäude, Maschinen, Land etc.), Einstellung von Arbeitskräften und Finanzierung (Eigenmittel, Fremdmittel, Zuschüsse etc.) dienen soll.

Die Vorgehens- und Darstellungsweise ist so angelegt, daß Aussagen zur Lösung allgemein interessierender Probleme der Planung unter Unsicherheit möglich sind.

Vorgehen und Probleme der Informationsbeschaffung, der Entscheidung i.e.S., der Kontrolle etc. werden nicht behandelt. Außerdem wird auf die Möglichkeiten zur Verringerung der Wirkung eines gegebenenfalls eingetretenen Risikoverlustes nicht weiter eingegangen, obschon diesbezügliche Maßnahmen in der Planung berücksichtigt sind. Im Zentrum der Betrachtung stehen Überlegungen zur Verringerung des Eintritts von Risikoschäden.

Der besseren Demonstrations- und Verständigungsmöglichkeit wegen wird eine in der Praxis durchgeführte Planung zugrunde gelegt. Der konkrete betriebliche Bezug soll jedoch im Hintergrund bleiben. Die speziellen betrieblichen Daten, Vorgänge, Beziehungen und Probleme werden nur soweit erwähnt, wie es zum Verständnis der allgemein gültigen Voraussetzungen, Probleme und Vorgehensweisen bei Planung unter Unsicherheit notwendig erscheint.

Die Untersuchung ist noch nicht abgeschlossen. Der Beitrag enthält daher mehr Untersuchungsgrundlage und Arbeitshypothese als Untersuchungsergebnisse.

1 Voraussetzungen und Probleme einer Planung bei ...

Planung bei Unsicherheit beinhaltet zunächst einmal alle die Bedingungen und Probleme, die auch eine Planung bei Sicherheit hat. Der besseren Übersicht wegen sollen daher im ersten Absatz diese kurz angeführt werden, bevor unter 1.2 auf die speziellen Probleme bei Unsicherheit eingegangen wird.

1.1 ...Sicherheit über die Entwicklung der Daten

Wie von Betriebs-Planungen gleich welcher Art bekannt, muß der methodische Ansatz alle Voraussetzungen erfüllen, damit u.a. die Fragen beantwortet werden können über

- die Zielgrößen (z.B. Eigenkapital; Fam.-Arbeitskrafteinsatz; jährliche Entnahmen für Lebenshaltung; etc.)
- den Organisationsbereich (Zukauf von Nichtanlagegütern; Transportieren; Produzieren; Lagern; Verkaufen von Produkten; etc.)
- den Arbeitskraftbereich (Einstellen und Entlassen von Fremd-Arbeitskraft; Aufnehmen außerbetrieblicher Arbeiten durch Fam.-Arbeitskräfte; etc.)
- den Investitionsbereich (Investieren von Gebäuden; Investieren und Desinvestieren von Land, Maschinen, Vieh; etc.)
- den Finanzbereich (Aufnehmen von Krediten; Nutzen von Zuschüssen; Finanzieren mit Eigenmitteln; Vermögensanlage außerhalb des Betriebes; etc.)

einschließlich ihrer Entwicklung während des Planungszeitraums.

Derlei Kalkulationen werden relativ umfangreich, weil in jedem Jahr Abschlußbuchungen gemacht werden müssen. Diese sind notwendig, weil für die Finanzplanung die zur Verfügung stehenden Eigenmittel bekannt sein müssen; das wiederum setzt die Kenntnis der Einkommensteuerzahlungen voraus, diese verlangen die jährliche Gewinnermittlung; und da bei der Gewinnberechnung Bestandsveränderungen zu berücksichtigen sind, kommt man ohne jährliche Bilanzierung nicht aus. Bei steuerbegünstigten Abschreibungen und/oder falls mit Inflation zu rechnen ist, muß man wegen der unterschiedlichen Bewertung sogar zwischen Steuer-Bilanzen und (den für die Entscheidung maßgeblichen) betriebswirtschaftlichen Bilanzen unterscheiden.

Um die skizzierten Voraussetzungen zu erfüllen, müssen zwei Anforderungen erfüllt sein.

Zunächst muß man ein geeignetes Modell auswählen, das die Beziehungen zwischen den Bereichen und Detailgrößen erfaßt sowie eine - im Hinblick auf die Zielgrößen - optimale Lösung ermitteln läßt, die wiederum ohne große Mühe die Antwort auf die angeführten Fragen gibt.

Im vorliegenden Fall wurden Planungsansatz und -rechnung des Linearen Programmierens gewählt. Auf Übersicht 4 ist eine schematische Darstellung des Ansatzes zu finden. Er ist dynamisch formuliert und berücksichtigt simultan die Beziehungen zwischen den o.a. Bereichen und ihren Größen.

Ein zweites Problem ist das noch vertretbare Maß an sachlicher, räumlicher und insbesondere zeitlicher Aggregation. Um die Ergebnisse möglichst gut beurteilen und in die Praxis umsetzen zu können, wurde sachlich und räumlich kaum aggregiert; auf Übersicht 5 sind die Aktivitäten und Restriktionen zusammengestellt, wie sie sachlich und räumlich differenziert im Planungsansatz stehen. Die zeitliche Aggregation wurde unter dem Aspekt der zumutbaren und in der Praxis durchführbaren Umstellungszeit vorgenommen. Es kommen 1- bis 4-jährige Umstellungszeiten vor. Z.B. können die kurzfristigen

Transaktionen in der Finanzwirtschaft jährlich einmal vorgenommen werden, Gebäudeneubauten können alle 4 Jahre realisiert werden, wesentliche Umstellungen beim Anbau auf dem Ackerland alle 2 Jahre, usw.

Exkurs: Planungsrechnung und Planungsergebnisse bei Sicherheit über die Entwicklung der Daten

Zum besseren Verständnis der weiter unten angeführten Planungsrechnung und -ergebnisse bei Unsicherheit sei hier kurz auf Planungsrechnung und -ergebnisse bei Sicherheit hingewiesen.

Für einen existenten Betrieb (mit gegenwärtig rd. 150 ha Nutzfläche, 40 Kühen und 38 Bullen, bei 4 Arbeitskräften) wurde unter Verwendung des eben skizzierten Modellansatzes eine Planung über die nächsten 10 Jahre durchgeführt. Dabei wurde zunächst angenommen, daß sich innerhalb des Planungszeitraums an Zielen, Preisen, technischen Koeffizienten und Kontingenten etc. im Vergleich zum Ausgangsjahr nichts ändert 1).

Bei Anwendung des Simplex-Algorithmus ergibt sich eine optimale Lösung, von der einige Merkmale in ihrer zeitlichen Entwicklung in Abbildung 1 dargestellt sind.

Abbildung 1:

ENTWICKLUNG EINIGER MERKMALE DER OPTIMALEN HANDLUNGSALTERNATIVE
BEI SICHERHEIT

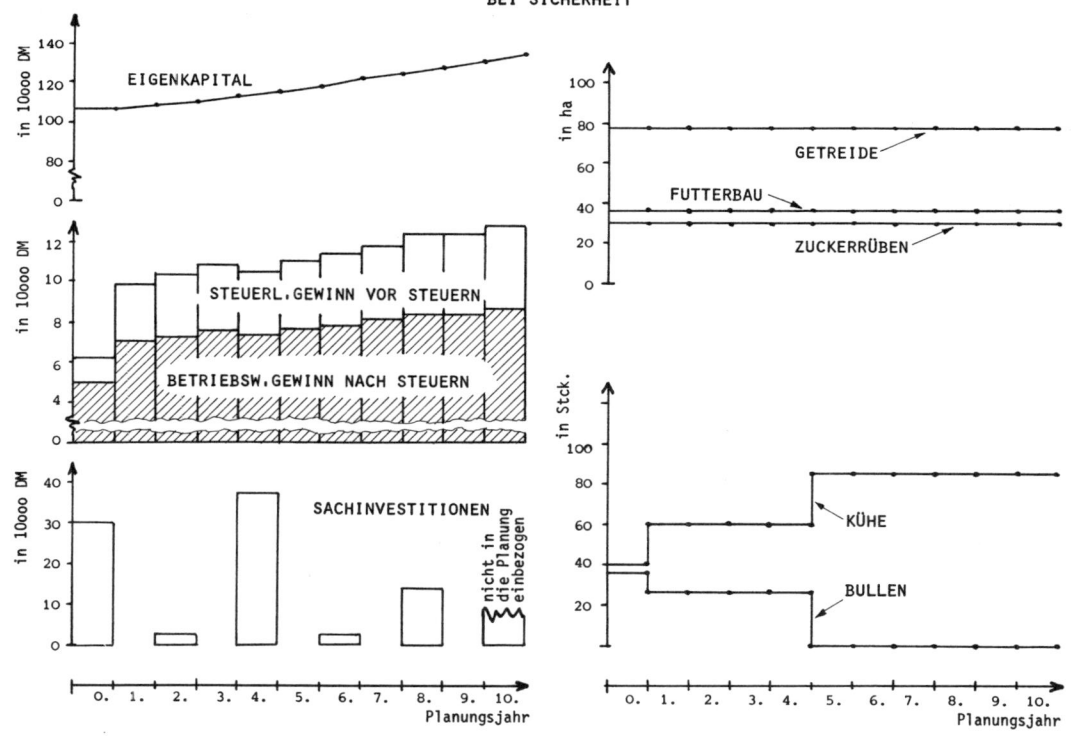

1) Dieser Annahme ist ohne Zweifel eine nur geringe - wenn nicht gar überhaupt keine - Eintreffenswahrscheinlichkeit zuzubilligen. Trotzdem ist ihr Ergebnis sehr wichtig bei der Beurteilung von anderen Annahmen über die Entwicklung der Daten. Sowohl bei theoretischen Überlegungen als auch bei praktischen Beratungen liefert sie immer wieder den kaum umstrittenen Vergleichs- oder 0-Fall.

Das Eigenkapital, d.i. der Hauptzielwert, steigt innerhalb des Planungszeitraums von rd. 106 auf 135 (·10 000 DM); dabei zeichnet sich eine relativ kontinuierliche Entwicklung ab. Der jährlich vor und nach Steuern ermittelte Gewinn hat steigende Tendenz. Die abzuführenden Einkommensteuern steigen nach der ersten größeren Umstellung im 1. Planungsjahr besonders stark an. Der Gewinn wird z.T. für Konsumzwecke entnommen, z.T. außerhalb des Unternehmens angelegt und z.T. zur Finanzierung im Unternehmen verwandt.

Bei den Sachinvestitionen (Re- und Nettoinvestitionen) zeichnen sich einige Schwerpunktjahre ab. Sie fallen meist mit dem Ende der ökonomischen Nutzungsdauer der vorhandenen Investitionsobjekte zusammen. Die Investitionen im 10. Jahr, die erst vom 11. Jahr ab genutzt werden können, sind nicht in die Planung einbezogen; zur Sicherstellung ihrer Realisierung werden Finanzmittel auf dem Girokonto gehalten.

Im Organisationsbereich ist es unterschiedlich. Während in der Feldwirtschaft keine Änderungen auftreten, sind in der Viehwirtschaft einige gewichtigere Änderungen ökonomisch sinnvoll. Die Kuhzahl wird, nach Bau eines arbeitswirtschaftlich rationelleren Stalls, mehr als verdoppelt; die Bullenmast wird hiermit simultan eingestellt.

Auf die Darlegung weiterer Merkmale muß hier aus Platzgründen verzichtet werden.

Zum Vergleich mit den Darstellungen, auf die bei der Diskussion der Unsicherheit Bezug genommen wird, sei der - im Falle von Sicherheit triviale - Zusammenhang zwischen der Höhe der (Haupt-) Zielrealisierung am Ende des Planungszeitraums und Sicherheit der Zielrealisation graphisch dargestellt.

Abbildung 2: (Ergebnisbild 0)

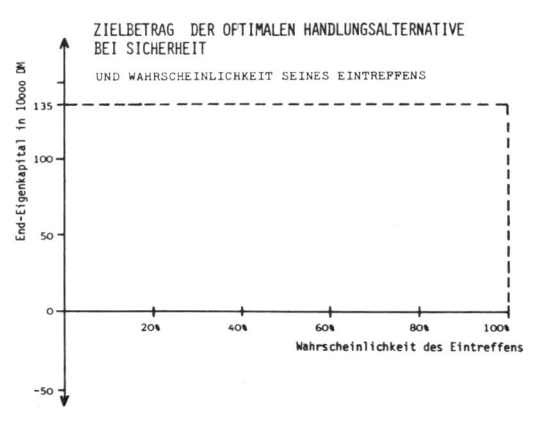

ZIELBETRAG DER OPTIMALEN HANDLUNGSALTERNATIVE BEI SICHERHEIT
UND WAHRSCHEINLICHKEIT SEINES EINTREFFENS

Falls alle Daten sicher sind, dann ist am Ende des Planungszeitraums mit 100 % Sicherheit ein Eigenkapital von 135 (·10 000 DM) zu erwarten.

1.2 ...Unsicherheit über die Entwicklung der Daten

1. a) Bei Planungen für längere Zeiträume sind wohl <u>alle Daten mehr oder weniger unsicher:</u>
    - Die Zielgrößen, insbesondere ihre Gewichtung und Rangfolge, können sich mit Informationsstand, Geschmack, etc. ändern,
    - die technischen Koeffizienten des Organisations- und Arbeitskraftbereichs (wie mengenmäßige Erträge sowie Betriebsmittel- und Arbeitsaufwendungen) können sich durch technischen Fortschritt, Arbeitskraft-Produktivität (Ausbildung, Engagement), etc. ändern,
    - die Preise der Betriebsmittel und Produkte sowie der Arbeitskräfte können sich real und/oder nominal aus den bekannten marktwirtschaftlichen und -politischen Gründen ändern, und
    - die Bewertung der Bestände am Ende des Planungszeitraumes ist immer sehr problematisch wegen der Unsicherheit derer Verwertung in den fernliegenden Jahren nach dem Planungszeitraum,

- schließlich sind auch Höhe bzw. Umfang der absolut vorgegebenen Größen (d.h. der sogenannten Kapazitäten wie Bewirtschaftungsfläche, Arbeitskräfte, Kontingente etc.), selbst wenn vertragliche Vereinbarungen vorliegen, keineswegs fest und sicher.

Diese Vielzahl der Änderungsmöglichkeiten führt zu einem gewichtigen Problem. Es ist zwar nicht zu bestreiten, daß alle diejenigen Daten und nur diejenigen Daten, die wesentlich für die Entscheidungsfindung sind, bei der Planungsrechnung mit ihrem Unsicherheitsbereich berücksichtigt werden müssen und aus planungsökonomischen Gründen auch nur diese Daten berücksichtigt werden sollten; doch wer kann die Differenzierung in für die Entscheidung wesentliche und unwesentliche Daten a priori mit Sicherheit treffen? Was in der einen Betriebsplanung schon zuviel ist, kann in der anderen noch zuwenig sein; beides würde die bestmögliche Zielrealisation vereiteln.

b) Selbst die Änderung eines einzelnen Datums birgt einen Fächer von alternativen Möglichkeiten. Meist erscheinen <u>mehrere Änderungsverläufe</u> durchaus plausibel.

<u>Abbildung 3:</u>

ÄNDERUNGSVERLÄUFE EINES DATUMS

(Höhe bzw. Umfang des Datums vs. Planungsjahr 0., 1., 2., 3., 4., 5., ...; Verläufe II, I, 0, III)

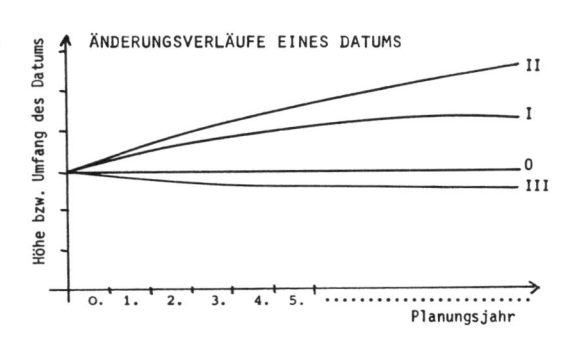

Auch wenn die Größe eines Datums (z.B. Preis, technischer Koeffizient, Kapazität oder dgl.) im Anfangsjahr sicher ist - wenn also von den kurzfristigen Schwankungen abgesehen wird -, so können über seine mutmaßliche Veränderung die in der Abbildung eingezeichneten Verläufe O, I, II, III und noch viele andere durchaus vertretbar sein. Tröstlich ist lediglich die Tatsache, daß nur eine eintreffen wird.

Es ist leicht einzusehen, daß die Vielzahl der Verlaufshypothesen das unter a) skizzierte Problem vervielfacht. Wir werden es ausführlich zu diskutieren haben.

2. Vollends zu eskalieren scheint die Problematik, wenn man sich vor Augen hält, daß die vielen Änderungen - ganz gleich ob voneinander abhängig oder unabhängig - kombiniert werden müssen, so wie die Realität ja auch "in Kombination" abläuft und nicht unter "ceteris paribus". Nach den Regeln der Kombinatorik gibt es bekanntlich schon bei 2 unsicheren Daten mit 4 Verlaufshypothesen 16 <u>mögliche Zukunftslagen</u>. Zwar verringert sich diese Zahl im Falle von Korrelation zwischen den Änderungen, doch geht die theoretisch mögliche Zahl der Zukunftslagen im Falle des o.a. Planungsbeispiels über die Milliardengrenze hinaus.

Das Problem besteht darin, solche und soviel Zukunftslagen in der Planungsrechnung zu berücksichtigen, daß die Entscheidung mit ausreichender Sicherheit getroffen werden kann. Wir kommen darauf gleich zurück.

3. Eine zusätzliche Problematik rührt daher, daß nicht jede Zukunftslage die gleiche <u>mutmaßliche Eintreffenswahrscheinlichkeit</u> hat. Wenn es schon schwierig ist - und zu hitzigen Diskussionen führt -, den Verlaufshypothesen eines einzelnen Datums mutmaßliche Eintreffenswahrscheinlichkeiten beizumessen, so scheint es fast unmöglich, solches für eine breite Kombination von Datenänderungen in den Zukunftslagen zu tun. Auch dieses Problem werden wir im nächsten Abschnitt zu behandeln haben.

2 Planungs-Rechnung und -Ergebnisse

2.1 Überlegungen zur Auswahl und Zahl der Zukunftslagen sowie zur Länge der Festlegungszeit

1. Bei der hier gewählten Vorgehensweise ist der **erste Teil der Planungsrechnung unter Unsicherheit** genauso abzuwickeln wie die im o.a. Exkurs skizzierte Planungsrechnung bei Sicherheit. Für jede gewählte Zukunftslage wird die optimale Lösung, die die unter den Bedingungen der Zukunftslage höchstmögliche Zielrealisation zuläßt, ermittelt. Es gibt also soviele optimale Lösungen, wie Zukunftslagen definiert sind. In Anbetracht der immensen Zahl von möglichen Zukunftslagen stellt sich die Frage, welche und wieviele Zukunftslagen berücksichtigt werden sollen.

   a) Die beiden extremen Zukunftslagen

   Um zunächst die Spannweite des Zielbetrages zu erfahren, müssen die extrem optimistische und die extrem pessimistische Zukunftslage berücksichtigt werden. D.h., bei allen unsicheren Daten wird das eine Mal die günstigste Veränderung (S_{10}) und das andere Mal die ungünstigste Veränderung (S_{50}) im Planungsansatz unterstellt. Bei Zweifeln im Falle von gleich- und/oder gegenläufigen Wirkungen müssen eventuell mehrere Alternativen untersucht werden. Die Ergebnisse der beiden Zukunftslagen werden in der Regel sehr unterschiedlich sein. Bei unserem Beispiel ergibt sich bei der zur Zukunftslage S_{10} optimalen Handlungsalternative H_{10} ein Zielbetrag $Z_{10}=168$, bei S_{50} mit H_{50} ist $Z_{50}=70$ ($\cdot 10\,000$ DM).

   Zur Abschätzung der Vorzüglichkeit einer Handlungsalternative (z.B. H_x) muß man wissen, wie sie abschneiden würde, falls andere Zukunftslagen (z.B. S_y, S_z usw.) einträfen. Die dazu notwendigen Kalkulationen bilden den **zweiten Teil der Planungsrechnung unter Unsicherheit**. Falls m Zukunftslagen definiert sind, dann sind prinzipiell auch m verschiedene optimale Handlungsalternativen und mithin m·m Zielbeträge zu erwarten.

   Die Zielbeträge einer Handlungsalternative können bei Eintreffen der anderen Zukunftslagen über oder auch unter dem Zielbetrag liegen, den diese Handlungsalternative bei "ihrer" Zukunftslage - z.B. H_x bei S_x - erreicht (d.i. der Vergleich innerhalb der Zeile der Zielbetrags-Matrix) 1); auf alle Fälle und immer - also auch wenn er darüber liegt - hat man sich für die falsche Handlungsalternative entschieden; denn die zu der betreffenden Zukunftslage (z.B. S_y) optimale Handlungsalternative (also H_y) hat einen noch höheren Zielbetrag (d.i. der Vergleich in der Spalte der Zielbetrags-Matrix) 2).

   a') Falls man sich im o.a. Beispiel auf die für die Zukunftslage S_{10} optimale Handlungsalternative H_{10} festgelegt hat (wir nehmen vorerst an, daß Organisation, Arbeitswirtschaft und Sachinvestitionen für den ganzen Planungszeitraum festgelegt sind), und es tritt die Zukunftslage S_{50} ein, dann wird ein Zielbetrag von -23 ($\cdot 10\,000$ DM) erreicht. Wird H_{50} realisiert und trifft S_{10} ein, dann ist ein Zielbetrag von 119 ($\cdot 10\,000$ DM) zu erwarten (siehe Zielbetrags-Matrix I in Übersicht 1).

---

1) Aus dieser Betrachtung resultiert die Feststellung, daß mit einer Entscheidung unter Ungewißheit sowohl Risiko als auch Chance verbunden sind; der Zielwert kann bei Eintritt anderer Zukunftslagen niedriger, aber auch höher als bei der erwarteten Zukunftslage sein.

2) Aus dieser Betrachtung resultiert die Feststellung, daß mit einer Entscheidung unter Ungewißheit nur Risiko verbunden ist; bei Eintritt jeder anderen Zukunftslage hat man sich falsch entschieden, denn mit der für die betreffende Zukunftslage optimalen Handlungsalternative hätte man einen (noch) höheren Zielwert erreicht.

Übersicht 1: (Zielbetrags-Matrix I)

Zielbeträge bei zwei Zukunftslagen

End-Eigen-Kapital in 10 000 DM	Zukunftslagen	
	S_{10}	S_{50}
Handlungs- alternativen H_{10}	168	-23
H_{50}	119	70

Mißt man den beiden Zukunftslagen die gleiche Eintreffenswahrscheinlichkeit zu, dann ergibt sich folgender Zusammenhang zwischen Höhe des Zielbetrages und Sicherheit des Zielbetrages (siehe Ergebnisbild I in Abbildung 4).

Abbildung 4: (Ergebnisbild I)

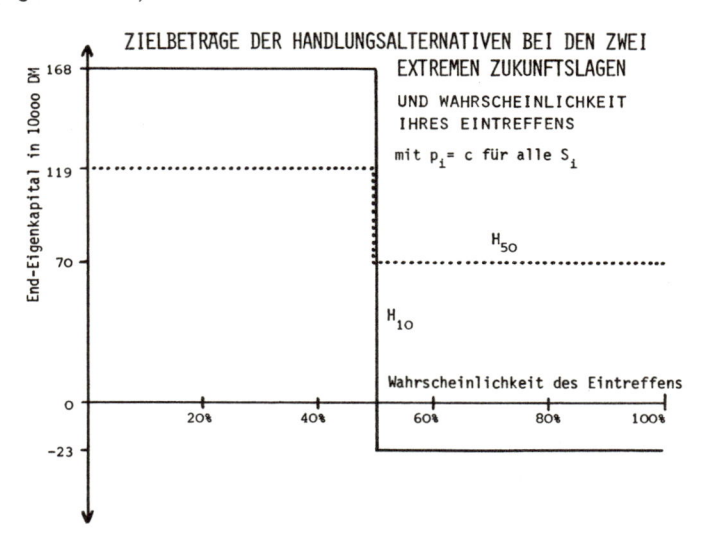

ZIELBETRÄGE DER HANDLUNGSALTERNATIVEN BEI DEN ZWEI EXTREMEN ZUKUNFTSLAGEN UND WAHRSCHEINLICHKEIT IHRES EINTREFFENS

mit $p_i = c$ für alle S_i

Selbstverständlich ließe sich hier bereits unter Anwendung von Regeln für Entscheidung unter Ungewißheit eine Auswahl treffen, doch dürfte das in Anbetracht der vielen anderen möglichen und meist wahrscheinlicheren Zukunftslagen übereilt sein.

b) **Die Berücksichtigung weiterer Zukunftslagen**

führt in der Regel
- zu mehr (optimalen) Handlungsalternativen
- wobei allerdings die maximalen Zielbeträge innerhalb der oben ermittelten Spannweite (Z_{10}=168 und Z_{50}=70) liegen (die Zielbeträge der für eine Zukunftslage nicht-optimalen Handlungsalternativen können dagegen weit nach unten abweichen).

Wie das Ergebnisbild II (Abbildung 5) unseres Beispiels mit 7 Zukunftslagen (weitere Erläuterungen sowie Einzelwerte sind auf der linken Hälfte von Übersicht 6 zu finden) verglichen mit dem o.a. Ergebnisbild I und 0 (Abbildung 4 und 2) zeigt, führt das zu mehr und kleineren Stufen, sowohl was deren Höhe als auch Breite betrifft.

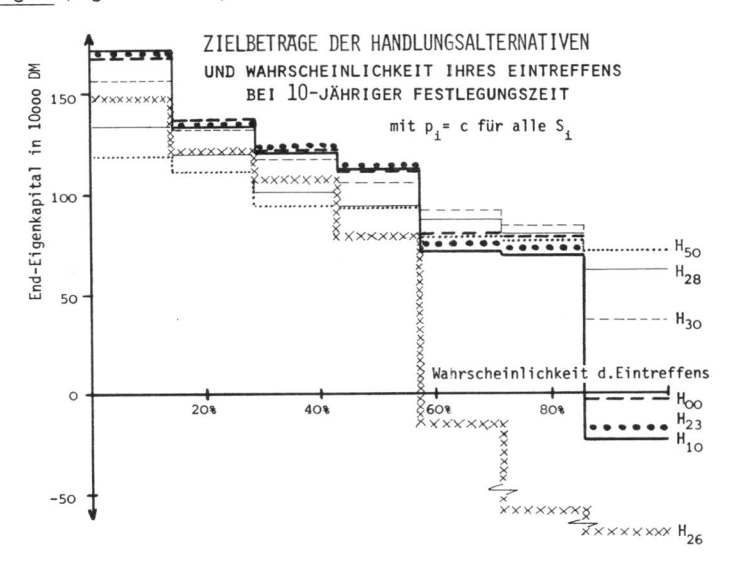

Abbildung 5: (Ergebnisbild II)

ZIELBETRÄGE DER HANDLUNGSALTERNATIVEN
UND WAHRSCHEINLICHKEIT IHRES EINTREFFENS
BEI 10-JÄHRIGER FESTLEGUNGSZEIT

mit $p_i = c$ für alle S_i

End-Eigenkapital in 10000 DM

Wahrscheinlichkeit d. Eintreffens

H_{50}
H_{28}
H_{30}
H_{00}
H_{23}
H_{10}
H_{26}

Mit weiter steigender Zahl der Zukunftslagen kommt es zu einem kontinuierlichen Gefälle in kleinen Stufen zwischen den Maxima der optimistischen und der pessimistischen Handlungsalternative.

Die Zukunftslagen können z.T. aufgrund sachlogischer Erwägungen, z.T. auch nach geschichteter Zufallsauswahl zusammengestellt werden. Hierbei ist es sinnvoll, für die unsicheren Daten (-Gruppen) Bereiche bzw. Tendenzen festzulegen, innerhalb der ihre Größe zufällig ausgewählt und mit anderen zu einer Zukunftslage kombiniert wird.

c) <u>Die ausreichende Anzahl von Zukunftslagen</u>

ist dann erreicht, wenn die zusätzliche Information keine Änderung der Entscheidung bewirken kann. Das ist der Fall, wenn nur noch
- zwar neue Handlungsalternativen hinzukommen, sie aber von der Zielhöhe her uninteressant sind, sowie
- zwar von der Zielhöhe her interessante, aber bereits bekannte oder diesen sehr ähnliche Handlungsalternativen hinzukommen.

Es kann nicht bestritten werden, daß man dessen vor Einholung der Information - also vor Einbeziehung aller Zukunftslagen in die Kalkulation - niemals sicher ist. Es ist und bleibt auch hier das bekannte Problem des Informationsrisikos. Doch scheint das Risiko, zu wenig Information über Zukunftslagen und Handlungsalternativen eingeholt zu haben, gering, wenn die für die Entscheidungsfindung relevanten (Zielbetrags-)Stufen relativ niedrig sind und die für die Entscheidung relevanten Handlungsalternativen relativ eng zusammenliegen. Um das voll beurteilen zu können, muß auch die Festlegungszeit in die Betrachtung einbezogen werden.

2. <u>Die Festlegungszeit</u> beeinflußt maßgeblich die Stufenhöhe in unseren Ergebnisbildern. Bei der bisherigen Betrachtung wurde unterstellt, daß mit der Entscheidung vor Beginn des Planungszeitraums der Vollzug aller wesentlichen Aktivitäten (wie Zupacht, Anbauumfang und Viehzahl, Arbeitskraftverwendung und langfristige Finanzdispositionen) für den gesamten (!) Planungszeitraum festgelegt ist. Das ist eine extreme Annahme, die die Verarbeitung jeder besseren, während des Vollzugszeitraums erlangten Information ignoriert.

a) Auch wenn man zu Beginn des Planungszeitraums klare Vorstellungen über die Handlungsmöglichkeiten und ihre Konsequenzen innerhalb des gesamten Planungszeitraums hat und auch wenn man mit großer Überzeugung auf eine Zukunftslage setzt, so ist man doch nicht an den "sturen" Vollzug des Plans über den ganzen Zeitraum gebunden. Falls z.B. eine andere als die erwartete Zukunftslage eintritt, dann wird man sich umstellen und die Handlungsalternative der neuen optimalen anzupassen versuchen.

Damit können Fehlinvestitionen zwar nicht ungeschehen gemacht werden; was in Gebäuden investiert ist, liegt fest, auch wenn sie nicht genutzt werden; aber es kann ja bekanntlich durchaus besser sein, sie nicht zu nutzen, als einen überholten Fahrplan einzuhalten.

Die Länge der Festlegungszeit hängt von den Maßnahmen ab, über deren Vollzug zu entscheiden ist, und vom Unternehmer und seinen Mitarbeitern, die die Maßnahmen zu vollziehen haben. Beim Neubau von Gebäuden wird der eine Landwirt eventuell heute schon den Plan fassen und die diversen Maßnahmen einleiten müssen, wenn er in 4 Jahren das Vieh einstellen will; er hat dann diesbezüglich eine Festlegungszeit von 4 Jahren. Ein anderer zieht solch ein Vorhaben vielleicht innerhalb von 2 Jahren durch.

b) In dem vorliegenden Beispiel ist der Demonstration wegen nach der unter 1. abgehandelten extrem langen Festlegungszeit von 10 Jahren nunmehr eine recht kurze von 2 Jahren angenommen. Zur Ermittlung der Ergebnisse muß der zweite Teil der Planungsrechnung wiederholt werden, wie gesagt mit der Unterstellung, daß mit der Entscheidung vor Beginn des Planungszeitraumes der Vollzug aller wesentlichen Aktivitäten nur für die ersten zwei (!) Jahre festgelegt ist. Während der übrigen Zeit können, falls andere Zukunftslagen eintreffen und es im Hinblick auf die Höhe der Zielrealisation sinnvoll ist, Anpassungen vorgenommen werden.

Beschränken wir uns auf die bisher diskutierten 7 Zukunftslagen, dann ergibt sich nunmehr folgender Zusammenhang zwischen Höhe des Zielbetrages und Sicherheit des Zielbetrages (siehe Abbildung 6; weitere Erläuterungen sowie Einzelwerte sind auf der rechten Hälfte der Übersicht 6 zu finden).

Abbildung 6: (Ergebnisbild III)

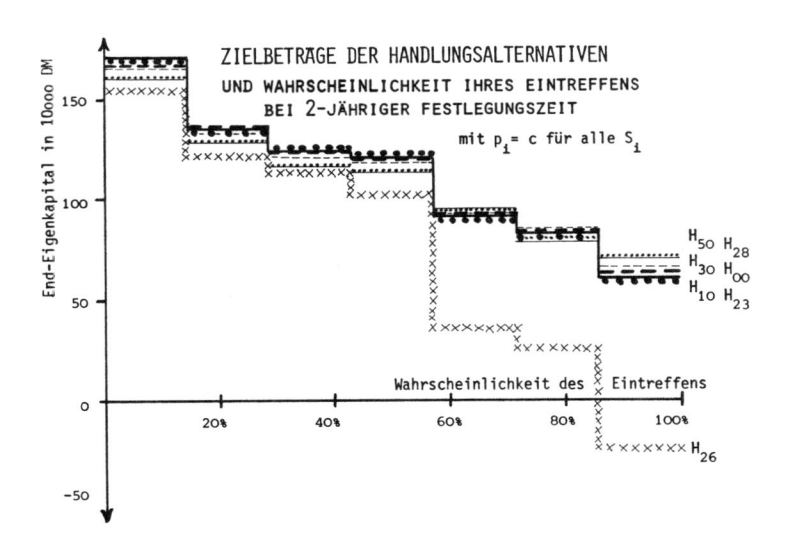

Das Ergebnis ist bei allen Handlungsalternativen günstiger, d.h., die Risikogefahr ist wesentlich geringer, obgleich dieselben Zukunftslagen angenommen sind und dieselben Planungsaktivitäten zur Wahl stehen wie bei II. Das ist der Lohn für Planrevision und konsequente Anpassung nach Ablauf der 2-jährigen Festlegungszeit 1).

Auf diese Weise kann vielfach durch erhöhten Anpassungsaufwand während des Planungszeitraums die vor dem Planungszeitraum ı versäumte Informationsbeschaffung wettgemacht werden (siehe hierzu Exkurs "Reagieren versus Informieren").

Exkurs: Reagieren versus Informieren

α. Ein schlecht informierter Landwirt setzt auf die Zukunftslage S_{00}; d.h., er nimmt an, daß sich nichts an Preisen, technischen Koeffizienten etc. ändern würde. Er ist aber sehr reaktionsschnell und ändert sofort nach 2 Jahren seine Betriebsorganisation etc. auf die sich dann einstellende Zukunftslage.

ß. Ein sehr besonnener Landwirt holt sehr viele Informationen ein und setzt auf die Zukunftslage S_{30}. Er realisiert die Handlungsalternative H_{30}, d.i. die zu S_{30} optimale und außerdem die nach dem Regret-Kriterium vorteilhafteste der 7 Alternativen. Der Landwirt führt diesen einmal gefaßten Plan "stur" durch, auch wenn eine der anderen Zukunftslagen eingetroffen ist und eine Anpassung sinnvoll wäre.

Abbildung 7:

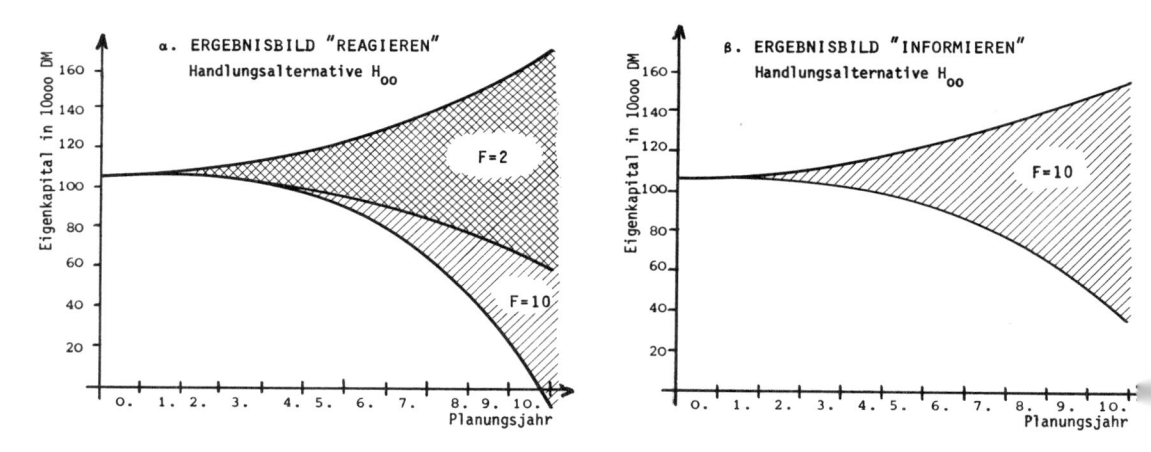

α. ERGEBNISBILD "REAGIEREN" Handlungsalternative H_{00} — F=2, F=10

ß. ERGEBNISBILD "INFORMIEREN" Handlungsalternative H_{00} — F=10

Wie wir aus dem linken Bild ersehen, kann der Landwirt α durch unverzügliche Planrevision die Verlustgefahr wesentlich vermindern (vgl. F=10 mit F=2 in Bild α). Der Schwankungsbereich seines Zielbetrages ist sogar noch kleiner und liegt günstiger als der des gut informierten Landwirtes ß, der sich in den 10 Jahren nicht mehr umstellt (vgl. F=10 in Bild ß mit F=2 in Bild α). Das "Reagieren" bringt - in diesem Falle - mehr ein als das "Informieren".

Informieren und Reagieren verringert den Schwankungsbereich absolut noch mehr, relativ steckt manchmal aber nicht viel drin; d.h. auch wenn sich Landwirt ß schon nach 2-jähriger

---

1) Das beinhaltet noch nicht die während des Planungszeitraums mögliche und übliche Erweiterung des Informationshorizonts, was zu einer zusätzlichen Verbesserung des Ergebnisses führt. Es wird lediglich eine sinnvolle Reaktion auf die tatsächlich eingetretenen - vor Beginn des Planungszeitraums schon in Betracht gezogenen - Zukunftslagen verlangt.

Festlegungszeit den dann eintreffenden Zukunftslagen anpassen würde, verkleinerte sich der Schwankungsbereich seines Zielbetrages nur noch unwesentlich.

Dabei sollte allerdings nicht ein oft gewichtiger Unterschied übersehen werden. Das häufige Reagieren bringt mit den Organisations- und Bewirtschaftungsumstellungen "Unruhe" in den Betrieb (siehe hierzu Exkurs "Schwankungsbereich des Zielbetrages und Änderungen der Betriebsorganisation").

Exkurs: Schwankungsbereich des Zielbetrages und Änderungen der Betriebsorganisation

Unterstellt sei, daß die Handlungsalternative H_{00} realisiert wird. Falls die dieser Alternative zugrundeliegende Zukunftslage S_{00} eintritt, dann wird in den einzelnen Jahren die auf Seite 109 - 110 skizzierte Organisation realisiert und die dort angeführte Eigenkapitalentwicklung ablaufen. Falls jedoch die anderen Zukunftslagen eintreffen, dann ist die Entwicklung nicht so eindeutig zu prognostizieren. Es muß vor allem nach der Dauer der Festlegungszeit (F) unterschieden werden.

Abbildung 8:

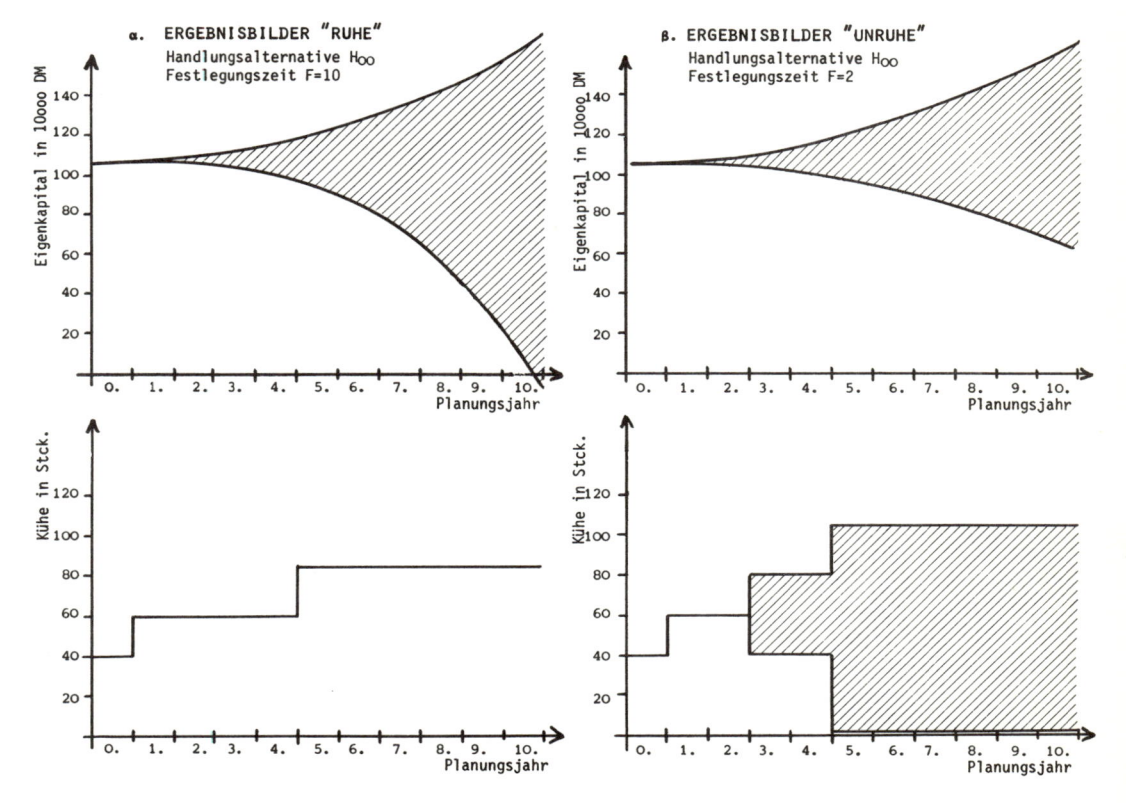

Eine Festlegungszeit von 10 Jahren impliziert, daß u.a. die Betriebsorganisation und ihre Entwicklung - bei den Ergebnisbildern "Ruhe" anhand des Kuhbestandes demonstriert (siehe Bild α unten) - 10 Jahre in den lange vorher skizzierten Bahnen realisiert wird. Diese Ruhe in der Organisation etc. wird erkauft durch ein hohes Risiko beim Zielbetrag; er hat einen beachtlichen Schwankungsbereich nach unten (siehe Bild α oben).

Ist man geneigt, schon nach z.B. 2 Jahren gegebenenfalls eine Planrevision vorzunehmen und sich umzustellen, dann wird der Zielbetrag nicht mehr so weit absinken (vgl. Bild ß oben mit Bild α oben). Allerdings wird diese günstigere Zielbetragsentwicklung erkauft mit mehr Umstellungen, Umorganisationen, kurz mehr "Unruhe" im Betrieb (siehe Bild ß unten).

Für den Entscheidenden ist es daher wichtig, die Relation von Zielwertschwankungen und Umorganisationsnotwendigkeit für mehrere Festlegungszeiten zu kennen, damit er die für ihn günstigste Festlegungszeit auswählen kann. Sie gilt aber immer nur für den vorgegebenen Informationshorizont.

3. Die Entscheidung für eine der Handlungsalternativen ist bei der Konstellation der Ergebnisse III bezüglich des Risikos überhaupt kein Problem, wenn man von der Handlungsalternative H_{26} absieht. Wie Ergebnisbild III (Abbildung 9) zeigt, liegen die Zielwerte aller Handlungsalternativen bis auf H_{26} nahe beieinander; ganz gleich welche Zukunftslage eintritt, man schneidet bei allen diesen übrigen Handlungsalternativen gleich gut oder gleich schlecht ab. Je nach Zukunftslage sind die Zielbeträge sehr günstig (bei S_{10}) oder sehr ungünstig (bei S_{28}, S_{30}, S_{50}), aber immer sind sie etwa gleich. D.h., diese übrigen Handlungsalternativen sind bezüglich des Zielbetrages indifferent. Man kann wählen, welche man will.

Abbildung 9: (Ergebnisbild III):

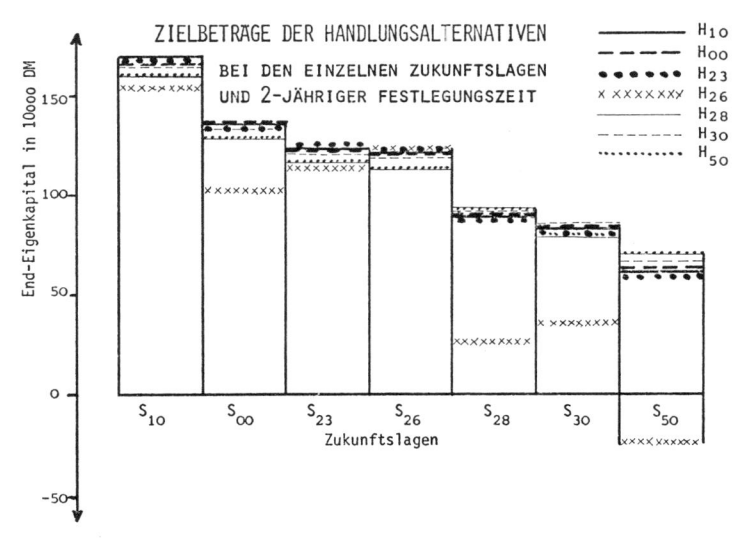

ZIELBETRÄGE DER HANDLUNGSALTERNATIVEN BEI DEN EINZELNEN ZUKUNFTSLAGEN UND 2-JÄHRIGER FESTLEGUNGSZEIT

End-Eigenkapital in 10000 DM — Zukunftslagen: S_{10}, S_{00}, S_{23}, S_{26}, S_{28}, S_{30}, S_{50}

Legende: H_{10}, H_{00}, H_{23}, H_{26}, H_{28}, H_{30}, H_{50}

Bezüglich der anderen Merkmale bestehen z.T. recht erhebliche Unterschiede (siehe hierzu die jeweils erste Zahlenspalte der "Kurzen Umschreibung der Handlungsalternativen" in Übersicht 6). Bei H_{23} hat man sich z.B. auf 70 neue Kuhstallplätze festgelegt, bei H_{28} hat man noch gar nicht neu gebaut; bei H_{10} hat man den AK-Besatz in den ersten beiden Jahren auf 3 Arbeitskräfte festgelegt, bei H_{50} beschränkt man sich auf die 1,5 Familienarbeitskräfte.

Solch eine Serie von im Zielbetrag (nicht nur im Erwartungswert!) indifferenten, in anderen Merkmalen aber differenten Handlungsalternativen ist bekanntlich höchst willkommen; geben sie doch einen weiten Spielraum für andere, insbesondere nicht-monetäre Präferenzen [1].

2.2 Zur Berücksichtigung der mutmaßlichen Eintreffenswahrscheinlichkeit von Zukunftslagen

1. Der folgende dritte Teil der Planungsrechnung unter Unsicherheit braucht nicht immer durchgeführt zu werden. Denn mehrere Regeln für Entscheidung unter Ungewißheit verlangen bekanntlich keine Mutmaßungen über die Eintreffenswahrscheinlichkeit der Zukunftslagen. Wenn auch gegen diese Regeln durchaus stichhaltige Einwendungen gemacht werden können, so ist doch nicht zu bestreiten, daß sie in vielen praktischen Fällen zu gleichen Entscheidungen führen wie die anspruchsvollen Kriterien des Risikonutzens oder der Risikopräferenzen und mithin angewandt werden können. Man muß mit ihnen aber sehr umsichtig und nicht "blindlings" umgehen.

2. Wenn die Entscheidungsregeln Mutmaßungen über die Eintreffenswahrscheinlichkeit der Zukunftslagen erfordern, dann sollte zunächst berechnet werden, wie hoch die Eintreffenswahrscheinlichkeit einer Zukunftslage (S_x) mindestens sein muß, damit ihre optimale Handlungsalternative (H_x) einen gleichhohen Erwartungswert (E) [2] hat wie die konkurrierenden Handlungsalternativen (d.i. die Berechnung der kritischen Eintreffenswahrscheinlichkeit $\hat{p}_x$).

   a) Wie aus Ergebnisbild I (Abbildung 4) zu ersehen ist, hat bei der jenem Bild zugrunde liegenden Annahme, daß die Wahrscheinlichkeit des Eintreffens für beide Zukunftslagen gleich ist ($p_{10}=p_{50}=0,5$), die Handlungsalternative H_{10} einen geringeren Erwartungswert als die Handlungsalternative H_{50} ($E_{H_{10}} < E_{H_{50}}$).

   Da die Summe der Eintreffenswahrscheinlichkeiten aller Handlungsalternativen stets 100 % ist ($\sum p_i = 1$), kann man mit Hilfe der Werte aus der Zielbetrags-Matrix I (Übersicht 1) berechnen, daß $\hat{p}_{10}=0,66$ sein muß (und $\hat{p}_{50}$ mithin nur 0,34 zu sein braucht), wenn beide Handlungsalternativen den gleichen Erwartungswert haben sollen ($E_{H_{10}} = E_{H_{50}}$).

   Falls $\hat{p}_{10} \geq 0,66$ für unwahrscheinlich angesehen wird, ist H_{10} zu verwerfen. Man braucht sich nicht den Kopf zu zerbrechen über die explizite mutmaßliche Höhe der Eintreffenswahrscheinlichkeiten.

   Graphisch sieht diese Entscheidungssituation wie in Ergebnisbild I' (Abbildung 10) dargestellt aus.

   b) Bei mehr als zwei Zukunftslagen und damit mehr als zwei Handlungsalternativen kann man prinzipiell genauso vorgehen. Da die $p_i \geq 0$ sein müssen, ist das (quadratische) Gleichungssystem nicht immer lösbar. Es können dann aber die kritischen Eintreffenswahrscheinlichkeiten unter der Bedingung berechnet werden, daß die Summe der Unterschiede zwischen den Erwartungswerten möglichst klein sei.

---

[1] Hieraus wird oft der Schluß gezogen werden, man könne machen, was man wolle, die Zielbetrags-Differenzen sind ja gering, und mithin brauche man gar nicht lange zu überlegen und zu planen. Das ist ein Fehlschluß. Erstens gibt es auch Handlungsalternativen (wie H_{26}), die man meiden sollte, und die kann man nur durch Überlegen und Planen herausfinden; denn es fallen nicht alle schlechten Alternativen so offen sichtbar aus dem Rahmen wie H_{26}. Zweitens ergeben sich die geringen Differenzen nur, wenn man weiß, wann und wie man reagieren muß; sachlich oder auch nur zeitlich falsches Reagieren bringt große Unterschiede im Zielbetrag der sechs Handlungsalternativen; will man das verhindern, muß man überlegen und planen.

[2] Wenn hier mit dem Bayes-Kriterium operiert wird, dann nur, weil es sich bei den Überlegungen gut demonstrieren läßt. Es hätte genausogut ein anderes Entscheidungskriterium (mit Eintreffenswahrscheinlichkeit) als Bezugsbasis dienen können.

Abbildung 10: (Ergebnisbild I')

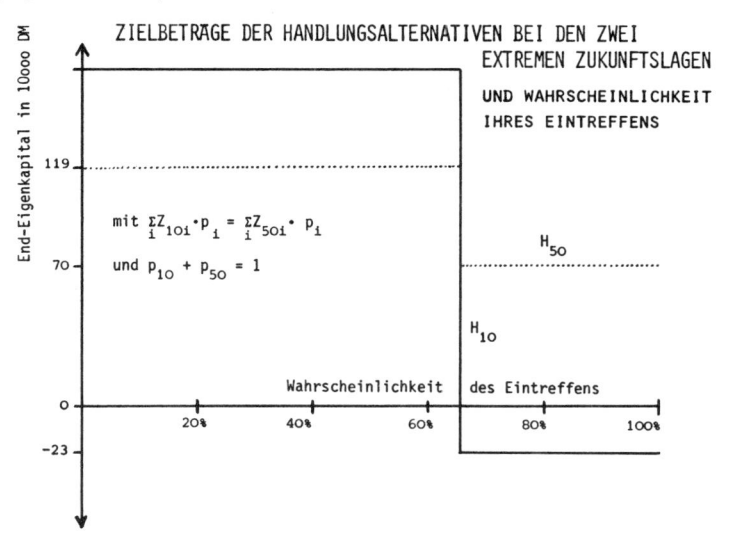

ZIELBETRÄGE DER HANDLUNGSALTERNATIVEN BEI DEN ZWEI EXTREMEN ZUKUNFTSLAGEN UND WAHRSCHEINLICHKEIT IHRES EINTREFFENS

End-Eigenkapital in 10000 DM

119

mit $\sum_i Z_{10i} \cdot p_i = \sum_i Z_{50i} \cdot p_i$

und $p_{10} + p_{50} = 1$

70

H_{50}

H_{10}

Wahrscheinlichkeit des Eintreffens

0 — 20% — 40% — 60% — 80% — 100%

-23

c) Eine abgewandelte Vorgehensweise empfiehlt sich bei der (gar nicht so selten vorkommenden) Konstellation der Ergebnisse, wie sie unser Fall mit 2-jähriger Festlegungszeit hat. Wie oben ausgeführt, liegen die Zielbeträge der 6 übrigen Handlungsalternativen bei allen Zukunftslagen nahe beieinander. Mithin können Unterschiede und Variationen in der Eintreffenswahrscheinlichkeit der Zukunftslagen keine Änderung in der Risikosituation und damit keinen Einfluß auf die Entscheidung haben. Es muß nur noch überprüft werden, ob man nicht besser H_{26} realisieren sollte.

Zur Abschätzung des kritischen Wertes für die Eintreffenswahrscheinlichkeit der Zukunftslage S_{26} und damit der Konkurrenzfähigkeit von H_{26} kann man alle übrigen Handlungsalternativen zu einer Gruppe zusammenfassen und mit den Zielwert-Durchschnitten rechnen (siehe Übersicht 2).

Übersicht 2: (Zielbetrags-Matrix $\overline{III}'$)

Zielbeträge bei 2-jähriger Festlegungszeit (z.T. Durchschnitt)

End-Eigen-kapital in 10 000 DM		S_{10}	S_{00}	S_{23}	S_{26}	S_{28}	S_{30}	S_{47}
Handlungs-alterna-tiven	H_{26}	154	102	113	121	26	36	-23
	$\overline{H}_{übr.}$	165	133	121	118	92	83	65

Anhand dieser Werte kann man - für den Fall, daß die übrigen Zukunftslagen alle die gleiche Eintreffenswahrscheinlichkeit haben, mittels eines Systems von drei linearen Gleichungen - berechnen, daß die Eintreffenswahrscheinlichkeit der Zukunftslage S_{26} mindestens 93 % ($\hat{p}_{26} = 0,93$) sein muß, wenn die Handlungsalternative H_{26} dem Durchschnitt der übrigen Handlungsalternativen überlegen sein soll.

Durch die Durchschnittsbildung sieht die graphische Darstellung der Zielbetrags-Matrix $\overline{III}'$ wesentlich anders aus als die der Zielbetrags-Matrix III (vgl. Abbildung 6 und 11).

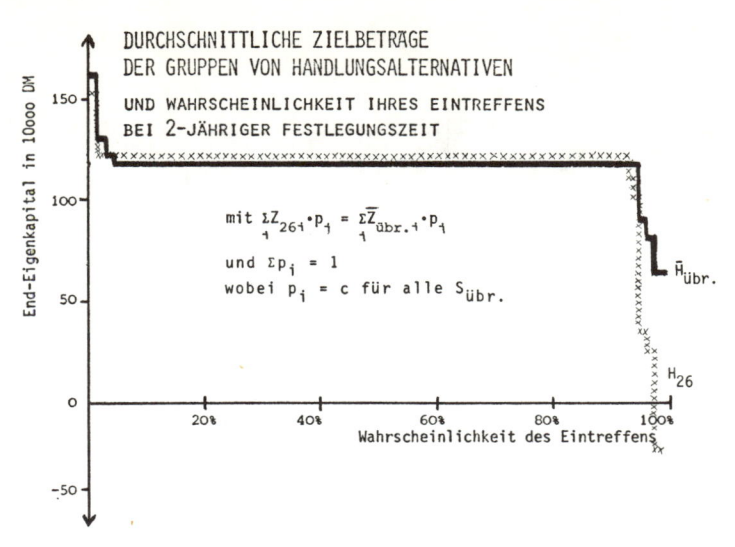

Abbildung 11: (Ergebnisbild $\overline{III'}$)

DURCHSCHNITTLICHE ZIELBETRÄGE DER GRUPPEN VON HANDLUNGSALTERNATIVEN UND WAHRSCHEINLICHKEIT IHRES EINTREFFENS BEI 2-JÄHRIGER FESTLEGUNGSZEIT

y-Achse: End-Eigenkapital in 10000 DM (−50 bis 150)
x-Achse: Wahrscheinlichkeit des Eintreffens (20% bis 100%)

$$\text{mit } \sum_{1}^{} Z_{26i} \cdot p_i = \sum_{1}^{} \overline{Z}_{\text{übr.}i} \cdot p_i$$

$$\text{und } \sum p_i = 1$$

$$\text{wobei } p_i = c \text{ für alle } S_{\text{übr.}}$$

Kurven: $\overline{H}_{\text{übr.}}$, H_{26}

3. Falls auch nach Kenntnis der kritischen Werte eine Entscheidung nicht getroffen werden kann, wird man <u>den einzelnen Zukunftslagen diskrete Eintreffenswahrscheinlichkeiten zuordnen</u> müssen.

Einer bewußt begründbaren Abwägung sind nach unserer Erfahrung immer wieder schnell Grenzen gesetzt. Man kommt bei diesbezüglichen Überlegungen sehr bald in Zweifel, ob der Zukunftslage S_x zwei Prozent mehr und S_y weniger zugeordnet werden sollen oder nicht; und dann wieder scheint eine wesentlich andere Aufteilung der Wahrscheinlichkeitssumme plausibler als die bisherige; usw. usf.. Unserer Meinung nach könnte dieser Bereich der Ungewißheit – ähnlich wie die vielen möglichen Datenkombinationen in den Zukunftslagen – mit der "großen Zahl" ausgelotet werden. Nachdem (optimistische und pessimistische) Maximum- und Minimum-Grenzen für die Eintreffenswahrscheinlichkeiten der Zukunftslagen vorgegeben sind, kann man eine Serie von Eintreffenskombinationen per Zufall wählen und testen, welche der Handlungsalternativen sich dabei behaupten.

Unsere bisherige Erfahrung zeigt, daß die Rangfolge der Handlungsalternativen meist stabil ist. Durch unterschiedliche Annahmen über die Eintreffenswahrscheinlichkeit der Zukunftslagen wird oft mehr das Niveau der Erwartungswerte als die Differenz zwischen den Erwartungswerten beeinflußt. Es müssen schon beachtliche Änderungen bei den Eintreffenswahrscheinlichkeiten erfolgen, wenn für die Entscheidung relevante Änderungen der Erwartungswertdifferenzen auftreten sollen (siehe hierzu Exkurs "Zur Variation der Eintreffenswahrscheinlichkeit von Zukunftslagen").

<u>Exkurs</u>: Zur Variation der Eintreffenswahrscheinlichkeit von Zukunftslagen

Bei der Planung eines anderen – als des bisher zitierten – Betriebes über mehrere Jahre wurden u.a. die in Übersicht 3 angeführten 12 Zukunftslagen unterschieden, für die 6 Personen die darin angeführten <u>Eintreffenswahrscheinlichkeiten</u> vermuteten (die kleinste Wahrscheinlichkeitshöhe sollte 5 % nicht unterschreiten).

Wie man sieht, sind die Mutmaßungen der Personen über die Entwicklung der einzelnen Daten sehr unterschiedlich. Caesar schätzt mit 95 % eine Inflationsrate von 5 % und mehr, Emil hält dagegen mit 95 % eine Inflation von 5 % und weniger für wahrscheinlich. Anton und Berta

Übersicht 3: (Die Zukunftslagen)

DIE ZUKUNFTSLAGEN
UND IHRE VERMUTETEN EINTREFFENSWAHRSCHEINLICHKEITEN

		Zukunftslagen											
		S_0	S_1	S_2	S_3	S_4	S_5	S_6	S_7	S_8	S_9	S_{10}	S_{11}
Kurze Umschreibg.	Infl. in % p.a.	0	0	0	0	5	5	5	5	10	10	10	10
	ΔProd.-Prs.real i.%p.a.	0	-2	0	-2	0	-2	0	-2	0	-2	0	-2
	ΔEntn.etc. " " " "	0	0	6	6	0	0	6	6	0	0	6	6
Personen	Anton					0,2	0,4	0,2	0,1		0,1		
	Berta			0,05				0,3	0,5			0,05	0,1
	Caesar			0,05			0,1		0,5		0,1		0,25
	Dora			0,1			0,3		0,3		0,15		0,15
	Emil	0,15	0,1	0,25	0,15		0,1	0,05	0,15		0,05		
	Zeppelin	0,08	0,08	0,08	0,08	0,08	0,08	0,08	0,08	0,08	0,08	0,08	0,08

nehmen mit 40 % an, daß sich die realen Produktpreise nicht ändern; Dora hält es für fast sicher (90 %), daß sie um 2 % p.a. sinken werden. Anton vermutet zu 70 %, daß die Entnahmen, Löhne etc. sich nicht ändern; Berta rechnet mit 100 %, also sicher, damit, daß sie real um 6 % p.a. steigen.

Abbildung 12: (Die Entscheidungssituationen)

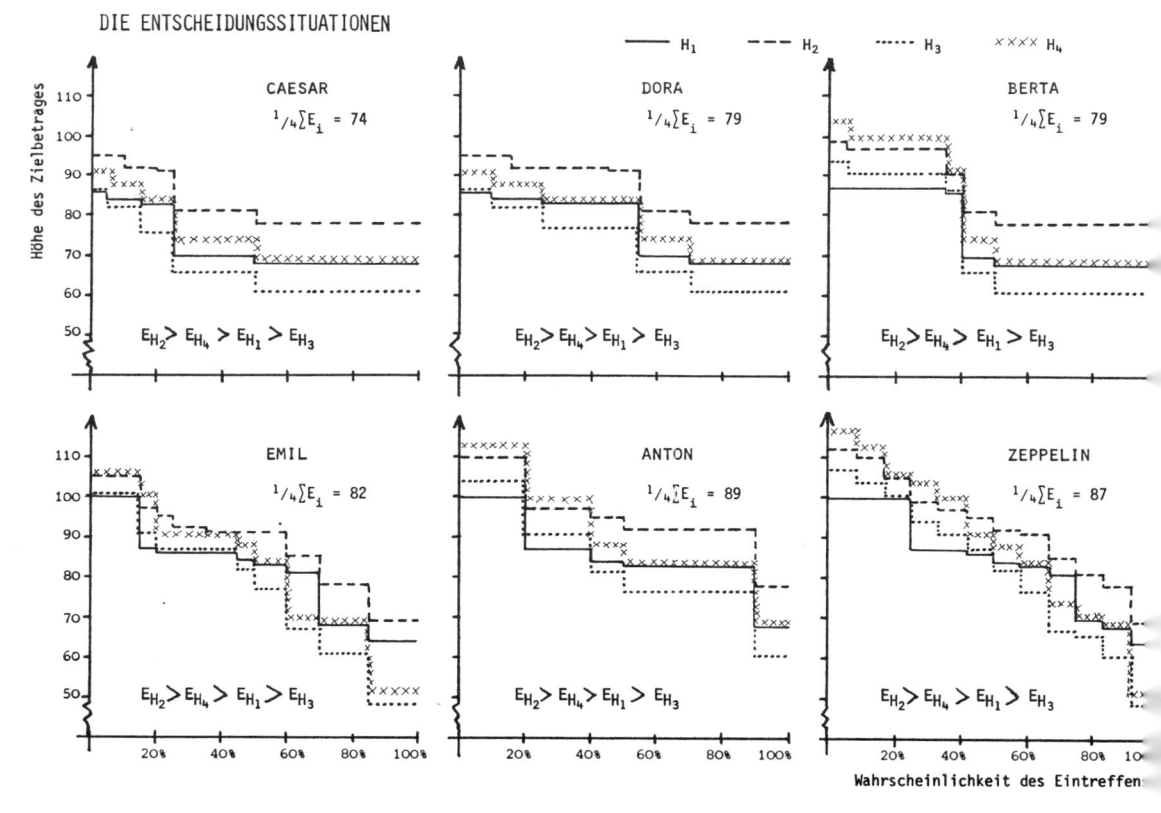

DIE ENTSCHEIDUNGSSITUATIONEN

——— H_1 — — — H_2 ······ H_3 ×××× H_4

CAESAR $1/4 \sum E_i = 74$
$E_{H_2} > E_{H_4} > E_{H_1} > E_{H_3}$

DORA $1/4 \sum E_i = 79$
$E_{H_2} > E_{H_4} > E_{H_1} > E_{H_3}$

BERTA $1/4 \sum E_i = 79$
$E_{H_2} > E_{H_4} > E_{H_1} > E_{H_3}$

EMIL $1/4 \sum E_i = 82$
$E_{H_2} > E_{H_4} > E_{H_1} > E_{H_3}$

ANTON $1/4 \sum E_i = 89$
$E_{H_2} > E_{H_4} > E_{H_1} > E_{H_3}$

ZEPPELIN $1/4 \sum E_i = 87$
$E_{H_2} > E_{H_4} > E_{H_1} > E_{H_3}$

Höhe des Zielbetrages

Wahrscheinlichkeit des Eintreffens

Die zu den Zukunftslagen optimalen 12 Handlungsalternativen konnten zu 4 Gruppen (H_1 bis H_4) zusammengefaßt werden, da zwischen einigen nur geringe Differenzen zu verzeichnen sind. Die Zielbeträge der vier Gruppen von Handlungsalternativen liegen zwischen 117 und 49. Bei den einzelnen Zukunftslagen ist die größte Differenz 20 (=69-49 bei S_3) und die kleinste Differenz 5 (=105-100 bei S_0). Die Handlungsalternativen waren den 6 Personen im Detail bekannt, d.h. sie kannten die verschiedenen Organisationen, Investitionen, Einkommensbeträge etc.

Die Entscheidungssituation, die sich bei den 4 Handlungsalternativen und der individuellen Mutmaßung über die Eintreffenswahrscheinlichkeit der Zukunftslagen für jede Person ergibt, ist in Abbildung 12 in graphischer Form umschrieben.

Die Darstellungen sind nach der Höhe des durchschnittlichen Erwartungswertes geordnet. Danach kommt Caesar zur pessimistischsten und Anton zur optimistischsten Einschätzung, sie liegen um etwa 20 % auseinander.

Auch das aus der Einschätzung der Zukunftslagen sich ergebende Risiko-Bild ist sehr unterschiedlich. Wenn man von Zeppelin absieht, dann ist der Anstieg des Kurvenbündels bei Anton am größten und bei Caesar am geringsten.

Interessant ist, daß trotz dieser Unterschiede die Rangfolge der Handlungsalternativen, wenn man den Erwartungswert als Kriterium nimmt, bei allen 6 Zukunftseinschätzungen dieselbe bleibt ($H_2 > H_4 > H_1 > H_3$). Wenn man statt der mit dem Bayes-Kriterium implizierten Risikoneutralität bei den Personen mit Risikoabneigung – also der der Realität allgemein näherkommenden Einstellung – zu rechnen hat, dann trifft die Rangfolge erst recht zu. Die Entscheidung wird offenbar bei allen 6 Personen gleich sein. Trotz der großen Unterschiede in der Einschätzung der künftigen Entwicklung vieler Daten dürften sie alle H_2 realisieren.

2.3 Die Berücksichtigung weiterer Datenänderungen und derer Verläufe

1. Wir sind auf die Probleme, die sich aus der Vielzahl der Änderungsmöglichkeiten von Daten sowie der vielen möglichen Änderungsverläufe von Daten ergeben, bisher nicht weiter eingegangen.

An und für sich ergibt sich dieses Problem immer gleich am Anfang einer Planungsrechnung. Aber es wäre da nur mit einem hohen Informationsrisiko lösbar. Man müßte nämlich alle überhaupt denkbaren Datenänderungen mit allen ihren möglichen Verläufen von Anfang an in die Rechnung einbeziehen. Viele davon wären für die Entscheidungsfindung mit hoher Wahrscheinlichkeit nicht notwendig; d.h., man ginge ein sehr großes Informationsrisiko ein, man würde für diese Information einen Aufwand betreiben, der kaum lohnt.

Es ist daher besser, den ersten Durchgang der Planungsrechnung mit solchen Datenänderungen durchzuführen, von denen anzunehmen ist, daß sie für die Entscheidungsfindung mit hoher Wahrscheinlichkeit notwendig sind. Man hat dann meist noch nicht zuviel für die Informationsbeschaffung investiert. Eher zuwenig, und daher ist es wichtig – und darf auf keinen Fall übersehen werden – zu prüfen, ob und wo eine Ausweitung und Vertiefung der Datenvariation notwendig ist. Es ist zu testen,
- ob außerhalb der bisher in Betracht gezogenen Schwankungsbereiche (hierzu gehört auch die Wandlung bisher sicherer Daten zu unsicheren) noch weitere Datenänderungen wahrscheinlich sind,
- ob zwischen den bisher berücksichtigten noch andere Datenverläufe möglich erscheinen,
- ob noch zusätzliche Daten (Maßnahmen, Aktivitäten) in Betracht zu ziehen sind,

die zu einer anderen Beurteilung der in die nähere Wahl gezogenen Handlungsalternativen führen könnten.

Diese Prüfung im Anschluß an den ersten Durchgang muß in jedem Fall durchgeführt werden; nicht nur, wenn man sich für eine Handlungsalternative noch nicht entscheiden konnte, sondern auch, wenn sich eine Alternative bereits als äußerst vorzüglich herausgestellt hat.

2. Hierzu müssen wir wieder an den Anfang der skizzierten Planungsrechnung zurück und einen zweiten Durchgang, die erste Rekursion, starten.

   a) Für den Fall, daß sich noch keine der Handlungsalternativen besonders hervorgehoben hat, sondern mehrere in der engeren Wahl stehen, sollte man zunächst ermitteln,
      - bei welchen Zukunftslagen die Zielbeträge der konkurrierenden Handlungsalternativen in der Rangfolge wechseln und
      - durch welche Daten-Unterschiede in den betreffenden Zukunftslagen das bewirkt wird.

   Danach wäre zu überlegen, wieweit diese Unterschiede erweitert, unterteilt oder vertieft werden müssen, um mehr Klarheit über die Handlungsalternativen zu erlangen. Oft ergeben sich bei dem dazu notwendigen Planungs-Durchgang zusätzlich neue Handlungsalternativen, die gegenüber den bisher bekannten vorteilhafter sind.

   Zum Beispiel haben die Handlungsalternativen H_{28} und H_{30} einen etwa gleichen Erwartungswert, sie unterscheiden sich aber bezüglich wichtiger anderer Merkmale (u.a. soll bei H_{30} ein neuer Kuhstall gebaut werden, bei H_{28} nicht). Die Rangfolge der Zielbeträge wechselt insbesondere bei solchen Zukunftslagen, die sich bezüglich des Datums Inflation unterscheiden. Die bisher berücksichtigte Abstufung (0 %, 3 %, 6 % p.a.) wurde ergänzt (2 %, 4 % p.a.). Die Handlungsalternative H_{30} war dabei immer im Vorteil und es stellte sich eine dritte, besonders vorteilhafte und damit die Reihenfolge $H_{29} > H_{30} > H_{28}$ ein.

   b) Für den Fall, daß sich eine Handlungsalternative bei der vorhergehenden (ersten oder weiteren) Rekursion bereits hervorgehoben hat, kann man für die gravierendsten Daten die äußerste Schwankungsgrenze ermitteln, die die Alternative "verkraften" kann, ohne ihren Rang einzubüßen. Das sollte man auch bei solchen Daten machen, deren Höhe bis dahin als sicher angesehen wurde.

   Danach ist zu überlegen, ob der kritische Wert der Datumsänderung im Planungszeitraum übertroffen werden könnte. Zutreffendenfalls ist anhand eines weiteren Planungs-Durchgangs die Vorteilhaftigkeit der Handlungsalternative nochmals zu überprüfen.

   Nehmen wir z.B. die Situation unseres Falles bei 2-jähriger Festlegungszeit. Nachdem festgestellt ist, daß alle übrigen Handlungsalternativen ($H_{übr.}$) etwa gleich und der Alternative H_{26} vorzuziehen sind, wird u.a. geprüft, um wieviel (% p.a. oder einer anderen Entwicklungsreihe) der Milchpreis sich verändern müßte, damit $H_{übr.}$ der H_{26} auch bei den anderen Zukunftslagen (als H_{26}) unterlegen ist. Es stellte sich heraus, daß er bei einigen Zukunftslagen real um mehrere % p.a. steigen müßte. Da das für unwahrscheinlich angesehen wird, änderte sich nichts an der Rangfolge der beiden Handlungsalternativen.

   Das Informationsrisiko läßt sich - wie schon bei der Zahl und Kombination der Zukunftslagen sowie bei der Höhe der Eintreffenswahrscheinlichkeit - auch hier nicht völlig beseitigen. Selbst seine beliebige Verringerung mittels einer großen Zahl von Rekursionen der beschriebenen Art ist - im Gegensatz zu den anderen beiden Problemkreisen - nicht immer sicher.

   Es scheint vom "großen Wurf" des ersten Datensatzes und dessen Änderungen abzuhängen, ob man mit einer steigenden Zahl von Rekursionen die Mängel der ersten Serie abbaut, oder aber ob man in eine Sackgasse gerät. D.h., es scheint nicht ausgeschlossen, daß sich eine Handlungsalternative als die vorteilhafteste präsentiert, obgleich sie es nicht ist, und daß das System keine Hinweise für die Notwendigkeit einer Korrektur gibt.

   Das ist kein planungsspezifisches Phänomen, so etwas kann bei allen Handlungen passieren. Aber es ist uns ein Hinweis, um Vorkehrungen zu treffen, die solche Pannen nach Möglichkeit vermeiden.

3. Die reflektierende Untersuchung der Ausgangsdaten und ihrer Einflüsse auf die Vorzüglichkeit ausgewählter Handlungsalternativen läßt wichtige Schlüsse und Hinweise auf die <u>Relevanz der Daten</u>

für die Entscheidungsfindung zu. Es ist immer wieder festzustellen, daß die Unsicherheit mancher Daten, genauer die Änderung ihrer Höhe, zwar den Zielbetrag, nicht aber die Entscheidung beeinflußt. Ganz gleich ob und häufig auch wie sie schwanken, die Rangfolge der vorausgewählten Handlungsalternativen ändert sich nicht. Das war - wie die Theorie lehrt - auch zu erwarten. Bei der o.c. Analyse finden wir nunmehr heraus, welche konkreten Daten bzw. Datengruppen das sind. Diese Kenntnisse setzen uns in die Lage, Untersuchungen über Daten gezielt anzusetzen.

Schlußbemerkung

Der Bezug von Betriebsplanungen unter Unsicherheit - in der demonstrierten oder anderen Form - zur praktischen Betriebsleitung - als Institution und als Funktion dürfte evident sein.

Trotz der noch ungelösten Probleme und offenen Fragen scheint der Schluß gerechtfertigt, daß derlei Planungen durchführbar sind und gewichtige Entscheidungshilfen für die Betriebsleitung liefern. Allerdings sind auch sie nicht in der Lage, Sicherheit zu produzieren.

Es ist nicht zu widerlegen, daß selbst aus einer umsichtig angelegten Planung eine schlechte Entscheidungshilfe resultieren kann. Es ist auch nicht zu widerlegen, daß ohne jede Überlegung und Planung eine richtige Entscheidung getroffen werden kann. Aber, es dürfte ebensowenig zu widerlegen sein, daß die Wahrscheinlichkeit für das eine wie für das andere sehr gering ist.

Übersicht 4: Schematische Darstellung einer dynamischen simultanen Organisations-, Investitions- und

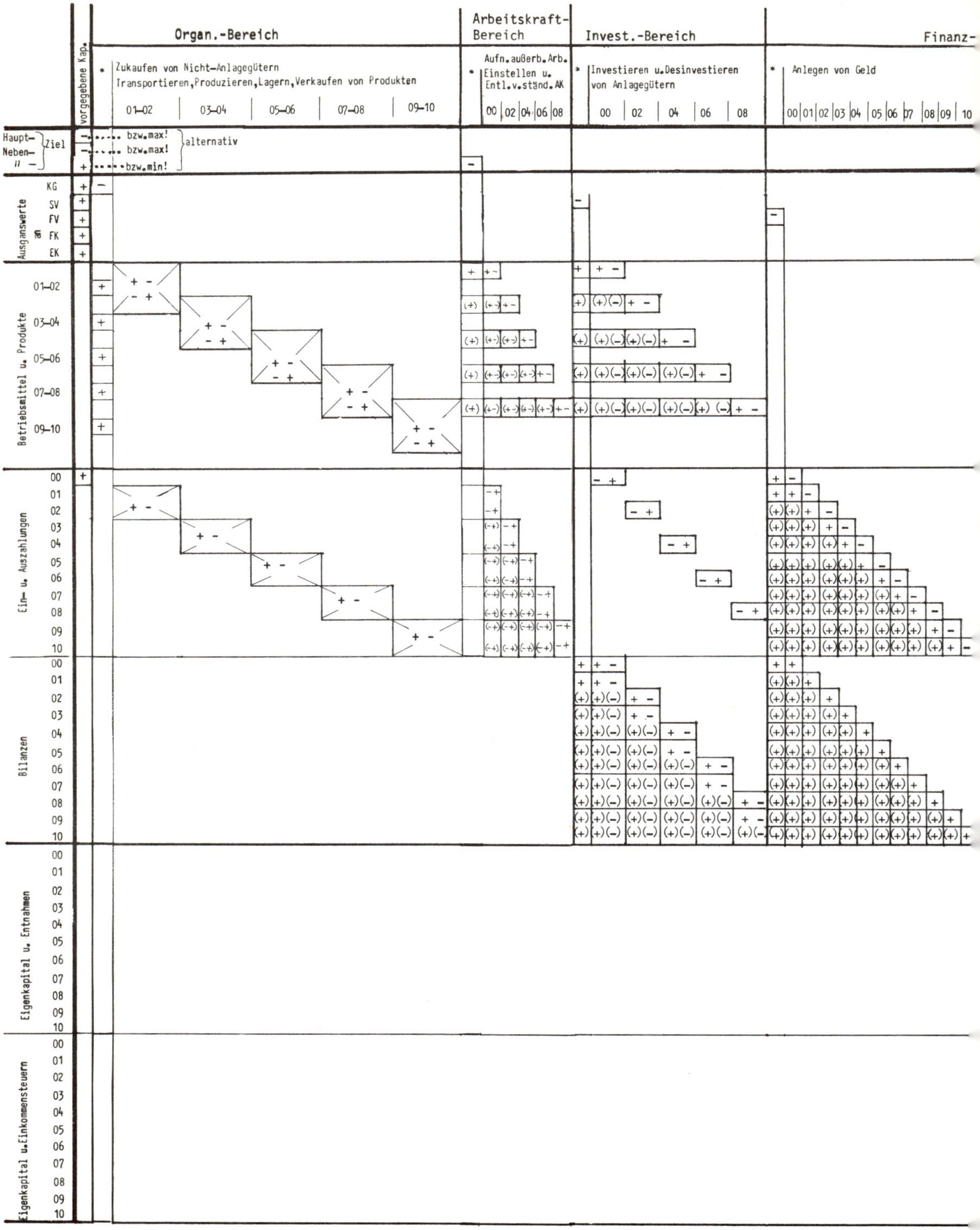

* Realisierung vorgegebener Bilanzpositionen

KG = Kontingente, etc.
SV = Sachvermögen
FV = Finanzvermögen
FK = Fremdkapital
EK = Eigenkapital

Finanzierungsplanung

Bereich				Abschluß-Buchungen	
Aufnehmen von Kredit 00 01 02 03 04 05 06 07 08 09 10	Ermitteln des Eigenkapitals vor Steuern 00 01 02 03 04 05 06 07 08 09 10	Entnehmen für Steuern 00 01 02 03 04 05 06 07 08 09 10	für Lebenshalt. 00–10	Ermitteln des Eigenkapitals nach Steuern 00 01 02 03 04 05 06 07 08 09 10

Übersicht 5.

AKTIVITÄTEN DES PLANUNGSANSATZES
NACH IHRER SACHLICHEN UND RÄUMLICHEN DIFFERENZIERUNG

1. <u>Organisations-Bereich</u>
   Anbauen von Weizen
   " " Roggen
   " " Gerste
   " " Zuckerrüben
   " " Silomais
   Nutzen " Grünland, geringere/höhere Intensität
   Halten " Milchvieh im alten/neuen Stall
   " " Zuchtfärsen " " / " "
   " " Mastbullen " " / " "
   Bereiten und Verfüttern von Weide
   " " " " Grassilage
   " " " " Heu
   " " " " Zuckerrübenblatt-Silage
   Umbrechen von Grünland
   Zupachten/Verpachten von Ackerland
   " / " " Grünland
   Zukaufen und Verfüttern von Trockenschnitzeln
   " " " " Kraftfutter
   Zukaufen/Verkaufen von Bullenkälbern
   " / " " Zuchtfärsen
   Verkaufen von Getreide
   " " Zuckerrüben (innerh.d.Kontingents)
   " " " (außerh." ")
   " " Kuhkälbern
   " " Milch

2. <u>Arbeitskraft-Bereich</u>
   Einstellen von ständigen Arbeitskräften
   " " nichtständigen "
   " " Melkern
   Aufnehmen außerbetrieblicher Arbeit

3. <u>Investitions-Bereich</u>
   Zukaufen/Verkaufen von Ackerland
   " / " " Grünland
   Bauen von Kuhstallplätzen
   " " Jungviehstallplätzen
   Zukaufen/Verkaufen von Stalleinrichtung und -technik
   " / " " Schleppern
   " / " " Kleinmaschinen und Geräten
   " / " " Spezialmaschinen f.d.Getreidebau
   " / " " " " " Zuckerrübenbau
   " / " " " " " Futterbau
   Aufstocken/Abstocken des Milchviehbestandes
   " / " " Jungviehbestandes
   " / " " Bestandes an Umlaufvermögen

4. <u>Finanz-Bereich</u>
   Anlegen von Geld auf dem Girokonto
   " " " " " Sparbuch
   " " " in Wertpapieren
   Aufnehmer von Girokrediten
   " " mittelfristigen Krediten
   " " langfristigen " ohne Zinsverbilligung
   " " " " mit "

5. <u>Abschluß-Buchungen</u>
   Ermitteln des Eigenkap.vor Steuern, Bewertung nach steuerl.Grunds.
   " " Gewinns, Bewertung nach steuerl.Grundsätzen u.Ermitteln der Einkommensteuer
   " " Eigenkap.nach Steuern,Bewertung nach steuerl.Grunds.
   Ermitteln des Gewinns, Bewertung nach betriebsw. Grundsätzen
   " " Eigenkap.nach Steuern, Bewertung nach betriebsw. Grundsätzen

RESTRIKTIONEN DES PLANUNGSANSATZES
NACH IHRER SACHLICHEN UND RÄUMLICHEN DIFFERENZIERUNG

1. <u>Werte der Ausgangsbilanz</u>

2. <u>Betriebsmittel und Produkte sowie Arbeitskräfte</u>
   Ackerfläche
   Grünlandfläche
   Stallplätze für Rindvieh, alter/neuer Stall
   " " Milchvieh geeignet
   sonstige Gebäude
   Stalleinrichtung
   Schlepper
   Kleinmaschinen und Geräte
   Spezialmaschinen für Getreidebau
   " " Zuckerrübenbau
   " " Futterbau
   Milchvieh
   Jungvieh
   Umlaufvermögen
   Einsatzmöglichkeit für nichtständige Arbeitskräfte
   Arbeit in den Zeitspannen
   " während des gesamten Jahres
   " des Melkers
   Begrenzung für außerbetriebliche Arbeit
   Begrenzung für Zukauf/Verkauf von Nutzflächen
   " " Zupacht/Verpacht " "
   " " Grünlandumbruch
   " " Weizen- und Gerstenanbau
   " " Zuckerrübenanbau
   " " Zuckerrübenverkauf auf Kontingent

   (noch 2. Betriebsmittel und Produkte sowie Arbeitskräfte)
   Getreice
   Zuckerrüben
   Rübenblatt
   Grüngut
   Rindviehfutter
   Kraftfutter
   Heu
   Weide
   Silage
   Milch
   Kälber
   Zuchtfärsen

3. <u>Ein- und Auszahlungen</u>
   Zahlungen für gewerbliche Betriebsmittel
   " " landwirtschaftliche Produkte
   " " Investitionsgüter
   Begrenzung " Geldanlage in Wertpapieren
   " " Aufnahme zinsverbilligter Kredite
   " " " langfristiger "
   Kapitalflußrechnung

4. <u>Bilanzen</u>
   Bilanz, Bewertung nach steuerlichen Grundsätzen
   " " " betriebsw. "

5. <u>Entnahmen und Eigenkapital</u>
   Entnahmen und Eigenkapital, Bewertung nach steuerl. Grundsätzen
   " " " , " " betriebsw. "

6. <u>Einkommensteuern und Eigenkapital</u>
   Einkommensteuern und Eigenkap., Bewertung nach steuerl.Grunds.

Übersicht 6:

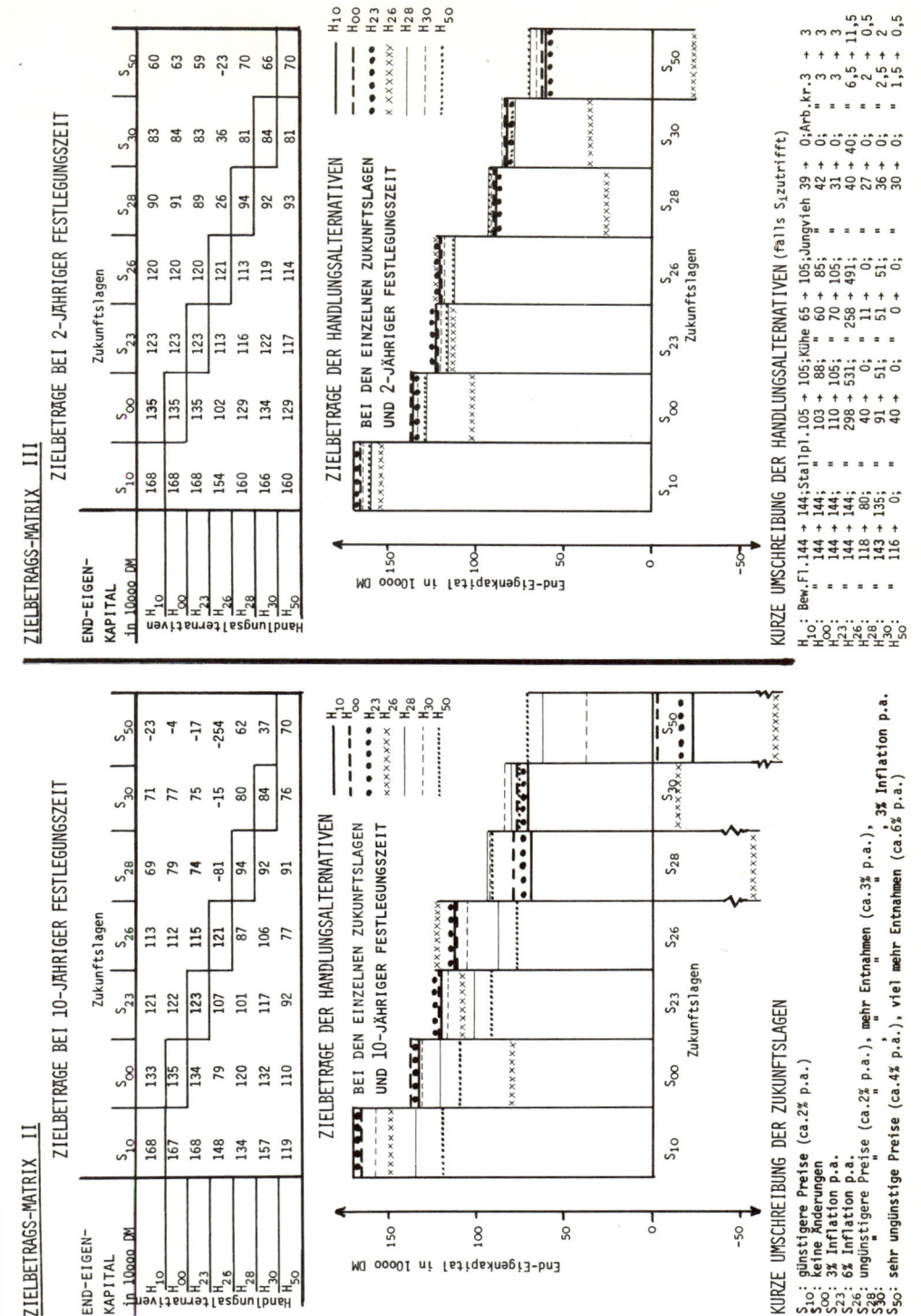

ZIELBETRAGS-MATRIX II

ZIELBETRÄGE BEI 10-JÄHRIGER FESTLEGUNGSZEIT

END-EIGEN-KAPITAL in 10000 DM	Zukunftslagen						
Handlungsalternativen	S_{10}	S_{00}	S_{23}	S_{26}	S_{28}	S_{30}	S_{50}
H_{10}	168	133	121	113	69	71	-23
H_{00}	167	135	122	112	79	77	-4
H_{23}	168	134	123	115	74	75	-17
H_{26}	148	79	107	121	-81	-15	-254
H_{28}	134	120	101	87	94	80	62
H_{30}	157	132	117	106	92	84	37
H_{50}	119	110	92	77	91	76	70

ZIELBETRÄGE DER HANDLUNGSALTERNATIVEN BEI DEN EINZELNEN ZUKUNFTSLAGEN UND 10-JÄHRIGER FESTLEGUNGSZEIT

KURZE UMSCHREIBUNG DER ZUKUNFTSLAGEN

S_{10}: günstigere Preise (ca.2% p.a.)
S_{00}: keine Änderungen
S_{23}: 3% Inflation p.a.
S_{26}: 6% Inflation p.a.
S_{28}: ungünstigere Preise (ca.2% p.a.), mehr Entnahmen (ca.3% p.a.)
S_{30}: " " (ca.4% p.a.), " " (ca.6% p.a.)
S_{50}: sehr ungünstige Preise (ca.4% p.a.), viel mehr Entnahmen (ca.6% p.a.)

ZIELBETRAGS-MATRIX III

ZIELBETRÄGE BEI 2-JÄHRIGER FESTLEGUNGSZEIT

END-EIGEN-KAPITAL in 10000 DM	Zukunftslagen						
Handlungsalternativen	S_{10}	S_{00}	S_{23}	S_{26}	S_{28}	S_{30}	S_{50}
H_{10}	168	135	123	120	90	83	60
H_{00}	168	135	123	120	91	84	63
H_{23}	168	135	123	121	89	83	59
H_{26}	154	102	113	113	26	36	-23
H_{28}	160	129	116	119	94	81	70
H_{30}	166	134	122	114	92	84	66
H_{50}	160	129	117	114	93	81	70

ZIELBETRÄGE DER HANDLUNGSALTERNATIVEN BEI DEN EINZELNEN ZUKUNFTSLAGEN UND 2-JÄHRIGER FESTLEGUNGSZEIT

KURZE UMSCHREIBUNG DER HANDLUNGSALTERNATIVEN (falls S_i zutrifft)

H_{10}: Bew.Fl.144 → 144; Stallpl.105 → 105; Kühe 65 → 105; Jungvieh 39 → 0; Arb.kr.3 → 3
H_{00}: " 144 → 144; " 144 → 144; " 60 → 85; " 42 → 0; " 3 → 3
H_{23}: " 144 → 144; " 110 → 105; " 70 → 105; " 31 → 0; " 3 → 3
H_{26}: " 144 → 144; " 298 → 531; " 258 → 491; " 40 → 40; " 6,5 → 11,5
H_{28}: " 118 → 80; " 40 → 40; " 11 → 0; " 27 → 0; " 2 → 0,5
H_{30}: " 143 → 135; " 91 → 51; " 51 → 51; " 36 → 0; " 2,5 → 2
H_{50}: " 116 → 0; " 40 → 0; " 0 → 0; " 30 → 0; " 1,5 → 0,5

Literatur

1 SCHNEEWEISS, H.: Entscheidungskriterien bei Risiko, Berlin-Heidelberg-New York, 1976.
2 SCHNEIDER, D.: Investition und Finanzierung, 2. Auflage, Opladen 1971.
3 TEICHMANN, H.: Die Investitionsentscheidung bei Unsicherheit, Berlin 1970.
4 JANINHOFF, A.: Ein Modell zur langfristigen Planung bei Unsicherheit, Unveröffentlichtes Manuskript, Institut für landwirtschaftliche Betriebslehre, Bonn 1975.

ERGEBNISSE DER DISKUSSION DER REFERATE VON
C. H. HANF; E. HANF UND W. SKOMROCH

zusammengestellt von

K. Tamme, Kiel

Zunächst wurde in der Diskussion darauf hingewiesen, daß komplizierte methodische Zusammenhänge verschiedener Planungsverfahren den in der Praxis tätigen Berater oft überfordern. Man frage sich, ob so eine stark verwissenschaftlichte Planungstheorie nötig sei, zumal diese Methoden nur relativ selten praktische Anwendung fänden, da sie eine tiefgreifende Veränderung der Situation des Betriebes voraussetzen, die ohnehin nur etwa zweimal während einer Generation möglich sei. Im weiteren Diskussionsverlauf wandte man sich den Begriffen Unsicherheit und Risiko zu. Es wurde hervorgehoben, daß zukünftig zu unterscheiden sei zwischen Planungsansätzen unter Unsicherheit und unter Risiko. Dabei gebe es nur einen Ansatz, der die Unsicherheit berücksichtige, und das sei die Flexibilität in der Planung, der zukünftig größeres Gewicht beigemessen werden sollte. Dabei könne man hier flexibles Planen lediglich so verstehen, daß alternative Zukunftsentwicklungen angenommen werden. In diesem Sinne sei der Weg zur systemanalytischen Betrachtungsweise offen. Man könne somit bestimmte Zukunftsentwicklungen simulieren bzw. günstige Ausgangssituationen finden, von denen aus eine Anpassung an wahrscheinliche Entwicklungen möglich sei. Dennoch bleibe der Fall der unsicheren Zukunftssituation bestehen.

In der Diskussion über das von W. SKOMROCH vorgetragene Risikomodell wurden besonders die Vorteile dieses Ansatzes herausgestellt. Es lasse sich damit abschätzen, mit welchem Maß an Wahrscheinlichkeit eine bestimmte Betriebsorganisation realisierbar sei. Der Modellansatz enthalte die Zeit als dynamische Komponente, während die Unsicherheit mittels Rekursion immer wieder dynamisiert werde.

Der Wert eines solchen Modells liege insbesondere darin, festzustellen, welche Betriebsorganisationen stark risikogeladen seien. Selbstverständlich müßten außerlandwirtschaftliche Erwerbsmöglichkeiten sowie außerbetriebliche Alternativanlagen in dieses Modell einbezogen werden. Die praktische Anwendung solcher oder ähnlicher Modelle sollte bei den Zentralen der Offizialberatung liegen, die damit den Rahmen für ihre Betriebstypen abstecken, indem sie Hindernisse und Indifferenzen aufdecken. Der praktische Berater brauchte dann lediglich innerhalb dieses Rahmens mit einfacheren Modellen zu agieren. Um dieses Ziel zu erreichen, müsse unbedingt ein Katalog über die voraussichtliche Entwicklung technischer Koeffizienten wie z.B. Milchleistung je Kuh, Züchtungserfolge etc. erarbeitet und fortgeschrieben werden. Sind diese Voraussetzungen erfüllt, könne man mit relativ großer Wahrscheinlichkeit die richtigen Entscheidungen in der Beratungspraxis treffen.

AUSWIRKUNGEN VON INSTABILITÄTEN AUF DEN WELTMÄRKTEN FÜR ROH-
STOFFE UND AGRARPRODUKTE AUF PRODUKTION, BESCHÄFTIGUNG UND
PREISE IM AGRAR- UND ERNÄHRUNGSSEKTOR SOWIE IN DER ÜBRIGEN
WIRTSCHAFT DER BRD

von

Ingo Evers, Bonn

1	Einleitung	133
2	Möglichkeiten der Abschätzung von Inlandswirkungen von Instabilitäten auf den Weltmärkten mit Hilfe statischer Input-Output-Modelle	134
3	Quantifizierung von Inlandswirkungen	137
3.1	Auswirkungen von Importmengenänderungen auf Produktion, Einkommen und Beschäftigung	138
3.1.1	Importsubstitutionen	138
3.1.2	Endverbrauchverzicht bei Importausfällen	140
3.2	Auswirkungen von Preisveränderungen bei importierten und inländischen Gütern auf Preisgefüge und Preisniveau	141
3.2.1	Kostenüberwälzungen bei Importpreisveränderungen	141
3.2.2	Preisänderungen bei inländischen Substitutionsgütern als Folge von Importpreisänderungen	143
4	Anhang: Die verwendeten Input-Output-Modelle	145
4.1	Varianten des Mengenmodells	147
4.2	Varianten des Preismodells	150

1 Einleitung
=============

Instabilitäten auf den Weltmärkten für Rohstoffe sind keine Neuerscheinung. Aus der Vergangenheit sind starke Preis- und Mengenschwankungen bei vielen Produkten bekannt, die häufig auch durch erlösstabilisierende Rohstoffabkommen nicht verhindert werden konnten.

Noch nie hat es aber wohl eine derartige "konzertierte" Preisexplosion bei einer Vielzahl von Produkten gegeben wie in den Jahren 1972 - 74. Die Gründe hierfür sind vielfältig. Zu nennen sind etwa die erstmals kollektive Rohölpreispolitik der OPEC-Länder, gleichzeitige Ernteausfälle in verschiedenen Teilen der Welt, die (inflationsgeschürte) Spekulation à la hausse auf den Warenterminmärkten und nicht zuletzt auch ein stärkeres Empfinden gegenüber vielen - insbesondere den nicht reproduzierbaren - Rohstoffen als knappe Güter.

Die Industrieländer als Hauptabnehmer von Rohstoffen messen nunmehr einer aktiven Rohstoffpolitik einen höheren Stellenwert zu. Traditionelle Käufermärkte, die bisher eine reibungslose und preiswerte Versorgung ermöglichten, drohen sich zu Verkäufermärkten zu entwickeln, wie dies bei Rohöl in spektakulärer Weise bereits geschehen ist. Für eine Verschiebung der Marktmacht zwischen Erzeuger- und Abnehmerländern von Rohstoffen spricht, daß die Rohstoffabhängigkeit der Industrieländer in der Vergangenheit zugenommen hat und daß dieser Trend sich trotz vielfältiger Anstrengungen zur Rohstoffimportsubstitution fortsetzen dürfte.

Die Rohstoffpolitik der Lieferländer, insbesondere soweit es sich um Entwicklungsländer handelt, hat in den letzten Jahren abgesehen von wirtschaftlichen Interessen eine starke politisch-ideologische Akzentuierung erfahren. Angestrebt wird eine kollektive Preis-Mengenstrategie für eine Reihe von Rohstoffen nach dem Vorbild des OPEC-Kartells, um eine Umverteilung des Weltsozialprodukts zugunsten der seit den Kolonialzeiten "ausgebeuteten" Entwicklungsländer zu erreichen. Ob eine derartige Strategie der Entwicklungsländer in Zukunft Erfolg haben wird, mag bezweifelt werden, da eine Reihe von Rohstoffen auch in Industrieländern erzeugt werden und somit Gegenstrategien wahrscheinlich sind. Darüberhinaus bestehen im Vergleich zum Erdöl bei der Mehrzahl der Rohstoffe größere Substitutionsmöglichkeiten.

Schließlich wirkt eine Kartellierung der Rohstoffpreise auf die Gruppe der Entwicklungsländer selbst zurück. Die Industrieländer können vielfach die Rohstoffkostenerhöhungen über ihre Exporte auf die Entwicklungsländer zurückwälzen und somit den angestrebten Umverteilungseffekt teilweise oder ganz wieder rückgängig machen. Zum anderen werden rohstoffarme Entwicklungsländer von ihren rohstoffreichen "Kartellbrüdern" durch die hohen Preise voll belastet, wie dies etliche Öl-Habenichtse (NOPEC-Länder) der Dritten Welt bereits schmerzlich erfahren haben. Derartige Wohlstandsumverteilungseffekte innerhalb der Gruppe der sich heute noch solidarisch gebenden Entwicklungsländer wird die Stabilität solcher Rohstoffkartelle auf die Dauer erschüttern, die auf den Gegensatz Industrieländer-Entwicklungsländer gegründet sind.

Bessere Chancen als eine aggressive Rohstoffpreispolitik scheint dagegen eine gemäßigtere, auf Erlösstabilisierung und Erlössicherung zugeschnittene Rohstoffpolitik der Entwicklungsländer zu haben. In diese Richtung zielen etwa Vorschläge zur Einrichtung von Stabilitätsfonds oder Schaffung von Marktausgleichslägern.

Abgesehen von den meist zufälligen Produktions- bzw. Ernteschwankungen stellen heute die Kartellierungsbestrebungen einen zusätzlichen ständigen Unsicherheitsfaktor dar, der in der Zukunft größere Instabilitäten auf den Weltrohstoffmärkten als in der Vergangenheit erwarten läßt. Dies zwingt alle Länder dazu, sich verstärkt Gedanken über die möglichen Auswirkungen und notwendigen Anpassungsprozesse zu machen.

In diesem Beitrag soll es weder darum gehen, die Ursachen von Instabilitäten auf den Weltrohstoffmärkten genauer zu analysieren noch zukünftige Entwicklungen abzuschätzen. Behandelt wird im folgenden lediglich ein Teilaspekt der Gesamtproblematik: die möglichen Auswirkungen von Mengen- und Preisschwankungen auf den Weltmärkten auf die wirtschaftliche Entwicklung der Bundesrepublik Deutschland.

2 Möglichkeiten der Abschätzung von Inlandswirkungen von Instabilitäten auf den Weltmärkten mit Hilfe statischer Input-Output-Modelle

Mit Hilfe einfacher Input-Output-Modelle lassen sich kurz- und mittelfristige Inlandswirkungen abschätzen, die von Preis- und Mengenschwankungen wichtiger Rohstoffe und Agrarprodukte auf dem Weltmarkt ausgehen. Als Ausgangspunkt für derartige Berechnungen kann das "klassische" offene statische Leontief-Modell dienen, das als Mengenmodell und Preismodell formuliert ist.

Mit Hilfe von Modellen lassen sich für unsere Zwecke folgende vier Fragen beantworten:

- Wie wirkt sich eine in gewissen Grenzen mögliche Importsubstitutionspolitik auf die Produktion sowie die Einkommens- und Beschäftigungslage in den einzelnen Branchen, etwa im Agrar- und Ernährungsbereich, aus?

Bei dieser Fragestellung spielt es vom Modellkonzept her keine Rolle, ob die Reduzierung der Importe freiwillig, z.B. auf Grund wirtschaftspolitisch erwünschter Erhöhung des Selbstversorgungsgrades bei einzelnen Produkten betrieben wird, oder unfreiwillig erfolgt, wie dies bei Ernteschwankungen in den Lieferländern oder bei einem Lieferboykott der Fall sein kann.

Importsubstitutionen sind z.B. bei Erdöl und den meisten Erzen praktisch nicht denkbar, am ehesten jedoch bei einigen Agrarprodukten, z.B. bei Nahrungs- und Futtergetreide.

- In welchem Umfang muß der Endverbrauch reduziert werden, wenn eine Nicht-Belieferung der heimischen Wirtschaft mit komplementären, also nicht im Inland zu erzeugenden Gütern erfolgt?

Die Lieferausfälle mögen wiederum auf Produktions- oder Ernteschwankungen oder auf einen (Teil-)Lieferboykott zurückgehen. Interessant ist in diesem Zusammenhang z.B. die Frage, wie groß der Konsumverzicht der privaten Haushalte an Mineralölerzeugnissen sein müßte, um einen Rohöllieferboykott bestimmten Ausmaßes verkraften zu können.

- Wie wirken sich Weltmarktpreisänderungen, die zugleich die Importpreise verändern, auf die Kostensituation und die Preisentwicklung im Agrar- und Ernährungsbereich sowie in der Gesamtwirtschaft (z.B. auf den Lebenshaltungskostenindex) aus?
- Wie wirken sich einzelne Preisänderungen im Inland, die nicht auf Kostenüberwälzungsprozesse bei importierten Gütern zurückgehen, auf die sektoralen Preise und das Preisniveau aus?

Hierbei ist etwa zu denken an die Auswirkungen von EG-Preisbeschlüssen für Agrarprodukte, die sich lediglich an entsprechenden Weltmarktpreisentwicklungen orientieren, oder von nachfragebedingten Preissteigerungen bei Substitutionsgütern, z.B. Preissteigerungen bei inländischer Kohle im Zuge von Preissteigerungen bei importiertem Rohöl.

Das statische Input-Output-Modell als Mengenmodell wie Preismodell sowie ihre jeweiligen Varianten (vgl. Abschnitt 4), die zur Beantwortung dieser Fragestellungen dienen, beruhen im wesentlichen auf der Annahme konstanter Vorleistungskoeffizienten (z.T. auch wie beim Preismodell zusätzlich auf der Konstanz der Koeffizienten im Primärinputbereich, d.h. im wesentlichen im Bereich der originären Produktionsfaktoren).

Besonders unter mittel- und langfristigem Aspekt erscheint die Annahme eines konstanten Inputmengengerüsts problematisch, da sich in der Realität die Inputstrukturen vor allem im Zuge von Preisrelationsverschiebungen, Nachfrageänderungen und technischen Fortschritten mehr oder weniger stark verändern. Je kürzer der Projektionshorizont jedoch ist, umso verläßlicher erscheinen die Modellergebnisse [1].

Bei den Berechnungen mit dem <u>Mengenmodell</u>, die der Beantwortung der ersten Fragestellung dienen, wird davon ausgegangen, daß bestimmte bisher importierte Rohstoffe bzw. Agrarprodukte auch im Inland hergestellt werden können. Eine Erhöhung des Selbstversorgungsgrades z.B. bei Getreide führt zunächst dazu, daß die heimische Landwirtschaft ihre Getreideproduktion in der Größenord-

---

[1] Es ist an dieser Stelle darauf hinzuweisen, daß Inputkoeffizientenveränderungen, die bei konstanter Modellstruktur nicht berücksichtigt werden, nicht notwendig die Aussagefähigkeit der Mengen- und Preisprojektionen beeinträchtigen. Es ist durchaus wahrscheinlich, daß sich bei Berücksichtigung dieser Veränderungen zumindest ein Teil der (notwendigerweise gegenläufigen) Koeffizientenänderungen in der Modellrechnung gerade kompensiert, so daß die Projektionsergebnisse auf der Basis "veralteter" Inputstrukturen nicht notwendig schlechter sind (I. EVERS, 1974, S. 31 - 34).

nung des Ausfalls an importiertem Getreide erhöhen kann. Dies bedeutet, daß der Bedarf an Vorleistungen in der Landwirtschaft entsprechend den Inputerfordernissen der Getreideproduktion steigt. Vermehrte Nachfrage der Landwirtschaft z.B. nach Düngemitteln und Energie erfordert eine zusätzliche Produktion in den Sektoren Chemie und Energiewirtschaft. Weitere indirekte produktionssteigernde Wirkungen ergeben sich, da diese Sektoren ihrerseits zur Erzeugung von Düngemitteln und Energie Vorleistungen fremder Sektoren benötigen, die ebenfalls wiederum Vorleistungen nachfragen, usw. Neben die direkten Produktionswirkungen tritt somit eine Kette (sich abschwächender) indirekter Folgewirkungen.

Das Mengenmodell berechnet die zur Realisierung der erhöhten Getreideproduktion erforderliche Bruttoproduktion aller Sektoren. Bei zusätzlicher Konstanzannahme von Primärinputkoeffizienten lassen sich die entsprechenden Werte für die sektoralen Bruttoinlandsprodukt- und Wertschöpfungsbeiträge sowie für die Zahl der Beschäftigten berechnen.

Im Falle vom im Inland nicht vermehrt zu gewinnender Rohstoffe kann das Mengenmodell dazu benutzt werden, bei Importausfällen, z.B. bei einem Ölboykott, die notwendigen Verbrauchseinschränkungen beim Endverbrauch zu berechnen. Wegen der Annahme konstanter Vorleistungskoeffizienten im Modell bedeutet eine Liefereinschränkung bei Rohöl, daß davon der Vorleistungsbereich nicht betroffen wird. Dagegen muß der Endverbrauch, z.B. der private Konsum oder der Export, von Mineralölerzeugnissen reduziert werden. Der erforderliche Konsumverzicht bewirkt nun - sofern er nicht über eine Einschränkung des direkten Imports von Mineralölerzeugnissen an den Endverbrauch erfolgt - nicht nur einen Rückgang der Erzeugung in den inländischen Mineralölverarbeitungsbetrieben, sondern über deren Vorleistungsstruktur auch die bekannte Kette von Produktionswirkungen in anderen Sektoren. Die Einschränkung des Endverbrauchs sowie die Gesamtheit der Produktionswirkungen stellen allerdings Höchstwerte dar, da in der Realität auch im Vorleistungsbereich Rohöl und Mineralölerzeugnisse in begrenztem Umfang vor allem durch Kohle substituiert werden können, so daß die volle Last der Anpassung nicht den Endverbrauch trifft. Somit fallen auch die Produktionseinschränkungen wegen vermehrter Kohleproduktion und deren zusätzlichen direkten und indirekten Inputerfordernissen geringer als die im Modell errechneten aus.

Mit Hilfe des Preismodells lassen sich sogenannte kostenorientierte Preiswirkungen ermitteln. Dies bedeutet, daß Preiswirkungen errechnet werden, die sich ergeben würden, wenn jeder Sektor genau die Kostensteigerungen bzw. -senkungen in seinen Preisen weitergibt, die auf seiner Inputseite auftreten. Das Modell unterstellt somit eine exakte Kostenüberwälzung in allen Sektoren, die von einem oder mehreren Preisstößen ausgeht. Steigt z.B. der Preis für importiertes Rohöl auf Grund eines OPEC-Beschlusses, so erhöhen sich zunächst die Kosten in den Mineralölverarbeitungsbetrieben. Die erhöhten Verkaufspreise für Mineralölprodukte bewirken ihrerseits Kostensteigerungen bei den industriellen Abnehmern vor allem in der chemischen Industrie und im Verkehrswesen, zu einem erheblichen Teil aber auch in der Landwirtschaft. Weitere (indirekte) Kostenüberwälzungen folgen. So werden z.B. Düngemittel, die von der chemischen Industrie auf Rohölbasis hergestellt werden, für die Landwirtschaft teurer. Alle direkten und indirekten Preiswirkungen, die die Rohölpreisanhebung z.B. auf der Inputseite des landwirtschaftlichen Sektors zur Folge hat, werden ihrerseits von der Landwirtschaft in den Verkaufspreisen weitergegeben bzw. im Falle administrativer Preise bei den Überlegungen zu ihrer Neufestsetzung berücksichtigt.

Das Preismodell vermag die komplizierte Preis-Kosten-Wirkungskette genau abzubilden, allerdings wie beim Mengenmodell nur unter der einschränkenden Annahme eines konstanten Inputmengengerüsts. Substitutionsprozesse, also z.B. ein Ausweichen auf andere billigere Energieträger nach erfolgter Rohölpreiserhöhung werden im Modell grundsätzlich nicht berücksichtigt. Jeder Sektor kann also Kostensteigerungen auf Grund der unterstellten Linearlimitationalität der Produktion nicht ausweichen. Eine derartige Annahme ist sicherlich unter mittel- und längerfristigen Aspekten wenig realistisch, da die Unternehmer ihre Inputstruktur den veränderten Preisverhältnissen mehr oder weniger stark anpassen können. Zur Evaluierung der kurzfristigen Wirkungen - vor allem in Fällen, in denen von komplementären Importen Preisanstöße ausgehen - erscheint das Preismodell aber gleichwohl geeignet. Berücksichtigt man mögliche Substitutionsprozesse, die häufig erst mit Verzögerung erfolgen, so wird man die Preisprojektionen des Modells entsprechend vorsichtig als maximale Preiswirkungen interpretieren. Das Preismodell neigt somit in dieser Hinsicht zu einer Überschätzung der tatsächlichen Entwicklung. Je stärker in der Realität kurzfristige Anpassungen, in unserem Beispiel ein Ausweichen auf billigere Energieträger, möglich sind, umso abgeschwächter werden die Wirkungen der Rohölpreissteigerungen tatsächlich sein.

Unter einem anderen Aspekt bilden die Preisprojektionen allerdings Mindestwirkungen ab. Da es sich entsprechend den Modellannahmen um "kostenorientierte" Preiswirkungen handelt, dürften die Projektionen nur dann realistisch sein, wenn ausreichender Wettbewerb auf allen Märkten herrscht, der die Unternehmer zwingt, lediglich die tatsächlichen Kostensteigerungen in ihrem Bereich weiterzugeben, und der verhindert, daß die Unternehmer - die Gunst als Stunde nutzend - die Gewinnspanne ausdehnen können. Je unvollständiger der Wettbewerb, d.h. je höher Monopolgrad einer Volkswirtschaft ist, umso mehr besteht die Gefahr, daß die Preiswirkungen in der Realität größer als die durch das Modell ermittelten sind.

Insofern beanspruchen die Preisprojektionen nicht, die tatsächliche, sondern eine hypothetische Entwicklung vorauszuschätzen, die sich bei ausreichendem Preiswettbewerb ergeben würde. Gerade hierin liegt für den Wirtschaftspolitiker ein gewichtiger Vorteil des Preismodells. Er kann die Modellpreisentwicklung als "gerechtfertigte" Preisänderungen interpretieren. Liegen die tatsächlichen Preise erheblich darüber, so gibt die Differenz zu den Modellpreisen Hinweise auf Inflationsherde und monopolistische Preispraktiken, die eine eingehendere Überprüfung des Preisverhaltens einzelner Branchen sinnvoll erscheinen lassen. Werden die Modellergebnisse von den Wirtschaftspolitikern im Sinne gerechtfertigter Preise interpretiert und werden einzelnen "Preistreibern" Vorhaltungen gemacht, so erscheint die Wirtschaftspolitik zwar dadurch abgesichert, daß ihre Preisschätzungen bereits Höchstwerte darstellen, die sich im ungünstigsten Falle, d.h. bei Fehlen jeglichen Anpassungsverhaltens auf Kostenveränderungen ergeben würden. Auf der anderen Seite ist aber zu beachten, daß Abweichungen der Modellpreisentwicklung von der tatsächlichen Preisentwicklung eines Sektors diesem nicht notwendig voll angelastet werden können, da Ausdehnungen der Gewinnspanne schon bei den Vorliefersektoren stattgefunden haben können.

Abschließend ist noch hervorzuheben, daß das Preismodell auch Aussagen über die maximale Beeinflussung des allgemeinen Preisniveaus unter der Annahme ausreichenden Wettbewerbs zuläßt. Durch Gewichtung der veränderten sektoralen Outputpreisniveaus mit den Werten des privaten Konsums läßt sich die Veränderung des Lebenshaltungskostenindexes errechnen; eine Gewichtung mit den sektoralen Bruttoinlandsproduktbeiträgen erlaubt die Schätzung der Preisindexveränderung für das Bruttoinlandsprodukt bzw. das Bruttosozialprodukt 1).

3 Quantifizierung von Inlandswirkungen

Einen ersten Anhaltspunkt hinsichtlich möglicher Inlandswirkungen von Mengen- und Preisschwankungen auf den Weltmärkten bietet ein kurzer Überblick über die Importabhängigkeit der BRD bei einzelnen Rohstoffen im Jahre 1973. Besonders ausgeprägt ist die Importabhängigkeit im Primärenergiebereich bei Erdöl sowie in abgeschwächter Form bei Erdgas, ferner bei Eisenerzen und fast allen NE-Metallen. Bei den Rohstoffen pflanzlichen und tierischen Ursprungs besteht eine vollständige Importabhängigkeit bei Textilrohstoffen, Kaffee, Tee und Kakao; eine starke Abhängigkeit (Selbstversorgungsgrad (SV) 5 % bis 50 %) besteht vor allem bei Zellstoff, Fischmehl, Ölsaaten, Hülsenfrüchten, Gemüse, Frischobst, Fisch, Nahrungsfetten, Wein und Tabak. Eine beachtliche Import-

---

1) Das Preismodell eignet sich somit grundsätzlich zur groben Abschätzung des Anteils der importierten Inflation am gesamten inländischen Preisauftrieb.

abhängigkeit verbleibt noch bei Nahrungsgetreide (SV: 72 %), Futtergetreide (SV: ca. 60 %) und bei einzelnen Holzarten (SV: ca. 65 - 90 %) (T. VAJNA, 1974).

Je geringer nun der Selbstversorgungsgrad bei den einzelnen Produkten ist, umso stärker werden die Inlandswirkungen infolge von Instabilitäten auf dem Weltmarkt sein.

Einen Überblick über mögliche Wirkungsrichtungen von Mengen- und Preisschwankungen auf dem Weltmarkt vermittelt jedoch erst eine Betrachtung der Importverflechtung und der Vorleistungsstruktur im Agrar- und Ernährungsbereich sowie im Rohstoffbereich der BRD, wie sie aus Input-Output-Tabellen zu ersehen sind. Aus derartigen Tabellen ist bereits in groben Zügen erkennbar, welche Sektoren von einzelnen Mengen- und Preisänderungen unmittelbar betroffen werden. Eine genaue Quantifizierung der direkten, vor allem aber der indirekten Folgewirkungen ermöglichen allerdings erst Input-Output-Modelle (W. HENRICHSMEYER, 1967).

Zur Quantifizierung der Inlandswirkungen wird im folgenden als Datenmaterial verwendet:

- eine ursprünglich 26 Sektoren, später 35 Sektoren umfassende Input-Output-Tabelle des Agrarkomplexes für das Jahr 1967, bei der der Agrar- und Ernährungsbereich in 34 Sektoren bzw. Produkte untergliedert ist; die übrige Wirtschaft ist zu einem einzigen Sektor zusammengefaßt (E. ZUREK und M. ZUREK, 1973),
- eine Input-Output-Tabelle des Statistischen Bundesamtes für das Jahr 1970, die 60 Sektoren umfaßt, wobei 9 Sektoren dem Agrarkomplex zugeordnet werden können (H. MAI, 1974) 1).

3.1 Auswirkungen von Importmengenänderungen auf Produktion, Einkommen und Beschäftigung

Im folgenden sollen die möglichen Inlandswirkungen hypothetischer Importmengenreduzierungen mit den Varianten des Mengenmodells (vgl. Abschnitt 4.1) geschätzt werden. Dabei ist ein Unterschied zu machen, ob Importausfälle durch entsprechende Steigerungen heimischer Produktion substituiert werden können oder ob Verbrauchseinschränkungen notwendig sind, wenn die betreffenden Güter nicht im Inland hergestellt werden können.

3.1.1 Importsubstitutionen

Die Möglichkeiten einer Importsubstitutionspolitik bei Rohstoffen zur Absicherung gegen Instabilitäten auf den Weltmärkten sind in der BRD begrenzt. Denkbar erscheinen Substitutionen bei einigen Rohstoffen pflanzlichen Ursprungs. Tabelle 1 enthält einige Berechnungen der Inlandswirkungen mit Hilfe von Mengenmodell III. Da das Mengenmodell (wie das Preismodell) linear ist, lassen sich die Auswirkungen leicht vom Leser für alternative Prozentsätze der Importvariation errechnen.

Ein Importrückgang bei landwirtschaftlichen Produkten um 10 %, der einer Steigerung der heimischen landwirtschaftlichen Produktion (einschließlich Eigenverbrauch) um über 5 % entspricht, führt zu einer gesamtwirtschaftlichen Produktionserhöhung um nur 0,25 % (=3,2 Mrd.DM, auf der Basis 1970). Mitzieheffekte würden sich bei der chemischen Industrie um + 0,3 % (= 140 Mio. DM), bei Maschinenbauerzeugnissen um 0,2 % (= 108 Mio. DM) sowie bei Nahrungs- und Genußmitteln um + 0,8 % (= 330 Mio. DM) ergeben 2). Der landwirtschaftliche Selbstversorgungsgrad würde um 3,2 Prozentpunkte auf 71,3 % steigen. Der Beschäftigungseffekt ist gesamtwirtschaftlich gering. Die landwirtschaftliche Abwanderung könnte jedoch praktisch für ein Jahr unterbrochen werden (5,2 %).

---

1) Die vorgesehene Verwendung einer aktuelleren Input-Output-Tabelle des Deutschen Instituts für Wirtschaftsforschung für das Jahr 1972 mußte unterbleiben, da ihre Veröffentlichung im Herbst 1975 noch ausstand.

2) Der Produktionseffekt ist in den Ernährungsindustrien u.a. deshalb so gering, weil bei den Mühlen statt importierter Güter jetzt die im Inland erzeugten Produkte verarbeitet werden.

Tabelle 1: Inlandswirkungen von Importsubstitutionen

	Sektor	Importrückgang um in %	Importrückgang um in Mio DM	Bruttoproduktion in Mio DM	Bruttoproduktion in %	Wertschöpfung in Mio DM [1]	Beschäftigtenzahl in Tsd. [1]	Nur Werte $\geq x$	Bruttoproduktionserhöhung in Sektor [2] "i" um "(x)" Mio DM	Veränderung des Selbstversorgungsgrades in % Landw.	Veränderung des Selbstversorgungsgrades in % Agrarkomplex [3]
I-O 1967	1 Getreide	50	− 1245	+ 2112	0,22			≥ 25	1 (1272), 35 (801)	+ 2,5	+ 0,9
	4 Ölsaaten	50	− 544	+ 947	0,10			≥ 25	4 (554), 35 (360)	+ 1,0	+ 0,4
	16 Futtermittel (außer Ölmühlenerz. und Fischmehl)	50	− 143	+ 413	0,04			≥ 25	1 (38), 16 (144), 22 (42), 35 (114)	0	+ 0,1
	4 + 22 Ölsaaten und Ölmühlenerzeugnisse	50	− 1235	+ 2966	0,31			≥ 25	4 (963), 12 (47), 19 (25), 22 (938), 35 (940)	+ 1,3	+ 1,0
I-O 1970	1 Landwirtschaft	10	− 1685	+ 3222	0,25	1378	136	≥ 100	1 (1849), 11 (140), 23 (108), 36 (260)	+ 3,2	+ 1,7
	31 Zellstoff, Papier	10	− 393	+ 898	0,07	302	15	≥ 50	11 (54), 31 (531)	+ 2,2	+ 1,5
	34 Textilien	10	− 770	+ 1792	0,14	596	34	≥ 50	1 (63), 11 (230), 34 (1016)	+ 2,2	+ 1,5

1) Die sektorale Wertschöpfungsbeiträge und die Beschäftigtenzahlen liegen für das Jahr 1967 nicht vor.
2) I-O 1967: 35 = Nicht-Agrarkomplex; I-O 1970: 11 = Chemische Erzeugnisse, 23 = Maschinenbau, 36 = Nahrungs- und Genußmittel (ohne Milch, Fleisch, Getränke, Tabakwaren)
3) Landwirtschaft und Ernährungsindustrien

Quelle: Eigene Berechnungen

Die Modellergebnisse für einzelne landwirtschaftliche Produktgruppen (Getreide, Ölsaaten, Ölmühlenerzeugnisse, sonstige Futtermittel) können nur sehr vorsichtig interpretiert werden, da im Bereich der Bodenproduktion ein Mehranbau bei einem Produkt prinzipiell nur zu Lasten des Anbaus bei anderen Produkten gehen kann. Die letzteren negativen Produktionswirkungen werden aber in der einfachen Modellversion nicht erfaßt. Insofern stellen die Ergebnisse in Tabelle 1 hinsichtlich der Bodenprodukte Höchstwerte dar. Sie vermitteln lediglich Größenordnungsvorstellungen 1).

3.1.2 Endverbrauchsverzicht bei Importausfällen

Besteht keine Möglichkeit, bestimmte Importgüter kurz- und mittelfristig zu ersetzen, so führt z.B. ein Lieferboykott zu Verbrauchs- und Produktionseinschränkungen im Inland. Wir wollen im folgenden den wohl interessantesten Fall eines Erdölteillieferboykotts betrachten.

Mit Hilfe von Mengenmodell I läßt sich abbilden, welche Produktionswirkungen sich ergeben würden, wenn der Endverbrauch, vor allem der private Konsum im notwendigen Umfang auf Produkte verzichten müßte, die auf Rohölbasis erstellt werden. Da wegen der Annahme konstanter Vorleistungskoeffizienten im Modell unterstellt wird, daß die verarbeitende Industrie ihre Importwünsche hinsichtlich Rohöl sowie aller direkt oder indirekt auf Rohölbasis erstellten Produkte trotz Teillieferboykott befriedigen kann, trifft den Endverbrauch die volle Last der Anpassung. Ein Konsumverzicht hat dann allerdings Rückwirkungen auf die inländische Produktion.

Wir wollen nun vereinfachend davon ausgehen, daß der notwendige Verzicht im Zuge eines Rohöllieferboykotts lediglich vom Endverbrauch an Mineralölerzeugnissen (also im wesentlichen von Heizöl und Benzin) getragen werden müßte 2).

Wäre im Jahre 1970 ein Lieferboykott der OPEC-Länder verhängt worden, der die Rohöleinfuhren der BRD um 10 % (= 0,7 Mrd. DM) reduziert hätte, so wäre die Mineralölproduktion ebenfalls um 10 % zurückgegangen (= 2,2 Mrd. DM). In diesem Umfang hätten dem Endverbrauch weniger Mineralölprodukte aus inländischer Produktion zur Verfügung gestanden. Die etwa 25 %ige Endverbrauchsreduzierung hätte primär den privaten Konsum getroffen. Die privaten Haushalte hätten ihren Verbrauch an Heizöl und Benzin um knapp 24 % einschränken müssen, wenn man davon ausgeht, daß eine Erhöhung der Importe von Mineralölerzeugnissen an die Haushalte nicht möglich gewesen wäre.

Hätte man zur Entlastung des privaten Konsums gänzlich auf den Export von Mineralölprodukten in Höhe von 0,9 Mrd. DM verzichtet, so hätte der private Konsum statt um 24 % immerhin noch um 14 % reduziert werden müssen.

---

1) Wenn auch die absoluten Zahlen in Tabelle 1 für das Jahr 1975 keine große Relevanz mehr haben, so dürften doch die prozentualen Veränderungen auch die heutigen Verhältnisse in ausreichendem Maße widerspiegeln.
Zur Absicherung der Ergebnisse wurden Vergleichsrechnungen mit den beiden anderen Varianten des Mengenmodells durchgeführt. Dabei zeigte sich, daß die Modelle zu ähnlichen Ergebnissen führen. Eine Reduktion der Importe des landwirtschaftlichen Sektors um 10 % im Jahre 1970 führt zu einer allgemeinen Produktionssteigerung zwischen 0,22 % und 0,25 % (Modell I: 2,8 Mrd.DM, Modell II: 2,8 Mrd.DM, Modell III: 3,2 Mrd.DM). Die Projektionswerte für die einzelnen Sektoren liegen ebenfalls relativ dicht beieinander (Produktionserhöhung im landwirtschaftlichen Sektor: Modell I 4,9 %, Modell II 5,0 %, Modell III 5,2 %; Produktionserhöhung im Sektor 36 "sonstige Nahrungs- und Genußmittel": Modell I 0,5 %, Modell II 0,6 %, Modell III 0,7 %).

2) Denkbar ist selbstverständlich auch der Verzicht bei anderen Produkten, etwa bei Kunststofferzeugnissen. Ein weitergehender Konsumverzicht bei Produkten mit geringerem direktem und indirektem Rohölanteil würde zweifellos bei einer drastischen Liefersperre notwendig.

Der Lieferboykott hat neben den Wirkungen auf den Endverbrauch aber auch Produktionseinschränkungen zur Folge, da zunächst der Verbrauch an Vorleistungen in den Mineralölverarbeitungsbetrieben infolge der 10 %igen Produktionsdrosselung zurückgeht.

Die gesamte Bruttoproduktion sinkt um 0,22 % (= 2,9 Mrd.DM, davon 2,2 Mrd.DM allein bei den Mineralölverarbeitungsbetrieben). Der Agrar- und Ernährungsbereich ist praktisch von den Produktionseinschränkungen überhaupt nicht betroffen.

Abschließend sei nochmals betont, daß die Modellergebnisse Höchstwerte darstellen. Der "Konsumverzicht" von Rohöl und Mineralölerzeugnissen erfolgt in der Realität nicht nur über den Endverbrauch sondern durch Substitution auch im Produktionsbereich, vor allem durch die Verwendung von Kohle statt Heizöl.

3.2 Auswirkungen von Preisänderungen bei importierten und inländischen Gütern auf Preisgefüge und Preisniveau

Die Skepsis bezüglich der Verläßlichkeit von Projektionen mit Hilfe statischer Input-Output-Modelle bezieht sich vor allem auf das Preismodell und seine Varianten (vgl. Abschnitt 4.2), da die Annahme konstanter Inputkoeffizienten auf den Primärinputbereich ausgedehnt wird. Empirische Überprüfungen zeigen jedoch, daß das sektorale Preisgefüge auch über längere Zeiträume hinweg eine relative Stabilität aufweist. Dies sei an folgendem Beispiel verdeutlicht: Mit Hilfe der vier verfügbaren Input-Output-Tabellen des Agrarkomplexes für die Jahre 1954, 1958, 1962 und 1967 (vgl. M. ZUREK, 1972) wurden jeweils die Preiswirkungen einer Aufwertung der DM um 10 % berechnet. Die entsprechende Verbilligung der Vorleistungsimporte hätte zu allen vier Zeitpunkten zu einer Senkung der Lebenshaltungskosten (genauer: der im Inland erzeugten Güter für die Lebenshaltung) um 1,2 % führen müssen, wenn die Unternehmer die Kostensenkungen voll an den Verbraucher weitergegeben hätten. Die Veränderung der sektoralen Durchschnittspreise infolge der Aufwertung halten sich trotz des Zeitraums von 13 Jahren bei der Mehrzahl der Sektoren in relativ engen Grenzen, meist ist eine trendmäßige Entwicklung feststellbar (z.B. Landwirtschaft 1954: 0,7 %, 1967: 1,2 %; Milcherzeugnisse 1954: 0,6 %, 1967: 1,0 %; Fleisch und Fleischerzeugnisse 1954: 1,2 %, 1967: 1,4 %).

An diesem Beispiel wird deutlich, daß das Preisgefüge auf exogene Preisanstöße relativ gleichförmig reagiert; die Verläßlichkeit von Preisprojektionen scheint somit auch größer zu sein, als man angesichts der Strukturwandlungen im Agrar- und Ernährungsbereich im Zeitraum 1954 bis 1967 vermuten könnte.

3.2.1 Kostenüberwälzungen bei Importpreisveränderungen

Die Frage, in welcher Weise Importpreisveränderungen bei Rohstoffen das inländische Preisgefüge beeinflussen, läßt sich mit Hilfe von Preismodell I beantworten [1].

In Tabelle 2 finden sich die Ergebnisse hypothetischer Preisvariationen, die der Leser wiederum wegen der Linearität des Modells zum Zwecke eigener Untersuchungen auf alternative Prozentsätze umrechnen kann. Zur Veranschaulichung der Ergebnisse erscheint es nützlich, anhand einiger Beispiele die Modellpreisentwicklung mit der tatsächlichen Preisentwicklung zu konfrontieren.

---

1) Preismodell I erlaubt grundsätzlich - im Gegenteil zu den Mengenmodellen und zu Preismodell II - eine exogene Veränderung bei einzelnen Produkten die in dem (heterogenen) Güterpaket eines Sektors enthalten sind. Dies ist möglich, wenn man die Abnehmersektoren des betreffenden Produkts und die Höhe der Lieferungen kennt. So umfaßt etwa der Sektor 5 "Gartenbau und Sonderkulturen" ein Bündel heterogener Produkte, z.B. Textilstoffe, Kaffee, Tee, Rohtabak; aus der Importmatrix sind jedoch die Abnehmer der einzelnen Produkte ersichtlich, so daß Importpreiserhöhungen im Modell nicht pauschal für die Gruppe sondern jeweils separat für jedes Produkt vorgegeben werden können.

Tabelle 2: Auswirkungen von Importpreisveränderungen auf Preisgefüge und Preisniveau

Importpreis-änderung bei		in %	$\geq$ x %	Sektorpreisänderung bei in %			Veränderung des Preisniveaus in % LHK [1]	BSP [2]
I-O 1967	4 Ölsaaten	50	$\geq$ 2	16 Futtermittel 22 Ölmühlenerzeugnisse 23 Margarine	2,1 22,9 10,7		0,1	0,1
	5 Gartenbau u. Sonderk. nur: Textilrohstoffe	100	$\geq$ 0,5	6 Futterpflanzen 12 Textilerzeugnisse	1,3 8,8		0,3	0,3
	nur: Rohkaffee, Tee	50	$\geq$ 0,5	26 Kaffee, Tee	25,8		0,3	0,1
	nur: Rohtabak	50	$\geq$ 0,5	34 Tabakerzeugnisse	5,1		0,2	0,0
	16 Futtermittel	50	$\geq$ 2	9 Geflügel, Eier	2,0		0,1	0,0
	22 Ölmühlenerzeugn.	50	$\geq$ 2	8 Schweine 9 Geflügel, Eier 16 Futtermittel 22 Ölmühlenerzeugnisse 29 Margarine	1,4 3,3 7,1 8,0 4,2		0,2	0,1
I-O 1970	9 Bergbauerz. nur: NE-Metalle	100	$\geq$ 0,5	17 Eisen u. Stahl 19 Herst.v.NE-Metallen	0,8 0,9		0,0	0,1
	10 Erdöl u. Erdgas (nur: Erdöl)	100	$\geq$ 1	6 Wasserw. 9 Bergbau 10 Erdöl 12 Mineralölerz. 14 Baumaterial 15 Zement 46 Schiffahrt 47 S.Verkehr	1,0 1,5 1,4 31,0 1,9 1,5 1,3 2,6	(0,8) (1,3) (1,2) (27,4) (1,7) (1,4) (1,2) (2,3)	1,2 (1,0)	1,0 (0,9)
	10 + 12, Erdöl Erdgas, Mineral-ölerzeugnisse	100	$\geq$ 1,4	1 Landwirtschaft 3 Fischerei 9 Bergbau 10 Erdöl 11 Chem. Erzeugnisse 12 Mineralöl. 14 Baumaterial 15 Zement 31 Zellstoff, Papier 36 N + G 37 Milcherzeugnisse 39 Getränke 45 Eisenbahnen 46 Schiffahrt 47 S.Verkehr	1,9 3,3 2,0 1,7 3,0 31,6 2,4 2,5 1,6 1,4 1,9 1,4 1,8 5,2 7,2		1,8	1,7

1) LHK = Lebenshaltungskosten
2) BSP = Bruttosozialprodukt
Quelle: Eigene Berechnungen

Die Importpreise für Ölsaaten haben sich in den beiden Jahren 1972 bis 1974 etwa um knapp 80 % erhöht. Dies rechtfertigt Preiserhöhungen bei inländischen Ölmühlenerzeugnissen von rund 37 %, bei Margarine in Höhe von etwa 17 %. Gleichzeitig stiegen in den beiden Jahren die Preise für importierte Ölmühlenerzeugnisse: bei Ölkuchen um knapp 25 %, bei pflanzlichen Ölen zur Margarineherstellung um 150 %. Dies entspricht nochmals einer begründbaren 4 %igen Preiserhöhung bei Ölmühlenerzeugnissen (insgesamt also 41 %) und einer 13 %igen Preiserhöhung bei Margarine (insgesamt also 30 %).

Da sich die Preise inländischer Ölmühlenerzeugnisse in der Zeit von 1972 bis 1974 fast verdoppelt haben – dies entspricht einer Erhöhung der Lebenshaltungskosten um etwa 0,4 % – kann eigentlich nur rund 40 % der Preissteigerung mit Kostensteigerungen auf Grund importierter Ölsaaten und Ölmühlenerzeugnissen begründet werden. Die übrige 60 %ige Preissteigerung bei inländischen Ölmühlenerzeugnissen geht auf sonstige Kosten- und Preissteigerungen sowie auf eine Ausdehnung der Gewinnspanne zurück. Man kann vermuten, daß die Verbilligung der Einfuhrpreise für Ölkuchen in 1973/74 (noch) nicht weitergegeben wurde.

Bei Margarine gab es in den beiden Jahren 1972 bis 1974 einen Preisanstieg um 30 %. Dieser Anstieg kann genau mit der Verteuerung der Vorleistungsimporte erklärt werden.

Auffallend erscheint, daß selbst drastische Erhöhungen der Importpreise für NE-Metalle das Preisgefüge kaum beeinflussen. Das gilt auch für die Importe von Rohphosphaten, die für die Düngemittelherstellung bedeutsam sind.

Veränderungen der Importpreise für Erdöl- und Mineralölerzeugnisse haben wegen ihres Umfanges und ihrer vielfältigen direkten und indirekten Verwendung in den verschiedenen Wirtschaftsbereichen den stärksten Einfluß auf die Preisentwicklung. Die Erzeugung von inländischen Mineralölprodukten verteuert sich z.B. bei einem Anstieg der Importpreise für Erdöl und Mineralölerzeugnisse von 100 % um 31,6 %. Sehr viel geringer dürften die Preiserhöhungen im Bereich des Verkehrswesens ausfallen. Eine Erhöhung des Agrarpreisniveaus von 1,9 % könnte mit der Ölpreiserhöhung begründet werden. Fischereiprodukte könnten sich um 3,3 % verteuern. Die Lebenshaltungskosten würden sich um 1,8 % erhöhen [1]. Da die Importpreise für Rohöl und Mineralölerzeugnisse im Zeitraum 1972 bis 1974 um über 200 % (Erdöl: + 225 %, Mineralölerzeugnisse: + 200 %) gestiegen sind, war diese Produktgruppe am allgemeinen Preisauftrieb in Höhe von durchschnittlich 1,8 % pro Jahr beteiligt. Bei einer durchschnittlichen Preissteigerungsrate für die Lebenshaltung in den beiden Jahren von rund 7,0 % pro Jahr war die Gruppe der Mineralölerzeugnisse zu rund 25 % an der allgemeinen Inflationierung beteiligt.

Wie schon betont stellen die mit dem Preismodell errechneten auf reine Kostenüberwälzungen zurückführenden Preiswirkungen Höchstwerte dar, die in der Realität umso weniger erreicht werden, je größer die Möglichkeit eines Ausweichens auf Substitutionsprodukte ist.

3.2.2 Preisänderungen bei inländischen Substitutionsgütern als Folge von Importpreisänderungen

Weltmarktpreisveränderungen bei EG-Marktordnungsprodukten schlagen wegen des EG-Außenschutzes nicht unmittelbar auf die betreffenden Inlandspreise durch. Sie beeinflussen aber zweifellos die Verhandlungen über die Neufestsetzung der Marktordnungspreise. Nachhaltigen Preissteigerungen auf dem Weltmarkt können sich die EG-Binnenpreise auf Dauer kaum entziehen.

Von der Weltmarktentwicklung induzierte Preisanpassungen für im Inland erzeugte Güter, die nicht wie im vorigen Abschnitt 3.2.1 dargestellt auf Kostenerhöhungen beruhen, ergeben sich nicht nur

---

[1] Zum Vergleich: Das Deutsche Institut für Wirtschaftsforschung errechnete auf der Basis einer Input-Output-Tabelle für das Jahr 1967 einen Preisanstieg von 1,5 % (DIW-Wochenbericht 3/74).

Tabelle 3: Auswirkungen der Anpassung von Inlandspreisen auf Preisgefüge und Preisniveau

	Inlandspreis-änderung bei	in %	Sektorpreisänderung bei ≥ x %		in %	Veränderung des Preisniveaus in % LHK [1]	BSP [2]
I-O 1967	1 Getreide	10	≥ 0,5	9 Geflügel, Eier 13 Mühlenerzeugnisse 14 Nährmittel 15 Stärke 16 Futtermittel (sonst.) 17 Backwaren 29 Brauereierzeugnisse 30 Mälzerei	0,5 4,9 0,5 1,3 1,1 1,5 0,8 5,4	0,1	0,1
	3 Zucker-rüben	10	≥ 0,4	18 Süßwaren 24 Zucker 33 Mineralwasser	0,4 4,7 0,4	0,0	0,0
	4 Ölsaaten	10	≥ 0,3	22 Ölmühlenerzeugnisse	0,3	0,0	0,0
	7 Milch	10	≥ 0,4	10 Rinder u.a. 21 verarb. Milch	0,6 6,7	0,3	0,1
	8 Schweine	10	≥ 0,4	19 Fleisch	2,7	0,2	0,1
	10 Rinder	10	≥ 0,4	19 Fleisch	1,9	0,2	0,1
	16 Futtermittel (außer Ölmühlenerz. u. Fischmehl)	10	≥ 0,5	7 Milch 8 Schweine 9 Geflügel 10 Rinder 19 Fleisch, -erzeugnisse	0,6 1,1 3,2 0,6 0,5	0,1	0,0
	19 Fleisch u. -erzeugn.	10	≥ 0,4	16 Futtermittel 23 Margarine	0,8 0,6	0,7	0,1
	24 Zucker	10	≥ 0,4	18 Süßwaren 25 Obst und Gemüse 33 Mineralwasser	0,7 0,5 0,9	0,1	0,0
I-O 1970	1 Landwirtschaft (Jagd, Forsten, Fisch.)	10	≥ 1	36 N + G 37 Milcherzeugnisse 38 Fleisch 39 Getränke 52 Gaststätten	2,5 7,5 2,4 1,2 1,0	0,9	0,5
	7 Kohlebergbau	50	≥ 1	4 Strom 6 Wasser 8 Kohleverkokung 15 Zement 17 Eisen und Stahl 45 Eisenbahnen	5,7 7,6 29,3 1,1 1,9 1,4	0,6	1,0
	10 Erdöl, Erdgas	100	≥ 0,5	7 Kohle 9 Bergbau 12 Mineralölerzeugnisse	0,7 0,6 1,9	0,1	0,1
	31 Zellstoff Papier, Pappe	50	≥ 1,8	11 Chem. Erzeugnisse 14 Baumaterial 15 Zement 32 Druckerei 36 N + G	1,8 1,8 2,1 4,7 2,1	1,0	1,2

[1] LHK = Lebenshaltungskosten
[2] BSP = Bruttosozialprodukt

Quelle: Eigene Berechnungen.

dadurch, daß z.B. bei einer Erdölimportpreiserhöhung der Preis für im Inland gefördertes Rohöl mitzieht; zugleich steigen auch nachfragebedingt die Inlandspreise für Substitutionsprodukte, z.B. der Preis für Kohle.

Die Auswirkungen derartiger (exogener) Anpassungen einzelner Inlandspreise an veränderte Weltmarktbedingungen lassen sich mit Hilfe von Preismodell II ermitteln, wobei wieder unterstellt wird, daß Preisanstöße lediglich reine Kostenüberwälzungen auslösen (vgl. Abschnitt 4.2) 1).

Die Erzeugerpreise inländischer Futtermittel (außer Ölmühlenerzeugnissen und Fischmehl) sind im Zeitraum 1972 - 74 um knapp 22 % (teilweise importpreisbedingt) gestiegen. Dies rechtfertigt Preiserhöhungen bei Geflügel und Eiern von etwa 7 %, die Schweineproduktion verteuert sich um knapp 2,5 %, die Kostensteigerungen liegen bei der Milcherzeugung und der Fleischerzeugung zwischen 1,1 % und 1,3 %.

Die Anhebung des Interventionspreisniveaus für Getreide von 1973/74 auf 1974/75 um etwa 8 % rechtfertigt eine Erhöhung der Preise für Mühlenerzeugnisse um 4 %, bei Futtermitteln um 0,9 % und bei Backwaren um 1,2 %. Die Kosten der Lebenshaltung werden sich dadurch aber nur um 0,1 % erhöhen.

Im Bereich der industriellen Rohstoffe führt ein Nachziehen der Preise für inländisches Rohöl wegen des geringen Selbstversorgungsgrades nur zu geringfügigen zusätzlichen Preiswirkungen.

Ein Anstieg des Durchschnittspreises für das Substitutionsprodukt Kohle in Höhe von 50 % würde die Lebenshaltung um 0,6 % verteuern. Die Erhöhung der Kohlepreise von 1973 auf 1974 in Höhe von mehr als einem Drittel als Folge der Erdölkrise dürfte somit eine zusätzliche Erhöhung der Lebenshaltungskosten von 0,4 % bewirkt haben.

4 Anhang: Die verwendeten Input-Output-Modelle

Zur Berechnung der Inlandswirkungen von Störungen auf dem Weltmarkt ist das offene statische Leontief-Modell in seinen beiden Grundversionen als

Mengenmodell

(1) $X = (I-A)^{-1} \cdot Y$

und Preismodell

(2) $P = (I-A')^{-1} \cdot (\bar{A}^v + A^v)$

geeignet. Beide Grundmodelle weisen ihrerseits Varianten auf, die im wesentlichen durch unterschiedliche Modellannahmen hinsichtlich der Importe gekennzeichnet sind und deren Verwendung sich nach der jeweiligen speziellen Fragestellung richtet.

Vor allem bei den Varianten des Mengenmodells ist die Art der Importverbuchung in der Input-Output-Tabelle von Bedeutung, wenn es darum geht, die Auswirkungen von Importmengenänderungen zu berechnen.

Man kann prinzipiell zwei Arten der Importverbuchung unterscheiden (R. STÄGLIN, 1968; I. EVERS, 1974, S. 9 - 13):

- Nach der ersten Verbuchungsart enthalten die Vorleistungsmatrix und die Endnachfragesektoren nur die inländischen Lieferungen. Die Importe sind lediglich in aggregierter Form als (Primär-

---

1) Vom Modellkonzept her gesehen spielt es allerdings keine Rolle, ob die exogenen Preisanstöße durch die Weltmarktentwicklung bedingt sind oder aus gänzlich anderen Gründen erfolgen. Die Modellergebnisse vermitteln somit z.B. auch Größenordnungsvorstellungen über Preiswirkungen, die sich bei einem Abbau des EG-Außenschutzes ergeben würden.

input-)Zeile bei den betreffenden Verwendungssektoren erfaßt. Derartige Input-Output-Tabellen seien in Anlehnung an das Tabellenkonzept der EG als P-Tabellen bezeichnet.

- Nach der zweiten Verbuchungsmethode werden die Importe zusammen mit den entsprechenden inländischen Lieferungen in der Vorleistungsmatrix und in der Endnachfrage verbucht. Zur Herstellung zeilenweiser Konsistenz mit den Bruttoproduktionswerten wird in diesem Falle im Endnachfragebereich eine zusätzliche Spalte mit negativen Importwerten (= Gesamtimporte nach Herkunftsbereichen) eingeführt. Derartige Input-Output-Tabellen nennen wir T-Tabellen. Der Konstruktion einer T-Tabelle liegt in der Regel eine komplette Importmatrix, M-Tabelle genannt, zugrunde, in der die Importe entsprechend ihrer Verwendung im Vorleistungs- und Endnachfragebereich verbucht sind. Durch "Addition" von P-Tabelle und M-Tabelle ergibt sich - vereinfachend gesagt - die T-Tabelle (P+M=T).

Symbole

x_{ij}^p inländische Lieferungen des Sektors i an den Sektor j

x_{ij}^m Import von Gut i an Sektor j

v_{kj} Lieferung des Primärinputs k an Sektor j

X_i^p (inländischer) Bruttoproduktionswert des Sektors i

X_i^m Gesamtimport von Gut i

Y_i^p gesamte Endnachfrage nach inländischem Gut i

Y_i^m Gesamtimport von Gut i an die Endnachfrage

$Y_i^t = Y_i^p + Y_i^m$ gesamte Endnachfrage nach Gut i

$a_{ij} = x_{ij}^p / X_i^p$ Inlandsinputkoeffizient

$m_{ij} = x_{ij}^m / X_i^p$ Importinputkoeffizient

$m_i = X_i^m / X_i^p$ Gesamtimportkoeffizient

$a_{kj}^v = v_{kj} / X_i^p$ Primärinputkoeffizient

p_i (durchschnittlicher) Outputpreis des Sektors i

w Wachstumsrate

Matrizen:

$A = \{a_{ij}\}; \quad M = \{m_{ij}\}; \quad I =$ Einheitsmatrix;

$\bar{m}_i$ = Diagonalmatrix von m_i;

$\tilde{A}$ = reduzierte (n-1, n-1)- Matrix $\{a_{ij}\}$;

Spaltenvektoren

$X^P = \{X_i^P\}$; $Y^P = \{Y_i^P\}$; $Y^t = \{Y_i^t\}$; $Y^m = \{Y_i^m\}$; $X^m = \{X_i^m\}$; $P = \{p_i\}$;

$\bar{A}^v$ bzw. $\bar{\bar{A}}^v$ = Summe der konstanten Primärinputkoeffizienten,

A^v bzw. A^n = Vektor der exogenen Preismodell-Variablen.

Es richtet sich nach der jeweiligen speziellen Fragestellung, welche der drei Input-Output-Matrizen man bei der Verwendung der Varianten des Mengen- und Preismodells zur Berechnung der Auswirkungen von Importänderungen am zweckmäßigsten verwendet.

Unter Berücksichtigung der unterschiedlichen Importverbuchungsmöglichkeiten sind drei Varianten des Mengenmodells denkbar, bei denen zugleich die Grundannahmen verschieden sind (T.I. MATUSZEWSKI et al., 1963). Ähnliches gilt für die beiden Varianten des Preismodells.

4.1 Varianten des Mengenmodells

Mengenmodell 1

Mengenmodell 1 stellt eine Variante des Grundmodells (1) dar. Im Modell werden gleichzeitig die Input-Output-Tabelle, die lediglich die inländischen Lieferungen enthält (d.h. die P-Tabelle), und die Importmatrix (M-Tabelle) verwendet. Die Bilanzgleichungen der beiden Tabellen können wie folgt geschrieben werden:

$$(3) \quad \left. \begin{array}{l} X_i^P - \sum_{j=i}^{n} x_{ij}^P = Y_i^P \\[2ex] -\sum_{j=1}^{n} x_{ij}^m + X_i^m = Y_i^m \end{array} \right\} \quad (i = 1, \ldots, n) \quad \begin{array}{l} \text{P-Tabelle} \\[2ex] \text{M-Tabelle} \end{array}$$

Führt man getrennte Inputkoeffizienten für inländische und importierte Vorleistungen ein, d.h.

$$(4) \quad a_{ij} = \frac{x_{ij}^P}{X_i^P} \quad \text{und}$$

$$(5) \quad m_{ij} = \frac{x_{ij}^m}{X_i^P} ,$$

so wird aus (3)

$$(6) \quad \left. \begin{array}{l} X_i^P - \sum_{j=1}^{n} a_{ij} X_i^P = Y_i^P \\[2ex] -\sum_{j=1}^{n} m_{ij} X_i^P + X_i^m = Y_i^m \end{array} \right\} \quad (i = 1, \ldots, n)$$

oder in Matrixschreibweise

$$
(7) \quad \begin{bmatrix} I-A & O \\ \hline -M & I \end{bmatrix} \cdot \begin{bmatrix} X^p \\ \hline X^m \end{bmatrix} = \begin{bmatrix} Y^p \\ \hline Y^m \end{bmatrix}.
$$

Wird die Endnachfrage nach inländischen und importierten Gütern als exogen bestimmt angesehen, so läßt sich Mengenmodell I als (2n x 2n)-System wie folgt formulieren:

$$
(8) \quad \begin{bmatrix} X^p \\ \hline X^m \end{bmatrix} = \begin{bmatrix} I-A & O \\ \hline -M & I \end{bmatrix}^{-1} \cdot \begin{bmatrix} Y^p \\ \hline Y^m \end{bmatrix} \quad \text{oder}
$$

$$
(9) \quad \begin{bmatrix} X^p \\ \hline X^m \end{bmatrix} = \begin{bmatrix} (I-A)^{-1} & O \\ \hline M(I-A)^{-1} & I \end{bmatrix} \cdot \begin{bmatrix} Y^p \\ \hline Y^m \end{bmatrix}.
$$

Die Annahme konstanter Inlands- und Importinputkoeffizienten ist zweifellos sehr rigide. Sie impliziert, daß im Vorleistungsbereich keine Importsubstitutionen stattfinden. Dies dürfte in der Realität allenfalls nur kurzfristig der Fall sein.

Das Modell erlaubt lediglich die Variation der Importe, die direkt an die Endnachfrage gehen. Importsubstitutionen im Endnachfragebereich als dem exogen bestimmten Teil des Modells sind somit möglich. Das Modell errechnet die Auswirkungen von Endnachfrageimportsubstitutionen oder Veränderungen der Endnachfrage nach inländischen Gütern (ohne Importsubstitution) auf die inländischen sektoralen Bruttoproduktionswerte. Gleichzeitig werden endogen die indirekten Importwirkungen ermittelt.

Mengenmodell II

Mengenmodell II verwendet als Ausgangsgleichungssystem die inländische wie importierte Lieferungen jeweils zusammen erfassende T-Tabelle sowie die Gesamtimporte:

$$
(10) \quad \left. \begin{aligned} X_i^p - \sum_{j=1}^{n} (x_{ij}^p + x_{ij}^m) + X_i^m &= Y_i^t \\ -X_i^m + X_i^m &= 0 \end{aligned} \right\} \quad (i = 1, \ldots, n) \quad \begin{aligned} &\text{T-Tabelle} \\ &\text{Importe} \end{aligned}
$$

Bildet man die "aggregierten" Inputkoeffizienten

$$
(11) \quad (a_{ij} + m_{ij}) = \frac{x_{ij}^p + x_{ij}^m}{X_i^p}
$$

und nimmt sie als im Zeitablauf konstant an, so ist die Koeffizientenkonstanz mit Importsubstitution durchaus vereinbar, soweit nur der aggregierte Koeffizient jeweils unverändert bleibt.

Als zweite Konstanzhypothese enthält Mengenmodell II die Beziehung

$$
(12) \quad m_i = \frac{X_i^m}{X_i^p}.
$$

Sie besagt, daß die sektoralen "Marktanteile" der Gesamtimporte am Gesamtangebot $(X_i^p + X_i^m)$ konstant bleiben. Die Verteilung der Importe innerhalb der Zeilen sowie die absolute Höhe der Gesamtimporte bleiben allerdings variabel (Endnachfrageimporte sind exogen, Vorleistungsimporte werden endogen bestimmt).

Unter Einbeziehung der Koeffizienten (11) und (12) ergibt sich folgendes System

(13) $$\left.\begin{array}{l} X_i^P - \sum_{j=1}^{n} (a_{ij} + m_{ij}) X_i^P + X_i^m = Y_i^t \\ \\ \quad\quad - m_i X_i^P + X_i^m = 0 \end{array}\right\} \quad (i = 1, \ldots, n)$$

oder in Matrixform

(14) $$\left[\begin{array}{c|c} I - (A+M) & I \\ \hline -\bar{m} & I \end{array}\right] \cdot \left[\begin{array}{c} X^P \\ \hline X^m \end{array}\right] = \left[\begin{array}{c} Y^t \\ \hline O \end{array}\right].$$

Als Projektionsmodell folgt daraus:

$$\left[\begin{array}{c} X^P \\ \hline X^m \end{array}\right] = \left[\begin{array}{c|c} I - (A+M) & I \\ \hline -\bar{m} & I \end{array}\right]^{-1} \cdot \left[\begin{array}{c} Y^t \\ \hline O \end{array}\right].$$

Mit Hilfe dieses Modells können ebenfalls wie beim Mengenmodell I exogene Importänderungen[1] im Endnachfragebereich vorgegeben und ihre Wirkung auf die sektoralen Produktionsniveaus und gesamten Importerfordernisse abgeschätzt werden. Da Modell II Importsubstitution zuläßt, erscheint es gegenüber Modell I flexibler und der Realität entsprechender. Gleichwohl wird dieser Vorteil durch die Annahme konstanter Gesamtimportkoeffizienten zum großen Teil wieder abgeschwächt.

Mengenmodell III

Dieses Modell basiert ebenso wie Mengenmodell II auf der T-Tabelle. Es wird hier als (2n x 2n)-System dargestellt, obwohl die Erweiterung in diesem Fall trivial ist; sie ermöglicht aber einen besseren Vergleich mit den beiden anderen Modellvarianten.

Wir gehen von folgenden Bilanzgleichungen aus:

(16) $$\left.\begin{array}{l} X_i^P - \sum_{j=1}^{n} (x_{ij}^P + x_{ij}^m) = Y_i^t - X_i^m \\ \\ X_i^m = X_i^m \end{array}\right\} \quad (i = 1, \ldots, n)$$

T-Tabelle

Importe

und unterstellen wie bei Modell II "aggregierte" Inputkoeffizienten (11). Dann läßt sich System (16) umwandeln in

(17) $$\left.\begin{array}{l} X_i^P - \sum_{j=1}^{n} (a_{ij} + m_{ij}) X_i^P = Y_i^t - X_i^m \\ \\ X_i^m = X_i^m \end{array}\right\} \quad (i = 1, \ldots, n)$$

oder

(18) $$\left[\begin{array}{c|c} I - (A+M) & O \\ \hline O & I \end{array}\right] \cdot \left[\begin{array}{c} X^P \\ \hline X^m \end{array}\right] = \left[\begin{array}{c} Y^t - X^m \\ \hline X^m \end{array}\right].$$

---

[1] Für die autonomen Importe entfällt im Modell die Annahme konstanter Gesamtimportkoeffizienten m_i.

Als Mengenmodell III ergibt sich somit

$$(19) \quad \begin{bmatrix} X^p \\ \hline X^m \end{bmatrix} = \begin{bmatrix} I - (A+M) & | & O \\ \hline O & | & I \end{bmatrix}^{-1} \cdot \begin{bmatrix} Y^t - X^m \\ \hline X^m \end{bmatrix} \quad \text{oder}$$

$$= \begin{bmatrix} [I - (A+M)]^{-1} & | & O \\ \hline O & | & I \end{bmatrix} \cdot \begin{bmatrix} Y^t - X^m \\ \hline X^m \end{bmatrix} \quad 1).$$

Der Vorteil dieses Modells besteht darin, daß in seinem endogenen Teil Importsubstitutionen zugelassen werden. Die gesamten Importe – und nicht mehr nur wie in Modell I und II die Endnachfrageimporte – werden als exogen betrachtet. Damit entfällt die Bestimmung der Vorleistungsimporte durch das Modell, die auf der Basis konstanter Importkoeffizienten m_{ij} bzw. m_i ermöglicht wurden.

MATUSZEWSKI, PITTS und SAWYER haben gezeigt, daß die drei Modelle unter bestimmten Bedingungen äquivalent sind und daß ein kombinierter Einsatz der Modelle sinnvoll sein kann. Darüber hinaus haben sie einen empirischen Testvergleich der drei Modelle unternommen, wobei sie eine relative Gleichwertigkeit der Verfahren feststellten (T.I. MATUSZEWSKI et. al., 1963).

Die im Rahmen des vorliegenden Beitrags vorgenommenen Berechnungen zur Importsubstitution stützen sich im wesentlichen auf Mengenmodell III, da es hinsichtlich der Importe, die am wenigsten restriktiven Annahmen macht. Zu Vergleichszwecken und zur Absicherung der Ergebnisse wurden jedoch die beiden anderen Modelle herangezogen. Zur Abschätzung des erforderlichen Endverbrauchsverzichts bei Lieferausfällen komplementärer Importgüter wurde Mengenmodell I benutzt.

4.2 Varianten des Preismodells

Die Varianten des Mengenmodells gehen von Inputkoeffizienten aus, die zumindest für eine gewisse Zeit als stabil angesehen werden. Derartige technische Input-Output-Beziehungen werden üblicherweise in unterschiedlichen physikalischen Dimensionen (z.B. kg, Steinkohleneinheiten) gemessen. Um die verschiedenen physischen Inputs x_{ij}^* in der Tabelle vergleichbar und addierbar zu machen, werden sie mit ihren Preisen bewertet $x_{ij} = p_{ij} \cdot x_{ij}^*$. Eine Input-Output-Tabelle impliziert somit ein Preissystem, das beim Mengenmodell durch die Fiktion aller Preise auf die Höhe von 1 eliminiert wird.

Die Input-Output-Preismodelle gehen zunächst ebenfalls von Preisen von 1 aus, wodurch $x_{ij} = x_{ij}^*$ (W.W. LEONTIEF, 1966, S. 182 - 202; I. EVERS, 1973, S. 5 ff.). Es werden dann exogene Preisänderungen vorgegeben und die daraus resultierenden Änderungen bei den übrigen Preisen (als Abweichungen von 1) errechnet.

Dabei wird nicht angenommen, daß jeder Lieferung x_{ij}^* ein spezieller Preis p_{ij} zugeordnet ist, sondern daß jeder sektorale Output zu einem einheitlichen Preis p_i an alle Abnehmer verkauft wird. Dies bedeutet, daß dieser Preis innerhalb der betreffenden Zeile der Input-Output-Tabelle gilt. Diese Preisannahme steht im Zusammenhang mit der Grundannahme, daß jeder Sektor ein homogenes Produkt bzw. ein Güterpaket in gleicher Zusammensetzung an alle Abnehmer liefert.

Stellt diese Mengenannahme eine ausreichende Annäherung an die tatsächlichen Verhältnisse dar, so dürfte dies auch für die Annahme einheitlicher sektoraler Durchschnittspreise p_i gelten.

---

1) Durch Reduktion auf ein (n x n)-System folgt aus System (19)

$$(19') \quad X^p = \begin{bmatrix} I - (A+M) \end{bmatrix}^{-1} \cdot (Y^t - X^m).$$

Man kann zwei Varianten des Preismodells (2) unterscheiden:

- Das erste Preismodell kann zur Ermittlung der Preiswirkungen benutzt werden, die von exogenen Preisveränderungen im Primärinputbereich (also etwa von veränderten Lohn-, Zins-, Steuer-, Subventions-, Abschreibungs- oder Gewinnsätzen) ausgehen. Da in einer P-Tabelle die Vorleistungsimporte in einer Primärinputzeile verbucht werden, kann dieses Modell in unserem Fall zur Berechnung der Preiswirkungen auf Grund veränderter Importpreise verwendet werden.

- Das zweite Preismodell geht von einer exogenen Outputpreisänderung eines Sektors aus und errechnet die Preiswirkungen in den anderen Sektoren. Für unsere Zwecke kann es zur Evaluierung nachfragebedingter Preisveränderungen im Zuge von Importpreisveränderungen benutzt werden (z.B. bei einem Nachziehen der inländischen Kohlepreise im Zuge einer Substitution von Erdöl durch Kohle).

Preismodell I

Eine Input-Output-Tabelle läßt sich bei expliziter Berücksichtigung von Preis- und Mengengrößen in zeilenweiser Betrachtung schreiben als System

(20) $\quad \sum_{j=1}^{n} p_i x_{ij} + p_i Y_i = p_i X_i^P \quad$ 1).

Das Preismodell geht allerdings von der spaltenweisen Betrachtung des Systems aus:

(21) $\quad \sum_{i=1}^{n} p_i x_{ij} + \sum_{k=1}^{m} p_i v_{kj} = p_i X_i^P ,$

wobei wir m Primärinputkomponenten unterscheiden. Durch Einführung von Vorleistungsinputkoeffizienten (4) und Primärinputkoeffizienten

(22) $\quad a_{kj}^v = \dfrac{v_{kj}}{X_i^P}$

wird Gleichungssystem (21) zu

(23) $\quad \sum_{i=1}^{n} p_i a_{ij} X_i^P + \sum_{k=1}^{m} p_i a_{kj}^v X_i^P = p_i X_i^P .$

Durch Kürzung von X_i^P und Umstellung ergibt sich

(24) $\quad p_i - \sum_{i=1}^{n} p_i a_{ij} = \sum_{k=1}^{m} p_i a_{kj}^v .$

Betrachtet man die m-te Primärinputkomponente als Variable, deren Preise exogen verändert werden sollen, so kann man schreiben:

(25) $\quad p_i - \sum_{i=1}^{n} p_i a_{ij} = \sum_{k=1}^{m-1} p_i a_{kj}^v + p_i (1 + w_i) a_{mj}^v ,$

---

1) Wir lassen offen, ob es sich um eine P-Tabelle oder um eine T-Tabelle handelt. Verwendet wird allerdings bei den Berechnungen stets die P-Tabelle.

wobei w_i die Wachstumsrate des jeweiligen Primärinputpreises ist. Dieses Gleichungssystem wird in Matrixschreibweise (unter Berücksichtigung von $p_i = p_j$ für $i = j$) zu:

(26) $\qquad (I - A') \cdot P = \bar{A}^v + A^v$

wobei P der Preisvektor, $\bar{A}^v$ der Spaltenvektor der Summe aller unveränderlichen Primärinputkoeffizienten und A^v der Spaltenvektor der variablen Primärinputkomponenten ist. Als Preismodell I, das exogenen Preisveränderungen die neuen "Gleichgewichtspreise" zuordnet, ergibt sich:

(27) $\qquad P = (I - A')^{-1} (\bar{A}^v + A^v) -$

Im Preismodell sind nicht nur die Vorleistungskoeffizienten sondern auch die meisten Primärinputkoeffizienten als im Projektionszeitraum konstant angenommen. Es ist zu beachten, daß sich diese Konstanz aber lediglich auf die Summe der m-1 Komponenten im Vektor $\bar{A}^v$ bezieht. Dies bedeutet, daß Koeffizientenveränderungen innerhalb der m-1 Primärinputeinheiten durchaus denkbar sind, etwa Gewinnausweitung zu Lasten von Löhnen. Die Koeffizientenveränderungen müssen sich allerdings (spaltenweise) kompensieren.

Wie leicht aus dem Modell erkennbar ist, könnten gleichzeitig exogene Veränderungen in mehreren Primärinputkomponenten vorgegeben werden.

Preismodell II

Mit Hilfe von Preismodell II lassen sich die Preiswirkungen berechnen, die auf Grund von Veränderungen bei einem sektoralen Durchschnittspreis auftreten. Nehmen wir an, der Preis des n-ten Produktpakets solle als exogen betrachtet werden, so können wir die n-te Gleichung in System (21) - (24) streichen, da die Inputstruktur dieses Sektors keine Bedeutung bei der Preisbestimmung mehr hat. Gleichungssystem (24) schreiben wir jetzt als reduziertes System

(28) $\qquad p_j - \sum_{i=1}^{n-1} p_i a_{ij} = \sum_{k=1}^{m} p_i a_{kj}^v + p_n (1 + w_n) a_{nj}$,

wobei w_n die Änderungsrate des Preises p_n sei. In Matrixform läßt sich dann schreiben:

(29) $\qquad (I - \tilde{A}') \cdot P = \bar{\bar{A}}^v + A^n$,

wobei $\tilde{A}$ die reduzierte (n-1, n-1)-Matrix der Vorleistungskoeffizienten, $\bar{\bar{A}}^v$ der Spaltenvektor der gesamten Primärinputkoeffizienten und A^n der variable Koeffizientenvektor ist.

Durch Umformung erhält man als Preismodell

(30) $\qquad P = (I - \tilde{A}')^{-1} \cdot (\bar{\bar{A}}^v + A^n)$.

Wie Preismodell I so geht auch Preismodell II von stabilen Vorleistungs- und Primärinputkoeffizienten aus. Auch hier gilt, daß die Konstanz der Primärinputkoeffizienten sich jeweils auf die Summe der Koeffizienten bezieht, d.h. das kompensatorische Veränderungen in der Inputstruktur durchaus denkbar sind.

Neben der Änderung eines Sektorpreises können zugleich auch die Preiswirkungen innerhalb einer oder mehrerer Primärinputkomponenten in die Berechnung einbezogen werden.

Literatur

1. DIW-Wochenbericht 3/74 vom 17.1.74: Erdölkrise: Auswirkungen auf Preisniveau und Preisgefüge in der Bundesrepublik Deutschland.

2. EVERS, I.: Input-Output Price Models-Impact Analysis of Changes in Import Prices and Sectoral Output Prices, Ministry of Economy, Research Center for Industrial and Trade Development, Teheran Sept. 1973.

3. DERS.: Input-Output-Projektionen, Empirische Tests auf der Basis von Input-Output-Tabellen 1954 bis 1967 für die Bundesrepublik Deutschland, Meisenheim am Glan 1974.

4. HENRICHSMEYER, W.: Anwendungsmöglichkeiten und Aussage von Input-Output-Modellen für den Agrarbereich. In: Agrarwirtschaft, Jg. 16 (1967), H. 4, S. 105 - 118.

5. LEONTIEF, W.W.: The Structure of American Economy, 1919 - 1939, 2nd ed., New York 1966.

6. MAI, H.: Input-Output-Tabelle 1970. In: Wirtschaft und Statistik 3/1974, S. 167 - 176 und 178* - 193*.

7. MATUSZEWSKI, T.I.; P.R. PITTS and J.A. SAWYER: Alternative Treatment of Imports in Input-Output-Models: A Canadian Study. In: Journal of the Royal Statistical Society, Ser. A 126, 1963, S. 410 - 432.

8. STÄGLIN, R.: Aufstellung von Input-Output-Tabellen, Konzeptionelle und empirisch-statistische Probleme, DIW-Beiträge zur Strukturforschung, H. 4, Berlin 1968.

9. VAJNA, T.: Importabhängigkeit und Rohstoffpolitik, Beiträge des Instituts der deutschen Wirtschaft, Nr. 12, Köln 1974.

10. ZUREK, E. und M. ZUREK: Der Einfluß von Agrarpreisveränderungen auf die nachgelagerten Marktstufen unter besonderer Berücksichtigung administrativer Maßnahmen, Landwirtschaft - Angewandte Wissenschaft, H. 168, Hiltrup 1973.

11. ZUREK, M.: Die Input-Output-Verflechtung der westdeutschen Agrar- und Ernährungswirtschaft, Schriftenreihe der Forschungsgesellschaft für Agrarpolitik und Agrarsoziologie e.V., Nr. 217, Bonn 1972.

AUSWIRKUNGEN VON INSTABILITÄTEN AUF DEN WELTMÄRKTEN FÜR ROHSTOFFE UND AGRARPRODUKTE AUF PRODUKTION, BESCHÄFTIGUNG UND PREISE IM AGRAR- UND ERNÄHRUNGSSEKTOR SOWIE IN DER ÜBRIGEN WIRTSCHAFT DER BUNDESREPUBLIK DEUTSCHLAND (Korreferat)

von

Renate Filip-Köhn, Berlin

Ich teile voll die von I. EVERS vorgetragene Auffassung, daß sich die Mehrzahl der Industrieländer stärker als bisher Gedanken über Mengen- und Preisinstabilitäten auf Rohstoffmärkten machen sollte.

Wir sind zur Zeit dabei, ein komplexes Programmsystem zu entwickeln, mit dessen Hilfe zunächst für 30 Rohstoffe bzw. ihre rd. 600 Konfigurationen, in denen sie importiert werden, die Auswirkungen derartiger Instabilitäten auf Produktion und Beschäftigung sowie Preisniveau und Preisgefüge in der Bundesrepublik berechnet werden können.

Ein wesentlicher Unterschied zwischen dem Mengen- bzw. sogenannten Angebotsmodell des Deutschen Insituts für Wirtschaftsforschung und den von I. EVERS vorgetragenen Überlegungen besteht jedoch darin, daß aus der Konstanz der Input-Koeffizienten nicht abgeleitet wird, auch die absoluten Werte der Inputs müßten gleich bleiben. Im von I. EVERS beschriebenen Mengenmodell wird bei einer Importmengenkürzung lediglich der unmittelbare Endverbrauch entsprechend eingeschränkt. Schon beim Rohöl-Beispiel erscheint dies problematisch: Das Rohöl kann nur in einem begrenzt variablen Verhältnis in Benzin und andere Mineralölprodukte umgewandelt werden. Wird Rohöl knapp, so fallen auch Produkte der Mineralölverarbeitung aus, die als Vorleistungen von anderen Wirtschaftszweigen in ihren Produktionsprozessen eingesetzt werden, z.B. von der Kunststoffverarbeitung - das wiederum dürfte Folgewirkungen in einer Reihe nachgelagerter Industrien haben.

Noch deutlicher wird dieses Problem beim Eisenerz, einem Rohstoff, der von seiner 1. Verarbeitungsstufe (im wesentlichen also der Eisenschaffenden Industrie) nur zu geringen Teilen an die Endnachfrage geliefert wird. Hier würde eine Importmengenkürzung zu Produktionsausfällen in praktisch allen Sektoren der Volkswirtschaft führen müssen.

Das vom DIW programmierte Rechenverfahren ermittelt grundsätzlich - durch eine proportionale Input-Output-Kürzung - die auch direkt und indirekt über die Vorleistungsproduktion induzierten Produktionsausfälle. Die Ergebnisse werden entsprechend modifiziert, wenn Substitutionsmöglichkeiten gegeben sind. Abweichend von der proportionalen Outputkürzung kann auch die stärkere Einschränkung einzelner Endnachfragen durchgerechnet werden. Dieses zuletzt angesprochene Vorgehen dürfte aber im Krisenfall nicht ohne politische Brisanz sein. Daher wurden hierfür mehrere Alternativen vorgesehen. Auf jeden Fall ist die Einschränkung des unmittelbaren Endverbrauchs nur eine unter mehreren Varianten, nicht aber Ansatzpunkt des vom DIW entwickelten Mengenmodells.

Der Selbstversorgungsgrad unserer Wirtschaft mit einzelnen Rohstoffen kann dabei - neben anderen Kriterien - Anhaltspunkt für die Auswahl kritischer Importe sein. Im Prinzip nutzt es allerdings wenig, wenn beim Bier z.B. ein Selbstversorgungsgrad von über 100 v.H. vorhanden ist, aber die Gerste, aus der das Bier gebraut wird, knapp wird.

Zu den Beschäftigungseffekten ist anzumerken, daß sie nicht unbedingt notwendig in gleicher Höhe anzusetzen sind wie die Verminderung der gesamtwirtschaftlichen Bruttoproduktion. Ich mag die Ausführungen auf S. 9 des zur Tagung vorbereiteten Manuskripts mißverstanden haben: Das DIW gewichtet jedoch die Produktionsausfälle mit der Anzahl der in den einzelnen Sektoren Beschäftigten, um dadurch den sektoral unterschiedlichen Beschäftigungsintensitäten Rechnung tragen zu können.

Erste Testrechnungen mit dem Angebotsmodell lieferten den Beweis für eine seit langem befürchtete Tatsache, daß selbst verhältnismäßig große Input-Output-Tabellen wie die des DIW mit 56 Produktionssektoren oder die des Statistischen Bundesamts mit 60 Bereichen für derartige Untersuchungen noch immer zu stark aggregiert sind. Um zu wirtschaftspolitisch verwertbaren Entscheidungshilfen zu kommen, wird daher zur Zeit daran gearbeitet, die Input-Output-Tabelle des DIW für das Jahr 1972 1) weitaus stärker und rohstoffspezifisch zu disaggregieren.

Im Gegensatz zum Angebotsmodell, bei dem der Disaggregationsgrad für die Qualität der Ergebnisse äußerst wichtig ist, scheinen die vorhandenen Tabellen für Berechnungen mit Hilfe des Preismodells - wie sie z.B. vom DIW für Rohölverteuerungen publiziert worden sind - hinreichend robust zu sein: I. EVERS berechnete auf der Grundlage einer zeitlich und sektoral anders abgegrenzten Tabelle und eines - formal - unterschiedlichen Verfahrens einen Anstieg der Lebenshaltungskosten von 1,8 v.H. bei einer Rohölverteuerung um 100 v.H. - das DIW einen solchen von 1,5 v.H. Allerdings dürften - inhaltlich - die zwei von I. EVERS benutzten Preismodellvarianten identisch sein: Egal, ob die Rohölpreise steigen oder die EG-Gremien neue Inlandspreise festsetzen; beide Fälle können jeweils so behandelt werden, als kämen die Anstöße aus dem Bereich des primären Inputs: Einer outputmäßigen Erhöhung des Bruttoproduktionswertes steht immer auch eine inputmäßige gegenüber. Volle Kostenüberwälzung in allen Sektoren vorausgesetzt (dabei bleiben die absoluten Gewinne gleich, nicht aber die Gewinnspannen), so erhöht sich schließlich die Endnachfrage um genau diese Beträge. Die potentiellen Wirkungen derartiger Verteuerungen auf das Preisniveau insgesamt (nicht dagegen auf die sektoralen Preisniveaus) sind verhältnismäßig einfach und ohne Computer zu ermitteln: Zusätzliche Ausgaben für Rohöl infolge von Importpreiserhöhungen (z.B. 20 Mrd.), in v.H. der gesamten Endnachfrage - also im wesentlichen des Nettosozialprodukts - (z.B. 1000 Mrd.), entsprechen einer Preissteigerungsrate von 2 v.H.

---

1) R. PISCHNER, R. STÄGLIN und H. WESSELS: Input-Output-Rechnung für die Bundesrepublik Deutschland 1972. In: Beiträge zur Strukturforschung des DIW, Heft 38/1975.

DER EINFLUSS GESAMTWIRTSCHAFTLICHER KONJUNKTURSCHWANKUNGEN AUF DIE PREISBILDUNG AUF EINZELNEN PRODUKT- UND FAKTORMÄRKTEN DES AGRARSEKTORS

von

Gerhard Haxsen, Göttingen

1	Einleitung	158
2	Die Entwicklung der industriellen Preise, der Löhne und des Einkommens der privaten Haushalte im Konjunkturverlauf	158
3	Preisbildung auf den Produktmärkten	158
3.1	Nachfrage nach Agrarprodukten	159
3.2	Handels- und Verarbeitungsspannen	159
3.3	Administrative Eingriffe in die Preisbildung	160
4	Preisbildung auf den Betriebsmittelmärkten	160
4.1	Ausrüstungsinvestitionen	161
4.2	Unterhaltung von Maschinen und Geräten	163
4.3	Handelsdünger	163
5	Empirische Analyse der konjunkturellen Preisbewegungen	164
5.1	Ermittlung zyklischer Schwankungen mit Hilfe der Spektralanalyse	164
5.1.1	Das Konzept der Spektralanalyse	164
5.1.2	Probleme bei der Spektralanalyse ökonomischer Zeitreihen	165
5.2	Diskussion der Ergebnisse	166
5.2.1	Betriebsmittelpreise	166
5.2.1.1	Neuanschaffung größerer Maschinen und Unterhaltung von Maschinen und Geräten	166
5.2.1.2	Handelsdünger	167
5.2.2	Landwirtschaftliche Erzeugerpreise	167
6	Zusammenfassung	167

1   Einleitung

Die wirtschaftliche Entwicklung in der Bundesrepublik Deutschland ist gekennzeichnet durch zyklische Schwankungen im Auslastungsgrad des gesamtwirtschaftlichen Produktionspotentials. Sie sind begleitet von ähnlichen Schwankungen im Wachstum des Bruttosozialprodukts, in der Entwicklung des gesamtwirtschaftlichen Preisniveaus und im Niveau der Beschäftigung.

HENRICHSMEYER und SCHEPER haben bereits auf der letzten WiSoLa-Tagung ausgeführt, inwiefern die gesamtwirtschaftlichen Konjunkturschwankungen für die Einkommensentwicklung im Agrarsektor von Interesse sind (W. HENRICHSMEYER und W. SCHEPER, 1975, S. 171 - 173). Hier soll auf einige Teilbereiche näher eingegangen und diskutiert werden, wie weit die konjunkturelle Entwicklung des Einkommens der privaten Haushalte und der Löhne und Preise in der Industrie die Determinanten der Preisbildung auf den Produkt- und den Betriebsmittelmärkten beeinflußt und ceteris paribus zu zyklischen Preisschwankungen führt. Außerdem wird erläutert, warum der Einfluß der gesamtwirtschaftlichen Konjunkturschwankungen auf die Preisbildung nur schwer zu quantifizieren ist. In der anschließenden empirischen Untersuchung wird daher auf einen derartigen Versuch verzichtet und lediglich eine Beschreibung der Preisentwicklung vorgenommen.

2   Die Entwicklung der industriellen Preise, der Löhne und des Einkommens der privaten Haushalte im Konjunkturverlauf

Bevor die Preisbildung auf den Produkt- und den Betriebsmittelmärkten des Agrarsektors erörtert wird, soll im folgenden kurz der Zusammenhang zwischen den zyklischen Schwankungen im Auslastungsgrad des gesamtwirtschaftlichen Produktionspotentials und der konjunkturellen Entwicklung der Preise in der Industrie, der Löhne und des Einkommens der privaten Haushalte dargestellt werden [1].

Die ungleichmäßige Auslastung des gesamtwirtschaftlichen Produktionspotentials ist in erster Linie auf die zyklischen Schwankungen bei der Nachfrage nach Anlageinvestitionen zurückzuführen. Da diese nicht durch entsprechende Lagerbestandsveränderungen kompensiert werden können, treten ebenfalls bei der Produktion der Industrie zyklische Schwankungen auf, die in der Investitionsgüterindustrie und in der Grundstoff- und Produktionsgüterindustrie am ausgeprägtesten sind. Die Preise und Löhne folgen dem Produktionszyklus mit zeitlicher Verzögerung und führen zu ähnlichen Lohnentwicklungen in den übrigen Wirtschaftsbereichen (Sachverständigenrat, 1968, Ziffern 42-44, und DERS. 1972, Ziffern 165-170). Da die Entwicklung des Masseneinkommens im Konjunkturverlauf im wesentlichen durch die Löhne bestimmt wird, sind auch beim Masseneinkommen [2] zyklische Schwankungen zu verzeichnen.

3   Preisbildung auf den Produktmärkten

Bei den Determinanten der Preisbildung auf den Produktmärkten sind die Nachfrage nach Agrarprodukten, die Handels- und Verarbeitungsspanne und die administrativen Eingriffe in die Preisbildung im Hinblick auf ihre Konjunkturabhängigkeit zu überprüfen. Auf das Angebot an Agrarprodukten

---

1) Bei den konjunkturellen Schwankungen der Preise, der Löhne und der Einkommen handelt es sich um Phasen mit verminderten und Phasen mit verstärkten Zunahmen der betreffenden Werte; absolute Abnahmen sind bisher nicht zu verzeichnen.
2) Für die Entwicklung der Nachfrage nach Agrarprodukten im Konjunkturverlauf ist vornehmlich das Einkommen der Unselbständigen von Interesse (bei den selbständig Erwerbstätigen kann eine weitaus geringere Einkommensabhängigkeit des Konsums unterstellt werden (U. KOESTER, 1968, S. 15); daher wird hier nicht das Einkommen aller privaten Haushalte, sondern lediglich das Masseneinkommen betrachtet.

wird hier nicht eingegangen, da es als konjunkturabhängiger Bestimmungsfaktor der Preisbildung lediglich dann zu berücksichtigen ist, wenn durch die anderen Determinanten und gegebenenfalls auch durch konjunkturbedingte Faktorpreisschwankungen zyklische Preisbewegungen ausgelöst werden.

3.1 Nachfrage nach Agrarprodukten

Als die wichtigsten Bestimmungsgründe der gesamtwirtschaftlichen Nachfrage nach Agrarprodukten gelten deren Preise, die Bevölkerungszahl, die Bedarfsstruktur und das verfügbare Einkommen der Verbraucher. Für die Bedarfsstruktur kann man unterstellen, daß sie keinen zyklischen Veränderungen unterliegt; falls bei den Preisen konjunkturbedingte Schwankungen auftreten, resultieren diese aus der Konjunkturabhängigkeit der Determinanten der Preisbildung, die hier gerade zu untersuchen ist. Daher soll lediglich auf die Bedeutung des Einkommens und der Bevölkerungszahl für die Nachfrage nach Agrarprodukten eingegangen werden.

Weil auch beim Einkommen die zyklischen Schwankungen weniger in den absoluten Werten als in den Zuwachsraten zu verzeichnen sind, ist der Einfluß konjktureller Einkommensschwankungen auf die Nachfrage nach Agrarprodukten insgesamt anhand der Zunahme der Nachfrage zu untersuchen. Da der mengenmäßige Verbrauch pro Kopf nicht über die Sättigungsgrenze hinaus ausgedehnt werden kann, resultiert die Zunahme vornehmlich aus der Bevölkerungsentwicklung und gestiegenen Qualitätsansprüchen der Konsumenten, sofern diese zu einem erhöhten Schwund bei der Verarbeitung der Agrarprodukte führen. Daneben ändert sich bei zunehmendem Einkommen die Struktur des Pro-Kopf-Verbrauchs, indem der Anteil hochwertiger Nahrungsmittel zu Lasten inferiorer ausgedehnt wird.

Bei der Pro-Kopf-Nachfrage kann daher eine Beeinflussung durch die gesamtwirtschaftlichen Konjunkturschwankungen nicht ausgeschlossen werden; sie ist jedoch im Vergleich mit anderen Konsumgütern als gering anzusehen, weil die Einkommenselastizität der Nachfrage geringer ist und der private Verbrauch vornehmlich im Bereich der dauerhaften Konsumgüter auf konjunkturelle Schwankungen reagiert (G. ACKLEY, 1965, p. 282 ff.).

Die Bevölkerungsentwicklung läßt erst seit 1967 einen zyklischen Verlauf erkennen, der auf den zunehmenden Anteil ausländischer Arbeitnehmer zurückzuführen ist. Sie ist als konjunkturabhängiger Bestimmungsfaktor der Nachfrage nach Agrarprodukten also erst zu einer Zeit zu berücksichtigen, in der die Bedeutung des Pro-Kopf-Einkommens wegen der abnehmenden Elastizität zunehmend geringer wird.

3.2 Handels- und Verarbeitungsspannen

Da die meisten landwirtschaftlichen Produkte nicht direkt an den Konsumenten geliefert werden, sind bei der Diskussion der Preisbildung auch die Handels- und Verarbeitungsspannen zu berücksichtigen. Es ist davon auszugehen, daß durch Einkommensänderungen verursachte Verschiebungen der Nachfragekurve auf der Verbraucherstufe zum Teil durch Veränderungen der Spanne kompensiert werden und somit ihr Einfluß auf die Erzeugerpreise vermindert wird. Daneben ist auch die Entwicklung der Kosten in den der Landwirtschaft nachgelagerten Bereichen von Bedeutung. Geht man von dem Konzept der abgeleiteten Nachfragefunktion aus (die Nachfrage des Handels- und Verarbeitungssektors nach Agrarprodukten wird aus der Nachfrage der Konsumenten nach Nahrungsmitteln unter Berücksichtigung der Determinanten der Spanne abgeleitet (U. KOESTER, 1968, S. 132 ff.), so ist zu erwarten, daß die konjunkturellen Preisschwankungen bei den im Verarbeitungsbereich eingesetzten Faktoren, soweit sie nicht durch Produktivitätsfortschritte kompensiert werden können, auch auf die Erzeugerpreise abgewälzt werden. In welchem Ausmaß dies geschieht, läßt sich nur dann abschätzen, wenn Informationen über die Steigung der Angebotskurve auf der Erzeugerstufe, die Steigung der Nachfragekurve auf der Verbraucherstufe, die Form der Spanne und über die Preispolitik der Unternehmen im Handels- und Verarbeitungsbereich vorliegen. Man kann aber zumindest die Aussage machen, daß durch diese Überwälzung der von der Nachfrage der Konsumenten nach Agrarprodukten ausgehende Effekt vermindert wird. Denn die Konjunkturabhängigkeit der Faktorkosten im Handels- und Verarbeitungssektor ist vornehmlich auf die Löhne zurückzuführen, die gleichzeitig eine wichtige "Einkommenskomponente" darstellen.

3.3 Administrative Eingriffe in die Preisbildung

Da die Agrarpreispolitik ein bedeutendes Instrument der landwirtschaftlichen Einkommenspolitik darstellt (Agrarbericht 1975, Ziffer 138) und bei politischen Entscheidungen oft aktuelle (und somit auch kurzfristige) Entwicklungen eine Rolle spielen, liegt es zunächst nahe, davon auszugehen, daß nicht nur die langfristige, sondern auch die konjunkturelle Einkommens- und Preisentwicklung in den außerlandwirtschaftlichen Sektoren die Agrarpreispolitik beeinflußt und diese daher "prozyklisch" gestaltet wird. Andererseits wird aber auch angestrebt, daß die administrativen Eingriffe in die Preisbildung zur Stabilisierung der Märkte beitragen. Daher läßt sich ohne eine empirische Analyse keine eindeutige Aussage darüber treffen, ob die Agrarpreispolitik als konjunkturabhängiger Bestimmungsfaktor der Preisbildung zu berücksichtigen ist. Jedoch dürfte eine eventuelle Konjunkturabhängigkeit auch empirisch schwer nachzuweisen sein, weil

1) in der Bundesrepublik Deutschland vor der Einführung der gemeinsamen Marktordnungen das angestrebte Preisniveau nicht explizit durch die Bestimmung von Richtpreisen festgelegt wurde. Die preispolitischen Maßnahmen beschränken sich in erster Linie auf die Regulierung des Außenhandels durch Zölle und Kontingentierungen. Bei bestimmten Produkten kamen Subventionszahlungen und gelegentliche Interventionen hinzu;

2) seit Bestehen der gemeinsamen Marktordnungen nicht mehr eine nationale Preispolitik betrieben werden kann. Die administrierten Preise werden gemeinsam festgesetzt, auch wenn die wirtschaftliche Entwicklung in den einzelnen Mitgliedsländern unterschiedlich verläuft. Daneben dürften auch politische Kompromisse eine nicht unbedeutende Rolle spielen (Agrarbericht 1975, Ziffer 138).

Für eine empirische Analyse der Preisbildung im Konjunkturverlauf ist daher vornehmlich die Entwicklung des Einkommens der Konsumenten und der Kosten bei der Weiterverarbeitung der Agrarprodukte von Interesse. Deren Einfluß auf die Preisbildung ist jedoch schwer zu quantifizieren, da der Effekt der wegen der niedrigen Einkommenselastizität ohnehin nur geringen Nachfrageschwankungen vermindert wird durch die Handels- und Verarbeitungsspannen und die durch konjunkturunabhängige Angebotsschwankungen verursachten Preisänderungen oberhalb des Interventionspreises weitaus größer sind.

4 Preisbildung auf den Betriebsmittelmärkten

Bei den Preisen für Betriebsmittel landwirtschaftlicher Herkunft ist davon auszugehen, daß ein enger Zusammenhang mit den landwirtschaftlichen Erzeugerpreisen besteht. Daher sollen hier lediglich die Preise der Betriebsmittel nichtlandwirtschaftlicher Herkunft behandelt werden.

Da die einzelnen Betriebsmittel aus Branchen mit unterschiedlicher Vorleistungsstruktur bezogen und einige nicht nur in der Landwirtschaft eingesetzt, sondern auch von anderen Sektoren nachgefragt werden (Bauten, Energie), kann man davon ausgehen, daß bei den verschiedenen Inputs die Konjunkturabhängigkeit der Determinanten der Preisbildung unterschiedlich ist. Zyklische Einflüsse sind vor allem dann zu erwarten, wenn

1) es sich um Güter handelt, die nicht nur von der Landwirtschaft, sondern auch von konjunkturabhängigen Sektoren nachgefragt werden;

2) zur Produktion der Inputs Vorleistungen aus konjunkturabhängigen Branchen bezogen werden und vergleichsweise viel Arbeit eingesetzt wird. Da in den meisten Branchen der Industrie die Entwicklung der Materialkosten und der Lohnkosten ein wichtiger Bestimmungsfaktor der Preispolitik ist

(G. MENGES und J. GOSSMANN, 1968), kann unterstellt werden, daß auch die Produzenten der landwirtschaftlichen Betriebsmittel versuchen, die konjunkturellen Schwankungen bei den Vorleistungspreisen und den Löhnen, die nicht durch Produktivitätsfortschritte kompensiert werden können, auf die von den Landwirten zu zahlenden Preise abzuwälzen.

Die Wirkung der gesamtwirtschaftlichen Konjunkturschwankungen auf die Betriebsmittelpreise soll das folgende Pfeilschema veranschaulichen.

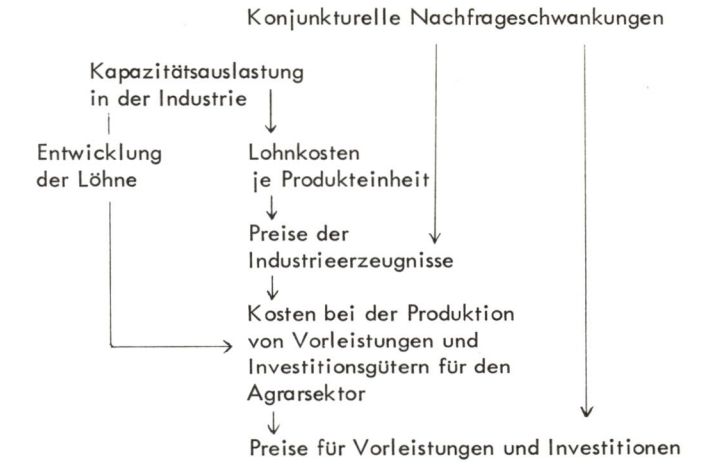

```
                         Konjunkturelle Nachfrageschwankungen
                                          ↓
              Kapazitätsauslastung
              in der Industrie   ↓
     |                   
 Entwicklung         Lohnkosten
 der Löhne           je Produkteinheit
     |                   ↓
     |              Preise der
     |              Industrieerzeugnisse
     |                   ↓
     |              Kosten bei der Produktion
     └─────────→    von Vorleistungen und
                    Investitionsgütern für den
                    Agrarsektor
                         ↓                                    ↓
                    Preise für Vorleistungen und Investitionen
```

Im folgenden wird unter Berücksichtigung dieser Überlegungen bei einigen Inputs die Preisbildung im Konjunkturverlauf ausführlicher diskutiert. Zur Analyse der Kostenstruktur dienen dabei u.a. die Input-Output-Rechnungen des DIW für das Jahr 1966. Die Input-Output-Rechnung stellt zwar nur eine "Momentaufnahme" dar, sie vermag aber dennoch nützliche Informationen zu liefern, da es hier weniger auf das Niveau als auf die Struktur der Produktionskosten und auf den Vergleich zwischen verschiedenen Branchen ankommt.

4.1 Ausrüstungsinvestitionen

Die Input-Output-Tabelle des DIW ist zwar nicht so weit disaggregiert, daß auch die Landmaschinenindustrie aufgeführt wird. Einen Einblick in deren Kostenstruktur vermag sie aber dennoch zu geben, wenn man davon ausgeht, daß im Vergleich mit der gesamten Maschinenbaubranche keine gravierenden Unterschiede in der Struktur des Faktoreinsatzes bestehen, wie es auch BAHLBURG implizit unterstellt (M. BAHLBURG, 1972, S. 139 - 143).

Nach dem Stand von 1966 bezieht der Sektor Maschinenbau 45 vH seiner Vorleistungen aus der Investitionsgüterindustrie und 16 vH aus den "Metallbranchen" der Grundstoff- und Produktionsgüterindustrie. Daneben ist ein im Vergleich mit der Gesamten Industrie überdurchschnittlich hoher Aufwand an Löhnen und Gehältern zu verzeichnen (siehe Tabelle 1).

Geht man davon aus, daß in der Landmaschinenindustrie ähnlich wie in der übrigen Industrie die konjunkturellen Schwankungen bei den Vorleistungspreisen und den Löhnen nicht vollständig durch Produktivitätsfortschritte kompensiert werden, so kann aufgrund der Struktur des Faktoraufwandes bei den Produktionskosten eine ausgeprägte Konjunkturabhängigkeit unterstellt werden. Es ist naheliegend, daß die Landmaschinenproduzenten versuchen, die konjunkturellen Kostenschwankungen auf die von den Landwirten zu zahlenden Preise abzuwälzen. Der Einfluß der Kosten auf die Preise kann jedoch nur mit Hilfe einer vollständigen empirischen Analyse der Preisbildung exakt quantifi-

Tabelle 1: Inputstruktur 1) ausgewählter Sektoren

	Elektrizitäts- wirtschaft	Kalibergbau	Chemische Industrie	Mineralölverarbeitung	Maschinenbau	Investitionsgüter- industrie	Baugewerbe	Gesamte Industrie
Elektrizitätswirtschaft	20,4							
Kohlenbergbau	10,9							
Kalibergbau		6,2						
Eisenschaffende Industrie					3,7	5,1		
Eisen-Stahl-Temper-Gießerei					2,9	1,7		
Zieherei, Kaltwalzwerke					0,7	1,4		
NE-Metallindustrie					1,1	2,4		
Chemische Industrie			19,9					
Mineralölverarbeitung	2,6		1,7	10,1				
Grundstoffindustrie	5,0	11,7	24,5	13,2	11,4	10,4	20,2	
Maschinenbau					14,5			
Investitionsgüterindustrie	3,6	3,2	2,6	0,8	24,3	21,1	4,0	
Baugewerbe								
Einfuhr				23,2	6,4	7,0	2,3	
Gesamte Vorleistungen	54,9	36,7	61,7	54,4	53,5	56,5	42,2	57,7
Abschreibungen	12,2	5,8	5,3	2,6	3,3	3,8	3,5	4,2
Indirekte Steuern ./. Subventionen	3,2	10,6	6,2	38,0	4,1	4,0	6,0	8,1
Einkommen aus unselbständiger Arbeit	12,1	20,2	19,9	4,1	32,8	29,1	35,2	22,9
Einkommen aus Unternehmertätigkeit und Vermögen	17,6	26,7	6,9	0,9	6,3	6,6	13,1	7,1

1) Angegeben wird das Verhältnis von Input (Vorleistungen und Primärinput) zu Output (Bruttoproduktion) in vH. Auf eine vollständige Wiedergabe der Inputstruktur wird im Interesse der Übersichtlichkeit verzichtet.

Quelle: Eigene Berechnungen aufgrund der Input-Output-Rechnung des DIW. Vgl. R. STÄGLIN und H. WESSELS, Input-Output-Tabelle für die Bundesrepublik Deutschland 1966. Deutsches Institut für Wirtschaftsforschung, Vierteljahreshefte zur Wirtschaftsforschung, H. 3 (1971), S. 215 - 220.

ziert werden, bei der auch die Nachfrage nach Landmaschinen, der Außenhandel und die Wettbewerbsverhältnisse zu berücksichtigen sind. Die Analyse der Preisbildung im Konjunkturverlauf wird aber dadurch erschwert, daß

1) im Gegensatz zu den Preisen für den Außenhandel und die inländische Nachfrage nur Jahresdaten und keine Monats- oder Vierteljahresdaten vorliegen;

2) für die inländische Nachfrage nur Angaben in jeweiligen Preisen und nicht in konstanten Preisen (Volumen) vorhanden sind;

3) die Landmaschinenhersteller beim Export oft eine spezielle Preispolitik betreiben (H.-J. HOCHSTEIN, 1970, S. 126 - 128) und auf dem Binnenmarkt der Absatz nicht nur von den Preisen, sondern auch von der Gewährung von erleichterten Finanzierungsbedingungen, Sonderrabatten und anderen Sonderkonditionen abhängt.

4.2 Unterhaltung von Maschinen und Geräten

Informationen über die Kostenstruktur bei der "Produktion" dieser Vorleistungen liefern die diesbezüglichen Erhebungen des Statistischen Bundesamtes (Statistisches Bundesamt, 1973). In der dort angegebenen Gruppe Landmaschinenschlosser werden als die wichtigsten Kostenkomponenten die Löhne und der sogenannte Material- und Wareneinsatz ausgewiesen, dessen Anteil an der Gesamtproduktion 1970 je nach Betriebsgröße zwischen 54 und 76 vH beträgt. Es ist davon auszugehen, daß es sich bei dem Material- und Wareneinsatz um Inputs handelt, die aus der Landmaschinenindustrie und den metallverarbeitenden Branchen der Grundstoffindustrie bezogen werden, und daß Faktorpreissteigerungen nur in begrenztem Umfang durch Produktivitätsfortschritte kompensiert werden können. Deshalb kann man wie bei den Ausrüstungsinvestitionen für die Entwicklung der Produktionskosten eine ausgeprägte Konjunkturabhängigkeit unterstellen. Da die Preiselastizität der Nachfrage der Landwirtschaft nach diesen Vorleistungen als gering anzusehen und außerdem bei der Nachfrage eine relativ stetige Zunahme zu verzeichnen ist (Agrarbericht 1975, Materialband, S. 40), ist zu erwarten, daß auch die Preise entsprechende zyklische Bewegungen aufweisen.

4.3 Handelsdünger

Mit Ausnahme des Kalibergbaus liefert die Input-Output-Rechnung des DIW keine Informationen über die Inputstruktur der Düngemittelindustrie. Jedoch lassen sich aus Studien von ALBERS (W. ALBERS, 1963; DERS., 1972) Hinweise entnehmen, die zwar für eine fundierte Analyse nicht ausreichen, aber als Basis für Überlegungen zur Konjunkturabhängigkeit der Produktionskosten der Düngemittelindustrie dienen können.

Bei fast allen Düngerarten ist die Produktion kapitalintensiv, und es bedarf großer Produktionseinheiten, um in den Bereich der Kostendegression zu kommen. Da die hohe Kapitalintensität überwiegend auf die Realisierung technischer Fortschritte durch kostensenkende Produktionsverfahren zurückzuführen ist, dürften die Kapitalkosten nur in geringem Maße eine zyklische Bewegung der Preise bewirken.

Auch aufgrund der Struktur der Vorleistungen ist bei den Produktionskosten nicht mit zyklischen Schwankungen zu rechnen. Lediglich bei der Produktion von Thomasphosphat, das als Nebenprodukt bei der Stahlerzeugung anfällt, besteht eine enge Verflechtung mit einer konjunkturabhängigen Branche; die monopolistische Organisation des Verkaufs hat es jedoch ermöglicht, daß die konjunkturellen Schwankungen in der Produktion sich nicht auf die Preise ausgewirkt haben, da sie durch entsprechende Importe bzw. Exporte kompensiert wurden. Bei den übrigen Phosphatdüngern und bei der Kaliproduktion wird der wichtigste Rohstoff importiert bzw. im Bergbau gewonnen. Bei der Stickstoffproduktion ist die Energie die wichtigste Kostenkomponente, deren Anteil an den gesamten Produktionskosten auf 30 bis 50 vH geschätzt wird. Der Energiebedarf wird überwiegend durch Erdöl und Erdgas gedeckt, so daß auch bei den Energiekosten der Stickstoffproduzenten eine ausgeprägte Konjunkturabhängigkeit ausgeschlossen werden kann.

5 Empirische Analyse der konjunkturellen Preisbewegungen

In den Kapiteln 3 und 4 wurde bereits ausgeführt, daß der Einfluß der gesamten wirtschaftlichen Konjunkturschwankungen auf die landwirtschaftlichen Erzeugerpreise und die Betriebsmittelpreise nur bei einer vollständigen Analyse der Preisbildung quantifiziert werden kann. Es ist zunächst naheliegend, dafür ein multiples Regressionsmodell zu verwenden. Zu beachten ist jedoch, daß einige Determinanten der Preisbildung mit den vorhandenen Daten nicht oder nur unzureichend erfaßt werden können, wie z.B. die Preispolitik der Landmaschinen- und der Düngemittelindustrie, und für viele Variable nur Jahresdaten zur Verfügung stehen, durch die die konjunkturellen Bewegungen nicht genügend zum Ausdruck gebracht werden. Hinzu kommt, daß ein derartiges Regressionsmodell nicht speziell auf die Analyse konjunktureller Schwankungen ausgerichtet ist, da von der Gesamtvarianz der Variablen ausgegangen wird. Man erhält daher keine Informationen darüber, ob und in welchem Ausmaß speziell konjunkturelle Schwankungen bei den Preisen und Löhnen in den außerlandwirtschaftlichen Sektoren zu ähnlichen zyklischen Schwankungen bei den Determinanten der Preisbildung auf den Produkt- und den Betriebsmittelmärkten des Agrarsektors führen. Deshalb wird hier auf die empirische Analyse der Preisbildung verzichtet. Die Produkt- und die Betriebsmittelpreise des Agrarsektors werden lediglich daraufhin überprüft, ob sie im Konjunkturverlauf eine ähnliche Entwicklung wie die Preise und Löhne in den außerlandwirtschaftlichen Sektoren aufweisen. Insofern stellt diese Untersuchung mehr eine Beschreibung als eine Analyse dar, und die Ergebnisse erlauben noch kein endgültiges Urteil über den Einfluß der gesamtwirtschaftlichen Konjunkturschwankungen auf die Preisbildung.

5.1 Ermittlung zyklischer Schwankungen mit Hilfe der Spektralanalyse

5.1.1 Das Konzept der Spektralanalyse

Die Identifikation der zyklischen Preisschwankungen soll mit Hilfe der Spektralanalyse erfolgen. Dieses Verfahren der Zeitreihenanalyse beruht auf der Theorie der Fourierreihen und geht davon aus, daß Funktionen, die gewisse Regularitätseigenschaften besitzen, durch eine trigonometrische Reihe approximiert werden können

$$f(t) \approx a_o + \sum_{\lambda=1}^{\infty} (a_\lambda \cos \lambda t + b_\lambda \sin \lambda t)$$

Auch ökonomische Zeitreihen können als Fourierreihen dargestellt und somit als "Summe" von Schwingungen mit unterschiedlicher Frequenz und Amplitude interpretiert werden. Bei der Spektralanalyse wird jedoch nicht vorausgesetzt, daß die Schwingungen streng periodisch mit konstanter Amplitude verlaufen (C.W.J. GRANGER and M. HATANAKA, 1964, p. 17); sie kann daher auch für die Analyse der Konjunkturzyklen herangezogen werden.

Die Identifikation zyklischer Bewegungen erfolgt mit Hilfe einer Varianzanalyse, indem über die sogenannte Spektraldichtefunktion der Beitrag der verschiedenen Schwingungen zur Gesamtvarianz der Zeitreihe ermittelt wird. Die Spektraldichtefunktion $f(\lambda)$ erhält man als Fouriertransformierte der Autokovarianzfunktion $K(\tau)$

$$f(\lambda) = \frac{1}{2\pi} \sum_{=-\infty}^{\infty} K(\tau) e^{-i\lambda\tau}$$

Bei der Schätzung von $f(\lambda)$ aus Zeitreihendaten wird die Funktion

$$\hat{f}_m(\lambda) = \frac{1}{2\pi} \sum_{\tau=-m}^{m} w_m(\tau) \hat{K}(\tau) e^{-i\lambda\tau}$$

verwendet, wobei w_m eine Gewichtungsfunktion darstellt und der Parameter m (Zahl der verwendeten lags in der Autokovarianzfunktion) u.a. die Zahl der verschiedenen Zyklen festlegt, durch die die Zeitreihe approximiert werden soll. Die Frequenz des längsten Zyklus beträgt $\frac{1}{2m}$, seine Schwingungsdauer dementsprechend 2m. Der Trend wird als "Zyklus" mit der Frequenz $\frac{0}{2m}$ berücksichtigt. Die Frequenz der anderen Zyklen erhält man als ganzzahlig Vielfaches von $\frac{1}{2m}$, also $\frac{2}{2m}, \frac{3}{2m}, \ldots, \frac{m}{2m}$ 1).

Neben dieser univariaten Analyse können die Beziehungen zwischen mehreren Variablen speziell für jede Frequenz mit Hilfe der Kreuzspektralanalyse untersucht werden. Dabei wird zur Beschreibung des stochastischen Zusammenhangs die sogenannte Kohärenz berechnet, die dem Determinationskoeffizienten im Regressionsmodell entspricht und somit angibt, in welchem Ausmaß die Varianz der einen Variablen bei der betrachteten Frequenz durch die Varianz der anderen Variablen erklärt wird. Die Analyse der lag-Beziehungen erfolgt mit Hilfe der Phasendifferenz.

5.1.2 Probleme bei der Spektralanalyse ökonomischer Zeitreihen

Nach der kurzen Beschreibung des Konzepts der Spektralanalyse sollen im folgenden einige Probleme diskutiert werden, mit denen man sich bei der Spektralanalyse ökonomischer Zeitreihen auseinanderzusetzen hat. Hier sind vornehmlich zu nennen:

1) die Annahme der Kovarianzstationarität
2) der typische Verlauf des Spektrums bei ökonomischen Variablen

Zu 1) Die Annahme der Kovarianzstationarität impliziert u.a., daß die jeweils zu untersuchende Zeitreihe keinen Trend aufweist. Bei den hier betrachteten Preisen ist daher eine Trendbereinigung durchzuführen. Die Elimination des Trends ist strenggenommen nur dann zulässig, wenn Informationen über seinen tatsächlichen Verlauf vorhanden sind, was bei ökonomischen Zeitreihen in der Regel nicht der Fall ist. Allerdings hat man sich bei jeder Konjunkturanalyse mit dem Problem der Trendbereinigung auseinanderzusetzen, so daß dies nicht als "Nachteil" der Spektralanalyse gegenüber anderen Verfahren der Zeitreihenzerlegung angesehen werden kann.

Die Trendbereinigung erfolgt hier durch Differenzenbildung in Form von Änderungsraten 2). Im Vergleich mit anderen Verfahren der Trendelimination zeichnet sich diese Differenzenbildung dadurch aus, daß sie einfach durchzuführen ist und für die Analyse der Preisentwicklung im Konjunkturverlauf besonders geeignet erscheint, da es sich bei den konjunkturellen Preisbewegungen um Phasen mit vermindertem und Phasen mit verstärktem Preisanstieg handelt und kaum absolute Abnahmen zu verzeichnen sind.

---

1) Die Wahl des Parameters m wird bestimmt durch die Anforderungen, die an die geschätzte Spektraldichtefunktion hinsichtlich ihrer statistischen Eigenschaften gestellt werden. Daneben ist zu beachten, daß die sich aus der Zahl der lags ergebende Aufteilung des Frequenzbereichs eine ökonomische Interpretation der Ergebnisse ermöglicht (E. GRÖHN, 1970, S. 85). Da die Länge der Konjunkturzyklen im Untersuchungszeitraum vier bis fünf Jahre beträgt, werden hier bei Monatsdaten 54, bei Quartalsdaten 18 lags verwendet.

2) Es wird dabei die Änderung gegenüber dem Vorjahr in vH betrachtet, indem für Monatsdaten $\frac{x_t - x_{t-12}}{x_{t-12}}$ bzw. für Vierteljahresdaten $\frac{x_t - x_{t-4}}{x_{t-4}}$ berechnet wird.

Schwer zu vereinbaren mit der Annahme der Kovarianzstationarität ist auch der bei den Betriebsmitteln infolge der Ölkrise aufgetretene verstärkte Preisanstieg. Daher wird die Preisentwicklung seit 1973, die im Vergleich mit den vorherigen Zyklen untypisch ist, nicht mehr in die Analyse einbezogen.

Zu 2) GRANGER weist darauf hin, daß bei ökonomischen Variablen in der Regel ein typischer Verlauf der Spektraldichtefunktion zu verzeichnen ist, sie weist für den Trend den höchsten Wert auf und fällt mit zunehmender Frequenz kontinuierlich ab (C.W.J. GRANGER, 1966). Auch durch eine Trendbereinigung kann nach seiner Ansicht dieses Problem nicht gelöst werden. GRANGER begründet dieses Phänomen mit der Existenz langfristiger Wachstumszyklen.

Die Identifikation zyklischer Bewegungen mit Hilfe der Spektraldichtefunktion wird somit durch den typischen Verlauf erschwert. Sie erfolgt daher bei den hier untersuchten Preisindizes weniger mit Hilfe der univariaten, sondern vornehmlich anhand der Ergebnisse der bivariaten Spektralanalyse. Dabei soll die Kohärenzanalyse Aufschluß darüber geben, wie weit die Entwicklung der landwirtschaftlichen Variable mit der der "zugehörigen" 1) gesamtwirtschaftlichen Variable im Konjunkturverlauf übereinstimmt.

5.2 Diskussion der Ergebnisse

Der Diskussion der einzelnen Ergebnisse sind zunächst einige Erläuterungen zu den kurzen Angaben in den Übersichten im Anhang voranzustellen.

Die Ergebnisse für SERIES 1 beziehen sich jeweils auf die landwirtschaftliche, die für SERIES 2 auf die gesamtwirtschaftliche Variable. Daraus ergibt sich für die Phasendifferenz, die in der Spalte PHASE (I) im Bogenmaß und in der Spalte UNITS (I) in Zeiteinheiten angegeben ist, daß bei einem positiven Vorzeichen zwischen der landwirtschaftlichen und der gesamtwirtschaftlichen Variable eine lead-Beziehung, bei einem negativen Vorzeichen eine lag-Beziehung besteht. Die Spalte PERCENT gibt den Beitrag der verschiedenen Schwingungen zur Gesamtvarianz der Zeitreihe an. In der ersten Zeile (I=o) wird der Varianzbeitrag des Trends wiedergegeben, in der zweiten der Varianzbeitrag der Schwingung mit der Frequenz $\frac{1}{2m}$. Die dem Konjunkturzyklus zuzuordnende Frequenz $\frac{2}{2m}$ hat den Index I=2.

Im Interesse der Übersichtlichkeit werden die Werte der Autokovarianzfunktion nicht für alle 54 lags, bzw. die der Spektraldichte- und der Kreuzspektraldichtefunktion nicht für alle Frequenzen, sondern lediglich für den Niederfrequenzbereich angegeben, da sie bereits die wesentlichen Informationen enthalten.

5.2.1 Betriebsmittelpreise

5.2.1.1 Neuanschaffung größerer Maschinen und Unterhaltung von Maschinen und Geräten

Bei der Diskussion der Ergebnisse soll mit den Preisen begonnen werden, die eine ähnliche Entwicklung im Konjunkturverlauf aufweisen wie die "zugehörigen" gesamtwirtschaftlichen Variablen.

Da bei der Produktion von Landmaschinen der überwiegende Teil der Vorleistungen aus der Investitionsgüterindustrie bezogen wird und auch die Entwicklung der Löhne, die eine bedeutende Kostenkomponente in der Maschinenbauindustrie darstellen, im Konjunkturverlauf weitgehend mit der der industriellen Erzeugerpreise übereinstimmt (Sachverständigenrat 1968, Ziffer 43), liegt es nahe, die Preise für die landwirtschaftlichen Ausrüstungsinvestitionen mit den Preisen für die Erzeugnisse der Investitionsgüterindustrie zu vergleichen und daher als gesamtwirtschaftliche Variable den entsprechenden Index zu wählen. Aus denselben Gründen wird dieser Preisindex auch bei der Unterhaltung von Maschinen und Geräten als gesamtwirtschaftliche Variable herangezogen.

---

1) Auf die Wahl der gesamtwirtschaftlichen Variable wird im folgenden Kapitel eingegangen.

Die Ergebnisse der Kohärenzanalyse lassen darauf schließen, daß die Preise für die Unterhaltung und die Neuanschaffung der landwirtschaftlichen Ausrüstungsinvestitionen im Konjunkturverlauf eine ähnliche Entwicklung aufweisen wie die Preise für die Erzeugnisse der Investitionsgüterindustrie; und die für die Phasendifferenz ausgewiesenen Werte deuten darauf hin, daß sie der Preisentwicklung in der Industrie ohne nennenswerte Verzögerung folgen (siehe Übersichten 1 und 2). Trotz des typischen Verlaufs der Spektraldichtefunktion werden die konjunkturellen Schwankungen auch durch die Ergebnisse der univariaten Spektralanalyse zum Ausdruck gebracht; denn im Gegensatz zu den Handelsdüngerpreisen und den landwirtschaftlichen Erzeugerpreisen fällt der Varianzbeitrag der Frequenz, die den Konjunkturzyklen zuzuordnen ist, weitaus größer aus als der Beitrag der "benachbarten" höheren Frequenzen.

5.2.1.2 Handelsdünger

Während bei der Neuanschaffung und der Unterhaltung der Ausrüstungsinvestitionen die Wahl der gesamtwirtschaftlichen Variablen sich aus der Inputstruktur der betreffenden Branchen ergab, erscheint beim Handelsdünger eine derartige Vorgehensweise nicht angebracht, da für die Produktion nur wenig Vorleistungen aus konjunkturabhängigen Branchen bezogen werden und eine an den Vorleistungen orientierte Referenzreihe deshalb als Indikator für konjunkturelle Preisschwankungen ungeeignet ist. Daher wird als gesamtwirtschaftliche Variable der Index der Erzeugerpreise industrieller Produkte herangezogen und die Entwicklung der Handelsdüngerpreise daraufhin untersucht, ob sie mit der "durchschnittlichen" Preisentwicklung in der Industrie übereinstimmt.

Die Ergebnisse der Kreuzspektralanalyse lassen eine derartige Übereinstimmung nicht erkennen. Die Kohärenz ist gering und die bei der Phasenanalyse errechneten Werte (lead der Handelsdüngerpreise gegenüber den industriellen Erzeugerpreisen) sind unplausibel (siehe Übersicht 3).

5.2.2 Landwirtschaftliche Erzeugerpreise

Bei der Analyse der landwirtschaftlichen Erzeugerpreise wird als gesamtwirtschaftliche Variable der Index des Bruttostundenverdienstes männlicher Industriearbeiter gewählt. Da die konjunkturelle Entwicklung des Masseneinkommens und der Kosten bei der Verarbeitung der Agrarprodukte im wesentlichen durch die Löhne bestimmt wird, soll diese Variable sowohl den von der Nachfrage nach Agrarprodukten als auch den von der Handels- und Verarbeitungsspanne ausgehenden Effekten auf die Preisbildung Rechnung tragen.

Weil der Einfluß der Nachfrage zum einen abgeschwächt wird durch die Handels- und Verarbeitungsspanne und zum anderen überlagert wird durch Angebotsschwankungen und andere konjunkturabhängige Effekte, sind beim Index der Erzeugerpreise zyklische Schwankungen, die mit den konjunkturellen Bewegungen der gesamtwirtschaftlichen Variable übereinstimmen, nicht zu verzeichnen (siehe Übersicht 4). Auch bei den Agrarprodukten mit einer größeren Einkommenselastizität der Nachfrage läßt sich eine derartige Übereinstimmung nicht feststellen (siehe Übersicht 5). Darüber hinaus zeichnen sich die landwirtschaftlichen Erzeugerpreise im Vergleich mit der gesamtwirtschaftlichen Variable durch eine höhere Varianz aus.

6 Zusammenfassung

1) Die gesamtwirtschaftlichen Konjunkturschwankungen beeinflussen die landwirtschaftlichen Erzeugerpreise über die Nachfrage nach Agrarprodukten und die Handels- und Verarbeitungsspannen. Diese Effekte sind jedoch in einer empirischen Analyse schwer zu quantifizieren, da der Einfluß der wegen der niedrigen Einkommenselastizität nur geringen Nachfrageschwankungen vermindert wird durch die Handels- und Verarbeitungsspannen und die von den Angebotsschwankungen ausgelösten Preisbewegungen weitaus größer sind.

2) Bei den verschiedenen Betriebsmitteln nichtlandwirtschaftlicher Herkunft sind konjunkturelle Einflüsse auf die Preisbildung dann zu erwarten, wenn es sich um Güter handelt, die nicht nur von der Landwirtschaft, sondern auch von anderen konjunkturabhängigen Sektoren bezogen werden (Bauten) und/oder wenn sich die Struktur der Produktionskosten durch einen hohen Anteil an Löhnen und Vorleistungen aus konjunkturabhängigen Branchen auszeichnet (Ausrüstungsinvestitionen sowie deren Unterhaltung).

3) Bei der empirischen Untersuchung werden der Index der landwirtschaftlichen Erzeugerpreise und einige Betriebsmittelpreise mit Hilfe der Kreuzspektralanalyse daraufhin untersucht, ob sie ähnliche zyklische Schwankungen aufweisen wie die "zugehörigen" gesamtwirtschaftlichen Variablen. Eine derartige Übereinstimmung ist lediglich bei den Preisen der Betriebsmittel zu verzeichnen, bei denen auch aufgrund der Struktur der Produktionskosten mit konjunkturellen Preisschwankungen zu rechnen ist.

Übersicht 1: Neuanschaffung größerer Maschinen - Erzeugnisse der Investitionsgüterindustrie
1953/54 - 1972/73

Auto Covariance Function, weighted Auto Covariance Function and Spectrum of Series 1

I	AUCVX(I)	WACVX(I)	SPECX(I)	PERCENT	
0	6.0233513+00	6.0233513+00	8.3379407+01	12.82	0----------
1	5.6722546+00	5.6607995+00	9.4422697+01	29.03	1--------------------
2	5.4003263+00	5.3575253+00	8.6285788+01	26.53	2------------------
3	5.1355173+00	5.0456986+00	4.5236664+01	13.91	3----------
4	4.8102897+00	4.6636569+00	1.6497876+01	5.07	4-----

Auto Covariance Function, wieghted Auto Covariance Function and Spectrum of Series 2

I	AUCVX(I)	WACVX(I)	SPECX(I)	PERCENT	
0	7.8757032+00	7.8757032+00	1.4082170+02	16.56	0--------------
1	7.4671333+00	7.4520534+00	1.3889619+02	32.66	1--------------------
2	7.2630240+00	7.2054600+00	1.0660582+02	25.07	2----------------
3	6.9589615+00	6.8372514+00	5.0051370+01	11.77	3---------
4	6.6426829+00	6.4401929+00	1.7350591+01	4.08	4----

Cross Spectral Estimates of Series 1 and 2

I	CRAMPL(I)	COH.SQ(I)	GAIN(I)	PHASE(I)	UNITS(I)
0	1.0833283+02	.9995208	1.2992757	.0000000	.0000000
1	1.1151597+02	.9482163	1.1810293	-.0801544	-1.3777534
2	9.0447763+01	.8893557	1.0482348	-.1354838	-1.1643979
3	4.2863116+01	.8114485	.9475304	-.1576281	-.9031430
4	1.2819397+01	.5741070	.7770332	-.1481574	-.6366597

Übersicht 2: Unterhaltung von Maschinen und Geräten - Erzeugnisse der Investitionsgüterindustrie
1953/54 - 1972/73

Auto Covariance Function, weighted Auto Covariance Function and Spectrum of Series 1

I	AUCVX(I)	WACVX(I)	SPECX(I)	PERCENT	
0	7.5336984+00	7.5336984+00	9.4881671+01	11.66	0----------
1	7.1706329+00	7.1561518+00	1.1665839+02	28.68	1--------------------
2	6.7581794+00	6.7046167+00	1.1073428+02	27.22	2------------------
3	6.3233306+00	6.2127374+00	5.6553248+01	13.90	3-------------
4	5.9050814+00	5.7250758+00	2.2245518+01	5.47	4-----

Auto Covariance Function, weighted Auto Covariance Function and Spectrum of Series 2

I	AUCVX(I)	WACVX(I)	SPECX(I)	PERCENT	
0	7.8757032+00	7.8757032+00	1.4082170+02	16.56	0--------------
1	7.4671333+00	7.4520534+00	1.3889619+02	32.66	1--------------------
2	7.2630240+00	7.2054600+00	1.0660582+02	25.07	2----------------
3	6.9589615+00	6.8372514+00	5.0051370+01	11.77	3----------
4	6.6426829+00	6.4401929+00	1.7350591+01	4.08	4----

Cross Spectral Estimates of Series 1 and 2

I	CRAMPL(I)	COH.SQ(I)	GAIN(I)	PHASE(I)	UNITS(I)
0	1.0751209+02	.8650929	1.1331176	.0000000	.0000000
1	1.1386975+02	.8002219	.9760957	-.0228454	-.3926830
2	9.1459678+01	.7085922	.8259383	-.0343434	-.2951596
3	3.9776985+01	.5589722	.7033546	-.0128143	-.0734203
4	1.2247671+01	.3886424	.5505680	-.0091207	-.0391932

Übersicht 3: Handelsdünger - Erzeugnisse der Industrie 1953/54 - 1972/73

Auto Covariance Function, weighted Auto Covariance Function and Spectrum of Series 1

I	AUCVX(I)	WACVX(I)	SPECX(I)	PERCENT	
0	3.3188089+01	3.3188089+01	4.3535825+02	12.15	0------------
1	3.1061994+01	3.0999264+01	4.2874735+02	23.92	1--------------------
2	2.9614091+01	2.9379381+01	3.6913006+02	20.60	2-----------------
3	2.7406453+01	2.6927122+01	2.6050044+02	14.54	3---------------
4	2.4689137+01	2.3936534+01	1.7152947+02	9.57	4----------

Auto Covariance Function, weighted Auto Covariance Function and Spectrum of Series 2

I	AUCVX(I)	WACVX(I)	SPECX(I)	PERCENT	
0	4.4388462+00	4.4388462+00	7.4507020+01	15.54	0------------
1	4.2433966+00	4.2348271+00	7.1166543+01	29.69	1------------------------
2	4.0387596+00	4.0067499+00	5.3771562+01	22.43	2-----------------
3	3.7998725+00	3.7334139+00	2.9361194+01	12.25	3----------
4	3.5440731+00	3.4360386+00	1.5246003+01	6.36	4-------

Cross Spectral Estimates of Series 1 and 2

I	CRAMPL(I)	COH.SQ(I)	GAIN(I)	PHASE(I)	UNITS(I)
0	2.0858203+01	.0134125	.0479104	.0000000	.0000000
1	5.6777524+01	.1056515	.1324265	1.5533978	26.7009504
2	5.7408698+01	.1660441	.1555243	.9720185	8.3538862
3	3.2923934+01	.1417233	.1263872	.2695384	1.5443416
4	1.3886937+01	.0737426	.0809595	-.5963617	-2.5626764

Übersicht 4: Agrarprodukte insgesamt - Bruttostundenverdienst männlicher Industriearbeiter 1953/54 - 1972/73

Auto Covariance Function, weighted Auto Covariance Function and Spectrum of Series 1

I	AUCVX(I)	WACVX(I)	SPECX(I)	PERCENT	
0	3.3367612+01	3.3367612+01	5.6171409+01	4.68	0----
1	2.5468740+01	2.5023299+01	8.6387986+01	14.38	1--------------
2	1.4572940+01	1.3613405+01	1.3543418+02	22.55	2---------------------
3	3.9260727+00	3.3807849+00	1.3145322+02	21.89	3---------------------
4	-6.6143347+00	-5.0900435+00	8.3584367+01	13.92	4--------------

Auto Covariance Function, weighted Auto Covariance Function and Spectrum of Series 2

I	AUCVX(I)	WACVX(I)	SPECX(I)	PERCENT	
0	1.0360058+01	1.0360058+01	2.2823456+01	6.12	0------
1	8.0745680+00	7.9333462+00	4.6999196+01	25.20	1-------------------
2	6.1841530+00	5.7769660+00	5.7189357+01	30.67	2---------------------
3	4.3346390+00	3.7326058+00	2.7912240+01	14.97	3----------
4	1.9058769+00	1.4666625+00	1.0387887+01	5.57	4-----

Cross Spectral Estimates of Series 1 and 2

I	CRAMPL(I)	COH.SQ(I)	GAIN(I)	PHASE(I)	UNITS(I)
0	1.4292937+01	.1593479	.2544522	.0000000	.0000000
1	2.5960674+01	.1659924	.3005125	-1.5599575	-8.9379010
2	1.9509704+01	.0491426	.1440530	-.7769755	-2.2258715
3	9.6305135+00	.0252774	.0732619	.6549453	1.2508537
4	7.7555373+00	.0692742	.0927869	1.4154979	2.0275521

Übersicht 5: Schlachtvieh - Bruttostundenverdienst männlicher Industriearbeiter 1953/54 - 1972/73

Auto Covariance Function, weighted Auto Covariance Function and Spectrum of Series 1

I	AUCVX(I)	WACVX(I)	SPECX(I)	PERCENT	
0	5.6661286+01	5.6661286+01	6.2775368+01	3.08	0---
1	4.5366398+01	4.4572953+01	1.1755299+02	11.53	1----------
2	2.3907274+01	2.2333133+01	2.2130660+02	21.70	2----------------
3	2.8480081+01	2.4524515+01	2.5650859+02	25.15	3-------------------
4	-1.8632703+01	-1.4338747+01	1.8830123+02	18.46	4--------------

Auto Covariance Function, weighted Auto Covariance Function and Spectrum of Series 2

I	AUCVX(I)	WACVX(I)	SPECX(I)	PERCENT	
0	1.0360058+01	1.0360058+01	2.2823456+01	6.12	0------
1	8.0745680+00	7.9333462+00	4.6999196+01	25.20	1---------------
2	6.1841530+00	5.7769660+00	5.7189357+01	30.67	2--------------------
3	4.3346390+00	3.7326058+00	2.7912240+01	14.97	3---------
4	1.9058769+00	1.4666625+00	1.0387887+01	5.57	4-----

Cross Spectral Estimates of Series 1 and 2

I	CRAMPL(I)	COH.SQ(I)	GAIN(I)	PHASE(I)	UNITS(I)
0	3.7014532+01	.9562552	.5896346	.0000000	.0000000
1	2.9804340+01	.1607811	.2535396	.7744277	4.4371452
2	5.5426171+00	.0025157	.0254968	1.0447013	2.9928499
3	9.4764748+00	.0125429	.0369441	-1.2624299	-2.4110644
4	6.0642877+00	.0188009	.0322052	-.5977807	-.8562580

Literatur

1. ACKLEY, G.: Macroeconomic Theory. 9. Edition, New York 1965.

2. Agrarbericht 1975, Agrar- und ernährungspolitischer Bericht der Bundesregierung. Bundestagdrucksache 7/3210, Bonn 7.2.1975.

3. Agrarbericht 1975, Materialband (einschließlich Buchführungsergebnisse). Bundestagdrucksache 7/3211, Bonn 6.2.1975.

4. ALBERS, W.: Marktlage, Preise und Preispolitik für Düngemittel in den EWG-Ländern und ihre Bedeutung für die Produktionskosten der Landwirtschaft. EWG-Kommission (Hrsg.), Die Agrarstruktur in der EWG, Interne Informationen, 17(1963).

5. DERS.: Die Strategie der Marktpartner bei Stickstoff. "Agra-Europe", Sonderbeilage, Nr.14, Jg. 13(1972).

6. BAHLBURG, M.: Agrarpolitik als Instrument antizyklischer Konjunkturpolitik. Dissertation, Hamburg 1972.

7. GRANGER, C.W.J. and M. HATANAKA: Spectral Analysis of Economic Time Series. Princeton 1964.

8. GRANGER, C.W.J.: The Typical Spectral Shape of an Economic Variable. "Econometrica", Vol. 34 (1966), pp. 150-161.

9. GRÖHN, E.: Spektralanalytische Untersuchungen zum zyklischen Wachstum der Industrieproduktion in der Bundesrepublik Deutschland 1950 - 1967. "Kieler Studien", Bd. 108, Tübingen 1970.

10. HENRICHSMEYER, W. und W. SCHEPER: Künftige Forschungsaufgaben in makroökonomischen Bereichen der Agrarökonomie. In: H. Albrecht und G. Schmitt (Hrsg.), Forschung und Ausbildung im Bereich der Wirtschafts- und Sozialwissenschaften des Landbaues (Schriften der Gesellschaft für Wirtschafts- und Sozialwissenschaften des Landbaues e.V., Bd. 12), München-Bern-Wien 1975.

11. HOCHSTEIN, H.-J.: Struktur und Dynamik des westdeutschen Marktes für Ackerschlepper. Dissertation, Kiel 1970.

12. KOESTER, U.: Allgemeine Analyse der Nachfrage nach Nahrungs- und Genußmitteln. Bd. I von U. KOESTER und E. BITTERMANN: Theoretische und empirische Analyse der Nachfrage nach Nahrungs- und Genußmitteln auf der Erzeuger- und Verbraucherstufe. BR Deutschland 1950/51 - 1965/66. "Agrarwirtschaft", SH 27, Hannover 1968.

13. MENGES, G. und J. GOSSMANN: Ökonometrische Untersuchungen der Preisentwicklung in der Bundesrepublik Deutschland (Schriftenreihe der Wirtschaftsvereinigung Eisen- und Stahlindustrie zur Wirtschafts- und Industriepolitik, H. 9). Düsseldorf 1968.

14. Sachverständigenrat zur Begutachtung der gesamtwirtschaftlichen Entwicklung, Jahresgutachten 1968/69: "Alternativen außenwirtschaftlicher Anpassung". Bundestagdrucksache V/355, Bonn 2.12.1968.

15. Sachverständigenrat zur Begutachtung der gesamtwirtschaftlichen Entwicklung, Jahresgutachten 1972/73: "Gleicher Rang für den Geldwert". Bundesratdrucksache 612/73, Bonn 6.12.72.

16. Statistisches Bundesamt (Hrsg.): Die Kostenstruktur in der Wirtschaft, 1970, II, Handwerk, Fachserie C, Unternehmen und Arbeitsstätten, Reihe 1. Stuttgart-Mainz 1973.

17. STÄGLIN, R. und H. WESSELS: Input-Output-Tabelle für die Bundesrepublik Deutschland 1966. Deutsches Institut für Wirtschaftsforschung, Vierteljahreshefte zur Wirtschaftsforschung, H. 3 (1971), S. 215 - 220.

ERGEBNISSE DER DISKUSSION DER REFERATE VON
I. EVERS UND G. HAXSEN

zusammengestellt von

W. Schubert, Kiel

Die Diskussion umfaßte entsprechend den beiden Hauptreferaten und Stellungnahmen in den Korreferaten Probleme der Anwendung von Input-Output-Analysen im Agrarsektor sowie Überlegungen hinsichtlich des Konjunktureinflusses auf die Agrarpreisbildung.

I

Bezüglich des ersten Themenkreises wurden einige grundsätzliche Ausführungen zum Stellenwert der Input-Output-Analyse gemacht.

1. Besondere Bedeutung wurde dem zeitlichen Aspekt bei der Beurteilung der Input-Output-Analyse beigemessen. Übereinstimmung bestand weitgehend darüber, daß Input-Output-Modellen besonders für die mittelfristige Betrachtung große Bedeutung zukommt.

Für die kurze Frist treten verstärkt Probleme der Vorratslösung und der Liquiditätsaufstockung (real-balance-effect) auf. Daneben erfolgen besonders in Zeiten verstärkter Preisverschiebungen ausgeprägte Preiskorrekturen auf oligopolistischen Märkten, die zu einer Verzerrung der Ergebnisse führen können. Bei längerfristigen Input-Output-Analysen bleibt die Annahme konstanter Koeffizienten nicht mehr haltbar, da aufgrund auftretender Strukturveränderungen relativ elastische Substitutionsprozesse eingeleitet werden, die Koeffizientenänderungen zur Folge haben.

2. Aus diesem Grunde wurde in mehreren Beiträgen die Forderung bekräftigt, in Input-Output-Modellen von konstanten zu variablen Koeffizienten, die ökonomisch erklärbar sind, überzugehen und ferner der Hoffnung Ausdruck geben, daß in der BRD in Zukunft verstärkt auf diesem Gebiet wissenschaftlich gearbeitet werden möge.

3. Verschiedene Möglichkeiten des Vorgehens bei der Ermittlung von Input-Output-Koeffizienten im Rahmen längerfristiger Betrachtungen wurden aufgezeigt. Eine Möglichkeit wäre, mit Hilfe sektoraler Produktionsfunktionen Maximal- und Minimalwerte zu ermitteln, die dann unter Berücksichtigung der Proportionalitätsmethode Aufschluß über Größenordnungen möglicher Anpassungsvorgänge geben könnten.

Als zweite Alternative erfolgte der Vorschlag, Verteilungsfunktionen von Input-Output-Koeffizienten zu entwickeln, um dann, wie es u.a. KRELLE vorgeschlagen hat, anhand eines Erklärungsmodells Art und Einfluß von Erklärungsfaktoren der Koeffizienten (z.B. bestimmte Preis- und Kapazitätseffekte) unter Angabe von Irrtumswahrscheinlichkeiten zu testen.

Dieser Vorschlag wurde zum Teil mit Skepsis aufgenommen, gleichzeitig aber betont, daß eine Reihe von Ansätzen, wie Berliner Modell, Rothenberg-Modell, RAS-Verfahren von Stone, Möglichkeiten darstellen, um strukturelle Anpassungsvorgänge und damit variable Koeffizienten in Input-Output-Modellen zu berücksichtigen.

1. Ausgangspunkt für die Diskussion zum zweiten Referat war die Feststellung, daß aufgrund der für die Untersuchung geltenden Restriktionen, z.B. keine erklärende Analyse, sondern nur eine vergleichende Beschreibung der Entwicklung weniger Variablen vorzunehmen, die hieraus abgeleiteten Ergebnisse nur begrenzte Aussagen über den Zusammenhang zwischen Konjunktur und Preisbildung im Agrarsektor zulassen.

2. Hinsichtlich der Intensität des konjunkturellen Einflusses wurde vermerkt, daß besonders zwischen den beiden Weltkriegen und in der jüngsten Entwicklung ab 1973, also außerhalb des Untersuchungszeitraumes, eine relativ deutliche Konjunkturabhängigkeit der Landwirtschaft festgestellt werden könne. Hierzu reiche aber eine alleinige Betrachtung der direkten Preiszusammenhänge nicht aus, sondern man müsse auch ermitteln, in welchem Umfang sich die Nachfragestruktur mit den Konjunkturzyklen verändere und welche Wirkungen hiervon auf die Agrarpreise ausgingen.

Wenn man noch berücksichtige, daß Mengen, die der Staat in der letzten Zeit in Intervention genommen hat (z.B. Rindfleisch), ohne diesen Eingriff voll marktwirksam gewesen wären, so werde deutlich, wie konjunkturabhängig die Landwirtschaft sei.

3. Unterschiedliche Meinungen bestanden bezüglich der Ausgabenentwicklung für Nahrungsmittel in Konjunkturkrisenzeiten. Einerseits wurde die Ansicht vertreten, daß Substitutionsprozesse von teuren zu billigeren Qualitäten vollzogen würden, die insgesamt ausgabenmindernd wirkten, andererseits zeigten aber empirische Untersuchungen in der BRD und den USA, daß trotz Konjunkturkrise und Rückgang des Gesamtkonsums in realiter die Nachfrage nach Nahrungsmitteln wert- und mengenmäßig 1974/75 angestiegen sei. Dies könne darauf zurückgeführt werden, daß als Folge geringerer Nachfrage nach dauerhaften Konsumgütern ein Befriedigungsausgleich durch "vermehrtes und besseres Essen" erreicht werde.

4. Zur Erklärung der Preisbildung auf den Märkten für Investitionsgüter und Betriebsmittel wurde übereinstimmend festgestellt, daß neben den von der Kostenseite induzierten Wirkungen auch die Nachfrage nach Produktionsfaktoren berücksichtigt werden müsse. Diese hänge wiederum entscheidend von der Einkommens- und Liquiditätslage der Landwirte ab.

5. Die Diskussion endete mit dem Vorschlag, Untersuchungen zu diesem Problemkreis verstärkt auch mit Hilfe ökonometrischer Prognosemodelle vorzunehmen, obwohl man darin übereinstimme, daß entsprechenden Analysen wegen des oft unzureichenden Datenmaterials erhebliche Grenzen gesetzt sind.

AUSWIRKUNGEN VON PREIS- UND MENGENSCHWANKUNGEN AUF
DIE LANDWIRTSCHAFTLICHEN EINKOMMEN

von

S. Bauer, Bonn [1]

1	Einleitung	175
2	Instabilität und landwirtschaftliche Einkommen - Eine allgemeine Analyse -	176
2.1	Einkommensdefinitionsgleichung und Einkommensentwicklung	176
2.2	Instabilitätsfaktoren der Einkommensentwicklung	179
2.3	Analyse von Wirkungszusammenhängen	182
3	Der Beitrag von Mengen- und Preisveränderungen zur Einkommensentwicklung in Betriebsgruppen - Empirische Analyse -	183
3.1	Kennzeichnung der Vorgehensweise	183
3.2	Geschlossene Darstellung für den Durchschnitt der Agrarberichtsbetriebe	185
3.2.1	Preis- und Mengenentwicklungen als verursachende Faktoren der Einkommensschwankungen	186
3.2.2	Preis- und Mengeneffekte der Einkommensentwicklung	188
3.3	Instabilität der Einkommensentwicklung in Betriebsgruppen	192
3.3.1	Preis- und Mengenschwankungen in den aggregierten Betriebsgruppen	192
3.3.2	Die Einkommenswirkungen von Preis- und Mengenveränderungen	195
4	Zusammenfassung und Schlußfolgerungen	200

1 Einleitung

Nach wie vor genießt die Einkommensentwicklung der Landwirtschaft einen hohen Stellenwert in der agrarpolitischen Diskussion. Wenn man für das Thema "Agrarwirtschaft und wirtschaftliche Instabilität" die Entwicklung von ökonomischen Variablen, die für den Agrarbereich relevant sind, betrachtet, so zeigt sich, daß die Einkommensentwicklung in der Landwirtschaft mit die größten Instabilitäten aufweist.

Die Bedeutung von Instabilität sowie der Erfolg einer rationalen Stabilisierungspolitik läßt sich nur beurteilen, wenn man die Auswirkungen von Instabilitäten und Stabilisierungsstrategien auf die po-

---

[1] Der Verfasser dankt Herrn Prof. HENRICHSMEYER für wertvolle Anregungen und Hinweise.

litischen Ziele analysiert. Je umfassender und differenzierter das Zielsystem ist, umso komplexer werden Wirkungsanalysen von Auswirkungen exogener Einflüsse und/oder von Instrumentvariablen auf das Zielgefüge.

Wenn man die aktuelle agrarpolitische Diskussion verfolgt, so zeigt sich daß neben kontroversen Beurteilungen der Einkommenslage in der Landwirtschaft insbesondere die starken Einkommensschwankungen zu einer unterschiedlichen Beurteilung der Einkommensentwicklung beitragen. So werden je nach der aktuellen Lage die Stimmen aus den verschiedenen Lagern lauter oder zurückhaltender. Als Ursachen für die Einkommensschwankungen werden meist nur Faktoren genannt, die gerade in die jeweilige Argumentationslinie passen. Beim Vergleich der landwirtschaftlichen Einkommen mit außerlandwirtschaftlichen Einkommensentwicklungen (insbesondere von Arbeitnehmern) werden in den seltensten Fällen die Schwankungen der landwirtschaftlichen Einkommen mit den – insbesondere in letzter Zeit besonders hervortretenden – Beschäftigungsrisiken in vielen anderen Bereichen abgewogen.

In diesem Beitrag wird als Teilaspekt dieser Gesamtproblematik eine differenziertere Analyse der Auswirkungen der wichtigsten Instabilitäten auf die landwirtschaftliche Einkommensentwicklung unter besonderer Berücksichtigung der Einkommensverteilung vorgestellt.

Der Einfluß von Instabilität auf andere Zielbereiche wird in anderen Referaten behandelt, so daß am Ende dieser Tagung die Frage "Stabilisierungspolitik: warum und wozu" von den verschiedenen Zielbereichen her diskutiert werden kann.

2   Instabilität und landwirtschaftliche Einkommen – Eine allgemeine Analyse –

Die agrarökonomische Forschung hat sich bisher im Rahmen der Einkommensanalyse schwerpunktmäßig mit Problemen der personellen und funktionellen Einkommensverteilung im inter- und intrasektoralen, regionalen und nationalen Vergleich beschäftigt. Dabei standen insbesondere Probleme der Repräsentativität, der geeigneten Einkommens- und Vergleichsgrößen 1), der vergleichbaren Gruppen von Einkommensbeziehern sowie Probleme der Ursachen von interregionalen Einkommensunterschieden im Vordergrund der Betrachtung.

Im folgenden sollen Ausmaß und Ursachen der Instabilität der Einkommensentwicklung für verschiedene Betriebsgruppen in der Landwirtschaft der BRD näher untersucht werden. Dazu werden die landwirtschaftlichen Einkommen von der Entstehungsseite her in ihre wichtigsten Komponenten aufgespalten, um so die Wirkungen verschiedener Instabilitätskomponenten in Abhängigkeit von der Ausgangssituation der Betriebe analysieren und besser beurteilen zu können.

2.1   Einkommensdefinitionsgleichung und Einkommensentwicklung 2)

Im Vergleich zu anderen Einkommensbeziehern (z.B. Arbeitnehmern) ist das Einkommen der landwirtschaftlichen Haushalte weniger kontraktbestimmt, sondern ergibt sich als Residualgröße zwischen dem erwirtschafteten Ertrag und dem Aufwand an zugekauften Produktionsmitteln.

Das monetäre Faktorentgelt, das den in den landwirtschaftlichen Betrieben eingesetzten Faktoren in einer Wirtschaftsperiode zufließt (Betriebseinkommen) 3), ist von der Einkommensentstehungsseite her wie folgt definiert:

---

1) Hier sei nur auf die Diskussion verschiedener Brutto- und Nettoeinkommensgrößen sowie auf die Frage Abschreibungen zu Anschaffungs- bzw. Wiederbeschaffungspreisen verwiesen.

2) Die ausführlichen Ableitungen sind zur exakten Definition der im empirischen Teil verwendeten Begriffe notwendig.

3) Die Wahl des Betriebseinkommens als Einkommensmaßstab wurde im Hinblick auf die für die empirische Analyse vorhandene Datengrundlage vorgenommen.

(1) $E_t = BE_t - SA_t - ST_t + SUB_t$

wobei: E_t = Betriebseinkommen je Betrieb in der Periode t

BE_t = Monetärer Betriebsertrag in der Periode t

SA_t = Monetärer Sachaufwand in der Periode t

ST_t = Indirekte Steuern in der Periode t
(insbesondere Betriebssteuern und Differenz aus Mehrwert- und Vorsteuern) 1)

SUB_t = Subventionen (Transferzahlungen) in der Periode t
(insbesondere Aufwertungsausgleich und Liquiditätsbeihilfen)

Faßt man die indirekten Steuern und Subventionen wie oben definiert zu einer Größe "Transfereinkommen" 2) TE_t ($TE_t = SUB_t - ST_t$) sowie die Differenz von Betriebsertrag und Sachaufwand zum Markteinkommen ME_t ($ME_t = BE_t - SA_t$) zusammen, so läßt sich das Betriebseinkommen in landwirtschaftlichen Betrieben als Summe von Markt- und Transfereinkommen darstellen.

(2) $E_t = ME_t + TE_t$

Die Unterscheidung in Markt- und Transfereinkommen scheint für die Beurteilung der Stabilität der Einkommensentwicklung wichtig. Während die Höhe und Entwicklung der Markteinkommen vom Marktgeschehen und von den betrieblichen Anpassungen bestimmt wird, ergibt sich das Transfereinkommen weitgehend durch politische Einflußnahme. An letzterem läßt sich daher beurteilen, ob die direkt einkommenswirksamen agrarpolitischen Maßnahmen einen stabilisierenden oder destabilisierenden Effekt auf die Einkommensentwicklung ausüben 3). Im folgenden sollen jedoch vorrangig Instabilitäten, die auf das Markteinkommen wirken, näher analysiert werden. Der Vollständigkeit wegen wird jedoch auch das Transfereinkommen mit berücksichtigt. Die oben aufgeführte Einkommensgleichung läßt sich erweitern, indem die monetären Größen in eine Mengen- und eine Preiskomponente aufgespalten werden 4).

(3) $E_t = \underbrace{X_t \cdot P_t}_{BE_t} - \underbrace{V_t \cdot Q_t}_{SA_t} + TE_t$

wobei: X_t = Ausbringungs- (Produktions-)menge in der Periode t

V_t = Vorleistungseinsatz (Menge) in der Periode t

P_t = der in der Periode t erzielte Produktpreis pro Einheit von X

Q_t = der in der Periode t geltende Preis pro Vorleistungseinheit V

Die Instabilität der Einkommensentwicklung läßt sich nun anhand der Mengen- und Preisveränderungen

---

1) Gilt nur für landwirtschaftliche Betriebe, die die Mehrwertsteuerdifferenz nicht ans Finanzamt abführen.

2) Das hier definierte Transfereinkommen kann selbstverständlich auch negativ werden.

3) Auf diesen Problembereich wird Herr THOREO in seinem Referat noch weiter eingehen.

4) Auf die weitere Differenzierung nach einzelnen Ertrags- und Aufwandskomponenten soll zunächst der Übersichtlichkeit wegen verzichtet werden.

auf der Input- und Outputseite einzelnen Instabilitätskomponenten zuordnen. Dazu werden zunächst die ersten Differenzen der Gleichung (3), d.h. die absoluten Änderungen des Einkommens betrachtet.

(4) $\Delta E_t = \Delta X_t \cdot P_t + X_t \cdot \Delta P_t + \Delta X_t \cdot \Delta P_t - (\Delta V_t \cdot Q_t + V_t \cdot \Delta Q_t + \Delta V_t \cdot \Delta Q_t) + \Delta TE_t$

Dividiert man Gleichung (4) durch E_{t-i} und erweitert die Ausdrücke auf der rechten Seite um entsprechende Größen, so ergibt sich die relative Einkommensänderung in Abhängigkeit von der relativen Preis- und Mengenänderung.

(5) $\frac{\Delta E_t}{E_{t-i}} = \frac{\Delta X_t}{X_{t-i}} \cdot \frac{P_{t-i} \cdot X_{t-i}}{E_{t-i}} + \frac{\Delta P_t}{P_{t-i}} \cdot \frac{P_{t-i} \cdot X_{t-i}}{E_{t-i}} + \frac{\Delta X_t}{X_{t-i}} \cdot \frac{\Delta P_t}{P_{t-i}} \cdot \frac{P_{t-i} \cdot X_{t-i}}{E_{t-i}}$
$- \left(\frac{\Delta V_t}{V_{t-i}} \cdot \frac{V_{t-i} \cdot Q_{t-i}}{E_{t-i}} + \frac{\Delta Q_t}{Q_{t-i}} \cdot \frac{V_{t-i} \cdot Q_{t-i}}{E_{t-i}} + \frac{\Delta V_t}{V_{t-i}} \cdot \frac{\Delta Q_t}{Q_{t-i}} \cdot \frac{V_{t-i} \cdot Q_{t-i}}{E_{t-i}} \right) + \frac{\Delta TE_t}{TE_{t-i}} \cdot \frac{TE_{t-i}}{E_{t-i}}$

wobei i das Zeitintervall der betrachteten Änderungen angibt.

Um Gleichung (5) übersichtlicher zu gestalten, werden neue Symbole eingeführt. Der allgemeine Ausdruck $\frac{\Delta Y_t}{Y_{t-i}}$ sei im folgenden als relative Wachstumsrate $W_{y,t}$ definiert. Weiterhin werden die Gewichte, die den Einfluß von relativen Mengen- und Preisänderungen auf die relative Einkommensentwicklung angeben, neu definiert. Wenn man zunächst nur den partiellen Einfluß von Veränderungen der Outputmengen auf die Einkommensentwicklung betrachtet, so ergibt sich aufgrund der linearen Gleichung folgende Beziehung:

(6) $\frac{\Delta E_t}{E_{t-i}} = \frac{\Delta X_t}{X_{t-i}} \cdot \frac{P_{t-i} \cdot X_{t-i}}{E_{t-i}}$

Gleichung (6) läßt sich leicht umformen zu Gleichung (7).

(7) $\frac{P_{t-i} \cdot X_{t-i}}{E_{t-i}} = \frac{\frac{\Delta E_t}{E_{t-i}}}{\frac{\Delta X_t}{X_{t-i}}} \triangleq e_{BE, t-i}$

Derartige Relationen zweier relativer Änderungen werden allgemein als Elastizitäten bezeichnet. Die hier dargestellte Elastizität ($e_{BE, t-i}$) bezieht sich auf die relative Einkommensänderung in bezug auf die relative Änderung der Outputmengen. In ähnlicher Weise lassen sich für die übrigen Komponenten derartige Elastizitäten definieren.

Unter Verwendung dieser Elastizitäten der Einkommensänderung in bezug auf Mengen- oder Preisänderungen auf der Output- bzw. Inputseite und der Wachstumsraten läßt sich Gleichung (5) vereinfacht wie folgt darstellen [1].

---

[1] Wie aus Gleichung (5) hervorgeht, haben Mengen- und Preisänderungen jeweils die gleichen Einkommenselastizitäten. Unterschiedlich sind jedoch die Elastizitäten auf der Output- (e_{BE}) und Input- (e_{SA})seite.

$$(8) \quad W_{E,t} = W_{X,t} \cdot e_{BE,t-i} + W_{P,t} \cdot e_{BE,t-i} + W_{X,t} \cdot W_{P,t} \cdot e_{BE,t-i}$$

$$- (W_{V,t} \cdot e_{SA,t-i} + W_{Q,t} \cdot e_{SA,t-i} + W_{V,t} \cdot W_{Q,t} \cdot e_{SA,t-i}) \cdot$$

$$+ W_{TE} \cdot e_{TE,t-i}$$

In Gleichung (8) wird nun die relative Einkommensänderung in Abhängigkeit von

- den Änderungsraten der Mengen und Preise auf der Output- und Inputseite
- den Elastizitäten der Einkommensänderung in bezug auf
  - Mengen- bzw. Preisänderungen auf der Outputseite (e_{BE})
  - Mengen- bzw. Preisänderungen auf der Inputseite (e_{SA})

dargestellt. Die einfache lineare Form dieser Gleichung erlaubt den partiellen Einfluß der einzelnen Komponenten zu isolieren, wobei Beziehungen zwischen den einkommensbestimmenden Faktoren nicht explizit erfaßt sind.

2.2 Instabilitätsfaktoren der Einkommensentwicklung

Die Einkommensschwankungen in der Landwirtschaft werden von einer Vielzahl von sich z.T. gegenseitig beeinflussenden Faktoren verursacht. Ohne Anspruch auf Vollständigkeit lassen sich etwa folgende "primären" Instabilitätsfaktoren anführen:

- Witterungseinfluß
- gesamtwirtschaftliche Einkommensschwankungen, die sich auf die Nachfrage nach Nahrungsmitteln auswirken
- Einfluß allgemeiner Preissteigerungen auf die Preise landwirtschaftlicher Betriebsmittel, Investitionsgüter sowie die Preise der Lebenshaltung
- allgemeine Beschäftigungslage, die sich auf die Abwanderung von Arbeitskräften auswirkt
- Schwankungen auf den Weltagrar- und Rohstoffmärkten
- Schwankungen, die vom (verzögerten) Anpassungsverhalten der landwirtschaftlichen Unternehmer, der Konsumenten sowie der Politiker (bei unsicheren Erwartungen) ausgehen.

Diese und ähnliche Instabilitätsfaktoren wirken sich als Mengen- oder Preisschwankungen aus. Je nach Reagibilität auf den einzelnen Märkten folgen jedoch i.d.R. weitergehende Wirkungen bzw. ganze Wirkungsketten. Die hier interessierenden Wirkungszusammenhänge lassen sich wie folgt darstellen:

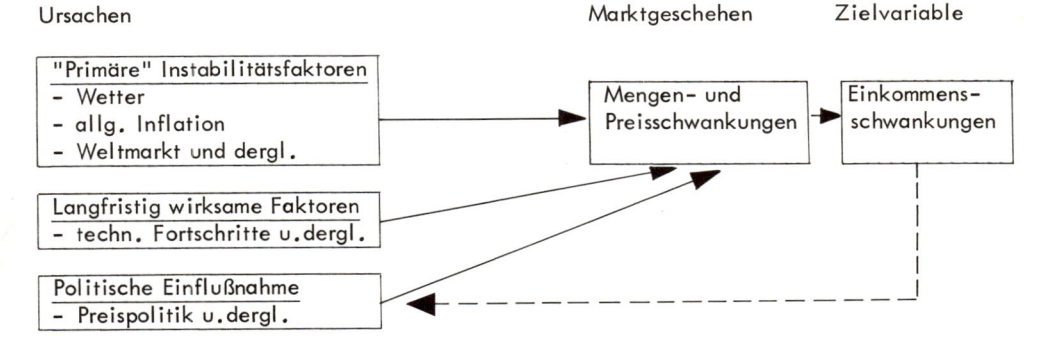

Ursachen   Marktgeschehen   Zielvariable

"Primäre" Instabilitätsfaktoren
- Wetter
- allg. Inflation
- Weltmarkt und dergl.

Langfristig wirksame Faktoren
- techn. Fortschritte u.dergl.

Politische Einflußnahme
- Preispolitik u.dergl.

→ Mengen- und Preisschwankungen → Einkommensschwankungen

Wenn man von diesen Beziehungen ausgeht, so stellt sich wie für jede quantitative Modellanalyse die Frage nach dem zu wählenden Differenzierungsgrad. So wäre z.B. für die geschlossene Quantifizierung der Einkommenswirkungen der "primären" Instabilitätsfaktoren ein umfassendes Modellsystem erforderlich, das die Beziehung zwischen diesen Faktoren und der Einkommensentwicklung geschlossen abbildet.

Ein derartiges System hätte etwa folgende wichtige Beziehungen quantitativ zu erfassen:

- Input-Outputbeziehungen unter besonderer Berücksichtigung des Witterungseinflusses (z.B. abzubilden anhand von Produktionsfunktionen oder von prozeßanalytischen Ansätzen)
- Angebotsverhalten der landwirtschaftlichen Produzenten und Nachfrageverhalten (nach variablen Produktionsmitteln) im strengen Sinne der positiven Analyse
- Nachfrageverhalten der Konsumenten und Preisbildung auf den Agrarmärkten unter besonderer Berücksichtigung von Marktordnungssystemen und Weltmarktpreisschwankungen
- Mobilitätsverhalten bei quasi-fixen Produktionsfaktoren
- Ertrags-, Aufwands- und Einkommensrechnung.

Die einzelnen Modellkomponenten hätten die "primären" Instabilitätsfaktoren als erklärende Variablen für die Abbildung kurzfristiger Einkommensschwankungen zu enthalten.

Eine derartige Vorgehensweise würde beim derzeitigen Stand der agrarökonomischen Forschung jedoch umfangreiche empirische Analysen und Vorarbeiten voraussetzen. Wegen der Schwierigkeiten bei der Quantifizierung der ursächlichen Instabilitätsfaktoren wird im folgenden eine wesentlich bescheidenere Vorgehensweise, die der empirischen Analyse leichter zugänglich ist, verfolgt.

Im Mittelpunkt der folgenden Überlegungen stehen nicht die ursächlichen Instabilitätsfaktoren, sondern die zu Mengen- und Preisveränderungen bereits zusammengefaßten Auswirkungen dieser Faktoren. Gegenstand der folgenden Betrachtung sind also die Beziehungen zwischen den Ergebnissen des Marktgeschehens und der Einkommensentwicklung.

Dazu werden die wichtigsten Komponenten von Gleichung (8) nach unterschiedlichen Kriterien zu Instabilitätsfaktoren zusammengefaßt.

Übersicht 1: Systematik der einkommensbestimmenden Instabilitätsfaktoren

	A	B	A + B
I	W_p (Wachstumsrate der Agrarpreise)	W_X (Wachstumsrate der Outputmengen)	$W_p + W_X$ (Monetäre Outputentwicklung)
II	W_Q (Wachstumsrate der Vorleistungspreise)	W_V (Wachstumsrate der Vorleistungsmengen)	$W_Q + W_V$ (Monetäre Inputentwicklung)
I - II	$W_p - W_Q$ (Änderungsrate der Output-Inputpreisrelation)	$W_X - W_V$ (Änderungsrate der Vorleistungsproduktivität)	

Wie in Übersicht 1 abgebildet, kann man Mengen- und Preisveränderungen auf der Input- und Outputseite zeilenmäßig zu Veränderungsraten der monetären Output- und Inputgrößen und spaltenweise zu Veränderungsraten der Preisrelation bzw. Vorleistungsproduktivität zusammenfassen. Der unterschiedliche Informationsgehalt soll an zwei Beispielen verdeutlicht werden:

a) Zyklische Entwicklungen äußern sich in Preis- und Mengenschwankungen. Die Größen W_p und W_X verdeutlichen das Ausmaß der Schwankungen bei den Preisen und Mengen, während die

Größe $W_p + W_X$ bereits den zusammengefaßten (kompensierenden oder verstärkenden) Einfluß angibt.

b) In der Änderungsrate der Agrarpreise (W_p) kommen gleichzeitig zufällige, zyklische und langfristige Einflußfaktoren zum Ausdruck, während die Entwicklung der Vorleistungspreise im wesentlichen auf allgemeine Preissteigerungen zurückzuführen ist 1). Der zusammengefaßte kompensierende oder verstärkende Einfluß wird durch die Veränderung der Output- und Inputpreisrelation (Preisschere) ausgezeigt.

Die in Darstellung 1 skizzierte Aggregation gibt gleichzeitig nach produktionstheoretischen Gesichtspunkten einen Hinweis über
- Preis- und Mengenbeziehungen (zeilenweise Betrachtung)
- Mengen- und Mengenbeziehungen (Betrachtung der 2. Spalte) und
- Preis- und Preisbeziehungen (Betrachtung der 1. Spalte).

Insbesondere für einen Betriebsgruppenvergleich stellen die zusammengefaßten Veränderungsraten eine bessere Grundlage dar, als wenn man nur einzelne Komponenten zur Information heranzieht.

Den direkten Beitrag zur Einkommensentwicklung erhält man, wenn man die einzelnen Preis- und Mengenveränderungen mit den entsprechenden Elastizitäten multipliziert. Diese einzelnen Einkommenskomponenten werden wieder zu aggregierten Einkommenseffekten zusammengefaßt.

Übersicht 2: Systematik von Einkommenseffekten

	A	B	A + B
I	$W_p \cdot e_{BE}$ (Outputpreiseffekt)	$W_X \cdot e_{BE}$ (Outputmengeneffekt)	$W_p \cdot e_{BE} + W_X \cdot e_{BE}$ (Outputeffekt)
II	$W_Q \cdot e_{SA}$ (Vorleistungspreiseffekt)	$W_V \cdot e_{SA}$ (Vorleistungsmengeneffekt)	$W_Q \cdot e_{SA} + W_V \cdot e_{SA}$ (Vorleistungseffekt)
I + II	$W_p \cdot e_{BE} - W_Q \cdot e_{SA}$ (Preiseffekt)	$W_X \cdot e_{BE} - W_V \cdot e_{SA}$ (Mengeneffekt)	Einkommensentwicklung (Markteinkommen)

Für Übersicht 2 gelten prinzipiell die gleichen Beziehungszusammenhänge wie bereits oben ausgeführt. Die Schwankungen sind jedoch um einen Faktor, der durch die jeweiligen Elastizitäten ausgedrückt wird, größer. Während sich bei zeilenweiser Betrachtung lediglich das Niveau im Vergleich zu Darstellung 1 erhöht (gleiche Elastizität), zeigt sich bei spaltenweiser Betrachtung ein weiter differenzierender Beziehungszusammenhang. So ergibt sich bei einer x-prozentigen Preisschere eine unterschiedliche Einkommenswirkung, je nachdem ob diese Preisschere durch eine Senkung der Output- oder durch einen Anstieg der Vorleistungspreise zustande kommt.

Die Entwicklung des Markteinkommens läßt sich nun anhand der Differenz zwischen Output- und Inputeffekt bzw. aus der Summe von Mengen- und Preiseffekt ermitteln 2). Beide Arten von Einkom-

---

1) Wie dieses Beispiel zeigt, lassen sich von den Mengen- und Preisveränderungen z.T. Rückschlüsse auf die ursächlichen Instabilitätsfaktoren aufzeigen.

2) Wie aus Gleichung (8) ersichtlich, sind zusätzliche Mischeffekte, die aus einer gleichzeitigen Mengen- und Preisveränderung resultieren, zu berücksichtigen.

menseffekten ergeben sich aus gemeinsamen Einzelelementen. Sie enthalten unterschiedliche Informationen und können die Einkommensschwankungen von unterschiedlichen Seiten her beleuchten.

Die in Übersicht 2 definierten Effekte beziehen sich nur auf die direkten Einkommenswirkungen von Preis- bzw. Mengenänderungen, d.h. Preis- und Mengeneffekte werden zunächst unabhängig voneinander ermittelt. Über den Anteil von Mengenänderungen, die auf Preisänderungen zurückzuführen sind (aufgrund von Preisangebots- bzw. Preisnachfragereaktionen), werden keine Aussagen gemacht. Das gleiche gilt für die Produktions- und Vorleistungsmengenbeziehungen.

2.3 Analyse von Wirkungszusammenhängen

Die Wirkung einer x-prozentigen Preis- bzw. Mengenänderung ist c.p. von der Ausgangslage der Betriebe, d.h. vom Niveau der Einkommenselastizitäten abhängig. Sie werden vom monetären Anteil der Vorleistungen am Betriebsertrag einschließlich Transfereinkommen in der Ausgangsperiode bestimmt.

$$(9) \quad e_{BE} = \frac{X \cdot P}{E}, \quad e_{SA} = \frac{V \cdot Q}{E}, \quad e_{TE} = \frac{TE}{E}$$

Wegen der Beziehung

$$(10) \quad E = X \cdot P - V \cdot Q + TE$$

läßt sich für e_{BE} auch schreiben

$$(11) \quad e_{BE} = \frac{V \cdot Q - TE + E}{E}$$

oder

$$(12) \quad e_{BE} = \frac{V \cdot Q}{E} - \frac{TE}{E} + 1$$

oder

$$(13) \quad e_{BE} = e_{SA} - e_{TE} + 1$$

Daraus ergeben sich für die Empfindlichkeit der Einkommensentwicklung in landwirtschaftlichen Betrieben bereits einige bedeutende allgemeine Schlußfolgerungen:

1. Das Ausmaß relativer Einkommensänderungen bei einer x-prozentigen Preis- oder Mengenänderung hängt von der Relation "Einkommen zu monetärem Betriebsertrag bzw. Sachaufwand in der Ausgangsperiode" ab. Je höher der Anteil der Vorleistung am Betriebsertrag, d.h. je niedriger die Vorleistungsproduktivität, desto größer ist die relative Einkommensschwankung bei Preis- bzw. Mengenveränderungen auf der Output- und/oder Inputseite. Daraus lassen sich z.T. die hohen Einkommensschwankungen in den vorleistungsintensiven Veredlungsbetrieben erklären.

2. Die Wirkung einer x-prozentigen Änderung des Transfereinkommens auf das gesamte Einkommen hängt vom Anteil des Transfereinkommens in der Ausgangsperiode ab. Je nach Kriterien der Vergabe von Transfereinkommen läßt sich die Einkommenswirkung z.T. direkt anhand der Output- bzw. Vorleistungselastizitäten überschlagen. So entspricht z.B. die Wirkung einer 1 %igen Anhebung der Vorsteuerpauschale (bzw. des Aufwertungsausgleichs) genau der Outputelastizität.

3. Je höher der Anteil des Transfereinkommens, desto geringer werden Einkommensschwankungen, die durch Preis- und Mengenveränderungen verursacht werden.

4. Mengen- und Preisveränderungen auf der Outputseite haben eine größere Einkommenswirkung als gleiche Veränderungen auf der Inputseite.
So hat z.B. eine 1 %ige Vorleistungssteigerung einen um 1 Prozentpunkt niedrigeren Einkommenseffekt (Markteinkommen) bzw. einen $1-e_{TE}$ niedrigeren Einkommenseffekt auf das Betriebseinkommen als eine 1 %ige Agrarpreissteigerung. Für die Mengen gilt selbstverständlich das gleiche.

5. Eine vorhandene Preisschere zwischen den Input- und Outputpreisen ($W_P - W_Q < 0$) bedeutet noch nicht, daß von dieser Preisentwicklung ein negativer Einkommensbeitrag ausgeht. Als Bedingung für einen positiven Einkommensbeitrag gilt

$$\frac{W_P}{W_Q} > \frac{e_{SA}}{e_{BE}} \quad \text{bzw.} \quad \frac{W_P}{W_Q} > \frac{e_{BE} - 1 + e_{TE}}{e_{BE}}.$$

Dies bedeutet, daß in Betrieben mit einem hohen Vorleistungsanteil je Outputeinheit, d.h. mit einer höheren Output- und damit auch Inputelastizität, eine geringe Preisschere bereits einen negativen Einkommensbeitrag verursachen kann, während der Preiseffekt in Betrieben mit einer hohen Vorleistungsproduktivität bei gleicher Preisschere noch positiv sein kann. Das Entsprechende gilt für die Mengenveränderung.

6. Die Elastizitäten der Einkommensänderung sind im Zeitablauf nicht konstant, sondern ändern sich entsprechend der monetären Input-Outputrelation. Eine tendenzielle Verengung dieser Relation bedeutet eine stärkere Empfindlichkeit der Einkommen in bezug auf Mengen- und Preisschwankungen. Eine derartige Verengung kann durch ein Auseinanderklaffen der Preisschere oder eine abnehmende Vorleistungsproduktivität bedingt sein.
Kurz- und mittelfristige Preis- und Mengenschwankungen können zu schwankenden Elastizitäten im Zeitablauf und damit zu einem verstärkten Instabilitätseffekt führen.

3 Der Beitrag von Mengen- und Preisveränderungen zur Einkommensentwicklung in Betriebsgruppen - Empirische Analyse [1])

3.1 Kennzeichnung der Vorgehensweise

Grundlage für die empirische Analyse der Einkommensschwankungen bilden die Agrarberichtsdaten für den Zeitraum von 1963/64 bis 1973/74. Zur Beurteilung von Auswirkungen auf die Einkommensverteilung werden verschiedene Betriebsgruppen [2]), differenziert nach
- Betriebssystemen und
- Größenklassen,

zur Analyse herangezogen.

Die Buchführungsergebnisse der Testbetriebe des Agrarberichts werden in monetären Größen (zu jeweiligen Preisen) ausgewiesen. Angaben über Mengen- bzw. Preisentwicklungen fehlen, bzw. stellen sich als nicht brauchbar heraus. Aus diesem Grunde werden für die einzelnen Ertrags- und Aufwandskomponenten die entsprechenden Veränderungsraten sektoraler Preise bzw. Preisindices übernommen. Diese Annahme impliziert, daß sich die Preisrelationen zwischen den Betriebsgruppen (z. B. aufgrund unterschiedlicher Bezugs- und Absatzkanäle) während des Betrachtungszeitraums nicht verändert haben.

Unter Verwendung der sektoralen Preisentwicklungen lassen sich die relativen Veränderungsraten der einzelnen Ertrags- und Aufwandsmengen in den Betriebsgruppen wie folgt ableiten:

---

1) Der Verfasser dankt Herrn Ing.agr. E. ZINTL für die Unterstützung bei der Durchführung der umfangreichen Programmierarbeiten.

2) Auf das Problem der Fluktuation von Betrieben im Zeitablauf, das sich insbesondere bei einer starken Gruppendifferenzierung als Nachteil herausstellt, soll hier gleich eingangs hingewiesen werden.

$$(15) \quad W^M_{t,j,k} = \left[\frac{M_{t,j,k}}{M_{t-i,j,k}} \bigg/ (W^P_{t,j} + 1) \right] - 1$$

wobei: $W^M_{t,j,k}$ = Relative Mengenveränderung für die Ertrags- bzw. Aufwandskomponente j, die Betriebsgruppe k und den Zeitraum t-i bis t.

$M_{t,j,k}$ bzw. $M_{t-i,j,k}$ = Monetärer Ertrag bzw. Aufwand für die Komponente j, Betriebsgruppe k und die Periode t bzw. t-i.

$W^P_{t,j}$ = Relative Veränderungsrate der sektoralen Preise für die Ertrags- bzw. Aufwandskomponente j zum Zeitpunkt t.

Die Einkommensentwicklung in den Betriebsgruppen des Agrarberichts läßt sich nun anhand der in Gleichung (15) abgeleiteten Mengenänderungen und unter Verwendung der sektoralen Preisentwicklungen für die einzelnen Ertrags- und Aufwandskomponenten in die verschiedenen Komponenten aufspalten. Dazu ist Gleichung (8) nach einzelnen Ertrags- und Aufwandskomponenten zu differenzieren. Für m-Ertrags-, n-Aufwands-, s-Transfereinkommenskomponenten ergibt sich für die Betriebsgruppe k folgende Beziehung 1)

$$(16) \quad W_{E,k,t} = \sum_{j=1}^{m} W_{X,j,k,t} \cdot e_{BE,j,k,t-i} + \sum_{j=1}^{m} W_{P,j,t} \cdot e_{BE,j,k,t-i}$$
$$+ \sum_{j=1}^{m} W_{X,j,k,t} \cdot W_{P,j,t} \cdot e_{BE,j,k,t-i}$$
$$- \sum_{i=1}^{n} W_{V,i,k,t} \cdot e_{SA,i,k,t-i} - \sum_{i=1}^{n} W_{Q,i,t} \cdot e_{SA,i,k,t-i}$$
$$- \sum_{i=1}^{n} W_{V,i,k,t} \cdot W_{Q,i,t} \cdot e_{SA,i,k,t-i}$$
$$+ \sum_{l=1}^{s} W_{TE,e,k,t} \cdot e_{TE,e,k,t-i}$$

Gleichung (16) enthält die einzelnen Einflußfaktoren in differenzierter Form. Diese differenzierte Form impliziert natürlich, daß Elastizitäten für die einzelnen Ertrags- und Aufwandskomponenten ermittelt werden. Gleichung (17) gibt diese für m-Ertragskomponenten an.

$$(17) \quad e_{j,k,t} = M_{j,k,t} \big/ E_{k,t} \qquad j = 1, \ldots m$$

Für die Ergebnisdarstellung über die gesamte Betrachtungsperiode und/oder für mehrere Betriebsgruppen können die Wirkungen dieser Einflußfaktoren nach verschiedenen Gesichtspunkten zusammengefaßt werden:

---

1) Aufgrund der verfügbaren Datenbasis ergeben sich folgende Dimensionierungen für Gleichung (16):
K = 1 ... 20 (Anzahl der Betriebsgruppen)
t = 1 ... 10 (Anzahl der Wirtschaftsjahre)
m = 9   (Ertragskomponenten)
n = 20   (Aufwandskomponenten)
s = 6   (Transfereinkommenskomponenten)

a) Nach der in Übersicht 2 skizzierten aggregierten Ergebnisaufbereitung geben die jeweiligen Summenausdrücke von Gleichung (16) die Mengen- und Preiseffekte an. Sollen gleichzeitig Veränderungen der aggregierten Instabilitätsfaktoren angegeben werden (Übersicht 1), so sind die Mengen- und Preisveränderungsraten zu betriebsgruppenspezifischen Mengen- und Preisindizes zu aggregieren. So errechnen sich z.B. die Veränderungsraten der betriebsgruppenspezifischen Agrarpreisindizes ($W_{k,t}^{PI}$) mit jeweiligen Gewichten der Vorperiode (Kettenindex) wie folgt: 1)

$$(18) \quad W_{k,t}^{PI} = (\sum_{i=1}^{m} W_{P,i,k,t} \cdot M_{i,k,t-i}) / \sum_{i=1}^{m} M_{i,k,t-i}$$

b) Die Einkommensbeiträge von Änderungen der einzelnen Ertrags- und Aufwandskomponenten erhält man durch Auflösung der Summenzeichen von Gleichung (16). Die Darstellung derartiger Einkommenseffekte würde den Rahmen dieses Beitrags sprengen.

Beide Vorgehensweisen lassen sich sinnvoll miteinander kombinieren (z.B. Zusammenfassen einzelner Produktbereiche) je nach dem Grad der gewünschten Differenzierung und den Möglichkeiten der Ergebnisdarstellung und -interpretation.

Im folgenden werden die Ergebnisse der empirischen Analysen
a) geschlossen für den Durchschnitt der Agrarberichtsbetriebe und
b) exemplarisch anhand der wichtigsten Instabilitätskomponenten für Betriebsgruppen dargestellt 2).

3.2 Geschlossene Darstellung für den Durchschnitt der Agrarberichtsbetriebe

Im Durchschnitt der im Agrarbericht erfaßten Testbetriebe ist das nominale Betriebseinkommen je Vollarbeitskraft im letzten Jahrzehnt mit einer durchschnittlichen jährlichen Wachstumsrate von 10 % der langfristigen Einkommensentwicklung in anderen Bereichen der Volkswirtschaft weitgehend gefolgt.

In einzelnen Wirtschaftsjahren ergaben sich jedoch starke Abweichungen von dieser langfristigen Entwicklung, die sich in einer Standardabweichung der jährlichen Veränderungsraten um den Mittelwert von 10.30 Prozentpunkten ausdrücken. Daraus läßt sich mit einer Wahrscheinlichkeit von 67 % der Fälle folgern, daß die jährlichen Veränderungsraten der Betriebseinkommen je Arbeitskraft im letzten Jahrzehnt innerhalb des Bereichs von -0.3 und + 20.3 % lagen.

Übersicht 3 stellt die Schwankungen der jährlichen Veränderungsraten um den Mittelwert und den Schwankungsbereich, der durch die Standardabweichung ausgedrückt wird, dar.

Die Kennzeichnung der Instabilität der Einkommensentwicklung anhand der Standardabweichung gibt für den Agrarpolitiker und für die betreffende Gruppe von Einkommensbeziehern einen groben Anhaltspunkt. Die aktuelle Diskussion konzentriert sich auf beiden Seiten jedoch wesentlich stärker auf die konkrete Ausprägung in einzelnen Jahren, insbesondere wenn bestimmte Schwellenwerte unter- bzw. überschritten werden. Dabei werden die Ursachen bestimmter Entwicklungen in den seltensten Fällen geschlossen aufgezeigt. Vielmehr wird häufig je nach Argumentationslinie ein bestimmter Ursachenkomplex (z.B. Witterungseinfluß, allgemeine Inflation, Preispolitik) in den Vordergrund der Diskussion gerückt.

---

1) Zur Bedeutung und empirischen Relevanz unterschiedlicher Methoden der Indexberechnung siehe: S.BAUER, Zur Analyse von Preis- und Einkommensentwicklungen in der Landwirtschaft, Institut für Agrarpolitik, Marktforschung und Wirtschaftssoziologie, Bonn, 1976.

2) Die geschlossenen Ergebnisse über alle Betriebsgruppen sind gesondert in einem Materialband zusammengestellt. S. BAUER und E. ZINTL: Materialien zu: Auswirkungen von Preis- und Mengenschwankungen auf die landwirtschaftlichen Einkommen. Institut für Agrarpolitik, Marktforschung und Wirtschaftssoziologie, Bonn, 1975.

Übersicht 3: Entwicklung der Betriebseinkommen je Arbeitskraft im Durchschnitt der Agrarberichtsbetriebe (in v.H. gegenüber dem jeweiligen Vorjahr)

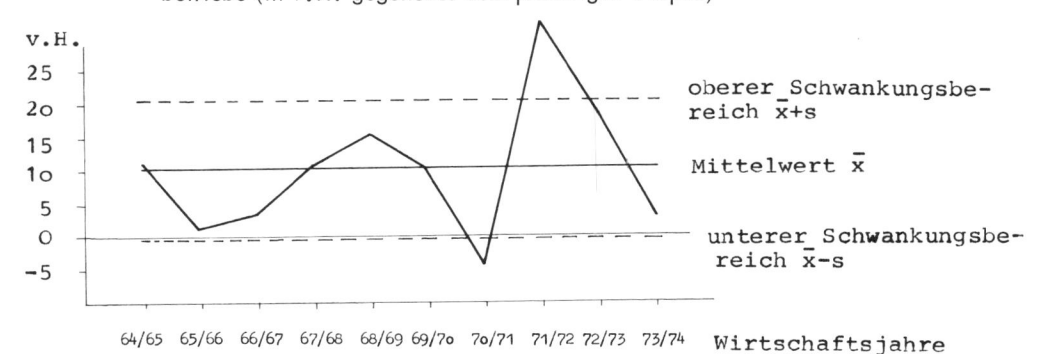

```
v.H.
 25
 20  - - - - - - - - - - - - - - - - - - - -   oberer Schwankungsbe-
 15                                              reich x̄+s
 10  ─────────────────────────────────────────   Mittelwert x̄
  5
  0  - - - - - - - - - - - - - - - - - - - -   unterer Schwankungsbe-
 -5                                              reich x̄-s

     64/65 65/66 66/67 67/68 68/69 69/70 70/71 71/72 72/73 73/74  Wirtschaftsjahre
```

3.2.1 Preis- und Mengenentwicklungen als verursachende Faktoren der Einkommensschwankung

Wenn man von den sektoralen Preisentwicklungen für die einzelnen Komponenten auf der Input- und Outputseite 1) ausgeht, lassen sich nach Gleichung (15) und (18) Veränderungsraten für die Mengen- und Preisindizes berechnen. Für den Durchschnitt der Agrarberichtsbetriebe sind die Veränderungsraten dieser Indizes in Übersicht 4 dargestellt. Zur Beurteilung der Instabilität dieser einkommensbestimmenden Faktoren werden 2):
- die Veränderungsraten der einzelnen Jahre,
- die durchschnittlichen Veränderungsraten über den betrachteten Zeitraum (arithmetisches Mittel der Veränderungsraten) und
- die Standardabweichungen als Maß für die Schwankungen im betrachteten Zeitraum ausgewiesen.

Die Preis- und Mengenentwicklungen der letzten zehn Jahre lassen sich für den Durchschnitt der Agrarberichtsbetriebe wie folgt grob kennzeichnen (siehe dazu Übersicht 4):

1. Die Entwicklung der Agrarpreise 3) (durchschnittliche jährliche Veränderungsrate + 1,7 %) konnte mit der Entwicklung der Betriebsmittelpreise (+ 3 %) nicht Schritt halten. Während sich die Betriebsmittelpreise relativ kontinuierlich verändert haben (größere Preissteigerungen, die erheblich von der längerfristigen Preisentwicklung abweichen, sind erst ab 1972/73 festzustellen) sind die Agrarpreise 4) über den gesamten Zeitraum durch erhebliche Schwankungen gekennzeichnet.

---

1) Zur Differenzierung auf der Input- und Outputseite sowie zu den angenommenen Veränderungsraten der sektoralen Preise siehe Anhang.

2) Die Veränderungen der sektoralen Einzelpreise werden genauso hinsichtlich ihrer Instabilität untersucht. Siehe dazu: S. BAUER, E. ZINTL: Materialien zu ... a.a.O.

3) Die Veränderungsraten dieser Preisindizes weichen von der amtlichen Statistik ab aufgrund a) unterschiedlicher Berechnungsmethoden (konstante Gewichte eines Basisjahres, bzw. jeweilige Gewichte, sog. Kettenindizes) b) des unterschiedlichen Erfassungsbereichs sowie der Erfassungsmethodik von Agrarberichts- und Sektorinformation. Kettenindizes sind jedoch grundsätzlich als aussagefähigere Indikatoren zur Ermittlung von Instabilitäten anzusehen, da sie sich auf das jeweils relevante Mengen- und Preisgewicht beziehen.

4) Diese Agrarpreisschwankungen ließen sich geschlossen auf die Entwicklung der Einzelpreise und damit z.T. auf zufällige, zyklische und langfristige Preiseinflüsse sowie auf den Einfluß der Agrarpreispolitik zurückführen. Um die Ergebnisdarstellung zu konzentrieren, werden nur die aggregierten Preisindizes ausgewiesen, obwohl damit natürlich ein Informationsverlust verbunden ist.

Übersicht 4: Entwicklung der einkommensbestimmenden Faktoren im Durchschnitt der Agrarberichtsbetriebe in v.H.

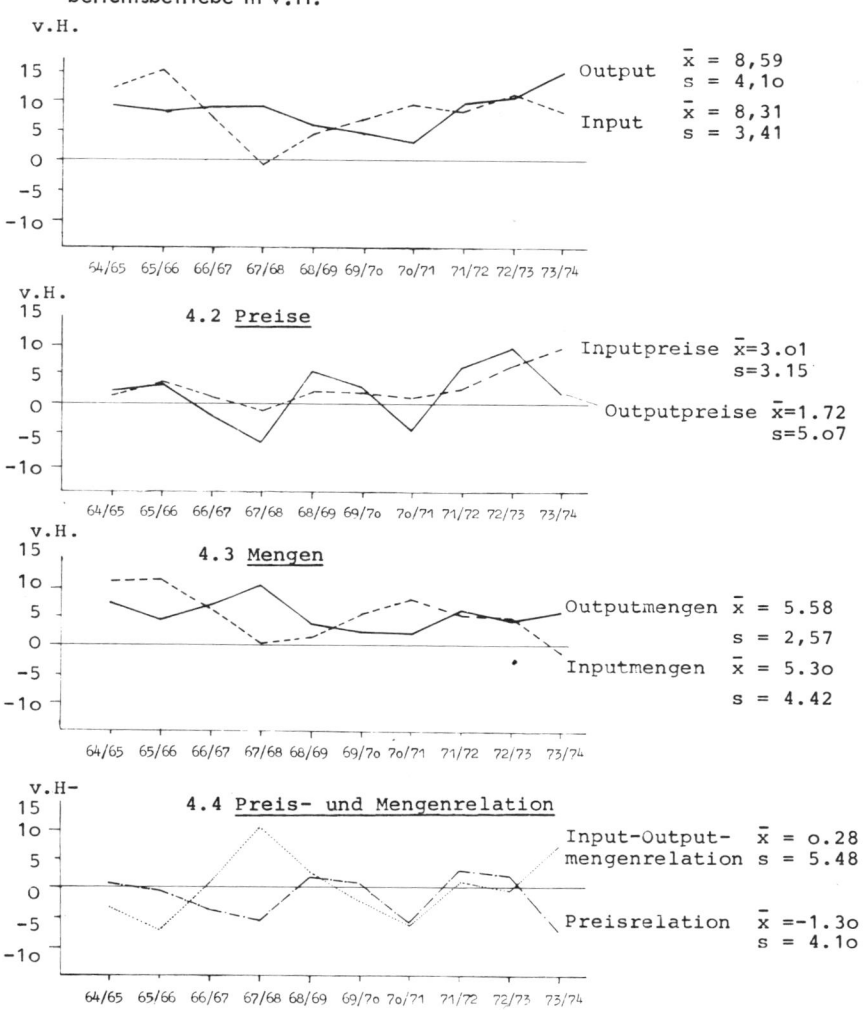

v.H.

Output $\bar{x} = 8,59$
       $s = 4,10$

Input $\bar{x} = 8,31$
      $s = 3,41$

4.2 Preise

Inputpreise $\bar{x} = 3.01$
            $s = 3.15$

Outputpreise $\bar{x} = 1.72$
             $s = 5.07$

4.3 Mengen

Outputmengen $\bar{x} = 5.58$
             $s = 2,57$

Inputmengen $\bar{x} = 5.30$
            $s = 4.42$

4.4 Preis- und Mengenrelation

Input-Output- $\bar{x} = 0.28$
mengenrelation $s = 5.48$

Preisrelation $\bar{x} = -1.30$
              $s = 4.10$

$\bar{x}$ = Arithmetisches Mittel
s = Standardabweichung

Dieser unterschiedliche Schwankungsbereich kommt durch die Standardabweichung für Agrarpreise (5.07 Prozentpunkte) und für die Betriebsmittelpreise (3.15 Prozentpunkte) zum Ausdruck.

2. Die gleichzeitige Veränderung von Agrar- und Betriebsmittelpreisen findet ihren Ausdruck in der Entwicklung der Preisrelationen (siehe 4.4 Preis- und Mengenrelationen). Im Durchschnitt der Betrachtungsperiode hat sich die Preisschere jährlich um 1.3 Prozentpunkte zuungunsten der Agrarberichtsbetriebe verändert. Die starken Schwankungen der Agrarpreise werden z.T. durch gleichgelagerte Betriebsmittelpreisschwankungen kompensiert. Dennoch verbleibt für die Preisrelation eine Standardabweichung von 4.1 Prozentpunkten. Die Preisscheren zuungunsten der Agrarberichtsbetriebe sind in den Jahren 1966/67 und 1967/68 sowie 1970/71 im wesentlichen durch den

Rückgang der Agrarpreise bedingt, während im Jahre 1973/74 trotz eines 2 %igen Anstiegs der Agrarpreise eine ungünstigste Entwicklung der Preisrelation zu verzeichnen war 1).

3. Die Produktionsmengen sind im Durchschnitt der Agrarberichtsbetriebe relativ kontinuierlich angestiegen (durchschnittliche Veränderungsrate 5.5 % pro Jahr). Lediglich im Jahre 1967/68 ergab sich aufgrund günstiger Witterungsverhältnisse (z.B. Anstieg der Getreideerträge je ha im Bundesdurchschnitt um 25 % gegenüber denen des Vorjahres) und positiver zyklischer Mengenentwicklungen (8 %ige Steigerung der Schweineproduktion) eine Mengenveränderung, die erheblich über der längerfristigen Veränderungsrate lag.
Im Vergleich zu den Preisentwicklungen haben die Produktionsmengen eine niedrige Standardabweichung (2.57 Prozentpunkte). Die zunächst naheliegende Vermutung, daß sich anhand der zyklischen und nicht kontrollierbaren Mengenschwankungen auf der Outputseite der überwiegende Teil der Einkommensinstabilität erklären ließe, kann also zumindest für den Durchschnitt der Agrarberichtsbetriebe nicht bestätigt werden 2).

Umgekehrt zeigen die Veränderungen der Inputmengen größere Schwankungen, als man vermuten würde. Interessanterweise laufen diese Schwankungen nicht synchron mit den Veränderungen der Produktionsmengen. Als Ursachen dafür sind zu nennen:
. Nicht kontrollierbare Einflüsse bei den Veränderungen der Outputmengen (z.B. Wettereinfluß).
. Zeitliche Verzögerungen zwischen Betriebsmitteleinsatz und Outputentstehung. Diese werden in der Buchführung nicht hinreichend genau erfaßt. Dieses Problem tritt insbesondere bei mehrjährigen Produktionsprozessen auf.
. Auf- oder Abbau von Lagerbeständen.

4. Anhand der Veränderungsraten der Outputmengen und der Inputmengen läßt sich direkt die Entwicklung der Vorleistungsproduktivität ableiten. Die annähernde Konstanz dieser Produktivitätskennziffer im längerfristigen Vergleich (durchschnittliche jährliche Veränderungsrate 0.28 v.H.) entspricht den üblichen Vorstellungen. Aus den oben bereits genannten Gründen sind in der Betrachtungsperiode starke Schwankungen um diese langfristige Entwicklung zu beobachten.

5. Die Aggregation der Preis- und Mengenentwicklungen auf der Output- bzw. Inputseite führt zu Veränderungsraten der entsprechenden Wertgrößen (siehe 4.1 Monetäre Ertrags- und Aufwandsgrößen). Aufgrund der z.T. kompensierenden Effekte von Mengen- und Preisveränderung (z.B. zyklischen Entwicklungen) zeigen die nominalen Outputgrößen geringere Schwankungen als die verursachenden Komponenten der Preis- und Mengenveränderungen. Bei den Inputgrößen ist eine derartige kompensierende Wirkung nicht festzustellen 3).

3.2.2 Preis- und Mengeneffekte der Einkommensentwicklung

Für den Durchschnitt der Agrarberichtsbetriebe ist der isolierte und zusammengefaßte Einfluß von Preis- und Mengenveränderungen auf die Entwicklung des Betriebseinkommens je Voll-AK für den Zeitraum von 1964/65 bis 1973/74 dargestellt. Bei dieser konzentrierten Ergebnisdarstellung wird vom gewichteten Preis- und Mengeneinfluß auf der Output- und Inputseite als unterster Aggrega-

---

1) Eine Betrachtung der Entwicklungen der Preisrelationen im Zeitablauf erlaubt noch keinen Schluß über die Einkommenswirkung von Preisveränderungen. Wie noch aufgezeigt wird, kann eine bestimmte Veränderung der Preisschere unterschiedliche Einkommenswirkungen haben, je nachdem, ob sie stärker von Veränderungen der Agrar- oder der Betriebsmittelpreise hervorgerufen wird.

2) Für die stärker spezialisierten Betriebsgruppen gilt diese Feststellung, wie noch gezeigt wird, nicht.

3) Diese Ergebnisse werden im Korreferat bei der allgemeinen Formulierung von kurzfristigen Preisreaktionen und Input-/Outputbeziehungen nicht berücksichtigt.

tionsebene ausgegangen. Diese Informationen werden nach bestimmten, für die Analyse der Instabilität der Einkommensentwicklung sinnvoll erscheinenden Kriterien schrittweise bis hin zu der im Mittelpunkt stehenden Einkommensgröße verdichtet 1).

Vergleicht man die Einkommensbeiträge der Preis- und Mengenänderungen in Übersicht 5 mit den Veränderungsraten der Mengen und Preise in Übersicht 4, so zeigt sich, daß die Schwankungen der Einkommensbeiträge um ein Vielfaches (den Multiplikator der durch die Elastizität ausgedrückt wird) größer sind als Schwankungen der Preise und Mengen 2).

Wenn man ähnlich wie bei der Interpretation der Entwicklung der einkommensbestimmenden Instabilitätsfaktoren von den Einzelkomponenten ausgeht, so lassen sich die Einkommensbeiträge dieser Faktoren für die letzten 10 Jahre anhand von Übersicht 5 wie folgt grob skizzieren 3):

1. Die Veränderungen der Agrarpreise haben in den letzten 10 Jahren c.p. einen durchschnittlichen jährlichen Einkommenseffekt von 4.4 v.H. bewirkt. Die Standardabweichung von 14.3 Prozentpunkten um diesen Mittelwert verdeutlicht den starken Einfluß von Preisschwankungen auf die Einkommensentwicklung. In einzelnen Jahren (z.B. 1972/73: + 25.5 v.H. oder 1967/68: 21.7 v.H.) ergaben sich Einkommenseffekte der Agrarpreisänderungen, die außerhalb des Bereichs Mittelwert ± Standardabweichung lagen.

Übersicht 5: Der Beitrag von Preis- und Mengenänderungen zur Einkommensentwicklung im Durchschnitt der Agrarberichtsbetriebe in v.H.

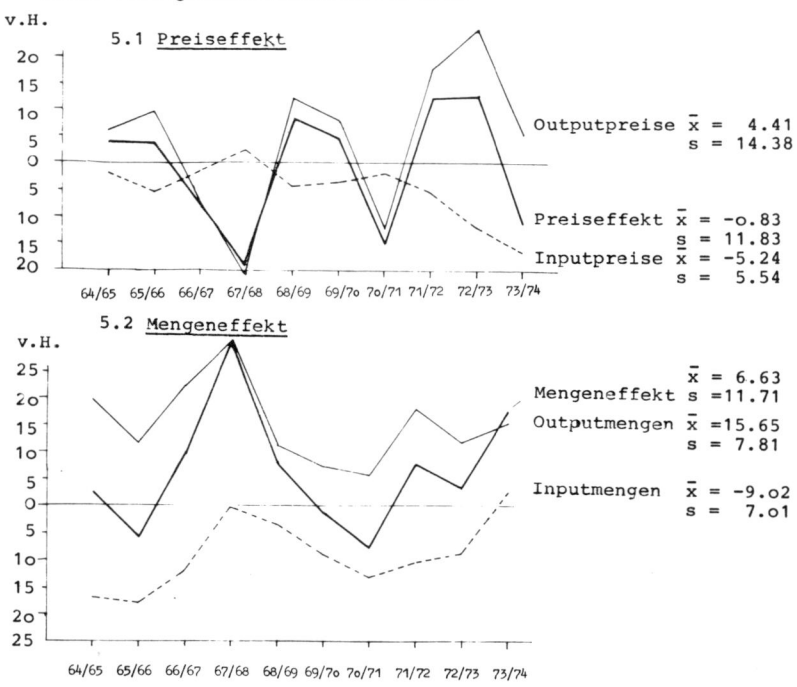

1) Siehe dazu auch Übersicht 2, Abschnitt 2.2.
2) Auf die Elastizitäten der Einkommensänderung wird in Abschnitt 3.3.2 kurz eingegangen.
3) Auf die Ausprägung der Instabilität in einzelnen Jahren wird hier nur exemplarisch eingegangen. Die Ergebnisse sind so differenziert dargestellt, daß der Leser die Wirkungszusammenhänge in einzelnen Jahren leicht übersehen kann.

Fortsetzung Übersicht 5:

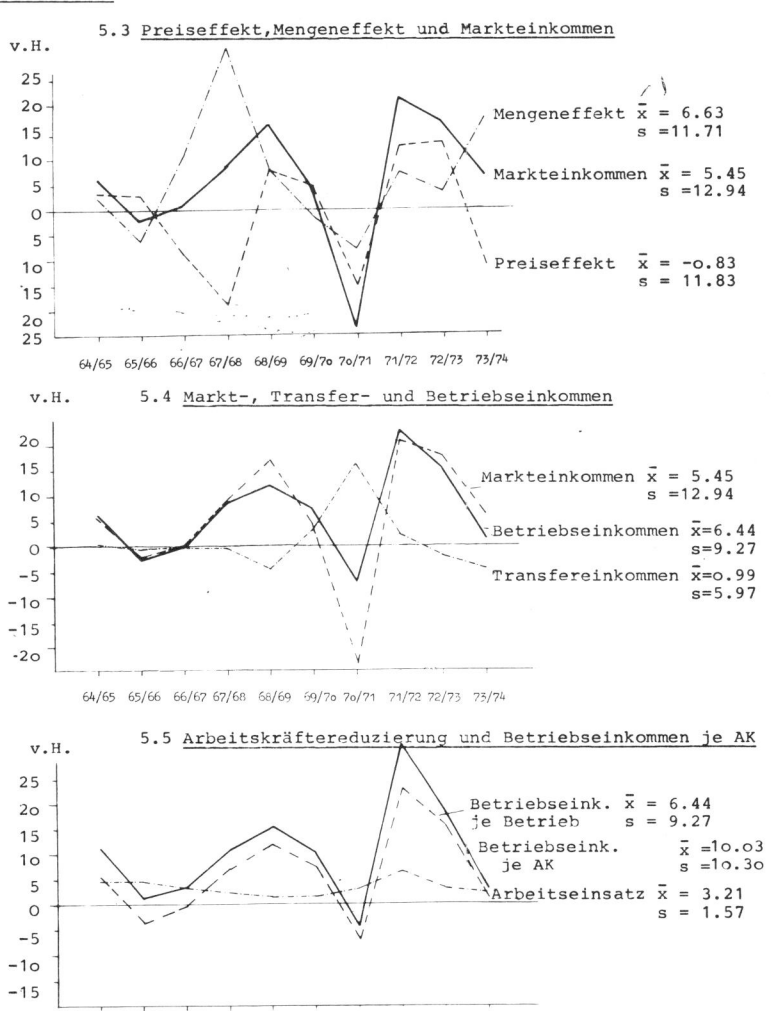

5.3 Preiseffekt, Mengeneffekt und Markteinkommen

Mengeneffekt $\bar{x}$ = 6.63, s = 11.71
Markteinkommen $\bar{x}$ = 5.45, s = 12.94
Preiseffekt $\bar{x}$ = -0.83, s = 11.83

5.4 Markt-, Transfer- und Betriebseinkommen

Markteinkommen $\bar{x}$ = 5.45, s = 12.94
Betriebseinkommen $\bar{x}$ = 6.44, s = 9.27
Transfereinkommen $\bar{x}$ = 0.99, s = 5.97

5.5 Arbeitskräftereduzierung und Betriebseinkommen je AK

Betriebseink. je Betrieb $\bar{x}$ = 6.44, s = 9.27
Betriebseink. je AK $\bar{x}$ = 10.03, s = 10.30
Arbeitseinsatz $\bar{x}$ = 3.21, s = 1.57

Ein Vergleich der verschiedenen Instabilitätskomponenten ergibt, daß den Schwankungen der Agrarpreisindizes die größten Instabilitäten der Einkommensentwicklung zuzurechnen sind. Für den Durchschnitt der Betriebe ist dieses Ergebnis umso überraschender, da sich aufgrund der breit gestreuten Produktionsstruktur Einzelpreisschwankungen nur abgeschwächt auswirken, bzw. sich bei gegenläufiger Entwicklung z.T. kompensieren. Für die Frage nach dem Erfolg der Preisstabilisierung als ursprünglich wichtigste und nach wie vor entscheidende Politikkomponente innerhalb der Agrarpreis- und Marktpolitik scheint dieses Ergebnis nicht ohne Bedeutung zu sein.

2. Der Einkommensbeitrag der Betriebsmittelpreisveränderungen ist bis zum Jahre 1971/72 als relativ stabil zu beurteilen. In den letzten beiden Jahren ergaben sich als Folge des allgemeinen Preisanstieges negative Einflüsse auf die Einkommensentwicklung in der Landwirtschaft in einem bisher nicht gewohnten Ausmaß. Während im Jahre 1972/73 der negative Einkommenseffekt der Betriebsmittelpreissteigerung durch starke Steigerungen der Agrarpreise mehr als kompensiert wurde, ergab

sich im Jahre 1973/74 ein ähnlich ausgeprägter negativer Preiseffekt wie in den Jahren 1967/68 und 1970/71, allerdings aufgrund anderer Einflüsse.

Insgesamt hat in den letzten 10 Jahren eine durchschnittliche Verschlechterung der Output-Inputpreisrelation von jährlich 1.3 v.H. nur einen abgeschwächten negativen Einkommenseffekt von -0.8 v.H. verursacht. Die Einkommenswirkung der Preisschere wird erst deutlich, wenn man von der Annahme ausgeht, daß sich die Agrarpreise genau so entwickelt hätten wie die Betriebsmittelpreise (paritätische Preisentwicklung). Dann wäre der durchschnittliche jährliche Einkommenszuwachs um etwa 3.8 Prozentpunkte größer als die tatsächliche Entwicklung.

3. Der Outputmengeneffekt von durchschnittlich 15.6 v.H. und der vorhandene Schwankungsbereich, ausgedrückt durch eine Standardabweichung von 7.8 Punkten, zeigen, daß die Steigerung der Produktionsmenge eine wichtige und relativ kontinuierlich sich entwickelnde Komponente für Einkommenssteigerungen in den landwirtschaftlichen Betrieben darstellt.

Wenn man die Einkommenswirkungen der dazu erforderlichen zusätzlichen Aufwandsmengen an Betriebsmitteln von etwa 9.0 v.H. im Durchschnitt der letzten 10 Jahre zugrundelegt, verbleibt immerhin ein Einkommensbeitrag der Mengenveränderung (Mengeneffekt) von 6.6 v.H. Obwohl der Outputmengeneffekt wie auch der Inputmengeneffekt keine übermäßigen Schwankungen zeigen, ergibt sich für den Mengeneffekt insgesamt eine Standardabweichung von 11,71 Prozentpunkten [1].

4. In Übersicht 5.3 sind die Mengen- und Preiseffekte in aggregierter Form zusammen mit den Veränderungsraten des Markteinkommens dargestellt. Wie zu sehen ist, wirken Mengen- und Preiseffekt z.T. kompensierend, z.T. ergeben sich jedoch verstärkende Wirkungen. Das Markteinkommen zeigt jedoch einen etwas größeren Schwankungsbereich als der Mengen- und Preiseffekt [2]. Als Folge der Aufwertung (Preiseffekt - 15 v.H.) sowie aufgrund der erhöhten Zukaufsmengen an Betriebsmitteln bei einer nur geringfügig gestiegenen Produktionsmenge (Mengeneffekt - 8 v.H.) ergab sich im Jahre 1970/71 ein starker Einbruch bei den Einkommen aus Markterlösen. Die günstigere Entwicklung dieser Faktoren, insbesondere der Agrarpreise (mitbedingt durch ein zyklisches Preishoch), führte im darauf folgenden Jahre zu einem ebenso großen Einkommensanstieg.

5. Die Maßnahmen der staatlichen Einkommensumverteilung führten dazu, daß die "verfügbaren" Einkommen aller eingesetzten Faktoren (Betriebseinkommen) nicht voll diesen Markteinflüssen ausgesetzt waren. Wie aus Übersicht 5.4 zu ersehen ist, hat das hier definierte Transfereinkommen [3] keinen entscheidenden langfristigen Einkommensanstieg bewirkt, jedoch zum Abbau von jährlichen Einkommensschwankungen beigetragen. So konnte insbesondere im Jahre 1970/71 der starke Einbruch bei den Markteinkommen weitgehend aufgefangen werden.

---

[1] Als Ursachen dafür können die in Abschnitt 3.2.1 bereits dargestellten Quellen gesehen werden.

[2] Als zusätzlicher Effekt ergibt sich bei gleichzeitiger Mengen- und Preisveränderung ein sogenannter Mischeffekt, der je nach Vorzeichen von Mengen- und Preiseffekt eine zusätzlich kumulierende Wirkung haben kann. Der Übersichtlichkeit wegen wird dieser Mischeffekt jedoch nicht gesondert ausgewiesen.

[3] Aus den vorhandenen Informationen über die Agrarberichtsbetriebe wurde das Transfereinkommen wie folgt definiert:
+ Mehrwertsteuer für Erlöse
− Mehrwertsteuer für Sachaufwand
− Mehrwertsteuer für Ersatzinvestitionen
− Betriebssteuern (Grundsteuer, Kammerbeiträge etc.)
+ Aufwertungsausgleich
+ Liquiditätsbeihilfe
= Transfereinkommen

6. Der Einkommensbeitrag der Arbeitskräfteveränderung, der identisch ist mit der Abwanderungsrate der Arbeitskräfte, entwickelt sich relativ kontinuierlich. Die verminderten Raten der Arbeitskräftereduzierung laufen im wesentlichen parallel mit der allgemeinen Konjunkturentwicklung. Bei dem Ausmaß der Betriebseinkommensschwankungen ergibt sich nahezu eine Parallelentwicklung des Betriebseinkommens je Arbeitskraft. Dennoch zeigt das Betriebseinkommen je AK eine etwas größere Schwankungsbreite als das Betriebseinkommen je Betrieb (zeitliche Verzögerungen bei der Abwanderung von Arbeitskräften).

3.3 Instabilität der Einkommensentwicklung in Betriebsgruppen

Ebenso wie für den Durchschnitt der Agrarberichtsbetriebe lassen sich für mehrere Betriebsgruppen oder Einzelbetriebe die Instabilitätsfaktoren der Einkommensentwicklung isolieren. Die errechneten Ergebnisse für 20 Betriebsgruppen des Agrarberichts können hier jedoch nur in der folgenden Differenzierung 1) dargestellt werden:

a) Betriebsgruppenaggregation 2)
   - Betriebssystemgliederung
     M = Marktfruchtbaubetriebe
     F = Futterbaubetriebe
     V = Veredlungsbetriebe
     G = Landwirtschaftliche Gemischtbetriebe
   - Größenklassengliederung
     1 = unter 20 000 DM Standardbetriebseinkommen
     2 = 20 000 - 50 000 DM Standardbetriebseinkommen
     3 = über 50 000 DM Standardbetriebseinkommen
   - INSG = Durchschnitt der Agrarberichtsbetriebe

b) Zeitliche Aggregation: Für die Betriebsgruppen werden nur die durchschnittlichen jährlichen Veränderungsraten sowie die Standardabweichungen um den Mittelwert zur Charakterisierung der Entwicklungstendenzen und der Schwankungen angegeben.

3.3.1 Preis- und Mengenschwankungen in den aggregierten Betriebsgruppen

Die wichtigsten der in den Übersichten 6.1 und 6.2 zusammengestellten Analyseergebnisse lassen sich grob wie folgt skizzieren:

1. Die langfristigen Entwicklungen der betriebsgruppenspezifischen Preisindizes zeigen nur geringe Unterschiede zwischen den Betriebsgruppen. So lagen die durchschnittlichen jährlichen Agrarpreissteigerungen in der Gruppe der Marktfruchtbaubetriebe am niedrigsten (1.2 %) und in der Gruppe der Futterbaubetriebe am höchsten (1.9 %). Die durch die Standardabweichung ausgedrückte Schwankungsbreite zeigt größere Unterschiede zwischen den Betriebsgruppen. Auffallend sind dabei die Preisschwankungen (insbesondere zyklusbedingter Art) bei den Veredlungsbetrieben.

Bei der längerfristigen Veränderung der Betriebsmittelpreisindizes liegen die Veredlungsbetriebe im unteren Bereich, während die Futterbaubetriebe die höchsten Preissteigerungen zu verzeichnen hatten, bei annähernd gleichen Schwankungen.

Die Austauschrelation zwischen den Agrar- und Betriebsmittelpreisen hat sich insbesondere bei

---

1) Im bereits erwähnten Materialband zu diesem Betrag sind die numerischen Ergebnisse für alle 20 Betriebsgruppen und für alle Jahre des Betrachtungszeitraums dargestellt.

2) Die hier definierten Symbole werden zur Ergebnisdarstellung verwendet.

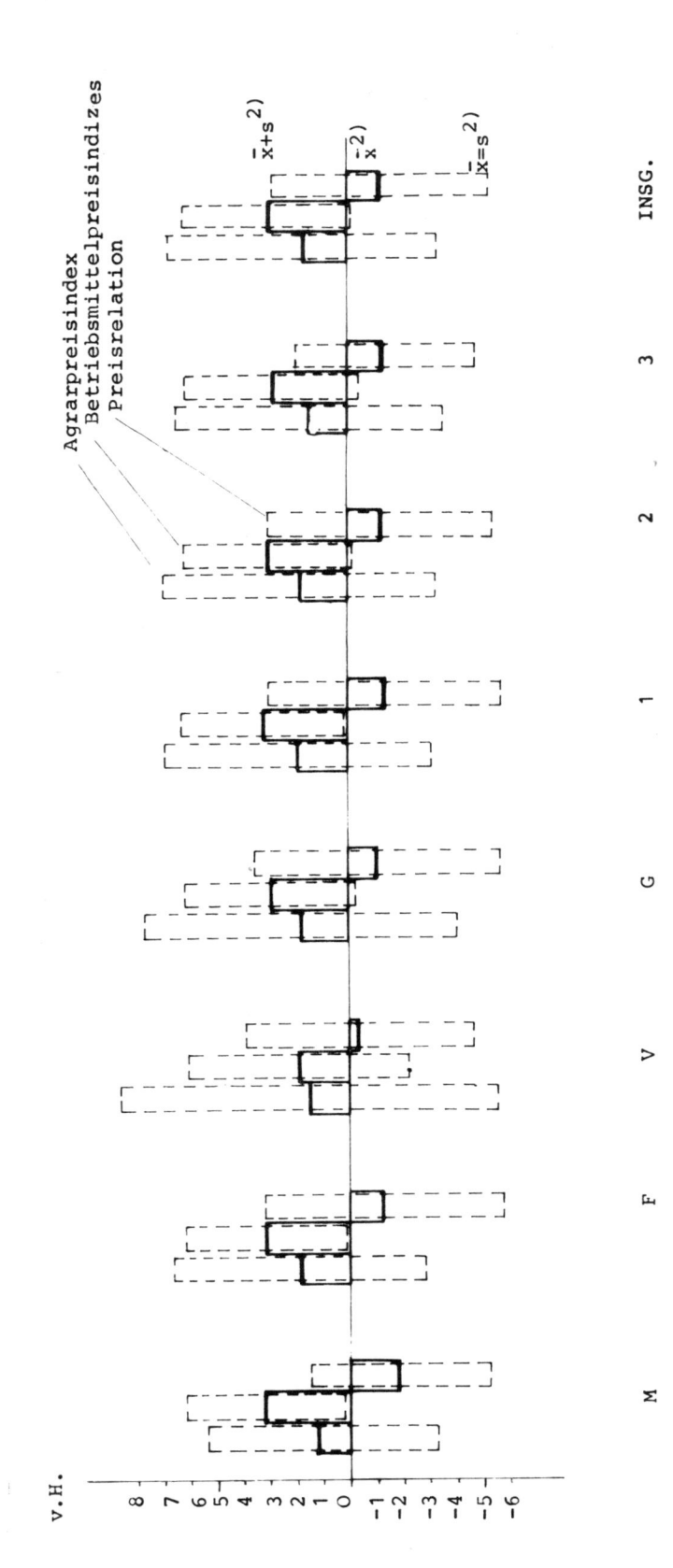

Übersicht 6.1: Entwicklung der Preise in den Gruppen 1) des Agrarberichts im Durchschnitt der Jahre von 1964/65 bis 1973/74

Legende:
- Agrarpreisindex
- Betriebsmittelpreisindizes
- Preisrelation

- $\bar{x}+s$ [2]
- $\bar{x}$ [2]
- $\bar{x}-s$ [2]

Gruppen: M, F, V, G, 1, 2, 3, INSG.

1) Zur Definition der Betriebsgruppen siehe Abschnitt 3.31
2) $\bar{x}$ = Arithmetisches Mittel, s = Standardabweichung

Übersicht 6.2: Entwicklung der Mengen in den Gruppen 1) des Agrarberichts im Durchschnitt der Jahre von 1964/65 bis 1973/74

1) Zur Definition der Betriebsgruppen siehe Abschnitt 3.31

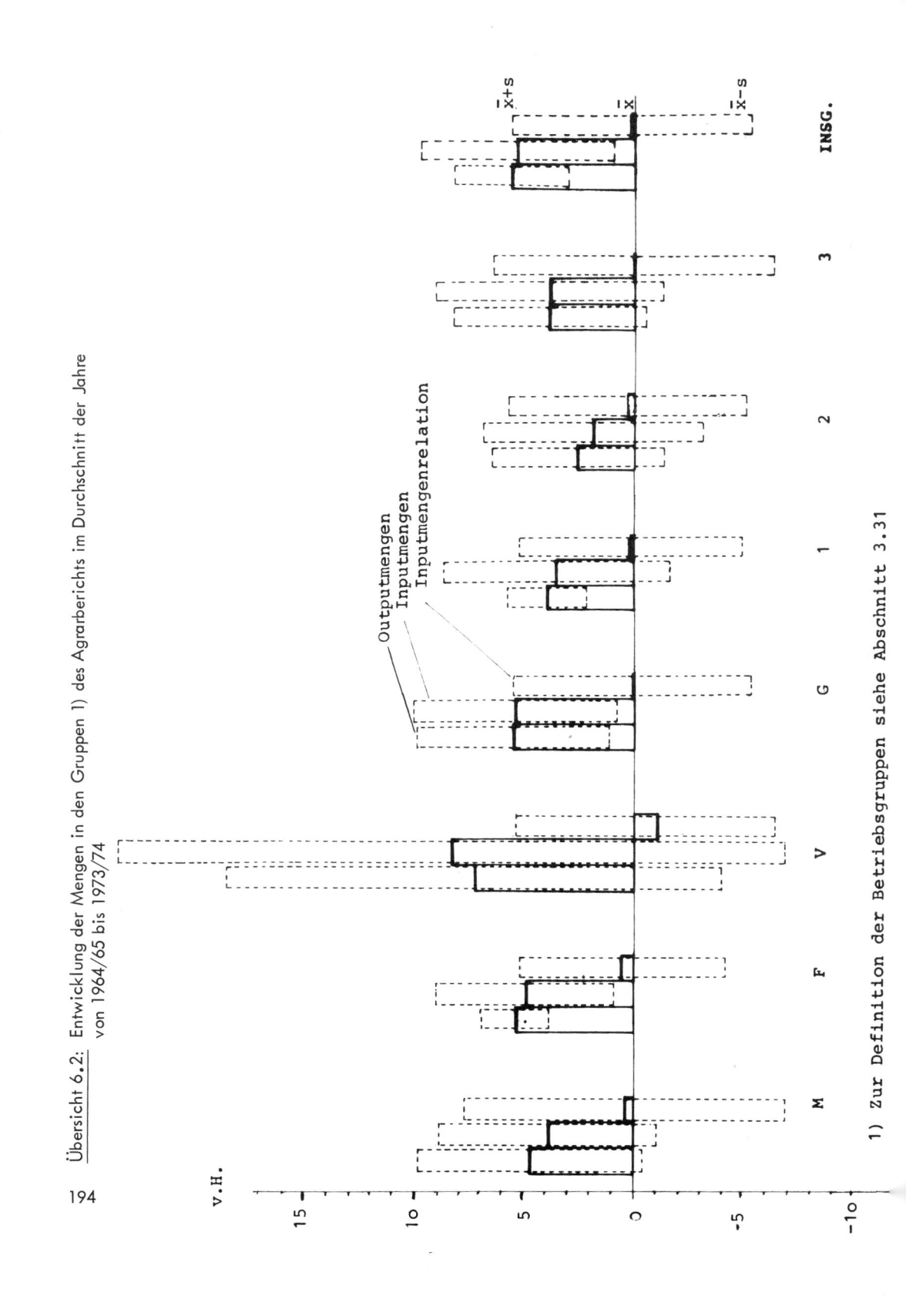

den Marktfruchtbaubetrieben zuungunsten der Landwirte verschlechtert. Je nachdem wie gleichlaufend die Agrar- und Betriebsmittelpreisschwankungen sind, ergeben sich mehr oder weniger große Standardabweichungen für diese Austauschrelation. Zwischen den Größenklassen sind nur geringe Unterschiede festzustellen.

2. Im Vergleich zu den Preisveränderungen sind bei den Mengenentwicklungen größere Unterschiede zwischen den Betriebsgruppen festzustellen, sowohl was die langfristigen Veränderungen als auch was den Schwankungsbereich betrifft (Übersicht 6.2). Die langfristigen Entwicklungen der Produktions- und Vorleistungsmengen laufen in den Betriebsgruppen im wesentlichen parallel, so daß sich die Vorleistungsproduktivität 1) in den meisten Betriebsgruppen annähernd in gleichem Ausmaß verändert. Lediglich in der Gruppe der Veredlungsbetriebe ist eine abnehmende Output-Inputrelation festzustellen. Während die kleinen und mittleren Betriebe erwartungsgemäß eine leichte Verbesserung der Output-Inputrelation haben, ist in den großen Betrieben die Relation annähernd konstant 2). Der Schwankungsbereich um diese Relationsveränderung ist in allen Betriebsgruppen annähernd gleich.

Die hier dargestellten durchschnittlichen Veränderungsraten und Schwankungsbereiche geben nur einen groben Überblick. Der Entwicklungsverlauf der einzelnen Größen läßt sich nur anhand der Ergebnisse für einzelne Wirtschaftsjahre, bzw. für noch kürzere Zeiträume hinreichend genau charakterisieren. Dies würde auch dazu beitragen, daß Gruppenunterschiede deutlicher zum Ausdruck kommen. Welche unterschiedlichen Einkommenswirkungen dennoch von diesen im großen und ganzen nicht gravierenden Betriebsgruppenunterschieden ausgehen, läßt sich erst anhand der folgenden Darstellungen der Analyseergebnisse übersehen.

3.3.2 Die Einkommenswirkungen von Preis- und Mengenveränderungen

Die im letzten Abschnitt dargestellten Schwankungen der einkommensbestimmenden Faktoren wirken sich in unterschiedlichem Maße auf die Einkommensentwicklung in den Betriebsgruppen aus. Um den Einfluß von Mengen- und Preisschwankungen auf die Einkommensentwicklung besser beurteilen zu können, werden die aggregierten Elastizitäten der Einkommensänderung, die gleichzeitig die jeweilige Ausgangssituation kennzeichnen, im Anhang (Übersicht 9) dargestellt.

Es zeigt sich, daß sowohl zwischen den Betriebssystemen als auch zwischen den Größenklassen z.T. erhebliche Niveauunterschiede bei den Elastizitäten bestehen, welche eine unterschiedliche Empfindlichkeit der Einkommensentwicklung gegenüber Preis- und Mengenänderungen bedeuten. Weiterhin sind neben den kurzfristigen Schwankungen der Elastizitäten langfristig zunehmende Instabilitäten aufgrund veränderter monetärer Output-/Inputrelationen festzustellen. Diese zunehmende Instabilitätskomponente ist in fast allen Betriebsgruppen auf die langfristig auseinanderklaffende Preisschere zurückzuführen.

In Übersicht 7.1 und 7.2 sind die Einkommensbeiträge, die sich aus den Preis- und Mengenänderungen und den oben skizzierten Elastizitäten ergeben, dargestellt. Die wichtigsten Ergebnisse lassen sich wie folgt zusammenfassen:

1. Der Preiseffekt der Einkommensänderung hat in allen Betriebsgruppen, mit Ausnahme der Veredlungsbetriebe, im Durchschnitt der Jahre eine Senkung der Einkommen bewirkt, wobei die jährlichen Ausschläge der Preiseffekte in den einzelnen Betriebsgruppen unterschiedlich waren.

---

1) Hier gelten selbstverständlich die bereits in Abschnitt 3.2.1 angeführten einschränkenden Punkte für die Interpretation der hier errechneten Output-Input-Relation.

2) Die langfristigen Tendenzen und die Schwankungsbereiche in den Betriebsgruppen lassen sich nicht einfach zum Durchschnitt der Betriebe hochaggregieren, da im Anteil der Betriebsgruppen während des Betrachtungszeitraums Gewichtsverschiebungen stattgefunden haben.

196

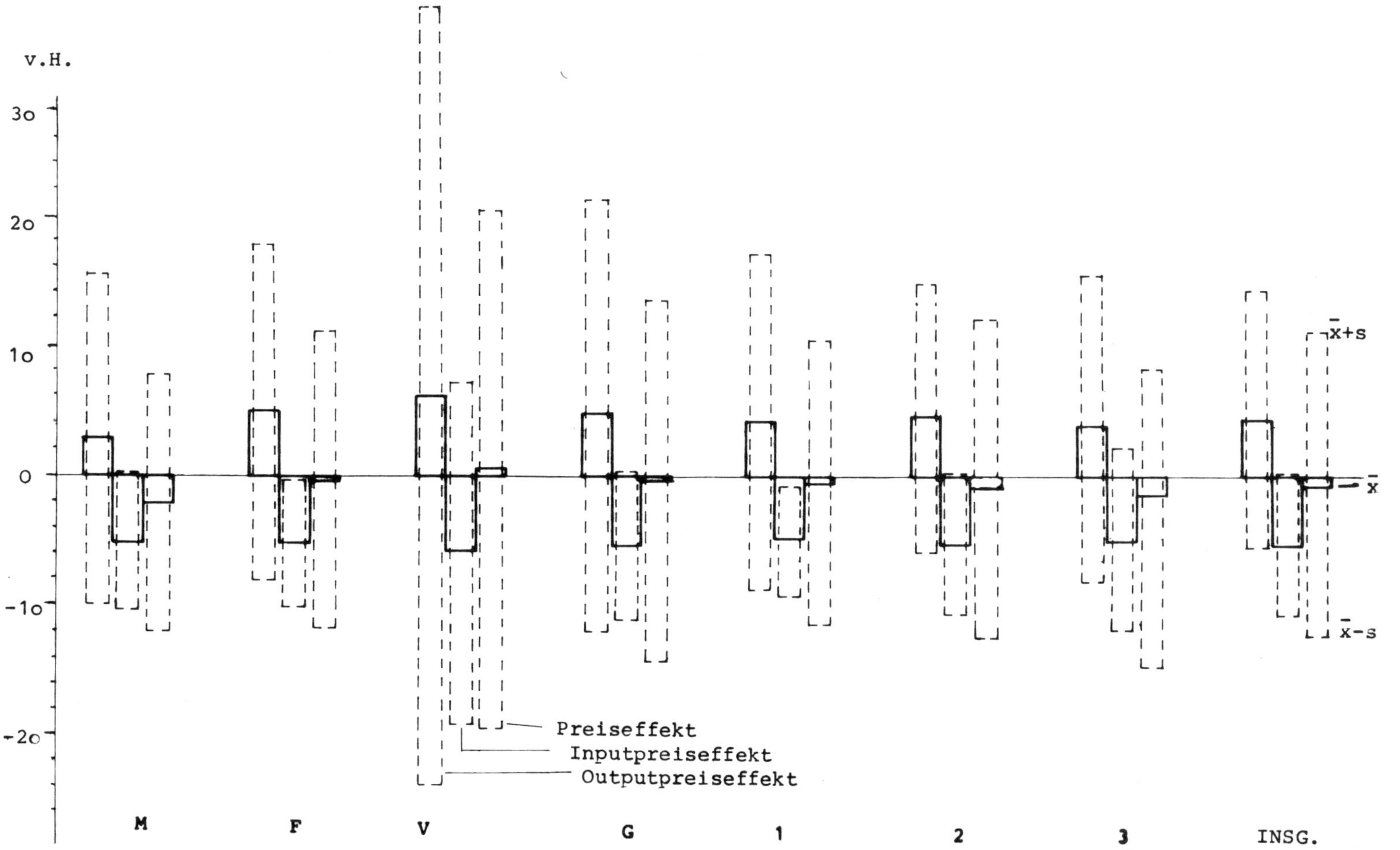

Übersicht 7.1: Preiseffekt der Einkommensentwicklung in den Gruppen des Agrarberichts im Durchschnitt der Jahre von 1964/65 bis 1973/74

der Jahre von 1964/65 bis 1973/74

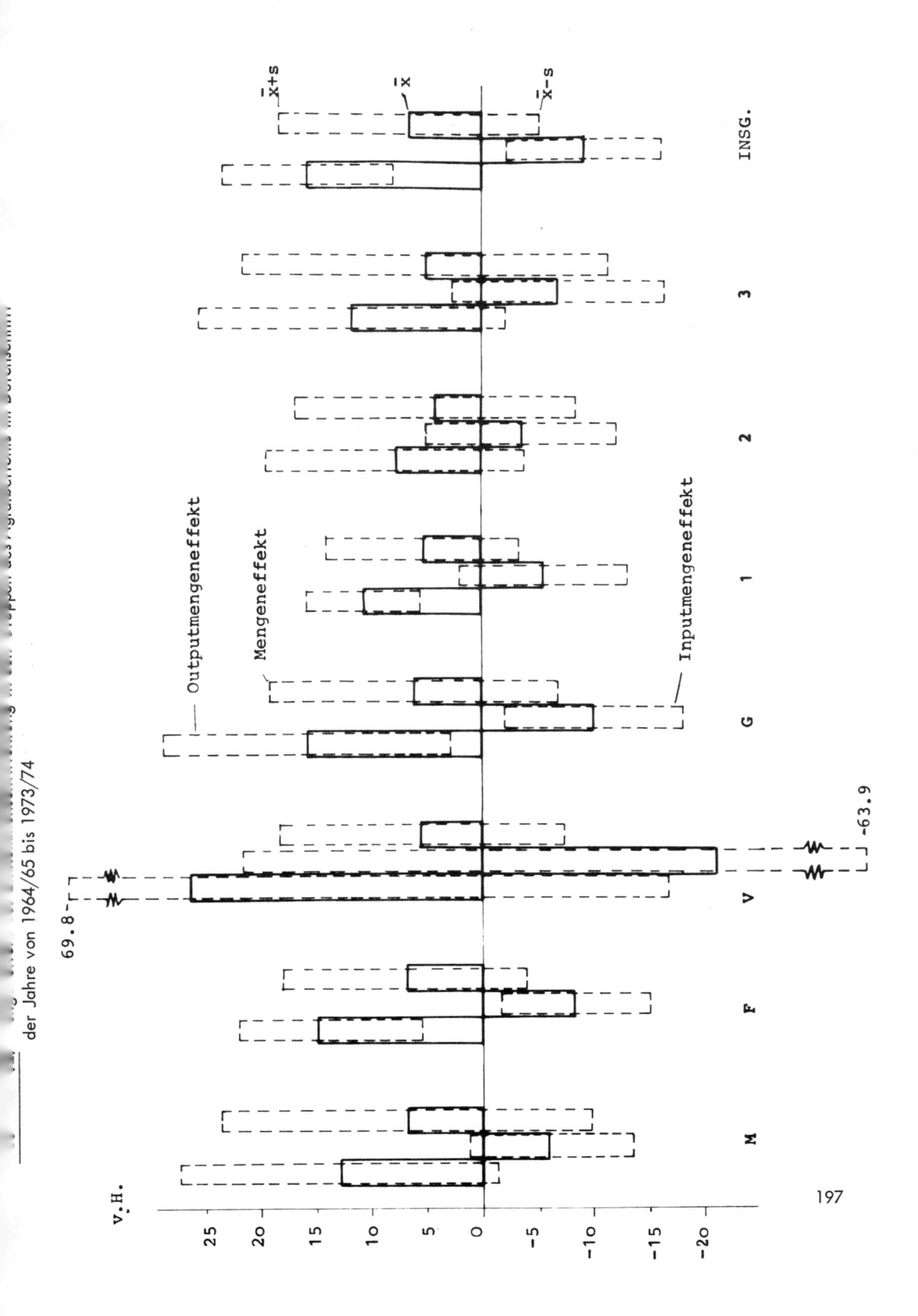

v.H.

— Outputmengeneffekt
— Mengeneffekt
— Inputmengeneffekt

$\bar{x}+s$
$\bar{x}$
$\bar{x}-s$

69.8
−63.9

M   F   V   G   1   2   3   INSG.

197

Extrem hohe Schwankungen zeigt der Preiseffekt bei den Veredlungsbetrieben. Diese Schwankungen sind in allen Betriebsgruppen in erster Linie auf die Instabilität der Agrarpreise zurückzuführen.

Im Durchschnitt der Betrachtungsperiode haben die kleineren Betriebe nur einen geringen (-0,5 v.H.), die größeren Betriebe hingegen einen ausgeprägteren (-1,6 v.H.) negativen Preiseffekt. Dieses Ergebnis scheint für das oft in der Diskussion erwähnte Argument, die Preisentwicklung (insbesondere beeinflußt durch die EG-Agrarpreispolitik) würde vor allem die großen Betriebe begünstigen, von Bedeutung zu sein.

Die Einflüsse der relativ geringen Agrarpreisschwankungen auf die Einkommensentwicklung verdeutlichen, was z.B. eine Agrarpreisentwicklung, wie sie insbesondere in den letzten Jahren auf den Weltagrarmärkten zu beobachten war, für die Einkommen in den landwirtschaftlichen Betrieben bedeuten würde 1).

2. Der langfristige Mengeneffekt der Einkommensänderung (Übersicht 7.2) zeigt zwischen den Größenklassen nur geringe, zwischen den Betriebssystemen stärkere Unterschiede. Mit Ausnahme der Veredlungsbetriebe sind zwischen den Betriebsgruppen geringe, zwischen den Größenklassen beachtliche Unterschiede im Schwankungsbereich (kleinere Betriebe: s = 8.48, mittlere Betriebe: s = 12.65, größere Betriebe: s = 16.39) festzustellen. Die Standardabweichung des Outputmengeneffektes zeigt hingegen ein sehr differenziertes Bild. So ist der Einkommensbeitrag aufgrund der Produktionsmengenausdehnung in den Futterbaubetrieben als stabil (s = 4.65), in der Gruppe der Veredlungsbetriebe als sehr instabil (s = 43.26) zu bezeichnen. Der Schwankungsbereich der Vorleistungsmengen gleicht jedoch diese unterschiedliche Instabilität zum Teil aus.

3. Die längerfristigen Veränderungen des Betriebseinkommens (Übersicht 7.3) zeigen zwischen den Betriebsgruppen stärkere, zwischen den Größenklassen nur geringe Unterschiede. Insbesondere bei den Veredlungsbetrieben sowie mit zunehmender Betriebsgröße ist ein ausgeprägter Schwankungsbereich festzustellen.

Der reduzierte Arbeitseinsatz bewirkt einen unterschiedlichen Einkommensbeitrag in den Betriebsgruppen. Die Unterschiede der langfristigen Änderung der Betriebseinkommen je AK in den Betriebsgruppen lassen sich zum großen Teil auf die unterschiedliche Arbeitskräftereduzierung zurückführen, während die jährlichen Schwankungen im wesentlichen durch Mengen- und Preiseffekte zustande kommen. Generell läßt sich feststellen, daß Betriebe mit einem hohen längerfristigen Anstieg der Betriebseinkommen je AK in der Regel stärkeren Einkommensschwankungen unterworfen sind (Beispiel Veredlungsbetriebe) als Betriebsgruppen, die einen geringeren Einkommensanstieg zu verzeichnen haben 2).

Um dem Leser zu verdeutlichen, was die dargestellten Analyseergebnisse anhand der verwendeten Kennziffern in absoluten Größen bedeuten, ist im Anhang am Beispiel des Betriebseinkommens je Arbeitskraft die Entwicklung in absoluten Größen dargestellt. Erst wenn man sich vergegenwärtigt, was die relativ geringen Unterschiede bei den durchschnittlichen Wachstumsraten für die Veränderung von innerlandwirtschaftlichen Einkommensunterschieden in den letzten 10 Jahren bedeuten, wird man Ausmaß und Bedeutung von Mengen- und Preisschwankungen für die Einkommensentwicklung in der Landwirtschaft beurteilen und einordnen können.

---

1) Derartige Einkommenswirkungen, auch differenziert nach einzelnen Agrarpreisen, lassen sich anhand der Elastizitäten für einzelne Produkte und Betriebsgruppen (siehe Materialband) leicht abschätzen.

2) Aufgrund der geringen Unterschiede der Transfereinkommenswirkungen in den Betriebsgruppen sowie der Übersichtlichkeit wegen wird der Transfereinkommenseffekt hier nicht gesondert ausgewiesen.

Übersicht 7.3: Veränderung der Einkommen, des Arbeitseinsatzes und der pro-Kopf-Einkommen in den Gruppen des Agrarberichts im Durchschnitt der Jahre 1964/65 bis 1973/74

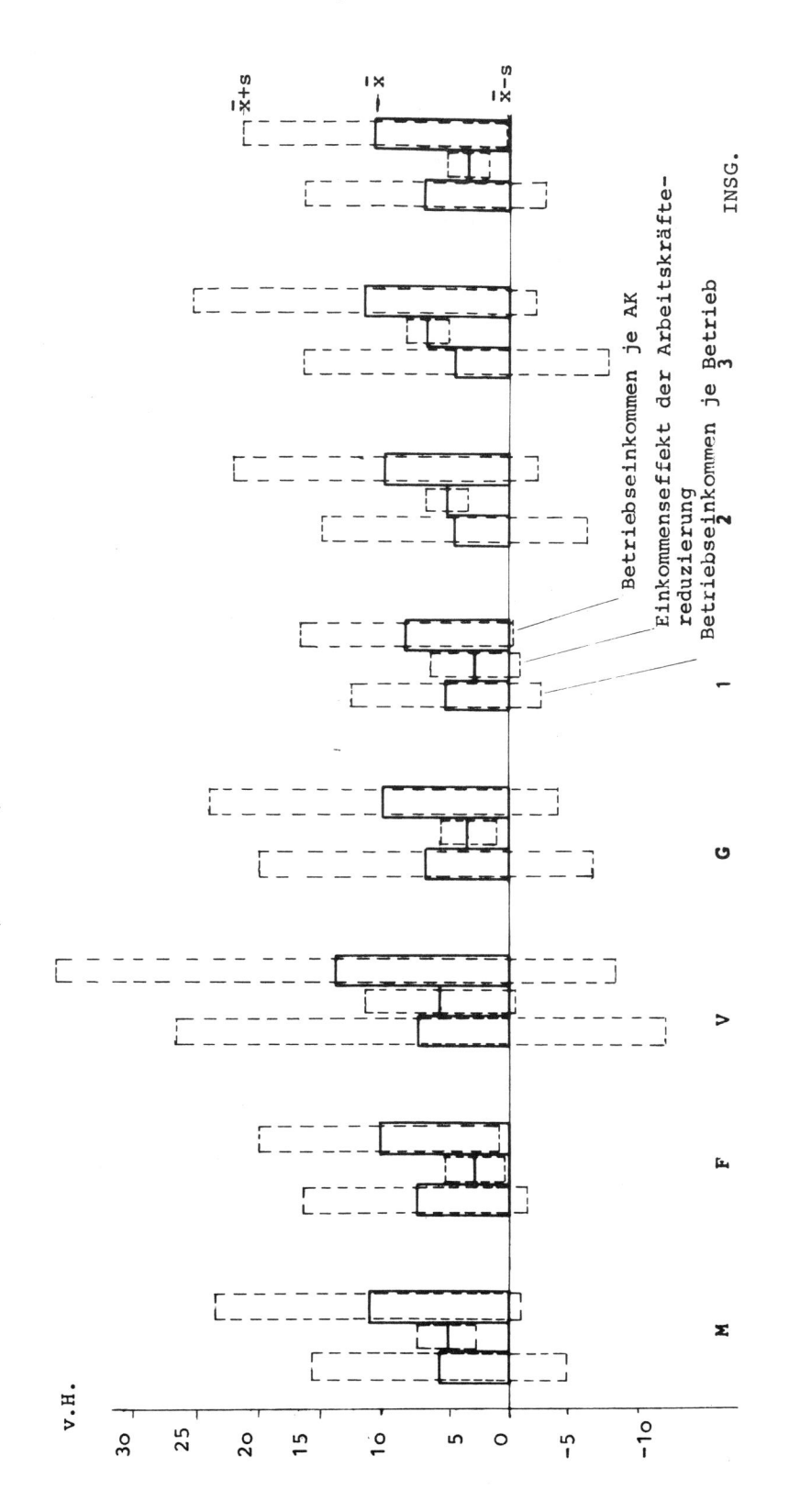

4 Zusammenfassung und Schlußfolgerungen

Wie bei jeder quantitativen Modellanalyse ist zur Untersuchung der Instabilität der landwirtschaftlichen Einkommensentwicklung je nach der konkreten Fragestellung, der verfügbaren Informationsbasis und den ökonomischen Zusammenhängen ein adäquater Differenzierungsgrad der Betrachtung zu wählen.

Wegen der bekannten Schwierigkeiten bei der Quantifizierung der ursächlichen Determinanten der Einkommensentwicklung 1) werden in diesem Beitrag die Einkommenswirkungen von Mengen- und Preisveränderungen 2) untersucht. Die in Mengen- und Preisveränderungen zum Ausdruck kommenden Wirkungen von ursächlichen Instabilitätsfaktoren werden nicht weiter differenziert. Die Analyseergebnisse lassen sich grob zu folgenden thesenartigen Aussagen zusammenfassen:

1. Die Empfindlichkeit der Einkommensentwicklung hängt vom Anteil des Einkommens am monetären Betriebsertrag ab. Charakteristische Unterschiede bestehen zwischen den Betriebsgruppen und im Zeitablauf.

   - Mit zunehmender Betriebsgröße reagiert das Einkommen empfindlicher auf Mengen- und Preisschwankungen. Bei den Betriebssystemen zeigt sich vor allem für die vorleistungsintensiven Veredlungsbetrieben eine hohe Einkommensempfindlichkeit.

   - Aufgrund der Veränderung der monetären Ertrags-Aufwandskonstellationen ergibt sich im Zeitablauf in allen Betriebsgruppen eine zunehmende Instabilitätskomponente. Bei der beobachtbaren leichten Verbesserung der Vorleistungsproduktivität läßt sich diese in allen Betriebsgruppen, mit Ausnahme der Veredlungsbetriebe, auf die auseinanderklaffende Agrar- Betriebsmittelpreisrelation zurückführen 3).

2. Die beobachteten Veränderungen der einzelnen Produkt- und Betriebsmittelpreise bewirken unterschiedliche Schwankungen bei den aggregierten Agrar- und Betriebsmittelpreisindizes in den einzelnen Betriebsgruppen 4). Die Agrarpreise zeigen einen größeren Schwankungsbereich als die Betriebsmittelpreise. Wegen der z.T. gleichlaufenden Schwankung ergibt sich für die Preisrelationen in allen Betriebsgruppen ein mittlerer Schwankungsbereich.

3. Die Outputmengen haben eine geringere, die Inputmengen eine größere Schwankungsbreite als die entsprechenden Preisentwicklungen. Im Gegensatz zu den Preisen sind bei den jährlichen Mengenschwankungen weniger kompensierende, sondern mehr verstärkende Effekte festzustellen 5).

4. Die partiellen Einkommenswirkungen von Preis- und Mengenänderungen zeigen einen größeren Schwankungsbereich als Veränderungen der Preis- und Mengenindizes selbst. Wegen der unter 1. bereits genannten differenzierenden Multiplikatorwirkung verstärken sich die Unterschiede zwischen den Betriebsgruppen im Zeitablauf. Die längerfristige Einkommenssteigerung läßt sich in allen Betriebsgruppen ausschließlich auf die Mengenveränderung zurückführen. Die Verände-

---

1) Vgl. z.B. Referat von G. HAXEN: Der Einfluß gesamtwirtschaftlicher Konjunkturschwankungen auf die Preisbildung auf einzelnen Produkt- und Faktormärkten des Agrarsektors.

2) Die Ursachen für Mengen- und Preisschwankungen auf einzelnen Märkten werden in anderen Referaten auf dieser Tagung behandelt.

3) Eine konstante Agrar- und Betriebsmittelpreisentwicklung hätte in diesen Betriebsgruppen zu einer zunehmenden Einkommensstabilität bei gleichen Preisschwankungen geführt.

4) Unter diesem Gesichtspunkt stellen die betriebsgruppenspezifischen Preisindizes, mit jeweiligen Gewichten der Vorperiode (Kettenindizes) als Teil der Analyseergebnisse eine Erweiterung der statistischen Basis dar.

5) Einige Gründe dafür werden im Referat aufgeführt.

rungen der Preisrelationen haben in den letzten 10 Jahren in einzelnen Betriebsgruppen eine negative Auswirkung auf die landwirtschaftlichen Einkommen von z.T. über 20 v.H. bewirkt. Dennoch sind die Einkommensschwankungen im Durchschnitt zu etwa gleichen Teilen auf Mengen- und Preisinstabilitäten zurückzuführen.

Während die auf Preisveränderungen zurückzuführenden Einkommensschwankungen in allen Betriebsgrößen etwa gleich sind, zeigen sich mit zunehmender Betriebsgröße stärkere Einkommensschwankungen aufgrund von Mengenveränderungen (größere Preis- Angebotsreaktionen, größere Einkommensempfindlichkeit).

5. Das unterschiedliche Ausmaß der jährlichen Abwanderung von Arbeitskräften, mitbedingt durch zeitliche Verzögerungen und allgemeine konjunkturelle Entwicklungen, bewirkt zusätzliche Instabilitäten der Einkommensentwicklung. So ergaben sich in der Betrachtungsperiode bei allen Betriebsgruppen in Jahren hoher Einkommenssteigerung auch hohe Raten der Abwanderung und umgekehrt.

6. Die Maßnahmen der staatlichen Einkommensumverteilung - insbesondere die Wirkung des Aufwertungsausgleichs - führte dazu, daß die Betriebseinkommen je AK den Einflüssen des Marktgeschehens und der betrieblichen Anpassung nicht voll ausgesetzt waren.

In diesem Beitrag werden die einkommensbestimmenden Faktoren anhand ihrer Schwankungsbereiche als Instabilitätsfaktoren der Einkommensentwicklung gekennzeichnet. Über Bedeutung und Wirkungsrichtung verschiedener Instabilitätsfaktoren lassen sich einige generelle Aussagen ableiten. Der Verlauf der Einkommensentwicklung ergibt sich jedoch erst aus dem kombinatorischen Zusammenwirken sowie der spezifischen Ausprägung von Instabilitätsfaktoren in einzelnen Jahren. Sowohl die Ausprägung als auch das Zusammenwirken von Instabilitätsfaktoren unterliegt z.T. nicht kontrollierbaren Faktoren, so daß die Frage "was wäre geschehen, wenn ..." hinreichend Auskunft über den Einfluß einzelner Instabilitätselemente gibt. Diese Frage kann anhand der Analyseergebnisse nach den verschiedenen Differenzierungen beantwortet werden.

Vor dem Hintergrund zunehmender welt- und gesamtwirtschaftlicher Instabilitäten stellt sich die Frage nach der Ausprägung, dem kombinatorischen Zusammentreffen und den Auswirkungen künftiger Instabilitäten. Die Ergebnisse von ex-post Analysen können in Teilen einen bestimmten Bereich abstecken sowie Zusammenhänge und Wirkungsrichtungen aufzeigen. Für die konkrete Ausprägung der kurzfristigen Einkommensentwicklung läßt sich die Frage einengen auf "was wird geschehen, wenn ...". Dazu ist ein operationales Modell erforderlich, welches die Konsequenzen von sich abzeichnenden Entwicklungen bzw. möglichen Entwicklungskorridoren schnell aufzeigen kann [1]. Für die Beurteilung derartiger Vorausschätzungen anhand der Annahmen und Ergebnisse sowie der Wirkungen einzelner und zusammengefaßter Einflußfaktoren sind die Kenntnisse von ex-post-Instabilitätswirkungen von entscheidender Bedeutung.

---

[1] Ein derartiges operationales Modellsystem, das auf dem hier vorgestellten Konzept aufbaut, wurde kürzlich am Lehrstuhl für Volkswirtschaftslehre, Agrarpolitik und landwirtschaftliches Informationswesen in Bonn fertiggestellt. S. BAUER, F. BAUERSACHS, F. GOTTHARDT u. W. HENRICHSMEYER: Entwicklung eines kurzfristigen Vorausschätzungs- und Simulationssystems für landwirtschaftliche Betriebsgruppen, Bonn 1975, (Veröffentlichung vorgesehen).

Übersicht 8: Prozentuale Veränderungsraten wichtiger sektoraler Preise von 1964/65 bis 1973/74 gegenüber dem jeweiligen Vorjahr

8.1 Agrarpreise

Wirtschafts-jahr	Getreide	Kartoffeln	Z.Rüben	Sonst. pflanzl. Produkte	Rindfleisch	Milch	Schweinefleisch	Sonst. tierische Produkte
64/65	1,47	44,74	9,33	2,50	13,34	2,30	-9,40	0,49
65/66	-0,97	18,18	-7,32	-5,95	-0,86	1,00	15,72	7,23
66/67	0,73	-17,44	0,0	1,14	-5,09	-0,74	-1,76	-6,65
67/68	-10,19	-26,09	-1,32	-10,97	0,61	0,0	-15,48	-5,06
68/69	1,89	28,57	-13,33	5,88	8,17	0,50	10,61	2,89
69/70	0,80	28,76	13,85	2,07	-1,71	0,0	10,80	-9,41
70/71	-0,53	-15,74	-6,76	4,58	-1,21	1,98	-14,07	-1,79
71/72	0,52	-12,05	1,45	-2,24	11,22	9,71	6,43	9,24
72/73	0,89	31,51	3,14	4,28	19,18	3,76	14,33	-2,55
73/74	2,76	1,56	0,0	5,00	-9,85	1,49	6,32	18,50
Mittelwert	-0,26	8,20	-0,10	0,63	3,38	2,00	2,35	1,29
Standardabweichg.	3,65	25,11	7,95	5,45	9,15	3,01	11,72	8,43

8.2 Betriebsmittelpreise

Wirtschafts-jahr	Saatgut	Pflanzenschutz	Dünger	Futtermittel (Schweine)	Unterhaltung Maschinen	Abschreibung Masch.1)	Unterhaltung Gebäude	Abschreibung Gebäude 1)
64/65	16,36	-1,90	-2,50	0,98	3,51	2,19	4,77	4,62
65/66	14,03	3,73	0,18	3,31	2,13	2,29	3,40	4,72
66/67	-9,96	5,74	0,54	-0,38	2,46	2,38	0,40	4,45
67/68	-16,62	0,44	-0,71	-2,46	2,56	2,34	-0,89	3,97
68/69	17,25	-1,65	0,41	-0,19	3,88	2,73	4,22	3,93
69/70	29,14	-1,05	-2,98	-1,56	5,81	2,97	11,14	4,62
70/71	-16,74	1,27	5,60	-0,99	9,50	3,61	14,38	5,62
71/72	0,11	1,20	2,94	-2,20	7,16	3,98	8,89	5,98
72/73	17,02	1,36	3,04	3,88	7,14	4,40	6,34	6,00
73/74	5,25	0,35	13,87	10,61	13,24	5,13	5,92	6,51
Mittelwert	5,57	0,95	2,04	1,10	5,74	3,20	5,86	5,04
Standardabweichg.	15,90	2,37	4,90	3,97	3,60	1,03	4,66	0,91

1) Bei bekanntem Altersaufbau kann man einen Preisindex für Abschreibungen ableiten, indem man die Investitionsgüterpreise der Perioden t-n bis t mit dem Anteil der Investitionen der Jahre t-n bis t gewichtet. (wobei n die Abschreibungsdauer angibt). Da weder Altersstruktur noch Abschreibungsdauer statistisch verfügbar waren, wurde der Preisindex für Abschreibungen PI^{AB} vereinfacht wie folgt ermittelt:

$$PI^{AB}_{t,k} = (\sum_{j=t-n}^{t} PI^{IN}_{j,k}) / n$$

wobei: $PI^{IN}_{j,k}$ = Preisindex für k Investitionsgüter im Jahre j (k gibt den Preisindex für Maschinen bzw. Gebäude an)

n = unterstellte Lebensdauer in Jahren (Annahme n = 10)

Übersicht 9: Elastizitäten der prozentualen Einkommensänderung in bezug auf eine 1 %ige Mengen- bzw. Preisänderung in den Betriebsgruppen

9.1 Outputelastizität

Betriebsgruppen 1) Wirtschaftsjahre	M	F	V	G	1	2	3	Insg.
63/64	2,44	2,56	3,30	2,53	2,36	2,67	2,62	2,53
64/65	2,42	2,62	3,43	2,72	2,50	2,73	2,60	2,62
65/66	2,78	2,88	3,84	3,00	2,70	3,07	3,03	2,92
66/67	2,90	3,03	4,60	3,10	2,80	3,18	3,37	3,07
67/68	2,58	2,95	4,40	3,00	2,76	2,97	2,97	2,90
68/69	2,57	2,80	4,30	2,83	2,66	2,85	2,92	2,80
69/70	2,59	2,72	4,05	2,76	2,52	2,81	2,97	2,75
70/71	2,76	2,75	5,21	2,98	2,55	2,96	3,30	2,90
71/72	2,61	2,53	4,01	2,69	2,42	2,64	2,97	2,65
72/73	2,65	2,48	4,07	2,66	2,38	2,60	3,00	2,63
73/74	2,64	2,69	4,24	2,87	2,54	2,77	3,03	2,78

9.2 Input-(Sachaufwands-)elastizität

Betriebsgruppen Wirtschaftsjahre	M	F	V	G	1	2	3	Insg.
63/64	-1,40	-1,52	-2,27	-1,50	-1,33	-1,62	-1,57	-1,49
64/65	-1,38	-1,58	-2,40	-1,69	-1,47	-1,69	-1,55	-1,58
65/66	-1,74	-1,84	-2,82	-1,96	-1,67	-2,03	-1,98	-1,88
66/67	-1,85	-1,99	-3,57	-2,07	-1,77	-2,14	-2,32	-2,03
67/68	-1,54	-1,91	-3,37	-1,96	-1,72	-1,93	-1,92	-1,86
68/69	-1,51	-1,71	-3,22	-1,75	-1,57	-1,77	-1,85	-1,72
69/70	-1,55	-1,67	-3,04	-1,72	-1,48	-1,77	-1,95	-1,71
70/71	-1,89	-1,87	-4,35	-2,13	-1,69	-2,10	-2,41	-2,03
71/72	-1,73	-1,66	-3,15	-1,82	-1,55	-1,78	-2,07	-1,78
72/73	-1,74	-1,56	-3,20	-1,75	-1,46	-1,69	-2,09	-1,72
73/74	-1,68	-1,72	-3,29	-1,91	-1,58	-1,81	-2,08	-1,82

1) Zu den verwendeten Symbolen siehe Abschnitt 3.3

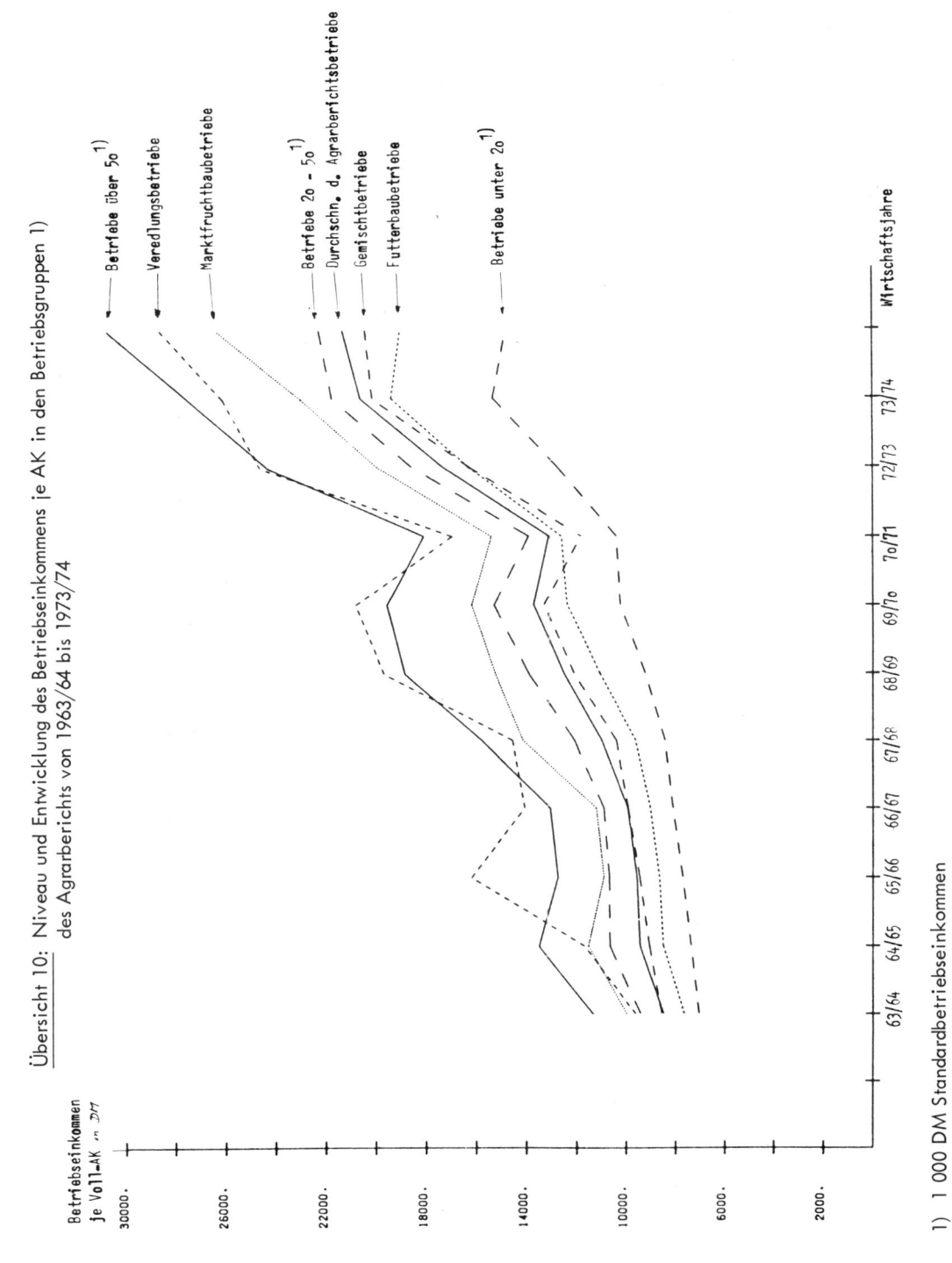

Übersicht 10: Niveau und Entwicklung des Betriebseinkommens je AK in den Betriebsgruppen 1) des Agrarberichts von 1963/64 bis 1973/74

1) 1 000 DM Standardbetriebseinkommen

AUSWIRKUNGEN VON PREIS- UND MENGENSCHWANKUNGEN AUF HÖHE UND VERTEILUNG DER LANDWIRTSCHAFTLICHEN EINKOMMEN (Korreferat)

von

Harald von Witzke, Göttingen

1	Vorbemerkungen	205
2	Die Höhe der Einkommen in der Landwirtschaft	206
3	Die Verteilung der Einkommen in der Landwirtschaft	207

1 Vorbemerkungen

BAUER hat sich zum Ziel gesetzt, eine differenzierte Analyse der Auswirkungen der wichtigsten Instabilitätsfaktoren auf Niveau und Verteilung der landwirtschaftlichen Einkommen anzustellen. Um diesem Ziel gerecht zu werden, ist m.E. insbesondere die Beantwortung der folgenden Fragen von Bedeutung:

1. Welches ist der für die jeweilige Fragestellung relevante Einkommensmaßstab?
2. Welches sind die Bestimmungsfaktoren der Einkommen in der Landwirtschaft?
3. Welchen Einfluß haben die jeweiligen Niveaus der einkommensbestimmenden Faktoren auf die Höhe der Einkommen in der Landwirtschaft?
4. Welcher spezifische Einfluß geht auf die Agrareinkommen von der Tatsache aus, daß die einkommensbestimmenden Faktoren in der Landwirtschaft mehr oder minder starken kurz-, mittel- und langfristigen Schwankungen unterworfen sind?
5. Welchen Einfluß haben Niveaus und Schwankungen der einkommensbestimmenden Faktoren auf die Verteilung der landwirtschaftlichen Einkommen?

Von den hier nur kurz angerissenen Fragen hat sich BAUER in seinem Referat in erster Linie der Analyse des Einflusses vermeintlich einkommensbestimmender Faktoren auf das Niveau der Einkommen in der Landwirtschaft gewidmet. Probleme des relevanten Einkommensmaßstabs und etwaiger funktionaler Beziehungen zwischen Produkt- bzw. Vorleistungspreisen und -mengen werden nicht diskutiert. Die Frage nach dem Einfluß des Niveaus der einkommensbestimmenden Faktoren auf die Verteilung der Einkommen wird nur am Rande gestreift und kaum erschöpfend behandelt. Der spezifische Einfluß, der von Schwankungen der einkommensbestimmenden Faktoren auf das Niveau der Agrareinkommen ausgeht, bleibt ebenfalls aus der Betrachtung ausgeschlossen.

Gerade die letztgenannte Frage hätte im Hinblick auf das Thema der diesjährigen Tagung der GEWISOLA einige interessante Erkenntnisse bringen können. Insbesondere hätte in diesem Zusammenhang ermittelt werden können, ob und in welchem Umfang aus Preisschwankungen Einkommensverluste resultieren und ob und inwieweit der bei Instabilität der Preise im Vergleich zu ihrer Stabilität aus Risikogründen möglicherweise geringere Faktoreinsatz durch das Auftreten von ratchet-Effekten kompensiert wird. Die Beantwortung dieser Frage könnte auch einen Einblick gewähren in die durch Instabilitäten möglicherweise bewirkten Fehlallokationen im Agrarsektor.

2 Die Höhe der Einkommen in der Landwirtschaft

Zur Beantwortung der Fragen, auf die BAUER sich konzentriert, bestehen im wesentlichen folgende Möglichkeiten:

Ausgehend von einem ökonomischen Modell für den Agrarsektor bzw. für landwirtschaftliche Einzelbetriebe, kann ein ökonometrisches Modell konstruiert werden, das dann zur Überprüfung der formulierten Hypothesen heranzuziehen ist. BAUER lehnt diese Vorgehensweise mit der Begründung ab, daß die Schwierigkeiten der empirischen Überprüfung gegenwärtig noch nicht zu überwinden seien.

Er geht daher den anderen Weg und versucht anhand einer Definitionsgleichung, die Einkommen in der Landwirtschaft in Preis- und Mengeneffekte zu zerlegen.

BAUER geht im Prinzip von der Definitionsgleichung aus:

(1) $\qquad Y \triangleq P \cdot Q - R \cdot V$

wobei $\quad Y$ = landwirtschaftliches Einkommen
P = Agrarpreise
Q = Agrarproduktion
R = Vorleistungspreise
V = Vorleistungen

bzw.

(2) $\qquad \dfrac{dY}{Y} = \dfrac{P \cdot Q}{Y} \left(\dfrac{dP}{P} + \dfrac{dQ}{Q} \right) - \dfrac{R \cdot V}{Y} \left(\dfrac{dR}{R} + \dfrac{dV}{V} \right)$

Dieses Vorgehen weist zweifellos den Vorteil auf, daß der empirischen Ausfüllung keine sonderlich schwierigen Probleme entgegenstehen und daß die so gewonnenen Ergebnisse für die praktische Agrarpolitik leichter verständlich sind als die anspruchsvollerer ökonometrischer Untersuchungen. Die Nachteile sind indes nicht unerheblich, denn BAUER gewinnt seine Ergebnisse aufgrund der statistischen Zerlegung einer Definitionsgleichung, d.h. er vernachlässigt jegliche funktionalen Beziehungen zwischen den Variablen.

Dabei wird u.a. [1]) davon ausgegangen, daß
- keine Reaktion des Angebots auf Preisänderungen erfolgt,
- eine veränderte Produktion ohne veränderten Faktoreinsatz möglich ist,
- die eingesetzte Faktormenge unabhängig vom Faktorpreis ist,
- die Vorleistungen nur nichtlandwirtschaftlicher Herkunft sind, weil andernfalls bei Änderung der Produktpreise uno actu sich auch veränderte Vorleistungspreise einstellen müßten und
- keine substitutiven Beziehungen existieren.

Die hier angewandte Methode wurde von BAUER in früheren Arbeiten zur kurzfristigen Prognose der Agrareinkommen verwendet (S. BAUER, 1975). Hierzu dürfte sie auch geeignet sein. Wenn alle Produktionsentscheidungen gefallen sind, sind die Agrareinkommen nur noch bestimmt von der mehr oder minder vom Zufall bzw. von der Witterung beeinflußten Mengenentwicklung und den nach Ablauf der Produktionsperiode herrschenden Preisen. Kaum jedoch ist dieses Verfahren geeignet, mittel- oder langfristige Prognosen über die Auswirkungen von Produkt- oder Faktorpreisänderungen auf die Höhe der Agrareinkommen anzustellen.

---

1) Hier sollen nur die in diesem Zusammenhang besonders interessierenden Annahmen berücksichtigt werden. So wäre es beispielsweise auch sinnvoll, wegen der Irreversibilität von Investitionsentscheidungen mit unterschiedlichen Reaktionen bei steigenden und fallenden Preisen zu rechnen.

Es leuchtet unmittelbar ein, daß ein aufgrund ökonomischer Überlegungen gewonnenes und durch geeignete ökonometrische Methoden empirisch überprüftes Konzept die hier zu diskutierenden Probleme wesentlich besser erhellen kann als das von BAUER angewandte Verfahren. Neben der Durchführung einer ex post-Analyse der Bestimmungsfaktoren der Einkommen in der Landwirtschaft, die auch funktionale Beziehungen zwischen den Variablen angemessen berücksichtigt, könnte dann auch die zukünftige Entwicklung der Agrareinkommen durch alternative Produkt- und Vorleistungspreisannahmen simuliert werden.

Der Hinweis von BAUER darauf, daß anspruchsvollere empirische Verfahren als das von ihm angewandte gegenwärtig noch nicht sinnvoll eingesetzt werden können, ist m.E. wenig stichhaltig. Es existiert ein umfangreiches statistisches Material, das zu einer empirischen Analyse herangezogen werden kann und auch schon verschiedentlich herangezogen wurde (vgl. z.B. S. TANGERMANN, 1974). Gegen die Durchführung umfangreicher ökonometrischer Untersuchungen mag vielleicht auch eingewendet werden, daß die Probleme der Spezifizierung von Schätzgleichungen aufgrund des Auftretens von Multikollinearitäten bei Berücksichtigung vieler der denkbaren einkommensbestimmenden Faktoren nicht überwindbar seien. Dieser Einwand mag auf den ersten Blick nicht völlig von der Hand zu weisen sein. Durch die Faktorenanalyse ist dem Ökonomen jedoch ein Instrument an die Hand gegeben worden, mit dessen Hilfe es gelingen kann, eine sinnvolle Variablenreduktion zu erzielen. Faktorenanalytisch gewonnene Ergebnisse allein lassen zwar noch keine kausale Interpretation zu. Sie können jedoch schon einige wesentliche Zusammenhänge deutlich machen und dazu beitragen, daß sinnvolle (Systeme von) Regressionsgleichungen spezifiziert werden können.

Bevor weiter unten auf eine geeignete Analyse der Verteilungswirkungen eingegangen wird, soll im folgenden noch kurz diskutiert werden, in welche Richtung die Mängel des von BAUER verwendeten Konzepts die Ergebnisse beeinflussen.

Die Landwirte werden in der Regel mittel- und langfristig auf steigende Produktpreise mit einem erhöhten Angebot reagieren. Sie dehnen die Produktion aus, weil die dadurch erzielbaren Einkommen höher sind als ohne Anpassung. BAUER hat also bei steigenden Produktpreisen eine Untergrenze der Einkommensänderung geschätzt. Bei sinkenden Preisen hingegen wurde von BAUER eine Obergrenze geschätzt. Denn mittel- und langfristig kann der aus Produktpreisänderungen resultierende Einkommensverlust durch Anpassung der Produktion geringer gestaltet werden.

Bei sektoraler Betrachtung und Änderung des Agrarpreisniveaus wird die Verzerrung der Ergebnisse nach dem von BAUER verwendeten Verfahren wegen der geringen Angebots- und Produktionselastizität der Vorleistungen nicht sonderlich hoch sein. Wenn man jedoch, wie es von BAUER auch getan wurde, lediglich die Preise einzelner Produkte, Produktgruppen oder Vorleistungen ändert, ist mit vergleichsweise stärkeren Reaktionen der Landwirte und damit stärkeren Abweichungen der geschätzten Ergebnisse von den wirklichen zu rechnen.

3 Die Verteilung der Einkommen in der Landwirtschaft

BAUER hat in seiner Analyse der Verteilungswirkungen auf die personelle Einkommensverteilung abgestellt. Die Schwierigkeiten, diese Probleme quantitativ einigermaßen in den Griff zu bekommen, liegen in erster Linie wohl darin begründet, daß der Stand der Theorie der personellen Einkommensverteilung noch immer recht unbefriedigend ist und daß das für eine eingehende Analyse der Bestimmungsfaktoren der Einkommensverteilung in der Landwirtschaft notwendige Datenmaterial nicht immer in geeigneter Form und genügend differenziert verfügbar ist. Aus diesem Grunde hat sich BAUER auch wohl darauf beschränkt, die Ergebnisse disaggregiert nach Betriebssystemen und Betriebsgrößenklassen zu präsentieren. Mir scheint dennoch, daß auch für eine Analyse der Einkommensverteilung ein Ansatz, der auch Anpassungsvorgänge der Landwirtschaft zuläßt, besser geeignet ist, einen ersten quantitativen Einblick in die hier zu diskutierenden Zusammenhänge zu gewähren.

Eine Möglichkeit, unser Wissen über die quantitativen Auswirkungen insbesondere von Preisveränderungen auf die Verteilung der Einkommen zu erweitern, könnte wie folgt aussehen:

Zunächst sind die Betriebsergebnisse in geeigneter Weise zu gruppieren, wobei die Gruppenbildung nach Maßgabe der vermeintlich wichtigsten einkommensbestimmenden Faktoren zu geschehen hat (Regionen, Umfang und Qualität der Produktionsfaktoren, Produktionsrichtung etc.). Wenn dann der quantitative Einfluß der einkommensbestimmenden Faktoren auf die Agrareinkommen in den jeweiligen Betriebsgruppen geschätzt ist, ist über eine Festlegung der Ausgangsniveaus der Variablen auch die Einkommensverteilung determiniert. Es kommt dann nur noch darauf an, die gewonnenen Ergebnisse mit dem geringstmöglichen Verlust an Information in Konzentrationskoeffizienten auszudrücken. Eine Kontrolle der Güte der Schätzungen ist ganz einfach durch einen Vergleich der so berechneten Verteilung mit der tatsächlich beobachteten möglich. Schließlich läßt ein solcher Ansatz über die Schätzung von Übergangsmatrizen auch Simulationen der Einkommensverteilung in der Landwirtschaft zu.

Literatur

1 BAUER, S.: Zur voraussichtlichen Preis- und Einkommensentwicklung der deutschen Landwirtschaft in den Wirtschaftsjahren 1974/75 und 1975/76. "Agra-Europe", Heft 22/1975, Dokumentation, S. 1 - 37.

2 TANGERMANN, S.: Ein ökonometrisches Modell für den Agrarsektor der Bundesrepublik Deutschland. "Agrarwirtschaft", Jg. 23 (1974), S. 285 - 295.

REDISTRIBUTIVE INFLATIONSWIRKUNGEN FÜR DIE LANDWIRTSCHAFT IN DEN BEREICHEN PREISPOLITIK, EINKOMMENSVERTEILUNG UND EINKOMMENSUMVERTEILUNG

von

Carsten Thoroe, Kiel, z.Zt. Wiesbaden

1	Einleitung	209
2	Redistributive Inflationswirkungen in den Beziehungen zwischen Landwirtschaft und Staat	210
2.1	Allgemeine Vorbemerkungen	210
2.2	Inflation und EG-Agrarpreispolitik	210
2.3	Inflationsabhängigkeit von Steuern, Subventionen und Transferzahlungen in der Landwirtschaft	214
2.3.1	Die Inflationsabhängigkeit von Betriebssteuern und Subventionen in der Landwirtschaft	214
2.3.2	Die Inflationsabhängigkeit der direkten Steuern in der Landwirtschaft	217
2.3.3	Die Inflationsabhängigkeit der sozialen Sicherungssysteme in der Landwirtschaft	219
3	Inflationsabhängigkeit von Zinsleistungen und Fremdkapitalbelastung	220
4	Zusammenfassung und Schlußfolgerungen	223

---

1 Einleitung

Inflationsbedingte Einwirkungen auf die Einkommensverteilung ergeben sich, wenn
- die Einkommen bestimmter Gruppen verzögert dem inflationsbedingten Kaufkraftverlust der Einkommen angeglichen werden,
- die Einkommen bestimmter Gruppen dem Umfang nach unzureichend oder überhaupt nicht der inflationären Preissteigerung angepaßt werden,
- reale Kaufkraftverluste nach Empfang der Einkommen eintreten, weil in der Zeitspanne zwischen Empfang und Verwendung des Einkommens die Inflation fortschreitet (vgl. H.G. KOBLITZ, 1971, S. 20).

Die Ursache für eine Verschlechterung der relativen Einkommenspositionen beruht auf der mangelnden Möglichkeit oder Fähigkeit, Inflation vorauszusehen oder das eigene ökonomische Verhalten der Inflation wirksam anzupassen 1). Eine Analyse der inflationsbedingten Änderungen der Einkom-

---

1) "If everyone had equal ability to predict and adjust to inflation, inflation would have no redistributive effects" (M. BRONFENBRENNER and F.D. HOLZMAN, 1963, S. 647).

menssstruktur muß daher ansetzen bei den besonderen Bedingungen und Verhaltensweisen von einzelnen Wirtschaftssubjekten und -gruppen, die eine Anpassung an inflationäre Preissteigerungen verhindern.

Untersuchungen von redistributiven Effekten der Inflation sind sehr viel weniger zahlreich als solche der Inflationsursachen. Sie gehen in erster Linie von der funktionellen und der personellen Einkommensverteilung aus (vgl. G.L. BACH and A. ANDO, 1957; H.G. KOBLITZ, 1971). Den redistributiven Wirkungen der Inflation auf die sektorale Einkommensverteilung ist in der wirtschaftswissenschaftlichen Literatur relativ wenig Beachtung geschenkt worden. Allein für den Wirtschaftsbereich Landwirtschaft sind in jüngerer Zeit eine Reihe von Beiträgen erschienen, die sich mit den Auswirkungen der Inflation auf die Landwirtschaft befassen (vgl. W. BRANDES, 1974; DERS., 1973; G.E. BRANDOW, 1971; T. HEIDHUES und S. TANGERMANN, 1972; A. HENZE, 1974; H. HESSE, 1973; W. SCHEPER, 1974; S. TANGERMANN and T. HEIDHUES, 1973; L. TWEETEN and L. QUANCE, 1971). Eine spezielle Analyse der redistributiven Inflationswirkungen für den Wirtschaftsbereich Landwirtschaft ist besonders interessant, weil die Intensität der Staatseingriffe in diesen Wirtschaftsbereich relativ stark ist und viele staatliche Umverteilungsmaßnahmen hier eine besondere Ausgestaltung erfahren haben. Umfangreichere Analysen zeigen, daß die Inflation zumindest kurzfristig nicht neutral hinsichtlich der Preisstruktur ist (vgl. C. THOROE, 1974, S. 91 - 114). Speziell für den Sektor Landwirtschaft ist zu beobachten, daß die Preise für Vorleistungen nichtlandwirtschaftlichen Ursprungs auf allgemeine Geldwertänderungen sehr viel elastischer reagieren als die Erzeugerpreise für landwirtschaftliche Produkte (vgl. C. THOROE, 1974, S. 125 - 153; A. HENZE, 1974, S. 93 - 96). Die redistributiven Wirkungen von Änderungen der landwirtschaftlichen Preisstruktur sind Gegenstand der vorhergehenden Referate. Deshalb sollen sich die folgenden Ausführungen vor allem auf zwei Problemkreise beschränken: Auf die redistributiven Wirkungen in den ökonomischen Beziehungen zwischen Landwirtschaft und Staat und auf die landwirtschaftlichen Kreditbeziehungen.

2 Redistributive Inflationswirkungen in den Beziehungen zwischen Landwirtschaft und Staat

2.1 Allgemeine Vorbemerkungen

Die Rechtsordnung basiert in der Bundesrepublik Deutschland auf dem Nominalwertprinzip, also auf dem Prinzip "Mark gleich Mark" (vgl. G. JAHR, 1966; O. PFLEIDERER, 1974). Bei Geldforderungen hat der Gläubiger nur den Schuldbetrag zu fordern, die Zahlung dieses Betrages gilt als Erfüllung. "Der Gläubiger kann grundsätzlich wegen einer Verringerung des Geldwertes ebensowenig mehr fordern, als der Schuldner wegen einer Erhöhung des Geldwertes weniger zu leisten brauchte; Unterschiede in der Kaufkraft sind bedeutungslos" (vgl. G. JAHR, 1966, S. 178). Versuche, durch rechtsgeschäftliche Gestaltung Geldwertänderungen zu berücksichtigen, unterliegen in der BRD einem "Verbot mit Erlaubnisvorbehalt" (vgl. G. JAHR, 1966, S. 182).

Dieser allgemeine rechtspolitische Grundsatz "Mark gleich Mark" gewinnt für die Landwirtschaft besondere Bedeutung im Zusammenhang mit der staatlichen Agrarpreispolitik und den staatlichen Redistributionsmaßnahmen, da er in die gesetzlichen Grundlagen dieser Maßnahmen eingeht. Verändert sich z.B. der Realwert von nach dem Nominalwertprinzip bemessenen Redistributionszahlungen, so bedarf es zur Neutralisierung dieser inflationsbedingten Einkommensumverteilung einer politischen Entscheidung.

2.2 Inflation und EG-Agrarpreispolitik

Im gegenwärtigen Agrarmarktordnungssystem erfolgt die Festsetzung von Marktordnungspreisen (administrierte Preise) durch den EG-Ministerrat. Für die Beurteilung der Inflationswirkungen auf die administrierten Preise sind insbesondere drei Punkte von Bedeutung,

- erstens die Inflationserwartung, die bei der administrativen Preisfestsetzung zugrunde gelegt wird,
- zweitens die Anpassung der administrierten Preise an getäuschte Erwartungen bezüglich der allgemeinen Preisentwicklung,
- drittens die Bedeutung der administrierten Preise als Instrument der allgemeinen Wirtschaftspolitik.

Über die Inflationserwartung der für die Festsetzung der administrierten Preise verantwortlichen Politiker sind Aussagen nur schwer möglich, da verkündete und "wahre" subjektive Preiserwartung, die der Entscheidung zugrunde liegt, in sehr vielen Fällen auseinanderfallen werden. In Zeiten zunehmender Inflation wird aber eine systematische Unterschätzung der allgemeinen Preisentwicklung zu erwarten sein. Zum einen basiert die Rechtsordnung - wie schon ausgeführt - auf dem Nominalwertprinzip, zum anderen ist Stabilität des allgemeinen Preisniveaus ein erklärtes Ziel der allgemeinen Wirtschaftspolitik. Die für die Preisfestsetzung verantwortlichen Politiker werden also - sei es aufgrund von Geldillusion, sei es aus Zweckoptimismus - dazu neigen, die Inflation zu unterschätzen. Dies wird deutlich, wenn man die von der jeweiligen Bundesregierung projektierte Inflationsrate, die auch den wirtschaftspolitischen Maßnahmen der Bundesregierung zugrunde gelegt werden muß, wenn sie glaubwürdig sein soll, mit der tatsächlichen Inflationsrate vergleicht (Tabelle 1).

Tabelle 1: Tatsächliche und von der Bundesregierung projektierte Inflationsrate in der BRD 1968 - 1974

	1968	1969	1970	1971	1972	1973	1974
Projektierte Veränderungsrate des Preisniveaus des Bruttosozialprodukts in v.H.	2,1	2,5	5,0	4,5	5,0	5,5	6,5-7,0
Tatsächliche Veränderungsrate des Preisniveaus des Bruttosozialprodukts in v.H.	1,9	3,5	7,4	7,7	6,1	6,1	6,5

Quelle: Jahreswirtschaftsbericht 1968, S. 10; 1969, S. 20; 1970, S. 38; 1971, S. 56; 1972, S. 43; 1973, S. 33; 1974, S. 24 u. 27; 1975, S. 33).

Aus dieser systematischen Unterschätzung der Inflation durch die Bundesregierung kann aber noch nicht auf eine zu geringe Inflationserwartung bei der Festsetzung der administrierten Preise geschlossen werden, denn diese Preisfestsetzung ist ein gemeinsamer Beschluß des EG-Ministerrats. Man muß deshalb die Inflationserwartungen aller im Ministerrat vertretenen Länder berücksichtigen. Da die Inflationsraten in den EG-Partnerländern überall höher liegen als in der BRD, kann man davon ausgehen, daß auch die Inflationserwartung der für die administrative Festsetzung der Agrarpreise verantwortlichen Politiker in diesen Ländern höher liegt als die der deutschen Politiker. So kann sich in den administrierten Preisen eine Inflationserwartung niederschlagen, die für die EG-Länder insgesamt zwar hinter der tatsächlichen Inflationsrate zurückbleibt, die jedoch höher sein kann als die tatsächliche Inflationsrate einzelner Mitgliedsländer. Je stärker die Abweichung der Inflationsrate eines Mitgliedslandes von der durchschnittlichen Inflationsrate der EG nach unten, desto geringer wird c.p. das Ausmaß der nicht in den administrierten Preisen antizipierten Inflation sein.

Als nächstes wird der Frage nachgegangen, ob und in welcher Weise eine Anpassung der administrierten Preise vorgesehen ist, wenn die Inflationsentwicklung falsch antizipiert wurde. Auch hier treten unterschiedliche Probleme für die EG insgesamt und einzelne Mitgliedsländer auf. Zunächst soll ganz kurz das Problem einer falschen Antizipation der Inflationsentwicklung auf EG-Ebene angesprochen werden. Eine Anpassung der administrierten Preise bedarf eines politischen Beschlusses; eine automatische Anpassung, etwa durch Bindung der administrierten Preise an einen Index, ist nicht vorgesehen. Anpassungen wurden bisher mit einer Ausnahme nur im Zusammenhang mit der jährlichen Neufestsetzung der administrierten Preise für das nächste Wirtschaftsjahr vorgenommen 1). Es scheint nicht sehr wahrscheinlich, daß sich Änderungen der gemeinsamen administrierten Agrarpreise während des Wirtschaftsjahres sehr oft wiederholen, denn die politischen Schwierigkeiten beim gemeinsamen Preisfestsetzungsverfahren sind erheblich. Außerdem muß bei Wiederholungen solcher außerplanmäßigen Anpassungen damit gerechnet werden, daß Spekulationsgeschäfte beträchtlichen Ausmaßes auf den Agrarmärkten einsetzen.

Für einzelne EG-Mitgliedsländer ergeben sich darüber hinaus noch Probleme, wenn die nationalen Inflationsraten vom Durchschnitt der EG insgesamt abweichen. Die unterschiedliche nationale Inflationsentwicklung führt c.p. zu einer unterschiedlichen nationalen Entwicklung der realen administrierten Preise in Rechnungseinheiten. Durch die administrierten Preise in Rechnungseinheiten und die Währungsparitäten sind die nominalen administrierten Preise in nationalen Währungseinheiten festgelegt. Solange die Währungsparitäten sich nicht ändern, ergeben sich aus unterschiedlichen Entwicklungen in den nationalen allgemeinen Preisniveaus unterschiedliche Entwicklungen der realen administrierten Preise in nationalen Währungseinheiten. Ein Ausgleich divergierender nationaler Geldwertentwicklungen ist möglich durch Veränderungen der Währungsrelationen. Da die administrierten Preise in Rechnungseinheiten. Durch die administrierten Preise in Rechnungseinheiten und zwischen Rechnungseinheit und nationaler Währungseinheit zu einer Veränderung der administrierten Preise in nationalen Währungseinheiten. Damit ist generell über eine Änderung der Austauschrelation zwischen Rechnungseinheit und nationaler Währungseinheit, also durch Auf- oder Abwertungen, eine Anpassung der in nationalen Währungseinheiten ausgedrückten administrierten Preise auch während eines Wirtschaftsjahres möglich 2).

Nachdem die Möglichkeiten der Anpassung der administrierten Preise an nicht antizipierte inflationsbedingte Realpreissenkungen dargestellt wurden, soll nun etwas näher auf die tatsächliche Entwicklung der administrierten Agrarpreise eingegangen werden. Die administrierten Agrarpreise sind politische Preise. Bei der Aushandlung dieser Preise prallen in jedem Jahr aufs neue unterschiedliche Auffassungen der EG-Mitgliedsländer über die Agrarpreispolitik aufeinander, und es ist unmöglich, die inflationsbedingten Veränderungen aus der tatsächlichen Entwicklung der administrierten Preise zu eliminieren. Zwischen den unterschiedlichen Vorstellungen über das anzustrebende Agrarpreisniveau mußten und müssen Kompromisse gefunden werden, wobei der anhaltende Druck von Überschüssen auf einigen Märkten erschwerend mitwirkt. Wenn man die Entwicklung der administrierten Agrarpreise in der EG betrachtet (Tabelle 2), sieht man, daß nennenswerte Anhebungen der administrierten Preise erst für das Wirtschaftsjahr 1971/72 erfolgten. Für das Wirtschaftsjahr 1969/70 wurden lediglich die administrierten Preise von Gerste und Mais um 1 v.H. angehoben, für das Wirtschaftsjahr 1970/71 nur der Grundpreis für Schweine um 3 v.H.. Bezüglich der inflationsbedingten Auswirkungen auf die administrierten Preise für diese Jahre ist zwar ziemlich unwahrscheinlich, daß bei etwas geringerer Inflation im EG-Raum Senkungen der administrierten Preise vorgenommen worden wären, aber es ist zu bedenken, daß insbesondere die Vertreter einer Niedrigpreispolitik für Agrarprodukte von einer Inflationserwartung ausgegangen sein können, die etwa dem damaligen EG-Durchschnitt von 3 - 4 v.H. entsprach, und von ihnen eine zumindest temporäre Senkung der realen administrierten Agrarpreise in diesem Ausmaß eingeplant gewesen sein kann. Die Anhebung der administrierten Agrarpreise für 1971/72 und die darauf folgenden Wirtschaftsjahre müssen aber in entscheidendem Maße als Anpassung an die inflationäre Entwicklung angesehen werden.

---

1) Kurz vor der außerplanmäßigen Preisanhebung im September 1974 wurde von der EG-Kommission eine Anpassung während des Wirtschaftsjahres wegen der Kompliziertheit des Preisfestsetzungsverfahrens noch abgelehnt (Agra-Europe 29/74).

2) Von dieser Anpassungsmöglichkeit haben in jüngster Zeit vor allem die EG-Länder Gebrauch gemacht, die die Abwertung ihrer Währung nicht auf die administrierten Preise hatten durchschlagen lassen, sondern durch Grenzausgleiche und eine Wechselkursspaltung abgefangen hatten. Durch Abwertungen der Agrarumrechnungskurse werden die bereits vollzogenen Abwertungen der Währung auch im Agrarbereich nachvollzogen (vgl. z.B. Agra-Europe 22/74).

Tabelle 2: Entwicklung der administrierten Preise in RE für Agrarerzeugnisse in der EG

Preisindex 1) der administrierten Preise 1968/69 = 100	1968/69	1969/70	1970/71	1971/72	1972/73	1973/74	1974/75 bis 5.10.	1974/75 ab 6.10.
	100,0	100,0	100,6	104,6	109,9	116,5	126,9	133,2

1) Mit den Anteilen an der landwirtschaftlichen Endproduktion gewogene administrierte Preise (Richtpreise, soweit vorhanden).

Quelle: (C. THOROE, 1974, S. 232; Agra-Europe 41/74).

Einer Anpassung der administrierten Agrarpreise an die Geldentwertung wird insbesondere wegen einer angenommenen Signalwirkung auf die allgemeine Preisentwicklung vielfach Widerstand entgegengebracht. Dies zeigt sich besonders in den abwertenden Ländern, die durch Grenzausgleichsmaßnahmen ein Durchschlagen von Wechselkursänderungen auf die administrierten Preise in nationalen Währungseinheiten verhindern bzw. hinausschieben. Für die EG insgesamt werden inflationsbedingte Senkungen der realen administrierten Agrarpreise vermutet, weil die inflationsbedingten Anhebungen der administrierten Preise zunächst nur zögernd vorgenommen worden sind. Aus dieser Annahme resultieren Überlegungen, wenigstens im nachhinein eine Anpassung des Niveaus der administrierten Preise an eine nicht antizipierte Inflationsentwicklung sicherzustellen. Dies könnte z.B. durch eine Bindung der administrierten Preise an einen allgemeinen Preisindex erreicht werden 1). Mit der Indexbindung müßte keineswegs die automatische Festlegung des neuen Niveaus der administrierten Preise verbunden sein, denn durch die Indexbindung könnte lediglich das neue Verhandlungsniveau vorgegeben werden. Senkungen der realen administrierten Preise, die politisch gewollt sind (und ökonomisch notwendig wegen des überdurchschnittlichen Produktivitätsfortschritts der Landwirtschaft), wären dann auch als solche erkennbar und könnten nicht durch Inflation betrieben oder unter dem Vorwand zu erwartender inflationärer Entwicklungen verhindert werden.

Für die Bundesrepublik muß neben diesen allgemeinen Ausführungen zur EG noch einmal auf die nationalen Abweichungen vom EG-Durchschnitt eingegangen werden. Durch anhaltende unterdurchschnittliche Inflationsraten in der BRD, die mittelfristig nur durch Aufwertungen der DM erreichbar waren, und durch das weitgehende Verhindern des Durchschlagens der Wechselkursänderungen auf die administrierten Preise in D-Mark sind die realen administrierten Preise in nationalen Währungseinheiten in der Bundesrepublik weniger gesunken als in den anderen EG-Ländern mit Ausnahme Italiens (Tabelle 3). Dieser insbesondere für Vergleiche der Lage der Landwirtschaft zwischen EG-Mitgliedsländern relevanten Feststellung soll hier nicht weiter nachgegangen werden.

Wie bereits gesagt, beziehen sich diese Ausführungen lediglich auf die administrierten Agrarpreise. Die Analyse der Marktpreisentwicklung und ihrer Auswirkungen auf die Einkommensentwicklung ist Gegenstand der vorangehenden Referate. Hier soll zum Einfluß der Inflation auf die Agrarpreisentwicklung nur folgendes gesagt werden: mittel- und längerfristig findet der allgemeine Preisanstieg eine Berücksichtigung in den administrierten Agrarpreisen. Kurzfristig kann es dabei zu nicht unbeträchtlichen inflationsbedingten Änderungen der administrierten realen Preise kommen, wenn die Inflation falsch antizipiert wird oder aber die administrierten Agrarpreise als Maßnahme zur Stabilisierung des allgemeinen Preisniveaus eingesetzt werden. Wie diese inflationsbedingten Veränderungen der administrierten Agrarpreise auf die landwirtschaftlichen Erzeugerpreise durchschlagen, kann nicht eindeutig beantwortet werden. Einerseits zeigen die Schwankungen der Erzeugerpreise, daß nicht zu

---

1) Die Diskussion um Preisgleitklauseln, die in den fünfziger Jahren schon lebhaft geführt worden ist, ist in der BRD insbesondere durch GIERSCH neu belebt worden (H. GIERSCH, 1973).

Tabelle 3: Reale administrierte Preise in den EG-Ländern

		1969/70	1970/71	1971/72	1972/73	1973/74	1974/75 ab 6.10.74
Index der realen administrierten Preise in nationalen Währungseinheiten 1)	BRD	100	96,8	96,2	95,8	94,4	100,9
	F	100	95,5	94,7	94,0	92,2	92,6
	I	100	95,8	95,4	95,1	94,2	115,5
	NL	100	96,4	93,5	91,2	84,5	88,0
	B	100	96,3	95,8	95,5	94,9	96,1
	L	100	96,2	96,0	96,1	95,7	.

1) Der Index der realen administrierten Preise in nationalen Währungseinheiten ergibt sich aus dem EG-Index der administrierten Preise, multipliziert mit den nationalen Agrarumrechnungskursen (Stichtag 30.12.), dividiert durch den nationalen Index der Verbraucherpreise (vgl. C. THOROE, 1974, S. 233).

Quelle: (C. THOROE, 1974, S. 233).

den administrierten Preisen gehandelt wird, andererseits zeigen aber die hohen Ausgaben für Interventionen zur Stabilisierung der Märkte, daß die administrierten Preise die tatsächliche Preisentwicklung nicht unbedeutend beeinflussen (vgl. C. THOROE, 1974, S. 134 ff).

2.3 Inflationsabhängigkeit von Steuern, Subventionen und Transferzahlungen in der Landwirtschaft

2.3.1 Die Inflationsabhängigkeit von Betriebssteuern und Subventionen in der Landwirtschaft

Staatliche Umverteilungsmaßnahmen haben für die Landwirtschaft eine größere Bedeutung als für die meisten anderen Wirtschaftsbereiche. In der folgenden Analyse wird dem Einfluß der Inflation auf die Verteilungswirkungen der Redistributionsmaßnahmen nachgegangen, indem zunächst die Inflationsabhängigkeit ihrer Bemessungsgrundlage und dann die Ausgestaltung ihrer Tarife untersucht wird 1).

Wie in der volkswirtschaftlichen Gesamtrechnung werden auch hier die indirekten Steuern und Subventionen dem Wirtschaftsbereich zugeordnet, der die indirekten Steuern an den Staat abführt bzw. die Subvention empfängt (formale Inzidenz) 2). Im Gegensatz zu fast allen anderen Wirtschaftsbereichen übertreffen in der Landwirtschaft die Subventionen in der Regel die indirekten Steuern. Anders als in der volkswirtschaftlichen Gesamtrechnung werden die Beiträge der Landwirtschaft zur gesetzlichen Unfallversicherung hier nicht bei den indirekten Steuern behandelt (vgl. Statistisches Bundesamt, Fachserie N, 1972, S. 47), sondern erst später im Zusammenhang mit den sozialen Sicherungssystemen der Landwirtschaft 3).

---

1) Durch die Bemessungsgrundlage ist festgelegt, an welchen Sachverhalt eine finanzielle staatliche Transaktion geknüpft ist, und durch den Tarif das Ausmaß dieser finanziellen Leistung. Diese Begriffe sind hier aus der allgemeinen Steuerlehre auf staatliche Redistributionsmaßnahmen allgemein übertragen. Zur Definition dieser Begriffe siehe: (H. KOLMS, 1966, S. 30 f).
2) Damit ist noch nichts darüber ausgesagt, in welchem Maße die Steuer nach Beendigung der Überwälzungsvorgänge von diesem Wirtschaftsbereich getragen werden muß bzw. in welchem Maße die Subvention in diesem Wirtschaftsbereich verbleibt (effektive Inzidenz).
3) Zwar ist die gesetzliche Unfallversicherung in erster Linie eine Versicherung zur Verminderung des Unfallrisikos des Arbeitgebers und nicht eine Versicherung der Beschäftigten, aber in der Landwirtschaft sind Arbeitgeber und Beschäftigte zu einem großen Teil identische Personen. Deshalb erscheint es gerade für die Landwirtschaft gerechtfertigt, auch die gesetzliche Unfallversicherung im Rahmen der sozialen Sicherungssysteme abzuhandeln.

Unterscheidet man die indirekten Steuern nach spezifischen Steuern und Wertsteuern, dann läßt sich allgemein feststellen, daß bei den spezifischen Steuern Geldwertänderungen die Steuerbemessungsgrundlage c.p. unverändert lassen, da die Bemessungsgrundlage hier in Stück- oder anderen Mengeneinheiten definiert ist. Bei unverändertem Steuertarif bleiben damit die nominalen Erträge aus spezifischen Steuern von Geldwertänderungen unberührt, während der Realwert dieser Steuererträge wegen der Geldwertminderung c.p. sinkt. Die Elastizität der nominalen Steuererträge in bezug auf Änderungen des allgemeinen Preisniveaus ist bei den spezifischen Steuern Null. Bei den Wertsteuern ist die Steuerbemessungsgrundlage in Werteinheiten definiert und damit abhängig von der Preisentwicklung. Unter der Annahme einer Elastizität der Einzelpreise in bezug auf allgemeine Preisänderungen von eins wäre - bei proportionalem Steuertarif - auch die Elastizität des nominalen Steueraufkommens aus Wertsteuern in bezug auf allgemeine Preisänderungen gleich eins. Generell läßt sich sagen, je größer der Anteil der spezifischen Steuern am Gesamtaufkommen der indirekten Steuern, desto größer ist die inflationsbedingte reale steuerliche Entlastung.

Die vom Aufkommen her bedeutsamsten Betriebssteuern der Landwirtschaft sind die Grund- und die Kraftfahrzeugsteuer 1). Die Bemessungsgrundlage der Grundsteuer ist letztlich der Einheitswert. Da der Einheitswert in der Landwirtschaft nicht jährlich neu festgestellt und auch nicht fortgeschrieben wird, ist die Elastizität der Steuerbemessungsgrundlage in bezug auf Änderungen des allgemeinen Preisniveaus bei der Grundsteuer Null (vgl. C. THOROE, 1974, S. 158). Die Kraftfahrzeugsteuer ist eine spezifische Steuer (vgl. C. THOROE, 1974, S. 158 f.), und damit ist ihre Bemessungsgrundlage von Geldwertänderungen unabhängig, d.h. 1 v.H. Inflation bringt c.p. eine reale Entlastung bei der Kraftfahrzeugsteuer von 1 v.H.. Wie aus der Tabelle 4 hervorgeht, hat sich das reale Aufkommen aus Betriebssteuern der Landwirtschaft in der BRD stark rückläufig entwickelt.

Tabelle 4: Das Steueraufkommen der Landwirtschaft aus Betriebssteuern in der BRD

Wirtschafts-jahr	in Mill DM			in Werten von 1971 (Mill DM)		
	insges.	Grundst.	Kfz.-St.1)	insges.	Grundst.	Kfz.-St. 1)
1950/51	480	305	28	988,8	628,3	57,7
1962/63	515	410	95	726,1	578,1	134,0
1965/66	564	435	118	721,9	556,8	151,0
1968/69	595	451	133	708,0	536,7	158,3
1969/70	598	449	138	687,7	516,3	158,7
1970/71	607	448	148	655,6	483,8	159,8
1971/72	575	411	153	575,0	411,0	153,0
1972/73	572	404	157	537,7	379,8	147,6

1) betrieblicher Anteil
Quelle: C. THOROE, 1974, S. 237.

Auch die Subventionen an die Landwirtschaft sind in ihrer Höhe weitgehend unabhängig von Geldwertänderungen festgelegt (vgl. C. THOROE, 1974, S. 160 ff.). Beim Aufwertungsausgleich wurden 1970 (Aufwertungsausgleichsgesetz, 1969, Artikel 6) die in die jeweiligen Haushaltspläne einzustellenden Ausgleichsbeträge für die Jahre 1970 bis 1973 auf insgesamt 3,35 Mrd als feste D-Mark-Beträge festgelegt, die von Geldwertänderungen unberührt bleiben. Diese Beträge haben in ihrem Real-

---

1) Das Steueraufkommen der Landwirtschaft aus Mehrwertsteuer ist ohne Bedeutung, da der weitaus größte Teil der Landwirte von der Besteuerung nach Durchschnittssätzen (Pauschalierung) Gebrauch macht, d.h. den Landwirten wird ein fiktiver Vorsteuerabzug eingeräumt, der genau der den Abnehmern landwirtschaftlicher Erzeugnisse in Rechnung gestellten Mehrwertsteuer entspricht, so daß von dem weitaus größten Teil der Landwirte keine Mehrwertsteuer an das Finanzamt abgeführt werden muß.

wert beträchtliche inflationsbedingte Minderungen erfahren. Umgerechnet in Werte von 1970 entspricht der Realwert dieser Beträge lediglich 3,03 Mrd DM von 1970.

Die Zinsverbilligung erfolgt in der BRD grundsätzlich um festgelegte Prozentpunkte, so daß die nominale Zinsverbilligung eine Elastizität in bezug auf Geldwertänderungen von Null hat. Allerdings war in den Richtlinien von 1962 und 1967 vorgesehen, daß die Spanne für neue Kreditverbilligungszusagen den Zinsentwicklungen am Kapitalmarkt angepaßt werden sollte. Obwohl eine solche Revisionsklausel im einzelbetrieblichen Förderungs- und sozialen Ergänzungsprogramm nicht vorgesehen ist, wurden 1971 aufgrund der besonderen wirtschaftlichen Schwierigkeiten der Landwirtschaft für bereits aus Bundesmitteln zinsverbilligte Kredite zusätzliche Zinsverbilligungen für die Jahre 1970 und 1971 von 1 % gezahlt (vgl. Agrarbericht, 1972, S. 50), und im Jahre 1972 wurden die Sätze von 4 % auf 5 % heraufgesetzt (vgl. Agrarbericht, 1973, S. 79). Auch bei der Treibstoffverbilligung ist die Bemessungsgrundlage unabhängig von Geldwertänderungen. Da aber durch die Treibstoffverbilligung nur ein Teil der auf gleiche Weise wie die Subvention festgelegten Mineralölsteuer erstattet wird 1), kann die inflationsbedingte reale Minderung der Treibstoffverbilligung nicht ohne weiteres als Inflationsverlust für die Landwirtschaft angesehen werden.

Tabelle 5: Subventionen der Landwirtschaft in der BRD

Wirt- schafts- jahr	in Mill DM				in Werten von 1971 (Mill DM)			
	insge- samt	Treib- stoff- verb.	Zins- ver- billig.	Auf- wertg.- ausgl.	insge- samt	Treib- stoff- verb.	Zins- ver- billig.	Aufwer- tungs- ausgleich
1962/63	1396	297	156	-	1968,4	418,8	220	-
1965/66	1924	562	344	-	2462,7	719,4	440,3	-
1968/69	1651	318	385	-	1964,7	378,4	458,1	-
1969/70	1727	412	394	381	1986,1	473,8	453,1	438,2
1970/71	2379	384	468	914	2569,3	414,7	505,4	987,1
1971/72	2240	426	554	874	2240,0	426,0	554,0	874,0
1972/73	2203	490	550	758	2070,8	460,6	517,0	712,5

Quelle: C. THOROE, 1974, S. 238.

Die bisherigen Ausführungen zeigen, daß die Aufkommenselastizität der indirekten Steuern und der Subventionen für die Landwirtschaft insgesamt nahe Null liegt. Da die Subventionen wesentlich höher sind als die indirekten Steuern, ergeben sich per Saldo inflationsbedingte reale Mindereinkommen der Landwirtschaft. Wie bereits angesprochen, erfolgt die sektorale Zurechnung der indirekten Steuern und Subventionen nicht nach der effektiven, sondern nach der formalen Inzidenz, so daß exakte Aussagen über das Ausmaß der inflationsbedingten realen Einkommensminderungen aus Subventionen und indirekten Steuern für die Landwirtschaft nicht möglich sind. Um aber einen Einblick in die Größenordnung zu erhalten, wird von der formalen Inzidenz ausgegangen, also von dem Saldo aus indirekten Steuern und Subventionen, der sich aus den Tabellen 4 und 5 errechnet, und einer Aufkommenselastizität von indirekten Steuern und Subventionen von Null. Dann ergibt sich für die Jahre 1970/71, 1971/72 und 1972/73 ein Saldo zwischen Subventionen und indirekten Steuern für die Landwirtschaft von ca. 1,6 Mrd DM und eine inflationsbedingte Minderung der realen Wertschöpfung durch die indirekten Steuern und Subventionen von ca. 16 Mill DM pro Prozentpunkt Inflation.

---

1) Bemessungsgrundlage ist das in Betrieben der Landwirtschaft für den Betrieb von Ackerschleppern, standfesten oder beweglichen Arbeitsmaschinen und Motoren oder Sonderfahrzeugen verwendete versteuerte Gasöl. Die Verbilligung ist festgelegt als konstanter DM-Betrag pro Liter und damit unabhängig von Geldwertänderungen (vgl. Gasölverwendungsgesetz - Landwirtschaft, 1967).

2.3.2 Die Inflationsabhängigkeit der direkten Steuern in der Landwirtschaft

Die Belastung der Landwirte mit direkten Steuern 1) setzt sich zusammen aus Einkommen-, Kirchen- und Vermögensteuern und Lastenausgleichsabgaben. Hier sollen im folgenden nur die Einkommensteuer und die Lastenausgleichsabgaben behandelt werden, da die Kirchensteuer eine Satellitensteuer der Einkommensteuer ist - und deshalb keiner gesonderten Ausführungen bedarf - und die Vermögensteuer von ihrem Aufkommen her für die Landwirtschaft nur eine geringe Bedeutung hat.

Die vom Aufkommen her bedeutsamste direkte Steuer ist die Einkommensteuer. Bemessungsgrundlage der Einkommensteuer ist die Summe der im Einkommensteuergesetz aufgezählten Einkünfte. Da bei der Ermittlung der Einkünfte vom Nominalwertprinzip ausgegangen wird, sind auch bei der Ermittlung der Gewinne aus Land- und Forstwirtschaft, aus Gewerbebetrieb usw. Abschreibungen nur zu Anschaffungspreisen zugelassen. Dadurch kommt es zu inflationsbedingten Scheingewinnen, die der Einkommensteuer unterliegen. Dieses Problem ist Gegenstand der betriebswirtschaftlichen Literatur (vgl. C. THOROE, 1974, S. 143 ff), hat aber für die Landwirtschaft sehr viel weniger Bedeutung als für die gewerbliche Wirtschaft, wie im Anschluß an die allgemeinen Ausführungen zur Einkommensteuer noch gezeigt werden wird.

Außerdem ist der Einkommensteuertarif nicht proportional sondern progressiv aufgebaut. Durch zahlreiche Freibeträge 2) ist in den Einkommensteuertarif eine indirekte Progression eingebaut; dazu kommt eine direkte Steuerprogression durch eine Progressionszone, die an die Freibeträge und eine Proportionalzone anschließt. Da sowohl die Freibeträge als auch die Zonengrenzen in D-Mark festgelegt sind, werden Freibeträge und Zonenbreite durch die Inflation real verringert. Das bedeutet, daß immer mehr Bezieher mittlerer und niedriger Einkommen von der direkten Progression betroffen werden 3). Die Elastizität des nominalen Steueraufkommens in bezug auf Änderungen des Nominaleinkommens ist größer als eins 4).

Diese allgemeine Darstellung der Einkommensteuer muß ergänzt werden durch einige Sonderregelungen für die Landwirtschaft. Für den weitaus größten Teil der Landwirte erfolgt die steuerliche Ermittlung des Gewinns aus Land- und Forstwirtschaft nach Durchschnittssätzen (GDL) 5). Wichtig für die

---

1) Zu den direkten Steuern werden hier - abweichend von der volkswirtschaftlichen Gesamtrechnung - nur die direkten Steuern im engeren Sinne gezählt. Zur Abgrenzung dieser Begriffe in der volkswirtschaftlichen Gesamtrechnung (vgl. Statistisches Bundesamt, Fachserie N, 1972, S. 50 ff).

2) Allgem. Freibetrag, Kinderfreibetrag, Freibetrag für Alleinstehende, Altersfreibetrag, Arbeitnehmerfreibetrag, Freibetrag für Versorgungsbezüge, Weihnachtsfreibetrag, Freibetrag für Einkünfte aus Land- und Forstwirtschaft.

3) Hieran hat auch die Reform der Einkommensteuer 1974 im Grundsätzlichen nichts geändert. Durch die Neufestsetzung von Freibeträgen, Zonengrenzen und Einkommensteuertarif sind zwar breite Schichten - vor allem Bezieher relativ niedriger Einkommen - kurzfristig entlastet worden, die Festlegung der Freibeträge und Zonenbreiten in Nominalwerten ist aber beibehalten worden.

4) HAGEMANN hat für den Zeitraum 1955-1963 Aufkommenselastizitäten der Einkommensteuer von ca. zwei ermittelt (vgl. G. HAGEMANN, 1967, S. 120). Jüngere Untersuchungen gehen von einer Aufkommenselastizität der Lohnsteuer von zwei aus (vgl. J. KÖRNER, 1974, S. 6).

5) Rechtliche Grundlage dieser Besteuerung nach Durchschnittssätzen war zunächst die "Verordnung über die Aufstellung von Durchschnittssätzen" vom 2.6.1949. Da ein Urteil des Bundesfinanzgerichtshofs diese Verordnung wegen Verstoßes gegen den Gleichheitsgrundsatz des Grundgesetzes und wegen Unvereinbarkeit mit dem § 29 des Einkommensteuergesetzes für ungültig erklärte, trat 1965 an die Stelle der Verordnung das "Gesetz über die Ermittlung des Gewinns aus Land- und Forstwirtschaft nach Durchschnittssätzen" (vgl. Gesetz über die Ermittlung des Gewinns aus Land- und Forstwirtschaft nach Durchschnittssätzen, 1965).

inflationsbedingte Änderung des Steueraufkommens ist, daß durch die Orientierung der Gewinnermittlung am Einheitswert gesetzmäßig eine Aufkommenselastizität der nach Durchschnittssätzen ermittelten Einkommensteuer von Null festgelegt ist. Außerdem sind die Durchschnittssätze für die Gewinnermittlung so niedrig festgelegt, daß der überwiegende Teil der Landwirte wegen "Geringfügigkeit der Einkünfte" überhaupt nicht zur Einkommensteuer veranlagt wird (Tabelle 6).

Tabelle 6: Steuerpflichtige mit Einkünften aus Land- und Forstwirtschaft nach Art ihrer Veranlagung und Zahl der landwirtschaftlichen Betriebe

Jahr	Steuerpflichtige					Zahl der landwirtschaftlichen Betriebe in 1000
	insgesamt in 1000	in v.H.			insgesamt	
		mit Veranlagung nach				
		Buchführung	Durchschnittssätze (GDL) (VOL)	Schätzung		
1954	719,6	7,7	85,0	7,3	100,0	1815,9 b)
1965	171,1 a)	25,0	52,1	22,9	100,0	1451,6
1968	218,2 a)	20,8	53,2	26,0	100,0	1376,8

a) Ohne Steuerpflichtige mit Einkünften aus Land- und Forstwirtschaft, aber mit Einkünften überwiegend aus selbständiger Arbeit.
b) 1955.

Quelle: Wirtschaft und Statistik, 1959, S. 35; Statistisches Bundesamt, Fachserie L, 1965, S. 19; 1968, S. 13; Agrarbericht, 1958, S. 16; 1967, S. 38; 1969, S. 22.

Sehr viel bedeutsamer als die tatsächliche inflationsbedingte reale Entlastung bei der Einkommensteuer bei den veranlagten GDL-Landwirten ist die Zunahme der Begünstigung der Landwirtschaft bei der Einkommensteuer gegenüber anderen Wirtschaftsgruppen. Da Angaben über das Ausmaß der durch das GDL bedingten Steuerersparnis der Landwirtschaft nicht vorliegen 1), soll hier versucht werden, einen Einblick in die Größenordnung dieser Steuerersparnis zu geben. Legte man den durchschnittlichen Lohnsteuersatz auf die Wertschöpfung der Landwirtschaft, so ergäbe sich z.B. für das Wirtschaftsjahr 1972/73 eine Einkommensteuerbelastung der Landwirtschaft von ca. 2,6 Mrd DM 2). Dieser fiktiven Steuerbelastung steht für 1972/73 ein geschätztes tatsächliches Einkommensteueraufkommen der Landwirte von 175 Mill DM gegenüber (vgl. Agrarbericht, 1974, S. 208). Diese enorme Begünstigung der Landwirtschaft gegenüber anderen Wirtschaftsgruppen nimmt inflationsbedingt stark zu. Bei einer Steuervergünstigung von 2,4 Mrd DM ergäbe sich bei einer Aufkommenselastizität von zwei eine zusätzliche Steuervergünstigung pro Prozentpunkt Inflation von 48 Mill DM. Die inflationsbedingte Minderung der realen Steuerlast bei den veranlagten GDL-Landwirten ist dabei noch nicht einmal berücksichtigt.

Aus der unterschiedlichen Veranlagung der Landwirte zur Einkommensteuer resultieren sehr große

---

1) In den Subventionsberichten der Bundesregierung werden zwar Steuermindereinnahmen ausgewiesen, sie beziehen sich aber nur auf die Begünstigung der veranlagten, nicht buchführenden Land- und Forstwirte durch das GDL. Die Steuermindereinnahmen werden für die Jahre 1969 und 1970 mit 600 Mill DM, für 1971 mit 610 Mill DM und für 1972 mit 620 Mill DM ausgewiesen.

2) Der durchschnittliche Lohnsteuersatz betrug 1972 ca. 13 % und die Wertschöpfung der Landwirtschaft 1972/73 ca. 20 Mrd DM. Die hier durchgeführte Abschätzung der Steuerbegünstigung dürfte eher zu niedrig als zu hoch liegen, wenn man berücksichtigt, daß die Haushaltseinkommen der Landwirte über denen der Lohneinkommensbezieher liegen und daß die Streuung der Haushaltseinkommen der Landwirte sehr groß ist (vgl. dazu Agrarbericht, 1973, S. 27; C. THOROE, 1975).

inflationsbedingte Veränderungen der Brutto-Nettoeinkommensrelationen innerhalb der Landwirtschaft. Wie aus Tabelle 6 ersichtlich, wird nur ein sehr kleiner Teil der Landwirte nach Buchführungsergebnissen veranlagt. Nur diese Gruppe wird von den bei den allgemeinen Ausführungen zur Einkommensteuer behandelten Problemen betroffen: inflationsbedingte Scheingewinne wegen Abschreibung zum Anschaffungswert und inflationsbedingte Zunahme der Steuerprogression. Für den weitaus größten Teil der Landwirte bringt die Inflation im Rahmen der Einkommensteuer zunehmende Begünstigungen oder auch reale Entlastungen, soweit sie nach GDL tatsächlich veranlagt werden.

Bei den Lastenausgleichsabgaben ist die Abgabeschuld zu dem Stichtag 21.6.1948 in DM festgelegt worden, und auch die Verzinsung wird Geldwertänderungen nicht angepaßt. Der Realwert von Tilgungs- und Zinsleistungen der Lastenausgleichsabgaben sinkt um den vollen Satz der Inflation. Die Elastizität der nominalen Lastenausgleichsabgaben in bezug auf allgemeine Geldwertänderungen ist Null, woraus beträchtliche reale Minderbelastungen der Landwirtschaft resultieren.

Insgesamt läßt sich sagen, daß für die Landwirtschaft - anders als für die Mehrzahl der anderen Wirtschaftsgruppen - der inflationsbedingte Anstieg der realen Steuerbelastung aus direkten Steuern nicht stattgefunden hat; im Gegenteil, das reale Aufkommen der Landwirtschaft aus direkten Steuern ist deutlich zurückgegangen (Tabelle 7). Dies hat dazu geführt, daß sich die Brutto-Nettoeinkommensrelation von Landwirten und von Nichtlandwirten, aber auch innerhalb der Gruppe der Landwirte, insbesondere zwischen den Landwirten, die zur Einkommensteuer nach Buchführungsergebnissen veranlagt werden und denen, die nicht veranlagt werden, in zunehmendem Maße auseinander entwickelt hat. Diesem Umstand wurde bei der Einkommensanalyse bisher wenig Beachtung geschenkt.

Tabelle 7: Das Steueraufkommen der Landwirte aus privaten Steuern in der BRD

Wirt-schafts-jahr	in Mill DM					in Werten von 1971 (Mill DM)				
	ins-ges.	Eink.steuer	Kir-chen-steuer	Lasten-ausgl.	Verm.steuer	ins-ges.	Eink.steuer	Kir-chen-steuer	Lasten-ausgl.	Verm.steuer
1962/63	320	132	13	173	2	451	186	18	244	3
1965/66	411	238	24	147	2	526	305	31	188	3
1968/69	306	150	15	139	2	364	179	18	165	2
1969/70	319	167	17	133	2	367	192	20	153	2
1970/71	312	162	16	132	2	337	175	17	143	2
1971/72	322	174	17	129	2	322	174	17	129	2
1972/73	316	175	17	122	2	297	165	16	115	2

Quelle: Agrarbericht, 1974, S. 208 und eigene Berechnungen.

2.3.3 Die Inflationsabhängigkeit der sozialen Sicherungssysteme in der Landwirtschaft

Die soziale Sicherung der Landwirtschaft wird getragen durch sektorspezifische Unfall-, Renten- und Krankenversicherungen. Würde nach in der allgemeinen sozialen Sicherung gängigem Grundsatz verfahren, daß die laufenden Leistungen durch laufende Beiträge finanziert werden, so würden sich für die Landwirtschaft als Ganzes keine inflationsbedingten Einkommensänderungen durch die Einbeziehung der sozialen Sicherungssysteme ergeben, wenn man von den durch die Einkommensumverteilung bedingten Veränderungen des Steueraufkommens und von dem Verwaltungsaufwand absieht. Leistungsempfänger und Beitragszahler gehören zum Sektor Landwirtschaft, und damit würde nicht das Sektoreinkommen insgesamt, sondern nur seine Verteilung durch die soziale Sicherung beeinflußt. Die sozialen Sicherungssysteme der Landwirtschaft sind aber durch eine Reihe von Besonderheiten gekennzeichnet. Die sektorspezifische Organisation der Versicherungsträger trägt zwar dem speziellen Risiko der Landwirtschaft bezüglich Unfall, Krankheit usw. Rechnung, durch die strukturelle Änderung im Wachstumsprozeß entwickelt sich aber das Verhältnis zwischen Leistungsempfängern und Beitragszahlern in der Landwirtschaft im Vergleich zur Gesamtwirtschaft ungünstig. Die Belastung, insbesondere bei den Renten, die aus früheren Perioden resultiert, würde auf immer weniger Beitragszahler umgelegt. Um diese Folgen des Strukturwandels nicht der Landwirtschaft aufzubürden, wird ein Teil der Lasten der landwirtschaftlichen sozialen Sicherungssysteme durch Bundeszuschüsse abgedeckt. In den letzten Jahren sind diese Bundeszuschüsse erheblich aufgestockt worden und über das durch den strukturellen Wandel bedingte Ausmaß hinausgewachsen. Sie stellen inzwischen eine echte Einkommensübertragung zugunsten der Landwirtschaft dar. Inflationsbedingte Änderungen dieser Zuschüsse lassen sich nicht bestimmen, da diese bis zum Jahre 1974 durch das jeweilige Haushaltsgesetz jährlich neu festgesetzt wurden. Erst seit 1974 ist ein Teil dieser Beträge, der Bundeszuschuß zur landwirtschaftlichen Altershilfe, als fester Anteil an der Summe der Altersgeldaufwendungen gesetzlich festgelegt (vgl. C. THOROE, 1974, S. 178 ff).

Wenn auch die Frage nach der Inflationsabhängigkeit der Leistungen der sozialen Sicherungssysteme für die Landwirtschaft insgesamt nicht sehr bedeutsam ist, so ist doch zu bedenken, daß sie für die Gruppe der Leistungsempfänger von zentraler Bedeutung sein kann, vor allem, wenn Leistungen nominal festgelegt werden. Die Rentenleistungen der landwirtschaftlichen Unfallversicherung sind seit der Neuregelung der Unfallversicherung im Jahre 1963 (vgl. Übersicht über die soziale Sicherung, 1970, S. 155) dynamisiert 1). Die Dynamisierung der Rentenleistungen der landwirtschaftlichen Alterskasse erfolgt erst seit 1975. Bis dahin war das landwirtschaftliche Altersgeld und auch die Landabgaberente in festen D-Mark-Beträgen durch das Gesetz über eine Altershilfe für Landwirte festgelegt. Eine Anpassung dieser Beträge an die wirtschaftliche Entwicklung bedurfte einer Novellierung dieses Gesetzes. Durch die Dynamisierung ist nun eine Anpassung der Renten an inflationäre Entwicklungen - wenn auch mit einem time-lag - gewährleistet, soweit sich die Inflation in entsprechenden Veränderungen der durchschnittlichen nominalen Bruttolohn- und -gehaltssumme niederschlägt.

3 Die Inflationsabhängigkeit von Zinsbelastungen und Fremdkapitalbelastung

Neben den staatlichen verteilungspolitischen Maßnahmen sind für die redistributiven Inflationswirkungen besonders die Zinsleistungen von Bedeutung. Erstens ist die Landwirtschaft in hohem Maße Nettoschuldner (Tabelle 8) und zweitens werden Wertsicherungsklauseln bezüglich der Kreditsumme in der Bundesrepublik nicht genehmigt, so daß inflationsbedingte Minderungen der realen Kreditsumme nur über den Zinssatz berücksichtigt werden können. Die Entwicklung des durchschnittlichen Zinssatzes für das Fremdkapital der Landwirtschaft (Tabelle 9) zeigt, daß der Anstieg der durchschnittlichen Zinsbelastung in Zeiten starker Geldentwertung nicht annähernd dem Anstieg der Inflationsrate folgt; es kam also zu einer Kaufkraftumverteilung von Geldgläubigern zu Geldschuldnern (vgl. M. ZIERCKE, 1970, S. 95 - 153) und damit zu einer Umverteilung zugunsten der Landwirtschaft.

---

1) Die Rentenleistungen werden den Veränderungen der durchschnittlichen Bruttolohn- und -gehaltssumme angepaßt. Unter der realistischen Annahme, daß die Lohnentwicklung nicht unabhängig von der Preisentwicklung ist, wird also die Höhe der Renten der allgemeinen Preisentwicklung angepaßt. Wenn der inflationsbedingte durchschnittliche Bruttolohnanstieg der Geldentwertung entspricht, ergibt sich keine inflationsbedingte Änderung der Rentenleistungen. Da aber die Anpassung nicht an den durchschnittlichen Bruttolohnanstieg des gleichen Jahres, sondern mit einer zeitlichen Verzögerung von zwei Jahren erfolgt, kann sich hieraus insbesondere bei ansteigenden oder absinkenden Geldwertänderungen eine nicht unerhebliche kurzfristige inflationsbedingte reale Änderung der Rentenleistungen ergeben, genau wie bei den Renten der allgemeinen Rentenversicherung (vgl. Übersicht über die soziale Sicherung, 1970, S. 77 und 155; M. ZIERCKE, 1970, S. 40 ff).

Tabelle 8: Die Fremdkapitalbelastung der Landwirtschaft in der BRD

Jahr	Fremdkapital in Mill. DM		Fremdkapital in Mill. DM von 1971		Inflationsbedingte Realschuldenminderung (Fremdkapital in DM x Inflationsrate)				Veränderung der Verschuldg. in DM v. 1971	
					in Mill. DM		in Mill. DM v. 1971			
	insgesamt	ohne Renten- u. Alteneils- lasten – Gut- haben (Netto- verschuldung)	insgesamt	Nettover- schuldung	Fremd- kapital insges.	Netto- ver- schul- dung	Fremd- kapital insges.	Netto- ver- schul- dung	insgesamt	Netto- ver- schuldung
1950	3.712	.	7.647	.	.	.	.	.		
1960	11.981	7.957	18.331	12.174	288	191	441	292		
1965	19.082	12.429	24.425	15.909	687	447	879	572		
1966	21.159	14.635	26.237	18.147	762	527	945	653	1.812	2.238
1967	23.420	15.852	28.807	19.498	281	190	346	234	2.570	1.351
1968	25.874	18.212	30.790	21.672	724	510	862	607	1.983	2.174
1969	27.775	19.056	31.941	21.914	889	610	1.022	702	1.151	242
1970	29.692	19.923	32.067	21.517	2.138	1.434	2.309	1.549	126	– 397
1971	30.925	21.192	30.925	21.192	2.412	1.624	2.412	1.624	–1.142	– 325
1972	31.699	20.825	29.769	19.576	1.963	1.291	1.845	1.214	–1.158	–1.616
1973	32.740	21.451	29.466	19.306	1.604	1.051	1.444	946	– 303	– 270

Quelle: C. THOROE, 1974, S. 241.

Tabelle 9: Durchschnittlicher Zinssatz für das Fremdkapital der Landwirtschaft, Zinssatz für Kontokorrentkredite und Inflationsrate in der BRD

Wirt-schafts-jahr	Zinssatz für Fremdkapital der Landwirtschaft (durchschnittliche Zinsbelastung)		Inflations-rate	Zinssatz für Kontokorrent-kredite
	Nominalzins in %	Realzins in % (Nominal-zins ./. Inflationsrate)		
1950/51	5,9	- 4,9	10,8	10,5
1962/63	5,6	2,5	3,1	7,5
1965/66	5,6	2,0	3,6	8,5
1968/69	6,0	2,8	3,2	7,5
1969/70	6,3	- 0,9	7,2	9,6
1970/71	6,6	- 1,2	7,8	11,4
1971/72	6,4	0,2	6,2	9,9
1972/73	6,8	1,9	4,9	9,1

Quelle: C. THOROE, 1974, S. 239.

Daß die Zinssätze für das Fremdkapital der Landwirtschaft zeitweise hinter der allgemeinen Geldentwertung zurückgeblieben sind, wird vor allem durch folgende Faktoren begründet:
- erstens folgt die allgemeine Zinsentwicklung nicht unmittelbar der allgemeinen Geldwertentwicklung (ein insbesondere für die Konjunkturpolitik bedeutsamer Tatbestand),
- zweitens folgen die Zinssätze für die bereits laufenden Kreditverträge mit den Geschäftsbanken, in denen fast immer Zinsanpassungsklauseln vereinbart sind, der Entwicklung der Eckzinssätze (Diskont- oder Lombardsatz) oft nur mit zeitlicher Verzögerung und - insbesondere bei extremen Abweichungen nach oben oder unten - nicht in vollem Umfang,
- drittens erfolgt im Realkreditgeschäft, das gerade für das langfristige landwirtschaftliche Kreditgeschäft eine große Bedeutung hat, die Zinsanpassung im allgemeinen nur zu festgesetzten Terminen 1),
- viertens wird ein sehr großer Teil der Darlehen der Landwirtschaft zinsverbilligt. Durch die bereits erwähnte Anhebung des Verbilligungssatzes wurde ein Teil der nominalen Zinssatzsteigerungen aufgefangen,
- fünftens spielen öffentliche Darlehen im Kreditgeschäft der Landwirtschaft eine bedeutsame Rolle 2). Die öffentlichen Darlehen sind mit einem festen Zinssatz (1 %, vgl. Richtlinien für die Förderung von einzelbetrieblichen Investitionen, 1972) zu verzinsen, so daß die nominalen Zinsleistungen für die öffentlichen Darlehen keinen inflationsbedingten Veränderungen unterliegen.

Das Zurückbleiben der Zinsentwicklung hinter der allgemeinen Geldwertentwicklung hat zu beträchtlichen realen Schuldenentlastungen der Landwirtschaft geführt (Tabelle 9). Bei einer Nettoverschuldung der Landwirtschaft von 20 Mrd DM bedeutet jeder Prozentpunkt Inflation, der nicht in einem entsprechenden Anstieg des Nominalzinssatzes seinen Niederschlag findet, eine Minderung der realen Nettoverschuldung von 200 Mill DM.

---

1) Da von den Realkreditinstituten Emissionen mit einer Laufzeit, die der Laufzeit der Kredite entspricht, nicht mehr auf dem Kapitalmarkt untergebracht werden können, wurden mit dem Übergang zu kürzeren Fristen bei den Emissionen Zinsänderungsklauseln in die Kreditverträge in der Weise aufgenommen, daß zum Termin der Neuemission der Kreditzinssatz dem Kapitalmarktzins angepaßt werden kann.

2) Die öffentlichen Neudarlehen betrugen z.B. 1971 und 1972 über 200 Mill DM.

4 Zusammenfassung und Schlußfolgerungen

Die Analyse der redistributiven Inflationswirkungen auf den Gebieten der staatlichen Agrarpreispolitik, der Einkommensverteilung und der -umverteilung hat gezeigt, daß die inflationsbedingten Umverteilungen in diesen Bereichen beträchtliche Ausmaße annehmen und daß die Ursachen dieser Umverteilungen vor allem darauf beruhen, daß das Nominalwertprinzip die Grundlage der meisten ökonomischen Transaktionen in diesen Bereichen bildet.

Die starke Sensibilität des landwirtschaftlichen realen Nettoinlandsprodukts in bezug auf Änderungen der realen landwirtschaftlichen Erzeugerpreise und die Tatsache, daß die Agrarpreispolitik einen entscheidenden Einfluß auf die reale Agrarpreisentwicklung ausübt, geben zu ernsthaften Überlegungen Anlaß, wie eine automatische Anpassung der administrierten Agrarpreise an die allgemeine Geldwertentwicklung gewährleistet werden kann. Dadurch dürften Senkungen der realen administrierten Agrarpreise keinesfalls ausgeschlossen werden; sie wären dann aber durch einen politischen Beschluß als solche erkennbar und könnten nicht mehr auf dem Umweg über die Inflation betrieben werden.

Für die indirekten Steuern und Subventionen der Landwirtschaft liegt die nominale Aufkommenselastizität in bezug auf Geldwertänderungen nahe Null. Da die Subventionen die indirekten Steuern in der Landwirtschaft übersteigen, resultieren hieraus inflationsbedingte Minderungen des Realeinkommens der Landwirtschaft, ein Tatbestand, der verstärkte Beachtung bei der Diskussion um direkte Einkommensübertragungen finden sollte.

Bei den direkten Steuern zeigt sich neben den inflationsbedingten realen Entlastungen der Lastenausgleichsabgaben vor allem eine inflationsbedingt stark anwachsende Begünstigung der Landwirte gegenüber anderen Gruppen von Einkommensbeziehern bei der Einkommensteuer. Darüber hinaus ergeben sich innerhalb der Gruppe der Landwirte inflationsbedingte unterschiedliche Entwicklungen der Relation zwischen Netto- und Bruttoeinkommen je nach Art ihrer Veranlagung zur Einkommensteuer.

Bei der Analyse der Entwicklung von Zinsleistungen und Fremdkapital der Landwirtschaft zeigt sich, daß die Änderung des Zinssatzes für Fremdkapital der Landwirtschaft weit hinter den Änderungen der Inflationsrate zurückbleibt. Da die Landwirtschaft in starkem Maße Nettoschuldner ist, hat sie in den letzten Jahren sehr starke inflationsbedingte Minderungen ihrer Realschuldenlast verzeichnen können. Diese Minderungen der Realschuldenlast sind sehr viel größer als die aufgezeigten inflationsbedingten Realeinkommensminderungen insgesamt.

Es zeigt sich also, daß für die Landwirtschaft insgesamt eine generelle Abkehr vom Nominalwertprinzip zum Realwertprinzip nicht von Vorteil ist. Innerhalb der Landwirtschaft ergibt sich ein sehr viel differenzierteres Bild. Bei einzelnen Gruppen von Landwirten werden die inflationsbedingten Nachteile überwiegen, vor allem, wenn sie aufgrund von Buchführungsergebnissen zur Einkommensteuer veranlagt werden oder wenig zinsgünstiges Fremdkapital aufgenommen haben. Die "institutionalisierte Geldillusion" bringt der Landwirtschaft insgesamt in den Bereichen Einkommensverteilung und -umverteilung aber beträchtliche Vorteile.

Literatur

1. BACH, G.L. and ANDO, A.: The Redistributional Effects of Inflation. "The Review of Economics and Statistics", Vol. 39 (1957) S. 1 - 13.

2. Bauernverbände fordern "Aktualisierung" der Agrarpreise, "Agra-Europe" 29/74, Europa-Nachrichten, S. 15 ff.

3. Bericht der Bundesregierung über die Lage der Landwirtschaft gemäß § 4 des Landwirtschaftsgesetzes (Grüner Bericht bzw. Agrarbericht), verschiedene Jahrgänge
   Jg. 1958, Bonn, München, Wien 1958
   Jg. 1967, Bundestagsdrucksache V/1400
   Jg. 1969, Bundestagsdrucksache V/3810
   Jg. 1972, Bundestagsdrucksache VI/3090
   Jg. 1973, Bundestagsdrucksache 7/146
   Jg. 1974, Materialband, Bundestagsdrucksache 7/1651
   Jg. 1975.

4. BRANDES, W.: Inflation - Konsequenzen für den einzelnen Landwirt. Vorträge auf der DLG-Wintertagung am 16. u. 17. Januar 1974 in Wiesbaden, Archiv der DLG, Bd. 54, Frankfurt/M. 1974, S. 79 - 96.

5. DERS.: Investitions- und Finanzierungsprobleme landwirtschaftlicher Betriebe bei stärkerer Inflation. "Deutsche Landwirtschaftliche Presse", 9/73, 10/73, 11/73 u. 12/73.

6. BRANDOW, G.E.: The Distribution Among Agricultural Producers, Commodities and Resources of Gains and Losses from Inflation in the Nation's Economy, Paper presented at annual meeting of AAEA, August 12th, 1971, Carbandale, Ill. 1971.

7. BRONFENBRENNER, M. and HOLZMANN, F.D.: Survey of Inflation Theory. "The American Economic Review", Vol. 80 (1963), S. 593 - 661.

8. Der Währungsausgleich - Grundzüge und Verrechnungsmodus von H. HÖFER, "Agra-Europe", 22/74, Sonderbeilage S. 1 - 8.

9. Gesetz über den Ausgleich für Folgen der Aufwertung der Deutschen Mark auf dem Gebiet der Landwirtschaft (Aufwertungsausgleichsgesetz) vom 23. Dezember 1969, BGBL. I, S. 2381.

10. Gesetz über die Ermittlung des Gewinns aus Land- und Forstwirtschaft nach Durchschnittssätzen (GDL) vom 15. Sept. 1965, BGBL. I, S. 1350.

11. Gesetz über die Verwendung von Gasöl durch Betriebe der Landwirtschaft (Gasöl-Verwendungsgesetz-Landwirtschaft) vom 22. Dez. 1967, BGBL. I, S. 1339.

12. GIERSCH, H.: Indexklauseln und Inflationsbekämpfung. Kieler Diskussionsbeiträge Nr. 32, Institut für Weltwirtschaft Kiel, Oktober 1973.

13. HAGEMANN, G.: Aufkommenselastizität ausgewählter Steuern in der Bundesrepublik Deutschland 1955 - 1963, Diss. Kiel 1967.

14. HEIDHUES, T. und TANGERMANN, S.: Der Einfluß von wirtschaftlichem Wachstum, Inflation und Währungspolitik auf die Landwirtschaft unter EWG-Bedingungen. "Agrarwirtschaft", 21. Jg. (1972), S. 173 - 182.

15. HENZE, A.: Inflationsursachen und gesamtwirtschaftlich-strukturelle sowie agrarsektorale Inflationswirkungen. "Berichte über Landwirtschaft", N.F. Bd. 52 (1974), S. 81 - 102.

16. HESSE, H.: Zur inflationären Preisentwicklung. "Agrarwirtschaft", 22. Jg. (1973), S. 269 - 277.

17 JAHR, G.: Implikationen eines anhaltenden Geldwertschwundes in der Rechtsordnung der Bundesrepublik Deutschland. Kurzfassung eines Gutachtens im Auftrage des Sachverständigenrates. In: Jahresgutachten 1966 des Sachverständigenrates zur Begutachtung der gesamtwirtschaftlichen Entwicklung, Bundestagsdrucksache V/160, S. 178 - 186.

18 Jahreswirtschaftsberichte der Bundesregierung, verschiedene Jahrgänge
    Jg. 1968, Bundestagsdrucksache V/2511
    Jg. 1969, Bundestagsdrucksache V/3786
    Jg. 1970, Bundestagsdrucksache VI/281
    Jg. 1971, Bundestagsdrucksache VI/1760
    Jg. 1972, Bundestagsdrucksache VI/3078
    Jg. 1973, Bundestagsdrucksache 7/225
    Jg. 1974, Bundestagsdrucksache 7/1646
    Jg. 1975, Bundestagsdrucksache 7/3197.

19 KOBLITZ, H.G.: Einkommensverteilung und Inflation in kurzfristiger Analyse. Berlin, New York 1971.

20 KÖRNER, J.: Höchste Steuerquote seit Bestehen der Bundesrepublik, Ifo. Schnelldienst, 27. Jg. (1974), Nr. 6.

21 KOLMS, H.: Finanzwissenschaft Bd. II, Erwerbseinkünfte, Gebühren und Beiträge, Allgem. Steuerlehre, 3. Aufl., Berlin 1966.

22 PFLEIDERER, O.: Der Sinn des Nominalprinzips und seine Bedeutung für das Rechts- und Wirtschaftsleben. In: Das Inflationsproblem heute - Stabilisierung oder Anpassung. Bericht über den wissenschaftl. Teil der 37. Mitgliederversammlung der Arbeitsgemeinschaft deutscher wirtschaftswissenschaftlicher Forschungsinstitute e.V. in Bonn-Bad Godesberg am 9. und 10. Mai 1974, Beihefte zur Konjunkturpolitik, Heft 21, Berlin 1974, S. 78 - 96.

23 Richtlinien für eine Förderung von einzelbetrieblichen Investitionen in der Land- und Forstwirtschaft vom 1.1.1971 mit Änderungen vom 3./18.5.1972, Min. Bl. BML 1972.

24 SCHEPER, W.: Inflation - Erscheinungsform und Folgen für die Volkswirtschaft. Vorträge auf der DLG-Wintertagung am 16. und 17. Jan. 1974 in Wiesbaden, Archiv der DLG, Bd. 54, Frankfurt/Main 1974, S. 61 - 77.

25 Statistisches Bundesamt: Fachserie L, Finanzen und Steuern, Reihe 6, Einkommen- und Vermögenssteuern. I. Einkommen- und Körperschaftssteuerstatistik (Ergebnisse der Einkommen- und Körperschaftssteuerstatistik) 1965, 1968.

26 Dass.: Fachserie N, Volkswirtschaftliche Gesamtrechnungen, Reihe 1, Konten und Standardtabellen, Jg. 1972.

27 TANGERMANN, S. and HEIDHUES, T.: Inflation and Agriculture in the EEC. "European Review of Agricultural Economics", Vol. 1 (1973), S. 127 - 149.

28 THOROE, C.: Inflation und sektorale Einkommensverteilung unter besonderer Berücksichtigung der Landwirtschaft, Diss. Kiel 1974.

29 DERS.: Zur Einkommenslage der Landwirtschaft in der BRD. "Agrarwirtschaft", 24. Jg. (1975), S. 157 - 163.

30 TWEETEN, L. and QUANCE, L.: The Impact of Input Price Inflation on the United States Farming Industry. "Canadian Journal of Agricultural Economics", Vol. 19 (1971), S. 35 - 49.

31 Übersicht über die soziale Sicherung. Hrsg.: Der Bundesminister für Arbeit und Sozialordnung, 8. Aufl., Bonn 1970.

32 Was bringen die Agrarbeschlüsse? "Agra-Europe", 41/74, Europa-Nachrichten, S. 3 ff.
33 "Wirtschaft und Statistik". Hrsg. vom Statistischen Bundesamt, Jg. 1959.
34 ZIERCKE, M.: Die redistributiven Wirkungen von Inflationen. Göttingen 1970.

ALLGEMEINE PREISSTEIGERUNG UND AGRARPOLITIK (Korreferat)

von

Helmut Scholz, Bonn

1	Inflation und wirtschaftliche Entwicklung	227
2	Wirkungen der Inflation auf die Landwirtschaft	228
3	Möglichkeiten der Bekämpfung der Inflation	229

1 Inflation und wirtschaftliche Entwicklung

Karl Schiller hatte als amtierender Wirtschaftsminister der Bundesrepublik 1970 anläßlich der Jahresversammlung der Gouverneure des Internationalen Währungsfonds und der Weltbank in Kopenhagen gewarnt: "Inflation ist wie ein Rauschgift. Für eine Weile versetzt es uns in Hochstimmung, verklärt die Welt und hilft uns, unsere Probleme zu vergessen. Aber das Erwachen erfolgt unweigerlich. Dann wird klar, daß die Reise keine Probleme gelöst, sondern sogar noch weitere geschaffen hat: Energien wurden vergeudet, Fehlanpassungen in der Wirtschaftsstruktur zeigen sich, ein allgemeiner Zusammenbruch rückt in den Bereich des Möglichen. Inflation bedeutet soziale Ungerechtigkeit. Sie bewirkt unerwünschte Vermögensverschiebungen von den wirtschaftlich schwächeren auf die wirtschaftlich stärkeren Teile der Bevölkerung."

Als Schiller seine Warnung aussprach, betrug die Inflationsrate in der Bundesrepublik "nur" 3,4 %.

Aber PETER BAMM hatte wohl recht, als er meinte: Zelte von Propheten stehen in der Wüste (P. BAMM, 1974, S. 264).

Zur Zeit findet nun die Entziehungskur statt. Die Rückfallgefahr ist aber groß. Das bringt auch F.A. von HAYEK in seinen zwölf Thesen zur Inflationsbekämpfung zum Ausdruck (F.A. von HAYEK, 1974).

Die im Inland erzeugte allgemeine Preissteigerung wird durch einen Überschuß der gesamtwirtschaftlichen monetären Nachfrage über das gesamtwirtschaftliche Güterangebot verursacht.

Über die Entstehung des Überschusses sind sich Fiskalisten und Monetaristen nicht einig. Aufgrund der jüngsten Entwicklungen in mehreren Ländern - Preissteigerungen trotz Arbeitslosigkeit - werden als preisniveautreibende Kraft vor allem die hohen Einkommensansprüche der sozialen Gruppen angesehen (F. NEUMARK, 1975; A. HENZE, 1974, S. 98; C. THOROE, 1974, S. 59 f).

Stark vereinfacht: Es kann eben nicht mehr Kuchen gegessen werden, als gebacken worden ist (H. ROEPER, 1975).

GIERSCH stellt in diesem Zusammenhang fest: "Wer zuviel fordert im Vergleich zu dem, was er leistet, drängt sich selber aus dem Markt. ... Wo der Lohn im Verhältnis zur Produktivität angemessen ist, sind die Arbeitsplätze sicher, und wo der Lohn im Vergleich zur Produktivität zu hoch ist, gibt es Personaleinsparungen, Kurzarbeit, Entlassungen und Zusammenbrüche" (H. GIERSCH, 1974).

2 Wirkungen der Inflation auf die Landwirtschaft

a) Der notwendige Strukturwandel der Landwirtschaft wird gebremst. Die Zahl der Erwerbstätigen in der Landwirtschaft der Bundesrepublik ging 1974 nur um 3 % gegenüber dem Vorjahr zurück. Im Durchschnitt der Jahre 1964 bis 1974 waren es jährlich 4,5 %. Die Erwerbstätigen, die aus dem landwirtschaftlichen Produktionsprozeß wegen fehlender außerlandwirtschaftlicher Beschäftigungsmöglichkeiten nicht ausscheiden können, tragen durch ihre Produktionsleistung zur weiteren Überschußproduktion bei. Auch von der Nachfrageseite wird infolge von Arbeitslosigkeit und Kurzarbeit das partielle Überschußproblem bei Nahrungsgütern verschärft.

Investitionen, die man im Betrieb eigentlich nicht mehr vornehmen wollte, weil der landwirtschaftliche Betrieb extensiviert, verkleinert oder ganz aufgegeben werden sollte, werden nun doch vorgenommen.

b) Die Inflationstendenzen sind in den EWG-Mitgliedsstaaten sehr unterschiedlich. Auf- und Abwertungen der Währungen in den Mitgliedsstaaten sind erfolgt. Die gemeinsame EWG-Agrarpolitik, insbesondere die jährliche Festsetzung gemeinsamer Richt- und Interventionspreise für Agrargüter, wird immer problematischer.

c) Eine Zusammenfassung der inflationsbedingten Wirkungen auf die Landwirtschaft ergibt:

Vorteile:

- Sowohl bei den Betriebssteuern (Grundsteuer, Kraftfahrzeugsteuer usw.) als auch bei den direkten Steuern (Einkommensteuer, Lastenausgleichsabgabe usw.) tritt per Saldo eine reale Abgabeentlastung für die Landwirtschaft ein 1). Das Einkommen wird in der Mehrzahl der landwirtschaftlichen Betriebe nach Durchschnittssätzen geschätzt, die sich überwiegend am Einheitswert und an der Arbeitsleistung orientieren 2). Allerdings erfolgt hier eine Anpassung in Stufen (z.B. beim Übergang vom GDL zum § 13a EStG); eine zu große Abweichung der wirklichen Gewinne von den Durchschnittsgewinnen wirft verfassungsmäßige Bedenken auf.

Bezüglich der Grundsteuer ist anzumerken, daß über die Hebesätze indirekt die reale Abgabeentlastung, die sich aufgrund der Einheitsbewertung als Bemessungsgrundlage ergibt, von den Gemeinden mit Zustimmung der Länder wieder aufgehoben werden kann.

- Die Landwirtschaft ist Netto-Schuldner. Die Rückzahlung der Kredite wird wegen des "Mark gleich Mark Prinzips" im Laufe der Zeit leichter.

Nachteile:

- Der reale Wert einer in einer bestimmten Höhe festgesetzten Subvention - ausgedrückt in DM - sinkt ab. Ein Ausgleich des inflationsbedingten Rückgangs bedarf einer neuen politischen Entscheidung.

- Da die Richt- und Interventionspreise für Agrargüter in der EWG vom EG-Ministerrat im voraus

---

1) Die Deich- und Siellasten werden kostendeckend festgelegt. Die Landwirtschaftskammer-Abgabe folgt der allgemeinen Kostenentwicklung.

2) Die Besteuerung nach Durchschnittssätzen führt zu Ungerechtigkeiten. Vorschläge, die diese Ungerechtigkeiten abbauen und gleichzeitig die Höhe der Besteuerung der Landwirtschaft in den anderen EWG-Mitgliedsstaaten berücksichtigen, wurden bislang von der Finanzverwaltung nicht akzeptiert.

festgelegt werden, müßte u.a. auch die zukünftige Entwicklung der allgemeinen Preissteigerungen in die Überlegungen einbezogen werden. Die EG-Kommission geht aber bei ihren Vorschlägen von der Entwicklung in den beiden letzten Jahren aus - ein Nachteil bei steigenden Inflationsraten. In diesem Zusammenhang könnte die Meinung vertreten werden, daß diese Entwicklung aus der Sicht der Überschußproduktion günstig wäre. Bei dieser Betrachtung wird aber übersehen, daß ein inflationsbedingter Rückgang des realen administrierten Agrarpreisniveaus keine Änderungen der Agrarpreisrelationen untereinander ergibt. Hier aber liegen gerade die Probleme der partiellen Überproduktion.

- Da die Abschreibungen nur zu Anschaffungspreisen zugelassen sind, ergeben sich Scheingewinne. Dieser Nachteil gilt direkt aber nur für rd. 40 000 Landwirte 1) in der Bundesrepublik, deren Einkommen anhand von Buchführungsergebnissen ermittelt werden.

d) Faßt man die inflationsbedingten Vor- und Nachteile zusammen und stellt sie in den allgemeinen volkswirtschaftlichen Rahmen, wie das THOROE versucht hat (C. THOROE, 1974, S. 194), so ergibt sich für die Wirtschafts- und Agrarpolitik: Die reale Entlohnung der Produktionsfaktoren Arbeit und Kapital nimmt in expandierenden Wirtschaftsbereichen schneller zu als in schrumpfenden Bereichen. Die Landwirtschaft gehört bekanntlich zu den schrumpfenden Bereichen. Fazit: Die Landwirte und die Agrarpolitiker sollten die Wirtschaftspolitiker unterstützen, die die Inflation bekämpfen.

3   Möglichkeiten der Bekämpfung der Inflation

GÜNTER SCHMÖLDERS (G. SCMÖLDERS, 1975) stellt fest:
Die jüngste Entwicklung ergibt, daß das Rezept von KEYNES: Aufrechterhaltung der Vollbeschäftigung durch Ausweitung der Staatsausgaben, auch durch kräftige Kreditaufnahmen des Staates nicht die erhoffte Wirkung zeigt. "Arbeitslosigkeit und Inflation sind eben nicht zwei miteinander austauschbare Übel, zwischen denen die Wirtschaftspolitik wählen kann."

Man erinnert sich wieder an von HAYEK, den Gegenspieler von KEYNES. Von HAYEK sieht die Unvermeidbarkeit eines schmerzlichen Anpassungsprozesses nach überlangen Prosperitätsperioden. Im Mittelpunkt dieses Prozesses sollten nicht so sehr der Staat und die Institutionen, sondern das individuelle Handeln des einzelnen stehen, der für seine Entscheidungen letztlich selbst verantwortlich ist.

Von den zwölf Thesen zur Inflationsbekämpfung von v. HAYEK erscheinen mir These 4, 11 und 12 besonders bemerkenswert:

(4) Die Folgen einer Bremsung der Inflation - nämlich Ansteigen der Arbeitslosigkeit - werden voraussichtlich selbst unter Politikern, die ernstlich bemüht sind, die Inflation zum Stillstand zu bringen, eine solche Panik auslösen, daß sie eine Wiederaufnahme der Inflation als das kleinere Übel betrachten werden.

(11) Das hohe und stabile Beschäftigungsniveau, das ein Hauptziel der Wirtschaftspolitik bleiben muß, ist auf die Dauer nur durch eine stetige Anpassung von Arbeitsangebot und Löhnen an die veränderliche Richtung der Nachfrage nach Arbeit zu erreichen.

(12) Eine solche Politik kann heute erfolgreich nur in Zusammenarbeit mit Gewerkschaften durchgeführt werden, die verstehen, daß Marktwirtschaft ohne Inflation der Arbeiterschaft eine

---

1) Von den rund 100 000 buchführungspflichtigen Landwirten der Bundesrepublik lassen sich 60 000 schätzen. Die Richtsätze für die Schätzlandwirte werden jährlich der Entwicklung in buchführenden Betrieben angepaßt. In diesen Richtsätzen werden die Abschreibungen auch nach dem Anschaffungswert berücksichtigt.

stärkere Steigerung der Reallöhne gegeben hat und in Zukunft zu geben verspricht, als dies irgendeine andere Wirtschaftsform könnte.

Mancher wird fragen, wie konnte es zu der wirtschaftlichen Entwicklung, die wir heute registrieren, kommen?

Hierfür gibt es vor allem drei Gründe:

1. DROR will beobachtet haben, daß das politische Verhalten auf Aufschub von Entscheidungen gerichtet ist, bis die Realität die Wahlmöglichkeiten verringert und kaum noch Alternativen offen läßt (Y. DROR, 1972, S. 385 ff).

2. LOHMAR, Mitglied des Deutschen Bundestages, SPD, meint: Lösungsvorschläge, die in den großen Verwaltungen von Staat und Wirtschaft oft mit Sorgfalt entwickelt werden, erreichen die Politiker meist nur durch den Filter derjenigen, die ihnen applaudieren (U. LOHMAR, 1975, S. 5).

3. Bundeswirtschaftsminister FRIDERICHS sagt es ganz einfach, aber deutlich: In der Bundesrepublik Deutschland ist zuviel verbraucht und zuwenig investiert worden (H. FRIDERICHS, 1974, S. 15).

Zur Lösung der Probleme werden u.a. staatliche Investitionslenkung und -kontrolle vorgeschlagen. Hier möchte ich mit Klaus Dieter Arndt antworten: "Kontrollen versprechen viel, halten wenig und bauen das vielleicht kostbarste Gut, das wir in dieser Welt haben, die größte Rarität, nämlich die Freiheit, ab" (zitiert nach H. FRIDERICHS, 1974, S. 19).

Literatur

1 BAMM, P.: Eines Menschen Zeit. Zürich 1974.

2 DROR, Y.: Die Effizienz der Regierungstechnik. Die Verwaltung, 5. Bd, 1972.

3 FRIDERICHS, H.: Mut zum Markt. Stuttgart 1974.

4 GIERSCH, H.: Krisenpunkte der Weltwirtschaft. Frankfurter Allgemeine Zeitung vom 2. Dezember 1974.

5 HAYEK, von, F.A.: Zwölf Thesen zur Inflationsbekämpfung. Frankfurter Allgemeine Zeitung vom 19. August 1974 und 10. Oktober 1974.

6 HENZE, A.: Inflationsursachen und gesamtwirtschaftlich-strukturelle sowie agrarsektorale Inflationswirkungen. Berichte über Landwirtschaft, Bd. 52, 1974, Heft 1.

7 LOHMAR, U.: Müssen die Manager die Segel streichen? Die Welt vom 26. Juli 1975.

8 NEUMARK, F.: Die Inflation trifft alle. Frankfurter Allgemeine Zeitung vom 11. Januar 1975.

9 ROEPER, H.: Die Löhne sind zu hoch. Frankfurter Allgemeine Zeitung vom 9. September 1975.

10 SCHMÖLDERS, G.: Vor einer Renaissance der neoklassischen Konjunkturtheorie? Frankfurter Allgemeine Zeitung vom 30. August 1975.

11 THOROE, C.: Inflation und sektorale Einkommensverteilung unter besonderer Berücksichtigung der Landwirtschaft. Dissertation, Kiel 1974.

MÖGLICHKEITEN UND GRENZEN EINER INTERNATIONALEN
LANDWIRTSCHAFTLICHEN STABILISIERUNGSPOLITIK 1)

von

Ludwig Debus, Hohenheim

1	Ziele der internationalen landwirtschaftlichen Stabilisierungspolitik	231
1.1	Arten von Preisschwankungen und ihre Auswirkungen auf Export- und Importländer	233
1.2	Zielsetzungen der Export- und Importländer	235
2	Bisher angewandte Stabilisierungsmaßnahmen - Wirkungsmöglichkeiten und Grenzen	237
2.1	Angebotsbeschränkungen und ergänzende Maßnahmen Instrumentarium - Wirkungsmöglichkeiten - Beeinträchtigungen der Wirksamkeit - Hindernisse für das Zustandekommen - Beschränkung des Anwendungsbereichs	238
2.2	Absatzförderung bei Substitutionskonkurrenz	244
2.3	Liefer- und Abnahmeverpflichtungen	245
2.4	Preisvereinbarungen	246
3	Maßnahmen zur Vermeidung anhaltender Knappheit Die laufende Anpassung der Zielpreise - Abnahmeverpflichtungen der Importländer zu Mindestpreisen - Die kontinuierliche Verlängerung der Abkommen	246
	Zusammenfassung	249

1 Ziele der internationalen landwirtschaftlichen Stabilisierungspolitik

Internationale landwirtschaftliche Stabilisierungspolitik ist auf die Eindämmung von Schwankungen auf den Weltagrarmärkten gerichtet, und zwar letztlich auf die Eindämmung von Preisschwankungen. Denn in den Preisen spiegeln sich die Instabilitäten sowohl des Angebots als auch der Nachfrage wider, und über die Preise werden die Interessen der Anbieter und Nachfrager am Weltmarkt zum Ausgleich gebracht. Zudem schwanken bei Agrarprodukten und anderen Rohstoffen die Weltmarktpreise in der Regel stärker als das Handelsvolumen (GATT, 1959,

---

1) Der Verfasser dankt Herrn Prof.Dr.Dr.h.c.R.Plate für Anregungen und Kritik zur vorliegenden Abhandlung.

Schaubild 1

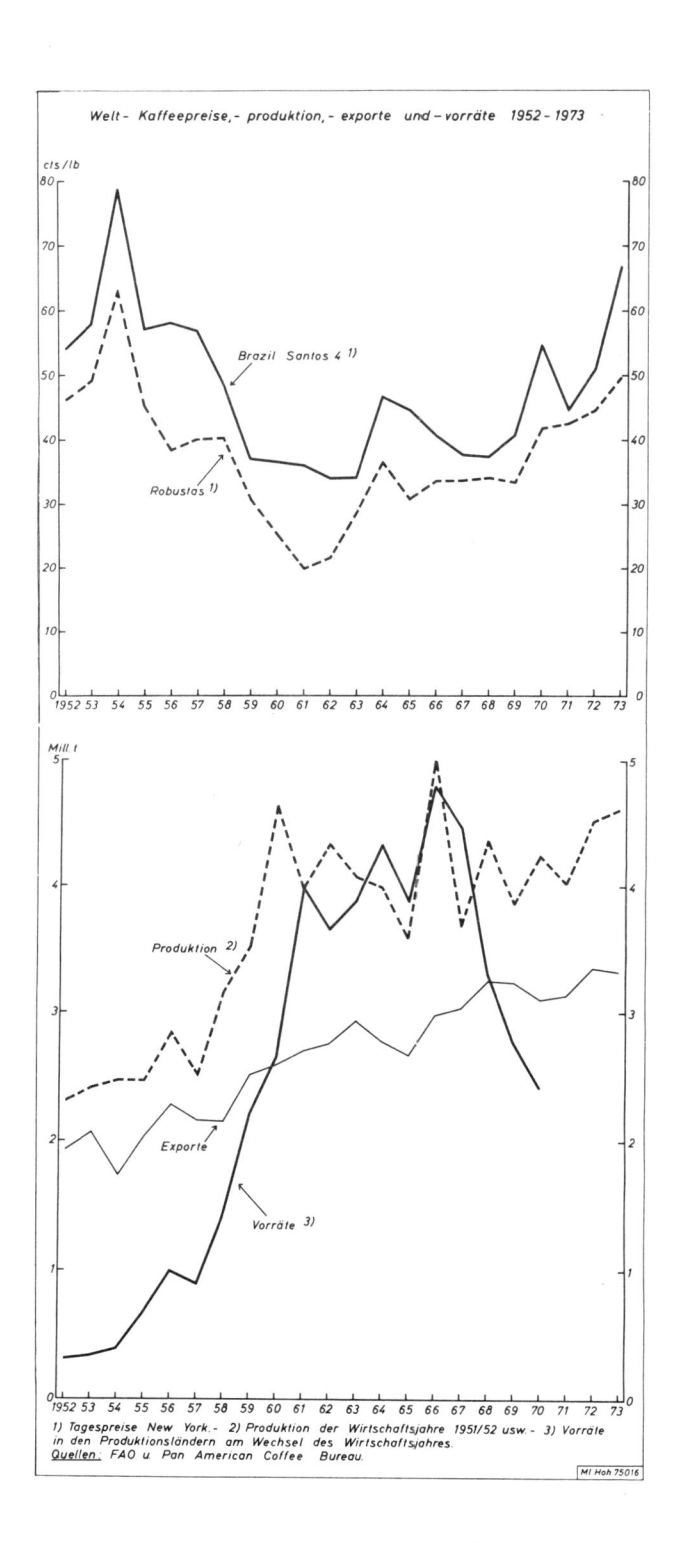

Welt- Kaffeepreise,- produktion,- exporte und -vorräte 1952-1973

Brazil Santos 4 [1]
Robustas [1]

Produktion [2]
Exporte
Vorräte [3]

[1] Tagespreise New York.- [2] Produktion der Wirtschaftsjahre 1951/52 usw.- [3] Vorräte in den Produktionsländern am Wechsel des Wirtschaftsjahres.
Quellen: FAO u. Pan American Coffee Bureau.

S. 13 und 23 f.), weil Angebot und Nachfrage auf Preisänderungen vielfach unelastisch reagieren. Es stellt sich die Frage, welche Arten von Preisschwankungen es auf den Weltagrarmärkten gibt und welche dieser Schwankungen wegen negativer Auswirkungen auf die Wirtschaft der Export- und/oder der Importländer verringert werden sollen.

1.1 Arten von Preisschwankungen und ihre Auswirkungen auf Export- und Importländer

Die auf dem Weltmarkt für ein bestimmtes Agrarprodukt beobachtete Preisentwicklung kann man gedanklich in folgende Arten von Preisschwankungen aufgliedern:

1. Schwankungen von Tag zu Tag und von Woche zu Woche, die auf Unregelmäßigkeiten in der An- und Verkaufstätigkeit der Nachfrager und Anbieter zurückzuführen sind und vielfach durch Ungewißheiten bei der Beurteilung der künftigen Marktentwicklung, also durch mangelnde Markttransparenz mitbeeinflußt werden.

2. Saisonale Schwankungen innerhalb des Wirtschaftsjahres.

3. Preisschwankungen von Jahr zu Jahr, die auf witterungsbedingten Produktionsschwankungen beruhen.

4. Preisschwankungen, die in mehrjährigen Auf- und Abwärtsbewegungen bestehen. Sie sind hauptsächlich bei tropischen Dauerkulturen und anderen Produkten zu beobachten, bei denen die Erzeugung auf Preisänderungen nur mit mehrjähriger Verzögerung reagieren kann. Die Schaubilder 1 und 2 zeigen als Beispiele die längerfristigen Markt- und Preisschwankungen bei Kaffee und Zucker und verdeutlichen, welche anhaltend extremen Preislagen dabei erreicht werden.

Schaubild 2

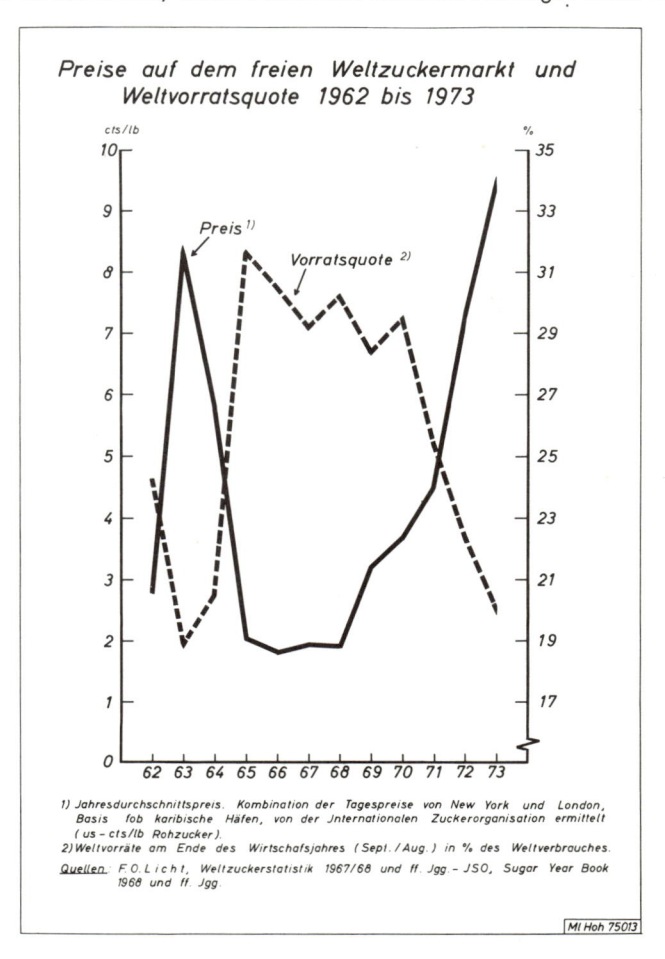

Preise auf dem freien Weltzuckermarkt und Weltvorratsquote 1962 bis 1973

1) Jahresdurchschnittspreis. Kombination der Tagespreise von New York und London, Basis fob karibische Häfen, von der Internationalen Zuckerorganisation ermittelt (us-cts/lb Rohzucker).
2) Weltvorräte am Ende des Wirtschaftsjahres (Sept./Aug.) in % des Weltverbrauches.
Quellen: F.O.Licht, Weltzuckerstatistik 1967/68 und ff. Jgg. - JSO, Sugar Year Book 1968 und ff. Jgg.

Die letztgenannte Art von Schwankungen ist in ihren Auswirkungen für Erzeuger und Verbraucher am unangenehmsten und war bisher Hauptgegenstand der internationalen Stabilisierungspolitik. Daneben gab es seit Anfang der 60er Jahre eine Reihe von Versuchen, auch den innerhalb des Jahres auftretenden Preisbewegungen zu begegnen, soweit diese auf mangelnder Markttransparenz beruhen. Dagegen bedeuten die saisonalen Preisschwankungen wegen ihrer Vorhersehbarkeit für Anbieter und Nachfrager kein Risiko; außerdem ist es fast immer unzweckmäßig, Saisonbewegungen der Preise einzudämmen (R. PLATE, 1968, S. 181). Auch die witterungsbedingten Preisschwankungen von Jahr zu Jahr wirken sich nicht so negativ für die Marktteilnehmer aus wie die mehrjährigen Schwankungen; allerdings können Rekord- oder Mißernten, die mehrere wichtige Produktionsgebiete gleichzeitig treffen, die Folgen längerfristiger Schwankungen verschärfen.

Die Schäden, die mehrere Jahre lang anhaltende Preis- und Erlösrückgänge oder -tiefstände den Exportländern und den dortigen Erzeugern eines bestimmten Produkts zufügen, sind größer als die Nachteile, die die Importländer und die dortigen Verbraucher durch anhaltende Preishaussen haben. Das liegt daran, daß bei vielen Ländern, die Agrarprodukte und andere Rohstoffe exportieren, die Exporterlöse aus einem einzigen oder einigen wenigen Erzeugnissen schon einen bedeutenden Teil des Sozialprodukts bilden. Im Pearson-Bericht wird festgestellt, daß fast die Hälfte der rohstofferzeugenden Entwicklungsländer mehr als 50 % ihrer Exporterlöse mit einem einzigen Produkt erzielen; Dreiviertel beziehen über 60 % der Erlöse aus drei Rohstoffen (L.P. PEARSON u.a., 1969, S. 451). Die Bedeutung, die das jeweilige Hauptexportprodukt für einige ausgewählte Länder im Jahre 1959 hatte, zeigt die Übersicht 1.

Übersicht 1: Die Bedeutung des Hauptexportprodukts für verschiedene Rohstoffländer im Jahre 1959

LAND	Exporte in % d. Volkseinkommens	Hauptexportprodukt	Export des Hauptprodukts in % des		
			Volkseinkommens	Gesamtexports	Weltexports d. Produkts
Australien	18	Wolle	7	39	57
Burma	22	Reis	16	71	32
Ceylon	32	Tee	19	60	40
Dom. Republik	27	Zucker	11	45	5
Ekuador	20	Bananen	14	68	.
Ghana	24	Kakao	16	67	37
Kolumbien	13	Kaffee	10	77	20
Malaysia	58	Kautschuk	38	66	30
Sudan	20	Baumwolle	12	60	.

Quelle: IMF, International Financial Statistics. Vol. XVII, No.6. Washington 1964, S. 25 ff. (nach A. KRUSE, 1972, S. 558).

Unter solchen Umständen geht die Wirkung von anhaltenden Erlösminderungen über den betroffenen Wirtschaftszweig hinaus (J.E. MEADE, 1964, S. 451): Der sektorale Einkommensausfall führt zu einem spürbaren Nachfragerückgang im Inland, der Staatshaushalt wird durch den Ausfall von Steuern und evtl. durch Unterstützungsausgaben in Mitleidenschaft gezogen, und außerdem kommt es zu einer Verschlechterung der Zahlungsbilanz. Von allen drei Tatbeständen – dem Nachfragerückgang, der Belastung des Staatshaushalts und der Verschlechterung der Zahlungsbilanz – gehen negative Einflüsse auf das Wirtschaftswachstum des betroffenen Landes aus.

Bei den meisten Importländern können mehrjährige Preissteigerungen oder anhaltend hohe Preise für ein bestimmtes eingeführtes Agrarprodukt keine quantitativ vergleichbare Beeinträchtigung der Gesamtwirtschaft bringen (J.E. MEADE, 1964, S. 452). Denn die betreffenden Importausgaben sind im Vergleich zum Sozialprodukt besonders der westlichen Industrieländer, die etwa drei Viertel der Weltrohstoffexporte aufnehmen, gering. Das liegt auch daran, daß bei den meisten Produkten sich die Einfuhren gleichmäßiger auf die Importländer verteilen als die Ausfuhren auf die Exportländer.

Diese erheblichen Unterschiede zwischen den Auswirkungen, die die Preisinstabilität für die Exportländer einerseits und die Importländer andererseits hat, führen dazu, daß vor allem die Exportländer die Initiative zu Stabilisierungsmaßnahmen ergreifen und daß das Stabilisierungsinstrumentarium hauptsächlich von ihrem Interesse geprägt ist, Überangebotslagen zu beheben und zu vermeiden bzw. ihren Absatz zu fördern.

1.2 Zielsetzungen der Export- und Importländer

Die Überangebotslagen, denen die Exportländer gemeinsam zu begegnen versuchen, sind gekennzeichnet durch die Anhäufung übergroßer Vorräte und durch starke, meist Jahre lang anhaltende Preisrückgänge, wobei vielfach verlustbringende Niveaus erreicht werden. Dabei übertrifft der Rückgang der Exporterlöse teilweise noch den der Preise, wenn gleichzeitig die Exportmengen abnehmen. In drastischer Weise wurden diese Zusammenhänge veranschaulicht durch die Gründung von Rohstoffabkommen 1) Anfang der 30er Jahre, als der Welthandel bei fast allen Agrarprodukten rückläufig war, große Vorräte in den Exportländern sich aufstauten und die Weltmarktpreise verfielen. Damals wurden Marktregulierungen für Zucker (1931), Weizen (1933), Holz (1933), Tee (1933) und Kautschuk (1934) vereinbart. Aber schon vor der Weltwirtschaftskrise sowie in den Jahrzehnten nach dem 2. Weltkrieg hat es mehr sporadisch bei einer Reihe von Produkten ähnlich ausgeprägte Überangebotssituationen gegeben, die zum Anlaß für internationale Regulierungsmaßnahmen wurden. Die Schaubilder 1 und 2 veranschaulichen den Preisverfall und die gleichzeitigen Angebotsüberschüsse bei Kaffee und Zucker in den 60er Jahren. In beiden Fällen ließ die Entwicklung die Exportländer auf eine gemeinsame Regulierung oder Beeinflussung des betreffenden Weltmarkts dringen mit dem Ziel, die Preise wieder zu heben und auf erhöhtem Niveau zu halten. Ähnliche Markt- und Preisentwicklungen gingen den Abkommen für Kakao von 1964 und für Tee von 1969 voraus. In jüngster Zeit sind aus entsprechenden Gründen Bemühungen um Marktregulierungen für Bananen (FAO, 1974, S. 24 ff.) sowie Naturkautschuk im Gange.

Die Ursachen für die ausgeprägten Überangebotslagen sind nicht bei allen Agrarprodukten einheitlich, und mit diesen Ursachen variiert teilweise auch die Zielsetzung der Exportländer und das eingesetzte Regulierungsinstrumentarium. Anhaltendes Überangebot kann bei einem bestimmten Produkt einen oder mehrere der folgenden Gründe haben (L. DEBUS, 1975, S. 339 f.):

---

1) Ein internationales Rohstoffabkommen ist ein zwischenstaatlicher Vertrag, der die Regulierung oder die indirekte Beeinflussung eines internationalen Rohstoffmarktes zum Gegenstand hat. Ähnlich definieren: J.S. DAVIS, 1946, S. 194. – H.C. BINSWANGER, 1964, S. 350.

1. Zu starke Erweiterung der Produktionskapazitäten in einer Hochpreisphase, wobei vielfach die lange Ausreifezeit von Neupflanzungen 1) oder die mehrjährige Bauzeit für neue Verarbeitungsanlagen (Zuckerfabriken) das Ausmaß der Fehlinvestitionen zunächst verdeckt. Die Hochpreisphasen ihrerseits wurden häufig durch exogene Gründe wie verstärkte Kriegsnachfrage, Produktionsstörungen wegen Krieg oder politischer Unruhen sowie Pflanzenkrankheiten ausgelöst; mitunter waren sie auch durch zyklische Komponenten mitbedingt, wie z.B. die Zuckerhausse ab 1972, für deren Ausmaß das Nachlassen der Investitionstätigkeit während der Preisbaisse der 60er Jahre mitverantwortlich war.

2. Bedeutende technische Fortschritte, die nicht nur die Kosten sinken lassen, sondern gleichzeitig auch das Produktionspotential stark erweitern. So führten z.B. bei Kakao die Überwindung von Pflanzenkrankheiten, aber auch verbesserte Pflegemaßnahmen und das Heranwachsen ertragreicherer Sorten Ende der 50er und Anfang der 60er Jahre zu sprunghaften Zunahmen der Erzeugung (FAO, 1962, S. II - 57).

3. Verbrauchsrückgang oder -stagnation aufgrund rückläufiger Industriekonjunktur bei Industrierohstoffen aus dem Agrarbereich (Kautschuk, Textil- und Hartfasern, Holz). Während der Weltwirtschaftskrise waren z.T. auch Nahrungsmittel betroffen.

4. Bei einigen Produkten wurde die Weltmarktnachfrage durch den sich verbreitenden Protektionismus der Importländer beeinträchtigt (Zucker, Weizen, Milchpulver u.a.).

5. Schließlich hat die Nachfrage nach verschiedenen Produkten unter der Konkurrenz synthetischer oder natürlicher Substitute gelitten (Kautschuk, Textil- und Hartfasern, Olivenöl).

Hat das anhaltende Überangebot einen oder mehrere der unter den Ziffern 1 bis 4 aufgeführten Gründe, so streben die Exportländer in der Regel danach, den Weltmarktpreis durch Beschränkung des Angebots anzuheben und einen erneuten Preisverfall zu vermeiden. Wird die Nachfrage durch den Protektionismus der Importländer beeinträchtigt, versuchen sie außerdem, sich gegen weitere Absatzeinbußen durch von den Importländern zu übernehmende Verpflichtungen zu schützen. Bei Nachfragerückgängen, die auf die Konkurrenz von Substituten zurückzuführen sind, haben sie das Ziel, ihren Markt durch Maßnahmen der Absatzförderung zu halten und zu erweitern und dadurch die Preise und Erlöse wieder aufzubessern.

Stehen in der praktischen Stabilisierungspolitik die Interessen und Initiativen der Exportländer auch im Vordergrund, so haben sich doch die Importländer - zumindest die wirtschaftlich bedeutenderen unter ihnen - im Laufe der Entwicklung in zunehmendem Maße an den Bemühungen der Exportländer beteiligt. Die Einfuhrländer haben dabei hauptsächlich drei Zielsetzungen verfolgt:

- Unterstützung der Ziele der Exportländer,
- Verhinderung zu starker Preisstützung und
- Sicherung der eigenen Versorgung für den Fall der Verknappung des betreffenden Rohstoffs.

Die Importländer können durch die Übernahme verschiedener Verpflichtungen die Funktionsfähigkeit internationaler Regulierungsmaßnahmen verbessern. Sie tun das im Interesse der beteiligten Exportländer, um zur Hebung der Exporterlöse beizutragen und damit die Wirtschaftskraft dieser Länder zu stärken. Ein erstes Beispiel in dieser Beziehung stellte die Beteiligung der USA und Großbritanniens am Zuckerabkommen von 1937 dar. Die Absicht, besonders den Entwicklungsländern zu helfen, wurde in der Teilnahme zahlreicher Industrieländer am Kaffeeabkommen

---

1) Kaffeepflanzungen bringen erste Erträge nach 3 bis 5 Jahren, die von Kakao nach 5, Kautschuk nach 6 und Oliven nach 10 Jahren. Sisal kann erst nach 3 bis 4 Jahren geerntet werden. Auch zu große Neupflanzungen von Zuckerrohr können zu anhaltendem Überangebot beitragen, da sie in der Regel mehrere Jahre lang Erträge bringen.

von 1962 und am Kakaoabkommen von 1972 deutlich. Durch ihre Beteiligung können die Einfuhrländer aber auch darauf hinwirken, daß die Exportländer ihre Kooperation nicht dazu mißbrauchen, den Rohstoff übermäßig zu verknappen und damit die Preise auf ungewöhnliche Niveaus zu treiben. Ein negatives Beispiel in dieser Hinsicht bot das Kautschukabkommen von 1922 (J. SCHÖLLHORN, 1955, S. 40 f.); aus jüngster Zeit – wenn auch aus dem nichtlandwirtschaftlichen Sektor – wäre die Marktpolitik der Erdölländer seit Herbst 1973 zu nennen. Um solche Mißbräuche möglichst zu verhindern, wurde zunächst im Entwurf der Havanna-Charta und endgültig in einer Empfehlung des Wirtschafts- und Sozialrats der UNO von 1947 gefordert, daß die Importländer gleichberechtigt an Rohstoffabkommen teilnehmen sollten (UN – ICCICA, 1958, § 7). Während die Importländer an den Abkommen der 20er und 30er Jahre entweder gar nicht oder mit beratender Stimme oder mit Stimmenminderheit beteiligt gewesen waren, erhielten sie in den bedeutenderen Abkommen der 50er und 60er Jahre dann tatsächlich dieselben Stimmrechte wie die Exportländer. Bei der Aushandlung der Abkommen richtete sich das Interesse der Einfuhrländer darauf, daß die Zielpreise möglichst nicht allzuweit über dem in den Vorjahren herrschenden Preisniveau festgelegt wurden, und bei der Verwaltung der Abkommen dämpften sie die Absichten der Exportländer, wenn diese die Angebotsbeschränkung zu scharf einsetzen wollten.

Das dritte Ziel, das Importländer mit ihrer Teilnahme an internationalen Marktregulierungen zu erreichen suchen, ist die Sicherung ihrer Versorgung für den Fall, daß auf dem betreffenden Markt Knappheit auftritt. Dieser Zielsetzung entsprechende Mindestreserve- oder Lieferverpflichtungen der Exportländer waren beispielsweise in den Zuckerabkommen ab 1937 und in den Weizenabkommen ab 1949 enthalten.

Die drei genannten Ziele der Importländer stellen im Grunde Ergänzungen und eine gewisse Korrektur zu den Absichten der Exportländer dar. Aus eigener Betroffenheit haben Importländer in Zeiten normalen Wirtschaftslebens keine Stabilisierungsmaßnahmen ergriffen. Nur in Kriegs- und Nachkriegszeiten, also bei extremer Knappheit, die für viele Rohstoffe gleichzeitig herrschte, haben die Importländer die Initiative an sich gezogen und dann auch ein besonderes Instrumentarium eingesetzt: Sie haben Rohstoffverteilungssysteme geschaffen, d.h. ihre Nachfrage gemeinsam und planmäßig beschränkt 1).

Das Ziel der Exportländer, bei anhaltendem Überangebot die Preise zu stützen, und das Interesse der Importländer an der Vermeidung hoher Preise müßten eigentlich das gemeinsame Ziel der Preisstabilisierung ergeben. In der Tat wird in den meisten Rohstoffabkommen als ein Ziel des Vertrages die Stabilisierung der Preise auf einem für Aus- und Einfuhrländer annehmbaren Niveau bezeichnet. In dieser Formulierung gehen jedoch Hauptursache und -zielsetzung, nämlich die Stützung der Preise in anhaltenden Überschußlagen, verloren 2).

2 Bisher angewandte Stabilisierungsmaßnahmen – Wirkungsmöglichkeiten und Grenzen 3)

Bevor die Stabilisierungsmaßnahmen – zusammengefaßt nach Abkommenstypen – im einzelnen

---

1) Zu den Verteilungssystemen während und nach dem 2. Weltkrieg vgl.: ILO, 1943, S. XVII.- UN – ICCICA, 1958, § 6.

2) Die in den Abkommen gängige Zielformulierung mag auch zu dem verbreiteten Mißverständnis beigetragen haben, die Rohstoffabkommen seien vor allem auf die Beseitigung ständiger Preisschwankungen – etwa solcher von Jahr zu Jahr – gerichtet (vgl. z.B. G. GREVE, 1961, S. 29 u. 64).

3) Zu den Möglichkeiten der internationalen Stabilisierungspolitik gehören auch die Maßnahmen zur Förderung der Markttransparenz auf den Weltagrarmärkten, z.B. die Tätigkeit der internationalen Studiengruppen für einzelne Produkte und die internationale Agrarstatistik und -prognose. Aus Raumgründen wird hier auf die Behandlung dieser Maßnahmen verzichtet.

dargestellt werden, sei zunächst auf den zwischenstaatlichen Charakter der internationalen landwirtschaftlichen Stabilisierungspolitik hingewiesen, die in der Regel in Form von Regierungsverträgen betrieben wird, während die internationale Marktpolitik für Bergbauprodukte, Fertigwaren und Dienstleistungen hauptsächlich in den Händen privater Unternehmungen und Unternehmensverbände liegt (E.S. MASON, 1946, S. 16 f.). Bei Agrarprodukten ist die Zahl der Produzenten gewöhnlich so groß, daß eine organisierte Einschränkung des Angebots auf privater Basis nicht möglich ist. Nur in Ausnahmefällen wie bei Zucker, Tee und Kautschuk, bei denen der Absatz durch Fabriken vollkommen kanalisiert wird, sind private Regulierungsmaßnahmen technisch möglich und in den 20er und 30er Jahren auch auf internationaler Ebene versucht worden. Es zeigte sich aber, daß diese privaten Kartelle zur Erreichung ihrer Ziele dringend der Unterstützung von staatlicher Seite bedurften. Die staatlichen Behörden konnten die Einhaltung der Exportbeschränkungen am besten kontrollieren und auch Außenseiter, die es auf nationaler Ebene gab, zur Teilnahme verpflichten. Die staatliche Trägerschaft der internationalen Stabilisierungspolitik hat sich bei Agrarprodukten allgemein durchgesetzt.

Die Zahl der Produktionsunternehmungen, die mineralische Rohstoffe gewinnen, ist meistens so gering, daß private Angebotskontrollen möglich sind und vielfach praktiziert wurden (ILO, 1943, S. XV f.). Lediglich die Zinn-Abkommen bildeten eine Ausnahme. Neuerdings verändert sich jedoch die Lage bei verschiedenen mineralischen Rohstoffen dadurch, daß viele Entwicklungsländer den Bergbau und die Ölförderung verstaatlichen und auch die internationale Marktpolitik für diese Produkte in die staatliche Kompetenz ziehen. Die Erzeuger von Fertigwaren sind wegen der Inhomogenität der Produkte und der Konzentration des Angebots am wenigsten auf staatliche Unterstützung bei der Marktstabilisierung angewiesen.

2.1 Angebotsbeschränkung und ergänzende Maßnahmen

a) Instrumentarium

Die meisten bisherigen Stabilisierungsversuche waren auf die längerfristigen Preisschwankungen an den Weltmärkten gerichtet. In der Regel wurde das Weltmarktangebot beschränkt, um die Preise bei schon eingetretener oder sich anbahnender Baisse zu stützen. Lediglich bei solchen Produkten, deren Preise und Absatz durch das Vordringen von Substituten beeinträchtigt wurde, kamen andere Maßnahmen zum Zuge. Die Angebotsbeschränkung bildete den Kern der Marktregulierung bei folgenden Produkten und Abkommen 1): Kautschuk (1922, 1934), Zucker (1931, 1937, 1953/58, 1968), Weizen (1933, 1939 2)), Nadelholz (1933), Tee (1933/36, 1969), Kaffee 1940, 1957 ff., 1962/68), Kakao (1964, 1972).

Die Regulierung des Weltmarktangebots setzt durchweg bei den Exporten der Mitgliedsländer an, weil diese national wie international am einfachsten zu kontrollieren sind. Die Exportbeschränkung erfolgt normalerweise nach folgendem Schema: Zunächst wird auf der Gründungskonferenz des Abkommens der Weltmarktbedarf im ersten oder in den ersten Abkommensjahren vorgeschätzt. Dann werden zwischen den Exportländern Grundquoten ausgehandelt, die in ihrer Gesamtheit dem voraussichtlichen Bedarf möglichst entsprechen. Um die im Abkommen vereinbarten Zielpreise zu erreichen oder zu halten, werden die Exportgrundquoten von der Abkommensverwaltung (Kaffee-, Kakao-, Zuckerrat) laufend variiert. Diese Änderungen der sog. Effektivquoten können dabei an den im Abkommen vereinbarten Zielpreisen und an den jährlich neu vorzunehmenden Bedarfsschätzungen orientiert werden. Sind in einem Abkommen die Zielpreise nur grob umschrieben wie z.B. im Kaffeeabkommen von 1962 3) oder im Zuckerabkommen von 1937, so hat

---

1) In Klammern ist angegeben, in welchen Jahren Abkommen abgeschlossen wurden.

2) Das Weizenabkommen von 1939 ist wegen des Kriegsausbruchs nicht mehr zur Geltung gekommen.

3) Das Preisniveau des Jahres 1962 sollte nicht unterschritten werden (Art.27, Abs.2 des Kaffeeabkommens von 1962 bzw. 1968, abgedruckt bei: B.S.FISHER, 1972, S. 173 ff.).

der Rat zwar großen Handlungsspielraum für Quotenänderungen, aber es ergeben sich dadurch auch leicht Zwistigkeiten zwischen den am Abkommen beteiligten Export- und Importländern. Solche die Funktion des Abkommens beeinträchtigenden Auseinandersetzungen werden vermieden, wenn die Quotenänderungen weitgehend an die Entwicklung der Weltmarktpreise gebunden sind, also bei Nichteinigung im Rat automatisch erfolgen (so z.B. im Zuckerabkommen von 1968).

Damit in den Exportländern keine Überschußvorräte auflaufen und vorhandene abgebaut werden können, muß die Produktion in den Ausfuhrländern der Exportbeschränkung angepaßt werden. Das kann durch Kontingentierung geschehen, wo es technisch wie bei Zucker und einigen Plantagenprodukten möglich ist, oder durch eine entsprechende Binnenmarktpolitik. Eine Reihe von Abkommen enthielten Maßnahmen, die der Anpassung der Produktion an die Exportmöglichkeiten dienten. Beispielsweise durften die Vorräte der Zuckerexportländer bestimmte Höchstgrenzen nicht überschreiten; bei Kautschuk (1934) wurden Neupflanzungen verboten, und im Kaffeeabkommen von 1968 wurde die Einschränkung der Anbauflächen sogar durch einen Diversifizierungsfonds gefördert.

Ebenfalls in den neueren Kaffeeabkommen findet sich eine bemerkenswerte Variation des Exportquotensystems: Entwicklungsfähige Märkte, d.h. Entwicklungsländer mit relativ hoher Preiselastizität der Nachfrage nach Kaffee, werden von der allgemeinen Angebotsbeschränkung ausgenommen, so daß sich dort niedrigere Preise bilden können. Die nach Ländergruppen verschiedene Preiselastizität wird also genutzt, um bei preisunelastischer Nachfrage die Exporterlöse durch Preisanhebung und bei preiselastischer Nachfrage durch Mehrabsatz zu steigern.

Im Kakaoabkommen von 1972 sind - nach dem Vorbild des Zinnabkommens - zusätzlich zur Exportbeschränkung Pufferstocks zur Preisstabilisierung vorgesehen. Die beiden Instrumente sind so miteinander kombiniert, daß die Wirkung der Exportbeschränkung im unteren Bereich der Zielpreiszone durch Ankäufe des Pufferstocks unterstützt wird, bei steigenden Preisen werden im oberen Bereich der Zielpreiszone zunächst die Exportquoten ausgesetzt und dann Verkäufe aus dem Pufferstock vorgenommen (U. WASSERMANN, 1973, S.133). Da der Umfang des Pufferstocks auf höchstens 250 000 t - das sind etwa 16 % der Weltkakaoproduktion 1972 - begrenzt ist, bildet offensichtlich genauso wie im Zinnabkommen die Angebotsbeschränkung das wichtigere Instrument zur Durchsetzung des angestrebten Preisniveaus (L. ALI, 1966, S. 148 f.). Es ist daher etwas irreführend, wenn das Zinn- oder das Kakaoabkommen als Pufferstock-Abkommen bezeichnet werden, wie das häufig geschieht.

Die Beschränkung des Weltmarktangebots ist grundsätzlich ohne Beteiligung der Importländer möglich, wie einige Abkommen der 20er und 30er Jahre und neuerdings das informelle Tee-Abkommen von 1969 zeigen, bei dem die Importländer nur in sehr loser Form mitarbeiten. Die Mitarbeit der Importländer kann aber in verschiedener Hinsicht die Funktionsfähigkeit der Exportregulierung und anderer Maßnahmen stärken:
- Mit Hilfe der Importländer ist evtl. die Einhaltung der Exportquoten besser zu kontrollieren, z.B. mittels der Ursprungszeugnisse im Kaffee- und Kakaoabkommen.
- Die Einfuhrländer haben sich an der Erhebung der Abgaben für den Kaffee-Diversifizierungsfonds und für den Finanzierungsfonds des Kakaopufferstocks beteiligt.
- Die Importländer können ferner verhindern, daß Außenseiter unter den Exportländern aus der Angebotsbeschränkung der Mitglieder zu großen Nutzen ziehen, indem sie sich verpflichten, die Importe von Außenseitern zu beschränken (so z.B. im Zucker- und Kakaoabkommen). Das gilt allerdings nur bei ziemlich vollständiger Teilnahme der Importländer.

Während die vorgenannten Aktivitäten der Importländer die Funktionsfähigkeit von Marktregulierungen generell stärken, zielten einige Verpflichtungen, die die Importländer in Zucker- und Weizenabkommen übernommen haben, darauf ab, den Exportländern ihre vom Protektionismus der Einfuhrländer bedrohten Absatzmärkte zu erhalten. Die langfristige Entwicklung der Welthandelsquote für Zucker (Übersicht 2) läßt in etwa erkennen, was die Förderung der Eigenversorgung für die Absatzmöglichkeiten traditioneller Exportländer bedeutete. Dabei ging der relative Umfang des freien Weltzuckermarktes, d.h. des Welthandels außerhalb der Lieferpräferenzsysteme, zeitweise noch stärker zurück als der gesamte Welthandel. Um diese Entwicklung zu bremsen, enthielt das Zuckerabkommen von 1937 Verpflichtungen der USA und Großbritanniens zur Begrenzung ihrer Eigen- und Präferenzversorgung. Die Abkommen von 1953 an beinhalteten bezüglich des Commonwealth-Zuckerhandels ähnliche Abmachungen. Im Abkommen von 1968 machten außerdem einige entwickelte Länder Zusagen zur Höhe ihres Selbstversorgungsgrades. Im Weizenabkommen von 1933, das allerdings relativ rasch scheiterte, verpflichteten sich die Importländer, auf die weitere Förderung der inländischen Produktion zu verzichten und bei steigenden Weltmarktpreisen die Schutzzölle entsprechend zu senken (J. SCHÖLLHORN, 1955, S. 61 f.). Insgesamt waren die Bemühungen zur Begrenzung der Protektion oder der Eigen- und Präferenzversorgung recht fruchtlos; lediglich die Integration des Commonwealth-Zuckerhandels in die internationalen Zuckerabkommen stellte ein Positivum dar.

Übersicht 2: Die Entwicklung der Welthandelsquote für Zucker zwischen 1921 und 1973

(1 000 t Rohwert)

Durchschnitt d. Periode 1)	Exporte	Produktion	Exporte in % der Produktion
1921 bis 1925	11 650	16 667	70
1926 bis 1930	14 090	22 888	62
1931 bis 1935	11 680	22 602	52
1936 bis 1940	11 920	25 593	47
1946 bis 1950	11 430	24 555	47
1951 bis 1955	15 315	36 172	42
1956 bis 1960	17 289	45 003	38
1961 bis 1965	20 301	56 234	36
1966 bis 1970	22 076	67 462	33
1971 bis 1973	24 341	74 617	33

1) Für die Exporte bis 1960 Kalenderjahre, für die Produktion und die Exporte ab 1961 Wirtschaftsjahre (1920/21 bis 1924/25 usw.).
Quelle: International Sugar Council, 1963, S. 134.- F.O. LICHTS Weltzuckerstatistik 1973/74 und frühere Jgg.

Für den Fall, daß die Preise auf dem regulierten Markt das angestrebte Niveau überschreiten, enthalten die Exportquoten-Abkommen teilweise Vorkehrungen, die der Preissteigerung generell entgegenwirken sollen oder der bevorzugten Versorgung der beteiligten Importländer dienen. Neben der üblichen Erhöhung oder Aussetzung der Exportquoten gab es z.B. in den Zuckerabkommen ab 1937 die Pflicht der Exportländer, bestimmte Mindestvorräte zu halten. Diese Mindestvorräte konnten vom Zuckerrat bei unerwünschtem Preisanstieg zum Export freigegeben werden. Im letzten Zuckerabkommen von 1968 waren sie in so einem Fall ausschließlich den am Abkommen beteiligten Importländern anzubieten. Das 1968er Zuckerabkommen schützte die beteiligten Importländer auch zum ersten Mal weitgehend vor den Auswirkungen einer Angebotsverknappung und Preishausse, und zwar dadurch, daß die Importländer die Lieferung von Zuckermengen zu einem bestimmten Höchstpreis verlangen konnten. Diese Lieferverpflichtungen entsprachen den durchschnittlichen Bezügen der Importländer während der beiden vorhergehenden Jahre. Das neue Instrument hat sich übrigens während der Zuckerhausse, solange das Abkommen 1972 und 1973 noch in Kraft war, gut bewährt. Ähnliche Lieferverpflichtungen waren auch wesentlicher Bestandteil des - weiter unten behandelten - Weizenabkommens von 1949. Andere Abkommen gingen bei den Maßnahmen zugunsten der Importmitglieder weniger weit; so sieht das Kakaoabkommen von 1972 lediglich eine bevorzugte Belieferung der am Abkommen beteiligten Importländer vor (U. WASSERMANN, 1973, S. 134).

b) Wirkungsmöglichkeiten

Die Beschränkung des Weltmarktangebots von Agrarprodukten ist grundsätzlich als Mittel zur Preisstützung in Überangebotslagen und damit zur Wiederanhebung der Exporterlöse brauchbar; denn die beiden wichtigsten Voraussetzungen dafür - eine geringe Preiselastizität der Weltmarktnachfrage und die Kontrollierbarkeit des Weltmarktangebots - sind im wesentlichen erfüllt.

Für die Anhebung der Exporterlöse kommt es darauf an, daß die Nachfrage im Bereich zwischen den meist niedrigen Ausgangspreisen und den Zielpreisen des jeweiligen Abkommens preisunelastisch reagiert. Da die Exporte von Agrarprodukten zum größten Teil in die Industrieländer gehen 1), die geringe Preiselastizitäten aufweisen, und da außerdem die Preiselastizität der Weltmarktnachfrage der Entwicklungsländer im genannten Preisbereich wegen der Tätigkeit staatlicher Einfuhr- und Marktstellen ebenfalls noch niedrig zu veranschlagen ist, hat die Preisstützung im eben beschriebenen Rahmen kaum Mengeneinschränkungen zur Folge. Ausgenommen von dieser Feststellung sind jedoch die Produkte, für die es nahe synthetische oder natürliche Substitute gibt. In diesem Zusammenhang sei auch nochmal auf die im Kaffeeabkommen enthaltene Möglichkeit hingewiesen, "entwicklungsfähige" Märkte von der Angebotsbeschränkung auszunehmen.

Der Außenhandel wird - besonders soweit er über die Häfen geht - in fast allen Ländern kontrolliert, so daß eine Exportregulierung im allgemeinen möglich ist, sofern die Regierungen das wirklich wollen. Haben die Exportmitglieder Grund, sich gegenseitig zu mißtrauen, können sie mit Hilfe von Ursprungszeugnissen und der beteiligten Importländer die Kontrolle absichern. Im Zuckerabkommen wird übrigens bestimmten Anlässen, die individuellen Quoten zu überschreiten, durch eine Quotenreserve begegnet, aus der in Härtefällen Zusatzquoten verteilt werden können.

Diesen grundsätzlichen Überlegungen über die Wirkungsmöglichkeiten von Exportquoten-Abkommen entsprechen die Ergebnisse empirischer Analysen über die Preis- und Erlöseffekte dieses Abkommenstyps. G r e v e , der unter anderem die Preiswirkungen der Abkommen für Tee (1933/36), Kautschuk (1934) und Zucker (1937 und 1953) untersucht hat, kommt zu dem Schluß, daß diese Abkommen im allgemeinen zu einer Steigerung der Preise geführt haben; die preisstabilisierende Wirkung, deren Feststellung Greves Hauptanliegen war, erwies sich dagegen mit 5 bis 10 % als recht gering (G. GREVE, 1961, S. 135 und S. 138).

Soweit in den Abkommen konkrete Preisziele genannt sind, kann man versuchen, den Stützungserfolg auch daran abzuschätzen. So hat z.B. das Zuckerabkommen von 1953/58, das bis zum amerikanischen Einfuhrstopp für Kubazucker 1960 in planmäßiger Funktion war, die Preiserwartungen der Exportländer mit einigen Abstrichen erfüllt (L. DEBUS, 1975, S. VIII f.). Die Funktionsfähigkeit des Abkommens hatte in den ersten Jahren unter Außenseiterkonkurrenz zu leiden, und mit der Abkommenserneuerung 1958 traten gewisse Mängel in Gestaltung und Durch-

---

1) Im Durchschnitt der Jahre 1970 bis 1972 nahmen die westlichen Industrieländer 73 % und der Ostblock 10 % des (wertmäßigen) Weltexports an Nahrungsprodukten und landwirtschaftlichen Rohmaterialien auf (berechnet nach GATT, 1974, Appendix G).

führung auf. Der Erfolg des Zuckerabkommens von 1968, das bis 1973 in Kraft war, sieht von den Zielsetzungen der Exportländer her positiver aus. Natürlich muß bei der Abschätzung der preisstützenden Wirkung solcher Abkommen geprüft werden, ob die Preisentwicklung nicht auch ohne Angebotsbeschränkung ähnlich verlaufen wäre. Gerade die langanhaltende Preisbaisse vor dem letzten Zuckerabkommen mit ihren negativen Wirkungen auf die Investitionstätigkeit läßt derartige Vermutungen aufkommen. Dazu ist jedoch festzustellen, daß die Zielpreise in den ersten drei Abkommensjahren erreicht wurden, obwohl die Weltversorgungslage nach wie vor durch hohe Vorratsbestände gekennzeichnet war (vgl. Schaubild 2). Auch dem Kaffeeabkommen von 1962, das bis 1972 in ordentlicher Funktion war, wird die preisstützende Wirkung bescheinigt (B.S. FISHER, 1972, S. 162). Schaubild 1 zeigt, daß das Preisniveau von 1962 - wie im Abkommen vorgesehen - nicht mehr unterschritten wurde.

Dagegen hat sich wiederholt gezeigt, daß Exportquotenabkommen in ihrer bisherigen Gestalt nicht in der Lage sind, Preishaussen zu verhindern. Die Hochpreisphasen auf dem Zuckerweltmarkt von 1956/57 und ab 1972 sowie die Überschreitung der Zielpreise im Kakaoabkommen während der gesamten bisherigen Laufzeit - also von 1973 an - sind Beispiele dafür. Die Aussetzung der Exportquoten und die Auflösung begrenzter Reservevorräte reichen nicht aus, um bei Verknappung des betreffenden Produkts den Weltmarktpreis innerhalb des vorgesehenen Zielpreisbereichs zu halten. Der Preis fällt nur dann relativ schnell in die Zielpreiszone zurück, wenn rasch aktivierbare Produktionsreserven vorhanden sind, wie das 1957 in der Weltzuckerwirtschaft der Fall war. Müssen allerdings erst neue Pflanzungen angelegt oder die Verarbeitungskapazitäten erweitert werden, um das Marktgleichgewicht wiederherzustellen, sind mehrjährige Preishaussen nicht zu vermeiden. Lieferverpflichtungen der Exportländer können nur die am Abkommen beteiligten Importländer vor den vollen Auswirkungen der Verknappung schützen 1). Die Preise im Welthandel außerhalb der Pflichtmengen steigen selbstverständlich ungehindert weiter.

Zusammenfassend ist der Schluß zu ziehen, daß das Instrumentarium der bisherigen Exportquotenabkommen zwar geeignet ist, die Preise in Überangebotslagen zu stützen, bei Knappheit aber die Überschreitung der von Export- und Importländern vereinbarten Zielpreise nicht verhindern kann.

c) Beeinträchtigung der Wirksamkeit

Die Beschränkung des Weltmarktangebots ist zwar grundsätzlich zur Stützung der Exportpreise und -erlöse geeignet, es gibt aber eine Reihe von Faktoren, die die Erreichung dieses Ziels behindern können. Besonders wenn potente Außenseiter vorhanden sind, wird die Wirksamkeit von Exportquoten-Abkommen beeinträchtigt. Im Gegensatz zu nationalen Angebotskontingentierungen gibt es auf internationaler Ebene keine rechtlichen Möglichkeiten, sämtliche Exportländer eines Produkts zur Teilnahme an einer Marktregulierung zu zwingen. Gelingt es nicht, alle wichtigen Anbieter auf freiwilliger Basis in das betreffende Abkommen einzubeziehen, so entstehen die beiden folgenden Nachteile:
- Die Außenseiter können - während die Mitgliedsländer ihre Exporte kürzen - leicht auf deren Kosten Marktanteile gewinnen.
- Die Exportsteigerung durch die Außenseiter wirkt außerdem der Exporteinschränkung der Mitgliedsländer entgegen und gefährdet so den Erfolg der Angebotsregulierung.

Ein Beispiel für diese negativen Wirkungen bietet das Zuckerabkommen von 1953 in seinen ersten Geltungsjahren (L. DEBUS, 1975, S. 202 ff.). Auch die Wirksamkeit der Exportländerabkommen für Kaffee von 1957 und 1958 litt unter der Nichtteilnahme wichtiger Weltmarktanbieter, nämlich der afrikanischen Produktionsländer (B.S. FISHER, 1972, S. 23).

---

1) Im Zuckerabkommen von 1968 war nur etwa die Hälfte der Nachfrage am freien Weltmarkt organisiert.

Konstruktionsmängel eines Exportquotensystems können die preisstützende Wirkung ebenfalls mindern. So war in dem einen oder anderen Zuckerabkommen der Spielraum für Angebotskürzungen zu gering, um die beabsichtigte Preiswirkung jederzeit zu erzielen (L.DEBUS, 1975, S. 365). Eine andere Voraussetzung für die Wirksamkeit einer Angebotsregulierung ist selbstverständlich, daß die Mitgliedsländer die übernommenen Verpflichtungen einhalten, insbesondere ihre Exportquoten nicht überschreiten und die Produktion anpassen. Die korrekte Einhaltung der Quoten war z.B. ein Problem in den Kaffee-Abkommen, bis 1967 das System der Ursprungszeugnisse eingeführt wurde (B.S. FISHER, 1972, S. 107 f.). Als eine letzte wesentliche Vorbedingung der Funktionsfähigkeit sei genannt, daß die Marktentwicklung bei Abschluß des Abkommens einigermaßen zutreffend abgeschätzt werden kann. So ist das Zuckerabkommen von 1931 vor allem deswegen gescheitert, weil die Vertragspartner auf das krisenhafte Schwinden der Nachfrage in den folgenden Jahren nicht gefaßt waren. Damals nahmen die Importe vom freien Markt während der Laufzeit des Abkommens, also in 4 bis 5 Jahren, um etwa 40 % ab (vgl. dazu auch Übersicht 2).

d) Hindernisse für das Zustandekommen

Neben Faktoren, die die Wirksamkeit von internationalen Abkommen zur Angebotsbeschränkung beeinträchtigen, gibt es auch solche Umstände, die das Zustandekommen verzögern oder gar verhindern. Dabei handelt es sich hauptsächlich um zwei Probleme:
- Weltmarktanbieter, die Kosten-, Absatz- oder noch andere Vorteile gegenüber ihren Konkurrenten haben, sind vielfach nicht bereit, sich ohne weiteres an einer Marktregulierung zu beteiligen. Dadurch wird ein Abkommen evtl. unmöglich gemacht.
- Meinungsverschiedenheiten zwischen Export- und Importländern über die Zielpreise oder andere Vereinbarungen sind manchmal nicht zu überbrücken.

Deutliche Kosten- und Absatzvorteile gegenüber den Konkurrenten lassen das betreffende Exportland den Druck einer Preisbaisse weniger spüren und geben ihm auch die Hoffnung, noch Marktanteile gewinnen zu können. Die Neigung, sich an einer Angebotsregulierung zu beteiligen, ist dann verständlicherweise gering. Je größer der Marktanteil eines solchen Anbieters schon ist, um so mehr würde eine Marktregulierung ohne ihn an preisstützender Wirkung verlieren. Erst wenn die Preis- oder Absatzeinbußen so groß werden, daß sie auch bei dem betreffenden Land zu Verlusten führen, wachsen die Chancen für eine Übereinkunft wieder. Die genannten Zusammenhänge wurden in musterhafter Weise durch das Verhalten Javas Ende der 20er Jahre veranschaulicht (L.DEBUS, 1975, S. 101 ff.); Java - seinerzeit der zweitgrößte Zuckerexporteur der Welt - weigerte sich damals lange, an einer internationalen Marktregulierung teilzunehmen.

Zu Meinungsverschiedenheiten über die Zielpreise kann es schon dann kommen, wenn an einem Abkommen nur Exportländer beteiligt sind. Fast immer zum Streitpunkt werden die Zielpreise, wenn auch die Importländer an der Aushandlung eines Abkommens beteiligt sind. Neben der Festlegung der Grundquoten der einzelnen Exportländer sind die Zielpreise deshalb ein Hauptgegenstand bei Abkommensverhandlungen. Zuweilen sind die Meinungsunterschiede so groß, daß eine Einigung unmöglich wird. So scheiterte der Abschluß eines Kakaoabkommens zwischen Export- und Importländern fast ein Jahrzehnt lang daran, daß sich beide Seiten nicht über die Zielpreise verständigen konnten (R. DOERR, 1974, S. 118). Auch bei der erfolglosen Zuckerkonferenz von 1973 war die Höhe der Zielpreise einer der Punkte, die bis zum Schluß nicht gelöst werden konnten.

e) Beschränkung des Anwendungsbereichs

Bei Produkten, die Preis- und Absatzeinbußen wegen des Vordringens von Substituten hinnehmen müssen, sind Exportquoten-Abkommen kein zweckmäßiges Abwehrinstrument. Die internationale Beschränkung des Angebots bei Kautschuk, Baumwolle, Jute und ähnlichen Produkten würde nur den planmäßigen Rückzug vom Markt bedeuten. Die diesen Produkten angemessene Marktpolitik wird im folgenden Abschnitt gesondert behandelt.

Daneben gibt es jedoch noch weitere Agrarprodukte - genauer gesagt: Produktgruppen -, für die in Überschußsituationen die Beschränkung des Weltmarktangebots aus verschiedenen Gründen keinen gangbaren Weg darstellt. Hier ist besonders der Weltmarkt für Nahrungsfette und -öle zu nennen, der durch eine große Zahl von Erzeugnissen gekennzeichnet ist 1), die in ihrer Verwendung weitgehend austauschbar sind (FAO, 1971, S. 57 ff.). Eine Angebotsbeschränkung für ein Einzelprodukt ist wegen der engen Substitutionsbeziehungen wenig sinnvoll, und eine Verständigung über eine Angebotsbeschränkung für alle Produkte ist wegen der Verschiedenheiten der Produktionsverfahren und wegen der Vielfalt der Erzeugerinteressen kaum denkbar.

Auch bei Zitrusfrüchten ist die Inhomogenität des "Produkts" und des Anbieterkreises (Mittelmeerländer, USA, Südafrika, Brasilien u.a.) ein gewisses Handikap. Außerdem standen zumindest in der Vergangenheit die leichte Verderblichkeit und die begrenzten Kapazitäten für die Versaftung von Überschüssen einer Exportregulierung im Wege (J. WOLF, 1965, S. 13 f.). Die Möglichkeiten für eine Angebotsregulierung scheinen sich inzwischen jedoch etwas gebessert zu haben: Das Kaffeeabkommen, in dem seit 1967 die Kontingentierung des Angebots getrennt für vier Sortengruppen betrieben wird (B.S. FISHER, 1972, S. 95 ff.), hat gezeigt, daß eine gewisse Produktvielfalt durchaus berücksichtigt werden kann. Die Lagerfähigkeit der Zitrusfrüchte hat durch die Kühllagerung erheblich zugenommen, und die Verarbeitungskapazitäten erfassen inzwischen etwa ein Drittel der Weltzitrusernte (FAO Commodity Review and Outlook 1973-1974, S. 134).

2.2 Absatzförderung bei Substitutionskonkurrenz

Zu den Produkten, deren Absatz und Preise in der Vergangenheit und auch noch gegenwärtig durch das Vordringen besonders industriell gefertigter Substitute in Mitleidenschaft gezogen wurden, zählen neben Kautschuk die Wolle, die Baumwolle, das Olivenöl und verschiedene Hartfasern wie Jute, Sisal und Manilahanf. Die Exportländer der genannten Produkte haben in der jeweiligen Krisensituation z.T. gemeinsam Maßnahmen ergriffen, die die Wettbewerbsfähigkeit ihrer Exportprodukte gegenüber den neuen Substituten erhöhen sollten.

Schon 1936, als die Zellwolle zunehmend Verbreitung fand, schlossen die großen Wollausfuhrländer ein Abkommen, durch das sie das Internationale Wollsekretariat in London gründeten und diesem verschiedene Aufgaben zur Absatzförderung übertrugen. Dem Olivenöl machten andere billigere Speiseöle zu schaffen, die durch eine wendige und leistungsfähige Verarbeitungsindustrie vermarktet wurden; dabei waren die üblichen Ertrags- und Preisschwankungen sowie die Mischung mit anderen Speiseölen für die Marktstellung des Produkts besonders abträglich. Die Produktionsländer des Mittelmeerraums, unterstützt von einigen Importländern, ergriffen deshalb in einem Abkommen von 1955, das 1958 seine endgültige Form erhielt und seitdem immer wieder erneuert wurde, entsprechende Gegenmaßnahmen. Der Baumwollverbrauch in den USA und Westeuropa stagnierte in den 50er und 60er Jahren nahezu infolge der Entwicklung vollsynthetischer Fasern, deren Verarbeitungs-, Trage- und Pflegeeigenschaften laufend verbessert wurden. Das veranlaßte eine Reihe von Exportländern, 1966 das Internationale Baumwollinstitut zu schaffen. 1967 und 1968 wurden aus ganz ähnlichen Motiven erste Vereinbarungen für die verschiedenen Hartfasern getroffen 2).

Die erwähnten internationalen Abkommen sahen im einzelnen folgende Maßnahmen vor:
- Forschung zur Verbesserung der Produkteigenschaften und der Verarbeitungsmöglichkeiten (Wolle, Baumwolle),
- Werbung, um die Verbraucherpräferenzen zu erhalten und zu erhöhen (Wolle, Baumwolle, Olivenöl),

---

1) Die wichtigsten Fette pflanzlichen Ursprungs sind Soja-, Sonnenblumen-, Erdnuß-, Baumwollsaat- und verschiedene Palmöle. Hinzu kommen noch Wal- und Fischöle (R.PLATE, 1970, S.272).

2) Zu den genannten Abkommen siehe: L. DEBUS, 1975, Kap. 1.2.

- Vereinbarung von Qualitätsstandards (Olivenöl),
- Stabilisierung der Exportpreise durch Erhöhung der Markttransparenz (besonders bei Olivenöl wird versucht, durch Prognosen der Versorgungslage und durch den frühzeitigen Nachweis von nationalen Defiziten und Überschüssen den zeitlichen und internationalen Marktausgleich zu erleichtern),
- Stabilisierung der Exportpreise durch Vereinbarung von Richtpreisen (Jute). Die Stabilisierung der Preise ist deswegen sinnvoll, weil die genannten Produkte vor allem in Phasen hoher Preise Marktanteile an die relativ preisstabilen Substitute verlieren.

Für Jute wird übrigens derzeit die Gründung eines Internationalen Jute-Instituts betrieben, dessen Aufgaben ähnlich denen des Internationalen Wollsekretariats und des Baumwollinstituts sein sollen (FAO, 1973).

2.3 Liefer- und Abnahmeverpflichtungen

Als weiteren besonderen Abkommenstyp hat es die Kombination von Lieferverpflichtungen der Exportländer mit Abnahmeverpflichtungen der Importländer gegeben, im Englischen als "multilateral contract" bezeichnet. Allerdings wurde dieser Abkommenstyp nur bei Weizen und dort auch erst nach dem 2. Weltkrieg angewandt. Bis 1947 hatte für diesen Markt wie für die meisten anderen die Beschränkung des Weltmarktangebots im Mittelpunkt der internationalen Bemühungen und Pläne gestanden (A.S. IVANOV, 1965, S. 3). Zweck des 1949er und aller folgenden Weizenabkommen sollte es nach Artikel 1 des Abkommens sein, den Importländern Bezugsmöglichkeiten und den Exportländern Absatzmärkte bei gerechten und stabilen Preisen zu sichern. Das Instrumentarium und die damit gemachten Erfahrungen erweisen jedoch, daß Liefer- und Abnahmeverpflichtungen eine Preisstabilisierung nur für Abkommensmitglieder und auch für diese nur in begrenztem Umfang bewirken können.

In den Weizenabkommen von 1949, 1953 und 1956 hatten die wechselseitigen Verpflichtungen folgende Form: Wenn der Weltmarktpreis eine bestimmte obere Preismarke (Höchstpreis) übertraf, mußten die Exportländer den Importmitgliedern im Abkommen festgelegte Mengen zum Höchstpreis liefern; wenn der Weltmarktpreis eine gewisse untere Preismarke (Mindestpreis) unterschritt, mußten die Importmitglieder den Exportmitgliedern ebenso hohe Mengen zum Mindestpreis abnehmen. Die Pflichtmengen waren dabei in absoluten Beträgen festgelegt. Diese Regelung erwies sich während der ersten vier Abkommensjahre für die Importländer als sehr günstig, weil der Weltmarktpreis im Zusammenhang mit dem Koreaboom den Höchstpreis weit übertraf (P.H. OTZEN, 1970, S. 61 f.). Im Durchschnitt der Wirtschaftsjahre 1949/50 bis 1952/53 unterlagen 58 % des Weltweizenhandels den Lieferverpflichtungen des Abkommens (A.S. IVANOV, 1965, S. 4). Für die übrigen Umsätze galten die sich frei am Markt bildenden Preise. Das System der Liefer- und Abnahmeverpflichtungen führt also bei Marktungleichgewichten in der Regel zur Preisspaltung, und es wurde auch schon sehr bald darauf hingewiesen, daß die Preisbewegungen außerhalb des Abkommens durch dieses System verstärkt werden können (H.G. JOHNSON, 1950, S. 626 ff.).

Als die Weltversorgungslage 1953/54 zu einer länger anhaltenden Überschußsituation wechselte, sank das Interesse der Importländer am Abkommen mit der Folge, daß die beiderseitigen Verpflichtungen ihrem Umfang und Inhalt nach deutlich abgebaut wurden. So beteiligten sich ab 1953 einige Importländer nicht mehr am Abkommen, während andere ihre Pflichtmengen herabsetzen ließen. Diese Vorsichtsmaßnahmen erwiesen sich jedoch als unnötig, da die Abnahmeverpflichtungen trotz des Überangebots nicht zur Anwendung gelangten. Die Exportländer – hier sind besonders die USA und Kanada zu nennen – zogen es vor, den Weltmarktpreis durch die Einlagerung beträchtlicher Getreidemengen und nationale Produktionsbeschränkungen zu stützen, als die Preise unter den Mindestpreis des Abkommens fallen zu lassen (A.S. IVANOV, 1965, S. 13. - R. PLATE, 1970, S. 6 und 9).

In den Weizenabkommen von 1959 an wurde die Pflicht der Importländer, bei Preisen unter dem Mindestpreis absolute Mengen abzunehmen, ersetzt durch die mühelos zu erfüllende Verpflichtung, bestimmte Prozentsätze ihres kommerziellen Bedarfs von den Exportmitgliedern zu beziehen, solange der Weltmarktpreis innerhalb der Preisgrenzen des Abkommens lag. Bei Unterschreitung des Mindestpreises hatten sie keine bestimmten Pflichten mehr. Das wurde ab 1968 bedeutsam, als der Weltmarktpreis zeitweise unter der 1967 etwas angehobenen Preisuntergrenze blieb. Da die Mitglieder sich 1971 gar nicht mehr über Liefer- und Abnahmeverpflichtungen einigen konnten (M. HOFFMEYER, 1975, S. 103), spielte das Weizenabkommen auch während der Preishausse ab 1972 keine Rolle. Insgesamt hat das Abkommen ab 1953 also selbst partiell keinen Einfluß auf die Preise mehr genommen. Diese wurden hauptsächlich durch die Vorrats- und Binnenmarktpolitik der großen Exportländer stabilisiert und in den Preisgrenzen des Abkommens gehalten.

Liefer- und Abnahmeverpflichtungen können von ihrem Wesen her keinen bestimmenden Einfluß auf Gesamtangebot, Gesamtnachfrage und auf das allgemeine Preisniveau nehmen. So haben sie z.B. bei Weizen nichts dazu beigetragen, die Knappheit Anfang der 50er Jahre oder das folgende anhaltende Überangebot zu beseitigen (A.S. IVANOV, 1965, S. 15). Mit Hilfe solcher Verpflichtungen ist es lediglich möglich, den am Abkommen beteiligten Ländern einen Teil ihrer Versorgung bzw. ihres Absatzes bei Marktungleichgewichten zu bestimmten Preisen zu sichern. Dabei ist noch anzumerken, daß die Lieferverpflichtungen des Weizenabkommens von 1949 - und übrigens auch die des Zuckerabkommens von 1968 - funktioniert haben, während das Instrument der Abnahmeverpflichtungen bisher noch nicht auf die Probe gestellt worden ist. Zusammenfassend läßt sich feststellen, daß diese Verpflichtungen nur ein ergänzendes, aber kein tragendes Element einer internationalen Stabilisierungspolitik sein können.

2.4 Preisvereinbarungen

Andere selbständig angewandte Stabilisierungsmaßnahmen sind die in den letzten 15 Jahren verschiedentlich getroffenen Mindest- oder Richtpreisvereinbarungen, z.B. für Milchpulver, Rosinen, Zucker und Jute (L. DEBUS, 1975, S. 49 und 346). Solche Preisvereinbarungen sind nicht durch Regulierungen des Angebots unterbaut und können daher nur innerhalb eines Wirtschaftsjahres auftretende Preisschwankungen eindämmen, soweit sie auf mangelnder Markttransparenz beruhen. Der vereinbarte Preis muß etwa dem kurzfristigen Gleichgewichtspreis entsprechen und zumindest von Jahr zu Jahr der sich verändernden Versorgungslage angepaßt werden. Versuche, Preisvereinbarungen zur Preisstützung einzusetzen, wie das z.B. 1966 bei Zucker und ab 1967 auch im Weizenabkommen geschehen ist, sind unzweckmäßig, weil ohne Mengenregulierung ein bestimmter, über dem Gleichgewichtsniveau liegender Preis nicht gehalten werden kann.

3 Maßnahmen zur Vermeidung anhaltender Knappheit

Die Untersuchung der Wirkungsmöglichkeiten der Exportquoten-Abkommen (Abschnitt 2.2 b) hat ergeben, daß dieser Abkommenstyp zwar geeignet ist, die Preise bei Überangebot zu stützen, aber nicht verhindern kann, daß die Produktion evtl. hinter der Nachfrage zurückbleibt und die Weltmarktpreise die Zielpreise des Abkommens überschreiten. Besonders die Rohstoffhausse der letzten Jahre, die auch die Abkommensprodukte Kaffee, Kakao und Zucker erfaßt hat, wirft die Frage auf, ob die herkömmliche Form der Exportquoten-Abkommen nicht durch Maßnahmen ergänzt werden könnte, die eine jederzeit ausreichende Kapazitäts- und Produktionsexpansion fördern und dadurch helfen, länger anhaltende Knappheit zu vermeiden.

Vielfach wird in diesem Zusammenhang an die Schaffung großer Puffervorräte gedacht. Im Integrierten Rohstoffprogramm des UNCTAD-Sekretariats werden z.B. Ausgleichslager vorgeschlagen, die bis zu einem Viertel des jährlichen Welthandels betragen (K. SEITZ, 1975, S. 464). Solche Vorräte wären vor allem geeignet, Ertragsschwankungen von Jahr zu Jahr auszugleichen. Längerfristige Preisschwankungen, wie sie z.B. bei den Produkten mit mehrjähriger Ausreifezeit von Neupflanzungen zu beobachten sind, können damit kaum überbrückt werden. So ergibt eine überschlägige Rechnung, daß das vorgeschlagene Ausgleichslager für Zucker von höchstens 5,5 Mill. t weder in der Überschußphase von 1965 bis 1969 noch in der Knappheitsphase von 1972 bis 1974 ausgereift hätte, um den Weltmarktpreis annähernd zu stabilisieren. Andere und weniger aufwendige Möglichkeiten, anhaltender Knappheit entgegenzuwirken, wären die folgenden (L. DEBUS, 1975, S. 370 ff.):

- Die laufende Anpassung der Zielpreise an die Entwicklung der Produktionskosten,
- weitgehende Absatzsicherung für die Exportländer in Überschußlagen zu bestimmten Mindestpreisen und
- die kontinuierliche Verlängerung der Abkommen im Gegensatz zu den bisher streng begrenzten Laufzeiten von fünf oder weniger Jahren.
- Außerdem sollten die der Markttransparenz dienenden Einrichtungen noch verbessert und ausgebaut werden. Wo noch nicht vorhanden, ist eine Berichterstattung über die mittelfristigen Produktionsmöglichkeiten erstrebenswert. Z.B. wäre zu prüfen, ob nicht eine internationale Berichterstattung über die Kapazitätsentwicklung und -auslastung der Weltzuckerindustrie eingerichtet werden kann (Vgl. L.DEBUS, 1975, S. 372 ff.).

Im folgenden werden die drei zuerst genannten Maßnahmen näher erläutert:

a) Die laufende Anpassung der Zielpreise

Die weltweit zunehmenden Inflationsraten der letzten Jahre 1) legen nahe, die Zielpreise der Abkommen von Jahr zu Jahr zu erhöhen und nicht erst nach Ablauf von drei Jahren (bei der dann üblichen Revision der Abkommen) oder gar von fünf Jahren (bei Erneuerung der Abkommen). Während der Laufzeit des letzten Zuckerabkommens 1969 bis 1973 z.B. wurden die Zielpreise nicht erhöht, obwohl die Exportländer besonders bei der Revision 1971 darauf gedrungen haben 2). Der dadurch entstehende reale Rückgang des Stützniveaus der Abkommen mindert die Sicherung der Exporterlöse in realen Werten und wirkt sich deshalb negativ auf Investitionen und damit auf die Anpassung der Produktion an eine steigende Nachfrage aus. In den nationalen Marktordnungen sind Anpassungen der Zielpreise an die Kostenentwicklung durchaus üblich; auch in den Präferenzabkommen für Zucker zwischen den USA sowie Großbritannien und ihren jeweiligen Lieferanten wurden die Präferenzpreise regelmäßig der Kostenentwicklung angepaßt.

Eine jährliche Verhandlung zwischen Export- und Importländern über die Anpassung der Zielpreise wäre unpraktisch. Es sollte daher erwogen werden, ob nicht ein internationaler Preisindex als Maßstab für automatische Erhöhungen der Zielpreise in Frage käme. Da ein Index z.B. der Betriebsmittelpreise nur einen Kostenfaktor widerspiegelt und insbesondere nichts über die Entwicklung der Produktivität aussagt, sollten Änderungen eines solchen Indexes nur zu 80 oder 90 % berücksichtigt werden. Konferenzen, bei denen die tatsächliche Kostenentwicklung geprüft wird und danach die Zielpreise ausgehandelt werden, sollten nur alle drei oder fünf Jahre stattfinden.

---

1) Der Preisindex für Fertigwarenexporte aus 11 Industrieländern hat sich seit 1969 folgendermaßen entwickelt (1963 = 100):

1969	110		1972	134
1970	117		1973	156
1971	124		1974	187

(UN, Monthly Bulletin of Statistics).

2) Lediglich der 1972 und 1973 wichtige Lieferpflichtpreis wurde zweimal angehoben.

b) Abnahmeverpflichtungen der Importländer zu Mindestpreisen

Auch Abnahmeverpflichtungen der Importländer zu Mindestpreisen könnten - als ergänzendes Instrument eingesetzt - den Exportländern mehr Sicherheit für ihre Exporterlöse bringen und damit die langfristige Produktionsentwicklung positiv beeinflussen. Solche Abnahmeverpflichtungen waren - wie oben dargestellt - in den Weizenabkommen von 1949, 1953 und 1956 enthalten, wurden dort aber ab 1953 in ihrem Wert für die Exportländer stark ausgehöhlt. Am zweckmäßigsten würden solche Abnahmeverpflichtungen analog zu den Lieferverpflichtungen der Exportländer gestaltet, wie sie in den Weizenabkommen ab 1959 und im Zuckerabkommen von 1968 enthalten waren, d.h. es müßten Lieferungen, die dem Durchschnitt der vorhergehenden Jahre gleichkommen, zu einem Mindestpreis abgenommen werden. Um diese Verpflichtungen für beide Seiten etwas erträglicher zu machen, wäre es zweckmäßig, die Pflichtmengen nicht auf 100 %, sondern z.B. nur auf 90 % der Referenzbeträge festzusetzen.

Der Mindestpreis, der für die Abnahmemengen gelten soll, müßte für die Exportländer im Durchschnitt noch kostendeckend sein, damit von ihm ein positiver Einfluß auf die Kontinuität von Investition und Produktion ausgehen kann. Das genannte Preisniveau ist natürlich nur grob zu quantifizieren und müßte ebenso wie die anderen Zielpreise und der Lieferpflichtpreis grundsätzlich in Verhandlungen zwischen Export- und Importländern festgelegt werden. Außerdem gelten die Ausführungen unter Punkt a) über die Anpassung der Zielpreise an die Kostenentwicklung ebenfalls für den Abnahmepflichtpreis.

Das Ausmaß an Absatz- und Preissicherung, das die Exportländer durch die Abnahmeverpflichtungen gewinnen würden, hängt davon ab, in welchem Umfang die Umsätze am Weltmarkt von solchen Verpflichtungen erfaßt würden. Wenn, wie im Zuckerabkommen von 1968, nur etwa die Hälfte der Nachfrage am freien Weltmarkt im Abkommen organisiert ist, ist die Erlössicherung natürlich unvollständig. Allerdings könnten besonders in einem künftigen Zuckerabkommen Abnahmeverpflichtungen - zusammen mit den analog gestalteten Lieferverpflichtungen - eine neue Qualität gewinnen, wenn sich die USA, die seit Anfang dieses Jahres ihr Präferenzsystem aufgegeben haben, als der Welt wichtigstes Importland am Abkommen beteiligten. Die wechselseitigen Verpflichtungen könnten nämlich einen Ersatz für das Einfuhrquotensystem des US-Sugar-Act bieten. Denn die Pflichtmengen trügen einen ähnlichen Charakter, wie ihn die US-Importquoten gehabt haben [1]).

c) Die kontinuierliche Verlängerung der Abkommen

Die meisten neueren Abkommen wurden für eine Dauer von fünf Jahren mit der Möglichkeit einer Revision nach den ersten drei Jahren abgeschlossen. Diese Regelung bedeutet, daß bei Scheitern der Erneuerungs- oder Revisionsverhandlungen das Abkommen seine Aufgaben der Preisstützung, der Versorgungssicherung bei Knappheit und gegebenenfalls auch der Absatzsicherung bei Überangebot nicht erfüllen kann. Dieser Bruch in der Funktionfähigkeit tritt dann recht kurzfristig ein und ist mit der langfristigen Zwecksetzung der Abkommen nicht zu vereinbaren. Deshalb ist zu erwägen, ob für internationale Abkommen nicht eine kontinuierliche Verlängerung der Laufzeit möglich ist in der Weise, daß die Abkommen schon vom zweiten Abkommensjahr an, um jeweils ein Jahr verlängert werden. Die Restlaufzeit des Abkommens betrüge dann immer fünf Jahre, solange die Mitgliedsländer nicht die Auflösung des Abkommens beschließen.

Allerdings entspricht die bisherige Vertragsdauer von fünf Jahren den Regeln, die 1947 von der UN für Rohstoffvereinbarungen anerkannt worden waren. Die Begrenzung der Abkommensdauer

---

1) Die Lieferpreise würden sich allerdings - anders als im US-System - zwischen dem Liefer- und dem Abnahmepflichtpreis des Abkommens bewegen; das könnte aber in der Wirkung auf die nationale US-Zuckerwirtschaft durch variable Stützungszahlungen ausgeglichen werden.

und die Revision des Abkommens haben den Sinn, eine gewisse Flexibilität der Marktregulierungen zu gewährleisten und so die Verhärtung von Handels- und Produktionsstrukturen zu verhindern. Für die Lösung dieses Problems käme ein begrenzter Automatismus der Art in Frage, daß die Grundquoten etwa im Abstand von drei Jahren anhand der Exportleistung der beteiligten Länder in den vorhergehenden Jahren umverteilt werden. Dabei können natürlich Überschreitungen der zugeteilten Effektivquoten nicht gewertet werden, sondern hier würde die Fähigkeit, umverteilte Quotendefizite zu erfüllen und die Exporte bei Aussetzung der Quoten zu erhöhen, ihren Niederschlag finden. Die neue Quotenverteilung sollte sich aber nicht ausschließlich nach der Exportleistung richten, sondern die alte Quotenverteilung mit berücksichtigen. Außerdem wäre die Einrichtung einer Grundquotenreserve zweckmäßig, aus der in Härtefällen, z.B. bei Mißernten, Quoteneinbußen wiedergutgemacht werden könnten.

Die vier angeführten Ergänzungsmaßnahmen - laufende Anpassung der Zielpreise an die Kostenentwicklung, Abnahmeverpflichtungen der Importländer zu Mindestpreisen, kontinuierliche Verlängerung der Abkommen und Verbesserung der internationalen Markttransparenz - bieten zwar keine Garantie für die Vermeidung von Preishaussen, würden aber eine bessere langfristige Anpassung der Produktion an die vorhersehbare Nachfrageentwicklung fördern. Ob die genannten Maßnahmen bei künftigen Exportquoten-Abkommen zum Zuge kommen, hängt hauptsächlich von der Haltung der Importländer ab. Da sie sich längerfristig aber gerade auch zugunsten der Einfuhrländer auswirken würden, sollten sich diese Länder ernsthaft damit befassen.

Zusammenfassung

Internationale landwirtschaftliche Stabilisierungspolitik ist auf die Eindämmung vor allem von Preisschwankungen auf den Weltagrarmärkten gerichtet. Von den möglichen Arten von Preisschwankungen wirken sich die längerfristigen Schwankungen, die zu über Jahre hin anhaltenden Preisrückgängen oder -tiefständen führen können, am negativsten auf die Wirtschaft vor allem der Export-, aber auch der Importländer aus. Die Exportländer werden von solchen Schwankungen erheblich stärker betroffen, weil sich meistens die Erzeugung eines Produkts viel ungleichmäßiger über die Volkswirtschaften verteilt als dessen Verbrauch und weil die Exporterlöse aus einem einzigen oder einigen wenigen Produkten in vielen Entwicklungsländern einen viel bedeutenderen Teil des Sozialprodukts bilden als die entsprechenden Importe in den Industrieländern. Dieser Unterschied hat zur Folge, daß das Ziel der Exportländer, länger anhaltende Überangebotslagen zu korrigieren und zu vermeiden, im Mittelpunkt der bisherigen internationalen Stabilisierungspolitik gestanden hat. Bei einigen Produkten, deren Absatz durch Substitutionskonkurrenz bedroht ist, war das wesentliche Ziel, den Absatz zu sichern und dadurch Erlöse und Preise wieder aufzubessern. Die Importländer haben sich im Laufe der Zeit mehr und mehr an den Initiativen und Abkommen der Exportländer beteiligt mit den Zielen, die Exportländer zu unterstützen, eine zu starke Preisstützung zu verhindern und ihre eigene Versorgung für den Fall der Verknappung zu sichern. Aus eigener Betroffenheit haben die Importländer nur bei extremer Knappheit, die für viele Rohstoffe gleichzeitig herrschte (Kriegs- und Nachkriegszeiten), besondere Stabilisierungsmaßnahmen ergriffen. Entsprechend dieser Sachlage war das Hauptziel der meisten bisherigen Marktregulierungen die Preisstützung und weniger die Preisstabilisierung.

Das meist angewandte Instrument in der bisherigen internationalen Stabilisierungspolitik war dementsprechend die Beschränkung und Regulierung des Weltmarktangebots durch Exportquoten. Die Exportquoten-Abkommen wurden vielfach ergänzt durch Maßnahmen zur Anpassung der Produktion und in Einzelfällen durch die Ausnahme "entwicklungsfähiger" Märkte aus der Angebotsbeschränkung (so bei Kaffee) und durch Pufferstocks (so bei Kakao). In einigen Zucker- und Weizenabkommen waren Verpflichtungen der Importländer enthalten, die darauf abzielten, den Exportländern ihre vom Protektionismus der Einfuhrländer bedrohten Absatzmärkte zu erhalten. Für den Fall, daß die Preise das angestrebte Niveau überschritten, gab es Vorkehrungen, die der Preissteigerung generell entgegenwirken sollten (Aussetzung der Exportquoten, Mindestvorratspflicht der Exportländer) oder die der bevorzugten Versorgung der beteiligten Importländer dienten (Lieferverpflichtungen zu einem Höchstpreis).

Die Beschränkung des Weltmarktangebots von Agrarprodukten ist als Mittel zur Preisstützung in Überangebotslagen und damit zur Wiederanhebung der Exporterlöse grundsätzlich brauchbar, weil die Preiselastizität der Weltmarktnachfrage in der Regel gering und das Weltmarktangebot im wesentlichen kontrollierbar ist. Empirische Analysen bestätigen das. Dagegen hat sich wiederholt gezeigt, daß die Angebotsregulierung in ihrer bisherigen Gestalt nicht ausreicht, Preishaussen zu verhindern. Davon abgesehen wurden die Abkommen teilweise in ihrer Wirksamkeit durch das Vorhandensein von Außenseitern, durch Konstruktionsmängel und andere Faktoren beeinträchtigt. Hindernisse für das Zustandekommen ergeben sich besonders, wenn die Exportländer ungleichmäßig von Preis- und Erlöseinbußen getroffen werden oder wenn starke Meinungsverschiedenheiten zwischen Export- und Importländern über die Zielpreise oder andere Vereinbarungen bestehen. Schließlich ist auch der Anwendungsbereich von Exportquoten-Abkommen begrenzt, da bei starker Inhomogenität und schlechter Lagerfähigkeit des Produkts (Fette, Zitrusfrüchte) solche Regulierungen kaum durchführbar sind.

Auch bei den durch Substitutionskonkurrenz bedrohten Produkten empfiehlt sich ein anderes Instrumentarium, nämlich Maßnahmen zur Absatzförderung. Die in den Weizenabkommen von 1949 an enthaltenen Liefer- und Abnahmeverpflichtungen sind zur Marktstabilisierung ungeeignet; sie können lediglich andere Stabilisierungsmaßnahmen ergänzen. Mit Hilfe der in den letzten 15 Jahren verschiedentlich getroffenen Preisvereinbarungen ist es möglich, innerhalb des Wirtschaftsjahres auftretende Preisschwankungen einzudämmen, soweit sie auf mangelnder Markttransparenz beruhen; die Versuche, Preisvereinbarungen zur Preisstützung einzusetzen, sind unzweckmäßig, wenn sie nicht durch Mengenregulierungen unterbaut werden.

Besonders die Rohstoffhausse der letzten Jahre, die auch verschiedene Abkommensprodukte erfaßt hat, wirft die Frage auf, ob das bisherige Stabilisierungsinstrumentarium nicht um Maßnahmen ergänzt werden kann, die eine jederzeit ausreichende Kapazitäts- und Produktionsexpansion fördern und dadurch helfen, länger anhaltende Knappheit zu vermeiden. Als solche ergänzende Maßnahmen kämen in Frage:

- Die laufende Orientierung der Zielpreise an der Entwicklung der Produktionskosten,
- weitgehende Absatzsicherung für die Exportländer in Überschußlagen zu bestimmten Mindestpreisen,
- die kontinuierliche Verlängerung der Abkommen sowie
- der Ausbau und die Verbesserung der der Markttransparenz dienenden Einrichtungen.

Literatur

1. ALI, L.: Principle of Buffer Stock and Its Mechanism and Operation in the International Tin Agreement. Weltwirtschaftl. Archiv, Bd. 96 (1966), H. 1, S. 141-187.

2. BINSWANGER, H.C.: Internationale Rohstoffabkommen – eine Darstellung. Außenwirtschaft, 19. Jg. (1964), S. 350-376.

3. DAVIS, J.S.: Experience under Intergovernmental Commodity Agreements, 1902-1945. The Journal of Political Economy, Vol. LIV (1946), S. 193-220.

4. DEBUS, L.: Voraussetzungen für die Wirksamkeit internationaler Rohstoffabkommen, abgeleitet aus den Erfahrungen mit den Weltzuckerabkommen. Diss. Hohenheim 1975.

5. DOERR, R.: Internationale Rohstoff-Vereinbarungen im Agrarbereich. Ziele, Formen, Probleme, Teilnehmer, Wirksamkeit, Konzept. Berichte über Landwirtschaft, N.F., Bd. 52 (1974), S. 103 ff.

6. FAO: Approaches to International Action on World Trade in Oilseeds, Oils and Fats. FAO Commodity Policy Studies, No. 22. Rom 1971.

7. FAO: Commodity Review 1962. Rom 1962 (und ff. Jgg.) bzw. Commodity Review and Outlook 1968-1969. Rom 1969 (und ff. Jgg.).

8. FAO: Developments and Problems in the World Banana Market – Possible International Approaches. FAO Mon. Bull. agric. Econ. Statist., Vol. 23 (1974), No.9, S. 21-26.

9. FAO: An International Jute Centre. FAO Mon. Bull. agric. Econ. Statist., Vol. 22 (1973), No. 3, S. 5-9.

10. FISHER, B.S.: The International Coffee Agreement. A Study in Coffee Diplomacy. New York – Washington – London 1972.

11. GATT: Entwicklungstendenzen im internationalen Handel. Bericht eines Sachverständigenausschusses. Außenhandel und Weltwirtschaft, Schriften der Bundesstelle für Außenhandelsinformation, Bd. 1. Berlin 1959.

12. GATT: International Trade 1973/74. Genf 1974.

13. GREVE, G.: Die Bedeutung der internationalen Rohstoffabkommen für die unterentwickelten Länder. Diss. Münster 1961.

14. HOFFMEYER, M.: Chancen internationaler Rohstoffabkommen – dargestellt am Beispiel der Getreidemärkte. Die Zukunft der Ernährungswirtschaft, Hrsg.: Getreide-Import-Gesellschaft, Duisburg 1975, S. 100 ff.

15. ILO (INTERNATIONAL LABOUR OFFICE): Intergovernmental Commodity Agreements. Montreal 1943.

16. ISC (INTERNATIONAL SUGAR COUNCIL): The World Sugar Economy. Structure and Policies. Vol. II: The World Picture. London 1963.

17. IVANOV, A.S.: International Wheat Agreements 1949-1964. International Sugar Council, London 1965.

18. JOHNSON, H.G.: The De-stabilising Effect of International Commodity Agreements on the Prices of Primary Products. The Exonomic Journal, Vol. LX (1950), S. 626-629.

19. KRUSE, A.: Außenwirtschaft. Die internationalen Wirtschaftsbeziehungen. Berlin 1972.

20. LICHT, F.O. (Hrsg.): F.O. Lichts Weltzuckerstatistik 1973/74. Ratzeburg 1974 (und frühere Jgg.).

21　MASON, E.S.: Controlling World Trade. Cartels and Commodity Agreements. New York und London 1946.

22　MEADE, J.E.: International Commodity Agreements. UN, Proceedings of the UNCTAD, Geneva 1964. Vol. III, Commodity Trade, S. 451-457. New York 1964.

23　OTZEN, P.H.: Möglichkeiten und Grenzen der internationalen Zusammenarbeit auf dem Weltmarkt für Getreide. Kiel 1970.

24　PLATE, R.: Agrarmarktpolitik. Bd. 1: Grundlagen. München - Basel - Wien 1968.

25　DERS.: Agrarmarktpolitik. Bd. 2: Die Agrarmärkte Deutschlands und der EWG. München - Basel - Wien 1970.

26　PEARSON, L.P. u.a.: Der Pearson-Bericht. Bestandsaufnahme und Vorschläge zur Entwicklungspolitik. Bericht der Kommission für Internationale Entwicklung. Wien - München - Zürich 1969.

27　SCHÖLLHORN, J.: Internationale Rohstoffregulierungen. Berlin 1955.

28　SEITZ, K.: Rohstoffversorgung und Rohstoffabkommen. Überlegungen zu einer deutschen Rohstoffpolitik gegenüber der Dritten Welt. Europa-Archiv, 30. Jg. (1975), S. 461 ff.

29　UN: Monthly Bulletin of Statistics. New York.

30　UN - ICCICA (INTERIM CO-ORDINATING COMMITTEE FOR INTERNATIONAL COMMODITY ARRANGEMENTS): 1958 Review of International Commodity Problems. New York 1958.

31　WASSERMANN, U.: The international cocoa agreement 1972. Journal of World Trade Law, Vol. 7 (1973), S. 129-134.

32　WOLF, J.: The Citrus Economy and the Feasibility of International Market Arrangements. FAO Mon. Bull. agric. Econ. Statist., Vol. 14 (1965), No. 9, S. 3-15.

GRENZEN UND MÖGLICHKEITEN EINER INTERNATIONALEN LANDWIRTSCHAFTLICHEN STABILISIERUNGSPOLITIK (Korreferat)

von

Helmut Bunnies, Kiel

1	Zur Funktionsfähigkeit von Rohstoffabkommen	253
2	Beurteilung ergänzender Stabilisierungsmaßnahmen	254
3	Instabilitäten: Folge fehlender politischer Solidarität	254

---

1 Zur Funktionsfähigkeit von Rohstoffabkommen

Hohe Ernteschwankungen, politische und/oder militärische Konflikte sowie die geringe Preiselastizität der Nachfrage insbesondere nach lebenswichtigen Agrarprodukten lösen, verstärkt durch Spekulationsgeschäfte, zum Teil erhebliche und oft mehrjährige Preisschwankungen aus. Sie sind Anlaß auch der gegenwärtigen agrarpolitischen Diskussion über Möglichkeiten und Grenzen einer internationalen Stabilisierungspolitik, deren Ziel es sein soll, den Warenaustausch – abgesehen von seinem Umfang – auf einem für Export- wie Importländer "angemessenen" Preisniveau zu stabilisieren.

Hinter dieser bewußt gewählten Formulierung des "angemessenen Preisniveaus" verbergen sich die aus der unterschiedlichen Interessenlage im- bzw. exportierender Länder resultierenden und zu Zeiten eines Marktungleichgewichtes zumeist diametral entgegenstehenden Vorstellungen über den zumindestens langfristig zutreffenden Gleichgewichtspreis. Diesem Dilemma kommt insofern große Bedeutung zu, als Rohstoffabkommen vor allem vor dem Hintergrund eines zu geringen oder zu hohen Weltmarktangebotes konzipiert werden und damit Veränderungen der Marktverhältnisse bereits den Keim des Scheiterns in sich tragen. Dennoch können die bisherigen Stabilisierungsmaßnahmen nicht grundsätzlich als wirkungslos bezeichnet werden. Das gilt – wie die Analyse der Rohstoffabkommen im vorherigen Referat (L. DEBUS, 1975) gezeigt hat – insbesondere für die Abkommenstypen, die die Exportländer zur Preisstützung bei zu hohem Angebot abschlossen.

Die auch Importländer umfassenden Abkommen funktionierten vor allem dann, wenn Angebot und Nachfrage einigermaßen übereinstimmten oder, wie SCHMIDT (E.SCHMIDT, 1975) für die verschiedenen Zuckerabkommen feststellt, bei "normalem" Marktverlauf. Hier sei der Einwurf gestattet, daß unter diesen Marktbedingungen naturgemäß auf Stabilisierungsmaßnahmen verzichtet werden kann. Über die Wirksamkeit internationaler Rohstoffabkommen entscheiden allein Belastungsproben. Und hier muß festgestellt werden, daß das bisher eingesetzte Instrumentarium bestenfalls zur Dämpfung von Preisschwankungen, kaum jedoch zur Preisstabilisierung beigetragen hat.

Daraus wird allerdings nicht ein Verzicht auf stabilisierende Maßnahmen abgeleitet. Vielmehr werden von DEBUS Vorschläge zur Ergänzung des bisher angewandten Instrumentariums zur Verbesserung der Effizienz von Rohstoffabkommen gemacht und erläutert.

2 Beurteilung ergänzender Stabilisierungsmaßnahmen

Als erstes wird die laufende Anpassung der Zielpreise an die Entwicklung der Produktionskosten mit Hilfe von Preisindices genannt. Dieser Automatismus könnte zwar jährliche, angesichts der divergierenden Interessen der Mitgliedsländer kaum zu realisierende Preisanpassungsverhandlungen ersetzen, ob jedoch eine Preisstabilisierung erreicht wird, hängt ausschließlich von den jeweiligen Marktverhältnissen ab. In Phasen eines zu hohen Weltmarktangebotes würde diese "Anpassung nach oben" - denn wann sinken Kosten? - zwangsläufig vom Gleichgewichtspreis wegführen und damit eher destabilisierend wirken. Mir scheint wichtiger die Festlegung einer realistischen Bandbreite der Zielpreise; sie dürfte eine laufende Preisanpassung überflüssig machen.

Zweitens werden Abnahmeverpflichtungen der Importländer zu Mindestpreisen vorgeschlagen. Abgesehen von der Problematik, die in der Festlegung durchschnittlich kostendeckender Preise steckt und die schon bei geringfügig zu hoher Festsetzung die Gefahr nicht marktkonformer Produktionssteigerungen birgt, wurde mit Abnahmeverpflichtungen - ihnen stehen in der Regel Lieferverpflichtungen der Exportländer gegenüber - bisher keine durchschlagende Preisstabilisierung (H.P. OTZEN, 1970, S. 82 ff.) erreicht. Sie erhalten geradezu eine destabilisierende Wirkung, wenn - wie von DEBUS empfohlen - die Pflichtmengen auf unter 100 v.H. einer Referenzperiode fixiert werden. Denn die restlichen Bezüge werden auf dem "freien Markt" gedeckt, der aufgrund seines begrenzten Volumens (H.J. JOHNSON, 1950, S. 626) bereits durch ein geringes Marktungleichgewicht zu extremen Preisausschlägen tendiert und damit die Gefahr des Ausbrechens einzelner Länder heraufbeschwört bzw. zu falschen Preiserwartungen bei Neuverhandlungen oder zu falschen Produktionsentscheidungen führen kann.

Drittens wird eine kontinuierliche, d.h. frühzeitige Verlängerung der Abkommen vorgeschlagen. Diese Regelung kann zwar kaum zur Verbesserung der Funktionsfähigkeit eines Abkommens beitragen, wohl aber allen am Abkommen beteiligten Ländern eine gewisse zusätzliche Sicherheit bieten.

Aufgreifen und unterstützen möchte ich schließlich die Forderung zur Verbesserung der Markttransparenz. Obwohl das lediglich ein Mindestmaß an "Good Will" aller wichtigen am Welthandel beteiligten Länder voraussetzt und kaum Kosten verursacht, scheiterten derartige Abmachungen bisher aus technischen und/oder politischen Gründen. Hier sei an die Vereinbarungen zwischen den Vereinigten Staaten und der UdSSR erinnert, die solche Marktinformationen zwar vorsehen, die aber dennoch bisher nicht funktionierten.

3 Instabilitäten: Folge fehlender politischer Solidarität

Insgesamt glaube ich, daß die ergänzenden Vorschläge keinen wesentlichen Beitrag zur Preisstabilisierung zu leisten vermögen. Die oft beklagte unbefriedigende Funktionsfähigkeit von Rohstoffabkommen scheint mir auch weniger am unvollkommenen Instrumentarium zu liegen als vielmehr an der mangelnden politischen Bereitschaft vieler Länder, sich vorbehaltlos und solidarisch bestimmten Vorschriften zu unterwerfen.

Das gilt beispielsweise auch für die Europäische Gemeinschaft. Zwar erklärt die Kommission (EG-Kommission, 1975, S. 1) ihr Interesse an ausgewogenen Rohstoffabkommen und nennt als Beispiel ihres guten Willens das erst kürzlich abgeschlossene Abkommen von Lomé, das u.a. Zuckereinfuhren in Höhe von 1,4 Mill. t zum innergemeinschaftlichen Preisniveau vorsieht; gleichzeitig schafft sie jedoch die Voraussetzungen für eine exorbitante innergemeinschaftliche Produktionsausweitung. Konsequenz dieser Politik wird der Aufbau von Überschüssen sein, deren bloßes Vorhandensein voraussichtlich zu einem Preisdruck auf dem Weltmarkt führen dürfte, ganz zu schweigen von der Gefahr, die von einem Export dieser Überschüsse ausgehen würde.

Hier ließen sich zahlreiche, nicht nur die Europäische Gemeinschaft betreffende Beispiele anführen.

Wer daher - wie ich - die fehlende politische Einsicht beklagt und damit vor allem die Grenzen der internationalen Stabilisierungspolitik betont, darf nicht übersehen, daß die Instabilitäten auf den landwirtschaftlichen Rohstoffmärkten mindestens zeitweise für weniger entwickelte Länder zu unerträglichen Belastungen führen (VEREINTE NATIONEN, 1974). Da diese Länder insbesondere zu Zeiten hoher Weltmarktpreise nicht in der Lage sind, ihr Nahrungsmitteldefizit zu den Bedingungen des kommerziellen Weltmarktes zu decken, muß ihre Versorgung allein aus humanitären Gründen von den entwickelten Volkswirtschaften sichergestellt werden, und zwar unabhängig von der Höhe der Kosten und unabhängig von politischen Bedingungen.

Abschließend - und damit greife ich einen anfangs genannten Punkt wieder auf - möchte ich die Frage aufwerfen, in welcher Weise und in welchem Umfang die Instabilitäten auf den Rohstoffmärkten durch internationale Spekulationsgeschäfte verstärkt werden. Dieses Problem müßte - falls es bisher noch nicht geschehen ist - gründlich untersucht und in die Diskussion um die Grenzen und Möglichkeiten einer Stabilisierungspolitik einbezogen werden.

Literatur

1. Bericht über die Welternährungskonferenz der Vereinten Nationen im November 1974 in Rom. Hrsg. vom Bundesministerium für Ernährung, Landwirtschaft und Forsten, Bonn 1975.
2. DEBUS, L: Möglichkeiten und Grenzen einer internationalen landwirtschaftlichen Stabilisierungspolitik. Referat auf der 16. Jahrestagung der Gesellschaft für Wirtschafts- und Sozialwissenschaften des Landbaues e.V., Kiel 1975.
3. EG-Kommission. Wie sollen weltweite Abkommen funktionieren? Agra Europe, 16. Jg. (1975), Nr. 32, Dokumentation.
4. JOHNSON, H.J.: Destabilizing Effect of International Commodity Agreements on the Prices of Primary Products. Economic Journal, Vol. LX, London 1950.
5. OTZEN, H.P.: Möglichkeiten und Grenzen der internationalen Zusammenarbeit auf dem Weltmarkt für Getreide. (Agrarmarkt-Studien aus dem Institut für Agrarpolitik und Marktlehre der Universität Kiel, H. 11.) Hamburg u. Berlin 1970.
6. SCHMIDT, E.: Möglichkeiten einer Stabilisierungspolitik auf dem Zuckermarkt. Referat auf der 16. Jahrestagung der Gesellschaft für Wirtschafts- und Sozialwissenschaften des Landbaues e.V., Kiel 1975.
7. Vereinte Nationen, Die Ernährungslage der Welt in Gegenwart und Zukunft. Eine vorläufige Bestandsaufnahme, hrsg. vom Informationszentrum für wirtschaftliche und soziale Entwicklung, o.O. 1974.

STABILISIERUNGSPOLITIK IM HINBLICK AUF DIE NATIONALE UND INTERNATIONALE VERSORGUNG MIT NAHRUNGSMITTELN

von

Prof. Dr. A. Henze, Stuttgart

1	Einleitung	257
2	Stabilisierungspolitik im Hinblick auf die nationale Versorgung	258
2.1	Stabilisierungsziele	258
2.1.1	Das Stabilisierungsziel bei binnenwirtschaftlicher Instabilität	258
2.1.2	Das Stabilisierungsziel bei instabilem Güterimport	261
2.2	Realisierungsmöglichkeiten	263
2.2.1	Stabilisierung und langfristige Erhöhung der Inlandsproduktion	263
2.2.2	Nationale Lagerhaltung	263
2.2.3	Destabilisierung und langfristige Reduzierung des Außenhandels	265
2.2.4	Internationale Zusammenarbeit	266
3	Zur Stabilisierungspolitik im Hinblick auf die internationale Versorgung	267
3.1	Stabilisierungsziele	267
3.1.1	Das Stabilisierungsziel hinsichtlich der Weltversorgung	267
3.1.2	Internationale Differenzierung des Stabilisierungsziels	269
3.2	Realisierungsmöglichkeiten	269
3.2.1	Internationaler Handel und internationale Nahrungsmittelhilfe als Mittel der interregionalen Versorgungsstabilisierung	269
3.2.2	Stabilisierung der Weltagrarproduktion als Mittel der intertemporären Versorgungsstabilisierung	272
3.2.3	Internationale Lagerhaltung als Mittel der intertemporären Versorgungsstabilisierung	272
4	Zusammenfassung	276

1 Einleitung

Der Begriff Versorgung findet vor allem Verwendung in der Begriffskombination Versorgungsbilanz, die die Produktion und den Verbrauch sowie eventuelle Bestandsveränderungen und national zusätzlich den Export-Import-Saldo erfaßt. Während Produktion lediglich Güterbereitstellung beinhaltet, die noch nicht mit einer Güterinanspruchnahme verbunden sein muß, ist Verbrauch mit Inanspruchnahme bereitgestellter Güter gleichzusetzen. Da der Güterverzehr (Konsum) der Bedürfnisbefriedigung dient und auch derart zielbezogen definiert wird (H. KOLMS, 1959, S. 142), ist Versorgung letztlich als Bedürfnisbefriedigung anzusehen. Eine entsprechende Definition gibt auch das Handwörterbuch der Betriebswirtschaftslehre (T. WESSELS, 1962, S. 5949).

Auch wenn eine unmittelbare Stabilisierung der Bedürfnisbefriedigung nicht operationell ist, erscheint es sinnvoll, von der Bedürfnisbefriedigung auszugehen und sich von ihr auf eine operationelle Ebene hinzubewegen. Das ist günstigstenfalls die des Verbrauchs 1). Ausgehend von der Befriedigung der individuellen Bedürfnisse ist der Pro-Kopf-Verbrauch und nicht der gesamtwirtschaftliche Verbrauch zu stabilisieren. Unterschiede ergeben sich allerdings nur dann, wenn die Bevölkerung sich nicht gleichmäßig entwickelt, weil Stabilisierungspolitik im Hinblick auf die Versorgung nicht Niveaustabilisierung, sondern lediglich Minderung der kurzfristigen Abweichungen von der langfristigen Niveauentwicklung bedeuten kann.

Die folgenden Ausführungen beschränken sich weitgehend auf die theoretische Darstellung der Ziele und Instrumente einer Stabilisierungspolitik im Hinblick auf die nationale und internationale Versorgung mit Nahrungsmitteln. Produkt- und länderspezifische Probleme wie auch solche politischer, technischer und institutioneller Art und die Interdependenzen zwischen den verschiedenen Agrarproduktmärkten sowie zwischen Produkt- und Faktormärkten werden nicht ausführlich behandelt.

2 Stabilisierungspolitik im Hinblick auf die nationale Versorgung

2.1 Stabilisierungsziele

2.1.1 Das Stabilisierungsziel bei binnenwirtschaftlicher Instabilität

Bei der Stabilisierungspolitik im Hinblick auf die Versorgung mit Nahungsmitteln (nur einer Gütergruppe) ist zu unterscheiden zwischen der Verbrauchsentwicklung bei gesamtwirtschaftlicher Instabilität (Nachfrageinstabilität), bei sektoraler Angebotsinstabilität und bei Zusammentreffen von Nachfrage- und Angebotsinstabilität.

Soweit bei stabiler Produktionsentwicklung das sektorale Angebot den Verbrauch prädeterminiert, verläuft die Verbrauchsentwicklung auch bei gesamtwirtschaftlicher Instabilität stabil. Die gesamtwirtschaftliche Instabilität schlägt sich hierbei allein in einer Preisinstabilität nieder, die allerdings - ohne preiswirksame Gegenmaßnahmen - eine Instabilität der Produktions- und Verbrauchsentwicklung auslösen kann.

Bei nicht vollkommen preisunelastischem Angebot ist eine Stabilisierung der Verbrauchsentwicklung nur über eine Steuerung des Verbraucherpreises (Senkung bei negativen Einkommensschwankungen, Erhöhung bei positiven Einkommensschwankungen) möglich und nur durch entsprechende finanzpolitische Maßnahmen ist mit dem Verbrauch auch der Erzeugerpreis stabilisierbar. Wenn bei gesamtwirtschaftlicher Instabilität eine finanzpolitische Steuerung der Verbrauchsentwicklung betrieben wird, ist sie jedoch nicht auf ein Gut zu beschränken, sondern auf alle Güter abzustellen. Sie ist daher Aufgabe der gesamtwirtschaftlichen Wirtschaftspolitik und nicht Aufgabe einer sektoralen Stabilisierungspolitik (K. MÜLLER-HEINE, 1972, S. 51).

Die Notwendigkeit einer sektoralen Stabilisierungspolitik ergibt sich vielmehr aus einer Instabilität der sektoralen Angebotsentwicklung. Geht man von der Gültigkeit des Gossen'schen Gesetzes aus, wonach der individuelle Grenznutzen mit steigender Konsummenge abnimmt, ist die Bedürfnisbefriedigung bei stabiler Angebots- und Verbrauchsentwicklung höher als bei schwankender Verbrauchsentwicklung. Bezieht man die monetären Aspekte in die Betrachtung ein, wirkt sich - entsprechend der Theorie des Konsumentenüberschusses (B.F. MASSEL, 1969; F.V. WAUGH, 1944, 1966) - eine Angebots- und Verbrauchsstabilisierung für die Konsumenten

---

1) Stabilisierung des Verbrauchs muß jedoch nicht immer Stabilisierung der Bedürfnisbefriedigung bedeuten. Abweichungen entstehen, wenn sich die Güterbewertung im Zeitablauf ändert.

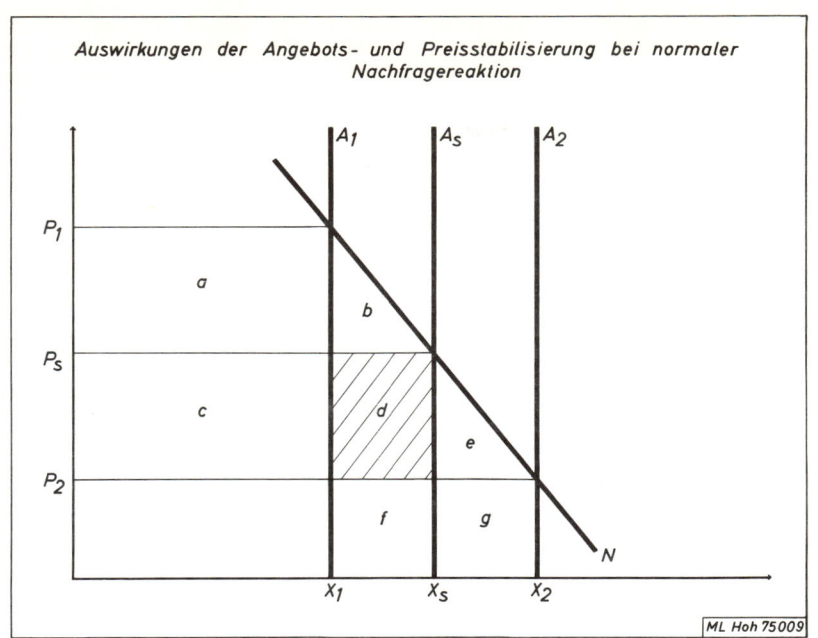

Schaubild 1

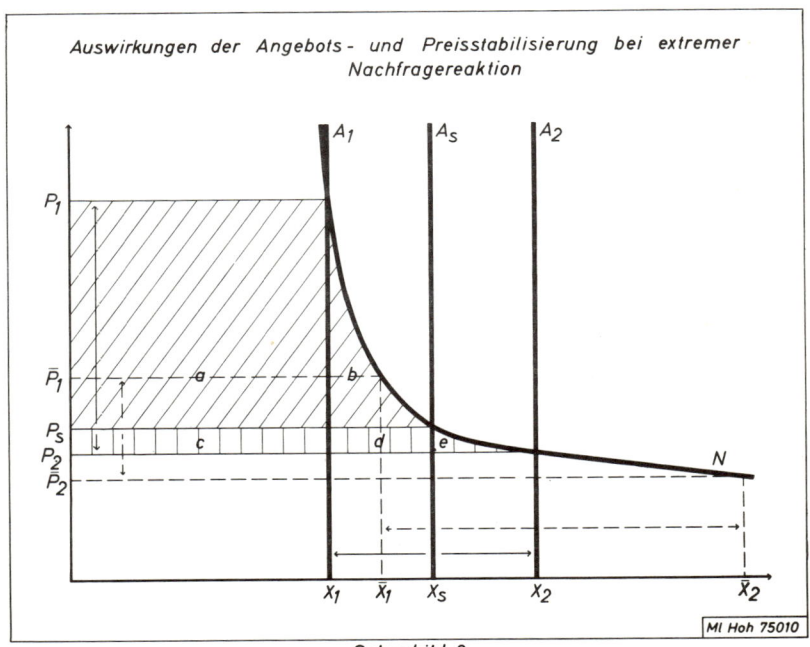

Schaubild 2

in der Regel (bei abnehmender Preiselastizität mit steigendem Verbrauch oder bei konstanter Preiselastizität von größer als 1 (U. KOESTER, 1968, S. 167) jedoch ungünstig aus, weil sie den sog. Konsumentenüberschuß (die Nutzen-Ausgaben-Differenz) verringert (vgl. Schaubild 1, Veränderung des Konsumentenüberschusses bei A_s gegenüber A_1 = + a+b, bei A_s gegenüber A_2 = -c-d-e, Abnahme = d). Dem steht aber gegenüber, daß die Produzenten bei Stabilisierung einen Erlöszuwachs erzielen, aus dem der Verlust an Konsumentenrente mehr als kompensiert werden kann (Veränderung des Erlöses bei A_s gegenüber A_1 = - a+d+f, bei A_s gegenüber A_2 = - g+c+d, Erlöszunahme = 2d). Gesamtwirtschaftlich ergibt sich auch hier ein Wohlstandsgewinn.

Zu einer Begünstigung der Verbraucher und Benachteiligung der Produzenten kommt es nur dann, wenn bei zunehmender Preiselastizität der Nachfrage mit steigendem Verbrauch oder bei konstanter Elastizität von kleiner als 1 (U. KOESTER, 1968, S. 169) durch Marktstabilisierung der durchschnittliche Marktpreis und die durchschnittlichen Verbraucherausgaben abnehmen (vgl. Schaubild 2). In diesem Extremfall nimmt nicht nur der Durchschnittsnutzen des Güterverzehrs, sondern auch die Nutzen-Ausgaben-Differenz (der Konsumentenüberschuß) zu (Zunahme an Konsumentenüberschuß bei A_s gegenüber A_1 = a+b, Abnahme bei A_s gegenüber A_2 = c+d+e, a+b > c+d+e).

Soweit bei Angebotsstabilisierung gleichzeitig der Preis stabilisert wird, bringt sie bei dynamischer Betrachtungsweise zusätzliche Vorteile. Durch die Preisstabilisierung werden die Markttransparenz und die Rationalität der Kaufentscheidungen der Verbraucher erhöht und die Entscheidungen der Produzenten erleichtert (vgl. D. BLANDFORD and J.M. CURRIE, 1975, aber auch B.F. MASSEL, 1970). Die Preisstabilisierung verbessert zudem die Allokation der Ressourcen, indem sie dem Entstehen zyklischer Produktionsschwankungen entgegenwirkt. Bei Risikoabneigung entsteht durch sie ein weiterer Nutzen. Eine Preisstabilisierung ist allerdings insoweit nicht sinnvoll, wie die Produktionskosten zeitlich (saisonal) schwanken. Sie würde saisonale Produktionsschwankungen noch verstärken (R. PLATE, 1965, S. 208) und zudem den saisonalen Angebotsausgleich durch private Lagerhaltung unterbinden.

Bei instabiler gesamtwirtschaftlicher Entwicklung und instabiler sektoraler Produktionsentwicklung wird das Ausmaß der sektoralen Stabilisierungspolitik von dem Zusammenwirken beider Instabilitäten bestimmt. Verliefe die sektorale Angebotsinstabilität derart mit der gesamtwirtschaftlichen Instabilität synchron, daß sich der reale Sektorpreis stabil entwickelt, wirkten sich Nachfrageschwankungen voll in der Verbrauchsentwicklung aus. Das Ausmaß der Verbrauchsinstabilität wäre dann von der gesamtwirtschaftlichen Instabilität vorgegeben und primär auch durch gesamtwirtschaftliche Maßnahmen zu mindern. Sektorale Stabilisierungsmaßnahmen würden hier eine Instabilität der sektoralen Preisentwicklung auslösen, die aber vermieden werden sollte. In der Regel verlaufen gesamtwirtschaftliche und agrarsektorale Instabilität aber kaum derart synchron. Zwar ist nicht nur die Nachfrage nach Agrarprodukten, sondern auch die Produktion (Beschäftigung) im Agrarsektor wenig konjunkturabhängig, da die Agrarproduktion aus verschiedenen Gründen (langer Produktionsdauer, hohem Anteil fixer Produktionsfaktoren und Familienarbeitsverfassung) im konjunkturellen Abschwung weniger eingeschränkt und im konjunkurellen Auftrieb weniger ausgedehnt wird als die Produktion in den übrigen Sektoren (K. MÜLLER-HEINE, 1972, S. 20). Doch schwankt das Angebot an Agrarprodukten konjunkturunabhängig infolge witterungsbedingter Ertragsunterschiede und autonomer Produktionszyklen sehr stark.

Ausgehend von den Ergebnissen bei monokausaler Instabilität ist zu fordern, daß die durch die gesamtwirtschaftliche Entwicklung bedingte Instabilität auch durch gesamtwirtschaftliche Maßnahmen und die von der sektoralen Produktionsentwicklung ausgehende Instabilität durch sektorale Maßnahmen bekämpft wird. Solange die gesamtwirtschaftliche Instabilität als existent anzusehen ist, muß die sektorale Stabilisierungspolitik einen Kompromiß zwischen Verbrauchs- und Preisstabilisierung finden; denn Mengen- und Preisentwicklung lassen sich nur bei gesamtwirt-

schaftlicher Stabilität gleichzeitig voll stabilisieren. Das sektorale Stabilisierungsziel ist daher
auch nur bei gesamtwirtschaftlicher Stabilität eindeutig fixierbar und die gesamtwirtschaftliche
Stabilität somit eine wesentliche Voraussetzung einer autonomen konfliktfreien sektoralen Stabilisierungspolitik. Bei gesamtwirtschaftlicher Instabilität sind sektrorale Angebotsschwankungen
erforderlich, um die sektorale Preisinstabilität nicht so groß werden zu lassen. Aus Gründen der
optimalen Steuerung der Ressourcen kann auf Agrarmärkten sogar eine vollkommene Preisstabilisierung sinnvoll sein. In welchem Ausmaß schließlich eine sektorale Preis- und/oder Mengenstabilisierung zu betreiben ist, hängt außer vom Nutzen von den Kosten der Stabilisierungspolitik
ab. Je höher c.p. die Stabilisierungskosten sind, um so geringer müßte der Stabilisierungsgrad
sein, um so eher wäre auf die Stabilisierung zu verzichten.

2.1.2 Das Stabilisierungsziel bei instabilem Güterimport

Bislang blieb die Instabilität des Güterimports unberücksichtigt. Sie ist insbesondere dann für
die nationale Stabilisierungspolitik von Bedeutung, wenn mit politisch bedingten Unterbrechungen der Güterzufuhr aus dem Ausland zu rechnen und der Importanteil am Inlandsverbrauch sehr
hoch ist. Bei zunehmendem Grenznutzen mit sinkendem Verbrauch ist der Nutzenzuwachs der
Verbrauchsstabilisierung um so größer, je größer die Verbrauchsschwankung ist. Das Stabilisierungsziel (der Stabilisierungsgrad) bei Unsicherheit der Güterzufuhr aus dem Ausland ergibt sich
jedoch nicht allein aus der Nutzendifferenz der Substitution einer bestimmten Konsummenge in
Normal- und in Krisenzeiten, sondern aus der Abwägung von Nutzenverzicht in Normalzeiten
und Nutzenzuwachs in Krisenzeiten bei Änderung der durchschnittlich verfügbaren Konsummenge.
Diese wird bei beginnender Sicherstellung der Versorgung in Krisenzeiten noch zunehmen - bei
gleichen Anteilen von Krisen- und Nichtkrisenzeit solange, wie die Erhöhung der Inlandsproduktion (der Konsummenge in Krisenzeiten) um eine Einheit billiger ist als der Import von zwei Einheiten - und erst mit zunehmender Angleichung der Versorgung in Krisenzeiten an den Konsum
in Nichtkrisenzeiten abnehmen. Je geringer der Anteil der Krisenzeit am gesamten Planungszeitraum ist, um so eher nimmt die durchschnittlich verfügbare Gütermenge jedoch ab.

Der Nutzenrückgang pro Konsumperiode in Nichtkrisenzeiten ist um so geringer, je niedriger
der Gütergrenznutzen in dieser Zeit ist und je geringer die komparativen Kostennachteile der
Inlandsproduktion gegenüber dem Import bzw. die Kosten bei Einsatz anderer Instrumente sind,
während der periodische Nutzenzuwachs in Krisenzeiten c.p. um so höher ist, je höher der Gütergrenznutzen dann ist und je mehr die Konsummenge steigt. Je kleiner (größer) die erwartete
relative Krisenzeit ist, um so weniger (stärker) ist der periodische Nutzenzuwachs in Krisenzeiten und um so stärker (weniger) der periodische Nutzenverlust in Nichtkrisenzeiten zu gewichten,
um so niedriger (höher) müßte daher c.p. der Stabilisierungsgrad (der Selbstversorgungsgrad) sein.

Im allgemeinen ist weder die vollkommene Stabilisierung anzustreben, noch völlig auf die Stabilisierung zu verzichten (A. HENZE, 1972 (4), S. 59 ff). Da sich über die Unsicherheit der Güterzufuhr aus dem Ausland keine objektiven Aussagen treffen lassen, ist das gesamtwirtschaftliche
Protektionsniveau wissenschaftlich nicht ableitbar. Die intersektorale Protektionsstruktur (das
relative sektorale Stabilisierungsziel) ist dagegen eher optimierbar. Wie vom Verfasser an anderen
Stellen (A. HENZE, 1972) abgeleitet, wäre unter der Annahme gleicher Wahrscheinlichkeiten
der Unterbrechung der Güterzufuhr aus dem Ausland bei allen Gütern die intersektorale Protektionsstruktur kosten-nutzen-optimal, bei der sich die Preisstützung der Inlandsproduktion
(die Differenz zwischen inländischem Erzeugerpreis und Weltmarktpreis) und der bei Ausfall
des Imports entstehende Preisanstieg bei allen Importgütern proportional zueinander verhalten
(A. HENZE, 1972 (4), S. 62). Schaubild 3 verdeutlicht den Einfluß unterschiedlicher sektoraler
Angebotssituationen, Schaubild 4 den unterschiedlicher Nachfragesituationen auf das relative
sektorale Stabilisierungsziel (G, G_1, G_2 stellen dabei gleiche kosten-nutzen-optimale Niveaugeraden dar). Je flacher die inländische Angebotsfunktion verläuft (je geringer die Kostennachteile der Inlandsproduktion sind) (vgl. A_1 und A_2 in Schaubild 3) und je steiler die Nachfragefunktion verläuft (je mehr der Grenznutzen bei Abnahme des Konsums steigt) (vgl. N_1 und N_2

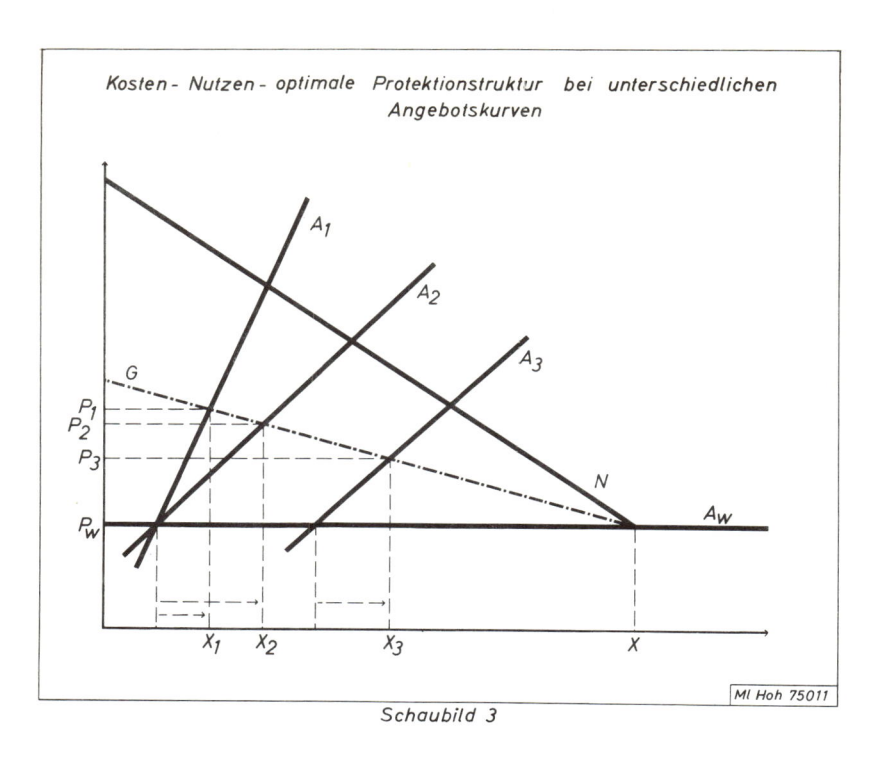

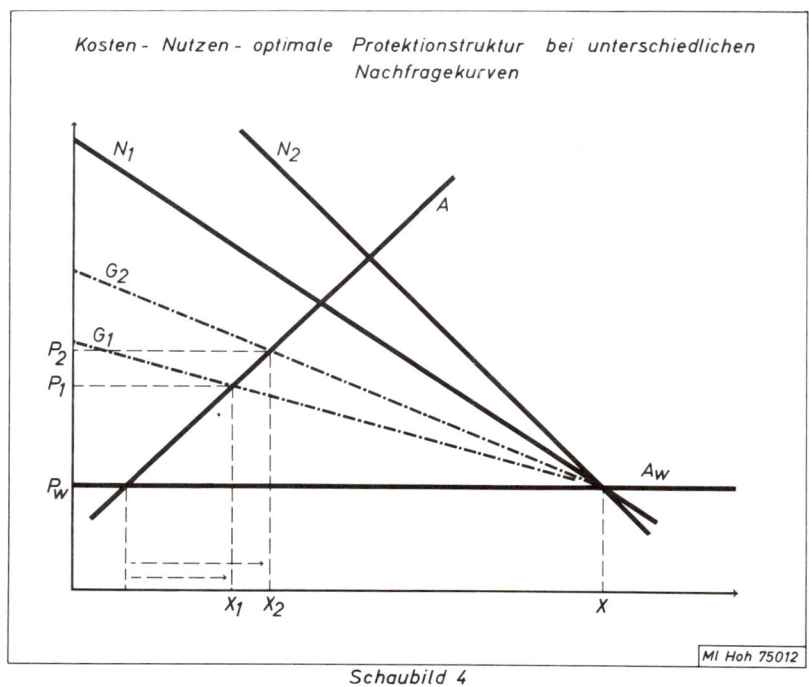

Schaubild 3

Schaubild 4

Schaubild 4) und je umfangreicher der Güterimport ist (vgl. A_2 und A_3 Schaubild 3), um so stärker müßte die Inlandsproduktion auf Kosten des Imports ausgedehnt bzw. die Verbrauchsinstabilität gemindert werden. Die Verbrauchsstabilität müßte hingegen um so größer sein, je kleiner c.p. die Importmenge ist. Der Außenhandelsschutz wäre dabei um so höher, je größer die Importmenge ist und je steiler sowohl die inländische Nachfrage- als auch die inländische Angebotsfunktion verlaufen.

2.2 Realisierungsmöglichkeiten

2.2.1 Stabilisierung und langfristige Erhöhung der Inlandsproduktion

Die Produktionsstabilisierung ist im allgemeinen als das adäquateste Mittel der Versorgungsstabilisierung anzusehen, weil sie bei der Ursache der Versorgungsinstabilität ansetzt. Sie ist bei Agrarprodukten aber nur in begrenztem Maße möglich. Insbesondere bei pflanzlichen Produkten ist infolge witterungsbedingter Ertragsschwankungen die Produktionsentwicklung nur sehr begrenzt stabilisierbar. Eine Stabilisierung der Angebots-, Verbrauchs- oder/und der Preisentwicklung bedarf schon deswegen in der Regel noch des Einsatzes anderer Instrumente: nämlich der Lagerhaltung oder/und der Abwälzung der binnenwirtschaftlichen Instabilität auf das Ausland.

Durch Erhöhung des inländischen Produktionsniveaus wird die Instabilität der Versorgung für den Fall der Unterbrechung der Güterzufuhr aus dem Ausland gemindert. Die in Nichtkrisenzeiten entstehenden volkswirtschaftlichen Kosten der Erhöhung der Inlandsproduktion um eine Einheit entsprechen im allgemeinen der Differenz aus inländischem Erzeugerpreis und Importpreis. Die erwarteten durchschnittlichen Kosten der Erhöhung des Konsums in Krisenzeiten um eine Einheit pro Konsum- bzw. Produktionsperiode durch Erhöhung der Inlandsproduktion ergeben sich aus den mit dem erwarteten Anteil der Krisenzeit am gesamten Planungszeitraum gewichteten Produktionskosten in Krisenzeiten und den mit dem erwarteten Anteil der Nichtkrisenzeit gewichteten volkswirtschaftlichen Kosten in Nichtkrisenzeiten und betragen somit:

$$A_K \cdot P_I + (P_I - P_W) \cdot (1 - A_K) \qquad (1)$$

P_I = inländischer Erzeugerpreis

P_W = Weltmarktpreis

A_K = erwarteter Anteil der Krisenzeit am gesamten Planungszeitraum

Die erwartete Änderung des durchschnittlichen periodischen Konsums entspricht der Differenz aus der mit A_K gewichteten Konsumzunahme in Krisenzeiten um eine Einheit und der mit $1 - A_K$ gewichteten Konsumabnahme in Nichtkrisenzeiten im Ausmaß der relativen volkswirtschaftlichen Kosten und beträgt demnach:

$$A_K - \frac{(P_I - P_W)}{P_W} \cdot (1 - A_K) \qquad (2)$$

2.2.2 Nationale Lagerhaltung

Eine Versorgungsstabilisierung ist ferner durch nationale Lagerhaltung möglich. Ein saisonaler Angebotsausgleich durch Lagerhaltung wird soweit von den Produzenten betrieben, wie sich die Lagerkosten in der Preisentwicklung niederschlagen, d.h. die Verbraucher bereit sind, einen entsprechenden Preisaufschlag zu bezahlen, und der Staat keine saisonale Angebots- und Preisstabilisierung vornimmt. Ein Anreiz zur Lagerhaltung über eine Periode hinaus besteht für die Produzenten am ehesten bei regelmäßigen zweiperiodischen Produktionsschwankungen. Der durchschnittliche periodische Erlöszuwachs der Stabilisierung beträgt d (vgl. Schaubild 1). Da die Menge $X_2 - X_S = X_S - X_1$ nur während der halben Zeit zu lagern ist, ist die Marktstabilisierung für die Produzenten solange vorteilhaft, wie die Stückkosten der Lagerhaltung das Ausmaß der Preisschwankung ohne Lagerhaltung nicht übersteigen.

Bei unregelmäßigen nicht vorhersehbaren Produktionsschwankungen bringt die Lagerhaltung nicht nur ein erhebliches Risiko mit sich, sondern sie wird auch kostenungünstiger. Im allgemeinen unterbleibt die Marktstabilisierung durch die Produzenten aber schon deswegen, weil es wegen der großen Zahl der Produzenten und der geringen Übersicht und Einsicht des Einzelnen nicht zu freiwilligen Gemeinschaftsaktionen kommt (R. PLATE, 1965, S. 355). Sie muß daher in der Regel vom Staat übernommen werden oder zumindest – wie in den USA – durch staatliche Maßnahmen begünstigt werden (R. PLATE, 1967, S. 209). Soweit der Staat die vollen Kosten der Lagerhaltung trägt, wirkt sich die Stabilisierung auch bei geringer Preisinstabilität und unregelmäßigen Produktionsschwankungen vorteilhaft für die Produzenten aus. Unter Berücksichtigung der Kosten und der monetären Belastungen für die Verbraucher durch die Verbrauchsstabilisierung (vgl. Schaubild 1) ist die Lagerhaltung insgesamt gesehen jedoch oftmals nicht wirtschaftlich.

Bei nicht lagerfähigen Produkten, wie vor allem Obst und Gemüse, ist – von einer Konservierung abgesehen – eine Marktstabilisierung nur durch inferiore Verwendung oder Vernichtung möglich. Da der Markt hierdurch nur bei Angebotsüberschüssen entlastet, nie aber belastet wird, bewirkt die Stabilisierung immer gleichzeitig eine Preisstützung, die die Produzenten begünstigt und die Verbraucher benachteiligt und dies in um so stärkerem Maße, je mehr der Markt durch Angebotsreduzierung stabilisiert wird. Eine Stabilisierung ist hierdurch allerdings nur begrenzt möglich, da durch Vernichtung von Produktion ein gesamtwirtschaftlicher Wohlstandsverlust entsteht, soweit der Marktpreis ohne Intervention noch die Vertriebskosten deckt.

Die Lagerhaltung stellt ferner ein Mittel zur Sicherstellung einer Mindestversorgung für den Fall der Unterbrechung der Güterzufuhr aus dem Ausland dar. Die Kosten der Lagerhaltung in Nichtkrisenzeiten entstehen aus der Bereitstellung von Lagerraum, aus Kapitalbindung, sowie aus Wälzung und Wertminderung des Gutes. Die periodischen Kosten der Sicherstellung der Versorgung durch Lagerhaltung steigen mit der erwarteten Dauer der Unterbrechung der Güterzufuhr aus dem Ausland an, weil hiermit die benötigte Vorratsmenge entsprechend zunimmt, so daß die Vorratshaltung gegenüber der laufenden Inlandsproduktion mit zunehmender Dauer der Versorgungsunterbrechung erheblich an Wettbewerbsfähigkeit verliert. Die erwarteten durchschnittlichen Kosten der Erhöhung des Konsums in Krisenzeiten um eine Einheit pro Konsumperiode ergeben sich aus den mit A_K gewichteten Kosten des Konsums in Krisenzeiten und den mit $1 - A_K$ gewichteten Kosten der Vorratshaltung in Nichtkrisenzeiten und betragen somit:

$$A_K \cdot P_W + n V \cdot (1 - A_K) \qquad (3)$$

V = Stückkosten der Vorratshaltung pro Konsumperiode

n = erwartete maximale Krisendauer in Konsumperioden

Die erwartete Änderung des periodischen Durchschnittskonsums entspricht bei Verschuldung in Höhe des Vorratswertes beim Ausland der Differenz aus der mit A_K gewichteten Konsumzunahme in Krisenzeiten um eine Einheit und der mit $1 - A_K$ gewichteten Konsumabnahme in Nichtkrisenzeiten in Höhe der relativen Kosten der Vorratshaltung und beträgt demnach:

$$A_K - \frac{n V}{P_W} \cdot (1 - A_K) \qquad (4)$$

Ohne Auslandsverschuldung entsteht in Nichtkrisenzeiten nicht nur durch die Kosten der Vorratshaltung, sondern auch durch die Finanzierung der Vorratsmenge ein Konsumverzicht. Dafür werden aber in Krisenzeiten bei Importausfall Exportkapazitäten frei – da keine Auslandsschuld zu tilgen ist –, die unter Umständen zur Herstellung von Importgütern genutzt werden können. Unter

Berücksichtigung beider Effekte beträgt die erwartete Änderung des durchschnittlichen periodischen Konsums

$$A_K - (1 - \frac{E}{n}) \cdot \frac{\frac{A_K \cdot P_W}{1-A_K} + nV}{P_W} \cdot (1-A_K) \qquad (5)$$

E = Menge an Importgütern, die während der Zeit n aus freiwerdenden Exportkapazitäten produziert werden kann

Die Eigenfinanzierung ist demzufolge um so ungünstiger, je größer der erwartete Anteil der Krisenzeit am Planungszeitraum ist. Bei geringem Krisenanteil mindert sie den durchschnittlichen periodischen Konsum nur unwesentlich. Die Nutzung der freiwerdenden Exportkapazitäten begünstigt die Vorratshaltung um so mehr, je mehr Importgüter in Krisenzeiten aus ihnen produziert werden können. Da die in Krisenzeiten durchschnittlich pro Konsum- bzw. Produktionsperiode produzierbare Gütermenge mit der Dauer der Krise zunimmt, ist die Begünstigung der Vorratshaltung um so größer, je länger die Krise dauert.

Bei Nutzung der freiwerdenden Exportkapazität ändern sich auch die erwarteten durchschnittlichen periodischen Kosten der Erhöhung des Konsums in Krisenzeiten um eine Einheit. Sie betragen dann:

$$(1 - \frac{E}{n}) \cdot \left[A_K \cdot P_W + nV (1-A_K)\right] + \frac{E}{n} \cdot P_I \cdot A_K \qquad (6)$$

Von Formel (3) verbleiben nur noch Kosten durch Vorratshaltung entsprechend dem Gewichtungsfaktor; hinzu kommen aber Kosten, die durch die Produktion in Krisenzeiten verursacht werden.

Wie vom Verfasser im Jahre 1972 durchgeführte Kostenvergleiche zeigen, kann die Vorratshaltung zur Sicherstellung der Versorgung in Krisenzeiten bei den lagerfähigen pflanzlichen Grundnahrungsmitteln Getreide und Zucker recht kostengünstig sein. Gegenüber der Preisstützung der laufenden Inlandsproduktion Ende der 60er und Anfang der 70er Jahre (vor dem Preishoch auf dem Weltmarkt) in der BR Deutschland war die Vorratshaltung bei der Sicherstellung der Versorgung für einen Zeitraum bis zu etwa 4 bis 5 Jahren kostengünstiger (A. HENZE, 1972 (4), S. 143). Bei den wichtigsten tierischen Nahrungsmitteln (Schweinefleisch, Rindfleisch, Butter) ist die Vorratshaltung nur etwa zwischen einem dreiviertel Jahr und eineinviertel Jahren möglich und zudem recht teuer (A. HENZE, 1972 (4), S. 158 u. 168).

2.2.3 Destabilisierung und langfristige Reduzierung des Außenhandels

Durch die bisherigen Instrumente ist der Binnenmarkt in Nichtkrisenzeiten jedoch nur dann in stärkerem Maße stabilisierbar, wenn der Außenmarkt unbedeutend ist oder seine Instabilität vom Binnenmarkt abgewehrt wird. Eine weitgehende oder gar vollkommene Stabilisierung der Verbrauchs-, Angebots- oder/und vor allem der Preisentwicklung ist durch Abwälzung der binnenwirtschaftlichen Instabilität auf den Außenmarkt bei gleichzeitiger Abschirmung des Binnenmarktes gegenüber außenwirtschaftlicher Instabilität möglich. Eine entsprechende Stabilisierungspolitik ist für das Inland am kostengünstigsten, wenn mit ihr keine oder nur eine relativ geringe Protektion der Inlandsproduktion verbunden ist. In der Regel bringt die binnenwirtschaftliche Stabilisierung durch den Außenhandel jedoch eine nicht unerhebliche Pretektion mit sich, weil der Import viel eher belastet als subventioniert wird und "die Mehrzahl der ursprünglich zum Marktausgleich geschaffenen Einrichtungen im Laufe der Zeit zunehmend für die Preisstützung mißbraucht" werden (R. PLATE, 1965, S. 355).

Den Vorteilen einer Stabilisierung des Binnenmarktes durch den Außenmarkt für das Inland stehen die Nachteile der Übertragung der binnenwirtschaftlichen Instabilität auf den Außenmarkt und der Nichtabsorption der außenwirtschaftlichen Instabilität durch das Inland für das Ausland gegenüber. Sie sind besonders groß, wenn wie im Falle der EG eine große Wirtschaftseinheit ihren Binnenmarkt auf Kosten des Außenmarktes stabilisiert und zudem von der Destabilisierung des Außenhandels eine Reihe kleiner Exportländer mit großer Exportabhängigkeit betroffen werden. Solche Länder sind dann kaum in der Lage, ihre wirtschaftliche Entwicklung zu stabilisieren.

Die langfristige Reduzierung des Außenhandels ist somit zum einen eine nicht notwendige Begleiterscheinung der Binnenmarktstabilisierung in Nichtkrisenzeiten, zum anderen und im wesentlichen ist sie aber eine zwangsläufige Folge der Sicherstellung einer bestimmten Mindestversorgung für den Fall der Unterbrechung der Güterzufuhr aus dem Ausland durch Protektion der Inlandsproduktion. Die Reduzierung des Imports ist vom preispolitischen System abhängig und bei Differenzierung zwischen inländischem Erzeuger- und Verbraucherpreis im Falle des deficiency-payment-Systems am geringsten. Im Gegensatz zur Destabilisierung ist die Reduzierung des Außenhandels für das Inland nur von bedingtem Vorteil, da sie lediglich zur Minimierung der Wohlstandsverluste bei Unterbrechung der Güterzufuhr aus dem Ausland, nicht aber zur Realisierung der potentiellen Wohlstandsmöglichkeiten beiträgt. Für das Ausland ist sie in jedem Fall von Nachteil.

Ebenso wie von einer Destabilisierung sollte auch von der langfristigen Reduzierung des Außenhandels um so weniger Gebrauch gemacht werden, je größer der Binnenmarkt ist. "Je größer eine Kraft in der Weltpolitik ist, desto mehr ist sie gehalten, die Prinzipien freier friedlicher Kooperation zu achten; wenn Große diese Grundsätze verletzen, zerstören sie das ganze System der Kooperation" (R. DAHRENDORF, 1971). Die Agrarpolitik der EG verfährt aber kaum nach diesen Grundsätzen. So werden in der EG durch Einführung des Abschöpfungssystems die Binnenmärkte (die Preise) der wichtigsten Agrarprodukte in stärkerem Maße als vor Gründung der EG und nunmehr fast ausschließlich auf Kosten des Außenhandels stabilisiert. Dies gilt insbesondere bei den Agrarprodukten, bei denen der Import noch ein ausreichendes Stabilisierungspotential darstellt. Aber auch bei Produkten, bei denen kein Import mehr erfolgt, wird der Binnenmarkt teilweise noch in Form des Dumpingexports über den Außenmarkt stabilisiert. Soweit dieser Export nicht kontinuierlich aus fortlaufender Produktion, sondern diskontinuierlich aus Lagerbeständen betrieben wird und sich dabei nicht an der Auslastung der vorhandenen Lagerkapazitäten, sondern an den Schwankungen der Weltmarktpreise orientiert, kann er jedoch stabilisierend auf den Weltmarkt wirken.

Die EG-Kommission hält das Ziel der Marktstabilisierung in der EG auch für weitgehend erreicht. Sie verweist u.a. darauf, daß in der Zeit von 1968 bis 1974 "der bei den monatlichen Preisen für Weichweizen in der EWG verzeichneten Veränderungsquote von nur 3 % ... ein Koeffizient von 11 % auf dem Weltmarkt und von 13 % in den Vereinigten Staaten" gegenübersteht (KOMMISSION DER EG, 1975, S. 17). Nur sollte eben dabei nicht unerwähnt bleiben, daß in der EG die Marktstabilisierung weitgehend auf Kosten des Außenmarktes erreicht wurde und mit ihr eine Preisniveaupolitik betrieben wurde, bei der der Importanteil bei den meisten Produkten - langfristig gesehen - zurückgegangen ist und auf den Märkten mit prohibitivem Außenhandelsschutz der Überschuß der Inlandsproduktion über den Inlandsverbrauch zugenommen hat.

2.2.4 Internationale Zusammenarbeit

Eine Stabilisierung der nationalen Versorgung ist aber auch durch internationale Zusammenarbeit möglich. Hierdurch läßt sich insbesondere die Versorgung mit pflanzlichen Grundnahrungsmitteln stabilisieren, da die Produktionsschwankungen bei pflanzlichen Agrarprodukten in den einzelnen Ländern (Regionen) sehr unterschiedlich verlaufen. Zwar ist nicht auszuschließen, daß der vollintegrierte Weltmarkt eine größere Instabilität aufweist als der isolierte Binnenmarkt eines bestimmten Landes. Für das Durchschnittsland jedoch und erst recht für Länder mit hoher Produktionsinstabilität erhöht die Integration die Marktstabilität. Allein durch Integration läßt sich zwar keine vollkommene Stabilität erreichen. Die Integration ist aber – weltweit gesehen – die billigste Stabilisierungspolitik, da sie durch Ausnutzung der komparativen Kostenvorteile sogar gleichzeitig das Wohlstandsniveau erhöht. Eine Unsicherheit der Güterzufuhr aus dem Ausland wird zwar vielfach als Hemmnis der zunehmenden oder gar totalen weltwirtschaftlichen Zusammenarbeit angesehen; es wird aber auch die Auffassung vertreten, daß bei Unsicherheit der internationale Güteraustausch nicht – wie weiter oben dargestellt – einzuschränken, sondern vielmehr auszudehenen sei, weil die zunehmende internationale Verflechtung, die nicht nur die Abhängigkeit des Inlandes vom Ausland, sondern auch die des Auslandes vom Inland erhöht (A. HENZE, 1972 (4), S. 50), am ehesten die Unsicherheit der Güterzufuhr aus dem Ausland verringert (vgl. A. PREDÖHL und J. JÜRGENSEN, 1961, S. 380).

Die Unsicherheit der Versorgung nimmt vor allem dann ab, wenn – wie im Falle der EG – neben der wirtschaftlichen auch die politische Integration vorangetrieben wird, durch die das politische Risiko der Güterversorgung erst entscheidend gemindert wird. Eine gemeinsame Sicherstellungspolitik der EG erhöht und verbilligt die Nahrungsmittelversorgung für Krisenzeiten, weil bei gleicher Protektion der Inlandproduktion der Selbstversorgungsgrad in der EG höher liegt als in der BR Deutschland und somit bei gemeinsamer Politik eine vergleichsweise geringe Agrarprotektion erforderlich ist (A. HENZE, 1972 (4), S. 91). Zudem dürfte durch den wirtschaftlichen und politischen Machtgewinn die Sicherheit der Versorgung aus Drittländern zunehmen.

3 Zur Stabilisierungspolitik im Hinblick auf die internationale Versorgung

3.1 Stabilisierungsziele

3.1.1 Das Stabilisierungsziel hinsichtlich der Weltversorgung

Ebenso wie national ist auch international die Versorgungstabilisierung vorteilhaft. Die Fixierung eines konkreten internationalen Stabilisierungsziels ist jedoch schwieriger, da die Voraussetzungen für eine internationale Stabilisierungspolitik wesentlich ungünstiger sind. Bei unterschiedlichen Auswirkungen der Marktstabilisierung auf Konsumenten (Importländer) und Produzenten (Exportländer) differieren die nationalen Interessen erheblich. Zudem ist eine Umverteilung der Wirkungen international schwieriger als national. Auch gibt es international nicht wie national eine Zentralinstanz, die letzlich allein über das Stabilisierungsziel entscheidet. Hinzu kommt, daß international nicht wie national die Möglichkeit besteht, eine Marktstabilisierung auf Kosten anderer zu betreiben. Zwar läßt sich die Instabilität auf den wichtigsten Weltagrarmärkten durch Verstärkung der internationalen Zusammenarbeit verringern. Soweit diese Möglichkeit aber nicht genutzt wird und Schwankungen der Weltproduktion sich nicht beseitigen lassen, ist der Weltmarkt nur durch Lagerhaltung stabilisierbar. Daher sind einer Marktstabilisierung international eher Grenzen gesetzt als national.

Bei normaler Nachfragereaktion (Schaubild 1) besteht für die Produzenten solange ein Anreiz zur Marktstabilisierung durch Lagerhaltung, wie die Stabilisierungskosten den Erlöszuwachs nicht übersteigen. Bei der in Schaubild 2 dargestellten Nachfragekonstellation wäre die Marktstabilisierung für die Verbraucher von finanziellem Vorteil. Ein entsprechender Verlauf der Nachfragefunktion ist bei einzelnen Nahrungsmitteln wahrscheinlicher als bei Nahrungsmitteln insgesamt und am ehesten denkbar in Ländern mit sehr niedrigem Einkommensniveau. In Ländern mit einem Konsumniveau in Höhe des lebensnotwendigen Bedarfs tangieren Nahrungsmittelverknappungen sogleich die ernährungsphysiologische (kalorien- und nährstoffmäßige) Versorgung und bedarf es daher – bei fehlender fremder Hilfe – am dringendsten der Vorsorge.

Bei Integration der nationalen Märkte hängen die Preiseffekte der Angebotsschwankungen aber nicht vom Verlauf der Nachfragefunktion eines Landes, sondern vom Verlauf der aggregierten Nachfragefunktion ab, und diese wird vermutlich – insbesondere bei zunehmender Integration der Märkte von Entwicklungsländern und Industrieländern – keinen derart extremen Verlauf haben. Somit beseitigt die weltweite Integration der Märkte die ungünstigen Wirkungen der Versorgungs-

Anbau- und Produktionsentwicklung bei Weizen
(log. - Maßstab; 1954 = 100)

Schaubild 5

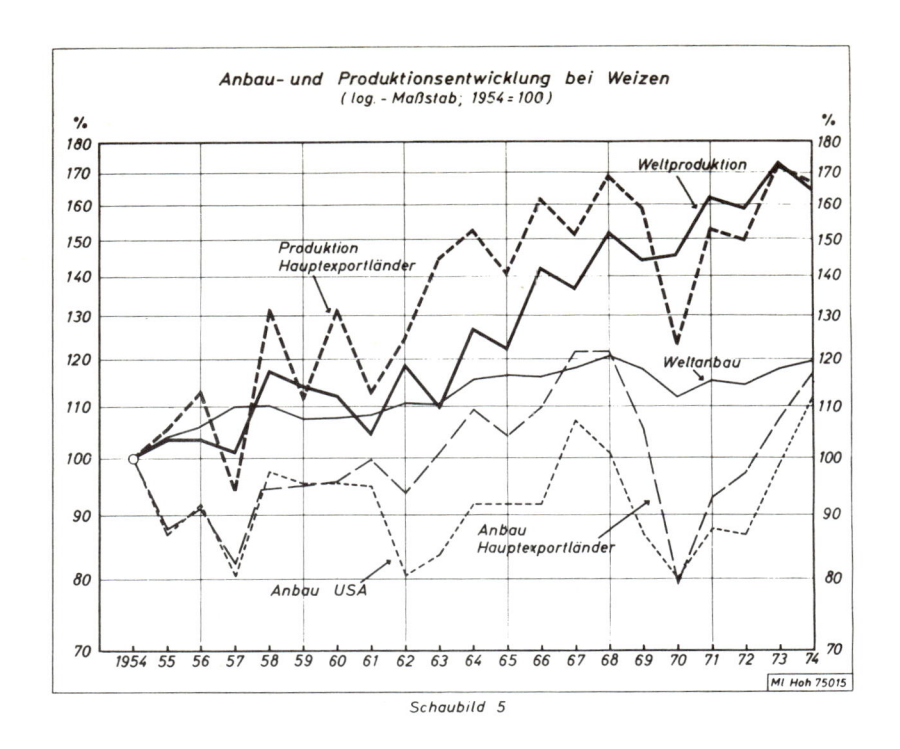

Tabelle 1: Anbau-, Ertrags- und Produktionsinstabilität bei Getreide

Region		Instabilitätsindex[1]		
		Anbaufläche	Ertrag	Produktion
		Getreide einschl. Reis		
Welt	1954-1974	1,58	2,77	3,32
	1960-1974	1,52	2,66	2,71
entwickelte Länder	1960-1974	2,72	4,04	4,56
Entwicklungsländer	1960-1974	1,32	2,56	3,19
Zentralverwaltungswirtschaften	1960-1974	1,04	3,88	4,16
		Weizen		
Welt	1954-1974	2,54	6,22	6,02
	1960-1974	2,56	4,94	4,77
USA, Kanada,	1950-1974	11,18	7,24	11,65
Argentinien,	1954-1974	10,96	7,05	9,30
Australien insgesamt	1960-1974	10,10	7,45	9,50
USA	1950-1974	13,47	7,86	11,69
	1954-1974	10,01	7,89	10,18
	1960-1974	10,60	6,53	7,97
UdSSR	1960-1974	5,0	14,0	14,0

[1] Prozentuale Standardabweichung von der trendmäßigen Entwicklung.
Quelle: Eigene Berechnungen.

instabilität für die Verbraucher in Ländern mit einer in Schaubild 2 dargestellten Nachfragefunktion. In diesen Ländern würde der Durchschnittsverbrauch bei Stabilisierung einer Schwankung des Weltmarktpreises zwischen $\bar{P}_1$ und $\bar{P}_2$ auf mittlerer Preishöhe P_S sogar abnehmen, weil er mit X_S nur relativ wenig über dem Verbrauch $\bar{X}_1$ bei hohem Preis und relativ stark unter dem Verbrauch $\bar{X}_2$ bei niedrigem Preis liegen würde (vgl. Schaubild 2). Insoweit bringt die Integration der Märkte für diese Länder besondere Vorteile und ist auf integrierten Märkten eine Stabilisierung für die Verbraucher in diesen Ländern sogar von Nachteil. Aber auch weltweit müßte ein starkes Interesse an der Integration der nationalen Märkte bestehen, da sie sowohl eine Marktstabilisierung mit sich bringt als auch den Wohlstand erhöht.

3.1.2 Internationale Differenzierung des Stabilisierungsziels

Solange es aber nicht zu einer alle Länder befriedigenden Stabilisierung des Weltmarktes kommt und der Weltmarkt bei Agrarprodukten, von den nationalen Märkten weitgehend isoliert, einen Restmarkt mit großer Instabilität darstellt, auf dem vor allem nationale Versorgungsüberschüsse angeboten und nationale Versorgungsdefizite nachgefragt werden und in Krisensituationen finanzkräftige Länder Hortungskäufe tätigen oder/und die Exportländer ihr Angebot zurückhalten, ist eine Differenzierung der Stabilisierungsziele nicht nur sehr wahrscheinlich, sondern aus nationaler Sicht auch sinnvoll. Bei nicht integrierten Agrarmärkten ergeben sich in den verschiedenen Ländern sowohl von der Nachfrageseite (Einkommensinstabilität und Einkommenselastizität der Nachfrage und Änderungen in der Bevölkerungsentwicklung) als auch von der Angebotsseite (Produktionsinstabilität) große Unterschiede in der Marktinstabilität und deren Konsequenzen und damit auch in der Notwendigkeit der Marktstabilisierung. Unterschiede im Stabilisierungsziel resultieren ferner aus unterschiedlichen Versorgungsniveaus und Stabilisierungskosten. Zudem haben Verbrauchs- und Preisstabilisierung in verschiedenen Ländern neben einer unterschiedlichen absoluten auch eine unterschiedliche relative Bedeutung. Während in Industrieländern mit hohem Verbrauchsniveau und niedrigen Einkommens- und Preiselastizitäten bei Agrarprodukten - insbesondere bei umfangreicher Agrarproduktion - die Preisstabilisierung Vorrang einnimmt und durch den Preis auch der Verbrauch recht gut stabilisiert wird, ist in Ländern mit niedrigem Verbrauchsniveau und hoher Einkommenselastizität die Verbrauchsstabilisierung von zumindest vergleichsweise größerer Bedeutung und der Verbrauch auch weit weniger über den Preis stabilisierbar. Die Sicherstellung eines Mindestversorgungsniveaus ist sogar unabdingbar, wenn bei negativen Einkommens- und Produktionsschwankungen der ernährungsphysiologische Bedarf an Nahrungsmitteln (Kohlenhydraten und Eiweiß) nicht mehr gedeckt werden kann.

Unterschiedliche Stabilisierungsziele ergeben sich ferner aus der Unsicherheit der Güterzufuhr aus dem Ausland, da der Unsicherheitsgrad nicht für alle Länder gleich groß ist und zudem Verbrauchsniveau, Selbstversorgungsgrad und Stabilisierungskosten international stark differieren.

Aber auch bei totaler Integration der internationalen Agrarmärkte und Sicherheit der Versorgung aus dem Ausland wäre eine globale Stabilisierungspolitik nicht für alle Länder gleichermaßen optimal. Je stärker allerdings die internationalen Märkte integriert und stabilisiert sind, um so weniger bedarf es einer regionalen (nationalen) Differenzierung in der Stabilisierungspolitik.

3.2 Realisierungsmöglichkeiten

3.2.1 Internationaler Handel und internationale Nahrungsmittelhilfe als Mittel der interregionalen Versorgungsstabilisierung

Interregionale Versorgungsinstabilitäten lassen sich durch den internationalen Güteraustausch und die Nahrungsmittelhilfe mindern, wobei der Handel den Normalfall darstellt und die Nahrungsmittelhilfe nur die Ausnahme sein kann. Je mehr die nationalen Märkte über den Güteraustausch integriert werden, um so mehr gleichen sich die Produktions- und Preisschwankungen der Länder aus, um so stärker schlagen sich aber autonome nationale Nachfrageschwankungen in Verbrauchsschwankungen nieder.

Eine Untersuchung der FAO (vgl. UNITED NATIONS, 1974, S. 36) kommt auch zu dem Ergebnis, daß in dem Zeitraum 1952 bis 1972 die Produktionsinstabilität regional (national) größer war als in der Welt insgesamt. Der Instabilitätsindex (die prozentuale Standardabweichung der Jahreswerte von der Trendentwicklung) bei der Getreideproduktion, die eine größere Instabilität aufweist als die Agrarproduktion insgesamt, reichte in den wichtigsten Regionen von 4 in den Zentralwirtschaftsländern Asiens über 6 bis 8 in den meisten Regionen bis 10 in Nordamerika, 13 in Osteuropa einschließlich UdSSR und 42 in Ozeanien und betrug für die Welt insgesamt 4 [1]. Bei der Gruppe der Entwicklungsländer erreichte der Instabilitätsindex nur den Wert 3, während er bei den entwickelten Ländern 6 ausmachte. Die größere Produktionsinstabilität in diesen Ländern ist vor allem zurückzuführen auf eine größere Anbauinstabilität (insbesondere in den Hauptexportländern) infolge instabiler Exportnachfrage, staatlicher Produktionsmaßnahmen und großer Produktionsflexibilität (vgl. hierzu in Schaubild 5 die Anbau- und Produktionsentwicklung bei Weizen in den Hauptexportländern USA, Kanada, Australien und Argentinien sowie Tabelle 1). Aber auch die Ertragsinstabilität war - zumindest was die Zeit ab 1960 betrifft, die näher untersucht werden konnte (vgl. Tabelle 1) - in den entwickelten Ländern größer als in den Entwicklungsländern. Allerdings wurde die Produktionsinstabilität in den Entwicklungsländern zu einem höheren Anteil durch Ertragsschwankungen verursacht.

Die Nahrungsmittelhilfe ist solange als ein Mittel der interregionalen Versorgungsstabilisierung anzusehen, wie die Verbrauchsniveaus regional stark differieren und die Produktionsinstabilität in Ländern mit niedrigem Verbrauchsniveau recht groß ist. Sie sollte jedoch weitgehend auf außergewöhnliche, naturbedingte Produktionsausfälle in Ländern mit niedrigem Versorgungsniveau beschränkt und von den Geberländern weniger bei günstiger, sondern mehr bei ungünstiger internationaler Versorgungslage geleistet werden.

In der Vergangenheit wurde allerdings nicht immer so verfahren (THE WORLD FOOD SITUATION, 1974, S. 53 ff). Vor allem die von den USA seit Verabschiedung des LP 480 im Jahre 1955 getätigten Nahrungsmittellieferungen zu Sonderbedingungen waren weniger auf die Beseitigung von Versorgungsengpässen in armen Ländern gerichtet, sondern wurden mehr zum Zwecke des Abbaues kostspieliger Lagerbestände und der Erschließung neuer Exportmärkte vorgenommen. Auch das später von der Kommission der EG gestartete und in den letzten Jahren verstärkte Nahrungsmittelhilfsprogramm und die 1967 verabschiedete Food Aid Convention der Getreideexportländer dienten bisher in starkem Maße dem Abbau von Produktionsüberschüssen. Das 1962 für eine Zeit von 3 Jahren geschaffene und danach auf unbegrenzte Zeit verlängerte World Food Programm der Vereinten Nationen zielt dagegen stärker auf die Behebung von Versorgungsengpässen in Ländern mit niedrigem Verbrauchsniveau ab.

Vom Gesamtwert der bilateralen und multilateralen Nahrungsmittelhilfslieferungen (Verbilligung gegenüber dem Marktpreis) und -zahlungen brachten die USA den bei weitem größten Teil auf: 1960 95 v.H., im Durchschnitt der Jahre 1965 bis 1973 etwa 80 v.H., gefolgt von Kanada mit 7 v.H., Japan mit 3 v.H., der BR Deutschland und Frankreich mit je 2 v.H. (vgl. Tabelle 2). An den Hilfsleistungen des World Food Programms der Vereinten Nationen waren die USA in der Vergangenheit zu 46 v.H. beteiligt, gefolgt von Kanada mit 13 v.H., der EG mit 11 v.H., der Schweiz mit 7 v.H., Dänemark und den Niederlanden mit je 6 v.H. (THE WORLD FOOD SITUATION, 1974, S. 55).

Je weniger Lagerbestände und Produktionsüberschüsse in den Geberländern aber abzubauen und zu verwerten sind bzw. je mehr die Nahrungsmittelhilfe allein der Beseitigung von Versorgungsengpässen dient, um so weniger sind die bisherigen Geberländer bereit, ihren Beitrag an Hilfsleistungen beizubehalten oder gar zu erhöhen, um so schwieriger wird die kostenlose oder verbilligte Bereitstellung von Nahrungsmitteln. Andererseits birgt eine allzu umfangreiche Nahrungsmittelhilfe die Gefahr in sich, daß die Produktionsentwicklung in den Nehmerländern gehemmt wird.

---

[1] Die Stabilität des integrierten Weltmarktes würde außer von der Produktionsstabilität abhängen von der Instabilität und der Preiselastizität der Nachfrage.

Tabelle 2: Wert der bilateralen und multilateralen Nahrungsmittelhilfslieferungen und -zahlungen der entwickelten Länder

L a n d	1960	1965	1967	1969	1971	1972	1973	1965-1973	1965-1973
					Mill. Dollar				in v.H.
Australien	2,0	10,2	15,6	15,1	12,6	18,5	19,6	133,9	1,22
Österreich	-	-	-	1,0	0,8	0,8	0,8	3,9	0,04
Belgien	0,1	0,3	0,2	2,9	7,4	11,1	16,0	41,6	0,38
Kanada	40,8	57,3	117,5	63,3	88,5	87,8	95,9	810,0	7,37
Dänemark	0,1	0,2	1,6	8,4	7,3	8,0	13,9	49,5	0,45
Frankreich	0,4	0,7	1,0	15,1	34,8	32,3	66,0	166,5	1,51
BR Deutschland	-	2,6	2,7	36,6	46,9	58,4	91,9	273,6	2,49
Italien	-	-	1,0	4,5	24,0	20,0	27,4	96,7	0,88
Japan	0,1	0,4	0,5	2,0	134,5	34,6	105,8	302,5	2,75
Niederlande	-	1,1	0,9	13,8	15,7	20,3	33,0	102,4	0,93
Neuseeland	.	.	.	.	.	.	1,2	1,2	0,01
Norwegen	0,3	0,6	1,2	4,5	4,1	2,5	3,9	33,4	0,30
Portugal	-	-	-	0,1	-	0,1	0,1	0,3	0,00
Schweden	-	-	2,9	4,7	9,4	6,5	11,2	50,0	0,45
Schweiz	0,5	1,1	3,1	6,8	4,1	7,6	8,5	42,8	0,39
Großbritannien	1,0	1,4	1,0	17,4	17,3	2,7	14,3	74,3	0,68
USA	901,0	1234,4	1007,0	907,0	826,0	978,0	730,0	8815,4	80,15
insgesamt, ohne USA	45,3	75,9	149,2	196,2	407,4	311,2	509,5	2182,6	19,85
insgesamt entwickelte Länder	946,3	1310,3	1156,2	1103,2	1233,4	1289,2	1239,5	10998,0	100,00

Quelle: THE WORLD FOOD SITUATION, 1974, S. 54.

3.2.2 Stabilisierung der Weltagrarproduktion als Mittel der intertemporären Versorgungsstabilisierung

Intertemporäre Versorgungsinstabilitäten der Welt sollten soweit wie möglich durch Minderung der Produktionsschwankungen verringert werden, da es zweckmäßiger erscheint, die Ursache der Versorgungsinstabilität zu beseitigen, als die Versorgung durch Lagerhaltung zu stabilisieren. Produktionsschwankungen der wichtigsten Grundnahrungsmittel werden durch Anbau- und/oder Ertragsinstabilitäten hervorgerufen. Untersuchungen haben ergeben (vgl. Tabelle 1), daß in dem Zeitraum 1954 bis 1974 (1960 bis 1974) die prozentuale Standardabweichung von der trendmäßigen Anbauentwicklung der Welt bei Getreide insgesamt (einschl. Reis) 1,58 (1,52) und bei Weizen 2,54 (2,56) betrug. In den Hauptexportländern war die Anbauinstabilität allerdings erheblich größer. In den USA, in Kanada, Australien und Argentinien lag sie bei Weizen mit einem Instabilitätsindex von 10,96 (10,11) etwa 1,5 mal so hoch wie die Ertragsinstabilität und auch noch geringfügig höher als die Produktionsinstabilität (vgl. hierzu auch Schaubild 5). Im Gegensatz dazu war in der Welt insgesamt die Ertragsinstabilität mit einem Index von 2,77 (2,66) bei Getreide und von 6,22 (4,69) bei Weizen annähernd bis reichlich doppelt so groß wie die Anbauinstabilität und die Produktionsinstabilität mit einem Index von 3,32 (2,71) bei Getreide und von 6,02 (4,77) bei Weizen nur wenig größer oder gar kleiner (1954 bis 1974 bei Weizen) als die Ertragsinstabilität (vgl. auch Schaubild 5), so daß sich durch Anbaustabilisierung (regionale Anbauabstimmung) allein die Instabilität der Produktionsentwicklung bei Getreide bzw. Weizen der Welt insgesamt nur wenig erhöhen läßt.

Ertragsbedingte Produktionsschwankungen lassen sich nur begrenzt beseitigen. Soweit die Ertragsschwankungen nicht auf Witterungseinflüsse zurückgehen, sondern ihre Ursache in einem schwankenden Einsatz ertragssteigernder Produktionsmittel haben, sind sie noch am ehesten egalisierbar. So scheint insbesondere in Ländern mit stark schwankendem Einsatzniveau und noch hoher Grenzproduktivität des Düngemitteleinsatzes eine Ertragsstabilisierung möglich zu sein. Dagegen ist in Ländern mit extremen und instabilen Witterungsverhältnissen eine Ertragsstabilisierung am wenigsten möglich. In diesen Ländern und Regionen (Ozeanien, Kanada, UdSSR und bestimmten Regionen Afrikas, Asiens, Südamerikas) war die Instabilität der Getreideproduktion auch besonders groß. Die UdSSR war der Hauptverursacher der drei größten Rückschläge in der Entwicklung der Weltweizenproduktion seit 1960. Die negativen Abweichungen von der Trendentwicklung der Weizenproduktion in der UdSSR waren mit 20 Mill. t (1963), 16 Mill. t (1965) und 12 Mill. t (1972) sogar genau so groß wie oder gar größer als die Abweichungen von der Trendentwicklung der Weltproduktion in Höhe von 20 Mill. t (1963), 13,5 Mill. t (1965) und 10 Mill. t (1972) (THE WORLD FOOD SITUATION, 1974, S. 41), (vgl. auch Tabelle 1). Die Produktionsinstabilität in der UdSSR wie auch in einigen anderen Ländern ließe sich jedoch dadurch etwas mindern, daß die Getreideproduktion weniger durch Anbauausdehnung in Regionen mit hohem Ertragsrisiko, sondern mehr durch Intensivierung zu steigern versucht würde.

3.2.3 Internationale Lagerhaltung als Mittel der intertemporären Versorgungsstabilisierung

Soweit die Entwicklung der Weltproduktion nicht stabilisierbar ist, läßt sich die intertemporäre Versorgung weltweit nur durch Lagerhaltung stabilisieren (inferiore Verwendung und Vernichtung von Nahrungsmitteln ausgenommen). Demzufolge ist eine weitgehende Stabilisierung der Weltversorgung nur bei lagerfähigen Produkten wie vor allem Getreide und Zucker möglich.

Ob eine internationale Lagerhaltung sinnvoll ist, hängt wiederum von dem Nutzen-(Ertrags-) Kosten-Verhältnis ab. Für die Produzenten (Exportländer) ist die Lagerhaltung - wie weiter oben dargestellt - am ehesten bei kollektivem Handeln und regelmäßigen Angebotsschwankungen vorteilhaft. Bei nichtkollektivem Handeln muß die Menge eines Anbieters (eines Exportlandes) hinreichend groß sein, um überhaupt eine Marktstabilisierung betreiben zu können. Zudem muß die Preisinstabilität größer sein als bei kollektivem Handeln, da ein einzelner Anbieter (ein einzelnes Exportland) nicht nur entsprechend seiner Instabilität, sondern darüber hinaus Lagerung betreiben muß und die übrigen Anbieter - ohne zur Marktstabilisierung beizutragen - relativ den gleichen Erlöszuwachs erzielen. Eine Stabilisierung des Weltmarktes durch einzelne private Unternehmungen ist daher kaum zu erwarten, insbesondere solange nicht, wie der Weltmarkt durch staatliche Eingriffe gesteuert wird.

Eine Steuerung des Weltmarktes durch nur wenige Exportländer (USA und Kanada) wurde in den 50er und 60er Jahren bei Getreide betrieben (R. PLATE, 1970, S. 6). Sie erfolgte aber auch durch Anbaubeschränkungen und war außer auf eine Stabilisierung, auch - wenn nicht gar vorwiegend - auf eine längerfristige Verknappung des Weltmarktangebotes gerichtet. Die Gefahr einer langfristigen Versorgungsverknappung ist zwar um so geringer, je weniger das Angebot international konzentriert bzw. je stärker der Wettbewerb zwischen den Exportländern ist. Gleichzeitig nimmt aber auch die Möglichkeit der Marktstabilisierung durch Exportländer ab. Der Stabilisierungsanreiz wird zudem durch die Unregelmäßigkeit und Unvorhersehbarkeit der Instabilität erheblich gemindert und bei Integration der Märkte, die die Instabilität auf dem Weltmarkt mindern würde, weiter abnehmen.

Eine gezielte internationale Lagerhaltung zum Ausgleich von intertemporären Produktionsschwankungen erscheint nur unter Beteiligung der Verbraucher (Importländer) realisierbar. Dies gilt vor allem, wenn bei der derzeitigen Versorgungsverknappung (die Getreidebestände der Welt - ohne UdSSR und China - am Ende der Lagersaison, dem 30. Juni, haben sich von 1969/70 bis 1974/75 von 201 Mill. t (26 % des Jahresverbrauchs) auf 102 Mill. t (11 % des Jahresverbrauchs) verringert (THE WORLD SITUATION, 1975, S. 3)) eine internationale Reserve angelegt werden soll. So sind auch nach starkem Abbau der großen Getreidevorräte in den USA und Kanada während der letzten Jahre die USA offensichtlich nicht mehr bereit, ohne Kostenbeteiligung anderer Länder umfangreiche Vorräte anzulegen, da nach ihrer Auffassung die ganze Welt von ihrer Vorratshaltung Nutzen gehabt habe. Ein gemeinsames Handeln der Produzenten (Exportländer) und Verbraucher (Importländer) wird allerdings erschwert durch die unterschiedlichen Auswirkungen der Marktstabilisierung auf Produzenten und Verbraucher und die Uneinigkeit darüber, wie umfangreich die Vorratsmenge sein soll, wo die gelagert werden soll, wer die Vorratshaltung verwalten und vor allem wer die Kosten tragen soll (THE WORLD FOOD SITUATION, 1974, S. 40).

Der Umfang der Weltreservehaltung bei dem wichtigsten Grundnahrungsmittel Getreide hängt - wie Berechnungen der FAO und in den USA zeigen (vgl. THE WORLD FOOD SITUATION, 1974, S. 40 ff) - weitgehend von den Zielen der Vorratshaltung ab. Zur Verhinderung von Hungersnöten bei Erntekatastrophen in Ländern mit niedrigem Verbrauchsniveau würde schon eine Vorratsmenge von etwa 10 Mill. t Getreide ausreichen (THE WORLD FOOD SITUATION, 1974, S. 41). Sie würde die Weltversorgung insgesamt aber nur wenig stabilisieren. Zur Kompensation der negativen Abweichungen pro Jahr vom Trend der Weltgetreideproduktion (einschließlich Reis) mit 95%iger Sicherheit (zur Kompensation von 19 von 20 negativen Trendabweichungen) wäre nach Berechnungen von Steele (vgl. THE WORLD FOOD SITUATION, 1974, S. 41 ff bzw. Tabelle 3), basierend auf der Produktionsinstabilität 1960 bis 1973 unter Zugrundelegung einer Normalverteilung (t-Verteilung) für die positiven und negativen Trendabweichungen, eine Vorratsmenge von 56 Mill. t (bei vollkommener Substitution zwischen den Getreidearten) bis 80 Mill. t (ohne Substitution) erforderlich 1). (Die maximale negative Trendabweichung pro Jahr betrug in dem relativ kurzen Zeitraum 1960 bis 1973 jedoch nur 41 Mill. t ; vgl. Tabelle 3). Zur Kompensation der negativen Trendabweichungen pro Jahr mit nur 68%iger Sicherheit wären lediglich 25 bis 40 Mill. t nötig. Bei Weizen würden zur Kompensation der negativen Trendabweichungen pro Jahr mit 95%iger Sicherheit 29 Mill. t, mit 68%iger Sicherheit 13 Mill. t, benötigt werden (THE WORLD FOOD SITUATION, 1974, S. 43). Wenn die UdSSR, die in der

---

1) Die FAO hält eine Weltreservehaltung von 66 bis 71 Mill. t Getreide für notwendig, zusätzlich zu den von ihr veranschlagten Wirtschaftsbeständen in Höhe von etwa 160 Mill. t (12,5 % des Weltverbrauchs), so daß sich eine Gesamtvorratsmenge von etwa 225 bis 230 Mill. t ergibt (THE WORLD FOOD SITUATION, 1974, S. 42).

Tabelle 3: Vorratsmengen an Getreide zum Ausgleich der negativen Abweichungen vom Produktionstrend in Mill. t

Region	Ausgleich der wahrscheinlichen negativen Abweichungen vom Produktionstrend mit einer Sicherheit von		Ausgleich der maximalen negativen Trendabweichung 1960-1973
	95 %	68 %	
	Getreide ohne Reis		
Welt	52,5	24,1	31,7
entwickelte Länder	40,9	18,8	40,6
Entwicklungsländer	6,5	3,0	4,2
Zentralverwaltungswirtschaften	34,6	15,9	29,2
	Getreide einschl. Reis		
Welt	56,4	25,9	40,9
entwickelte Länder	40,9	18,8	40,8
Entwicklungsländer	19,2	8,8	12,6
Zentralverwaltungswirtschaften	35,9	16,5	33,0
	Nahrungsgetreide		
Welt	33,6	15,4	25,3
Entwicklungsländer	17,2	7,9	12,9
ohne Indien	10,5	4,8	10,4
Indien	12,2	5,6	7,4

Quelle: THE WORLD FOOD SITUATION, 1974, S. 43 (Berechnungen von SCOTT STEELE).

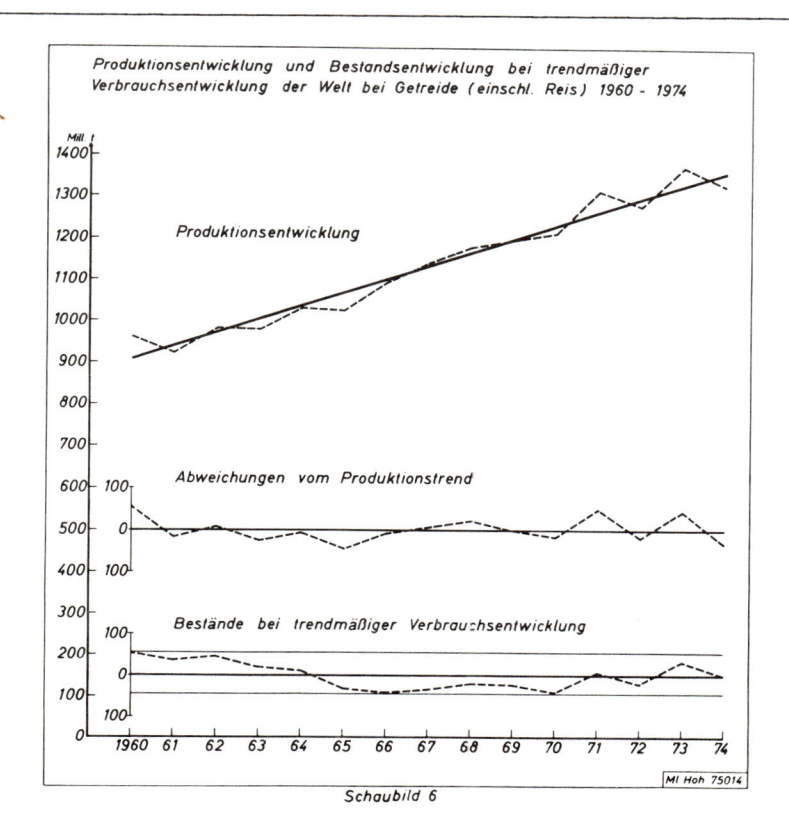

Produktionsentwicklung und Bestandsentwicklung bei trendmäßiger Verbrauchsentwicklung der Welt bei Getreide (einschl. Reis) 1960 - 1974

Schaubild 6

Zeit von 1960 bis 1973 die Instabilität auf dem Weltweizenmarkt in einem hohen Anteil verursacht hat, eine Vorratshaltung zum Ausgleich der nationalen Produktionsinstabilität betreiben würde, hätte die übrige Welt bei Weizen nur noch 30 v.H. der obigen Mengen zu lagern. Eine Vorratshaltung in voller Höhe der nationalen Produktionsinstabilität wäre jedoch bei gemeinsamer Reservehaltung nicht erforderlich.

Die Weltreservemenge würde erheblich zunehmen, wenn die Versorgung nicht weltweit, sondern nur regional unter Ausgleich nationaler Versorgungsüberschüsse und -defizite stabilisiert würde. Bei einer Aufteilung in entwickelte Länder mit Marktwirtschaft, Entwicklungsländer und Zentralverwaltungswirtschaften wären zur Kompensation der negativen jährlichen Abweichungen vom Produktionstrend mit 95%iger Sicherheit statt 56 Mill. t 96 Mill. t (41 Mill. t plus 19 Mill. t plus 36 Mill. t) zu lagern (vgl. Tabelle 3). Die Weltreservemenge müßte auch erheblich ansteigen, wenn mehrjährige Produktionsausfälle ausgeglichen werden sollten. Die trendmäßige Verbrauchsentwicklung der Welt an Getreide insgesamt von 1960 bis 1974 (Trendzunahme 30,2 Mill. t pro Jahr) hätte eine Vorratsmenge von 95,9 Mill. t (Differenz zwischen maximalem Überschuß und maximalem Defizit bei trendmäßiger Verbrauchsentwicklung) erfordert (vgl. Schaubild 6). Eine Vorratshaltung, die allen möglichen Situationen Rechnung trägt, würde viel kosten und recht selten in Anspruch genommen werden. Sie ist auch nicht erforderlich, da eine gewisse Versorgungsinstabilität vertretbar ist und notfalls durch Verringerung des indirekten Getreideverzehrs in Form tierischer Erzeugnisse erhebliche Getreidemengen für den direkten Verzehr freigesetzt werden können (A. HENZE, 1972 (4), S. 79 ff). Die internationale Reservehaltung könnte z.B. dadurch entlastet werden, daß - von Ländern mit niedrigem Verbrauchsniveau und nicht gegebener ernährungsphysiologischer Substitutionsmöglichkeit abgesehen - erst ab einer bestimmten Versorgungsverschlechterung auf sie zurückgegriffen wird (THE WORLD FOOD SITUATION, 1974, S. 42).

In der Vergangenheit wurden die Getreidevorräte vor allem in den Hauptexportländern gehalten. Diese Länder verfügen daher über die größten Lagerkapazitäten und die größte Erfahrung in der Abwicklung der Lagerhaltung. Bei ausschließlicher Lagerung in Export-(Produktions-)ländern werden die Verbrauchs-(Import-)länder aber kaum dazu bereit sein, sich an den Kosten der Vorratshaltung zu beteiligen. Wenn auch in Verbraucherländern Vorräte gelagert werden, wäre es sinnvoll, dies in Ländern zu tun, in denen die Wahrscheinlichkeit der Versorgungsinstabilität am größten ist (THE WORLD FOOD SITUATION, 1974, S. 45). Die Standortfrage verliert zwar etwas an Bedeutung, wenn die Vorräte nicht national, sondern international verwaltet werden. Bei internationaler Verwaltung scheinen jedoch wichtige Produktionsländer nicht bereit zu sein, sich an einer internationalen Vorratshaltung zu beteiligen. So lehnen z.B. die USA eine internationale Verwaltung ab, während die EG offensichtlich nur verlangt, daß die von ihr finanzierte Reservemenge auch in der EG gelagert wird.

Außer dem Lagerungsort und der Verwaltungsform ist letztlich - wie schon angedeutet - der Verwendungszweck für die Beteiligung der Länder an einem internationalen Vorratsprogramm entscheidend, und dies in um so stärkerem Maße, je umfangreicher die Vorratshaltung ist. Der nationale Nutzen ist daher vor allem von Bedeutung, wenn mittels Vorratshaltung die Weltversorgung insgesamt stabilisiert werden soll. Bei einer derart umfangreichen Vorratshaltung dürfte kaum ein Land bereit sein, sich wesentlich stärker an den Kosten zu beteiligen, als es seinem Produktions-(Verbrauchs-)anteil bzw. seinem Anteil an der Produktions-(Verbrauchs-)instabilität entspricht. Die Stabilisierung der Weltversorgung insgesamt dürfte somit die Kostenbeteiligung aller wichtigen Produktions- und Verbraucherländer voraussetzen. Bei einer Beschränkung der Vorratshaltung auf die Verhinderung von Hungersnöten in Ländern mit niedrigem Verbrauchsniveau wäre die Kostenaufbringung weniger problematisch. Die Kosten dieser Vorratshaltung würden wahrscheinlich allein von den Industrieländern - ohne Abwägung des eigenen Nutzens - etwa in Relation zu ihrer Finanzkraft (ihrem Buttosozialprodukt) getragen werden. Ausgehend von Kostensätzen in den USA im Jahre 1973 von etwa 10 Dollar je t und 1974 von 15 - 20 Dollar je t (THE WORLD FOOD SITUATION, 1974, S. 45), würde eine Reservehaltung für Notfälle in Höhe von 10 Mill. t etwa 100 - 200 Mill. Dollar pro Jahr an Lager- und Finanzierungskosten (Zinsen) verursachen, während eine Lagerhaltung zum Ausgleich der negativen Trendabweichungen der Weltgetreideproduktion insgesamt das 5,5- bis 8-fache dieses Betrages oder gar noch mehr kosten würde.

4 Zusammenfassung

Eine sektorale Stabilisierungspolitik im Hinblick auf die nationale Versorgung mit Nahrungsmitteln ist bei Instabilität der Agrarproduktion und Unsicherheit des Agrarimports von gesamtwirtschaftlichem Vorteil. Die Grenzen der Stabilisierungspolitik ergeben sich vor allem aus den Stabilisierungskosten.

Das adäquateste Mittel zur Versorgungsstabilisierung in Nichtkrisenzeiten ist die Produktionsstabilisierung. Ferner ist durch Lagerhaltung eine Stabilisierung der Versorgung möglich. National sind diese Instrumente jedoch nur dann effizient einsetzbar, wenn gleichzeitig die Instabilität des Außenmarktes vom Binnenmarkt abgewehrt wird. Am stärksten und am billigsten läßt sich die nationale Versorgung auf Kosten des Auslandes stabilisieren. Bei Agrarprodukten mit vorwiegend und regional unterschiedlicher ertragsbedingter Produktionsinstabilität ist die nationale Versorgung aber auch durch internationale Zusammenarbeit stabilisierbar.

Die Sicherstellung einer bestimmten Mindestversorgung für Krisenzeiten ist vor allem durch Protektion (Erhöhung) der laufenden Inlandsproduktion oder/und durch Lagerhaltung möglich, wobei die Lagerhaltung bei pflanzlichen Produkten recht kostengünstig sein kann, ihre Wettbewerbsfähigkeit aber generell mit zunehmender Krisendauer abnimmt. Doch kann auch die wirtschaftliche und politische Integration zur Sicherstellung der Versorgung beitragen.

International ist die Versorgungsstabilisierung ebenfalls von Vorteil, doch sind die Voraussetzungen für eine internationale Stabilisierungspolitik ungünstiger als für eine nationle.

Interregionale Versorgungsinstabilitäten lassen sich bei den wichtigsten Grundnahrungsmitteln weitgehend durch den internationalen Güteraustausch mindern, da bei diesen Produkten die Produktionsstabilität in der Welt insgesamt erheblich größer ist als in den meisten Ländern. Die intertemporäre Versorgungsinstabilität der Welt ist soweit wie möglich durch Minderung der Produktionsschwankungen zu beseitigen. Doch läßt sich bei dem wichtigsten Grundnahrungsmittel Getreide weltweit, nicht regional, die Produktionsentwicklung nur noch sehr begrenzt stabilisieren, da die Produktionsinstabilität der Welt weitgehend ertrags- (witterungs-) bedingt ist. Daher ist die intertemporäre Versorgung der Welt insgesamt in stärkerem Maße nur durch Lagerhaltung stabilisierbar. Die zu lagernde Getreidemenge wäre bei gemeinsamer Stabilisierungspolitik relativ niedrig.

Literatur

1. BLANDFORD, D. and J.M. CURRIE: Price Uncertainty – The Case for Goverment Intervention. In: Journal of Agricultural Economics. Vol. XXVI (1975), No. 1

2. DAHRENDORF, R.: Rede vor dem Europa-Parlament 19.1.1971 (Kommission der Europäischen Gemeinschaft CAB/IX/3/37-D).

3. HENZE, A.: Zur optimalen Protektionsstruktur hinsichtlich der Sicherstellung der inländischen Versorgung. In: Agrarwirtschaft. Jg. 21 (1972).

4. HENZE, A.: Die Sicherstellung der nationalen Güterversorgung. Allgemeine und spezielle Analyse am Beispiel der Versorgung mit Nahrungsmitteln in der Bundesrepublik Deutschland. (Agrarwirtschaft S.H. 48), Hannover 1972.

5. KOESTER, U.: Theoretische und empirische Analyse der Nachfrage nach Nahrungs- und Genußmitteln auf der Verbraucher- und Erzeugerstufe. Bd. I: Allgemeine Analyse der Nachfrage nach Nahrungs- und Genußmitteln (Agrarwirtschaft S.H. 27), Hannover 1968.

6. KOLMS, H.: Art. Konsum. In: Handwörterbuch der Sozialwissenschaften, Bd. VI, Stuttgart, Tübingen, Göttingen 1959.

7. KOMMISSION DER EUROPÄISCHEN GEMEINSCHAFTEN, Bestandsaufnahme der gemeinsamen Agrarpolitik (Bulletin der Europäischen Gemeinschaften, Beilage 2/75).

8. MASSEL, B.F.: Price Stabilization and Welfare. In: The Quarterly Journal of Economics, Vol. 83 (1969).

9. MASSEL, B.F.: Some Welfare Implications of International Price Stabilization. In: Journal of Political Economy. Vol. 78 (1970), No. 3.

10. MÜLLER-HEINE, K.: Analyse agrarpolitischer Ziele und ihrer Einordnung in den gesamtwirtschaftlichen Zielkomplex, Diss. Göttingen 1972.

11. PLATE, R.: Die besonderen Bedingungen auf den Agrarmärkten und ihre Bedeutung für die wichtigen Agrarprobleme in den modernen Industriegesellschaften. In: Agrarwirtschaft, 14. Jg. (1965).

12. PLATE, R.: Angebotsschwankungen bei Agrarprodukten: Ursachen und Gegenmittel. In: Landwirtschaftliche Marktforschung in Deutschland. A. Hanau zum 65. Geburtstag, hrsg. v. G. Schmitt, München, Basel, Wien 1967.

13. PLATE, R.: Das Experiment Europäische Getreidemarktordnung. In: Ideen und Taten. A. Toepfer zum 80. Geburtstag. Hamburg 1974.

14. PLATE, R.: Agrarmarktpolitik, Band 1. Grundlagen. München, Basel, Wien 1968.

15. PLATE, R.: Agrarmarktpolitik, Band 2. Die Agrarmärkte Deutschlands und der EWG. München, Basel, Wien 1970.

16. PREDÖHL, A. und J. JÜRGENSEN: Art. Europäische Integration. In: Handwörterbuch der Sozialwissenschaften, Band III, Stuttgart, Tübingen, Göttingen 1961.

17. TORNOVSKY, S.J.: Price Expectations and the Welfare Gains from Price Stabilization. In: American Journal of Agricultural Economics, Vol. 56 (1974), No. 4.

18. UNITED NATIONS WORLD FOOD CONFERENCE, Assessment of the World Food Situation. Present and Future, Rome, 5-16, 1974.

19. WAUGH, F.V.: Does the Consumer Benefit from Price Instability. In: The Quarterly Journal of Economics, Vol. LVIII (1944).

20 WAUGH, F.V.: Consumer Aspects of Price Instability. In: Econometria, Vol. 34 (1966).

21 WESSELS, Th. Art. Versorgungswirtschaft. In: Handwörterbuch der Betriebswirtschaft, Bd. IV. Stuttgart 1962.

22 THE WORLD FOOD SITUATION - MAY 1975. In: Monthly Bulletin of Agricultural Economics and Statistics, Vol. 24 (1975), No. 6.

23 THE WORLD FOOD SITUATION AND PROSPECTS TO 1985. USDA Foreign Acricultural Economics Report No. 98, Washington D.C. Dec. 1974.

STABILISIERUNGSPOLITIK IM HINBLICK AUF DIE NATIONALE UND INTERNATIONALE VERSORGUNG MIT NAHRUNGSMITTELN (Korreferat)

von

Maria Thiele - Wittig, Duisburg

1	Forschungsdefizit auf Verbraucherseite	279
2	Stellenwert des Zieles der Versorgung	279
3	Problem der Konsumfreiheit	280
4	Begünstigung von Erzeugern oder Verbrauchern	280
5	Relative Vorzüglichkeit der Instrumente	281

1 Forschungsdefizit auf Verbraucherseite

Diesem Beitrag möchte ich vorausschicken, daß es sich zum einen eher um Anmerkungen handelt als um ein ausführliches Korreferat und daß ich zum anderen diese Anmerkungen mehr oder weniger als die eines Außenseiters verstehe, da meine Arbeit als Haushaltswissenschaftler eine andere Perspektive fordert.

Wenn wissenschaftliche Forschung nicht im Elfenbeinturm arbeiten will, was im Agrarbereich vergleichsweise wenig der Fall ist, allein vom Forschungsbereich und seiner derzeit geradezu sprichwörtlichen Problematik her, leitet sie Forschungsfragen aus aktuellen wie auch für die Zukunft absehbaren Problemen ab. Daraus kann in den Schwerpunkten der Fragestellungen mehr oder weniger ein Abbild politischer Gewichte und Prioritäten entstehen. Dementsprechend ist bei der schwierigen Ausbalancierung agrar- und ernährungspolitischer Ziele und Probleme ein Defizit an Forschungskapazität und Forschungsergebnissen zu Problemen der Nachfrage- und Verwendungsseite, d.h. zur Problematik der Haushalte und Verbraucher festzustellen. Und das, obwohl das Entscheidungs- und Verbraucherverhalten der Haushalte die Verwendung von Ressourcen beeinflußt, nicht zuletzt hinsichtlich der Konsequenzen von Fehlanpassungen im Ernährungsverhalten.

Bei den Vorträgen dieser Tagung, beispielsweise, bezieht sich von etwa 25 Referaten außer dem Vortrag meines Hauptreferenten kein Thema explizit auf die Nachfrageseite (wobei speziell marktbezogene Themen sie zweifellos mit einschließen).

2 Stellenwert des Zieles der Versorgung

Nach dieser ersten allgemeinen Anmerkung möchte ich aus der gesamten Thematik des Hauptreferats den zweiten internationalen Teil weitgehend ausklammern und zu einigen Aspekten der Zielproblematik und der Instrumente bei der nationalen Versorgung Stellung nehmen.

Zunächst ergibt sich die Frage nach der generellen Einordnung der Stabilisierungspolitik, bzw. nach der Funktion, die sie im Rahmen ernährungs- und agrarpolitischer Zielsetzungen erhält. Verschiedene Alternativen sind denkbar, von einer Stabilisierungspolitik als eigenständigem Ziel im Sinne der Ausrichtung auf Stetigkeit über andere Varianten bis zu einer Stabilisierungspolitik als mittelbarem Ziel im Hinblick auf die Versorgung.

Für den letzteren Fall gewinnt die Versorgung als übergeordnete Zielsetzung ein anderes Gewicht. Versorgungsziele sind dann hinsichtlich Quantität und Qualität stärker zu konkretisieren und zu differenzieren. Die zu untersuchende Fragestellung lautet: Was kann Stabilisierungspolitik für die Versorgung leisten, sowohl hinsichtlich der effizienten Nutzung der Faktoren wie bezüglich anzustrebender Versorgungsniveaus.

Im Falle mittelbarer Funktion der Stabilisierungspolitik für versorgungspolitische Zielsetzungen gewinnen somit Aspekte des Niveaus und der Verteilung der Güterversorgung stärkeres Gewicht. Wird die Versorgung hierbei mehr im Sinne des Begriffs der Daseinsvorsorge als längerfristige Sicherung der Befriedigung wesentlicher Bedarfsbereiche (Bereitstellung von Gütern, nicht Konsumlenkung) gesehen, so impliziert das einen Zielaspekt ausreichender Versorgung, d.h. die Ernährungslage, bestimmte Ernährungskriterien und Minimumstandards werden relevant. Dabei wäre nicht nur das allgemeine Versorgungsniveau oder der durchschnittliche Pro-Kopf-Verbrauch zu beachten, vielmehr gälte es, insbesondere Unterschiede in der Versorgungssituation der verschiedenen Haushalts- und Verbrauchergruppen zu berücksichtigen, wenn die versorgungspolitische Zielsetzung die möglicherweise kritische Situation bestimmter Gruppen mit einbezieht.

Der Hauptreferent hat seine Untersuchungen aus einer anders gelagerten Fragestellung aufgebaut und das Stabilisierungsziel vorrangig formal gesehen, unabhängig von der Frage bestimmter Ernährungsniveaus. Stabilisierung wird definiert als "Minderung der kurzfristigen Abweichungen von der langfristigen Niveauentwicklung". Die Analyse beschränkt sich bewußt auf den spezifischen Einfluß der Minderung von Schwankungen, sie erfaßt zunächst nicht die weitergehende Frage nach den jeweiligen Ernährungswirkungen.

3 Problem der Konsumfreiheit

Werden Stabilisierungsziele auf ihre Wünschbarkeit und Vertretbarkeit hin untersucht, gilt es, die Problematik von Eingriffen auch im Hinblick auf mögliche Konflikte mit den übrigen wirtschaftspolitischen Zielsetzungen zu überprüfen. Für die Haushalte und Verbraucher ist u.a. das Prinzip der Konsumfreiheit von besonderer Bedeutung. Durch Stabilisierung kann die Konsumfreiheit beeinträchtigt werden. Ein Stabilisierungsziel als Minderung kurzfristiger Schwankungen um eine langfristige Niveauentwicklung setzt eine kontinuierliche Entwicklung voraus. Nach eingeführter Stabilisierung werden Trendeinbrüche jedoch möglicherweise verkannt oder verhindert. Das beinhaltet für eine an der Nachfrage als der grundsätzlich stetigeren mengenmäßigen Entwicklung orientierte Stabilisierung die Möglichkeit von Konflikten mit dem Prinzip der Konsumfreiheit.

4 Begünstigung von Erzeugern und Verbrauchern

Neben der analytischen Trennung sektoraler und gesamtwirtschaftlicher Zusammenhänge in ihrem Einfluß auf Gleichgewichte und Instabilitäten und entsprechend abgeleiteten Folgerungen für die sektorale Stabilisierungspolitik wird im Hauptreferat untersucht, wie weit Stabilisierung als Ziel für Erzeuger und Verbraucher anzustreben ist und welchen der Marktpartner sie stärker begünstigt. Eine Stabilisierung der Mengen erscheint hinsichtlich der Nutzenschätzungen der Verbraucher vorteilhaft. Wie weit bei den Ausgaben bzw. Erlösen die Verbraucher oder die Erzeuger (stärkeren) Vorteil aus einer Mengenstabilisierung ziehen, ist in erster Linie von den

Elastizitäten abhängig und scheint vorwiegend die Erzeuger zu begünstigen. Hier wären weitergehende Untersuchungen sinnvoll, die auch die Spannen und die Veränderungen durch zwischengelagerte Marktstufen mit berücksichtigen, um eingehender zu klären, welche Effekte Stabilisierungsmaßnahmen für die einzelnen Marktgruppen zeitigen.

5 Relative Vorzüglichkeit der Instrumente

Als Instrumente oder Realisierungsmöglichkeiten werden vier Komplexe untersucht. Deren relative Vorzüglichkeit ist nach verschiedenen Gesichtspunkten sehr unterschiedlich zu beurteilen. Ihre Wirkungen auf die Verbraucher bzw. die Haushalte beruhen generell auf zwei Komponenten, zum einen auf dem direkten Einfluß preis- und ausgabenwirksamer Maßnahmen hinsichtlich des Nahrungsmittelverbrauchs (soweit nicht zusätzliche Eingriffe mengenmäßiger oder qualitativer Art, wie Beimischungszwänge o.ä. vorliegen) zum anderen auf den Rückwirkungen aus gesamtwirtschaftlichen Effekten (Faktoreinsatz, finanzpolitische Maßnahmen, u.a.).

Der Hauptreferent hat beide Aspekte berücksichtigt, wenn auch ein weiterer Ausbau der Analyse noch angeregt werden kann. Danach ist die Integration von Wirtschaftsräumen, insbesondere bezüglich der gesamtwirtschaftlichen Auswirkungen und der Konformität mit generellen wirtschaftspolitischen Zielsetzungen am meisten anzustreben (soweit das unter pragmatischen Gesichtspunkten realistisch gegenüber möglichen politischen und institutionellen Hindernissen ist) 1). Dem prinzipiell entgegen steht die Abwälzung von Überschüssen auf das Ausland mit ihren desintegrativen, tendenziell protektionistischen Nebenwirkungen, die einer Reihe von generellen wirtschaftspolitischen Zielsetzungen im Hinblick auf die Realisierung der potentiellen Wohlstandsmöglichkeiten widerspricht.

Die Lagerhaltung als Instrument der Stabilisierung wird besonders ausführlich behandelt. Sie kann grundsätzlich Funktionen des kurzfristigen und des längerfristigen krisenbedingten Ausgleichs übernehmen. Im letzteren Fall steht die Lagerhaltung im Wettbewerb mit Maßnahmen zur Erhöhung des Selbstversorgungsgrades als Sicherung vor den ernährungspolitischen Folgen möglicher krisenmäßiger Ausfälle des Imports.

Für den Verbraucheraspekt bei den kurz- und mittelfristigen Funktionen der Lagerhaltung kommt es zur Aussage, daß die Verbraucher mit den Kosten der Lagerung relativ stärker belastet werden als die Erzeuger und daß die Lagerhaltung vielfach nicht wirtschaftlich sei. Bei nicht lagerfähigen Produkten beinhaltet demgegenüber eine Vernichtung von Angebotsüberschüssen in statischer Sicht eine starke Benachteiligung der Verbraucher sowie gesamtwirtschaftliche Wohlstandsverluste.

Längerfristig steht das Sicherungsziel im Konflikt mit dem Ziel der Ausnutzung komparativer Kostenvorteile im Ausland. Entscheidend werden die relative Bewertung des Sicherungszieles und die Wahrscheinlichkeit von Krisen. Während Zieladäquanz und Wirksamkeit in bezug auf bestimmte Versorgungsziele bei der längerfristigen Erhöhung der inländischen Erzeugung höher eingestuft werden können, ist eine geringere Flexibilität für erneute Anpassungen zu vermerken. Die Kosten sind abhängig vom Stützungsniveau. Die Untersuchung stellt auf analytischem Wege fest, daß die Wettbewerbsfähigkeit der Lagerhaltung gegenüber der Erhöhung der inländischen Produktion steigt, je kürzer die erwartete Krisenzeit ist. Außerdem wird auf empirisch ermittelte geringere Kosten der Lagerhaltung bei lagerfähigen pflanzlichen Produkten gegenüber den Kosten der Preisstützung hingewiesen.

---

1) Das gilt zum einen nur für die von der Integration erfaßten Räume mit einer Tendenz zur Verschärfung der Problematik gegenüber den ausgeschlossenen Räumen, und es gilt vor allem nur insoweit die Integration nicht die Gleichrichtung der Bedingungen begünstigt, die den Schwankungen zugrundeliegen und diese sogar verstärkt. (Anmerkung aus der Diskussion).

Es sind hier einseitig stärker die verbraucherrelevanten Ergebnisse des Hauptreferats herausgestellt worden, ohne ihre Ableitung näher zu untersuchen. Danach verstärkt sich der Eindruck, daß die verschiedenen Maßnahmen - mit Ausnahme der Integration von Wirtschaftsräumen und der mittelfristigen Lagerhaltung im Interesse von Sicherungszielen - teilweise im Konflikt mit gesamtwirtschaftlichen Zielfunktionen stehen und stärker die Erzeuger begünstigen als die Verbraucher. Weitergehende Analysen der Wirkungen auf die beteiligten Marktgruppen sind zu wünschen.

Literatur

1. HENZE, A.: Die Sicherstellung der nationalen Güterversorgung. Allgemeine und spezielle Analyse am Beispiel der Versorgung mit Nahrungsmitteln in der Bundesrepublik Deutschland. (Agrarwirtschaft S.H.48) Hannover 1972

2. MASSEL, B.F.: Price Stabilization and Welfare. The Quarterly Journal of Economics, Vol. 83 (1969).

3. PLATE, R.: Agrarpolitik, Band 1, Grundlagen. München, Basel, Wien 1968.

4. WAUGH, F.V.: Consumer Aspects of Price Instability. Econometrica, Vol. 34 (1966).

5. WESSELS, Th.: Art. Versorgungswirtschaft. In: Handwörterbuch der Betriebswirtschaft, Bd. IV., Stuttgart 1962.

STABILISIERUNGSPOLITIK IM HINBLICK AUF DEN MILCH-
UND RINDFLEISCHMARKT

von

Jörg-Volker Schrader, Göttingen

1	Marktstabilisierung als Ziel der Agrarpolitik	283
2	Entwicklung auf den Märkten für Milch und Rindfleisch	285
2.1	Milchmarkt	285
2.2	Rindfleischmarkt	293
2.3	Zusammenfassende Beurteilung der Entwicklung im Hinblick auf die Stabilisierungsziele	297
2.3.1	Zielverletzungen	297
2.3.2	Mögliche Ursachen der Zielverletzungen	298
3	Wirkungsanalyse ausgewählter Instrumente	298
3.1	Marktordnungssystem auf dem Milch- und Rindfleischmarkt	298
3.1.1	Weltmarktpreis unter EG-Niveau	298
3.1.2	Weltmarktpreis über EG-Niveau	299
3.2	Preispolitik	299
3.2.1	Entwicklung der Marktordnungspreise seit 1968	299
3.2.2	Preisbeschlüsse und Stabilisierungsziele	300
3.2.2.1	Milchmarkt	300
3.2.2.2	Rindfleischmarkt	307
3.3	Sondermaßnahmen	309
3.3.1	Abschlacht- und Nichtvermarktungsaktion	309
3.3.2	Umstellungs- und Nichtvermarktungsaktion	310
3.4	Zusammenfassende Beurteilung der Politik	310
4	Ansätze zu einer Neuorientierung	310

1 Marktstabilisierung als Ziel der Agrarpolitik

Unter der Stabilisierung von landwirtschaftlichen Märkten wird im allgemeinen die Ausschaltung oder Dämpfung funktionsloser Preisschwankungen verstanden, was einer Stabilisierung der Preise in Höhe des langfristigen Gleichgewichtspreises bei einem gegebenen Außenschutz entspricht. Analog kann Stabilisierungspolitik als Einsatz von Instrumenten zur Erreichung dieses Zieles charakterisiert werden 1) (EG-Kommission (c), 1975, S. 18).

---

1) In diesem Sinne scheint das Ziel "Stabilisierung der Märkte" (§ 39 EG-Vertrag) auch von der EG-Kommission interpretiert zu werden.

Während über die Gestaltung einer effizienten Stabilisierungspolitik in der agrarpolitischen Diskussion durchaus Meinungsverschiedenheiten bestehen, scheint die Notwendigkeit der Marktstabilisierung unumstritten. Zur Begründung des Zieles wird im allgemeinen, neben verschiedenen anderen Vorteilen, die Vermeidung von Fehlallokationen der Produktion als Folge funktionsloser Preisschwankungen besonders betont (J.P. HOUCK, 1974, S. 1115).

Geht man von dem allgemeinen wohlfahrtstheoretischen Konzept aus, so ist Marktstabilisierung nur dann ein sinnvolles Zwischenziel (Instrument), wenn seine Verwirklichung die Gesamtwohlfahrt erhöht. In einer entsprechenden theoretischen Analyse, die sich auf das eingangs erwähnte Ziel "Preisstabilisierung in Höhe des Gleichgewichtspreises" bezieht und in der u.a. unterstellt wird, daß der vorübergehende Marktausgleich durch Vorratshaltung keine Kosten verursacht, wird gezeigt, daß für Produzenten und Konsumenten zusammen Wohlfahrtsgewinne entstehen (S. T. TURNOVSKY, 1974, S. 715). Diese Gewinne sind größer, wenn die Produzenten ihre Entscheidungen aufgrund von Preiserwartungen (adaptiv oder rational) treffen, als wenn vollkommene Information unterstellt wird, was ohnehin unrealistisch wäre.

Diese theoretische Ableitung ist aber für die Rechtfertigung von Stabilisierungsmaßnahmen wenig hilfreich, da hierzu die Bilanzierung von sozialen Nutzen und Kosten der Stabilisierungspolitik im konkreten Fall notwendig ist. Die endgültige Beurteilung jeglichen Einsatzes von wirtschaftspolitischen Instrumenten ist also nur anhand einer vorgegebenen Wohlfahrtsfunktion und daraus abgeleiteter Zielvariablen möglich und setzt die Kenntnis der quantitativen Beziehungen zwischen (1) Grad der Zielverwirklichung und sozialem Nutzen, (2) Instrumenteinsatz und Grad der Zielverwirklichung sowie (3) zwischen Instrumenteinsatz und sozialen Kosten voraus (T.E. JOSLING, 1974, S. 236).

Bei der Durchführung einer entsprechenden Kosten-Nutzen-Analyse würde neben dem allgemein bekannten Problem, eine geeignete Wohlfahrtsfunktion abzuleiten, vor allem die notwendige Abschätzung der "alternativen" Preisschwankungen (d.h. die zu erwartenden Preisschwankungen bei einer alternativen Politik wie z.B.: "keine Stabilisierungsmaßnahmen") besondere Schwierigkeiten bereiten. Als Ausweg wäre u.U. ein Vergleich der Preisschwankungen (z.B. Varianz einer entsprechenden Zeitreihe) auf dem Binnenmarkt mit den Märkten anderer Länder denkbar oder ein intertemporärer Vergleich zwischen Perioden mit und ohne Stabilisierungspolitik.

Im Hinblick auf die zu untersuchenden Märkte erscheint die eingangs übernommene sehr allgemeine Umschreibung von Stabilisierungspolitik nicht angemessen. Da eine konkretere Zielvorgabe seitens der Entscheidungsträger nicht verfügbar ist, soll zunächst rein pragmatisch versucht werden, mögliche Ziele der Marktstabilisierung zu präzisieren.

1. Der Richtpreis für Milch, abgesichert durch die Interventionspreise für Butter und Magermilchpulver, liegt praktisch seit Beginn des gemeinsamen Milchmarktes (1968) oberhalb des marktwirtschaftlichen Gleichgewichtspreises. Bei einem Selbstversorgungsgrad der EG mit Milch von deutlich über 100 % und Weltmarktpreisen für Interventionsprodukte, die in der Regel erheblich unter EG-Niveau liegen, hat das zur Folge, daß die Preise im wesentlichen nur mit den regelmäßigen administrativen Preisanhebungen variieren, d.h. zwangsläufig stabil sind. Gleichzeitig entstehen hohe finanzielle Belastungen durch die Überschußbeseitigung. Als weitgehend austauschbare Stabilisierungsziele auf diesem Markt sind deshalb "ein nicht zu hoher Selbstversorgungsgrad" bzw. "nicht zu hohe Marktordnungsausgaben" anzusprechen.

Die Marktordnungsausgaben sind positiv mit dem Selbstversorgungsgrad und negativ mit dem Weltmarktpreis für Überschußprodukte korreliert. Eine Verminderung des Selbstversorgungsgrades ermöglicht c.p. eine Reduzierung der Marktordnungsausgaben für Lagerhaltung und Verbilligungsaktionen und/oder Exporterstattungen. Da die EG einen bedeutenden Anteil an der Weltausfuhr an Butter und Magermilchpulver hat, 1974 jeweils ca. 40 %, trägt eine Exportverminderung in doppelter Hinsicht zur Verminderung der Marktordnungsausgaben bei. Einerseits verringern sich die Exportmengen und andererseits ist als Folgewirkung mit steigenden Weltmarktpreisen und deshalb sinkenden Exporterstattungen zu rechnen.

2. Auf dem Rindfleischmarkt steht das Ziel Preisstabilisierung, d.h. Verringerung der Ausschläge um einen langfristigen Trend, seit Beginn des gemeinsamen Marktes eindeutig im Vordergrund. Als Nebenziel ist die Begrenzung der Marktordnungsausgaben anzusehen, was 1974 erstmals deutlich wurde.

In Anbetracht der Überschußprobleme auf dem Milchmarkt ist jedoch, zumindest bis 1974, die Ausdehnung der Rindfleischproduktion auf Kosten der Milchproduktion als weiteres Nebenziel zu betrachten.

Abweichend von der eingangs verwendeten Definition von Stabilisierungspolitik - Einsatz von Instrumenten zur Erreichung der Stabilisierungsziele - soll hier darunter aus Zweckmäßigkeitsgründen "die Wirkung von Maßnahmen im Hinblick auf das Stabilisierungsziel" verstanden werden. Dabei ist die effektive Wirkung von Maßnahmen das entscheidende Kriterium für die Einbeziehung in die Analyse. Eine Kosten-Nutzen-Analyse für diese stark erweiterte Definition von Stabilisierungspolitik würde dann allerdings auf eine Kosten-Nutzen-Analyse der Markt- und Preispolitik bei Milch und Rindfleisch hinauslaufen und den durch das Thema ohnehin schon weitgefaßten Rahmen sprengen.

In dieser Untersuchung soll deshalb die Wirkungsanalyse von auf beiden Märkten ergriffenen Maßnahmen im Vordergrund stehen. Als Beurteilungsmaßstab dienen die oben abgegrenzten Ziele. Wirkungen des Instrumenteinsatzes auf andere Ziele der Agrarpolitik können lediglich erwähnt werden.

2 Entwicklung auf den Märkten für Milch und Rindfleisch

2.1 Milchmarkt

Nach dem bisher niedrigsten Stand im Jahre 1971 hat die Kuhmilchproduktion in der EG (6) 1974 mit ca. 74 080 Mio t wieder annähernd den Höchststand des Jahres 1968 erreicht (vgl. Übersicht 1). Während die Milchleistung pro Kuh einer weitgehend autonomen Entwicklung unterliegt - trendmäßiger Anstieg als Folge technischer Fortschritte sowie witterungsbedingte jährliche Schwankungen - ist die andere bestimmende Komponente der Produktionsentwicklung, die Veränderung des Milchkuhbestandes, als das Ergebnis der Reaktion der Produzenten auf Datenänderungen anzusehen (vgl. Schaubild 1). Dabei ist eine spürbare Verminderung der Bestände zwischen 1969 und 1971 zu erkennen, die allerdings in Frankreich und den Niederlanden weniger ausgeprägt war. In diesen Ländern ist seit 1971 eine Erhöhung der Kuhzahlen um 7 bzw. 15 % zu beobachten, die auch 1974 noch nicht beendet zu sein scheint. Dagegen stagniert der Bestand in Belgien und nimmt in Italien deutlich ab. In der Bundesrepublik folgte der Abnahme seit 1969 ein vorübergehender Anstieg 1973. In den Beitrittsländern wurden die Bestände seit 1971 ausgeweitet, jedoch scheint sich zumindest in England eine Umkehrung dieser Entwicklung anzubahnen (vgl. Übersicht 1).

Die Milchanlieferung bei den Molkereien hat sich im Rahmen der EG (6) 1968 - 1973 von 75 auf 82 % der Produktion erhöht und in der erweiterten Gemeinschaft 85 % erreicht. Dieses ist einerseits auf die rückläufige Vollmilchverfütterung (1973, EG (6) noch 12 %) und andererseits auf die abnehmende Produktion von Butter und Käse in den landwirtschaftlichen Betrieben zurückzuführen.

In der Verwendung der bei den Molkereien angelieferten Vollmilch zeigt sich ein abnehmender Verwendungsanteil für den Frischverzehr, während der Butteranteil steigt.

Die Butterproduktion folgt im wesentlichen der Entwicklung der Milchproduktion, jedoch fällt der Erzeugungsrückgang im Jahre 1974 auf, dessen wichtigste Ursache ein Produktionsrückgang in England um ca. 45 000 t ist.

Der Magermilchanfall ist weitgehend durch die Butterproduktion bestimmt und zeigt entsprechende Veränderungen. In der Verwendung hat die Verfütterung in Form von flüssiger Magermilch oder Pulver in der Sechsergemeinschaft von 54 % im Jahre 1968 auf 44 % im Jahre 1972 abgenommen (vgl.

Übersicht 1: Milchkuhbestand, Kuhmilchproduktion, Milchertrag in EG-Ländern

Land	Zähl-termin	1965	1966	1967	1968	1969	1970	1971	1972	1973	1974
		Milchkuhbestand, 1000 Stück									
BRD	Juni	5850	5868	5862	5883[1]	5855[1]	5614[1]	5501	5361	5475	5463
Frankreich	Okt., ab 1968 Dez.	(8471)	(8458)	(8674)	7552[1]	7450[1]	7350[1]	7227	7402	7678	7750
Italien	Jan.	3387	3432	3485	3479	3679	3555	3214	3165	3259	3057
Niederlande	Mai	1723	1764	1787	1865	1903	1896	1912	1977	2113	2199
Belgien/Lux.	Mai	1062	1072	1085	1124	1133	1059	1029	1027	1062	1070
EG (6)		20493	20594	20893	19903	20020	19474	18883	18932	19587	19533
Gr. Brit.	Juni	3187	3159	3215	3227	3275	3243	3234	3325	3436	3345
Irland	Juni	1547	1582	1568	1607	1557	1713	1872	1895	2104	2150
Dänemark	Juni	1350	1350	1329	1292	1233	1153	1105	1125	1162	1192
EG (9)		26577	26685	27005	26029	26185	25583	25004	25247	26284	26270
		Kuhmilchproduktion, 1000 t									
BRD		21183	21357	21717	22121	22216	21856	21165	21490	21210	21510
Frankreich		(26780)	(28016)	(29355)	(30444)	30031	29722	27639	28846	29400	28850
Italien		9586	10159	9800	10035	9658	9392	9358	9917	10050	9830
Niederlande		7143	7236	7335	7710	7969	8239	8392	8951	9339	9890
Belgien/Lux.		3949	3952	4069	4117	4121	3962	3820	3879	4032	4000
EG (6)		68641	70720	72476	74427	73995	73171	70374	73083	74031	74080
Gr. Brit.		-	-	-	12593	12709	12933	13262	14160	14320	13690
Irland		-	-	-	3671	3684	3629	3741	3900	4140	3950
Dänemark		-	-	-	5122	4872	4630	4557	4786	4890	4810
EG (9)		-	-	-	95813	94462	94363	91934	95929	97381	96770
		Milchertrag[2]/Kuh, in kg									
BRD		3642	3649	3707	3771	3779	3800	3856	3949	3880	3934
Frankreich		2756	2912	2990	3120	3116	3096	2900	2988	3057	-
Italien		2830	2960	2812	2884	2659	2642	2412	3112	3084	-
Niederlande		4207	4180	4233	4213	4197	4336	4440	4540	4420	4590
Belgien/Lux.		3692	3664	3729	3651	3651	3597	3560	3702	3702	-
EG (6)		3160	3256	3289	3379	3335	3340	3320	3435	3436	-
Gr. Brit.		-	-	-	3914	3891	3890	4116	4090	4168	4080
Irland		-	-	-	2476	2467	2470	2382	2378	2239	-
Dänemark		-	-	-	3928	3898	3940	4047	4191	4134	-
EG (9)		-	-	-	3408	3372	3376	3388	3504	3476	-

1) geschätzt.
2) Abweichungen von Produktion ./. Bestand ergeben sich u.a. durch Verwendung von Jahresdurchschnittsbeständen und unterschiedlichen Quellen.

Quelle: ZMP, Die Agrarmärkte, BRD, EWG und Weltmarkt (Milch- und Milcherzeugnisse).
BMELF, Stat. Bericht über Milch und Molkereiwirtschaft 1972, 1973.

Schaubild 1: Milchproduktion

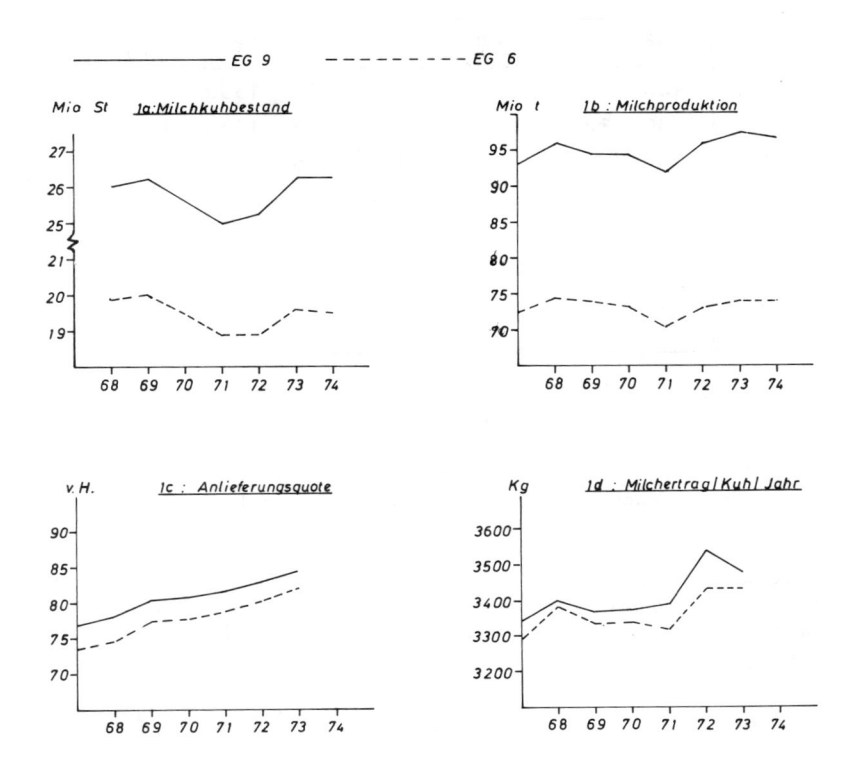

——— EG 9   – – – – – – EG 6

1a: Milchkuhbestand (Mio St)

1b: Milchproduktion (Mio t)

1c: Anlieferungsquote (v.H.)

1d: Milchertrag/Kuh/Jahr (Kg)

Quelle: Übersicht 1.

Übersicht 2: Verwendungsanteile der bei Molkereien angelieferten Vollmilch in v.H.

Produktgruppe	EG-6			EG-9
	1971	1972	1973	1973
Frischverzehr	24	21	18	25
Butter	47	50	50	46
Käse	23	22	23	21

Quelle: W. HOLST, H. HAFENMAYER u. H. EVERS: Die Milchwirtschaft der BR Deutschland im Jahre 1974 sowie Vergleichszahlen der EG für 1973. "DMZ", Folge 22, 1975, S. 682 - 724.

Übersicht 4), was vor allem auf den starken Rückgang der Flüssigverfütterung zurückgeht. Die Verwendung zur Produktion von Magermilchpulver hat sich im gleichen Zeitraum von 48 auf 52 % erhöht.

Übersicht 3: Butterbilanz 1968 - 1974 (1 000 t bzw. v.H.)

		1968	1969	1970	1971	1972	1973	1974
EG-6	P	1403	1319	1282	1232	1379	1393	1380
	V	1190	1222	1220	1131	1098	1135	1128
	SVG	118	107	104	112	126	123	122
EG-9	P	1695	1599	1552	1498	1686	1720	1648
	V	1766	1797	1788	1672	1585	1661	1699
	SVG	96	89	87	90	106	104	97

Quelle: BMELF: Statistischer Bericht 1973, Milch und Molkereiwirtschaft.
ZMP: Die Agrarmärkte (Milch und Milcherzeugnisse), BRD, EG und Weltmarkt.

Die Verbrauchsentwicklung ist durch einen steigenden Pro-Kopfverbrauch bei Käse, stagnierenden Trinkmilchverbrauch und, nach einem starken Rückgang im Jahre 1971, ebenfalls stagnierenden Butterverbrauch gekennzeichnet (vgl. Übersicht 5). Der 1974 in England und dadurch auch in der erweiterten Gemeinschaft gestiegene Butterverbrauch ist vermutlich auf die gezahlten Verbrauchssubventionen zurückzuführen. Hinsichtlich des Magermilchverbrauchs läßt sich mit Hilfe von Übersicht 4 anhand des steigenden Verwendungsanteils für die Pulverproduktion, bei relativ konstantem Pulververbrauch für den menschlichen Verzehr (in der Übersicht nicht aufgeführt) und stagnierender Pulververfütterung, der abnehmende Anteil des menschlichen Verzehrs im Inland am Magermilchanfall erkennen.

Als globaler Maßstab für die Versorgungslage auf dem Milchmarkt kann der Selbstversorgungsgrad 1), differenziert nach den beiden wichtigsten Komponenten, herangezogen werden. Während in der Sechsergemeinschaft der Selbstversorgungsgrad bei Fett höher lag, stellt sich in der erweiterten Gemeinschaft die Situation umgekehrt dar. Die Ursache ist einerseits in der in England gegenüber der Sechsergemeinschaft anderen Verbrauchsstruktur zu sehen, andererseits ist seit 1972 die Fett-Eiweiß-Bewertung (vgl. Übersicht 7) stark verändert worden, so daß sich auch in den ursprünglichen Mitgliedsländern eine Veränderung der Verbrauchsstruktur ergeben hat. Es soll hier darauf verzichtet werden, den Selbstversorgungsgrad für Kuhmilch, wie er von der ZMP ermittelt wird, anzugeben, da die einfache Addition der Trockenmasse beider Komponenten unbefriedigend erscheint. Es wäre zu überlegen, ob nicht eine Gewichtung mit den Preisen der bessere Weg wäre.

In jedem Falle gibt der oben ausgewiesene Selbstversorgungsgrad ein sehr unvollständiges Bild über die tatsächlichen Marktverhältnisse, da die Verbrauchsmengen stark durch die Butterverbilligungsaktionen und die Verfütterungsbeihilfen für Magermilch beeinflußt werden. Bezieht man weiterhin das Neuseeland zugebilligte Importkontingent für Butter und Käse mit in die Betrachtung ein, so vermindern sich die Absatzmöglichkeiten im Inland um weitere 3 - 4 %.

---

1) Der Selbstversorgungsgrad ist definiert als Produktion ./. inländischen Verbrauch. Im Unterschied zum "marktwirtschaftlichen Selbstversorgungsgrad, der auf diesem Markt schwer zu ermitteln ist, wird hier der "effektive" Selbstversorgungsgrad ausgewiesen. Dieser schließt beim inländischen Verbrauch die durch Verbilligungsaktionen abgesetzten Mengen mit ein. Dieser wichtige Unterschied ist bei der Interpretation des statistisch ermittelten "effektiven" Selbstversorgungsgrades im Auge zu behalten.

Übersicht 4: Anfall und Verfütterung von Magermilch, BRD, EG (6), EG (9)

		Einheit	1965	1966	1967	1968	1969	1970	1971	1972	1973	1974
Anfall	BRD	1000 t	11 889	12 047	12 265	12 719	12 476	12 017	11 384	11 879	12 188	12 157
	EG-6		28 817	29 428	30 493	32 132	31 424	30 274	29 106	32 121	32 792	-
	EG-9		-	-	-	-	-	-	35 607	39 390	42 421	-
Verfütterung (flüssig)	BRD	1000 t	6 402	5 966	5 216	4 824	4 752	4 391	3 697	2 714	2 183	-
	EG-6		12 111	10 724	9 262	8 280	8 288	7 289	5 861	4 607	3 976	-
	EG-9		-	-	-	-	-	-	8 784	7 121	5 997	-
Verfütterung MMP in Milchwert 1)	BRD	1000 t	-	-	-	2 572	2 254	2 407	1 711	1 982	2 313	2 325
	EG-6		-	-	-	9 169	9 534	9 924	9 169	9 381	-	-
	EG-9		-	-	-	9 995	10 431	10 703	9 912	10 148	-	-
Verfütterung insgesamt	BRD	1000 t	-	-	-	7 396	7 006	6 798	5 408	4 696	4 496	-
	EG-6		-	-	-	17 449	17 822	17 213	15 030	13 988	-	-
	EG-9		-	-	-	-	-	-	18 696	17 269	-	-
dgl. in vH von Anfall	BRD	vH	-	-	-	58,1	56,2	56,6	47,5	39,5	36,9	-
	EG-6		-	-	-	54,3	56,7	56,9	51,6	43,5	-	-
	EG-9		-	-	-	-	-	-	52,5	43,8	-	-
MMP-Produktion	BRD	1000 t	202	251	337	397	350	344	336	432	460	495
	EG-6		677	827	1 054	1 318	1 245	1 191	1 139	1 356	1 431	11448
	EG-9		794	934	1 189	1 458	1 383	1 335	1 309	1 606	1 758	1 716
dgl. Anteil am MM-Anfall in Magermilchwert	BRD	vH	20,0	24,6	32,4	36,8	33,0	33,8	34,8	42,9	44,5	-
	EG-6		27,7	33,2	40,8	48,4	46,8	46,4	46,2	49,8	51,5	-
	EG-9		-	-	-	-	-	-	43,3	48,1	48,9	-

1) Magermilchpulververfütterung x 11,8.

Quelle: SAEG: Agrarstatistik Nr. 8/1973. - BMELF: Statistischer Bericht 1973. Milch- und Molkereiwirtschaft 1972, 1973. - W. HOLST, H. HAFENMAYER, H. EVERS: Die Milchwirtschaft der BR Deutschland im Jahre 1974, sowie Vergleichszahlen der EG 1973. Deutsche Molkereizeitung, Folge 22/1975, S. 682 - 724.

Übersicht 5: Pro-Kopf-Verbrauch von Trinkmilch und Milchprodukten in der EG, - kg -

Land	Produkt	1968	1969	1970	1971	1972	1973	1974
BRD	Trinkmilch[1]	85	86	86	84	81	79	77
	Butter	8,5	8,5	8,6	7,9	7,1	7,3	7,1
	Käse[2]	8,6	9,5	10,0	10,5	11,0	11,8	11,4
Frankreich	Trinkmilch[1]	.	69	68	66	63	68	69
	Butter	9,0	9,3	9,0	8,3	8,6	8,5	8,3
	Käse[3]	13,0	13,7	14,0	13,9	14,1	14,5	.
Italien	Trinkmilch[1]	67	66	67	70	72	74	76
	Butter	2,0	1,9	2,0	2,0	2,0	2,1	2,3
	Käse	9,8	10,0	10,6	10,6	10,9	11,2	11,3
Niederlande	Trinkmilch[1]	141	138	134	131	122	118	113
	Butter	2,5	2,8	2,8	2,0	2,0	2,0	2,3
	Käse	7,9	8,0	8,2	8,7	9,1	9,4	10,0
BLWU	Trinkmilch[1]	84	86	81	76	74	76	73
	Butter	9,4	10,2	9,8	8,3	8,0	9,0	9,1
	Käse[2]	5,6	6,0	6,2	6,7	6,7	6,9	7,2
EG(6)[4]	Trinkmilch[1]	83	79	79	78	76	77	78
	Butter	6,4	6,5	6,5	5,9	5,8	5,9	5,8
	Käse	9,9	10,5	10,9	11,1	11,5	11,7	(10,8)
Gr. Britannien	Trinkmilch[1]	145	142	140	139	139	141	143
	Butter	8,9	8,9	8,8	8,2	7,2	7,7	8,6
	Käse	5,0	5,1	5,4	5,6	5,4	5,8	5,9
Irland	Trinkmilch[1]	214	213	213	212	212	210	.
	Butter	12,2	11,7	11,8	12,4	12,1	12,2	.
	Käse	2,1	2,4	2,2	2,4	2,6	3,0	.
Dänemark	Trinkmilch[1]	128	128	129	128	126	125	124
	Butter	9,4	9,2	9,1	8,8	8,6	8,0	8,5
	Käse	9,5	9,3	9,4	9,9	10,8	10,0	10,4

1) Zumeist einschließlich Milch für Mischgetränke, Joghurt aber ohne Trinkmagermilch. Frankreich: nur Vollmilch; Belgien: ohne Joghurt, Kakaomilch usw.
2) Einschließlich Quark.
3) Einschließlich Frischkäse.
4) Gewogener Durchschnitt, 1973, 1974 geschätzt.

Quelle: ZMP: Die Agrarmärkte. BR Deutschland, EWG und Weltmarkt 1974.
SAEG: Agrarstatistik 8/1973, S. 78.

Übersicht 6: Selbstversorgungsgrad mit Kuhmilch 1)

	1968	1969	1970	1971	1972	1973	1974
Milchfett	109	105	104	108	113 (105)	104	101
Fettfreie Trockenmasse	109	105	103	106	107 (105)	108	108

1) Ab 1973 EG (9)

Quelle: E. RICHARTS: Die Grenzen der Umbewertung zwischen Milchfett und Milcheiweiß. "Deutsche Milchwirtschaft", Nr. 15/75, S. 477.

In einer aussagekräftigen, d.h. den gegebenen Preisverhältnissen entsprechenden Versorgungsbilanz dürfte auf der Verbraucherseite nur die im Inland zu Marktpreisen absetzbare Menge enthalten sein (marktwirtschaftlicher Selbstversorgungsgrad), von der dann noch die Importverpflichtung abgezogen werden müßte. Auf die hiermit verbundenen Probleme wird an anderer Stelle zurückgekommen.

Die über den inländischen Verbrauch hinaus produzierten Mengen sind - soweit zu EG-Preisen auf dem Weltmarkt nicht absetzbar - als Überschüsse anzusehen. Während Butter in Drittländern, wenn überhaupt, nur mit Hilfe hoher Erstattungen absetzbar war, erreichte der Preis für Magermilchpulver auf dem Weltmarkt, als Folge der Verteuerung wichtiger Eiweißträger und von größeren Importen der USA, Ende des Jahres 1973 das EG-Niveau, so daß die Exporterstattungen zeitweise ausgesetzt wurden. Inzwischen ist jedoch der Weltmarktpreis auf die Hälfte des EG-Interventionspreises abgesunken, so daß Exporte nur mit großem finanziellen Aufwand oder in Form von Schenkungen möglich sind.

In Abhängigkeit von inländischer Versorgungslage und Exportmöglichkeiten entwickeln sich die Bestände an Butter und Magermilchpulver im Inland (vgl. Schaubild 2). Anfang Juli des Jahres 1975 hatten die Bestände an Magermilchpulver 700 000 t und jene von Butter 200 000 t erreicht, wobei im Laufe des Jahres ein weiterer Anstieg abzusehen ist. Diese Zuspitzung der Situation ist vermutlich weniger auf einen weiteren Produktionsanstieg als auf den rückläufigen Verbrauch zurückzuführen.

Schaubild 2: Bestände an Butter und Magermilchpulver in der EG (ab 1973 EG (9))

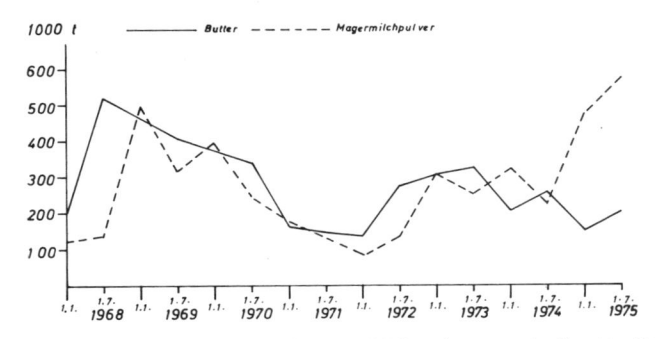

Quelle: BMELF: Statistischer Monatsbericht. - SAEG: Agrarstatistik, H. 5/72 und 8/73. - ZMP: Die Agrarmärkte (Milch und Milcherzeugnisse). BRD, EG und Weltmarkt.

Übersicht 7: Marktordnungspreise und Verwertung von Milch und Milchbestandteilen in der BRD

Kategorie	Einheit	27.7.68 7.12.69	8.12.69 31.7.70	1.8.71 31.3.71	1.4.71 31.3.72	1.4.72 13.5.73	14.5.73 31.3.74	1.4.74 6.10.74	7.10.74 2.3.75	3.3.75 15.9.75	16.9.75
		1 RE = 4 DM	ab 27.10.69			1 RE = 3,66			ab 3.3.75	1 RE = 3,58	
Richtpreis Milch 3,7 %	DM/100kg	41,20	37,70	37,70	39,89	43,08	45,46	49,08	51,53	53,39	57,22
Butterinterventionspreis	DM/100kg	694,00	635,01	635,01	651,48	ab 658,80 15.9. 680,76	644,16	644,16	671,90	696,33	750,03
Verwertung je FE1)	DM	7,48	6,78	6,78	6,98	ab 7,06 15.9. 7,32	6,89	6,80	7,13	7,37	8,00
Verwertung aus DM 37%iger Milch	DM	27,68	25,09	25,09	24,41	ab 26,13 15.9. 27,08	25,49	25,16	26,36	27,27	29,60
Magermilchpulverinterventionspreis	DM/100 kg	165,00	150,97	150,97	172,02	197,64	234,24	281,82	302,83	317,43	317,43
Verwertung je 100kg Magermilch1)	DM	11,34	10,06	10,06	11,98	14,31	17,63	21,29	23,20	23,98	23,98
Verwertung je 100 kg 3,7%iger Milch aus I-Preisen	DM	39,02	35,15	35,15	36,39 ab 15.41,39 9. 40,44		43,12	46,45	49,56	51,25	53,58
Fett-Eiweiß Verhältnis		70,9: 29,1	71,4: 28,6	71,4: 28,6	67,1:64,6:35,4 32,9 65,4:34,6		59,1: 40,9	54,2: 45,8	53,2: 46,8	53,2: 46,8	55,2: 44,8

Entwicklung der Mindestverwertung von:	1968	1969	1970	1971	1972	1973	1974	1975
- Fett	100	99,4	90,6	92,6	96,5	94,3	92,2	100,4
- Eiweiß	100	99,3	88,7	101,4	121	144,6	183,5	210,3
- Milch (3,7 % Fett)	100	99,4	90,1	92,5	103,2	108,9	118,7	132,3

1) Errechnet aus: Interventionspreis abzüglich Verarbeitungskosten (Butter mit 85 % Fett). Magermilchpulver, Umrechnungsfaktor 11,0.

Quelle: ZMP: Die Agrarmärkte. BRD, EG und Weltmarkt. - A. NIENHAUS: Intervention und Markt. "Agra-Europe" Nr. 28/75, S. 2 - 11.

2.2 Rindfleischmarkt

Die Produktion von Rind- und Kalbfleisch insgesamt wird durch Zahl und Struktur der Schlachtungen sowie durch die Schlachtgewichte bestimmt. Grundlage ist damit die Entwicklung der Rinderbestände, deren Niveau und Struktur durch die relative Wettbewerbsfähigkeit einzelner Betriebszweige oder - noch spezieller - Produktionsverfahren beeinflußt wird. Wie schon beim Milchmarkt kann auch hier nur ein grober Abriß der Entwicklung gegeben werden, da eine detaillierte Beschreibung den vorgegebenen Rahmen der Untersuchung sprengen würde.

Die Entwicklung der Rinderbestände in der Sechsergemeinschaft ist durch einen kräftigen Bestandsrückgang zwischen 1969 und 1971 und einen noch stärkeren Bestandsaufbau im Zeitraum 1971 - 1973 gekennzeichnet (vgl. Schaubild 3a und 3b). In den Beitrittsländern, insbesondere in England und Irland ist seit 1968 ein Bestandsaufbau zu erkennen, der sich seit 1971 noch beschleunigt hat und besonders in den Kuhbestandszahlen zum Ausdruck kommt (vgl. Übersicht 8). Aus dem gleichzeitig nur geringen Wachstum bzw. Rückgang des Milchkuhbestandes in England (1974) ist auf eine ausgeprägte Umstrukturierung des Bestandes in Richtung Fleischproduktion zu schließen. Eine entsprechende Entwicklung, allerdings bei gleichzeitiger Zunahme des Milchkuhbestandes, fand in Frankreich statt. In Italien ist es 1969/1970 und - abweichend von den anderen Mitgliedsländern - wieder seit 1972 zu einer bemerkenswerten Reduzierung sowohl des Milchkuhbestandes als auch des Rinderbestandes gekommen, so daß sich der gesamte Kuhbestand seit 1968 um ca. 25 % vermindert hat.

Schaubild 3a: Produktion und Verbrauch von Rind- und Kalbfleisch

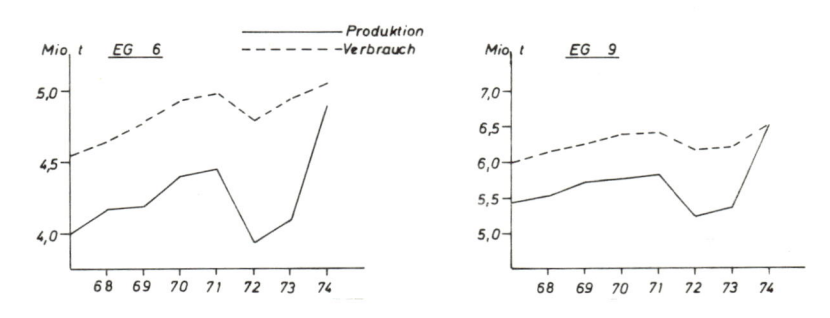

Schaubild 3b: Bestände von Kühen und Rindern insgesamt

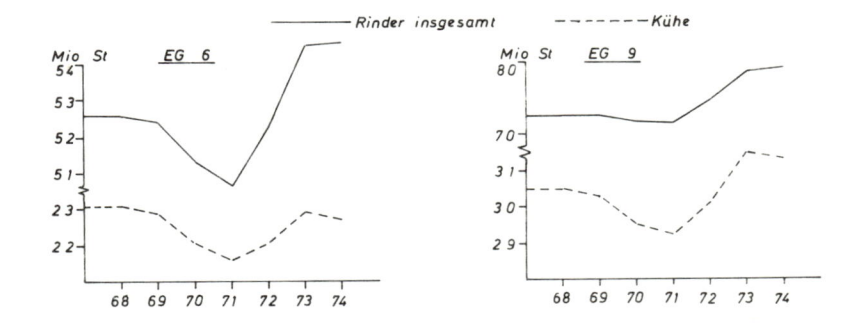

Quelle: Übersicht 7 und 8.

Übersicht 8: Rinderbestände [x] in der EG, Dezemberzählung (1 000 Stück)

Jahr	BRD	F	I	N	BLWU	EG-6	VK	Irl.	DK	EG-9
				Rinder	insgesamt					
1968	14061	21896	10070	3694	2860	52581	12094	5086	3004	72765
69	14286	21719	4612	3879	2904	52401	12295	5229	2897	72822
70	14026	21737	8776	3865	2908	51314	12442	5405	2766	71924
71	13638	21764	8669	3748	2835	50654	12918	5516	2678	71766
72	13892	22509	8818	4111	2942	52272	13750	5946	2810	74778
73	14364	23949	8407 [1]	4668	3104	54492	14696	6408	2956	78552
74	14420	24213	8153 [1]	4714	3093	54593	14914	6500	3145	79152
					Kühe					
1968	5878	9452	4821	1840	1126	23117	4532	1562	1303	30514
69	5848	9491	4510	1891	1130	22870	4567	1595	1237	30269
70	5593	9436	4060	1874	1092	22055	4674	1652	1172	29553
71	5433	9298	2949	1870	1066	21636	4755	1721	1139	29251
72	5511	9417	4024	1998	1106	22056	5029	1862	1179	30126
73	5639	10161	3795	2171	1162	22928	5307	2073	1203	31511
74	5546	10150	3642	2215	1164	22717	5348	2034	1226	31325
				- davon Milchkühe						
1968	5878	7362	3679	1840	1126	19885	-	-	-	-
69	5848	7349	3555	1891	1130	19773	-	-	-	-
70	5593	7185	3214	1874	1092	18958	-	-	-	-
71	5414	7227	3165	1870	1066	18742	3347	1229	1139	24452
72	5466	7403	3259	1998	1106	19231	3482	1254	1179	25146
73	5486	7683	3051	2171	1090	19481	3506	1389	1154	25530
74	5390	7720	2927	2215	1092	19344	3389	1344	1130	25217
				Rinder	unter 1	Jahr				
1968	4586	4944	-	466	808	11304	3385	-	1016	15705
69	4697	4920	-	1006	808	11451	3448	-	1017	15896
70	4623	4960	-	1027	830	11440	3590	-	979	16009
71	4464	5097	-	1009	741	11361	3718	-	947	16026
72	4637	5486	-	1184	683	11806	3964	-	1025	16795
73	5054	6094	1978	1502	857	15485	4179	1623	1042	22329
74	5113	5920	1984	1408	845	15270	4161	1607	1117	22155
				Färsen	1 Jahr	und älter				
1968	2387	4028	-	692	524	7731	2339	-	622	10692
69	2402	4017	-	737	437	7683	2335	-	594	10662
70	2408	3979	-	717	541	7646	2385	-	571	10602
71	2351	4013	-	709	538	7611	2478	-	552	10641
72	2333	4019	-	718	552	7622	2662	-	554	10838
73	2354	4998	1568	890	806	10616	3059	1148	630	15453
74	2400	5400	1673	974	805	11252	3368	1189	714	16523
				Schlacht- und Mastrinder[x] 1 Jahr und älter						
1968	1159	3296	-	177	267	4899	1684	-	40	-
69	1289	3118	-	266	408	5041	1740	-	29	-
70	1354	3192	-	227	411	5184	1638	-	23	-
71	1326	3158	-	151	410	5045	1809	-	20	-
72 [2]	1369	3175	-	192	395	5131	1921	-	23	-
73 [2]	1661	3415	1400	145	435	7056	2960	2069	91	12176
74 [2]	1728	3553	1117	167	443	7008	3177	2274	129	12588

1) ohne "Bufaline"; - 2) weibl. Schlachtrinder und männliche Rinder.
x) Ergebnisse 1973 und 1974 mit Vorjahren nicht voll vergleichbar.

Quelle: SAEG: Heft 7/1975. - Kommission der EG, Die Lage der Landwirtschaft. Bericht 1972 - 1974.

Wesentlich beeinflußt durch den Bestandsabbau erhöhte sich die Bruttoeigenerzeugung von Rind- und Kalbfleisch 1970 und 1971 in der Sechsergemeinschaft, um 1972 und 1973 als dessen längerfristige Konsequenz und infolge des wiederbeginnenden Bestandsaufbaus abzusinken (vgl. Übersicht 9). Der leichte Produktionsanstieg von 1973 gegenüber 1972, bei sinkenden Schlachtungsziffern, ist eine Folge des von 282 auf 288 kg gestiegenen Schlachtgewichts bei Rindern. Die starke Produktionssteigerung 1974 in der Sechsergemeinschaft ist als Folge des vorhergegangenen kräftigen Bestandsaufbaus, des von 275 (1969) auf 288 kg (1973 und 1974) gestiegenen Schlachtgewichts sowie des rückläufigen Anteils der Kälberschlachtungen anzusehen, dessen Anteil an den gesamten Rinderschlachtungen sich wie folgt entwickelte:

EG (6)	1969	1970	1971	1972	1973	1974
in %	37	36	35	34	33	31

Dabei nahmen die Kälberschlachtungen 1974 erstmals seit 1967 wieder absolut zu.

Bezieht man den Verbrauch (vgl. Übersicht 9) und die Preisentwicklung (vgl. Schaubild 4) mit in die Betrachtung ein, so sind bis 1971 relativ stabile Preise und ein stetig steigender Verbrauch zu beobachten. Der starke Anstieg der Marktpreise 1972 ist im Zusammenhang mit der inländischen Angebotsentwicklung und der weltweiten Rindfleischknappheit in dieser Periode zu sehen und dürfte ein wichtiger Grund für den Verbrauchsrückgang 1972 und 1973 sein. Bei fallenden Preisen im Jahre 1974 stieg der Verbrauch wieder an. Gleichzeitig erreichte aber der Selbstversorgungsgrad infolge der kräftigen Produktionsausweitung 100 % und in der Sechsergemeinschaft immerhin 97 % (vgl. Übersicht 9). In diesem Zusammenhang ist es erstmalig zu größeren Interventionskäufen und auch zu Lagerbeständen von Rindfleisch gekommen, da eine Entlastung durch Exporte infolge des Angebotsdruckes auf dem Weltmarkt nicht möglich war. Trotz der Intervention blieben die Marktpreise unterhalb des allerdings sehr kräftig angehobenen Interventionspreises.

Schaubild 4: Preise für Rinder (Durchschnitt aller Klassen) in der Gemeinschaft und in der Bundesrepublik Deutschland

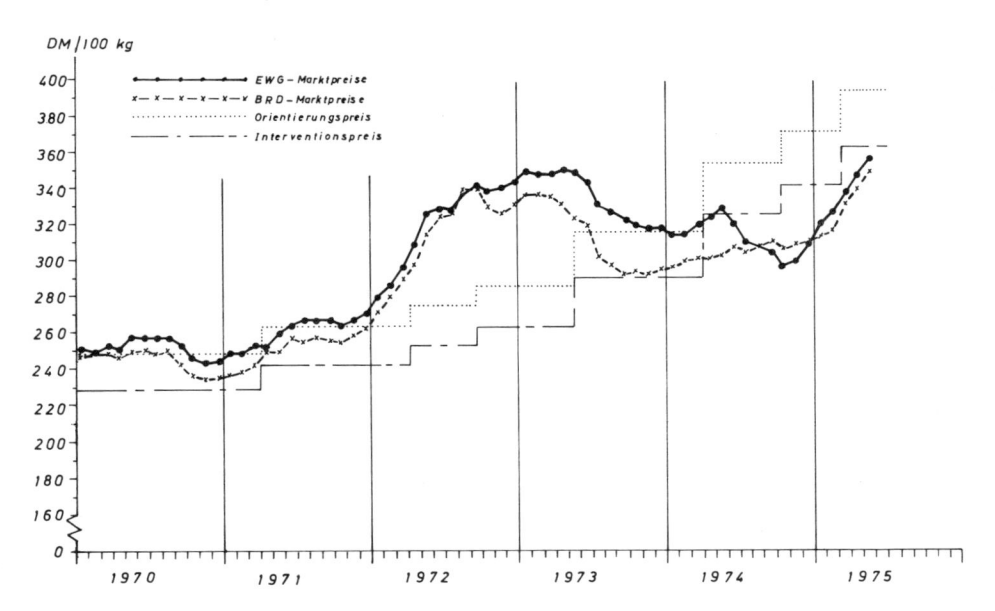

Übersicht 9: EG-Länder: Bruttoeigenerzeugung, Verbrauch und SVG für Rind- und Kalbfleisch ohne Innereien

			1966	1967	1968	1969	1970	1971	1972	1973	1974
Bundesrepublik Deutschland	P C C/K SVG	1000 t 1000 t kg vH	1106 1319 22,3 83,8	1177 1333 22,5 88,3	1205 1390 23,3 86,7	1222 1428 23,8 85,6	1337 1491 24,6 89,7	1380 1513 24,7 91,2	1221 1444 23,4 84,6	1256 1404 22,7 89,5	1392 1447 23,3 96,2
Frankreich	P C C/K SVG	1000 t 1000 t kg vH	1489 1437 29,3 103,6	1607 2470 29,7 109,3	1670 1503 30,1 111,1	1600 1526 30,4 104,8	1624 1520 30,0 106,8	1696 1517 29,7 111,8	1560 1474 28,5 105,8	1546 1479 28,3 104,5	1886 1552 29,1 121,5
Italien	P C C/K SVG	1000 t 1000 t kg vH	691 1092 20,0 63,3	715 1216 23,1 58,8	782 1221 23,0 64,0	831 1289 24,2 64,5	828 1366 25,5 60,6	767 1398 25,9 54,9	642 1360 25,0 47,2	762 1508 27,5 50,5	925 1460 26,4 63,4
Niederlande	P C C/K SVG	1000 t 1000 t kg vH	275 258 20,7 106,6	288 276 21,9 104,3	294 276 21,7 106,5	294 274 21,3 107,3	344 284 21,7 121,1	342 277 21,0 123,5	278 269 20,2 103,3	295 279 20,7 105,7	393 303 22,3 129,7
Benelux-Länder	P C C/K SVG	1000 t 1000 t kg vH	221 237 23,9 93,2	217 247 24,8 87,8	222 250 25,1 88,8	237 257 25,7 92,2	253 268 26,6 94,4	266 273 27,3 97,4	235 270 26,9 87,0	242 271 26,8 89,3	306 300 29,6 102,0
EG (6)	P C C/K SVG	1000 t 1000 t kg vH	3782 4343 23,8 87,1	4004 4542 24,7 88,2	4173 4640 25,1 89,9	4184 4774 25,6 87,6	4386 4929 26,2 88,9	4451 4978 26,2 89,4	3936 4817 25,2 81,7	4101 4941 25,7 83,0	4902 5062 26,6 96,8
Großbritannien	P C C/K SVG	1000 t 1000 t kg vH	783 1245 22,8 62,9	845 1305 23,8 64,8	807 1242 22,6 65,0	788 1324 23,9 59,5	879 1305 23,5 67,4	836 1287 23,1 65,0	836 1245 22,3 67,1	814 1168 20,9 69,7	1010 1326 23,6 76,2
Irland	P C C/K SVG	1000 t 1000 t kg vH	271 48 16,6 564,6	339 52 17,9 651,9	301 52 17,9 578,8	287 53 18,1 541,5	293 56 19,0 523,2	350 57 19,1 614,0	315 59 19,6 533,9	291 57 18,8 510,5	380 65 21,2 584,6
Dänemark	P C C/K SVG	1000 t 1000 t kg vH	240 89 18,6 269,7	245 91 18,8 269,2	247 93 19,1 265,6	240 104 21,3 230,8	221 97 19,7 227,8	215 96 19,3 224,0	178 81 16,2 219,8	191 74 14,8 258,1	245 77 15,4 318,2
EG (9)	P C C/K SVG	1000 t 1000 t kg vH	5076 5725 23,4 88,7	5430 5990 24,3 90,7	5528 6027 24,3 91,7	5999 6255 25,1 87,9	5779 6387 23,4 90,5	5852 6418 25,3 91,2	5265 6202 24,3 84,9	5397 6240 24,3 86,5	6537 6530 25,3 100,1

Quelle: ZMP: Die Agrarmärkte. BRD, EG und Weltmarkt.

2.3 Zusammenfassende Beurteilung der Entwicklung im Hinblick auf die Stabilisierungsziele

2.3.1 Zielverletzungen

Für den Milchmarkt war eingangs als Stabilisierungsziel ein "nicht zu hoher Selbstversorgungsgrad" bzw. "nicht zu hohe Marktordnungsausgaben" genannt worden. Zum Vergleich mit der tatsächlichen Entwicklung vermittelt Übersicht 10 einen groben Überblick über die Entwicklung von (effektivem) Selbstversorgungsgrad, Marktordnungsausgaben und Lagerbeständen.

Nachdem der Selbstversorgungsgrad bei Milch 1968 109 % und die Butterbestände 1969 300 000 t überschritten hatten, wurde mit Hilfe der Abschlacht- und Nichtvermarktungsaktion sowie Verbilligungsmaßnahmen auf dem Buttermarkt eine Entschärfung der Situation erreicht, die sich in einem deutlich verminderten Selbstversorgungsgrad 1970 und kurzfristig noch sehr hohen Marktordnungsausgaben wiederspiegelten. Schon 1971 erhöhte sich der Selbstversorgungsgrad erneut. Zu größeren Überschüssen bei Butter kam es jedoch erst wieder Ende 1972, da im Winter 1971/72 vorübergehend relativ günstige Absatzmöglichkeiten auf dem Weltmarkt herrschten (zeitweise Aussetzung der Exporterstattungen). Der Abbau der erneut stark erhöhten Lagerbestände (Inlandsverbilligungsaktionen, Rußlandexport) führte zu extremen Ausgabesteigerungen im Jahr 1973. Seit der Erweiterung der Gemeinschaft und infolge der Höherbewertung der Eiweißkomponente scheint das Überschußproblem sich auf den Markt für Magermilchpulver verlagert zu haben. Dabei muß jedoch berücksichtigt werden, daß die hohen finanziellen Aufwendungen vor allem für die Butterverbilligung in England (größtenteils nationale Finanzierung), zu einer Verzerrung des Bildes führten.

Zusammenfassend läßt sich für den Milchmarkt feststellen, daß die durchgeführte Politik im Zusammenhang mit den Instrumenten der Marktordnung im Zeitraum 1968 - 1974 keine Stabilisierung im Sinne des oben abgegrenzten Zieles bewirkt hat 1). Die sich wiederholt entwickelnden Ungleichgewichte konnten nur durch finanziell sehr aufwendige Sondermaßnahmen überwunden werden (EG-Kommission (c), 1975, S. 36, und BMELF, 1975, S. 6).

Übersicht 10: Milchmarkt 2), SVG, Lagerbestände, EAGFL-Ausgaben

	1970	1971	1972	1973	1974
	Selbstversorgungsgrad (vH)				
Milchfett	104	108	113 (103)	104	101
fettfreie Trockenmasse	103	106	107 (105)	108	108
	Ausgaben des EAGLF für den Milchmarkt				
Mio. RE	854	572	574	1528	1578
vH	36	37	25	39	45
	maximale Lagerbestände (1000 t)				
Butter	370	160	273	303	215
MMP	392	173	203	270	293

Quelle: BMELF: Agrarbericht 1971 und 1974. - Übersicht 6 und eigene Berechnungen.

1) In dieser Beurteilung besteht Einigkeit zwischen Bundesregierung und EG-Kommission.
2) ab 1973 EG (9)

Auf dem Rindfleischmarkt ist die Periode relativ stabiler Preise bis 1972 durch stärkere Preisschwankungen abgelöst worden (vgl. Schaubild 4). Außerdem stieg der Selbstversorgungsgrad bei Rind- und Kalbfleisch 1974 auf 100 %, was zu Interventionskäufen und Lagerbeständen geführt hat, so daß auch auf diesem Markt das Stabilisierungsziel nicht erreicht wurde.

2.3.2 Mögliche Ursachen der Zielverletzungen

Zielverletzungen sind auf unangemessenen Instrumenteneinsatz in qualitativer und/oder quantitativer Hinsicht zurückzuführen. Eine der Ursachen hierfür könnten die häufig gegebenen time-lags zwischen politischer Entscheidung und Wirkungsbeginn bzw. als Folge stark verzögerter Wirkungen des Instrumenteneinsatzes sein. Die Entscheidungsträger sind deshalb auf Prognosen über die Entwicklung der relevanten Größen angewiesen, deren Zuverlässigkeit wesentlich den Erfolg der Maßnahmen bestimmt.

Grob gegliedert könnte man zwischen folgenden Ursachen eines inadäquaten Instrumenteneinsatzes unterscheiden: (1) Bewußte Fehler als Folge von Zielkonflikten, (2) unbewußte Fehler als Folge mangelhafter Entscheidungsgrundlagen (z.B. Marktprognosen) oder (3) subjektiv unbewußte Fehler als Folge von Unkenntnis der Wirkungsweise der eingesetzten Instrumente im Hinblick auf die Quantität, eventuelle Nebenwirkungen oder zeitliche Verteilung. In der Realität wird meistens eine Kombination der genannten Ursachen von Bedeutung sein. Um zu einer sachgerechten Beurteilung der Stabilisierungspolitik auf dem Milch- und Rindfleischmarkt zu kommen, erscheint es für die sich anschließende Wirkungsanalyse zweckmäßig, die unterschiedenen Ursachen im Auge zu behalten.

3 Wirkungsanalyse ausgewählter Instrumente

3.1 Marktordnungssystem auf dem Milch- und Rindfleischmarkt

Wichtigste Aufgabe der Marktordnungen auf dem Milch- und Rindfleischmarkt ist die Stabilisierung der inländischen Preise auf einem politisch fixierten Niveau. Mit einer Ausnahme von 1972/73 lag dieses Niveau seit Bestehen der Gemeinschaft oberhalb der Weltmarktpreise. Die Stabilisierungsfähigkeit des Systems wird wesentlich durch das Verhältnis von Weltmarktpreisen zu inländischen Preisen bestimmt.

Außerdem hängt die mögliche Schwankungsbreite der Preise von der relativen Absicherung des Zielpreises durch Interventionen ab. Die kalkulatorische Verwertung von Milch über Magermilchpulver und Butter zu Interventionspreisen beträgt 1975/76 ca. 96 %, wird de facto aber voraussichtlich nur ca. 93 % erreichen. Auf dem Rindfleischmarkt wurden erst im Herbst 1973 obligatorische Interventionen in Höhe von 93 % des Orientierungspreises eingeführt. Wie Schaubild 4 zeigt, wird dieser seit 1974 unterschritten.

3.1.1 Weltmarktpreis unter EG-Niveau

Liegt der inländische Selbstversorgungsgrad unter 100 %, so bewegt sich der inländische Marktpreis zwischen Interventionspreis und Zielpreis. D.h. solange die angenommene Marktkonstellation anhält, kommt es automatisch zu einer Stabilisierung (PLATE, 1968, S. 162). Diese Situation war für den Rindfleischmarkt bis 1972 charakteristisch. Die Erreichung eines Selbstversorgungsgrades von 100 %, verbunden mit einem Absinken des inländischen Marktpreises unter das Interventionsniveau bzw. dessen Anstieg über den Marktpreis (Mitte 1974) hat zu einem verordneten Importstopp geführt, der sich aufgrund gewisser Abnahmeverpflichtungen und Sonderregelungen für verarbeitetes Fleisch nicht automatisch durch die Marktordnung ergibt. Diese rigorose Maßnahme ist als Folge der eingeführten obligatorischen Interventionspflicht bei begrenzten Lagerkapazitäten und sehr begrenzter Haltbarkeit des Interventionsproduktes anzusehen. Inzwischen ist der Einfuhrstopp gelockert worden, jedoch sind die auf einem Markt mit hochverderblichen Produkten sehr engen Grenzen der Stabilisierung durch Interventionskäufe in länger anhaltenden Überschußsituationen deutlich geworden.

Auf dem Milchmarkt liegt der Selbstversorgungsgrad seit dem Beginn des gemeinsamen Marktes über 100 %, ein Indiz dafür, daß der Interventionspreis den inländischen Gleichgewichtspreis überschreitet. Wie schon in der Einführung erwähnt, kommt es in dieser Situation zwar automatisch zu einer Preisstabilisierung, jedoch führt die Interventionspflicht zu steigenden Lagerbeständen und letztlich zu steigenden Marktordnungsausgaben.

3.1.2 Weltmarktpreis über EG-Niveau

Während die destabilisierende Wirkung einer derartigen Situation auf dem Binnenmarkt bei einem Selbstversorgungsgrad von mehr als 100 % unschwer durch Exportabschöpfungen aufgefangen werden kann und auch wurde (z.B. für Weizen), hat man 1972/73 auf dem Rindfleischmarkt bei einem Selbstversorgungsgrad von ca. 85 % preissteigernde Effekte auf den Binnenmarkt nicht verhindert. Das notwendige Instrument, Importerstattungen, ist nicht angewendet worden, da man wohl eine Signalwirkung für andere Märkte in ähnlichen Situationen mit Konsequenzen für die Marktordnungsausgaben befürchtete. Zwar wurde auf dem Zuckermarkt schon eine Ausnahme gemacht (Importverbilligung für England), jedoch ist die Gefahr extremer Preisschwankungen aufgrund der sehr niedrigen Preiselastizität der Nachfrage auf diesem Markt auch sehr viel größer.

Zusammenfassend läßt sich für die Wirkung des Marktordnungssystems festhalten, daß die Interventionspflicht mit dem Ziel "Preisstabilisierung" in anhaltenden Überschußsituationen zu einer zunehmenden Verletzung des Ziels "Begrenzung der Marktordnungsausgaben" führt.

3.2 Preispolitik

Wesentlichstes Element der Preispolitik der EG auf dem Milch- und Rindfleischmarkt sind die Preisbeschlüsse des Ministerrats. Eine Abschätzung ihrer Wirkungen stößt allerdings auf besondere Schwierigkeiten, deren wichtigste Ursache die insbesondere in Italien und Frankreich unzuverlässige Datengrundlage ist. Methodische Probleme resultieren aus der Notwendigkeit, die Wirkung einer großen Zahl von nationalen, zur Preispolitik komplementären Maßnahmen wie z.B. Grenzausgleichszahlungen und Rindermastprämien auf der Angebotsseite oder Butterverbilligungsaktionen auf der Nachfrageseite, angemessen zu berücksichtigen. Die folgende Analyse kann infolgedessen nur Tendenzen aufzeigen.

3.2.1 Entwicklung der Marktordnungspreise seit 1968

In Übersicht 11 sind die Marktordnungspreise für den Milch und Rindfleischmarkt wiedergegeben. Dabei wurde auf die Darstellung nationaler Sonderentwicklungen wie z.B. die stufenweise Anpassung der Marktordnungspreise in den Beitrittsländern, aus Gründen der Übersichtlichkeit verzichtet.

Im Zeitraum 1968 - 1975 ist der Richtpreis für Milch um 47 % und der Orientierungspreis für Rinder um 60 % angehoben worden. Das entspricht einer jährlichen Zuwachsrate von 5,6 bzw. 6,9 %, wobei zu berücksichtigen ist, daß die Preise bis 1970 nicht erhöht wurden. Die jährliche Zuwachsrate der Marktordnungspreise für Weizen, Gerste und Zuckerrüben lag mit 3,9; 4,3 und 3,6 % im gleichen Zeitraum vergleichsweise niedriger. An der Entwicklung der Relation Rinder- zu Milchpreis wird das eingangs als Ziel der Stabilisierungspolitik angesprochene Bemühen sichtbar, die Relation zu Gunsten der Rindfleischproduktion zu verändern.

Übersicht 11: Marktordnungspreise für Milch und Rinder

	Einheit	1968	1969	1970	1971	1972	1973	1974	1975
Richtpreis f. Milch	RE/100 kg	10,3	10,3	10,3	10,75	11,55	12,13	13,32	15,09
Orientierungspreis f. Rinder	RE/100 kg	68,0	68,0	68,0	70,96	70,88	82,43	94,77	108,51
Orientierungspreis ÷ Richtpreis	1:	6,6	6,6	6,6	6,6	6,48	6,84	7,11	7,19
Richtpreis	Veränderungen geg. Vorjahr in vH	–	0	0	4,4	7,4	5,0	9,8	13,3
Orientierungspreis		–	0	0	4,4	5,5	10,8	14,3	14,5
Verfütterungsbeihilfe Magermilch – flüssig – Pulver	RE/100 kg	1,5 8,25	1,5 8,25	1,5 8,25	1,61 11,81	1,65 16,47	2,14 22,93	2,96 31,70	3,36 36,17
Desgl. Veränderungen gegenüber Vorjahr – flüssig – Pulver	vH	– –	0 0	0 0	7,3 43,2	2,5 39,5	29,7 39,2	38,3 38,2	13,5 14,1

Quelle: ZMP: Die Agrarmärkte (Milch und Milcherzeugnisse). BRD, EG und Weltmarkt.

3.2.2 Preisbeschlüsse und Stabilisierungsziele

3.2.2.1 Milchmarkt

Im Zuge der Preisangleichung bei Schaffung des gemeinsamen Marktes ist der Milchpreis in Relation zu den übrigen Preisen angehoben worden. Die Ausweitung der Kuhbestände und der damit verbundene Produktionsanstieg wurde durch diese Entscheidung begünstigt. Da sich weder die Erzeugerpreise für Milch noch jene für Rinder zwischen 1968 und 1970 wesentlich veränderten (in Frankreich stiegen beide Preise leicht an) und auch die übrigen Produkt- und Betriebsmittelpreise relativ konstant waren, ist anzunehmen, daß der 1970 plötzlich einsetzende Bestandsabbau zumindest teilweise auf die Abschlacht- und Nichtvermarktungsprämien und nicht auf grundlegende Veränderungen der relativen Wettbewerbsfähigkeit zurückzuführen ist. (Vgl. Schaubild 1 und Übersicht 1). Gestützt wird diese These durch den relativ kräftigen Wiederanstieg der Bestände nach 1971, ohne daß sich die Preisrelationen spürbar verändert hätten.

Die durch den Produktionsrückgang bis 1971 und günstige Butter- und Magermilchpulverpreise auf dem Weltmarkt (1971/72) abgebauten Überschüsse (vgl. Schaubild 2 und 5) wuchsen, auch infolge der nur wenig gestiegenen Nachfrage, schon 1973 wieder stark an.

In Übersicht 12 ist der Butterabsatz näher aufgeschlüsselt. In der erweiterten Gemeinschaft wurden

Schaubild 5: Preise für Butter und Magermilchpulver, BRD und Weltmarkt

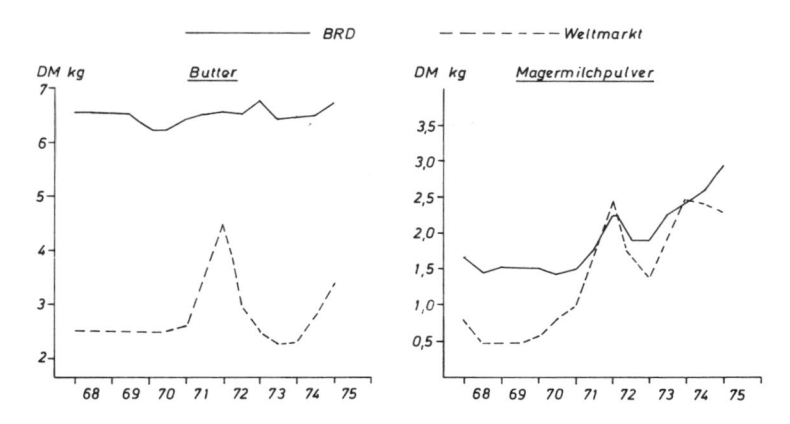

Quelle: ZMP: Die Agrarmärkte 1974. BRD, EG und Weltmarkt (Milch und Milcherzeugnisse).

1973 und 1974 ca. 36 % des inländischen Butterverbrauchs in der ein oder anderen Form subventioniert. Der Export wurde insgesamt und z.T. noch durch über die normalen Erstattungen hinausgehende Verbilligungen unterstützt. Als grobe Schätzung ergibt sich, daß der "marktwirtschaftliche" Selbstversorgungsgrad bei Butter 1973 und 1974 um ca. 15 % über dem effektiven Selbstverosrgungsgrad lag, was ca. 5,6 Mio. t Milch oder der Leistung von 1,6 Mio. Kühen entspricht.

Von der anfallenden Magermilch werden zur Zeit ca. 50 % verbilligt abgesetzt. Der finanzielle Aufwand hat sich infolge der angehobenen Eiweißbewertung und der damit verknüpften Verfütterungsbeihilfen stark erhöht (vgl. Übersicht 13). Wieviel der derzeit noch verfütterten Magermilch (flüssig und Pulver) bei Aufgabe der Verbilligung durch andere Futtermittel ersetzt würde, ist schwer abzuschätzen. In der BRD betrug der Anteil von Magermilchpulver in Mischfuttermitteln 1974 noch ca. 52 %. Eine Reduzierung auf 30 % 1) würde eine Menge von ca. 9 % des Magermilchanfalls der BRD freisetzen, wobei der Rückgang der flüssig verfütterten Mengen, die ohnehin nicht durch Pulver ersetzt werden, noch nicht berücksichtigt ist. Eine fundierte Aussage über den Gesamteffekt, insbesondere für die EG, ist nur aufgrund eingehender Untersuchungen möglich.

Die Erhöhungen des Milchpreises seit 1971 lagen, auch für 1973, über der durchschnittlichen Erhöhung der Agrarpreise und waren aufgrund der Marktsituation nicht als zielkonform im Hinblick auf die Stabilisierungsziele anzusehen. Da auch in veröffentlichten Marktprojektionen einhellig die Gefahr eines weiter wachsenden Selbstversorgungsgrades verbunden mit steigenden Marktordnungsausgaben, auch unter Berücksichtigung der EG-Erweiterung, vorhergesagt wurde (EG-Kommission (d), 1974, S. 48), verdeutlichen die Preisbeschlüsse, daß es sich nicht um falsche Entscheidungen aufgrund mangelhafter Vorausschau gehandelt hat, sondern angesichts des bekannten Zielkonflikts, die Erzeugereinkommen als Zielvariable ganz im Vordergrund standen. Neben dem Stabilisierungsziel wurden vor allem auch das Außenhandelsziel (§ 110 EG-Vertrag) und das Ziel, die Verbraucher zu angemessenen Preisen zu versorgen, verletzt.

Diese im Hinblick auf das Stabilisierungsziel "bewußten" Fehlentscheidungen führten mit einer gewissen Verzögerung zu dem Zwang, die schon eingetretenen Fehlentwicklungen "um jeden Preis"

---

1) Eine derartige Senkung wird aus ernährungsphysiologischer Sicht auch in der Kälberaufzucht für denkbar gehalten. Entsprechende Versuchsreihen sind am Institut für Tierernährung der Universität Göttingen geplant.

Übersicht 12: Struktur der Butterverwendung

		Einheit	1971	1972	1973	1974
Produktion EG-6		1000 t	1232	1379	1393	1380
EG-9			1498	1686	1720	1648
inländ. Verbrauch	EG-6	1000 t	1131	1048	1135	1128
insgesamt	EG-9		1672	1585	1661	1699
davon ver-	EG-6		24	72	151[1]	113
billigt über	EG-9	1000 t	-	-	612[2]	608
Sonderaktion						
desgl. Anteil	EG-6	vH	2,1	6,5	13,3	10,0
am inländ.	EG-9		-	-	36,8	35,8
Verbrauch						
Exporte	EG-6		185	75	307	115
in Drittländer	EG-9	1000 t	-	-	410	128
davon spe-	EG-6	1000 t	14	63	-	-
ziell ver-	EG-9		-	-	346[3]	87
billigt						
(einschl. Nahrungshilfe)						
Anteil des ver-	EG-6		16,9	10,6	32,9	16,5
billigten Absatzes						
insges. an Produk-		vH				
tion (incl. alle	EG-9		-	-	59,4	44,7
Exporte)						
geschätzer In-[4]	EG-6		-	-	-	-
landverbrauch ohne Ver-		1000 t				
billigungsaktionen	EG-9		-	-	1440	1461
effektiver SVG	EG-9	vH	-	-	104	97
geschätzer markt-	EG-9	vH	-	-	119	113
wirtschaftlicher						
SVG						

1) Molkereibutteraktion, VO EWG 1259/72, Streitkräfte, Gemeinnützige Einrichtungen, Butterreinfett in Kleinpackungen, Sozialbutter.
2) Incl. Verbilligungsaktion England um 27 RE/100 kg (442 000 t).
3) Incl. 200 000 t Rußlandexport.
4) Grobe Schätzung aufgrund der Erfahrungen mit Sonderaktionen in der BRD.

Quelle: Vgl. Übersicht 13 sowie eigene Berechnungen und Schätzungen.

Übersicht 13: Struktur der Magermilchverwendung und Marktordnungsausgaben

		Einheit	1972	1973	1974
Magermilchanfall	EG-6	1000 t	32112	32792	-
	EG-9		39390	42421	-
Verfütterungsmengen für die Beihilfe beantragt wurde[1]	EG-6	1000 t	14448	15659	-
	EG-9		-	18029	16908
davon					
- flüssig	EG-6	1000 t	3514	3020	-
	EG-9		-	4825	4335
- Magermilchpulver in Milchwert[2]	EG-6	1000 t	10934	12639	-
	EG-9		-	13204	12573
Verwendung von Magermilch zu Käse	EG-6	1000 t	1595	1614	2115
	EG-9		-	1874	2395
verbilligter incl. Verbrauch insges.	EG-6	1000 t	16043	17273	-
	EG-9		-	19903	19203
desgl. in vH vom Anfall	EG-6	vH	50	53	-
	EG-9			47	-
Beihilfen für Verfütterung insges.	EG-6	Mio. RE	236,58		
	EG-9			379,256	520,755
davon					
- Magermilch	EG-6	Mio. RE	37,98		
	EG-9			103,256	127,853
- Magermilchpulver	EG-6	Mio. RE	178,6		
	EG-9			276,0	392,902
Beihilfen für Kaseinproduktion	EG-6	Mio. RE	31,24		
	EG-9			56,0	76,64
Ø Verbilligungssatz der im Inland verbilligten MM	EG-6	RE/100 kg	1,67		
	EG-9			2,18	3,09

1) Z.T. erheblich geringere Mengen als insgesamt verfüttert werden; bei MMP sind die Mengen größer, was wahrscheinlich auf die mangelhafte Qualität der Daten zurückzuführen ist.
2) Umrechnungsfaktor 11,0.

Quelle: Kommission der EG: Die Lage der Landwirtschaft in der erweiterten Gemeinschaft. Bericht 1973, Teil 3, S. 138. - W. HOLST, H. HAFENMAYER, H. EVERS: Die Milchwirtschaft der BR Deutschland im Jahre 74 sowie Vergleichszahlen der EG 1973. Deutsche Molkereizeitung, Folge 22/1975, S. 682 - 724 und Folge 14/1974, S. 688 - 729.

zu korrigieren. Das eingeengte Entscheidungsproblem lautet dann: Minimierung der Marktordnungsausgaben bei gegebenem Milchrichtpreis.

Neben einer Reihe von Sondermaßnahmen, die teils der Überschußverwertung, teils der Überschußverhütung dienen, steht als preispolitische Entscheidungsvariable das Fett-Eiweiß Preis-Verhältnis 1) zur Verfügung. Das Optimierungsproblem lautet infolgedessen: Minimierung der Summe der Ausgaben auf den beiden Teilmärkten (Fett und fettfreie Trockenmasse) unter der Nebenbedingung, daß der geplante Milchpreis erzielt wird. Nimmt man bei fixiertem Milchpreis die Angebotsmenge als gegeben an und unterstellt, daß die Überschüsse zu einem konstanten Preis auf dem Weltmarkt abgesetzt werden können, so ist folgende Funktion zu minimieren:

(vgl. auch Schaubild 6)

$$A = \left[\bar{q}_F f (P_{F_i} - P_{F_m})\right] (P_{F_i} - P_{F_w}) + \left[\bar{q}_E f (P_{E_i} - P_{E_m})\right] (P_{E_i} - P_{E_w})$$
$$+ \lambda (P_M - P_{F_i} \cdot X - P_{E_i} \cdot Y)$$

A	=	Marktordnungsausgaben
$\bar{q}_F$	=	Überschußmenge Fett
$\bar{q}_E$	=	Überschußmenge fettfreie Trockenmasse
P_{F_i}	=	Preis je kg Fett, abgeleitet aus dem Interventionspreis für Butter
P_{E_i}	=	Preis je kg fettfreie Trockenmasse, abgeleitet aus dem Interventionspreis für Magermilchpulver
$P_{E_m}; P_{F_m}$	=	inländischer Marktpreis bei gegebener Milchmenge
$P_{E_w}; P_{F_w}$	=	Weltmarktpreis, abgeleitet aus dem jeweiligen Produktpreis
P_M	=	Milchpreis
X und Y	=	Gewichtungsfaktoren, entsprechend dem Anteil der Komponenten an 1 kg Vollmilch (als fix angenommen)
λ	=	Lagrange Multiplikator

Als Minimierungsbedingung gilt, daß die Grenzausgaben bezogen auf den jeweiligen Interventionspreis und gewichtet mit dem Anteil der Komponenten an der Vollmilch auf beiden Teilmärkten gleich sein müssen. Die partiellen Ableitungen lauten:

$$\frac{dA}{dP_{F_i}} = \frac{d\bar{q}_F}{dP_{F_i}} (P_{F_i} - P_{F_w}) + \bar{q}_F + \lambda X = 0$$

$$\frac{dA}{dP_{E_i}} = \frac{d\bar{q}_E}{dP_{E_i}} (P_{E_i} - P_{E_w}) + \bar{q}_E + \lambda Y = 0$$

---

1) "Eiweiß" wird im folgenden alternativ zu "fettfreie Trockenmasse" verwendet.

$$\frac{dA}{d\lambda} = p_M - p_{F_i} \cdot X - p_{E_i} \cdot Y.$$

daraus folgt:

$$\frac{\frac{d\bar{q}_F}{dP_{F_i}}(P_{F_i} - P_{F_w}) + \bar{q}_F}{\frac{d\bar{q}_E}{dP_{E_i}}(P_{E_i} - P_{E_w}) + \bar{q}_E} = \frac{X}{Y}.$$

In der graphischen Darstellung (vgl. Schaubild 6) geht es um die Minimierung der Summe der beiden Rechtecke adfe.

Schaubild 6:

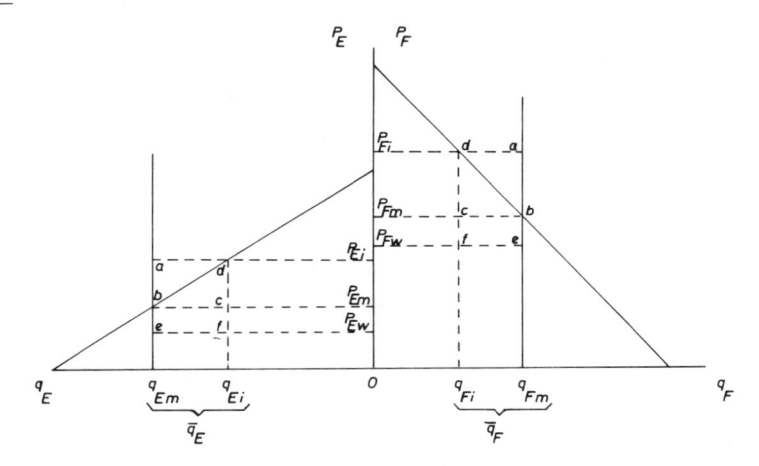

Das optimale Preisverhältnis von Fett zu fettfreier Trockenmasse wird bei gegebenem Milchpreis und gegebener Angebotsmenge durch die Steigung der jeweiligen Nachfragefunktion und den Weltmarktpreis der Einzelkomponenten bestimmt.

Da die EG einen hohen Marktanteil am Weltmarkt hat, ist die Annahme einer völlig elastischen Weltmarktnachfrage unrealistisch. Außerdem wird ein Teil der Überschüsse mit Hilfe von Marktspaltung und Preisdifferenzierung auf dem Binnenmarkt abgesetzt, so daß in der verallgemeinerten Zielfunktion die Summe der Ausgaben auf den Teilmärkten (M) = $M_F + M_E$

$$\sum_{m=1}^{M} \bar{q}^m (p_i - p(\bar{q}^m))$$ minimiert werden muß,

wobei $\sum_{m_F=1}^{M_F} \bar{q}_F^m = \bar{q}_F$ und $\sum_{m_E=1}^{M_E} \bar{q}_E^m = \bar{q}_E$ ist.

Bei Preisdifferenzierung auf dem Binnenmarkt (Molkereibutteraktion, Verfütterungsbeihilfe Magermilch) hängt das optimale Verhältnis der Interventionspreise also zusätzlich von den Preis-Nachfrageelastizitäten auf den Sondermärkten ab.

Die Wirksamkeit der Preisdifferenzierung wird wesentlich durch die Möglichkeiten zur Marktspaltung beeinflußt. Für den Extremfall, daß weder auf dem Fettmarkt noch auf jenem für fettfreie Trockenmasse eine Marktspaltung möglich ist und Exporte ausgeschlossen werden, muß jeweils die gesamte Angebotsmenge verbilligt werden (q_{E_m} und/oder q_{F_m}, vgl. Schaubild 6). Durch das starre Mengenverhältnis zwischen den beiden Milchbestandteilen entfällt dann allerdings das Entscheidungsproblem, d.h. es ist gleichgültig auf welchem der Märkte verbilligt wird.

In den anderen Fällen ergibt sich das optimale Verhältnis der Interventionspreise aus der Bedingung, daß die gewichteten Grenzausgaben einander gleich sein müssen. Das gilt sowohl bei unterschiedlichen Absatzaktionen für das eine Produkt - gleichgültig ob Welt- oder Binnenmarkt - als auch für die Produkte untereinander.

Bezogen auf den Magermilchsektor bedeutet das, daß die Mehrausgaben für den Absatz der Menge, die infolge der Anhebung des Interventionspreises um eine Einheit auf dem Binnenmarkt nicht absetzbar ist, c.p. bei Verfütterung oder Export gleich sein müssen. Oder grob vereinfacht: Die Marktordnungsausgaben für den Absatz von einem kg Magermilchpulver müssen in der Verfütterung und beim Export gleich sein. Dieses Kriterium gilt c.p. entsprechend für die Beseitigung von Überschüssen.

Die Situation auf dem Fettmarkt ist komplizierter, da hier, die für die Preisdifferenzierungsmaßnahmen notwendige Marktspaltung, höchst unvollkommen ist und infolgedessen die Grenzausgaben bei Verbilligungsaktionen im Inland schwer zu ermitteln sind (H.J. METZDORF, E. SCHMIDT, 1972, S. 333). Für den Export geben die notwendigen Erstattungen einen Anhalt.

Da sehr häufige und größere Änderungen der Interventionspreise wegen der damit verbundenen Dispositionsprobleme in der milchverarbeitenden Industrie 1) vermieden werden sollten, liegt die größte Schwierigkeit bei der Festsetzung der Interventionspreise für Butter und Magermilchpulver in der Ermittlung der längerfristig gültigen Preiselastizitäten der Nachfrage, auch auf dem Weltmarkt.

Seit 1968 wurde das Fett-Eiweiß-Verhältnis der Milch von 71:29 auf 53:47 (1974/75, vgl. Übersicht 7) mit der Erwartung geändert, daß eine relativ hohe Elastizität der Nachfrage in Bezug auf den Butterpreis und eine relativ niedrige Preiselastizität der Nachfrage nach eiweißhaltigen Produkten (bei höherer Einkommenselastizität), zu einer Verminderung der Überschüsse führen würde. Im Hinblick auf die obigen Überlegungen müßte aber außerdem die Preisflexibilität jener Märkte berücksichtigt werden, auf denen die zu Marktpreisen im Inland nicht absetzbaren Mengen verwertet werden. Bezogen auf die Eiweißkomponente folgt daraus, daß der infolge der Höherbewertung der Eiweißkomponente zu erwartende Nachfragerückgang günstig im Futtermittelsektor oder auf dem Weltmarkt hätte untergebracht werden können. Im Futtermittelsektor ist jedoch die Elastizität der Nachfrage, in dem durch den Verbilligungssatz gegebenen Preisbereich, als sehr gering anzusehen 2) (K. WALTER, H. STEINHAUSER, 1974, S. 14). Eine Steigerung der Verwendung wäre nur durch erheblich stärkere Verbilligung, d.h. höhere Marktordnungsausgaben möglich.

In einer hypothetischen Überschlagsrechnung, wiederum unter der vereinfachten Annahme, daß alle Überschüsse zu einem konstanten Preis auf dem Weltmarkt abgesetzt werden, kommt man zu dem Ergebnis, daß bei den 1974 herrschenden Preisverhältnissen, eine Erhöhung der Fettbewertung nicht sinnvoll wäre.

---

1) Z.B. zur Zeit leerstehende Kapazitäten in der Herstellung von Milchfrischprodukten.

2) In LP-Modellen wurde für Schweinefuttermischungen und Eiweißkonzentrat bei hohen Sojapreisen ein Schwellenpreis für Magermilchpulver von ca. 80 DM/100 kg ermittelt.

- Fett-Eiweiß-Verhältnis   53 : 47
- geplante Erhöhung des Butterinterventionspreises   + 8,5 %
- bei gegebenem Milchpreis resultierende Senkung des
  Magermilchpulverinterventionspreises   - 11,4 %
- Preiselastizität der Nachfrage im Inland
                        Butter (=Fett)   - 0,5 %
                        Magermilchpulver (=Eiweiß)   - 0,3 %
- Nachfrageveränderung
  = Exportveränderung mit umgekehrten Vorzeichen,
    bezogen auf den inl. Verbrauch   Butter   + 4,25 %   + 72 000 t
                                      Magermilchpulver - 3,42 %   - 37 000 t
- notwendige Exporterstattung   Butter   3 DM/kg
                                      Magermilchpulver   1 DM/kg

Die Ausgabeneinsparung bei Magermilchpulver wäre also erheblich niedriger als die Erhöhung für Butter, so daß eine derartige Umbewertung unter den gegebenen Annahmen nicht sinnvoll wäre. Wie Schaubild 5 zu entnehmen ist, sind die Exportmöglichkeiten für Magermilchpulver seit 1968 stets günstiger als für Butter gewesen.

Eine Quantifizierung aller Einzeleffekte und zusammenfassende Bewertung muß hier aus zeitlichen Gründen unterbleiben, jedoch sollte betont werden, daß die alleinige Tatsache der zur Zeit höheren Bestände an Magermilchpulver als bei Butter, kein geeignetes Kriterium für die Beurteilung der derzeitigen Fett-Eiweißbewertung darstellt.

3.2.2.2 Rindfleischmarkt

Die Grundzüge der Marktentwicklung sind in Abschnitt 2.2 dargelegt worden und den Übersichten 8 und 9 sowie den Schaubildern 3 und 4 zu entnehmen. Die Preispolitik auf diesem Markt ist durch überdurchschnittliche Preisanhebungen gekennzeichnet, die einerseits aufgrund einhelliger Prognosen (EG-Kommission, 1974, S. 46, und L.G. GRÜNWALD u. H. KLEMM, 1973, S. 1 - 17), mit dem Ergebnis einer auch längerfristig defizitären Rindfleischversorgung, gerechtfertigt erschienen und andererseits das Ziel verfolgten in der Rinderhaltung eine Verlagerung von der Milch- auf die Fleischproduktion zu erreichen. Die Ursachen für die Fehlprognosen sind vor allem in der damals nicht absehbaren Preisentwicklung, das gilt für die vor 1972 abgeschlossenen Untersuchungen, und/oder in der Unterschätzung der Preiselastizitäten und hier insbesondere der Angebotselastizität zu sehen. Während die in der Regel als Grundlage derartiger Vorhersagen dienenden Kuhbestände weitgehend zutreffend vorgeschätzt wurden, ist die Fleischerzeugung je Kuh bzw. je geborenes Kalb erheblich unterschätzt worden. Die Gründe hierfür liegen in einer Unterschätzung (1) der Zunahme des Mastendgewichts und vor allem (2) der Abnahme des Anteils der Kälberschlachtungen (vgl. Abschnitt 2.2). Dabei sind hinsichtlich der Kälberschlachtquote auch 1974 noch bemerkenswerte Unterschiede zwischen den Mitgliedsländern zu beobachten (1974: Frankreich 42 %, Niederlande 50 %, BRD 15 %).

In groben Zügen läßt sich folgende Erklärungshypothese für diese Entwicklung ableiten. Obwohl sich die wichtigsten ökonomischen Variablen wie Rinderpreis, Milchpreis, übrige Agrarpreise und auch Betriebsmittelpreise nicht wesentlich verändert haben, ging die Rindfleischproduktion nach mehrjährigem stetigen Anstieg 1972 scharf zurück. Als Ursache ist die Verringerung des Kuh- und Rinderbestandes anzusehen, die zumindest teilweise eine Folge der Abschlachtaktion war (vgl. Abschnitt 3.3). Die seit 1971 ansteigenden Rinderpreise förderten die Aufstockung der Bestände, wodurch der Produktionsrückgang und damit der Preisanstieg vorübergehend noch verstärkt wurde. Trotz eines Verbrauchsrückgangs kam es zu einer Reduzierung des Selbstversorgungsgrades von 89 auf 82 %.

Die zu dieser Zeit auf dem Weltmarkt herrschende relative Rindfleischknappheit wurde folglich durch den gestiegenen Importbedarf der EG noch verschärft und war gleichzeitig eine der Ursachen für den Anstieg der inländischen Marktpreise weit über den Orientierungspreis hinaus (vgl. Schaubild 4). Seit Mitte 1973 gingen die Weltmarktpreise zurück und als Folge der inländischen Produktionssteigerung – bei nur geringer Verbrauchszunahme – kam es zu fallenden inländischen Marktpreisen. Um einer Wiedereinschränkung der Produktion vorzubeugen, wurde der Orientierungspreis noch stärker als die übrigen Marktpreise angehoben und gleichzeitig die obligatorische Intervention bei 93 % des Orientierungspreises eingeführt. Auch der zusätzlich verhängte Importstopp konnte wachsende Lagerbestände und damit erstmals auch auf dem Rindfleischmarkt größere Marktordnungsausgaben nicht verhindern.

Die überraschend hohe Angebotselastizität von Rindfleisch läßt sich durch die Beziehungen zwischen Kälber- und Rindermarkt erklären. Geht man davon aus, daß enge Beziehungen zwischen Nutz- und Schlachtkälbermarkt bestehen und die Nutzkälbernachfrage aus der Verbrauchernachfrage, einerseits für Kalbfleisch, andererseits für Rindfleisch, abgeleitet werden kann (abgeleitete Faktornachfragekurve), so bewirken steigende Kalb- und/oder Rindfleischpreise c.p. eine verstärkte Nachfrage nach Nutzkälbern, deren Folge – bei relativ unelastischem Angebot (Kuhzahl) – überproportionale Preissteigerungen sind. Zum Beispiel stiegen in der BRD zwischen 1971 und 1973 die Preise für Rinder um 25 %, für Schlachtkälber um 23 % und die für Nutzkälber um 50 %. Das führte c.p. zu einer Erhöhung der relativen Wettbewerbsfähigkeit der Rindermast und zu sinkenden Kälberschlachtungen. Da die Kapazitätsbegrenzungen in der Rindermast (Gebäude, Futter) kaum sehr restriktiv wirken dürften, ist auch bei der auf 30 % verringerten Kälberschlachtquote c.p. noch eine relativ hohe Preis-Angebotselastizität bei Rindfleisch zu erwarten, die durch Variation des Mastendgewichts noch erhöht wird. Einen groben Anhalt für die Angebotselastizität bei gegebenem Kuhbestand liefert die Fleischproduktion je Kuh 1):

	1969	1970	1971	1972	1973	1974
kg/Kuh	197	191	198	180	179	207

In eine detailliertere Analyse müßten vor allem noch die Futtermittelpreise, die zumindest 1973 einen dämpfenden Effekt auf die Produktionsentwicklung ausübten, aufgenommen werden.

Zur Beurteilung der Preispolitik bei Rindfleisch im Hinblick auf das Ziel "Reduzierung des Milchkuhbestandes" müßte der Milchkuhbestand (1974) herangezogen werden, der z.B. bei einer um 5 % geringeren Anhebung der Rinderpreise erreicht worden wäre. Geht man davon aus, daß die Faktorentlohnung in der Mutterkuhhaltung durch Rindfleischpreisvariationen relativ stärker beeinflußt wird als in der Milchviehhaltung, so ist keine theoretisch eindeutige Aussage hinsichtlich des "alternativen" Milchkuhbestandes möglich, da die direkte Wirkung, Verschlechterung der relativen Wettbewerbsfähigkeit der Milchkuhhaltung, durch den Substitutionseffekt, Ersatz von Mutterkuh- durch Milchkuhhaltung, überkompensiert werden könnte. Da eine Substitution dieser Produktionsrichtung nur in Regionen oder Betrieben durchgeführt wird, in denen schon bei relativ geringen Veränderungen der Wettbewerbsverhältnisse, das eine Verfahren dem anderen überlegen wird (J. ZEDDIES, 1972), andererseits aber alle Milchkuhhalter von Rinder- und damit Kälberpreisveränderungen betroffen werden, ist zu vermuten, daß die relativ stärkeren Preisanhebungen bei Rindfleisch einen negativen Zielbeitrag geleistet haben.

Wie die Zahlen für die Kuh- und Milchkuhbestände in der Gemeinschaft zeigen (vgl. Übersicht 8), hat die Mutterkuhhaltung nur in Frankreich, England und Irland eine relativ große und 1973/74 in England und Irland stark zunehmende Bedeutung. Auf diese Sonderentwicklung wird im nächsten Abschnitt zurückzukommen sein. In der Sechsergemeinschaft deutet der von 1968 bis 1974 nur von 14 auf 15 % erhöhte Anteil der Mutterkühe am gesamten Kuhbestand jedoch darauf hin, daß trotz Umstellungs- und Nichtvermarktungsprämien eine Umorientierung kaum stattgefunden hat. Der Bestand

---

1) Bezogen jeweils auf den Dezemberstand des Vorjahres.

an Milchkühen entwickelte sich ungefähr parallel zum Bestand an Mutterkühen. Diese Tatsache widerspricht zumindest nicht den theoretischen Überlegungen.

3.3 Sondermaßnahmen

Im Rahmen dieses Beitrages kann nicht auf alle die beiden Märkte betreffenden Sondermaßnahmen, d.h. alle nicht in den Marktordnungen enthaltenen Instrumente, eingegangen werden. Wegen der einschneidenden Wirkungen auf die Marktentwicklung sollen jedoch die Abschlacht- und Nichtvermarktungsaktion sowie die Prämienregelung zur Umstellung von Beständen und Nichtvermarktung von Milch hinsichtlich ihrer wichtigsten Wirkungen auf die gesetzten Ziele untersucht werden.

3.3.1 Abschlacht- und Nichtvermarktungsaktion

Für die Schlachtung von Milchkühen wurde im Zeitraum 9.2.1970 - 30.6.1970 je Kuh eine Prämie von 200 RE gezahlt. Der Höchstbetrag je Betrieb betrug 2 000 RE. Bedingung für den Erhalt der Prämie war die vollständige Aufgabe der Milchproduktion. Betriebe mit mehr als 10 Kühen erhielten im Rahmen der Nichtvermarktungsaktion Prämien von 200 RE/Kuh, wenn sie sich verpflichteten für 5 Jahre keine Milch zu vermarkten und im gleichen Zeitraum eine der Zahl der Kühe entsprechende Anzahl von GVE zu halten. Diese Aktion war auf den Zeitraum von 1.12.1969 - 30.6.1971 begrenzt (EG-Kommission 1971 und H.J. METZDORF, 1973).

Die Abschlachtaktion umfaßte in der Gemeinschaft 234 119 Milchkühe. Davon wurden ca. 150 000 in der Bundesrepublik, 41 000 in Frankreich und 13 000 in den Niederlanden geschlachtet. Im Rahmen der Nichtvermarktungsaktion wurden für 266 000 Kühe Prämien gezahlt. Davon gingen ca. 85 % zu gleichen Teilen nach Frankreich und in die Bundesrepublik.

Zur Beurteilung beider Aktionen ist von besonderer Bedeutung, wieviel Milchkühe aus der Produktion ausschieden und welche Rückwirkungen auf die Rindfleischproduktion auftraten. Die größte Schwierigkeit liegt darin, die "alternative" Entwicklung, d.h. die Entwicklung der Bestände ohne diese Eingriffe abzuschätzen. Der Bestandsstatistik ist zu entnehmen (vgl. Übersicht 8), daß die Zahl der Milchkühe in der Sechsergemeinschaft von 1969 auf 1970 (jeweils Dezember) um 820 000 Tiere, also viel stärker abgenommen hat, als durch die Abschlachtung und Nichtvermarktungsaktion (bis Dezember 1970 insgesamt ca. 415 000 Kühe) zu erwarten war. Dabei fällt vor allem der Rückgang um über 300 000 Milchkühe in Italien auf, obwohl dort nur für 15 000 Kühe Prämien beantragt wurden. Es ist zu vermuten, daß die statistischen Angaben unzuverlässig sind (ZMP (a), 1971, S.7).

Für die übrigen Länder erscheint er plausibel anzunehmen, daß ein gewisser Erwartungseffekt im Hinblick auf die Prämienregelung einen Rückgang der Bestände schon 1969, der sonst eventuell eingetreten wäre, weitgehend verhindert hat. Das gilt insbesondere im Hinblick auf die Abschlachtaktion, da eine wirtschaftlich begründete Abschaffung der Kühe nun zusätzlich Einnahmen brachte und in vielen Fällen sicher auch zeitlich vorgezogen wurde. Die stärker als erwartete Abnahme der Kuhzahl ist z.T. durch die Beteiligung von Betrieben mit mehr als 10 Kühen zu erklären, die zwar nur für 10 Kühe Prämien erhielten, aber den gesamten Bestand abschaffen mußten.

Im Gegensatz hierzu war die Nichtvermarktungsaktion auf größere Betriebe zugeschnitten. So lag die durchschnittliche Zahl der Kühe pro Antragsteller in der EG bei 19 Kühen. Da derartige Prämien langfristig die relative Wettbewerbssituation eines Betriebszweiges nicht beeinflussen können, dürfte auch bei dieser Maßnahme die wesentliche Wirkung in einem Anreiz zu einer ohnehin geplanten Betriebsumstellung liegen. Dabei ist ähnlich wie bei der Abschlachtprämie anzunehmen, daß einerseits Umstellungen, die infolge der Erwartungen aufgeschoben worden waren, nachgeholt und andererseits, als Folge des Prämienanreizes, vorgezogen wurden. Wenn nach Schätzungen der EG-Kommission auch nur 1/3 der betroffenen Kühe geschlachtet worden ist, so hat doch auch diese Maßnahme zu einer Verringerung der Fleischproduktion beigetragen und damit destabilisierend auf den Rindfleischmarkt gewirkt. Auf die Möglichkeiten zur Bewertung der Maßnahmen im Hinblick auf die Ziele auf beiden Märkten wird im folgenden Abschnitt zurückgekommen.

3.3.2 Umstellungs- und Nichtvermarktungsaktion

In der Zeit vom 1.10.73 bis 31.12.74 wurden erneut Prämien für die Einstellung der Milchproduktion gewährt. Die Prämie betrug 7,5 RE/100 l der in einer Referenzperiode erzeugten Milchmenge. Obwohl ein abschließender Bericht über die Auswirkungen der Aktion nicht vorliegt, kann aufgrund sehr ähnlicher Bedingungen angenommen werden, daß die Wirkungen im Prinzip mit denen der vorhergehenden Aktion vergleichbar sind (EG-Kommission (b), 1974). Nach Schätzungen der Kommission sind bis Ende 1974 ca. 400 000 Kühe durch die Aktion betroffen worden. Dabei hat England mit ca. 36 % den weitaus größten Anteil gehabt. Die Durchschnittsgröße der betroffenen Bestände lag hier bei 35 Kühen (EG: 21) und die Prämienregelung verminderte das Milchaufkommen um 3 % (EG: 1,89 %). In diesem Zusammenhang wird der kräftige Rückgang des Milchkuhbestandes 1974 in England erklärlich (vgl. Übersicht 8).

So dürfte auch in diesem Fall das eine Ziel der Aktion - Verringerung der Milchproduktion - erreicht worden sein. Da aber die Zahl der Kühe insgesamt verringert worden sein dürfte, ist anzunehmen, daß das zweite Ziel - Erhöhung der Fleischproduktion - nicht erreicht wurde.

Eine umfassendere Bewertung dieser Sondermaßnahmen im Hinblick auf den Milchmarkt müßte im Sinne der in Abschnitt 3.2.2.1 diskutierten Zielfunktion erfolgen. Bei gegebenem Milchpreis geht es um die Minimierung der Marktordnungsausgaben, wobei die Ausgaben für die Nichtproduktion von Milch mit denen für die Verbilligungsmaßnahmen verglichen werden müßten (H.-J. METZDORF, 1972, S. 57).

Im Hinblick auf die Stabilisierungsziele auf dem Rindfleischmarkt ist zu vermuten, daß die 1970 und 1971 durchgeführten Aktionen zu einer Verstärkung der Preisschwankungen beigetragen haben, weil sie entgegen der eigentlichen Intention, zumindest vorübergehend, die Fleischproduktion vermindert haben. Aus den gleichen Gründen besteht die Möglichkeit, daß die Aktion 1974, angesichts der stark steigenden Produktion, einen positiven Zielbeitrag geleistet hat.

3.4 Zusammenfassende Beurteilung der Politik

Die im einführenden Kapitel pragmatisch abgeleiteten Ziele der Stabilisierungspolitik auf dem Milch- und Rindfleischmarkt sind weitgehend nicht erreicht worden. Auf dem Milchmarkt ist als wesentliche Ursache hierfür die Ausrichtung der Preispolitik an einkommenspolitischen Zielen für die Landwirtschaft zu sehen. Die daraus resultierenden unerwünschten Marktentwicklungen haben zur Verletzung einer Reihe wichtiger anderer agrarpolitischer Ziele geführt. Dabei kann grundsätzlich nicht angenommen werden, daß selbst bei Erfüllung der abgeleiteten Zielfunktion "Minimierung der Marktordnungsausgaben bei gegebenem Milchpreis" übergeordnete Ziele nicht verletzt werden.

Für den Rindfleischmarkt konnte gezeigt werden, daß die relativ starken Preisanhebungen als eine der Ursachen für den Anfall von Überschüssen und das Entstehen von größeren Marktordnungsausgaben anzusehen sind. Es muß jedoch hinzu gefügt werden, daß unzutreffende Marktprognosen wesentlich zu diesen Entscheidungen beigetragen haben. Im Hinblick auf den Milchmarkt erscheint es wahrscheinlich, daß diese Preispolitik eher zu einer Erhöhung als zu einer Drosselung der Produktion geführt hat. Andererseits sind die vornehmlich im Hinblick auf den Milchmarkt ergriffenen Sondermaßnahmen als eine der Ursachen für zunehmende Preisschwankungen auf dem Rindfleischmarkt anzusehen.

4 Ansätze zu einer Neuorientierung

Um zu einer sachgerechten Beurteilung der Politik auf dem Milch- und Rindfleischmarkt zu gelangen, erschien es angemessen, die ergriffenen Maßnahmen an den vermutlich gültigen Zielen der Entscheidungsträger zu messen. Wie gezeigt werden konnte, sind die Ziele weitgehend nicht erreicht worden. Die wesentlichste Ursache hierfür liegt in dem Versuch der Entscheidungsträger mit

Hilfe der Preispolitik sowohl steigende Erzeugereinkommen als auch einen ausgeglichenen Markt zu verwirklichen, wobei allerdings die Einkommenspolitik ganz im Vordergrund stand. Die Folge ist eine fortlaufende Kette sich z.T. gegenseitig bedingender Interventionen, die zur Verletzung nahezu aller übrigen agrarpolitischen Ziele geführt haben. Es erscheint deshalb dringend erforderlich, ausgehend von übergeordneten wirtschaftlichen oder gesellschaftspolitischen Zielen, mit diesen Zielen kompatible Ziele der Agrarpolitik abzuleiten. Diesen agrarpolitischen Zielen muß der qualitative und quantitative Einsatz agrarpolitischer Instrumente angepaßt werden. Für den Milchmarkt folgt daraus, daß weder eine bestimmte Preishöhe noch ein Selbstversorgungsgrad von z.B. 100 % als Ziele anzusehen sind, sondern Preisniveau und -relationen sowie der Selbstversorgungsgrad als Ergebnis z.B. der Wohlfahrtsmaximierung unter Nebenbedingungen anfallen.

In der Diskussion über die Probleme des Milchmarktes ist zu hoffen, daß eine im obigen Sinne rationale Zieldiskussion beginnt, die auch den Einsatz zur Preispolitik alternativer Instrumente in Erwägung zieht.

Literatur

1. BMELF: Beitrag des Bundeslandwirtschaftsministeriums zur EG-Bestandsaufnahme. "Agra-Europe", Nr. 6/75, Dokumentation.
2. BMELF: Statistischer Bericht 1973, 1974. Milch- und Molkereiwirtschaft.
3. GRÜNWALD, L.G. und A. KLEMM: Entwicklungstendenzen des EWG-Rindfleischmarktes. "Agra-Europe", Nr. 22/73, Dokumentation.
4. HOLST, W., H. HAFENMAYER u. H. EVERS: Die Milchwirtschaft der BR Deutschland im Jahre 1974 sowie Vergleichszahlen der EG für 1973. "DMZ", Folge 22, 1975, S. 682 - 724.
5. HOUCK, J.P.: Some Economic Aspects of Agricultural Production and Stabilization. "A.J.A.E.", Vol. 56, Nr. 5 (Dec. 1974), S. 1113 - 1124.
6. JOSLING, T.: Agricultural Policies in Developed Countries: A Review. "J. A. E.", Vol. 25, Nr. 3 (Sept. 1974), S. 229 - 264.
7. KOESTER, U.: Issues of Future Agricultural Policy in the European Common Market: Comment. "E. R. A. E.", Vol. 1 - 4 (1974), S. 483 - 491.
8. Kommission der EG (a): Bericht der Kommission an den Rat über die Anwendung der Prämienregelung für die Schlachtung von Milchkühen und die Nichtvermarktung von Milch und Milcherzeugnissen, Brüssel, 22.7. 1971.
9. Kommission der EG (b): Bericht der Kommission an den Rat über die Anwendung der Prämienregelung für die Umstellung von Milchkuhbeständen auf Bestände zur Fleischerzeugung. Brüssel, 6.12.1974.
10. Kommission der EG (c): Bilanz der gemeinsamen Agrarpolitik. Brüssel, 26.2.1975.
11. Kommission der EG (d): Projektionen über Erzeugung und Verbrauch landwirtschaftlicher Erzeugnisse "1977". Hausmitteilungen über Landwirtschaft, H. 129, Brüssel 1974.
12. Kommission der EG (e): Die Lage der Landwirtschaft in der erweiterten Gemeinschaft. Berichte 1972 - 1974.
13. METZDORF, H.-J.: Analyse der EWG-Marktordnung für Milch und Milcherzeugnisse von 1969 - 1972. Institut für landwirtschaftliche Marktforschung, Braunschweig, Okt. 1973.
14. METZDORF, H.J., E. SCHMIDT: Preisdifferenzierung am Buttermarkt der BRD (Das Problem der zweiten Buttersorte). "A.W.", Jg. 21, H. 9, S. 333 - 340.
15. NIENHAUS, A.: Interventionen und Markt. "Agra-Europe", Nr. 28/75, S. 2 - 11.
16. PLATE, R.: Agrarmarktpolitik, Bd. I. München, Basel, Wien 1968.
17. RICHARTS, E.: Die Grenzen der Umbewertung zwischen Milchfett und Milcheiweiß. "Deutsche Milchwirtschaft", Nr. 15/75, S. 477 - 478.
18. SAEG: Agrarstatistik.
19. SAEG: Agrarmärkte - Preise (tierische Produkte).
20. TURNOVSKY, S.T.: Price Expectations and the Welfare Gains from Price Stabilization. "A. J. A. E.", Vol. 56 (Nov. 1974), S. 706 - 716.
21. WALTER, K. und H. STEINHAUSER: Ökonomische Aspekte der Eiweißversorgung in der Schweinemast. "Ber. Ldw.", N.F. Bd. 52 (1974), H. 1, S. 1 - 24.
22. ZEDDIES, J.: Ökonomische Aspekte der Rindfleischproduktion. "Züchtungskunde", Bd. 45, H. 5, S. 338 - 355.
23. ZMP (a): Die Agrarmärkte (Milch und Molkereierzeugnisse). BRD, EG und Weltmarkt.
24. ZMP (b): Die Agrarmärkte (Vieh und Fleisch). BRD, EG und Weltmarkt.

STABILISIERUNGSPOLITIK IM HINBLICK AUF DEN MILCH- UND RINDFLEISCHMARKT DER EWG (Korreferat)

von

Friedrich - Wilhelm Probst, Braunschweig-Völkenrode

1	Vorbemerkungen	313
2	Instabilität im Agrarbereich	314
2.1	Märkte für Milch und Milchprodukte	315
2.2	Märkte für Rind- und Kalbfleisch	315

1 Vorbemerkungen

Das recht allgemein gefaßte Thema "Stabilisierungspolitik im Hinblick auf den Milch- und Rindfleischmarkt der EG" läßt eine Reihe von Auslegungen zu. SCHRADER hätte sich beispielsweise auf die einfache Beschreibung der wichtigsten agrarpolitischen Maßnahmen bzw. Merkmale der gemeinsamen Marktorganisationen für Milch und Rindfleisch beschränken können, ein sicher unbefriedigender Ansatz. Meiner Meinung nach erörtert SCHRADER zu Recht in der Einführung bestimmte Begriffe wie "Stabilisierung landwirtschaftlicher Märkte", "Stabilisierungspolitik" sowie den Ansatz von TURNOVSKY (1974) zur Beurteilung der Stabilisierungsmaßnahmen. Er schränkt schließlich - weil eine "konkretere Zielvorgabe nicht verfügbar ist" [1] - die Stabilisierungsziele für den Milch- und Rindfleischmarkt auf folgende Bereiche ein:

Milch: a) "ein nicht zu hoher Selbstversorgungsgrad"
b) "nicht zu hohe Marktordnungsausgaben"

Rindfleisch: a) Preisstabilisierung (als Hauptziel)
b) Begrenzung der Marktordnungsausgaben (als Nebenziel)
c) Ausdehnung der Rindfleischerzeugung auf Kosten der Milcherzeugung

Das Ergebnis seiner Erörterung ist die Definition der "Stabilisierungspolitik" als "Wirkung von Maßnahmen im Hinblick auf das Stabilisierungsziel". Diese Auffassung erscheint zunächst als gewagt, sie kann aber vor dem Hintergrund der zu beschreibenden und zu analysierenden Entwicklungstendenzen als pragmatisch bezeichnet werden, zumal eine Kosten-Nutzen-Analyse - wie SCHRADER überzeugend begründet - zur Beurteilung der Markt- und Preispolitik ausscheidet.

---

[1] In den Begründungen zu den Grundverordnungen Milch und Rindfleisch sind die Ziele in der Tat nur vage umschrieben: "Zweck der gemeinsamen Agrarpolitik ist es, die Ziele des Artikel 39 des Vertrages zu erreichen; um die Märkte zu stabilisieren und der landwirtschaftlichen Bevölkerung eine angemessene Lebenshaltung zu gewährleisten, ist es insbesondere auf dem Milchsektor (...Rindfleischsektor) erforderlich, daß ..." (vgl. "ABl - EG", 1968, S.13 u. S.24).

Der Konzeption liegt also die Beschreibung der Stabilisierungspolitik und deren Wirkung auf die Marktstabilisierung zugrunde, wobei die eingesetzten Instrumente im Hinblick auf die definierten Ziele im Zusammenhang mit der tatsächlichen Marktentwicklung gewürdigt werden. Dieser Vorgehensweise können wohl kaum grundsätzliche Einwände entgegengestellt werden, denn die Beschreibung einer Stabilisierungspolitik zieht in der Regel eine Wirkungsanalyse nach sich.

Die Liste der Stabilisierungsziele ließe sich sicher noch erweitern und vervollständigen, insbesondere nachdem bestimmte Sondermaßnahmen - wie die Abschlacht- und Nichtvermarktungsaktion, verbunden mit extremen Angebots- und Nachfrageschwankungen am Weltmarkt - die EG-Marktpolitik vor neue Belastungen stellten und weitere Sondermaßnahmen erforderlich machten. Durch die Komplettierung der Stabilisierungsziele bekäme der Ausdruck "Stabilisierungspolitik" vermutlich einen anderen Begriffsinhalt, der sich aber nur wenig von dem von SCHRADER definierten unterscheiden würde. Die wesentlichsten Instrumente der Stabilisierungspolitik sind erörtert und gewürdigt sowie auf Zielverletzung untersucht worden. Ich möchte nun versuchen, in einigen Punkten teils ergänzende, teils abweichende Auffassungen anzuführen.

2 Instabilität im Agrarbereich

In manchen wirtschaftswissenschaftlichen Lehrbüchern wird das Problem der Instabilität von Preisen (und Märkten) nur am Rande behandelt (vgl. dazu z.B. W. KRELLE, 1969; E. SCHNEIDER, 1953; H. STAMER, 1966), wogegen die Diskussion der Preisstabilisierung und deren Wirkungen z.B. in agrarökonomischen Zeitschriften mitunter breiten Raum einnimmt (beispielsweise bei J.P. HOUCK, 1974; B.F. MASSELL, 1969; W.Y. OI, 1961; E. TUCHTFELDT, 1974; S.J. TURNOVSKY, 1974; F.V. WAUGH, 1944 und 1966). Die möglichen Bereiche der Instabilität lassen sich nach HOUCK (1974) etwa wie folgt umreißen:

1. Preis-Instabilität: Hierunter werden i.a. erratische Preisabweichungen von einem längerfristigen Preistrend verstanden.
2. Produktions-Instabilität: Sie wird i.d.R. bewirkt durch die Kombination von Produktionsentscheidungen ökonomischer Art mit unkontrollierbaren Faktoren, wie z.B. Wettereinflüsse
3. Markt-Instabilität: Sie kann z.B. gemessen werden am Gesamtangebot aus Eigenerzeugung und Importen, im Verhältnis zur Produktionsentwicklung. Die Marktstabilität kann durch Importe erhöht werden, wenn der Selbstversorgungsgrad unter 100 % liegt, und bewirkt somit die Stabilität der Preise. Liegt der Selbstversorgungsgrad unter 100 %, sind Märkte und Preise - bei Interventionspflicht - zwangsläufig stabil, wie SCHRADER bereits ausführte.
4. Einkommens-Instabilität: Auch sie hängt sehr eng zusammen mit der Preis-Instabilität, denn etwa 95 % der Einkommensunterschiede lassen sich direkt den Schwankungen der Erzeugerpreise zumessen (J.P. HOUCK, 1974).

Aus diesen Bereichen läßt sich unter kurz- bis mittelfristigen Aspekten - stark vereinfacht - ein Wirkungsmechanismus folgender Art konstruieren: Eine instabile Produktion bewirkt einen unstabilen Markt, dessen Erscheinungsbild die Preisinstabilität ist, die sich direkt (negativ) auf die Einkommensstabilität auswirkt. Unter mittel- bis langfristigen Aspekten gewinnen darüber hinaus die nachfragebedingten Faktoren an Bedeutung. In der Stabilisierungspolitik kommt es nun darauf an, die Produktions- und Preisstabilität mit geeignet erscheinenden Instrumenten (wie z.B. Produktions- und Preisbeeinflussung, Außenhandelskontrolle) anzustreben. Dabei kann der Mitteleinsatz zur Preisstabilisierung kurzfristig sicher effektiver sein, zumal damit (d.h. mit dem Mitteleinsatz) bestimmte einkommenspolitische Ziele in der Praxis der EG-Preispolitik verknüpft sind, insbesondere am Milchmarkt! In diesem Sinne scheint auch der Artikel 39 des EWG-Vertrages von den Entscheidungsträgern ausgelegt worden zu sein.

Auch in der Begründung zur Verordnung Nr. 14/64 EWG des Rates vom 5.2.1964 über die schrittweise Errichtung einer gemeinsamen Marktorganisation für Rindfleisch wird angeführt, daß "... es ... sowohl im Interesse der Erzeuger als auch der Verarbeiter und der Verbraucher (liegt), daß Preisschwankungen weitestgehend gemildert werden" und daß der Ausgleich von Angebot und Nachfrage angestrebt werden muß (ABl - EG", 1964, S. 502/64). Außerdem sieht Art. 2 der gemeinsamen Marktorganisation für Rindfleisch bestimmte Gemeinschaftsmaßnahmen vor,"(um) die Initiativen der beteiligten Berufsstände und Branchen zu fördern, die eine Anpassung des Angebots an die Erfordernisse des Marktes ..." erleichtern sollen. Damit erscheinen die agrarpolitischen Absichten, die mittels der Marktorganisationen realisiert werden sollen, auch hier nur als vage umrissen. Es muß aber eingeräumt werden, daß eine konkrete Zielvorgabe, die SCHRADER vermißt, sicherlich arge Konflikte mit anderen marktwirtschaftlichen Zielen (z.B. handelspolitischer Art) hervorrufen würde.

2.1 Märkte für Milch und Milchprodukte

SCHRADER gibt seinem Konzept zufolge eine eingehende Beschreibung der Entwicklung des Milchmarktes und deren Bestimmungsgründe und analysiert die komplexen Wechselwirkungen einiger Teilmärkte (Märkte für Butter, Magermilch) im Zusammenhang mit den Entwicklungstendenzen am Weltmarkt. Die eingesetzten Instrumente reichten nicht aus, um die Marktstabilisierung zu erreichen (vgl. dazu auch Schaubild 1 und 2), außerdem schufen die verbilligten Exporte am Weltmarkt neue Ungleichgewichte.

Die Sondermaßnahmen "Abschlachtaktion" und "Nichtvermarktungsaktion" erlauben hinsichtlich der konträren Wirkungen auf den Milch- bzw. Rindfleischmarkt sicher tiefergehende Analysen als SCHRADER sie vornimmt. In der BR Deutschland hielt der Abbau der Milchkuhbestände auch 1971 noch an, die Prämien der Umstellungsaktion nahmen die Kuhhalter nur wenig in Anspruch. Die Antriebskräfte für diese Verhaltensweisen dürften mehr im sozioökonomischen Bereich zu suchen sein als im mikroökonomisch-rationalen. Denkbar ist, daß die westdeutschen Erzeuger das Signal der Abschlachtaktion (Verringerung der Milcherzeugung) stärker akzeptierten als die Kuhhalter in manchen anderen EG-Ländern, wo die Betriebsstruktur mittelfristig bereits auf die expansive Milchkuhhaltung ausgerichtet erschien. In den zwei Jahren nach der Abschlachtaktion ging zwar erwartungsgemäß die Milcherzeugung zurück und bewirkte damit den kurzfristigen Abbau der strukturellen Überschüsse am Milchmarkt. Hierdurch bedingt stiegen die Verbraucherpreise für Milchprodukte rasch an, wodurch der ohnehin rückläufige Verbrauch zusätzlich gedämpft wurde. Gleichzeitig fielen nun weniger Kälber an, was den bekannten Engpaß in der Rindfleischerzeugung von 1972 - 73 noch verschärfte. Insgesamt bleibt festzuhalten, daß die beiden Sondermaßnahmen kurzfristig zwar den strukturellen Milchüberschuß abzubauen vermochten, später aber zu größerer Marktinstabilität führten, wobei die Nichtvermarktungsaktion bzw. Umstellungsaktion hinsichtlich der Kälbererzeugung differenzierter zu beurteilen sind (vgl. dazu H.-J. METZDORF, 1973, S. 42 ff.). Unter Budget-Aspekten scheinen diese Maßnahmen wegen der raschen Verminderung der Marktordnungsausgaben ebenfalls als politisch vertretbar, mittelfristig dürften aber durch die Abschlachtaktion höhere Kosten bzw. Ausgaben entstanden sein (H.-J. METZDORF, 1973).

Gegen SCHRADERs mathematischen Ansatz zur Minimierung der Marktordnungsausgaben auf dem Milchmarkt werden hier keine prinzipiellen Einwände erhoben, obwohl die formale Darstellung der Modellkomponenten bezüglich der Durchschaubarkeit noch einige Wünsche offen lassen. Auch wäre es interessant zu wissen, wie sich die minimierten Marktordnungsausgaben gestalten, wenn das Modell mit empirischen Daten gerechnet würde.

2.2 Märkte für Rind- und Kalbfleisch

Die Produktion von Rind- und Kalbfleisch wird weitgehend bestimmt von Umfang und Struktur der Schlachtungen sowie den durchschnittlichen Schlachtgewichten je Tier. Eine weitere wichtige Bestimmungsgröße ist die Anzahl der Schlachtungen, die ihrerseits von Niveau und Struktur der Rinderbestände abhängt. Das hat SCHRADER bereits ausgeführt. Als Schlüsselgröße für das Produktionsvolumen gilt aus mittel- bis langfristiger Sicht nach wie vor der Umfang der Kuhhaltungen (H.-J. METZDORF, 1973; A. WEBER, 1969). Zur Drosselung der Milcherzeugung schien

SCHAUBILD 1   MILCHPREISE IN DER BRD

3,7 V.H. FETT, FREI MOLKEREI
RE JE TONNE 1)

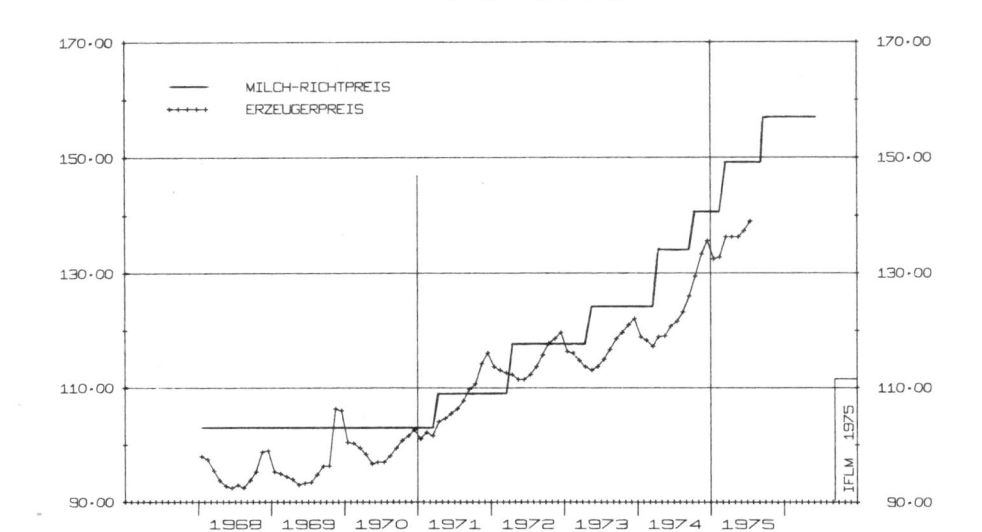

— MILCH-RICHTPREIS
+++++ ERZEUGERPREIS

1) BIS 26·10·1969 = 4.— DM/RE, AB 27·10·1969 = 3,66 DM/RE, AB 3·3·1975 = 3,58 DM/RE.

SCHAUBILD 2   MILCHPREISE IN DER BRD

3,7 V.H. FETT, FREI MOLKEREI
DM JE TONNE 1)

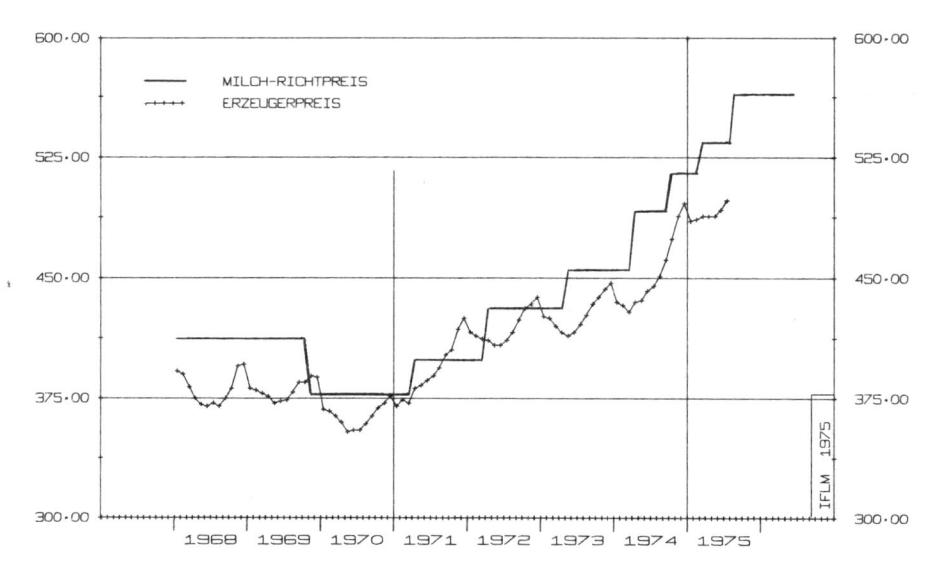

— MILCH-RICHTPREIS
+++++ ERZEUGERPREIS

1) BIS 26·10·1969 = 4.— DM/RE, AB 27·10·1969 = 3,66 DM/RE, AB 3·3·1975 = 3,58 DM/RE.

es wünschenswert, den Anteil der Milchkühe zugunsten der Kühe zur Fleischerzeugung zu reduzieren. Dieser Prozeß könnte mit der Abschlacht-, Nichtvermarktungs- und Umstellungsaktion eingeleitet worden sein, wie die vorliegenden Bestandsstatistiken anzudeuten scheinen. Für 1973/74 ist auch im Bereich der Sechsergemeinschaft - statistisch - ein kräftiger Anstieg dieser Bestandsgruppe festzustellen. Dazu steht die Aussage SCHRADERs unter Punkt 3.2.2.2, eine Umorientierung habe "... trotz Umstellungs- und Nichtvermarktungsprämien ... kaum stattgefunden ..." in gewissem Widerspruch. Diese Aussage könnte für längere Zeiträume wahrscheinlich als gültig betrachtet werden, unter kurzfristigen Aspekten scheinen aber beide Aktionen - bezüglich der beabsichtigten Umstrukturierung der Produktion - erfolgreich gewesen zu sein. Außerdem sei hier der Hinweis erlaubt, daß die Abgrenzung der Kuhbestände in Kategorien "zur Milcherzeugung" und "zur Fleischerzeugung" nur sehr grob ist, und daß die Umstellung der Viehbestandsstatistik im Dezember 1973 kaum eine verläßliche Beurteilung dieser Vorgänge zuläßt. Darüber hinaus ist die Bestandsstruktur in Großbritannien und Irland von extremen Witterungseinflüssen in den letzten beiden Jahren berührt worden. Es scheint mir, daß die Milchkuhbestände dort aufgrund der unzureichenden Futterversorgung nur vorübergehend zugunsten der Kühe zur Fleischerzeugung reduziert worden sind.

Ein weiterer wichtiger Faktor der Produktionsausweitung von Rindfleisch liegt in der Reduktion der Kälberschlachtungen bei gleichzeitig verstärkter Jungrinderaufzucht. Größere Potentiale dieser Art sind noch in Frankreich, den Niederlanden und auch in Dänemark vorhanden, wobei zu berücksichtigen ist, daß die Exporterzeugung von Kalbfleisch in Dänemark und den Niederlanden hauptsächlich auf die Nachfragebelange des westdeutschen und italienischen Marktes ausgerichtet ist. In Frankreich hat sich der traditionell hohe Inlandsverbrauch (1968: rd. 8 kg je Einwohner) trotz sinkender Realpreise für Kalbfleisch in den letzten Jahren bis auf fast 6 kg verringert. Als Bestimmungsgrund dieser Entwicklung werden in Frankreich häufig die veterinärhygienisch nicht unbedenklichen Mastmethoden angeführt. Diese Ansicht scheint sich auch in Westdeutschland zu verbreiten. Die nachlassende Kalbfleischnachfrage dürfte ebenfalls die Jungrinderaufzucht begünstigt haben. Der Wiederanstieg der Kälberschlachtungen im Jahre 1974 deutet meiner Meinung nach keinen Tendenzwandel an, denn die nachlassende Nachfrage nach Nutzkälbern - wegen der zeitweiligen Rindfleischüberproduktion in der Gemeinschaft, den temporären Importerschwernissen Italiens sowie der Futterknappheit in den küstennahen Regionen des Kontinents, in Irland und im UK - dürften die Hauptursache der vermehrten Schlachtungen sein. Die jüngste Preisentwicklung deutet an, daß auch künftig mit eingeschränkten Kälberschlachtungen gerechnet werden kann (Schaubild 3 und 4).

Die unstetige Entwicklung des Rindfleischmarktes seit 1970 rührt meiner Meinung nach hauptsächlich her von der Abschlachtaktion in Verbindung mit den Knappheitserscheinungen am Weltmarkt. Die Wirkungsmechanismen hat SCHRADER sehr anschaulich geschildert. Die extremen Preisschwankungen ließen sich durch preispolitische Maßnahmen allein nicht mehr beeinflussen. Im Rahmen der sog. Mangel-Verordnung wurden im Winter 1971/72 bestimmte Sondermaßnahmen ergriffen, wie z.B. die Zollaussetzung bei Rindfleischeinfuhren, Importvergünstigungen für Kälber und Jungvieh zur Stimulanz der EG-Eigenproduktion. Sie vermochten den extremen Preisanstieg im Jahre 1972 vermutlich nur wenig zu dämpfen. Die Inlandserzeugung wurde in diesem Zeitraum zugunsten des Bestandsaufbaues eingeschränkt, wie in einigen traditionellen Exportländern in Übersee. Insofern verlief die Angebotsentwicklung in der EG parallel mit der am Weltmarkt. Die wieder steigende Produktion seit Beginn des Jahres 1973 traf auf eine - wegen der Energiekrise - abgeschwächte Nachfrage und führte zu einem teilweise heftigen Preisrückgang, der durch die temporären Futterverknappungen im nördlichen Bereich der Gemeinschaft noch verschärft wurde.

Die steil steigenden Marktordnungsausgaben seit Herbst 1973 sind das Ergebnis der überdurchschnittlichen Preisanhebungen seit Mai 1973. Sie basieren überwiegend auf agrarpolitischen Zielen anderer Art (Bündelung mit Preisbeschlüssen für andere Produkte, Verquickung mit z.T. konträren Zielen anderer Partnerstaaten, EWG-Erweiterung) und wurden zu einem Zeitpunkt beschlossen, als die Rindfleischknappheit noch nicht überwunden war. Die Anhebung war wegen

SCHAUBILD 3   SCHLACHTRINDERPREISE

MARKTORDNUNGSPREISE
RE / 100 KG LEBENDGEWICHT 1)

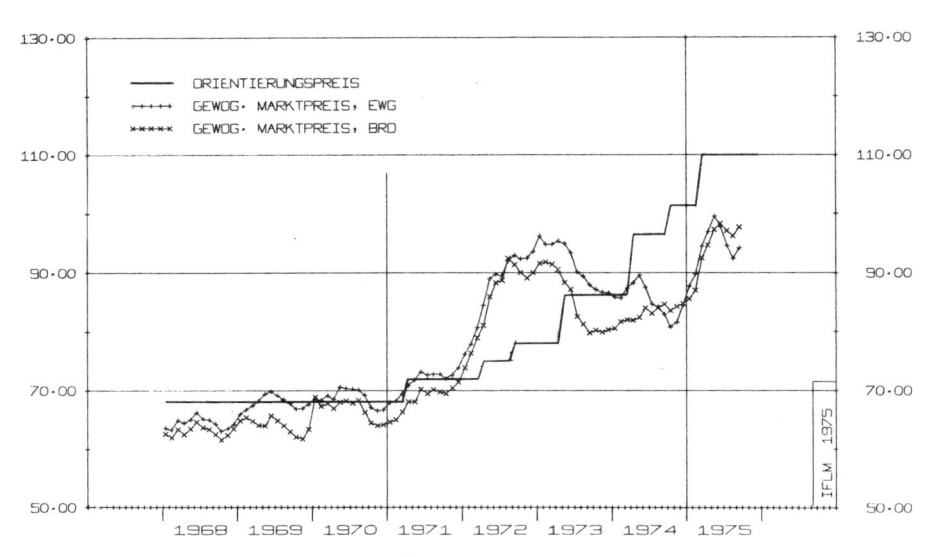

— ORIENTIERUNGSPREIS
+++++ GEWOG. MARKTPREIS, EWG
××××× GEWOG. MARKTPREIS, BRD

1) BIS 26.10.1969 = 4.- DM/RE, AB 27.10.1969 = 3.66 DM/RE, AB 3.3.1975 = 3.58 DM/RE.

SCHAUBILD 4   SCHLACHTKAELBERPREISE

MARKTORDNUNGSPREISE
RE / 100 KG LEBENDGEWICHT 1)

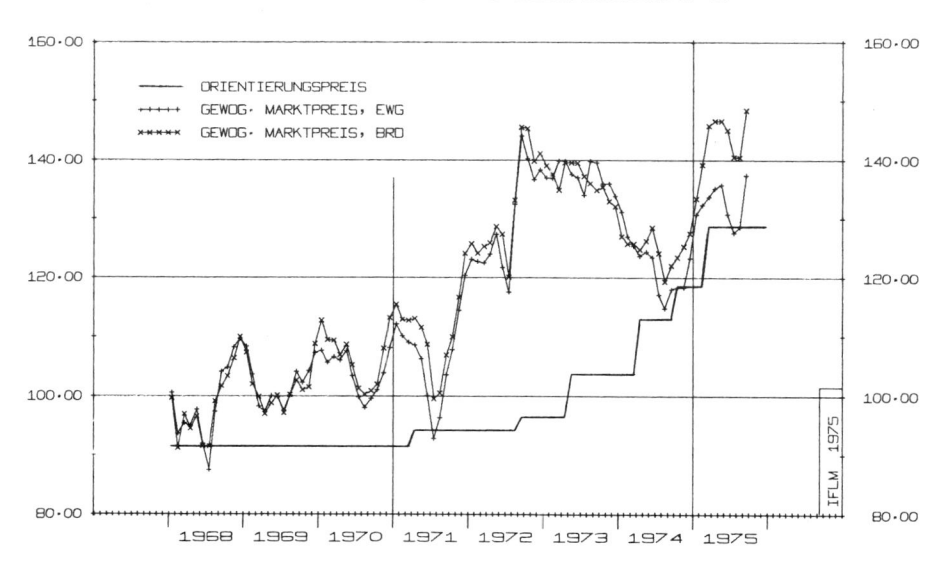

— ORIENTIERUNGSPREIS
+++++ GEWOG. MARKTPREIS, EWG
××××× GEWOG. MARKTPREIS, BRD

1) BIS 26.10.1969 = 4.- DM/RE, AB 27.10.1969 = 3.66 DM/RE, AB 3.3.1975 = 3.58 DM/RE.

der seinerzeit hohen Inlandspreise - bis auf die Wiedereinführung von Abschöpfungen - noch nicht marktrelevant. Die gleiche Aussage gilt für die seit Januar 1973 wirksame sog. permanente Intervention. Erst mit der weiteren Preisanhebung im April 1974 sind die Voraussetzungen für massive Interventionsmaßnahmen geschaffen worden, die - allerdings bei abgeschwächter Nachfrage - den Markt kurzfristig nicht zu stabilisieren vermochten. Das erforderte weitere Maßnahmen, wie den verordneten "Importstopp" für bestimmte Rindfleischarten sowie die zunächst befristete, später aber verlängerte Aktion der "geregelten Vermarktung" bestimmter Schlachtrinder. Durch den "Importstopp" sowie den verbilligten Rindfleischexporten wurde das Marktungleichgewicht z.T. auf den Weltmarkt übergewälzt.

Angesichts der bis Ende 1973 anhaltend defizitären Marktlage der Gemeinschaft erscheint es durchaus sinnvoll, die Preisrelationen zugunsten der Rindfleischerzeugung zu verändern. Der Entscheidungsträger hätte dabei, trotz berufsständischer Widerstände, behutsamer vorgehen müssen.

Summarisch bleibt auch hier festzuhalten, daß die in Artikel 39 und 110 des EWG-Vertrages genannten - und in den Begründungen zur Grundverordnung für beide Märkte wiederholten - Ziele der EWG-Agrarpolitik trotz Einsatz der vorhandenen Instrumente und Sondermaßnahmen nicht erreicht worden sind. Es sollte aber nicht verkannt werden, daß die Marktstabilität ohne die eingesetzten Instrumente - zumindest nach der Abschlachtaktion - vermutlich noch geringer gewesen wäre.

Die Angemessenheit oder Richtigkeit der praktizierten Stabilisierungspolitik ist nur schwer zu beurteilen. Dazu sind noch weiterführende Untersuchungen quantitativer Art notwendig. Ich meine aber, daß die Preisstabilisierung auf mikroökonomischer Ebene mittelfristig zwar Vorteile zu bringen scheint, auf makroökonomischer Ebene aber notwendige Strukturwandlungen behindern kann. Ebenso können an dieser Stelle keine "Patentrezepte" zur schnellen Lösung der Marktprobleme bei Milch und Rindfleisch gegeben werden. In den zurückliegenden Jahren tendierten die Vorschläge des wissenschaftlichen Beirats vornehmlich in Richtung einer "vorsichtigen Preispolitik", die aber einigen agrarpolitischen Entscheidungsträgern als nicht opportun erschien. Radikale Lösungsmöglichkeiten - wie z.B. drastische Preissenkungen für Milch und Rindfleisch - scheitern jetzt an der fehlenden politischen Durchsetzbarkeit.

Abschließend möchte ich noch eine Bemerkung zu den vorliegenden Prognosen der Rindfleischmärkte anführen. SCHRADER sieht die Fehlprognosen, sicher zu Recht, als wesentlichen Grund für die nicht erreichte Preisstabilität. Ich möchte hier keine Apologie der Prognostiker betreiben aber zu bedenken geben, daß die zurückliegenden Prognosen die seit 1970 eingetretenen Strukturbrüche sowie die außerhalb ökonomischer Verhaltensweisen stehenden Einflüsse natürlich nicht berücksichtigen konnten. Auch erscheint es mir verfrüht, eine Reihe vorliegender Ergebnisse schon dann als Fehlprognosen zu bezeichnen, wenn die Projektionszeitpunkte noch gar nicht erreicht worden sind.

Literatur

1. "Amtsblatt der EG", Jg. 7, Nr. 34 vom 27.2.1964.
2. "Amtsblatt der EG", Jg. 11, Nr. L 148/13 vom 28.6.1968.
3. "Amtsblatt der EG", Jg. 11, Nr. L 148/24 vom 28.6.1968.
4. HOUCK, J.P.: Some Economic Aspects of Agricultural Regulation and Stabilization. "American Journal of Agricultural Economics", Vol. 56 (1974), No. 5, S. 1113 ff.
5. KRELLE, W.: Produktionstheorie. Tübingen 1969.
6. MASSELL, B.F.: Price Stabilization and Welfare. "Quarterly Journal of Economics", Vol. 83 (1969).
7. METZDORF, H.-J.: Analyse der EWG-Marktordnung für Milch und Milcherzeugnisse von 1969-1972, Aufwand und Erfolg – Erkenntnisse für die Zukunft. Braunschweig-Völkenrode 1973.
8. OI, W.Y.: The Desireability of Price Instability Under Perfect Competition. "Econometrica", Vol. 29 (1961).
9. SCHNEIDER, E.: Einführung in die Wirtschaftstheorie. Tübingen 1953.
10. STAMER, H.: Landwirtschaftliche Marktlehre, Erster Teil. Hamburg und Berlin 1966.
11. TUCHTFELDT, E.: Strukturkrisen in der Marktwirtschaft. "Volkswirtschaftliche Korrespondenz der Adolf-Weber-Stiftung", Jg. 13 (1974), Nr. 10.
12. TURNOVSKY, S.J.: Price Expectations and the Welfare Gains from Price Stabilization. "American Journal of Agricultural Economics", Vol. 56 (1974), No. 4, S. 706 ff.
13. WAUGH, F.V.: Does the Consumer Benefit from Price Instability. "Quarterly Journal of Economics", Vol. 58 (1944).
14. WAUGH, F.V.: Consumer Aspects of Price Instability. "Econometrica", Vol. 34 (1966).
15. WEBER, A.: Absatzaussichten für Rindfleisch in der EWG. Schriftenreihe der Landwirtschaftlichen Fakultät der Universität Kiel, H. 46 (1969).

MÖGLICHKEITEN EINER STABILISIERUNGSPOLITIK AUF DEM ZUCKERMARKT

von

Erich Schmidt, Braunschweig-Völkenrode

1	Zielsetzung und Abgrenzung des Themas	322
1.1	Zielsetzung	322
1.2	Abgrenzung des Themas	322
2	Notwendigkeit einer Ordnung des Weltzuckermarktes	323
2.1	Verbrauchsentwicklung	323
2.2	Angebotsentwicklung	324
2.3	Ergebnis	325
3	Versuche einer Ordnung des Weltzuckermarktes bis 1968	326
3.1	Die Zeit bis zum 1. Weltkrieg	326
3.2	Die Zeit zwischen den beiden Weltkriegen	327
3.3	Die Zeit nach dem 2. Weltkrieg bis 1968	329
4	Die Zeit unter dem IZA - 68	331
4.1	Bestimmungen des IZA - 68	331
4.2	Die Bedeutung des IZA - 68 für die Marktentwicklung	332
4.3	Probleme des IZA - 68	333
5	Erhöhung der Effizienz einer Stabilisierungspolitik auf dem Weltmarkt	336
5.1	Verbesserung von Instrumentarium und Funktion des IZA	337
5.1.1	Exportquoten	337
5.1.2	Importquoten	338
5.1.3	Internationales Ausgleichslager	339
5.1.4	Nationale Vorratshaltung	339
5.1.5	Preisvorschriften	339
5.2	Verbesserung der Rahmenbedingungen	341
5.2.1	Verbreiterung des Weltmarktes	341
5.2.2	Abbau der internationalen Handelshemmnisse	341
5.2.3	Internationale Koordination der Zuckerpolitiken	342
5.2.4	Förderung der Diversifizierung	342
5.3	Ergebnis	342

1   Zielsetzung und Abgrenzung des Themas

1.1 Zielsetzung

Der Ruf nach einer Stabilisierungspolitik auf dem Weltzuckermarkt wird immer dann laut, wenn der Weltmarkt durch einen länger andauernden Angebotsüberhang mit Preisverfall gekennzeichnet ist. In Zeiten einer knappen Versorgung, wie etwa 1974, wird es dagegen regelmäßig still um diese Forderung. Ein Internationales Zuckerabkommen (IZA) wird also in erster Linie als ein Instrument zur Durchsetzung eines möglichst hohen Weltmarktpreisniveaus angesehen.

Aus diesem Grunde soll hier zunächst die vergangene, gegenwärtige und zukünftig zu erwartende Entwicklung der Weltzuckerwirtschaft analysiert werden. Nur wenn sich dabei die Gefahr einer Überschußsituation abzeichnet - und sie tut es meines Erachtens tatsächlich - wird ja das Problem einer "Stabilisierungspolitik" im eben erwähnten Sinne am Weltzuckermarkt überhaupt erst relevant. Anschließend daran folgt ein kurzer Überblick über die in der Vergangenheit unternommenen Versuche, den Weltzuckermarkt zu ordnen. Da sie bisher praktisch alle nur mehr oder weniger - meist weniger - erfolgreich gewesen sind, werden aufbauend auf einer Analyse des IZA von 1968 einige Anforderungen an ein effektiveres IZA abgeleitet.

1.2 Abgrenzung des Themas

Wie bereits gesagt, sollen sich die Ausführungen auf den Weltzuckermarkt und die Probleme seiner Ordnung mit Hilfe eines IZA beschränken.

Die Möglichkeiten einer Preisstabilisierung auf relativ hohem Niveau - und dieses Ziel verbirgt sich letztendlich hinter dem Begriff "Stabilisierungspolitik" - mit Hilfe bilateraler langfristiger Handelsverträge werden hier nur am Rande behandelt, obwohl gerade sie in den letzten 2 Jahren wieder stark an Bedeutung gewonnen haben (Australien, Brasilien, Kuba u.a.m.).

Außerdem wird lediglich der Weltmarkt betrachtet. Es wird zwar nicht geleugnet, daß auch auf regionaler und nationaler Ebene - zum Beispiel EWG-9 - ein Stabilisierungsproblem existiert, doch soll diese Frage hier nicht eingehender diskutiert werden.

Lassen Sie mich zur Problematik der Zuckermarktstabilisierung in der EWG-9 nur soviel sagen: Die letztjährigen EWG-Beschlüsse zur neuen Zuckermarktordnung und die Abnahmeverpflichtungen im Abkommen von Lomé (AKP-Abkommen) haben einen Angebotsrahmen abgesteckt, der die Nachfrage innerhalb der EWG-9 bei weitem übertrifft. Bezieht man die B-Quotenregelung für 1975/76 und die vollen Lieferrechte der AKP-Länder und Indiens mit in die Betrachtung ein, so beläuft sich das Angebotspotential in diesem Zuckerwirtschaftsjahr (ZWJ) 1975/76 auf 14,5 Mio. t WW - und das bei einem Verbrauch von vielleicht 10,5 Mio. t WW! (2, S. 36; 18, S. 224; 44 (1974), S. 406 f.) 1). Wenn auch damit zu rechnen ist, daß der geschaffene Angebotsrahmen weder von den EWG-Ländern noch von den genannten Entwicklungsländern in vollem Umfang ausgefüllt wird, und wenn man berücksichtigt, daß die B-Quoten von Jahr zu Jahr neu festgelegt werden sollen - vermutlich, um bei zu starker Expansion der Zuckererzeugung eine letzte Notbremse zu haben -, so wird das Zuckerangebot bei fast starrer Nachfrage in der EWG-9 doch ganz erheblich zunehmen. Der EWG-Zuckermarkt wird daher (wieder) zu dauerhaften Überschüssen tendieren, zumal die einmal gefaßten Beschlüsse wohl nicht so leicht wieder im notwendigen Umfang rückgängig gemacht werden können. Die Ausdehnung der Anbauflächen allein in einem Jahr von 1974 auf 1975 um rd. 15 % oder 234 000 ha und die eingeleiteten Kapazitätserweiterungen der Zuckerfabriken zeigen in eindrucksvoller Weise, welche Möglichkeiten in der EWG-9 vorhanden sind und von der Zuckerwirtschaft auch umgehend genutzt werden, sobald ihnen eine Gewinnchance eröffnet wird (30, Nr. 27 v. 25.7.1975). Die Ratsbeschlüsse sind denn auch nur angesichts der sehr schwierigen

---

1) Die unterstrichenen Zahlen in Klammern beziehen sich auf die laufenden Nummern der Literaturangaben.

und 1974 noch unübersichtlichen "statistischen Lage" - d.h. der Angebots-Nachfrage-Vorratssituation - in der Welt und der EWG verständlich. Man wollte offensichtlich alle Zeichen auf Expansion mit dem Endziel einer nachhaltig gesicherten Selbstversorgung stellen - und das hat man trotz der abermals relativ schlechten Ernteaussichten für 1975 von einem Jahr aufs andere erreicht. Wenn sich nun die zu befürchtenden Überschüsse einstellen, so wird selbstverständlich auch in der EWG die Frage nach einer "Stabilisierungspolitik" auf dem Zuckermarkt wieder akut. Mindestens zwei Antworten erscheinen dabei denkbar:
- entweder benutzt man, wie gehabt, den Weltmarkt als Puffer - bei weltweiter Defizitlage erscheint das relativ problemlos; bei der zu erwartenden Überschußtendenz allerdings nur unter ganz erheblichen finanziellen Aufwendungen der öffentlichen und/oder privaten Hand -
- oder aber, man paßt den Einsatz der m.E. ausreichend vorhandenen Instrumente der gemeinsamen Zuckermarktordnung den Erfordernissen an - das bedeutet natürlich u.a. auch eine Quotenanpassung nach unten.

Ich glaube, daß eine Erörterung der Fragen, in welchem Ausmaß welche Instrumente der EWG-Zuckermarktordnung - vorausgesetzt sie würde als Diskussionsbasis akzeptiert - der veränderten, sprich: Überschußsituation, angepaßt werden sollen und ob bzw. inwieweit eine solche Anpassung durchsetzbar ist, weniger interessante Aspekte verspricht als die in Zusammenhang mit einer anstehenden Neukonzeption des IZA auftretenden Fragen. Wie Sie ja sicherlich wissen, ist die Nachfolgeorganisation des IZA-68 lediglich ein Verwaltungsabkommen, das von einer umfassenderen Ordnung abgelöst werden soll. Wie ein solches IZA ausgestaltet werden müßte, um funktionsfähiger als die Vorgänger sein zu können, möchte ich später in den Grundzügen darlegen.

2 Notwendigkeit einer Ordnung des Weltzuckermarktes

Die allgemeine Rohstoffhausse und ihre Begleiterscheinungen 1973/74, vor allem die recht erfolgreiche Monopolisierung des Erdölangebots, haben bei den Erzeugern von undustriellen und landwirtschaftlichen Rohstoffen wieder einmal Hoffnungen auf einen funktionierenden weltweiten Zusammenschluß der Anbieter geweckt.

Ziel solcher angestrebter internationaler Angebotskartelle - u.U. auch unter Einbeziehung der Nachfrageseite, dann in Form sogenannter "Internationaler Warenabkommen" - ist die Preisstabilisierung oder besser: die Preisstabilisierung auf hohem Niveau (21, S. 235 f; 26, S. 220). Schon 1964 wurde daher auf der UNCTAD-Konferenz in Genf die Forderung erhoben, die Exportpreise für industrielle und landwirtschaftliche Rohstoffe indexartig an die Entwicklung der Preise für zu importierende Industriegüter zu koppeln, um so "... kostendeckende, gerechte und stabile Preise (renumerative, equitable and stable prices) ..." für Rohwaren sicherzustellen (8, S. 132; 27, S. 40; 33).

Die Bemühungen der Zuckerexportländer - meistens in Zusammenarbeit mit den wichtigsten Verbrauchsländern - um eine Preiserhöhung und Preisstabilisierung in den letzten 50 Jahren werden verständlich, wenn man sich die Entwicklung von Nachfrage und Angebot und die damit verbundenen Probleme (Preisverfall) in der Vergangenheit einmal ansieht. Eine Vorausschau auf die Marktentwicklung bis in die 80er Jahre mach deutlich, daß die Stabilisierungsprobleme auf dem Zuckermarkt vermutlich nicht der Vergangenheit angehören, sondern mit hoher Wahrscheinlichkeit schon in allernächster Zukunft wieder aktuell werden dürften.

2.1 Verbrauchsentwicklung

Langfristig gesehen hat der Weltzuckerverbrauch einen starken Aufschwung genommen. In den letzten Jahren ist der Zuckerkonsum in der Welt um durchschnittlich rd. 2,2 Mio. t RW p.a. gestiegen (42). Zwar ergaben sich gewisse Abweichungen von der Trendlinie und sogar absolute Rückgänge des Konsumniveaus traten auf (1961/62 bis 1963/64 und 1974/75), aber insgesamt gesehen verlief die Verbrauchsentwicklung doch ziemlich gleichmäßig. Im ZWJ 1973/74 hat der Zuckerkonsum nach F. O. LICHT mit vermutlich 80,6 Mio. t RW sein bisheriges Maximum erreicht (30, Nr. 24 v. 4.7.1975). Für 1974/75 ist aufgrund der weltweit rückläufigen Konjunktur (Einkommensabhängigkeit des Verbrauchs) und infolge der durch knappes Angebot bedingten extrem hohen Preise (Preisabhängigkeit des Verbrauchs) mit einem Rückgang zu rechnen. Allein in den USA dürfte der Zuckerkonsum um rd. 1,5 Mio. t RW hinter dem Vorjahresniveau zurückgeblieben sein (30, Nr. 25 v. 10.7.1975).

Für die Zukunft kann bei einer Normalisierung des Angebots erwartet werden, daß sich der Zuckerverbrauch nicht nur - ähnlich wie bisher schon nach Hochpreisperioden mit Verbrauchsrückgängen - wieder erholt, sondern auch mit den Zuwachsraten weiter anwächst, die für die Zeit von 1954/55 - 1973/74 charakteristisch gewesen sind. Diese Auffassung stützt sich auf die Tatsache, daß sich anläßlich einer im letzten Jahr durchgeführten Untersuchung keinerlei Hinweise auf strukturelle Veränderungen in der Entwicklung des globalen Verbrauchs ergeben haben (42). So wurde denn auch noch 1974 von vielen Zuckerexperten für 1980 ein Konsumniveau in Höhe von rd. 96 Mio. t RW ziemlich einhellig als wahrscheinlich angesehen (42, S. 269 und die dort angegebene Literatur). Das sind zwar gut 16 Mio. t RW mehr als 1974/75, erscheint aber auch noch aus heutiger Sicht plausibel 1). Bei ausreichendem Angebot und niedrigeren Preisen als 1974 könnten allein im laufenden ZWJ 1975/76 ohne weiteres 4 - 5 Mio. t RW zusätzlich in den Verbrauch gehen (30, Nr. 24 v. 4.7.1975). Damit wäre dann praktisch wieder das vorgezeichnete Trendniveau erreicht. Ausgehend von hypothetischen, vielleicht auch etwas zu hohen, 84 - 85 Mio. t RW im gerade begonnenen ZWJ wären dann Steigerungen des Zuckerverbrauchs von rd. 2,2 Mio. t RW p.a. wie in der Vergangenheit erforderlich, um das angegebene Niveau von rd. 96 Mio. t RW zu realisieren 2).

Die eigentlichen Probleme aber liegen nicht auf der Nachfrage-, sondern auf der Angebotsseite. Die wesentlichste Frage ist, ob die Weltzuckerwirtschaft in der Lage sein wird, die von der Nachfrageseite aufnehmbaren Zuckermengen zur Verfügung zu stellen. Muß sie verneint werden, so erübrigt sich die Diskussion einer Stabilisierungspolitik im herkömmlichen Sinne; denn hohe Preise werden für eine Anpassung der Nachfrage an das knappe Angebot sorgen - siehe 1974/75 3).

2.2 Angebotsentwicklung

Langfristig betrachtet entwickelte sich die Zuckerproduktion stets etwa parallel zur Nachfrage, eilte ihr sogar tendenziell etwas voraus (42). So waren überwiegend Angebotsdruck und niedrige Preise für den Weltzuckermarkt charakteristisch. Nur selten war Zucker weltweit knapp und teuer

---

1) A. VITON, Zuckerexperte der FAO sprach auf dem Internationalen Zuckerkolloquium 1975 in London nur noch von 88,5 - 89,5 Mio. t. Dabei ist allerdings zu berücksichtigen, daß die FAO - auf deren Zahlen sich VITON bezieht - einerseits eine abweichende Datenbasis benutzt (während sie für 1969 - 1971 einen Durchschnittskonsum von 70 Mio. t RW nennt, ergeben sich nach F. O. LICHT etwas mehr als 74 Mio. t RW. Der Anstieg p.a. wurde aber bis 1980 auch von der FAO im Jahre 1972 noch auf 2,2 Mio. t RW geschätzt) und andererseits in der neuesten von VITON vorgetragenen Projektion von real verhältnismäßig stark steigenden bzw. auf dem 1974er Niveau verharrenden Preisen ausgegangen wird (11, Nr. 3, April 1975, S. 1 f; 17, S. 118; 30, Nr. 9 v. 11.3.1975; 31 (1973), S. 37).

2) Natürlich werden hinter dem prognostizierten globalen Anstieg von 15 - 16 Mio. t RW bis 1980/81 wie schon in der Vergangenheit sehr unterschiedliche Entwicklungen in den verschiedenen Verbrauchsregionen stehen. Die Resultierende aus den divergierenden Entwicklungen dürfte aber wieder weitgehend dem Trendverlauf der letzten 20 Jahre entsprechen.

3) In Zeiten mit derartiger Marktkonstellation ist bisher auch noch nie ein IZA abgeschlossen worden, weil dann das Interesse an einer internationalen Vereinbarung erfahrungsgemäß viel zu gering bzw. eine Einigung von vornherein fast ausgeschlossen ist.

wie beispielsweise 1961/62 und 1962/63, als rückläufige Zuckerrübenanbauflächen und ungünstige Witterungsbedingungen in Europa mit Produktionsausfällen im Rohrzuckersektor (Kuba) zusammentrafen. Schon 1964/65 aber hatte sich die Erzeugung nicht nur wieder erholt, sondern überschritt den Verbrauch deselben Jahres um beachtliche 7,6 Mio. t. RW (13 %). Die Vorräte wuchsen infolgedessen im Verlauf eines einzigen Jahres von krisenhaften und preistreibenden 20 % des Jahresverbrauchs auf über 30 %. Sie hatten damit wieder ein Niveau erreicht, das erfahrungsgemäß die Weltmarktpreise als Baissefaktor bestimmt. Ähnliche, verglichen mit den kürzerfristigen Bewegungen des Verbrauchs aber relativ starke, häufig kumulativ im Rohr- und Rübenzuckersektor auftretende Produktionsschwankungen konnten in der Vergangenheit immer wieder beobachtet werden. Dabei gab es zwar Perioden der Zuckerknappheit mit hohen Preisen, so daß der Ruf nach einer Stabilisierung des Marktes vorübergehend verstummte; doch war, wie gesagt, die Überschußsituation mit drükkenden Vorräten und Preisverfall die Regel.

Die 1974 durchgeführte Analyse der langfristigen Verbrauchs- und Produktionsentwicklung haben ergeben, daß es sich auch bei der Mangellage, deren letzte Ausläufer wir m.E. gegenwärtig miterleben, nicht um ein strukturell bedingtes, sondern - wie schon in der Vergangenheit zu beobachten - um ein temporäres Ungleichgewicht handelt. Tatsächlich ergeben sich auch viele Parallelen zu der erwähnten Situation Anfang der 60er Jahre. 1969/70 stieg die Produktion wie 1960/61 um 6,5 Mio. t RW gegenüber dem Vorjahr an, fiel dann absolut zurück und konnte erst nach rd. 3 - 4 Jahren wieder den Anschluß an die Trendentwicklung finden. Der Produktionsanstieg wurde allerdings 1974/75 - anders als Mitte der 60er Jahre - infolge der ganz extremen Witterungsbedingungen in Europa erneut unterbrochen. In beiden Zyklen aber waren die Produktionsrückgänge nicht von Verbrauchseinschränkungen in ähnlichem Ausmaß begleitet, so daß es zu den Preissteigerungen kam.

Die bisher vorliegenden Informationen über die Entwicklungsmöglichkeiten 1975/76 deuten darauf hin, daß die Periode der hohen Preise ihrem Ende entgegengeht. Durch die um fast 0,6 Mio. ha (+ 8,5 %) auf reichlich 7,6 Mio. ha ausgeweitete Rübenanbaufläche in Europa ist allein hier nach dem Stand von Mitte August trotz der wenig günstigen Witterungsbedingungen und der wieder aufgetretenen Vergilbungskrankheit eine Mehrproduktion von immerhin noch rd. 3,5 Mio. t RW zu erwarten (30, Nr. 25 v. 25.7.1975 und Nr. 30 v. 27.8.1975). Da im Rübenzuckersektor der USA mit weiteren ca. 0,9 Mio. t RW zusätzlich gerechnet werden kann, dürfte das Angebot wieder reichlicher werden. In dem laufenden ZWJ braucht es allerdings noch nicht zu einem extremen Weltmarktpreisverfall zu kommen, weil ja auch erhebliche Mengen - bis ca. 6 Mio. t RW - für einen Aufbau der sehr niedrigen Vorräte verwendet werden können.

Die zu erwartenden Produktionszunahmen sind Ausdruck der Bemühungen vieler Länder, die Zuckerproduktion zu steigern. Praktisch alle Anbieter und Nachfrager von Zucker am Weltmarkt sahen sich im Zuge der Angebots-Nachfragesituation seit Anfang der 70er Jahre zu einer Überprüfung ihrer Zuckerpolitiken veranlaßt. Das Ergebnis dieser Überlegungen lautet überall gleich: Man strebt eine enorme Ausdehnung der Erzeugung an. Sieht man sich die Expansionspläne in den wichtigsten Erzeugergebieten an und schätzt die Möglichkeiten zu ihrer Realisierung ab, dann muß man zweifelsfrei zu dem Schluß kommen, daß die erforderliche Mehrproduktion bis 1980 und auch 1985 bereitgestellt wird (30, Nr. 9 v. 11.3.1975; 42, S. 270 f; 43, S. 2).

2.3 Ergebnis

Zusammenfassend kann festgestellt werden, daß der Weltzuckerverbrauch in der Vergangenheit recht regelmäßig angestiegen ist. Auch für die Zukunft kann mit einer jährlichen Zuckerverbrauchszunahme von um 2,2 Mio. t RW gerechnet werden. Für 1980 würde das ein Verbrauch von rd. 96 Mio. t RW, für 1985 von rd. 107 Mio. t RW bedeuten.

Die Zuckererzeugung ist in der Vergangenheit ebenfalls recht kräftig gestiegen, jedoch unter teilweise sehr ausgeprägten Schwankungen. Grundsätzlich bestand ein Hang zur Überschußlage, so daß die Zuckererzeuger aufgrund niedriger Preise an einer Marktregulierung (Marktstabilisierung) ein großes Interesse hatten.

In Zukunft dürfte sich an dieser Großlage nichts ändern; denn Produktionsreserven sind praktisch überall auf der Erde vorhanden. Sie können zu einem Teil auch sehr kurzfristig mobilisiert werden. Die Ausdehnung der Zuckerrübenanbaufläche in Europa und den USA 1975 zeigt das sehr deutlich. Zwar wird es auch zukünftig wahrscheinlich immer wieder zu temporären und regionalen Versorgungsengpässen kommen - die langfristige Erzeugungsentwicklung wird voraussichtlich weiterhin kürzerfristig von (evtl. kumulativ) auftretenden Produktionsausfällen überlagert werden, die zudem noch mit (fast) unvermindert steigender Nachfrage zusammentreffen können - doch spricht derzeit einiges dafür, daß die Überschußlage wie in der Vergangenheit für den Zuckermarkt charakteristisch sein dürfte.

Schon um diese beiden möglichen Krisensituationen für die Erzeuger und Verbraucher erträglicher zu gestalten, erscheint der Abschluß eines funktionsfähigen IZA notwendig - auch wenn die Weltmarktanbieter hieran seit 1972/73, wie bisher stets in Verkäufermarktsituationen, wenig Interesse zeigen.

3 Versuche einer Ordnung des Weltzuckermarktes bis 1968

Bevor dazu übergegangen wird, einige Anforderungen an ein neu abzuschließendes IZA darzulegen, soll vorab ein kurzer Überblick über die in der Vergangenheit unternommenen Versuche zur Ordnung des internationalen Zuckerhandels gegeben werden. Ein Rückblick auf die geschichtliche Entwicklung empfiehlt sich insbesondere deshalb, weil sich einerseits die derzeitigen Probleme überwiegend aus der geschichtlichen Entwicklung des Zuckermarktes ergeben und weil andererseits auch ein neues IZA mit Sicherheit auf die mehr oder weniger bewährten Instrumente der Vorgänger zurückgreifen wird. Darüber hinaus lassen sich auch aufgrund der nachweisbaren Mängel der bisherigen Vereinbarungen Rückschlüsse auf notwendige Änderungen ableiten (45, S. 11).

Der weit verbreitete nationalstaatliche Protektionismus - vor allem in den Rübenzucker produzierenden Ländern -, das Nebeneinander zahlreicher Präferenzmärkte und die tendenzielle Überschußsituation haben seit dem 19. Jahrhundert immer wieder Marktstörungen hervorgerufen. Dabei läßt sich in der historischen Entwicklung eine gewisse Verschiebung der aktuellen Problematik feststellen, die natürlich auch ihren Niederschlag in den Zielen und Instrumenten der Zuckerübereinkommen gefunden haben.

3.1 Die Zeit bis zum 1. Weltkrieg

Der Schutz der Raffinerie- und Rübenzuckerindustrien in den europäischen Ländern und der beginnende Kampf auf den Exportmärkten führte 1864 zum Abschluß der sogenannten "Pariser Zuckerkonvention" (vgl. zu diesem Abschnitt 35, 50; S. 211 ff). Frankreich, Großbritannien, Belgien und die Niederlande versuchten damals, die Auswüchse der Zoll- und Prämienbestimmungen zu vereinheitlichen bzw. abzuschaffen, um auf diese Weise gleiche Wettbewerbsbedingungen zu installieren [1]. Das Abkommen stellte sich als Fehlschlag heraus, weil es den Beteiligten nicht gelang, die Ziele durchzusetzen. Eine daraufhin 1872 nach London einberufene Konferenz verlief ergebnislos. Drei Jahre später wurde zwar die sogenannte "Brüsseler Zuckerkonvention von 1875" geschlossen, doch trat sie nie in Kraft. Ein weiteres Jahr später waren das Deutsche Reich, Östereich-Ungarn, Rußland und Italien neben den vier anderen Staaten nach Paris eingeladen. Die vier neuen Staaten erschienen jedoch gar nicht erst, um nicht Zugeständnisse machen zu müssen. 1877 schlossen die vier alten Ländervertretungen ein Abkommen, doch trat auch diese "Pariser Zuckerkonvention von 1877" niemals in Kraft. 1887/88 wurden nahezu alle europäischen Länder, die Zucker erzeugten, zu einer neuen Konferenz nach London eingeladen. Ziel des nie ratifizierten Ab-

---

[1] Bekanntlich wurde in fast allen Ländern der Konsum bzw. die Erzeugung mit Abgaben belegt, aus deren Aufkommen Exportgeschäfte stark subventioniert wurden. Gleichzeitig wurden die Einfuhren mit hohen Zöllen belastet.

kommens war wiederum die Liberalisierung des Zuckerhandels, die über eine Verpflichtung aller Teilnehmerstaaten zur Verhinderung offener und versteckter Erzeugungs- oder Ausfuhrprämien, durch eine Besteuerung des Verbrauchs, durch eine ständige Überwachung der Zuckerfabriken und schließlich durch einen generellen Boykott der Lieferungen aus Nichtmitgliedsländern erreicht werden sollte.

Nach diesen Fehlschlägen wurden neue Verhandlungen erst 1898 in Brüssel aufgenommen und 1900 in Paris fortgesetzt. Am 5.3.1902 wurde dann als Ergebnis die sogenannte "Brüsseler Konvention" unterzeichnet. Sie trat am 1.9.1903 in Kraft und übte bis zum Ausbruch des 1. Weltkrieges auf den internationalen Zuckerhandel einen entscheidenden Einfluß aus. Es hatte fast 40 Jahre gedauert, bis es in zähen und zahlreichen Verhandlungen gelungen war, eine gemeinsame Haltung der meisten europäischen Staaten in der Zuckerfrage herbeizuführen. Hauptziel des Übereinkommens war, wie schon in den vorherigen Abkommen, die Erreichung und Sicherstellung gleicher Wettbewerbsbedingungen für Rüben- und Rohrzucker und die Erhöhung des Verbrauchs. Instrumente waren Abschaffung sämtlicher Erzeugungs- und Ausfuhrprämien und Begrenzung des sogenannten Überzolls [1], ständige steueramtliche Überwachung der Industrie "rund um die Uhr", Strafzoll oder Einfuhrverbot für Zucker aus prämiengewährenden Ländern sowie ein Präferenzzoll für Vertragszucker. Um die Durchführung des Vertrages zu überwachen, wurde eine ständige Kommission eingesetzt.

Das Abkommen kann im großen und ganzen als erfolgreich angesehen werden. Die Prämien wurden praktisch abgeschafft, Zölle und Verbrauchssteuern ermäßigt. Nicht zuletzt wegen dieser Erfolge stieg der Verbrauch stark an, und der Weltmarktpreis wurde weitgehend von den Dumpingeffekten befreit. Schließlich führte der freie Wettbewerb zu einer intensiveren Nutzung des technischen Fortschritts bei den Rübenzuckerproduzenten. Als Nachteile müssen genannt werden: Der Kreis der Teilnehmer war auch damals schon zu klein, so daß das Außenseiterproblem (USA) zutage trat; Großbritannien (keine Maßnahmen gegen Nichtvertragszucker seit 1907) schied 1912 ebenso wie Italien aus; Rußland wurden 1907 nichtvertragskonforme Sonderrechte (Exportkontingent, Beibehaltung der Steuern und Zölle) eingeräumt, um seine Teilnahme überhaupt zu erreichen.

Zusammenfassend kann aber festgestellt werden, daß die in erster Linie mit dem Zuckerabkommen beabsichtigte weitgehende Liberalisierung des Zuckerhandels und Förderung des Zuckerverbrauchs bis zum Ausbruch des 1. Weltkrieges tatsächlich erreicht worden ist, wenn auch das seit 1903 wirksame Abkommen mit zunehmender Laufzeit ausgehöhlt wurde und damit an Effizienz verlor.

3.2 Die Zeit zwischen den beiden Weltkriegen

Der Ausbruch des 1. Weltkrieges brachte eine starke Beeinträchtigung und Verschiebung des Außenhandels mit sich (vgl. zu diesem Abschnitt 35; 45, S. 27 - 36; 50, S. 211 ff). Die Rübenzuckerproduktion wurde in den kriegführenden Staaten stark reduziert: Die Rübenzuckerproduktion in der Welt fiel bis 1919/20 auf nur noch 37 % der Produktion von 1912/13. Zum Ausgleich ihrer Fehlproduktion kurbelten die Alliierten die Rohrzuckererzeugung in den Kolonien, gestützt auf gute Preise, an: Von 1912/13 bis 1919/20 stieg die Rohrzuckerproduktion um 32 % (31 (1973/74), S. 27).

Nach Ende des Krieges begannen die europäischen Staaten ihre Rübenzuckerindustrien wieder aufzubauen mit dem Endziel, die ehemals eingenommene Marktstellung (1912/13 noch 50,2 % und 1919/20 nurmehr 22 % der Weltzuckererzeugung) wiederzuerlangen. Gleichzeitig wurden in fast allen Ländern geeignete Maßnahmen eingeleitet, um eine gewisse Zuckereigenversorgung - die damals erklärtes Ziel nationalstaatlicher Politik war - sicherzustellen [2]. Dem daraufhin stark steigen-

---

1) Abgaben auf fremden Zucker abzüglich Abgaben auf einheimischen Zucker.

2) So begann Großbritannien mit der intensiven Subventionierung einer bis dahin unbedeutenden eigenen Zuckerrübenerzeugung (British Sugar (Subsidy) Act 1925); Österreich führte einen Gleitzoll (Abschöpfung) ein; andere Länder erhöhten den Zuckerzoll drastisch.

den Weltmarktangebot stand ein nur schwach zunehmender Verbrauch gegenüber. Die Vorräte stiegen ständig und Anfang des ZWJ 1932/33 erreichten sie mit 10,9 Mio. t RW fast 45 % des Verbrauchs desselben Jahres (24,3 Mio. t RW). Die schon seit Mitte der 20er Jahre von Kuba unternommenen Versuche, durch eine Verminderung und Kontingentierung der Erzeugung und Exporte den Preisdruck zu vermindern, blieben letztlich erfolglos, weil die Erzeugungseinschränkungen auf Kuba durch die Ausweitung der Produktion in anderen Ländern überkompensiert wurden. Schließlich versuchte der Kubaner J. M. TARAFA im Auftrag seiner Regierung, die Zuckerproduzenten zu einer sogenannten "konstruktiven Politik" zu bewegen. 1927 wurde auch ein Abkommen in Berlin geschlossen, doch blieben die Vereinbarungen - abgesehen davon, daß Kuba seine Produktion beachtlich einschränkte - ohne Erfolg: Der Kreis der Beteiligten war zu klein. Vor allem aber versagte Java, der damals zweitgrößte Zuckerproduzent, die Mitarbeit. Ein weiterer Versuch, die Probleme auf privatwirtschaftlicher Ebene zu lösen, schlug 1929 fehl. Als die Weltmarktpreise schließlich die 1 cts/lb-Grenze unterschritten, sahen die US-amerikanischen Banken ihre Investitionen auf Kuba gefährdet und beauftragten den New Yorker Anwalt Th. L. CHADBOURNE, Verhandlungen mit den entscheidenden Ländern in Amerika und Europa aufzunehmen. Da Kuba sich erneut bereitfand, Zwangsmaßnahmen zur Verminderung der Produktion und des Weltmarktangebots zu unternehmen und die europäischen Staaten (einschließlich Java, das ja damals zum niederländischen Einflußbereich gehörte und sich wegen des Preisverfalls auf allen Weltrohwarenmärkten erstmals an einem Zuckerabkommen interessiert zeigte) zu einer Zusammenarbeit bereit waren, kam es schließlich am 9.5.1931 zur Unterzeichnung eines Internationalen Zuckerabkommens auf privater Ebene. Vertragschließende Parteien waren die Organisationen der Zuckerwirtschaft (Kuba, Java, Deutsches Reich, Tschechoslowakei, Polen, Ungarn, später auch Peru, Jugoslawien) bzw. die Zuckerfabriken (Belgien). Ziel des auf 5 Jahre geschlossenen Abkommens war die im Tarafa-Abkommen erstmals fixierte Herstellung eines besseren Verhältnisses zwischen Angebot und Nachfrage, d.h. eine Stabilisierung des Weltzuckermarktes über ein Exportkartell.

Ein Internationaler Zuckerrat mit Sitz in den Haag sollte versuchen, den Kreis der Beteiligten zu erweitern und die Durchführung der beschlossenen Maßnahmen zu überwachen: Einfrieren der Vorräte und ihre gleichmäßige Freigabe über 5 Jahre sowie Einhaltung maximaler Erzeugungsmengen pro Land und Jahr, die sich am Inlandsverbrauch, den Exportkontingenten und den Freigaben aus den Vorräten orientieren sollten. Für den Fall von Preissteigerungen am Weltmarkt war eine Erhöhung der Kontingente vorgesehen. Obwohl alle bedeutenden Produzenten und Exporteure - mit Ausnahme der Dominikanischen Republik - Mitglied waren und obwohl die Erzeugung in praktisch allen Mitgliedsländern zum Teil stark eingeschränkt wurde - die gesamte Weltzuckererzeugung ging von 1930/31 bis 1932/33 um gut 5 Mio. t RW auf 22,7 Mio. t RW zurück -, erholten sich die Preise nicht. Das Abkommen scheiterte, weil ein Abbau der drückenden Vorräte nicht gelang. Die Produktionseinschränkungen in den Mitgliedsländern wurden letztlich auch durch die Erzeugungssteigerungen in den auf Eigenversorgung ausgerichteten Nichtmitgliedsländern zunehmend kompensiert. Schon 1933 drängten daher die zuckerexportabhängigen Länder auf den Abschluß eines neuen Abkommens. Es wurde 1937 in Form des ersten Internationalen Zuckerabkommens auf Regierungsebene ausgehandelt und galt formell bis 1953. Das IZA vom 6.5.1937 trug der zunehmenden Spaltung des Weltmarktes in einen freien Markt und in eine Anzahl von mittlerweile errichteten Präferenzmärkten Rechnung. Der wirkliche freie Weltmarkt, d.h. der nicht durch spezielle Handelsvereinbarungen geschützte Teil der grenzüberschreitenden Zuckerlieferungen betrug damals aber immerhin noch etwa 70 % der gesamten Zuckerexporte. Die Lieferungen in die USA - seit dem 9.5.1934 bis 31.12.1974 durch den sogenannten Jones-Costigan-Act und dessen Änderungen geregelt - waren ebenso ausgenommen wie gewisse Ausfuhren der UdSSR und Lieferungen zwischen den französischen Territorien sowie zwischen Belgien und Luxemburg. Mitglieder des Abkommens waren erstmals Import- und Exportländer. Als Exekutivorgan wurde ein Internationaler Zuckerrat (IZR) gebildet. In ihm waren Import- und Exportländer mit einem Stimmenverhältnis von 45 : 55 vertreten. Obwohl die Exporteure die Stimmenmehrheit hielten, haben sie ihre Marktstellung nie gegen die Importeure ausgenutzt. Hauptziel des IZR war ganz eindeutig eine Markt- und Preisstabilisierung durch Produktionsdrosselung und Verbrauchsförderung. Für die dem IZA angehörenden Exportländer wurde eine Erzeugungseinschränkung vorgesehen, indem man maximale Vorräte fixierte. Außerdem enthielt das Abkommen bestimmte Bedingungen, unter denen sich die USA und das Vereinigte Königreich (UK) verpflichteten, einen gewissen Mindestanteil ihres Verbrauchs aus Importen zu decken. Alle Mitglieder versprachen ihre Inlandspreise auch dann konstant zu halten, wenn die Weltmarktpreise steigen sollten, um den Verbrauch zu stimulieren. Im Sinne einer Wanderung der Produktion zum "besten Wirt" wurde als Zielpreis ein auskömmlicher Preis für effiziente Produzenten angestrebt. Der Absatz sollte durch ein – für die beiden ersten Jahre variables – Exportquotensystem gesteuert werden. Anpassungen der Basisquoten sollten vom IZR auch noch im laufenden Quotenjahr vorgenommen werden können, jedoch durften Quotenkürzungen maximal 5 % nicht übersteigen. Bis 1939 wird dem IZA-37 eine preiserhöhende und preisstabilisierende Wirkung zwar zugesprochen, doch sind die Bedarfsschätzungen zumindest für die erste Zeit stets zu hoch ausgefallen (15, S. 34 f). Da die Bestimmungen des IZA-37 mit Beginn des 2. Weltkrieges ausgesetzt wurden, brauchte das Abkommen seine Funktionsfähigkeit in schwierigen Marktsituationen nie richtig unter Beweis stellen.

Zusammenfassend kann festgehalten werden, daß in der Zeit zwischen den Weltkriegen nicht mehr eine Handelsliberalisierung im Brennpunkt des Interesses stand, sondern die Stabilisierung des Marktes zum Hauptproblem wurde. Ziel aller Versuche, den Weltzuckermarkt zu ordnen, war daher ganz vorrangig die Preisstabilisierung durch Anpassung der Erzeugung an den Verbrauch. Die Stabilisierung der Preise sollte dabei auf einem Niveau erfolgen, das nur den effizienteren Produzenten einen Nutzen versprach. Alle Versuche zur Ordnung des Marktes in dieser Zeit haben allerdings nur begrenzte Erfolge gehabt, obwohl sich einige Länder intensiv um eine Stabilisierung bemüht hatten (z.B. Kuba). Der Kreis der Zuckerproduzenten und der Exporteure war im Zuge der Versorgungssicherungspolitik nach dem 1. Weltkrieg offensichtlich zu groß und die Einzelinteressen zu heterogen geworden. Hinzu kam, daß der Weltmarkt gespalten worden war (z.B. America Sugar Act (ASA) seit 1934) und so Parallelmärkte entstanden, auf denen gänzlich unterschiedliche Verhältnisse herrschten. Die Auswirkungen ungleichgewichtiger Angebots-Nachfrageentwicklungen auf dem freien Markt wurden dadurch verstärkt. Andererseits war kein bedeutendes Land bereit, die eigene Zuckerproduktion zu begrenzen und eine Öffnung seines Binnenmarktes durch Aufhebung oder Einschränkung der protektionistischen Maßnahmen zuzulassen. Eines der Grundprobleme blieb damit ungelöst.

3.3 Die Zeit nach dem 2. Weltkrieg bis 1968

Die Entwicklung nach dem 2. Weltkrieg verlief der nach dem 1. Weltkrieg sehr ähnlich. Die Zuckerproduktion nicht nur in den rübenanbauenden Gebieten Europas, sondern auch in den rohranbauenden Ländern des Fernen Ostens lag am Ende des Krieges darnieder, erholte sich jedoch relativ schnell wieder: Während 1945/46 vermutlich nur 21,6 Mio. t RW erzeugt wurden, waren es 1951/52 mit 36 Mio. t RW bereits fast 7 Mio. t RW mehr als 1937/38. Dagegen nahm der Verbrauch nur verhältnismäßig langsam zu, so daß die extrem niedrigen Vorräte von 3 Mio. t RW Ende des ZWJ 1944/45 auf fast 11 Mio. t RW Ende des ZWJ 1951/52 anstiegen (29, S. 164). Die Wirkung dieser sehr hohen Vorräte auf die Weltmarktpreise wurde zwar 1951 kurzfristig durch den Koreakrieg in ihr Gegenteil verkehrt, doch ist die fallende Tendenz unverkennbar: Wurden 1947 noch durchschnittlich fast 5 cts/lb notiert, so waren es 1953 nur noch 3,40 cts/lb (29, S. 166; 52, S. 212). Die Entwicklung setzte sich sogar – mit kurzen Unterbrechungen 1956/57 (Ungarn- und Suez-Krise) und 1961 – 1963 (Kuba-Krise und kumulative Ernteausfälle in Europa und Kuba) – bis Ende der 60er Jahre fort.

Wegen der wachsenden Überschüsse auf einigen Weltagrarmärkten und der besonderen Schwierigkeiten bei der Abwicklung des internationalen Handels in den ersten Jahren nach dem 2. Weltkrieg (Dollarlücke) befaßte sich schon Ende der 40er Jahre die FAO ganz allgemein mit den Möglichkeiten einer Ordnung und Stabilisierung der Weltagrarmärkte (International Commodity Clearinghouse ICCH), praktisch allerdings ohne Erfolg (15, S. 17 ff). 1953 waren aber die Probleme auf dem Weltzuckermarkt wieder so akut geworden, daß ein neues Zuckerabkommen (IZA-53) für die Dauer von 5 Jahren abgeschlossen wurde. 1956 ist die Vereinbarung planmäßig revidiert und in ihren wesentlichen Bestimmungen unverändert in das IZA-58 für weitere 5 Jahre übernommen worden (25; 39; 40; 45; 48; 50; 52, S. 324 f; 54; 55).

Hauptziele dieser IZA waren: Sicherstellung eines ausreichenden Zuckerhandels zu gerechten und stabilen Preisen, Schaffung eines nachhaltigen Gleichgewichts zwischen Angebot und Nachfrage, Verbesserung der Lebensbedingungen aller Menschen, Sicherung angemessener Einkommen für alle in den Zuckerwirtschaften der Exportländer Beschäftigten und Förderung der internationalen Kooperation im Zuckersektor.

Diese Ziele sollten wiederum vor allem mit Hilfe einer Produktionsanpassung in den Exportländern über die Zuteilung variabler Basisexportquoten und durch Lagerhaltungsvorschriften (Minimal- und Maximalvorräte) für die Exportländer erreicht werden. Zusätzlich waren die Importländer erstmals verpflichtet, ihre Einfuhren aus Nichtmitgliedern des IZA auf bestimmte Referenzmengen (Ø 1951 - 1953) p.a. zu limitieren. Die Höhe der aktuellen Exportquoten (mindestens 80 % bzw. 90 % (für kleinere Exporteure) der Basismengen) wurde vom IZR kurz vor Beginn eines jeden Quotenjahres in % der zugeteilten Basisquoten für alle Exportländer einheitlich festgelegt. Eine Anpassung durch den IZR - in dem übrigens Ex- und Importeure paritätisch vertreten waren - während des laufenden Quotenjahres war aufgrund der Bewegungen des Marktpreises innerhalb eines vorgegebenen Preisbandes möglich, seit 1956 sogar obligatorisch. Quotendefizite sollten auf andere Länder verteilt werden. Eine völlige Freigabe aller Beschränkungen der Ex- und Importeure war seit 1956 für den Fall vorgesehen, daß der Marktpreis eine fixierte Preisobergrenze (4 cts/lb) nachhaltig übersteigen sollte.

Analysiert man die Weltmarktentwicklung während der Gültigkeit der Abkommen von 1954 bis 1961 - die für 1961 vertraglich vorgesehene Revision des IZA-58 für die beiden letzten Quotenjahre konnte wegen der Folgen der Kuba-Krise nicht erfolgreich durchgeführt werden -, so muß man anerkennend feststellen, daß die Preisentwicklung in verhältnismäßig ruhigen Bahnen verlief. Allerdings lagen die Notierungen nicht immer in dem fixierten Intervall von 3,25 - 4,00 cts/lb; meistens schwankten sie um das Minimum. Nun muß man jedoch auch sehen, daß die allgemeine Marktentwicklung für die Aktionen des IZR günstig war: Kuba hatte schon 1953 seine Erzeugung um rd. 2 Mio. t RW vermindert und bemühte sich wie eigentlich stets um eine umsichtige Exportpolitik. Hinzu kamen Ernteausfälle in Europa, ein Abbau der Vorräte bis 1956 und zeitweilige Lieferunfähigkeit einiger Exporteure des Abkommens, so daß die gemessen am Weltmarktbedarf an sich zu groß ausgehandelten Quoten ihre störende Wirkung nicht entfalten konnten: Die zulässigen Quotenregulierungen reichten aus, um die Preise nicht in stärkerem Ausmaß fallen zu lassen. Natürlich ist eine Zurechnung der relativen Stabilisierung problematisch; denn wer kann schon eindeutig zwischen der Wirkung der allgemeinen Angebots-Nachfrage-Vorratssituation und der Wirkung der IZA unterscheiden. Aber eines dürfte ganz sicher sein: Nicht nur die bloße Existenz der Abkommen hat - wie bisher stets - einen stabilisierenden Effekt gehabt, sondern auch die im Rahmen der Abkommen marktkonform ergriffenen Maßnahmen.

Wenn den IZA in "normalen" Zeiten auch stabilisierende Wirkungen zuerkannt werden müssen, so waren sie in extremen Situationen wenig erfolgreich. Sowohl 1956/57 als auch 1961/62 gelang es dem IZR nicht, das Marktangebot der Nachfrage anzupassen. Ende 1956 waren die Vorräte wieder weitgehend abgebaut, und eine schlechte Rübenernte erhöhte den Bedarf an Weltmarktzucker. Vor diesem Hintergrund trieb die spekulative Nachfrage infolge des Suez-Krieges die Preise weit über die vertraglich fixierte Obergrenze hinaus, ohne daß der IZR eine Chance hatte, dies zu verhindern oder wenigstens zu mäßigen. 1958 trat dann vorübergehend das Gegenteil ein. Die Preise unterschritten das Preisminimum. Auch 1961/62 gelang es nicht, das Angebot zu kürzen. Allein wegen des Ausschlusses Kubas von den Lieferungen in die USA im Rahmen des ASA erhöhte sich das potentielle Weltmarktangebot 1960/61 um rd. 3 Mio. t RW. Zwar wurden langfristige Kontrakte zwischen Kuba und den UdSSR sowie der VR China abgeschlossen, doch reichten diese Abschlüsse nicht zur

Angebotsanpassung im notwendigen Umfang aus, zumal die Rekordernte in Europa zusätzliches Angebot bei gleichzeitig verminderter Nachfrage am Weltmarkt bedeutete und die von der Umverteilung der kubanischen US-Quote begünstigten Länder ihre Produktion kräftig erhöhten.

Zusammenfassend kann gesagt werden, daß auch den IZA-53 und IZA-58 grundsätzlich eine marktstabilisierende Wirkung nicht abgesprochen werden kann. In normalen Zeiten haben die Aktionen des IZR wie schon in früheren Abkommen durchaus beruhigende Effekte auf die Marktentwicklung gehabt. Schwierigkeiten ergaben sich jedoch insbesondere in extremeren Marktsituationen, weil Angebotskürzungen und -erhöhungen im Rahmen der IZA nur begrenzt möglich waren. Daß es nicht gelang, die Preise innerhalb des vorgesehenen Bandes zu halten, dürfte an den gemessen am Bedarf zu hoch und nicht immer nach wirtschaftlichen Kriterien, sondern meist aufgrund von Verhandlungsmacht und -geschick festgelegten Exportquoten sowie am Außenseiterproblem gelegen haben. Die große Bedeutung des Außenseiterproblems wird sichtbar, wenn man sich vor Augen führt, daß letzten Endes weniger als 30 % des gesamten internationalen Zuckerhandels unter die wirtschaftlichen Bestimmungen der IZA fielen: Importe der USA im Rahmen des ASA waren ebenso ausgenommen wie gewisse Lieferungen innerhalb des Ostblocks und des Commonwealth sowie Zuckerbewegungen zwischen Exportländern des IZA und ihren überseeischen Territorien (Frankreich, Niederlande, Portugal). Die großen Zuckerimporte Großbritanniens, das seine Versorgung seit 1951 durch das Commonwealth Sugar Agreement (CSA) zu sichern versuchte, gehörten zwar formell zu den IZA-Mengen. Materiell aber waren diese Lieferungen ohne Bedeutung für den freien bzw. IZA-Markt, weil sämtliche Lieferbedingungen außerhalb der IZA ausgehandelt wurden. Berücksichtigt man alle diese Ausnahmen und bedenkt, daß noch nicht einmal der nichtpräferentielle Markt voll unter die IZA-Regelungen fiel, so ist es erstaunlich, daß es überhaupt gelang, eine gewisse Marktstabilität durchzusetzen.

4 Die Zeit unter dem IZA-68

Nachdem das IZA-58 im Jahre 1962 materiell gegenstandslos geworden war, gelang es erst 1968 wieder, eine Einigung über ein neues IZA herbeizuführen. Das IZA-68 baut auf die Erfahrungen mit den Vorgängern auf. Es erscheint daher - und weil ein neues IZA mit Sicherheit wieder stark von dem letzten IZA-68 geprägt sein wird - sinnvoll, dieses letzte Abkommen in seinen Bestimmungen, seiner Funktion und seinen Problemen einmal genauer zu analysieren. Dabei werden sich Anhaltspunkte für eine funktionsgerechtere Ausgestaltung eines neuen IZA ergeben, die im letzten Teil des Vortrags behandelt werden sollen.

4.1 Bestimmungen des IZA-68

Das IZA-68 trat am 17.6.1969 rückwirkend zum 1.1.1969 in Kraft und galt für 5 Jahre (16; 41; 51; 57 (1968/69 - 1973/74). Der Mitgliederkreis konnte gegenüber den früheren Abkommen ganz erheblich erweitert werden. Alle wichtigen Exportländer (Kuba, Brasilien, Australien, Südafrika u.a.m.) waren dem Abkommen ebenso angeschlossen wie einige der wichtigsten Importländer (Japan, Großbritannien, UdSSR (mit Sonderstatus)). Während die USA dem IZA-68 aus politischen Gründen von vornherein nicht beitreten wollten, hatte die EWG eine Unterzeichnung aus materiellen Gründen abgelehnt: Für sie war im Rahmen der Quotenvereinbarungen lediglich eine Exportmenge von 0,3 Mio. t RW vorgesehen - verglichen mit einer Forderung von 1,2 Mio. t RW.

Von den gesamten Nettoausfuhren am Weltmarkt wurden schließlich rd. 40 - 50 % durch das IZA-68 erfaßt. Ausgenommen wurden Transaktionen im Rahmen der bestehenden Präferenzabkommen: CSA, ASA, EWG, OCAM, gewisse Lieferungen innerhalb des COMECON, Lieferungen Kubas in sozialistische Länder (einschließlich VR China) und die Importe Portugals aus seinen überseeischen Provinzen. Außerdem blieben natürlich Mengen vom IZA unberührt, die zwischen Nichtmitgliedern gehandelt wurden.

Das IZA-68 sollte entsprechend der Empfehlungen der 1. United Nations Conference on Trade and

Development (UNCTAD) vor allem den internationalen Zuckerhandel fördern und einen Ausgleich von Angebot und Nachfrage bei stabilen Preisen sicherstellen, die einerseits zu einer Erhöhung der Exporterlöse - insbesondere der Entwicklungsländer - führen sollten. Andererseits sollte das Preisniveau jedoch nicht so hoch sein, daß es den Interessen der Importländer zuwiderläuft und/oder neue Produktionsanreize bietet. Unter anderem werden also entwicklungspolitische Vorstellungen explizit in den Zielkatalog aufgenommen, ein Gesichtspunkt, der wohl erstmals ausdrücklich im CSA Berücksichtigung gefunden hat und in der jüngsten Diskussion (Vorbereitung der Welthandelskonferenz 1976) zu einem der wesentlichsten Anliegen, wenn nicht sogar zu dem wesentlichsten überhaupt, der Rohwarenabkommen avanciert ist. An dieser Stelle möchte ich auch auf die schon weiter oben erwähnte Verschiebung der Zielvorstellung hinweisen: Während bis zum 1. Weltkrieg fast ausschließlich die Handelsliberalisierung im Mittelpunkt des Interesses stand, verschob sich das Gewicht über Produktions- und Exportbegrenzungen (Kartellbildung) in der Zeit zwischen den beiden Weltkriegen schließlich in Richtung auf Erlösstabilisierung und -erhöhung für die Entwicklungsländer. Erste Ansätze in dieser Richtung enthielt auch das IZA-68. So gab es zahlreiche Vorschriften für eine Begünstigung der kleineren Entwicklungsländer: geringere Vorratshaltung, feste Quoten, gelegentliche Exporte von Importländern, Härtefonds usw.

Als Preisziel wurde nach langen Verhandlungen ein Intervall zwischen 3,25 cts/lb und 5,25 cts/lb fixiert. Diese Preisvorstellung sollte wie schon in den Abkommen von 1953 und 1958 durch eine flexible Mengenpolitik erreicht werden, die von realistischeren Basisexportquoten als das alte IZA ausging. Abgesehen von gewissen Sonderregelungen für einen Härtefonds und bestimmte unveränderlichen Exportkontingenten - im wesentlichen für kleinere Entwicklungsländer, für Kuba-Zucker re-exportierende sozialistische Länder, für Indonesien und die Philippinen - wurden die effektiven Ausfuhrquoten durch den IZR entsprechend der voraussichtlichen Marktentwicklung für jedes Jahr im voraus festgelegt und während des laufenden Quotenjahres entsprechend der Preisentwicklung verändert. Bei einem Rückgang des sogenannten "prevailing price" - ein Preisindikator auf der Grundlage zweier Kassanotierungen - sind Kürzungen bis auf maximal 85 % der vereinbarten preisabhängigen Basisexportquoten möglich gewesen und bis 90 % auch tatsächlich vorgenommen worden. Neu in das IZA aufgenommen wurden vor allem zwei wesentlich erscheinende Bestimmungen: Sollte der Preis das festgelegte Minimum von 3,25 cts/lb unterschreiten, so verpflichten sich die Importländer, sämtliche Einfuhren aus nicht dem IZA angeschlossenen Ländern einzustellen. Auf der anderen Seite sollten bei Überschreiten des oberen Referenzpreises von 5,25 cts/lb alle Quotenbestimmungen aufgehoben werden. Außerdem sollten die Importländer berechtigt sein, gewisse Zuckermengen zu einem Vorzugspreis (zuletzt 7,60 cts/lb) von ihren traditionellen Lieferanten des IZA zu kaufen, wenn der "prevailing price" diese Preisschranke übersteigen sollte. Darüber hinaus waren die Exporteure des Abkommens verpflichtet, über die Sicherung der eigenen Versorgung hinaus Vorräte in Höhe von 10 - 20 % ihrer Basisquoten zu bilden. Sie sollten auf Beschluß des IZR den Importeuren des IZA angeboten werden. Einer Erhöhung der Vorräte über die fixierte Höchstgrenze hinaus sollte mit Produktionseinschränkungen begegnet werden.

4.2 Die Bedeutung des IZA-68 für die Marktentwicklung

Es erscheint sinnvoll, die Wirkungsweise dieses letzten IZA mit materiellen Bestimmungen - seit dem 1.1.1974 wird das IZA infolge der am 12.10.1973 gescheiterten Verhandlungen über die Preisbestimmungen eines neuen IZA als reines Verwaltungsabkommen weitergeführt - etwas intensiver und kritisch zu analysieren. Einerseits enthält es Vorschriften, die teilweise erheblich über die der bis 1968 geschlossenen Abkommen hinausgehen und andererseits werden wieder einmal gewisse Mängel deutlich, die bei einer Neukonzeption - soweit möglich - abgestellt werden sollten.

Generell muß man anerkennend hervorheben, daß der IZR das vorhandene Instrumentarium grundsätzlich außerordentlich umsichtig und geschickt eingesetzt hat. Das Übereinkommen hat sich also im großen und ganzen bewährt, wenn es auch zunächst vor dem Hintergrund einer relativ günstigen statistischen Lage operierte (32; 44 (1969 - 1973); 57 (1967/68 - 1973/74). Schon im Spätherbst

1968 begannen sich die Preise am Weltmarkt aufgrund der günstigen Nachrichten über die IZA-Verhandlungen zu erholen. Hierin ist ganz eindeutig eine abermalige Bestätigung für die Stabilitätswirkung allein der bloßen Existenz eines IZA zu sehen. Aber auch die Aktionen des IZR haben sich als wesentliche Marktstabilisatoren erwiesen. Schon für 1969 sind mäßige Preissteigerungen zu verzeichnen gewesen, die nicht zuletzt auf die konsequenten Maßnahmen des IZR zurückzuführen sind: Quotenkürzung um 10 % auf 90 % ab Anfang 1969, Verzicht auf Umverteilung deklarierter Quotendefizite von immerhin fast 0,8 Mio. t RW und damit Senkung der effektiven Ausfuhrmengen unter die mögliche maximale Quotenkürzung (85 %) auf rd. 75 % sowie Erlaß einer Importbeschränkung, zeitweilig sogar eines Importverbots, für Zucker aus den Nichtmitgliedsländern. 1970 blieb zwar noch die Importbeschränkung bestehen und auch die Exportquoten waren weiterhin auf 90 % begrenzt, doch wurden aufgrund der Preisentwicklung - u.a. infolge der Cyclamatverbote vor allem in den USA und Japan - erstmals rd. 50 % der Quotendefizite zeitlich geschickt umverteilt und erste Zuteilungen aus dem Härtefonds vorgenommen. Das folgende Jahr 1971 stand dann schon im Zeichen eines knapperen Angebots. Die Quoten wurden in mehreren Schritten von 95 % auf 110 % erhöht und - da die Preise weiter stiegen - eine teilweise Freigabe der Reservebestände angekündigt. Das führte sofort zu einer Preismäßigung, so daß sogar die Quoten auf schließlich 100 % zurückgenommen werden konnten. Defizite wurden nur im Bedarfsfalle, dann aber sehr zügig, umverteilt. Zuteilungen aus dem Härtefonds sowie Sonderzuteilungen wurden ebenfalls marktkonform vorgenommen. Für 1972 wurden die Quoten im voraus auf 105 % festgesetzt und ab Januar 1972 völlig aufgehoben. Zur Erhöhung des Marktangebots erfolgte sehr bald eine Freigabe der Mindestvorräte (ca. 0,7 Mio. t RW) zur sofortigen Verschiffung. Dennoch stiegen die Preise aufgrund der veränderten statistischen Lage, der umfangreichen Ersatzkäufe der UdSSR infolge ausgefallener Lieferungen Kubas und der einsetzenden spekulativen Nachfrage. Dem IZR fehlte es nun an Möglichkeiten, das Angebot hinreichend zu erhöhen. Daraufhin wurde den Importeuren des IZA immerhin erstmals gestattet, gewisse Käufe im Rahmen des Art. 30 zum mittlerweile infolge der $-Aufwertung erstmals erhöhten Vorzugspreis von 6,95 cts/lb zu tätigen. Auch 1973 blieben die Quotenbestimmungen des IZA außer Kraft, und die Importeure wurden abermals ermächtigt, bestimmte Zuckermengen (ca. 4 - 5 Mio. t RW) aus ihren traditionellen Lieferländern zu einem wegen der Währungsunruhen abermals erhöhten Vorzugspreis von 7,60 cts/lb zu kaufen. Die Nahostkrise, das Saccharinverbot in Japan, Versorgungsengpässe in Spanien, der Rückzug der EWG vom Weltmarkt, die einsetzende Spekulation aufgrund der Ölkrise und schließlich die zweimalige aufeinanderfolgende Erhöhung der US-Zuckerquote führten dann aber gegen Ende 1973 zu einer starken Ausdehnung der Nachfrage am Weltmarkt, ohne daß das Angebot entsprechend wuchs. Die Preise zogen daher kräftig an. Maßnahmen des IZR konnten nicht mehr ergriffen werden: Einerseits waren alle vorhandenen Instrumente zur Sicherung der Versorgung in Importländern ohnehin schon eingesetzt bzw. wirkungslos und andererseits lief das IZA Ende 1973 aus, da die Verhandlungen um eine Neukonzeption am 12.10.1973 gescheitert waren. Man hatte zwar eine Einigung über die Quoten, nicht aber über die Preise herbeiführen können. Derzeit herrscht allgemein die Auffassung vor, ein neues IZA könne erst nach einer Marktberuhigung beschlossen werden, d.h. mit einiger Sicherheit nicht vor Ende 1976.

4.3 Probleme des IZA-68

Vorweg möchte ich noch einmal betonen, daß das IZA-68 stabilisierende Wirkungen auf die Weltmarktentwicklung gehabt hat. Ein zumindest teilweiser Erfolg kann ihm also nicht abgesprochen werden.

Schon die bloße Existenz des relativ umfassenden Abkommens hat eine nachweisbar marktstabilisierende Wirkung gehabt. Das zeigte sich direkt bei Abschluß des Abkommens im Herbst 1968 und indirekt in der mit dem Scheitern der Genfer Zuckerkonferenz im Herbst 1973 verbundenen Preissenkung trotz der knappen Versorgungslage und Preissteigerungstendenz.

Während der Laufzeit des IZA-68 haben darüber hinaus auch und gerade die geschickten, marktkonformen Operationen des IZR eine Stabilisierung des Weltmarktpreises zur Folge gehabt.

Eine wesentliche Marktbeeinflussung ist jedoch wieder einmal nur so lange möglich gewesen, wie nicht eine ausgesprochene Knappheitslage bzw. politische Krisensituationen auftraten.

Immerhin muß uneingeschränkt anerkannt werden, daß es erstmals in der Geschichte der Internationalen Zuckervereinbarungen gelungen ist, die importierenden Mitglieder auch während dieser kritischen Perioden mit gewissen Zuckermengen zu teilweise bedeutend günstigeren Bedingungen als über den wirklich freien Weltmarkt zu beliefern. Insofern konnten die schädlichen Wirkungen der starken Preissteigerungen 1972 und 1973 für die IZA-Importeure fühlbar abgeschwächt werden.

Das Außenseiterproblem, das bei früheren Abkommen zur Destabilisierung bzw. zum Scheitern der Vereinbarungen wesentlich beigetragen hatte, spielte während der Gültigkeit des IZA-68 nicht die bedeutende Rolle, weil der Kreis der Mitglieder gegenüber den früheren Übereinkommen wesentlich umfassender und die statistische Lage für das Funktionieren des IZA-68 günstig waren.

Wenn sich dennoch zeitweilig Schwierigkeiten ergaben, dann liegt das allerdings vor allem an den Begrenzungen des IZA - d.h. insbesondere auch am Außenseiterproblem. Dabei möchte ich zwei verschiedene Varianten unterscheiden. Einerseits hat sich nämlich gezeigt, daß gewisse Ausweichmannöver zwischen Rohzucker und dem nicht in den Preisregulierungsmechanismus einbezogenen Weißzucker möglich waren und 1969 auch auftraten (Weißzucker zu Dumpingpreisen aus sozialistischen Ländern). Außerdem wurde es 1971 offensichtlich, daß eine Quotenumgehung durch Lieferungen von Zucker für andere als Ernährungszwecke möglich war, so daß der IZR genaue Regelungen für den Handel mit Zucker für bestimmte Verwendungsarten erließ. Andererseits - und dieses Problem dürfte viel gewichtiger gewesen sein - war das IZA eben doch nur auf den "freien" Rumpfmarkt beschränkt, wenn dieser auch nahezu vollständig abgedeckt wurde. Sämtliche Präferenzmärkte blieben jedoch außerhalb der Gültigkeit des Abkommens, so daß Operationen auf diesen Märkten teilweise sehr starke Auswirkungen auf den IZA-Markt hatten. Um eine Vorstellung über die Bedeutung der Teilmärkte zu vermitteln, möchte ich versuchen, eine Aufteilung der gesamten Nettoexporte für die Zeit um 1972 zu geben. Nach F.O. LICHT betrug die Summe der Nettoexporte aller (Export-)Länder im Durchschnitt der Jahre 1971/72 - 1972/73 rd. 22,2 Mio. t RW (31 (1973/74), S. 76) 1).
Davon dürften entfallen sein

- auf Nettoausfuhren in die USA (Quote 1972) ca. 6,2 Mio. t RW
- auf Nettoausfuhren in das UK (Vertragspreisquote 1972) ca. 1,8 Mio. t RW
- auf Nettoausfuhren Kubas in sozialistische Länder ca. 2,3 Mio. t RW
- auf Nettoausfuhren der EWG-6 (Intrahandel + Handel mit Assoziierten) ca. 1,3 Mio. t RW
- auf Nettoausfuhren Angolas und Mozambiks nach Portugal ca. 0,2 Mio. t RW
- auf Nettoausfuhren im Rahmen der Organisation afrikanischer Staaten OCAM von vielleicht 0,1 Mio. t RW

zusammen ca. 11,9 Mio. t RW
- auf Nettoausfuhren im Rahmen des IZA (1972) ca. 8,7 Mio. t RW

zusammen 20,6 Mio. t RW
- auf Nettoausfuhren auf dem völlig freien Markt ca. 1,6 Mio. t RW

insgesamt ca. 22,2 Mio. t RW

Diese Aufstellung zeigt: Über 50 % der gesamten Weltnettoexporte werden im Rahmen von Präferenzabkommen getätigt. Die Präferenzmärkte zeichnen sich durch Preise aus, die in der Regel etwa dop-

---

1) Die folgende Aufteilung kann lediglich Größenordnungen vermitteln, da mir eine genaue zeitbezogene Aufschlüsselung nicht möglich ist.

pelt so hoch sind wie die Preise am freien Weltmarkt. So betrugen beispielsweise 1969 die Preise für Lieferungen im Rahmen des ASA in die USA 6,75 cts/lb, für Lieferungen im Rahmen der negociated price quota des CSA nach dem UK 4,66 cts/lb (zuzüglich 0,43 cts/lb für Entwicklungsländer als Zuschlag) und zwischen Kuba und den Ostblockländern waren Preise zwischen 5 und 6 cts/lb vereinbart - verglichen mit einem Weltmarktpreis von durchschnittlich 3,20 cts/lb im selben Jahr (16, S. 11; 32, S. 37 und Annex I, S. 4). Berücksichtigt man, daß zwischen Spanien und Kuba langfristige präferenzähnliche Bartergeschäfte abgeschlossen worden sind und daß Kanada und Neuseeland sowie das UK (für gewisse über die negociated price quota hinausgehende Mengen) den Exporteuren des CSA Zollerleichterungen zugestanden hatten, dann erhöht sich das Präferenzvolumen zu Lasten des freien Marktes auf ca. 60 %. In den Restmarkt teilten sich die dem IZA angeschlossenen Länder und Nichtmitgliedsländer. Geht man einmal von Präferenzmengen in Höhe von rd. 12 Mio. t RW aus, so entfielen um 1972 von den verbleibenden Nettoexportmengen (45 % oder 10,2 Mio. t RW) rd. 85 % unter die Regelungen des IZA. Nur ein verhältnismäßig kleiner Restmarkt mit einem Volumen von etwas mehr als 1,5 Mio. t RW dürfte dann den wirklich freien Markt dargestellt haben. In ihn teilten sich insbesondere die EWG, Rhodesien, Thailand und Ägypten.

Der nichtpräferenzielle Rumpfmarkt war damit zwar nahezu vollständig Gegenstand des IZA - insofern gab es kaum Außenseiter -, doch haben Operationen auf den Präferenzmärkten teilweise recht starke Auswirkungen auf den nichtpräferenziellen Markt gehabt.

Die EWG hat sich zwar im allgemeinen um ein marktkonformes Verhalten bemüht - insbesondere wurden die Überschüsse 1969/70 sehr umsichtig am Weltmarkt plaziert, so daß sich kaum direkte Störungen der IZA-Bemühungen ergaben - als aber z.B. im Herbst 1973 sämtliche Exporte aus der EWG gestoppt wurden, trug das wesentlich zu der Preissteigerung bei: Die EWG-Aktionen waren eben doch nicht marktneutral.

Noch störender als EWG-Operationen haben sich Maßnahmen im Rahmen des ASA ausgewirkt. Dazu muß man wissen, daß die USA bis zum Ende letzten Jahres eine Preisregelung auf dem Binnenmarkt durch Variation von Importmengen durchsetzen wollten und es in der Regel (d.h. in Überschußsituationen) auch geschafft haben. Sollten die Inlandspreise gesenkt werden, weil sie sich zu stark von dem (variablen) Richtpreis entfernt hatten, so wurden die sogenannte Bedarfsquote und in deren Gefolge auch die Quoten der ASA-Mitgliedsländer erhöht. Da die Preise auf dem US-Markt in normalen Zeiten wesentlich attraktiver als auf dem Weltmarkt waren und die Lieferländer bei Nichterfüllung ihrer Quoten Kürzungen für das kommende Jahr hätten hinnehmen müssen, genoß der US-Markt bei den Lieferanten fast immer absolute Priorität. Mit wenigen Ausnahmen (1974) wurde der US-Markt sogar auch dann noch bevorzugt beliefert, wenn die Weltmarktpreise einmal über dem ASA-Preis lagen. Die Bemühungen der USA, den Inlandsmarkt zu stabilisieren, führten jedoch regelmäßig zu einer Destabilisierung des Weltmarktes. Das konnte man insbesondere im Spätherbst 1973 und in der ersten Jahreshälfte 1974 deutlich beobachten: Infolge der Preissteigerungen am Weltmarkt kam es auch zu Preiserhöhungen auf dem US-Inlandsmarkt. US-Quotenerhöhungen zur Preissenkung auf dem Binnenmarkt bewirkten ihrerseits eine (zusätzliche) Verknappung am Weltmarkt und damit eine Verstärkung der Preisauftriebstendenz. Andererseits konnte man in Zeiten der Entspannung mit niedrigen Preisen das Gegenteil beobachten: Preissenkungen am Weltmarkt führten zu Preissenkungen am Inlandsmarkt der USA. Daraufhin wurde zur Stabilisierung, d.h. Erhöhung des Inlandpreises die Bedarfsquote gesenkt und die Importquoten entsprechend vermindert. Die freiwerdenden Zuckermengen drängten dann auf den freien Teil des Weltmarktes, vergrößerten also das Angebot, und verstärkten den Preisverfall.

Diese beiden Beispiele mögen genügen, um die Problematik der Spaltung des Weltzuckermarktes in mehrere Teilmärkte deutlich werden zu lassen. Insbesondere muß hervorgehoben werden, daß Maßnahmen zur Regulierung der Präferenzmärkte generell die Anfälligkeit des Restmarktes erhöhen: Stabilität auf Teilmärkten ist nur auf Kosten der Stabilität des Restmarktes zu erreichen.

Eine weitere offensichtliche Schwäche des IZA-68 - neben den möglichen Ausweichmanövern der

Mitglieder und dem Außenseiterproblem in Gestalt der Präferenzmärkte – bestand in den wenig flexiblen Quotenbestimmungen. Dieser Mangel hat sich allerdings dank der individuellen Angebotssituation nur selten negativ, ja zum Teil sogar positiv, bemerkbar gemacht. Dennoch muß man zwei Nachteile der Quotenregelungen herausstellen:

Zum einen hat sich gezeigt, daß die Verteilung der Exportquoten ganz offensichtlich wieder einmal nicht nach Leistungsfähigkeit der Exporteure, sondern eher nach Verhandlungsmacht und -taktik zugeteilt worden sind. Von den Mitgliedern mit großen Quoten haben vor allem Taiwan, Mexiko, Peru, Westindien und die Tschechoslowakei ihre Quoten nie erfüllen können. Hinzu kommen noch ständige Defizite von kleineren Mitgliedern, z.B. Bolivien, Honduras, Kongo (Brazzaville), Madagaskar, Uganda und Ungarn. Andererseits haben insbesondere Brasilien (Quote 0,5 Mio. t RW, durchschnittliche Exporte 1969 – 1973 rd. 1,2 Mio. t RW mit steigender Tendenz – 1973: 2,5 Mio. t RW) aber auch z.B. Australien, Dominikanische Republik, Südafrika und Mauritius erheblich mehr exportiert als ihren Quoten entsprach. Diese Gegenüberstellung zeigt ein ganz eindeutiges Mißverhältnis zwischen Leistungsfähigkeit und Exportquotenzuteilung. Thailand, das eine Quote von nur 36 000 t RW zugeteilt bekommen hatte, aber sehr viel größere Exporte tätigen konnte (1971/72 0,4 Mio. t RW, 1972/73 0,3 Mio. t RW), trat daher konsequenterweise aus dem IZA aus. Die wenig adäquate Quotenzuteilung im Rahmen des IZA-68 hat zwar insbesondere 1969 und dann noch einmal 1970 zu einer Verminderung des effektiven Angebots unter die vertraglich fixierte Minimalgrenze von 85 % geführt und damit eine Preisstabilisierung (und -erhöhung) ermöglicht, doch darf dieser positive Effekt nicht über den fundamentalen Mangel hinwegtäuschen.

Zum anderen hat sich gezeigt, daß die Quotenhandhabung im Jahresablauf zu wenig flexibel war. In der zweiten Jahreshälfte 1969, als die Preise infolge der guten Ernteaussichten in Europa, der EWG-Dauerausschreibung ab Oktober, der unverkauften Überschüsse einiger Länder und hoher Händlerbestände zu fallen begannen, konnte der IZR eine tatsächlich mögliche Quotenkürzung nicht vornehmen, weil die Exportabschlüsse für 1969 bereits getätigt waren. Auch hat sich gerade im ersten Jahr des IZA-68 gezeigt, daß eine Quotenkürzung um nur 15 % nicht immer hinreicht, um eine Marktstabilisierung zu erreichen: Wegen der Defizite einiger Exporteure lag die effektive Gesamtquote bei nur 75 % des Basisquoten – und dennoch ist es nicht gelungen, den nachgebenden Preisen Ende 1969 im notwendigen Ausmaß begegnen zu können. Andererseits bleibt natürlich eine Quotenerhöhung wirkungslos, wenn effektive Ware fehlt bzw. zum Ende eines Quotenjahres nicht mehr zur Verfügung gestellt werden kann.

Schließlich soll noch erwähnt werden, daß die effektive Vorratshaltung wohl relativ unzureichend gewesen sein dürfte (rd. 10 % der Quoten); denn ihre Freigabe hat nur eine kaum meßbare Entlastung des Marktes gebracht.

Zusammenfassend kann man sagen, daß das IZA-68 in sich zwar gewisse Mängel aufweist und aufgrund seiner Konzeption auch von vornherein nur beschränkte Wirkungen von ihm erwartet werden konnten; doch muß man im großen und ganzen anerkennen, daß nicht nur die Existenz des IZA-68 selbst, sondern auch und gerade die umsichtigen Operationen des Exekutivorgans IZR marktstabilisierend gewirkt haben. Es kann also bei einer Neuaushandlung eines neuen IZA durchaus als Diskussionsbasis Verwendung finden.

5 Erhöhung der Effizienz einer Stabilisierungspolitik auf dem Weltmarkt

Wenn alle Versuche zur Ordnung des Weltzuckermarktes – d.h. zur Angebotsanpassung und Preiserhöhung bei gleichzeitiger Verminderung der Preisausschläge – nur bedingten Erfolg hatten, dann liegt das an den Besonderheiten des Weltzuckermarktes – preisunelastisches, aufgrund außerökonomischer Faktoren (Witterung, Schädlingsbefall, Ernterhythmus, politische Ereignisse u.ä.m.) kürzerfristig stark variierendes, aber tendenziell reichliches Angebot und sich nur langfristig erhöhende, weitgehend preisunelastische Nachfrage, die wie das Angebot überwiegend residualbestimmt ist – und an der Unfähigkeit der IZA, die negativen Begleiterscheinungen dieser charakteristischen Eigenschaften zu kompensieren. Ein Teil der Mißerfolge ist sicherlich auf die unzureichende Ausgestaltung und Funktion der bisherigen IZA zurückzuführen. Ein weiterer Teil aber beruht auf Effekten, die mit Hilfe eines IZA im herkömmlichen Sinne überhaupt nicht oder doch nur sehr schwer kompensierbar sind. Zwei Ansatzpunkte für eine verbesserte Ordnung des Weltzuckermarktes sind daher m.E. zu unterscheiden: Zum einen die effizientere Ausgestaltung eines IZA und zum anderen eine Verbesserung der Rahmenbedingungen für die Tätigkeit eines IZA (vgl. zu diesen Problemen vor allem: 1; 4; 6; 7; 8; 9; 10; 13; 14; 21; 23; 24; 27; 30 (Nr. 17 vom 6.5.1975); 38; 45; 52; 53, S.365-406; 55). Dabei können natürlich Maßnahmen der letzten Kategorie auch durchaus innerhalb eines IZA Berücksichtigung finden.

5.1 Verbesserung von Instrumentarium und Funktion des IZA

Zunächst möchte ich mich dem ersten Problemkreis zuwenden, wobei ich davon ausgehe, daß die Zielvorstellungen eines neuen IZA mit denen des IZA-68 weitgehend übereinstimmen. Es wird hier also unterstellt, daß weiterhin vor allem angestrebt werden sollen:

- Förderung des internationalen Zuckerhandels mit dem Endziel der Erlösverbesserung für Entwicklungsländer;
- Preisstabilisierung auf einem einerseits kostendeckenden, andererseits latente Konkurrenz in entwickelten Ländern nicht weckenden Niveau, das zudem die Interessen der Importeure angemessen berücksichtigt;
- bessere Ausrichtung des Angebots an die wachsenden Bedürfnisse der Importländer (d.h. u.a. auch Ausgleich von Angebot und Nachfrage);
- Schaffung eines (wachsenden) Zugangs der Entwicklungsländer zu den Zuckermärkten der entwickelten Länder;
- Förderung der Verbrauchs (einschließlich alternativer Verwendungsarten) sowie Intensivierung der internationalen Information und Kooperation.

Wie bisher werden die Instrumente des IZA weitgehend auf die Erreichung der ersten drei Ziele - Preiserhöhung, Preisstabilisierung und Angebotsanpassung - ausgerichtet sein, während die beiden zuletzt erwähnten Zielvorstellungen - Abbau bestehender Handelshemmnisse im weitesten Sinne und Förderung der internationalen Zusammenarbeit - eher mit den Maßnahmen realisierbar erscheinen, die hier unter "Verbesserung der Rahmenbedingungen" zusammengefaßt und später erläutert werden.

Zur Erreichung der ersten drei Ziele erscheint es sinnvoll, zunächst einmal wieder auf die bereits in früheren Abkommen enthaltenen Instrumente zurückzugreifen, sie aber - soweit möglich - effizienter zu gestalten. Außerdem kommen einige zusätzliche Maßnahmen zur Erhöhung der Funktionsfähigkeit eines IZA in Betracht.

5.1.1 Exportquoten

Der Zuckermarkt war in der Vergangenheit durch einen tendenziellen Angebotsüberhang gekennzeichnet. Eine Abschätzung der zukünftigen Entwicklung ergab, daß auch weiterhin Produktionsüberhänge wahrscheinlich sind. Aus diesem Grunde wird man wohl nicht auf die Vereinbarung von Exportquoten verzichten können. Dabei erscheint es sinnvoll, nicht wie bisher die Gesamtquote als Summe der ausgehandelten individuellen Länderquoten zu akzeptieren, sondern weitgehend den umgekehrten Weg einzuschlagen, d.h. eine realistische, an dem Bedarf ausgerichtete Gesamtquote festzulegen und daraus individuelle Quoten abzuleiten. Die Zuteilung individueller Länderquoten sollte abweichend von dem bisher üblichen Vorgehen grundsätzlich in Anlehnung an die Leistungskraft der einzelnen Exporteure erfolgen. Sie sollte darüber hinaus von ihrem starren Charakter befreit werden, indem man z.B. eine jährliche obligatorische Überprüfung der individuellen Quoten mit der Möglichkeit ihrer Veränderung in gewissen Grenzen nach Maßgabe veränderter Wettbewerbskraft und unter Aufrechterhaltung der Gesamtquote einführt. Gleichzeitig sollte man eine flexible Angebotsanpassung insofern anstreben, als man Quotenkürzungen in größerem Ausmaß als bisher zuläßt oder aber geringe Basisquoten vereinbart, die bei schwachen Preisen nur entsprechend vorsichtig erhöht werden.

Ein Übergang von jährlichen Quotenzuteilungen und deren autonome Anpassung gemäß der Preisentwicklung zu vierteljährlichen Exportquoten wie im letzten Kaffeeabkommen könnte u.U. sinnvoll sein, um den Marktpreis besser als bisher im fixierten Preisband halten zu können. Mir erscheint es jedoch mit Rücksicht auf die meist etwas längerfristigen Dispositionen der Marktpartner und wegen der bei häufigeren Quotenänderungen auftretenden Unruhen und Schwierigkeiten sehr viel günstiger zu sein, unveränderte Jahresquoten aufgrund einer Bedarfsschätzung kurz vor Beginn eines jeden Quotenjahres neu festzulegen. Die kürzerfristig notwendig werdenden Mengenoperationen zur Sicherung der Preisstabilität sollten dagegen von dem relativ schwerfälligen Exportquotenmechanismus auf die flexibleren Operationen eines internationalen buffer stock übertragen werden.

Für den Fall extremer Preissteigerungen sollten wiederum Lieferverpflichtungen der Exporteure für bestimmte Mengen zu einem vereinbarten Höchstpreis aufgenommen werden, um die Versorgung der Importeure auch in Krisenzeiten zu günstigen Bedingungen zu gewährleisten.

Auf jeden Fall sollte man verhindern, weiche Reexportbestimmungen aufnehmen zu müssen wie sie etwa im Rahmen des IZA-68 für die kubanischen Lieferungen an die sozialistischen Länder eingegangen worden sind. Solche oder ähnliche Vereinbarungen stellen eine große potentielle Gefahr für das Funktionieren eines IZA dar, weil sie der Kontrolle des IZR entzogen sind.

Im Interesse des entwicklungspolitischen Zieles, das in einem neuen IZA wahrscheinlich noch an Bedeutung zunehmen wird, wäre es vielleicht sinnvoll, zwei Ausnahmen von diesen generellen Vorschriften zuzulassen. Zum einen könnte man die individuellen Quotenhöhen nicht allein an der Wettbewerbskraft der Exporteure ausrichten, sondern z.B. auch an dem Entwicklungsniveau der Länder, an der Wichtigkeit des Zuckers für deren Binnen- und Außenwirtschaft sowie an den sich anbietenden Alternativen. Zum anderen könnte man - ähnlich wie schon im IZA-68 - den wirtschaftlich schwächsten und gleichzeitig stark vom Zuckerexport abhängigen Entwicklungsländern gewisse Sonderrechte derart einräumen, daß ihnen unveränderbare Quoten oder Quotenanteile, Sonderausfuhren unter bestimmten Bedingungen, fakultative Härtefondszuteilungen, bevorrechtigte Berücksichtigung bei der Umverteilung von Defiziten u.ä.m. zugebilligt werden. Bei der Einräumung von Sonderbedingungen muß allerdings sichergestellt sein, daß die Wirkung des Exportquotenmechanismus erhalten bleibt und nicht erstarrt. - Eventuell könnte man auch bei den Lieferverpflichtungen zu fixierten Höchstpreisen eine Differenzierung zwischen den verschiedenen Ländern einbauen, die zu einer bevorzugten Behandlung der wirtschaftlich Schwächsten führt.

5.1.2 Importquoten

Dieses Instrument ist beispielsweise in einem früheren Weizenabkommen erfolgreich eingesetzt worden. Auf Importquoten wird man m.E. verzichten können, wenn sichergestellt wird, daß die importierenden Mitglieder die Einfuhren aus Nichtmitgliedsländern des IZA wirksam begrenzen oder einstellen. Es wäre auch möglich, den importierenden Entwicklungsländern gewisse Sonderrechte beim Bezug von Zucker zum "supply commitment" Preis zu Lasten der entwickelten Länder einzuräumen. Dazu könnte man m.E. ein System einführen, das entweder die Gesamtimportmenge im Rahmen des IZA in einer Referenzperiode auf die Importländer unter Berücksichtigung entsprechender Kriterien verteilt oder aber unterschiedliche Prozentsätze von der Referenzmenge für entwickelte und Entwicklungsländer als Lieferrechte in Hochpreisperioden vereinbart. Andererseits wäre es natürlich sinnvoll, zur Erlössicherung der vom Zuckerexport besonders abhängigen Länder ein Pendant zu den Lieferrechten der Importländer zu schaffen. So könnte man z.B. zumindest die entwickelten Länder unter den Importeuren zur Abnahme bestimmter Referenzmengen zu einem Mindestpreis verpflichten, wenn die Preise am Weltmarkt unter diesen Preis fallen.

5.1.3 Internationales Ausgleichslager

Von der Tätigkeit eines internationalen Ausgleichslagers kann eine bedeutende Einflußnahme auf die kürzerfristige Marktentwicklung erwartet werden; denn bei preisunelastischem Angebot (preisunelastischer Nachfrage) genügen meist schon geringe mengenmäßige Operationen, um eine Preisstabilität wieder herzustellen. Wird der buffer stock - wie hier vorgeschlagen - als Ergänzung zu den übrigen Instrumenten angesehen und eingesetzt, so können wegen seiner direkten, schnellen und flexiblen Eingriffsmöglichkeiten kürzerfristige Marktungleichgewichte verhindert oder doch zumindest ihre Folgen weitgehend abgeschwächt werden. Ein Erfolg hängt selbstverständlich in ganz besonders starkem Maße von den fixierten Aufgaben und dem festgelegten Aktionsradius ab. Wichtig ist, daß dem Ausgleichslager keine Aufgaben übertragen werden, die zu lösen es nicht imstande ist. So wird der buffer stock weder längerfristige Marktungleichgewichte verhindern können noch Erfolg haben, wenn er aufgrund falsch gesetzter Auslöseschwellen für Marktoperationen zu ständigem Kauf oder Verkauf gezwungen ist. Eine weitere Voraussetzung für das Funktionieren eines internationalen Ausgleichslagers ist eine hinreichende Ausstattung mit finanziellen Mitteln und/oder Zuckermengen.

Sollte man sich dazu entschließen, Zuckerlieferungen im Rahmen des Welternährungsprogramms mit in ein IZA einzubringen, dann wäre der internationale buffer stock gleichzeitig eine geeignete Institution zur Übernahme dieser Aufgaben.

Bei den mit einem internationalen Ausgleichslager verbundenen Lasten besteht wieder die Möglichkeit, sie nach der Wirtschaftskraft der teilnehmenden Staaten zu differenzieren. So könnten z.B. die wirtschaftlich schwächeren Mitglieder von finanziellen und/oder Warenleistungen (teilweise) befreit werden. Auch wäre es denkbar, dem Ausgleichslager die Funktion einer Ausgleichskasse zu übertragen, um eine Erlösstabilisierung für die Exportländer durchzusetzen. Das könnte mit Hilfe von Kompensationszahlungen zwischen Im- und Exporteuren oder auch mit Hilfe direkter Fondsmanipulationen erreicht werden. Auch hierbei wäre wieder eine Differenzierung nach der wirtschaftlichen Lage der verschiedenen Länder möglich. Im übrigen bietet sich auch die Möglichkeit, mit internationalen Organisationen zusammenzuarbeiten (Weltbank etc.).

5.1.4 Nationale Vorratshaltung

Zur Ergänzung des Quotenmechanismus und der buffer-stock-Operationen sollten wiederum Vorschriften über eine maximale und minimale nationale Lagerhaltung aufgenommen werden. Einerseits könnte die Vorratspolitik der Exportländer dazu dienen, die Auswirkungen von Ernteschwankungen wenigstens teilweise zu kompensieren und andererseits könnte sie eine gewisse Lieferfähigkeit der Exporteure, d.h. eine gewisse Versorgungssicherung der Importeure gewährleisten. Vorschriften über die Vorratshaltung der Exporteure erscheinen außerdem notwendig, weil sie bei einem zu befürchtenden Angebotsüberhang ebenso wie bei einem möglichen Angebotsdefizit eine Indikatorwirkung für die Erzeugung haben können. Um das Instrument der Vorratshaltung effektiver zu gestalten, wäre es zu begrüßen, wenn Vorschriften auch für die Importländer in ein IZA aufgenommen würden. Darüber hinaus könnte man dazu übergehen, entsprechend der Preisentwicklung gewisse Auflagen derart zu erteilen, daß bei länger anhaltendem Überschreiten oder Unterschreiten bestimmter Preise die Vorräte der Im- und Exporteure in gewissen Grenzen ab- bzw. aufgebaut werden müssen.

Auch bei der nationalen Vorratspolitik erscheint es möglich, eine Differenzierung nach Ländergruppen vorzunehmen. Ähnlich wie im IZA-68 könnte man geringere Vorräte und schwächere An- und Verkaufsbestimmungen für Entwicklungsländer vorsehen.

5.1.5 Preisvorschriften

Die Funktionsfähigkeit eines IZA hängt in ganz besonders starkem Maße von dem angestrebten Preisniveau und der vereinbarten Preisspanne ab.

Schon eine Marktpreisstabilisierung - unabhängig vom Niveau - bringt eine Verringerung des Investitions- und Produktionsrisikos mit sich und bewirkt eine tendenzielle Einschränkung der Lagerhaltung bei den Zuckerverwendern. Sollte also eine Preisstabilisierung nachhaltig erreicht werden, dann besteht schon allein aufgrund dieser Tatsache ein Hang zur Erhöhung des Marktangebots. Verfolgt man mit Hilfe eines IZA neben der Preisstabilisierung auch das Ziel einer nachhaltigen Preisverbesserung, so werden diese Tendenzen natürlich noch verstärkt und das Außenseiterproblem wird sowohl auf der Anbieter- als auch auf der Nachfrageseite akut. Außerdem können zu hoch festgesetzte IZA-Preise bei vergleichsweise niedrigen Marktpreisen zu nicht erwünschten fortwährenden Käufen des Ausgleichslagers führen, insbesondere dann, wenn eine Angebotssteuerung über die Exportquoten nicht oder nur unzureichend erfolgt. Gelingt es tatsächlich, die Preise zu erhöhen, besteht natürlich die Gefahr, daß die Verbraucher auf Substitutionsprodukte (corn- und noncaloric-sweeteners) ausweichen. Diese Vorgänge haben beispielsweise in der jüngsten Vergangenheit in den USA und Japan eine Rolle gespielt. Alle angedeuteten Schwierigkeiten werden in dem Maße akzentuiert, indem versucht wird, eine Preisentwicklung "gegen den Trend" durchzusetzen.

Mit zu niedrig festgelegten Preisen sind analoge Funktionsstörungen verbunden. Liegt der Marktpreis über dem IZA-Preis, so müßte der buffer stock beispielsweise ständig Zucker an den Markt abgeben, was sehr schnell zu einer Erschöpfung seiner Warenvorräte führen und seinen Mechanismus außer Kraft setzen kann. Im übrigen wird es bei größer werdender Differenz zwischen Marktpreis und "supply commitment"-Preis zunehmend schwieriger, eine Versorgung der Importeure mit garantierten Zuckermengen zu bestimmten Höchstpreisen durchzusetzen.

Bei der Festlegung der Preisspanne, innerhalb derer eine Stabilisierung angestrebt werden soll, ergeben sich ganz ähnliche Probleme. Wählt man eine zu enge Spanne, dann besteht die Gefahr, daß die Marktpreise sehr leicht das vorgegebene Intervall nach der einen oder anderen Seite verlassen – mit den eben beschriebenen Folgen. Wählt man dagegen eine zu große Spanne, so ist das Ziel einer Preisstabilisierung nicht oder doch nur sehr mangelhaft zu erreichen.

Die Wirksamkeit der IZA-Operationen wird aber nicht nur von dem Preisniveau und dem gewählten Preisintervall stark beeinflußt, sondern auch von der richtigen Antizipation der längerfristigen Preisentwicklung. Je besser es gelingt, den "Preistrend" richtig einzuschätzen und diese erwünschten Preisveränderungen im Sinne ihrer Steuerungsfunktion zuzulassen, um so erfolgreicher werden die Operationen des IZA sein. Deshalb wäre es erstrebenswert, die Preise des IZA einer ständigen Kontrolle zu unterwerfen und sie – wenn notwendig – während der Laufzeit des IZA zu verändern. Für das technische Vorgehen bietet vielleicht das CSA ein gutes Vorbild. Dort waren ja ebenfalls regelmäßige Preiskorrekturen vorgesehen, u.a. auch in Abhängigkeit von der Produktionskostenentwicklung.

Für die Fixierung eines Ausgangspreisniveaus eines neuen IZA könnten die zuletzt gültigen Präferenzmarktpreise des ASA und CSA, die in jüngster Zeit teilweise ausgehandelten Preise für längerfristige Lieferabkommen oder auch die EWG-Preise als Orientierungshilfe herangezogen werden.

Bei der Festlegung der Preise könnte man wiederum entwicklungspolitische Gesichtspunkte berücksichtigen, wenn auch eine produktgebundene Entwicklungshilfe nicht unumstritten ist. Es wäre aber beispielsweise denkbar, daß die wirtschaftlich am schlechtesten gestellten Entwicklungsländer in Abhängigkeit von der Stellung des effektiven Kontraktpreises in dem Preisintervall des IZA bestimmte Zuschläge erhalten, die durch Abgaben beim Im- und Export finanziert werden könnten.

Im übrigen scheint es angesichts der Erfahrungen mit früheren IZA notwendig, bestimmte Regelungen für Weißzuckerbewegungen einzuführen. Zwar ist Weißzucker als solcher auch Gegenstand der IZA gewesen, doch waren alle Mechanismen auf die Entwicklung der Rohzuckerpreise abgestellt. Die dadurch aufgetretenen Schwierigkeiten sollten in einem neuen IZA berücksichtigt werden, wenn eine Lösung dieser Probleme auch schwierig sein dürfte. Es wäre aber beispielsweise denkbar, den Weißzuckerexporteuren des IZA Auflagen hinsichtlich gewisser Mindestzuschläge auf Weißzuckerlieferungen zu erteilen.

Lassen Sie mich schließlich noch kurz ein Problem ansprechen, das bei der Diskussion um Preisstabilität auf Rohstoffmärkten ganz allgemein eine große Rolle spielt, ohne daß es m.E. hinreichend gewürdigt wird. Die Preisentwicklung auf den Rohstoffmärkten wird - wie auch im IZA - üblicherweise aufgrund der Entwicklung von Kassanotierungen beurteilt. Gerade diese aber haben die Eigenschaft, außerordentlich stark zu fluktuieren. Einerseits schlagen sich in ihnen Gerüchte und Nachrichten über z.B. den Saatenstand, Naturkatastrophen, Streiks, politische Krisen u.ä.m. sowie die Tätigkeit der Spekulation und Vorgänge auf anderen Börsen relativ ausgeprägt nieder und andererseits steht hinter den Preisnotierungen häufig nur ein verhältnismäßig geringer Umsatz. Man sollte daher bei der Beurteilung der Preisentwicklung gerade auf dem relativ engen Weltzuckermarkt diese Probleme berücksichtigen. Das IZA-68 enthält zwar gewisse Vorschriften, die auf diese Eigenarten der Kassanotierungen Rücksicht nehmen, doch könnte ein größerer Spielraum für die Aktionen der Organe des IZA eine Verbesserung in der Weise bringen, daß die tatsächliche Wirkung der Preisveränderungen verringert werden.

5.2 Verbesserung der Rahmenbedingungen

Hierunter werden alle jene Maßnahmen erfaßt, die nicht so sehr auf eine direkte, mehr kurzfristige Marktbeeinflussung gerichtet sind, sondern stärker darauf abzielen, die Effizienz der Operationen des IZA vor allem auch langfristig und mehr indirekt zu erhöhen.

5.2.1 Verbreiterung des Weltmarktes

Eine Verbreiterung der Basis eines IZA wird allgemein als eines der wirksamsten Mittel zur Verringerung der Preisinstabilität angesehen. Wie oben geschildert, trägt der Residualmarktcharakter erheblich zu den häufigen und starken Preisveränderungen bei (nationale Preisstabilität führt zu internationaler Preisinstabilität). Gelänge es, den durch ein IZA regulierten Markt durch Abschaffung der Präferenzmärkte (EWG, USA, COMECON, OCAM) und Einbeziehen dieser Zuckermengen in die Vorschriften des IZA zu erweitern, so kann man den Markt von seinem Zufallscharakter wenigstens teilweise befreien und eine größere Preisstabilität erwarten. Es würden prinzipiell keine ständigen Außenseitertransaktionen und keine planmäßigen Verlustgeschäfte mehr auftreten. In der Vergangenheit war es z.B. durchaus üblich, nichtpräferentielle Restzuckermengen unabhängig von der Preishöhe (z.B. zur Devisenbeschaffung) am Weltmarkt anzubieten. Die bei diesen Geschäften entstandenen Verluste wurden durch Gewinne auf den Präferenzmärkten kompensiert.

Die Chance für eine Verbreiterung der Basis eines IZA ist vielleicht gerade jetzt verhältnismäßig günstig, weil das ASA Ende letzten Jahres ausgelaufen ist und die USA ihren Importbedarf im Prinzip auf dem freien Weltmarkt decken.

5.2.2 Abbau der internationalen Handelshemmnisse

Diese Maßnahmen stehen in ganz enger Verbindung zu dem eben erörterten Problemkreis und schließen insbesondere die Öffnung der Zuckermärkte der Industrienationen für Lieferungen aus Entwicklungsländer ein. Mit der Abschaffung der Präferenzmärkte und der Konsolidierung bzw. dem Abbau des Schutzes für die nationalen Zuckerwirtschaften könnten den Entwicklungsländern Handelsmöglichkeiten, d.h. u.a. Devisenbeschaffungsmöglichkeiten für ihre (weitere) wirtschaftliche Entwicklung eröffnet werden. Das Problem der Anpassung der Wirtschaft würde damit stärker von den Entwicklungs- auf die flexibleren Industrieländer verlagert werden. Dabei sollte aber sichergestellt werden, daß die Zuckerproduktion weitgehend in die Länder mit den niedrigsten Produktionskosten verlagert wird. Eine Ausnahme von diesem Grundsatz sollte z.B. dann gewährt werden, wenn wirtschaftliche Alternativen fehlen (z.B. Réunion, Mauritius). Eine weitgehende Handelsliberalisierung erscheint insofern vielversprechend, als das Zuckerabkommen von 1902, das ebenfalls die Liberalisierung des Handels anstrebte und auch weitgehend durchsetzte, den wohl größten Erfolg unter den bisherigen internationalen Zuckerübereinkommen hatte.

5.2.3 Internationale Koordination der Zuckerpolitiken

Hierzu gehört u.a. die Mitwirkung der Importländer an einer Stabilisierung der einheimischen und der fremden Zuckerproduktion bzw. deren Anpassung an den (wachsenden) Bedarf. In Überschußsituationen müssen auch die (teilweise) sich selbstversorgenden Länder die Last der Überproduktion mittragen, die bisher stets den Exporteuren aufgebürdet worden ist. Zur Vermeidung neuer struktureller Überschüsse und zur Eindämmung des Protektionismus sollten bei temporären Preissteigerungen am Weltmarkt die Produzentenpreise und bei temporärem Preisverfall am Weltmarkt der nationale Außenschutz nicht erhöht werden. Außerdem sollte man versuchen, die leistungsfähigeren Zuckerproduzenten an den Verbrauchszunahmen stärker teilhaben zu lassen. Es wäre sinnvoll, die Produktion weltweit zu planen und die nationalen Zuckerpolitiken international zu koordinieren. Dabei könnten z.B. auch bestimmte Selbstversorgungsgrade für die Industrieländer vereinbart und der restliche Bedarf den kostengünstiger produzierenden Ländern zugeteilt werden.

5.2.4 Förderung der Diversifizierung

Sowohl die Entwicklungshilfepolitik der Industrienationen als auch die Wirtschaftspolitik der Entwicklungsländer sollten gezielte Umsetzungen der Produktionsfaktoren in den Entwicklungsländern verfolgen. Die Preisstabilisierung auf dem Weltzuckermarkt ist ja gerade deshalb von so großer Bedeutung, weil viele Entwicklungsländer mit der Monokultur "Zucker" belastet sind. Die viel gepriesene Diversifizierung ist daher auch tatsächlich ein Mittel, um eine Ursachentherapie zu erreichen. Andererseits erscheint es durchaus sinnvoll, die Zuckerwirtschaften der Rohrzuckerproduzenten durch eine Intensivierung des technischen Fortschritts - intensive Pflanzenzüchtung, Modernisierung der Anbaumethoden, des Transportwesens und der Verarbeitungseinrichtungen - in ihrer Konkurrenzfähigkeit zu fördern.

5.3 Ergebnis

Ein IZA ist nur ein Instrument neben vielen anderen, die Probleme der Weltzuckerwirtschaft zu ordnen. Es gibt sicherlich noch bisher ungenutzte Möglichkeiten, das Instrumentarium eines IZA zu erweitern und dessen Wirkungsweise zu erhöhen. Insbesondere erscheint es angebracht, zur besseren Sicherstellung eines kürzerfristigen Marktgleichgewichts ein internationales Ausgleichslager einzurichten. Setzt man Exportquoten und internationales Ausgleichslager gemeinsam mit den anderen Instrumenten und aufeinander abgestimmt ein, so ist eine größere Flexibilität und damit eine größere kürzer- bis mittelfristige Preisstabilisierung durchaus zu erwarten. Es könnte auch versucht werden, stärker als bisher entwicklungspolitische Gesichtspunkte bei einer Neukonzeption zu berücksichtigen, doch darf nicht übersehen werden, daß mit zunehmenden Ausnahmen und Sonderregelungen für bestimmte Länder bzw. Ländergruppen das IZA zunehmend erstarrt und seinen Aufgaben immer weniger gerecht werden kann. Selbst ein weitestgehend flexibles IZA kann aber nur dann einen optimalen Erfolg haben, wenn alle beteiligten Länder bereit sind, ihre Partikularinteressen den Bestimmungen des IZA unterzuordnen. Außenseiter sollte es möglichst nicht geben.

Generell kann ein IZA im herkömmlichen Sinne allenfalls mithelfen, kürzerfristige Probleme zu lösen. Wenn sein Instrumentarium einerseits nicht ständig den sich ändernden Bedingungen angepaßt und andererseits nicht durch verbesserte Rahmenbedingungen ergänzt wird, so läßt sich ein Marktgleichgewicht nicht durchsetzen. Solange die bestehenden Handelsschranken nicht zunächst konsolidiert und später abgebaut werden, um eine Wanderung der Produktion zum besten Wirt wenigstens im Prinzip zu ermöglichen und eine internationale Koordination der Zuckerpolitiken und Kooperation bei der Produktion nicht durchsetzbar sind, scheint eine Lösung der Weltzuckerprobleme unmöglich: "In the twentieth century, as in the nineteenth, politics more than economics is at the root of the international sugar problem" (52, S. 350).

Literatur

1. Agra-Europe: Wie sollen weltweite Abkommen funktionieren? "Agra-Europe", Nr. 32 v. 5. August 1975 (Dokumentation).

2. Amtsblatt EG: Nr. L 190 v. 23.7.1975, S. 35 - 37.

3. BALLINGER, R.A.: A History of Sugar Marketing (U.S. Department of Agriculture, Agricultural Economic Report No. 197). Washington 1971.

4. BETHKE, S.: Zur Einrichtung einer "Afrikanischen Stabilisierungskasse". "Zeitschrift für ausländische Landwirtschaft", Jg. 2 (1963), H. 2, S. 54 - 74.

5. BINSWANGER, H.C.: Internationale Rohstoffabkommen - eine Darstellung. "Außenwirtschaft", Jg. 19 (1964), H. 4, S. 350 - 376.

6. BLAU, Gerda: International Commodity Arrangements and Policies. "Monthly Bulletin of Agricultural Economics and Statistics", Vol. 12 (1963), Nr. 9, S. 1 - 9 und Vol. 12 (1963), Nr. 11, S. 1 - 19.

7. DIES.: International Commodity Arrangements and Policies (FAO Commodity Policy Studies, 16, Special Studies Program-No. 1). Rom 1964.

8. Bundesministerium für Ernährung, Landwirtschaft und Forsten: Bericht über die Welternährungskonferenz der Vereinten Nationen vom 5. bis 16. November 1974 in Rom (Übersetzung aus dem Englischen). Bonn (1975).

9. BRANDT, K.: The Failure of International Commodity Agreements. "The Freeman", Vol. 15 (1965), S. 12 - 21.

10. Der Corea-Plan im Konsultationsstadium. "Neue Zürcher Zeitung", Nr. 177 v. 4.8.1975.

11. "Die Zuckerrübe", lfd. Jg..

12. DOERR, R.: Internationale Rohstoff-Vereinbarungen im Agrarbereich. "Berichte über Landwirtschaft", N.F., Bd. 52 (1974), H. 1, S. 103 - 142.

13. ERISMANN, H.P.: Zur Problematik der Regulierung des "freien" Weltzuckermarktes durch ein internationales Zuckerabkommen. "Zeitschrift für die Zuckerindustrie", Jg. 24 (1974), Nr. 4, S. 193 - 195.

14. FEIX, E., H. BUJARD, unter Mitarbeit von W. BONRATH und J. KÖPPEN: Probleme der Weltzuckerwirtschaft (Veröffentlichung aus dem Arbeitsbereich der Kreditanstalt für Wiederaufbau Nr. 8/71). Frankfurt/Main 1971.

15. FAO: Report on World Commodity Problems. Washington, Sept. 1949.

16. FAO: The International Sugar Agreement of 1968. "Monthly Bulletin of Agricultural Economics and Statistics", Vol. 17 (1968), No. 12, S. 9 - 14.

17. FAO: The State of Food and Agriculture 1974. Rom 1975.

18. Generalsekretariat des Rates der Europäischen Gemeinschaften: Am 28. Februar 1975 unterzeichnetes AKP-EWG-Abkommen von Lomé und dazugehörige Dokumente. o.O., o.J., S. 223 - 229.

19. HASENPFLUG, H.: Plädoyer für eine gerechte Weltwirtschaft. "Wirtschaftsdienst", Jg. 55 (1975), H. 5, S. 226 - 229.

20. HOFFMANN, Inge: Ein Beitrag zur Frage der internationalen Rohstoffabkommen. "Berichte über Landwirtschaft", N.F., Bd. 40 (1962), S. 403 - 431.

21 HOFFMEYER, M.: Internationale Rohstoffabkommen als Instrument der Weltagrarmärkte. "Weltwirtschaftliches Archiv", Bd. 102 (1969), H. 2, S. 229 - 266.

22 HOUCK, J.P.: Some Economic Aspects of Agricultural Regulation and Stabilization. "American Journal of Agricultural Economics", Vol. 56 (1974), Nr. 5, S. 1113 - 1124.

23 International Bank for Reconstruction and Development: Stabilization of Prices of Primary Products (Part II). Washington 1969.

24 Dieselbe und International Monetary Fund: The Problem of Stabilization of Prices of Primary Products (Part I). Washington 1969.

25 International Commodity Arrangements - A Story of Slow but Hopeful Progress. "Midland Bank Review", August 1966, S. 11 - 19.

26 KEBSCHULL, D.: Für eine neue Politik. "Wirtschaftsdienst", Jg. 55 (1975), H. 5, S. 220 - 221.

27 LEMPER, A.: Zum Problem einer ökonomischen Ordnung der Rohstoffmärkte (Deutsches Übersee-Institut "Aktuelle Fragen der Weltwirtschaft", Hrsg.: A. Predöhl). Hamburg 1966.

28 DERS.: Die "alte" und die "neue" Ordnung. "Wirtschaftsdienst", Jg. 55 (1975), H. 5, S. 235 - 238.

29 LICHT, F.O.: 100 Jahre F. O. Licht. Jubiläumsausgabe. Die Weltzuckerwirtschaft 1936 - 1961. Ratzeburg (1961).

30 DERS.: Europäisches Zuckerjournal. Ratzeburg, lfd. Jgg.

31 DERS.: Internationales zuckerwirtschaftliches Jahr- und Adreßbuch (Weltzuckerstatistik). Ratzeburg, lfd. Jgg.

32 LOVASY, Gertrud: Medium-Term Trends in the International Sugar-Market (International Bank for Reconstruction and Development - International Development Association). o.O., August 1970.

33 MATZKE, O.: Die entwicklungspolitische Bedeutung der Rohwaren. "Neue Zürcher Zeitung", Nr. 235 (v. 28.8.1971), Nr. 239 (v. 1.9.1971), Nr. 248 (v. 10.9.1971), Nr. 249 (v. 11.9.1971), Nr. 253 (v. 15.9.1971), Nr. 256 (v. 18.9.1971), Nr. 261 (v. 24.9.1971).

34 MEIMBERG, P.: Zuckerwirtschaft. In: Handwörterbuch der Sozialwissenschaften. 12. Bd, Stuttgart, Tübingen, Göttingen 1965.

35 MIKUSCH, G.: Geschichte der Internationalen Zuckerkonventionen. "Berichte über Landwirtschaft", Sh. 54. Berlin 1932.

36 MOSOLFF, H.: Der Zuckermarkt der Welt und der Bundesrepublik Deutschland (Schriftenreihe der Marktforschungsstelle Zucker, Bericht 33). Bonn, Mai 1960.

37 OJALA, E.M.: Some Current Issues of International Commodity Policy. "Journal of Agricultural Economics", Vol. 18 (1967), No. 1, S. 27 - 51.

38 ROBERTI, J.-A.: L'Economie Sucrière Internationale (Services de Documentation de la Raffinerie Tirlemontoise, S.A., Tirlemont et de la Raffinerie Notre-Dame, S.A., Oreye). Tirlemont und Oreye 1971.

39 ROGGE, K.: Das Internationale Zuckerabkommen von 1953 (Sonderdruck aus "Zucker-Jahrbuch" Ausgabe 1954). Hamburg (1954).

40 SCHMERBACH, G. und S. FRIEDRICH: Das Internationale Zuckerübereinkommen von 1958. Ratzeburg (1959).

41 SCHMIDT, E.: Das Internationale Zuckerabkommen von 1968 - Organisation, Funktion, Probleme. "Die Zuckerrübe", Jg. 21 (1972), Nr. 6, S. 4.

42 DERS.: Zur gegenwärtigen Lage und zukünftigen Entwicklung der Weltzuckerwirtschaft. "Agrarwirtschaft", Jg. 23 (1974), H. 8, S. 265 - 271.

43 DERS.: Zur Produktionsentwicklung im Rohrzuckersektor bis 1980. "Die Zuckerrübe", Jg. 24 (1975), Nr. 1, S.2.

44 DERS.: Der Markt für Zucker. "Agrarwirtschaft", H. 12, lfd. Jgg.

45 SCHÖLLHORN, J.: Internationale Rohstoffregulierungen (Schriftenreihe des Ifo-Instituts für Wirtschaftsforschung Nr. 26). Berlin, München 1955.

46 SENGHAAS, D.: Der Weltwirtschaftsordnung neue Kleider. "Wirtschaftsdienst", Jg. 55 (1975), H. 5, S. 229 - 235.

47 STALEY, C.E.: An Evaluation of Some Recent Contributions to the Political Economy of the Stabilization of International Price and Commodity Fluctuations. "Weltwirtschaftliches Archiv", Bd. 94 (1965), H. 2, S. 337 - 347.

48 SWERLING, B.C.: The International Sugar Agreement of 1953. "The American Economic Review", Vol. 44 (1954), No. 5, S. 837 - 853.

49 TACKE, E.F.: Der Welthandel in Zucker und seine Regulierung. "Berichte über Landwirtschaft", N.F., Bd. 40 (1962), S. 432 - 459.

50 DERS., A.S. STEPANOV, L. ALI and W. HALLMANS: The World Sugar Economy, Structure and Policies. Vol. I und II (International Sugar Council). London 1963.

51 Text of International Sugar Agreement (Special Print for F.O. Licht's International Sugar Report). Ratzeburg (1968).

52 TIMOSHENKO, V.P. and B.C. SWERLING: The World's Sugar. Progress and Policy. Stanford/Cal. 1957.

53 TONTZ, R.L. (Hrsg.): Foreign Agricultural Trade. Selected Readings. Ames/Iowa 1966.

54 UN: United Nations Sugar Conference, 1953 (United Nations publication 1953. II. D. 3.). o.O. 1953.

55 UN: United Nations Sugar Conferences, 1956. Summary of Proceedings. New York, 15. Mai 1957.

56 VITON, A.: Die Zuckerkrise, heute und morgen (Vortrag, gehalten auf einer Veranstaltung der Wirtschaftlichen Vereinigung Zucker e.V., Bonn). Bonn 1974.

57 Wirtschaftliche Vereinigung Zucker e.V.: Jahresbericht der Wirtschaftlichen Vereinigung Zucker. Bonn, lfd. Jgg.

MÖGLICHKEITEN EINER STABILISIERUNGSPOLITIK AUF DEM ZUCKERMARKT (Korreferat) 1)

von

Helmut Bujard, Essen

1	Problemstellung	347
1.1	Der Weltzuckerzyklus	347
1.2	Konsequenzen der Einfuhrländer	350
1.3	Auswirkungen für die Ausfuhrländer	350
1.4	Bisherige Stabilisierungstendenzen durch die Struktur des Weltmarktes	351
2	Vorschlag für eine verantwortungsbewußte Stabilisierungspolitik auf dem Zuckermarkt	352
2.1	Die Ausgangslage	352
2.2	Der Sonderstatus der EG: Ausfuhren nur ab einem bestimmten Preisniveau	353
2.3	Auswirkungen der bisherigen Ausfuhrpolitik auf die Erlöse der übrigen Exportländer	354
2.4	Die Kosten und ihre Finanzierung	354
2.5	Auswirkungen auf die Binnenzuckerpolitik	356
3	Zusammenfassung	357

1 Problemstellung
=================

1.1 Der Weltzuckerzyklus

Die nachstehenden Ausführungen sollen im ersten Teil die Analyse der Instabilität ergänzen, während der Stabilisierungsvorschlag eine unverzichtbare, flankierende Maßnahme zur Hauptforderung des Referats nach einem neuen, effizienteren Internationalen Zuckerabkommen darstellt.

Unter Instabilität werden in dieser Arbeit Schwankungen um den linearen Trend verstanden. Zur Kennzeichnung und zum Vergleich der Schwankungen wurde der Variationskoeffizient und bei der Berechnung der dazu nötigen Regressionsfunktionen der lineare Funktionstyp verwendet 2).

---

1) Den Herren R. SEELING und Dr. H. REHM dankt der Verfasser für Anregungen und Kritik.

2) Der Variationskoeffizient (v) gibt die durchschnittliche Abweichung der empirischen Werte von der Regressionsfunktion vom Typ y = a + bt (lineare Trendfunktion) in v.H. an.

$$v = \frac{s}{\bar{y}}; \quad s = \text{Standardfehler} = \sqrt{\frac{\sum_{i=1}^{n}(y_i - \hat{y}_i)^2}{n-1}}$$

y_i = empirische Werte; $\bar{y}$ = arithmetisches Mittel;
$\hat{y}_i$ = theoretische Werte;   n = Länge des Untersuchungszeitraums in Jahren.

Vergleicht man die Schwankungen der Weltzuckererzeugung, des Weltzuckerverbrauchs, der Weltzuckerausfuhr und der Weltzuckerbestände sowie der Börsennotierung für Zucker (Übersicht 1), so zeigt sich, daß die Verbrauchsentwicklung im letzten Vierteljahrhundert am stabilsten war. Die Erzeugung schwankte etwa doppelt so stark, wobei sowohl die Rohr- als auch die Rübenzuckerproduktion stärker variierte als die Gesamterzeugung. Offensichtlich wirkte sich die Tatsache, daß die Produktion auf zwei Pflanzen aufbaut, von denen jeweils eine entweder in gemäßigten oder in subtropischen bzw. tropischen Regionen kultiviert wird - die Erzeugung daher nahezu weltweit gestreut ist - stabilisierend auf die Produktionsentwicklung aus.

Die Exportmenge an Zucker schwankt nur wenig stärker als die Produktion. Die Instabilität der Vorräte übertrifft die der Erzeugung dagegen um das Vierfache, während die Preise an der Zuckerbörse in New York fast zwanzigmal stärker schwanken als die Produktion bzw. beinahe vierzigmal stärker als der Verbrauch.

Diese Eskalation der Instabilität vom Verbrauch über die Erzeugung, die Ausfuhr und die Vorräte bis hin zu den Preisen dürfte ihre wesentlichste Ursache in der Existenz von lagerfähigen Vorräten haben, die zwar den Ausgleich von Angebot und Nachfrage erleichtern, aber andererseits Phasen der Überproduktion und zyklische Bewegungen am Weltzuckermarkt induzieren.

Übersicht 1: Instabilität des Weltzuckermarktes

Die Schwankungen der Reihen um ihren linearen Trend
1950/51 bis 1973/74

Weltzuckererzeugung (nationale Kampagnejahre)	4,4	v.H.
davon aus: Rohr	4,8	v.H.
Rüben	6,7	v.H.
Weltzuckererzeugung (Wirtschaftsjahr Sept./Aug.)	4,6	v.H.
Weltzuckerverbrauch (Wirtschaftsjahr Sept./Aug.)	2,3	v.H.
Weltzuckerausfuhr (Wirtschaftsjahr Sept./Aug.)	5,8	v.H.
Weltzuckervorräte (Ende August)	17,7	v.H.
Börsennotierung für Zucker (New York, Wirtschaftsjahr Sept./Aug.)		
tatsächliche Werte	71,7	v.H.
bereinigte Werte a)	62,6	v.H.
zum Vergleich:		
Weltrohstahlerzeugung (Kalenderjahre 1951 bis 1974)	6,7	v.H.

Die Ergebnisse sind abhängig von den verwendeten Funktionstypen. Der hier gewählte lineare Ansatz lautet $y = a + bt$. Berechnet nach: F.O. LICHTS: Weltzuckerstatistik. In: Internationales Zuckerwirtschaftliches Jahr- und Adressbuch, Ratzeburg, lfd. Jahrgänge; Statistisches Bundesamt: Die Eisen- und Stahlindustrie, Statistisches Vierteljahresheft, lfd. Jahrgänge, und dasselbe: Eisen und Stahl, Eisenerzbergbau, Eisenschaffende Industrie, Eisen-, Stahl- und Tempergießereien, Vierteljahresheft, lfd. Jahrgänge.

a) Um die Abwertungen des US-Dollars am 8.5.1972 und am 12.2.1973 bereinigt.

Wenn die Erzeugung aufgrund überdurchschnittlicher Erträge oder als Folge der Ausdehnung der Anbaufläche c.p. den Verbrauch übertrifft, so steigen die Weltvorräte an und üben einen Druck auf die Börsennotierungen aus. Dies führt in der Regel zu einer stagnierenden oder leicht sinkenden Anbaufläche, so daß der weiter gestiegene Verbrauch die Erzeugung übertrifft, was mit sinkenden Vorräten verbunden ist. Die Zuckerbörsen reagieren auf den Lagerabbau mit anziehenden Preisen, wodurch die Erzeuger wieder zur Anbauausdehnung angeregt werden. Die daraufhin beschleunigt steigende Produktion übertrifft wieder den Verbrauch, und der Vorratsaufbau beginnt von Neuem 1).

Damit ist ein schematischer Ablauf des Weltzuckerzyklus skizziert, der durch eine Vielzahl von Reglementierungen, politischen Einflüssen und spekulativen Momenten überlagert ist. Da sich Angebot und Nachfrage von Zucker nicht auf einem Markt, sondern auf vielen Märkten treffen - neben den Binnenmärkten sind auch die internationalen Märkte durch Verträge voneinander isoliert -, muß geprüft werden, ob die Vorratsveränderungen die Preisbewegung der Zuckerbörsen, die allerdings nur für relativ geringe Mengen gelten, tatsächlich entscheidend beeinflussen. Mißt man die Strammheit des Zusammenhangs zwischen Vorräten und Börsennotierungen an dem Korrelationskoeffizienten, so erhält man r = 0,41.

Stellt man aber den Börsennotierungen die relativen Vorräte, d.h. die Vorräte am Ende des Wirtschaftsjahres in v.H. des Verbrauchs des abgelaufenen Wirtschaftsjahres gegenüber, so erhöht sich der Korrelationskoeffizient auf r = 0,73 2). Dieser hohe Korrelationskoeffizient deutet auf einen Zusammenhang zwischen den relativen Vorräten und den Börsennotierungen hin.

Schließlich muß noch geprüft werden, ob die Preise (insbesondere die Börsennotierungen) die Variation der Anbaufläche in der dargelegten Weise beeinflussen, d.h. ob sinkende Preise zu stagnierender bzw. sinkender Anbaufläche und steigende Preise zur Expansion der Anbaufläche führen, inverse Reaktionen demnach ausgeschlossen sind. Der Korrelationskoeffizient zeigt sowohl bei der Gegenüberstellung von Börsennotierung und Rohranbaufläche mit r = 0,38 als auch im Falle der Rübenanbaufläche mit r = 0,40 keinen signifikanten Zusammenhang 3).

Prüft man dagegen den Einfluß von Preisen und Vorräten auf die Anbaufläche mit Hilfe eines doppellogarithmischen Regressionsansatzes 4), so erhält man im Falle der Rohranbaufläche einen Korrelationskoeffizienten von r = 0,72 und im Falle der Rübenanbaufläche einen solchen von r = 0,88. Demnach beeinflussen Preise und Vorräte zwar weitgehend die Anbauflächenvariation, die Isolation der Teilmärkte voneinander läßt aber den nationalen Zuckerpolitiken offenbar einen nicht unerheblichen Spielraum.

---

1) Neben dieser zyklisch bedingten Instabilität gibt es noch eine Fülle weiterer Instabilitätsursachen (vgl. z.B. den Katalog bei D. KEBSCHULL, K. FASBENDER, A. NAINI, 1975, S. 175 - 177), die das Geschehen auf den internationalen Zuckermärkten zwar mit beeinflussen, aber nicht beherrschen.

2) Typ der Funktion y = a + bx
y = Zuckernotierung in New York, umgerechnet auf das Wirtschaftsjahr September/August;
x = Vorräte am Ende des Wirtschaftsjahres in v.H. des Verbrauchs;
Zeitraum 1960/61 bis 1973/74; dieser Zeitraum wurde wegen der Strukturveränderungen der internationalen Märkte seit 1960/61 (s.S. 351) gewählt.

3) Typ der Funktion y = a + bx
y = Anbaufläche
x = Zuckernotierung in New York, umgerechnet auf Wirtschaftsjahre September/August;
auf den Zeitraum 1961/62 bis 1970/71 wegen fehlender Daten und wechselnder Abgrenzungen beschränkt.

4) Typ der Funktion $\ln y = a + b \ln x_1 + c \ln x_2$
y = Anbaufläche
x_1 = Zuckernotierung in New York, umgerechnet auf das Wirtschaftsjahr September/August;
x_2 = relative Vorräte
auf den Zeitraum 1961/62 bis 1970/71 wegen fehlender Daten und wechselnder Abgrenzungen beschränkt.

1.2 Konsequenzen der Einfuhrländer

Die Einfuhrländer haben aus der Instabilität insbesondere zwei Konsequenzen gezogen. Zum einen bemühen sie sich seit Jahrzehnten, ihre Einfuhrabhängigkeit zu vermindern (O. MATZKE, 1975, S. 509). So ist z.B. die Weltzuckererzeugung im Trend von 1950/51 bis 1973/74 mit einer durchschnittlichen jährlichen Wachstumsrate von 4,0 v.H. gewachsen, während die Ausfuhren im gleichen Zeitraum nur um 2,5 v.H. expandieren konnten; 1950/51 wurden noch 47,8 v.H. des Verbrauchs durch Einfuhren gedeckt, 1973/74 waren es nur noch 31,3 v.H. Diese Entwicklung wurde u.a. durch massive Begünstigung der inländischen Erzeugung verursacht. Zum anderen wurde versucht – und das hängt eng mit dem eben Gesagten zusammen –, die Binnenmärkte vom Geschehen der internationalen Zuckermärkte zu isolieren und nach ausschließlich binnenwirtschaftlichen Gesichtspunkten zu stabilisieren. Schließlich waren und sind die Einfuhrländer bemüht, eine störungsfreie Versorgung der Binnenmärkte durch langfristige Verträge mit festen Preisen und Mengen zu sichern.

Durch Importsubstitution und Deliberalisierung verengte sich das Volumen der internationalen Zuckermärkte bis Ende 1974 immer weiter und begünstigte die Instabilität auf diesen Teilmärkten.

1.3 Auswirkungen für die Ausfuhrländer

Die Instabilität der Zuckermärkte kumuliert in den heftigen Schwankungen der Börsennotierungen, die auf enge Teilmärkte bezogen sind. Da diese Preisbewegungen häufig als Schwankungen des "Weltmarktpreises" angesehen werden, wird mit dem Hinweis auf diese Preisvariationen eine Erlösstabilisierung der zuckerexportierenden Entwicklungsländer gefordert, denn diese sind darauf angewiesen, mit Hilfe der Exporterlöse ihre Entwicklungspläne zu finanzieren (D. KEBSCHULL; K. FASBENDER; A. NAINI, 1975, S. 183). Die tatsächliche Instabilität der Exporterlöse für Zucker wird aber von den Börsennotierungen nicht zutreffend gekennzeichnet, da die wesentlichen Zuckerexportländer eben nicht nur auf die Teilmärkte, für die die Börsennotierungen gelten, liefern, sondern auch auf den in der Regel günstigeren Hochpreismärkten (z.B. USA, Vereinigtes Königreich, UdSSR) ihren Zucker absetzen.

Stellt man z.B. die Schwankungen der Durchschnittswerte der Zuckerausfuhr für die Zuckerexportländer Mauritius und Dominikanische Republik, deren Ausfuhrwerte (1967 bis 1969) zu 93,3 bzw. 51,7 v.H. vom Rohrzucker abhingen, den Schwankungen an der New Yorker Börse und den Schwankungen des deutschen Fabrikabgabenpreises gegenüber (Übersicht 2), so zeigt sich, daß die Börsennotierung drei- bis viermal so stark schwankt wie die Durchschnittswerte der Zuckerausfuhr, während diese wiederum drei- bis viermal stärker schwanken als der deutsche Erzeugerpreis.

Übersicht 2: Erlösschwankungen auf den Zuckermärkten

Die Schwankungen der Reihen um ihren linearen Trend
1952 bis 1972

Börsennotierung für Zucker (New York)	
tatsächliche Werte	46,1 v.H.
bereinigte Werte a)	45,3 v.H.
Durchschnittswerte der Zuckerausfuhr	
Dominikanische Republik	14,2 v.H.
Mauritius	10,4 v.H.
Deutscher Erzeugerpreis für Zucker	3,1 v.H.

Berechnet nach Tabelle 1 (Anhang)
a) Um die Abwertung des US-Dollars am 8.5.1972 bereinigt.

1.4 Bisherige Stabilisierungstendenzen durch die Struktur des Weltmarktes

Bevor einige Stabilisierungstendenzen diskutiert und ein Stabilisierungsvorschlag gemacht werden, ist die Frage zu beantworten, was auf den Zuckermärkten stabilisiert werden sollte. Schließt man die politische Interpretation "Stabilität gleich Preiserhöhung" aus, so könnte man als Stabilitätsziel fordern, daß die Amplituden der Schwingungen sich im Zeitablauf vermindern (H. ENKE, 1974, S. 5f). Da es unrealistisch wäre, eine ständige Verringerung der Schwankungen als Ziel zu setzen, sollte man die Verminderung der Amplituden nur solange fordern, wie sie sich außerhalb einer festzulegenden Bandbreite bewegen 1).

Bei den folgenden Überlegungen wird die Stabilisierung der Exporterlöse der Entwicklungsländer als das zentrale Ziel angesehen. Könnte man die Amplituden der Exporterlösschwankungen vermindern und in einer festzulegenden Bandbreite halten, so wäre es daher weitgehend unwichtig, ob andere Aggregate stärker oder mit der bisherigen Intensität schwanken.

Fragt man nun danach, inwieweit Tendenzen zur Stabilisierung der Exporterlöse von zuckerausführenden Entwicklungsländern festzustellen sind, und beschränkt man sich dabei auf die Zeit nach dem 2. Weltkrieg, so sind hier sicherlich die - von SCHMIDT ausführlich dargestellten - Internationalen Zuckerabkommen zu nennen. Die Struktur des Weltzuckermarktes engte aber von Anfang an die Wirksamkeit dieser Abkommen ein. Nur etwa ein Viertel der um den internen Handel der Mutterländer mit ihren abhängigen Gebieten verminderten Weltexporte wurde über diese Abkommen geregelt (E. FEIX; H. BUJARD, 1971, S. 82 - 102). Dies bedeutet, daß selbst wenn diese Verträge Erfolg gehabt haben - SCHMIDT legte schon dar, daß insbesondere die ersten Abkommen weitgehend nur bei ruhiger Marktentwicklung "stabilisierten" und bei ungleichgewichtigen Angebot-/Nachfrage-Verhältnissen versagten (E. SCHMIDT, 1976, S. 330) -, ihre Wirkung auf das gesamte Weltmarktgeschehen gering bleiben mußte.

Unter dem Blickwinkel der Erlösstabilisierung der zuckerausführenden Entwicklungsländer muß man daher den Systemen der übrigen Teilmärkte, wie z.B. den Zuckereinfuhren unter dem US-Zuckergesetz (AZG), dem Commonwealth Zuckerabkommen (CZA) und den Beziehungen Kuba/UdSSR stabilisierende Einflüsse bescheinigen. Dies gilt allerdings erst oder insbesondere seit dem Ende der kubanischen Revolution. Der kubanisch/amerikanische Gegensatz führte zu einer Umstrukturierung der US-Einfuhren. Die Kubaner durften ab 1960 keinen Zucker mehr in die Vereinigten Staaten - dem wichtigsten Zuckerimportland der Welt - liefern, statt dessen nahm der Ostblock die kubanischen Ernten zu ähnlichen Preisen auf, wie sie am US-Markt zu erzielen waren, und andere mittel- und südamerikanische Länder nahmen den Platz Kubas auf diesem Markt ein. Damit kam es zu einer sehr breiten Streuung der Lieferländer, und Ende der 60iger Jahre gab es nur 4 Nettoexportländer (ohne die EG), die nicht über Lieferrechte auf irgendeinem stabilen Hochpreismarkt verfügten (E. FEIX; H. BUJARD, 1971, S. 117).

---

1) Wird - abweichend von der obigen Definition - unter Stabilisierung eine Erlösverbesserung für die zuckerexportierenden Entwicklungsländer verstanden, so ist die bisherige Entwicklung durch eine nominale Verbesserung der Erlöse gekennzeichnet. Der Trend der Börsennotierungen in New York stieg von 1952 bis 1972 um durchschnittlich 0,8 v.H. im Jahr, während der der Durchschnittswerte der Zuckerausfuhren von Mauritius um 0,1 v.H. und der der Dominikanischen Republik um 3,7 v.H. zunahmen. Der deutsche Erzeugerpreis für Zucker stieg im gleichen Zeitraum um jährlich 0,3 v.H. Man wird aber davon ausgehen müssen, daß die Zuckererlöse pro Einheit in entwickelten wie auch in unterentwickelten Ländern in dem Zeitraum von 1952 bis 1972 real gesunken sind. - Von 1950 bis 1974 stiegen dagegen die Zuckernotierungen in New York durchschnittlich um 6,7 v.H. im Jahr. Dies zeigt die große Abhängigkeit der Ergebnisse von dem gewählten Untersuchungszeitraum und relativiert die vorstehende Aussage.
Die Vergleichbarkeit der monetären Reihen ist außerdem z.T. durch Wechselkursveränderungen beeinträchtigt. Berücksichtigt man die Abwertungen des US-Dollars 1972 und 1973, so betrug die durchschnittliche jährliche Wachstumsrate der Börsennotierungen für den Zeitraum 1952 bis 1972 0,7 v.H. und im Zeitraum 1950 bis 1974 5,1 v.H.

Ein weiterer wesentlicher Schritt zur Stabilisierung der Erlössituation einiger zuckerausführender Entwicklungsländer war der Beschluß im Rahmen des CZA ab 1966, diesen Ländern einen Zuschlag zum vereinbarten Einfuhrpreis zu zahlen, obwohl der CZA-Preis in der Regel - wenn auch nicht in so starkem Maße wie die Preise im Rahmen des AZG - über den Notierungen der Weltbörsen lag.

Es ist demnach festzuhalten, daß nahezu alle zuckerausführenden Entwicklungsländer im Zeitraum 1960 bis 1974 einen Teil ihrer Zuckerexporte - für 1969 wurde dieser Anteil auf mindestens 60 v.H. geschätzt (E. FEIX; H. BUJARD, 1971, S. 116) - auf stabilen Hochpreismärkten absetzen konnten. Ein Nutznießer dieser veränderten Marktsituation war z.B. die Dominikanische Republik; während die Durchschnittswerte der Zuckerausfuhr im Zeitraum 1952 bis 1959 um 20,0 v.H. schwankten, gingen die Schwingungen in der Zeitspanne 1960 bis 1972 auf 11,3 v.H. 1) zurück.

Wenn nach dem oben Gesagten die Erlösstabilisierung mit Hilfe der Hochpreismärkte zwar nicht befriedigend ist, so dürfte die Wirkung solcher - im Grunde - bilateraler Abkommen dennoch wirkungsvoller als multilaterale Abkommen sein, weil ein wirtschaftlich bedeutendes Land (USA, VK, UdSSR) sich freiwillig verpflichtet, bestimmte Vorteile einzuräumen, die weitgehend unabhängig von der globalen Marktentwicklung gewährt werden, und weil dieses Land auch zugleich als Garant für die ordnungsgemäße Durchführung der Verträge anzusehen ist, da es notfalls Sanktionen verhängen kann.

Dabei soll nicht bestritten werden, daß die skizzierte Weltmarktstruktur auf die Entwicklung anderer Aggregate destabilisierend wirken dürfte. Dies gilt in besonderem Maße für die Preisentwicklung an den Zuckerbörsen. In Zeiten niedriger Ernten werden selbstverständlich die Hochpreismärkte bevorzugt versorgt und der Restmarkt trocknet aus, was dort starke Preiserhöhungen hervorruft. Außerdem könnte die zögernde Reaktion der Anbaupolitik auf hohe Vorräte und niedrige Preise u.a. damit zusammenhängen, daß viele Exportländer aufgrund ihrer gesicherten Absatzmengen erst relativ spät dem abgeschwächten Druck der niedrigen Preise folgen und die Erzeugung zurücknehmen 2).

2 Vorschlag für eine verantwortungsbewußte Stabilisierungspolitik auf dem Zuckermarkt

2.1 Die Ausgangslage

Die Struktur der internationalen Zuckermärkte hat sich seit Anfang 1975 grundlegend und wahrscheinlich nachhaltig verändert. Das amerikanische Zuckergesetz ist ebenso ausgelaufen wie das Commonwealth Zuckerabkommen. Der Abschluß des AKP-Abkommens 3) durch die Europäischen Gemeinschaften kann das CZA nicht ersetzen, da sich die EG aufgrund der Produktionsausdehnung insbesondere seit 1975/76, die auch für 1976/77 durch die Beschlüsse des Ministerrats vorprogrammiert ist, mit Zucker selbst versorgen und die Einfuhren aus den AKP-Ländern reexportieren werden. Für die Erlöserwartungen der Entwicklungsländer sieht es daher von zwei Seiten her ungünstiger als bis Ende 1974 aus. Zum einen ging ein Hochpreismarkt, nämlich der der USA, verloren, und zum anderen wird ein in Dumpingmethoden erfahrener, finanzstarker und vom Exportvolumen her sehr bedeutender neuer Anbieter, die EG, das Marktgeschehen mit beeinflussen. Dabei wird nicht verkannt, daß die Öffnung des Restmarktes durch das Auftreten der USA diesen stabilisieren könnte, weil die US-Nachfrage das Marktvolumen verdoppelt und nicht mehr wie bisher nur den Ländern

---

1) Schwankungen der empirischen Werte der Reihen um ihren linearen Trend.

2) Die schwache Reaktion der Anbauer auf die internationale Preisentwicklung, wie es die globale Berechnung aufzeigt, dürfte auch damit zusammenhängen, daß viele (Einfuhr-) Länder ihre Anbauflächen ausdehnen, weil sie ihre Zuckerpolitik fast ausschließlich an binnenwirtschaftlichen Zielen, insbesondere dem der Einkommenserhöhung der Zuckerrohr- oder Zuckerrübenanbauer, orientieren (vgl. oben S. 350).

3) In diesem Abkommen mit Entwicklungsländern in Afrika, der Karibik und im Pazifik hat sich die Gemeinschaft verpflichtet, jährlich 1,3 Mio. t Zucker (Ww) zu Sonderbedingungen einzuführen.

mit den zugeteilten Quoten zugute kommt, sondern sich nun gleichmäßiger auf alle Anbieter verteilt. Ich fürchte aber, daß diese stabilisierenden Tendenzen durch die Ausfuhrpolitik der EG überkompensiert werden.

2.2 Der Sonderstatus der EG: Ausfuhren nur ab einem bestimmten Preisniveau

Der Abschluß eines neuen internationalen Zuckerabkommens zur Beeinflussung des erweiterten "Restmarktes" mit einigen Veränderungen gegenüber dem IZA von 1968 zur Steigerung der Effizienz wäre der eine Pfeiler einer verantwortungsvollen Stabilisierungspolitik auf dem Zuckermarkt. Den zweiten Pfeiler müßten die EG liefern, indem sie sich verpflichten, als Ausfuhrmitglied mit Sonderstatus nur dann Zucker auszuführen, wenn die Notierungen an den internationalen Börsen ein bestimmtes Niveau überschreiten. Liegt der Preis unter diesem Niveau, so wachsen die Zuckerbestände der EG zwar an, aber diese Vorräte werden auf den internationalen Märkten nicht preiswirksam, da sie ja neutralisiert sind, ähnlich den strategischen Rohstoffreserven z.B. in den Vereinigten Staaten 1).

Wird das festgelegte Preisniveau an den Börsen überschritten, so darf die Gemeinschaft exportieren, wobei die relativen Ausfuhrmengen ebenfalls festgelegt werden sollten. Einmal, damit die Marktentwicklung nicht zu abrupt verändert wird und die Preisentwicklung lange genug wirksam ist, um Anbaureaktionen zu induzieren, zum anderen, weil erfahrungsgemäß echte Verknappungen an den internationalen Zuckermärkten länger als ein Jahr dauern. Werden z.B. maximal 50 v.H. der Anfangsbestände pro Jahr exportiert, so könnte sich der Lagerabbau je nach Ausgangsmenge mit nennenswerten Volumina mindestens 3 Jahre hinziehen 2).

Die Höhe des Preises, der Ausfuhren gestattet, ist eigentlich in der Zuckermarktordnung festgelegt, nämlich durch den Schwellenpreis. Dieser Preis ist so konstruiert, daß Einfuhren das Preisniveau in der Gemeinschaft nicht unter den Richtpreis drücken können. Was liegt näher, als diesen Preis, mit dem wir unsere Erzeuger schützen, auch im Export unseren Handelspartnern gegenüber anzuwenden?

Sollte man dagegen wie Schumpeter davon überzeugt sein, daß wir die Rübenzucker-Industrie "lediglich dem Schutz des Staates, staatlichen Zuschüssen und anderen politischen Reizmitteln verdanken" (J. SCHUMPETER, 1961, S. 19) und daß insbesondere die Rohrzuckererzeuger billiger Zucker produzieren können, so sollte man die obere Bandbreite des IZA als Ausfuhrauslöseschwelle ansehen.

Das vorgeschlagene Konzept greift auf folgende Weise in den Ablauf des Weltzuckerzyklus ein und trägt zu seiner Verstetigung bei:

bei Überschußsituationen:
- in den EG wächst die Erzeugung der Tendenz nach nicht schneller an als der Verbrauch und durch das Festhalten der Lagerbestände verstärkt sich nicht der Druck auf die niedrigen Preise der internationalen Zuckermärkte

---

1) In der allgemeinen Diskussion über Stabilisierung von Rohstoffmärkten wird von zwei unterschiedlichen Ansätzen ausgegangen. Zum einen werden Marktinterventionen (Quoten, Mindestpreise, Vorräte, Preisindizierungen usw.) vorgeschlagen, zum anderen rein finanzielle Maßnahmen zur Erlösstabilisierung (z.B. kompensatorische Finanzierung des IWF) gefordert (vgl. z.B. D. KEBSCHULL; K. FASBENDER; A. NAINI, 1975, S. 179 - 188). Der obige Vorschlag gehört in die erste Gruppe, ohne daß dadurch die Lösungsansätze der zweiten in Frage gestellt werden sollen.

2) Beispiel: Vorräte 4 Mio. t; Ausfuhr: 1. Jahr 2 Mio. t, 2. Jahr 1 Mio. t, 3. Jahr 0,5 Mio. t bei einer Produktion (einschließlich der Einfuhren aus den AKP-Ländern), die gerade den Verbrauch deckt. Würde dagegen die EG-Erzeugung (einschließlich der Einfuhren aus den AKP-Ländern) den Verbrauch übertreffen, so würden sich die Ausfuhrmengen jeweils um die Hälfte der Überschußerzeugung erhöhen.

- die Vorräte geben den EG ein Druckmittel bei Verhandlungen im IZA über die Anbau- und Preispolitik in die Hand
- Überreaktionen (zu starke Anbaureduktionen) werden verhindert;

bei Knappheitssituationen:
- die Vorräte in den Ländern der Gemeinschaft werden abgebaut und vermindern den Preisauftrieb an den internationalen Märkten
- die weltweite Produktionsausdehnung könnte von Überreaktionen (sprunghafte Ausweitung der Anbaufläche) freibleiben.

2.3 Auswirkungen der bisherigen Ausfuhrpolitik auf die Erlöse der übrigen Exportländer

Der in der Analyse aufgezeigte enge Zusammenhang zwischen der Entwicklung der relativen Vorräte und der Börsennotierungen gestattet es, den Einfluß der EWG-Zuckerausfuhren in den Jahren 1963/64 bis 1971/72 auf das Preisgeschehen und die Erlöse der übrigen Ausfuhrländer abzuschätzen. In diesen Jahren hatte die EWG - mit Ausnahme des Jahres 1967 - den zyklischen Preisdruck durch subventionierte Ausfuhren verstärkt. Hätte die Gemeinschaft damals die oben vorgeschlagene Strategie angewendet und ihre Ausfuhren eingestellt, solange die Börsennotierungen innerhalb oder unterhalb der IZA-Bandbreite lagen, so dürften im Durchschnitt der Jahre 1964/65 bis 1970/71 die Notierungen in New York schätzungsweise jeweils um 5 v.H. höher gelegen (Übersicht 3) 1) haben. Die neutralisierten Vorräte innerhalb der Gemeinschaft hätten dann vor Beginn der Ernte 1971 etwa 3 Mio. t (Rw) betragen, wobei unterstellt ist, daß die übrige Zuckerpolitik so verlaufen wäre, wie sie tatsächlich abgelaufen ist.

Geht man davon aus, daß etwa 40 v.H. des "bereinigten" Exportvolumens 2) unter dem Einfluß der Börsennotierungen gehandelt werden, so wäre der erlössteigernde Effekt der Ausfuhrsperre für die zuckerausführenden Länder mit jeweils rund 2 v.H. für die Jahre des genannten Zeitraums anzugeben.

Die beiden letzten Jahre der Übersicht zeigen aber, daß bei Exportvolumina von 0,9 und 1,5 Mio.t die preissenkende Wirkung 10,3 bzw. 18,5 v.H. beträgt. In diesen Fällen sind die Exporterlöse der übrigen Ausfuhrländer um 4 bis 7 v.H. durch Ausfuhren der Gemeinschaft verschlechtert worden. Da 1975 in den EG die Selbstversorgung überschritten wird und zusätzlich eine Einfuhrverpflichtung gegenüber den AKP-Ländern in Höhe von 1,3 Mio. t (Ww) Zucker besteht, könnten die (Re-) Ausfuhren sehr bald die Menge von 2 Mio. t überschreiten und die Exporterlöse der übrigen Länder stärker als in den 60iger Jahren reduzieren, soweit das vergrößerte Marktvolumen dem nicht entgegenwirkt.

2.4 Die Kosten und ihre Finanzierung

Die Gesamtausgaben im Zusammenhang mit dem vorgeschlagenen Konzept lassen sich nur grob schätzen. Dabei wird unterstellt, daß die Überschußmengen während des ganzen Zeitraums zu einem Preis, der dem Interventionspreis der Jahre 1968/69 bis 1970/71 von 212,30 RE je t Weißzucker entspricht, aufgekauft wurden. Nach Umrechnung der Rohzuckerwerte der Übersicht 3 erhält man

---

1) Die theoretische Preisveränderung der Übersicht 3 wurde mit Hilfe der Abhängigkeit der Börsennotierungen (New York, Wirtschaftsjahr September/August) von den relativen Vorräten berechnet. Für den Zeitraum 1963/64 bis 1971/72 ergab sich eine Elastizität der Notierungen in bezug auf die relativen Vorräte von -2,15 (r = 0,81). Durch den gewählten Funktionstyp $\ln y = a + b \ln x$ wird eine konstante Elastizität der Preise in bezug auf die relativen Vorräte unterstellt. Für den Gesamtzeitraum 1950/51 bis 1973/74 ergibt sich eine Elastizität von -2,30 (r = 0,75).

2) Weltexporte abzüglich der Exporte von abhängigen Gebieten in ihre Mutterländer.

Übersicht 3: Der Einfluß des Zuckeraußenhandels der Europäischen Wirtschaftsgemeinschaft auf die Zuckernotierungen der New Yorker Börse 1963/64 (S/A) bis 1971/72

	Welt-Vorräte in 1.000 t	EWG-Vorräte 1) 2) in 1.000 t	Marktwirksame Vorräte 3) in 1.000 t	Marktwirksame Vorräte in v.H. d.Verbr.	Ursprüngliche Vorräte in v.H. d.Verbr.	Veränderung der relativen Vorräte in v.H.	Theoretische Preisveränd. in v.H.	Tatsächliche Preisentwicklung 2) cts je lb	Theoretische Preisentwicklung 2) cts je lb
1963/64	11.129	+ 120	11.249	20,7	20,5	+ 1,0	– 2,2	5,86	5,73
1964/65	18.769	– 278	18.491	31,2	31,7	– 1,6	+ 3,5	2,12	2,19
1965/66	19.165	– 168	18.997	30,2	30,5	– 1,0	+ 2,2	1,86	1,90
1966/67	19.101	+ 97	19.198	29,3	29,2	+ 0,3	– 0,7	1,99	1,98
1967/68	19.836	– 637	19.199	29,3	30,2	– 3,0	+ 6,6	1,98	2,11
1968/69	19.365	– 260	19.105	28,0	28,4	– 1,4	+ 3,1	3,37	3,47
1969/70	21.308	– 806	20.502	28,4	29,5	– 3,7	+ 8,1	3,75	4,05
1970/71	19.039	– 894	18.145	24,3	25,5	– 4,7	+10,3	4,52	4,99
1971/72	17.157	–1496	15.661	20,6	22,5	– 8,4	+18,5	7,05	8,35

Anmerkung: Alle Mengen in Rohwert;
Quelle: Berechnet nach Angaben der Internationalen Zuckerorganisation, London, und F.O. LICHT, Ratzeburg.

1) Ausfuhren (–) und Einfuhren (+) der EWG
2) Kalenderjahr
3) Weltvorräte ohne Zuckeraußenhandel der EWG.

dann einen Gesamtkaufpreis für die 2,948 Mio. t Weißzucker in Rohzuckerwert von 575 Mio. RE. Die Lagerung selbst hätte - ausgehend von den Lager- und Versicherungskosten, die im Lagerkostenausgleich festgelegt waren (4,08 RE/t/a) - 34 Mio. RE, beides zusammen demnach 609 Mio. RE gekostet.

Geht man davon aus, daß für die Exportmengen sowie für den während des Untersuchungszeitraums für die Futtermittelherstellung und den Industrieverbrauch denaturierten Zucker aus inländischer Erzeugung von etwa 0,5 Mio. t die volle Produktionsabgabe erhoben worden wäre 1), so hätten dem Agrarfond 288 Mio. RE (2,710 + 0,500 Mio. t, multipliziert mit 89,7 RE) für die Finanzierung zur Verfügung gestanden. Lediglich der andere Teil der Kosten, nämlich 321 Mio. RE, wären durch die Steuerzahler aufzubringen gewesen. Dabei ist aber auf einen fundamentalen Unterschied zur heutigen Regelung hinzuweisen: Die 575 Mio. RE als Kaufpreis des Zuckers sind kein verlorener Zuschuß, sondern bilden den aktivierungsfähigen Grundstock eines gesonderten Haushalts (-titels), der je nach Höhe des Ausfuhrpreises entweder teilweise oder sogar vollständig - von der Möglichkeit eines Verkaufspreises, der über dem Interventionspreis liegt, sei hier abgesehen, obwohl diese Situation 1974/75 eintrat - erhalten bleibt und gegebenenfalls Einfuhrsubventionen (wie 1975 in Höhe von 140 Mio. RE) gar nicht erst entstehen läßt.

In dem Beispiel müssen 321 Mio. RE durch die Steuerzahler finanziert werden. Die tatsächlichen Aufwendungen der gemeinsamen Zuckerpolitik allein für den Zeitraum 1.7.1968 bis 31.12.1969 betrugen 207,4 Mio. RE (nach Abzug der Produktionserstattungen; Zeitschrift für die Zuckerindustrie, 1974, S. 202), und da auch noch in den folgenden Jahren hohe Beträge anfielen, dürfte das vorgeschlagene Konzept kaum teurer als das gegenwärtig praktizierte sein.

Schließlich ist darauf hinzuweisen, daß die Zuckerpolitik der Gemeinschaft unter dem Druck der sich aufhäufenden Vorräte sicherlich anders verlaufen wäre. Die Kommission und der Ministerrat hätten wahrscheinlich viele die Erzeuger begünstigende Sonderkonstruktionen abgebaut (H. BUJARD, 1974, S. 168 - 173).

2.5 Auswirkungen auf die Binnenzuckerpolitik

Der Wechsel in der Zuckerpolitik von Zuckerausfuhren um jeden Preis zu Zuckerausfuhren ab einem bestimmten Preis hätte selbstverständlich nicht nur Auswirkungen auf die Erlöse anderer Zuckerexportländer, sondern würde auch eine Umorientierung der EG-Zuckerpolitik auf dem Binnenmarkt voraussetzen (vgl. z.B.: O. MATZKE, 1975, S. 501 - 504). Unter dem Einfluß der hohen Zuckerpreise Ende 1974 wurden nämlich Preise und Quoten auf ein Niveau angehoben, das eine Produktion induzierte, die zusammen mit der Einfuhrverpflichtung gegenüber den AKP-Ländern zu hohen Überschüssen führen kann. Hier müßte der Ministerrat zu realistischen Quoten zurückfinden, die lediglich mit dem Verbrauchswachstum zunehmen sollten. Wegen der Einfuhren in Höhe von 1,3 Mio. t, zu denen sich die Gemeinschaft verpflichtet hat, müßten die Quoten deutlich niedriger sein. Die Preisgarantie für die Mengen innerhalb der B-Quote müßte stärker vermindert, die Produktionsabgabe also erhöht werden, um die Produktionsverschiebung hin zu den besten Standorten zu fördern, um die Einkommensprivilegierung der Zuckerrübenbauer zu reduzieren und um Einnahmen zur Finanzierung der Lagerhaltung zu erzielen.

Eine Eindämmung der Zuckererzeugung in den EG kann realistischerweise nur dann gefordert werden, wenn die Einkommen der Zuckerrübenanbauer dadurch nicht niedriger werden als die der übrigen Landwirte bzw. als die gewerblichen Einkommen. Schon bevor es 1975 zu der gewaltigen Ausdehnung der Zuckerrübenanbaufläche (+ 15 v.H.) kam, hatten die Zuckerrübenanbauer eine einkommensmäßige Sonderstellung. Die Einkommen der Zuckerrübenbaubetriebe lagen in den Jahren

---

1) Bei diesen Überlegungen wurde nicht von dem jetzigen Verfahren der Produktionsabgabe ausgegangen, sondern es wurde unterstellt, daß für jede Tonne Zucker, die nicht dem menschlichen Verbrauch zugeführt wurde, die volle Produktionsabgabe zu zahlen ist.

1967/68 bis 1969/70 um 80 v.H. über dem Durchschnittseinkommen der gesamten Landwirtschaft und um 38 v.H. über dem gewerblichen Vergleichslohn (H. BUJARD, 1974, S. 224). Wegen der Umgestaltung des Agrarberichts läßt sich die Einkommensentwicklung der genannten Gruppen nicht weiterführen, die Verminderung der Anzahl der Zuckerrübenbaubetriebe und die Ausdehnung der Anbaufläche sowie die direkten und indirekten 1) Preiserhöhungen für Zuckerrüben legen aber den Schluß nahe, daß die Einkommensprivilegierung angehalten hat 2).

Schließlich sei darauf hingewiesen, daß die Zuckerpolitik der Gemeinschaft diese neue Gefahr der Überschüsse - unter dem Druck der Zuckerrübenanbauer und Zuckerhersteller - selbst herbeigeführt hat. Zur Zeit der Beitrittsverhandlungen war die Zuckererzeugung der EG einschließlich der beitrittswilligen Länder etwa 1,4 Mio. t niedriger als der Verbrauch. Diese Menge war höher als die 1975 eingegangene Einfuhrverpflichtung und hätte völlig problemlos in die Versorgung des EG-Marktes einbezogen werden können (H. BUJARD, 1972, S. 24). Die hohen Anreize zur Produktionsausdehnung haben nun neue Probleme geschaffen, die nur dann ohne Schaden für die Stabilität der internationalen Märkte und insbesondere für die Entwicklungsländer gelöst werden können, wenn man die Erzeugung wieder reduziert.

3 Zusammenfassung

Die internationale zuckerwirtschaftliche Entwicklung der letzten 25 Jahre ist durch Schwingungen gekennzeichnet, deren wirtschaftspolitischer Nachteil sich vor allem als Erlösschwankungen je Produkteinheit der zuckerausführenden Entwicklungsländer äußert. Sie stehen den Bemühungen dieser kapitalarmen Länder um ein beschleunigtes Wachstum entgegen. Für Zucker dürfte die Aussage KEBSCHULLs, "daß die EG-Agrarpolitik für die wichtigsten Ausfuhrprodukte der Entwicklungsländer ... offensichtlich wenig hemmend wirkt" (D. KEBSCHULL, 1974, S. 107), kaum zutreffen (A. HENZE; G. SCHMITT, 1974, S. 118 - 120). Eine Stabilisierungspolitik auf dem Zuckermarkt sollte daher primär zu einer stetigeren Entwicklung der Erlöse dieser Länder beitragen. Aus der Sicht der Gemeinschaft und anderer hochentwickelter Regionen steht die Zuckerpolitik damit in dem Spannungsfeld zwischen Entwicklungspolitik und Agrarpolitik.

Dieses Spannungsfeld entsteht, weil Versuche, den Ablauf des Weltzuckerzyklus zu verstetigen, unter Abwägung entwicklungspolitischer und agrarpolitischer Aspekte Maßnahmen der Agrarpolitik - in dem speziellen Bereich der Zuckerpolitik - der Industriestaaten erfordert.

Das vorgeschlagene Konzept zur Stabilisierungspolitik auf dem Zuckermarkt geht davon aus,
- daß die Zuckermärkte bestimmten zyklischen Abläufen unterliegen;
- daß sich die Struktur der internationalen Zuckermärkte stark verändert hat;
- daß die Abhängigkeit bei der Erlösentwicklung für viele Entwicklungsländer dadurch größer geworden ist und
- daß die effizienten Systeme zur Erlösstabilisierung in der Vergangenheit dadurch gekennzeichnet waren, daß wirtschaftlich bedeutende Länder zuckerausführenden Entwicklungsländern freiwillig erlösstabilisierende Vorteile einräumten.

Aus diesen Gründen sollten die EG einem neuen Internationalen Zuckerabkommen als Ausfuhrland mit Sonderstatus beitreten. Erst wenn die Notierungen an den internationalen Zuckerbörsen ein be-

---

1) Indirekte Preiserhöhungen ergeben sich z.B. durch die Verminderung der Produktionsabgabe seit 1970/71 bzw. deren Aussetzung seit 1973/74. Wäre z.B. die Produktionsabgabe 1970/71 auf Null festgelegt worden, so hätte dies eine Anhebung der Erzeugerpreise von rund 4,1 v.H. bedeutet (H. BUJARD, 1972, S. 25 f.).

2) Einen weiteren Hinweis geben die Buchführungsergebnisse für Marktfruchtbetriebe nach Wirtschaftsgebieten. In den Regionen mit vorherrschendem Zuckerrübenanbau wird das gewerbliche Vergleichseinkommen um ein Mehrfaches übertroffen (Agrarbericht, 1975, S. 111).

stimmtes Niveau überschritten haben, darf aus den Ländern der Gemeinschaft Zucker exportiert werden. Dieser Wechsel in der Zuckerpolitik der Gemeinschaften von Zuckerausfuhren um jeden Preis zu Zuckerausfuhren ab einem bestimmten Preis ist nur dann finanziell durchzuhalten, wenn er mit einem Wechsel von der bisherigen expansiven zu einer restriktiven Zuckerpolitik auf den Binnenmärkten einhergeht. Die Finanzierungsmittel könnten mit Hilfe einer umgestalteten Produktionsabgabe der Zuckererzeuger, durch den Agrarfonds und/oder durch den Entwicklungsfonds der Gemeinschaften aufgebracht werden, wobei Zahlungen der Fonds nicht wie bisher verlorene Zuschüsse wären, da ja - je nach Höhe der Ausfuhrauslöseschwelle - ein großer Teil der Gelder in die/den Fonds zurückströmen würde.

Die entwicklungspolitisch und agrarpolitisch wesentlichsten Vorteile des vorgeschlagenen Konzepts lassen sich in den folgenden vier Punkten zusammenfassen:

- Die gemeinschaftliche Vorratshaltung trägt zu einer Verstetigung des Weltzuckerzyklus bei.
- Eine Verstärkung des Druckes durch die Agrarpolitik der Gemeinschaften auf die Erlöse der zuckerausführenden Länder in Überschußphasen tritt nicht mehr auf.
- Der Zugang für Entwicklungsländer auf den EG-Zuckermarkt bleibt bestehen.
- Einkommensprivilegien innerhalb der EG-Landwirtschaft werden vermindert und die Produktionsstruktur verbessert.

Tabelle 1: Indikatoren der Preisentwicklung für Zucker

	Notierung New York 1) cts/lb	Durchschnittswerte der Zuckerausfuhr 2)		Ab-Fabrik-Preis 4) BR Deutschland DM/100 kg
		Dom.Republik US-Dollar/t	Mauritius 3) US-Dollar/t	
1950	4,98	.	85,71 5)	64,42
1951	5,67	126,08 5)	93,99 5)	68,03
1952	4,17	96,06	109,49	79,81
1953	3,41	76,34	118,62	82,69
1954	3,26	72,26	108,22	82,69
1955	3,24	71,66	107,94	82,69
1956	3,48	74,84	112,58	83,05
1957	5,16	115,03	112,91	84,13
1958	3,50	83,69	111,46	87,08
1959	2,97	72,88	113,57	87,26
1960	3,14	80,54	122,12	87,26
1961	2,91	80,28	113,04	87,26
1962	2,97	110,66	115,01	87,26
1963	8,48	136,75	146,34	87,26
1964	5,86	132,96	125,55	87,26
1965	2,12	110,64	107,10	91,11
1966	1,86	128,28	110,96	91,11
1967	1,99	126,55	114,53	91,11
1968	1,98	136,96	96,86	87,66
1969	3,37	142,66	98,42	88,21
1970	3,75	136,04	106,47	82,17
1971	4,52	132,74	115,29	85,16
1972	7,41	144,72	140,82	87,11
1973	9,59	.	.	88,75
1974	29,99	.	.	96,18

1) 1950 bis 1960 Weltkontrakt Nr. 4, fas Kuba; 1961 bis 1970 Weltkontrakt Nr. 8; ab 1971 Weltkontrakt Nr. 11.

2) 1951 bis 1966 Nr. 06101 (Cane Sugar not refined) der Standard International Trade, Classification (SITC); ab 1967 Nr. 0611 (Raw Beet and Cane Sugar) SITC rev.; fob.

3) 1950 bis 1966 Wertangabe in Rupien, umgerechnet nach dem beim IWF gemeldeten Kurs 1 $ = 4,7619 Rupien; 1950 bis 1965 einschließlich des Wertes von Präferenzzertifikaten.

4) Ohne Steuern, ohne Verpackung, bei Abnahme von 10 bis 100 t, 1950 bis 30.6.1968 frachtfrei, 1958 bis 30.6.1968 einschließlich Papiersack, ab 1.7.1968 Grundsorte.

5) Generalhandel; bei Mauritius einschließlich raffiniertem Zucker.

Zusammengestellt oder berechnet nach: International Sugar Organization: Sugar Year Book, London, lfd. Jahrgänge; United Nations: Yearbook of International Trade Statistics, New York, lfd. Jahrgänge; Verein der Zuckerindustrie: Statistisches Tabellenbuch - Teil 2, o.O., S. 107 und 111; Statistisches Bundesamt auf Anfrage: (Mitteilung der Zuckerpreise in der BRD).

Tabelle 2: Die Entwicklung von Weltangebot und Weltnachfrage nach Zentrifugalzucker 1950/51 bis 1973/74 (Wirtschaftsjahr: September – August)

	Erzeugung	Verbrauch	Vorräte 1)	Vorräte in v.H. d. Verbrauchs	Ausfuhr in 1.000 t RW
	in 1.000 t Rohwert				
1950/51	33.239	31.717	8.228	25,9	15.068
1951/52	35.370	32.702	10.806	33,0	13.825
1952/53	34.776	34.929	10.323	29,6	15.453
1953/54	38.317	36.870	11.848	32,1	15.568
1954/55	38.255	38.254	11.415	29,8	16.269
1955/56	39.322	40.443	10.087	24,9	16.543
1956/57	42.339	42.228	10.234	24,2	16.836
1957/58	45.172	44.704	9.984	22,3	17.006
1958/59	51.034	47.561	13.767	28,9	16.479
1959/60	49.564	48.858	14.790	30,3	18.077
1960/61	56.073	52.734	17.080	32,4	22.061
1961/62	52.351	55.602	13.463	24,2	21.630
1962/63	51.172	54.479	10.293	18,9	19.005
1963/64	54.745	54.261	11.129	20,5	17.817
1964/65	66.831	59.273	18.769	31,7	20.994
1965/66	63.102	62.816	19.165	30,5	20.895
1966/67	65.642	65.457	19.101	29,2	22.005
1967/68	66.435	65.635	19.836	30,2	22.034
1968/69	67.784	68.141	19.365	28,4	21.671
1969/70	74.346	72.223	21.308	29,5	23.777
1970/71	72.771	74.548	19.039	25,5	23.995
1971/72	73.908	76.120	17.157	22,5	24.187
1972/73 p	77.173	78.099	15.794	20,2	24.842
1973/74 p	81.021	81.068	15.690	19,4	25.343

1) Ende des Wirtschaftsjahres. – p = vorläufig

Quelle: F.O. LICHTS: Internationales Zuckerwirtschaftliches Jahr- und Adreßbuch, Weltzuckerstatistik, Ratzeburg, lfd. Jahrgänge.

Tabelle 3: Börsennotierungen und Erzeugung von Zentrifugalzucker sowie Anbauflächen für Zuckerrohr und Zuckerrüben

Börsennotierungen für Zucker in New York[1]			Erzeugung von Zucker aus in 1.000 t RW		Anbauflächen von 1.000 ha			
					Rohr		Rüben	
Kalenderjahr in US-cts je lb	Wirtschaftsjahr[2]		Rohr	Rüben	Wirtschafts- jahr	Kalender- jahr	Wirtschafts- jahr	Kalender- jahr
1950	4,98	1950/51	5,86	19.474	14.102	.	.	.	.
1951	5,67	1951/52	4,55	21.836	14.164	.	.	.	.
1952	4,17	1952/53	3,66	21.169	13.421	.	.	.	.
1953	3,41	1953/54	3,25	21.977	16.606	.	.	.	4.300
1954	3,26	1954/55	3,24	23.216	15.189	.	.	.	4.850
1955	3,24	1955/56	3,30	23.785	16.097	.	.	.	5.040
1956	3,48	1956/57	5,08	25.654	16.632	.	.	.	5.350
1957	5,16	1957/58	3,68	26.751	19.123	.	.	5.550	5.610
1958	3,50	1958/59	3,12	29.276	21.616	.	.	6.120	6.235
1959	2,97	1959/60	3,07	29.772	20.312	.	.	6.600	.
1960	3,14	1960/61	3,13	31.176	24.266	.	.	6.980	.
1961	2,91	1961/62	2,65	29.872	22.670	9.137	.	6.863	.
1962	2,97	1962/63	6,34	29.535	21.897	9.058	.	6.987	.
1963	8,48	1963/64	8,10	31.535	23.587	9.314	.	7.650	.
1964	5,86	1964/65	2,61	36.105	30.470	9.954	.	8.415	.
1965	2,12	1965/66	1,99	36.067	27.115	10.505	.	8.081	.
1966	1,86	1966/67	1,79	37.347	28.069	10.203	.	7.861	.
1967	1,99	1967/68	1,98	36.500	29.124	9.806	.	7.918	.
1968	1,98	1968/69	3,07	38.158	30.451	10.357	.	7.829	.
1969	3,37	1969/70	3,41	43.630	30.157	11.147	.	7.675	.
1970	3,75	1970/71	4,35	42.845	30.181	11.025	11.400	7.639	7.646
1971	4,52	1971/72	6,38	41.636	31.552	.	11.346	.	7.633
1972	7,41 p	1972/73 p	8,79	45.992	31.321	.	11.082	.	7.995
1973	9,59 p	1973/74 p	18,70	47.817	32.676	.	11.677	.	8.198

1) 1950 bis 1960 Kontrakt Nr. 4, 1961 bis 1970 Kontrakt Nr. 8, ab 1971 Kontrakt Nr. 11.
2) September – August. – 3) Nationale Kampagne-Jahre. – p = vorläufig.

Quelle: F.O. LICHTS: Zuckerwirtschaftliches Jahr- und Adreßbuch, Weltzuckerstatistik, Ratzeburg, lfd. Jahrgänge.
FAO: Production Yearbook, Rom, lfd. Jahrgänge.

Literatur

1 Agrarbericht 1975 der Bundesregierung, Materialband einschließlich Buchführungsergebnisse, Bonn 1975.

2 BUJARD, H.: Zuckerpolitische Konsequenzen aus dem EWG-Beitritt Großbritanniens, Aktuelle Fragen der Weltwirtschaft, Bd. 12, herausgegeben vom Deutschen Übersee-Institut, Hamburg 1972.

3 DERS.: Der Interesseneinfluß auf die europäische Zuckerpolitik, Schriftenreihe Europäische Wirtschaft, Bd. 53, herausgegeben von R. REGUL, Baden-Baden 1974.

4 ENKE, H.: Ziele der Stabilitätspolitik: Neuinterpretationen, Messungsprobleme, empirische Interdependenzen (einschließlich theoretischer Deutung), in: Grundfragen der Stabilitätspolitik, Schriftenreihe des wirtschaftswissenschaftlichen Seminars Ottobeuren, Bd. 3, Tübingen 1974.

5 FEIX, E.; BUJARD, H. unter Mitarbeit von BONRATH, W. und KÖPPEN, J.: Probleme der Weltzuckerwirtschaft, Veröffentlichung aus dem Arbeitsbereich der Kreditanstalt für Wiederaufbau, Bd. 8, Frankfurt am Main 1971.

6 HENZE, A. und SCHMITT, G.: Agrarpolitik und Entwicklungspolitik der EWG im Interessenkonflikt (Korreferat), Schriften der Gesellschaft für Wirtschafts- und Sozialwissenschaften des Landbaus e.V., Bd. 11: Agrarpolitik im Spannungsfeld der internationalen Entwicklungspolitik, herausgegeben von H.E. BUCHHOLZ und W. v. URFF.

7 KEBSCHULL, D.: Agrarpolitik und Entwicklungspolitik der EWG im Interessenkonflikt, Schriften der Gesellschaft für Wirtschafts- und Sozialwissenschaften des Landbaus e.V., Bd. 11: Agrarpolitik im Spannungsfeld der internationalen Entwicklungspolitik, herausgegeben von H.E. BUCHHOLZ und W. v. URFF.

8 KEBSCHULL, D.; FASBENDER, K.; NAINI, A.: Entwicklungspolitik, Studienbücher zur Sozialwissenschaft, Bd. 26, 2. Auflage, Opladen 1975.

9 MATZKE, O.: Das Spannungsverhältnis zwischen einer agrarprotektionistischen Handelspolitik und der Entwicklungspolitik - Lockerung durch kleine Schritte? In: Der Agrarsektor im Integrationsprozeß, herausgegeben von W. v. URFF unter Mitarbeit von W. ORT, Baden-Baden 1975.

10 SCHMIDT, E.: Möglichkeiten einer Stabilisierungspolitik auf dem Zuckermarkt, Schriften der Gesellschaft für Wirtschafts- und Sozialwissenschaften des Landbaus e.V., Bd. 13: Agrarwirtschaft und wirtschaftliche Instabilität, herausgegeben von C. LANGBEHN und H. STAMER.

11 SCHUMPETER, J.A.: Konjunkturzyklen, Bd. I, Grundriß der Sozialwissenschaft, Göttingen 1961.

12 Zeitschrift für die Zuckerindustrie, 24. (IC.) Jahrgang 1974, Nr. 4.

DER BEITRAG VON WICHTIGEN AGRARMARKTVERANSTALTUNGEN UND VON PREISFINDUNGSSTELLEN ZUR PREISBILDUNG UND PREISSTABILISIERUNG

von

Bernhard Alber, Stuttgart-Hohenheim

1	Vorbemerkungen	363
2	Der Beitrag von Großmärkten zur Preisbildung und Preisstabilisierung	364
2.1	Definition	364
2.2	Auswirkungen der Großmärkte auf die Preisbildung und Preisstabilisierung	364
2.3	Die Entwicklung der Umsätze auf den Großmärkten und die sich daraus ergebenden Auswirkungen auf die Preisbildung und Preisstabilisierung	365
3	Der Beitrag von Warenterminbörsen zur Preisbildung und Preisstabilisierung	367
3.1	Definition	367
3.2	Auswirkungen der Warenterminbörsen auf die Bildung und Stabilisierung der Kassamarktpreise	368
4	Der Beitrag von Preisfindungsstellen zur Preisbildung und Preisstabilisierung	372
4.1	Definition	372
4.2	Auswirkungen der Preisfindungsstellen auf die Preisbildung und Preisstabilisierung	372

1 Vorbemerkungen

Als Preisbildung werden hier die Vorgänge bezeichnet, die sich beim Kaufakt auf der Grundlage der Preisvorstellungen der handelnden Parteien abspielen und zum Marktpreis führen (ZENTRALE MARKT- UND PREISBERICHTSTELLE DER DEUTSCHEN LANDWIRTSCHAFT, 1968, S. 11). Je näher die sich bildenden Marktpreise dem Gleichgewichtspreis kommen, um so stabiler sind diese Preise; denn um so besser wird gewährleistet, daß die langfristig nachgefragten Mengen auch bereitgestellt werden (Gleichgewichtslage). Die im Gleichgewichtsbegriff implizierte Dauer kann allerdings recht kurz sein, weil sich in einer entwickelnden Volkswirtschaft die Gleichgewichtslage häufig ändert.

Der Begriff Preisstabilität beinhaltet in diesem Zusammenhang demnach, daß die Amplituden und Frequenzen der Preisschwankungen um die Gleichgewichtssituation herum nur relativ gering sind und daß die Anpassung an eine neue Gleichgewichtssituation ohne große Schwankungen erfolgt.

Zuerst wird nun im folgenden untersucht, inwiefern die wichtigsten Marktveranstaltungen der BR Deutschland – die Großmärkte – die Preisbildung beeinflussen und ob sie einen Beitrag zur Preisstabilisierung leisten. Auf die gleichen Wirkungen hin werden anschließend Warenterminbörsen und Preisfindungsstellen überprüft.

2 Der Beitrag von Großmärkten zur Preisbildung und Preisstabilisierung

2.1 Definition

Großmärkte sind Marktveranstaltungen, also Orte, an denen das Angebot und die Nachfrage zum Zwecke des Kaufs und Verkaufs regelmäßig in kürzeren Zeitabständen und konzentriert aufeinandertreffen. Dabei soll unter "konzentriert" in diesem Zusammenhang verstanden werden, daß viele Anbieter und Nachfrager auf den Marktveranstaltungen tätig sind und daß sie große Produktmengen anbieten und nachfragen. Auf Großmärkten bieten Großhändler im institutionellen und funktionellen Sinne nicht voll vertretbare – und deshalb physisch anwesende – Produkte den Verarbeitern und Wiederverkäufern an. Die Geschäfte werden in der Regel Zug um Zug bzw. prompt abgewickelt (B. ALBER, 1972, S. 2 f.).

2.2 Auswirkungen der Großmärkte auf die Preisbildung und Preisstabilisierung

Die Erleichterung und Beschleunigung der Preisbildung und der Preisstabilisierung zählen zu den wichtigen Funktionen der Großmärkte. Die entscheidende Voraussetzung für die befriedigende Erfüllung dieser Funktionen ist eine hohe Konzentration des Angebots und der Nachfrage auf den jeweiligen Großmärkten. Um die Konzentration zu erhöhen, stellen die Träger der Marktveranstaltungen Einrichtungen wie z.B. Lagerräume, Waagen und Kühlanlagen zur Verfügung, sorgen für gute Verkehrsverbindungen und erlassen Marktordnungen.

Eine hohe Konzentration des Angebots und der Nachfrage auf Marktveranstaltungen erleichtert und beschleunigt zunächst die Preisfindung. Diese erfolgt vor dem Kaufakt. Im Rahmen der Preisfindung verschaffen sich die Marktbeteiligten – anhand von Informationen der verschiedensten Art – Vorstellungen über den möglichen Preis (ZENTRALE MARKT- UND PREISBERICHTSTELLE DER DEUTSCHEN LANDWIRTSCHAFT, 1968, S. 10). Derartige Informationen sind auf hoch konzentrierten Marktveranstaltungen leicht und schnell zu erhalten, z.B. aus Gesprächen mit den vielen Marktbeteiligten oder aus Verkaufsverhandlungen an benachbarten Ständen. Dadurch erfährt der Marktbeteiligte in der Regel leichter und schneller als bei Umsätzen außerhalb von Marktveranstaltungen, was gefordert und verlangt wird; er kann leichter und schneller abwägen und falsche Erwartungen korrigieren.

Dadurch wird die Basis für die Erleichterung und Beschleunigung der Preisbildung geschaffen. Die Folge einer erleichterten und beschleunigten, der Marktsituation angepaßten Preisbildung ist eine Stabilisierung der Preise bzw. eine Glättung der kurzfristigen Abweichungen vom Gleichgewichtspreis. Das gilt besonders dann, wenn sich die Marktbedingungen ändern und die Preise sich auf eine neue Gleichgewichtslage einpendeln müssen. Die beschleunigte Preisbildung erleichtert den Anpassungsprozeß ohne übermäßige Schwankungen hervorzurufen.

Je mehr Anbieter und Nachfrager auf einer Marktveranstaltung sind, desto weniger ist es möglich, Preise zwischen Marktbeteiligten abzusprechen bzw. die Preisbildung systemwidrig zu beeinflussen. Preisabsprachen können zu starken unnatürlichen Preisschwankungen führen, und zwar dadurch, daß die abgesprochenen (künstlichen) Preise eine Zeit lang über oder unter dem Gleichgewichtspreis gehalten werden und – nachdem sie zu falschen Dispositionen geführt haben – plötzlich an die wirkliche Marktsituation angepaßt werden müssen. Auch aus diesem Grund tragen Marktveranstaltungen mit vielen Anbietern und Nachfragern zur Preisstabilisierung bzw. zur Glättung kurzfristiger Preisschwankungen bei.

Die Konzentration der Umsatztätigkeit an einer Stelle erleichtert die Durchführung der Notierungen, denn das Sammeln von Daten und Meinungen ist relativ einfach (Marktpartner, die befragt werden müssen, sind anwesend; Auskünfte, die auf offensichtlichen Mißverständnissen beruhen, können schnell korrigiert werden usw.). Bei der Erstellung der Notierungen muß dafür gesorgt werden, daß diese ein wirklichkeitsgetreues Abbild der Marktumsätze darstellen. Wird dies erreicht, dann können die Notierungen eine positive Bedeutung für die Teilnehmer der Marktveranstaltungen haben. Die Marktbeteiligten können die Notierungen beim nächsten Markt als Basis der Preisfindung benutzen. Es ist anzunehmen, daß diese einheitliche Basis eine vereinheitlichende Wirkung auf die Preisbildung ausübt und somit preisstabilisierend wirkt. Durch den Vergleich der Notierungen ergeben sich auch Hinweise auf grundsätzliche Preisunterschiede zwischen einzelnen Marktveranstaltungen und sonstigen Absatzwegen. Dies erleichtert den Marktbeteiligten die Entscheidung, auf welchem Markt sie künftig kaufen oder verkaufen sollen. Sofern Wahlmöglichkeiten gegeben sind, werden sie an Märkten mit relativ hohen (niedrigen) Preisen anbieten (nachfragen). Auf Plätzen mit relativ hohen Preisen wird dadurch das Angebot erhöht und/oder die Nachfrage vermindert und somit tendenziell der Preis gesenkt. Entsprechend wird der Preis auf Märkten mit bislang relativ niedrigen Preisen angehoben. Der regionale und überregionale Ausgleich des Angebots und der Nachfrage wird also verbessert. Dadurch besteht eine Tendenz zur marktweiten Angleichung der Preise bzw. zur Angleichung der Preise an den Gleichgewichtspreis, also zur Stabilisierung der Preise.

Von größter Bedeutung sind erfahrungsgemäß die Notierungen für die Anbieter und Nachfrager außerhalb der Marktveranstaltungen. Ihnen erleichtern gute Notierungen ebenfalls die Auswahl der Märkte; damit erleichtern sie den regionalen und überregionalen Ausgleich des Angebots und der Nachfrage und wirken folglich preisstabilisierend. Insbesondere tragen die Notierungen zur Preisfindung und Preisbildung bei, und zwar sowohl in der Großmarktstufe wie auch in vor- und nachgelagerten Vermarktungsstufen. Z.B. richten in der BR Deutschland die Versandschlachter, die Fleischgroßhändler und auch die Einzelhändler ihre Preise an den Notierungen der Lebendviehmärkte aus (E. BÖCKENHOFF, 1974, S. 18). Vielfach hängen sich die Marktbeteiligten direkt an Großmarktnotierungen an, vor allem an die der umsatzgrößten Märkte (Leitnotierungen). Sie schließen also zum notierten Preis, evtl. unter Berücksichtigung fester Zu- oder Abschläge ab. Insbesondere Polypolisten, z.B. Landwirte, verhalten sich derart. Für sie ist es häufig nicht möglich, viel Zeit für die Preisfindung aufzuwenden. Vielfach sind sie auch gar nicht in der Lage, aus der Informationvielfalt die richtigen Schlüsse zu ziehen. Es ist selbstverständlich, daß das Anhängen eine starke preisstabilisierende Wirkung haben muß.

Das Ergebnis dieser Betrachtungen ist also, daß die Großmärkte die Preisbildung sowohl auf den Marktveranstaltungen selbst wie auch außerhalb davon zu erleichtern und zu beschleunigen vermögen. Außerdem haben sie eine preisstabilisierende Wirkung im Sinne einer Milderung der um die Gleichgewichtslage oszillierenden kurzfristen Preisbewegungen. Zur Stabilisierung der mittelfristigen Preisschwankungen, die sich durch die Eigenheiten der landwirtschaftlichen Produktions- und Marktverhältnisse ergeben, vermögen Großmärkte hingegen kaum etwas beizutragen. Leider können die erwähnten Wirkungen der Großmärkte nur schwer quantifiziert werden.

2.3 Die Entwicklung der Umsätze auf den Großmärkten und die sich daraus ergebenden Auswirkungen auf die Preisbildung und Preisstabilisierung

Unabdingbare Voraussetzung für die aufgezeigten möglichen Wirkungen der Großmärkte ist, wie erwähnt, eine hohe Konzentration des Angebots und der Nachfrage auf diesen Märkten. Es erhebt sich nun die Frage, ob die Konzentration auf den deutschen Großmärkten genügend hoch ist. Diese Frage kann nicht eindeutig mit ja oder nein beantwortet werden, u.a. deshalb nicht, weil die Auswirkungen der unterschiedlichen Konzentrationsgrade nicht abgeschätzt werden können, weil also z.B. nicht beurteilt werden kann, ob es zur Erfüllung der erwähnten Funktionen genügt, wenn 20 % des gesamten Marktumsatzes regelmäßig auf einem bestimmten Großmarkt getätigt werden. Gewisse Schlüsse können jedoch aus den mengenmäßigen Umsätzen auf den Großmärkten bzw. aus den Zufuhren und aus dem Verhältnis dieser Zufuhren zu den jeweiligen Gesamtmarktumsätzen gezogen werden. Deshalb wird im folgenden beispielhaft auf die Zufuhren zu den beiden (insgesamt gesehen) umsatzmäßig wichtigsten deutschen Großmärkten - den Schlachtvieh- und Obst- und Gemüseverteilergroßmärkten - eingegangen.

Mitte der 50er Jahre wurden noch rd. ein Drittel aller von den Landwirten verkauften Schweine über die Großmärkte abgesetzt. Dieser Anteil ist bis heute auf weniger als 5 % gesunken. Bei Rindern ergibt sich eine ähnliche Entwicklung. Mitte der 50er Jahre belief sich der entsprechende Anteil auf rd. 40 %, heute sind es noch etwa 17 % (E. BÖCKENHOFF, 1974, S. 17).

Die Beurteilung der Zufuhrentwicklungen zu den Obst- und Gemüseverteilergroßmärkten bereitet Schwierigkeiten, vor allem weil für manche kleinere Märkte überhaupt keine Zufuhren bekannt sind und weil außerdem die vorliegenden Zufuhrdaten Schätzungen enthalten. Trotzdem wurde versucht, halbwegs verläßliche Daten dafür zu gewinnen. Ausgehend von einer früheren Untersuchung über die Zufuhren zu den Großmärkten (B. ALBER, 1972, S. 240 ff.) wurde ermittelt, daß von der Frischwarenmenge, die über den Markt bezogen wurde 1), 1970/71 etwa 37 % (rd. 4,6 Mill. t) über die Großmärkte verkauft wurde. Dieser Anteil belief sich - gemäß einer neuen unveröffentlichten Untersuchung - 1973/74 auf etwa 36 %.

Der für die wichtigsten Großmärkte festgestellte mehr oder weniger starke Rückgang des Anteils an den Gesamtmarktumsätzen ist, wie andere Untersuchungen zeigen (B. ALBER, 1972, S. 57 ff. und S. 159 ff.), symptomatisch für die Vermarktung über alle Großmärkte. Verschiedene Gründe sind für diese Entwicklung entscheidend. So werden die Güter zunehmend per Telefon und Fernschreiber bestellt, um die Kosten der Zentralisation der Produkte am Großmarkt zu verringern (Qualitäts-, Gewichts-, Zeitverluste, Transportkosten usw.). Durch die fortschreitende Fungibilität der Produkte (Züchtung, Handelsklassen) wird dies immer besser möglich. Derartige Techniken können auch deshalb zur Geschäftsabwicklung angewendet werden, weil die Rechtssicherheit relativ groß ist. Zu der Umgehung der Großmärkte tendieren auch viele marktmächtige Unternehmen, weil sie ihre Marktmacht besser außerhalb als auf Marktveranstaltungen ausspielen können. Die Entwicklung zur Verlagerung der Geschäftsabschlüsse von Marktveranstaltungen weg in die Büros der Unternehmen dürfte sich in der Zukunft fortsetzen; manche Faktoren sprechen dafür, z.B. die sicherlich weiter zunehmende Fungibilität der Güter und die zu erwartenden weiteren Zusammenschlüsse bzw. Machtzusammenballungen im Handel und in der Industrie.

Diese global für die Märkte aufgezeigte Entwicklung hat für die Preisfindung und damit auch für die Preisbildung sowie für die Preisstabilisierung schwerwiegende Folgen, weil damit die Basis für eine zuverlässige Preisbildung auf und außerhalb der Großmärkte immer enger und auch die Preisstabilisierung erschwert wird. Die Vermarktung außerhalb der Marktveranstaltungen nimmt Schaden, weil die Umsätze, die den Notierungen zugrunde liegen, zunehmend weniger repräsentativ für die gesamte Angebots- und Nachfragesituation im gesamten Wirtschaftsraum sind. Nur wenn die Repräsentanz gegeben ist, liefert das erwähnte Preisbildungssystem (Anhängen) befriedigende Resultate. Wie sehr die Repräsentanz teilweise abgenommen hat, zeigt eine von mir durchgeführte Untersuchung über die Angebots- und Preisentwicklung auf dem Viehmarkt. Es stellte sich heraus, daß das Angebot auf den sog. preisbestimmenden Lebendviehgroßmärkten nicht mehr parallel zum gesamten inländischen Angebot und zum gesamten Marktangebot verläuft. Daraus kann schon geschlossen werden, daß die Preise dieser Märkte nicht mehr repräsentativ sind. Eine Korrelationsanalyse ergab, daß die Notierungen auf den Lebendviehgroßmärkten nur noch in sehr lockerem Zusammenhang zum Gesamtangebot stehen. Die Korrelation wird etwas enger, wenn man den Notierungen die Entwicklung des inländischen Angebots gegenüberstellt. Die beste Korrelation ergibt sich zwischen den Notierungen und den Restauftrieben auf den Großmärkten. Allerdings befriedigt auch diese Korrelation kaum noch; vor allem die Korrelation zwischen den Schweineauftrieben und dem inländischen Angebot erweist sich als unbefriedigend. Dies ist wohl darauf zurückzuführen, daß ein Großteil aller aufgetriebenen Schweine vorbestellt ist, d.h. nicht mehr frei ausgehandelt wird.

---

1) Einschl. Zitrusfrüchte, Trocken-, Schalenobst und Kartoffeln.

Die sinkende Zuverlässigkeit der Notierungen bewirkt eine Verschlechterung der allgemeinen Markttransparenz. Die Folgen davon haben Produzenten und die kleineren und mittleren Unternehmen im Handel und in der Verarbeitung zu tragen. Sie verlieren aufgrund ihrer schlechten Markttransparenz Marktanteile an die großen Unternehmen. Diese können sich im Gegensatz zu ihnen zusätzliche Informationen über das Marktgeschehen bzw. einen Vorsprung an Markttransparenz verschaffen.

Den Strukturwandel in der Vermarktung von Agrarerzeugnissen und dessen Folgen erkannten Wissenschaftler schon vor längerem. Es wurden auch Vorschläge zur Verbesserung der Markttransparenz und zur Erhaltung eines funktionsfähigen Wettbewerbs unterbreitet. U.a. wurde vorgeschlagen, Warenterminbörsen und Preisfindungsstellen einzurichten. Von diesen Institutionen verspricht man sich wesentliche Beiträge zur Preisbildung und Preisstabilisierung. Vor allem wird erwartet, daß Warenterminbörsen und Preisfindungsstellen Prognosen von Gleichgewichtspreisen liefern (E. BÖCKENHOFF, 1969, S. 182 und 184; WISSENSCHAFTLICHER BEIRAT BEIM BUNDESMINISTERIUM FÜR ERNÄHRUNG, LANDWIRTSCHAFT UND FORSTEN, 1967, S. 11). Im folgenden wird nun untersucht, inwiefern diese Institutionen den Erwartungen entsprechen können.

3 Der Beitrag von Warenterminbörsen zur Preisbildung und Preisstabilisierung

3.1 Definition

Warenterminbörsen für heimische Agrarprodukte gibt es seit längerer Zeit in Deutschland nicht mehr 1). Da deshalb vielfach die grundlegenden Kenntnisse über diese Einrichtungen fehlen, wird hier einleitend etwas breiter auf das Geschehen an Warenterminbörsen eingegangen.

Warenterminbörsen sind Marktveranstaltungen für den Handel mit voll vertretbaren – und deshalb physisch nicht anwesenden – Gütern. Dieser Handel vollzieht sich grundsätzlich als Börsentermingeschäft. Dabei wird in einem durch den Träger der Börse vorgeschriebenen Einheitskaufvertragsformular festgelegt, daß zum vereinbarten Preis Güter von ganz bestimmter Qualität und in festgelegten Mengeneinheiten an einem künftigen, genau bestimmten Erfüllungstermin und -ort zu liefern bzw. abzunehmen sind. Außerdem sind die Erfüllungs- und Abnahmemodalitäten genau festgelegt. Dadurch wird der Inhalt der einzelnen Verträge mit gleichem Erfüllungstermin – abgesehen von den Preisen – vollkommen vereinheitlicht. Festgelegt ist ferner, daß sich die Marktteilnehmer der Erfüllung mit effektiver Ware entziehen können, und zwar dadurch, daß sie an der gleichen Börse auf den gleichen Erfüllungstermin ein Gegengeschäft abschließen (glattstellen); eine Kaufverpflichtung wird also durch eine Verkaufsverpflichtung glattgestellt und umgekehrt. Die bestehenden Preisunterschiede zwischen den beiden Verpflichtungen werden ausgeglichen. Grundsätzlich erfolgt eine Glattstellung der Geschäfte, weil die Marktteilnehmer fast nie an der Lieferung effektiver Waren interessiert sind. Dadurch, daß mit effektiver Ware erfüllt werden kann, liegen die Preise des zu erfüllenden Börsentermingeschäfts und die Preise der effektiven (Kassa-) Ware am Erfüllungstermin nahe beieinander. Vor allem aufgrund der Möglichkeit des Glattstellens ist es nicht erforderlich, daß die Marktteilnahmer die volle Kaufsumme aufbringen müssen. Um zu gewährleisten, daß Mittel für den Ausgleich eines Verlusts vorhanden sind, muß ein Käufer einen relativ geringen Anteil vom Kontraktwert (sog. Einschuß)

---

1) In den USA existiert dagegen ein florierender Börsenterminhandel mit vielen Agrarprodukten, und zwar sowohl mit solchen, die einmal jährlich anfallen (Weizen, Kartoffeln usw.) wie auch mit laufend anfallenden Produkten (lebende Rinder, Schweinebäuche usw.). Auch in Europa zeichnet sich eine Belebung des Warenterminhandels mit Agrarprodukten ab. So wurde z.B. vor einiger Zeit in Amsterdam eine Warenterminbörse für den Handel mit Kartoffeln eröffnet und an der Londoner Warenterminbörse der Handel mit Sojaschrot aufgenommen. Außerdem wird in Amsterdam in naher Zukunft mit dem Eierterminhandel begonnen, und in England erwägt man derzeit, eine Warenterminbörse für den Handel mit lebenden Schweinen oder Schweinefleisch einzurichten.

beim Geschäftsabschluß bezahlen. Analoges gilt für Verkäufer. Zur Vereinfachung des Marktgeschehens erfolgt die Abwicklung der Geschäfte an Warenterminbörsen nicht zwischen dem jeweiligen Käufer und Verkäufer, sondern zwischen dem einzelnen Marktteilnehmer und einer Abrechnungsstelle (H. KRIEBEL, 1960, S. 2 f.).

Die Marktteilnehmer an Warenterminbörsen kann man einteilen in sog. Hedger und in sog. Spekulanten. Als Hedger werden Unternehmer bezeichnet, die effektive Ware produzieren, verarbeiten oder damit handeln und versuchen, das Risiko des Preisverfalls dieser Waren (bevor sie veräußert wurden) am Börsenterminmarkt durch den Abschluß von Preissicherungsgeschäften (Hedge-Geschäften) einzuschränken. Als "Spekulanten" werden hier Marktteilnehmer bezeichnet, die Waren in der Absicht kaufen (verkaufen), sie zu einem späteren Zeitpunkt wieder zu verkaufen (kaufen) und diese Transaktion allein deshalb vornehmen, weil sie gewinnbringende Preisänderungen erwarten, nicht dagegen, weil sie aus dem Besitz der Waren einen Nutzen ziehen, sie bearbeiten oder in einen anderen Markt transferieren wollen (N. KALDOR, 1959 S. 1).

3.2 Auswirkungen der Warenterminbörsen auf die Bildung und Stabilisierung der Kassamarktpreise

Die Auswirkungen der Warenterminbörsen auf die Bildung und Stabilisierung der Kassamarktpreise stehen im Mittelpunkt der Forschung über Börsenterminmärkte. Dementsprechend existiert eine kaum überschaubare Anzahl von Beiträgen zu diesem Problem. Die unterschiedlichen Forschungsansätze führten immer wieder zu divergierenden Schlußfolgerungen. Deshalb konnte sich keine herrschende Meinung durchsetzen. Die widersprüchlichen Aussagen rühren u.a. auch daher, daß es sich bei fast allen hierher zu zählenden Beiträgen um empirische Untersuchungen handelt, die oft schon dann zu anderen Ergebnissen führen, wenn der Zeitbezug der Ausgangdaten etwas variiert wird. Aus diesen Gründen ist es hier nicht möglich, einen umfassenden detaillierten Überblick über die vielfältigen Ansätze und Antworten der Forschung zu geben. Die folgende Betrachtung wird deshalb auf die - meiner Ansicht nach - wichtigsten Ansatzpunkte und Antworten beschränkt 1). Die Ergebnisse, die hier vorgestellt werden, sind jedoch im großen und ganzen symptomatisch für die Ergebnisse der nicht erwähnten Untersuchungen.

Die weitaus am häufigsten angewandte Methode zur Messung der Einflüsse von Warenterminbörsen auf Kassamärkte ist der Vergleich der Entwicklung von Kassamarktpreisen eines Gutes in Zeiträumen, in denen kein Börsenterminhandel durchgeführt wurde, mit der Entwicklung der Kassamarktpreise dieses Gutes in anderen vor- und/oder nachgelagerten Zeiträumen, in denen aber Warenterminbörsen existierten. Seltener werden die Kassamarktpreisschwankungen eines Gutes, für das es neben dem Kassamarkt einen Börsenterminmarkt gibt, mit den Kassamarktpreisschwankungen eines ähnlichen Gutes, für das kein Börsenterminhandel durchgeführt wird, verglichen. Die Ausgangsüberlegung dieser Untersuchungen lautet: Man müßte wissen, wie sich in einem gleichen Zeitraum die Kassamarktpreise eines bestimmten Gutes einmal mit und dann ohne das Vorhandensein von Warenterminbörsen entwickeln. Da es nicht möglich ist, einen derartigen Experimentalzustand herzustellen, wird als Behelf die genannte Methode angewandt.

Eine der ältesten derartigen Untersuchungen verfaßte EMERY (1896). Er untersuchte die Preisentwicklung bei Baumwolle und Weizen in den USA. Bezüglich Baumwolle ging er von den Preisen der Perioden 1821 bis 1830, 1851 bis 1860 und 1885 bis 1894 aus. Ab 1885 konnte man Börsentermingeschäfte mit Baumwolle in den USA abschließen. Die verwendeten Weizenpreise stammen aus den Perioden 1885 bis 1888 und 1890 bis 1893; 1890 wurde der Börsenterminhandel für Weizen eingeführt. EMERY errechnete die Abweichungen der tiefsten von den höchsten Preisen bzw. die Abweichungen von Mittelwerten. Für beide Güter stellte er eine Abnahme der Preisschwankungen in den Perioden seit der Einführung des Börsenterminhandels fest (H. EMERY, 1896).

---

1) Aus den genannten Gründen wird hier auch nicht auf die ebenfalls recht zahlreichen Beiträge zur entsprechenden Problematik der Devisenterminmärkte eingegangen.

Auch später wurden entsprechende Untersuchungen durchgeführt. Z.B. erforschte WORKING im Jahr 1963 die Entwicklung der Zwiebelpreise in den USA. Er betrachtete zuerst die Preise der Periode 1949/50 bis 1957/58. In dieser Zeit war der Börsenterminhandel mit Zwiebeln erlaubt und hatte auch einen großen Umfang. 1958 wurde dieser Börsenterminhandel verboten. WORKING verglich die Ergebnisse, die er für die erwähnte Zeitspanne ermittelt hatte, mit entsprechenden Ergebnissen für 1935/36 bis 1948/49 und mit den Ergebnissen für 1958/59 bis 1961/62. Die Preise, die sich während der Zeit eines funktionierenden Börsenterminhandels bildeten, wurden also nicht nur mit Preisen verglichen, die vor der Einführung des Börsenterminhandels notiert wurden, sondern auch mit Preisen, die sich nach dem Verbot des Börsenterminhandels ergaben. Im einzelnen ermittelte WORKING für diese 3 Zeitperioden jeweils die größte Preisabnahme, die größte Preiszunahme und die durchschnittliche Preiszunahme, und zwar jeweils zwischen zweien für die US-amerikanische Zwiebelvermarktung besonders wichtigen Monate. Außerdem errechnete er den Prozentsatz, um den jeweils die einzelnen Preise einen bestimmten Preisbereich überstiegen. Bei allen Vergleichsrechnungen konnte er feststellen, daß während der Zeit, in der der Börsenterminhandel erlaubt war, die Preisschwankungen am geringsten waren. Er ermittelte z.B. für die Jahre mit einem Börsenterminhandel eine durchschnittliche Preiszunahme zwischen den beiden wichtigen Monaten von 0,20 Dollar pro Gewichtseinheit. Für die Zeit vor der Existenz des Terminhandels ergaben sich 1,19 Dollar als Preiszunahme, und für die Zeit nach dem Verbot des Terminhandels ermittelte er 0,90 Dollar (H. WORKING, 1960, S. 3 - 31).

Die meines Wissens jüngste derartige Untersuchung wurde 1974 veröffentlicht. Die Verfasser sind TAYLOR und LEUTHOLD. Sie erforschten die Preisschwankungen an Märkten für lebende Rinder in Chicago und Omaha während der Perioden 1957 bis 1964 und 1965 bis 1972. Seit Ende 1964 kann man in Chicago Börsentermingeschäfte für lebende Rinder abschließen. Die Autoren ermittelten die Standardabweichungen der jährlichen, monatlichen und wöchentlichen Preise um einen Durchschnittspreis aus den jeweils acht Jahreswerten. Außerdem ermittelten sie die monatlichen und wöchentlichen Schwankungen um den jeweils jährlichen Durchschnittspreis. Um den inflationsbedingten Einfluß zu eliminieren, arbeiteten die Verfasser mit deflationierten Preisen. Sie kamen zu dem Ergebnis, daß insbesondere die monatlichen und wöchentlichen – also die kurzfristigen – Preisschwankungen seit Einführung des Börsenterminhandels signifikant abgenommen haben (G. TAYLOR u. R. LEUTHOLD, 1974, S. 29 - 35).

Neben den genannten gibt es noch viele weitere entsprechende Untersuchungen mit ähnlichen Aussagen. Zu praktisch allen Aussagen liegen widersprechende Ergebnisse vor. So erbrachte z.B. eine neuere Untersuchung von JOHNSON im Gegensatz zu der Untersuchung von WORKING keinen nennenswerten Einfluß des Börsenterminhandels auf die Zwiebelkassapreise in den USA (A. JOHNSON, 1973). Der wichtigste Unterschied zwischen den beiden Untersuchungen ist, daß JOHNSON Daten eines längeren Zeitraums verwendet hat, nämlich aus der Periode 1930 bis 1968. Schließlich seien auch noch meine eigenen Untersuchungen erwähnt, die ich analog dem Vorgehen von TAYLOR und LEUTHOLD durchführte; untersucht wurde die Preisentwicklung an den Märkten für lebende Schweine im Mittleren Westen der USA. Als Zeiträume wählte ich die Jahre 1957 bis 1965 und 1966 bis 1974. Einen Börsenterminmarkt für lebende Schweine gibt es seit 1966 in Chicago. Meine Berechnungen ergaben, daß die Preisschwankungen seit Einführung des Börsenterminhandels nicht milder aber auch nicht stärker wurden.

Selbst wenn bei den erwähnten Untersuchungen ein eindeutiges Urteil zustandegekommen wäre, können – meiner Ansicht nach – derartige Untersuchungen keine befriedigende Antwort auf die anstehende Frage liefern; vor allem deshalb nicht, weil die ermittelten Wirkungen auch auf sonstige Faktoren, wie z.B. auf Entwicklungen im Kommunikations-, Transport- und Vermarktungswesen, beruhen können. Die Wirkung derartiger Entwicklungen ist im verwendeten Datenmaterial mit enthalten und kann wohl kaum isoliert erfaßt werden.

Auswirkungen der Warenterminbörsen auf die Bildung und Stabilisierung der Kassamarktpreise könnten sich durch das Hedgen ergeben. Darunter versteht man im einzelnen, daß ein Verkauf von Effektivware, die man nicht besitzt, durch einen gleichzeitigen Kauf von Terminware bzw. daß ein Kauf von Effektivware, die man lagern oder verarbeiten und später verkaufen will, durch einen gleichzeitigen Verkauf von Terminware abgesichert wird. Im ersten Fall spricht man von einem Kauf-Hedge, im zweiten von einem Verkaufs-Hedge. Ein preisschwankungsbedingter Verlust im Effektivgeschäft (Kassamarktgeschäft) wird also durch einen Gewinn im Börsentermingeschäft weitgehend – oder in Ausnahmefällen ganz – ausgeglichen bzw. umgekehrt 1). Eine völlige Ausschaltung des Preisrisikos ist wegen der selten gegebenen vollkommenen "Parallelität" der Börsentermin- und Kassamarktpreise nur ausnahmsweise möglich. Das verbleibende Risiko ist jedoch im Verhältnis zu dem durch die Preissicherung ausgeschlossenen Risiko gering. Das Restrisiko wird um so kleiner, je günstiger beim Abschluß des Hedge-Geschäfts die Differenz zwischen dem Kassakurs und dem Terminkurs für die Hedger ist. Dementsprechend werden auch die Hedger reagieren. Sie werden um so weniger (mehr) am Börsenterminmarkt und um so mehr (weniger) am Kassamarkt anbieten (nachfragen), je höher der Kassakurs im Vergleich zum Börsenterminkurs ist. Die Hedger müssen natürlich berücksichtigen, daß sie mit dem Abschluß von Preissicherungsgeschäften evtl. auf Gewinne aus dem Rohstoffgeschäft verzichten. Wenn Unternehmen gehedged haben, so bedeutet das für sie, daß die Schwankungen ihrer Erlöse eingeebnet werden. Ob sich daraus Auswirkungen auf die Preisstabilität am Kassamarkt ergeben, ist nicht eindeutig bewiesen (W. TOMEK u. R. GRAY, 1970, S. 372 - 380). Meiner Ansicht nach könnte das Hedgen eine preisberuhigende Wirkung auf Kassapreise haben, nämlich deshalb, weil die hedgenden Unternehmen eine festere Kalkulationsbasis für die Zukunft und auch eine höhere Kreditwürdigkeit besitzen. Die dadurch gewonnene Sicherheit dürfte sich vermutlich eher stabilisierend als destabilisierend auf die Kassamarktpreise auswirken, und zwar nicht nur auf die Preise der Rohstoffmärkte, sondern auch auf Preise sonstiger Märkte, mit denen die hedgenden Unternehmer verbunden sind (also z.B. auch auf die Preise evtl. Fertigprodukte). Außerdem wäre denkbar, daß durch das Hedgen zumindest bei jährlich einmal anfallenden, lagerfähigen Produkten, die auf einem freien Kassamarkt verkauft werden, Preiseinbrüche zur Erntezeit – also saisonale Preisschwankungen – gemildert werden. Denn die Spekulanten stützen evtl. die Preise zur Erntezeit, indem sie die Produkte in der Hoffnung kaufen, sie später gewinnbringend verkaufen zu können (T. HIERONYMUS, 1972, S. 291 f.; W. TOMEK, 1971, S. 109 - 113).

1) Beispiel für ein Verkaufs-Hedge: Ein Händler nimmt zur Absicherung gegen das mit der Lagerhaltung verbundene Risiko die folgenden Transaktionen vor:

Effektivgeschäft		Börsentermingeschäft	
23. Juli 1975 Kauf von 100 t Sojaschrot zu	339 DM/t	23. Juli 1975 Verkauf eines Terminkontrakts über 100 t Sojaschrot zu	348 DM/t
10. Dezember 1975 Verkauf von 100 t Sojaschrot zu	380 DM/t	10. Dezember 1975 Kauf eines Terminkontrakts über 100 t Sojaschrot zu	382 DM/t
Gewinn im Effektivgeschäft	41 DM/t	Verlust im Börsentermingeschäft	34 DM/t

Der Händler erzielt einen Gewinn aus dem Hedge-Geschäft von 7 DM je t. Dieser Gewinn trägt zur Deckung der Lagerkosten bei.

Eine weitere Auswirkung der Warenterminbörsen auf die Kassamarktpreise könnte sich daraus ergeben, daß die Terminbörsennotierungen die Erwartungen der Unternehmen vom Kassamarkt beeinflussen und entsprechende Reaktionen hinsichtlich der Produktion und/oder der Lagerhaltung hervorrufen. Sofern die Notierungen mit den künftigen Kassamarktpreisen übereinstimmen und die genannten Unternehmen dann entsprechend auf diese Prognosen reagieren würden, wäre dies eine gute Basis für eine Stabilisierung der Kassapreise, weil Fehlreaktionen vermieden würden. Dann würde es sich bei den Börsenterminpreisen, die ja bis über 1 Jahr in die Zukunft hineinreichen, um geschätzte Gleichgewichtspreise für die nahe und fernere Zukunft handeln. In diesen Preisen müßten alle jene Tatsachen und Erwartungen ihren Niederschlag finden, die die künftige Warenbewegung und dadurch die künftige Preisbildung der Kassamarktware beeinflussen. Im Idealfall könnten damit u.a. den Produzenten Preisprognosen zur Verfügung gestellt werden, die über eine Produktionsperiode hinausreichen. Zur Frage der Übereinstimmung der Terminpreise mit den späteren Kassamarktpreisen – die Grundvoraussetzung der aufgezeigten möglichen Wirkung – liegen mehrere Untersuchungen vor (siehe z.B. A. LARSON, 1967, S. 49 - 64; H. KILLOUGH, 1925; F. KONOLD, 1972/73, S. 39 - 43). Insbesondere aus den jüngsten Untersuchungen kann man mit Vorsicht den Schluß ziehen, daß die Börsenterminpreise den künftigen Kassamarktgleichgewichtspreis nicht sonderlich gut repräsentieren. So kommt z.B. LARSON in einer neueren, gründlichen Untersuchung über amerikanische Eierpreise zu dem Schluß, daß die Börsenterminpreise nur in gewissem Ausmaß die zyklischen Preisschwankungen und kaum Trendbewegungen vorhersagen (A. LARSON, 1967, S. 64).

Um ein klareres Urteil abgeben zu können, wäre u.a. notwendig, umfassende Korrelationsrechnungen für viele Märkte durchzuführen. Jedoch ist aus verschiedenen Gründen wohl kaum zu erwarten, daß Prognosen in Form von Börsenterminpreisen besser sind als die Prognosen wissenschaftlicher Institute. Ein wesentlicher Grund ist, daß viele uninformierte Spekulanten und spekulierende Spielernaturen am Warenterminhandel beteiligt sind und damit die Preise beeinflussen. Sie tragen sicherlich wenig zu einer guten Preisvorhersage bei. Außerdem ist zu bedenken, daß gelungene oder versuchte Manipulationen des Börsenterminpreises zu einer Destabilisierung des Börsenterminpreises führen 1). In solchen Fällen wird der Börsenterminpreis für Prognosezwecke unbrauchbar.

Gegen die Eignung der Börsenterminpreise zu langfristigen Prognosen spricht, daß sehr viele Engagements an Börsen von vornherein nur für sehr kurze Laufzeiten vorgesehen sind. Dies bedeutet, daß sich viele Spekulanten nur für die Preisentwicklung in der nächsten Zukunft interessieren. Über die langfristige Marktentwicklung machen sie sich weniger Gedanken. Diese These wird dadurch untermauert, daß heute viele Spekulanten ihre Kauf- und Verkaufsentscheidungen allein anhand der sog. Technoanalyse fällen (Chartisten). Im Rahmen der Technoanalyse wird der Kurs für die nächste Zukunft vorausberechnet. Die Rechnung basiert auf der Börsenstimmung, dem vergangenen Kursverlauf, dem Umsatz sowie auf dem Engagement einzelner Spekulanten. Dabei wird nicht die Angebots- und Nachfragesituation direkt, sondern die psychologische Verfassung des Börsenpublikums ermittelt (L. STEINBERG, 1972, S. V/1). Hingegen analysieren die sog. Fundamentalisten die Marktverhältnisse direkt. Sie engagieren sich meist langfristig. Jedoch haften sie in der Regel nicht – wie dies manchmal vermutet wird – mit ihrem Vermögen für die Richtigkeit ihrer langfristigen Prognosen. Sie werden beizeiten glattstellen, wenn sie sehen, daß ihre Prognosen nicht zutreffen.

---

1) Die Bildung von stabilen oder destabilen Börsenterminpreisen wird u.a. im Rahmen der sog. modernen analytischen Spekulationstheorie erörtert. Siehe z.B. J. SCHIMMLER: Spekulation, spekulative Gewinne und Preisstabilität. Diss. Kiel 1974. – E. SOHMEN: Wechselkurs und Währungsordnung. Tübingen 1973. – G. STEINMANN: Theorie der Spekulation. Kieler Studien, Bd. 106. Tübingen 1970.

Es wurde also festgestellt, daß es der Wissenschaft bislang nicht gelungen ist, eindeutig zu ermitteln, ob Börsenterminpreise verläßliche Prognosen von Gleichgewichtspreisen des Kassamarktes darstellen. Manche Gründe sprechen dafür, daß die Börsenterminpreise die künftige Entwicklung am Kassamarkt nicht besonders gut widerspiegeln. Darüber hinaus konnte die Wissenschaft noch keine eindeutige Antwort auf die Frage geben, ob Warenterminbörsen ansonsten eine stabilisierende oder eine destabilisierende Wirkung auf Kassamarktpreise ausüben. Einiges deutet darauf hin, daß Warenterminbörsen zur Glättung saisonaler Preisschwankungen beitragen, und zwar bei einmal jährlich anfallenden, lagerfähigen Produkten (R. GRAY u. D. RUTLEDGE, 1971, S. 95 f.). Sicher ist jedoch, daß Warenterminbörsen den hedgenden Unternehmen eine Stabilisierung ihrer Einkommen ermöglichen.

4 Der Beitrag von Preisfindungsstellen zur Preisbildung und Preisstabilisierung

4.1 Definition

Eine Preisfindungsstelle ist eine Einrichtung zur laufenden Schätzung bzw. Prognose von Gleichgewichtspreisen für die nahe Zukunft.

Die zuverlässige Schätzung des Gleichgewichtspreises setzt hohe Markttransparenz voraus. Deshalb muß eine Preisfindungsstelle über ein leistungsfähiges Sekretariat verfügen, das alle vorliegenden kurz- und mittelfristigen Daten über die Angebots- und Nachfrageentwicklung im Inland, in den übrigen Mitgliedsländern der EG und in den wichtigen Drittländern sammelt, objektiv auswertet und das Auswertungsergebnis einem Gremium zur Kenntnis bringt. In diesem Gremium sollten der Markttransparenz wegen führende Marktbeteiligte vertreten sein. Das Gremium hat die Aufgabe, aufgrund der ihm dargelegten Marktentwicklung und der eigenen, neuesten Kenntnis von der Marktlage, den vermutlichen Gleichgewichtspreis für die nahe Zukunft zu schätzen. Um die Verwendbarkeit für die Praxis sicherzustellen, muß die Schätzung auf ein genau bestimmtes Gebiet, eine bestimmte Qualität und sonstige bestimmte Konditionen bezogen sein. Je nach Produkt wird es erforderlich sein, ein- oder mehrmals wöchentlich den Gleichgewichtspreis zu schätzen. Da nicht erwartet werden kann, daß Gremiumsangehörige regelmäßig zu der evtl. weit entfernten Preisfindungsstelle reisen, sollten die Sitzungen des Gremiums mit Hilfe von Telefonkonferenzschaltungen und dgl. durchgeführt werden, so daß die Beteiligten von ihrem Büro aus teilnehmen können (WISSENSCHAFTLICHER BEIRAT BEIM BUNDESMINISTERIUM FÜR ERNÄHRUNG, LANDWIRTSCHAFT UND FORSTEN, 1967, S. 11).

4.2 Auswirkungen der Preisfindungsstellen auf die Preisbildung und Preisstabilisierung

Die Befürworter derartiger Einrichtungen erwarten, daß die geschätzten Gleichgewichtspreise als Leitpreise wirken, daß also die Schätzungen breit gestreut werden und das Vertrauen der Marktbeteiligten finden. Sofern dies eintritt, werden die Schätzungen Wirkungen wie Leitnotierungen von Marktveranstaltungen erzielen. Zunächst werden dann durch die Schätzungen die Vorstellungen einer großen Zahl von Marktbeteiligten über die Preise, die geboten werden müssen und verlangt werden können, vereinheitlicht, und zwar ohne daß der einzelne gezwungen wäre, von dem Leitpreis Gebrauch zu machen. Dies würde eine Erleichterung und darüber hinaus eine Beschleunigung der Preisfindung bedeuten, denn das mühevolle, zeitraubende und vielfach auch kostspielige Sammeln, Aus- und Bewerten von Preis- und Marktdaten entfiele weitgehend. Diese Tätigkeit würde - sozusagen in Arbeitsteilung - zentral in der Preisfindungsstelle verrichtet. Die Vereinheitlichung der Vorstellungen über den Marktpreis hätte zur Folge, daß sich in der Regel auch die ausgehandelten Preise weitgehend gleichen würden, denn der Bereich für Preisforderungen und -gebote wäre dann sehr eng. Außerdem ist zu erwarten, daß sich viele Marktbeteiligte der verschiedenen Vermarktungsstufen direkt an die Schätzungen anhängen. Es würde demnach auch eine Erleichterung und Beschleunigung der Preisbildung eintreten. Die Schätzungen können folglich den Charakter eines Richtpreises annehmen, und zwar eines Richtpreises, der seiner Natur nach marktberuhigend wirkt, denn es handelt sich ja um den vermutlichen Gleichgewichtspreis. Die Vereinheitlichung der Vorstellungen über die Marktpreise und die Vereinheitlichung der ausgehandelten Preise würde somit eine starke Glättung oder Verhinderung kurzfristiger Preisschwankungen bedeuten.

Die über Preisfindungsstellen zu erzielende Beeinflussung der Preisbildung und Preisstabilisierung wäre gesamtwirtschaftlich gesehen sehr wertvoll, denn dadurch würde die allgemeine Markttransparenz verbessert und damit der Wettbewerb erhöht werden.

Die Diskussion um Preisfindungsstellen hat bewirkt, daß solche Institutionen inzwischen ausprobiert werden. Am weitesten ausgereift ist die Einrichtung für die Schätzung von Gleichgewichtspreisen für Obst im Bodenseeraum. Außerdem sind die Ansätze zur laufenden Prognose von Gleichgewichtspreisen für Obst im Alten Land, für Eier in Mannheim und für Frühkartoffeln zu erwähnen.

Zusammenfassend ist festzustellen, daß durch Preisfindungsstellen sowohl die Preisfindung wie auch die Preisbildung erleichtert und beschleunigt werden kann und kurzfristige Preisschwankungen verhindert oder geglättet werden können. Eine wesentliche Voraussetzung ist allerdings, daß die Preisfindungsstellen wie beschrieben organisiert und ausgestattet werden und daß ihre Prognosen zutreffen. Eine hohe Qualität der Schätzungen und eine entsprechende Zusammensetzung der Schätzungskommission bilden die Basis dafür, daß die Arbeit der Preisfindungsstellen marktweit Vertrauen genießt und Beachtung findet.

Literatur

1. ALBER, B.: Die Notierung von Agrarprodukten in der Bundesrepublik Deutschland. Diss. Hohenheim 1972.

2. BÖCKENHOFF, E.: Änderungen in der Vermarktung von Schlachtvieh und Fleisch in Westeuropa. Beitrag anläßlich der FAO-Tagung über Entwicklungstendenzen im Nahrungsmittelabsatz. Herten, Oktober 1974.

3. DERS.: Der Terminhandel mit Agrarerzeugnissen und seine Auswirkung auf die Preisbildung. In: Agrarwirtschaft, Jg. 18 (1969). S. 181 - 188.

4. EMERY, H.: Speculation on the Stock and Produce Exchanges of the United States. New York 1896.

5. GRAY, R. u. D. RUTLEDGE: The Economics of Commodity Futures Markets - A Survey. In: Review of Marketing and Agricultural Economics, Bd. 39, Nr. 4. Dezember 1971.

6. HIERONYMUS, T.: Economics of Futures Trading, 2. Aufl. New York 1972.

7. JOHNSON, A.: Effects of Futures Trading on Price Performance in the Cash Onion Market, 1930 - 1968. US dept. Agr., ERS Tech. Bull. Nr. 1470. Febr. 1973.

8. KALDOR, N.: Speculation and Economic Stability. In: The Review of Economic Studies, Bd. VII, 1939 - 1940, S. 1, Neudruck. New York 1959.

9. KILLOUGH, H.: What Makes the Price of Oats? US Dept. Agr., Bull. Nr. 1351. Sept. 1925.

10. KONOLD, F.: Arbeitsweise und Funktionen des Terminhandels für Schlachtschweine in den USA unter besonderer Berücksichtigung von Preisbildung und Produktionslenkung. Diplomarbeit Hohenheim 1972/1973.

11. KRIEBEL, H.: Warenbörsen und warenbörsenähnliche Einrichtungen in der Bundesrepublik Deutschland. Beiträge zur Erforschung der wirtschaftlichen Entwicklung, H. 7. Stuttgart 1960.

12. LARSON, A.: Price Prediction on the Egg Futures Market. In: Supplement to Vol. VII, Food Research Institute Studies, S. 49 - 64, Stanford 1967.

13. SCHIMMLER, J.: Spekulation, spekulative Gewinne und Preisstabilität. Diss. Kiel 1974.

14. SOHMEN, E.: Wechselkurse und Währungsordnung. Tübingen 1973.

15. STEINBERG, L.: Chancen und Risiken der Warenterminspekulation. Liechtenstein 1972.

16. STEINMANN, G.: Theorie der Spekulation. Kieler Studien, Bd. 106. Tübingen 1970.

17. TAYLOR, G. u. R. LEUTHOLD: The Influence of Futures Trading on Cash Cattle Price Variations. In: Food Research Institute Studies, Bd. XIII, Nr. 1, S. 29 - 35. Stanford 1974.

18. TOMEK, W.: A Note on Historical Wheat Prices and Futures Trading. In: Food Research Institute Studies, Bd. X, Nr. 1, S. 109 - 113. Stanford 1971.

19. DERS. u. R. GRAY: Temporal Relationships Among Prices on Commodity Futures Markets - Their Allocative and Stabilizing Roles. In: American Journal of Agricultural Economics, Bd. 52, Nr. 3, S. 372 - 380. August 1970.

20. WISSENSCHAFTLICHER BEIRAT BEIM BUNDESMINISTERIUM FÜR ERNÄHRUNG, LANDWIRTSCHAFT UND FORSTEN: Strukturwandel und Rationalisierung in der Vermarktung von Agrarprodukten. Landwirtschaft - Angewandte Wissenschaft, H. 129. Hiltrup (Westf.) 1967.

21. WORKING, H.: Price Effects of Futures Trading. In: Food Research Institute Studies, Bd. 1, Nr. 1, S. 3 - 31. Stanford 1960.

22. ZENTRALE MARKT- UND PREISBERICHTSTELLE DER DEUTSCHEN LANDWIRTSCHAFT: Markttransparenz durch Marktberichterstattung. Landwirtschaft - Angewandte Wissenschaft, H. 135. Hiltrup (Westf.) 1968.

DER BEITRAG VON WICHTIGEN AGRARMARKTVERANSTALTUNGEN
UND VON PREISFINDUNGSSTELLEN ZUR PREISBILDUNG UND
PREISSTABILISIERUNG   (Korreferat)

von

Fritz Schmidt, Göttingen

1	Vorbemerkungen	375
2	Der Beitrag von Großmärkten	376
3	Der Beitrag von Warenterminmärkten	376
3.1	Die preisbildenden Einflüsse der Arbitrage	376
3.2	Beziehungen zwischen Kassa- und Terminpreisen bei lagerfähigen Produkten	377
3.3	Preisbildung und preisstabilisierende Wirkungen auf Warenterminmärkten für nicht lagerfähige Produkte	378

1 Vorbemerkungen

ALBER hat sich zum Ziel gesetzt, den Beitrag von Agrarmarkteinrichtungen und Preisfindungsstellen zur Preisbildung und -stabilisierung zu analysieren. Er ist dabei derart vorgegangen, daß er zunächst die Preisbildung auf den entsprechenden Teilmärkten untersuchte und dann mögliche Auswirkungen dieser Märkte für die Preisbildung und -stabilisierung insgesamt aufzeigte.

Soll die Preisbildung auf verschiedenen Agrarmarkteinrichtungen verglichen werden, so sind im wesentlichen zwei Komplexe zu berücksichtigen (W.G. TOMEK und K.L. ROBINSON, 1972, S. 217 ff.):

a) welchen Einfluß üben die qualitativ und quantitativ preisbildenden Faktoren auf die Geschwindigkeit und Genauigkeit der Preisbildung aus und

b) welche Funktionen können die sich auf Agrarmarkteinrichtungen bildenden Preise erfüllen?

Der erste Punkt wurde sehr ausführlich von ALBER bearbeitet. Zu dem zweiten erfolgen in diesem Korreferat einige Ergänzungen. Preise und Preisrelationen sollen die Höhe und die Zusammensetzung der Produktion bestimmen und auf regionaler und zeitlicher Ebene Angebot und Nachfrage zum Ausgleich bringen. Welche Funktionen die Preise, die das Ergebnis der einzelnen Märkte und Preisfindungsstellen sind, erfüllen können, wird im folgenden untersucht. Außerdem wird ergänzend zu den Ausführungen von ALBER auf einige weitere mögliche Stabilisierungswirkungen von Warenterminmärkten eingegangen.

2 Der Beitrag von Großmärkten

ALBER ist in seinem Referat zu dem Ergebnis gekommen, daß Großmärkte kurzfristige und regionale Preisschwankungen glätten können und daß sie die Preisbildung erleichtern und beschleunigen 1). Untergliedern wir die kurzfristigen Schwankungen, z.B. auf Schlachtviehmärkten, in Schwankungen während eines Tages bzw. während einer Woche und in wöchentliche Schwankungen, so ist ALBER in seiner Argumentation zuzustimmen, daß Schwankungen an einem Markttage und an einem Marktort auf Grund des diesbezüglich breiten Informationsangebotes gemildert werden können. Die von ALBER erwartete regionale und wöchentliche Stabilisierung der Preise scheint aber aus folgenden Gründen zweifelhaft. Bei einer polypolistischen Angebotsstruktur werden die Anbieter die Märkte beschicken, die bei der oder den letzten Notierungen unter Berücksichtigung der Transportkosten die höchsten Preise zu verzeichnen hatten. Da die Anbieter ihr Verhalten nicht abstimmen können und die Märkte geräumt werden müssen, ist zu erwarten, daß die Auftriebe auf den einzelnen Märkten schwanken und so insbesondere bei einer preisunelastischen Nachfrage starke wöchentliche und regionale Preisfluktuationen induzieren können.

Weiterhin ist die zeitliche Dimension von Großmärkten begrenzt, daher können sie auch kaum einen Beitrag zur Steuerung des Lagerauf- und -abbaus bei saisonal produzierten Gütern liefern. Außerdem geben sie Verbrauchern und Produzenten nicht die Möglichkeit, auf der Basis vorwärtsgerichteter Preisnotierungen Entscheidungen zu treffen. Im folgenden soll untersucht werden, welche weitergehenden Funktionen Preise erfüllen können, die sich auf Warenterminmärkten bilden.

3 Der Beitrag von Warenterminmärkten

Im wesentlichen werden von ALBER empirische Untersuchungen aufgeführt, die zum Ziel haben, die preisstabilisierenden Einflüsse von Warenterminmärkten zu quantifizieren. Die theoretischen Erklärungen zur Preisbildung und -stabilisierung sind dabei etwas in den Hintergrund getreten. ALBER hat vor allen Dingen seine Betrachtungen nicht differenziert genug nach Produktarten durchgeführt. Soll eine derartige Analyse aussagekräftig sein, so muß man einen Teil der Betrachtungen getrennt für lagerfähige saisonal produzierte Güter einerseits und für nicht lagerfähige oder begrenzt lagerfähige kontinuierlich produzierte Güter andererseits durchführen. Entsprechend sollen im folgenden zunächst Gemeinsamkeiten bei der Preisbildung und anschließend Besonderheiten aufgeführt werden.

3.1 Die preisbildenden Einflüsse der Arbitrage

Da ALBER die Arbitrage als mögliches Warentermingeschäft außer acht läßt, diese aber wichtige wirtschaftliche Funktionen erfüllen kann, soll hier auf die Definition und die Wirkungsweise der Arbitrage kurz eingegangen werden.

Arbitragegeschäfte laufen generell in zwei Schritten ab. Im ersten Schritt wird ein Kauf mit einem Verkauf gekoppelt. Es wird dort gekauft, wo ein Preisanstieg erwartet wird, und verkauft, wo der Preis als zu hoch angesehen wird. Nachdem die Preisdifferenzen wieder ein "normales" Niveau erreicht haben, werden die entsprechenden Kontrakte wieder ge- und verkauft. Wir können drei Arten der Arbitrage unterscheiden:

a) Arbitrage zwischen verschiedenen Fälligkeitsterminen an einer Börse, wozu auch die Marktarbitrage gezählt wird, die eine Beziehung zwischen Kassa- und Terminpreisen herstellt.

---

1) Um obige Aussagen treffen zu können, muß die Preisbildung auf Großmärkten einem Referenzsystem gegenübergestellt werden. Da ALBER ein solches nicht explizit aufgeführt hat, wird angenommen, daß er die Preisbildung auf Großmärkten mit der auf lokalen Teilmärkten vergleicht.

b) Arbitrage zwischen verschiedenen Börsenplätzen eines gleichen Fälligkeitsmonats und

c) Arbitrage zwischen verschiedenen Produkten eines Monats an einem oder an verschiedenen Börsenplätzen.

Die zweite Form der Arbitrage bewirkt eine flexible und schnelle Regionalisierung der Preise, während die dritte Form bei substitutiven Produkten flexible Preisrelationen entsprechend der sich ändernden Angebots- und Nachfragebedingungen bei den einzelnen Produkten zeitigt.

Warenterminmärkte können also durch die Möglichkeit der Arbitrage und auf Grund eines ausgezeichneten Informationswesens einen flexiblen regionalen, zeitlichen und sachlichen Preiszusammenhang bewirken und sind in dieser Hinsicht Großmärkten gegenüber überlegen.

3.2 Beziehungen zwischen Kassa- und Terminpreisen bei lagerfähigen Produkten

Durch die Etablierung von Kassa- und Terminpreisen kann bei kontinuierlich und diskontinuierlich lagerfähigen Produkten eine Reduktion von intrasaisonalen Preisschwankungen und eine Reduktion der Lagerhaltungskosten bewirkt werden, bei kontinuierlich lagerfähigen Produkten ist darüberhinaus noch mit einer intersaisonalen Stabilisierungswirkung zu rechnen.

ALBER erwähnt in seinem Referat kurz, daß saisonale Preiseinbrüche durch Warenterminmärkte gemildert werden können. Die Lagerhaltungskostenaspekte und den intersaisonalen Preisausgleich vernachlässigt er dagegen. Da seine theoretische Begründung zum saisonalen Preisausgleich von den Vorgängen, wie sie auf Warenterminmärkten zu verzeichnen sind, abweicht, sei hier kurz erläutert, wie Warenterminmärkte auf eine Begrenzung der Lagerhaltungskosten und einen saisonalen Preis- und somit auch Mengenausgleich hinwirken können.

Die Differenz zwischen Kassa- und Terminpreis (bzw. zwischen zwei Terminpreisen) kann als der Erlös angesehen werden, der durch die Lagerung von gehedgten Produkten möglich ist. Unterstellt man bei den Lagerhaltern gewinnmaximierendes Verhalten, so werden sie so lange Produkte auf Lager nehmen, bis die Differenz von Terminpreis abzüglich Kassapreis plus Lagerkosten keinen Gewinn mehr verspricht. Die positive Differenz zwischen Termin- und Kassapreis kann so die Höhe der Lagerhaltungskosten nicht übersteigen 1). Kaufen Spekulanten nach der Ernte Kontrakte in der Hoffnung, sie später teurer zu verkaufen, so wird der Kassapreis zur Erntezeit auf Grund der oben erwähnten Zusammenhänge tendenziell angehoben. Im Laufe des Erntejahres verkaufen die Spekulanten ihre Kontrakte und üben so c.p. einen preisdämpfenden Effekt aus 2). Verfügen die Landwirte über geringe Lagerkapazitäten, so müssen sie einen Großteil ihrer Produkte nach der Ernte vermarkten und ein höherer Preis zur Erntezeit kann so direkt einkommenserhöhend wirken.

Neben diesen intrasaisonal stabilisierenden Wirkungen von Warenterminmärkten sind bei kontinuierlich lagerfähigen Produkten auch intersaisonal stabilisierende Preiseinflüsse möglich (W.G. TOMEK und R.W. GRAY, 1970, S. 379 f.). Zu einer intersaisonalen Stabilisierung kann es z.B. dadurch kommen, daß Getreide über ein Erntejahr hinaus auf Grund der Absicherung durch ein Hedgegeschäft gewinnbringend gelagert werden kann, und so der Preis zu Ende des alten Erntejahres angehoben und zu Beginn des neuen gesenkt wird. Bei Erwartung einer guten Ernte ist es aber auch denkbar, daß die Lagerbestände am Ende des alten Erntejahres überdurchschnittlich abgebaut werden. Dies ist für die Lagerhalter immer dann gewinnbringend, wenn sie ihre Lager zu Beginn des neuen Erntejahres zu günstigen Preisen auffüllen können. Um diese Preise abzusichern, werden sie Terminkontrakte kaufen und so den Preis zu Beginn der neuen Ernte tendenziell anheben.

---

1) Sie kann kleiner sein, wenn in der Zukunft mit einem relativ reichhaltigen Angebot gerechnet wird, oder wenn den Lagerhaltern aus der Verfügbarkeit von Ware Vorteile erwachsen, im amerikanischen "convenience yield" genannt.

2) Ein Aufbau von "long" Positionen seitens der Spekulanten zur Erntezeit und ein entsprechender Abbau während des Erntejahres wurde von HIERONYMUS beobachtet. Vgl. T.A. HIERONYMUS? Effects of Futures Trading on Prices. In: Futures Trading Seminar History and Development, Vol. 1, Madison 1960, S. 133.

Warenterminmärkte für lagerfähige Produkte können also auf einen saisonalen Preis- und Mengenausgleich hinwirken und z.T. abrupte Preisdifferenzen zwischen Jahren mildern. Dem einzelnen Wirtschaftssubjekt geben sie durch die Möglichkeit des Hedgens weiterhin ein Instrument, mit dessen Hilfe es risikoloser kurz- bis mittelfristige Entscheidungen treffen kann.

3.3 Preisbildung und preisstabilisierende Wirkungen auf Warenterminmärkten für nicht lagerfähige Produkte

Von Warenterminmärkten für lagerfähige Produkte können oben erwähnte Stabilisierungstendenzen ausgehen, weil ein enger Zusammenhang zwischen Kassa- und Terminpreisen besteht. Bei nicht oder nur begrenzt lagerfähigen Produkten gibt es einen solchen Zusammenhang in dieser einfachen Form nicht.

Ob Warenterminmärkte für nicht lagerfähige Produkte Produktionsentscheidungen beeinflussen können, hängt hauptsächlich von der Produktionsdauer und dem Verhalten der Spekulanten ab. Für die Schweineproduktion ergeben sich z.B. folgende Zusammenhänge: Die Produktionslänge von der Sauenzulassung bis zum Mastende beträgt ca. 11-13 Monate. Sollen Warenterminmärkte Entscheidungshilfen bezüglich des Umfangs der Produktion liefern, so ist es erforderlich, daß Spekulanten ein Engagement über die entsprechende Zeit im voraus tätigen. I.d.R. sind nur wenige Spekulanten gewillt, sich auf ein Jahr oder länger im voraus festzulegen, so daß eine Steuerung der Schweineproduktion über die Ferkelmärkte nicht mehr erfolgversprechend sein dürfte. Für die Mastbetriebe könnten sich aus den Terminnotierungen Entscheidungshilfen ergeben, da der Mastzeitraum ca. 6 Monate beträgt und erwartet werden kann, daß Spekulanten über diesen Zeitraum hinaus auf Grund umfangreicher Information Kontrakte kaufen werden. Sind die erwarteten Preise der Spekulanten nicht nur eine Funktion gegenwärtiger Preise, sondern auch Ausdruck weiterer Informationen über die zukünftige Angebots- und Nachfragesituation, so kann ein zyklusdämpfender Effekt von Terminnotierungen ausgehen, wenn die Erzeuger diese zur Grundlage ihrer Entscheidungen machen.

Auf dem Rindermastsektor in den USA wurde eine Beziehung zwischen den Kassapreisen für "feeder cattle" (Magervieh) und den Terminpreisen für Mastvieh festgestellt (R.M. LEUTHOLD, 1974, S. 273 f.). Die Preisdifferenz läßt sich als die Summe der Kosten definieren, die auftreten, um das Magervieh bis zur Schlachtreife zu mästen. Mästern, die Magervieh aufstallen, wird so durch die Terminnotierungen bei Kenntnis der Mastkosten die Möglichkeit gegeben, die Rentabilität der Mast im voraus zu berechnen. Weiterhin wird durch die Notierungen bewirkt, daß bei Inanspruchnahme des Terminmarktes durch die Mäster (Hedger) diese Differenz tendenziell gesenkt wird und so die Produktion nur in den effizient wirtschaftenden Betrieben aufrechterhalten werden kann.

Wie aus den Ausführungen ersichtlich wurde, können Warenterminmärkte z.T. zu einer Stabilisierung der Produktmärkte beitragen. Hinsichtlich der eingangs erwähnten Vergleichskriterien sind sie Großmärkten überlegen.

Literatur

1 HIERONYMUS, T.A.: Effects of Futures Trading on Prices. In: Futures Trading Seminar, History and Development, Vol. 1, Madison 1960, S. 121-161.

2 LEUTHOLD, R.M.: The Price Performance on the Futures Market of a Nonstorable Commodity: Live Beef Cattle. "American Journal of Agricultural Economics", Vol. 56 (1974), S. 271-279.

3 TOMEK, W.G. und R.W. GRAY: Temporal Relationships Among Prices on Commodity Futures Markets: Their Allocative and Stabilizing Roles. "American Journal of Agricultural Economics", Vol. 52 (1970), S. 372-380.

4 TOMEK, W.G. und K.L. ROBINSON: Agricultural Product Prices. London 1972.

DIE NOTIERUNG VON GESCHÄTZTEN GLEICHGEWICHTSPREISEN -
EIN BEITRAG ZUR PREISSTABILISIERUNG AUF DEM OBSTMARKT

von

Helmut Janßen, Bavendorf

1	Zur Instabilität auf dem Obstmarkt	379
2	Stabilisierungsinstrumente des Obstmarktes	380
3	Die Notierung von geschätzten Gleichgewichtspreisen für Bodenseeobst	381
3.1	Die Entstehung der Notierungseinrichtung	382
3.2	Die Gleichgewichtspreis-Schätzung durch eine Kommission	383
3.3	Bisherige Erfahrungen	385
4	Die Anwendung des Verfahrens in anderen Obstregionen	386
5	Zusammenfassung	387

1 Zur Instabilität auf dem Obstmarkt
=====================================

Der Obstmarkt gehört, zusammen mit dem Gemüsemarkt, zu den Agrarmärkten mit besonders grosser Preisflexibilität. Schon geringe Veränderungen von Angebot und/oder Nachfrage haben starke Preisschwankungen zur Folge (R. PLATE, 1968, S. 73).

Da die Obstnachfrage sich verhältnismäßig stetig entwickelt und selten sprunghafte Veränderungen zeigt, sind die Ursachen für instabile Obstmärkte vor allem auf der Angebotsseite zu suchen. Preisstabilisierung auf dem Obstmarkt zielt deshalb vornehmlich auf die Verringerung von Angebotsschwankungen. Dabei geht es in erster Linie um die Dämpfung oder Eliminierung von erratischen Schwankungen.

Typische erratische Schwankungen des Obstmarktes sind die unregelmäßigen Angebots- und Preisschwankungen, die vom Ausfall der jeweiligen Jahresernte sowie durch Fehlreaktionen der Erzeuger auf das Preisniveau der Vergangenheit verursacht werden (H. STORCK, 1969, S. 48).

Für das Ausmaß der Streuung der jährlichen Obsterträge gibt H. STORCK (1966, S. 121 und 114) u.a. aus Ertragsstatistiken im nördlichen Niedersachsen Variationskoeffizienten zwischen 18,6 % (Erdbeeren) und 51,4 % (Birnen) an. Die Ernteerträge landwirtschaftlicher Feldfrüchte schwanken nach der gleichen Quelle zwischen 10,1 % (Winterweizen) und 16,1 % (Zuckerrüben); siehe Tabelle 1. Den Streuungen der jährlichen Obsternteerträge entsprechen in etwa die Streuungen der Jahresdurchschnitte der Obsterzeugerpreise (siehe Tabellen 2 und 3).

Auch kruzfristig, von Woche zu Woche, sind die Angebotsmengen und -preise der Obstarten und -sorten oft erheblichen Schwankungen unterworfen. Deren Größenordnung liegt jedoch nach eigenen Erhebungen bei den wichtigsten Apfelsorten der Bodenseeregion mit 7 - 23 % in einem Hochpreisjahr wie 1972/73 erheblich unter der Variabilität der Jahresdurchschnittspreise.

In einem Niedrigpreisjahr wie 1973/74 dagegen erreichen Frühsorten – wie James Grieve, Gravensteiner und Goldparmäne – Werte von 29 – 36 % (siehe Tabelle 4). Die kurzfristige Preisvariabilität ist zu Saisonbeginn, wenn noch keine genügend sichere Beurteilung der neuen Ernte vorliegt, besonders groß.

2 Stabilisierungsinstrumente des Obstmarktes

Als Stabilisierungsmaßnahmen gegen langfristige zyklische Angebots- und Preisschwankungen auf Obstmärkten sind zu nennen und werden angewandt:

a) Veröffentlichung von langfristigen Anbaustatistiken und -prognosen, die den Produzenten ihre Zukunftsperspektiven verdeutlichen, ihnen aber die freie Entscheidung über Ausdehnung oder Einschränkung des Anbaues überlassen.

b) Gewährung von Anpflanzungsbeihilfen, um den Produzenten einen Anreiz zur Ausweitung bzw. Modernisierung des Obstanbaues zu geben.

c) Gewährung von Rodeprämien, um vorhandene Überkapazitäten rasch abzubauen.

d) Einführung von Anbaukatastern und -kontingenten, um den Anbau zwangsweise zu stabilisieren.

Als Maßnahmen gegen mittel- und kurzfristige erratische Angebotsschwankungen kommen (in Anlehnung an H. STORCK, 1969, S. 48) in Betracht:

e) Verbesserung von Standortwahl und Pflegeintensität der Obstanlagen zur Verringerung der Ertragsalternanzen.

f) Schaffung von ausreichenden Lagerkapazitäten und Anwendung von Lagerstrategien, die auf eine gleichmäßigere Marktbelieferung zielen.

g) Verringerung von zeitweiligen Überangeboten durch:

- zusätzliche Verarbeitung von Obst zu Säften, Konserven etc.;
- Außenhandelsschutz (durch hohe Selbstversorgung innerhalb der EG kaum wirksam);
- Marktentnahme von Überschußware mittels Intervention;

h) Verringerung des Risikos von Fehlbeurteilung der aktuellen Marktlage und entsprechendem Fehlverhalten bei der Angebotsdosierung und Preisbildung durch <u>Verbesserung der aktuellen Markttransparenz</u> mit Hilfe von:

- aktueller neutraler Marktberichterstattung;
- Erhaltung oder Einrichtung von zentralen Markteinrichtungen mit offener Preisbildung (Großhandelsmärkte, Versteigerungen);
- Einrichtung von <u>Preisfindungsstellen</u>, die nahzukunftsbezogene Gleichgewichtspreise schätzen und als Notierungen bekanntgeben.

Die zuletzt genannte Maßnahmegruppe, die der Verbesserung der aktuellen Markttransparenz und damit dem situationsgerechten Angebots- und Preisverhalten dient, ist auf der ersten Stufe des Obstmarktes in den letzten Jahren immer wichtiger geworden. Das liegt vor allem an den Strukturveränderungen, die in der Nachkriegszeit im Lebensmittelgroß- und -einzelhandel zu erheblichen Nachfragekonzentrationen und Warenstromverlagerungen führten. Die Großunternehmen und großen Verbundeinheiten dieser Branche kaufen beträchtliche Obstmengen direkt in den in- und ausländischen Anbaugebieten ein. Diese Mengen nehmen nicht an der richtungweisenden Preisbildung auf den zentralen Verteilergroßmärkten (wie München, Stuttgart, Frankfurt, Köln, Hamburg etc.) teil. Es kann zu Abweichungen in der Preisbildung zwischen diesen Marktbereichen kommen, wodurch sich das Preisrisiko für alle Marktbeteiligten erhöht.

Mehr Sicherheit bietet in dieser Situation eine offene Preisbildung auf der ersten Stufe des Obstmarktes, in den Anbaugebieten. Sie ist dort gegeben, wo entweder bedeutende Sammel- und Versandgroßmärkte oder genügend große Versteigerungen mit einer offenen, für jedermann erkennbaren Preisbildung (und womöglich amtlichen Preisnotierung) vorhanden sind. Das ist in großen europäischen Obstbauregionen verbreitet der Fall, vor allem in Frankreich, Italien und in den Niederlanden, die über ein dichtes Netz von Erzeugerversteigerungen (Veilinge) verfügen.

In der Bundesrepublik haben wir repräsentative Orientierungsmärkte in Obstanbauregionen nur in den Früh- und Weichobstgebieten Süddeutschlands (z.B. die genossenschaftlichen Obstversteigerungen in Oberkirch und Bühl - beide in Mittelbaden - und in Ingelheim, Pfalz), nicht aber in den bedeutenden Kernobstanbaugebieten an Niederelbe und Bodensee. Im Rheinland sind Obstversteigerungen trotz abnehmender Versteigerungsmengen als Preisorientierung z.T. auch für Kernobst noch wirksam.

Das bedeutende Südtiroler Kernobstanbaugebiet besitzt keinen ausreichend großen Versteigerungs- oder Sammel- und Versandgroßmarkt, der eine allerseits akzeptierte Preisführerrolle spielt. Die Rolle der regionalen, situationsgerechten Abgangspreisfindung wird in Südtirol von einigen äußerst regsamen Maklerfirmen (Fruchtagenturen) wahrgenommen, allerdings ohne allgemein bekanntwerdende Notierungen. Offene Preisbildung und -führung findet sich zu bestimmten Saisonabschnitten nur bei einigen privaten Fruchtauktionen.

Als wichtige Marktplätze mit Preisorientierungsfunktion sind in diesem Zusammenhang noch besonders die Fruchtauktionen an den seewärtigen Importhandelsplätzen Hamburg und Bremen zu nennen.

Den gleichen Zweck wie zentrale Marktplätze mit offener Preisbildung können - da wo diese Märkte nicht vorhanden sind oder ihre Neuerrichtung zu teuer und riskant wäre - neutrale Preisfindungsstellen weit billiger erfüllen, die anhand objektiver Kriterien aktuelle bzw. nahzukünftige Gleichgewichtspreise schätzen und allen Martbeteiligten in der Form von informativen Notierungen zugänglich machen.

3 Die Notierung von geschätzten Gleichgewichtspreisen für Bodenseeobst

Auf die ausführliche Darstellung von grundsätzlichen Problemen der Preisfindungsstellen kann hier verzichtet werden, da das bereits in einem Beitrag zu dieser Tagung von B. ALBER (1975) und an anderen Stellen ausführlich geschehen ist (u.a. B. ALBER, 1971, S. 22 u. 50 f; R. FREDEMANN u.a., 1971, S. 30 f; R. PLATE u.a., 1965, S. 459; H. STORCK, 1969, S. 45; WISS. BEIRAT BEIM BML, 1967, S. 7 f; Zentrale Markt- und Preisberichtsstelle (ZMP), 1968, S. 11 f).

Im folgenden wird über ein Experiment berichtet, das die Entwicklung einer Methode zur Schätzung von Gleichgewichtspreisen (R. PLATE, 1968, S. 132 f) und deren praktische Einführung im Rahmen von Preisfindungsstellen auf der ersten Stufe des Obstmarktes zum Ziel hatte (H. JANSSEN, 1972 und 1973).

Die Möglichkeit zur Durchführung dieses Experimentes in der Marktwirklichkeit der Obstregion Bodensee ergab sich aus dem glücklichen Zusammentreffen mehrerer Voraussetzungen:

a) Die Marksituation in der Bodenseeregion seit Mitte der 60er Jahre machte wirkungsvolle Maßnahmen zur regionalen Preisstabilisierung notwendig.

b) Die EWG-Verordnung 159/66 bot zu dieser Zeit die Möglichkeit zum (bezuschußten) Aufbau von marktwirksamen Obsterzeugerorganisationen.

c) Unsere Forschungsstation ist unmittelbar in der Bodenseeregion ansässig, und der Autor genoß infolge seiner mehrjährigen regionalen Obstmarktbeobachtung bereits das Vertrauen der - z.T. in erbitterter Konkurrenz untereinander zerstrittenen - Obstabsatzeinrichtungen dieser Region.

d) Die Universität Hohenheim, das Landwirtschaftsministerium Stuttgart und die regionalen Obsterzeugerorganisationen erklärten sich bereit, das Experiment durch die Bereitstellung von zuverlässigen Marktdaten (Rechnungsdurchschläge), von Räumen und Rechnerkapazität bzw. durch finanzielle Zuschüsse zu fördern.

Es ist zu vermuten, daß das Zusammentreffen derartig günstiger Voraussetzungen für das Gelingen des mehrjährigen Experimentes in und mit der Marktwirklichkeit ebenso wichtig war, wie die Konzeption zu dem Experiment selbst.

Für vielfältige Unterstützung durch Rat und Tat in allen Phasen der Arbeit schulde ich insbesondere Herrn Professor PLATE, Hohenheim, Dank. Der Entschluß zur Einleitung des Experimentes wurde durch einen Besuch bei der hervorragend arbeitenden Butter- und Käsebörse in Kempten (Allgäu) im Jahre 1966 stimuliert (ANONYM, 1971).

3.1 Die Entstehung der Notierungseinrichtung

In der Bodenseeregion standen Mitte der 60er Jahre 25 Obstsammel- und -versandgrossisten und 10 Obstabsatzgenossenschaften miteinander im Wettbewerb einerseits um die Erfassung der Früchte bei den Produzenten, andererseits um die Käufer von Bodenseeobst. Die Zahl der Grossisten ist bis 1975 auf rd. 15, die der Genossenschaften auf 8 zurückgegangen.

Daneben bestand (und besteht auch heute noch) ein etwa gleichgewichtiger Direktabsatz von Tafel- und Verarbeitungsobst ab Erzeugerbetrieb an Endverbraucher, Einzelhändler, auswärtigen Großhandel und an die ansässige Fruchtsaftindustrie (H. JANSSEN u. W. ELLINGER, 1971; W. ELLINGER, 1974).

Bis 1964 orientierten sich alle am Bodenseeobstabsatz Beteiligten bei ihrer Preisfindung mehr oder weniger an der einzigen Obstversteigerung der Region in Tettnang. Die Versteigerung wurde 1964 geschlossen, weil die versteigerten Obstmengen seit Jahren rückläufig und schließlich bedeutungslos geworden waren. Dennoch war die Versteigerung bis zu ihrer Schließung eine maßgebliche Preisfindungsstelle, weil sich dort an den Versteigerungstagen die Mehrzahl der ansässigen Vermarkter und einige auswärtige Einkäufer trafen und über die aktuelle Marktlage miteinander sprechen konnten.

Nach der Schließung der Versteigerung versuchten maßgebliche Vermarkter einen orientierenden Gesprächskreis aufrecht zu erhalten, der bei kritischen Marktsituationen zusammenkommen sollte. Dieser Kreis konnte aber keine ausreichende Preisorientierung vermitteln, die alle Interessenten erreichte. Ebensowenig gelang das durch Preisnotizen, die von einer Journalistin nach Befragung einzelner Absatzeinrichtungen in der regionalen Presse veröffentlicht wurden.

Auch die von unserer Forschungsstation Bavendorf seit 1961 betriebene regionale Obstabsatzbeobachtung (H. JANSSEN, versch. Jahrg.) konnte bis dahin nicht wesentlich zur aktuellen Preisfindung beitragen. Wir erfaßten zwar von allen ansässigen Vermarktern per Telefon die wöchentlichen Obstverkaufsmengen und die erzielten Preise in tiefer Untergliederung nach Arten, Sorten und Handelsklassen. Und wir lieferten jedem Berichtenden als Gegenleistung eine individuelle Wochenstatistik, in der seine Umsätze und Erlöse denen der Gesamtregion gegenübergestellt waren. Daraus konnte der einzelne Vermarkter aber nur ersehen, wie gut oder wie schlecht er in der jeweiligen Vorwoche abgeschnitten hatte. Die Zahlen waren 8 - 10 Tage alt, wenn er sie erhielt, und deshalb für die aktuelle Marktbeurteilung und Preisfindung nicht mehr geeignet.

Immerhin war das in 6-jähriger Zusammenarbeit entstandene Vertrauensverhältnis zwischen uns als neutraler Beobachtungsstelle und den untereinander in harter Konkurrenz stehenden Großhandelsfirmen und Absatzgenossenschaften maßgebend dafür, daß es 1967 auf Anregung der Vermarkter zur Einrichtung eines wöchentlichen Gesprächskreises der regionalen Obstvermarkter in unserer Forschungsstation Bavendorf kam.

Auf der Grundlage der von uns zusammengestellten Statistiken über den Marktverlauf der jeweiligen Vorwoche innerhalb und außerhalb der Bodenseeregion und aufgrund der eigenen Informationen der Gesprächsteilnehmer über die aktuelle Marktlage bemühte sich diese Runde, eine Beurteilung der jeweiligen Marktlage und eine Prognose der Absatz- und Preisentwicklung für die allernächste Zukunft zu geben. Die Gesprächsergebnisse wurden aber nicht allgemein bekanntgegeben. Sie konnten deshalb über den Gesprächskreis hinaus keine preisorientierende Wirkung haben. Unter dem Einfluß der EWG-Verordnung 159/66, die die Gründung und Bezuschussung von marktwirksamen Erzeugerorganisationen bei Obst und Gemüse ermöglichte, kam es 1966/67 in der Bodenseeregion zur Gründung von Obsterzeugerorganisationen und zu deren Vereinigung in einem "Arbeitskreis Bodenseeobst e.V.".

Um den leistungsfördernden Vorteil von zahlreichen miteinander im Wettbewerb stehenden regionalen Obstabsatzeinrichtungen nicht länger durch die preisdrückenden Nachteile mangelhafter regionaler Markttransparenz zu belasten, ging der Arbeitskreis 1967 auf den Vorschlag des Verfassers zur gemeinsamen experimentellen Errichtung eines regionalen Marktbeobachtungsbüros an unserer Forschungsstation mit angegliederter Notierungskommission ein. Unter Beteiligung des baden-württembergischen Landwirtschaftsministeriums wurde ein entsprechender Vertrag zwischen der Universität Hohenheim und dem Arbeitskreis Bodenseeobst geschlossen.

Die Finanzierung der Einrichtung trugen die im Arbeitskreis Bodenseeobst vertretenen regionalen Obsterzeugerorganisationen. Sie brachten anfangs (1968/69) rd. 50 000,-- DM, zum Schluß (1973/74) fast 70 000,-- DM jährlich dafür auf. Außerdem verpflichteten sie sich, dem Büro laufend die Kopien aller Verkaufsbelege zur Auswertung zuzuleiten. Damit wurde die nachträgliche Kontrolle der von der Notierungskommission geschätzten Gleichgewichtspreise ermöglicht und einer unkontrollierten Meinungsnotierung vorgebeugt.

3.2 Die Gleichgewichtspreis-Schätzung durch eine Kommission

Entsprechend der Zielsetzung - Verbesserung der aktuellen Markttransparenz für alle Marktbeteiligten - ist die Schätzung von Gleichgewichtspreisen nichts anderes als der Versuch die die jüngste Vergangenheit beschreibende Marktstatistik bis zum Schätzungszeitpunkt zu verlängern. Die Notierung der geschätzten Preise selbst ist die Kürzestform (Telegrammstil) der gefundenen Marktbeurteilung. Sie ist für niemanden verbindlich, sondern dient nur der Information, wie jede andere Preisnotierung von einem repräsentativen Markt auch.

Um das angesprochene Ziel zu erreichen, muß eine bis in die jüngste Vergangenheit reichende Statistik der relevanten Marktfakten vorhanden sein. Für die Erstellung und laufende Fortschreibung der notwendigen regionalen und überregionalen Marktstatistiken ist ein mit fachkundigen Mitarbeitern und mit Nachrichtenmitteln (Telefon, Telex) gut ausgestattetes Büro erforderlich. Dieses Büro kann auch die Verbreitung der Notierungen über Telefon (Anrufbeantworter), Telex, Presse und Rundfunk organisieren. In Bavendorf wurde das Büro mit einem Sachbearbeiter (Diplomlandwirt) und einer Sekretärin besetzt.

Die Schätzung der Gleichgewichtspreise für den Notierungstag oder für die nahe Zukunft könnte an und für sich durch die Mitarbeiter des Marktstatistikbüros vorgenommen werden, ebenso wie die nachträgliche Kontrolle der Richtigkeit der Schätzungen durch Vergleich mit den später zu ermittelnden wirklichen Marktdaten.

Um der Gefahr der Fehlinterpretation der Statistikdaten und vor allem der Fehleinschätzung der aktuellen Marktlage zu entgehen, ist es jedoch besser, die Schätzung der Gleichgewichtspreise einem Gremium von Marktpraktikern in Zusammenarbeit mit den Marktstatistikern zu übertragen. Die Marktpraktiker bringen, direkt von ihren Ein- und Verkaufsgesprächen kommend, ihre jüngsten Informationen über das Marktgeschehen und auch ihre Erwartungen für die nächste Zukunft in die Gleichgewichtspreisschätzung ein. Damit das jedoch nicht in einseitiger Interessenwahrnehmung geschieht, muß die Notierungskommission genügend groß sein und alle marktbeteiligten Gruppen in ausgewogenem Verhältnis repräsentieren. Zur Bavendorfer Notierungskommission gehören als potentielle Preismaximierer 8 Vertreter der Obsterzeuger und als potentielle Preisminimierer bzw. Umsatzmaximierer 8 Vertreter der genossenschaftlichen und privaten Obstvermarkter. Auswärtige Käufervertreter sind für die Kommission leider nicht verfügbar. Den Vorsitz führt der Vertreter einer neutralen Stelle bzw. Behörde.

Die Repräsentanten der marktbeteiligten Gruppen werden von diesen selbst bestimmt. Um im Verhinderungsfall die Sitze in der Kommission besetzen zu können, werden je Vermarktersitz zwei und je Erzeugersitz drei Vertreter benannt. Die Gesamtzahl der Sitze und ihre Aufteilung auf die Marktgruppen entsprechend deren Umsatzbedeutung wurde von der regionalen Arbeitsgemeinschaft der Obsterzeugerorganisationen vorgenommen.

Die Schätzung der Gleichgewichtspreise durch eine größere Gruppe von Personen (Notierungskommission) ist natürlich komplizierter als nur durch eine Einzelperson bzw. eine kleine eingearbeitete Büromannschaft. Um von einer größeren Gruppe von Personen mit unterschiedlichen Interessen und Informationen, die außerdem alle in größter Eile sind, dennoch zuverlässige, neutrale Schätzergebnisse zu erzielen, sollten die folgenden Bedingungen möglichst gut erfüllt sein:

a) Rasche Herstellung eines gleichen Informationsstandes bei allen Mitgliedern der Notierungskommission über die relevanten Fakten der jüngsten Marktvergangenheit, wie Erntemengen, Umsätze, Lagervorräte, Preise, in der eigenen und in konkurrierenden Regionen.

b) Geheimes Sichtbarwerden der Preisnotierungsvorschläge aller Kommissionsmitglieder, damit jeder wirklich seine persönliche Lagebeurteilung zum Tragen bringt, und Ermittlung der Mehrheitsmeinung durch ein geheimes Abstimmungsverfahren.

c) Schneller Ablauf des ganzen Preisschätzungsverfahrens, denn in der Haupternte- und -absatzzeit hat kein wirklich maßgeblicher Marktbeteiligter Zeit und Nerven für langatmige Sitzungen.

d) Nachträgliche Kontrolle der geschätzten Gleichgewichtspreise durch Gegenüberstellung mit den wirklich erzielten Preisen.

Das Bavendorfer Preisschätzungsverfahren sucht diesen Anforderungen wie folgt gerecht zu werden:

Zu a)
Das Marktstatistikbüro (seit 1967 Obstmarktkontor Bavendorf des Arbeitskreises Bodenseeobst e.V.; seit 1971 Marktforschungsstelle Bavendorf; seit 1974 Landesstelle für landwirtschaftliche Marktkunde Kemnat) legt zu Beginn jeder Notierungssitzung einen Kurzbericht von höchstens 2 - 3 Minuten Dauer über die jüngsten Ergebnisse seiner Obstmarktbeobachtungen vor. Grafische Darstellungen und Tabellen, die den Notierungsmitgliedern vorliegen, ergänzen diesen Bericht (siehe Tabelle 5).

Eine kurze Diskussion gibt den Anwesenden Gelegenheit zu ergänzenden Fragen und Richtigstellungen. Die Diskussion unterbleibt, wenn nach Meinung der Marktpraktiker die "Theoretiker" des Statistikbüros die Marktlage richtig beschrieben haben.

Zu b)
Die eigentliche Gleichgewichtspreisschätzung spielt sich für jede Obstart, Sorte, Handelsklasse und Fruchtgrößengruppe wie folgt ab:

(1) Aufruf der zu notierenden Warenart und kurze ergänzende Hinweise seitens des Statistikers. Zur näheren Information liegen den Kommissionsmitgliedern Preisstreuungstabellen vor, die für die drei vorhergehenden Wochen die getätigten regionalen Verkaufsmengen, nach Abgangspreisen gegliedert, und außerdem zum Vergleich die Preisnotierungen sowie die gewogenen Durchschnitte der erzielten Preise enthalten (siehe Tabelle 5).

(2) Um eine objektive Meinungsbildung zu gewährleisten, geben die Kommissionsmitglieder ihre Gleichgewichtspreisschätzungen (Notierungsvorschläge) geheim auf verdeckten Zetteln an den Vorsitzenden ab.

(3) Die Notierungsvorschläge werden getrennt nach Vermarkter- und Erzeugervorschlägen an eine Tafel geschrieben. Dabei kann z.B. folgendes Bild entstehen:

Cox Orange, Kl. I, 70/80 mm
(DM/dt)

Vermaktervorschläge	Erzeugervorschläge
-	71
70	-
69	69, 69, 69
68, 68, 68	68, 68
67, 67	67
-	66
65	-

Wenn der Notierungskommission die Streuung der vorgeschlagenen Preise zu groß erscheint, kann sie eine Wiederholung der Preisvorschläge beschließen.

(4) Die Mehrheitsmeinung der Kommission wird dadurch ermittelt, daß alle anwesenden Kommissionsmitglieder über die von den Vermaktervertretern abgegebenen Notierungsvorschläge geheim abstimmen. Die Notierungsvorschläge der Erzeugervertreter dienen nicht als Abstimmungsgrundlage. Sie zeigen nur an, ob große oder geringe Abweichungen zwischen den Marktinformationen und Meinungen beider Gruppen bestehen.

Die Abstimmung beginnt mit dem von der Vermakterseite am häufigsten vorgeschlagenen Preis (im obigen Beispiel also mit 68,-- DM/dt). Die einfache Mehrheit der Ja- über die Nein-Stimmen entscheidet. Bei Stimmengleichheit wird die Abstimmung unter Einschluß der Stimme des Vorsitzenden wiederholt. Bei Ablehnung wird als nächstes über den zweithäufigsten Vermaktervorschlag abgestimmt etc. (im Beispiel also über 67,-- DM/dt).

Zu c)
Zügige Abwicklung der Tagesordnung ist großgeschrieben. Die Sitzung dauert selbst in der Hochsaison, wenn für 15 - 20 Produkte Preise notiert werden, kaum über eine Stunde. Zur Beschleunigung des Verfahrens trägt eine elektrische Abstimmungsanlage bei.

Zu d)
Um jedem Interessenten die Möglichkeit zur eigenen Beurteilung der Zuverlässigkeit der geschätzten Gleichgewichtspreise zu geben, werden die Notierungen zusammen mit den Abstimmungsergebnissen und mit den vorwöchigen Notierungen, denen die wirklich erzielten Durchschnittspreise gegenübergestellt sind, veröffentlicht (siehe Tabelle 6).

3.3 Bisherige Erfahrungen

Die Notierung von Gleichgewichtspreisen in einem Anbaugebiet war auf dem Obstmarkt 1968 etwas Neues und begegnete einiger Skepsis. Wir konnten der Marktpraxis jedoch bald beweisen, daß die Notierungen die jeweilige Marktlage richtig wiedergeben und man sich folglich bei der Preisbildung daran orientieren kann.

Der Beweis ließ sich einerseits durch die Gegenüberstellung der Notierungen, die streng genommen nur die Lage am jeweiligen Mittwoch, dem Notierungstag, wiederspiegeln, mit den nachträglich ermittelten Durchschnittspreisen der betreffenden Woche führen. W. ELLINGER (1974, S. 292 f) fand, daß beispielsweise die Notierungen 1972/73 im Durchschnitt aller Wochen und notierten Qualitäten nur um -0,14 % von den tatsächlichen Durchschnittspreisen abwichen. Die durchschnittliche absolute Differenz betrug 1,27 DM/dt für alle Wochen und notierten Qualitäten und nur 0,81 DM/dt für alle am Tage nach dem Notierungstag ausgelieferten Sendungen.

Der mindestens ebenso wichtige Beweis für die Richtigkeit und die daraus resultierende Nützlichkeit der Bavendorfer Gleichgewichtspreisnotierungen ist in der Tatsache zu sehen, daß die Notierungseinrichtung am Bodensee nunmehr sieben Jahre besteht. Dieser Nützlichkeitsbeweis wiegt umso schwerer, als die Bavendorfer Einrichtung seit ihrer Gründung 1967 mit einem Etat von rd. 50 000,-- DM bzw. fast 70 000,-- DM (1973) von der Bodenseeobstwirtschaft selbst finanziert wurde. Sie erhielt dafür zwar staatliche Zuschüsse in Höhe von 15 000,-- bis 18 000,-- DM jährlich, finanzierte jedoch (und finanziert auch heute noch) zusätzlich selbst die Reise- und Sitzungskosten der Erzeugermitglieder der Notierungskommission (rd. 10 000,-- DM pro Jahr). Die Vermarktermitglieder der Kommission tragen die Kosten ihrer wöchentlichen Teilnahme selbst.

Inzwischen hat die allgemeine Nützlichkeit der Bavendorfer Gleichgewichtspreisnotierung außerdem darin ihre Bestätigung und Anerkennung gefunden, daß sie seit dem 1.7.1974 in die Regie und den Etat der Landesstelle für landwirtschaftliche Marktkunde, Kemnat, des baden-württembergischen Landwirtschaftsministeriums übernommen wurde.

4 Die Anwendung des Verfahrens in anderen Obstregionen

An der Niederelbe, dem größten deutschen Erwerbsobstbaugebiet, fehlt ebenso wie am Bodensee ein zentraler Sammelgroßhandelsplatz bzw. eine Großversteigerung mit offener Preisbildung. Die Nähe des Hamburger Verteilergroßmarktes kann diesen Mangel nicht ausgleichen. Die dortige Preisbildung betrifft eine andere Marktstufe und ist nicht unmittelbar für die Erzeuger- bzw. Abgangspreisbildung des Niederelbeobstes maßgebend.

Im Herbst 1973 übernahm die größte der regionalen Obsterzeugerorganisationen, die "Elbe-Obst r.V." in Stade, das Bavendorfer Notierungsverfahren, um ihren eigenen Mitgliedern und Vertragsvermarktern, aber auch den übrigen Erzeugern und Vermarktern der Region eine möglichst zuverlässige, aktuelle, regionale Preisinformation zu vermitteln.

In der "Elbe-Obst" sind etwa 1 000 Obsterzeuger zusammengeschlossen. Der Absatz der insgesamt rd. 60 000 - 70 000 t Obst dieser Organisation erfolgt über ca. 80 regional ansässige Vertragsvermarkter. Die Mitglieder der "Elbe-Obst" können ihre Früchte an jeden der Vertragsvermarkter liefern und handeln direkt ihre Erzeugerpreise mit diesen aus. Die Abrechnung erfolgt zentral über die Erzeugerorganisation. Dadurch können nachträglich die Umsätze und Preise ausgewertet und die Leistungen der Mitglieder und der Vertragsvermarkter beurteilt werden. Um das Marktgeschehen besser koordinieren zu können, unterhält die Elbe-Obst 10 regionale Sammel- und Sortierstationen, in denen die Vertragsvermarkter größere Mengen Obst in einheitlicherer Aufbereitung kaufen können als direkt bei den einzelnen Erzeugern. Dennoch spielt das Direktgeschäft zwischen Erzeugern und Vermarktern bislang weiterhin die größte Rolle.

Neben der "Elbe-Obst" existieren an der Niederelbe mehrere Obstabsatzgenossenschaften, die sich zu einer Obsterzeugerorganisation zusammenschlossen, der "Zentraler Obstabsatz Niederelbe (ZEO) eG". Die Erzeugerpreise werden in dieser Organisation im Pool-Abrechnungsverfahren, entsprechend dem Verkaufsergebnis der einzelnen Genossenschaften, als Saisondurchschnittspreise nachträglich ermittelt und nicht laufend zwischen den Erzeugern und ihren Genossenschaften ausgehandelt.

Die Notierungskommission der "Elbe-Obst" ist paritätisch mit 6 Vertragsvermarkter- und 6 Erzeugervertretern besetzt. Sie erarbeitet ihre Gleichgewichtspreis-Schätzungen unter dem neutralen Vorsitz von Herrn STEGEN, dem Leiter der ZMP-Berichtsstelle Obst und Gemüse Hamburg. Zur nachträglichen Kontrolle der Notierungen werden die Erzeuger-Verkaufsabrechnungen der "Elbe-Obst" mittels EDV ausgewertet. Die Auswertung und Darstellung der Ergebnisse geschieht in ähnlicher Weise wie in Bavendorf und liegt der Notierungskommission vor.

Da sich die Notierungen an der Niederelbe auf die Erzeugerabgabepreise beziehen, ist die genossenschaftliche Erzeugerorganisation vorläufig nur mit Beobachterstatus in den Notierungssitzungen vertreten. Es wird aber die volle Mitwirkung der ZEO angestrebt und deshalb von uns, wie am Bodensee, der Übergang auf die Notierung von Gebietsabgangspreisen empfohlen. Abweichend vom Bavendorfer Notierungsverfahren bilden bei den "Elbe-Obst"-Notierungen die Notierungsvorschläge beider Marktpartner gleichberechtigt den Ausgangspunkt für die Endabstimmung. Der von Erzeugern und Vermarktern gemeinsam am häufigsten zur Notierung vorgeschlagene Preis (im Beispiel weiter oben also 68,-- DM/dt) steht zuerst zur Abstimmung. Wird er abgelehnt, so kommt als nächstes nicht 67,-- DM/dt (zweimal von den Vermarktern und einmal von den Erzeugern, zusammen also dreimal vorgeschlagen) sondern 69,-- DM/dt (einmal von den Vermarktern, aber dreimal von den Erzeugern, also insgesamt viermal vorgeschlagen) zur Abstimmung.

Man hat sich an der Niederelbe für diesen abweichenden Modus entschieden, weil dort Erzeuger und Vermarkter als Kontrahenten die Erzeugerabgabepreise aushandeln. Diese Gleichberechtigung der Marktpartner in der "Elbe-Obst"-Notierungskommission hat übrigens den Nebeneffekt, daß bei den Notierungssitzungen immer alle 12 Plätze besetzt sind. Keine Marktseite möchte der anderen durch Stimmenunterlegenheit die Möglichkeit zum Sieg in Kampfabstimmungen bieten. In der Bodensee-Notierungskommission ist diese "kämpferische" Einstellung nicht (mehr) anzutreffen. In ruhigen, überschaubaren Saisonabschnitten bleiben deshalb manchmal Sitze unbesetzt.

Leider konnte an der Niederelbe das Stadium der staatlichen Anerkennung und finanziellen Förderung der Notierung von geschätzten Gleichgewichtspreisen für das Elbe-Obst durch die zuständigen niedersächsischen und hamburgischen Landwirtschaftsbehörden noch nicht erreicht werden. Es ist aber zu hoffen, daß dieses Ziel in absehbarer Zeit realisiert wird. Bis dahin sind wir dort weiterhin auf die Initiative und Finanzierungsbereitschaft der regionalen Obstwirtschaft und der ZMP-Berichtsstelle Hamburg angewiesen.

Die Provinz Bozen (Südtirol) ist ein weiteres bedeutendes Obstbaugebiet, das von einer Gleichgewichtspreis-Notierung für sein Obst profitieren könnte, da sich die Abgangspreise für seine Kernobstproduktion (ca. 400 000 Tonnen im Jahr) nicht an einem oder mehreren zentralen Großmarktplätzen mit offener Preisbildung orientieren können.

Unsere wiederholte Anregung, dort z.B. an der Industrie, Handels- und Landwirtschaftskammer in Bozen als neutraler Stelle eine Notierungseinrichtung nach Bavendorfer Modell zu installieren, blieb bislang ohne Ergebnis. Vermutlich ist die dortige geradezu verbissene Konkurrenz um die Obsterzeuger zwischen den Raiffeisengenossenschaften und dem privaten Sammel- und Exporthandel der wesentliche Hemmungsgrund. Wir hoffen aber darauf, daß sich in absehbarer Zeit günstigere psychologische Voraussetzungen einstellen, so daß wir auch in Südtirol den Nutzen einer regelmäßigen Notierung von geschätzten Gleichgewichtspreisen für die regionale Preisstabilisierung unter Beweis stellen können.

5 Zusammenfassung

Preisstabilisierung auf dem Obstmarkt bedeutet in erster Linie Angebotsstabilisierung. Maßnahmen gegen langfristige zyklische und mittelfristige jährliche Angebotsvariabilität betreffen vor allem die Stabilisierung der Anbauflächen, die Auswahl geeigneter Produktionsstandorte, die Intensivierung der Kulturmaßnahmen und die Bereitstellung von ausreichenden Langzeitlagerkapazitäten.

Kurzfristige Preisstabilisierung innerhalb einer Absatzsaison erfordert vor allem Maßnahmen zur Angebotssteuerung auf der 1. Stufe des Obstmarktes in den Anbaugebieten. Zur Vermeidung von unnötigen erratischen Angebots- und Preisbewegungen ist dazu die Verbesserung der aktuellen Markttransparenz für alle Marktbeteiligten wichtig. Das kann durch zentrale Marktplätze oder Versteigerungen mit offener Preisbildung, oder durch Preisfindungsstellen geschehen, die auf der Grundlage objektiver Marktstatistiken die aktuelle Marktsituation durch die Notierung von geschätzten Gleichgewichtspreisen sichtbar machen.

Es wird über ein mehrjähriges Experiment in den Obstregionen Bodensee und Niederelbe berichtet, das zum Ziel hat, ein für die Belange des Obstmarktes geeignetes Preisschätzungsverfahren zu entwickeln und unter Praxisbedingungen zu erproben.

Nach mehrjährigem Einsatz dieses Verfahrens in der Bodenseeregion kann gesagt werden:

- Gleichgewichtspreise von ausreichender Realitätsnähe können auf der 1. Obstmarktstufe durch das erläuterte Verfahren geschätzt werden.
- Die Bekanntgabe so geschätzter Gleichgewichtspreise als Notierungen führt zu deren Beachtung durch die Marktpraxis. Die Preisbewegungen werden geglättet. Die Marktpraxis ist nach kurzer Eingewöhnung zur laufenden Mitarbeit bereit.

Anhang

Tabelle 1: Beispiele für die Variabilität der Erträge wichtiger Obstarten[1] und landwirtschftlicher Feldfrüchte[2] 1950 - 1961.

	Durchschnitts-ertrag	Variations-koeffizient (s %)
Äpfel, Hoch-, Halb-, Viertelst.	94,3	27,1
" , Büsche	42,2	34,2
" , Spindeln u.ä.	16,9	50,2
Birnen, Hoch-, Halb-, Viertelst.	52,8	48,5
" , Büsche	24,4	51,4
Süßkirschen	34,4	34,8
Johannisbeeren	3,7	36,5
Erdbeeren[3]	65,7	18,6
Winterroggen	25,4	11,7
Winterweizen	32,5	10,1
Wintergerste	31,9	13,4
Spätkartoffeln	242,5	16,0
Zuckerrüben	329,4	16,1

[1] kg/Baum, Ldkrs. Stade;   [2] dt/ha, Ldkrs. Uelzen;   [3] dt/ha.
Quelle: STORCK, H., 1966, S. 121 und 114

Tabelle 2: Variabilität der Erzeugerpreise[1] wichtiger Obstarten an den Versteigerungen von Nordrhein und der Pfalz 1950 - 1961

	Nordrhein		Pfalz	
	Ø-Preis (DM/dt)	Variations-koeffizient (s %)	Ø-Preis (DM/dt)	Variations-koeffizient (s %)
Äpfel	48,41	32,2	41,--	17,3
Birnen	43,05	38,1	43,--	35,9
Süßkirschen	94,31	17,9	84,--	19,9
Pflaumen, Zwetschen	36,42	40,7	36,--[2]	42,5
Johannisbeeren (rot)	69,55	34,6	62,--	42,7
Erdbeeren	146,04	15,6	143,--	12,3

[1] Jahresdurchschnittspreise   [2] nur Zwetschen
Quelle: STORCK, H., 1966, S. 126

Tabelle 3: Variabilität der Erzeugerpreise[1] wichtiger Apfelsorten in der Obstregion Bodensee 1961/62 bis 1973/74

	Ø-Preis (DM/dt)	Variationskoeffizient (s %)
James Grieve	40	40
Gravensteiner	51	39
Goldparmäne	44	43
Cox Orange	58	41
Jonathan	49	37
Roter Boskoop	50	30
Golden Delicious	60	35
Glockenapfel	52	27

[1] Saisondurchschnittspreise Handelsklasse I

Quelle: Eigene Untersuchungen

Tabelle 4: Variabilität der wöchentlichen Erzeugerpreise[1] wichtiger Apfelsorten in der Obstregion Bodensee[2]

	1972/73			1973/74		
	Ø-Preis (DM/dt)	Variationskoeffizient (s %)	Zahl d. Wochen (n)	Ø-Preis (DM/dt)	Variationskoeffizient (s %)	Zahl d. Wochen (n)
James Grieve	63	14	10	40	30	13
Gravensteiner	87	8	12	66	29	11
Goldparmäne	69	7	13	39	36	15
Cox Orange	80	13	33	52	12	30
Jonathan	77	16	36	41	17	35
Roter Boskoop	87	11	31	64	11	34
Golden Delicious	73	19	41	44	23	43
Glockenapfel	82	13	40	54	17	41
Mostäpfel	31	23	42	14	7	43

[1] Handelsklasse I [2] 1972/73 kleine EG-Apfelernte mit guten Preisen; 1973/74 große EG-Apfelernte mit schlechten Preisen

Quelle: Eigene Untersuchungen

Tabelle 5: Beispiel einer Preisstreuungstabelle zur Information der Bodenseeobst-Notierungskommission (Sitzung vom 7.2.1973)

PREISSTREUUNG ROTER BOSKOOP, Kl. I, 70/80 mm

DM/dt	3. Woche[1]	4. Woche[1]	5. Woche[1]
102.0			2.7 (3)
101.0			
100.0		3.7 (1)	8.0 (4)
99.0			
98.0			
97.0		1.9 (2)	4.4 (2)
96.0		9.0 (3)	
95.0		2.8 (2) ⎬ CA	● 2.2 (2) ⎬ CA
94.0	3.4 (1)	6.4 (2)	
93.0		7.0 (4)	13.6 (2)
92.0	1.6 (1) ⎬ CA	20.0 (1)	3.0 (2)
91.0	0.9 (1)	6.3 (4)	2.0 (3)
90.0	28.8 (5)	8.4 (1) ⎬ K	2.4 (1)
89.0		9.2 (1)	
88.0	● 1.3 (1)	●	
87.0	5.7 (8)		
86.0	2.1 (3)		
85.0	4.5 (2) ⎬ K		
84.0			
83.0			
82.0	0.6 (1)		
81.0			
80.0	2.7 (1)		

Zusammen	51.9 Tonnen	75.1 Tonnen	38.5 Tonnen
Durchschnitt	88.7 DM/dt	92.6 DM/dt	95.3 DM/dt
Notierung	88.0 (K)	88.0 (K)	95.0 (CA)

1) Erste Zahl = Verkaufsmenge in t je Preisstufe. Zweite Zahl () = Zahl der Partien. ● = Geschätzter Gleichgewichtspreis (Notierung)

Quelle: Marktforschungsstelle Bavendorf, 1973

Tabelle 6: Veröffentlichungsform der Notierungen der geschätzten Gleichgewichtspreise für Bodensee-Tafeläpfel.

Die Notierungskommission der Obstregion Bodensee ermittelte in ihrer Sitzung am 7.2.1973 die folgenden Preisnotierungen für großhandelsfähige Mengen von durchschnittlicher Qualität in DM je 100 kg netto ohne Verpackungskosten ab Station Bodensee:

		Notierungswoche		Vorwoche	
		Notierung	Abstimmung	Notierung	tatsächl. Ø-Preis
Cox Orange (CA)	Kl. I 70/80 mm	115,-	(7:0)	115,-	117,0
Cox Orange (CA)	Kl. I 60/70 mm	95,-	(7:0)	95,-	95,9
Cox Orange (CA)	Kl. I 55/60 mm	62,-	(5:0)	65,-	67,2
Boskoop rot (CA)	Kl. I 80/90 mm	105,-	(4:3)	105,-	104,2
Boskoop rot (CA)	Kl. I 70/80 mm	95,-	(5:3)	95,-	95,3
Boskoop rot (CA)	Kl. I 65/70 mm	79,-	(4:3)	79,-	77,1
Boskoop gelb (CA)	Kl. I 80/90 mm	103,-	(5:2)	102,-	105,8
Boskoop gelb (CA)	Kl. I 70/80 mm	94,-	(4:3)	93,-	93,8
Boskoop gelb (CA)	Kl. I 65/70 mm	75,-	(5:2)	75,-	75,1
Boskoop rot und gelb (CA)	Kl. II 75/85 mm	78,-	(6:0)	78,-	78,4
	Kl. II 65/75 mm	65,-	(7:0)	65,-	63,7
Golden Del. (CA)	Kl. I 70/80 mm	85,-	(5:2)	84,-	84,7
Golden Del. (CA)	Kl. I 60/70 mm	62,-	(5:2)	64,-	61,6
Golden Del. (CA)	Kl. II 70/80 mm	68,-	(7:0)	65,-	68,0
Golden Del. (CA)	Kl. II 60/70 mm	50,-	(6:1)	52,-	47,0
Golden Del. (K)	Kl. I 70/80 mm	78,-	(4:2)	78,-	78,8
Golden Del. (K)	Kl. I 60/70 mm	57,-	(4:3)	60,-	57,0
Golden Del. (K)	Kl. II 70/80 mm	59,-	(4:2)	60,-	58,5
Golden Del. (K)	Kl. II 60/70 mm	47,-	(4:2)	50,-	48,2
Glocken (K)	Kl. I 70/80 mm	85,-	(5:2)	80,-	83,9
Glocken (K)	Kl. I 60/70 mm	72,-	(7:0)	70,-	71,0
Glocken (K)	Kl. II 70/80 mm	72,-	(5:2)	70,-	70,8
Glocken (K)	Kl. II 60/70 mm	56,-	(5:1)	50,-	55,8

Die Notierungen sind für den Notierungstag geschätzte Gleichgewichtspreise, zu denen nach Meinung der Kommission die größten Umsatzanteile getätigt werden. Sie sind also keine verbindlichen Richtpreise, sondern geben nur eine kurzgefaßte, aktuelle Beurteilung der Marktlage. Die tatsächlichen Preise können je nach Lieferumfang und Qualität um ca. ± 5 % von den Notierungen abweichen. Spitzenqualitäten, gelegte Partien, Kleinverkäufe etc. erzielen entsprechend mehr.

Anmerkung: (CA) = Ware aus Lägern mit kontrollierter Atmosphäre
(K) = Ware aus maschinengekühlten Lägern

Quelle: Wöchentliche Marktberichte der Marktforschungsstelle Bavendorf, 1973

Literatur

1 ALBER, B.: Die Notierung von Agrarprodukten in der Bundesrepublik Deutschland. Forschges. Agrarpol. u. Agrarsoz., H. 214, 1971, 282 S.

2 ALBER, B.: Der Beitrag von Markteinrichtungen zur Stabilisierung der Märkte. 16. Jahrestagung der GEWISOLA, Kiel, 8.-10.10.1975. Unveröff. Mskr.

3 ANONYM: Festschrift zum 50jährigen Gründungsjubiläum der Kemptner Butter- und Käsebörse. Allgäuer Druckerei u. Verlagsanstalt Kempten 1971, 30 S.

4 ELLINGER, W.: Preisbildung und Absatz von Kernobst in der Obstregion Bodensee. Diss. Hohenheim, 1974, 343 S.

5 FREDEMANN, R., KERNBERGER, L., STORCK, H. und STRECKER, O.: Die künftigen Aufgaben der Zentralen Markt- und Preisberichtsstelle für Erzeugnisse der Land- und Ernährungswirtschaft GmbH (ZMP). Gutachten, 1971, 80 S.

6 JANSSEN, H.: Der Obstmarkt am Bodensee in der Saison ... Mitt. Obstb., Tettnang, versch. Jg. ab 1962.

7 JANSSEN, H. und ELLINGER, W.: Zielgebiete und Abnehmergruppen für Tafeläpfel vom Bodensee 1968/69 und 1969/70. Mitt. Obstb., Tettnang 15 (1971), S. 89-97.

8 JANSSEN, H.: Ermittlung und Anwendung von Gleichgewichtspreisen in der Obstregion Bodensee. - Bundesverbd. d. Raiffeisengenoss., Bonn-Bad Godesberg: Vortrags- u. Diskussionstagung f. Geschäftsführer d. Obst- u. Gemüseabsatzgenoss. München, 12./13.4.1972, S.29-47.

9 JANSSEN, H.: Die Notierung von geschätzten Gleichgewichtspreisen für Äpfel in der Obstregion Bodensee. Erwerbsobstbau, 15 (1973), S. 81-84.

10 PLATE, R., BÖCKENHOFF, F., STRECKER, O. und WILLERS, B.: Noch einmal "Preisnotierung für Fleisch?" Agrarwirtschaft 14 (1965), S. 458-459.

11 PLATE, R.: Agrarmarktpolitik, Bd. 1, BLV München-Basel-Wien 1968, 213 S.

12 STORCK, H.: Das Risiko im Gartenbau und seine Abwehr. BLV München-Basel-Wien 1966, 350 S.

13 STORCK, H.: Möglichkeiten und Grenzen der Marktstabilisierung im Obstbau. Erwerbsobstbau 11 (1969), S. 41-48.

14 WISS. BEIRAT beim BML: Strukturwandel und Rationalisierung in der Vermarktung von Agrarprodukten. Landw. Angew. Wiss., H. 129. Hiltrup 1967, 36 S.

15 ZENTRALE MARKT- u. PREISBERICHTSSTELLE (ZMP): Markttransparenz durch Marktberichterstattung. Landw. Angew. Wiss., H. 135. Hiltrup 1968, 30 S.

DIE NOTIERUNG VON GLEICHGEWICHTSPREISEN – EIN BEITRAG ZUR PREISSTABILISIERUNG AUF DEM OBSTMARKT (Korreferat)

von

Hans Diedrich Ostendorf, Freising-Weihenstephan

1	Vorbemerkung	393
2	Instabilität: Ursachen und Milderung	394
3	Gleichgewichtspreisnotierung: Rechtfertigung und Kritik	397
4	Schlußbemerkung	401

1 Vorbemerkung

Die Obstmärkte sind durch eine gegenüber anderen Agrarmärkten noch erhöhte Instabilität und Dynamik besonders gekennzeichnet. Die Gründe dafür sind vor allem zu sehen (a) in der starken Witterungsabhängigkeit der Erntemengen und -termine, (b) in der namentlich beim Kernobst verbreiteten Alternanz der Erträge, (c) in der ausgeprägten Saisonalität vieler Arten, (d) in den Dauerkulturen anhaftendem Trägheitsmoment bei der Angebotsanpassung, (e) in der atomistischen Anbieterstruktur auf der Erzeugerstufe.

Das Zusammenwirken all dieser Faktoren führt fast zwangsläufig immer wieder zu Marktanomalien derart, daß die jeweiligen Preise der Gegenwart regelmäßig von den maßgeblichen Preisen der Zukunft abweichen und somit im kybernetischen Sinne kaum als Signale einer vernünftigen Angebotsorientierung geeignet sind, wenn nicht gleichzeitig eine Berücksichtigung ihrer Entstehungsfaktoren erfolgt. Diesen Tatbestand hat man in der ZMP und den Hauptanbauzentren schon frühzeitig erkannt.

Mit einer retrospektiven Erfassung und Beschreibung von Marktbewegungen in der Vergangenheit ist es freilich in einem Anbaugebiet ohne öffentliche Preisbildung nicht getan. Angeregt durch zahlreiche Literaturhinweise (insbesondere Plate, 1965; Wiss. Beirat beim BML, 1967; ZMP, 1968) und nicht zuletzt durch das Beispiel der Kemptener Butterbörse hat sich deshalb in der Obstregion Bodensee vor allem JANSSEN (1972, 1973, 1975) um eine Aktualisierung des Informationswesens auf den jeweils neuesten Stand bemüht und den Versuch unternommen, über die bloße statistische Preis- und Mengenbeschreibung hinaus durch eine regelmäßig zusammentretende Notierungskommission einen unmittelbaren Beitrag zur Erleichterung der Preisfindung zu leisten. Die geschätzten Gleichgewichtspreise sind dabei im Sinne ihrer Estimatoren eher als nahzukunftsbezogene Vorkoppelungen denn als vergangenheitsbezogene Rückkoppelungen zu verstehen, ohne freilich andererseits zukunftsrichtend zu sein (JANSSEN, 1972, S. 33 und S. 39 ff).

Um es gleich vorwegzunehmen: Im Rahmen dieses Korreferates geht es im wesentlichen darum, die seit 1968 am Bodensee geübte Gleichgewichtspreisnotierung beim Obst einer kritischen Betrachtung und Würdigung zu unterziehen. Eine exakte Kosten-Nutzen-Analyse sollte an dieser

Stelle freilich nicht erwartet werden. Da der Nutzen nicht unmittelbar quantifizierbar ist, wäre sie von vornherein zum Scheitern verurteilt. Das Bemühen um eine Wirkungsanalyse wird sich somit im verbalen Bereich erschöpfen müssen und letztlich auf eine Gegenüberstellung von Meinungen und Gegenmeinungen hinauslaufen. Etwas überspitzt, aber für die anschließende Diskussion sicher nützlich, möchte der Korreferent daher - auch auf die Gefahr hin als advocatus diaboli zu gelten - gleich zu Beginn eine Alternativfrage stellen. Auf eine kurze Formel gebracht, lautet sie: Regionale Gleichgewichtspreisnotierung, ein Mittel zur Verbesserung der Markttransparenz, wie ihre Initiatoren sagen, oder ein Instrument zur Koordination von Verhaltensweisen, wie manche ihrer Kritiker meinen?

2 Instabilität: Ursachen und Milderung

Maßnahmen zur Marktstabilisierung werden - wie jede sinnvolle Therapie - dort ansetzen müssen, wo die Störungsimpulse ihren Ausgang nehmen. Da die Nachfrage nach Obst kaum sprunghafte Veränderungen erfährt, wie sie bei manchen Modeartikeln vorkommen, sind die Ursachen der Instabilität hier vornehmlich in der Produktions- und Angebotssphäre zu suchen (STORCK, 1969, S. 41). Im Hinblick auf eine richtige Beurteilung marktstabilisierender Maßnahmen empfiehlt es sich deshalb zunächst die in diesem Bereich auftretenden Veränderungen einer Komponentenanalyse zu unterziehen. Folgt man dabei der einschlägigen Literatur, so kann unterschieden werden zwischen (1) langfristigen Angebotsverschiebungen über eine Reihe von Perioden, (2) mittelfristigen Angebotsbewegungen von Periode zu Periode und (3) kurzfristigen Angebotsschwankungen innerhalb einer Periode, wobei letztere zweckmäßig noch weiter unterteilt werden, in (a) regelmäßige saisonale und (b) unregelmäßige erratische Schwankungen (HANAU und WÖHLKEN, 1962).

Die verschiedenen Bewegungskomponenten treten nun in Zeitreihen fast immer gleichzeitig auf. Ihre Isolierung - gedanklich verhältnismäßig einfach - wird statistisch bestenfalls näherungsweise gelingen. Dennoch erscheint die vorgenommene Differenzierung außerordentlich nützlich, da die verschiedenen Bewegungskomponenten unter Stabilisierungsaspekten nicht gleichermaßen interessieren.

Wenn hier zunächst kurz auf die Trendkomponente eingegangen wird, so lassen sich als angebotsbedingte Ursachen für langfristige Veränderungen im Marktpreisniveau vor allem tendenzielle Verschiebungen der Produktions- und Vermarktungskosten herausstellen. Die stete Anpassung der Marktpreise an veränderte Kostensituationen ist dabei nicht nur unvermeidbar, sondern auch erwünscht. Deshalb wird der Begriff der Marktstabilität zweckmäßig auf alle Situationen angewendet, in denen die Kosten des Grenzertrages und die Marktpreise sich decken. Instabilität, so kann man dann weiter sagen, ist zu verzeichnen, wenn der Marktpreis zeitweilig nicht dem jeweiligen im langfristigen Trend sich verändernden Gleichgewichtspreis entspricht, wenn also mittel- und kurzfristige Preisausschläge vorliegen (STORCK, 1969, S. 41).

Wie aus den bisherigen Ausführungen bereits hervorgeht, bewirken tendenzielle Angebotsverschiebungen im Bereich der Obstmärkte keinesfalls Instabilität. Vielmehr zielen sie in Richtung auf ein langfristiges Gleichgewicht und bringen sie somit im Gegenteil sogar Stabilisierungseffekte hervor. Die Langlebigkeit der Kulturen kann diesen Prozeß bremsen, aber nicht aufheben. Es ist somit berechtigt, die Trendkomponente aus den weiteren Betrachtungen zum Stabilitätsproblem auszuschließen. Gleiches gilt auch für die Saisonkomponente (PLATE, 1967, S. 208).

Saisonschwankungen haben ihre Ursache in Produktions- und/oder Lagerkostenunterschieden. Da sie regelmäßig auftreten und allenfalls sehr langfristig stärkere Veränderungen erfahren, sind sie vorhersehbar und bedeuten sie kein zusätzliches Risiko (BÖCKENHOFF, 1966, S. 66). Saisonale Preisschwankungen werden deshalb nicht als störend empfunden. Würde man sie beispielsweise durch Subventionen soweit einebnen, daß die jahreszeitlichen Unterschiede in den Preisen kleiner sind als in den Produktions- und/oder Lagerkosten, so hätte dies zur Folge, daß sich das

Angebot auf die kostengünstigsten Termine zusammendrängt. Es würde dann der Anreiz vermindert, vorhandene technische Möglichkeiten aufzuspüren und zu nutzen.

Die bisherigen Ausführungen haben gezeigt, daß tendenzielle Verschiebungen und saisonale Schwankungen im Hinblick auf das Stabilisierungsproblem eigentlich nur insoweit Bedeutung haben, als es darum geht, die beiden anderen Bewegungskomponenten zu isolieren. Die eigentlichen Faktoren der Instabilität sind

(1) die zyklischen Bewegungen von Periode zu Periode und
(2) die erratischen Schwankungen innerhalb einer Periode.

Weit schwieriger als bei den Einjahreskulturen, etwa des Gemüsebaues, lassen sich zyklische Angebotsbewegungen bei den Dauerkulturen des Obstbaues nachweisen. Das hat verschiedene Gründe. Einmal muß der Zyklus bei Dauerkulturen viel länger sein und ist sein Erkennen durch die außerordentlichen kurzfristigen Ernteschwankungen von Jahr zu Jahr sehr erschwert; zum anderen bedarf die Dokumentation über Bestandsveränderungen im Obstbau dringend einer weiteren Verbesserung (STORCK, 1964, S. 250). Nachhaltig hohe und niedrige Preise schlagen sich aber auch hier in der Anbauplanung nieder. Die Angebotsreaktion wird in aller Regel allerdings erst nach 3 bis 7 Jahren sichtbar. Aber gerade deshalb ist im Obstbau die Gefahr besonders groß, daß Erzeugung und Verbrauch stärker auseinanderlaufen, und beispielsweise die Preise bereits wieder zyklisch fallen, bevor das Produktionsmaximum erreicht ist, das der letzten Expansionsphase entspricht.

Da zyklische Angebotsschwankungen aus einer Fehleinschätzung der zukünftigen Preise resultieren, können sie vermieden werden, wenn es gelingt, die Produktionsentscheidungen im Planungszeitpunkt besser auf die zu erwartende Nachfrage abzustimmen. Dies setzt aber voraus, daß (a) Kenntnisse über die neue Gleichgewichtslage der Mengen und Preise bestehen und (b) eine Ausrichtung der Gesamtproduktion auf die neue Gleichgewichtslage gelingt (OSTENDORF, 1965, S. 333). Die erste Bedingung ist verhältnismäßig leicht zu erfüllen, die zweite umso schwerer, je mehr Produzenten an der Produktion beteiligt sind und je großräumiger die Wirtschaftsräume werden. Auch die modernen Erzeugerorganisationen können, wie PLATE (1965, S. 14) schon frühzeitig betont hat, im Prinzip nur durch Aufklärung und Beratung auf die Produktionsabsichten ihrer Mitglieder einwirken. Voraussetzung für eine erfolgreiche Bekämpfung der Zyklen ist und bleibt die frühzeitige Zusammenstellung, sorgfältige Auswertung und intensive Verbreitung von Informationen über die mutmaßliche Nachfrage und bestehende Anbauabsichten. Mehr als bisher sollte man sich dabei auch der Preisprognose auf der Grundlage mittelfristiger Abhängigkeiten bedienen (OSTENDORF, 1966, S. 383).

Stabilisierende Effekte sind im übrigen auch vom weiteren Vordringen des Vertragsanbaues zu erhoffen, der sich bei den Dauerkulturen des Obstbaues freilich nur zögernd verbreitet (STORCK, 1964, S. 248). Anbaukontingentierungen dürften demgegenüber kaum weiterhelfen; sie beeinträchtigen die Kostenminimierung in den Betrieben und erscheinen beim Obst schon deshalb kaum praktikabel, weil dieses auf mannigfaltigen Wegen zum Verbraucher gelangt. Als weitere Möglichkeiten zur Milderung zyklischer Instabilität sind verschiedentlich Vermarktungsverbote für Nebenerwerbserzeuger, für Lokalsorten und geringe Qualitäten sowie auch zeitliche Pflanzverbote genannt worden. Alle diese Sanierungsmaßnahmen, ebenso auch die Gewährung von Rodeprämien, haben ihren Ursprung in der konjunkturellen Überversorgung mancher EG-Obstmärkte und dürften schon deshalb Zeitcharakter besitzen, weil der moderne Niederstammobstbau wohl schwerlich ein zweites Mal ein solches konjunkturelles Auseinanderlaufen von Angebot und Nachfrage zulassen wird, wie es bis in die 70iger Jahre hinein zu beobachten war.

Die Bemühungen um eine Reduktion zyklischer Schwankungen, das sei hier abschließend nochmals betont, können nur dann erfolgreich sein, wenn sie großräumig und nach einheitlichen Richtlinien in einem geschlossenen Wirtschaftsgebiet erfolgen. Isolierte regionale Anstrengungen helfen hier kaum weiter. Vielmehr ist eine sinnvolle Koordination der Produktionsentscheidungen auf höherer Ebene erforderlich. Die hier zur Diskussion stehende regionale Gleichgewichtspreisnotierung ist somit im Hinblick auf zyklische Ungleichgewichte von nur geringem Interesse. Dafür gewinnt sie aber andererseits stärker an Bedeutung, wenn es darum geht, der am Obstmarkt besonders verbreiteten erratischen Instabilität zu begegnen.

Da erratische Schwankungen als unregelmäßige, kurzfristige Veränderungen definiert sind, rechnen zu ihnen erstens alle Abweichungen vom typischen Saisonverlauf innerhalb eines Jahres, umfassen sie aber zweitens, speziell bei Dauerkulturen, zusätzlich auch alle trend- und zyklusbereinigten jährlichen Schwankungen. Letztere können namentlich beim Baumobst wegen der hier verbreiteten Alternanz recht erheblich sein. So reichte beispielsweise die Spannweite der inländischen Apfelerzeugung in den vergangenen Dezennien von gut 400 000 t bis knapp 2,6 Mio t. Im einzelnen bestehen allerdings größere Ertragsschwankungsunterschiede von Art zu Art und von Gebiet zu Gebiet sowie insbesondere auch in Abhängigkeit von der Anbauintensität. Letzteres kommt besonders deutlich in einem früher von KLINKMANN (1968, S. 130) für Baden-Württemberg dargestellten Zahlenbeispiel zum Ausdruck. Danach ist in den aufeinanderfolgenden Wirtschaftsjahren 1966/67 und 1967/68 die Obsternte in Intensivanlagen von 1 auf 1,3 Mio dz (also um 35 %), andererseits aber im Streuanbau von 4,7 auf 12,9 Mio dz (also um 175 %) gestiegen.

Erratische Schwankungen innerhalb eines Jahres, die im nächsten Schritt näher betrachtet werden sollen, sind letztlich auf allen Obstmärkten anzutreffen. Wenn man von störenden Außeneinflüssen (insbesondere Auslandseinflüssen) absieht, lassen sie sich auf zwei Ursachenkomplexe zurückführen, nämlich erstens auf unvorhersehbare Witterungseinflüsse, die die Angebotstermine von Jahr zu Jahr in nicht bekannter Weise beeinflussen, und zweitens auf unzureichende Markttransparenz, die vor allem unregelmäßige Schwankungen im Angebot von Markttag zu Markttag hervorruft und damit Preisausschläge entstehen läßt, die aus saisonalen Produktions- und/oder Lagerkostenunterschieden nicht erklärt werden können.

Da die erratische Instabilität obstbaulicher Märkte auf eine Fülle von Einzelursachen zurückgeht, streuen auch die Möglichkeiten ihrer Abschwächung über einen weiten Bereich. Aus der ganzen Skala der sich bietenden Stabilisierungsansätze seien hier nur die derzeit wesentlichsten genannt. Lehnt man sich dabei an frühere Zusammenstellungen - insbesondere von PLATE (1967, S. 212 f) und STORCK (1969, S. 44 f.) - an, so können folgende Maßnahmen als besonders dringlich und erfolgversprechend herausgestellt werden:

(1) Die Bemühungen um eine Milderung der erratischen Instabilität am Obstmarkt haben sich zunächst auf eine Reduktion der jährlichen Angebotsschwankungen beim Baumobst zu konzentrieren; sie kann insbesondere erreicht werden durch (a) geeignete Standorts- und Sortenwahl, (b) Übergang zu niedrigen Baumformen, (c) Anwendung intensiverer Pflegemaßnahmen und (d) Verminderung extensiver Baumbestände in Streulagen. Die öffentliche Hand kann hier helfend eingreifen, etwa durch Intensivierung der Obstbauberatung oder durch Unterstützung der Forschungs- und Versuchstätigkeit.

(2) Die innerhalb einer Saison auftretenden erratischen Angebotsschwankungen können auf den meisten Obstmärkten durch eine bessere Ausnutzung bestehender Lagerungsmöglichkeiten und durch eine konsequentere Anwendung marktgerechter Lagerstrategien gemildert werden. Bei begrenzt haltbaren Produkten, wie etwa dem Weichobst ermöglicht beispielsweise eine Kurzzeitlagerung von Wochen oder auch nur Tagen vielfach schon beachtliche Preisgewinne. Bei Erzeugnissen, die voll lagerfähig sind, wie beispielsweise Winterobst, besteht andererseits die Möglichkeit, den Angebotsstoß zur Haupterntezeit je nach Preissituation über einen längeren Saisonabschnitt zu verteilen. Voraussetzung ist aber in beiden Fällen, daß bei genügender Markttransparenz geeignete Lagereinrichtungen und ausreichende Lagerkapazitäten verfügbar sind.

(3) Die Verbesserung der Markttransparenz ist die wohl wesentlichste Voraussetzung zur Milderung erratischer Instabilität. Es bieten sich dazu verschiedene Möglichkeiten an, deren prak-

tische Nutzung ohne staatliche Aktivität jedoch kaum gelingen wird. Öffentliche Hilfen erscheinen hier schon allein deshalb gerechtfertigt, weil sie nicht wettbewerbsverzerrend wirken und letztlich dazu dienen, die Masse der Klein- und Kleinstbetriebe mit den erforderlichen Marktinformationen zu versorgen, die siese sich im Gegensatz zu den Großbetrieben nicht privat beschaffen können (STORCK, 1969, S. 45). Was in der derzeitigen Situation nottut, ist vor allem: (a) der Ausbau eines zuverlässigen und schnellen Informationswesens ausgestattet mit den modernsten Mitteln der Nachrichtentechnik; (b) die Weiterentwicklung der Preisberichterstattung von den Hauptumschlagsplätzen in den Verbrauchs- und Erzeugungsgebieten, insbesondere unter Einschränkung der Bandbreite der Von-Bis-Preise und unter Nennung der häufigsten Preise; (c) die Einbeziehung einer Mengenberichterstattung ausgedehnt auch auf Lagerbestandänderungen und auf zu erwartende Warenzuströme aus außerdeutschen Gebieten; (d) die Entwicklung leistungsfähiger Märkte für den überregionalen Warenaustausch und zur Befriedigung der konzentrierten Großnachfrage; (e) die Systematisierung und Intensivierung von Angebotsvorausschauen und die verstärkte Einrichtung neutraler Preisfindungsstellen in den Haupterzeugungsgebieten ohne offene Preisbildung (Wiss. Beirat beim BML, 1967, S. 22 f).

Der Katalog der im Erzeugungs- und Vermarktungsbereich bestehenden Stabilisierungsansätze ließe sich sicher noch erweitern. Aber selbst bei konsequenter Anwendung aller vorhandenen Möglichkeiten, dürfte sich die erratische Instabilität obstbaulicher Märkte nicht immer auf ein wünschenswertes Maß reduzieren lassen. Auf die Instrumente der Außenmarktregelung (Außenhandelsschutz) und Binnenmarktregelung (Marktintervention) wie sie für die EG in der gemeinschaftlichen Marktordnung für Obst festgelegt sind, wird man daher - trotz mancherlei Kritik - wohl auch in Zukunft nicht verzichten können. Wenn sie hier lediglich als "letzte Möglichkeiten" Erwähnung finden, so deshalb, weil sie im Gegensatz zu den früheren Stabilisierungsempfehlungen kaum mehr in einem prophylaktischen Sinne gedeutet werden können. Wo immer die Chance besteht, sollte man sich der weicheren Maßnahmen bedienen, deren Anwendung in der Regel auch kostengünstiger sein dürfte. Die hier zur Diskussion stehende Gleichgewichtspreisnotierung - im Sinne einer erleichterten Preisfindung - ist dabei nur als eine Möglichkeit unter vielen anzusehen, die sich insbesondere in solchen Erzeugungsgebieten anbietet, in denen eine offene Preisbildung fehlt. Ihr Für und Wider wird im folgenden zu erörtern sein.

3 Gleichgewichtspreisnotierung: Rechtfertigung und Kritik

Eine umfassende wöchentliche Mengen- und Preisberichterstattung, wie sie seit 1961 in der Obstregion Bodensee erfolgt, paßt in den Rahmen dessen, was auch anderenorts üblich ist. Demgegenüber stellt die Bavendorfer Notierung von Gleichgewichtspreisen, wie sie hier von Janssen vorgestellt wurde, zumindestens im Bereich Obst (und Gemüse) für die BRD ein Novum dar. Ihre Hauptaufgabe wird darin gesehen, den Gebietsmarkt am Bodensee unter dem Aspekt der kurzfristigen Preisfindung schon auf der ersten Stufe hinreichend übersichtlich zu gestalten (ELLINGER, 1974, S. 293). Die Schaffung oder Verbesserung der Markttransparenz kann dabei nicht Selbstzweck sein. Vielmehr dient sie dazu, den Marktbeteiligten, deren Informationsgrad sich verbessert, mehr Entscheidungssicherheit hinsichtlich der Realisation ihrer induviduellen Zielvorstellungen zu geben. Gleichzeitig soll sie den Wettbewerb im Vermarktungswesen erhöhen und so einen gesamtwirtschaftlichen Nutzeneffekt hervorbringen. Diese Aufgabe stellt sich heute umsomehr, als der durchschnittliche Obstverbraucher gegenwärtig bereits mindestens ebensoviel für Distributions- wie für Produktionsleistungen ausgeben muß.

Eine rationelle Vermarktung ist für die Obstwirtschaft ebenso wichtig wie eine rationelle Erzeugung, weil dadurch ihre Konkurrenzkraft sowohl gegenüber anderen Branchen der Volkswirtschaft als auch gegenüber ausländischen Obstwirtschaften gefördert wird. Ein leistungsfähiges und kostengünstig arbeitendes Vermarktungswesen kann sich aber nur dann entwickeln, wenn alle am Markt Beteiligten zueinander in einem echten Leistungswettbewerb stehen. Es ist daher, so argumentieren insbesondere die Befürworter von Preisfindungsstellen, eine wichtige und vordringliche Aufgabe der öffentlichen Hand, dahingehend zu wirken, daß sich der Marktablauf und die Preisfindung übersichtlich vollziehen, und überall dort helfend einzugreifen, wo es notwendig erscheint (Wiss. Beirat beim BML. 1967, S. 7). Eine Organisation der Markttransparenz, so wird weiter betont, ist in diesem Zusammenhang von besonderer Bedeutung. In ihr wird nicht nur eine wettbewerbsfördernde Maßnahme, sondern zugleich auch ein marktkonformes Mittel gesehen, den Ausgleich am Markt zu verbessern, Reibungs- und Anpassungsverluste zu reduzieren und das hohe Marktrisiko (namentlich im Obstbau), welches sowohl betriebs- als auch volkswirtschaftlich Kosten bedeutet, zu vermindern.

Bevor auf das Für und Wider von Preisfindungsstellen eingegangen wird, bedarf zunächst noch das Wort Markttransparenz einer begrifflichen Präzisierung. Es entstammt der Preistheorie und bezeichnet im klassischen Modell vom Gleichgewichtsmarkt lediglich den einen Extremfall einer allseits vollkommenen Marktübersicht. Erst GUTENBERG (1956, S. 149) hat den Versuch unternommen, ihm zugleich auch einen praktischen Sinn zu geben; er versteht unter Markttransparenz nicht mehr ausschließlich das Extrem einer vollkommenen Marktübersicht, sondern einen Informiertheitsgrad der beliebige Werte annehmen kann (SCHERHORN, 1954, S. 5). Das kommt deutlich zum Ausdruck, wenn er sagt: "Unzureichende Markttransparenz hemmt das glatte Einpendeln marktlicher Ausgleichs- und Anpassungsvorgänge. Will man diese Prozesse (im Sinne der Theorie) frei von solchen Hemmungen darstellen, dann wird man vollkommene Marktübersicht annehmen; sind es aber gerade diese Hemmungen und Verzerrungen der Marktvorgänge, die den eigentlichen Gegenstand praktischen Interesses bilden, dann wird man einen Grad von Marktübersicht zugrundelegen".

Allein in diesem zweiten Sinne können wir hier den Begriff Markttransparenz verstehen; denn eine vollkommene Marktübersicht kann und wird es im realen Bereich der Märkte schon deshalb nicht geben, weil Informationsbedarf und -aufnahme sowie Einsicht und Lernfähigkeit der einzelnen Marktteilnehmer stets unterschiedlich bleiben werden (WEBER, 1967, S. 249). Im übrigen ist auch davon auszugehen, daß absolut treffsichere Vorausschauen, die der Begriff der vollkommenen Markttransparenz zwangsläufig einschließen müßte, trotz ehrlicher Bemühungen auch in Zukunft unerreichbar sein werden (WÖHLKEN, 1967, S. 223). Daneben setzen auch die praktischen Gegebenheiten und nicht zuletzt ein beschränkter Mittelaufwand der Gewinnung, Verarbeitung und Verbreitung von relevanten a priori-Informationen Grenzen (ZMP, 1971, S. 6). Die Markttransparenz, das sei hier festgehalten, kann somit, selbst wenn sie nach bestem Wissen und Gewissen organisiert ist, immer nur in einem relativen Sinne verstanden werden.

Die regionale Gleichgewichtspreisnotierung, wie sie am Bodensee erfolgt und neuerdings auch im Alten Lande geübt wird, verdankt ihre Entstehung im wesentlichen jener Umstrukturierung im Lebensmittelhandel, die man wohl am einfachsten durch das Stichwort Nachfragekonzentration kennzeichnen kann. Im Zuge ihrer Entwicklung haben sich in den Haupterzeugungsgebieten neue Absatzwege geöffnet, die zunehmend an den zentralen Großmärkten vorbeiführten. Der Pfad der Preisfindung ist dadurch schmäler und zugleich unsicherer geworden. Je mehr Ware an den Großmärkten vorbeiläuft, um so weniger werden sie, die bisher als Richtungsflügel der Preisbildung galten, ihre traditionelle Funktion des Preisausgleichs erfüllen können. Dennoch wäre es andererseits sicher nicht gerechtfertigt, die (meist) von der öffentlichen Hand organisierten Großmarktveranstaltungen allein wegen der Vorteile für die Markttransparenz zwangsweise zu erhalten (ZMP, 1971, S. 5).

Die dargestellte Umverteilung in den Warenströmen hat die Obstwirtschaft, die sich stärker in bestimmten Anbauzonen konzentriert, in besonderem Maße betroffen. Die Preisfindung und -bildung hat sich hier teilweise bereits soweit in die Erzeugungsgebiete verlagert, daß die üblichen Großmarktnotierungen nur mehr einen sehr bedingten Repräsentationsgrad besitzen. Es ist in diesem Zusammenhang symptomatisch, daß zunehmend Wert darauf gelegt wird, in einen möglichst frühzeitigen Besitz von Preiskenntnissen zu gelangen. Das hat vielerorts zu einem Nachlassen des Verkaufs über die Versteigerungsuhr zugunsten freier Verkäufe geführt. Die Folge ist, daß sich die Preisfindung in den Erzeugergebieten heute mehr auf der Basis potenter Marktteilnehmer vollzieht, ohne öffentlich zu sein.

Es ist das besondere Verdienst der Wissenschaft, die Konsequenzen des Strukturwandels in der Agrarvermarktung für die Preisbildung rechtzeitig erkannt und überdies in gleichem Zuge auch konkrete Vorschläge zur Verbesserung der Markttransparenz und zur Herstellung eines funktionsfähigen Wettbewerbs in den Erzeugungsgebieten unterbreitet zu haben (Wiss. Beirat beim BML, 1967). In der Diskussion hat dabei die Einrichtung neutraler Preisfindungsstellen - neben der Etablierung von Warenterminbörsen - immer wieder im Vordergrund gestanden (ALBER, 1975, S. 367). Von ihr hat man sich wesentliche Beiträge zur Preisfindung und Preisstabilisierung erhofft. Zwischenzeitlich liegen nun mehrjährige Erfahrungen mit solchen Preisfindungsstellen vor. JANSSEN (1975) hat sie hier speziell für den Obstmarkt mitgeteilt. Folgt man seinen Ausführungen, so sind die nunmehr achtjährigen Erfahrungen in der Obstregion Bodensee als durchaus positiv zu beurteilen.

Das Experiment der Bavendorfer Gleichgewichtspreisnotierung hat in seiner Anfangsphase erwartungsgemäß nicht nur allseits Zustimmung gefunden, sondern verschiedentlich auch im Kreuzfeuer der Kritik gestanden. Diese ist teils von den direkt Beteiligten in der Bodenseeregion selbst, teils von sich indirekt betroffen fühlenden Institutionen und Personen in konkurrierenden Anbaugebieten ausgegangen und überdies auch aus Kreisen der Wissenschaft herangetragen worden. In dieser Situation hat JANSSEN (1972, 1973, 1975) vor verschiedenen Gremien wiederholt Zwischenbilanzen über seine bisherigen Erfahrungen mit der Notierung gezogen, die zugleich als eine Art Rechtfertigung und Antikritik angesehen werden können. Faßt man seine Ausführungen zusammen, so nennt er als positive Resultate vor allem

- die Erleichterung der Preisfindung und Dämpfung von Preisbewegungen;
- den Rückgang des Ausgespieltwerdens und gegenseitigen Unterbietens;
- die Minderung des Preisrisikos für die Abnehmer und die Imageaufbesserung der Gesamtregion;
- die Verbesserung der Vergleichs- und Kontrollmöglichkeiten von Vermarktungsleistungen;
- die Erzielung von Rationalisierungseffekten im Vermarktungswesen durch Wettbewerbsverschärfung.

Einige der zitierten Vorzüge lassen sich statistisch untermauern, andere können kaum bestritten, aber auch nicht bewiesen werden. Wie insbesondere ELLINGER (1974, S. 292) hervorhebt, liegen die Schwierigkeiten der Erfolgskontrolle, dabei weniger an dem zu beurteilenden Instrument "Notierung" als an dem grundsätzlichen Problem, Experimente im Wirtschaftsleben unter c.p.-Bedingungen vorzunehmen. In ähnlicher Weise äußert sich auch ALBER (1975, S. 370), wenn er - allerdings im Hinblick auf Warenterminbörsen - nach einem eingehenden Studium amerikanischer Untersuchungen zu dem Schluß kommt, daß die ermittelten Wirkungen (gemeint sind Stabilisierungwirkungen) auch auf sonstigen Faktoren (wie z.B. auf Entwicklungen im Kommunikations-, Transport- und Vermarktungswesen) beruhen können, deren Effekte zwangsläufig mit in das Datenmaterial eingehen und wohl kaum isoliert werden können. So gesehen ist wohl auch die von ELLINGER (1974, S. 295) zitierte und 1972/73 in der Bodenseeregion festgestellte Differenz in der Streuung notierter Qualitäten (2,81 DM/dz) und nicht notierter Qualitäten (3,23 DM/dz) nur mit Vorsicht als quantitativer Nachweis für die stabilisierende Wirkung der Notierung zu werten.

Die an der Bavendorfer Preisfindungsstelle geäußerte Kritik kommt, wie gesagt, aus unterschiedlichen Interessenlägern und Positionen. Soweit sie von den am Markt direkt Beteiligten erhoben wird, richtet sie sich insbesondere gegen eine Nivellierung des Informationsgrades und geht sie dann namentlich von jenen Gruppen aus, die - etwa als größere Absatzunternehmen gegenüber kleineren oder als organisierte Erzeuger gegenüber nicht organisierten - um eine Einebnung ihres Markttransparenzvorsprungs fürchten. In diesem Zusammenhang kann man jedoch STORCK (1969, S. 15) zustimmen, wenn er sinngemäß mit Blick auf den Obstmarkt sagt, zur Verbesserung der Markttransparenz im Interesse einer Stabilisierung durch verstärkte Informationen ist Hilfe notwendig, zumal sie hier nicht wettbewerbszerrend wirkt, sondern eine wirtschaftlich ungerechtfertigte Unternehmenskonzentration verhindert.

Die Kritik, soweit sie aus konkurrierenden deutschen Anbaugebieten kommt, hat sich in der Vergangenheit vor allem gegen die breite Streuung der Bavendorfer Gleichgewichtspreisnotierung in international gelesenen Fachzeitschriften gerichtet (JANSEN, 1973, S. 39). Es ist in diesem Zusammenhang insbesondere der Einwand erfolgt, daß ein solches Vorgehen leicht zu einem gegenseitigen Ausspielen und Unterbieten verschiedener Anbaugebiete führen könne. Die 1971, wenn auch aus anderen Gründen, erfolgte Einschränkung der Informationsverbreitung dürfte diesem Argument jedoch weitestgehend den Boden entzogen haben.

Vielfach wird auch bemängelt, daß die Notierung ausdrücklich als gegenwartsbezogen bezeichnet wird, aber tatsächlich in ihr die Einschätzung der zukünftigen Marktentwicklung berücksichtigt wird. Gerade letzteres ist jedoch die Aufgabe einer Preisfindungsstelle. Sofern sie nicht erfüllt würde, könnte die Notierung direkt einem Computer übertragen werden, der die Durchschnittspreise bereits abgeschlossener Tauschakte schnellstmöglich ermittelt (ELLINGER, 1974, S. 295).

Ein Teil der an der Notierung geübten Kritik resultiert auch aus einem Mißverständnis der Notierung als preispolitisches Instrument im Sinne einer Preisabsprache, welches aufkommen konnte, weil sich in der Kommission Parteien gegenübersitzen, die nicht unbedingt als wirkliche Kontrahenten betrachtet werden können (ELLINGER, 1974, S. 298). Hier haben vor allem FACKLER und HENTZE (1970, S. 34) Bedenken geäußert. In diesem Zusammenhang weist ELLINGER (1974, S. 295) jedoch zu recht darauf hin, daß nur ein Teil der Umsätze auf Notierungsbasis getätigt wird, ohne daß diejenigen, die auf niedrigerem Niveau verkaufen, mit irgendwelchen Konsequenzen rechnen müssen. Wie jedermann im übrigen bekannt ist, hat der einzelne Vermarkter seinen Preis so zu setzen, daß er die angedienten Mengen auch absetzen kann. Als eine Einrichtung der Wettbewerbsbeschränkung kann die Notierung deshalb nur schwerlich angesehen werden.

FACKLER argumentiert dann weiter, wenn es in der Praxis zu Abweichungen vom notierten Gleichgewichtspreis komme, so könne es sich eben nicht um den Gleichgewichtspreis handeln. Wie ELLINGER (1974, S. 296) aus der genauen Kenntnis des Gebietes heraus bemerkt, berücksichtigt diese These jedoch nicht, daß in Wirklichkeit personelle Kundenpräferenzen bestehen und demzufolge ein Anbieter selbst dann nicht eine unbegrenzte Menge verkaufen könne, wenn er sich im Grenzfall einer vollkommenen elastischen Absatzkurve gegenübersehen würde. Der Gleichgewichtspreis kann deshalb nur als Durchschnittswert einer Häufigkeitsverteilung angesehen werden.

JANSSEN (1972, 1973, 1975) weist in seinen Veröffentlichungen immer wieder darauf hin, daß die Notierungen bislang durchweg richtig im Markt lagen und sieht gerade darin eine Bestätigung der Kommissionstätigkeit. Völlig anders interpretiert indessen FACKLER (1970, S. 88) die gute Übereinstimmung. Weil der prognostizierte und realisierte Preis zu gut übereinstimmen, vermutet sie eine Art Selbsterfüllung der Prognose. Diese Hypothese, so ELLINGER (1974, S. 296), wäre richtig, wenn die Anbieter von Bodenseeobst, indem sie sich als Kollektiv verhalten, den Preis tatsächlich beeinflussen könnten. Dazu wären sie jedoch nur in der Lage, wenn sie die abzusetzende Menge selbst bestimmen könnten. Allenfalls bei lagerfähiger Ware besteht die Möglichkeit die Notierung als Instrument der Preispolitik zu verwenden. Der vorhandene zeitliche Spielraum kann aber selbst hier nicht dazu benutzt werden, um den Gewinn in der Weise eines Monopolisten über alle Teilperioden nach dem Prinzip GE = GK zu maximieren, weil die Lagerhalter in anderen Anbaugebieten völlig unabhängig agieren (ELLINGER, 1974, S. 296).

Gegen Irrtümer ist naturgemäß auch eine Notierungskommission nicht gefeit. Wie insbesondere ELLINGER (1974, S. 297 f) nachweist, können Fehleinschätzungen selbst dann vorliegen, wenn sich ex post eine gute Übereinstimmung von notierten und realisierten Preisen ergibt. Dies trifft speziell für den Fall zu, daß man es mit gut lagerfähigen Sorten zu tun hat. Der Gleichgewichtspreis ist hier nämlich bis zur vorletzten Teilperiode nicht determiniert, weil die Anbieter darüber entscheiden können, wie sie ihr Angebot zeitlich verteilen. Die Gleichgewichtspreisschätzung müßte in diesem Fall so erfolgen, daß sich die Preise der Teilperioden gerade um die Lagerkosten unterscheiden und gleichzeitig in der Gesamtperiode Angebot und Nachfrage zum Ausgleich kommen. Damit ist jedoch jede Kommission überfordert, da sie über Entscheidungen der Anbieter konkurrierender Anbaugebiete, die die Marktentwicklung wesentlich beeinflussen, keine irrtumsfreie Voraussicht haben kann. Selbst bei weiterer Verbesserung des Informationsstandes bereitet die Auffindung der "richtigen" intertemporalen Gleichgewichtspreise bei lagerfähigen Sorten die wohl größten Schwierigkeiten und wird sie - bei der Indeterminiertheit des Problems - auch in Zukunft bestenfalls näherungsweise gelingen. Dennoch dürfte die Marktübersicht einer Kommission von Experten vergleichsweise unweit größer sein als die eines Einzelnen.

4 Schlußbemerkung

Wenn auch nicht alle Vorwürfe zu entkräften sind, so dürften insgesamt gesehen doch die Vorzüge der Bavendorfer Notierung überwiegen. Eine exakte Kosten-Nutzen-Analyse, wie sie an sich wünschenswert wäre, erscheint jedoch nicht möglich. Zwangsläufig muß sie schon daran scheitern, daß der Nutzen bei sehr unterschiedlichen Präferenzstrukturen der am Markt Beteiligten nicht exakt quantifiziert werden kann. Darin dürfte zunächst auch die Hauptschwierigkeit für eine rasche Verbreitung von Preisfindungsstellen liegen, wenngleich das Bavendorfer Beispiel, folgt man den Äußerungen seiner Intiatoren, als gelungen zu bezeichnen ist und inzwischen bereits Schule gemacht hat.

Literatur

1 ALBER, B.: Der Beitrag von wichtigen Agrarmarktveranstaltungen und von Preisfindungsstellen zur Preisbildung und Preisstabilisierung. Unveröffentlichtes Vortragsmanuskript vorgelegt auf der Gewisola in Kiel, 1975.

2 BÖCKENHOFF, E.: Marktstruktur und Preisbildung bei Schlachtvieh und Fleisch. Schriftenreihe der Forschungsgesellschaft für Agrarpolitik und Agrarsoziologie e.V. Bonn (1966), Bd. 166.

3 BUSCH, W., LINK, D. und H.D. OSTENDORF: Marktstruktur, Preisbildung und Handelsspannen bei Obst und Gemüse. Schriftenreihe der Forschungsgesellschaft für Agrarpolitik und Agrarsoziologie e.V. Bonn (1966), Bd. 165.

4 ELLINGER, W.: Preisbildung und Absatz von Kernobst der Obstregion Bodensee, Hohenheimer Dissertation, 1974.

5 FACKLER, R. und H. HENTZE: Marketing im deutschen Gartenbau. Schriftenreihe der Forschungsgesellschaft für Agrarpolitik und Agrarsoziologie e.V. Bonn (1970), Bd. 207.

6 FACKLER, R.: Über die Probleme aussagefähiger Prognosen im Gartenbau. Agrarwirtschaft, 19 (1970).

7 FREDEMANN, R., KERNBERGER, L., STORCK, H. und O. STRECKER: Gutachten über künftige Aufgaben der ZMP. Unveröff. Manuskript, 1971.

8 GUTENBERG, E.: Grundlagen der Betriebswirtschaftslehre, Bd. II (Absatz), Berlin 1956.

9 HANAU, A. und E. WÖHLKEIN: Probleme der langfristigen Strukturprognose und der Branchenprognosen im Agrarsektor. Schriften des Vereins für Socialpolitik (1962), N.F. 25.

10 JANSEN, R.: Diskussionsbeitrag zum Referat von H. HANSSEN: Ermittlung und Anwendung von Gleichgewichtspreisen in der Obstregion, Bodensee, 1972 (vgl. H. JANSSEN 1972).

11 JANSSEN, H.: Ermittlung und Anwendung von Gleichgewichtspreisen in der Obstregion Bodensee, sowie Diskussionsbeiträge zu diesem Referat. Bundesverband der Raiffeisengenossenschaften (Vortrags- und Diskussionstagung in München, 1972, S. 29 ff).

12 JANSSEN, H.: Die Notierung von geschätzten Gleichgewichtspreisen für Äpfel in der Region Bodensee, Erwerbsobstbau, 15 (1973), S. 81-84.

13 JANSSEN, H.: Die Notierung von geschätzten Gleichgewichtspreisen - ein Beitrag zur Preisstabilisierung auf dem Obstmarkt. Unveröffentlichtes Vortragsmanuskript vorgelegt auf der 16. Jahrestagung der Gewisola in Kiel, 1975.

14 KLINKMANN, H.: Die wichtigste Ursache für den Zusammenbruch der deutschen Apfelmärkte 1967/68. Erwerbsobstbau, 10 (1968), S. 130 f.

15 OECD: Production, consumption and foreign trade of fruit and vegetables in OECD Member Countries. Present situation and 1970 prospects, Apples. Paris, 1968.

16 OSTENDORF, H.D.: Kausalanalyse des jährlichen Gemüseangebotes. Agrarwirtschaft, 14, (1965), S. 327 ff und S. 400 ff.

17 OSTENDORF, H.D.: Preisbewegungen und Preisbildung bei Obst und Gemüse. Agrarwirtschaft, 15 (1966), S. 378 ff.

18 OSTENDORF, H.D.: Moves towards concentration and changes in competition in fruit and vegetables marketing. Acta Horticulturae, 13 (1969), S. 22 ff.

19 PLATE, R.: Zyklische Angebots- und Preisschwankungen bei landwirtschaftlichen Produkten. Hohenheimer Reden und Abhandlungen (1965), Nr. 18.

20 PLATE, R.: Angebotsschwankungen bei Agrarprodukten: Ursachen und Gegenmittel. Landwirtschaftliche Marktforschung in Deutschland. München, Basel, Wien, 1967.

21 PLATE, R.: Agrarmarktpolitik, Bd. 1 und 2. München, Basel, Wien, 1968.

22 SCHERHORN, G.: Information und Kauf. Empirische Analyse der Markttransparenz. Forschungsberichte des Landes Nordrhein Westfalen. Nr. 1358, Köln und Opladen 1954.

23 STORCK, H.: Marktprognosen im Obst- und Gemüsebau. Gartenbauwissenschaft, 29 (1964) S. 245 ff.

24 STORCK, H.: Das Risiko im Gartenbau und seine Abwehr. München, Basel, Wien 1966.

25 STORCK, H.: Möglichkeiten und Grenzen der Marktstabilisierung im Obstbau. Erwerbsobstbau, 11 (1969), S. 41 ff.

26 WEBER, A.: Marktstruktur und Absatzprobleme, Landwirtschaftliche Marktforschung in Deutschland. München, Basel, Wien, 1967.

27 WEINDLMAIER, H.: Zur Anwendung von Angebotskontrolle am Apfelmarkt der BRD. Erwerbsobstbau, 16, (1974), S. 93 ff.

28 WISSENSCHAFTLICHER BEIRAT BEIM BML: Strukturwandel und Rationalisierung in der Vermarktung von Agrarprodukten. Landwirtschaft angewandte Wissenschaft (1967). H. 129.

29 WÖHLKEN, E.: Grundfragen zur Vorausschauen in der landwirtschaftlichen Marktforschung. Landwirtschaftliche Marktforschung in Deutschland. München, Basel, Wien, 1967, S. 223 ff.

30 ZENTRALE MARKT- UND PREISBERICHTSTELLE: Markttransparenz durch Marktberichterstattung. Landwirtschaft angewandte Wissenschaft, (1968), H. 135.

ERGEBNISSE DER DISKUSSION DER BEITRÄGE VON S. BAUER,
L. DEBUS, C. THOROE, A. HENZE, E. SCHMIDT, B. ALBER, H. JANSSEN

zusammengestellt von

M. Gregersen und B. Otto, Kiel

Ergebnisse der Diskussion der Referate von S. BAUER und C. THOROE

Die in der Diskussion angesprochenen Fragen beschäftigten sich mit dem von BAUER benutzten Modellansatz zur Quantifizierung der Auswirkungen von Produkt- und Betriebsmittelpreisschwankungen auf die landwirtschaftlichen Einkommen und der Aussagefähigkeit der erzielten empirischen Ergebnisse. Unbesehen der Einwände vorwiegend gegenüber dem von BAUER entwickelten Definitionsgleichungssystem wurde übereinstimmend die Auffassung vertreten, daß der geleistete Beitrag eine konsequente Weiterentwicklung des in den Agrarberichten eingeschlagenen Weges darstellt, die Einkommenssituation der Landwirtschaft transparenter zu machen.

Zur Aussagefähigkeit der empirischen Ergebnisse wurde bemerkt, daß es wünschenswert gewesen wäre, wenn auch die Auswirkungen der Inflation auf die landwirtschaftlichen Einkommen berücksichtigt worden wären, so wie es THOROE aus gesamtwirtschaftlicher Sicht getan hatte. Aus dem von THOROE vorgelegten Datenmaterial ging eindeutig hervor, welche Auswirkungen die Inflation im einzelnen auf die verschiedenen monetären Größen in der Landwirtschaft (Einkommen, Fremdkapital, Vermögen usw.) in den letzten Jahren gehabt haben.

Ergebnisse der Diskussion des Referats von L. DEBUS

<u>Grenzen und Möglichkeiten einer internationalen landwirtschaftlichen Stabilisierungspolitik</u>

In der Diskussion wurde festgestellt, daß bei der Analyse der zunehmenden Instabilitäten auf den Weltmärkten für landwirtschaftliche Erzeugnisse politische Entscheidungen immer mehr an Bedeutung gewinnen.

Am Beispiel der Außenhandelsbeziehungen der EG zum Weltmarkt zeigte sich, daß die Bemühungen zur Stabilisierung des EG-Inlandmarktes zu entsprechenden Instabilitäten auf den (Rest)-Weltmärkten geführt haben.

Ein Vorschlag wie dieser Entwicklung entgegengewirkt werden kann, ist, stärker als bisher zu einer internationalen Lagerhaltung überzugehen, bei der sowohl die nachfragenden als auch die anbietenden Länder kostenmäßig zu beteiligen wären. In der Diskussion über das notwendige Ausmaß der Lagerhaltung wurde deutlich, daß die Lagerhaltung langfristig nur dann funktionieren kann, wenn Fragen der Produktion, (Festsetzung von Anbauflächen, Kontigentierung des Angebots, Schätzung der weltweiten langfristigen Verbrauchsentwicklung) und der Preisfestsetzung in die abzuschließenden Abkommen einbezogen werden.

Ergebnisse der Diskussion des Referats von A. HENZE

<u>Stabilisierungspolitik im Hinblick auf den Milch- und Rindfleischmarkt der EG.</u>

Die Diskussion beschäftigte sich mit dem Problem der Produktionsüberschüsse auf dem Milchmarkt und Möglichkeiten zu deren Beseitigung. Dabei wurden mehrere Möglichkeiten zur Beseitigung der Überschüsse (z.B. Kontingentierung der Milchanlieferung, Reduzierung der Milchkuhbestände, Nahrungsmittelhilfe, Verfütterung von Magermilch, kostenlose Abgabe von Schulmilch) diskutiert.

Bei Aufrechterhaltung des Ziels der Einkommenssicherung für die Landwirte und den hier vorgeschlagenen Maßnahmen zeigte sich allerdings, daß Überlegungen zur langfristigen Stabilisierung des Milchmarktes reale Einkommensverluste für die Milchproduzenten nicht ausschließen dürften. Zur Versachlichung der Diskussion wurde übereinstimmend gefordert, die bei der Beurteilung einer dieser Maßnahme zugrundeliegenden Zielfunktion einschließlich der Nebenbedingungen allen Lösungsvorschlägen voranzustellen.

Ergebnisse der Diskussion des Referats von E. SCHMIDT

<u>Möglichkeiten einer Stabilisierungspolitik auf dem Zuckermarkt.</u>

In der Diskussion über Möglichkeiten einer Stabilisierungspolitik auf dem Zuckermarkt wurde grundsätzlich auf die Wirkungsweise und den Erfolg von Rohstoffabkommen eingegangen.

Bezogen auf den Zuckermarkt ließen sich die Probleme auf die Beziehungen zwischen der EG und den überseeischen Zuckerproduzenten einerseits und andererseits auf die sich aus dem EG-System für den Zuckermarkt ergebenden Schwierigkeiten (Kontingentsrenten der Zuckerproduzenten, Erhaltung der derzeitigen ungünstigen Produktionsstruktur) reduzieren.

Es wurde die Meinung vertreten, daß Überschüsse innerhalb der EG nicht zu Einkommensverlusten der überseeischen Produzenten führen dürften. Vielmehr sollte diesen ein garantierter Anteil am EG-Zuckermarkt erhalten bleiben.

Ergebnisse der Diskussion des Referats von B. ALBER

<u>Beitrag von Markteinrichtungen zur Stabilisierung der Märkte.</u>

Die Diskussion ergab, daß eine Überlegenheit von Warenterminmärkten gegenüber regionalen Großmärkten zu Stabilisierung im Sinne der Sicherung eines gleichmäßigen Warenangebots nicht abschließend zu beantworten ist. Hierzu sind weitere Untersuchungen anzustellen.

Ergebnisse der Diskussion des Referats von H. JANSSEN

<u>Die Notierung von geschätzten Gleichgewichtspreisen. Ein Verfahren zur Erleichterung der Preisfindung</u>

Die sehr ins Detail gehende Diskussion über die Anwendung eines bereits seit Jahren in Süddeutschland praktizierten Verfahrens zur Preisfindung mittels geschätzter Gleichgewichtspreise auf den Obst- und Gemüsemärkten zeigte, daß dieses Verfahren zur Information der Anbieter und Nachfrager und damit zur Erhöhung der Markttransparenz beiträgt. Die Möglichkeit zur Übertragung auf andere Märkte sollte geprüft werden.

KAPITALBILDUNG UND PRIVATER KONSUM VON LANDWIRTEN
BEI UNSICHEREN EINKOMMENSERWARTUNGEN

von

Hartwig de Haen, Göttingen

1	Problemstellung	405
2	Unsicherheit der Erwartungen und Instabilität einzelbetrieblicher Einkommen in der Landwirtschaft	406
3	Theoretische Grundlagen und Verhaltenshypothesen	407
3.1	Hypothesen über das Konsumverhalten bei Unsicherheit	407
3.2	Hypothesen über das Investitionsverhalten bei Unsicherheit	409
3.3	Interdependenzen zwischen Konsum-, Investitions- und Finanzierungsentscheidungen	410
4	Empirische Analyse von Konsum, Investition und Finanzierung in zwanzig landwirtschaftlichen Betrieben	414
4.1	Entwicklung von Einkommensverwendung und Finanzierung	414
4.2	Ökonometrisches Modell zur Erklärung von Konsum und Kapitalbildung	416
4.2.1	Spezifizierung der Gleichungen	416
4.2.2	Ergebnisse der empirischen Hypothesenüberprüfung	419
5	Schlußbetrachtungen	421

1 Problemstellung

Der landwirtschaftliche Unternehmerhaushalt fand in der mikroökonomischen Forschung bisher relativ wenig Interesse. Empirische und theoretische Analysen der Haushaltsentscheidungen hatten in den meisten Fällen den Arbeitseinsatz und das Mobilitätsverhalten zum Gegenstand. Der zweite zentrale Entscheidungsbereich des Haushalts, die Einkommensverwendung, wurde relativ wenig bearbeitet.

Diese Vernachlässigung ist insofern zu bedauern, als davon auszugehen ist, daß die verbreiteten Theorien des Haushalts sich nicht ohne weiteres auf die Landwirtschaft übertragen lassen. Einerseits sind landwirtschaftliche Einkommensentwicklungen durch ausgeprägte Schwankungen gekennzeichnet, so daß Entscheidungen über die Einkommensverwendung unter besonders unvollkommener Information getroffen werden müssen. Andererseits läßt sich die übliche Annahme, daß Haushalt und Unternehmen unabhängige Entscheidungsebenen darstellen, nicht aufrecht erhalten. Haushalts- und Unternehmensführung bilden in der landwirtschaftlichen Unternehmerfamilie in der Regel eine institutionelle Einheit, deren Zielsetzungen sowohl die Konsum- als auch die Investitionsentscheidungen beeinflußt. Möglicherweise resultiert aus dieser Integration der Entscheidungsbereiche eine besondere Flexibilität in der Anpassung an instabile Einkommensentwicklungen.

Die Kenntnis der jeweiligen Verhaltensweisen hat unmittelbare Bedeutung für die Beurteilung von Entwicklungsfähigkeit und -geschwindigkeit landwirtschaftlicher Betriebe. Auch auf sektoraler Ebene würden Kenntnisse über die Art der Einkommensverwendung von Nutzen sein. Dies gilt sowohl für sektorale Entwicklungsprognosen als auch für das Anliegen der Konjunkturpolitik, durch eine gezieltere differenzierende Maßnahmenwahl eine bessere Konjunkturstabilisierung zu erreichen.

Der folgende Beitrag hat im ersten Teil zum Ziel, die zahlreichen Arbeiten über das Konsum- und Investitionsverhalten bei Unsicherheit zusammenzufassen und in bezug auf ihren Erklärungsgehalt für den landwirtschaftlichen Unternehmerhaushalt zu überprüfen. Das schließt den Versuch ein, aus einem integrierten Haushalt-Unternehmen-Modell einige Hypothesen über die Einkommensverwendung bei unsicheren Einkommenserwartungen abzuleiten. Im zweiten Teil schließt sich eine empirische Untersuchung an, in der für zwanzig Betriebe die langfristige Entwicklung der Einkommensverwendung analysiert wird. Danach wird ein simultanes ökonometrisches Modell dazu verwandt, einige Verhaltenshypothesen zu überprüfen.

2 Unsicherheit der Erwartungen und Instabilität einzelbetrieblicher Einkommen in der Landwirtschaft

In der folgenden Untersuchung wird davon ausgegangen, daß die Variabilität der Einkommen in der Vergangenheit ein Indikator für die Unsicherheit der Einkommenserwartung ist, d.h. es wird unterstellt, daß die Wahrscheinlichkeitsverteilung des Einkommens entweder objektiv oder subjektiv bekannt ist. Damit läßt sich der Variationskoeffizient (=Standardabweichung/Mittelwert des Einkommens), der zunächst lediglich ein Maßstab für die Variabilität des Einkommens ist, zugleich als Indikator für die Unsicherheit [1] verwenden.

Stabilisierung der Produzenteneinkommen gilt allgemein als eines der Ziele der staatlichen Agrarpolitik, wobei die Begründung sowohl in dem sozialpolitischen Anliegen, die Haushalte vor plötzlichen Einbußen ihres Lebensstandards zu schützen, gesehen wird als auch in der Vermeidung der allokativen Konsequenzen, die dadurch eintreten können, daß möglicherweise rentable Investitionen aufgrund der Unsicherheit ihres Einkommensbetrages unterbleiben [2].

Bisher sind diese einzelbetrieblichen Reaktionen nur in wenigen Arbeiten empirisch untersucht worden. Im Bereich der Unternehmensentscheidungen wird im allgemeinen angenommen, daß die relativ große Instabilität landwirtschaftlicher Einkommen aufgrund der Risikoaversion der Investoren zu einer Reduktion der Investitionen in der landwirtschaftlichen Unternehmung führt [3]. Dabei bleibt ungeprüft, ob die geringe Investitionsquote durch höheren Konsum oder höhere außerbetriebliche Kapitalbildung kompensiert wird. Dagegen könnte eingewandt werden, daß Einkommensschwankungen, soweit sie auf natürlich bedingte Mengenschwankungen zurückzuführen sind, durch Investitionsmaßnahmen, z.B. Drainagen, Beregnungen oder moderne Futterkonservierungsmaßnahmen, reduziert werden können, so daß sie in manchen Fällen auch eine Erhöhung der Investitionen zur Folge

---

[1] Im angelsächsischen Sprachgebrauch wird gewöhnlich in Anlehnung an F. KNIGHT (1948) klar unterschieden zwischen dem Fall unsicherer Erwartungen bei bekannter Wahrscheinlichkeitsverteilung ("risk") und solchen bei unbekannter Wahrscheinlichkeitsverteilung ("uncertainty"). Nach dieser Definition wird im folgenden das Vorliegen von "risk" unterstellt.

[2] Vgl. dazu z.B. JOSLING, T.E. (1974, S. 229 - 264).

[3] Vgl. z.B. DRUMMOND, H.E. und T.K. WHITE (1975, S. 121 - 130).

hätten. CAMPBELL (1964, S. 53 ff) kommt aus anderen Gründen in einer Untersuchung australischer Betriebe zu einem ähnlichen Ergebnis. Derselbe Autor entwickelte in einer früheren Arbeit die sogenannte "residual funds" Hypothese. Danach orientieren sich die betrieblichen Realinvestitionen nicht so sehr an den Einkommenserwartungen, sondern an den nach Abzug des Konsums und der Steuern vom Einkommen noch verbleibenden liquiden Mitteln (K.O. CAMPBELL, 1958, S. 93 ff). Auch DUMSTORF und KÖHNE (1975) stellen in einer gerade abgeschlossenen Untersuchung fest, daß die Investitionsentscheidungen vieler Landwirte sich vorrangig an der aktuellen Liquidität ausrichten, ohne daß eine Abstimmung von Investitionen und Finanzierung im Rahmen einer intertemporalen Liquiditätsplanung erfolgt.

Auf der Entscheidungsebene des Haushalts sind die Kenntnisse über den Einfluß instabiler Einkommensentwicklungen noch wesentlich geringer als auf der Ebene der Unternehmung. Das Ziel Einkommensstabilisierung wird im Hinblick auf die Haushalte bisweilen damit begründet, daß viele vorwiegend kleine Betriebe mangels einer längerfristigen Planung kurzfristige Einkommenssteigerungen für dauerhaft halten und entsprechend komsumptiv verwenden, ohne Ersparnisse für Perioden niedriger Einkommen zu bilden. GIRAO, TOMEK und MOUNT kommen dagegen in ihrer ökonometrischen Analyse zum Konsum- und Investitionsverhalten von Landwirten zu dem Ergebnis, daß die durchschnittliche und die marginale Konsumneigung in landwirtschaftlichen Haushalten mit unterschiedlicher Einkommensvarianz nicht signifikant verschieden sind (GIRAO, J.A., W.G. TOMEK, T.D. MOUNT, 1973). Auch wenn man davon ausgeht, daß für viele kleinere Betriebe die Möglichkeiten der Konsumeinschränkung beschränkt sind, daß verschiedene Komponenten des Privatverbrauchs, wie z.B. Versicherungen, Mietwert der Wohnung und Ausbildung längerfristig fixiert sind und daß schließlich das Konsumniveau möglicherweise auch an dem stabileren Konsum nichtlandwirtschaftlicher Bevölkerungsgruppen ausgerichtet wird, gelangt man zu der Hypothese, daß die Konsumentscheidungen zum mindesten auf kurzfristige Einkommenssenkungen relativ unelastisch reagieren.

Ohne umfassende empirische Untersuchungen wird man zu den hier angeführten Hypothesen keine verallgemeinernde Aussage machen können. Die mangelnde Datenverfügbarkeit vor allem aus der Gruppe der nichtbuchführenden Betriebe machte derartige Arbeiten bisher unmöglich. Die vorliegende Untersuchung einer kleinen Gruppe von Betrieben kann höchstens exemplarischen Charakter haben. Sie ist außerdem ein Versuch, die bisher aufgestellten Erklärungsmodelle durch eine theoretische und empirische Einbeziehung der Interdependenzen zwischen Haushalt und Unternehmung zu ergänzen.

3 Theoretische Grundlagen und Verhaltenshypothesen

3.1 Hypothesen über das Konsumverhalten bei Unsicherheit

Die Höhe des privaten Konsums eines Haushalts wird generell durch zwei Gruppen von Einflußgrößen bestimmt, nämlich durch
a) die Bedürfnisstruktur der Haushaltsmitglieder und
b) das verfügbare Einkommen sowie den Bestand an liquiden Mitteln bzw. liquidierbarem Sachvermögen.

Geht man von den zwei denkbaren Motiven für einen gegenwärtigen Konsumverzicht aus, nämlich
- die Konsummöglichkeiten in späteren Perioden des Lebens zu erhöhen und/oder
- das vorhandene Vermögen zum Nutzen der Erben zu vermehren (Nachlaßmotiv),

dann wird die Wichtigkeit der zeitlichen Dimension in den unter a) und b) genannten Einflußgrößen deutlich. Die Bedürfnisstruktur bringt in dieser dynamischen Betrachtungsweise die Zeitpräferenz des Individuums zum Ausdruck, d.h. die Nutzenbewertung alternativer Kombinationen von Gegenwarts- und Zukunftskonsum innerhalb eines gegebenen Zeithorizonts. Letzterer erstreckt sich gewöhnlich auf die noch verbleibende Lebensdauer bzw. bei Gültigkeit des Nachlaßmotivs - auch auf diejenige der Erben. Der Einkommenseinfluß geht bei dynamischer Betrachtungsweise sowohl vom gegenwärtigen als auch vom künftig erwarteten Einkommen aus. Damit wird letztlich jede Konsumentscheidung unter unsicheren Erwartungen getroffen.

Aus den Überlegungen wird deutlich, daß Konsummodelle, die wie die KEYNESsche Konsumfunktion einen direkten Zusammenhang zwischen dem laufenden Realeinkommen und dem Konsum unterstellen, in denen also Zeitdimensionen und Unsicherheit keine Berücksichtigung erfahren, ungeeignet erscheinen, um den Einfluß instabiler Einkommen zu untersuchen. Der gleiche Einwand gilt für die von DUESENBERRY (1949) entwickelte Einkommenshypothese, die allerdings aus anderen Gründen, und zwar aufgrund der darin unterstellten Interdependenz individueller Präferenzstrukturen, durchaus zur Erklärung des privaten Konsums von Landwirten beitragen könnte 1).

Generell erscheint es plausibel anzunehmen, daß der Konsum eines Wirtschaftssubjektes sich umso weniger am laufenden Einkommen orientiert, je stärker dessen Schwankungen sind. Dies ist der Ausgangspunkt der Lebenszyklushypothese von MODIGLIANI und BRUMBERG (1966, S. 320 - 337). Darin wird angenommen, daß die Individuen Nutzen nur aus gegenwärtigem und zukünftigem Konsum ziehen und daß sie ihre Nutzenfunktion über den gesamten Lebenszeitraum hinweg zu maximieren versuchen unter der Nebenbedingung, daß der Gegenwartswert des Konsums denjenigen der erwarteten Zukunftseinkommen und des liquidierbaren Vermögens nicht überschreitet. Kurzfristige Einkommensschwankungen bleiben danach ohne Einfluß auf den Konsum, solange sie den Gegenwartswert des Gesamteinkommens unverändert lassen. Für den Zwei-Perioden-Fall und unter der Annahme, daß der Zusammenhang zwischen Gesamteinkommen und -konsum bei gegebener Nutzenfunktion U allein vom Zinssatz abhängt, ist dieses Modell in Schaubild 1 dargestellt. Darin bezeichnet die Gerade SS die Linie aller intertemporalen Konsumkombinationen $\{C_1, C_2\}$, die durch Sparen (Bewegung nach links) bzw. Kreditaufnahme (Bewegung nach rechts) in der Periode 1 bei Konstanz des Gegenwartswertes erreichbar sind (Konsum-Transformationslinie II). Im Optimum wird unabhängig von erratischen Einkommensschwankungen der Konsumplan in P_2 realisiert.

Schaubild 1: Optimale Haushaltsentscheidung bei gegebenem Lebenszeiteinkommen

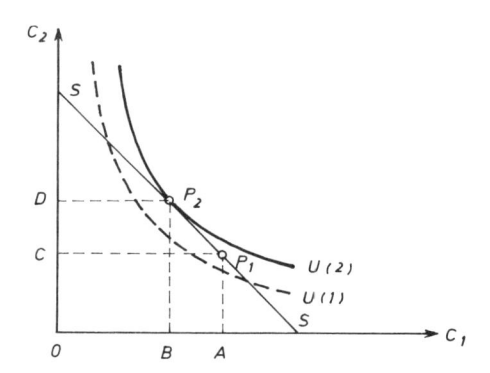

---

1) Die Entscheidungsproblematik vieler landwirtschaftlicher Betriebe könnte aus dem Tatbestand resultieren, daß der Konsum nicht allein aus einer langfristigen Koordinierung von Einkommen und Zeitpräferenzsystem resultiert, sondern daß eine weitgehend exogene Beeinflussung des laufenden Konsumanspruchs durch den höheren Lebensstandard nichtlandwirtschaftlicher Haushalte erfolgt. Wegen der dadurch bewirkten Reduzierung von Kapitalbildung und künftigem Einkommenswachstum kann dieser Demonstrationseffekt in der Zeit zunehmen. Vorläufige Schätzungen einer sektoralen Konsumfunktion für die Landwirtschaft ergaben tatsächlich einen signifikanten Einfluß des außerlandwirtschaftlichen Konsums.

Ausgangspunkt vieler empirischer Arbeiten ist die Dauereinkommenshypothese von FRIEDMAN (1957). Auch FRIEDMAN nimmt eine intertemporale Budgetbeschränkung bei instabilen laufenden Einkommen an. Statt des Gegenwartswerts aller künftigen Einkommen wird jedoch dessen periodisierter Wert, das Dauereinkommen Y^d, als konsumbestimmende Variable definiert. Einkommen und Konsum setzen sich jeweils aus einer dauerhaft erwarteten und einer transitorischen Komponente zusammen:

(3.1) $Y = Y^d + Y^{tr}$

(3.2) $C = C^d + C^{tr}$

Während die transitorischen Komponenten die Einflüsse zufälliger Faktoren widerspiegeln, die sich längerfristig ausgleichen ($E(Y^{tr}) = E(C^{tr}) = 0$), werden die eigentlichen Konsumentscheidungen im FRIEDMANschen Modell allein aufgrund der erwarteten Dauergrößen gefällt:

(3.3) $C^d = k \, Y^d$

Alternative Modellspezifikationen variieren vor allem in den Annahmen über den Proportionalitätsfaktor k und in den Annahmen über die Erwartungsfunktion für C^d und Y^d. Es erscheint plausibel anzunehmen, daß k von der individuellen Zeitpräferenz, möglicherweise aber auch vom Zinssatz und von der Unsicherheit der Dauereinkommenserwartung abhängt.

Die genannten Modelle haben in bisherigen empirischen Analysen des Konsumverhaltens bei schwankenden Einkommen einen relativ guten Erklärungsbeitrag geliefert. Eine unmittelbare Anwendung auf den landwirtschaftlichen Unternehmerhaushalt erscheint jedoch insofern problematisch, als die unterstellte Unabhängigkeit zwischen der Höhe des laufenden Konsums und dem Gegenwartswert künftiger Einkommen unrealistisch sein dürfte. Nach der folgenden Diskussion des Investitionsverhaltens bei Unsicherheit, wird daher die Interdependenz zwischen beiden Entscheidungsebenen aufgezeigt werden.

3.2 Hypothesen über das Investitionsverhalten unter Unsicherheit

Investitionsentscheidungen werden unter unsicheren Zukunftserwartungen getroffen und sind ebenso wie die Konsumentscheidung von einem komplexen Bündel von Einflußfaktoren abhängig, das hier nicht erörtert werden kann.

Unterstellt man sichere Erwartungen und rationales Verhalten, dann wird die optimale Investitionsentscheidung in einer Periode i.d.R. dadurch gefunden, daß der Gegenwartswert künftiger Einkommensbeiträge maximiert wird. Der optimale Investitionsumfang hängt dabei sowohl von dem Verlauf der Produktionsfunktion bzw. der daraus abgeleiteten Kapitalnachfrage als auch von den Grenzkosten der Kapitalbeschaffung (Kapitalangebot) ab. Eine quantitative Abbildung dieser Entscheidung kann sowohl im Rahmen der neoklassischen Theorie als auch in mehrperiodischen linearen Modellen erfolgen [1].

Bei Einbeziehung der Unsicherheit der Einkommenserwartungen (bei bekannter Wahrscheinlichkeitsverteilung) sind die üblichen eindimensionalen Entscheidungskriterien durch eine mehrdimensionale Nutzenfunktion zu ersetzen, deren Argumente teilweise Unsicherheitsindikatoren darstellen. Hierzu liegen zahlreiche Erklärungsmodelle für das Investitionsverhalten von Landwirten vor, die sich in zwei Varianten einteilen lassen [2].

In einer Gruppe von Modellen die auf ENCARNACION (1964) zurückgehen, wird die Existenz

---

[1] Siehe dazu KÖHNE, M. (1966), BRANDES, W. und E. WOERMANN (1969) und BOUSSARD, J.-M. (1971, S. 467 - 477).

[2] Einen Überblick geben z.B. DILLON, J.L. (1971, S. 3 - 80) und DEAN, G.W. (1974 - 1975, S. 110 - 119).

einer lexikographischen Nutzenfunktion unterstellt, in der mehrere Zielvariablen, z.B. Sicherstellung eines Mindesteinkommens, Risikoverteilung auf mehrere Projekte und Einkommensmaximierung, in eine ordinale Rangfolge gestellt sind 1).

Ein alternativer Ansatz, der in relativ vielen empirischen Untersuchungen eine gute Erklärung für das Investitionsverhalten von Landwirten ergab 2), basiert auf der Maximierung einer Nutzenfunktion, deren zwei Argumente den Erwartungswert und die Varianz künftiger Einkommen darstellen. Im Nutzenmaximum ist die Grenzrate der Substitution von Erwartungswert E (Y) und Varianz V bzw. σ_Y^2 gleich der Steigung dieser Nutzenfunktion U (E, V) (Bernoulli-Prinzip, vgl. z.B. SCHNEEWEISS, 1967). Eine graphische Darstellung enthält Schaubild 2. Die Punkte Z_i bezeichnen darin alternative Investitionsvorhaben.

Schaubild 2: Optimales Investitionsprogramm bei unsicheren Einkommenserwartungen

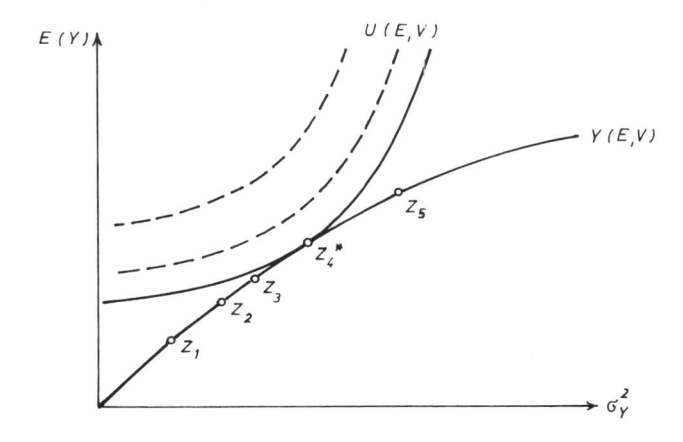

3.3 Interdependenzen zwischen Konsum-, Investitions- und Finanzierungsentscheidungen

Die in den bisherigen Überlegungen implizit enthaltene Annahme, daß die Ersparnisse eine Residualgröße der Haushaltsentscheidungen darstellen, läßt sich für den landwirtschaftlichen Unternehmerhaushalt vermutlich nicht aufrechterhalten. Vielmehr konkurrieren Konsum und selbstfinanzierte Investitionen um das verfügbare Einkommen, wobei die Motive für die Ersparnisbildung sowohl aus dem Haushalts- als auch aus dem Unternehmensbereich stammen können. Schließt man in die Kapitalbildung auch Desinvestitionen des vorhandenen Kapitalstocks ein, dann sind letztlich die künftigen Konsummöglichkeiten C_{t+1} eine Funktion gegenwärtiger Investitionen: $C_{t+1} = f(I_t)$. Das bedeutet weiterhin, daß bei Unterstellung eines mehrperiodischen Konsummaximierungsziels $[U_t = U(C_t, C_{t+1}) \to \max]$ die optimale Gegenwartsentscheidung sowohl den Konsum als auch die Kapitalbildung betrifft. Im Gleichgewicht gilt dann nämlich:

$$(3.4) \quad \frac{\delta U_t}{\delta C_t} = \frac{\delta U_t}{\delta f(I_t)}$$

Die wichtigsten Bestimmungsgründe dieser Interdependenzen dürften die Zeitpräferenz, die Unsi-

---

1) Vgl. z.B. die Anwendungen durch DEAN, G.W. und BENEDICTIS, M. (1964, S. 295 - 312).
2) Vgl. z.B. OFFICER, R.R. und A.N. HALTER (1968).

cherheit und Kapital- bzw. Finanzierungsbeschränkungen sein. Darauf ist seit der grundlegenden Arbeit durch HEADY (1952) immer wieder hingewiesen worden (z.B. T. HEIDHUES, 1967, S. 85 - 103, E. NEANDER, 1968, Y. LEON und P. RAINELLI, 1971, S. 13 - 23). Die wenigen vorliegenden empirischen Arbeiten trugen diesen Verflechtungen jedoch kaum Rechnung. Theoretische Analysen befaßten sich mehr mit der Entwicklung normativer Modelle (z.B. mehrperiodischer Programmierungsmodelle) als mit positiven Erklärungsmodellen.

Ausgangspunkt eines integrierten Erklärungsversuchs der Haushalts- und Unternehmensentscheidungen ist die Annahme, daß im landwirtschaftlichen Unternehmerhaushalt beide Entscheidungen aufgrund einer einheitlichen Zielsetzung getroffen werden. Dieses Zielsystem ist komplex und enthält Variablen wie Konsumniveau, Arbeitszeit, Vermögensbildung und soziale Sicherung. Im folgenden wird zunächst unterstellt, daß das Wirtschaftssubjekt letztlich nur aus gegenwärtigem und künftigem Konsum Nutzen zieht. In einem zweiten Schritt wird dann auch die Sicherung der Einkommenserwartungen einbezogen.

In Anlehnung an die klassische, auf I. FISHER zurückführende Untersuchung von HIRSHLEIFER (1958, S. 329 - 352) ist unter diesen Annahmen das nutzentheoretische Modell des Haushalts um die betrieblichen Realinvestitions- bzw. -desinvestitionsmöglichkeiten zu erweitern. In Schaubild 3 ist dies durch die Kurve II (Konsumtransformationskurve I) angedeutet, die den Einfluß von laufenden Investitionen auf künftige Einkommen bei abnehmenden Grenzerträgen widerspiegelt. Ausgangspunkt sei z.B. der Punkt P_1, d.h. ohne zusätzliche Investitionen erwartet das Unternehmen mit dem gegebenen Kapitalstock ein Gegenwartseinkommen von Y_1 = OC und ein Zukunftseinkommen von Y_2 = OE. Selbstfinanzierte Realinvestitionen, z.B. im Umfang von CA reduzieren den möglichen Gegenwartskonsum auf OA und erhöhen den Zukunftskonsum auf OH. Umgekehrt würden Desinvestitionen zu einer Reduktion des Zukunftskonsums auf C_2 < OE führen.

Schaubild 3: Optimale intertemporale Konsumverteilung, Ersparnis und Realinvestition

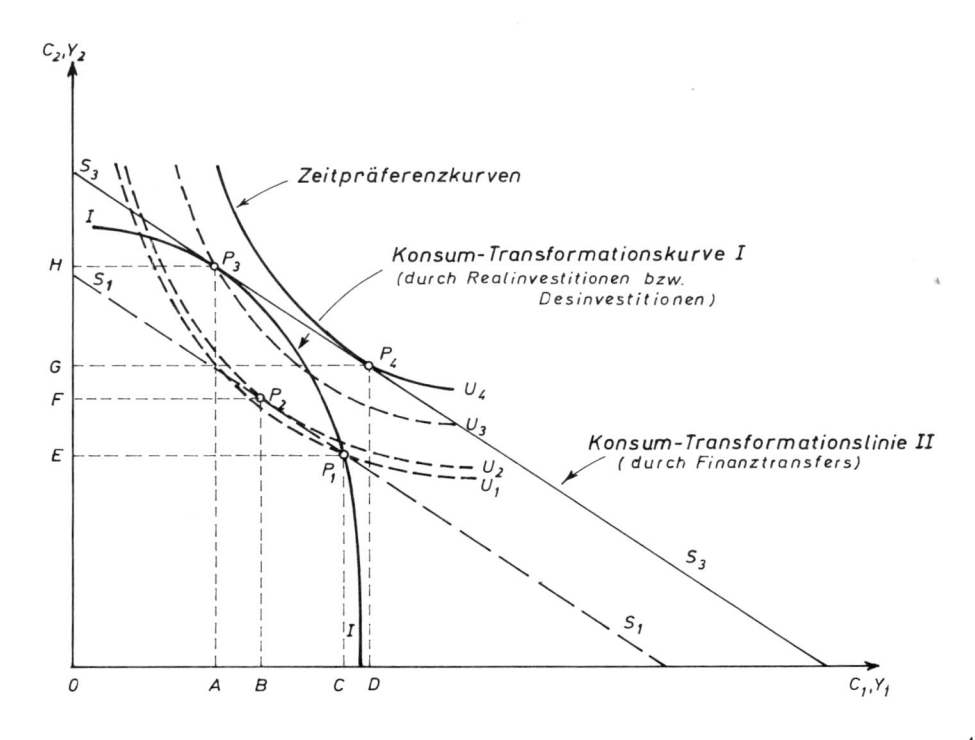

Die Einheit Haushalt-Unternehmen ist also in der Lage, durch Konsumverzicht und Realinvestition den Gegenwartswert aller künftigen Konsummöglichkeiten zu erhöhen. Während der reine Haushalt bei Annahme einer konstanten außerbetrieblichen Kapitalverzinsung durch Ersparnis im Umfang BC das Nutzenniveau U_2 im Punkt P_2 erreicht hätte, wird durch die Integration von Haushalt und Unternehmen schon ohne Fremdfinanzierung das höhere Nutzenniveau U_3 in P_3 erreicht (marginaler Zinsfuß gleich Kapitalmarktzinsfuß). Hat der Haushalt - wie im dargestellten Beispiel - eine relativ hohe Präferenz für Gegenwartskonsum, so kann er durch vorübergehende Fremdfinanzierung seinen Nutzen weiter auf U_4 steigern und dabei einen Gegenwartskonsum OD realisieren bzw. einen Zukunftskonsum OG erwarten 1). Erratische Einkommensschwankungen beeinflussen diese Entscheidungen nicht.

Unter der einheitlichen Zielsetzung hätten Haushalt und Unternehmen in P_4 eine optimale Entscheidung über den Umfang der drei hier relevanten Aktivitäten in der laufenden Periode 1 getroffen 2).

Konsum $\qquad C_1 = OD$
Realinvestition $\qquad I_1 = CA$
Fremdfinanzierung $\qquad F_1 = AD$

Zwei Annahmen dieses Modells, die Existenz eines vollkommenen Kapitalmarktes mit einem einheitlichen Zinssatz und die Indifferenz des investierenden Unternehmers gegenüber unsicheren Einkommenserwartungen, sollen im folgenden aufgehoben werden.

Annahme 1 könnte aufgehoben werden durch die Einführung unterschiedlicher Zinssätze für Geldanlage (Bewegung von P_1 nach links entlang einer flacher ansteigenden Konsum-Transformationslinie II) und für Kreditaufnahme (Bewegung nach rechts, steiler verlaufende Konsum-Transformationslinie II). Je nach dem Verlauf der Zeitpräferenzkurven und der Produktionsfunktion würden optimaler Investitionsumfang beziehungsweise optimale außerbetriebliche Geldanlage dann durch den Tangentialpunkt mit einer dieser Geraden bestimmt.

Abschließend soll untersucht werden, welchen Einfluß die Risikoaversion des landwirtschaftlichen Unternehmers auf die Entscheidungen der integrierten Einheit Haushalt-Unternehmen haben kann. Sicher gibt es für die theoretische Analyse dieses Problems viele Möglichkeiten, deren Relevanz letztlich nur in der empirischen Überprüfung widerlegt werden kann. Dennoch sei hier die Diskussion auf nur ein plausibel erscheinendes Erklärungsmodell beschränkt (s. Schaubild 4). Es basiert auf einer Verknüpfung des bisher untersuchten Haushalt-Unternehmen-Modells mit dem Sicherheits-Äquivalenz-Modell des Investors. Damit werden die zwei Nutzenfunktionen, das Zeitpräferenzsystem und das Sicherheitsäquivalenzsystem, hierarchisch verbunden unter den zentralen Annahmen, daß erstens der Investitionsumfang nicht allein vom Zinssatz, sondern auch von der Einkommensstabilität abhängt und daß zweitens das Streben nach Sicherheit Priorität vor dem Ziel der Konsummaximierung erhält.

Im linken Teil des Schaubildes sind Varianzen und Mittelwerte der diskontierten Einkommenserwartungen abgebildet. Der Zinsfuß entspricht dem bei traditioneller Investitionsplanung relevanten Kalkulationszinsfuß, d.h. im gewählten Beispiel dem Habenzins (Steigung der Geraden S_G). Bei gegebener Risikoversion würde der Unternehmer das Investitionsprojekt Z^* wählen, wodurch bei einem Investitionsvolumen von B'C ein Zukunftseinkommen von OE möglich würde. Bei dem gegebenen Zeitpräferenzsystem würde der Gegenwartskonsum durch außerbetriebliche Geldanlage

---

1) Die Überlegungen gelten sowohl für den Zwei-Perioden-Fall als auch für einen längeren, möglicherweise das Erwerbsleben der Erben einschließenden Zeitraum. Die Variablen der Periode 2 sind dann periodisierte Durchschnittsgrößen dieses Zeitraumes. Vgl. dazu z.B. HIRSHLEIFER, J. (1958, S. 329 - 352).

2) Wie man sich leicht überzeugen kann, ist die Einhaltung der Einkommensidentität $Y_1 = I_1 + C_1 - F_1$ in jedem Punkt P_i gewährleistet.

Schaubild 4: Optimale intertemporale Konsumverteilung, Ersparnis und Realinvestition bei unsicheren Einkommenserwartungen

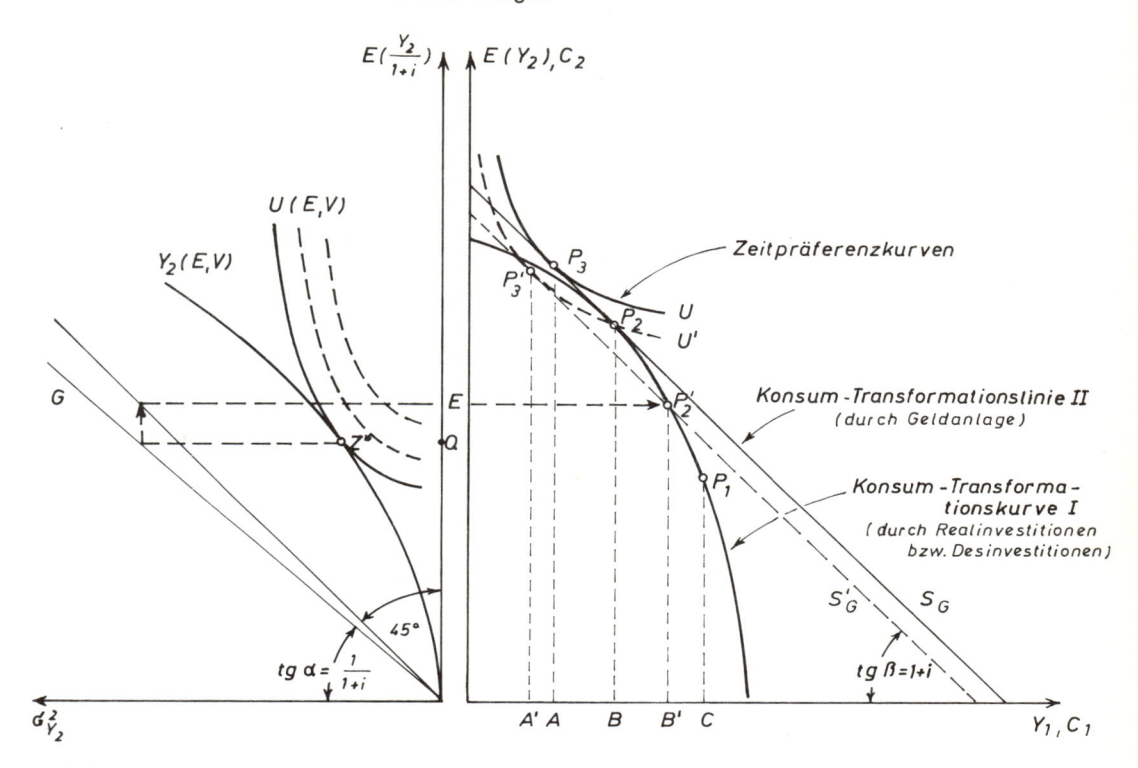

(A' B') noch weiter eingeschränkt, so daß der nutzenmaximale Konsumpunkt P$_3$ erreicht würde. Das Modell ließe sich analog auch für den Fall der Fremdfinanzierung entwickeln.

Ein Vergleich mit dem Konsumplan P$_3$, in dem die Risikoaversion des Investors nicht berücksichtigt wurde, führt zu folgenden Schlußfolgerungen bzw. Verhaltenshypothesen:

- die höhere Risikoabsicherung wird durch einen geringeren Konsumnutzen erkauft (U' < U);
- je größer cet. par. die Unsicherheit der Einkommenserwartung aus dem landwirtschaftlichen Unternehmen [1], desto größer (geringer) die Ersparnis (Nettokreditaufnahme) und desto kleiner der Anteil der Netto-Realinvestitionen an der Gesamtersparnis (CA' > CA; CB' < CB);
- je größer die Risikobereitschaft des Unternehmers, desto geringer (größer) die Ersparnis (Nettokreditaufnahme) und desto größer die betrieblichen Realinvestitionen.

Natürlich gelten diese Hypothesen nur unter den getroffenen Annahmen. Beispielsweise würde das Sicherheitsäquivalenzproblem irrelevant, wenn in einem Betrieb Investitionen zur Einkommensstabilisierung durchgeführt werden könnten. Eine umfassende Überprüfung alternativer Verhaltenshypothesen im Rahmen dieses nutzentheoretischen Modells würde einzelbetriebliche Befragungen und die Kenntnis sowohl demographischer als auch produktionstechnischer Daten voraussetzen. Darauf soll an dieser Stelle jedoch verzichtet werden. Die folgende Analyse bleibt auf die Auswertung von Buchführungsdaten beschränkt.

---

[1] Der Zinssatz für Geldanlage bzw. Kreditaufnahme wird als langfristig bekannt angenommen bzw. ist um einen Risikofaktor korrigiert.

4 Empirische Analyse von Konsum, Investition und Finanzierung in zwanzig landwirtschaftlichen Betrieben

Im folgenden wird eine Fallstudie beschrieben, in der einige der eingangs aufgestellten Hypothesen empirisch überprüft wurden. Dabei handelt es sich um eine kombinierte Zeitreihen-Querschnittsanalyse von zwanzig landwirtschaftlichen Betrieben während eines Zeitraumes von 22 Jahren (1952/53 - 1973/74) 1). Die Betriebe liegen im Regierungsbezirk Hannover und sind der Gruppe mittel- und großbäuerlicher Vollerwerbsbetriebe zuzuordnen. Die durchschnittliche landwirtschaftliche Nutzfläche pro Betrieb betrug 1950 71 ha und 1974 90 ha. Die Betriebe sind überwiegend viehstark. In zwölf Betrieben lag der Anteil der Bodenproduktion an den Verkaufserlösen 1973/74 unter 30 v.H., in nur fünf Betrieben lag er über 70 v.H..

4.1 Entwicklung von Einkommensverwendung und Finanzierung

Kennzeichnend für die finanzielle Entwicklung im Durchschnitt der zwanzig Betriebe (s. Schaubild 5) sind starke Schwankungen der realen verfügbaren Einkommen 2), eine weitgehend stabile, aufsteigende Entwicklung des realen Konsums 3) und größere Schwankungen der ebenfalls trendmäßig wachsenden Bruttoinvestitionen. Die größte Varianz weist die Entwicklung des Finanzierungsdefizits auf, worin u.a. eine Bestätigung der - durch die Beleihungspolitik der Banken bedingten - großen Flexibilität in der Fremdfinanzierung zu sehen ist.

Zwischen den Betrieben bestehen im Ausmaß der Einkommensschwankungen und in der Struktur der Einkommensverwendung erhebliche Unterschiede. Eine Gruppierung der Betriebe nach dem Ausmaß der Einkommensinstabilität, gemessen am Variationskoeffizienten VK_y (s. Tabelle 1) führt zu folgendem Ergebnis:

a) Größere Einkommensschwankungen weisen vor allem die flächenreicheren, viehschwachen Betriebe auf.

b) Während die einkommensstabilere Gruppe 1 eine durchschnittliche Wachstumsrate des realen verfügbaren Einkommens von 3,8 v.H. aufweist, hatte Gruppe 2 praktisch - über den gesamten Zeitraum gesehen - kein Einkommenswachstum. Dennoch weisen beide Gruppen etwa gleiche Variationskoeffizienten und Wachstumsraten des privaten Konsums auf. Auch die Niveauunterschiede im Konsum sind relativ gering.

Eine detailliertere, in drei Perioden untergliederte Analyse der Struktur der Einkommensverwendung in den Betrieben führt zu weiteren Schlußfolgerungen (siehe Tabelle 2):

c) In beiden Gruppen nehmen die Wachstumsraten des Konsums von 4,2 v.H. im ersten auf etwa 1,8 im letzten Jahrzehnt ab. Diese Entwicklung wird allerdings zum Teil durch den Rückgang der Haushaltsgrößen kompensiert.

d) Die in der Gruppe 2 - bedingt durch die Stabilität des Konsumpfades - auftretenden Liquiditätsschwankungen scheinen weniger durch den Umfang der betrieblichen Investitionen als durch die private Nettokapitalbildung kompensiert zu werden. Das betriebliche Finanzierungsdefizit

---

1) Die Daten für die ersten zwölf Jahre wurden freundlicherweise von Herrn W. BRITSCH aus einer bereits abgeschlossenen Untersuchung zur Verfügung gestellt (BRITSCH, W.-D., 1973). Für die letzten zehn Jahre wurden die Daten neu erhoben.

2) Verfügbares Einkommen = landw. Gewinn + außerlandw. Einkünfte - Steuern - Altenteillasten.

3) Der Konsum umfaßt hier - bedingt durch die Datenbasis - sowohl nichtdauerhafte als auch dauerhafte Konsumgüter.

Schaubild 5: Langfristige Entwicklung von Einkommen (real) und Einkommensverwendung in zwanzig landwirtschaftlichen Betrieben

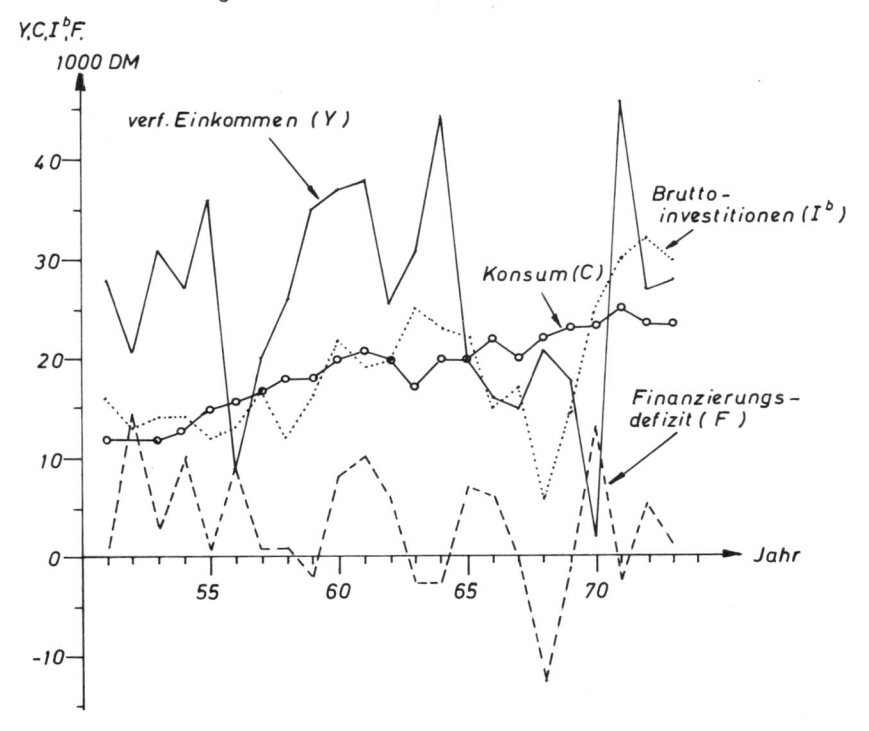

bleibt vergleichsweise stabil. Es ist allerdings darauf hinzuweisen, daß die private Kapitalbildung auch betrieblich finanzierte Bodenkäufe, also reine Aktivtauschvorgänge, enthält 1).

e) Bis auf die letzte Drei-Jahresperiode, in der die Betriebe der Gruppe 2 eine Kapitaleinlage vornahmen, weisen beide Gruppen im Durchschnitt eine private Kapitalbildung von etwa einem Drittel des verfügbaren Einkommens auf. Zugleich werden betriebliche Investitionen teilweise fremdfinanziert. Die - hier nicht weiter untersuchte - Begründung für diese Parallelität von Fremdfinanzierung und "außerbetrieblicher" Geldanlage mag teilweise in der Kapitalentnahme für Bodenkäufe, teilweise aber auch in der Verfügbarkeit zinsverbilligter Kredite liegen.

d) Die durchschnittliche Konsumquote und der Anteil der privaten Kapitalbildung an der Gesamtersparnis sind (bei gleicher Haushaltsgröße in den Gruppen) in der stabileren Gruppe 1 durchgehend höher als in Gruppe 2. Soweit hierin nicht der Effekt des geringeren Einkommens in der Gruppe 1 zum Ausdruck kommt, könnte darin eine Bestätigung der eingangs aufgestellten Verhaltenshypothese zu sehen sein.

---

1) Dieser Mangel der Buchführung wird neuerdings durch die Einbeziehung der Bodenwerte in die Bilanz aufgehoben.

Tabelle 1: Wachstum und Stabilität finanzieller Variablen in zwei Betriebsgruppen

Merkmal	Zeitraum	Gruppe 1 (stabil)	Gruppe 2 (instabil)
Zahl der Betriebe	-	10	10
Betriebsgröße (ha LN/Betr.)	1951-53	58	84
	1971-73	64	116
Bodenleistung/Verkaufserlös insgesamt	1971-73	0,24	0,45
jährl. Wachstumsraten - Einkommen	1951-73	0,038	0,006
jährl. Wachstumsraten - Konsum	1951-73	0,031	0,028
Variationskoeffizienten - verf. Einkommen	1951-73	0,48	1,11
- Konsum	1951-73	0,40	0,47
- Bruttoinvestition	1951-73	1,28	1,80
- Finanzierungssaldo	1951-73	16,31	37,70
Durchschnittliche Konsumquote	1951-73	0,90	0,72

4.2 Ökonometrisches Modell zur Erklärung von Konsum und Kapitalbildung

Das im folgenden skizzierte Modell enthält je eine Verhaltensfunktion für die drei zentralen monetären Entscheidungsvariablen des Haushalts-Unternehmens-Komplexes: den Konsum, die Investitionen und die Finanzierung. Die drei Variablen sind bei Vorgabe der prädeterminierten privaten Kapitalbildung über eine Einkommensidentität verbunden. Die endogenen Variablen des Modells sind:

1. Konsum C
2. Bruttoinvestitionen (ohne Bodenkäufe) I^b
3. Finanzierungsdefizit (Zunahme der Verbindlichkeiten minus Zunahme der Forderungen) F
4. Verfügbares Gesamteinkommen (incl. Afa) $\bar{Y}$

Durch die Wahl der Bruttoinvestitionen werden der Entscheidungsbereich des Landwirtes besser abgebildet als durch den fiktiven Nettobegriff. Entsprechend sind die Abschreibungen Bestandteil des verwandten Einkommensbegriffs, während Steuern und Altenteilzahlungen abgezogen sind.

4.2.1 Spezifizierung der Gleichungen

Wegen der Interdependenz zwischen den Verhaltensgleichungen wird ein simultanes Schätzverfahren (zweistufige Kleinstquadratschätzung 2 SLS) 1) gewählt. Zur Vermeidung verzerrter Koeffizientenschätzungen als Folge der Kombination von Querschnitts- und Zeitreihen werden die Niveaueffekte der jeweiligen Reihenzugehörigkeit durch Formulierung von o-1 Variablen explizit berücksichtigt. Es folgt eine kurze Diskussion der einzelnen Gleichungen ohne Nennung der o-1-Variablen.

(1) Konsumfunktion

Es werden zwei Konsumfunktionshypothesen überprüft. In Gleichung 1a wird die in Gleichung (3.3) genannte FRIEDMANsche Dauereinkommenshypothese operationalisiert durch die Annahme, daß

---
1) Die Größe der Beobachtungsmatrix (einschl. o-1 Variablen 440 x 48) verhinderte den Einsatz des dreistufigen Schätzverfahrens 3 SLS.

Tabelle 2: Jährliche Einkommensverwendung und Investitionsfinanzierung 1951/52 - 1973/74

Merkmal \ Jahr, Gruppe	1951/52 - 1955/56 Gruppe 1	1951/52 - 1955/56 Gruppe 2	1961/62 - 1965/66 Gruppe 1	1961/62 - 1965/66 Gruppe 2	1971/72 - 1973/74 Gruppe 1	1971/72 - 1973/74 Gruppe 2
Absolute Werte 1) (DM/Haushalt bzw. Betrieb)						
verfügbares Einkommen	12412	48391	23917	42447	22747	46722
Konsum	11739	14092	17642	22089	21473	26243
Bruttoinvestitionen	10113	18079	17343	27056	15417	49773
Relative Werte (verfügbares Einkommen = 100)						
- private Netto-Kapitalbildung	100	100	100	100	100	100
+ Abschreibungen	- 12	- 72	- 32	- 37	- 35	+ 6
= verfügbar für Konsum und Bruttoinvestitionen	+ 60	+ 18	+ 54	+ 39	+ 57	+ 52
	=148	= 46	=122	=102	=130	=158
- Konsum	- 95	- 29	- 73	- 52	- 94	- 56
= verfügbar für Bruttoinvestitionen	= 53	= 19	= 49	= 50	= 36	=102
- tatsächliche Bruttoinvestitionen	- 81	- 37	- 72	- 64	- 67	-106
= Finanzierungsdefizit	=-28	=-18	=-23	=-14	=-31	=- 4
Betriebliche Eigenfinanzierungsquote (DEK + AFA)/I^b	0,65	0,43	0,65	0,78	0,52	0,96
Unternehmerische Eigenfinanzierungsquote (S + AFA)/I^b	0,80	2,39	1,10	1,36	0,92	0,90

1) Reale Größen, deflationiert mit dem Preisindex der Lebenshaltung (Basis 1962 = 100)
2) DEK = Eigenkapitalvermehrung; AFA = Abschreibungen; S = Ersparnis des Unternehmers; I^b = Bruttoinvestitionen ohne Bodenkäufe.

a) der laufende gleich dem geplanten Konsum ist und daß b) die Haushalte ihre Dauereinkommens-erwartung aus der Entwicklung ihres Einkommens in der Vergangenheit ableiten:

$$(4.1) \quad C_t = k \sum_{i=0}^{\infty} \lambda^i \bar{Y}_{t-i} \qquad 0 < \lambda < 1$$

Nach einer Koyck-Transformation erhält man die relative simple Konsumhypothese 1a:

$$(4.2) \quad C_t = k \bar{Y}_t + \lambda C_t + {}_1\varepsilon_t$$

In Gleichung 1a wird alternativ eine partielle Anpassungshypothese formuliert [1]. Es wird angenommen, daß die Haushalte wegen der Unsicherheit der Einkommenserwartungen nur eine graduelle Anpassung ihrer Dauereinkommenserwartung und ihres laufenden Konsums vornehmen:

$$(4.3) \quad Y_t^d - Y_{t-1}^d = \gamma (\bar{Y}_t - Y_{t-1}^d)$$

$$(4.4) \quad C_t - C_{t-1} = \varphi (C_t^d - C_{t-1})$$

Nimmt man weiterhin an, daß der Proportionalitätsfaktor k zwischen Dauereinkommen und -konsum nicht konstant ist, sondern mit Haushaltsgröße und Einkommenshöhe variiert:
$k = a + b Y_t + d H_t$, dann erhält man nach Umformung die partielle Anpassungshypothese 1a:

$$(4.5) \quad C_t = \varphi \beta a \bar{Y}_t - \varphi \gamma b \bar{Y}_t^2 + [(1-\gamma) + (1-\varphi)] C_{t-1}$$
$$- (1-\varphi)(1-\gamma) C_{t-2} + \varphi \gamma d H_t \bar{Y}_t + {}_{1a}\varepsilon_t$$

(2) Investitionsfunktion

Auch bei den Investitionen wird eine dynamische Anpassung aufgrund von Erwartungen unterstellt. Es wird angenommen, daß der durch Investitionen angestrebte Kapitalstock K umso größer ist, je höher die Produktions- bzw. Absatzerwartungen Q^* sind und umso kleiner, je größer die bereits erreichte Nettoverschuldung SF ist [2]:

$$(4.6) \quad K_t = K(Q_t^*, SF_t)$$

Nimmt man weiterhin an, daß die Produktionserwartungen aus der bisherigen Entwicklung abgeleitet werden:

$$(4.7) \quad Q_t^* = \sum_{i=0}^{\infty} \pi^i Q_{t-i}, \qquad 0 < \pi < 1$$

dann erhält man bei Unterstellung linearer Beziehungen und einer konstanten Abschreibungsrate die folgende Bruttoinvestitionsfunktion:

$$(4.8) \quad I_t^b = e + g Q_t - (1-\pi+\delta) K_{t-1} + h F_t + {}_2\varepsilon_t$$

---

[1] Vgl. (NERLOVE, M., 1958) und (GIRAO, J.A., W.G. TOMEK und T.D. MOUNT, 1973).

[2] In bisherigen Schätzungen konnte ein Einfluß des Zinsniveaus und alternative Variablen für Preisrelationen auf die Investitionen nicht bestätigt werden.

Darin bezeichnet F den Finanzierungssaldo (Zunahme der Nettoverschuldung). Gleichung 4.8 stellt das Basismodell dar, das in Version 2 noch um die Produktionsrichtung PR (Anteil der Bodenproduktion an der Gesamtproduktion) und in Version 2a zusätzlich um eine Variable L (verfügbares Gesamteinkommen (incl. Afa) minus Konsum) zur Überprüfung der "residual funds"-Hypothese erweitert wurde.

(3) Finanzierungsfunktion

Fände in den Betrieben keine Entnahme für private Vermögensbildung statt, ergäbe sich das Finanzierungsdefizit als Residualgröße der Konsum- und Investitionsentscheidungen aus der Einkommensidentität. Tatsächlich scheint aber der Umfang privater Vermögensbildung in einigen der hier untersuchten Betriebe beträchtlich zu sein, so daß eine explizite Abbildung des Finanzierungsverhaltens angebracht schien. Es wird unterstellt, daß die Neuverschuldung sowohl von den Bruttoinvestitionen (ohne Boden) I^b als auch vor allem von dem Umfang der Flächenerweiterung DFL abhängt. Weiterhin wird der Einfluß des absoluten Schuldenstandes V und - als Ausdruck der eingangs genannten Pufferfunktion der Fremdfinanzierung - der Liquiditätsvariablen L überprüft:

(4.9) $F_t = a_3 + b_3 I^b_t + c_3 L_t + d_3 V_t + e_3 DFL_t + {}_3\varepsilon_t$

(4) Einkommensidentität

Die vier endogenen Variablen werden mit der prädeterminierten privaten Kapitalbildung (netto) EN durch folgende Identität verbunden:

(4.10) $\bar{Y} = C_t + I^b_t - F_t + EN_t$

Unter Einbezug der 0-1 Variablen für die Zeitreihenzugehörigkeit (S) bzw. die Querschnittszugehörigkeit (Z) hat das Gesamtmodell mit den jeweiligen Basishypothesen also folgende Struktur:

(1) $C_{n,t} = \pi^1_1 \bar{Y}_{n,t} + \pi^1_2 C_{n,t-1} + \Theta^1_t S_t + \Omega^1_n Z_n + {}_1\varepsilon_{n,t}$

(2) $I^b_{n,t} = \pi^2_1 K_{n,t-1} + \pi^2_2 Q_{n,t} + \pi^2_3 PR_{n,t} + \pi^2_4 F_{n,t} + \Theta^2_t S_t + \Omega^2_n Z_n + {}_2\varepsilon_{n,t}$

(3) $F_{n,t} = \pi^3_1 L_{n,t} + \pi^3_2 V_{n,t} + \pi^3_3 DFL_{n,t} + \pi^3_4 I^b_{n,t} + \Theta^3_t S_t + \Omega^3_n Z_n + {}_3\varepsilon_{n,t}$

(4) $\bar{Y}_{n,t} = C_{n,t} + I^b_{n,t} + EN_{n,t} - F_{n,t}$

4.2.2 Ergebnisse der empirischen Hypothesenüberprüfung

Die folgenden vorläufigen Ergebnisse der empirischen Analyse beziehen sich jeweils auf die Gesamtgruppe von 20 Betrieben. Da die Koeffizienten der exogenen Variablen nur partielle Einflüsse auf die endogenen Variablen widerspiegeln, bleibt die Interpretation auf die Beurteilung von Wirkungsrichtung und Signifikanz dieser Koeffizienten beschränkt [1]. Die Koeffizienten der einzelnen Gleichungen blieben gegenüber alternativen Spezifizierungen der jeweils anderen Gleichungen sehr stabil, so daß jede Gleichung nur einmal aufgeführt wird. Tabelle 3 enthält geschätzte Koeffizienten b und deren Standardfehler s.

---

1) Die - für die Ermittlung totaler Effekte und Elastizitäten erforderliche - Berechnung der reduzierten Form ist noch nicht abgeschlossen.

Tabelle 3: Schätzwerte für die strukturellen Koeffizienten der Verhaltensgleichungen 1)

Gleichung		Koeffizienten der erklärenden Variablen						0-1-Variablen Zahl der Koeff. die signifikant $\neq$ 0 sind	
								S	Z
		Konsumfunktion (C)							
		Y_t	C_{t-1}	C_{t-2}	Y_t^2	$H_t Y_t$	Konst.		
1.	b	0.014	0.656				2.21	10	7
	s	(0.005)	(0.037)				(1.38)		
1a	b	-0.059	0.592	0.129	0.00007	0.004	2.57	6	5
	s	(0.013)	(0.048)	(0.05)	(0.00003)	(0.001)	(1.47)		
		Investitionsfunktion (I^b)							
		K_{t-1}	Q_t	F_t	PR_t	L_t	Konst.		
2.	b	-0.308	0.215	-0.735	34.9		40.7	1	5
	s	(0.080)	(0.055)	(0.106)	(20.6)		(17.1)		
2a	b	-0.241	0.229	-0.939	32.8	-0.162	40.5	1	5
	s	(0.084)	(0.059)	(0.134)	(18.9)	(0.054)	(18.0)		
		Finanzierungsfunktion (F)							
		I_t^b	DFL_t	L_t	V_t		Konst.		
3.	b	-0.570	0.958	-0.194	-0.271		32.1	0	6
	s	(0.082)	(0.298)	(0.036)	(0.054)		(10.5)		

1) Alle monetären Variablen in 1 000 DM.

Sämtliche Koeffizienten der zwei Konsumfunktionen sind hoch gesichert und tragen bis auf Y in Gleichung 1a das erwartete Vorzeichen. Bei der Beurteilung der Größenordnung des Einkommenseinflusses ist zu beachten, daß der hier verwandte Einkommensbegriff, der Abschreibungen einschließt, eine geringere Konsumquote als übliche Einkommensmaßstäbe erwarten läßt. Dennoch überrascht die geringe kurzfristige marginale Konsumquote. Entgegen der FRIEDMANschen Hypothese bestätigen die Schätzergebnisse keine Proportionalität zwischen Konsum und Dauereinkommen, denn die Koeffizienten der 0-1-Variablen weisen auf Niveauunterschiede zwischen den Betrieben und Jahren hin, die nicht auf Unterschiede in der Einkommenshöhe zurückzuführen sind. Möglicherweise spielen hier Demonstrationseffekte von außen aber auch Statuseffekte, die z.B. mit der Betriebsgröße verbunden sein können, eine Rolle. Dazu liegen bisher keine Untersuchungen vor. Eine Überprüfung derselben Hypothesen für die Gruppe zwei mit der hohen Einkommensinstabilität führte weitgehend zum gleichen Schätzergebnis. Ein Einfluß der Unsicherheit von Einkommenserwartungen auf die Art des Konsumverhaltens läßt sich also bisher nicht nachweisen.

Auch die Koeffizienten der Investitionsfunktionen sind bis auf die Variable für die Produktionsrichtung hoch gesichert und tragen bis auf die Liquiditätsvariable das erwartete Vorzeichen. Das Vorzeichen der Kapitalstockvariablen hängt von der Größe des Anpassungsparameters π und der Abschreibungsrate δ ab. Bei einer durchschnittlichen Abschreibungsrate von $\delta = 0,08$ wäre für alle Werte von $\pi > 0,08$ ein negatives Vorzeichen von K zu erwarten. Mit wachsenden Produktionsmengen und entsprechend höherem angestrebten Kapitalstock steigt und mit zunehmender Nettoverschuldung sinkt die Neigung zum Investieren. Die reine Liquiditätshypothese, nach der die laufende Liquidität den Umfang der Investitionen bestimmt, muß danach verworfen werden. Das wird durch die Stabilität der Parameter bei expliziter Hereinnahme der Variablen L in Gleichung 2a bestätigt. Steigende Liquiditätsüberschüsse würden danach sogar zu einem Rückgang der Bruttoinvestitionen und - wegen des gleichfalls negativen Effektes auf die Nettoverschuldung - zu einer Zunahme der Entnahmen für private Kapitalbildung führen 1).

---

1) Die Einfachkorrelation zwischen Liquidität und Nettokapitalbildung EN ist $r_{L,EN} = 0,71$.

Die Schätzwerte der Koeffizienten der Finanzierungsfunktion bestätigen den engen wechselseitigen Zusammenhang zwischen Investitions- und Finanzierungsentscheidungen. Die Vorzeichen der beiden Investitionsvariablen könnten so interpretiert werden, daß Flächenerweiterungen (DFL) vornehmlich mit Fremdkapital, steigende Investitionen in andere Produktionsmittel dagegen mehr aus Ersparnissen finanziert werden. Mit steigendem Schuldenstand und mit wachsenden Liquiditätsüberschüssen sinkt die Neigung zur Neuverschuldung. Autonome Niveauverschiebungen im Zeitablauf, die beim Konsum eine Rolle zu spielen scheinen, sind bei Investition und Finanzierung nicht zu vermuten.

Sicher wird man noch eine Reihe alternativer Hypothesen formulieren müssen, bevor gesicherte Aussagen über die untersuchten Verhaltensweisen gemacht werden können. Dennoch lassen die vorgelegten Ergebnisse die Vermutung zu, daß kurzfristige Einkommensschwankungen die Entscheidung über Konsum und Realinvestition nicht entscheidend beeinflussen. Die finanzielle Flexibilität führt vielmehr entweder zu einer Anpassung der außerbetrieblichen Kapitalbildung (bzw. privaten Einlage in den Betrieb) oder - wo ein solcher Puffer nicht vorhanden ist - zu einer Variation des Umfanges der Fremdfinanzierung.

5 Schlußbetrachtung

Ersparnis und Kapitalbildung bilden zusammen mit qualitativen und quantitativen Veränderungen des Arbeitseinsatzes die zentralen dynamischen Elemente in der Entwicklung eines ökonomischen Systems. Jede dynamische Analyse und Prognose, sei sie auf einzelne Betriebe, auf Regionen oder den gesamten Agrarsektor bezogen, setzt Kenntisse über die Bestimmungsgründe und das Ausmaß dieser Prozesse voraus. Die agrarökonomische Forschung hat in den letzten Jahren in der Erarbeitung von Planungs- und Prognosemodellen auf allen drei Aggregationsebenen große Fortschritte gemacht. Bei der theoretischen und empirischen Erklärung der z.T. sehr komplexen Entscheidungsprozesse, die der Entwicklung zugrundeliegen, befindet sich die Forschung noch im Anfangsstadium. Die aktuelle gesamtwirtschaftliche Lage, gekennzeichnet durch reduziertes Wachstum und hohe Arbeitslosigkeit im ländlichen Raum, sowie die damit auftretende Frage nach dem Einfluß dieser Entwicklung auf landwirtschaftliche Einkommen, Strukturwandel und Abwanderung verdeutlicht die Notwendigkeit vertiefter Kenntnisse über Probleme wie

- die relativen Gewichte von Einkommensniveau, Einkommens- und Arbeitsplatzsicherung im Zielkatalog von Landwirten;
- die Elastizität von Investitionen und Konsumausgaben in bezug auf Einkommensänderungen.

Bevor weitergehende Überlegungen über den Einfluß unsicherer Erwartungen auf Konsum und Investition angestellt werden können, sind diese grundlegenden Zusammenhänge im Haushalt-Unternehmens-Komplex zu untersuchen. Die folgenden Bemerkungen zu

1. möglichen agrarpolitischen Schlußfolgerungen,
2. künftigen Forschungsvorhaben und
3. Schwächen der Buchführung und Agrarberichterstattung

sollen eine Anregung der weiteren Diskussion sein.

1. Die empirischen Ergebnisse stimmen - wenn auch vorläufig - relativ gut mit ähnlichen Studien in anderen Ländern überein. Keine dieser Untersuchungen hat bisher die als ein Grund für eine Politik der Einkommensstabilisierung genannte Hypothese bestätigen können, wonach Landwirte nicht genügend langfristig planen, um in Zeiten hoher Einkommen genügend Rücklagen für Jahre mit niedrigen Einkommen zu bilden. Vielmehr scheint die Tendenz vorzuherrschen, in überdurchschnittlich guten Jahren Rücklagen zu bilden, die entweder die Form von Schuldtilgungen, verminderter Neuverschuldung oder außerbetrieblicher Kapitalanlage annehmen. Über die allokativen Konsequenzen der Instabilität, besonders der Preisinstabilität, gibt es relativ wenig Forschungsergebnisse. Hier wäre eine längerfristige, nach Produktionszweigen geglie-

derte Untersuchung notwendig. Generell sollte bei einer agrarpolitischen Beurteilung der wirtschaftlichen Lage landwirtschaftlicher Unternehmerhaushalte nicht nur das Gesamteinkommen, sondern auch die Gesamtvermögenslage verstärkt Berücksichtigung finden. Vermögensvermehrung in jeder Form erhöht letztlich künftige Einkommens- bzw. Konsummöglichkeiten [1].

2. Die mikroökonomische Forschung könnte durch empirische Untersuchungen des Entscheidungsverhaltens des Haushalt-Unternehmensbereichs zur Überprüfung vorhandener und zur Formulierung neuer Hypothesen beitragen. Unter verstärkter Anwendung der eingangs zitierten nutzentheoretischen Konzepte in direkten Befragungen könnten möglicherweise tiefere Einsichten in die Präferenzsysteme von Landwirten verschiedener Kategorien gewonnen werden. Die daraus abgeleiteten Verhaltenshypothesen könnten dann sowohl zur Spezifizierung ökonomischer Modelle als auch zur Formulierung von (lexikographischen) Zielhierarchien in dynamischen Modellen verwandt werden. Auf diese Weise scheint es möglich, den oft allein auf den Einfluß von Risiko oder irrationales Unternehmerverhalten zurückgeführten Unterschied zwischen Modellergebnis und Wirklichkeit zu verringern.

3. Wesentlich erscheint ein abschließender Hinweis auf die Schwächen der Buchführung und Agrarberichterstattung hinsichtlich der Verfügbarkeit von Daten für die hier angesprochenen Untersuchungen. Die normale Buchführung erfaßt den privaten Einkommens- und Vermögensbereich erstens nicht vollständig und zweitens nicht detailliert genug. In der Regel gelingt eine Identifizierung des Konsumanteils an den Privatentnahmen (z.B. an den Beiträgen zur Lebensversicherung) ebenso wenig, wie eine Unterteilung des Konsums in dauerhafte und nichtdauerhafte Konsumgüter. In den Agrarberichtsdaten der Testbetriebe fehlen Angaben über Konsum und private Vermögensbildung völlig. Eine entsprechende Erweiterung wäre sehr zu begrüßen. Sie würde einzelbetriebliche Untersuchungen ermöglichen, die zu einer sehr viel besser abgesicherten sektorweiten Überprüfung der hier angesprochenen Verhaltenshypothesen führen könnte als bisherige Fallstudien.

---

[1] Vgl. dazu THOROE (1975, S. 157 - 163).

Literatur

1. ADAMS, D.W. and I.J. SINGH: Capital Formation and the Firm-Household Decision Making Process. Department of Agricultural Economics and Rural Sociology. The Ohio State University Occasional Paper No. 111. Columbus 1972.

2. ADELSON, R.M.: Criteria for Capital Investment: An Approach Through Decision Theory. "Operational Quarterly", Vol. 16, No. 1, March 1965.

3. BOUSSARD, J.-M.: Time Horizon, Objective Function, and Uncertainty in a Multiperiod Model of Firm Growth. "American Journal of Agricultural Economics", Vol. 53, Nr. 3, Aug. 1971, S. 467 - 477.

4. BOUSSARD, J.M. and M. PETIT: Representation of Farmer's Behavior Under Uncertainty with a Focus Loss Constraint, "Journal of Farm Economics", 49: 869 - 880, Nov. 1967.

5. BRANDES, W. und E. WOERMANN: Landwirtschaftliche Betriebslehre. Bd. 1, Allgemeiner Teil, Hamburg 1969.

6. BRITSCH, W.-D.: Einzelbetriebliches Wachstum in der Landwirtschaft. Sozialwissenschaftlicher Studienkreis für internationale Probleme (SSIP) e.V., SSIP-Schriften, H. 16, Saarbrücken 1973.

7. CAMPBELL, K.O.: National Commodity Stabilization Schemes: Some Reflection Based on Australian Experience. In: R.N. DIXEY (Hrsg.), International Explorations of Agricultural Economics. Ames 1964, S. 53 ff.

8. DERS.: Some Reflections on Agricultural Investment. "Australian Journal of Agricultural Economics", Vol. 2 (1958), S. 93 ff.

9. CHENERY, H.B.: Overcapacity and the Acceleration Principle. "Econometrica", Vol. 20 (1952), No. 1, S. 1 - 28.

10. DEAN, G.W.: Firm Theory Incorporating Growth and Risk: Integration into Farm Management Research. In: "Supplement to International Journal of Agrarian Affairs", No. 1974 - 1975, S. 110 - 119.

11. DEAN, G.W. and M. BENEDICTIS: A Model of Economic Development for Peasant Farms in Southern Italy. "Journal of Farm Economics", Vol. 46 (1964), No. 2, S. 295 - 312.

12. DILLON, J.L.: An Expository Review of Bernoullian Decision Theory in Agriculture: Is Utility Futility? "Review of Marketing and Agricultural Economics", Vol. 39 (1971), No. 1, S. 3 - 80.

13. DRUMMOND, H.E. und T.K. WHITE: Income Risk in Agriculture. A Cross-Country Comparison. In: International Journals of Agrarian Affairs, Contributed Papers read at the 15th International Conference of Agricultural Economists. Oxford 1975 S. 121 - 130.

14. DUESENBERRY, J.S.: Income, Saving and the Theory of Consumer Behavior. Cambridge, Mass. 1949.

15. DUMSTORF, H. und M. KÖHNE: Horizontaler und vertikaler Betriebsvergleich landwirtschaftlicher Betriebe an unterschiedlichen Standorten Niedersachsens. Studie im Auftrage des Niedersächsischen Ministeriums für Ernährung, Landwirtschaft und Forsten, Institut für Agrarökonomie der Universität Göttingen, März 1975.

16. ENCARNACION, J. Jr.: Constraints and the Firm Utility Function. "Review of Economic Studies", April 1964.

17. EVANS, M.K.: Macroeconomic Activity. Theory, Forecasting, and Control. An Econometric Approach. New York, Evanston and London, 1969.

18. FARREL, M.J.: Die neuen Theorien der Konsumfunktion. In: Konsum und Nachfrage. E. und M. STREISSLER (Hrsg.), (Neue wissenschaftliche Bibliothek, Wirtschaftswissenschaften), Köln, Berlin 1966, S. 338 - 359.

19 FISHER, I.: The Theory of Interest. New York 1930.

20 FRIEDMAN, M.: A Theory of the Consumption Function. Princeton, N.J. 1957.

21 GIRAO, J.A., W.G. TOMEK, T.D. MOUNT: Effect of Income Instability on Farmer's Consumption and Investment Behavior: An Econometric Analysis. In: Search Agriculture, Vol. 3 (1973), No. 1.

22 GOODWIN, R.M.: The Non-linear Accelerator and the Persistence of Business Cycles. "Econometrica", Vol. 19 (1951), No. 1, S. 1 - 17.

23 HALTER, A.N. und G.W. DEAN: Decision under Uncertainty with Research Applications. Cincinnati, Ohio, 1971.

24 HEADY, E.O.: Economics of Agricultural Production and Resource Use. Englewood Cliffs. N.J. 1952.

25 HEADY, E.O., W.B. BACK and G.A. PETERSON: Interrelationship of the Farm Business and Household. Iowa Agr. Exp. Sta. Bul. 395, o.J.

26 HEIDHUES, T.: Dynamik der Anpassung in der Landwirtschaft. In: Landwirtschaftliche Marktforschung in Deutschland. München, Basel, Wien 1967, S. 85 - 103.

27 HENDERSON, J.M. und R. E. QUANDT: Microeconomic Theory. A Mathematical Approach. New York, St. Louis, San Francisco, 1958.

28 HIRSHLEIFER, J.: On the Theory of Optimal Investment Decision. In: The Journal of Political Economy, Chicago, Illinois, 1958, S. 329 - 352.

29 HORNE, J. van,: Capital Budgeting Decision Involving Combination of Risky Investments. "Management Science", Vol. 13 (1966), No. 2.

30 JOSLING, T.E.: Agricultural Policies in Development Countries a Review. In: "Journal of Agricultural Economics", Vol. 25, No. 3, Sept. 1974, S. 229 - 264.

31 KNIGHT, F. H.: Risk, Uncertainty, and Profit. Boston 1921, 7. Aufl. London 1948.

32 KÖHNE, M.: Theorie der Investition in der Landwirtschaft. "Berichte über Landwirtschaft", SH 182, Hamburg 1966.

33 KOYCK, L.M.: Distributed Lags and Investment Analysis. Amsterdam: North Holland, 1954.

34 LEON, Y. und P. RAINELLI: L'agriculteur et les autres categories socio-professonelles face à l'epargne. "Economie rurale", Vol. 87, Jan. - Mars 1971, S. 13 - 23.

35 LINTNER, J.: The Valuation of Risk Assets and the Solution of Risky Investments in Stock Portfolios and Capital Budgets. "The Review of Economics and Statistics", Vol. 47 (1965), No. 1.

36 MODIGLIANI, F. und R. BRUMBERG: Nutzenanalyse und Konsumfunktion. In: Konsum und Nachfrage, E. und M. STREISSLER (Hrsg.), (Neue wissenschaftliche Bibliothek, Wirtschaftswissenschaften), Köln, Berlin 1966, S. 320 - 337.

37 NEANDER, E.: Zur Methodik der Ermittlung und Darstellung der wirtschaftlichen Lage im landwirtschaftlichen Sektor. Braunschweig-Völkenrode 1968.

38 NERLOVE, M.: Distributed Lags and Demand Analysis for Agricultural and other Commodities. USDA, Agr. Handbook, No. 141, Washington, D.C., 1958.

39 NEUMANN, J. von, und O. MORGENSTERN: Theory of Games and Economic Behavior. Princeton 1947.

40 OFFICER, R.R. und A.N. HALTER: Utility Analysis in a Practical Setting. "American Journal of Agricultural Economics", Vol. 50 (1968), No. 2.

41 SCHNEEWEISS, H.: Entscheidungskriterien bei Risiko. Berlin, Heidelberg, New York 1967.

42 THOROE, C.: Zur Einkommenslage der Landwirtschaft in der BRD. "Agrarwirtschaft", Jg. 24, 1975, H. 6, S. 157 - 163.

43 UHLEMANN, P.: Die Nachfrage nach industriellen Produktionsmitteln im Agrarbereich. "Agrarwirtschaft", SH 32, Hannover 1968.

ANALYSE DES ENTSCHEIDUNGSVERHALTENS VON LANDWIRTEN

von

Cay Langbehn und Gerd Heitzhausen, Kiel

1	Einleitung und Problemstellung	425
2	Das Untersuchungsmaterial	426
3	Methodisches Vorgehen und Ergebnisse	428
3.1	Ausgangsbetriebsgröße und betriebliches Wachstum	428
3.2	"Effizienz" und betriebliches Wachstum	432
3.3	Einkommen und betriebliches Wachstum	434
3.4	Entnahmen, Eigenkapitalveränderung und Wachstum	436
4	Zusammenfassende Betrachtung	439

1 Einleitung und Problemstellung

Das Kernproblem des Strukturwandels in der Landwirtschaft besteht in der Anpassung von Faktoreinsatzmenge und -einsatzrichtung zur Befriedigung individuell als ausreichend angesehener Einkommensansprüche im Zeitablauf. Bei der Analyse dieses Prozesses hat sich die mikroökonomische Forschung dem wirtschaftlichen Geschehen sowohl in den landwirtschaftlichen Unternehmen als auch in den landwirtschaftlichen Haushalten zuzuwenden. Die Beschäftigung mit dem Verhalten von Entscheidungsträgern landwirtschaftlicher Unternehmen und Haushalte in einer von Unsicherheit gekennzeichneten ökonomischen Umwelt muß als eine der wesentlichen Voraussetzungen angesehen werden zur Verbesserung der Einsichten in die Bestimmungsfaktoren des Strukturwandels (DE HAEN, H., 1975). Die Erweiterung des diesbezüglichen Erkenntnisstandes ist nicht zuletzt auch im Hinblick auf eine zutreffendere Beurteilung von Notwendigkeiten und Wirkungen agrarpolitischer Maßnahmen unerläßlich.

Im vorliegenden Beitrag wird untersucht, wie sich Produktionskapazität und Produktionsrichtung von ca. 250 landwirtschaftlichen Betrieben in Schleswig-Holstein, deren Einzelmerkmale über 16 Jahre verfolgt werden können, im Zeitraum von 1959/60 bis 1973/74 verändert haben und welche Betriebsleiterentscheidungen und daraus abgeleitete Ziele hierbei erkennbar sind. Die Arbeit ist somit dem Bereich der empirischen Wissenschaften zuzuordnen und soll zur Erklärung des Strukturwandels in der Landwirtschaft beitragen.

Aufgrund der in der Landwirtschaft gegebenen Verknüpfung von Haushalt und Betrieb richtet sich der Versuch der Erstellung von Erklärungshypothesen für Entwicklungsabläufe auf eine Analyse des wirtschaftlichen Geschehens auf zwei Ebenen, der des Unternehmens sowie der des Haushaltes. Während langfristige Betriebsleiterentscheidungen im Unternehmensbereich sich vorwiegend beziehen auf Produktionsausrichtung, Investition und Finanzierung, sind von seiten des Haushaltes gleichzeitig Entscheidungen über die Höhe der Entnahmen und damit über das dem Unternehmen zufließende Eigenkapital sowie über die dem Unternehmen zur Verfügung gestellte Familienarbeitskapazität zu fällen. Zwischen den Entscheidungen dieser beiden Ebenen sind je nach Unternehmens- und Haushaltsstruktur enge Wechselbeziehungen anzunehmen.

Ausgehend von diesen Überlegungen wird in einem Teil der vorliegenden Untersuchung ein Versuch zur Analyse der Interdependenzen zwischen den landwirtschaftlichen Unternehmen und den landwirtschaftlichen Haushalten unternommen, vor allem im Hinblick auf längerfristige Investitionsentscheidungen zur Änderung oder Erweiterung von Produktionsrichtung und Produktionskapazität. Hierbei stehen Betrachtungen zur Beziehung zwischen Höhe und Flexibilität von Entnahmen zu Einkommen, Investition und Finanzierung im Vordergrund.

Die These, daß sich das wirtschaftliche Handeln der einzelnen landwirtschaftlichen Unternehmer generell an dem Ziel orientiert, ihr Einkommen aus landwirtschaftlicher Tätigkeit zu maximieren, wird - außerhalb mikroökonomischer Lehrbücher - ernsthaft sicher von niemandem vertreten. Welche relative Bedeutung Landwirte der Einkommenserhöhung jedoch im Einzelfall unter den für sie jeweils gegebenen wirtschaftlichen und sozialen Bedingungen beimessen, ist durch empirische Untersuchungen nicht hinreichend belegt. Die Beziehungen zwischen Haushalts- und Unternehmensentscheidungen werden daher bei der Erstellung von Hypothesen über Betriebsleiterentscheidungen bisher meist ungenügend berücksichtigt.

Bei gegebener Zielstruktur wird das Maß der Zielerreichung in der Landwirtschaft neben den objektiven Standortvoraussetzungen wesentlich von der technischen und ökonomischen Effizienz des Betriebsleiters bestimmt. Einige Untersuchungen zeigen die Problematik, die eine varianzynalytische Ermittlung des Einflusses des dispositiven Faktors auf der Grundlage der Streuung des Betriebserfolges beinhaltet (vgl. z.B.: BRITSCH, W.O., 1973; DORENKAMP, H., 1968; ORT, W., 1971; ORT, W., PFÄHLER, F., V.URFF, W., 1972). In der Regel ist es dabei notwendig, einen ganzen Komplex von Einflußgrößen als "Unternehmerleistung" zusammenzufassen. Dabei handelt es sich meist um die Summe aller Einflußfaktoren, die über die vorhandenen objektiven Standortinformationen hinaus gegeben, aber größtenteils nicht bekannt sind. Der vorliegende Beitrag beschäftigt sich ebenfalls mit der Frage, welche Unterschiede in der Effizienz des wirtschaftlichen Handelns bei landwirtschaftlichen Betriebsleitern beobachtet werden können, welchen Schwankungen diese Unterschiede innerhalb der individuellen Entwicklungsverläufe unterliegen und welche Bedeutung ihnen für die Unternehmensentwicklung über einen längeren Zeitraum beizumessen ist. Hiervon eng berührt wird die von seiten der praktischen Agrarpolitik vertretene und durch zahlreiche normative Analysen bestätigte These, daß zur vollen Befriedigung wachsender Einkommensansprüche im Zeitablauf vor allem ein Mindestumfang an Ausgangskapazitätsausstattung gegeben sein muß. Diese These wird anhand einer entsprechenden Auswertung des Buchführungsmaterials überprüft.

Insgesamt ist zu betonen, daß der Beitrag der vorliegenden Arbeit zu den oben erörterten Problemkreisen als Ergebnis einer ersten Sichtung und Auswertung eines sehr umfangreichen empirischen Datenmaterials anzusehen ist.

2 Das Untersuchungsmaterial

Bei den untersuchten Entwicklungen des wirtschaftlichen Geschehens in landwirtschaftlichen Unternehmen und Haushalten wird von Ergebnissen der landwirtschaftlichen Buchführung ausgegangen. Die Datengrundlage der Analyse bilden ca. 250 landwirtschaftliche Betriebe Schleswig-Holsteins, die in den letzten Jahren Berichtsbetriebe für den Agrarbericht darstellten und deren Einzelentwicklung sich über 16 Jahre zurückverfolgen läßt.

Eine zusammenfassende Darstellung der untersuchten Betriebe und ihre Verteilung nach Großnaturräumen und Flächenausstattung enthält Übersicht 1.

Übersicht 1: Die untersuchten Betriebe und ihre Verteilung nach Großnaturräumen und Flächenausstattung

Naturraum	Größenklasse 1)	1959/60			1972/73		
		Zahl der Betriebe	durchschnittl. Flächenausstattung ha LN bzw. LF	Standardabweichung	Zahl der Betriebe	durchschnittl. Flächenausstattung ha LN bzw. LF	Standardabweichung
Schleswig-Holstein	100 ha	23	195,5	89,48	23	196,1	92,79
	50 - 100	62	65,7	-	62	68,7	-
	30 - 50	77	40,6	-	77	45,2	-
	30 ha	93	16,7	-	93	25,5	-
Mittelrücken	100 ha	1	-	-	1	-	-
	50 - 100	28	65,3	12,63	28	64,4	15,54
	30 - 50	29	40,6	5,82	29	45,6	14,09
	30 ha	33	17,3	4,86	33	24,8	8,37
Westküste	100 ha	1	-	-	1	-	-
	50 - 100	11	67,7	13,03	11	80,4	30,39
	30 - 50	21	41,4	5,58	21	45,7	13,72
	30 ha	18	16,2	4,72	18	24,5	7,75
Östl. Hügelland	100 ha	21	204,0	88,98	21	205,3	91,59
	50 - 100	23	65,2	14,78	23	68,3	21,75
	30 - 50	27	39,9	5,86	27	44,3	13,56
	30 ha	42	16,5	3,76	42	26,5	10,83

Die Zahl der untersuchten Betriebe in den einzelnen Naturräumen entspricht nicht der tatsächlichen Verteilung der landwirtschaftlichen Betriebe in Schleswig-Holstein. Innerhalb des vorliegenden Untersuchungsmaterials sind die Betriebe der Ostküste und Westküste mit ca. 44 v.H. bzw. 20 v.H. an der Gesamtzahl der für das Ausgangsjahr 1959/60 erfaßten Betriebe überrepräsentiert, die Betriebe des Mittelrückens dagegen mit ca. 36 v.H. im Vergleich zu ihrem tatsächlichen Anteil von ca. 49 v.H. aller Betriebe über 10 ha LN unterrepräsentiert. Auch innerhalb der Naturräume kann die Verteilung der Betriebe auf die einzelnen Größenklassen zu Beginn des Untersuchungszeitraumes nicht als repräsentativ angesehen werden. Beispielsweise weist im Östlichen Hügelland der Anteil der Betriebe über 100 ha LN bei dem vorliegenden Datenmaterial einen Anteil von nahezu 20 v.H. aus, während in Wirklichkeit der Anteil dieser Größenklasse im Jahre 1959/60 nur reichlich 3 v.H. aller Betriebe mit mehr als 10 ha LN ausmachte.

Innerhalb des Untersuchungsmaterials gilt für alle Naturräume, daß die flächenreicheren bäuerlichen Betriebe der Größenklasse 30 - 50 ha LN sowie 50 - 100 ha LN mit einem Anteil vertreten sind, der ihren tatsächlichen Prozentsatz an der Gesamtzahl aller Betriebe kräftig übersteigt, während der Anteil der Betriebe mit weniger als 30 ha LN zu Beginn der Untersuchung erheblich geringer ist als der prozentuale Anteil, den diese Größenklasse in der Agrarstatistik aller Betriebe über 10 ha LN einnimmt.

Der durch die Auswahlkriterien bestimmte Umfang des Materials läßt jedoch die Auswahl nach voller Repräsentation aller landwirtschaftlichen Betriebe Schleswig-Holsteins nicht zu, da die Untersuchungsgruppen dann zum Teil zu gering besetzt sind.

Die Unterrepräsentation der kleineren Betriebe muß einerseits als Folge des für die landwirtschaftlichen Testbetriebe geltenden Auswahlverfahrens gesehen werden. Zum anderen ist zu berücksichtigen, daß die Beschränkung der Analyse auf solche Berichtsbetriebe, deren Entwicklung über mindestens 16 Jahre verfolgt werden kann, im unteren Größenklassenbereich besonders selektiv wirkt. Dies ist auch bei der späteren Interpretation der Untersuchungsergebnisse zu beachten.

Die Verteilung der untersuchten Betriebe nach Schwerpunkten ihrer Produktionsrichtung zu Beginn und zum Ende des Betrachtungszeitraumes weist erhebliche Unterschiede zwischen den Groß-Naturräumen und Betriebsgrößenklassen auf. Die hier zu beobachtende Differenzierung in der Produktionsrichtung deckt sich in ihren wesentlichen Zügen mit dem der allgemeinen Agrarstatistik zu entnehmenden Bild. Nähere Informationen über das Untersuchungsmaterial und seine Aufbereitung sind einem Arbeitsbericht des Instituts zu entnehmen (LANGBEHN, C. u. HEITZHAUSEN, G., 1976).

3 Methodisches Vorgehen und Ergebnisse

3.1 Ausgangsbetriebsgröße und betriebliches Wachstum

Zur Befriedigung steigender Einkommensansprüche im Zeitablauf wird in der Landwirtschaft dem betrieblichen Wachstum zentrale Bedeutung beigemessen. Dies gilt insbesondere bei der Betriebsgrößenstruktur, die zu Beginn des Betrachtungszeitraumes im Untersuchungsgebiet gegeben war und die sich im wesentlichen auch in der Anfangsflächenausstattung der untersuchten Betriebe widerspiegelt (vgl. Übersicht 1).

Für die Analyse von betrieblichen Wachstumsproblemen ist zweckmäßigerweise ein Maßstab zur Kennzeichnung des Wachstums zu wählen, welcher den in neuerer Zeit zunehmend in den Vordergrund getretenen Einkommensproblemen und den damit verbundenen einzelwirtschaftlichen als auch gesamtwirtschaftlichen Fragen Rechnung trägt. Im vorliegenden Fall wurde als Maßstab der Betriebsgröße und zur Kennzeichnung ihrer Veränderung (sprich: Wachstum) die Summe aller Standard-Deckungsbeiträge, die dem Betrieb aus den einzelnen Produktionsrichtungen zufließen, gewählt. Um dabei zu einem Ausdruck für die unmittelbar einkommenswirksame Produktionskapazität, vergleichbar der Summe des einkommenswirksamen Aktivvermögens zu konstanten Preisen, zu gelangen, wurde der Einfluß sich verändernder Preise auf den Standarddeckungsbeitrag ausgeschlossen und die aufgrund des technischen Fortschritts im Zeitablauf eingetretene Änderung der naturalen Ertrags-Aufwandsbeziehungen in den einzelnen Produktionsrichtungen ebenfalls unberücksichtigt gelassen. Mit anderen Worten: Als Maßstab für das betriebliche Wachstum wurde die Veränderung der Summe der konstanten Standarddeckungsbeiträge eines landwirtschaftlichen Betriebes gewählt. Der hier zugrunde gelegte Ausdruck für die Betriebsgröße, im folgenden auch Produktionskapazität genannt, ist ein Indikator für die in den einzelnen Jahren gegebene Einkommenskapazität eines Betriebes ohne Berücksichtigung von technischem Fortschritt und Preisänderungen. In diesem Sinne ist betriebliches Wachstum in der Regel mit einer Vermehrung der naturalen Produktionskapazität, nämlich der Erhöhung des Umfanges der bewirtschafteten LF oder der Zahl der gehaltenen Nutztiere, verbunden.

Als Wachstum erscheint in diesem Wert aber auch der Übergang auf Produktionszweige mit höheren Standarddeckungsbeiträgen im Rahmen der vorhandenen Kapazitäten, dagegen kommen Wachstumsprozesse, die sich in der Verbesserung der Input-Output-Relation einzelner Betriebszweige niederschlagen, in diesem Maßstab nicht zum Ausdruck.

In einem ersten Schritt zur Analyse des Untersuchungsmaterials wird die Beziehung zwischen dem innerhalb von 15 Jahren zu beobachtenden Wachstum der einzelnen Betriebe und ihrer Ausgangskapazitätsausstattung untersucht. Den gedanklichen Ausgangspunkt für diesen Ansatz bildet die durch eine Reihe von normativen Analysen bestätigte These, daß die einzelbetrieblichen Wachstumsmöglichkeiten in starkem Maße eine Funktion der Anfangskapazitätsausstattung sind (DÖPKE, D., 1973; KÖHNE, M., 1968; LANGBEHN, C., 1971; RADES, H., 1970; STEINHAUSER, H. u. LANGBEHN, C., 1968). Diese These findet sich heute implizit beispielsweise auch in den einzelbetrieblichen Förderungsrichtlinien des Staates, in denen die Förderungswürdigkeit durch ein bestimmtes Mindesteinkommen zu Beginn der Förderung definiert ist; dies kann nur durch eine Mindest-Produktionskapazität erreicht werden.

Abb. 1

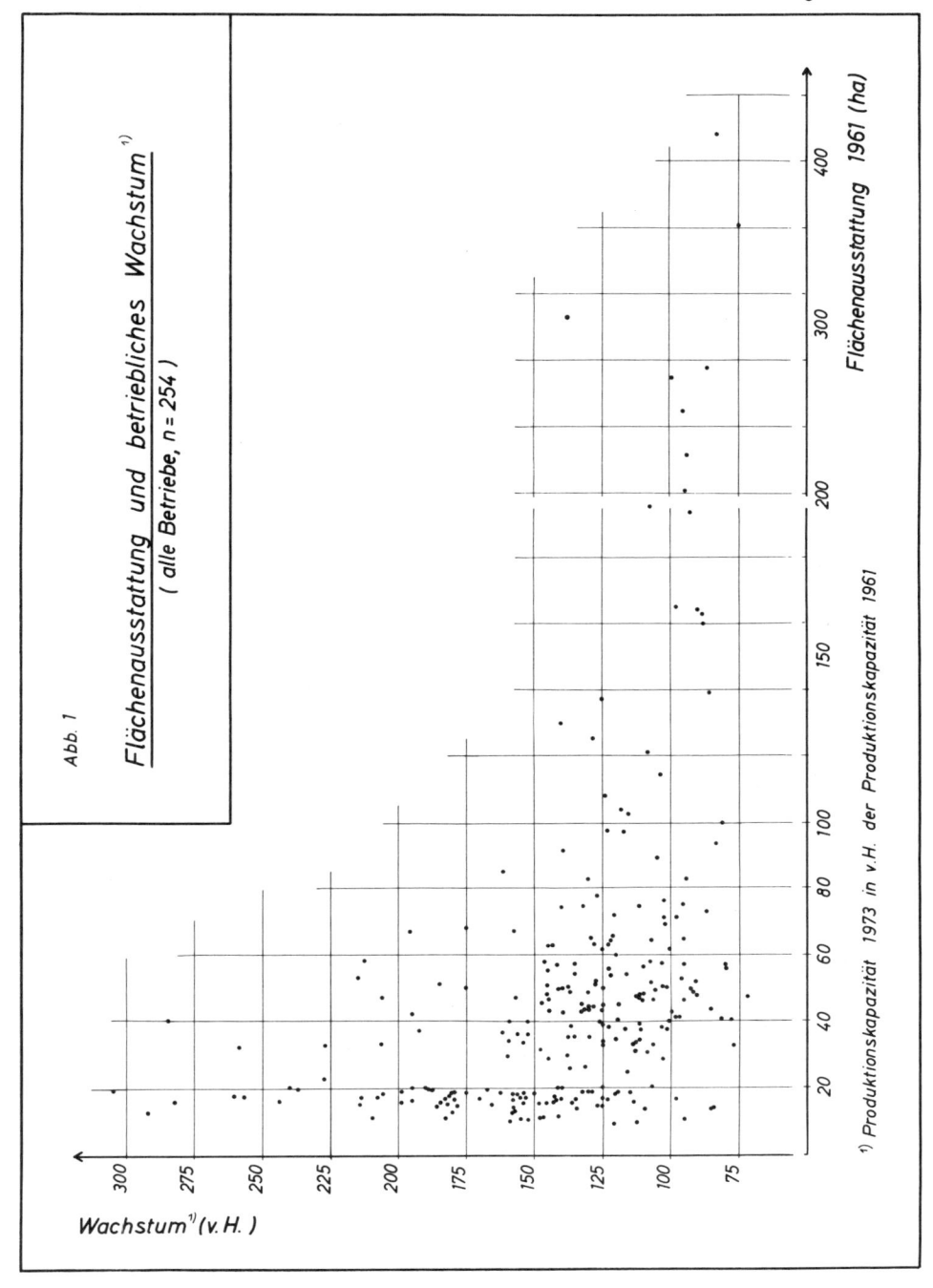

Flächenausstattung und betriebliches Wachstum[1]
(alle Betriebe, n = 254)

[1] Produktionskapazität 1973 in v.H. der Produktionskapazität 1961

Abb. 2

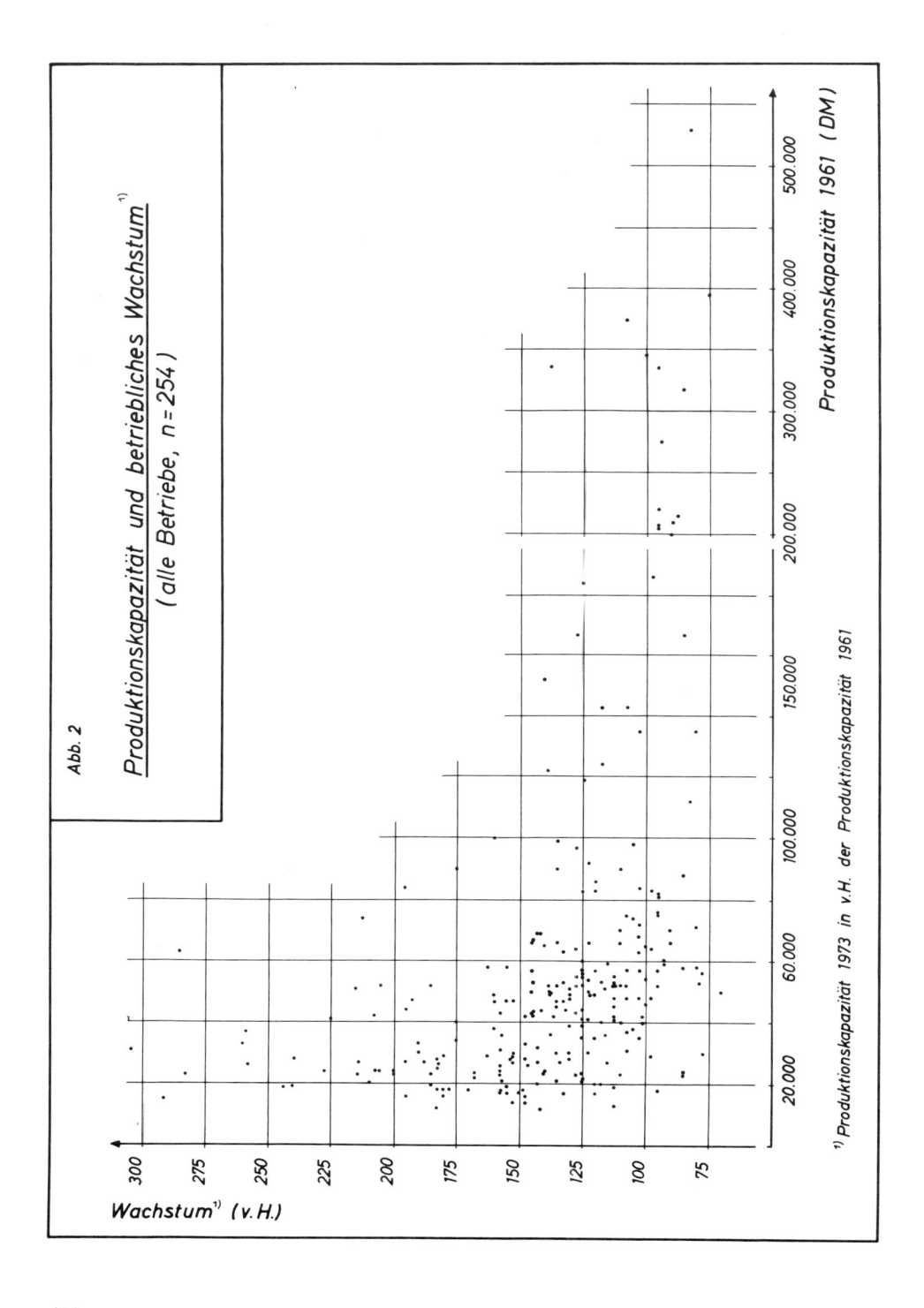

Produktionskapazität und betriebliches Wachstum[1]
(alle Betriebe, n = 254)

[1] Produktionskapazität 1973 in v.H. der Produktionskapazität 1961

Über das tatsächliche Wachstum in 15 Jahren und die Anfangsflächenausstattung der untersuchten Betriebe informiert Abbildung 1.

Die von normativen Überlegungen abgeleitete Erwartung, daß die größeren Betriebe auch das stärkste Wachstum erreichen oder zumindest die kleinen Betriebe nur geringe Wachstumsaussichten haben, wird von den in Abb. 1 in Form eines Streuungsdiagrammes dargestellten Ergebnissen kaum bestätigt. Insgesamt zeigt sich bei ausschließlicher Betrachtung der beiden Meßgrößen "relatives Wachstum" und "Flächenausstattung" mit zunehmender Flächenausstattung eher die Tendenz zu geringerem Wachstum. Von allen Betrieben liegen diejenigen mit dem höchsten Wachstum von 100 bis 220 v.H. sämtlich im unteren Betriebsgrößenbereich. Von den flächenreicheren Betrieben erlangt dagegen bis 1973 keiner eine Produktionskapazität, die mehr als 150 v.H. der Ausgangskapazität von 1961 ausmacht. Ein relativ großer Teil dieser Betriebe liegt sogar im negativen Wachstumsbereich.

Da die Flächenausstattung ein herkömmlich zwar verbreiteter, für die vorliegende Fragestellung jedoch möglicherweise kein hinreichend exakter Betriebsgrößenmaßstab ist, findet sich in Abb. 2 eine Gegenüberstellung der Größen "relatives Wachstum" und "Ausgangsproduktionskapazität". Diese Abbildung bestätigt die Beobachtungen in Abb. 1: Das stärkste relative Wachstum erreichen die kleinsten Betriebe, mit zunehmender Betriebsgröße zeigt sich eine deutliche Tendenz zu geringerem Wachstum. Diese Differenzen im Wachstum können dabei nicht mit Unterschieden in der Fremdkapitalbelastung erklärt werden. Zwischen den einzelnen Wachstumsgruppen sind etwa gleich hohe Fremdkapitalbelastungen je 1 000,-- DM Produktionskapazität zu Beginn der Betrachtungsperiode festzustellen. Die Betriebe mit einer Kapazitätsausdehnung auf über 200 v.H. der Ausgangskapazität verfügen im Jahre 1960/61 über 1 179,-- DM, im Jahre 1972/73 über 1 204,-- DM Fremdkapital/1 000,-- DM Produktionskapazität. Für die Betriebe im Wachstumsbereich zwischen 80 und 100 v.H. des Anfangswertes liegen die entsprechenden Werte bei 1 096,-- DM bzw. 1 210,-- DM Fremdkapital/1 000,-- DM Produktionskapazität (vgl. hierzu Übersicht 4, S. 440).

Einkommensorientierte quantitative Wachstumsanalysen sollten als Maßgröße für das Wachstum neben der Veränderung der Produktionskapazität je Betrieb ebenfalls die Veränderung der Produktionskapazität je Arbeitskraft im Zeitablauf berücksichtigen. Eine diesbezügliche Untersuchung des vorliegenden Buchführungsmaterials kommt zu dem Ergebnis, daß das Wachstum der größeren Betriebe im Beobachtungszeitraum gemessen an der Veränderung der Produktionskapazität/AK erheblich stärker war als die relative Veränderung der Produktionskapazität/Betrieb. Mit anderen Worten: Mit steigendem Lohnniveau wurden in den größeren Betrieben kräftige Produktivitätssteigerungen beim Faktor Arbeit durch Reduzierung des AK-Besatzes bei gleichzeitig nicht so stark veränderter Produktionskapazität/Betrieb erreicht. Die Analyse des über 15 Jahre erreichten Wachstums/AK zeigt zwischen den einzelnen Betriebsgrößenklassen ein etwa gleiches Bild hinsichtlich Wachstumshöhe und Streuung. Die stärkste Ausdehnung der Produktionskapazität/AK erreichen jedoch auch hier die Betriebe mit der kleinsten Anfangskapazität oder - was gleichbedeutend ist - Betriebe mit dem höchsten Kapazitätszuwachs je Betrieb konnten im Gruppendurchschnitt gleichzeitig noch Arbeitskräfte freisetzen. Die entsprechenden Werte sind aus Übersicht 2 zu entnehmen.

Übersicht 2: Durchschnittliches Wachstum der Produktionskapazität/Voll-AK 1)

Wachstum/Betrieb (Gruppe)	> 175	140-175	120-140	100-120	< 100
Wachstum/Voll-AK	295,3	244,4	218,1	212,8	222,7
Zahl der Betriebe	45	53	63	49	42

1) Produktionskapazität je Voll-AK 1971/72 - 1973/74 dividiert durch Prod.-Kap. je Voll-AK 1959/60 - 1961/62 x 100

Damit kann der zuvor festgestellte Zusammenhang zwischen Betriebsgröße und Wachstum des Betriebes dahingehend erweitert werden, daß auch unter Berücksichtigung der unterschiedlichen Möglichkeiten der AK-Freisetzung kleine Betriebe relativ stärker gewachsen sind als größere.

3.2 "Effizienz" und betriebliches Wachstum

Neben den objektiven Standortvoraussetzungen ist für den Grad der Zielverwirklichung in der Landwirtschaft die technische und ökonomische Effizienz der Handlungen des Betriebsleiters entscheidend. Wie eingangs bereits ausgeführt wurde, ist die Problematik der Ermittlung des Einflusses des dispositiven Faktors auf den Betriebserfolg in einer Reihe auch neuerer Untersuchungen dargelegt worden.

Die Fähigkeit bzw. Effizienz des Betriebsleiters spiegelt sich in einer Vielzahl von Einzelmerkmalen des wirtschaftlichen Handelns wider. In der vorliegenden Arbeit wird versucht, in den Untersuchungsbetrieben bei gegebener Produktionsrichtung und gegebenem Produktionsumfang in den einzelnen Jahren diese Effizienz des Betriebsleiters zu messen als Quotienten aus der Summe der nominalen, auf Naturraumebene ermittelten Standarddeckungsbeiträge und dem tatsächlich erzielten Betriebseinkommen. Der in der Untersuchung verwendete Effizienzquotient errechnet sich wie folgt:

$$E = \sum \frac{\text{Betriebseinkommen} \times 100}{\Sigma \text{Standarddeckungsbeiträge 1)}} / 15.$$

In diesem Wert wird somit nur die Effizienz des Betriebsleiters bei der jeweiligen Organisation untersucht, nicht dagegen seine Effizienz in der langfristigen Produktionsausrichtung.

Um eine Verzerrung des Effizienzquotienten, die durch größen- und organisationsabhängige Unterschiede in den Festkosten der einzelnen Betriebstypen bedingt sein könnten, auszuschalten, wurde beim Effizienzvergleich zwischen den Betrieben eine Gruppierung nach Hauptproduktionsrichtung (Futterbau und Marktfruchtbau) sowie nach Umfang der Produktionskapazität vorgenommen.

Der letztlich für jeden Betrieb ausgewiesene Effizienzquotient stellt den Mittelwert der jährlich errechneten Effizienzquotienten des Betriebes für den gesamten Betrachtungszeitraum dar.

Das Ergebnis der Effizienz-Analyse für die untersuchten Betriebe im Betrachtungszeitraum von 1959/60 bis 1973/74 ist Abbildung 3 zu entnehmen.

In Abbildung 3 fällt zunächst die beachtliche Streuung der Effizienz zwischen den Betrieben in den einzelnen Betriebsgruppen auf. Deutliche Unterschiede in den Effizienzquotienten zwischen den Betrieben deuten also auf nachhaltig wirksame Unterschiede der Qualität des dispositiven Faktors des Betriebsleiters hin. Der Effizienzbereich erstreckt sich sowohl im Futterbau als auch im Marktfruchtbau von den Quotienten 30 - 100.

Bei der Interpretation dieser Werte muß allerdings beachtet werden, daß für Einzelbetriebe außergewöhnliche objektive Gegebenheiten, die sich positiv oder negativ auf den Betriebserfolg auswirken, durch das Berechnungsverfahren dem Betriebsleitereinfluß hinzugerechnet werden. Als Beispiel seien bestimmte vom Durchschnitt abweichende Absatz- und Bezugsbedingungen für landwirtschaftliche Produkte und Produktionsmittel genannt. Darüber hinaus ist zu berücksichtigen, daß durch die Annahme gleicher jährlicher Standarddeckungsbeiträge für gleiche Produktionsrichtungen innerhalb desselben Naturraumes mögliche Abweichungen vom Standardwert, die durch Unterschiede in den Boden- und Klimaverhältnissen bedingt sind, ebenfalls nicht eliminiert werden. Dieser Fehler dürfte sich jedoch zumindest in der Produktionsrichtung "Futterbau" nicht so gravierend auswirken. Effizienzunterschiede sind hier bekanntlich in sehr viel stärkerem Maße durch die jeweilige Effizienz in der Nutzviehhaltung verursacht. Hinsichtlich der Marktfruchtbaubetriebe ist davon auszugehen, daß Betriebe mit überwiegendem Marktfruchtanteil sich schwerpunktmäßig ohnehin auf die besseren Böden verteilen und somit von wenigstens sehr ähnlichen

---

1) Zu jeweiligen Preisen und Ertrags-Aufwandsverhältnissen einschließlich aller außerordentlichen Erträge, die auch bei der Ermittlung des Betriebseinkommens berücksichtigt werden.

Abb. 3

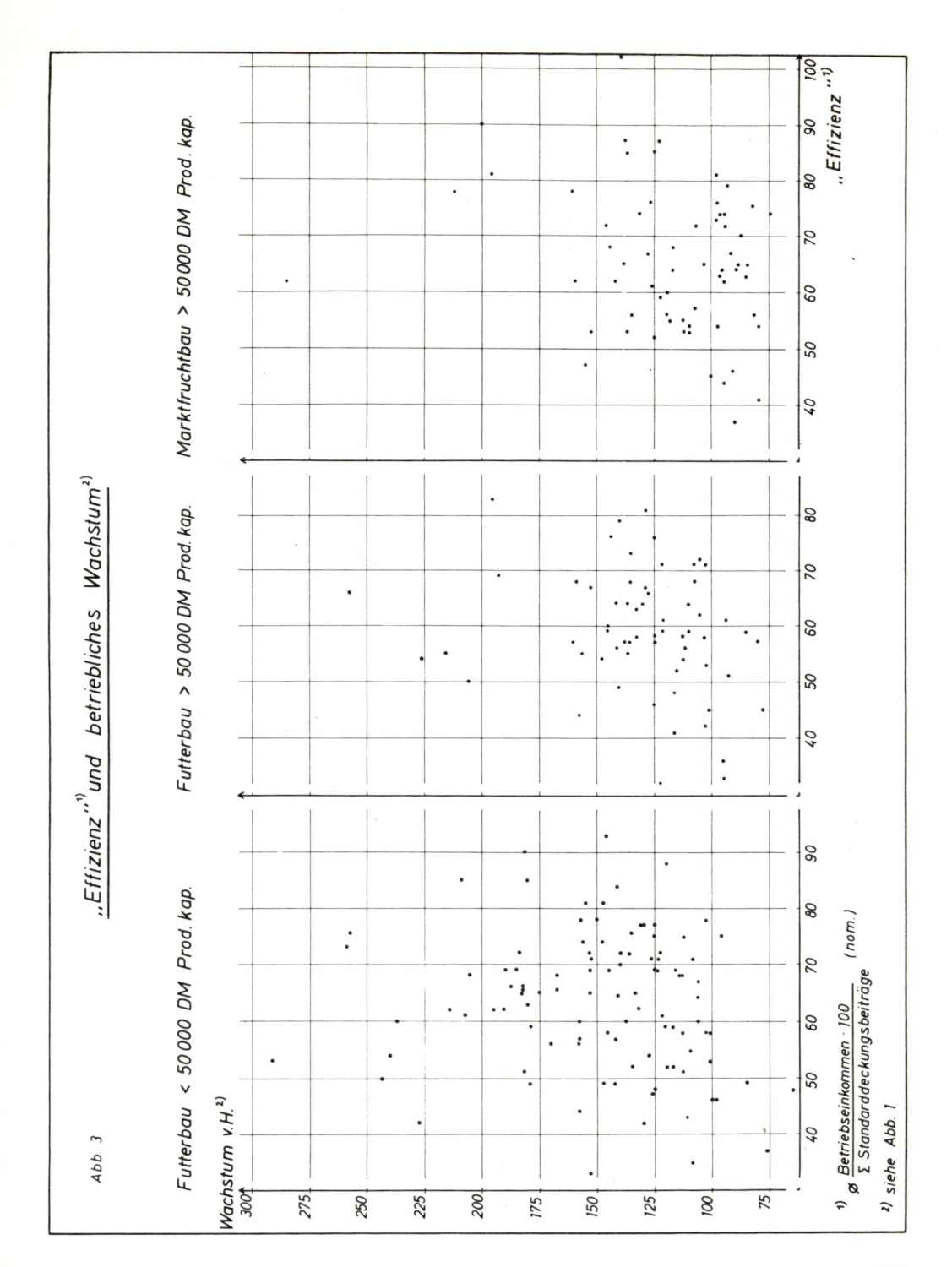

"Effizienz"[1] und betriebliches Wachstum[2]

Futterbau < 50 000 DM Prod. kap.   Futterbau > 50 000 DM Prod. kap.   Marktfruchtbau > 50 000 DM Prod. kap.

Wachstum v.H.[2]

"Effizienz"[1]

[1] $\dfrac{\varnothing \text{ Betriebseinkommen} \cdot 100}{\Sigma \text{ Standarddeckungsbeiträge}}$ (nom.)

[2] siehe Abb. 1

natürlichen Produktionsvoraussetzungen ausgegangen werden kann. Die in Abb. 3 ausgewiesenen
Effizienzunterschiede zwischen den Betrieben müssen also in wesentlichem Maße als Betriebsleitereinfluß interpretiert werden. Um den Bezug zu den vorangegangenen Ausführungen herzustellen, ist auf der Koordinate des Diagrammes das Wachstum der einzelnen Betriebe abgetragen.
Es zeigt sich insgesamt, daß in dem beobachteten Zeitraum Betriebe mit gleicher Effizienz durchaus unterschiedlich stark gewachsen sind und umgekehrt Betriebe mit gleichem Wachstum erheblich voneinander abweichende Effizienzquotienten aufweisen. Die in den Abbildungen 1 und 2
deutlich gewordenen Wachstumsunterschiede zwischen den einzelnen Betrieben sind durch Unterschiede in der Effizienz der einzelnen Betriebsleiter nach dem hier verwendeten Maßstab nicht
zu erklären.

3.3 Einkommen und betriebliches Wachstum

Die zentrale Bedeutung, die dem einzelbetrieblichen Wachstum für die Erhöhung der Einkommen
in der Landwirtschaft allgemein beigemessen wird, ist Ausdruck der These, daß wachsende Betriebe
im Zeitablauf ihr Einkommen erhöhen. Das verfügbare Untersuchungsmaterial wurde zunächst in
Richtung auf die Überprüfung dieser auf den ersten Blick einleuchtenden These analysiert. Die
entsprechenden Ergebnisse finden sich in Abbildung 4.

Bei der Darstellung der Zusammenhänge zwischen den Größen "Einkommen" und "Wachstum"
wurde die Gesamtheit aller Betriebe in fünf Wachstumsgruppen unterteilt, und zwar in die Gruppen mit einer Produktionskapazitätsausstattung am Ende des Betrachtungszeitraumes von über
175 v.H., 140 - 175 v.H., 120 - 140 v.H., 100 - 120 v.H. sowie unter 100 v.H. der Anfangs-
produktionskapazität. Als Einkommensmaßstab wurde das reale Roheinkommen verwendet.

Die durchschnittlichen prozentualen realen Roheinkommenssteigerungen weisen im Betrachtungszeitraum deutliche Unterschiede zwischen den einzelnen Wachstumsgruppen auf. Die größten
Einkommenssteigerungen erreichen mit nahezu 80 v.H. die Betriebe der Gruppe mit dem stärksten betrieblichen Wachstum. Mit abnehmendem Wachstum der Produktionskapazitäten kann im
Durchschnitt der Gruppen auch eine Abnahme des Einkommenszuwachses beobachtet werden.
Im negativen betrieblichen Wachstumsbereich ist in der letzten Gruppe ebenfalls eine Verminderung des realen Roheinkommens im Zeitraum von 15 Jahren festzustellen.

Grundsätzlich ist davon auszugehen, daß Einkommensänderungen in den untersuchten Betrieben
das Ergebnis einer kombinierten Wirkung zahlreicher Einflußgrößen sein können. In diesem Zusammenhang sind besonders die möglichen Einkommenseffekte zu nennen, die von einer Änderung
der Produktionsrichtung herrühren. Diese Effekte, die durch langfristige Veränderungen der Wettbewerbskraft der Betriebszweige bedingt sind - ausgedrückt in den Standarddeckungsbeiträgen -
kommen in dem verwendeten Wachstumsmaßstab nicht zum Ausdruck.

Die Überprüfung des Datenmaterials im Hinblick auf diese mögliche Ursache der mangelnden Aussagefähigkeit der Beziehungen zwischen Wachstum und Einkommen ergab, daß im Untersuchungszeitraum, abgesehen von den Betrieben mit der höchsten Anfangskapazitätsausstattung und dem
geringsten Wachstum, keine einschneidenden Veränderungen der Hauptproduktionsrichtung zwischen den einzelnen Wachstumsgruppen eintrat. Die in Abbildung 4 aufgezeigten Unterschiede
in der Einkommenssteigerung zwischen den Gruppen sind also im wesentlichen als Wachstumsef-
fekte zu interpretieren. Insofern wird hier eine Tendenz bestätigt, die sich bereits in Kap. 3.1
hinsichtlich der Beziehung Ausgangsproduktionskapazität/Wachstum andeutete. Von den untersuchten Betrieben wachsen diejenigen mit geringer Ausgangskapazität und dementsprechend geringeren Roheinkommen stärker als die mit höheren Ausgangskapazitäten und höheren Roheinkommen.

Diese Beobachtung gilt allerdings nicht für jeden Einzelbetrieb, wie ebenfalls aus Abbildung 4
hervorgeht. Die dort in den einzelnen Wachstumsgruppen dargestellte Häufigkeitsverteilung der
Roheinkommen zeigt, daß beispielsweise auch einige wenige Betriebe mit sehr hohem Anfangs-
roheinkommen ein Wachstum von über 75 v.H. erreichen. Umgekehrt finden sich auch im unteren
Wachstumsbereich abweichend vom Mittelwert einzelne Betriebe mit relativ geringem Rohein-
kommensniveau zu Beginn der Betrachtungsperiode. Insgesamt wird jedoch deutlich, in welchem
Umfang Einkommenssteigerungen realisiert werden konnten. Zugleich ist abzulesen, daß die
Einkommensverteilung innerhalb der Gruppen breiter geworden ist.

Abb. 4

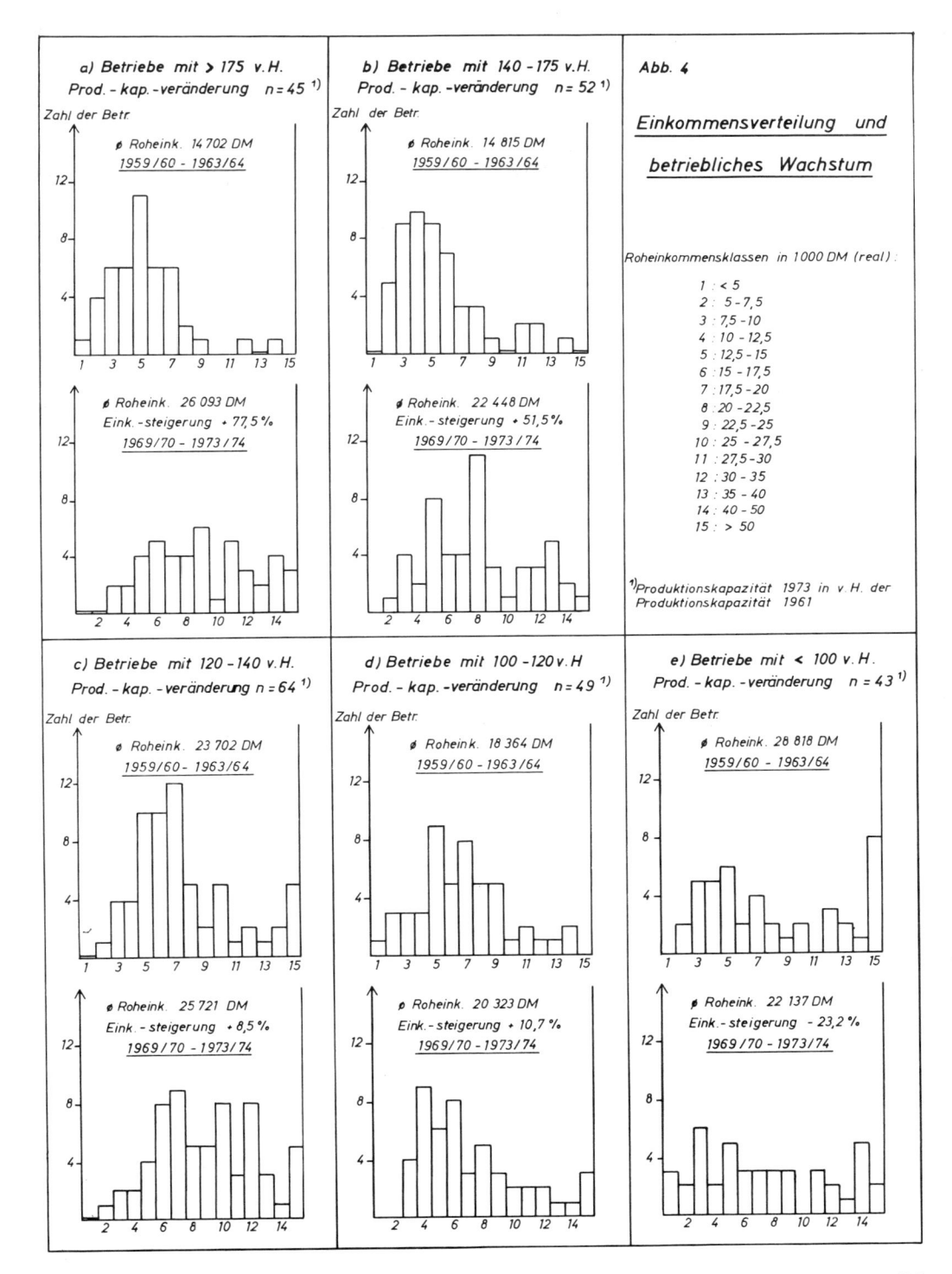

Einkommensverteilung und betriebliches Wachstum

Roheinkommensklassen in 1000 DM (real):

1 : < 5
2 : 5 - 7,5
3 : 7,5 - 10
4 : 10 - 12,5
5 : 12,5 - 15
6 : 15 - 17,5
7 : 17,5 - 20
8 : 20 - 22,5
9 : 22,5 - 25
10 : 25 - 27,5
11 : 27,5 - 30
12 : 30 - 35
13 : 35 - 40
14 : 40 - 50
15 : > 50

[1] Produktionskapazität 1973 in v.H. der Produktionskapazität 1961

a) Betriebe mit > 175 v.H. Prod.-kap.-veränderung n = 45 [1]
- ø Roheink. 14 702 DM, 1959/60 - 1963/64
- ø Roheink. 26 093 DM, Eink.-steigerung + 77,5 %, 1969/70 - 1973/74

b) Betriebe mit 140 - 175 v.H. Prod.-kap.-veränderung n = 52 [1]
- ø Roheink. 14 815 DM, 1959/60 - 1963/64
- ø Roheink. 22 448 DM, Eink.-steigerung + 51,5 %, 1969/70 - 1973/74

c) Betriebe mit 120 - 140 v.H. Prod.-kap.-veränderung n = 64 [1]
- ø Roheink. 23 702 DM, 1959/60 - 1963/64
- ø Roheink. 25 721 DM, Eink.-steigerung + 8,5 %, 1969/70 - 1973/74

d) Betriebe mit 100 - 120 v.H. Prod.-kap.-veränderung n = 49 [1]
- ø Roheink. 18 364 DM, 1959/60 - 1963/64
- ø Roheink. 20 323 DM, Eink.-steigerung + 10,7 %, 1969/70 - 1973/74

e) Betriebe mit < 100 v.H. Prod.-kap.-veränderung n = 43 [1]
- ø Roheink. 28 818 DM, 1959/60 - 1963/64
- ø Roheink. 22 137 DM, Eink.-steigerung - 23,2 %, 1969/70 - 1973/74

In den folgenden Abschnitten werden hierzu weitere Erklärungsversuche unternommen.

3.4 Entnahmen, Eigenkapitalveränderung und Wachstum

Die Entnahmen der Unternehmerfamilie wurden mit Hilfe einer Liquiditätsrechnung unter Berücksichtigung der Fremdkapital-, Guthaben- und Forderungenveränderung ermittelt, die absolute jährliche Eigenkapitalveränderung aus einer Einkommensrechnung.

Im Zeitraum von 1959/60 - 1967/68 waren die Angaben über die Einlagen in das landwirtschaftliche Unternehmen nicht verfügbar, so daß die als Entnahme bezeichneten Geldmittel den Saldo aus Entnahmen und Einlagen darstellen. Ab 1968/69 sind die Einlagen explizit in der Berechnung der jährlichen Entnahmen berücksichtigt. Zudem lagen ab 1968/69 die Angaben des Betriebsleiters über seine Privatentnahmen ohne persönliche Steuern vor.

Im vorliegenden Datenmaterial sind Investitionen für Flächenzukäufe erst ab 1968/69 ausgewiesen. Damit die Entnahmen und die Eigenkapitalveränderung vor 1968/69 durch diese Investitionen nicht verfälscht sind, wurden solche Werte, bei denen gleichzeitig eine Eigentumsflächenveränderung ausgewiesen war, aus der Untersuchung herausgenommen. Damit konnten alle die Betriebe in diesem Kapitel nicht berücksichtigt werden, in denen die Zahl der errechneten Entnahme- und Eigenkapitalveränderungswerte in einzelnen Teilperioden (5 Jahresmittel) zu gering war aufgrund starker Flächenveränderung und/oder Übergang von Eigentums- zu Pachtbetrieb bzw. umgekehrt. Weiter wurden die Betriebe aus der Untersuchung herausgenommen, bei denen die Differenz zwischen den angegebenen Privatentnahmen und den errechneten Entnahmen in der dritten Teilperiode durch persönliche Steuern nicht erklärt werden konnte. Für die dritte Teilperiode und den Gesamtzeitraum verblieben 209 Betriebe in der Untersuchung.

Die durchschnittlichen Entnahmen im Gesamtzeitraum und in den 3 Teilperioden und die dazugehörige Standardabweichung gehen aus Übersicht 3 hervor. Daraus wird für den Durchschnitt der Betriebe der steigende Bedarf an Einkommen zu Konsumzwecken deutlich. Es muß allerdings berücksichtigt werden, daß die Entnahmen im Zeitraum 1969/70 - 1973/74 im Unterschied zu den vorherigen Perioden die Einlagen mit berücksichtigen.

Übersicht 3: Entnahmen der untersuchten Betriebe

	Gesamt-zeitraum	1960/61-1963/64	1964/65-1968/69	1969/7o-1973/74
durchschnittl. Entnahme in DM [1]	13.892	11.751	15.137	18.436
Standardabweichung	7.996	1o.127	19.1o8	11.255
Zahl der Betriebe	2o9	2o9	22o	2o9

1) deflationiert mit Preisindex der Lebenshaltung (1962 = 100)

Die durchschnittlichen Entnahmen der Einzelbetriebe über den Gesamtzeitraum sind in Abbildung 5 in Abhängigkeit vom Gewinn dargestellt. Um durch die veränderte Grundlage bei der Berechnung der Entnahmen ab 1968/69 kein verzerrtes Bild zu bekommen, umfaßt der auf der Ordinate abgetragene Wert ab 1968/69 neben dem Gewinn auch die Einlagen.

Abb. 5 ⌀ jährlicher Gewinn[1] und ⌀ jährliche Entnahmen[1] in den Einzelbetrieben (1959/60 - 1973/74)

[1] deflationiert mit dem Lebenshaltungskostenindex (1962 = 100)

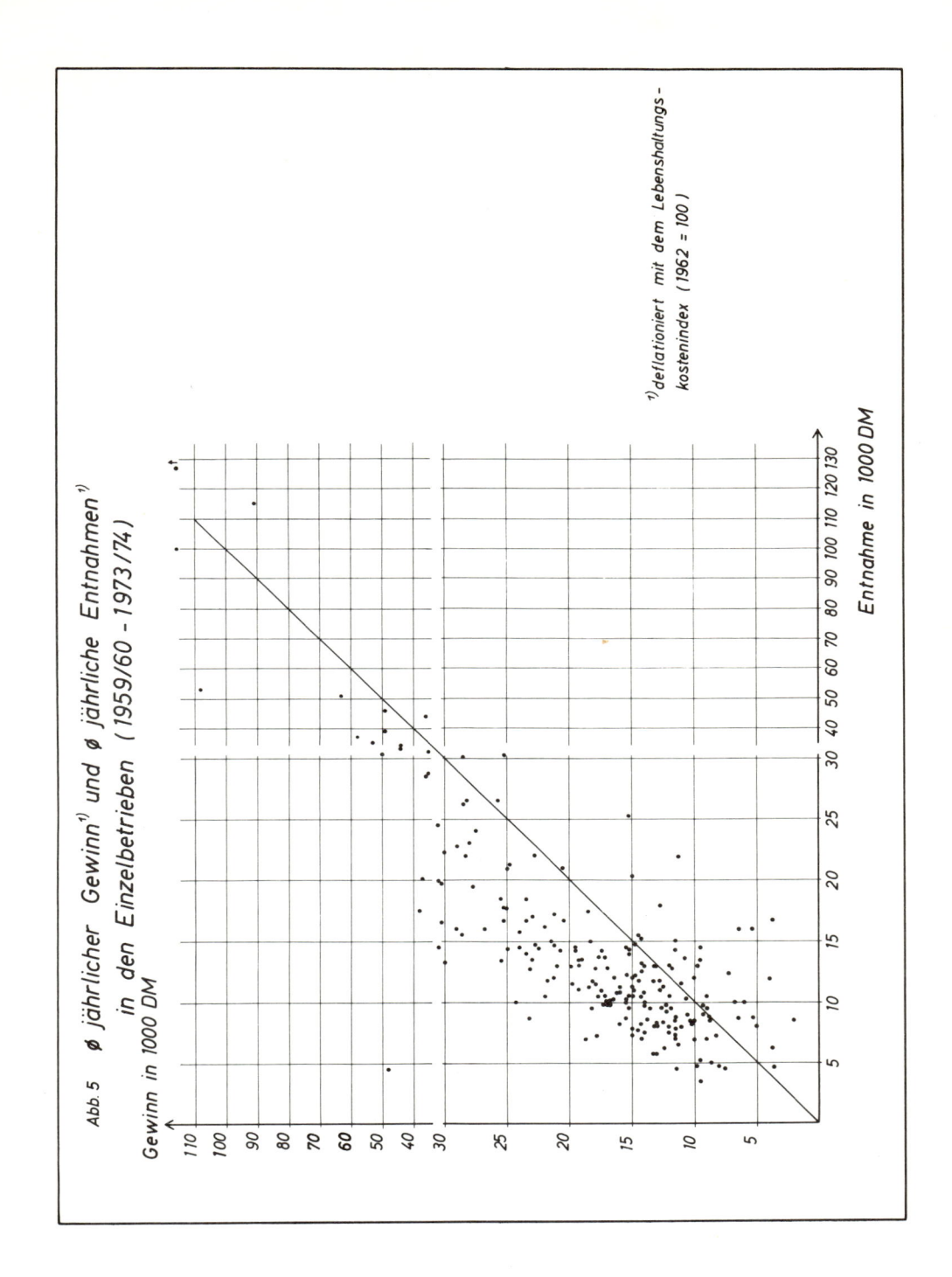

Abb. 6 Ø jährliche Eigenkapitalveränderung[1]) und betriebliches Wachstum in den Einzelbetrieben (1959/60 - 1973/74)

[1]) deflationiert mit Preisindex für Maschinen und Neubauten, 1962/63 = 100
[2]) s. Abb. 1

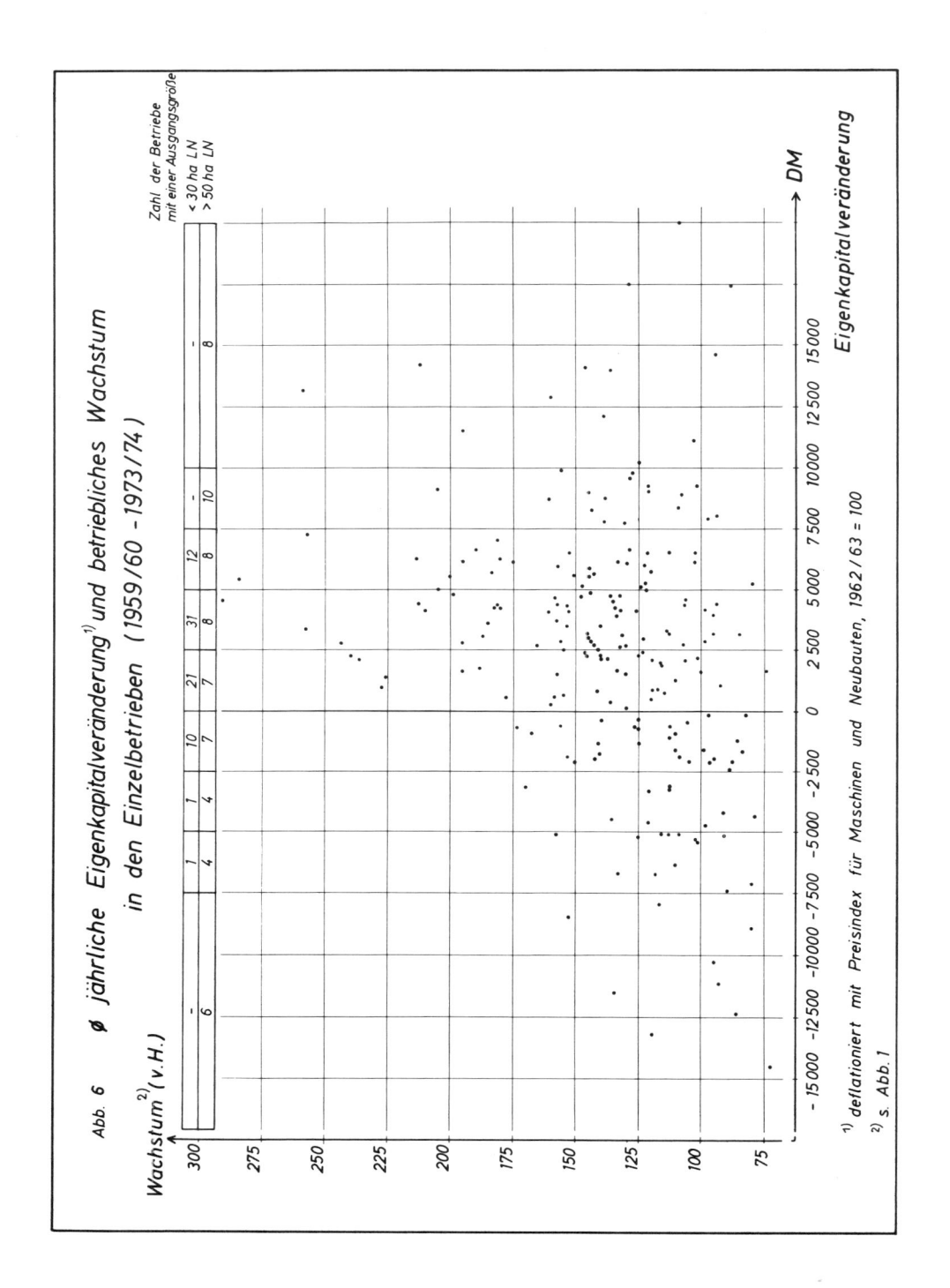

Abbildung 5 läßt den engen Zusammenhang zwischen Entnahmen und Gewinn für alle Entnahmeniveaus erkennen 4). Die Zahl der Betriebe mit über dem Gewinn liegenden Entnahmen ist zwar im unteren Bereich der Darstellung höher, jedoch läßt sich aus der Abbildung nicht erkennen, daß Betriebe mit sehr hohem Gewinn relativ weniger entnehmen. Vielmehr sind es die Betriebe mit mittlerem Gewinn (15.000 - 30.000), deren Relation zwischen Gewinn und Entnahmen eine höhere betriebsinterne Sparquote zum Ausdruck bringt.

Insgesamt ist jedoch für die hier zu erörternden Einkommens- und Wachstumsprobleme festzustellen, daß gerade auch im unteren Einkommensbereich von unter 10.000,-- DM Gewinn pro Betrieb etwa gleiche Sparquoten erreicht werden.

Das in Abbildung 5 dargestellte Entnahmeverhalten der Betriebsleiterfamilien und die damit verbundene Wirkung auf die Eigenkapitalveränderung der Betriebe muß als ein entscheidender Bestimmungsfaktor für die anfangs erläuterten Unterschiede in den einzelbetrieblichen Wachstumsverläufen, vor allem für die hohen Wachstumsraten der Betriebe mit geringer Ausgangskapazitätsausstattung, angesehen werden.

Zur Veranschaulichung dieses Sachverhaltes sei auf Abbildung 6 verwiesen.

Hier treten zunächst die großen Unterschiede in der jährlichen absoluten Eigenkapitalveränderung der Betriebe hervor. Die Veränderungen umfassen einen Bereich von Eigenkapitalverlusten von weit über 10.000,-- DM bis zu Eigenkapitalerhöhungen von über 10.000,-- DM pro Jahr. Diese Entwicklung kann naturgemäß nicht unabhängig von der jeweils zu Beginn des Betrachtungszeitraumes gegebenen Flächenausstattung gesehen werden. Kennzeichnend für die Bedeutung der Eigenkapitalvermehrung für das Wachstum kleiner Betriebe ist, daß die untersuchten Betriebe mit relativ kleiner Flächenausstattung zu Beginn und kräftigem Wachstum in den folgenden Jahren mit wenigen Ausnahmen in dem Bereich positiver Eigenkapitalveränderung lagen. Eigenkapitalverluste sind in erster Linie bei den zu Beginn flächenreicheren Betrieben zu registrieren. Im Bereich von 0 - 7 500,-- DM bilden Betriebe mit 30 - 50 ha Anfangsflächenausstattung einen Schwerpunkt, noch größere Eigenkapitalverluste sind in der Regel nur in Zusammenhang mit noch größerer Flächenausstattung zu Anfang der Untersuchung zu beobachten. Ähnliches gilt umgekehrt für den Bereich der höheren positiven Eigenkapitalveränderung von mehr als 7 500,-- DM jährlich im Durchschnitt der 15 Jahre umfassenden Entwicklungsperiode. Auch hier dominieren Betriebe, die bereits zu Beginn über eine Flächenausstattung von mehr als 50 ha LN verfügten.

Die Bedeutung des Eigenkapitals für die Finanzierung des betrieblichen Wachstums geht ebenfalls aus den in Übersicht 4 zusammengestellten Daten über Wachstum, Investition und Fremdkapitalbelastung des untersuchten Buchführungsmaterials hervor. Hier zeigt sich, daß mit hohen Wachstumsraten von 1960/61 - 1972/73 zwar eine absolut kräftig ansteigende Fremdkapitalsumme/Betrieb verbunden war. Bezogen auf 1 000,-- DM Produktionskapazität ist das Fremdkapital in den wachsenden Betrieben durchschnittlich jedoch, mit Ausnahme der 2. Wachstumsgruppe, nur um 10 - 30 v.H. gestiegen. Hieraus kann auf einen entsprechend hohen Eigenkapitalanteil bei der Wachstumsfinanzierung geschlossen werden.

4 Zusammenfassende Betrachtung

Das vorliegende Material wurde im Hinblick auf Veränderungen der Produktionsstruktur in Einzelbetrieben und die dafür maßgeblichen Einflußfaktoren untersucht. Diese Fragen mit ihren Einkommensaspekten stellen den zentralen Punkt in den Entscheidungen des Betriebsleiters dar. Denn der Betriebsleiter hat bei gegebener objektiver Ausgangssituation die Anpassung der Unternehmensstruktur an sich ändernde Umweltdaten vorzunehmen. Unter Entscheidungen des Betriebsleiters werden in diesem Sinne nur die Entscheidungen verstanden, die die langfristige Unternehmensentwicklung betreffen, nicht dagegen Einzelentscheidungen im Bereich der Durchführung der langfristigen Pläne wie Kauf- und Verkaufentscheidungen oder Entscheidungen über Verfahren und Produktionstechniken. Auch kann es nicht Gegenstand dieser Untersuchung sein, über Motivation und Art der Entscheidungsfindung Hypothesen aus dem vorliegenden Material zu gewinnen (Zu diesem Grenzbereich zwischen Betriebslehre und Soziologie vgl. z.B.: b.BLANCKENBURG, P.; 1960; v.DEENEN, B., 1971; SACHS, R.E.G., 1972; TEBRÜGGE, F., 1972).

Übersicht 4 Wachstum, Investition und Finanzierung

Wachstums-gruppe[1]	Flächen-ausstattung 1960/61	Produktionskapazität 1960/61	Produktionskapazität 1972/73	Durchschnittl. reale Investition[2][3]	Verhältnis Investition/Anfangs-kapazität	Fremdkapital[3] 1960/61	Fremdkapital[3] 1972/73	Fremdkapital pro 1000 DM Prod.-Kap. 1960/61	Fremdkapital pro 1000 DM Prod.-Kap. 1972/73	Zahl der Betriebe
> 200	25,4	30730	75737	11285	0,37	36217	91222	1179	1204	21
180 - 200	23,5	29892	55963	10579	0,35	26564	91678	889	1638	19
160 - 180	31,0	38753	64187	9233	0,24	57256	108519	1477	1691	14
140 - 160	29,4	33325	49239	8377	0,25	34235	59735	1027	1213	44
120 - 140	53,0	59852	77535	13729	0,23	54260	78889	907	1017	64
100 - 120	54,8	63085	69204	13778	0,22	60376	86736	957	1253	50
80 - 100	107,2	131217	117947	27409	0,21	143766	142766	1096	1210	36
< 80	96,4	102899	82759	14271	0,14	98039	115334	953	1394	7

1) Produktionskapazität 1971/72 - 1973/74 in v.H. der Prod.-Kap. 1959/60 - 1961/62
2) Gebäude, Grundverbesserung, Maschinen
3) deflationiert mit Index der Einkaufspreise für Neubauten und Maschinen 1962/63 = 100
4) Vgl. hierzu Übersicht 5, Gl. 2.1 - 5.3

Ziel dieser Auswertung ist es vielmehr, anhand der für einen längeren Zeitraum vorliegenden Beobachtungen über individuelle Entwicklungsverläufe Hypothesen zu gewinnen hinsichtlich der den Strukturwandel verursachenden meßbaren Einflüsse aus dem einzelbetrieblichen und gesamtwirtschaftlichen Bereich.

Nur diese meßbaren Größen können für betriebswirtschaftliche Fragen zu einer realistischen Einschätzung der zukünftigen Entwicklung landwirtschaftlicher Betriebe herangezogen werden, solange auf breiter Basis ungenügende Informationen über erwerbswirtschaftliche Ziele von Landwirten und ihre Stellung im gesamten Zielbündel vorliegen. Dabei genügt es nicht, anhand von Persönlichkeitsmerkmalen des Betriebsleiters und Erfolgsdaten des Betriebes die individuelle Entwicklungschance des Unternehmens abzuschätzen. Erst wenn es gelingt, zwischen tatsächlichen Zielen und erreichtem Grad der Zielverwirklichung unter Berücksichtigung der Lern- und Anpassungsfähigkeit begründet zu differenzieren, ist es möglich, spezielle Entwicklungen als Folge des Betriebsleitereinflusses zu erklären.

In den Kapiteln 3.1 bis 3.4 wurden Beziehungen zwischen Wachstum, Betriebsgröße, Einkommen und Entnahmen untersucht. Als Ergänzung dazu sind in Übersicht 5 zusammenfassend die Ergebnisse von Regressionsanalysen dargestellt.

Aus den Gleichungen 2.1 bis 5.3 wird zum einen die enge Beziehung zwischen Gewinn und Entnahmen bestätigt, zum anderen ist diesen Gleichungen zu entnehmen, daß die Betriebsgröße für das Entnahmeverhalten - wenn auch nicht in allen Perioden, so doch in der Analyse des Gesamtzeitraumes und in der Teilperiode 1 - einen signifikanten Einfluß auf die Entnahmen ausübt, der zusätzlich zum Erklärungsfaktor Gewinn den Erklärungswert des Modells erhöht. Zu der absoluten Höhe der Regressionskoeffizienten ist anzumerken, daß in den Perioden I und II der Gewinn bereinigt ist um den Geldwert der Naturalentnahmen.

In den Gleichungen 1.1 bis 1.3 wird das Wachstum der Betriebe, gemessen an der relativen Veränderung der Produktionskapazität, durch die durchschnittliche jährliche Eigenkapitalveränderung bzw. durch Gewinn und Entnahmen und durch die Anfangsflächenausstattung zu erklären versucht. Bei insgesamt niedrigem Bestimmtheitsmaß ergeben sich für alle Regressionskoeffizienten signifikante Werte. Es wird die relativ hohe negative Korrelation zwischen Betriebsgröße und Wachstum, die in Abbildung 1 dargestellt ist, bestätigt, jedoch handelt es sich hierbei sicher nicht um kausale Beziehungen nach dem Prinzip von Ursache und Wirkung, sondern es ist der Ausdruck für einen Sachverhalt, dessen Ursachen in einem mit der Betriebsgröße eng verbundenen Komplex von objektiven und subjektiven Größen liegen. Die Verwendung nichtlinearer Schätzfunktionen bei der Untersuchung der Beziehungen zwischen Wachstum und Betriebsgröße lassen hierfür, wie aus Abbildung 1 zu ersehen ist, eine noch deutlichere Bestätigung erwarten.

Aus der Analyse des vorliegenden Materials leiten wir, auch unter Beachtung der durch die Auswahl der Untersuchungsbetriebe bedingten Besonderheiten, zusammenfassend folgende Thesen ab:

(1) Landwirtschaftliche Betriebsleiter weichen in ihren Entscheidungen über die längerfristige Gestaltung von Umfang und Richtung der Produktion ihrer Betriebe deutlich von der Handlungsmaxime der klassischen ökonomischen Theorie ab und streben statt nach optimalen Lösungen nach für sie befriedigenden Lösungen (SIMON, H.A., 1957).

(2) Die tatsächliche Betriebsentwicklung wird in starkem Maße durch die auch im unteren Betriebsgrößenbereich gegebene große Anpassungsfähigkeit des individuellen Entnahme-Anspruchniveaus an das konsumfähige Einkommen geprägt.

(3) Die praktische Agrarpolitik sollte die unter (1) und (2) genannten Thesen berücksichtigen und bei der Beurteilung der Entwicklungsfähigkeit landwirtschaftlicher Betriebe nicht allein von einem allgemeinen Einkommensschwellenwert ausgehen.

Übersicht 5: Analyse des einzelbetrieblichen Wachstums und der Privatentnahmen[1]

Nr.	Ziel-größe	Periode	add. Konstante	Regr.-Koeffizient und Standardfehler d. Regr.-Koeff.[2]			R^2
				Gewinn	Eigenkap. veränd.	Entnahme	ha LN [1]	
1.1	Wachstum	1959/60 - 1973/74	155,6	0,0019$^{x)}$ (0,0004)			-0,5065$^{x)}$ (0,0674)	0,25
1.2	Wachstum		157,6				-0,4302$^{x)}$ (0,0694)	0,16
1.3	Wachstum		151,9	0,0019$^{x)}$	-0,0016$^{x)}$		-0,5952$^{x)}$ (0,0838)	0,25
2.1	Entnahme	1959/60-1973/74	3333	0,5077$^{x)}$ (0,0356)			24,314$^{x)}$ (11,51)	0,67
2.2	Entnahme		3599	0,5555$^{x)}$ (0,0277)				0,65
2.3	Entnahme		7713				128,75$^{x)}$ (12,5o)	0,33
3.1	Entnahme	1959/60-1963/64	3379	0,405$^{x)}$ (0,042)			70,02$^{x)}$ (11,04)	0,61
3.2	Entnahme		4720	0,569$^{x)}$ (0,037)				0,45
3.3	Entnahme		5285				134,29$^{x)}$ (1o,48)	0,53
4.1	Entnahme	1964/65-1968/69	1280	0,769$^{x)}$ (0,034)			11,7 (15,7)	0,83
4.2	Entnahme		1549	0,786$^{x)}$ (0,025)				0,83
4.3	Entnahme						251,7$^{x)}$ (20,6)	0,41
5.1	Entnahme	1969/70-1973/74	2830	0,575$^{x)}$ (0,039)			37,91$^{x)}$ (15,67)	0,66
5.2	Entnahme		3272	0,631$^{x)}$ (0,032)				0,65
5.3	Entnahme		10224				173,35$^{x)}$ (17,97)	0,31

1) zu Beginn der Periode
2) lineare Regression, $^{x)}$ Signifikant mit 5 % Irrtumswahrscheinlichkeit

Literatur

1. v.BLANCKENBURG, P.: Bäuerliche Wirtschaftsführung im Kraftfeld der sozialen Umwelt. Schriftenreihe für ländliche Sozialfragen, Heft 26, 1960.

2. BRITSCH, W.O.: Einzelbetriebliches Wachstum in der Landwirtschaft. SSGP-Schriften, Heft 16, Saarbrücken 1973.

3. v.DEENEN, B.: Wandel im Verhalten, in den Einstellungen und Meinungen westdeutscher Landwirte zu Beruf, Familie und Gesellschaft. Forschungsgesellschaft für Agrarpolitik und Agrarsoziologie e.V., Heft 211, Bonn 1971.

4. DÖPKE, D.: Modelluntersuchung zur Bestimmung der Mindestfaktorausstattung und Entwicklungsmöglichkeiten landwirtschaftlicher Betriebe. Diss. Göttingen 1973.

5. DORENKAMP, H.: Der Einfluß der Betriebsleiterfähigkeit und -neigung auf Betriebsergebnis und Betriebsorganisation. Forschung und Beratung, Reihe B. Heft 14, Hiltrup 1968.

6. de HAEN, H.: Zukünftige Forschungsaufgaben im Bereich der Mikroökonomik. Korreferat zum gleichnamigen Regerat von M. Köhne. Schriften der GeWiSoLa, Band 12, München, Bern, Wien 1975, S. 87 - 96.

7. KÖHNE, M.: Die Verwendung der linearen Programmierung zur Betriebsentwicklungsplanung in der Landwirtschaft. "Agrarwirtschaft", Sonderheft 25, Hannover 1968.

8. LANGBEHN, C.: Zur Frage der Wachstumsfähigkeit landwirtschaftlicher Betriebe bei unterschiedlichen Standortvoraussetzungen. "Agrarwirtschaft", Jg. (1971) Heft 6.

9. LANGBEHN, C. und HEITZHAUSEN, G.: Die Entwicklung der Deckungsbeiträge in der Feldwirtschaft und Viehhaltung sowie Veränderungen in der Produktionsstruktur landwirtschaftlicher Betriebe Schleswig-Holsteins. Arbeitsbericht 76/1 des Instituts für landwirtschaftliche Betriebs- und Arbeitslehre. Kiel 1976 (im Druck).

10. ORT, W.: Die Ursachen der Einkommensunterschiede in landwirtschaftlichen Betrieben und ihre Quantifizierung. Volkswirtschaftliche Schriften. Heft 164, Berlin 1971.

11. ORT, W., PFÄHLER, F. u.v.URFF, W.: Landwirtschaftliche Betriebe im Anpassungsprozeß, Hiltrup 1972.

12. RADES, H.: Kapitaleinsatz und Investitionsplanung landwirtschaftlicher Betriebe in Schleswig-Holstein. Diss. Kiel 1970.

13. SACHS, R.E.G.: Wirtschafts- und Sozialverhalten von Landwirten. Hannover 1972.

14. SIMON, H.A.: Models of Man, Sozial and Rational. New York 1957.

15. STEINHAUSER, H. und LANGBEHN, C.: Entwicklungsmöglichkeiten landwirtschaftlicher Betriebe in Schleswig-Holstein. Schriftenreihe der landwirtschaftlichen Fakultät der Universität Kiel. Heft 44, Kiel 1968.

16. TEBRÜGGE, F.: Ermittlung und Wertung von Beurteilungskriterien für Landmaschinen - dargestellt für Mähdrescher und Schlepper. Diss. Gießen 1972.

ERGEBNISSE DER DISKUSSION DER REFERATE VON H. DE HAEN UND C. LANGBEHN/G. HEITZHAUSEN

zusammengestellt von

Fabian Raue, Kiel

Die vorgelegten Arbeiten haben beide zum Inhalt, die Wechselbeziehungen zwischen landwirtschaftlichen Unternehmen und Haushalt zu untersuchen. Im Beitrag von de HAEN nimmt die theoretische Grundlegung und Erarbeitung eines Analysemodells breiten Raum ein. Dazu wird in der Diskussion herausgestellt, daß es durchaus notwendig sei, eine Theorie des Konsumverhaltens von Landwirten zu erstellen bzw. weiter zu vervollständigen.

In der Diskussion des vorgestellten Modells, das FISHER und HIRSHLEIFER in seinen Grundzügen entwickelten, wurde der Frage nachgegangen, ob es notwendig und sinnvoll sei, einen simulanten Zusammenhang zwischen Konsumbereich und Produktions- und Investitionsbereich anzunehmen, oder ob ein zweistufiger Modellaufbau Vorteile biete. Die Diskussionsteilnehmer sprachen sich für ein Modell aus, in dem zunächst eine optimale Produktions- und Investitionsfunktion geschätzt wird und dann die Gewinne nach einer individuellen Nutzenfunktion auf Konsum- und Investitionsbereich verteilt werden. Das vorgestellte Modell kann als zweistufiges Modell aufgefaßt werden. Der Unternehmer trifft zunächst anhand der Produktionsfunktion, die in diesem Fall dynamisch formuliert ist, eine Entscheidung über den optimalen Investitionsumfang. Von da aus wird gefragt, ob dieser Punkt der maximal erreichbaren, intertemporalen Konsumkombination entspricht.

Zum Schluß der Diskussion des theoretischen Teils werden die Möglichkeiten der Nutzbarmachung makroökonomischer Untersuchungen zum Interdependenzbereich zwischen Haushalten (Konsum) und Unternehmen (Produktions und Investition) angesprochen. Die in diesem Bereich häufig angewendeten Funktionen, z.B. die FRIEDMAN-Funktion, gehen ebenfalls vom neoklassischen Modell aus und sind somit keine Alternativen.

Zum empirischen Teil der Untersuchungen wird bemerkt, daß im Beitrag von de HAEN eine umfassendere empirische Überprüfung der Modellannahmen auf breiter Datenbasis wünschenswert sei. Durch die vorgenommene Gruppierung des Materials in Tabelle 1 des Referates sei die Beziehung zwischen Einkommensstabilität und Wachstum der Betriebe möglicherweise durch Faktoren bedingt, die aus der Darstellung nicht hervorgehen.

Das Referat von LANGBEHN und HEITZHAUSEN beschäftigt sich im wesentlichen mit dem tatsächlichen Wachstum von Betrieben, deren Buchführungsdaten über einen längeren Zeitraum verfolgt werden können. Daraus wird versucht, Verhaltenshypothesen und Bestimmungsgründe für einzelbetriebliches Wachstum abzuleiten. Die Ansichten über den dabei verwendeten relativen Wachstumsmaßstab bleiben in der Diskussion kontrovers. Beispielsweise wird darauf hingewiesen, daß es durchaus möglich ist, trotz relativ hohen Wachstums in der Vergangenheit nicht zu gewährleisten, daß der absolute Zuwachs an Produktionskapazitäten ausreicht, den steigenden Bedarf an entnahmefähigem Einkommen zu decken.

In Zusammenhang mit der Diskussion der Entwicklungsfähigkeit landwirtschaftlicher Betriebe wird darauf hingewiesen, daß in der vorliegenden Arbeit nicht untersucht worden sei, zu welchem Ergebnis normative Analysen geführt hätten.

Als Grund für die beobachteten Zusammenhänge zwischen Wachstum und Betriebsgröße wird die unterschiedliche Arbeitsverfassung in den einzelnen Betriebsgrößenklassen angeführt. Danach hätten Betriebe mit nur familieneigenen Arbeitskräften einen Vorteil in der Eigenkapitalbildung gegenüber Betrieben mit Lohnarbeitsverfassung. Dies gilt jedoch nur, wenn Familienarbeitskräfte weniger Einkommen für private Zwecke beanspruchen als Fremdarbeitskräfte. Dieser Zusammenhang ist aber wesentlicher Bestandteil der Analyse von LANGBEHN und HEITZHAUSEN.

Das relativ geringe Wachstum der größeren Betriebe könne hier auch nur in Verbindung mit dem gewählten Wachstumsmaßstab gesehen werden. Zum einen sei nur der betriebliche Bereich Gegenstand der Betrachtung, so daß Vermögensvermehrungen durch außerlandwirtschaftliche Geldanlagen nicht berücksichtigt sind, zum anderen bleibe das Wachstum, das in einer Verbesserung der input-output-Beziehung realisiert werde (z.B. Dränagen), unberücksichtigt.

Nicht geklärt werden konnte die Frage, wie die Beziehung zwischen Effizienz des Betriebsleiters und Wachstum zu interpretieren ist. Der Widerspruch bestehe darin, daß die Betriebsleiter in der Bewirtschaftung des Betriebs zwar ökonomisch besonders effizient seien, sie gleichzeitig aber kein höheres Wachstum erzielten. Dieses Verhalten ließe sich auch in praktischen Beratungsgesprächen durchaus feststellen, sei jedoch insgesamt in seiner Bedeutung noch ungenügend untersucht.

ZIELE UND VERHALTENSWEISEN VON LANDWIRTEN

von

Prof.Dr. J. Hesselbach und Dipl.Ing.agr. W. Horlebein, Bad Kreuznach

1	Einleitung und Problemstellung	447
2	Methodik der Zielforschung	449
3	Empirisches Material	449
3.1	Ergebnisse aus der Literatur	449
3.2	Teil-Ergebnisse aus der laufenden Untersuchung	450
4	Zusammenfassung	456
	Anhang	458

1 Einleitung und Problemstellung

Wissenschaftliches Ziel der diesem Kurzbericht zugrundeliegenden Forschungsarbeit ist das Erarbeiten einer deskriptiven und normativen Theorie des Verhaltens in wirtschaftlichen Entscheidungen und die Entwicklung von operationalen Verhaltensmodellen.

Der Blickpunkt ist dabei zunächst eingeengt auf langfristig wirksame Entscheidungen, die sich nach Abbildung 1 als Kreislauf darstellen lassen. Im oberen Kreis, der als Realitäts- oder Ausgangszustand bezeichnet werden könnte, sind die drei Bereiche aufgezeichnet, die in der betriebswirtschaftlichen Theorie eine Rolle spielen: Die Zielfunktion, die Produktionskapazitäten im herkömmlichen Sinne und sonstige Restriktionen oder auch Produktionskapazitäten im allgemeineren Sinne. Aus dem gegebenen Wirkungszusammenhang ist uns allen auch geläufig, daß die Zielfunktion das Ergebnis steuert. Ziele steuern also letzten Endes das Verhalten.

Welche entscheidende Rolle Ziele im gesamten Verhaltensprozeß spielen soll an der Abbildung 2 verdeutlicht werden. Eine unternehmerische Handlung kann verschiedene Ausgangspunkte haben, das wird angedeutet durch die von außen in das Bild hinein reichenden Pfeile. Danach kann ein Problem auftauchen und einen Handlungsprozeß in Gang setzen, es kann an den Unternehmer eine Information herankommen, Ziele oder das Anspruchsniveau können sich autonom ändern und schließlich kann ein Unternehmer plötzlich zu einer wichtigen Handlung sich gezwungen sehen, die im Nachhinein gewissermaßen als Rechtfertigung oder Rationalisierung des Verhaltens zu einem kognitiven Prozeß führt, wie er in der Abbildung 2 dargestellt ist. Dieser letzte Fall sollte natürlich die Ausnahme darstellen, denn an der Tatsache der Handlung ist selbst nichts mehr zu ändern und eine eventuelle Fehlentscheidung wird nicht besser durch eine nachträgliche Rationalisierung, allenfalls können daraus sich ergebende Folgehandlungen bei kritischem Nachvollzug des eigentlich vorher notwendigen Entscheidungsprozesses günstig beeinflußt werden. Ziele und motivationale Orientierung sind also die beiden Angelpunkte, um die sich das Verhalten orientiert. Es ist heute allgemein akzeptiert, daß die Ziele eines Unternehmers nicht nur die eine Dimension Gewinnmaxierung haben. Es erheben sich aber dann folgende Fragen:

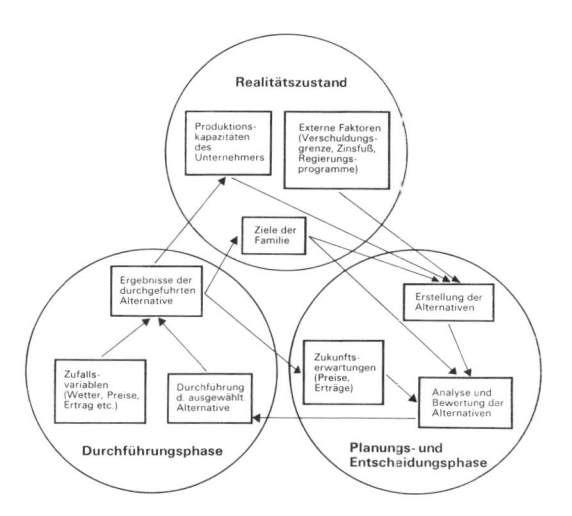

Abb. 1: Kreislauf unternehmerischer Entscheidungen

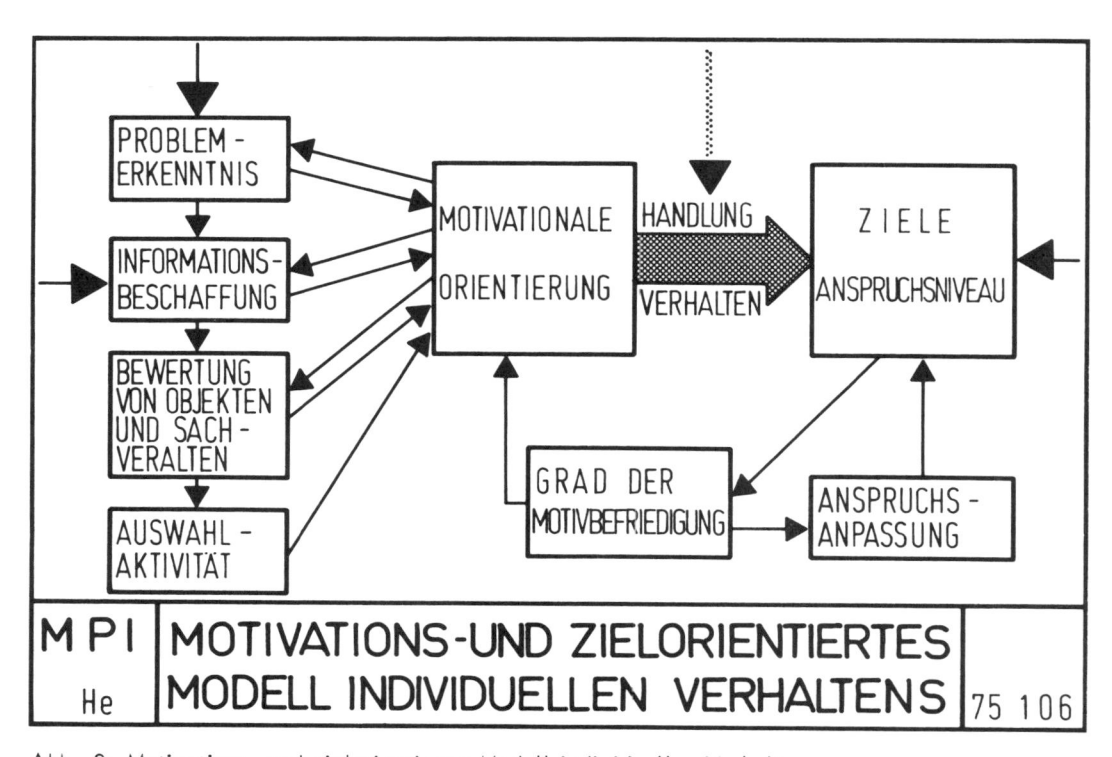

Abb. 2: Motivations- und zielorientiertes Modell individuellen Verhaltens

1. Welche Ziele werden verfolgt
2. Wie können die Ziele erfaßt werden bzw. mit welchen erfaßbaren Merkmalen sind die Ziele gekoppelt
3. Wie beeinflußen bestimmte Ziele das Verhalten
4. Wie können Ziele beeinflußt werden.

Der letzte Problembereich ist wichtig für normative Verhaltenstheorien und Modelle, im gegenwärtigen Zeitpunkt sind wir mit dieser Frage noch nicht befaßt.

Der zweite Problembereich, der einigermaßen befriedigend gelöst sein muß, bevor Ziele genannt werden können, führt zu methodischen Fragen.

2 Methodik der Zielforschung

Verfolgt man die Literatur auf diesem Gebiet, so muß man feststellen, daß es bis heute keine standardisierten Forschungsmethoden zur Erhebung von Zielvorstellungen gibt. Bei einer kleinen Stichprobe wurde von HINKEN (4) das unstrukturierte Interview mit anschließender Inhaltsanalyse gewählt, bei größeren Stichproben wurden in der Regel strukturierte Interviews an Hand eines Fragebogens durchgeführt (1,2). Für unsere in jüngster Zeit durchgeführte empirische Untersuchung wurde ein Fragebogen auf Grund früherer Erfahrungen und Angaben in der Literatur entwickelt, und an einer kleinen Stichprobe vorweggetestet (3). Dabei wurden sowohl offene, wie auch strukturierte Fragen gewählt und ein in der Literatur niedergelegter Persönlichkeits- und Interessentest (5) mitverwendet. Bei einem Teil der Stichprobe wurde auch ein weitverbreiteter Intelligenz-Test eingesetzt (7). Bei der Auswertung wurde die klassische wissenschaftliche Arbeitsweise des Aufstellens und Überprüfens von Hypothesen angewandt. Darüber hinaus wurde aus einer umfangreichen Zahl von Eingangsvariablen für die einzelnen Landwirte in der Stichprobe eine Faktorenanalyse durchgeführt, die dazu dienen sollte, aus den Eingangsvariablen Konzepte zu isolieren, die die beobachteten Variablen möglichst einfach und in ihrem wesentlichen Inhalt abbilden und erklären.

3 Empirisches Material

Es wurden etwa gleich verteilt 320 Betriebe in den Ländern Bayern, Hessen, Rheinland Pfalz und Schleswig-Holstein ausgewählt, von denen 293 Erhebungen erfolgreich abgeschlossen werden konnten. Es wurden nur hauptberuflich bewirtschaftete Betriebe, ohne Sonderkulturen mit ausgewählt, deren Betriebsleiter im Alter zwischen 25 und 50 Jahren waren. Es wurde jedoch keine Repräsentanz für die so abgegrenzte Grundmasse der Betriebe in den einzelnen Ländern angestrebt.

3.1 Ergebnisse aus der Literatur

In ihrer Studie bei Farmern des mittleren Westens haben HESSELBACH und EISGRUBER (2) folgende Rangordnung an Zielvorstellung gefunden:

1. Zufrieden- und Verbundenheit mit dem Beruf
2. Anspruchsniveau an Lebensstandard und gesellschaftliche Stellung
3. "Erfolg" im Beruf im weitesten Sinne
4. Familienleben, insbesondere eine erfolgreiche Kindererziehung
5. Arbeit als Lebensinhalt
6. Eigentumsstreben, insbesondere nach Landbesitz
7. Ruhestand und Aufgabe des landwirtschaftlichen Berufes.

Inwieweit die Rangordnung durch den Zielerreichungsgrad geprägt ist, muß offen bleiben. Nach der Vorstellung über die Anpassung von Anspruchsniveaus nach dem Zielerreichungsgrad liegt jedoch nahe, daß diese Rangfolge stark beeinflußt ist von dem Grad der Zielerreichung bei den einzelnen Komplexen bzw. von der Aktualität des Zielkomplexes in Abhängigkeit von konkreten Situationen (z.B. Landkauf, Erreichen der Altersgrenze bzw. Zeitpunkt der Übergabe des Betriebes).

In einer Studie bei deutschen Landwirten hat DORENKAMP (1) mit einer ähnlichen Fragestellung und Erhebungstechnik festgestellt, daß bei 57 % der Landwirte das Sicherheitsstreben und die Besitzerhaltung dominieren, bei 32 % Gewinnmaximierung im Vordergrund steht und 11 % ein ruhiges Leben an die erste Stelle ihrer Zielvorstellungen setzen.

Bei Gartenbaubetrieben hat REUFF (6) ein stetiges Wachstum als dominantes, langfristiges Ziel festgestellt.

In einer jüngsten Studie beschreibt HINKEN (4) drei Typen von Zielkomplexen bei Gärtnern wie folgt:

1. Optimistisch, erweiternd, konfliktfrei
2. Abwartend, substanzsichernd, problemvoll
3. Pessimistisch, existenzsichernd, konfliktvoll.

Unsere eigene Studie war weniger als die bisher angeführten auf sehr allgemeine Zielvorstellungen der Landwirte hin angelegt, sondern stärker auf konkrete Zielvorstellungen und Zielsetzungen in der Bewirtschaftung des Betriebes.

3.2 Teil-Ergebnisse aus der laufenden Untersuchung

Die Erhebung hat bei Landwirten stattgefunden, die heute ihren Betrieb als Vollerwerbsbetrieb bewirtschaften. Auf die Frage nach der Zukunft des Betriebes haben sich die in Tabelle 1 niedergelegten Antworten in Abhängigkeit von der Betriebsgröße ergeben. Nicht verwunderlich ist, daß rund ein Viertel der zwischen

Tabelle 1: Betriebszukunft

Betriebs-größe	Anzahl abs.	Anzahl %	Voll-Erwerb %	NE-Erwerb %	Ungewiß %	Aufgabe %	Kommt darauf an %
5-20 ha	51	100	38	24	37	2	-
21-40 ha	130	100	69	2	29	-	-
41-60 ha	73	100	69	-	30	-	1
über 60 ha	39	100	74	-	26	-	-
Zusammen	293	100	64	5	30	-	1

$\chi^2 = 53,71$, FG = 6, p ≤ 0,1 %, berechnet aus absoluten Häufigkeiten

5 und 20 ha großen Betriebe mit dem Generationswechsel (spätestens!) als Nebenerwerbsbetriebe weiterlaufen. Erstaunlich hoch ist jedoch der Anteil an Betrieben, in denen die Zukunft als ungewiß bezeichnet wird. Wohl ist der Anteil logischerweise in den kleineren Betrieben noch am größten, aber mit rund ein Viertel ist der Anteil auch bei den über 60 ha großen Betrieben noch sehr hoch.

In gewissem logischem Zusammenhang mit der Frage der künftigen Betriebsexistenz steht die Frage der Einflußnahme auf die Kinder als Nachfolger im Betrieb. Nach Tabelle 2 unterscheiden sich die Antworten in Abhängigkeit vom Alter in der Richtung, daß die jüngeren Betriebsleiter weniger oft auf eine Weiterführung durch den Sohn oder die Tochter drängen würden. Inwieweit dies als "liberaler" in der Kindererziehung oder einsichtiger gedeutet werden kann oder ob hier eine Wandlung in der Einstellung zu erwarten ist, je näher der Zeitpunkt einer möglichen Hofübergabe rückt, kann nicht näher ergründet werden. Es wurde jedoch in einer offenen Frage den

Tabelle 2: Frage 88: Würden Sie Ihren Sohn oder Ihre Tochter in jedem Fall zu beeinflussen suchen, daß sie den Hof auch in Zukunft weiterführen sollen?

Alter	Anzahl		Ja	Nein	Kommt darauf an	Weiß nicht
	abs.	%	%	%	%	%
25 bis 30 Jahre	57	100	30	61	2	7
31 bis 37 Jahre	96	100	40	56	1	3
38 bis 44 Jahre	71	100	51	48	1	-
45 bis 50 Jahre	69	100	49	51	-	-
Zusammen	293	100	43	54	1	2

$\chi^2 = 13,57$, FG = 6, p = 2,5 - 5%.

Gründen nachgegangen, warum die Kinder auf Übernahme des Hofes gedrängt werden. Hier zeigt sich kein signifikanter Alterseinfluß mehr (Tabelle 3). Aber sowohl bei den vorrangigen Gründen,

Tabelle 3: Frage 89: Motive der Beeinflußung beim Drängen nach Hofübernahme durch die Kinder

Anzahl		Gute Existenz u. gutes Einkommen	Sicherheit u. Besitzerhaltung	Selbstständigkeit u. Freiheit	Beeinflussung durch Erziehung (Darlegung von Vor- u. Nachteilen)	Sonstiges
abs.	%	%	%	%	%	%
		a. Nennungen auf Rangplatz 1				
126	100	21	59	2	15	3
		b. Gesamtnennungen				
174	100	21	57	8	12	2

wie bei der Gesamtbetrachtung der angeführten Gründe spielt die Besitzerhaltung und Sicherheit, also traditionelles bäuerliches Denken und vielleicht auch egoistische Motive, die Hauptrolle. Daneben geben rund ein Fünftel an, daß der Betrieb eine gute Existenz-Grundlage mit gutem Einkommen bietet. Die Selbstständigkeit und Freiheit als attraktives Charakteristikum wird nicht oft vorrangig genannt, spielt aber insgesamt eine gewisse Rolle. Die nächste Antwortkategorie gibt keine Begründung, sondern ist gewissermaßen abschwächend auf die Antwort der Beeinflußung zur Hofübernahme zu werten, indem dargelegt wird, wie man den gewünschten Erfolg erreichen will. Ein stichhaltiger Grund konnte offensichtlich nicht genannt werden, was nicht ausschließt, daß es solche gäbe.

In Tabelle 4 sind Gründe aufgeführt, die die Landwirte veranlassen in der Landwirtschaft tätig bleiben zu wollen. Zu dieser Frage waren Antworten vorgegeben, von denen die gewichtigsten in einer Rangfolge angegeben werden sollten. Die Antwortmöglichkeiten sind im Anhang angegeben. Daraus wurden Motive abgeleitet. Insgesamt spielt die berufliche und familiäre Zufriedenheit (Antworten Nr. 9 und 12) die größte Rolle, ein Viertel der Befragten stellt jedoch die

Tabelle 4: Frage 85: Motive zur Beibehaltung des landw. Berufes

	Anzahl		Ökon. Zufriedenheit	Sicherheit u. Besitzerhaltung	Berufliche, private u. familiäre Zufriedenheit	Selbstständigkeit	Scheu vor Umstellungsschwierigkeiten (Alter, Umstellungsbelastungen)	Rigidität und Prestigeverlust
	abs.	%	%	%	%	%	%	%
a. Nennungen auf Rangplatz 1								
25-30 J.	56	100	41	11	32	13	3	-
31-37 J.	90	100	27	12	47	11	3	-
38-44 J.	70	100	16	27	36	7	13	1
45-50 J.	67	100	18	27	25	12	15	3
Zusammen	283	100	25	19	36	11	8	1

$\chi^2 = 36{,}68$, FG = 15, $p \leq 0{,}1\ \% - 1\ \%$

					b. Gesamtnennungen			
25-30 J.	171	100	30	19	32	13	5	1
31-37 J.	283	100	24	24	35	9	6	2
38-44 J.	220	100	19	27	27	10	12	5
45-50 J.	217	100	17	26	22	12	18	5
Zusammen	891	100	22	24	29	11	10	3

$\chi^2 = 53{,}10$, FG = 15, $p \leq 0{,}1\ \%$

Zufriedenheit mit dem ökonomischen Erfolg (zumindest relativ zu den Alternativen) an die erste Stelle, für einen wesentlichen Teil spielt auch die Sicherheit und Besitzerhaltung noch eine Rolle. Dagegen hat die Tatsache der Selbstständigkeit im Beruf oder negative Handlungsmotive wie Furcht vor Umstellungsschwierigkeiten und Prestigeverlust keine allzu große Bedeutung als Motiv Nummer eins. Diese Motive gewinnen jedoch an Gewicht, wenn man die Gesamtzahl der Nennungen in Betracht zieht, ebenso wie das Sicherheits- und Besitzerhaltungsmotiv. Es zeigt sich eine deutliche Altersabhängigkeit in erklärbarer Weise mit Ausnahme der Tatsache, daß gerade die jüngeren Betriebsleiter zufriedener mit ihrer ökonomischen Situation sind. Man könnte auch erwarten, daß gerade sie außerhalb der Landwirtschaft sich noch Chancen ausrechnen, aber offensichtlich haben sie eine bessere wirtschaftliche Basis, denn es ist nicht zu erwarten, daß die Ansprüche der jüngeren Landwirte geringer sind als die der älteren.

Ganz in Übereinstimmung mit den Antworten zu Frage Nr. 88 (siehe Tabelle 2) stehen die Antworten auf Frage Nr. 87 nach den Ausbildungsabsichten oder Prioritäten für die Kinder. Die Mehrheit will diese Entscheidung den Kindern überlassen oder sie sogar in Richtung einer Ausbildung für einen nichtlandwirtschaftlichen Beruf beraten oder beeinflussen. Die Altersabhängigkeit geht hier wieder wie folgt: je älter der Betriebsleiter, umso mehr hält er eine landwirtschaftliche

Ausbildung für die Kinder (oder mindestens eines der Kinder!) für richtiger. Die 38- bis 44jährigen fallen etwas aus dem Rahmen, sie halten viel stärker als die jüngeren und älteren Kollegen an der landwirtschaftlichen Ausbildung generell (also auch für mehr als den voraussichtlichen Hofnachfolger!) fest und sind am wenigsten für die freie Entscheidung der Kinder zu haben.

Tabelle 5: Frage 87: Was halten Sie heute allgemein für richtiger: den Kindern lieber eine gute landwirtschaftliche Ausbildung zu geben oder sie lieber einen außerlandwirtschaftlichen Beruf lernen zu lassen?

Alter	Anzahl		Landw. Ausbildung	Ein Kind ldw. Ausbildung	Eigene Entscheidung der Kinder; kein Zwang	Erst außerldw. Ausbildung; Rückkehr in die Ldw. möglich	Außerldw. Ausbildung	Kommt darauf an	Weiß nicht
	abs.	%	%	%	%	%	%	%	%
25-30 J.	57	100	3	11	49	9	21	2	5
31-37 J.	96	100	5	16	34	15	22	6	2
38-44 J.	71	100	20	21	25	13	18	1	1
45-50 J.	69	100	9	33	29	6	19	4	-
Zusammen	293	100	9	20	34	11	20	4	2

$\chi^2 = 50{,}13$, FG = 15, $p \leq 0{,}1\,\%$

Sie sind es auch, die für sich am wenigsten die Selbstständigkeit als Berufsmotiv (siehe Tabelle 4) schätzen. Man könnte – fast als Kuriosum – anführen, daß es sich bei dieser Altersgruppe um die sog. "weißen Jahrgänge" handelt, d.h. um Betriebsleiter, die vermutlich am wenigsten Gelegenheit hatten, einmal aus dem Elternhaus wegzukommen und außerhalb der Landwirtschaft (Kriegs- oder Wehrdienst!) tätig zu sein.

Die Prioritätensetzung zwischen den Bedürfnissen der Familie und des Betriebes als Produktionsgrundlage wird in Frage Nr. 86 (Tabelle 6) aufgezeigt. Fast drei Viertel der Landwirte geben z.B. der Kinderausbildung Vorrang vor der Betriebssubstanz. Inwieweit hier normative Vorstellungen die Antworten beeinflußen und im Konfliktfalle mit der Praxis übereinstimmen, muß offen bleiben, aber Vorsicht bei der Auslegung wäre geboten. Es scheint zumindest für die drei ersten Antwortkategorien eine klare Altersabhängigkeit und insbesondere ein interessantes Gegenspiel zwischen der bedingungslosen und bedingten Bejahung der Vorrangigkeit der Ausbildung vor der Betriebssubstanz gegeben zu sein, die durch den statistischen Test nicht richtig gewürdigt wird. Begründungen für die bedingte Zustimmung oder Ablehnung zur Frage Nr. 86 werden im Anhang gegeben.

In einer Frage (Nr. 59) wurden allgemeine Wirtschaftsziele für die Zukunft erfragt. Die Auswahlantworten (siehe Anhang) sollten in eine Rangordnung gebracht werden. Eine Zusammenfassung zu allgemeineren Antwortkategorien gibt die Tabelle 7 wieder. Danach spielen ökonomisch-finanziell orientierte Ziele die wichtigste Rolle, gefolgt von biologisch ausgerichteten Wirtschaftszielen. Betriebliches Wachstum als vorrangigstes Ziel spielt in Schleswig-Holstein und Bayern, den "Agrarregionen", eine größere Rolle, ebenso mehr biologisch ausgerichtete Ziele, während

Tabelle 6: Frage 86: Würden Sie, wenn notwendig, von der Substanz des Betriebes etwas verkaufen, um Ihren Kindern den Besuch einer höheren Schule oder eine Studium zu finanzieren?

Alter	Anzahl abs.	%	Ja, grundsätzlich %	Ja, unter Bedingungen %	Nein, grundsätzlich %	Nein, mit Begründung %	Kommt darauf an %	Weiß nicht %
25-30 J.	57	100	53	21	4	14	4	5
31-37 J.	96	100	48	26	9	14	2	1
38-44 J.	71	100	47	28	9	14	1	1
45-50 J.	69	100	30	38	13	16	1	1
Zusammen	293	100	44	28	9	14	2	2

$\chi^2 = 14,74$, FG = 12, p $\leq$ 20 %-30 %

Tabelle 7: Frage 59: Allgemeine Betriebsziele

	Anzahl abs.	%	Ökon.-finanz. Ziele %	Biologische Leist.steigerung %	Betriebliches Wachstum %	Organisatorische Verbesserung %	Risikominderung %	Technisierung und Mechanisierung %	Restkategorie %
a. Nennungen auf Rangplatz 1								
Schl.-H.	54	100	33	33	21	5	6		1
Hessen	78	100	44	21	9	10	10		6
Bayern	78	100	39	23	14	17	3		4
Rheinl.-Pf.	43	100	47	16	9	26	2		0
Zusammen	293	100	39	25	14	13	6		3

$\chi^2 = 27,41$, FG = 15, p $\leq$ 2,5 %

b. Gesamtnennungen								
Schl.-H.	267	100	30	25	18	10	9	6	1
Hessen	221	100	39	22	11	16	6	6	-
Bayern	214	100	36	22	14	17	6	3	2
Rheinl.-Pf.	125	100	34	11	19	26	6	3	1
Zusammen	827	100	34	22	15	16	7	5	1

$\chi^2 = 34,65$, FG = 18, p $\leq$ 1 % - 2,5 %

in den Ländern Hessen und Rheinland-Pfalz die ökonomisch-finanziell orientierten Ziele Vorrang erhalten. Hieran macht sich doch ein grundlegender Unterschied in der Denkweise der Landwirte bemerkbar in den mehr agrarisch geprägten im Vergleich zu den mehr von Industrie geprägten Regionen.

Es wurde auch speziell nach Zielmaßnahmen zur Kostensenkung im Betrieb gefragt mit Auswahlantworten (siehe Anhang). In Tabelle 8 wird das Ergebnis in Abhängigkeit von der Betriebsgröße dargestellt. Mit einer Vereinfachung der Betriebsorganisation erhofft sich die Mehrzahl eine

Tabelle 8: Frage 49: Zielmaßnahmen zur Senkung von Kosten

Betriebs- größe	Anzahl		Nachbarsch. Masch. Kooperation	MR und Lohnunternehmer	Vereinf. der Betriebsorganisation	Flächenaufstockung	Kooperation bei Einkauf u. Vermarktung	Kooperation in der Viehhaltung	Sonstiges
	abs.	%	%	%	%	%	%	%	%
a. Nennungen auf Rangplatz 1
5-20 ha	51	100	10	8	35	16	27	2	2
21-40 ha	130	100	13	10	35	17	22	2	1
41-60 ha	73	100	12	2	33	26	19	3	3
ü. 60 ha	39	100	8	5	28	46	10		3
Zusammen	293	100	12	7	33	23	21	2	2
$\chi^2 = 19{,}94$, FG = 15, p ≤ 10 % – 20 %; $\chi^2 = 17{,}88$, FG = 9, p ≤ 2,5 % – 5 %
b. Gesamtnennungen
5-20 ha	175	100	11	20	18	13	32	3	3
21-40 ha	445	100	13	17	20	16	28	3	3
41-60 ha	238	100	15	18	18	20	25	3	1
ü. 60 ha	137	100	18	16	28	20	21	3	4
Zusammen	995	100	14	18	19	17	27	3	3
Ohne die beiden letzten Spalten: $\chi^2 = 8{,}34$, FG = 9, p ≤ 50 %

Kostensenkung, es folgen dann Maßnahmen der Flächenaufstockung (bessere Kostenverteilung!), Kooperation beim Einkauf und Vermarktung (Vorteile durch große Partien, Marktmacht). Erst dann wird die überbetriebliche Nutzung von Maschinen durch Gemeinschaftsbesitz und Maschinenring - oder Lohnunternehmereinsatz - angeführt als vorrangigste Maßnahme. Kooperation in der Viehhaltung wird nicht als kostensenkend angestrebt.

Bei den Gesamtnennungen treten allerdings die überbetriebliche Arbeit mit Maschinen und auch die Kooperation bei Einkauf und Vermarktung, also Aktivitäten nach außen gegenüber den internen Aktivitäten Betriebsvereinfachung und Flächenaufstockung, stärker hervor. Schwach gesicherte Unterschiede bestehen nach Betriebsgrößen, insbesondere, wenn einige weniger wichtige Antwortkategorien ausgeschaltet werden. Dabei spielt - paradoxerweise - die Flächenaufstockung bei den jetzt schon größeren Betrieben noch die größere Rolle. Überbetriebliche Aktivitäten verlieren an Bedeutung bei den größeren Betrieben. Diese beiden Momente deuten doch auf ein starkes Autarkiestreben hin. Überbetriebliche Zusammenarbeit wird aus einer hoffnungslosen Position heraus noch angestrebt, wenn eine gewisse aussichtsreiche Position, insbesondere gekennzeichnet durch die Flächenausstattung, erreicht ist, wird weiterhin auf Vergrößerung und Unabhängigkeit hingearbeitet.

Ob und wie es gelingt, diese empirischen Ergebnisse mit der Theorie wirtschaftlichen Handelns zu verknüpfen und letzten Endes daraus operationale deskriptive oder normative Modelle zu entwickeln, muß die weitere Beschäftigung mit dieser Materie erst noch zeigen.

Schließlich wurden den Landwirten - gewissermaßen am Rande des Themas liegend - drei Zukunftsbilder der Landwirtschaft vorgelegt (siehe Anhang), von denen das erste das Bild der traditionellen Landwirtschaft ist, das zweite progressiv, aber mit Merkmalen, die sich schon heute abzeichnen oder teilweise verwirklicht sind, das dritte sehr progressiv, nicht utopisch, aber außerhalb des Erfahrungsbereichs liegend. Die Landwirte sollten angeben, wie sie die Zukunft der Landwirtschaft sehen. Die Antworten finden sich in Tabelle 9. Die Aufteilung auf ein Viertel traditionell, die Hälfte progressiv, aber erfahrungsgebunden und ein Viertel progressiv über den Erfahrungsbereich hinausgehend ist ganz interessant und entspricht sozusagen einer Normalverteilung. Die Altersabhängigkeit für die beiden ersten Bilder ist einleuchtend, interessant ist aber, daß ein fast konstanter Anteil ohne Rücksicht auf das Alter das dritte Bild einer stark veränderten Landwirtschaft für möglich hält. In Bezug auf die Antworten der 38 - 44jährigen wird noch einmal auf das Merkmal "weiße Jahrgänge" verwiesen, das alles in allem gar nicht so kurios erscheint, weil es sich einfügt in das Bild derjenigen, die nie von zu Hause weggekommen waren.

Tabelle 9: Frage 93: Visionen zum Bild der Landwirtschaft der Zukunft.

Alter	Anzahl		Traditionell	Progressiv, noch innerhalb des eigenen Erfahrungsbereiches	Progressiv, außerhalb des eigenen Erfahrungsbereiches	Weiß nicht
	abs.	%	%	%	%	%
25 bis 30 J.	57	100	11	63	26	-
31 bis 37 J.	96	100	19	53	26	2
38 bis 44 J.	71	100	34	45	17	4
45 bis 50 J.	69	100	32	36	26	6
Zusammen	293	100	24	49	24	3

$\chi^2 = 16,95$, FG = 6, $p \leq 0,1\% - 1\%$

4 Zusammenfassung

1. Es werden Zielsetzungen und Zielvorstellungen als die treibenden und steuernden Kräfte des Handlungsfeldes auch in wirtschaftlichen Dingen herausgestellt.

2. Der Komplex kann nur unter Heranziehung interdisziplinärer Denkansätze und Methoden hinreichend erforscht und behandelt werden.

3. Es werden einige Forschungsarbeiten für den engeren Bereich der Landwirtschaft und des Gartenbaues referiert.

4. Teilergebnisse aus einer jüngsten Untersuchung werden dargestellt.

5. Die Eingliederung in deskriptive oder normative Modelle des wirtschaftlichen Handelns bleibt noch als Aufgabe bestehen.

Literatur

1. DORENKAMP, H.: Der Einfluß der Betriebsleiterfähigkeit und -neigung auf Betriebsergebnis und -organisation, Forschung und Beratung, Heft 14, Bonn 1968.

2. HESSELBACH, J. und EISGRUBER, L.M.: Goals and Values - An Empirical Study of Central Indiana Farmers. Arbeiten aus dem Max-Planck-Institut für Landarbeit und Landtechnik, Heft C 71/10, Bad Kreuznach, 1971.

3. HORLEBEIN, W., HESSELBACH, J. und HARIS, J.: Fragebogen zur empirischen Untersuchung von Zielen und Verhaltensweisen selbstständig wirtschaftender Landwirte. Arbeiten aus dem Max-Planck-Institut für Landarbeit und Landtechnik, Heft C 73/10, Bad Kreuznach, 1973.

4. HINKEN, J.: Theorie und Praxis unternehmerischer Zielsetzung, Agrarwirtschaft, 24, 8, 212 - 220 (1975).

5. MITTENECKER, E. und TOMAN, W.: Persönlichkeits- und Interessentest, 2. rev. Auflage, Bern 1972.

6. REUFF, J.: Grundlagen und Ziele von Investitionsentscheidungen im Gartenbaubetrieb, Diss. Weihenstephan 1969.

7. WECHSLER, D.: Die Messung der Intelligenz Erwachsener, 3. Auflage, Bern und Stuttgart 1964.

Anhang

Auswahlantworten zu Frage 85:

1. Ich wechsele deshalb nicht den Beruf, weil ich in der Landwirtschaft mindestens genausoviel verdiene wie ich in anderen Berufen verdienen könnte.

2. Ich glaube, es lohnt sich heute Landwirt zu bleiben, weil die Aussichten auf höhere Einkommen in der Landwirtschaft für die Zukunft durchaus günstig sind.

3. Ich möchte deshalb Landwirt bleiben, weil mir die Landwirtschaft auch in Krisenzeiten Sicherheit bietet.

4. Ich bleibe lieber Landwirt, weil ich mich in meinem Alter nicht mehr umstellen und noch einmal neu anfangen möchte.

5. Als Landwirt bin ich mein eigener Herr und brauche mich keinem Vorgesetzten unterzuordnen.

6. Ich bleibe Landwirt, weil ich im Falle eines Berufswechsels bei meinen in der Landwirtschaft verbleibenden Kollegen mein gutes Ansehen verlieren würde.

7. Ich bleibe Landwirt, weil mir die Aufgaben, die heute in anderen Berufen zu erfüllen sind, nicht zusagen.

8. Ich möchte den Hof als Eigentum und Vermögen für die folgende Generation auch in Zukunft erhalten.

9. Ich bleibe in der Landwirtschaft, weil hier Beruf- und Familienleben noch eine Einheit bilden.

10. Die Zukunft ist heute so ungewiß und unsicher, daß ich lieber in der Landwirtschaft bleibe.

11. Ich bleibe in der Landwirtschaft, weil ich hier ein gutes Einkommen habe.

12. Ich bleibe Landwirt, weil mir die Arbeit in diesem Beruf insgesamt gesehen am meisten Freude macht.

13. Ich war noch nie etwas anderes als Landwirt gewesen und werde es auch in Zukunft bleiben.

14. Ich bleibe Landwirt, weil es heute in meinem Alter nicht einfach ist, noch einen günstigen außerlandwirtschaftlichen Arbeitsplatz zu bekommen.

Auswahlantworten zu Frage 59:

1. Für die nächste Zukunft ist es mein Ziel, die Mechanisierung meines Betriebes weiter zu verbessern, um einen wirklich modernen und technisch ausgereiften Betrieb zu bewirtschaften.

2. Mir ist es in meinem Betrieb auch in Zukunft vorrangig wichtig, die Erträge und Leistungen weiter zu steigern.

3. Ich werde in Zukunft den kaufmännisch-rechnerischen Belangen des Betriebes verstärkte Aufmerksamkeit widmen, um dadurch die Möglichkeiten für Einkommensverbesserungen voll auszuschöpfen.

4. Ich glaube, es ist in Zukunft in der Landwirtschaft mehr erforderlich als bisher, den Markt zu beobachten, um sich zu orientieren, für welche Erzeugnisse sich gute Absatzchancen eröffnen.

5. In den nächsten Jahren will ich vor allem darauf sehen, meinen Betrieb weiter aufzustocken und vergrößern zu können.

6. Rentable Betriebszweitgrößen kann ich nur erreichen, wenn ich mich mit anderen Betrieben in Kooperation zusammenschließe. Dies will ich in Zukunft mit geeigneten Partner zu erreichen suchen.

7. In Zukunft kommt es mir darauf an, durch eine entsprechende Betriebsorganisation den erforderlichen Arbeitsbedarf im Betrieb zu verringern.
8. Bei meiner Betriebsführung kommt es mir auch in Zukunft vor allem darauf an, jedes wirtschaftliche Risiko von vornherein zu vermeiden.
9. Ich habe in Zukunft vor, meinen Betrieb so zu organisieren, daß ich einen Teil meines Einkommens aus einer außerlandwirtschaftlichen Tätigkeit beziehen kann.

Frage 86:

Würden Sie, wenn es nötig wäre, von der Substanz Ihres Betriebes, z.B. Land oder Vieh, verkaufen, um Ihren Kindern den Besuch einer höheren Schule oder ein Studium an einer Universität zu ermöglichen?

Begründung zu Frage 86:

"Ja", unter bestimmten Bedingungen:

Aber sicher nur Vieh und keine Fläche.
Wenn es "sinnvoll" ist, d.h., wenn bei den Kindern Begabung, Neigung und Wille vorhanden ist.
Nur als allerletzte Möglichkeit (lieber Einkommensminderung in Kauf nehmen oder Kreditaufnahme).
Wenn damit keine Existenzgefährdung verbunden ist.
Nur, wenn kein Nachfolger "da" ist.

"Nein" mit folgender Begründung:

Weil die Ausbildungskosten ohne Substanzverlust erwirtschaftet werden müssen.
Weil dies nicht vertretbar ist mit einer soliden Wirtschaftsführung.
Weil durch Substanzverlust das Einkommen und die Existenz gefährdet wird.
Weil dies heute aufgrund öffentlicher Ausbildungsförderung nicht mehr nötig ist.

Auswahlantworten zu Frage 49:

1. Kostensenkung durch gemeinsame Anschaffung von Maschinen in Maschinengemeinschaften.
2. Kostensenkung durch gemeinsamen Einkauf von Betriebsmitteln.
3. Kostensenkung durch Zupacht von Nutzflächen.
4. Kostensenkung durch Mitgliedschaft und Beteiligung in einem Maschinenring.
5. Kostensenkung durch gemeinschaftlichen Absatz von Erzeugnissen.
6. Kostensenkung durch den Kauf von Gebrauchtmaschinen.
7. Kostensenkung durch die Vergabe von Arbeiten an den Lohnunternehmer.
8. Kostensenkung durch Vereinfachung des Betriebes mit Hilfe von Spezialisierung und Schwerpunktbildung.
9. Kostensenkung durch die gemeinsame Durchführung von Bauvorhaben für einzelne Viehhaltungszweige zwischen zwei oder mehreren Landwirten.

Frage 93:

Hier sind einmal drei Vorstellungen zusammengestellt, wie die künftige Entwicklung der Landwirtschaft etwa verlaufen könnte. Was glauben Sie, welche Entwicklung in Zukunft wahrscheinlich eintreffen wird?

I

Die Landwirtschaft muß unter besonderen Bedingungen und in starker Abhängigkeit von der Natur produzieren. Deshalb wird auch in Zukunft eine vielseitige Produktion nötig sein, um Mißerfolge bei einzelnen Erzeugnissen auszugleichen und so das Risiko möglichst niedrig zu halten.

Selbstständigkeit und wirtschaftliche Unabhängigkeit der Betriebe sind nach wie vor die sichersten Garantien einer "gesunden" Landwirtschaft.

Auch in Zukunft kann sich die Struktur und das Erscheinungsbild unserer Landwirtschaft nur wenig ändern.

II

Der ausländische Konkurrenzdruck ist stark. Die Landwirtschaft muß deshalb den technischen Fortschritt auf allen Gebieten konsequent anwenden.

Z.B. 60 - 70 dz/ha Ertrag im Getreidebau oder 6000 - 7000 l/Jahr/Kuh Milchleistung im Durchschnitt werden schon bald die Regel sein.

Die mit der Leistungssteigerung verbundenen hohen Kosten von Großmaschinen, dabei auch der Einsatz von Flugzeugen, müssen durch Rationalisierung der Einsatzbedingungen (überbetrieblicher Maschineneinsatz, Flurbereinigung usw.) aufgefangen werden.

Zur Erhöhung der Produktivität müssen Betriebsgrößen angestrebt werden, die meist über die Entwicklungsmöglichkeiten des Einzelbetriebes hinausgehen. Deshalb wird die überbetriebliche Zusammenarbeit, bis hin zum Zusammenschluß ganzer Betriebe, mehr und mehr an Bedeutung gewinnen.

III

Auch in Zukunft ist ein starkes gesamtwirtschaftliches Wachstum zu erwarten. Man rechnet bis zum Jahre 2000 mit einer Verdoppelung des Realeinkommens, d.h. die Stundenlöhne werden um das Vier- bis Fünffache auf etwa 25,-- bis 30,-- DM je Arbeitsstunde im Durchschnitt ansteigen Pro Woche wird nur noch an vier Tagen 30 Stunden gearbeitet werden.

Im Zuge dieser Entwicklung wird die Landwirtschaft allmählich zur "industriellen Agrarproduktion" übergehen, d.h. Ausnutzung der Vorteile von Arbeitsteilung und vollkommener Spezialisierung in industrieähnlichen Großbetrieben. Z.B. werden neue Techniken der Futterkonservierung, etwa die Brikettierung, auch das Rauhfutter zu einem transportwürdigen Betriebsmittel machen. Dadurch wird auch die Milch- und Rindfleischproduktion bodenunabhängig und kann in großen, sogenannten "Agrarfabriken" durchgeführt werden. Die Führung solcher Großbetriebe wird von qualifizierten "Agrarmanagern" übernommen, um Vorteile in den Bereichen der Betriebsmittelbeschaffung, der Erzeugung und des Absatzes voll auszuschöpfen.

Damit soll angestrebt werden, den in der Agrarproduktion Beschäftigten die gleichen Lebensbedingungen zu gewährleisten wie den Menschen in den übrigen Wirtschaftsbereichen.

SICHERHEITSSTREBEN UND ÖKONOMISCHES ENTSCHEIDUNGSVERHALTEN VON NEBENERWERBSBAUERN - BEITRAG ZU EINER THEORETISCHEN GRUNDLEGUNG -

von

Joachim Ziche und Andreas Lex, Freising-Weihenstephan

1	Einleitung	461
2	Sicherheit - ein Wortsymbol	462
3	Drei Konzeptionen von Sicherheit	464
3.1	Geborgenheit	464
3.2	Systemsicherheit	465
3.3	Selbstsicherheit	467
4	Betriebsplanung und Sicherheit	467

1 Einleitung

Das Bundesland Bayern hat eine eigene agrarpolitische Konzeption entwickelt, die sich von dem unterscheidet, was in Bonn und Brüssel über die Zukunft der Landwirtschaft gedacht wird. Der "Bayerische Weg" gibt jedem Bauern eine Chance, seinen Hof weiter zu bewirtschaften, ganz gleich, ob er Voll-, Zu- oder Nebenerwerbsbauer ist. Vorausgesetzt wird allerdings, daß alle Bauern untereinander Partnerschaft üben (Maschinenring, Erzeugergemeinschaft) und sich nach ökonomischen Gesichtspunkten richten, wenn sie in ihren Betrieben Entscheidungen treffen.

Nicht nur in Bayern hat die bisherige Erfahung jedoch gezeigt, daß die zahlenmäßig stärkste Gruppe von Bauern, nämlich die Nebenerwerbler, sich weder so häufig wie erwartet an Partnerschaft beteiligen noch in ihren Betrieben Entscheidungen treffen, die nach der herrschenden Auffassung als ökonomisch sinnvoll gelten. Damit scheinen sich Nebenerwerbsbauern überhaupt jeder ökonomisch fundierten agrarpolitischen Betrachtung zu entziehen. Angesichts ihrer großen Zahl, der von ihnen bewirtschafteten Flächen und der von ihnen erzeugten Produktmengen lassen sich die Nebenerwerbsbauern aber nicht aus agrarpolitischen Überlegungen ausschalten. Sie können auch nicht pauschal zu den "Sozialfällen" gerechnet werden, denen - wie man zu sagen pflegt - "mit ökonomischen Mitteln doch nicht mehr zu helfen ist".

Stark vereinfacht werden den Nebenerwerbsbauern von der praktischen Agrarpolitik zwei angeblich falsche Verhaltensweisen vorgeworfen:

1) sie würden ihren Betrieb auch dort weiter bewirtschaften, wo es rein ökonomisch gesehen sinnvoller wäre, ihn aufzugeben, und

2) sie würden ihre Betriebe falsch organisieren.

GEIERSBERGER (1974, S. 64 ff), der bekannteste publizistische Verfechter der Idee von der Partnerschaft der Voll-, Zu- und Nebenerwerbsbetriebe, beklagt, daß die meisten Nebenerwerbsbauern bestrebt seien, ihren Hof als "eine Miniaturausgabe eines altmodischen, vielfältig organisierten Vollerwerbsbetriebes" weiterzuführen. Diesen Betrieb umgäbe noch ein Hauch von Autarkiedenken, Naturalwirtschaft und "billiger" Selbstversorgung.

Nebenerwerbsbauern, dazu befragt, warum sie sich - rein ökonomisch gesehen - widersinnig verhalten, geben regelmäßig an, sie strebten mit ihrer Betriebsorganisation Sicherheit an. Ihre Argumentation ändert sich für gewöhnlich auch dann nicht, wenn Berater ihnen vorrechnen, daß der Hof in Wirklichkeit gar keine Sicherheit geben kann, ja, daß die Familie sogar ihr außerhalb der Landwirtschaft verdientes Einkommen an eine "sinnlose" Eigenmechanisierung verschwende. Bestenfalls wird der Nebenerwerbsbauer auf solche rein ökonomischen Fakten mit "Ja, aber ..." antworten und sich dabei durch sein implizites Eingeständnis, wissentlich antiökonomisch zu handeln, nur noch weiter von der Denkwelt der Berater und Agrarpolitiker entfernen.

Nun ist aus der menschlichen Verhaltenslehre längst bekannt, daß Menschen mit normaler geistiger Befähigung sich über längere Zeit hinweg gar nicht sinnlos verhalten können. Wenn wir die Nebenerwerbsbauern nicht als geistig abnormal ansehen wollen, müssen wir versuchen, hinter ihrem Tun den Sinn zu entdecken, den sie mit ihrem Verhalten meinen. Der Sinn liegt darin, für sich und ihre Familien Sicherheit zu gewinnen, allerdings nicht genau dieselbe Sicherheit, welche am ökonomischen Denken geschulte Berater meinen.

Daß sich gerade Nebenerwerbsbauern und Berater gründlich mißverstehen, wenn sie von Sicherheit reden, liegt an der Zwitterstellung des Nebenerwerbsbauern. Beim Vollerwerbsbauern ist von vornherein klar: Sicherheit läßt sich nur über den Hof gewinnen. Beim Nebenerwerb ist es - zumindest aus der Sicht der Bauern - strittig, ob der außerlandwirtschaftliche Erwerb allein oder überwiegend oder gar nicht die gemeinte Sicherheit schaffen kann. Entsprechend gehen die Meinungen über die sinnvollste Organisation des Nebenerwerbsbetriebes auseinander.

Das Verhalten der Nebenerwerbsbauern ließe sich vermutlich besser verstehen und Beistand dann auch besser gewähren, wenn bekannt wäre, was für eine Sicherheit denn die Bauern meinen. So etwas kann z.B. mit Hilfe persönlicher Befragungen herausgebracht werden. Jedoch muß zuerst eine theoretische Grundlegung vorhanden sein, an der sich der Forscher orientieren kann, was Menschen unserer Gesellschaft alles mit dem Wortsymbol "Sicherheit" meinen können und wo folglich die Äußerungen seiner Versuchspersonen und auch der Sprachgebrauch in den ökonomischen Disziplinen einzuordnen sind. Zu einer solchen theoretischen Grundlegung sollen die folgenden Ausführungen beitragen [1]).

2 Sicherheit - ein Wortsymbol

Zur Bedeutung des Begriffs "Sicherheit" in den ökonomischen Disziplinen haben z.B. WEINSCHENCK (1965, S. 42 - 58), ORTMAIER (1972, S. 14 ff.), und STORCK (1965) in den letzten zehn Jahren gründliche Überlegungen angestellt. Jedoch läßt sich das Verhalten der Nebenerwerbslandwirte allein mit dem dort entwickelten Begriffsapparat nicht ausführlich genug erklären.

Sicherheit ist nämlich nach KAUFMANN (1973, S. 28) vor allen Dingen "ein soziologisches Problem, weil Faktoren der gesellschaftlichen Umwelt des Menschen für seine Sicherheitsbefindlichkeit relevant sind". Nicht die objektiv vorhandene Sicherheit ist entscheidend - obgleich der Ökonom sie in scheinbar überzeugenden Zahlen einfangen kann -, sondern das Wichtigste ist, wie der einzelne Mensch seine Sicherheit einschätzt - und das steht oft in einem scheinbar unsinnigen Verhältnis zur Wirklichkeit, ganz besonders bei Nebenerwerbsbauern, denen der Be-

---

[1]) KAUFMANN erklärt im Vorwort zur 2. Auflage: Seines Wissens sei sein Buch nicht nur im deutschen Sprachraum die erste Studie, die sich mit der historischen Genese und dem Inhalt der Sicherheitsidee in international vergleichender Form systematisch befaßt. Wir sahen daher keinen Grund, seine mühsame Arbeit unsererseits zu wiederholen und stellen seine Ergebnisse daher nur in einen Rahmen, der unserem engeren Fachgebiet entspricht.

triebswirtschaftler mühelos vorrechnen kann, daß sie auf ihrem Hof für den lächerlichen Stundenlohn von beispielsweise 75 Pfennig arbeiten 1).

Sicherheit ist heute zu einem gesellschaftlichen Wert geworden, genauso wie vorher schon "Freiheit" oder "Gesundheit". Aus der Geistesgeschichte wissen wir aber, daß Sicherheit nicht schon von jeher als erstrebenswerter Zustand benannt worden ist. Erst in der Gegenwart bekam Sicherheit seinen hohen Wert, weil die Menschen jetzt empfinden, daß ihnen Sicherheit fehlt: weil sie Unsicherheit empfinden, stufen sie die mangelnde Sicherheit in ihrer Werteskala so hoch ein.

Unsicherheit tritt in viererlei Gestalt an den zeitgenössischen Menschen heran:

1) Als wirtschaftliche Unsicherheit in zwei Ausprägungen, nämlich als Unternehmerrisiko (worüber die Betriebswirtschaft auch im landwirtschaftlichen Bereich ausführlich gearbeitet hat) und als Arbeitnehmerrisiko des Einkommensverlustes. Nur der Nebenerwerbsbauer fühlt sich von beiden Risiken getroffen, und auch das ist ein Grund, warum wir uns gerade mit dieser Form der Landbewirtschaftung näher befassen. Der Einkommensverlust kann zwei Ursachen haben: entweder geht die Arbeitsmöglichkeit verloren (Arbeitslosigkeit) oder die Arbeitsfähigkeit (Krankheit, Alter, Invalidität). Die wirtschaftliche Unsicherheit besteht also in der Gefahr von Armut und Not; die Menschen halten es für möglich, daß in der Zukunft der erreichte wirtschaftliche Status des Einzelnen gefährdet wird.

2) Als politische Unsicherheit; insbesondere halten die Leute wertvolle Güter wie Leben, Gesundheit und Eigentum im Falle von Kriegsereignissen für viel wahrscheinlicher gefährdet als je zuvor. Allerdings wird die Wahrscheinlichkeit von Kriegen in Europa immer geringer eingeschätzt. Für den einzelnen Menschen hat ein internationaler Konflikt unabsehbare Folgen. Das damit einzugehende Risiko ist unbestimmt, und deshalb erscheint politische Unsicherheit so bedrohlich.

3) Als Unsicherheit der Orientierung; sie entsteht durch den Verlust von Ordnung. Ordnung bedeutet Überschaubarkeit der Verhältnisse und die ist nur gegeben innerhalb eines überschaubaren Raumes und auch nur dann, wenn man selbst in diesen Raum eingeordnet ist. Der herrschende Zustand der Sozialverfassung wird von vielen als nicht in Ordnung empfunden. Das Ziel des Strebens nach Sicherheit ist die alte Ordnung, die gute alte Zeit, in der man noch geborgen war.

Nicht wenige Nebenerwerbsbauern erklären, sie hätten nur deshalb einen außerlandwirtschaftlichen Erwerb aufgenommen, um Investitionen im landwirtschaftlichen Betrieb finanzieren zu können und eines Tages zum Vollerwerb in der Landwirtschaft zurückzukommen, also die alte, vertraute Ordnung wiederherzustellen.

4) Als Selbstunsicherheit, dem typischen Merkmal des außengeleiteten Menschen. Er zweifelt die Stärke seines Selbst an und gelangt so zu bedrohungsorientiertem Verhalten, einem Verhalten, bei dem der Selbstunsichere seine Kräfte in Sicherungsmaßnahmen bindet. Gar mancher Nebenerwerbsbauer verhält sich auf diese Weise, wenn er Hof und Beruf zugleich als Sicherung halten will, aber keine Kraft mehr findet, beidem richtig nachzugehen.

Der moderne Mensch hat in seiner Unsicherheit daher ein Bedürfnis nach Garantie des Schutzes gegenüber äußerer Bedrohung, nach Ordnung und nach seelischem Gleichgewicht. Dieses Bedürfnis bezeichnet er mit dem Wort "Sicherheit". Der Gehalt des Wortes ist unbestimmt geworden, da niemand mehr Spezifikationen (z.B. technische, politische, wirtschaftliche Sicherheit) oder spezifische Synonyme (z.B. Gewißheit, Schutz, Gefahrlosigkeit) verwendet. Der unklare Inhalt erlaubt jedermann, mit dem Wort seine eigenen Wünsche zu verbinden. Daher hat das Wort Symbolcharakter, es bezeichnet einen Ideenkomplex der Gesellschaft, einen erstrebenswerten Zustand.

---

1) Aus unveröffentlichten Modellrechnungen des Lehrstuhls für Wirtschaftslehre des Landbaues, Weihenstephan

3 Drei Konzeptionen von Sicherheit

Der erstrebenswerte Zustand heißt im deutschen Sprachgebrauch oft "Sicherheit und Geborgenheit". Das ist kein bloßes Wortspiel, sondern dahinter verbergen sich unterschiedliche Konzeptionen von Sicherheit, die darum ringen, als gesellschaftliche Leitbilder anerkannt zu werden. Die Konflikte zwischen den Konzeptionen führen zu der Ambivalenz des Sicherheitsbegriffes, der eingangs am Beispiel des Nebenerwerbsbauern und seiner Berater gezeigt wurde.

Drei Konzeptionen von Sicherheit lassen sich unterscheiden:

1. Geborgenheit,
2. Systemsicherheit,
3. Selbstsicherheit.

Sie bezeichnen unterschiedliche Lösungen des Problems, wie Unsicherheit vermieden werden kann. Unsicherheit meint hier die Bedrohung von Werthaftem in der Zukunft. Dabei kann entweder der Bestand dieses Werthaften nicht für die Zukunft garantiert sein (der Hof kann z.B. abbrennen) oder die Werthaftigkeit ist nicht für die Zukunft garantiert (der Hoferbe sieht den Hof z.B. statt als Wert als Last an). Nicht nur bei den Nebenerwerbsbauern scheint das dringlichere gesellschaftliche Problem die Werthaftigkeit des Bestehenden zu sein!

3.1 Geborgenheit

Geborgenheit ist der Name einer verlorenen Sicherheit, eines Bewußtseinszustandes, der vergangenen sozio-kulturellen Bedingungen entspricht, nämlich dem Bewußtseinszustand des vorneuzeitlichen Menschen. Geborgenheit ist also nichts als eine Erinnerung an einen Sozialzustand, in dem der Mensch sich geschützt wußte und dies in seinem Inneren als beruhigendes Gefühl verspürte. Geborgenheit könnte man als eine "sichere Sicherheit" bezeichnen. Sicher ist nur eine Sicherheit, von der der Urteilende annimmt, daß man sich auf sie verlassen könne, derer man gewiß sein kann, die einen beruhigt. Äußere Sicherheit (d.h. sich vor Gefahren schützen) und innere Sicherheit (d.h. ein Zustand der Freiheit von Angst und Furcht) bildeten früher eine Einheit, die allerdings nicht als Sicherheit bezeichnet wurde, sondern einen namenlosen Zustand der Selbstverständlichkeit darstellte. Unter den gegenwärtigen gesellschaftlichen Verhältnissen sind die Bedingungen innerer und äußerer Sicherheit nicht mehr zur Deckung zu bringen. Das vorneuzeitliche Bewußtsein ist uns heutigen Menschen nahezu unzugänglich, obwohl die sozio-kulturellen Bedingungen archaischer Kulturen, in denen es herrschte, bis vor kurzem in den ländlichen Gebieten Europas häufig vorkamen.

Drei Charakteristika kennzeichnen dieses vorneuzeitliche Bewußtsein:

1) Ein Selbstverständnis, in dem das eigene Handeln - sofern es "recht" ist - als Vollzug einer vorgegebenen Ordnung erfahren wird. Die Ordnung gilt als fraglos gegeben, nicht als Resultat menschlichen Handelns. Der Mensch ist letztlich für sein Tun nicht selbst verantwortlich, sondern ist Teil einer "höheren" Ordnung.

2) Ein Zukunftverständnis, das sich auf den Bereich wahrnehmbarer Möglichkeiten beschränkt. Zukunft ist hier nicht der Bereich unbeschränkter Möglichkeiten wie bei uns.

3) Ein Weltverständnis, in dem Güter und Gefahren als bestimmt gelten.

Der archaische Mensch stabilisierte sein Bewußtsein, indem er dauernd Außengaranten (Hof, Kirche, Vater) wahrnahm. Möglicherweise haben sich bei den Nebenerwerbsbauern Erinnerungen an dieses Bewußtsein lebendig erhalten, wenn sie jeden Tag den Anblick ihrer Hofgebäude, ihrer Maschinen und ihrer Kühe als Außengaranten brauchen, um sich sicher zu fühlen.

Das archaische Bewußtsein ist uns allen noch beim alltäglichen Routinehandeln gegenwärtig. Ganz selbstverständlich benützen wir die Zahnbürste nur zum Zähneputzen und nicht zum Schuhereinigen. So selbstverständlich benutzte der Mensch früher ein Stück Acker, um sich daraus zu ernähren, und nicht, um es mit Gewinn auszubeuten. Würde unsere Alltagsroutine unterbrochen, dann muß uns das nicht unbedingt beunruhigen. Schuhe mit der Zahnbürste zu putzen, wäre allenfalls mühsam, brächte aber gewiß nicht die Welt zum Einsturz.

Nur wenn das Gewohnte in der Weise durchbrochen wird, daß Furcht (als Reaktion auf inhaltlich bestimmte, aber ungewisse Gefahren) oder Angst (als Reaktion auf eine inhaltlich unbestimmte Drohung) entsteht, wird die Situation kritisch. Die Frage nach Sicherheit oder Unsicherheit stellt sich nur im Hinblick auf Möglichkeiten, bei denen etwas auf dem Spiel steht.

Im Zustand der Geborgenheit reagiert der Mensch auf solche Möglichkeiten gelassen. Dazu ist er imstande, da er die eigene Angst und Furcht in einer höheren Ordnung aufgehoben weiß. In dieser übergreifenden Ordnung tritt er selbst nicht handelnd auf, er fügt sich z.G. Gottes Willen. Die letzte Verantwortung liegt nicht beim Subjekt.

Geborgenheit verleiht ein erhebliches Maß an Zufriedenheit. Daraus erklärt sich auch, warum im statistischen Sinne sehr gefährdete Menschen, wie sie unter vorneuzeitlichen Bedingungen lebten, sich dennoch nicht als gefährdete Wesen verstanden. Für die gesellschaftliche Thematisierung von Sicherheit kommt es nicht auf die statistische Größe der Gefahr, sondern auf die Weltdeutungen an. Sofern die üblichen Gefahren so gedeutet sind, daß sie nicht das "Wesentliche" bedrohen, sind individuelle Leiden und Gefahren relativ bedeutungslos. Im ganzen ist die Welt heil. Es könnte sein, daß sich manches einem rein ökonomisch denkenden Berater unsinnig erscheinende Verhalten einer Bauernfamilie im Nebenerwerb auf diese Weise erklären läßt. Dem neuzeitlichen Bewußtsein ist solche Geborgenheit jedenfalls nicht mehr fraglos gegeben.

3.2 Systemsicherheit

Im modernen Bewußtsein lebt der Mensch als handelndes Wesen: er setzt sich selbst Zwecke und realisiert sich selbst. Seine Sicherheitsmöglichkeiten lassen sich daher nur noch auf zwei Weisen verwirklichen:

1) außerhalb des Subjekts mit technischen und juristischen Mitteln und

2) innerhalb des Individuums (psychologisches Problem).

Jedenfalls schafft sich der Mensch seine Sicherheit selbst; er ist notwendig ein nach Sicherheit strebendes Wesen.

Wer handeln will, muß zugleich nach Sicherheit streben. Das führt dazu, daß der Mensch sich eine absehbare Zukunft schafft, innerhalb derer vernünftiges Handeln möglich ist. In dieser Zukunft darf nicht "alles möglich" sein. Der Bereich des Möglichen muß auf die Handlungskapazität des Subjekts beschränkt bleiben.

Eine Agrarpolitik, die den Eindruck erweckt, jedem viele Wege offenzuhalten, kann leicht dazu führen, daß etwa der einzelne Nebenerwerbsbauer ganz im Gegenteil zu den Intentionen der Politiker das Gefühl bekommt, in seiner landwirtschaftlichen Zukunft sei "alles möglich". Wenn jedem Hof Chancen eingeräumt werden, wenn bei der Partnerschaft der Voll-, Zu- und Nebenerwerbsbauern "jeder kann, aber keiner muß", wenn Berater dem Bauern die verschiedensten, vom Computer erzeugten Alternativen einer Betriebsplanung vorlegen; dann wird die Handlungskapazität des Individuums schnell überschritten.

Das ist kein Verdikt gegen moderne Betriebsplanung. Im Gegenteil, Planung ist die charakteristische Form des modernen Sicherheitsstrebens. Erfolgreiche Planung bringt dem Einzelnen Entlastung: er braucht sich um den geplanten Teil seiner Zukunft nicht mehr zu kümmern, genauso wenig wie er sich etwa um die einmal installierten Sicherungen der elektrischen Anlagen in seinem Haus kümmert. Er vertraut vielmehr auf die technische Sicherheit.

Planung kann nur erfolgreich sein, wenn viele Faktoren durch den Plan selbst kontrolliert werden können. Eine einzelne Handlung vollbringt solche Kontrolle nicht, sondern dazu sind Handlungszusammenhänge nötig. Diese Zusammenhänge sind in Systemen institutionalisiert, z.B. in einer Krankenkasse. Der moderne Mensch kennt viele solche Systeme, von denen jedes für einen spezifischen Handlungszusammenhang da ist: die Fabrik für die Sicherung des Arbeitseinkommens, die Polizei für die Sicherheit vor Verbrechern, die Haftpflichtversicherung für die Sicherheit vor Schadensersatzzahlungen usw.

Das Bemühen, die Zukunft absehbar, verläßlich und berechenbar zu machen, war in der Neuzeit erfolgreich wie noch nie und verschaffte dem Menschen bis dahin unbekannte Entlastungen. Aber solche Entlastungen sind nicht anschaulich; die meisten Menschen können sie nicht in tatsächliche, individuelle Entlastungen umformen. Die Systeme, welche die Sicherheiten bieten, sind keine Personen, mit denen man reden kann. Sie sind auch zu spezialisiert, sie können das Individuum nur in ganz schmalen Lebensbereichen sichern. So ist auch der Berater des Landwirtschaftsamtes (das ist auch eines der Systeme) eben nur für den Hof da und in modernen, spezialisierten Ämtern womöglich nur für die betriebswirtschaftliche Planung. Der Nebenerwerbsbauer kann ihm nicht gleichzeitig seine Sorgen um den außerlandwirtschaftlichen Arbeitsplatz oder gar den Kummer mit seinem Sohn anvertrauen. Deshalb verschafft der Betriebsplan des Beraters dem Bauern noch lange keine Sicherheit, mag er auch noch so exakt ausgerechnet sein und mag der Bauer auch auf das System Landwirtschaftsamt vertrauen.

Die Systemsicherheit beschränkt sich stets auf die spezifische Systemleistung. Diese ist juristisch festgelegt und daher berechenbar: mir steht eine Rente von 500,-- DM zu. Das Individuum ist jedoch nur sehr partiell angesprochen und vermag von daher keine Gesamtstabilisierung seiner Lebensbezüge zu erreichen.

An die Stelle der emotionalen Stabilisierung eines vorneuzeitlichen Sozialverbandes tritt in den sekundären Systemen die funktionelle Stabilisierung. Obwohl die Sicherungen durch solche Systeme gut funktionieren - auf jeden Fall weit besser als alle Sicherungen in der bisherigen Geschichte der Menschheit - fühlt sich der moderne Mensch unsicher. Seine Unsicherheit ist eine spezifisch soziale. Ihm fehlen jene Entlastungen, die nur der selbstverständliche mitmenschliche Kontakt im Sinne einer multidimensionalen, also nicht auf spezifische Rollenbeziehungen (als Arbeitnehmer, als Kranker, als Rentner, usw.) beschränkten Sozialbeziehung zu geben vermag. Solcher Kontakt ist heute nur noch andeutungsweise in der "Geborgenheit" der Intimgruppe zu erfahren. Kein Wunder also, wenn viele Nebenerwerbsbauern bestrebt sind, die ihnen vertraute Gestalt dieser Intimgruppe mit allen Kräften zu erhalten. Daß sie dabei sogar wissentlich antiökonomisch handeln, wird jetzt leichter verständlich.

Die funktionalen Sicherheiten der früheren Risikogemeinschaften sind gewiß mehr als angemessen ersetzt worden, aber die sekundären Systeme können nicht die Stabilisierung der Person als Person und der Beziehungen von Person zu Person leisten. Das muß das Individuum selbst tun: seinen Lebenssinn zu finden, wird zur Privatsache. Das kümmert weder das Landwirtschaftsamt, noch den Fabrikbetrieb, noch die Rentenversicherungsanstalt.

In der Landwirtschaft war früher die Erhaltung des Hofes eine heilige Pflicht, also der Lebenssinn schlechthin. Heute wird vom Bauern die Entscheidung gefordert, ob er seinen Hof nicht lieber aufgeben oder verpachten oder im Nebenerwerb weiterführen will. Damit werden dem Individuum Entscheidungsleistungen zugemutet, die ihm unter traditionalen Verhältnissen weitgehend erspart blieben. Das Neuartige besteht darin, daß dem Einzelnen zugemutet wird, sich aus dem Bereich des an sich Möglichen selbst eine Umwelt auszugrenzen, in der er als handelndes Subjekt bestehen kann.

Weil die Nebenerwerbsbauern zwei verschiedenen Subkulturen unserer Gesellschaft zugleich angehören müssen (Bauerntum und Arbeiterschaft, Handwerkerschaft, Angestelltenschaft usw.), ist der Bereich des an sich Möglichen für sie ausgedehnter als für Vollerwerbsbauern. Folglich sind sie wahrscheinlich auch eher überfordert damit, sich selbst eine Umwelt auszugrenzen, in der sie bestehen können. Die Beratung ist dazu da, Hilfe bei der Abgrenzung zu leisten, die Befähigung zum Handeln mit herzustellen. Deswegen sollte sie nicht dadurch, daß sie versucht, dem Bauern so viele Alternativen wie möglich aufzuzeigen, sogar noch dazu beitragen, den Bereich des an sich Möglichen zu vergrößern. In Bayern und anderswo hat die Landwirtschaftsverwaltung daher damit begonnen, die herkömmliche, einseitig ökonomische und produktionstechnische Beratung der Nebenerwerbsbauern und potentiellen Nebenerwerbler durch eine sozio-ökonomische Beratung zu ergänzen.

3.3 Selbstsicherheit

In einer überkomplex gewordenen Welt muß der Mensch zu einer Umwelt gelangen, innerhalb derer er sinnhafte Ziele setzen und realisieren kann - das ist das Problem der Selbstsicherheit. Die Unsicherheit des modernen Menschen besteht in Folgendem: er weiß, daß er ein Wesen ist, welches selbst handeln muß, aber er ist oft nicht imstande zu handeln. Diese Unfähigkeit erfährt er als eine zentrale Bedrohung seines Selbst: wenn ich nicht handle, bin ich nicht mehr ich selbst!

Der unsichere, also seiner selbst nicht sichere Mensch kann nicht bewußt Beziehungen von Mensch zu Mensch eingehen, obwohl er das unbedingt tun müßte, seit infolge der gesellschaftlichen Differenzierung die anschauliche Gesellschaftsgestalt (sichtbare Außengaranten) verschwunden, die Umwelt also kaum noch vorgegeben ist. Der Mensch muß sich erst selber wieder stabile Umweltelemente schaffen.

Das wird ihm nur gelingen, wenn er sicher ist, sich selbst darstellen, sein eigenes Verhalten berechnen zu können. Einem Individuum, das an der Schnittstelle mehrerer sozialer Beziehungskreise leben muß (wie der Nebenerwerbsbauer), fällt es schwerer, diese Selbstsicherheit zu erlangen. Das gilt verstärkt, wenn einer dieser Kreise auch noch Reste vorneuzeitlichen Denkens aufweist (wie der ländlich-bäuerliche).

In dieser Lage wächst die Bedeutung der Familie ungemein. Sie vermittelt dem seiner selbst unsicheren Einzelnen die Geborgenheit, die in den übrigen Lebensbeziehungen abhanden gekommen ist. Der landwirtschaftlichen Familie ist hier eine noch bedeutendere Aufgabe gestellt als den Familien in den meisten anderen Berufen. "Sie ist Produktionsgemeinschaft geblieben, der geringere Einfluß externer Sozialisatoren betont ihre Erziehungsaufgabe, sie gewährt ihren Mitgliedern weniger Autonomie, wie auch der fließende Übergang zwischen Arbeit und Freizeitbeschäftigung ihr Gewicht verstärkt. Auch die weitgehend erhaltene Struktur der Großfamilie betont ihre Andersartigkeit. Als Folge dieser Existenzbedingungen kann angenommen werden, daß der Betriebsleiter eine starke Bindung an seine Familie entwickelt hat" (SCHNEIDER, 1969, S.83-97). Diese Bindung möchte der Nebenerwerbsbauer nicht gerne zerstören. Er schreckt davor zurück, seine Familie umzubauen, wie er es müßte, wenn der Hof ganz aufgegeben würde: "Die Fortführung eines landwirtschaftlichen Nebenerwerbsbetriebes sichert ihm die Vorrangstellung der Familie auf dem Feld der sozialen Beziehungen weiterhin und enthebt ihn von der Notwendigkeit der umfassenden Revision seiner phänomenalen Umwelt" (SCHNEIDER, 1969, S. 83-97).

Das zentrale Problem der Erziehung unter gesellschaftlich überkomplexen Verhältnissen heißt: eine in sich konsistente Persönlichkeit ermöglichen, die in einer inkonsistenten Welt (geschaffen etwa durch den Zwang tagsüber "Arbeiter", abends "Bauer" sein zu müssen) befähigt ist, sich selbst durch konsistente Auswahl eine Umwelt zu schaffen. Das Individuum muß lernen, sich statt an den gewohnten, oft nicht mehr zu erhaltenden Außengaranten an einem Innengaranten festzuhalten.

Die entscheidenden Ursachen dafür, daß der moderne Mensch verunsichert ist, liegen im Verlust vorgegebener Umwelt. Daraus ergibt sich eine Unsicherheit der Orientierung, die das Verhältnis zwischen äußeren Sicherungsvorkehrungen und innerer Beruhigung stört.

4 Betriebsplanung und Sicherheit

Was betriebswirtschaftliche Planung leisten kann, stärkt nur die äußeren Sicherungsvorkehrungen, führt aber durchaus nicht automatisch zu innerer Beruhigung. Der Betriebsleiter - auch der eines Nebenerwerbsbetriebs - kann sich wohl ausrechnen lassen, wie sich seine Betriebsorganisation ändern müßte, wenn sich die Wahrscheinlichkeiten für den Eintritt bestimmter Ereignisse (Preissenkungen, Ertragserhöhungen, usw.) ändern.

Die landwirtschaftliche Betriebswirtschaft ist in der Lage, den Eintritt unsicherer Ereignisse 1) zu berücksichtigen, aber nicht immer durch objektiv schätzbare Daten. Selbst wenn das Gesetz der großen Zahl erfüllt ist - was bei einzelbetrieblicher Planung sowieso sehr selten der Fall ist, beruhen die eingesetzten Durchschnittswerte, bzw. Zu- oder Abschläge von Durchschnittszahlen auf subjektiver Einschätzung des Risikos (fast eindeutige Folgerungen nach WEINSCHENCK). Bei mehrdeutigen Entscheidungssituationen und rationalem Verhalten bestimmt die "individuelle Grundhaltung gegenüber Unsicherheit" (WEINSCHENCK, 1965, S. 49), welche Entscheidungstheorie verwendbar ist. Diese individuelle Grundhaltung läßt sich nur aus dem erklären, was wir mit Sicherheit und Streben nach Sicherheit bezeichnet haben. Der Betriebswirt braucht die Grundhaltung nicht zu erklären, er muß sie nur berücksichtigen, der Soziologe muß sie erklären. Dazu haben wir hier einen Versuch unternommen.

Menschen schätzen Risiken nicht nur aufgrund ihrer Erwartungen hinsichtlich der Situation und ihrer Entwicklung ein (die ja mit modernen Planungsmethoden berechenbar gemacht werden können), sondern auch aufgrund von Erwartungen des eigenen Verhaltens in dieser Situation. Auch deshalb halten die meisten Nebenerwerbler sich fest im bäuerlichen Bereich verwurzelt, denn sie erwarten, dort einer gefährlichen Lage besser gewachsen zu sein, weil ihnen die Umwelt vertrauter vorkommt und sie sich deshalb sicherer fühlen. Das gilt sicher mehr für "gewordene" Nebenerwerbsbauern, also solche, die noch als Vollerwerber aufgewachsen sind, wir für die "geborenen" Nebenerwerbler, die manchmal schon seit Generationen einem außerlandwirtschaftlichen Erwerb nachgehen.

Ob moderne landwirtschaftliche Betriebsplanung dazu beitragen kann, die Zukunft der Nebenerwerbsbauern absehbarer und damit sicherer zu machen, hängt nicht allein von der Qualität der Planung ab. Das beruht eher darauf, ob die Betriebsleiter diese Planung für eine "sichere Sicherheit" halten.

Eine "sichere Sicherheit" muß vier Bedingungen erfüllen:

1) vor Gefahren schützen (Sicherheit im Sinne von Gefahrlosigkeit);
2) vor den definierten Gefahren zuverlässig schützen (Sicherheit im Sinne von Verläßlichkeit);
3) die Begünstigten müssen dieses zuverlässigen Schutzes gewiß sein (Sicherheit im Sinne von Gewißheit);
4) die Begünstigten müssen aufgrund dieser Gewißheit beruhigt sein (Sicherheit im Sinne von Sorgelosigkeit).

Wird auch nur eine Bedingung nicht erfüllt, dann wird die verbleibende Sicherheit "unecht". Aus der Sicht des urteilenden Subjekts bedeutet der Ausfall Gefahr, sofern er wahrgenommen oder für möglich gehalten wird. Der Sinn von Sicherheit, Zukunft müsse verfügbar sein, damit man ihrer gewiß und deshalb beruhigt sein könne, ist dann verfälscht.

---

1) In der Sprache der landwirtschaftlichen Betriebsplanung sind unsichere Ereignisse anders definiert als in der Sprache der Soziologie. Wir folgen an dieser Stelle ORTMAIER, der in Anlehnung an WEINSCHENCK drei Unsicherheitsgrade definiert, die im wesentlichen auf entscheidungstheoretischen Überlegungen basieren:

1. Risiko: Unter Risikoerwartungen sind solche zu verstehen, die aus dem Vorhandensein stochastischer Gesetze bei Erfüllung des Gesetzes der großen Zahl resultieren.
2. Unsicherheit: Unsichere Erwartungen liegen vor, wenn die aus den vorhandenen Informationen sich ergebenden Schlußfolgerungen innerhalb eines bestimmten Bereichs mehrdeutig sind.
3. Ungewißheit: Ungewisse Erwartungen lassen eine Abgrenzung der denkmöglichen Fälle von den in Betracht kommenden Fällen nicht zu, womit eine rationale Entscheidung unmöglich wird.

Fazit:

1) Auch modernste Planungsmethoden können Sicherheit allenfalls teilweise verwirklichen.
2) Über die speziellen Bedingungen, die erfüllt sein müssen, um im Einzelfall Individuen Sicherheit zu vermitteln, wissen wir meist zu wenig.
3) Soziologen und Betriebswirtschaftler sollten womöglich diese Bedingungen auf dem landwirtschaftlichen Gebiet gemeinsam zu erforschen suchen, um eine sicherere Welt schaffen zu helfen.

Literatur

1 GEIERSBERGER, E.: Die Dritte Bauernbefreiung durch den Maschinenring, Günter Olzog Verlag München-Wien 1974, S. 64 ff.

2 KAUFMANN, F.-X.: Sicherheit als soziologisches und sozialpolitisches Problem. Untersuchungen zu einer Wertidee hochdifferenzierter Gesellschaften. Ferdinand Enke Verlag Stuttgart 1973.

3 ORTMAIER, E.: Zur Lösung linearer stochastischer Optimierungsprobleme bei der landwirtschaftlichen Betriebsplanung, Meisenheim am Glan 1972, S. 14 ff.

4 SCHNEIDER, H.-D.: Sozialpsychologische Überlegungen zur Kooperation in der Landwirtschaft, in: Altenkirchener Beiträge Nr. 11 (1969), S. 83-97.

5 STORCK, H.: Das Risiko im Gartenbau und seine Abwehr. München/Basel/Wien 1965.

6 WEINSCHENCK, G.: Betriebsplanung bei unvollkommener Information, in: Agrarwirtschaft Jg. 14 (1965), Heft 1, S. 42-58, Strothe Verlag Hannover.

ERGEBNISSE DER DISKUSSION DER REFERATE VON
J. HESSELBACH/W. HORLEBEIN; J. ZICHE/A. LEX

zusammengestellt von Gerd Heitzhausen, Kiel

Die unterschiedlichen Inhalte und Zielsetzungen der vorgelegten Arbeiten machten eine getrennte Diskussion erforderlich. Folgende Punkte wurden angesprochen:

I. Die von HESSELBACH/HORLEBEIN gewählte zweidimensionale Darstellung der Ergebnisse erweise sich bei solch komplexen Zusammenhängen (multivariaten Zielstrukturen), wie sie in diesem Fall anzunehmen seien, nach Meinung einiger Diskussionsredner als problematisch. Beispielsweise könne die Einstellung des Betriebsleiters zu Fragen der Ausbildung der Kinder, Berufsmotivation sowie der allgemeinen Beurteilung der Zukunft der Landwirtschaft neben dem Alter ebenso eine Funktion der Betriebsgröße, der eigenen Ausbildung und anderer, aus dieser Untersuchung nicht abzuleitenden Einflußfaktoren sein. Es wurde angemerkt, daß die in der Untersuchung herausgestellten Unterschiede in den Zielsetzungen der Landwirte in agrarisch geprägten Regionen im Vergleich zu den mehr von der Industrie beeinflußten darauf beruhen könnten, daß in der Fragestellung zwischen den Zielen nicht klar unterschieden ist. Die Abgrenzung zwischen ökonomisch - finanziellen Zielen, Wachstumszielen und Zielen wie organisatorischer Verbesserung und biologischer Leistungssteigerung sei für den einzelnen Befragten zu wenig differenziert, als daß daraus signifikante Unterschiede in den einzelnen Bundesländern abzuleiten wären. Die abweichenden Ergebnisse der Gruppe der 38 - 44-Jährigen beruhen nach Ansicht einiger Diskussionsteilnehmer nicht auf der Tatsache, daß es sich bei dieser Gruppe um sog. "weiße Jahrgänge" handelt. Dies könnte nur durch nähere Untersuchungen geklärt werden, da auch bei den übrigen Altersklassen nicht bekannt sei, ob sie längere Zeit vom eigenen Betrieb abwesend gewesen seien durch Wehrdienst, Fremdlehre o.ä.. Man könne auch annehmen, daß in dieser Altersklasse die Familienstruktur Besonderheiten aufweist in der Art, daß gerade in dieser Gruppe Ausbildungsfragen das drängende Problem darstellen und sich die Betriebsleiter besonders intensiv mit ihren Kindern über die Hofnachfolge auseinandersetzen müssen. Weiter wurde die Frage diskutiert, ob eine direkte Befragung in der durchgeführten Art geeignet sei, Ziele von Landwirten hinreichend aussagekräftig zu erforschen, denn sie berge die Gefahr in sich, daß Ziele genannt werden, die nicht oder nur bedingt für die zukünftigen Aktionen der Betriebsleiter relevant seien. Es könne durchaus sein, daß Ziele als relavante Größen gerade von gegenwärtigen Problemen sowohl im betrieblichen als auch im persönlichen Bereich überdeckt werden und dadurch falsche Zielstrukturen hinsichtlich der langfristigen Betriebsentwicklung ermittelt werden. Zudem seien Ziele sicher nicht unabhängig von der Ausbildung, der unmittelbaren Umgebung des Betriebsleiters sowie der allgemeinwirtschaftlichen Entwicklung. Deutlich werde dies bei ähnlichen Untersuchungen in Ländern mit anderer Entwicklungsstufe (z.B. Indien), wo Sicherheitsmotive eine weit geringere Bedeutung hätten. Daher wäre eine weitere Aufgliederung nach verschiedenen Kriterien wünschenswert. Eine weitere Möglichkeit bestünde in der Synthese zwischen einer ex-post-Betrachtung der tatsächlichen Betriebsentwicklung und einer Befragung, in der die Möglichkeit zu spontanen Antworten gegeben sein müsse.

Kritisiert wurde, daß die vorgelegte Untersuchung der in der Einleitung herausgestellten Forderung nach operationalen Verhaltensmodellen nicht gerecht wird. Sie beschränke sich auf einen deskriptiven Teil, ohne die Stellung der Einzelziele zueinander und zu objektiven Gegebenheiten zu analysieren. Aber gerade die quantitative Bewertung müsse das Ziel der Verhaltensforschung im ökonomischen Bereich sein. Diese Forderung könne von fast allen bisher durchgeführten Untersuchungen nicht erfüllt werden. Die von den Befragten genannten Ziele stimmten oft nicht mit den dann tatsächlich zu beobachtenden Verhalten überein.

II. Im Referat von ZICHE und LEX werden verschiedene Formen von Sicherheit kritisch beleuchtet. Dazu wurde angemerkt, daß die dargestellte "alte Sozialordnung", die dem Menschen nach den Ausführungen der Referenten früher eine gewisse Sicherheit zu geben vermochte, auf der anderen Seite von Armut, Unwissenheit und sozialer Ungerechtigkeit gekennzeichnet war. Zunehmende Verflechtungen zwischen den sozialen Gruppen und steigender Wohlstand, besonders auch verbesserte Bildungsmöglichkeiten für alle Gruppen der Bevölkerung, bedingten an sich allein nicht die Unsicherheit des Einzelnen, sicherheitserhöhende Einrichtungen haben dazu geführt, daß objektiv die Sicherheit gewachsen ist. Subjektive Unsicherheit in ihren im Referat genannten Ausprägungen kann dann nur darin begründet sein, daß die "neue Sozialordnung" sich in den Werten und Maßstäben verändert hat und die Flexibilität und die damit verbundenen Anforderungen an den Einzelnen gestiegen sind. In der heutigen Zeit ist die soziale Herkunft weit weniger wichtig für die Stellung des Einzelnen in seiner Umgebung als seine Leistung, bedingt vor allem durch Ausbildung und Engagement.

Der Aussage, Nebenerwerbslandwirte seien unökonomisch organisiert bzw. entzögen sich "überhaupt jeder ökonomisch fundierten agrarpolitischen Betrachtung", wurde in der Diskussion widersprochen. Von einzelnen Beispielen abgesehen, die es ebenso bei Zu- und Haupterwerbslandwirten gäbe, seien Nebenerwerbslandwirte durchaus ökonomisch sinnvoll organisiert, wenn die Maßstäbe zur Beurteilung der Organisation von Nebenerwerbsbetrieben anders gesetzt würden. Als Beispiele wurden genannt:

- Nebenerwerbslandwirte seien durch ihre außerlandwirtschaftliche Tätigkeit in der Regel steuerpflichtig, so daß Steuerfragen für sie eine größere Bedeutung hätten als für Landwirte, die gar nicht oder nach Durchschnittssätzen besteuert würden.

- Die Nutzungsdauer dauerhafter Produktionsfaktoren sei bei Nebenerwerbslandwirten oft sehr lang; sie hätten damit kaum Abschreibungsaufwand und benötigen für Reininvestitionen weniger Kapital, da sie Wachstum nicht oder nur bedingt in ihre Kalkulation einbeziehen müßten.

- Der Bodenwertzuwachs, der allerdings auch für Vollerwerbslandwirte bedeutsam sein, lasse viele Nebenerwerbslandwirte ihren Betrieb weiterführen, auch wenn andere Faktoren für die Abgabe der Flächen sprächen.

- Aus ökonomischen Gesichtspunkten spreche nichts gegen eine Art der Bewirtschaftung, in der die Hauptarbeitslast bei der Frau liege, besonders in vielseitig organisierten Betrieben. Es sei darüber hinaus anzunehmen, daß die Frau dadurch, daß sie viele Entscheidungen selbst zu treffen habe, einen höheren Grad der Selbstbestätigung erlange. Damit verbessere sich ihre Stellung innerhalb der Familie - eine Erscheinung, die im nichtlandwirtschaftlichen Bereich als durchaus erstrebenswert gelte.

Eine Beratung für Nebenerwerbslandwirte, die unterschiedliche Möglichkeiten der Betriebsbewirtschaftung aufzeigt, wurde in der Diskussion durchaus positiv beurteilt. Eine sachgemäße Beratung werde jedem Landwirt nur solche Alternativen anbieten, die er sowohl gedanklich als auch praktisch nachvollziehen könne. Dabei seien Nebenerwerbslandwirte gegenüber ihren Berufskollegen, die im wesentlichen von ihrem Einkommen aus Landwirtschaft leben müssen, im Vorteil, denn sie seien durch zwei Einkommensquellen gesichert und erreichten dadurch eine größere Stabilität des konsumfähigen Einkommens. Zum Schluß wurde noch einmal in diesem Zusammenhang angesprochen, wie zukünftige Untersuchungen aus benachbarten Disziplinen für quantitative betriebswirtschaftliche Untersuchungen nutzbar gemacht werden könnten. Unabdingbare Voraussetzung dafür sei die Bewertung von z.B. soziologischen Fragen nach ihrer quantitativen Bedeutung im Rahmen objektiver Umweltdaten.

Ohne diese Einordnung werde es auch zukünftig nur sehr bedingt möglich sein, neue Verhaltensfunktionen mit empirischer Absicherung für ökonomische Modelle zu verwenden.

EINFLUSS DES SELBSTVERSORGUNGSGRADES DES LANDWIRTSCHAFTLICHEN BETRIEBES AUF DAS WIRTSCHAFTSRISIKO

von

Gerhardt Preuschen, Bad Kreuznach

1	Gesamtwirtschaftliche Entwicklungstendenzen und Landwirtschaft	473
2	Kapitalmarkt und Landwirtschaft	474
3	Wirkungen von Betriebsmittelverteuerung auf unterschiedlich strukturierte Betriebe	474

1 Gesamtwirtschaftliche Entwicklungstendenzen und Landwirtschaft

Die Tendenz zur Vereinfachung oder Spezialisierung der Produktion und die vielfältigen Möglichkeiten, die eine rührige Betriebsmittelindustrie dem Landwirt anbietet, Betriebsmittel von außen in seinen Betrieb hineinzunehmen, haben zu einer ungleich stärkeren Verflechtung der landwirtschaftlichen Betriebe mit der Gesamtwirtschaft geführt als das früher der Fall war. Das Zurückdrängen des Selbstversorgungstyps ist darüber hinaus in fast allen Ländern Gegenstand staatlicher Beratungspolitik, weil man sich in den Entwicklungsländern eine stärkere Marktversorgung verspricht und in den hochindustrialisierten Ländern eine weitere Einsparung menschlicher Arbeit auf dem Lande. Erst in jüngster Zeit wird eine Gegenströmung aus dem Umweltlager deutlich, die aus ökologischen Gründen einen wieder verstärkten Stoff-Kreislauf in jedem Betrieb fordert. Die Frage, ob Produktionsteilung zwischen Landwirtschaft und Zulieferern nicht zu energieaufwendig sei, wird zwar gestellt, aber Antworten fehlen mangels geeigneter Unterlagen, jedenfalls in Europa. Die wirtschaftlichen Folgen, wenn sich Preisrelationen stark verschieben, werden in Beratung und Praxis noch wenig erwogen, wobwohl hier wohl die ersten für viele Landwirte entscheidenden Folgen zu erwarten sind. Aber Landwirtschaft als Zusammenfassung sehr vieler Betriebsleiter ist notgedrungen schwerfällig; es hat lange gedauert bis die Landwirte den Selbstversorgungstyp ihres Betriebes gewandelt haben, nun wird es ebenso lange dauern, bis sich die Mehrzahl der Landwirte den veränderten Verhältnissen anpassen wird. Diese Veränderung ist gekennzeichnet durch drei Einflußgrößen:

1. Steigerung der Rohstoffpreise, je nach Vorrat mit größeren oder kleineren jährlichen Zuwachsraten.
2. Steigerung der Energiekosten, und zwar aller Energieträger, wenn auch mit Phasenverschiebungen.
3. Wachsende Löhne im nichtlandwirtschaftlichen Bereich, vor allem in den Ländern, die Rohstoffe oder Energie exportieren.

Andererseits werden die landwirtschaftlichen Erzeugerpreise in aller Welt kontrolliert und manipuliert, und je mehr Rohstoff- und Energiepreise die Volkswirtschaften beeinträchtigen, um so mehr werden die Regierungen die landwirtschaftlichen Preise niedrig halten, oft unter dem Druck der Öffentlichkeit (Beladungsstreik für US-Weizenschiffe Sommer 1975!).

2 Kapitalmarkt und Landwirtschaft

Der Ersatz von Arbeit durch Kapital, also Maschinen und technische Einrichtungen, war gleichfalls eine wesentliche Einschränkung der Selbstversorgungsform, denn je nach materiellem Niveau sind 30 bis 60 % des Lohnes Nahrungsmittel, also Teile des inneren Betriebsumlaufs. Handarbeit wird nach erbrachter Leistung bezahlt, Maschinenarbeit muß im voraus bezahlt werden, kein Wunder, daß die Umstellung nur über weitgehende Fremdfinanzierung möglich war. Die Kosten des Kapitalmarktes unterliegen starken Schwankungen, die völlig unabhängig von der wirtschaftlichen Lage der Landwirtschaft verlaufen. Zu den mehr marktgebundenen Einflüssen der Industrieentwicklung kommen staatliche Eingriffe, da seit Keynes jede Regierung in der Manipulation des Kreditmarktes und der Zinshöhe eines der wirksamsten Mittel der Konjunktursteuerung sieht. Zusätzliche Störungen bringt dem freien Kreditmarkt anlagesuchendes Kapital aus Zusatzgewinnen, gerade wieder aus Rohstoff- und Energieexport (z.B. Euro-Dollar). Die Kreditanforderungen der Weltwirtschaft sind hoch, und wenn man den Berichten des Club of Rome trauen darf, mit steigender Tendenz. Die derzeitige bundesdeutsche Situation niedriger Zinssätze ist sicher nur vorübergehend und entspringt dem Versuch der Wirtschaft, sich auf eine Zukunft ohne Wachstum einzustellen, und einer allgemeinen Vertrauenskrise gegenüber allen Maßnahmen der Wirtschaftsbelebung.

3 Wirkungen von Betriebsmittelverteuerung auf unterschiedlich strukturierte Betriebe

So sieht sich der Landwirt Belastungen ausgesetzt, die er selbst nicht beeinflussen kann und die auch keine Beziehungen zur wirtschaftlichen Situation der Landwirtschaft haben. Im Kreditgeschäft hat es der Landwirt zuerst festgestellt, aber sich vielfach durch staatliche Maßnahmen beruhigen lassen, obwohl in der Bundesrepublik nur selten die Zinssätze auf ein bestimmtes Maß gesenkt wurden, sondern meist nur um einen Teil ermäßigt wurden. Die Folgen auf dem sachlichen Betriebsmittelgebiet sind noch weniger deutlich, werden aber schneller bestimmte Betriebsformen in die - bleibend! - roten Zahlen bringen als die Zinssprünge dies vermochten. Wenn sich heute in Europa gerade sehr viel jüngere, sogenannte "fortschrittliche" Landwirte für alle Formen des naturgemäßen Landbaus interessieren, so ist dies den geradezu erstaunlich niedrigen Betriebsmittelkosten dieser Betriebe zuzuschreiben, die sie gegen Preisschwankungen von dieser Seite nahezu immun machen.

Natürlich wird gerade in den dicht besiedelten Industrieländern der vollkommene Selbstversorgungsbetrieb eine Ausnahme bleiben. Aber unter den zweckmäßigen Betriebsformen gibt es auch in der "üblichen" Landwirtschaft, also der nicht zu der naturgemäßen zählenden, große Unterschiede. Die Durchrechnung von drei Beispielen existenter Betriebe, herausgegriffen aus der Buchführungsstatistik des Landes Rheinland-Pfalz für das Wirtschaftsjahr 1972/73, mag einen Eindruck der zukünftigen Auswirkungen veränderter Betriebsmittelpreise geben. Es handelt sich um 3 familienbäuerliche Betriebe zwischen 25 und 45 ha Größe. Betrieb I ist ein reiner Getreide-Zuckerrübenbetrieb ohne Vieh. Der innere Stoffumlauf beschränkt sich auf die Wiederverwendung der Ernterückstände in unveränderter Form (Stroh einpflügen bzw. verbrennen, Zuckerrübenblatt unterpflügen). Betrieb II ist ein starker Rindviehbetrieb mit insgesamt 82 % Futterbau und nur 18 % Getreidebau. Betrieb III schließlich ist ein mittlerer Viehbetrieb mit knapp 50 % Futterbau. Diese drei Betriebe unterscheiden sich signifikant im Aufwand für Betriebsmittel, was aus den Zahlen der Tabelle 1 zu entnehmen ist. Um die Auswirkung von Preisänderungen deutlich zu machen, sind die Betriebsmittelaufwendungen jeweils in % des Betriebseinkommens angegeben, außerdem Betriebseinkommen je ha, Betriebseinkommen je AK, Gewinn je ha und Veränderung des Gewinns je ha in DM angegeben. In der Spalte A sind die Zahlen des Buchführungsabschlusses enthalten, also Preisstand 1972/73, praktisch vor den ersten Auswirkungen von Rohstoff- und Energieknappheit. Für die Zahlen in Spalte B wurde angenommen: Eine 50 %ige Preissteigerung bei Pflanzenschutzmitteln und Düngemitteln, eine 40 %ige Steigerung für Energie (ohne Elektrizität). Dieses Preisniveau dürfte heute für die Mehrzahl der Betriebe zutreffen, für manche schon höher liegen. Bei Futtermitteln wurde eine Steigerung von 40 % angenommen, 20 % aus den erhöhten Produktionskosten in Übersee und 20 % aus Verknappungserscheinungen am Weltmarkt, wie sie 1974 waren und Ende 1975 wieder zu erwarten sind. Das Ergebnis: Im Getreide-Zucker-

Tabelle 1: Betriebsergebnisse (A) dreier unterschiedlicher Betriebssysteme und ihre Änderung unter den Bedingungen B und C

Betrieb	I			II			III		
Situation	A	B	C	A	B	C	A	B	C
Landw. Fläche ha	44,33			37,27			24,86		
Ackerland %	93,1			50,5			64,8		
Dauergrünland %	6,9			49,5			30,9		
Getreide % der AF	78,8			36,0			62,5		
Zuckerrüben % der AF	21,2			-			-		
Ackerfutter % der AF	-			64,0			25,4		
Rindvieh VE/100 ha LF	-			182,5			101,4		
Betriebsertrag DM/ha	1.933			4.902			3.447		
Betriebseinkommen DM/ha	486	237	24	1.859	1373	1394	1.277	993	885
Betriebseinkommen DM/AK	15.394	7.508	760	31.492	23260	23616	16.703	12.988	11.575
Pflanzenschutzmittel a	22	33	44	0	0	0	5,3	7,95	10,6
Düngemittel b	59	88,5	118	13,5	20,25	27	17,5	26,25	35
Futtermittelzukauf c	-	-	-	42	58,8	50,4	19	26,5	22,8
Treibstoffe, Öle, Fette Heizstoffe d	22	30,8	33	4,9	6,9	7,4	8,2	11,5	12,3
Summe a - d	103	151,3	195	59,5	85,9	84,8	50	72,2	80,7
Gewinn/ha	412	163	-50	1.609	1123	1144	1.163	879	771
Reineinkommen des Unternehmens/ha	-	-249	-462	-	-486	-465	-	-284	-392
Veränderung des Gewinns gegenüber A									

in % des Betriebseinkommens/ha bei

A = Abschluß 1972/73

B = Dünge- und Pflanzenschutzmittelpreise 50 % höher, Futtermittel- und Energiepreise 40 % höher

C = Dünge- und Pflanzenschutzmittelpreise 100 % höher, Energiepreise 50 % höher, Futtermittelpreise 20 % höher

rübenbetrieb geht das Betriebseinkommen je AK auf die Hälfte, nur noch rd. DM 7.500,--, zurück, der Gewinn je ha von DM 412,-- auf DM 163,--. In dem - zu starken - Viehbetrieb geht wegen der hohen Futterzukäufe (über 40 % vom Betriebseinkommen!) das Betriebseinkommen je AK auf etwa drei Viertel, immerhin noch über DM 23.000,--, zurück, der Gewinn je ha von DM 1.609,-- auf DM 1.373,--. Am besten schneidet der nach früheren Ansichten annähernd "normale" Betrieb III ab; sein Betriebseinkommen sinkt nur von rd. DM 16.000,-- auf DM 13.000,-- je AK, der Gewinn von DM 1.163,-- auf DM 879,-- je ha. Unter C finden wir eine weitere mögliche Variante: Die Preise für chemische Produkte steigen auf das Doppelte der von 1972, Energiepreise steigen um 50 % und Futtermittelpreise ohne Verknappung nur um 20 %. Das Ergebnis Betrieb I hat nur noch ein Betriebseinkommen von DM 760,-- je AK und einen Verlust von DM 50,-- je ha. Betrieb II steht sich mit rd. DM 24.000,-- je AK und mit DM 1.394,-- je ha Gewinn kaum besser als bei der Bariante B, Betrieb III im Betriebseinkommen um rd. 10 % und im Gewinn je ha um rd. 22 % schlechter als bei Variante B.

Natürlich lassen sich weitere Kombinationen von Preissteigerungen denken, die jeweils sich in den einzelnen Betriebsformen verschieden auswirken müssen. Es wäre aber müßig, alle Spekulationen von optimistischen bis pessimistischen Annahmen durchzurechnen. Kalkulationen muß jeder Betriebsleiter für seinen Betrieb in Zukunft öfter machen als bisher und muß sich angewöhnen, mit verschiedenen Preisannahmen zu rechnen, damit er das Risiko zahlenmäßig eingrenzen kann. Beratung und Ausbildung sollten sich aber weitgehend mit den "gefährdeten" Betriebsformen beschäftigen, wie Monokulturen, Übermechanisierung, Fremdkapitaleinsatz. Deren Betriebsleiter werden jede Hilfe brauchen, um nicht in die roten Zahlen zu kommen, vor allem wenn biologische Depressionen den Betriebsmitteleinsatz immer mehr anwachsen lassen. Nur durch rechtzeitige Umstellung auf aufwandärmere, aber biologisch leistungsfähigere Formen werden solche Betriebe zu retten sein, wenn Rohstoff- und Energiepreise weiter steigen.

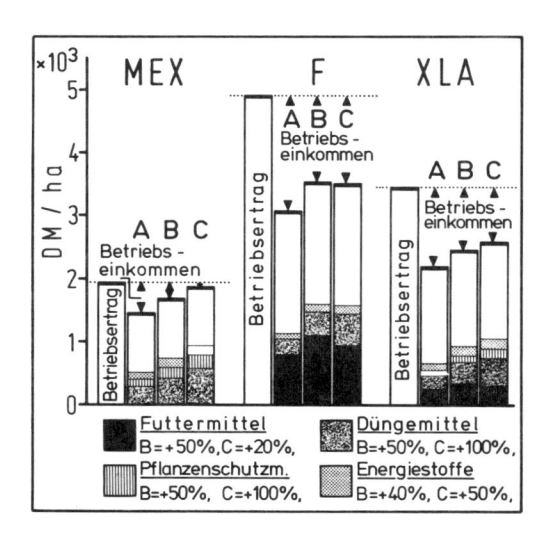

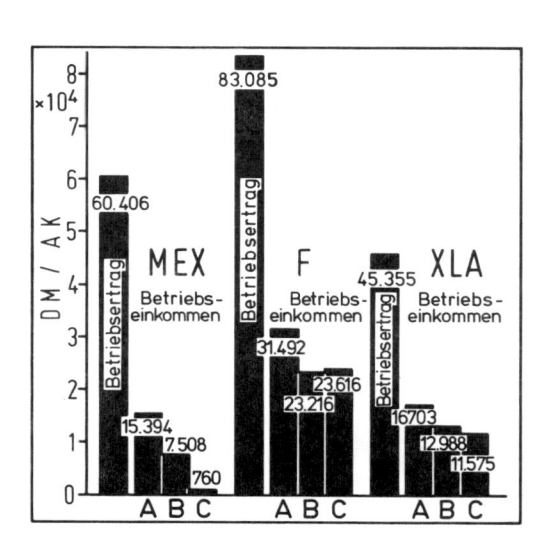

Abb. 1 (links): Betriebsertrag je ha und Aufwand an Futtermittel, Düngemittel, Pflanzenschutzmittel und Energiestoffen für einen extensiven Marktfruchtbaubetrieb (MEX), einen Futterbeubetrieb (F) und einen landwirtschaftlichen Gemischt-Betrieb (XLH) unter den Situationen A (= Abschluß 1972/73) und den hypothetischen Situationen B und C.

Abb. 2 (rechts): Betriebsertrag und Betriebseinkommen zu Arbeitskraft. Legende wie bei Abb. 1.

EINZELBETRIEBLICHE ANPASSUNG DER SCHWEINEPRODUKTION BEI VARIABLEN PREISEN

von

Hans-Joachim Budde, Bonn

1	Modelle und ihre Chancen zur wirksamen Beeinflussung der Schweinepreiszyklen	477
2	Ein Optimierungsmodell	479
3	Analyse der Preisentwicklung	480
3.1	Datengrundlage und Aufbereitung	480
3.2	Saisonale und Trendzyklusbewegungen der Ferkel- und Schweinepreise	481
4	Die optimale Entscheidungsfolge in der Vergangenheit	483
4.1	Modellannahmen	483
4.2	Interpretation der Ergebnisse	486
4.3	Effizienz des Entscheidungsmodells	490
5	Bestimmung einer hypothetischen ex-ante-Strategie	490
5.1	Annahmen über die zukünftige Entwicklung der Ferkel- und Schweinepreise	490
5.2	Hypothetische Strategien für die Aufstallung von Ferkeln und den Verkauf von Schweinen bis Juni 1976	491

1 Modelle und ihre Chancen zur wirksamen Beeinflussung der Schweinepreiszyklen

Im Herbst 1974 rechnete man allgemein mit einem stark wachsenden Angebot an Schlachtschweinen und daraus folgend für das Jahr 1975 mit kräftig sinkenden Erzeugerpreisen. Die damalige Situation war gekennzeichnet durch den gerade überwundenen Preiseinbruch in den Sommermonaten 1974 sowie durch einen starken Angebotsüberhang bei Rindfleisch. In Anbetracht der begrenzten Möglichkeiten der Einfuhr- und Vorratsstellen zur Marktintervention und Lagerung von Fleisch entschloß sich das Bundesministerium für Ernährung, Landwirtschaft und Forsten, ein Modellvorhaben zu fördern, dessen Aufgabe es sein soll, zu untersuchen, ob mit Hilfe eines Preisausgleichssystems die negativen Einflüsse des Schweinezyklus auf die Einkommensentwicklung der Schweinemäster kompensiert werden können und gegebenenfalls eine Möglichkeit der Stabilisierung des Schweinezyklus gegeben ist (vgl. BMELF-Informationen, 1975, S. 2). Ohne auf den Modellansatz im einzelnen einzugehen, läßt sich hierzu voraussehen, daß von den beiden Zielsetzungen - Einkommenssicherung der Produzenten und Stabilisierung des Zyklus - allenfalls die erste und diese auch nur unvollkommen erreicht werden kann. Da das System im Prinzip nichts anderes bewirkt, als in Zeiten hoher Schweinepreise Gewinne abzuschöpfen um diese in Zeiten niedriger Preise zum Verlustausgleich zu verwenden, muß sich längerfristig (etwa im Rahmen einer vollen Zyklusbewegung) die gleiche Einkommenswirkung ergeben, wie ohne ein entsprechendes Ausgleichssystem, allerdings gemindert um die Kosten der Durchführung. Bei den Produzenten wird außerdem der falsche Eindruck einer allzeit rentablen Produktion hervorgerufen. Die zweite Zielsetzung dürfte mit Sicherheit nicht erreicht werden, da sie voraussetzt, daß Mengenregulierungen im Fleischanfall vorgenommen werden. Die Implikationen des Modells führen jedoch zu quasi Preisgarantien, so daß die Revision von Produktionsplänen der am Modellversuch beteiligten Produzenten ausbleibt. Da nicht erwartet werden kann, daß die übrigen Produzenten von Schweinefleisch in Zukunft früher auf Preiseinbrüche reagieren als dies in der Vergangenheit der Fall war, dürfte das nicht reduzierte Angebot der Erzeuger mit Quasi-Preisgarantie den Markt zusätzlich belasten, d.h. die vom Zyklus bedingten Selbstregelungsmechanismen werden zusätzlich gestört.

Zyklische Bewegungen entstehen im allgemeinen dort, wo die Regelung eines Systems zum Gleichgewichtszustand und der Regelungserfolg einander bedingen, wobei jedoch der Regelungserfolg zeitlich verzögert eintritt. Beabsichtigt man, solche Systeme zu stabilisieren, so müssen die zeitlich verzögerten Wirkungen stärker in die Regelung selbst eingehen. Auf den Schweinezyklus übertragen: Beabsichtigt man eine Stabilisierung der zyklischen Preisbewegungen, so müssen die sie hervorrufenden, zeitlich zurückliegenden Produktionsentscheidungen der Schweinefleischerzeuger entsprechend korrigiert werden.

Da die Ertragslage der Schweinehaltung von Betrieb zu Betrieb außerordentlich stark variiert – hierfür sind technische Ausrüstung des Betriebes, genetisches Potential der gehaltenen Tiere, Marktbedingungen sowie im besonderen Maße das "know how" des Betriebsleiters verantwortlich – ist es erforderlich, durch gezielte Beratung des Einzelbetriebes eine Korrektur der Produktionsentscheidungen zu erreichen. Die breit angelegte Empfehlung, den Produktionsumfang in bestimmten Prozentsätzen einzuschränken, würde den potentiellen Grenzanbieter bei Preiseinbrüchen nicht vor Verlusten aus der Restproduktion schützen. Bei sehr rentabel arbeitenden Betrieben würden dagegen Gewinneinbußen durch die Nichtnutzung von Produktionsmöglichkeiten entstehen.

Eine erfolgversprechende Stabilisierungspolitik setzt außerdem jedoch voraus, daß einerseits die einzelbetriebliche Beratung überregional durchgeführt wird und einen beträchtlichen Teil der Schweineproduktion erfaßt, daß andererseits die empfohlene Revision der Produktionspläne durchgeführt wird. Hier bestehen bisher nur geringe Realisationschancen, obwohl die für die Individualberatung erforderlichen spezifischen Betriebsdaten z.T. in regionalen Rechenzentren zur Verfügung stehen [1]. Eine flexible Produktionsplanung erfordert jedoch die Revision traditionell gewachsener Dispositionsparameter (z.B. Durchhaltestrategie, d.h. der Produktionsumfang wird trotz schlechter Gewinnerwartungen nicht verändert; die Rechtfertigung ergibt sich aus der Durchschnittskalkulation über lange Zeiträume). Da der Beseitigung von Werturteilen und Meinungen in diesem Bereich erhebliche Schwierigkeiten entgegenstehen, kann mit einer wirksamen Stimulierung des Schweinezyklus durch partielle Eingriffe auf Produktionsebene in absehbarer Zeit nicht gerechnet werden.

Im folgenden sollen daher Möglichkeiten für eine Produktionssteuerung zur einzelbetrieblichen Einkommenssicherung aufgezeigt werden unter der Annahme, daß weiterhin zyklische und auch saisonale Preisbewegungen für Ferkel und Schweine existieren. Hierzu wird zunächst ein dynamisch konzipiertes Optimierungsmodell zur Prozeßsteuerung in der Schweinemast in seiner Grundstruktur vorgestellt. Es folgt eine etwas eingehendere Behandlung der Reihen für Ferkel- und Schweinepreise von 1968 bis Juni 1975, um die Charakteristika dieser Bewegung zu verdeutlichen und für eine hypothetische Entwicklung der Preise bis zur Mitte des Jahres 1976 zu verwenden. Im weiteren

---

[1] Das Rechenzentrum zur Förderung der Landwirtschaft e.V. in Verden/Aller z.B. erfaßt seit Jahren einen beträchtlichen Teil der Schweineproduktion in Niedersachsen.

werden dann optimale ex-post-Strategien für zwei Betriebe mit unterschiedlichen Produktionskoeffizienten jedoch gleicher Kosten- und Preisstruktur für die Jahre 1968 bis Juni 1975 bestimmt. Die Ergebnisse werden unter dem Gesichtspunkt saisonaler Übereinstimmungen analysiert und es wird versucht eine Strategie der saisonalen Anpassung abzuleiten.

Im letzten Teil wird versucht, mit Hilfe zweier hypothetischer Preisreihen - einer optimistischen und einer pessimistischen Erwartung - bis Juni 1976 den Unsicherheitsbereich der zukünftigen Preisentwicklung einzugrenzen und für diesen Konfidenzbereich optimale Strategien zu bestimmen.

2 Ein Optimierungsmodell [1]

Die Optimierung der Produktionsdispositionen wird vorgenommen durch ein deterministisches Entscheidungsmodell. Es handelt sich dabei um einen dynamisch konzipierten Iterationsalgorithmus, mit dessen Hilfe der Kapitalwert einer Prozeßfolge maximiert wird (vgl. BELLMAN, R., 1957, sowie KÜNZI, H.P.; O. MÜLLER und E. NIEVERGELT, 1968). Unter Prozeßfolge wird die zeitliche Aufeinanderfolge von Mastprozessen mit nicht identischen Anfangs- und Endgewichten verstanden. Eine Prozeßfolge bezieht sich immer auf einen einzelnen Mastplatz. Dieser kann im zeitlichen Ablauf den Zustand "besetzt" oder "nicht besetzt" aufweisen.

Die Zielfunktion hat die Form:

$$z(t_i) = \max_{\{x_F, T_i\}} \sum_i (DB_i(t_i) \mid t_i + T_i \leq t_{i+1}; T_i > 0) \quad i = 1, \ldots n$$

z stellt den Kapitalwert der Folge, t_i den Bezugszeitpunkt dar. $DB_i(t_i)$ ist der auf t_i diskontierte Deckungsbeitrag des i-ten Prozesses. Durch die Variation von $x_{F,i}$ (Ferkelanfangsgewicht) und T_i (Mastdauer für den i-ten Prozeß) wird die Optimallösung gefunden.

Der Deckungsbeitrag DB eines beliebigen Mastprozesses i zum Zeitpunkt t wird bestimmt durch

$$DB_i(t) = f\left[x_F, T_i, x_s(x_F, T_i), p_F(x_F, t), p_s(x_s, t), F(x_F, T_i), K(t), R(x_F), z(t), \mid K^*, V, W\right]$$

t	= Index auf der Zeitachse (Jan. 1968 - Juni 1975)
x_F	= Ferkelanfangsgewicht
T_i	= Mastdauer des i-ten Prozesses
$x_s(x_F, T)$	= Endgewicht; Funktion von Anfangsgewicht und Mastdauer
$p_F(x_F, t)$	= Ferkelpreis; Funktion vom Ferkelgewicht und Ferkelpreisniveau zum Zeitpunkt t
$p_s(x_s, t)$	= Schweinepreis; Funktion vom Endgewicht und Schlachtschweinepreisniveau zum Zeitpunkt t
$F(x_F, T)$	= Futtermenge; Funktion von Anfangsgewicht und Mastdauer
K(t)	= variable stückgebundene Kosten; in diese Variable geht unter anderem der Futtermittelpreis in t ein
$R(x_F)$	= Haltungsrisiko; Funktion vom Anfangsgewicht (Mortalität)
z(t)	= Zinsniveau für Kontokorrentzinsen in t
K^*	= stückgebundene Kosten (Tierarzt, Versicherung, Vermarktungskosten)
V	= Wachstumsniveau
W	= Futterverwertungsniveau

---

[1] Eine ausführliche Darstellung des Modells ist enthalten: BUDDE, H.J., 1974.

$x_{F,i}$ und $x_{s,i}$ sind als Entscheidungsvariable des Modells anzusehen. T und F werden durch die Restriktionen V und W determiniert. In der einzelbetrieblichen Analyse werden die Koeffizienten für V und W aus dem durchschnittlichen Zeitbedarf und Verbrauch an Futtermitteln bereits gemästeter Schweinegruppen dieses Betriebes abgeleitet. Ebenso könnten weitere Restriktionen wie Preisdifferenzierungen für Produkt und Faktoren in der Zielfunktion mit berücksichtigt werden. Preise für Faktoren und Produkt sind modellexogen bestimmt. In der vorliegenden Analyse werden K^*, V und W parametrisch gesetzt. Bei der Wahl des Parameters V wird unterstellt, daß mit der Funktion

$$T = \frac{1}{V} \cdot \int_{x_1}^{x_2} g(x)dx \quad 1)$$

der Zeitbedarf eines beliebigen Zuwachsintervalls von x_1 bis x_2 ermittelt werden kann. Die Funktion g(x) beschreibt den Zeitbedarf einer marginalen Gewichtsänderung in Abhängigkeit vom Lebendgewicht. Wird für V der Wert 0,8 gewählt, so bedeutet dies, daß für ein definiertes Zuwachsintervall von x_1 bis x_2 die $\frac{1}{0,8}$ fache Mastzeit gegenüber einer unter Prüfungsbedingungen gehaltenen Schweinegruppe erforderlich ist.

Entsprechend ist der Verwertungskoeffizient W zu interpretieren. Der Futterverbrauch für ein definiertes Zuwachsintervall ergibt sich aus der Funktion

$$F = W \cdot \int_{x_1}^{x_2} h(x) \quad 1)$$

Somit bedeutet ein W-Wert von 1,2, daß für das definierte Zuwachsintervall von x_1 bis x_2 die 1,2-fache Menge an Futtermitteln gegenüber einer Kontrollgruppe unter Prüfungsbedingungen aufgewendet werden muß.

3 Analyse der Preisentwicklung

3.1 Datengrundlage und Aufbereitung

Zur Darstellung des Modells wurden folgende Datenreihen verwendet:
1. Schweinepreise vom Hannoverschen Schlachtviehmarkt, wöchentliche Durchschnittswerte pro 100 kg Lebendgewicht 1. Woche 1968 bis 27. Woche 1975 1).
2. Ferkelpreise des Ferkelerzeugerringes Coppenbrügge/Hann. (DM/kg bis 15 kg Lebendgewicht) 1.Woche 1968 bis 27. Woche 1975 2). Innerhalb der Modellrechnungen wurden für den Gewichtsbereich 15 ≥ 20 kg 2,60 DM/kg und für den Gewichtsbereich > 20 kg Lebendgewicht 2,00 DM angenommen.
3. Futtermittelpreise für die Fertigfutteranfangsmast, gesackt, Einzelhandelsabgabepreis im Raum Hannover 1. Woche 1968 bis 27. Woche 1975 2).
4. Futtermittelpreise für Fertigfutter "Mittel-Endmast", gesackt, Einzelhandelsabgabepreis im Raum Hannover 1. Woche 1968 bis 27. Woche 1975 2).
5. Kontokorrentzinsen für den Zeitraum von 1968 - Juni 1975 3).

---

1) Die Funktionen g(x) und h(x) wurden aus Kontrolldaten über tägliche Zunahme und Futterverbrauch von Tieren der Mastleistungsprüfungsanstalt Mariensee/Mecklenhorst ermittelt. Weitere Erläuterungen siehe: BUDDE, H.J., 1974, S. 18 ff.
2) Hannoversche Land- und Forstwirtschaftliche Zeitung, Marktberichte, Jg. 121 Nr. 1 bis Jg. 128, Nr. 27.
3) Monatsberichte der Deutschen Bundesbank.

Aus allen Reihen wurden zunächst die 13-Wochen-gleitenden Durchschnitte, zentriert auf die siebente Woche ermittelt. Die für den Optimierungslauf erforderlichen Tageswerte wurden dann durch lineare Interpolation der ausgeglichenen Wochenwerte errechnet.

Die so transformierten Zeitreihen auf Tagesbasis gingen als Zustandsvariable in das Optimierungsmodell ein.

Um weiterhin Informationen über den Verlauf der Saisonzyklen sowie der längerfristigen, allgemein mit dem Begriff "Schweinezyklus" verbundenen Trendzyklen zu erhalten, wurden die Ursprungswochenwerte der Schweine- und Ferkelpreise auf Monatsdurchschnittsreihen umgerechnet. Zur Bestimmung einer erwarteten Saisonfigur sowie zur Ableitung von saisonal und bereinigter Zeitreihen wurde ein programmiertes Verfahren "CENSUS X-11" verwendet (SHISKIN, Z., 1965).

3.2 Saisonale und Trendzyklusbewegungen 1) der Ferkel- und Schweinepreise

Für beide Preisreihen lassen sich stabile Saisonfiguren nachweisen. Die empirischen Werte der F-Verteilung liegen für beide Preisreihen im signifikanten Bereich 2). Bei der Saisonfigur der Ferkelpreise zeigt sich besonders in den Monaten März bis Juli eine stark positive Abweichung vom mittleren Niveau (vgl. Schaubild 1), d.h. die saisonalen Faktoren, die in % multipliziert mit den Werten der Trend-Zyklusfigur die von Zufallsschwankungen bereinigte Zeitreihe der Ferkelpreise ergeben, weisen für die Monate März - Juli Werte >100 aus. In den Monaten Oktober bis Januar können dagegen Werte <100 festgestellt werden. Im Dezember erreichen die Ferkelpreise ihr saisonales Tief.

Die Gründe für diese Bewegung dürften im wesentlichen in den geringeren Aufzuchtergebnissen während der Wintermonate zu finden sein. Im Jahr 1974 betrug die maximal saisonale Abweichung vom Trend in positiver Richtung 9 %, in negativer Richtung 11 %. Damit hätten bei Annahme eines konstanten Trend-Zyklus-Niveaus von 4,50 DM/kg Lebendgewicht die Ferkelpreise eine saisonale Bewegung zwischen 4,00 DM und 4,90 DM beschrieben. Auf der Basis von 15 kg Lebendgewicht entspricht dies einem Wert von 13,50 DM/Tier.

Bei der Saisonfigur der Schweinepreise können Faktoren >100 in den Monaten August bis Dezember beobachtet werden, während besonders in den Monaten April bis Juni ein saisonales Tief zu beobachten ist. Der relative Anteil der saisonalen Schwankungen belief sich im Jahr 1974 auf 93 bzw. 106 % des Trend-Zykluspreises, so daß bei einem konstanten Trend-Zykluspreis von 2,70 DM/kg Lebendgewicht etwa 0,35 DM/kg Lebendgewicht den jahreszeitlichen Einflüssen zugerechnet werden können. Es ist zu vermuten, daß ein wesentlicher Teil der saisonalen Schweinepreisschwankungen auf die knappe Versorgung des Marktes mit Ferkeln im Frühjahr zurückzuführen ist, da beide Zyklen gegeneinander um etwa vier Monate verschoben sind. Rechnet man dazu etwa einen Monat Ferkelpreisreaktionszeit zur Erreichung eines hypothetischen Gleichgewichtspreises, so ergibt sich eine 5 Monatsverzögerung; die Zeit die erforderlich ist, um ein Ferkel zum Schlachtschwein auszumästen. Inwieweit nachfrageinduzierte Effekte des Marktes einen Einfluß auf die saisonalen Preisschwankungen ausüben, wurde im Rahmen der vorliegenden Studie nicht untersucht.

An der Saisonfigur der Ferkelpreise kann beobachtet werden, daß sich die jährlichen Schwankungen seit 1968 ständig verringert haben. Dies läßt vermuten, daß mit verbesserter Technologie die Aufzuchtverluste der Wintermonate vermindert werden konnten. Die Trend-Zyklusfiguren beider Reihen zeigen deutliche Schwankungen mit einer Phasenlänge von etwa dreieinhalb Jahren.

---

1) In Anlehnung an die Nomenklatur des Census II-Verfahrens werden im folgenden mit dem Begriff "Trend-Zyklus" die mittelfristigen Bewegungen gekennzeichnet, während unter dem Begriff "saisonal" die jahreszeitlichen Bewegungen zu verstehen sind.

2) Ferkelpreisfigur: F=20,775; Schweinepreisfigur: F=15,351; Theoretischer F-Wert bei 11/81 Freiheitsgraden und einem Signifikanzniveau von 99 %: 4,50.

Schaubild 1:

TREND-ZYKLUS-BEWEGUNGEN

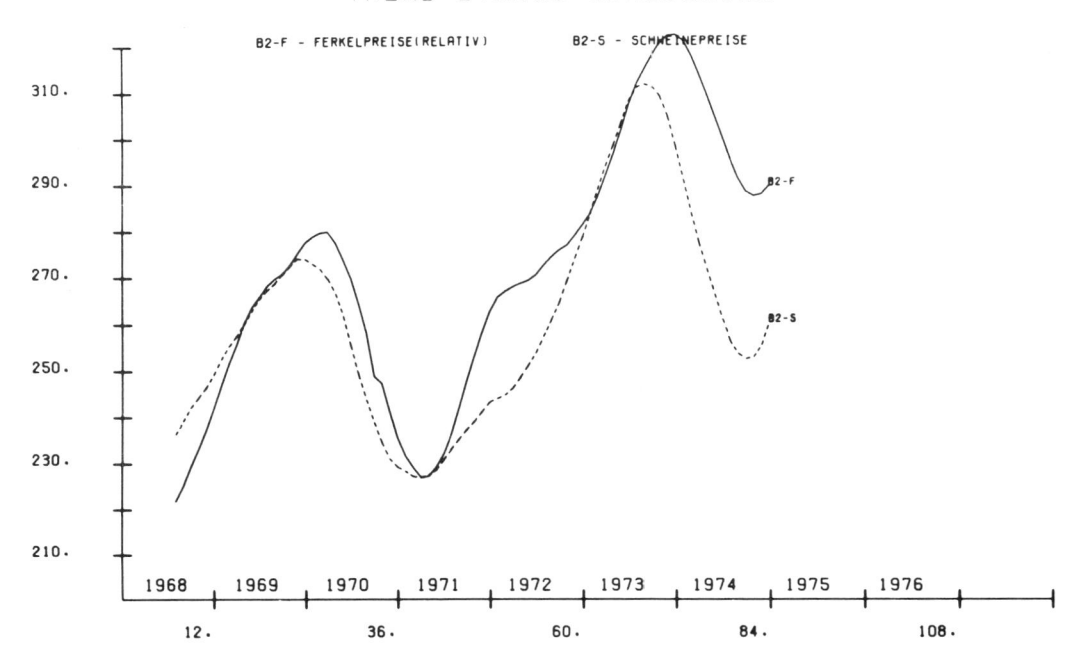

B2-F - FERKELPREISE(RELATIV)   B2-S - SCHWEINEPREISE

SAISONALE FAKTOREN

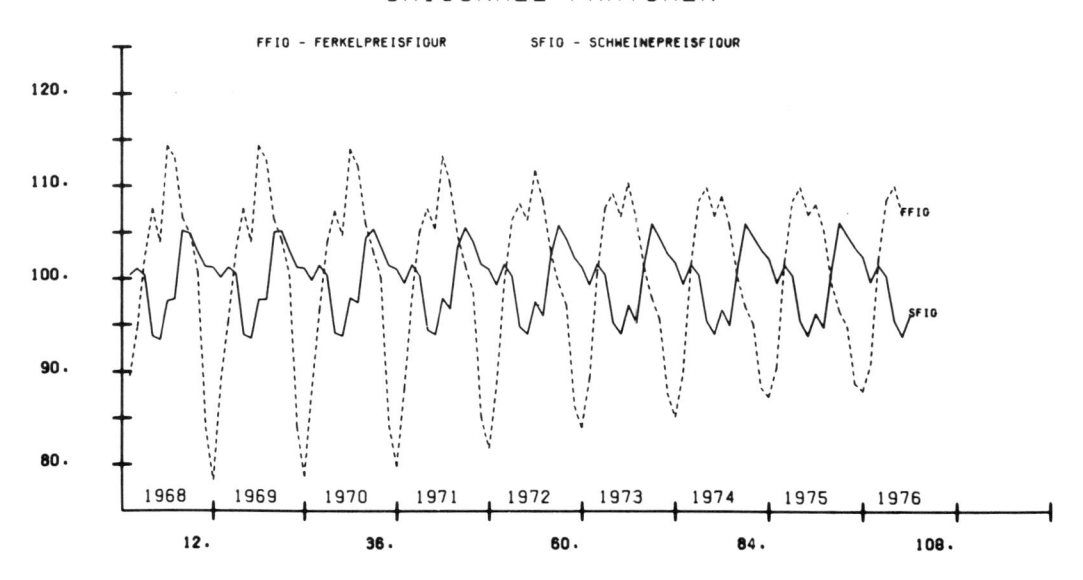

FFIO - FERKELPREISFIQUR   SFIO - SCHWEINEPREISFIQUR

Dabei vollziehen sich die Aufwärtsbewegungen wesentlich langsamer als Abwärtsbewegungen. Bei den Ferkelpreisen läßt sich ein ausgeprägtes Preistief im Frühjahr 1971 feststellen, dann folgt eine prosperierende Phase bis Februar 1974. Die darauf folgende Abwärtsbewegung dauert etwa 6 Monate und geht bereits im September 1974 wieder zu einer Aufwärtsbewegung über. Es zeigt sich hier, daß wesentlich früher als erwartet eine Stabilisierung der Abwärtsbewegung eintritt (BÖCKENHOFF, E., 1974, S. 163 ff.), hervorgerufen vermutlich durch geringere Aufzuchtergebnisse [1] im ersten Halbjahr 1974.

Die Phasen der saisonbereinigten Trend-Zyklen beider Preisreihen sind um 1 - 2 1/2 Monate gegeneinander verschoben. Insbesondere bei der Richtungsänderung der Schweinepreise nach unten verharren die Ferkelpreise noch etwa 2 1/2 Monate auf dem hohen Niveau, während die Richtungsänderung nach oben fast ohne Verzögerung auch auf die Ferkelpreisentwicklung wirksam wird. Die Phasenverzögerung dürfte darauf zurückzuführen sein, daß die Mäster ihre hohen Gewinnerwartungen nur zögernd korrigieren und erst nach zwei Monaten in ihr Nachfrageverhalten nach Ferkeln eingehen lassen. Dagegen vermögen die Ferkelerzeuger, wahrscheinlich infolge ihrer guten Organisation innerhalb der Erzeugerringe, eine sich verbessernde Gewinnerwartung der Mäster umgehend in eine Verbesserung der Ferkelpreise umzusetzen.

4 Die optimale Entscheidungsfolge in der Vergangenheit

4.1 Modellannahmen

Um das unter Punkt 2 vorgestellte Modell anhand von Zeitreihen der tatsächlich eingetretenen Preisentwicklung zu überprüfen, werden folgende zusätzliche Annahmen getroffen. Es werden zwei hypothetische Mastbetriebe definiert.

Betrieb A verfügt über einen durchschnittlichen Wachstumsniveauparameter von $V=1,00$. Dies besagt, daß der Betriebsleiter aufgrund der Leistungen seines Maststalles in der Vergangenheit annehmen darf, daß die von ihm gemästeten Tiere für das Mastintervall von 20 - 100 kg, 112 Tage auch in Zukunft benötigen werden.

Er verfüge weiterhin über einen durchschnittlichen Verwertungsniveauparameter $W=1,00$, was besagt, daß seine Produktion durch die Produktions-Futteraufwandsrelation (Futterverwertung) innerhalb der Grenzen 20 - 100 kg von 1:3,02 gekennzeichnet ist.

Die Analyse der Mastdauer eines hypothetischen Betriebes B ergebe für den Wachstumsparameter V einen Wert von 0,8 und für den Verwertungsparameter W einen Wert von 1,2. Dies entspricht einer durchschnittlichen Mastdauer von 141 Tagen und einer Futterverwertung von 1:3,626 für das Mastintervall von 20 - 100 kg Lebendgewicht (BUDDE, H.J., 1974, S. 46).

Beide Betriebe haben die gleiche Kostenstruktur. Sie erlösen die am Markt erzielbaren Durchschnittspreise und sind in der Lage, ihre Futtermittel um jeweils 3 DM/DT billiger zu erstellen, als die Futtermittelnotierungen sie ausweisen. In beiden Betrieben müssen stückgebundene Kosten in Höhe von 26,00 DM/Schlachttier berücksichtigt werden. Für beide Betriebe wird im folgenden eine Optimierung der Entscheidungsfolge durchgeführt. Die Ergebnisse sind den Schaubildern 2 und 3 sowie den Übersichten 1 bis 4 zu entnehmen.

---

[1] Diese Vermutung wird verstärkt durch Aussagen der Gesellschaft zur Förderung landwirtschaftlicher Schweineerzeugerbetriebe in Uelzen (Dr. Zeeck), wonach die Praktiker versuchten, den hohen Eiweißfuttermittelpreisen im Wirtschaftsjahr 1973/74 durch die Verwendung von Substituten in den Futtermischungen auszuweichen.

Schaubild 2:

OPTIMALE ENTSCHEIDUNGSSTRUKTUR FUER BETRIEB A

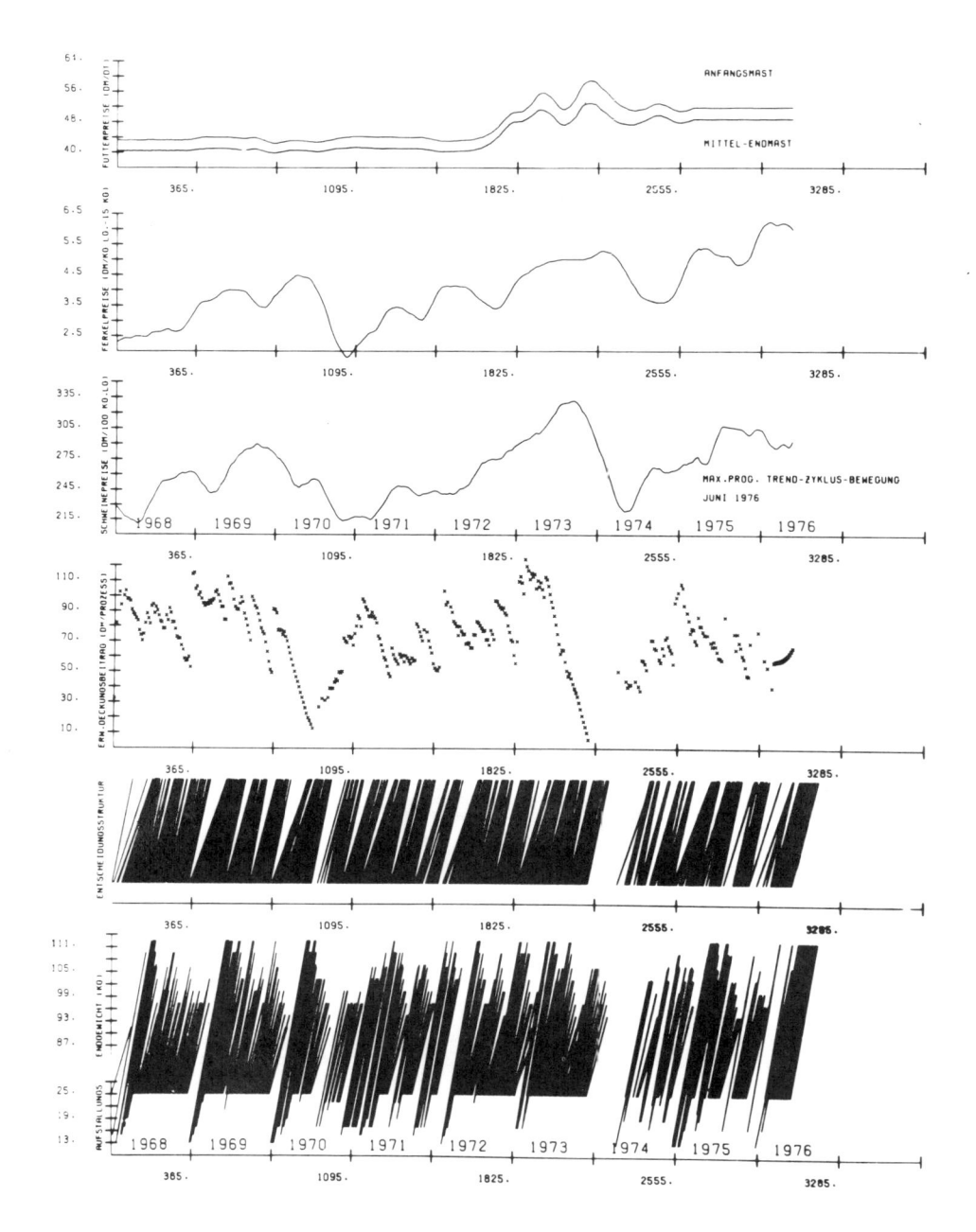

Schaubild 3:

OPTIMALE ENTSCHEIDUNGSSTRUKTUR FUER BETRIEB B

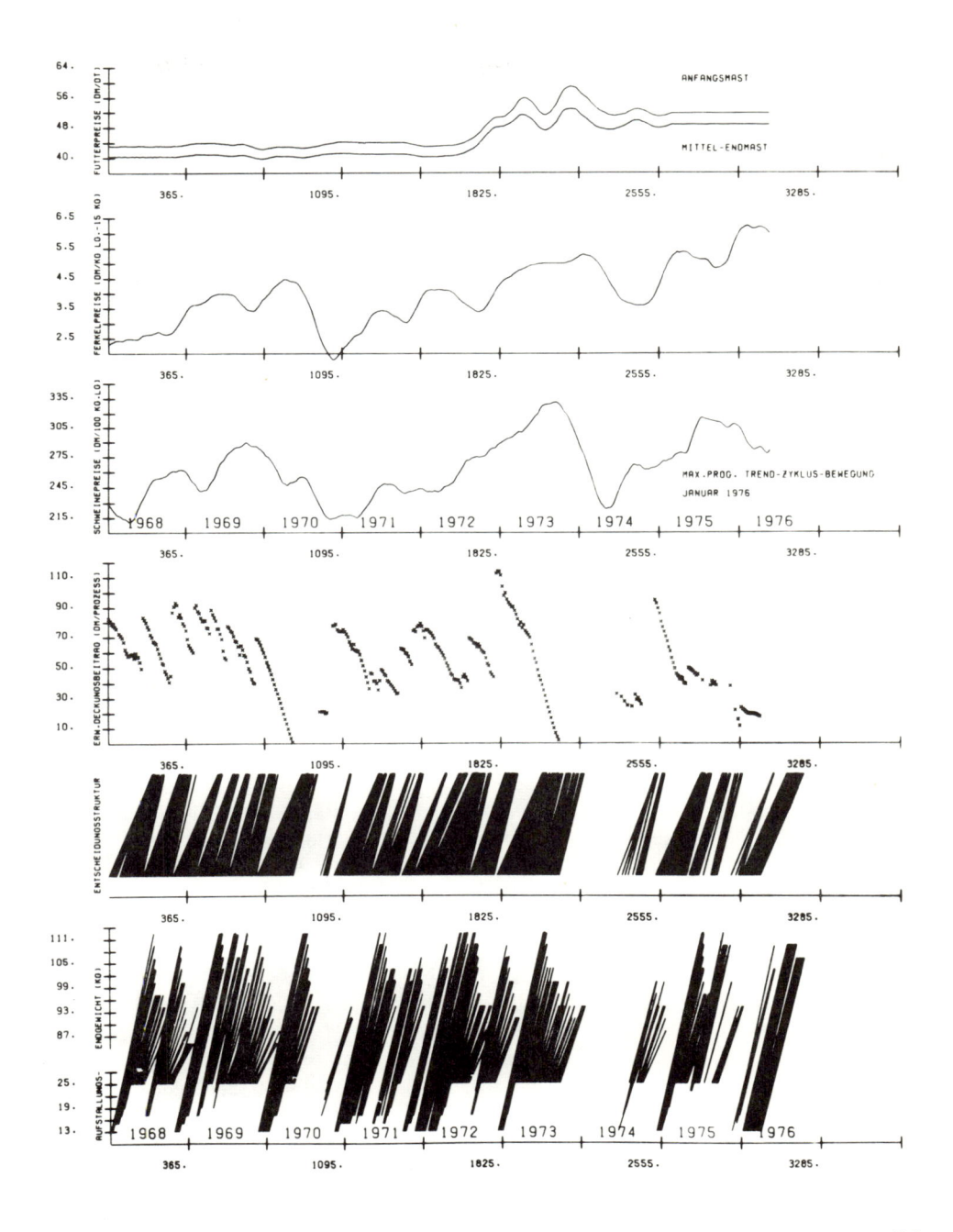

4.2 Interpretation der Ergebnisse

Hinsichtlich der Aufstallungs- und Verkaufszeitpunkte sind die in den Schaubildern wiedergegebenen Ergebnisse nochmals nach Monaten geordnet und tabellarisch ausgewiesen. Es zeigt sich, daß im Betrieb A bei optimaler Ersatzdisposition speziell in den Monaten Januar und Februar niedrige Anfangsgewichte bevorzugt werden. Die Ausnahme bilden die Jahre 1973 [1] und 1969. In beiden Jahren wird die preissenkende Wirkung der Saisonkomponente der Schweinepreise durch die Bewegung des Trend-Zyklus überkompensiert.

Die Verwendung geringer Anfangsgewichte zu den Jahresanfängen erlaubt es dem Betrieb A, die Verkaufszeitpunkte dieser Mast weitgehend in die Monate Juli-August zu verlagern, d.h., so zu disponieren, daß bei Verkauf der Tiere das saisonale Preistief bereits überwunden ist. Dies wird auch deutlich an den sehr hohen Endgewichten der im Juli und August verkauften Tiere. Im übrigen Jahresablauf werden bevorzugt schwere (25 kg) Ferkel zur Mast aufgestallt. In den Monaten Dezember 1973 bis März 1974 wird die Neuaufstallung nahezu unterbrochen, da die Schweinepreisentwicklung der Folgemonate, verbunden mit den relativ hohen Vorleistungen während des Jahreswechsels 1973/74 trotz bester Input/Outputrelation der Mast keine positiven Deckungsbeiträge ermöglicht. Sie wird erst im April 1974 mit relativ leichten Ferkeln wieder aufgenommen, nachdem auch bei den Ferkelpreisen eine Preissenkung eingetreten ist.

Betrachtet man die Übersicht der Verkaufszeitpunkte, so fällt auf, daß sich das Hauptangebot auf die Monate Juli bis Oktober konzentriert. Insbesondere im Juli sind relativ hohe Endgewichte zu verzeichnen, die Folge der Aufstallungsstrategie mit der Zielsetzung, Mai und Juni möglichst als Verkaufszeitpunkte auszulassen. Bis auf die Jahre 1972 und 1973, in denen die saisonale Abwärtsbewegung der Schweinepreise ausbleibt [2], wird der Mai als Verkaufszeitpunkt gemieden.

Betrachten wir nun die Ergebnisse des Betriebes B (Übersicht 3 und 4). Infolge der längeren Wachstumsdauer dieser Produktion erstrecken sich die Startzeitpunkte geringer Anfangsgewichte auch auf die Monate November-Dezember. Erst ab März werden in größerem Umfang schwere Tiere zur Mast aufgestallt. Der Schweinepreiseinbruch im Halbjahr 1970/71 führt bereits im Sommer 1970 zu einem Aufstallungsstop. Die Produktion wird aber bereits im Oktober 1970 wieder aufgenommen, weil die Ferkelpreise infolge der Überlagerung des saisonalen mit dem Trendzyklustief außergewöhnlich tief sinken.

Zu einem weiteren Aufstallungsstop kommt es im Oktober 1973. Zu diesem Zeitpunkt sind die Preise für Ferkel und Schweine noch ungewöhnlich hoch. Hier wird die Produktion erst im Juni 1974 aufgenommen, nachdem die Schweinepreise ihr saisonales und zyklisches Tief überwunden haben.

Wesentlich stärker als im Betrieb A werden hier die Monate März bis Juni als Verkaufszeitpunkte gemieden. Dafür fallen insbesondere im Juli besonders viele Tiere zur Schlachtung an. Das Endgewicht ist naturgemäß sehr hoch. Aber auch in den Monaten August, September und Dezember werden überproportional viele Tiere geschlachtet, wobei das Schlachtgewicht überwiegend bei etwa 100 kg lebend liegt. Eine Produktionseinschränkung, die ausschließlich auf zu hohe Ferkelpreise zurückzuführen ist, läßt sich nicht feststellen.

Aus dem Vergleich der Lösungen zu den Betrieben A und B wird bereits deutlich, daß unabhängig von der Produktivität der Betriebe folgendes, allgemein gültige Ergebnis abgeleitet werden kann:

---

1) Eine solche Entwicklung deutete sich bereits im Dezember 1972 aufgrund der Viehzählungsergebnisse an und fand entsprechend in den Marktberichten ihren Niederschlag. Vgl. dazu E. BÖCKENHOFF, 1974, S. 23 ff.

2) Der Vermarktungsstop im Juni 1972 ist darauf zurückzuführen, daß der Schweinepreis im Juli sehr stark ansteigt.

Übersicht 1: Optimale ex-post Aufstallungsstrategien

Zuwachsniveau: V = 1.
Verwertungsniveau: W = 1.

Anzahl, Startgewicht und Standardfehler für die täglich einmalige Entscheidung: starten - nicht starten

	Jan	Feb	Mar	Apr	Mai	Jun	Jul	Aug	Sep	Oct	Nov	Dec
1968	27 14.481 2.283	26 15.615 .923	31 19.645 2.404	30 24.733 .680	31 25.000 .000	30 25.000 .000	31 25.000 .000	31 25.000 .000	30 25.000 .000	31 25.000 .000	30 25.000 .000	30 21.000 5.215
1969	29 15.414 1.427	28 21.571 2.321	31 24.006 .591	30 25.000 .000	31 24.548 1.411	30 24.133 1.431	31 25.000 .000	31 25.000 .000	30 25.000 .000	31 25.000 .000	30 25.000 .000	31 23.065 4.414
1970	31 14.742 1.741	28 15.643 1.695	31 19.968 2.321	30 24.933 .359	31 24.613 .790	30 25.000 .000	31 18.368 4.158	18 18.444 1.978	22 23.000 1.907	30 23.933 .998	29 18.655 3.526	31 17.065 .353
1971	31 17.258 .670	28 16.429 1.294	31 18.548 1.881	30 20.600 2.332	31 24.806 .591	30 22.000 3.715	31 21.000 1.760	30 24.200 1.600	25.000 .000	30 17.800 3.370	29 17.483 1.793	30 20.548 2.861
1972	30 25.000 .000	21 13.571 .904	30 18.400 2.318	30 24.800 .600	31 25.000 .000	30 25.000 .000	31 25.000 .000	31 25.000 .000	30 25.000 .000	31 24.806 .591	30 24.933 .559	31 25.000 .000
1973	31 21.516 3.662	28 21.071 2.534	31 24.548 .978	30 25.000 .000	31 25.000 .000	30 25.000 .000	31 24.871 .491	31 25.000 .000	30 24.800 .600	31 24.935 .553	30 25.000 .000	31 25.000 .000
1974	4 13.000 .000	2 13.000 .000	4 13.000 .000	17 14.176 1.623	21 22.333 2.783	13 24.846 .533	22 23.182 2.622	24 21.583 3.581	22 21.182 2.480	28 24.857 .515	28 22.357 2.333	22 19.545 5.975
1975	25 13.240 .650	22 18.000 1.977	29 23.690 2.479	29 21.759 2.800	18 25.000 .000	26 25.000 .000						

Übersicht 2: Optimale ex-post Verkaufsstrategien

Zuwachsniveau: V = 1.
Verwertungsniveau: W = 1.

Anzahl, Verkaufsgewicht und Standardfehler bei täglich mehrfacher Entscheidungsmöglichkeit: weitermästen - verkaufen

	Jan	Feb	Mar	Apr	Mai	Jun	Jul	Aug	Sep	Oct	Nov	Dec
1968	0	0	0	0	0	13 110.612 1.885	96 108.912 4.604	26 95.545 2.996	21 103.984 2.452	40 105.423 2.004	29 96.651 2.505	35 100.960 2.899
1969	28 98.953 2.542	33 97.791 3.600	24 99.605 2.071	4 108.731 1.534	0	65 112.352 .345	35 110.544 1.745	52 105.791 5.107	2 97.277 .000	55 106.870 5.078	41 100.178 4.824	20 90.037 4.197
1970	27 106.886 3.326	31 99.645 2.399	36 94.355 3.613	2 100.225 .000	0	43 112.185 .807	67 109.290 2.724	30 102.347 1.660	49 97.612 3.298	2 91.282 .000	11 101.379 1.386	38 99.466 1.701
1971	28 97.442 1.327	18 98.333 1.430	0	42 104.689 1.622	23 105.688 1.747	19 107.002 1.826	46 109.993 2.164	61 106.342 2.900	27 96.276 2.427	6 106.188 .196	48 105.730 1.355	43 102.002 2.931
1972	11 96.732 1.708	0	37 108.643 2.982	60 107.900 2.920	18 104.416 1.429	0	33 112.240 .657	73 107.458 4.431	31 96.018 2.705	17 102.959 1.051	51 102.026 5.738	30 94.301 2.555
1973	3 112.351 .011	31 110.490 1.777	64 100.745 7.969	9 97.899 4.410	0	31 112.395 .077	55 109.791 3.483	33 102.261 3.040	32 108.320 3.357	41 96.437 4.825	36 92.599 3.926	16 104.216 1.393
1974	39 102.949 3.690	33 97.891 2.706	5 93.687 2.245	9 97.899 4.410	0	0	5 110.070 2.337	1 112.453 .000	50 104.424 2.520	19 94.249 5.012	25 104.658 1.956	0
1975	49 104.414 4.963	10 104.697 1.574	38 105.481 3.946	0	1 112.453	24 112.441 .052						

Übersicht 3: Optimale ex-post und exante Aufstallungsstrategien
Anzahl, Startgewicht und Standardfehler für die täglich
einmalige Entscheidung : starten - nicht starten

Zuwachsintensität: $V = 0,8$
Verwertungsintensität: $W = 1,2$

	Jan	Feb	Mar	Apr	Mai	Jun	Jul	Aug	Sep	Oct	Nov	Dec
1968	21 14.333 .943	22 17.000 1.206	31 22.742 2.314	30 25.000 .000	31 25.000 .000	30 18.667 2.970	31 23.387 1.995	31 25.000 .000	30 25.000 .000	30 23.800 3.600	30 13.467 .846	31 16.161 .987
1969	31 21.387 2.458	28 18.786 2.592	31 23.129 2.211	30 30.600 2.430	31 24.290 1.197	30 25.000 .000	31 25.000 .000	31 25.000 .000	30 25.000 .000	31 25.000 .000	30 21.800 5.307	31 13.000 .002
1970	31 14.677 1.614	28 18.143 1.245	31 24.484 .875	30 25.000 .000	14 25.000 .000	0 .000 .000	0 .000 .000	0 .000 .000	6 21.000 2.309	17 24.059 .998	11 13.000 .003	31 14.613 .790
1971	31 15.194 .591	29 17.071 .651	31 17.516 .875	30 30.267 1.982	31 18.806 4.351	30 17.000 .894	31 16.871 1.238	31 22.613 2.351	21 22.714 4.712	28 14.000 1.000	30 15.133 1.857	31 13.000 .002
1972	31 13.387 .790	28 13.000 .003	31 16.613 1.068	30 21.467 2.668	31 25.000 .000	30 25.000 .000	31 25.000 .000	31 20.161 3.163	30 24.600 .600	31 25.000 .000	30 25.000 .000	25 14.440 3.900
1973	31 15.903 1.593	28 22.357 2.271	31 25.000 .000	30 25.000 .000	31 25.000 .000	30 25.000 .000	31 25.000 .000	31 25.000 .000	30 25.000 .000	1 25.000 .000	0	0
1974	0	0	0	0	0	8 13.250 .661	13 18.251 1.476	18 24.000 1.915	21 25.000 .000	12 25.000 .000	0	21 13.000 .003
1975	30 15.733 1.896	28 22.071 2.590	31 25.000 .000	30 19.000 6.000	31 19.258 4.508	30 25.000 .000						

Hypothetische Optimalstrategie Version 1

Maximum d. Trend-Zyklus-Bewegung Juni 1976

	Jan	Feb	Mar	Apr	Mai	Jun	Jul	Aug	Sep	Oct	Nov	Dec
1975							12 25.000 .000	19 25.000 .000	15 25.000 .000	0	7 13.286 .700	13 16.846 2.537
1976	17.580 5.168	28 13.000 .003	31 13.000 .002	30 13.000 .003	31 13.000 .002	2 13.000 .000	29 25.000 .000	31 25.000 .000	30 25.000 .000	2 13.000 .000	22 13.000 .003	25 13.000 .003

Hypothetische Optimalstrategie Version 2

Maximum d. Trend-Zyklus-Bewegung Januar 1976

	Jan	Feb	Mar	Apr	Mai	Jun
1976	0	0	0	0	0	0

Übersicht 4: Optimale ex-post und ex-ante Verkaufsstrategien
Anzahl, Verkaufsgewicht und Standardfehler bei täglich
mehrfacher Entscheidungsmöglichkeit: weitermästen - verkaufen

Zuwachsniveau: V = 0,8
Verwertungsniveau: W = 1,2

	Jan	Feb	Mar	Apr	Mai	Jun	Jul	Aug	Sep	Oct	Nov	Dec
1968	0	0	0	0	0	0	59 106.176 3.408	51 98.412 3.331	30 92.927 3.073	0	13 107.241 2.215	91 100.077 6.760
1969	28 85.886 1.390	12 93.890 1.921	0	0	4 112.315 -.000	56 109.039 2.792	0	75 110.199 2.808	2 108.047 4.476	79 101.743 8.898	0	59 102.775 5.367
1970	30 95.629 2.636	33 87.908 3.048	7 86.765 1.522	0	0	9 112.315 .016	121 105.173 4.133	35 93.967 2.022	8 94.142 1.500	0	0	0
1971	4 92.607 1.431	19 91.805 1.286	0	0	0	35 110.261 1.443	58 106.328 3.640	76 101.086 3.157	3 94.146 .011	1 103.255 .000	43 102.182 1.791	71 101.873 2.693
1972	15 94.942 1.319	0	0	50 105.267 2.184	0	17 111.164 1.375	47 109.916 2.922	23 111.346 1.330	112 104.607 4.821	35 92.072 2.373	24 91.246 2.546	5 106.420 .046
1973	41 105.557 1.526	45 100.215 3.099	31 92.585 2.275	0	0	0	100 111.204 2.325	35 102.601 2.234	48 97.461 3.727	16 95.072 2.285	42 95.488 3.721	35 91.126 1.620
1974	20 94.741 1.525	0	0	0	0	0	0	0	0	0	0	44 97.561 2.537
1975	28 92.090 2.802	0	0	0	0	0						

Hypothetische Optimalstrategie Version 1
Maximum d. Trend-Zyklus-Bewegung Juni 1976

	Jan	Feb	Mar	Apr	Mai	Jun	Jul	Aug	Sep	Oct	Nov	Dec
1975							111 105.657 4.845	14 102.573 1.578	0	54 105.669 3.194	35 101.320 3.104	22 97.005 2.951
1976	11 93.506 2.798	0	0	0	0	28 105.017 5.216						

Hypothetische Optimalstrategie Version 2
Maximum d. Trend-Zyklus-Bewegung Januar 1976

	Jan	Feb	Mar	Apr	Mai	Jun	Jul	Aug	Sep	Oct	Nov	Dec
1975							109 108.699 4.133	28 97.445 .912	30 97.763 3.004	26 105.006 1.436	35 103.127 2.568	32 94.219 3.388
1976	32 95.062 3.290	0	0	2 100.333 .000	0	47 100.735 4.676						

Bleiben die saisonalen Schwankungen der Schweinepreise auch in Zukunft wirksam, so empfiehlt es sich, die Monate April bis Juni als Verkaufszeitpunkte für Schlachtschweine zu meiden. Dies wird erreicht, indem bis ca. Mitte November relativ schwere Ferkel zur Mast aufgestellt werden und diese bei Erreichen der Schlachtreife mit ca. 90 kg Lebendgewicht Ende März des folgenden Jahres verkauft werden. Im weiteren Verlauf des Monats November, sowie im Dezember und Januar sind möglichst leichte Ferkel zur Aufstallung zu verwenden. Diese Tiere sollten dann sehr stark ausgemästet werden (bis 110 kg), so daß ein Verkauf zum Schlachten erst während der folgenden Jahresmitte erfolgt.

4.3 Effizienz des Entscheidungsmodells

Es ist an dieser Stelle zu fragen, welchen monetären Vorteil eine flexible Ersatzpolitik gegenüber einer traditionellen Verfahrensweise erbringt.

Geht man davon aus, daß diese Betriebe A und B sich einer starren Aufstallungs- und Verkaufspolitik bedienen, wobei das Aufstallungsgewicht 15 kg, das Verkaufsgewicht 105 kg betragen mag und vergleicht man die Kapitalwerte der Produktion pro Mastplatz in der Zeit von Januar 1968 bis Juni 1975 miteinander, so ergeben sich folgende Werte:

	Betrieb A V=1 , W=1	Betrieb B V=0,8, W=1,2
flexible Politik	2065,92 DM	1030,15 DM
starre Politik	1738,53 DM	942,92 DM

Bei Betrieb B tritt eine etwa 10 %ige Steigerung ein, während der Betrieb A seinen Kapitalwert um nahezu 20 % erhöht. Pro Platz und Jahr entspricht dies einer Steigerung des Deckungsbeitrages von ca. 12 DM für B, bzw. 41 DM für A.

5 Bestimmung einer hypothetischen ex-ante-Strategie

Nachdem die Arbeitsweise des Modells für die einzelbetriebliche Entscheidungshilfe anhand der Vergangenheitsdaten demonstriert wurde, soll nun versucht werden, den deterministisch konzipierten Ansatz auch für die Ableitung zukünftiger Strategien zu verwenden. Der Ansatz arbeitet auf der Basis vollkommener Voraussicht der zukünftigen Preisentwicklung. Wie die Erfahrung zeigt, sind Preisprognosen in der Regel mit erheblichen Unsicherheiten belastet. Ist es jedoch möglich den Unsicherheitsbereich der zukünftigen Preisentwicklung durch einen entsprechenden Konfidenzbereich einzugrenzen, so können auch mit Hilfe des deterministischen Modells wertvolle Entscheidungshilfen abgeleitet werden. Eine solche Eingrenzung der Preisentwicklung mit anschließender Erstellung von ex-ante-Strategien soll im folgenden für den Betrieb B versucht werden.

5.1 Annahmen über die zukünftige Entwicklung der Ferkel- und Schweinepreise

Das CENSUS II x-11-Verfahren bietet saisonale Faktoren für die voraussichtliche Zyklusfigur des folgenden Jahres an. Die saisonalen Faktoren werden ermittelt nach der Formel:

$$S_{i,n+1} = S_{i,n} + 1/2(S_{i,n} - S_{i,n-1})$$

s = saisonaler Faktor
i = Jan ... Dez.
n = letztes Jahr der erfaßten Zeitreihe

Werden Annahmen hinsichtlich der vermutlichen Entwicklung des mittelfristigen Trend-Zyklus getroffen, so läßt sich durch multiplikative Verknüpfung der hypothetischen Trend-Zyklusfigur mit den saisonalen Faktoren eine hypothetische Preisentwicklung unter Berücksichtigung saisonal zu erwartender Einflüsse beschreiben. Der Entscheidung für eine hypothetische Trend-Zyklusfigur liegen folgende Plausibilitätsüberlegungen zugrunde.

1. Es ist zu erwarten, daß sich die Trend-Zyklusbewegungen der Vergangenheit weiterhin fortsetzen.
2. Es kann angenommen werden, daß die zu erwartende Trend-Zyklusfigur weitgehend mit Entwicklungen in der Vergangenheit verglichen werden kann.
3. Das vermutliche Ende der prosperierenden Preise wird früher eintreten als dies an den Trend-Zyklen der Vergangenheit beobachtet werden konnte. Hierfür sind folgende Gründe maßgebend:
    a) Die Abwärtsbewegung der Schweinepreise im Jahr 1974 wurde durch eine kräftige Nachfragebelebung des Marktes abgefangen.
    b) Das erwartete Überangebot an Ferkeln wurde nicht allein durch geänderte Dispositionen der Ferkelerzeuger, sondern auch durch eine Reduktion in der Zahl der aufgezogenen Ferkel pro Sau korrigiert. Hierfür waren die Verknappung von Eiweißfuttermitteln und im gewissen Umfang Auswirkungen der Energiekrise 1973/74 verantwortlich.

Insofern wird als hypothetische Figur der Schweinepreisentwicklung für den zukünftigen Trend-Zyklus die Entwicklung der Jahre 1969/70 zugrundegelegt. Die auftretenden Preisniveauunterschiede gegenüber der Entwicklung im Juni 1975 werden durch entsprechende Ordinatenverschiebung ausgeglichen. Um Alternativen für die zukünftige Preisentwicklung zu erhalten, wird eine Verschiebung der Figur auf der Zeitachse und eine entsprechende Verknüpfung mit einem 13-Wochen-gleitenden Durchschnitt der Ursprungszeitreihen dergestalt vorgenommen, daß das Maximum des Trend-Zyklus in der ersten Version im Juli 1976, in der zweiten Version im Januar 1976 erreicht ist. Auf diese Weise entsteht ein Konfidenzbereich möglicher Preisentwicklungen, dessen Obergrenze eine optimistische und dessen Untergrenze eine pessimistische Preiserwartung kennzeichnet. Die mit der ausgeglichenen Zeitreihe verknüpften Figuren werden mit den Faktoren der durch das Verfahren CENSUS x-11 ermittelten erwarteten Saisonfigur gewichtet.
Für die Futtermittelpreise und die Zinsentwicklung werden die Ende Juni 1975 am Markt beobachteten Werte übernommen.

Lassen sich in den Lösungen zu beiden Erwartungen Übereinstimmungen hinsichtlich der optimalen Produktionsstrategie ermitteln, so dürften diese auch für alle Preisentwicklungen innerhalb des beschriebenen Erwartungsraumes gelten.

5.2 Hypothetische Strategien für die Aufstallung von Ferkeln und den Verkauf von Schweinen bis Juni 1976

Aus technischen Gründen und letzlich auch aus der Überlegung den Ergebnissen aus der ex-ante-Analyse nicht den Wert allgemeiner Gültigkeit beizumessen, ist die Verknüpfung der Zeitreihen mit der hypothetischen Entwicklung in ihrer unbefriedigenden Form für die Prognose der Preisentwicklung belassen worden [1]. An dieser Stelle sollte die Marktforschung ansetzen, um abgesicherte Konfidenzbereiche für die zukünftige Entwicklung der Preise bereitzustellen.

Geht man jedoch davon aus, daß die hypothetische Preisentwicklung der folgenden neun Monate plausibel erscheint, so können folgende Ergebnisse abgeleitet werden: Unter der Bedingung, daß ein zu beratender Betrieb mit den technischen Koeffizienten und der Kostenstruktur des Betriebes B arbeitet, und daß von der Trend-Zyklusentwicklung erst im folgenden Sommer preissenkende Einflüsse wirksam werden, kann diesem Betrieb empfohlen werden, seine Aufstallung ab November 1975 mit sehr leichten Ferkeln vorzunehmen. Diese Tiere sollten möglichst stark ausgemästet werden, so daß eine Marktbeschickung erst im Juni des Jahres 1976 erfolgt.
In jedem Fall sollte die Vermarktung in den Monaten April bis Mitte Juni vermieden werden. Tritt jedoch die Richtungsänderung der Trend-Zyklusentwicklung mit negativer Preiswirkung be-

---

[1] Siehe Schaubilder 2 und 3 "Ferkelpreise" und "Schweinepreise" ab Mitte 1975.

reits zu Anfang des Jahres 1976 ein, so sollte ab Januar des folgenden Jahres ein zwischenzeitlicher Stop der Ferkelaufstallung erwogen werden. In diesem Fall würden sich die preissenkenden Einflüsse der saisonalen wie auch der Trend-Zyklusbewegung derart überlagern, daß mit positiven Deckungsbeiträgen in der Jahresmitte nicht gerechnet werden kann. Hierzu ist jedoch zu sagen, daß im Januar 1976 eine neuerliche Analyse vorgenommen werden könnte. Es könnten dann Preishypothesen verwendet werden, die die Ergebnisse der Dezemberzählung mit berücksichtigen und mit deren Hilfe man eher in der Lage wäre, die Produktionschancen des Betriebes B zu kalkulieren.

Zusammenfassung

1. Es ist damit zu rechnen, daß weiterhin zyklische wie auch saisonale Schwankungen der Ferkel- und Schweinepreise existieren.

2. Seitens des einzelnen Produzenten bestehen gute Möglichkeiten, durch geschickte Disposition der Anfangs- und Endgewichte, die negativen Effekte zu meiden und die positiven zu nutzen.

3. Produktivitätsniveauunterschiede ändern nichts an den charakteristischen, hier abgeleiteten Empfehlungen zur saisonalen Anpassung.

4. Gelingt die Eingrenzung der zukünftigen Preisentwicklung, so ist das Modell geeignet, die zukünftige optimale Strategie unter Berücksichtigung individueller Betriebskoeffizienten zu beschreiben.

5. Wirkungen auf saisonale und trend-zyklische Preisbewegungen sind nur zu erwarten, wenn eine nennenswerte Anzahl von Produzenten solchen Empfehlungen folgt. Aufgrund der Beobachtungen in der Vergangenheit kann mit einer Veränderung der Produzentendispositionen in Richtung auf optimale saisonale Anpassung nicht gerechnet werden. Damit dürften die saisonalen Preisfiguren auch in Zukunft stabil bleiben.

Schlußbemerkung: Es ist zu fragen, ob eine Nivellierung der zyklischen Schwankungen wünschenswert ist? Als Folge einer solchen Glättung würde sich der Wettbewerb zwischen den Mästern verschärfen und die Produktion würde sich vermehrt in den gewerblichen Sektor verlagern. Dies würde vermutlich erhebliche negative Einkommenswirkungen auf den Sektor Landwirtschaft nach sich ziehen.

Literatur

1 BELLMAN, R.: Dynamic Programming, Princeton, N.J. 1957.

2 BUDDE, H.J.: Optimale Anpassung der Schweineproduktion an zyklische und saisonale Preisbewegungen,"Agrarwirtschaft", SH. 57, Hannover 1974.

3 KUNZI, P.H.; O. MÜLLER und E. NIEVERGELT: Einführungskurs in die dynamische Programmierung, Nr. 6 der Lecture Notes in: Operations Research and Mathematical Economics, Berlin-Heidelberg-New York 1968.

4 BÖCKENHOFF, E.: Vorausschau auf den Schweinemarkt in: "Agrarwirtschaft", Jg. 23 (1974), H. 6.

5 SHISKIN, J.: The X-11 variant of the Ensus Method II seasonal adjusted Program. U.S. Department of Commerce, Bureau of the Census, Technical Paper No. 15, Washington D.C. 1965.

6 Schweinezyklus soll abgeschwächt werden. In: BMELF-Informationen 1975, Nr. 4 Hrsg.: Bundesministerium für Ernährung, Landwirtschaft und Forsten, Bonn.

7 Hannoversche Land- und Forstwirtschaftliche Zeitung, Jg. 121, Nr. 1, bis Jg. 128, Nr. 27.

METHODIK ZUR OPTIMALEN ANPASSUNG VON PRODUKTIONS-ABLÄUFEN DER RINDERMAST BEI UNSICHERER ERWARTUNG

von

Götz Gaschütz und Claus H. Thamling, Kiel

1	Vorbemerkung	493
2	Formulierung des Modells	493
3	Ergebnisse	495
4	Variation der Ausgangsdaten	498

1 Vorbemerkung

In Anbetracht der zunehmenden Bedeutung des landwirtschaftlichen Produktionszweiges der Rindermast hat diese Arbeit zum Ziel, dem Betriebsleiter eine Entscheidungshilfe für die Ermittlung optimaler Mastabläufe zu geben.

Die Komplexität der optimalen Planung von Mastverfahren ist bestimmt durch die starke Abhängigkeit des Produktionsprozesses von betriebsexternen Faktoren (Fleisch-, Magervieh-, Kälber und Kraftfutterpreise etc.), betriebsinternen Faktoren (Nutzungskosten für Stallplatz, Arbeit und betriebseigenes Futter etc.) sowie durch die Entscheidung des Betriebsleiters über Futterzuteilung und Wahl der Verkaufszeitpunkte.

2 Formulierung des Modells

Das hier vorgestellte Modell geht von einer fest vorgegebenen "Planungsperiode" aus, in der der zu betrachtende Betrieb den Produktionszweig Rindermast durchzuführen gedenkt. Dieser Zeitraum wird in T aufeinanderfolgende "Planungsintervalle" unterteilt, die als Perioden relativ gleichbleibender Faktorausstattung und -preise gekennzeichnet sind. In diesen Intervallen werden für Tiere aller Gewichts- und Altersklassen "Mastabschnitte" ermittelt, die unterschiedliche ökonomische Verhaltensweisen des Betriebsleiters darstellen. Die Information über jeden Mastabschnitt beinhaltet daher entweder eine Futtermischung, mit der ein Tier im laufenden Intervall gefüttert werden kann (damit ergibt sich eine tägliche Zuwachsrate), oder die Anweisung, das Tier zu Beginn des Intervalls zu verkaufen und damit den Stall zu räumen (s. Abb. 1). Im letzten Fall wären die Alternativen zu prüfen, den Stall leerstehen zu lassen oder ein anderes Tier zuzukaufen.

Zur Ermittlung einer optimalen Folge von Mastabschnitten wurde der Produktionszweig Rindermast als mathematischer Prozeß aufgefaßt, dessen Zustände durch Zeitpunkt, Gewicht und Alter des Tieres definiert sind. Zusätzlich werden noch die Zustände, die dem leeren Stall entsprechen, berücksichtigt. Jedes Mastverfahren ist dann durch einen Weg zeitlich aufeinanderfolgender Zustände beschrieben, wobei die Zustände den wirtschaftlichen und produktionstechnischen Ablauf erklären (s. Abb. 1).

Zur Ermittlung optimaler Mastverfahren werden dann die günstigsten Leistungs-Kostendifferenzen als Deckungsbeiträge (DB) ermittelt, in denen auch kalkulatorische Kosten berücksichtigt werden können. Diese Werte (DB) werden rekursiv vom letzten Planungsintervall ausgehend nach folgenden Formeln berechnet:

$$DB(G,A,t) = \begin{cases} VP(G,A,T) \text{ im letzten Planungsintervall (für } t = T) \\ \max_r \left[DB(G+rd_t, A+d_t, t+1) - K(G,A,r,t) \right] \quad \text{(für } t \neq T) \end{cases}$$

$DB(G,A,t)$ = Deckungsbeitrag eines Tieres vom Gewicht G, Alter A im Intervall t
$VP(G,A,t)$ = Verkaufspreis eines Tieres vom Gewicht G, Alter A, im Intervall t
$K(G,A,r,t)$ = Kosten der Mast für ein Tier vom Gewicht G, Alter A, täglicher Zuwachsrate r im Intervall t
d_t = Länge des Planungsintervalles t

Diese Werte werden mit Hilfe eines diskreten dynamischen Programms für alle Planungsintervalle i ausgehend vom Ende der Planungsperiode berechnet.

Damit erhält man für jeden Zustand (G,A,t) einen optimalen Pfad von Mastabschnitten bis zum Ende der Planungsperiode.

Läßt man zusätzlich die Möglichkeit des Zukaufs von Tieren während des gesamten Planungsintervalles offen, so kann ein Zustand (0,0,t) definiert werden, der für die Alternative "leerer Stall" steht. Mit Kenntnis des "Einkaufspreises" (EP(G,A,t)) ergibt sich:

$DB(0,0,t)$ = max $\left[DB(G,A,t) - EP(G,A,t) \right]$
und
$DB^*(G,A,t)$ = max $\left[DB(G,A,t), VP(G,A,t) + DB(0,0,t) \right]$

Auf diese Weise erhält man zusätzlich die Alternative, Rinder nur kurzfristig zu mästen und während der Planungsperiode Tiere zu verkaufen und einzukaufen.

Abbildung 1 enthält eine vereinfachte Darstellung des Planungsablaufes.

Im ersten Schritt sind die möglichen Verkaufserlöse zu Ende der vorgegebenen Planungsperiode bekannt. Als nächstes werden die Alternativen des vorgelagerten Planungsintervalles berechnet. Dabei ergibt sich für das letzte Planungsintervall ein optimaler Mastablauf.

Durch Wiederholung dieses Rechenganges bearbeitet das Programm schrittweise alle vorgelagerten Planungsintervalle bis zum Beginn der Planungsperiode.

Nach Abbildung 1 sind beispielsweise folgende Alternativen des Mastablaufes denkbar:
1.1 "Weitermästen" eines vorhandenen Tieres
1.2 "Verkauf" eines vorhandenen Tieres
Im Falle 1.1 "Weitermästen" werden alle Alternativen der Zunahme geprüft.
Im Falle 1.2 "Verkauf" entstehen die Alternativen
2.1 "Zukauf"
2.2 "Leerer Stall"
Die Alternative 2.2 "Leerer Stall" beinhaltet ein Leerstehenlassen über das Planungsintervall. Beim "Zukauf" nach 2.1 können beliebige am Markt erhältliche Anfangsgewichte einbezogen werden.
Beim Fortschreiten durch alle Planungsintervalle wird die Planungsperiode insgesamt erfaßt.

Abbildung 1: Schematische Darstellung des Planungsablaufs

Zustände in Planungsintervall

t   t+1   T

(600 kg, 27 Mon.)   (600 kg, 27 Mon.) ....
(600 kg, 24 Mon.)   (600 kg, 24 Mon.) ....

Weitermästen (1.1)
(G, A, t+1) .... (G, A, T)
(G, A, t)
Verkauf (1.2)

(130 kg, 5 Mon.)   (140 kg, 5 Mon.) ....
(130 kg, 4 Mon.)   (130 kg, 5 Mon.) ....
                     Zukauf (2.1)   (130 kg, 4 Mon.) ....
Leerer Stall   Leerstehen lassen (2.2)

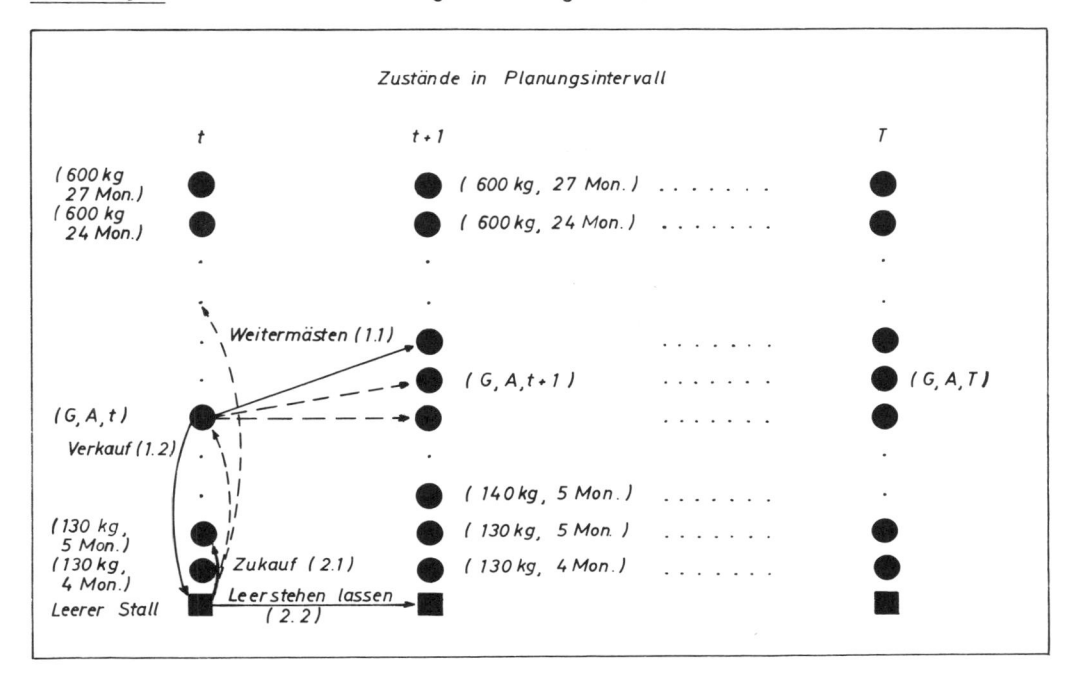

3 Ergebnisse

Der Ergebnisausdruck zeigt die für den Mäster relevanten Entscheidungsdaten (s. Auszug in Tabelle 1).

Die zeichnerische Darstellung des Ergebnisausdruckes einer Bullenmast (ohne Zukaufsmöglichkeit von Magervieh - s. Abb. 2) zeigt für Tiere jeden Gewichtes bei unterschiedlichen Altersstufen die optimalen Verläufe der Mastabschnitte.

Nach Abbildung 2 würde der Entscheidungsträger beispielsweise bei Mastbeginn mit einem Tränkkalb (4 Monate, 130 kg) den stark markierten Mastablauf verfolgen. Nach einem Jahr erreicht der Bulle ein Gewicht von ca. 500 kg. Bei Fortsetzung der Mast wird der weitere Ablauf im neuen Jahr auf der linken Seite mit 500 kg beginnend fortgeführt, vorausgesetzt, die jahreszeitlich vorgegebenen Bedingungen bleiben unverändert.

Gleichermaßen kann anhand des Ergebnisausdruckes die Mast mit jedem beliebigen Anfangsgewicht begonnen werden.

Abbildung 3 vertieft diese Entscheidungsmöglichkeit durch Einbeziehung des "Leeren Stalles" sowie des "Verkaufes" und "Zukaufes" von Tieren unterschiedlichen Gewichtes entsprechend den Marktmöglichkeiten.

Zur Berechnung von $K(G, A, r, t)$ wird ein kleines Futtermittel-Misch-Programm mit Hilfe linearer Optimierung berechnet, welches von den vorhandenen Futtermitteln als Aktivitäten ausgeht. Als Restriktionen ergeben sich die physiologischen Bedingungen des Masttieres in Abhängigkeit vom Gewicht, Alter und der täglichen Zunahme- hier: TS-Aufnahmevermögen, Stärkewertbedarf, Eiweißbedarf, strukturierter Rohfaserbedarf. Damit erhält man als Ergebnis eine kostenminimale Futterkombination. Zusätzlich werden in $K(G, A, r, t)$ noch weitere nichtvariable Spezialkosten wie Aufwendungen für Tierarzt und Stallplatz und Nutzungskosten berücksichtigt.

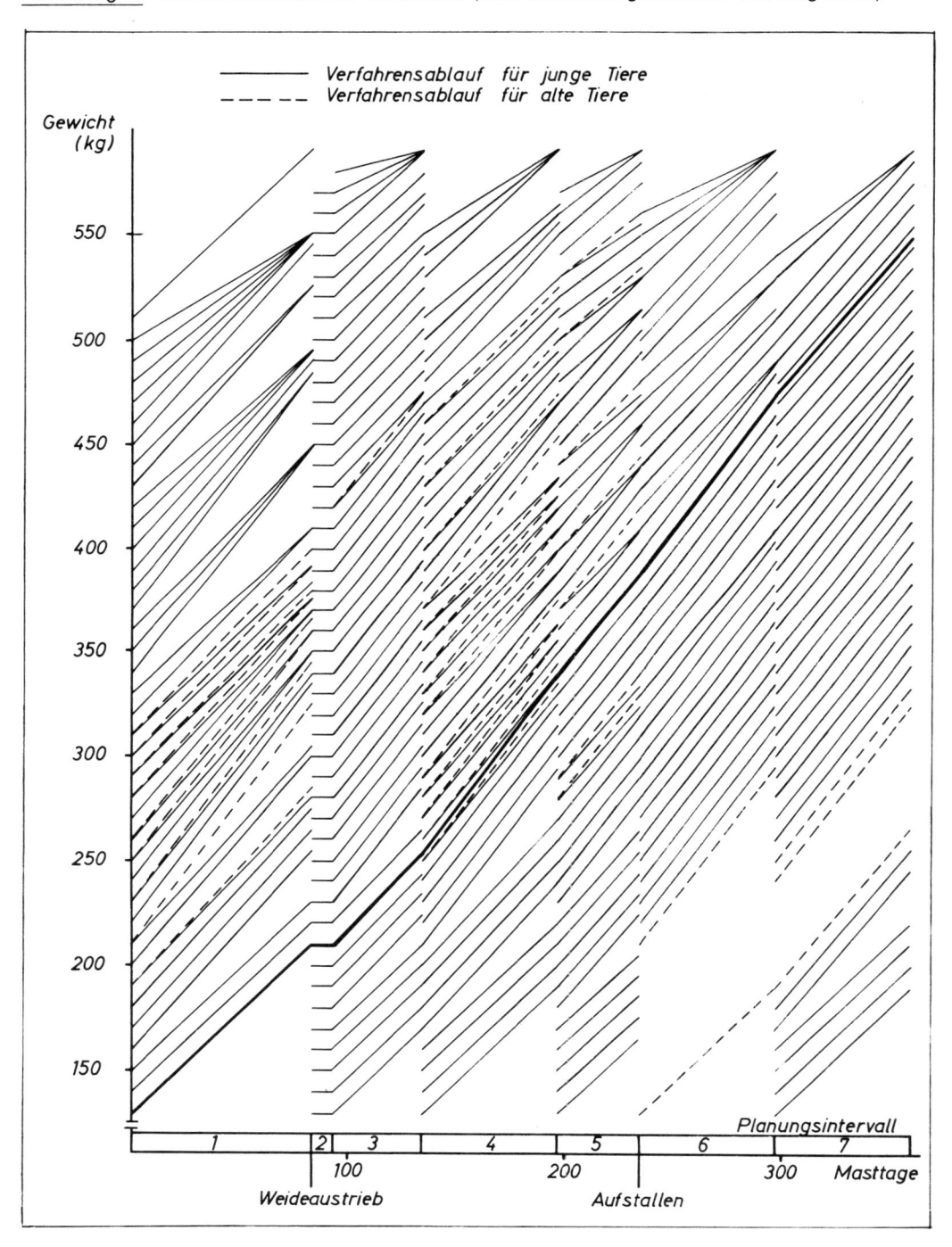

Abbildung 2: Verfahrensabläufe der Bullenmast (ohne Zukaufsmöglichkeiten von Magervieh)

Abbildung 3: Verfahrensabläufe der Bullenmast (mit Zukaufsmöglichkeit von Magervieh)

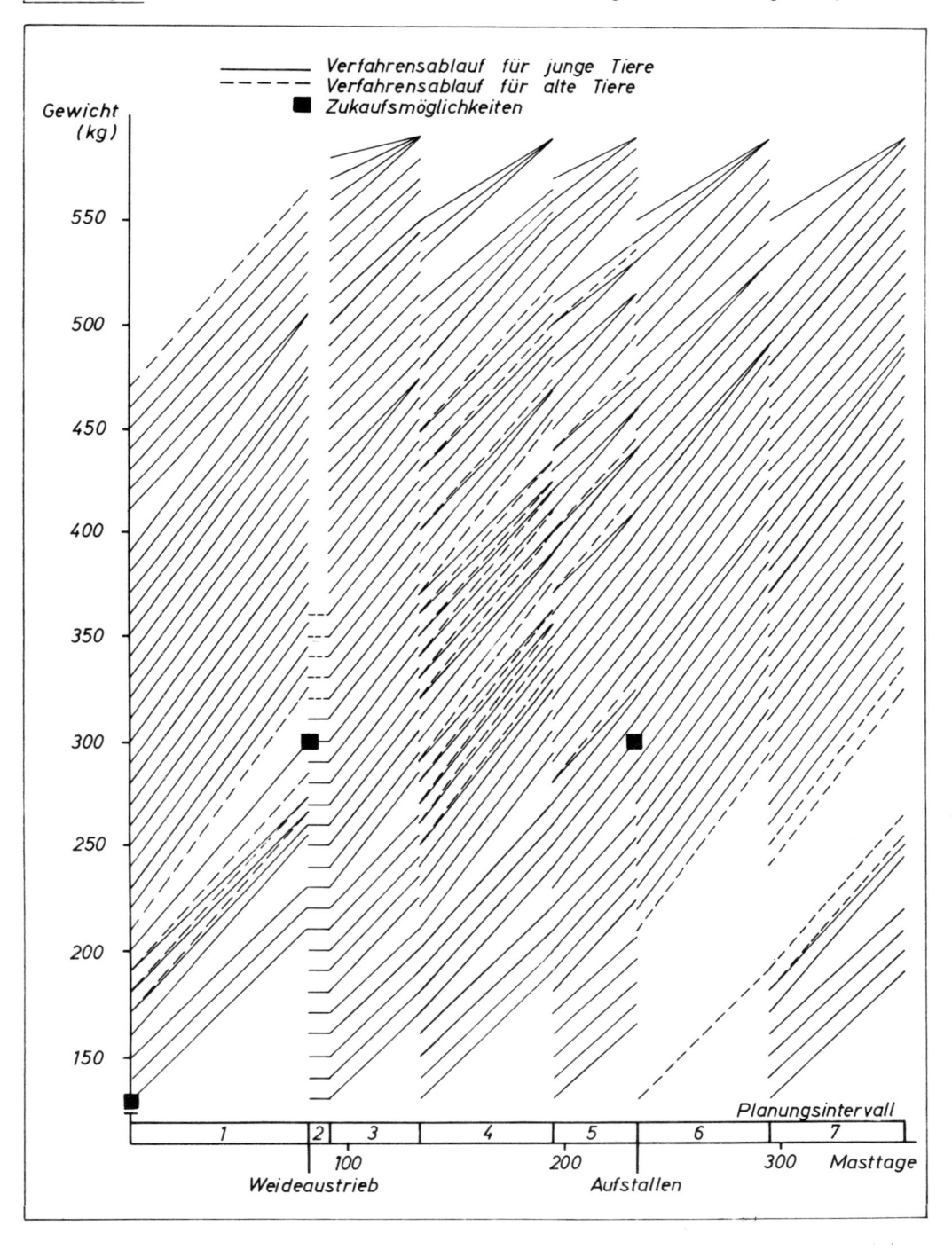

Tabelle 1: Futtermittelration "junger" und "alter" Tiere in Mastabschnitt 5 und 6 der Abbildung 2

		Mastabschnitt 5		Mastabschnitt 6	
Mastabschnittsdauer	(Tage)	62		39	
Masttier		"Jung"	"Alt"	"Jung"	"Alt"
Periodengewicht					
- Anfang	(kg)	210		250	
- Ende	(kg)	250	255	———	320
Tageszunahme	(g)	1.030	1.150	verkaufen	1.280
Rindfleischpreis	(DM/kg)	3,77	3.77	3.75	3.75
Kosten	(DM/kg)	1.44	1.16	———	2.59
Kosten	(DM/Tag)	1.48	1.33	———	3.55
Deckungsbeitrag	(DM)	131	163	58	69
Tagesration					
- Kraftfutter	(kg)	1.2	0.6	———	0.6
- Weidegras	(kg)	25.9	34.5	———	———
- Maissilage	(kg)	—	—	———	6.5
- ZR-Bl.-Silage	(kg)	—	—	———	32.2
- Heu	(kg)	—	—	———	0.2
Deckungsbeitrag "leerer Stall"	DM	58		58	

Das günstigste Mastverfahren kann deshalb in Bezug auf alle knappen Ressourcen eine optimale Verwertung garantieren.

Somit ist es möglich, das Planungsverfahren in ein gesamtbetriebliches Modell zu integrieren. Man verwendet dabei die im Betrieb durch die Grenzprodukte ermittelten Preise und Kosten nunmehr zur Bestimmung der optimalen Mastverfahren und läßt diese wieder als Rindermastaktivitäten in das Betriebsmodell einfließen.

4 Variation der Ausgangsdaten

Das Modell geht von einem Zustand vollkommener Information für die gesamte Planungsperiode aus. Es ist jedoch ohne weiteres möglich, auch stochastische Daten für Preise und Kosten zu verwenden, sofern die Verteilungen dieser Werte bekannt sind.

Weiterhin kann man mit Hilfe des Modells der Frage nachgehen, wie sich der Verfahrensablauf ändert, wenn plötzlich kurzfristige Störungen auftreten.

Für diesen Fall gewinnen die bisher nicht verwendeten Verfahrensabläufe als Korrektur-Alternativen an Bedeutung. Folgende Situationen sind denkbar:

1. Das vorhandene Tier weicht in den tatsächlichen von den kalkulatorisch angestrebten Zunahmen ab (z.B. Auseinanderwachsen einer Gruppe von Tieren).
   Der danach neue optimale Verfahrensablauf ist durch die Richtung der eingezeichneten Verfahrensabschnitte festgelegt.

2. Das Modell gibt eine feste Folge von Zuständen an, die der Produktionszweig Rindermast sukzessive durchlaufen soll (z.B. Stall voll oder leer, Mast von leichten oder schweren Tieren, Fütterung auf hohe oder niedrige Zunahme, etc.).

    2.1 Es besteht jedoch die Möglichkeit, daß z.B. unerwartet Magertiere zu einem günstigen Preis erhältlich sind. Soll dann der ursprünglich geplante Mastablauf weiterhin durchgeführt oder ein entsprechender Wechsel vorgenommen werden?

    2.2 Für die im Betrieb vorhandenen Tiere würde im Moment ein höherer Preis, als ursprünglich erwartet, erzielt. Hier ist zu entscheiden, ob unter Einbeziehung der dann verbleibenden Alternativen (leerer Stall bzw. Zukauf eines neuen Tieres) das augenblickliche Masttier verkauft werden soll oder nicht.

Für beide Fälle kann mit Hilfe von Tabelle 1 der Weg zu einer Antwort aufgezeigt werden.

Für alle Planungsintervalle (siehe Abbildung 2 und 3) liegen im Ergebnisausdruck des Programms Informationen vor, wie sie in Tabelle 1 wiedergegeben werden. Dort sind für einzelne Mastabschnitte die Futterrationen, die tägliche Zunahme, Deckungsbeiträge etc. ausgewiesen. Tabelle 1 enthält diese Werte für die Mastabschnitte 5 und 6 eines Verfahrensablaufes aus Abbildung 3. Durch Vergleich des zu korrigierenden Deckungsbeitrages mit den möglichen Alternativen kann entschieden werden, ob der günstige Magerviehzukauf oder der höhere Verkaufspreis die augenblickliche Taktik beeinflussen.

Im Gegensatz zu den erwähnten temporären Störungen sind Mißernten bzw. Rekordernten nicht plötzlich auftretende Situationen, sondern nach Ablauf eines Beobachtungszeitraumes nach Wahrscheinlichkeitskriterien mittelfristig zu erwarten. Dann ist die ursprüngliche Prognose zu überarbeiten und mit einem neuen Ergebnis zu rechnen.

Literatur

1 BECKMANN, M.J.: Dynamic Programming of Economic Decisions. Berlin, 1968.

2 BURGSTALLER, G.: Rationsgestaltung im Mastbullenstall. Tierzüchter, H. 20, Hannover, 1971.

3 DAENICKE, R.: Hinweise für die Bullenmast mit Zuckerrübenblattsilage. Tierzüchter, H.10, Hannover, 1973.

4 FARRIES, E.: Zum Nährwert von Weidegras in unterschiedlichen Vegetationsstadien. Das wirtschaftseigene Futter, Bd. 12, H. 2, 1966.

5 HUTH, F.W.: Zur Frage der Nährstoffversorgung und Gewichtsentwicklung bei Jungbullenmast. Tierzüchter, H. 6, Hannover, 1970.

6 DERS.: Zur Frage des Wachstums beim Rind. Züchtungskunde, Bd. 40, H. 3, 1968.

7 KAUFMANN, W.: Hohe Leistungen von Milchkühen und Mastrindern erfordern beste Futterqualität und richtige Rationsgestaltung. Archiv der DLG, Bd. 43, Frankfurt/M., 1968.

8 KAUFMANN, W.; D. HELLER: Bullenmast - Grundlagen und praktische Fütterung. Hrsg.: "Ausschuß Futter und Fütterung" der Landwirtschaftskammer Schleswig-Holstein, Kiel, 1972.

9 KÜTHER, K.H.: Optimaler Kraftfuttereinsatz in der Stallendmast von Bullen bei verschiedenen Wirtschaftsfuttermitteln. Diss., Kiel, 1972.

10 ROHR, K.: Neue Gesichtspunkte für die Festlegung von Nährstoffbedarfsnormen bei der Bullenmast. Tierzüchter, H. 10, Hannover, 1973.

11 RAUE, F.: Ein Beitrag zur Frage des Wachstumsausgleichs in der Rindermast. Diss., Kiel, 1975.

12 THAMLING, C.H.: Systemanalyse der Produktionsabläufe der Rindermast unter betriebsspezifischen Datenannahmen. Diss., Kiel, 1974.

SIMULATIONSMODELL ZUR ENTWICKLUNG UND ZUM TEST VON
INSTRUMENTEN ZUR STEUERUNG VON SCHWEINEPRODUKTIONSSYSTEMEN
BEI UNSICHEREN PRODUKT- UND PRODUKTIONSMITTELPREISERWARTUNGEN

von

Friedrich Kuhlmann und Joachim Kurz, Giessen

1	Zur Fragestellung	502
2	Zur Methodik	504
2.1	Das Modellproduktionssystem	504
2.2	Aufbau und Arbeitsweise des Simulationsmodells	504
3	Anwendung des Simulationsmodells für die Frage des optimalen Verkaufszeitpunktes von Schlachtschweinen	505
3.1	Eingrenzung des Handlungsfeldes	505
3.2	Verfahren der Preiseinschätzung	508
3.2.1	Schweinemast ohne Berücksichtigung des Verkaufspreises	508
3.2.2	"Zukunftspreis gleich Gegenwartspreis"	508
3.2.3	Die Preisprognose mit dem linearen Filter	508
3.2.4	Preisprognose mit dem Verfahren von WINTERS	508
3.2.5	Preisprognose mit dem Verfahren von HARRISON	509
3.3	Die verwendeten heuristischen Entscheidungsroutinen	509
3.3.1	Die Entscheidungsroutine bei Nichtberücksichtigung des Verkaufspreises	509
3.3.2	Die Entscheidungsroutine "Zukunftspreis gleich Gegenwartspreis"	509
3.3.3	Die Entscheidungsroutine "Zukunftspreis größer Gegenwartspreis"	512
3.3.4	Eine allgemeinere Entscheidungsroutine	512
3.4	Rechnungen und Ergebnisse	512
3.4.1	Zur Versuchsanstellung	512
3.4.2	Zur Messung der relativen Vorzüglichkeit der Prognoseverfahren und Entscheidungsroutinen	515
3.4.3	Ergebnisse der Rechnungen	515
3.5	Schlußbemerkung	517
4	Zusammenfassung	518

1 Zur Fragestellung

Bei der Schlachtschweineerzeugung ergeben sich wichtige Fragen der laufenden Produktions- und Bestandssteuerung dadurch, daß die Preise der wesentlichen Inputs und Outputs im Zeitablauf größeren Schwankungen unterliegen. Aus dieser Tatsache wächst das bekannte Bestreben, Futter und Ferkel als Inputs möglichst dann zu beschaffen, wenn die Preise relativ niedrig sind, und Ferkel und Schlachtschweine als Outputs möglichst dann abzusetzen, wenn die Preise relativ hoch sind.

Da der Produktionsprozeß für Schweine über einen längeren Zeitraum läuft und der einmal begonnene Prozeß kaum abgebrochen und nur innerhalb bestimmter Grenzen verlängert oder verkürzt werden kann, müßten Faktor- und Produktpreise über gewisse Zeiträume vorher bestimmt werden können, damit sich die angedeutete Absatz- und Beschaffungspolitik erfolgreich in die Tat umsetzen läßt (vgl. 4, 7, 11, 18, 24).

Leider kann der Mensch nicht in die Zukunft blicken. Auch Preise für Produkte und Produktionsmittel lassen sich daher nicht sicher vorhersagen. Man kann jedoch versuchen, durch die Anwendung von Prognoseverfahren und Entscheidungsregeln, die vergangene Erfahrungen systematisch berücksichtigen, die Gefahr von Fehlentscheidungen zu senken. Entscheidet sich der Landwirt weniger falsch, so steigt dadurch c.p. die Wirtschaftlichkeit seines Produktionssystems.

In den letzten Jahren wurde eine ganze Reihe von Vorschätzungsverfahren entwickelt, die auch für das hier anstehende Problem grundsätzlich geeignet erscheinen (vgl. etwa 6, 12, 13, 21, 22, 25). Außerdem bemüht man sich um die Entwicklung der zugehörigen sogenannten heuristischen Entscheidungsroutinen (vgl. 2, 14, 16, 19, 23).

Zur Bestimmung der Effizienz dieser Verfahren und zur Auswahl der zweckmäßigsten Alternativen braucht man jedoch eine Testmöglichkeit. Da Tests über längere Zeiträume in wirklichen Schweineproduktionsunternehmen außerordentlich teuer und zeitraubend sind, benötigt man einen Prüfstand, der in kurzer Zeit bei geringeren Kosten die gleichen Ergebnisse liefern kann.

Als geeignete Prüfstände für ökonomische Tests haben computerisierte Simulationsmodelle seit einiger Zeit Bedeutung erlangt. Sie dienen als betriebswirtschaftliche Laboratorien (3, 7, 9, 15, 16, 17).

Der vorliegende Beitrag baut auf der Annahme auf, daß ein dynamisches Simulationsmodell eines Schweineproduktionssystems als Hilfsmittel zur Entwicklung und zum Test von Vorschätzungsverfahren und Entscheidungsroutinen für das laufende Management von Schweineproduktionssystemen geeignet ist. Die Fragestellung lautet daher:

Läßt sich die relative Zweckmäßigkeit von Vorschätzungs- und Entscheidungsverfahren anhand eines dynamischen Simulationsmodells testen und wenn ja, wie stellt sich die relative Vorzüglichkeit der möglichen Alternativen im Hinblick auf die damit erzielbare Rentabilitätssteigerung des Produktionssystems dar?

Zur Beantwortung dieser Frage bietet sich folgender Aufbau des Beitrages an:

Zunächst wird das Modell-Produktionssystem dargestellt, welches dem Simulationsmodell unterliegt. Danach werden einige Eigenheiten des Simulationsmodells beschrieben. Im dritten Abschnitt werden dann die in Frage stehenden Vorschätzungs- und Entscheidungsverfahren vorgestellt. Diese Verfahren werden für einen Entscheidungsbereich - nämlich den optimalen Verkaufszeitpunkt von Schlachtschweinen - geprüft. Versuchsanstellung, Technik der Ergebnisgewinnung und die Ergebnisse werden im letzten Abschnitt abgehandelt.

Abb. 1: Funktionales Blockdiagramm des Schweineproduktionssystems

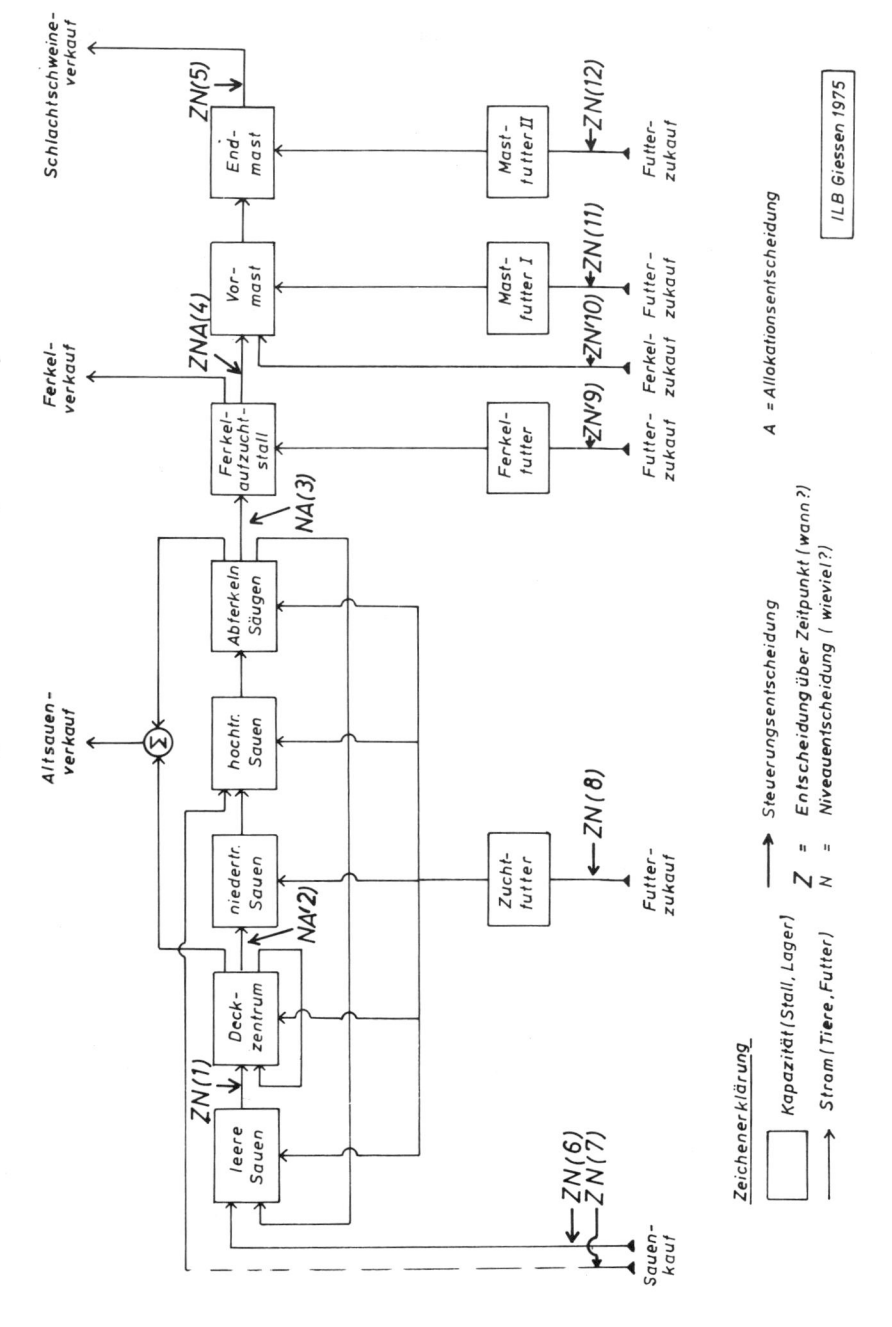

2 Zur Methodik

2.1 Das Modellproduktionssystem

Das Schweineproduktionssystem, das dem Simulationsmodell unterliegt, ist in Abbildung 1 als funktionales Blockdiagramm dargestellt. Aus der Abbildung geht hervor, daß das Modell sowohl den Zucht- als auch den Mastbereich umfaßt. Sämtliche Tiere werden zur Vereinfachung mit Fertigfutter versorgt.

Weiterhin wird deutlich, wo, welche Entscheidungen zur Steuerung des Produktionssystems getroffen werden müssen. Prinzipiell lassen sich die Entscheidungen in drei Gruppen gliedern:

1. Entscheidungen über den Zeitpunkt einer zu treffenden Maßnahme (Z): Wann?
2. Entscheidungen über das Niveau einer zu treffenden Maßnahme (N): Wieviel?
3. Entscheidungen über Richtung und Verteilung von Güterströmen (Allokation) (A): Wohin?

Im einzelnen können für das Modell 12 Entscheidungspunkte identifiziert werden. Zur Erläuterung sollen die Problemstellungen der Entscheidungspunkte (1), (4) und (5) hier angeführt werden:

(1) ZN: Wann sollen wieviel der leeren Sauen zum Decken in das Deckzentrum versetzt werden?
(4) ZNA: Wann sollen wieviel der im Ferkelaufzuchtstall vorhandenen Ferkel verkauft und/oder in die Vormast übernommen werden?
(5) ZN: Wann, d.h. mit welchem Endgewicht sollen wieviel der im Endmaststall vorhandenen Schweine verkauft werden?

Sämtliche 12 Entscheidungsbündel hängen von gegenwärtigen und zukunftsbezogenen internen und externen Daten ab (Betriebsdaten und Umweltdaten).

Interne Daten von besonderer Bedeutung sind zum einen der gegenwärtige Zustand des Systems - nämlich die verfügbaren Kapazitäten und ihr gegenwärtiger Auslastungsgrad - und zum anderen die zukünftigen Systemzustände, die im produktionstechnischen Bereich relativ sicher vorhersehbar sind.
Externe Daten von besonderer Bedeutung sind vergangene, gegenwärtige und zukünftige Preise für Futtermittel, Ferkel- und Schlachtschweine sowie für Jungsauen und Altsauen. Namentlich für die Beschaffung der zukünftigen externen Daten sind die Prognoseverfahren von Bedeutung.

2.2 Aufbau und Arbeitsweise des Simulationsmodells

Aus der Beschreibung des Produktionssystems geht hervor, daß sich das zugehörige Simulationsmodell aus den Modellkomponenten "Hardware", "Software" und "Systemumwelt" zusammensetzen sollte.
Die Hardware besteht aus den Beständen und Strömen an monetären und realen Gütern. Die Stall- und die Lagerkapazitäten müssen hier erfaßt werden. Geldbestände sind zu messen. Die Ströme an Tieren, Futter, Hilfsstoffen und Geld in Form von Ausgaben und Einnahmen müssen im Zeitablauf simuliert werden.

Die Hardwarekomponente des Produktionssystems wird mit Hilfe eines Systems von Differentialgleichungen, deren unabhängige Variable die Zeit ist, abgebildet. Wandelt man diese Differentialgleichungen in Differenzengleichungen mit kleinem Zeitintervall t um, so läßt sich das Gleichungssystem für Computer programmieren und numerisch lösen, d.h. auf rekursivem Wege durchrechnen (vgl. dazu 1, 8, 10, 16, 26). Wählt man das Zeitintervall z.B. mit einer Woche, so läßt sich das Produktionssystem in wöchentlichen Schritten über prinzipiell beliebig lange Zeiträume in seinem Ablauf simulieren. Diese Vorgehensweise wurde für das vorliegende Modell gewählt.

Die Software des Modells besteht aus den Datenerfassungs-, Datenvorschätzungs- und Entscheidungsinstrumenten, sowie aus Kontrollrechnungsverfahren, die das wirtschaftliche Ergebnis der simulierten Unternehmung im Zeitablauf messen. Die Entscheidungsinstrumente steuern nach Maßgabe der gelieferten internen und externen Daten sowie unter Beachtung der modellextern vorgegebenen Zielfunktion die realen und monetären Ströme der Hardwarekomponente. Als Zielfunktion wurde die Maximierung der Kapitalrentabilität des Produktionssystems gewählt. Die Entscheidungsinstrumente sollen also den zeitlichen Ablauf, die Niveaus und die Allokationen der Ströme so steuern, daß die Kapitalrentabilität des Produktionssystems im Zeitablauf möglichst hoch wird.

Die Systemumwelt ist diejenige Modellkomponente, in der die benötigten externen Daten erzeugt werden, die dann über die Datenerfassungs- und Datenvorschätzungsinstrumente den Entscheidungsinstrumenten zur Weiterverwendung zugeleitet werden. Für die Erzeugung von Zeitreihen der hier abzubildenden Faktor- und Produktpreise bieten sich zwei Möglichkeiten an. Entweder man bestimmt die Preisfunktionen mit der Zeit als unabhängiger Variable aus mehreren Sinusfunktionen, einer Trendkomponente und einem Zufallszahlengenerator für die kurzfristigen Preisausschläge oder man verwendet eine in der Vergangenheit tatsächlich aufgetretene Preisreihe. Hier wurde zunächst der zweite Weg beschritten. Die Systemumwelt enthält die wöchentlich erfaßten Preise für Schlachtschweine, Ferkel und Fertigfutter während der vergangenen 10 Jahre für den Marktort Frankfurt (vgl. 27, 28).

Das zentrale Wesensmerkmal des Simulationsmodells ist nun die Stimulanz-Reaktions-Beziehung zwischen der Systemumwelt und den Datenerfassungs- und Vorschätzungsverfahren. Zu jedem Zeitpunkt des Simulationslaufes "kennen" die Softwarekomponenten des Modells nur die jeweils bis dahin in der Vergangenheit aufgetretenen Preise. Auf der Basis dieser Erfahrungen schätzen sie die Preisentwicklung dann für den jeweils benötigten Planungshorizont vor. Die Vorschätzungsinstrumente kennen also den weiteren Verlauf der Preise nicht. Sie liefern den Entscheidungsinstrumenten geschätzte Daten, die dort als Entscheidungsgrundlage dienen. Die Kontrollrechnungsinstrumente verwenden für die Erfolgsrechnung später jedoch die dann tatsächlich eingetretenen Preise. Insofern entsteht also im Modell der gleiche Zusammenhang zwischen geschätzten und später realisierten Werten, wie in der Realität. Durch diese Modelleigenheit bietet sich die Möglichkeit des Tests von Datenvorschätzungsverfahren und von Entscheidungsregeln. Die Effizienz der Vorschätzungen und Entscheidungen kann dann mittels der Kontrollrechnungen durch die jeweils erreichte Rentabilität gemessen werden.

3 Anwendung des Simulationsmodells für die Frage des optimalen Verkaufszeitpunktes von Schlachtschweinen

3.1 Eingrenzung des Handlungsfeldes

Für den vorliegenden Beitrag wurde das Simulationsmodell für den Test von Vorschätzungs- und Entscheidungsverfahren zur Bestimmung des optimalen Verkaufszeitpunktes von Mastschweinen verwendet. Im laufenden Betrieb stellt sich dabei die Frage, ob gegebenenfalls vorhandene Schlachtschweine mit einem Gewicht von 90 kg sofort oder in den folgenden Wochen verkauft werden sollen. Da die Schweine bis zu einem Endgewicht von 105 kg ohne Preisabschläge abgesetzt werden können und die durchschnittliche wöchentliche Zunahme ca. 5 kg beträgt, ergibt sich ein Spielraum für den Verkauf von maximal 3 Wochen. Die Verkaufspreise müssen also für höchstens 3 Wochen vorgeschätzt werden. Aufgrund dieser Vorschätzungen wird nun im Modell wöchentlich entschieden – falls Schweine der Gewichtsklasse zwischen 90 und 100 kg vorhanden sind – ob diese Schweine jetzt oder später verkauft werden sollen. Die für diese Entscheidungen als Voraussetzung in Frage kommenden Vorschätzungsverfahren und Entscheidungsroutinen werden in den folgenden Abschnitten dargestellt.

Abb 2: Linearer Filter:

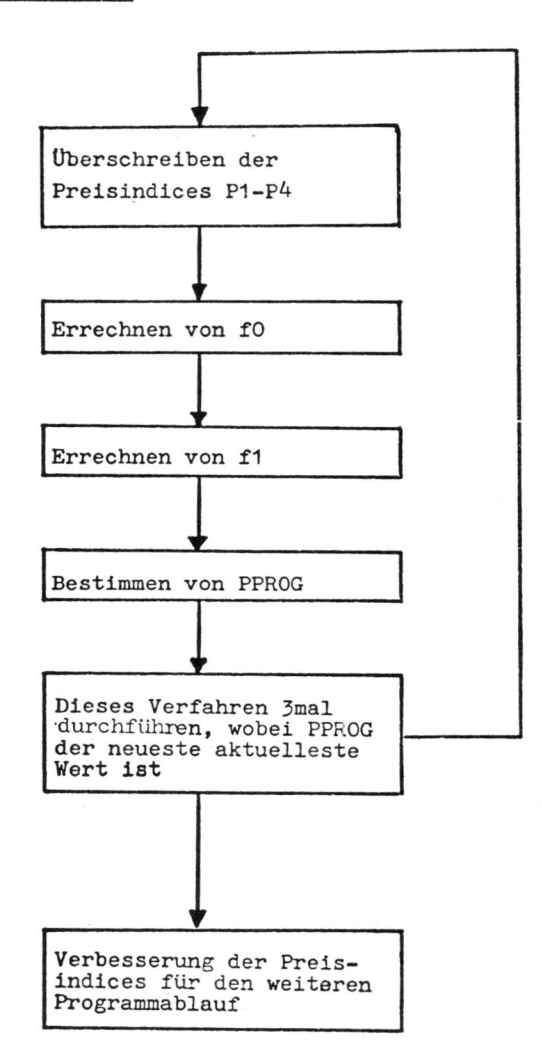

```
            ┌─────────────────────────┐
            │ Überschreiben der       │◄────┐
            │ Preisindices P1-P4      │     │
            └───────────┬─────────────┘     │
                        ▼                   │
            ┌─────────────────────────┐     │
            │ Errechnen von f0        │     │
            └───────────┬─────────────┘     │
                        ▼                   │
            ┌─────────────────────────┐     │
            │ Errechnen von f1        │     │
            └───────────┬─────────────┘     │
                        ▼                   │
            ┌─────────────────────────┐     │
            │ Bestimmen von PPROG     │     │
            └───────────┬─────────────┘     │
                        ▼                   │
            ┌─────────────────────────┐     │
            │ Dieses Verfahren 3mal   │     │
            │ durchführen, wobei PPROG│─────┘
            │ der neueste aktuelleste │
            │ Wert ist                │
            └───────────┬─────────────┘
                        ▼
            ┌─────────────────────────┐
            │ Verbesserung der Preis- │
            │ indices für den weiteren│
            │ Programmablauf          │
            └─────────────────────────┘
```

P1 - P4: Preise der vergangenen fünf Wochen
f0 :   Glättungsparameter
f1 :   Glättungsparameter
PPROG: Prognostizierter Preis

Abb 3: Verfahren von Winters:

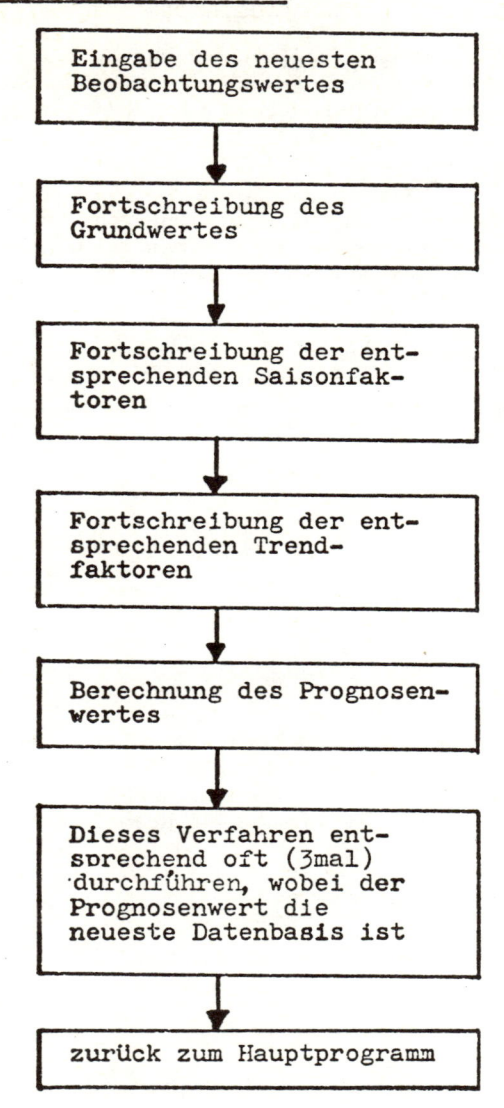

```
┌─────────────────────────┐
│ Eingabe des neuesten    │
│ Beobachtungswertes      │
└───────────┬─────────────┘
            ▼
┌─────────────────────────┐
│ Fortschreibung des      │
│ Grundwertes             │
└───────────┬─────────────┘
            ▼
┌─────────────────────────┐
│ Fortschreibung der ent- │
│ sprechenden Saisonfak-  │
│ toren                   │
└───────────┬─────────────┘
            ▼
┌─────────────────────────┐
│ Fortschreibung der ent- │
│ sprechenden Trend-      │
│ faktoren                │
└───────────┬─────────────┘
            ▼
┌─────────────────────────┐
│ Berechnung des Prognosen-│
│ wertes                  │
└───────────┬─────────────┘
            ▼
┌─────────────────────────┐
│ Dieses Verfahren ent-   │
│ sprechend oft (3mal)    │
│ durchführen, wobei der  │
│ Prognosenwert die       │
│ neueste Datenbasis ist  │
└───────────┬─────────────┘
            ▼
┌─────────────────────────┐
│ zurück zum Hauptprogramm│
└─────────────────────────┘
```

Es müssen gespeichert werden: Der Grundwert
                                    Die Saisonfaktoren
Von Aufruf zu Aufruf   Der Trendfaktor
jeweils die Werte des   Die konstanten Glättungs-
ersten SuB-Durchlaufs!   parameter

3.2 Verfahren der Preiseinschätzung

3.2.1 Schweinemast ohne Berücksichtigung des Verkaufspreises

Diese sogenannte Nullvariante berücksichtigt keine Verkaufspreise. Die erzeugten Schlachtschweine werden vielmehr mit einem bestimmten Endgewicht abgesetzt. Eine Variation der Rentabilität kann hier nur durch eine Variation der Endgewichte, d.h. der Mastdauer, erreicht werden.

3.2.2 "Zukunftspreis gleich Gegenwartspreis"

Zur Entscheidung, ob Schweine innerhalb des zulässigen Gewichtsabschnittes zwischen 90 und 105 kg verkauft werden sollen, wird hier unterstellt, daß die Preise der folgenden Wochen dem gegenwärtigen Preis entsprechen. Auf dieser Basis wird die Grenzrentabilität der Weitermast berechnet (vgl. Entscheidungsroutine 3.3.2).

3.2.3 Die Preisprognose mit dem linearen Filter

Das einfachste getestete Vorschätzungsverfahren, das vergangene Erfahrungen über einen längeren Zeitraum berücksichtigt, ist der lineare Filter (vgl. 12, 22). Die Grundformel dafür lautet:

$$\hat{x}_{t+1} = x_t * f_0 + x_{t-1} * f_1$$

Darin ist:

$\hat{x}_{t+1}$ = Prognosewert
x_t = aktuellster Beobachtungswert
x_{t-1} = Beobachtungswert der Vorperiode
f_0, f_1 = Vorhersagefilter

Die Grundannahme dieses Verfahrens unterstellt eine Korrelation zwischen Ereignissen der Vergangenheit mit denen der Zukunft. Es werden die Entwicklungen der vergangenen Perioden gefiltert fortgeschrieben. Dieses Verfahren verwendet nur Werte der letzten Perioden und berücksichtigt keine Entwicklungen der Vorsaison oder des Vorzyklus. Abbildung 2 zeigt den Ablauf des Verfahrens.

3.2.4 Preisprognose mit dem Verfahren von WINTERS

Die Grundformel des WINTERschen Prognoseverfahrens ist (22, 25):

$$\hat{x}_{t+i} = (\hat{a}_t + i\, \hat{b}_t)\, \hat{s}_{l_j}$$

Darin ist:

$\hat{x}_{t+i}$ = Prognosewert, berechnet zum Zeitpunkt t für den Zeitpunkt t + i, i Perioden voraus
$\hat{a}_t$ = Grundwert, berechnet zum Zeitpunkt t
$\hat{b}_t$ = Trendfaktor, berechnet zum Zeitpunkt t
$\hat{s}_{l_j}$ = Saisonfaktor, berechnet zum Zeitpunkt $l = t - L + (i \bmod L)$,
mit der Ordnungsnummer $j = (t+i) \bmod L$ (L = Länge eines Saisonzyklus)

Der Grundwert wird errechnet und um einen Bruchteil A (0 < A < 1) der Differenz zwischen "tatsächlichem" und erwartetem Grundwert der Vorperiode korrigiert. Dieses Verfahren berücksichtigt dadurch die Fehlerabweichungen der Vorperiode.

Saison- und Trendfaktor werden ermittelt, indem diese Faktoren der Vorsaison der entsprechenden Perioden um einen Bruchteil der aufgetretenen Fehlerabweichung korrigiert und exponentiell geglättet fortgeschrieben werden. Der Ablauf des Verfahrens geht aus Abbildung 3 hervor.

3.2.5 Preisprognose mit dem Verfahren von HARRISON

Die Prognoseformel von HARRISON hat die Form (13, 22):

$$\hat{x}_{t+i} = (\hat{a}_t + i\,\hat{b}_t) * \hat{s}_{t+1}$$

Darin ist:

$\hat{x}_{t+i}$ = Prognosewert, berechnet zum Zeitpunkt t für den Zeitpunkt t + i, also i Perioden voraus

$\hat{a}_t$ = Grundwert, berechnet zum Zeitpunkt t

$\hat{b}_t$ = Trendfaktor, berechnet zum Zeitpunkt t

$\hat{s}_{t+1}$ = Saisonfaktor, berechnet zum Zeitpunkt t für den Zeitpunkt t+i

Grundwert und Trendfaktor werden ähnlich dem Verfahren von WINTERS zur Grundwertfortschreibung korrigiert und fortgeschrieben. HARRISON korrigiert aber nicht um die Grundwertfehlerdifferenz, sondern um die gesamte Vorhersagefehlerdifferenz $x_t - \hat{x}_t$ und vermindert damit den systematischen Fehler des WINTERSschen Verfahrens.

Die Saisonfaktoren werden nicht gespeichert, sondern für jeden Zeitpunkt neu errechnet. HARRISON geht hierbei von der Annahme aus, daß zu einem bestimmten Zeitpunkt ein Satz von Saisonfaktoren existiert. Diese Faktoren sind laut Annahme nicht untereinander unabhängig, sondern können mit Hilfe einer noch genauer zu ermittelnden Funktion in Abhängigkeit von der Zeit und bestimmte Koeffizienten berechnet werden. Es werden hierzu die harmonischen Funktionen cos (j), sin (j), .. cos (mj), sin (mj) genommen. Der Ablauf des Verfahrens geht aus Abbildung 4 hervor.

3.3 Die verwendeten heuristischen Entscheidungsroutinen

3.3.1 Die Entscheidungsroutine bei Nichtberücksichtigung des Verkaufspreises

In dieser Routine werden starre, preisunabhängige Verkaufspolitiken unterstellt. Das einmal gewählte Verkaufsgewicht (90, 95, 100 oder 105 kg) wird während der ganzen Simulationszeit beibehalten.

3.3.2 Die Entscheidungsroutine "Zukunftspreis gleich Gegenwartspreis"

Hier wird geprüft, welche Gewichtsklasse zur Entscheidung ansteht und ob Tiere dieses Gewichts vorhanden sind. Ist letzteres der Fall, so kann vorgegeben werden, ob in dieser Gewichtsklasse durchgemästet oder über die Weitermast entschieden werden soll. Im Falle der Entscheidung wird geprüft, ob der geltende Marktpreis die Kosten der Weitermast deckt. Ist das der Fall, so wird weitergemästet, ist das nicht der Fall, so werden die Schweine mit diesem Gewicht verkauft. Das Flußdiagramm der Abbildung 5 verdeutlicht den Zusammenhang.

Die in der Routine als Entscheidungskriterium verwendeten Weitermastkosten setzen sich als Grenzkosten aus den zusätzlichen Futterkosten, den zusätzlichen weiteren variablen Nebenkosten (Strom, Wasser usw.) und aus den Nutzungskosten zusammen. Die Nutzungskosten sind der Ansatz für den entgangenen Nutzen, der dadurch entsteht, daß weitergemästet wird und somit der Stallplatz eine Woche später für einen neuen Mastprozeß verfügbar wird (vgl. dazu auch 5, S. 275 ff). Die Nutzungskosten spielen eine wichtige Rolle für die Kapitalrentabilität des Produktionssystems. Ihre

Abb 4: Verfahren von Harrison:

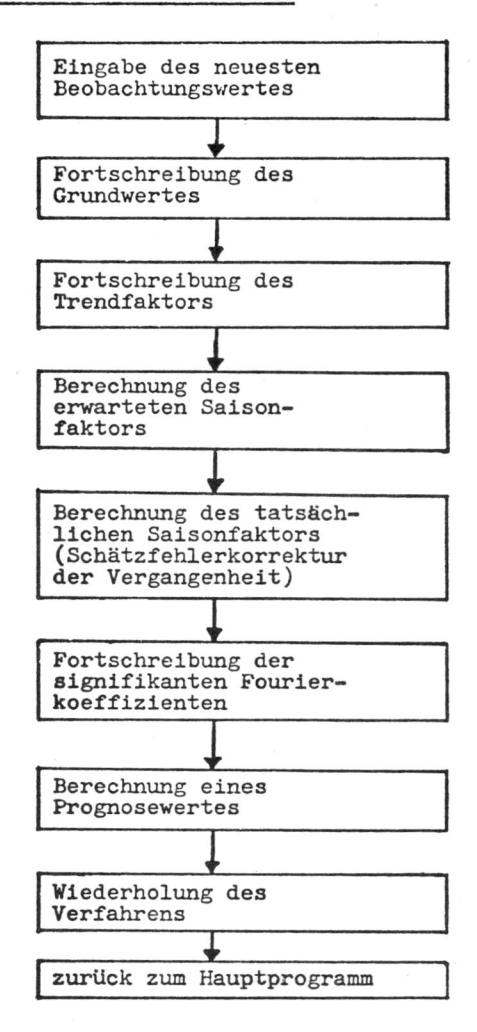

```
┌─────────────────────────┐
│ Eingabe des neuesten    │
│ Beobachtungswertes      │
└───────────┬─────────────┘
            ▼
┌─────────────────────────┐
│ Fortschreibung des      │
│ Grundwertes             │
└───────────┬─────────────┘
            ▼
┌─────────────────────────┐
│ Fortschreibung des      │
│ Trendfaktors            │
└───────────┬─────────────┘
            ▼
┌─────────────────────────┐
│ Berechnung des          │
│ erwarteten Saison-      │
│ faktors                 │
└───────────┬─────────────┘
            ▼
┌─────────────────────────┐
│ Berechnung des tatsäch- │
│ lichen Saisonfaktors    │
│ (Schätzfehlerkorrektur  │
│ der Vergangenheit)      │
└───────────┬─────────────┘
            ▼
┌─────────────────────────┐
│ Fortschreibung der      │
│ signifikanten Fourier-  │
│ koeffizienten           │
└───────────┬─────────────┘
            ▼
┌─────────────────────────┐
│ Berechnung eines        │
│ Prognosewertes          │
└───────────┬─────────────┘
            ▼
┌─────────────────────────┐
│ Wiederholung des        │
│ Verfahrens              │
└───────────┬─────────────┘
            ▼
┌─────────────────────────┐
│ zurück zum Hauptprogramm│
└─────────────────────────┘
```

Es müssen gespeichert werden:

Der Grundwert
Der Trendfaktor
Die Anzahl der signifikanten Fourier-Koeffizienten
Die 2m' signifikanten Fourier-Koeffizienten
Die m' Frequenzen der signifikanten Fourier-Koeffizienten
2 Konstante

      5 + 3 m' Speicherplätze

Abb. 5: Flußdiagramm der Entscheidungsroutine
"Zukunftspreis gleich Gegenwartspreis"

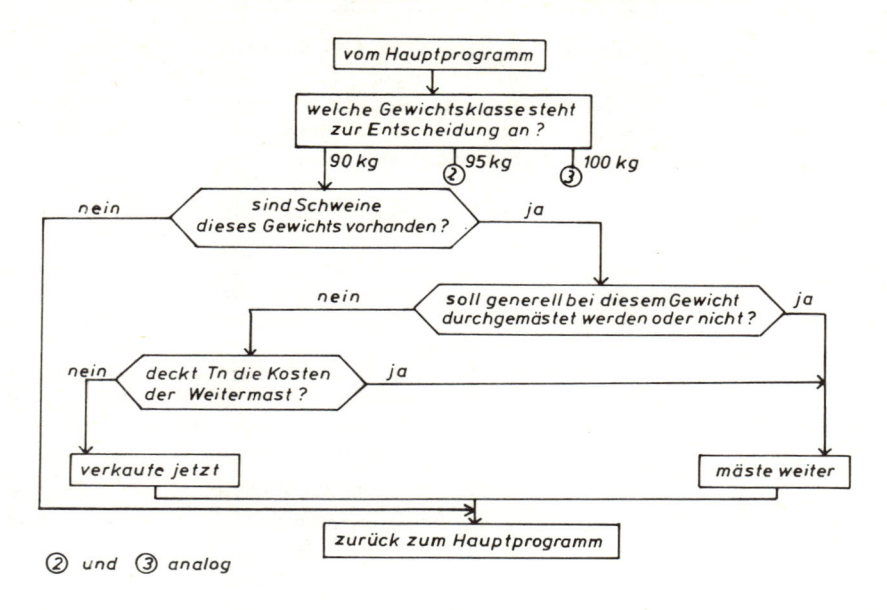

② und ③ analog

Abb. 6: Flußdiagramm der Entscheidungsroutine
"Zukunftspreis größer als Gegenwartspreis"

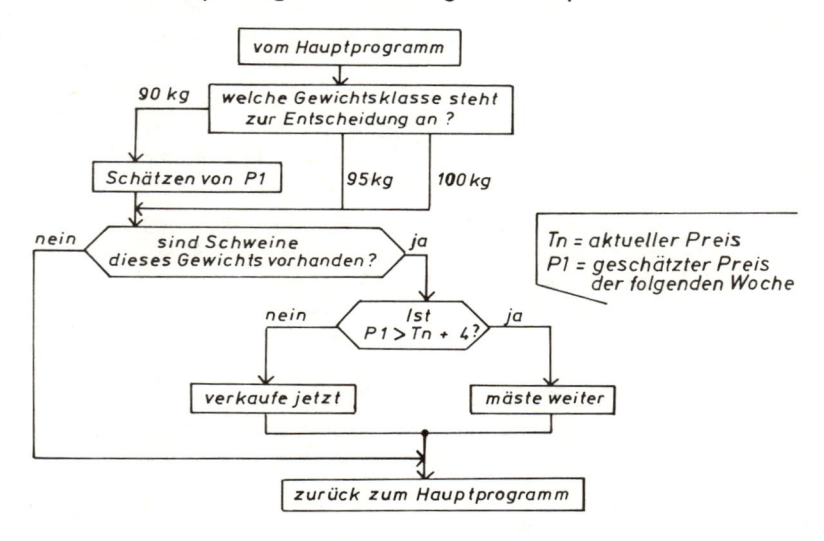

Tn = aktueller Preis
P1 = geschätzter Preis der folgenden Woche

Höhe wurde deshalb in verschiedenen Simulationsläufen variiert (vgl. Abschnitt 3.4.3 dieses Beitrages).

3.3.3 Die Entscheidungsroutine "Zukunftspreis größer Gegenwartspreis"

Einmal pro Woche - falls Schweine von mindestens 90 kg Lebendgewicht vorhanden sind - wird der Preis der nächsten Woche mit jeweils einem der Prognoseverfahren vorgeschätzt. Dann wird geprüft, ob der Preis der nächsten Wochen den Preis dieser Woche um einen bestimmten Betrag 1) übersteigt. Ist das der Fall, so wird weitergemästet, ist das nicht der Fall, so wird verkauft. Das Flußdiagramm der Abbildung 6 zeigt den Entscheidungsablauf schematisch.

3.3.4 Eine allgemeinere Entscheidungsroutine

Der schematisierte Entscheidungsablauf bei dieser Routine geht aus dem Flußdiagramm der Abbildung 7 hervor. Dabei wird deutlich, daß für diese Routine Preisvorschätzungen für einen Zeitraum von maximal drei Wochen erforderlich sind. In die Entscheidungsroutine wird selbstverständlich nur dann eingetreten, wenn Schweine von mindestens 90 kg Lebendgewicht vorhanden sind. Ist das der Fall, so läuft der Entscheidungsvorgang - wie Abbildung 7 zeigt - über eine Kaskade von If-Statements. Darin sind P_1, P_2 und P_3 die erwarteten Preise für die drei folgenden Zukunftswochen. Die in dieser Routine auftretenden Beträge von 3,-- bzw. 5,-- DM stellen "Werte der Risikobereitschaft" dar. Sie haben sich durch "Probieren" als zweckmäßig erwiesen.

Auch bei dieser Entscheidungsroutine werden die Kosten der Weitermast - ebenso wie bei der Routine 3.3.2 - als Kriterium verwendet. Die Höhe der darin enthaltenen Nutzungskosten wird in mehreren Simulationsläufen variiert.

3.4 Rechnungen und Ergebnisse

3.4.1 Zur Versuchsanstellung

Zum Test der vorher beschriebenen Prognoseverfahren und Entscheidungsroutinen wurde von dem gesamten Simulationsmodell nur derjenige Teil verwendet, der die Schweinemast betrifft, d.h. es wird der Ferkelzukauf angenommen. Die Simulationszeit für sämtliche Läufe betrug 10 Jahre in wöchentlichen Schritten.

Für den Maststall wurde eine Kapazität von 1200 Stallplätzen unterstellt. Der Stall ist in Langbuchten mit Quertrögen aufgeteilt. Die Fütterung soll mit Fertigfutter durch Futterwagen erfolgen. Die Baukosten je Stallplatz betrugen damit 487,-- DM.

Für die Ferkel- und die Fertigfutterpreise wurden ebenso wie für den Schlachtschweinepreis die tatsächlichen Preisverläufe während der vergangenen 10 Jahre für den Marktort Frankfurt unterstellt (vgl. 27, 28). Für die variablen Nebenkosten wurden je Tier und Woche 0,59 DM angenommen. Der Arbeitsbedarf beträgt je Platz und Woche 2,55 min. Der Bruttostundenlohn steigt während der Simulationszeit von 10,-- auf 14,-- DM an. Die Futterverwertung verbessert sich während der 10-jährigen Periode von 1:3,7 auf 1:3,4. Der Unternehmer lernt und nutzt Zuchterfolge. Die Verluste betragen 2,5 % der eingestallten Tiere.

Für jeden Simulationslauf wurde die Schweinemast als kontinuierlicher Prozeß gestartet, d.h. es waren zu Beginn eines jeden Laufes Schweine jeden Alters im Maststall vorhanden.

---

1) Dieser Preis ist als Sicherheitsäquivalent anzusehen. Für die vorliegenden Rechnungen ergab sich ein Betrag von 4,-- DM je 100 kg als ein geeigneter Wert.

Abb. 7: Flußdiagramm einer allgemeinen Ent-
Teil 1   scheidungsroutine für alle Vorschätz-
          verfahren

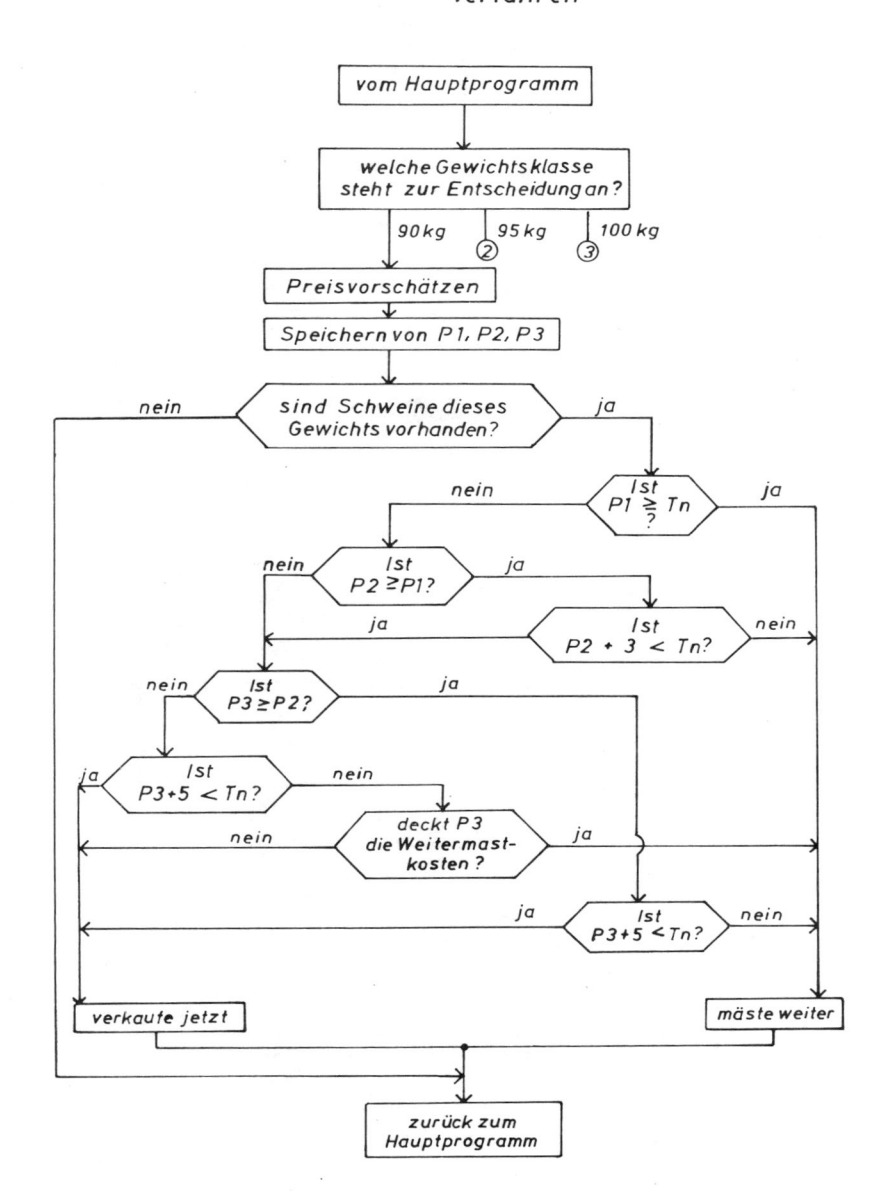

Abb. 7 Teil 2

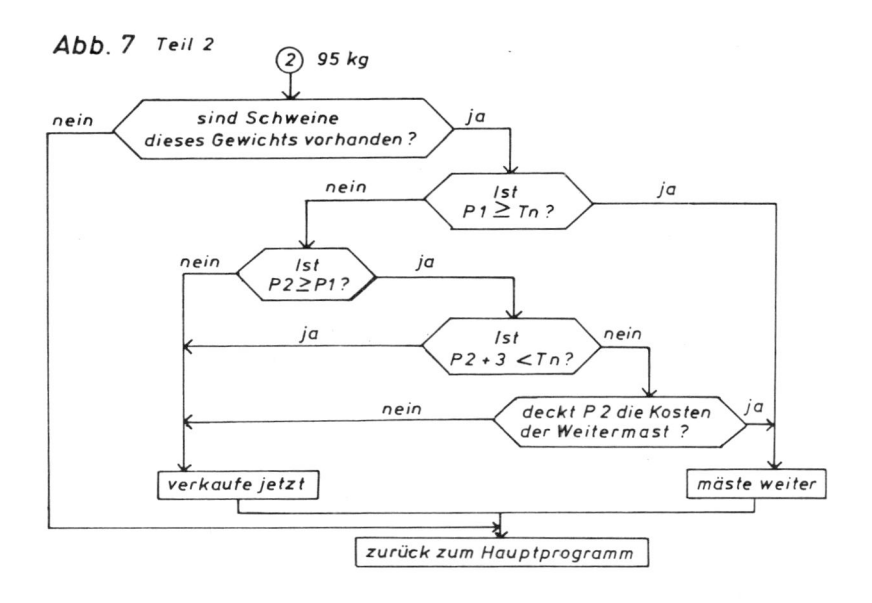

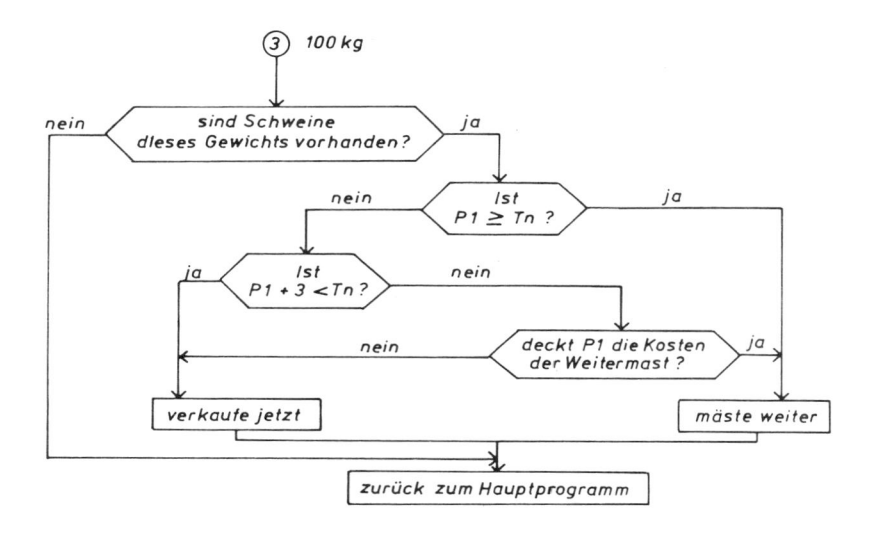

② 95 kg

- sind Schweine dieses Gewichts vorhanden?
  - nein → (zurück)
  - ja → Ist P1 ≥ Tn?
    - ja → mäste weiter
    - nein → Ist P2 ≥ P1?
      - ja → Ist P2 + 3 < Tn?
        - ja → verkaufe jetzt
        - nein → deckt P2 die Kosten der Weitermast?
          - ja → mäste weiter
          - nein → verkaufe jetzt
      - nein → verkaufe jetzt

zurück zum Hauptprogramm

③ 100 kg

- sind Schweine dieses Gewichts vorhanden?
  - nein → (zurück)
  - ja → Ist P1 ≥ Tn?
    - ja → mäste weiter
    - nein → Ist P1 + 3 < Tn?
      - ja → verkaufe jetzt
      - nein → deckt P1 die Kosten der Weitermast?
        - ja → mäste weiter
        - nein → verkaufe jetzt

zurück zum Hauptprogramm

Tn = aktueller Preis
P1 = geschätzter Preis in einer Woche
P2 =   "   "   zwei Wochen
P3 =   "   "   drei   "

Die einzelnen durchgeführten Versuche, d.h. die einzelnen getesteten Kombinationen von Prognoseverfahren und Entscheidungsroutinen werden im Abschnitt 3.4.3 bei der Kommentierung der Ergebnisse beschrieben.

3.4.2 Zur Messung der relativen Vorzüglichkeit der Prognoseverfahren und Entscheidungsroutinen

Die relative Vorzüglichkeit der möglichen Kombinationen wurde anhand der mittleren jährlichen Gesamtkapitalrentabilität gemessen, die während der 10-jährigen Simulationsläufe erreicht wurde. Die jährliche Gesamtkapitalrentabilität ergibt sich nach folgender Formel:

$$\varnothing \text{ jährlicher Gesamtkapitalrentabilität in \%} = \frac{\text{Gesamtgewinn : 10 Jahre}}{\text{Gesamtkapitalbedarf}} \times 100$$

Den Gesamtgewinn erhält man wie folgt:

Gesamtgewinn = Kassenendbestand + bewertete Endbestände - abgeschriebene Baukosten

Für den Stall wurde eine Ø Gesamtlebensdauer von 10 Jahren (ohne Reparaturkostenansatz) angenommen. Die abgeschriebenen Baukosten betragen für 10 Jahre also bei linearer Abschreibung 100 % des Neuwertes.

Der Gesamtkapitalbedarf wurde wie folgt ermittelt:
Gesamtkapitalbedarf = Baukosten + maximal notwendiges Umlaufvermögen. Das maximal notwendige Umlaufvermögen ergibt sich in der ersten Mastphase als größte negative Differenz zwischen laufenden Einnahmen (Schlachtschweine) und laufenden Ausgaben (Futter, Ferkel usw.). Ihre Höhe differiert je nach der eingesetzten Verkaufspolitik.

3.4.3 Ergebnisse der Rechnungen

Gewissermaßen als Nullvariante wurde zunächst die Verkaufspolitik ohne Berücksichtigung des Verkaufspreises bei unterschiedlichen Mastendgewichten getestet (vgl. Abschnitt 3.2.1 und 3.3.1). Tabelle 1 zeigt, wie sich die unterschiedlichen Endgewichte auf die Zahl der Umtriebe pro Jahr und die durchschnittliche Gesamtkapitalrentabilität auswirkten. Dabei wird deutlich, daß - verständlich angesichts im Zeitablauf schwankender Ferkel-, Futter- und Schlachtschweinepreise - kein eindeutiger Zusammenhang zwischen Umtriebsgeschwindigkeit und Wirtschaftlichkeit festzustellen ist.

Im nächsten Schritt wurde die Auswirkung einer Kombination des primitivsten Vorschätzungsverfahrens "Zukunftspreis gleich Gegenwartspreis" (Abschnitt 3.2.2) und der zugehörigen Entscheidungsroutine (Abschnitt 3.3.2) geprüft. Tabelle 2 zeigt die Ergebnisse dieser Rechnungen.

Bei dieser Steuerungspolitik müssen für eine Weitermast über 90 kg hinaus die Kosten der Weitermast gedeckt sein. Zu den Weitermastkosten gehören grundsätzlich auch die Nutzungskosten. In den Läufen 1 und 2 wurde deshalb überprüft, wie sich ihre Berücksichtigung auswirkt. Die Rentabilität steigt bei positiven Nutzungskosten deutlich an. In den Läufen 3 und 4 wurde dann geprüft, ob ein Verbot der sich im ersten Versuch (vgl. Tabelle 1) als besonders ungünstig erwiesenen Verkaufsgewichte von 90 bzw. 90 und 100 kg zu einer Rentabilitätssteigerung führen könnte. Das ist tatsächlich der Fall, wie aus Tabelle 2 hervorgeht.

Im dritten Versuch wurden die drei anspruchsvolleren Prognoseverfahren (linearer Filter, WINTERS, HARRISON) mit der Entscheidungsroutine "Zukunftspreis größer Gegenwartspreis" (Abschnitt 3.3.3) kombiniert. Eine Weitermast über 90 kg Verkaufsgewicht hinaus erfolgte nur dann, wenn der jeweils für die nächste Woche von dem Prognoseverfahren vorgeschätzte Preis um mindestens 4,-- DM je 100 kg Lebendgewicht höher erwartet wurde. Tabelle 3 zeigt die Ergebnisse dieser Läufe.

Tabelle 1: Wirtschaftlichkeit der Schlachtschweineerzeugung in Abhängigkeit vom Mastendgewicht ohne Berücksichtigung der Verkaufspreise

lfd. Nr.	Steuerungs-Alternativen Abschnitt 1)	Endgewicht	Umtriebe/ Jahr	Ø Kapital- rentabilität 2)
1	(3.2.1 + 3.3.1)	90 kg	2,97	- 0,310 DM
2	"Keine Berücksichtigung	95 kg	2,81	+ 0,155 DM
3	des Verkaufspreises"	100 kg	2,67	+ 0,114 DM
4		105 kg	2,52	+ 0,174 DM

1) die in Klammern angegebenen Zahlen weisen darauf hin, in welchen Abschnitten dieses Beitrages die zugehörigen Prognoseverfahren und Entscheidungsroutinen beschrieben wurden.

2) in allen Tabellen angegeben in DM je 100,-- DM Kapital.

Tabelle 2: Wirtschaftlichkeit der Schlachtschweineerzeugung bei Berücksichtigung von Kosten der Weitermast

lfd. Nr.	Steuerungs-Alternativen Abschnitt zulässige Endgewichte		Nutzungs- kosten je Tier und Woche	Umtriebe/ Jahr	Ø Kapital- rentabilität
1	(3.2.2 + 3.3.2)	90, 95, 100, 105 kg	0,-- DM	2,57	- 0,191 DM
2	"Zukunfts- preis gleich	90, 95, 100, 105 kg	1,-- DM	2,61	+ 0,009 DM
3	Gegenwarts- preis"	95, 100, 105 kg	1,-- DM	2,38	+ 0,351 DM
4		95, 105 kg	1,-- DM	2,58	+ 0,511 DM

Tabelle 3: Wirtschaftlichkeit der Schlachtschweineerzeugung bei verschiedenen Prognoseverfahren und einer einfachen Entscheidungsroutine

lfd. Nr.	Steuerungs-Alternative	Umtriebe/ Jahr	Ø Kapital- rentabilität
1	(3.2.3) + (3.3.3)	2,91	- 0,538 DM
2	(3.2.4) + (3.3.3)	2,72	+ 0,176 DM
3	(3.2.5) + (3.3.3)	2,55	+ 0,144 DM

Es zeigt sich, daß diese Kombination vergleichsweise wenig vorteilhaft ist. Die Kombination des linearen Filters 3.2.3 mit der Entscheidungsroutine "Zukunftspreis größer Gegenwartspreis" bringt sogar das bisher absolut schwächste Ergebnis. Im übrigen ist bei den Läufen 2 und 3 dieses Versuches zu beobachten, daß offenbar kein Zusammenhang zwischen Umtriebsgeschwindigkeit und Wirtschaftlichkeit besteht.

Im vierten Versuch wurde zunächst das Prognoseverfahren von WINTERS mit der "allgemeineren Entscheidungsroutine" (3.3.4) kombiniert. Da hierbei die Nutzungskosten zur Berechnung der Kosten der Weitermast eine entscheidende Rolle spielen, wurde ihre Höhe in 7 Läufen von 0,50 DM bis 5,00 DM je Tier und Woche variiert. Tabelle 4 zeigt die erhaltenen Ergebnisse.

Es wird deutlich, daß kein eindeutiger Zusammenhang zwischen der Höhe der Nutzungskosten und der Wirtschaftlichkeit besteht. Die höchste Wirtschaftlichkeit wird bei Nutzungskosten von 1,50 DM je Tier und Woche erreicht. Es zeigt sich jedoch, daß das Verfahren von WINTERS in Verbindung mit der "allgemeinen Entscheidungsroutine" im Vergleich zur im dritten Versuch getesteten Entscheidungsroutine "Zukunftpreis größer Gegenwartspreis" signifikant leistungsfähiger ist.

Tabelle 4: Wirtschaftlichkeit der Schlachtschweineerzeugung in Abhängigkeit unterschiedlicher Nutzungskostenansätze in der "allgemeinen Entscheidungsroutine" unter Verwendung des Prognoseverfahrens von WINTERS

lfd. Nr.	Steuerungs-Alternative Abschnitt	Nutzungskosten 1)	Umtriebe/ Jahr	Ø Kapitalrentabilität
1	(3.2.4 + 3.3.4)	0,50 DM	2,74	+ 0,670 DM
2	"Prognoseverfahren von	1,00 DM	2,71	+ 0,811 DM
3	WINTERS" mit "allgemei-	1,50 DM	2,72	+ 1,049 DM
4	nere Entscheidungsroutine"	2,00 DM	2,71	+ 0,794 DM
5		2,50 DM	2,73	+ 0,876 DM
6		3,00 DM	2,73	+ 0,807 DM
7		5,00 DM	2,73	+ 0,807 DM

1) je Tier und Woche

Im fünften Versuch wurde die "allgemeinere Entscheidungsroutine" bei Ansatz von Nutzungskosten in Höhe von 1,50 DM je Tier und Woche auch in Verbindung mit den Prognoseverfahren "linearer Filter" und "Prognoseverfahren von HARRISON" getestet. Tabelle 5 zeigt das Ergebnis. Offenbar ist das Verfahren von WINTERS den übrigen Verfahren in einer Verbindung mit der hier verwendeten Entscheidungsroutine deutlich überlegen.

Tabelle 5: Wirtschaftlichkeit der Schlachtschweineerzeugung bei verschiedenen Prognoseverfahren und der "allgemeineren Entscheidungsroutine"

lfd. Nr.	Steuerungs-Alternative Abschnitt	Umtriebe/ Jahr	Ø Kapitalrentabilität
1	(3.2.3 + 3.3.4)	2,71	− 0,494 DM
2	(3.2.4 + 3.3.4)	2,58	+ 1,049 DM
3	(3.2.5 + 3.3.4)	2,53	+ 0,164 DM

In einer weiteren Serie von Simulationsläufen wurde versucht, durch Verbesserungen der bisher erfolgreichsten Kombination "Prognoseverfahren von WINTERS" und "allgemeine Entscheidungsroutine" zu weiteren Rentabilitätssteigerungen zu gelangen. Der Einbau der zusätzlichen Bedingung, daß auf jeden Fall über 90 kg Endgewicht hinaus gemästet wird, wenn der aktuelle Preis unter 200,-- DM je 100 kg Lebendgewicht liegt, führte z.B. zu einer Rentabilitätssteigerung von 1,049 DM auf 1,306 DM je 100,-- DM Kapital.

3.5 Schlußbemerkung

Die vorgetragenen Ergebnisse der Versuche dienen vor allem als Beispiel dafür, welche Art von Untersuchungen mit Hilfe von dynamischen Simulationsmodellen, die als computerisierte "betriebswirtschaftliche Laboratorien" konzipiert sind, durchgeführt werden können. Obwohl die Versuchsanstellung noch in vieler Hinsicht (Verwendung anderer Sätze von Umweltdaten, kompliziertere Entscheidungsroutinen usw.) erweitert und systematisiert werden sollte, zeigt sich doch schon anhand der wenigen vorgetragenen Ergebnisse, daß die Wirtschaftlichkeit von landwirtschaftlichen Produktionsprozessen bei unsicheren Preiserwartungen auch durch den systematischen Einsatz von Prognoseverfahren und formalisierten Entscheidungsroutinen verbessert werden kann. Ermittelte Unterschiede in der Kapitalrentabilität zwischen ca. - 0,5 % und ca. + 1,3 %, d.h. um fast 2 % geben ein Maß für den möglichen Erfolg derjenigen Landwirte, die sich weniger falsch entscheiden.

4 Zusammenfassung

Vorgestellt wird ein computerisiertes dynamisches Simulationsmodell eines Schweineproduktionssystems, das als "betriebswirtschaftliches Laboratorium" konzipiert ist. Mit Hilfe des Labors lassen sich Prognoseverfahren und formalisierte Entscheidungsroutinen für die laufende Produktions- und Bestandssteuerung entwickeln und testen. Anhand der Frage nach den zweckmäßigen Instrumenten für eine bestmögliche Bestimmung des Verkaufszeitpunktes von Schlachtschweinen im Gewichtsabschnitt zwischen 90 und 105 kg Lebendgewicht wird gezeigt, wie unterschiedliche Prognoseverfahren und heuristische Entscheidungsroutinen die über einen längeren Zeitraum im Durchschnitt erzielbare Kapitalrentabilität des Produktionsprozesses Schweinemast beeinflussen können. Je nach Art der verwendeten Prognose und Entscheidungsverfahren ergeben sich Unterschiede bei der Kapitalrentabilität von bis zu 2,-- DM je 100,-- DM eingesetzten Kapitals.

Literatur

1 AYRES, F.: Differential Equations. Schaum's Outline Series, New York 1972.
2 BEIER, U.: Zur Anwendung heuristischer Entscheidungsmethoden bei der Bestimmung eines Konsumprogramms. In: Zeitschrift für Betriebswirtschaft, 3/73, Wiesbaden 1973, S. 199 ff.
3 BERTALANFFI, L.v.: General System Theory. George Braziller, New York 1968.
4 BÖCKENHOFF, E.: Marktstrukturen und Preisbildung bei Schlachtvieh und Fleisch in der BRD. Forschungsgesellschaft für Agrarpolitik und Agrarsoziologie e.V. Bonn 1966.
5 BRANDES, W. und E. WOERMANN: Landwirtschaftliche Betriebslehre, Bd. II, Hamburg-Berlin 1971.
6 BUCY, R.S. and P.D. JOSEPH: Filtering for Stochastic Processes with Applications to Guidance. New York 1962.
7 BUDDE, H.J.: Optimale Anpassung der Schweineproduktion an zyklische und saisonale Preisbewegungen. Agrarwirtschaft, SH. 57, Hannover 1974.
8 COLLATZ, L.: Numerische Behandlung von Differentialgleichungen. Berlin 1957.
9 FORRESTER, J.W.: Grundzüge einer Systemtheorie. (Principles of Systems). Wiesbaden 1973.
10 ENDL, K. und W. LUH: Analysis I und II. AVG Frankfurt 1973.
11 HANAU, A.: Die Prognose der Schweinepreise. In: Vierteljahresheft zur Konjunkturforschung, SH. 18, Berlin 1930.
12 HANSEN, K.: Prognose mit Hilfe der Theorie der linearen Filter. In: Mertens Prognoserechnung, Würzburg-Wien 1973.
13 HARRISON, P.J.: Exponential Smothing and Short-Term Sales Forecasting, Management Science 13, 1967, S. 821 ff.
14 KLEIN, H.: Heuristische Entscheidungsmodelle. Neue Techniken des Programmierens und Entscheidens für das Management. Wiesbaden 1971.
15 KUHLMANN, F.: Zur Verwendung des systemtheoretischen Simulationsansatzes für die betriebswirtschaftliche Forschung. In: Agrarwirtschaft 4/73, Hannover.
16 DERS.: Die Verwendung des systemtheoretischen Simulationsansatzes zum Aufbau von betriebswirtschaftlichen Laboratorien. In: Berichte über Landwirtschaft, 2/73, Hamburg-Berlin 1973.
17 MANETSCH, T.J. and PARK, G.L.: System Analysis and Simulation with Applications to Economic and Social Systems. Preliminary Editions 1973.
18 MEADOWS, D.L.: Dynamics of Commodity Productions Cycles. Cambridge Mass. 1970.
19 MENGES, G.: Grundmodelle wirtschaftlicher Entscheidungen. Köln-Opladen 1969.
20 MERTENS, P.: Prognoserechnung. Würzburg-Wien 1973.
21 SACHS, L.: Angewandte Statistik. Planung und Anwendung. Berlin-Heidelberg-New York, 4. Auflage 1974.
22 SCHLÄGER, W.: Einführung in die Zeitreihenprognose bei saisonalen Bedarfsschwankungen und Vergleich der einzelnen Verfahren. In: MERTENS, P.: Prognoserechnung. Würzburg-Wien 1973.

23 SCHNEEWEISS, H.: Entscheidungskriterien bei Risiko. Heidelberg-New York 1967.

24 STRECKER, O. und W. ESSELMANN: Ist der Schweinezyklus unvermeidbar? "Agra - Europe", Jg. 15 (1974), 30, 31, 32, Dokumentation.

25 WINTERS, P.R.: Forecasting Sales by Exponentially weighted Moving Averages. Management Sciences 6, 1960, S. 324 ff.

26 ZURMÜHL, R.: Praktische Mathematik für Ingenieure und Physiker. Berlin 1965.

Statistiken

27 Bundesministerium für Ernährung, Landwirtschaft und Forsten. Statistischer Monatsbericht, verschiedene Jahrgänge.

28 Hessische Landesstelle für Ernährungswirtschaft. Hessischer Marktbericht. Frankfurt, verschiedene Jahrgänge.

SIMULATIONSMODELLE FÜR DIE WASSERVERTEILUNG UND ANWENDUNGSPROBLEME

von

Dr. Werner Doppler, Hohenheim

1	Problemstellung	521
2	Das Allokationsproblem und seine modellmäßige Erfassung	522
2.1	Das Problem der Wasserverteilung	522
2.2	Modellmäßige Erfassung der Wasserverteilung	523
3	Ein Simulationsansatz zur Wasserverteilung	526
3.1	Ermittlung der intrasaisonalen Wasserverteilung	527
3.2	Intrasaisonale Wasserverteilung, Betriebsorganisation und regionale Wasserverteilung	529
4	Anwendung und Probleme	531
4.1	Empirische Ergebnisse	531
4.2	Möglichkeiten und Grenzen des Ansatzes	537
5	Schlußbetrachtung	538

1 Problemstellung

Der Einsatz von Bewässerungswasser in der Agrarproduktion hängt in hohem Maße von unsicheren Klimaerwartungen ab und er ist in der Regel gekennzeichnet durch eine begrenzt verfügbare Wassermenge. Ein knapper Produktionsfaktor wirft die Frage nach seiner Allokation auf. Bei der Verteilung von Bewässerungswasser entsteht dieses Problem auf verschiedenen Ebenen:

a) regional, d.h. zwischen den Betrieben,
b) innerbetrieblich, d.h. zwischen den Produktionsverfahren eines Betriebes.

Im Zeitablauf ergibt sich die Frage, wann wieviel in einem gegebenen Produktionsverfahren bewässert werden soll.

Gegenstand der vorliegenden Arbeit ist es, die Problematik der Wasserverteilung herauszuarbeiten und vorliegende Ansätze auf die Möglichkeit zur Erfassung des Allokationsproblems zu überprüfen. Darauf aufbauend wird ein Simulationsansatz vorgestellt, der an einem Beispiel angewandt und auf seine Anwendungsprobleme hin untersucht wird.

2 Das Allokationsproblem und seine modellmäßige Erfassung

2.1 Das Problem der Wasserverteilung 1)

Die Knappheit von Bewässerungswasser resultiert aus dem Zusammenspiel von Wasserbedarf und verfügbarer Wassermenge und findet ihren Niederschlag in bestimmten Wasserverteilungsstrategien und Wasserpreisen. Auf die Knappheit des Wassers wirken die klimatischen Verhältnisse in verschiedener Weise:

a) sie beeinflussen über die mengenmäßige Wasseranlieferung und Verdunstungsverluste bei Speicherung und Transport die regional verfügbare Gesamtwasserkapazität, die jahreszeitlich schwanken kann;

b) über Niederschlag und Verdunstung wirken sie direkt auf den Bodenwassergehalt ein;

c) sie beeinflussen den Wasserkonsum der Pflanze.

Durch die Unkenntnis über die tatsächliche zukünftige Klimaentwicklung ergibt sich daraus sowohl für die Wasserangebots- als auch für die Nachfrageseite ein Unsicherheitselement.

Der ökonomische Entscheidungsspielraum bei der Wasserverteilung ist abgesteckt durch die technischen Bedingungen, die für den Wasserbedarf und die verfügbare Wassermenge gegeben sind. Das sind insbesondere die technischen Möglichkeiten der Wasserspeicherung, des Transportes und der Wasserausbringung, die Standort- und Erweiterungsflexibilität und der Wasserverlustquoten von Speicher- und Transportsystemen, die Wirkung verschiedener Ausbringungssysteme auf Boden und Pflanze und die technischen Voraussetzungen für die Verwendung eines bestimmten Ausbringungssystems 2).

Innerhalb dieses Entscheidungsspielraumes stehen folgende Problemkreise im Zentrum der Bewässerungsökonomie:

a) Projekt- bzw. Regionsebene:
- Welches Wasserverteilungssystem zwischen Betrieben und welche Wasserverteilungsordnung, welche Investitionen in Reservoirs, Pumpstationen und Verteilungssystemen sind notwendig zur Bereitstellung einer bestimmten Wassermenge in einem bestimmten Zeitabschnitt.
- Wie läßt sich regionales Wasserangebot und Nachfrage zum Ausgleich bringen (Ermittlung des zweckmäßigen Wasserpreises, Anwendung und Durchsetzung des Wasserpreises).

b) Einzelbetriebliche Ebene:
- Ermittlung der intrasaisonalen Wasserverteilung, d.h. Zeitpunkt des Wassereinsatzes und Wassermenge für ein gegebenes Produktionsverfahren innerhalb einer Vegetationsperiode;
- mengenmäßige und zeitliche Verteilung der Wasserverwendung zwischen den relevanten Produktionsverfahren eines Betriebes bei gleichzeitiger Ermittlung der Ausdehnung der Produktionsverfahren unter beschränkt verfügbarer Wassermenge. Einfluß einer begrenzten Wasserkapazität auf die Ausstattung mit Fläche und Arbeit;
- zweckmäßiges Ausbringungssystem, dessen Kapazität und Auslastung im Zeitablauf; zweckmäßiger Zeitpunkt der Investition zur Kapazitätserweiterung.

Die Lösung des Allokationsproblems wird erschwert durch einen erheblichen Datenmangel, der insbesondere in semi-ariden und ariden Gebieten einschneidend ist. Im nachfolgenden soll die weitere Problematik der modellmäßigen Erfassung der Wasserverteilung im Vordergrund stehen.

---

1) Bewässerung wird hier im Sinne des englischen Begriffs "irrigation" verwendet, schließt also die Beregnung mit ein.

2) Siehe dazu allgemein SCHROEDER (1968, 40), BAUMANN, SCHENDEL, MANN (1974, 7) und im speziellen NAGEL (1974, 34), CHRISTIANSEN und HARGREAVES (1969, 13), BLANEY und CRIDDLE (1950, 11), PENMAN (1956, 37) und WADLEIGH (1955, 44).

2.2 Modellmäßige Erfassung der Wasserverteilung

Zur modellmäßigen Erfassung wurden in den vergangenen Jahren mehrere Konzepte entwickelt [1], die sowohl analytisch-mathematischer als auch simulativer Natur sind [2] und von der speziellen Intensität bis zur Regions- bzw. Projektebene reichen. Sie behandeln sowohl die zeitliche als auch die räumliche Allokation. Im Mittelpunkt des Interesses steht die intrasaisonale Wasserverteilung für ein einzelnes Anbauverfahren und die Ermittlung der Betriebsorganisation unter Berücksichtigung der Bewässerungsbedingungen. In den letzten Jahren nahmen Ansätze zur Behandlung der Wasserallokation zwischen den Betrieben zu (Übersicht 1).

Im Bereich der intrasaisonalen Wasserverteilung für ein Produktionsverfahren, d.h. bei der Ermittlung der Bewässerungszeitpunkte und der jeweiligen Wassermenge bei unbegrenzter Wasserkapazität liegt in der Regel eine für alle Wachstumsphasen aggregierte Produktionsfunktion für den Wassereinsatz zugrunde. Ertragsreduzierungen bei Wassermangel schwanken in Abhängigkeit vom Wachstumsstadium der Pflanze, zu dem Wasser gegeben wird. Produktionsfunktionen, die die technische Beziehung differenziert zwischen dem Wassereinsatz in einzelnen Wachstumsphasen und dem Naturalertrag darstellen, beschreiben daher die Situation besser als solche, die aggregiert den Wassereinsatz in der gesamten Vegetationsperiode berücksichtigen [3]. HALL und BUTCHER (1968, 21) ziehen daraus die Konsequenz bei der Erfassung der Wasserversorgung einer Pflanze und führen für jeden typischen Wachstumsabschnitt eine Wasserbilanzierung durch. Die einzelnen Wachstumsabschnitte werden rekursiv über die Variablen "Bodenwassergehalt" und "noch verfügbares Bewässerungswasser" miteinander verbunden. In den Ansätzen von BURT und STAUBER (1971, 12) und NAGEL (1975, 33) wird von der gleichen Überlegung ausgegangen, NAGEL (1975, 33) verwendet jedoch als rekursive Variable die Bodenwasserspannung, da diese sich unter Feldbedingungen (z.B. mit dem Tensiometer) sehr einfach ermitteln läßt. Die Bodenwasserspannung erscheint außerdem geeignet, da sie für jede Bodenart sich in den Bodenwassergehalt transferiern läßt.

Zur Bestimmung der Ertragsreduzierung bei Wassermangel wird davon ausgegangen (HALL und BUTCHER (1968, 21), NAGEL (1975, 33)), daß der maximale Naturalertrag erreicht wird, wenn der Boden bis zur Feldkapazität versorgt ist. Bei Abweichung von der Feldkapazität wird für jede Wachstumsphase ein experimentell ermittelter Ertragsreduzierungskoeffizient zur Ermittlung der tatsächlichen Ertragsabnahme verwendet [4]. Durch das Problem der Verbindung der ertragsreduzierenden Wirkung zwischen den einzelnen Wachstumsphasen sehen sich BURT und STAUBER (1971, 12) gezwungen, eine Produktionsfunktion zu verwenden, die die Annahme impliziert, daß in keiner der jeweils vorangegangenen Wachstumsphasen der Pflanze ein Wasserdefizit bestand.

---

[1] Neben der Wasserverteilung im Agrarsektor wurden mehrere Modelle zur Planung von Wasserreservoirs und Bewässerungsregionen, die landwirtschaftliche und außerlandwirtschaftliche Verwendung des Wassers berücksichtigen, entwickelt und vor allem Simulationsmodelle im physiologischen Bereich der Wasseransprüche der Pflanzen und Wasserbereitstellung des Bodens. Zum ersten Komplex siehe MAASS et al. (1966, 29), NAGEL (1975, 33), ASKEW et al. (1971, 3), HALTER und MILLER (1966, 22), HUFSCHMIDT (1963, 24), HUFSCHNIDT und FIERING (1966, 25) und zum zweiten FLINN (1971, 18), VAN KEULEN (1975, 27), CHOW und KARELIOTIS (1970, 14) und die dort zitierte Literatur.

[2] Simulationsmodelle lassen sich gegenüber den analytisch-mathematischen Modellen abgrenzen. Unter letzteren fassen WEINSCHENCK und WEINDLMYIER (1975, 45, S. 22 ff) alle analytisch und numerisch lösbaren Ansätze zusammen und unter den Simulationsmodellen die ausschließlich numerisch lösbaren.

[3] Siehe zu diesem Problem die umfassende Literaturangabe in ANDERSON und MAASS (1974, 2, Appendix A, S. 44 ff), daraus vor allem FLINN und MUSGRAVE (1967, 19, S. 7 f) und FLINN (1971, 18, S. 125), TAYLOR (1972, 42 S. 222 ff) und zusätzlich BEHRINGER (1961, 10, S. 15 ff) und RAWITZ und HILLEL (1969, 38, S. 231 ff).

[4] Zur Problematik siehe NAGEL (1975, 33, S. 19 ff).

Übersicht 1   Charakterisierung ansgewählter Modelle zur Wasserverteilung

Problemstellung	Modelltyp	stochastisch	dynamisch	linear	angewandt	Autoren
1. Intrasaisonale Wasserverteilung für ein Anbauverfahren						
Bewässerungszeitpunkt, Wassermenge	analytisch	nein	Bodenwassergehalt, verfüg. Bewässerungswasser	nein	nein	HALL und BUTCHER (21), 1968
Bewässerungszeitpunkt, Wassermenge, Investition	analytisch	Niederschlag Temperatur	Wasserversorgung	nein	Central Missouri	BURT und STAUBER (12), 1971
Bewässerungszeitpunkt, Fläche je Anlage, Parzellenreihenfolge	simulativ	nein	Bodenwasserspannung	nein	Negev	NAGEL (33), 1975
2. Innerbetriebliche Wasserverteilung						
Betriebsorganisation	analytisch	Niederschlag Regentage	Zielfunktion Produktionsverfahren	nein	Nördlicher Negev	ZUSMAN und AMIAD (47), 1965
Betriebsorganisation, intrasaisonale Wasserverteilung	simulative	Niederschlag Verdunstung	Bodenwassergehalt, verfüg. Bewässerungswasser	teilweise	hypothetisches Beispiel	WINDSOR und CHOW (46), 1971
Betriebsorganisation, Tag- und Nachtbewässerung	analytisch	nein	nein	ja	Nördlicher Negev	IRVIN (26), 1974
3. Regionale und innerbetriebliche Wasserverteilung						
Regionale Anbaustruktur, Kapazität der Förder- und Verteilungsanlagen	analytisch	nein	nein	ja	hypothetisches Beispiel	ROGERS und SMITH (39), 1970
Regionale und innerbetriebliche Wasserverteilung	simulativ	nein	verfügbares Bewässerungswasser	nein	hypothetisches Beispiel	ANDERSON und MAASS (2), 1974

Das Kernproblem der intrasaisonalen Wasserverteilung, der Übergang vom verfügbaren Bodenwasser zur Ertragsbeeinflussung, wird komplexer durch den Umstand, daß bereits eingetretene Ertragsreduzierungen infolge Wassermangel sich durch nachfolgende höhere Wassergaben nicht mehr beseitigen lassen und alle vorherigen Wassergaben bei eintretendem Wassermangel vollständig oder teilweise hinfällig werden 1). Über den Einfluß des Zeitraumes, in dem Wassermangel besteht, auf den Naturalertrag sind weder pflanzenspezifische Angaben, noch Sensitivitätsuntersuchungen für Aussagen über die Bedeutung der Dauer der Mangelsituation zu finden.

Das aus der Unkenntnis über die zukünftige Klimaentwicklung resultierende Unsicherheitselement erfordert eine stochastische Erweiterung der Modelle. BURT und STAUBER (1971, 12) verwenden in ihrem Ansatz Niederschlagssumme und Temperatursumme für definierte Zeiträume der möglichen Bewässerung und bestimmen direkt den Ertrag und die Entwicklung der verfügbaren Wassermenge. WINDSOR und CHOW (1971, 46) hingegen verwenden Zufallsvariablen aus klimatischen Verhältnissen zur Erfassung eines erwarteten Wasserhaushaltes. Im allgemeinen zeigen die Ergebnisse, daß die Einbeziehung stochastischer Niederschlagsvariablen umso wichtiger ist, je ungünstiger die Niederschlagsverteilung und je höher die Niederschlagsmenge ist.

Bei den Ansätzen, die primär der Ermittlung der intrasaisonalen Wasserverteilung für ein Produktionsverfahren dienen, erweitern BURT und STAUBER (1971, 12) die Fragestellung und versuchen Investitionen in Wasserspeicher- und Wassertransportkapazitäten näherungsweise zu erfassen. Investitionskriterium ist die Differenz der Wasserverwertung des zusätzlichen Wassers aus der erhöhten Speicher- und/oder Transportkapazität unter den jährlichen Unterhaltungs- und Wiederbeschaffungskosten. NAGEL (1975, 33) schließlich erweitert seinen Ansatz um die Fragen nach der zweckmäßigen Bewässerungsfläche je Bewässerungsanlage und der zeitlichen Bewässerungsreihenfolge der Parzellen eines Betriebes. Beide Fragestellungen erscheinen relevant, wenn sich zum einen die Frage nach einer Investition für weitere Bewässerungsanlagen oder Erhöhung der Kapazität der vorhandenen anschließt und zum andern wenn eine Analyse des arbeitswirtschaftlichen Ablaufes unter besonderer Beachtung der Schlagkraft des Betriebes folgt.

Bei Ausdehnung der Frage nach der intrasaisonalen Wasserverteilung auf den gesamten Betrieb (Mehrproduktbetrieb) entscheidet

a) die Knappheit des verfügbaren Bewässerungswassers und
b) die unterschiedliche Wasserverwertung der einzelnen Produktionsverfahren zu den jeweiligen Bewässerungszeitpunkten

über die Wasserverteilung zwischen den Produktionsverfahren, deren Ausdehnung und über die intrasaisonale Wasserverteilung. Die Möglichkeiten der Verwendung von linearen Prozeßanalysemodellen aus einzelbetrieblicher Sicht zur Lösung der innerbetrieblichen Wasserverteilung werden von IRVIN (1973, 26) aufgezeigt. Die Einschränkung bei der Anwendung für die vorliegende Problemstellung der gleichzeitigen Betrachtung der Wasserverteilung auf verschiedenen Ebenen innerhalb des Einzelbetriebes ergab sich zum einen daraus, daß sich stochastische Klimavariablen nicht einbeziehen lassen. ZUSMAN und AMIAD (1965, 47) versuchten bereits 1965 in einem nichtlinearen Ansatz die Unsicherheit der Niederschläge durch die stochastischen Variablen "Niederschlagsmenge" und "Zahl der Regentage" bei der Ermittlung der Betriebsorganisation zu berücksichtigen. Da sie nicht die Bewässerung miteinbezogen, entfiel die Frage nach der Allokation von Bewässerungswasser. Den wohl ersten Schritt zur komplexeren Erfassung der obigen Problemstellung gingen WINDSOR und CHOW (1971, 46) durch Dekomposition in Einzelprobleme. Zunächst ermitteln sie für jedes Produktionsverfahren die intrasaisonale Wasserverteilung, um dann die Lösungen in einem linearen Prozeßanalysemodell zur Ermittlung der Betriebsorganisation bei begrenzter Wasserverfügbarkeit zu verwenden. Die Trennung beider Lösungsprozesse verhindert allerdings die Erfassung von Interdependenzen zwischen der Wassergabe zu verschiedenen Zeitpunkten aller Produktionsverfahren und deren Ausdehnung. Es böte sich zumindest ein iterativer Rechenprozeß mit Rückkoppelung von der Lösung der Betriebsorganisation zur intrasaisonalen Wasserverteilung an.

---

1) Siehe dazu die Ergebnisse von DENMEAD und SHAW (1960, 16, S. 272 ff).

Der Übergang auf Regions- bzw. Projektebene bei Beibehaltung der bisherigen Problemstellung bei der Allokation von Bewässerungwasser bedingt die zusätzliche Berücksichtigung der Wasserverteilung zwischen den Betrieben. Von Interesse ist dabei die jeweilige Wasserverwertung, die Festlegung des Wasserpreises und seine Durchsetzung. Die Verwendung eines räumlichen Gleichgewichtsmodells unter Annahme eines freien Wassermarktes (GUISE und FLINN, 1970, 20) erscheint nur dann zweckmäßig, wenn zwischenbetrieblicher Wassertransfer möglich oder eine Wasserverteilungszentrale freie Entscheidung über die Wasserverwendung hat und nicht eine Produktion mit relativ niedriger Wasserverwertung aufrecht erhalten werden soll.

Sobald verschiedene Wasserverteilungsregeln bestehen oder möglich sind und/oder bestimmte Anbaukulturen Bewässerungspriorität haben, bietet auf Regionsebene das Simulationsmodell von ANDERSON und MAASS (1974, 2) eine Möglichkeit zur Ermittlung der Auswirkungen verschiedener Verteilungsregeln auf die regionale Einkommenssituation, das Produktionsvolumen und die einzelbetriebliche Bewässerungsstrategie. Deshalb werden der zwischenbetriebliche und teilweise der innerbetriebliche Wettbewerb um das Wasser berücksichtigt und die Betriebsorganisation simultan ermittelt. Die intrasaisonale Wasserverteilung wird nicht berücksichtigt. Einschneidende Annahmen dieses deterministischen Modells sind die für alle Betriebe gleichen Produktionsfunktionen und die Verwendung der Wasserverwertung als einziges Kriterium zur Bestimmung der Betriebsorganisationen. Die Erfassung eines komplexen Systems von Einzelbetrieb bis zur Regions- bzw. Projektebene bei ANDERSON und MAASS erscheint als ein gangbarer Weg zur Lösung des Gesamtproblems. Eine Erweiterung durch die Frage nach der zweckmäßigen Kapazität des Wasserverteilungsnetzes und der Wasserförderungsanlagen auf Regionsebene ermöglichen ROGERS und SMITH (1970, 39) in ihrem Ansatz, der die Region als Gesamtbetrieb beinhaltet 1).

Die modellmäßige Erfassung der beschriebenen Allokationsprobleme mit den Interdependenzen zwischen den verschiedenen Ebenen kann erst dann Anspruch auf näherungsweise Vollständigkeit erheben, wenn

a) stochastische Elemente berücksichtigt werden, z.B. Niederschläge,
b) Rückkoppelungs- und Kontrollabläufe formuliert sind; z.B. die Menge an Bewässerungswasser zum Zeitpunkt t_i wirkt auf den Naturalertrag zum Erntezeitpunkt und diese Wirkung entscheidet über eine weitere Erhöhung der Wassergabe in t_i oder z.B. beeinflußt die intrasaisonale Wasserverteilung bei knapper Wasserkapazität des Betriebes die Wasserverteilung zwischen den Produktionsverfahren und deren Ausdehungsniveau und umgekehrt wirkt dies auf die intrasaisonale Wasserverteilung.

Daraus ergibt sich, daß zur Behandlung der Wasserallokation Simulationsmodelle besonders geeignet erscheinen 2). Im folgenden soll daher ein Simulationsansatz 3) diskutiert und angewandt werden, der einfach handhabbar ist und mit dem die Komplexität der angeführten Probleme näherungsweise abgebildet werden kann.

3 . Ein Simulationsansatz zur Wasserverteilung

Mit dem Modell sollen folgende Probleme behandelt werden:

a) intrasaisonale Wasserverteilung
b) Wasserverteilung zwischen Produktionsverfahren und Ausdehnungsniveau der Produktionsverfahren
c) regionale Wasserverteilung zwischen den Betrieben.

Fragen der regionalen und einzelbetrieblichen Investition werden nicht berücksichtigt.

---

1) Ähnlich gehen auch DUDLEY et al. (1972, 17) vor bei der Ermittlung der Gesamtfläche unter Bewässerung bei gegebenem Wasserreservoir. Zur Behandlung des Allokationsproblems auf regionaler Ebene siehe auch ASOPA (1971, 4) und LANDIS (1968, 28) und BEBEHANI (1972, 8).

2) Siehe DE HAEN (1972, 15; S. 21).

3) Zu Simulation, Systemanalyse, Systemtechnik und Systemforschung siehe WEINSCHENCK und WEINDLMAIER (1975, 45), SEUSTER (1975, 41), NAYLOR (1971, 35) und ORCUTT (1970, 36)

3.1 Ermittlung der intrasaisonalen Wasserverteilung

Die Arbeitsweise des Modells zur Ermittlung der intrasaisonalen Wasserverteilung eines Produktionsverfahrens konzentriert sich auf

a) Ermittlung der Zufallsvariable für Niederschläge,
b) Gegenüberstellung von Bodenwasser und Wasserbedarf der Pflanze und Ermittlung von Wasserdefizit für kleine Zeitabschnitte;
c) tritt Wasserdefizit auf, wird überprüft, ob die daraus resultierende Erlösreduzierung größer ist als die zur Behebung des Wasserdefizits durch Bewässerung entstehenden Kosten (Schaubild 1).

Es wird nicht wie in vielen anderen Modellen das BELLMANN'sche Prinzip der dynamischen Programmierung (1953, 9) verwendet [1]), sondern nach folgendem Arbeitsprozeß vorgegangen: Für jeden Tag wird aus den täglichen Niederschlägen mehrerer Jahre zufällig ein Niederschlagswert ausgewählt und für die tägliche Wasserbilanzierung verwendet. Als Maßgröße zur Abbildung des Wasserhaushaltes dient in Anlehnung an TAYLOR (1972, 42), FLINN (1971, 18) und NAGEL (1975, 33) die Bodenwasserspannung. Sie ist für eine gegebene Bodenart durch den Bodenwassergehalt gegeben [2]). Da der Bodenwassergehalt zum Zeitpunkt i bestimmt ist durch den Bodenwassergehalt zum Zeitpunkt i - 1 und den Zu- und Abflüssen, ergibt sich die Bodenwasserspannung aus

$$(1) \quad WS_i = f(WG_{i-1} + N_i + B_i - E_i - K_i^g),$$

wobei
- i = Kleinste Zeiteinheit (= 1 Tag), für $i = 1, 2 \ldots n$;
- g = Pflanzenart, für $g = 1, 2, \ldots h$; [3])
- WS = Bodenwasserspannung;
- WG = Bodenwassergehalt;
- N = Netto-Niederschläge;
- B = Netto-Beregnung;
- E = Evaporation; [4])
- K = Wasserkonsum der Pflanze. [4])

Bei einer Wasserversorgung des Bodens in Höhe der Feldkapazität, d.h. bei dem maximal der Pflanze zur Verfügung stehenden Wasser, wird der maximale Naturalertrag erzielt. Liegt die ermittelte Bodenwasserspannung ohne Bewässerung höher als die Wasserspannung bei Feldkapazität, d.h. muß mit Ertragsreduzierungen infolge ungenügender Wasserversorgung gerechnet werden, dann wird die Notwendigkeit einer Bewässerung überprüft. Mit Hilfe von Ertragsreduzierungskoeffizienten (NAGEL, 1974, 34, HALL und BUTCHER, 1968, 21) wird die Reduzierung des potentiellen Ertrages ermittelt, so daß sich der effektive Ertrag ergibt aus

$$(2) \quad Y_e^g = Y_o^g - \sum_{i=1}^{N} b_i^g (WS_i - WS_{FK,i})$$

---

1) Wie beispielsweise bei HALL und BUTCHER (1968, 21), WINDSOR und CHOW (1971, 46).

2) Zur Beziehung zwischen Bodenwassergehalt und Bodenwasserspannung siehe NAGEL (1974, 34, S. 292) und WADLEIGH (1955, 44, S. 359) und WADLEIGH und AYERS (43, S. 106).

3) Mit der Pflanzenart soll gleichzeitig die Durchwurzelungstiefe gegeben sein.

4) Zur Bestimmung der Evaporation und des Wasserverbrauchs liegen umfangreiche Untersuchungen vor. Siehe dazu CHRISTIANSEN und HARGREAVES (1969, 13) und NAGEL (1975, 33). Zur Ermittlung der Wasserverbrauchskoeffizienten der Pflanzen wurden verschiedene Methoden entwickelt von BLANEY und CRIDDLE (1950, 11), HARGREAVES (1968, 23) und PENMAN (1956, 37). Allgemein zum Problem BALOGH (1974, 5, S. 18 ff), BAIER und ROBERTSON (6) und NAGEL (1975, 33).

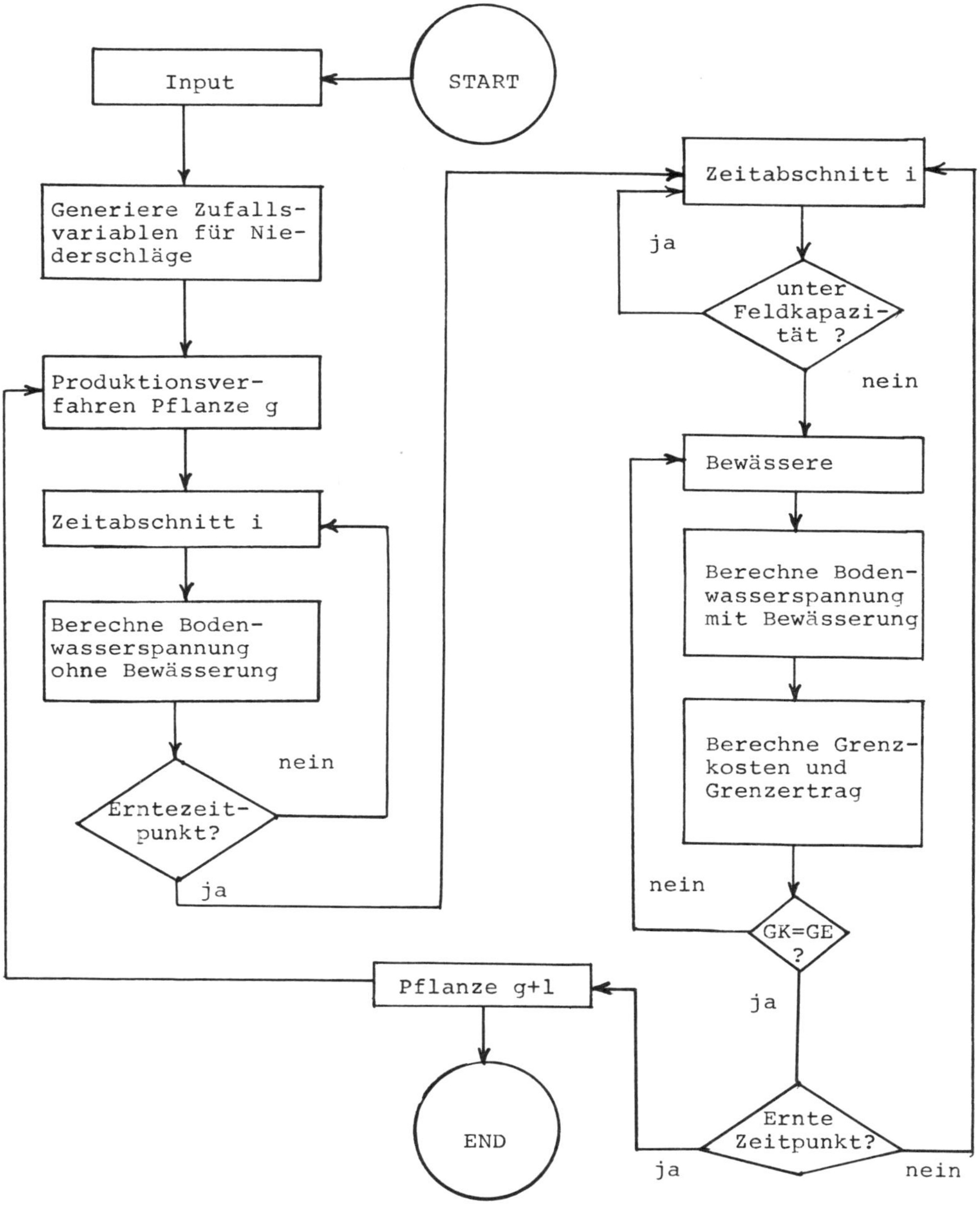

Schaubild 1 Simulation der intrasaisonalen Wasserverteilung

wobei Y_e = Naturalertrag zum Erntezeitpunkt;

Y_o = Maximalertrag bei pflanzenoptimaler Wasserversorgung (Feldkapazität);

b = pflanzenspezifischer Ertragsreduzierungskoeffizient;

WS = Bodenwasserspannung;

WS_{FK} = Bodenwasserspannung bei Feldkapazität.

Zur Reduzierung der Bodenwasserspannung und damit der Ertragsverminderung wird die Bewässerungswassermenge zum potentiellen Bewässerungszeitpunkt sukzessive erhöht und für jede Wassereinheit untersucht, ob die Grenzkosten des Wassereinsatzes dem Grenzertrag aus der Ertragsreduzierung entsprechen. Für die Ermittlung des Grenzertrages wird ausschließlich die Wirkung des Bewässerungswassers vom potentiellen Bewässerungszeitpunkt bis zum Erntezeitpunkt herangezogen. Der Grenzertrag zum potentiellen Bewässerungszeitpunkt ergibt sich aus

$$(3) \quad GE_i^{g,k} = P_g \cdot \sum_{j=i}^{n-1} b_j \cdot (WS_j - WS_{FK,j}), \quad \text{für } j=i, \ldots n-1;$$

wobei k = Bewässerungsniveau, für k=1,2,...r;

GE = Grenzertrag des Wassereinsatzes,

P_g = Preis des Produktes G.

Ist die Optimumsbedingung erfüllt, wird für die weiteren Berechnungen die Realisierung der Bewässerung unterstellt. Da bei vielen Pflanzen und in bestimmten Wachstumsphasen der Pflanzen bei geringem Abweichen von der Feldkapazität immer noch ein Maximalertrag erzielbar sein wird und die Zunahme der Bodenwasserspannung nichtlineare Beziehungen zu den Ertragsreduzierungen haben kann, läßt sich eine Schwelle der Ertragsschädigung und der Schädigungsgrad bei zunehmender Spannung und zunehmender Dauer eines schädigenden Spannungsniveaus exogen in das Modell vorgeben.

3.2 Intrasaisonale Wasserverteilung, Betriebsorganisation und regionale Wasserverteilung

Mit den Ergebnissen der intrasaisonalen Wasserverteilung für alle relevanten Produktionsverfahren wird in einem erweiterten Modell (Schaubild 2) die Betriebsorganisation ermittelt, wobei die Wasserverteilung zwischen den Produktionsverfahren mit deren Niveau und bei nicht ausreichender Wasserkapazität die unbewässerte aber bewässerbare Fläche gegeben ist. Die Ermittlung der Betriebsorganisation erfolgt über ein lineares Prozeßanalysemodell, in dem mehrere Faktorbegrenzungen berücksichtigt werden können. Reicht in einem Zeitabschnitt das Bewässerungswasser zur Bewässerung der gesamten Fläche nicht aus, dann wird über alle Produktionsverfahren für diesen Zeitabschnitt die bei der intrasaisonalen Wasserverteilung ermittelte niedrigste Grenzverwertung des Bewässerungswassers im Bewässerungsfalle [1] gesucht und die Bewässerung um eine bestimmte Einheit Wasser reduziert. Dadurch wird eine neue Ermittlung der intrasaisonalen Wasserverteilung für das betreffende Produktionsverfahren unter Maximalbegrenzung für den ausgewählten Zeitraum erforderlich. Es folgt eine neue Ermittlung der Betriebsorganisation. Dieser rücklaufende Korrekturprozeß erfolgt solange, bis sich die Einkommensituation des Betriebes nicht mehr wesentlich verbessert.

Dieser Rechengang wird für alle Betriebe einer Region oder eines Projektes durchgeführt. Die daraus abgeleitete Wasserverwertung nach Produkten und Betrieben im Zeitablauf gibt Hinweise für möglichen Wasser- oder Wasserkontingentsverkauf an andere Betriebe und für die Bildung des Wasserpreises, was durch Einbeziehung der Liquidität auf die finanzielle Durchsetzbarkeit

---

[1] Das ist die niedrigste Wasserverwertung unter allen Fällen, die der Bedingung Grenzkosten gleich Grenzertrag genügen. Siehe Schaubild 4.

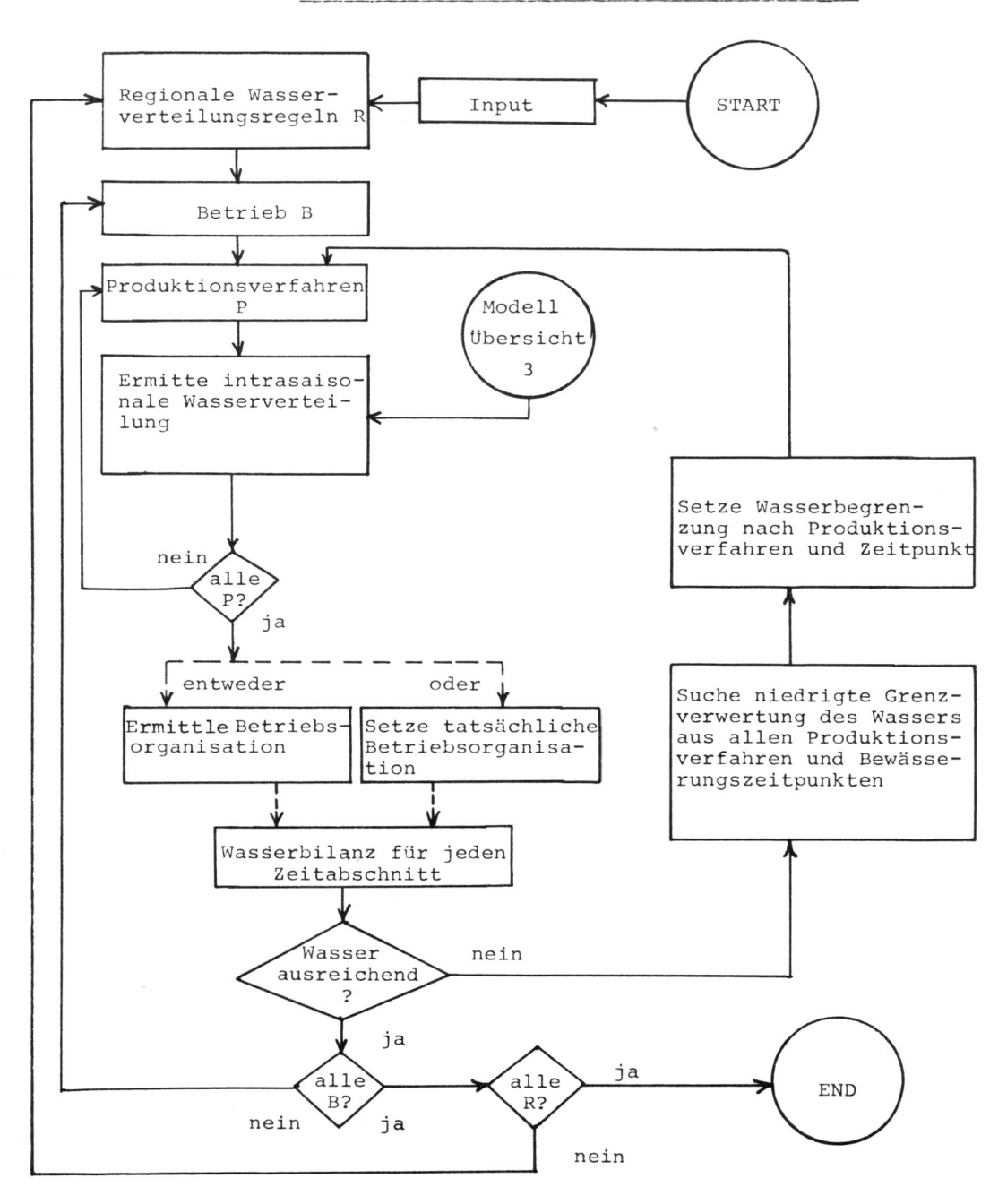

Schaubild 2 Simulation der intrasaisonalen, innerbetrieblichen und regionalen Wasserverteilung

des Wasserpreises erweitert werden kann. Für bestehende und mögliche Wasserverteilungsregelungen zwischen den Betrieben lassen sich die Auswirkungen auf die Wasserallokation auf verschiedenen Ebenen ermitteln. Zusätzliche Informationen für Wasserverteilungspolitische Entscheidungen können Beschäftigung und Arbeitsverwertung, Produktionsvolumen und Einkommenssituation liefern.

4 Anwendung und Probleme

Der beschriebene Simulationsansatz soll im folgenden an einer vereinfachten realen Situation im nördlichen Negev/Israel angewandt werden. Die Datengrundlage wurde im wesentlichen NAGEL (1974, 34; 1975, 33) und IRVIN (1973, 26) entnommen. Die Ausgangssituation des Anwendungsbeispieles läßt sich wie folgt zusammenfassen:

- Die Vegetationsperiode liegt zwischen Oktober und Mai. Für diesen Zeitraum betragen die Durchschnittstemperaturen $15,6^{\circ}$C, die Niederschläge 228 mm. Es liegt Lößboden vor 1), dessen Feldkapazität bei 1,0 Bar liegt. Die täglichen Wasseransprüche (ACHTNICH, o.J. 1, BALOGH, 1974, 5) schwanken, ebenso wie die Ertragsreduzierungskoeffizienten, in Abhängigkeit von der Wachstumsphase der Pflanze (Übersicht 2). Mit der Bestimmung der Pflanze soll auch die berücksichtigte Wurzeltiefe gegeben sein.

- Die untersuchte Region besteht aus drei Kibbuzim. Flächenzupacht und Lohn-Arbeitskräfte sind nicht erlaubt. Es bestehen verschiedene Wasserbezugsquellen und monatlich unterschiedliche Wasserverfügbarkeit (Übersicht 3). Der Wasserpreis beträgt für Kontingentswasser aus der regionalen Wasserversorgung 0,04 DM/m^3 und für Brunnenwasser 0,03 DM/m^3. Bei einer Übertretung des Kontingents von maximal 20 v.H. müssen 4,-- DM/m^3 bezahlt werden. Für die Verlegung und Inbetriebnahme der Beregnungsanlage werden Kosten in Höhe von DM 50,-- je ha unterstellt. Es wird davon ausgegangen, daß die Beregnungsanlagen vorhanden sind.

- Das Wasserkontingent der Betriebe orientiert sich überwiegend an der Flächenausstattung. Folgende Verteilungsregeln sind jedoch möglich:

a. Der Einzelbetrieb erhält von der verfügbaren Wasserkapazität einen bestimmten Prozentsatz; damit schwankt seine Wassermenge jahreszeitlich entsprechend der gesamten Gebietswassermenge; der Prozentsatz kann sich an der Betriebsgröße orientieren. Der Prozentsatz kann auf einem Kontingent oder auf einer bestimmten zeitlichen Reihenfolge, in der eine bestimmte Wasserentnahmezeit gewährt wird basieren.

b. Die Betriebe unterliegen einer Rangfolge, nach der bestimmte Betriebe Vorzüge haben. Derartige Präferenzen (z.B. Wasserrechte) können sich orientieren an Standort (z.B. entlang eines Kanals), Siedlungszeit, Anbaukultur etc.

Bei der Anwendung des Simulationsmodells sind die empirischen Möglichkeiten und die Konsequenzen der Anwendungsprobleme für die Modellkonzeption von Interesse.

4.1 Empirische Ergebnisse

Erwartungsgemäß wird dann bewässert, wenn die Niederschläge niedrig sind (Schaubild 3) und mit einer Wassermenge, die der Bodenwasserspannung und den Wasserbedürfnissen der Pflanze bei gegebener Preis-Kostenstruktur entspricht (Übersicht 6). Die Bodenwasserspannung weicht teilweise erheblich von der Feldkapazität ab, was bedeutet, daß offensichtlich der Maximalertrag nicht identisch ist mit dem ökonomisch optimalen Ertrag.

Die Bewässerungsstrategie ist zwischen den einzelnen Produktionsverfahren unterschiedlich und resultiert aus einer unterschiedlichen Verwertung des Wassers in den einzelnen Wachstumsabschnitten (Schaubild 4). Im allgemeinen nimmt die Wasserverwertung mit zunehmender Vegeta-

---

1) Zur hier verwendeten funktionalen Beziehung zwischen Bodenwasserspannung und Bodenwassergehalt für diesen Lößboden siehe NAGEL (1974, 34, S. 292) und RAWITZ und HILLEL (1969, 38, S. 232).

Übersicht 2   Datengrundlage für die Produktionsverfahren

Produktions-verfahren	Wurzel-tiefe in cm	täglicher Wasserbedarf in m^3	b-Koeffizient						Produkt-preis in DM / dz
			Dez.	Jan.	Febr.	März	April	Mai	
Weizen 1	40	31 - 38	6	57	13	6	5	2	15.--
Weizen 2	40	27 - 34	4	38	8	5	4	1	14.--
Hirse	50	22 - 31	2	10	16	4	2	1	12.--
Baumwolle	70	49 - 82	4	5	8	6	5	1	65.--
Zuckerrüben	60	78 - 92	21	27	33	35	18	11	3.--
Tomaten	40	84 -110	17	50	50	40	40	30	9.--

Übersicht 3   Datengrundlage der Betriebe

Kapazitätsausstattung	Betrieb A	Betrieb B	Betrieb C
Ackerfläche in ha	440	387	720
Wasserkontingent in 1000 m^3			
Mekoroth-Wasser			
Dez.	56	0	92
Jan.	44	0	101
Febr.	52	0	90
März	48	0	96
April	43	0	88
Mai	41	0	82
Reservoir-Wasser			
Dez.	70	92	108
Jan.	74	84	115
Febr.	76	86	107
März	76	100	105
April	75	84	105
Mai	75	84	101
Brunnenwasser monatlich	101	167	233
Durchschnittliche Bewässerungs-kapazität in mm / ha	303	395	359

Schaubild 3 **Zufällig ausgewählte Niederschläge und Entwicklung der Bodenwasserspannung bei Weizen 1**

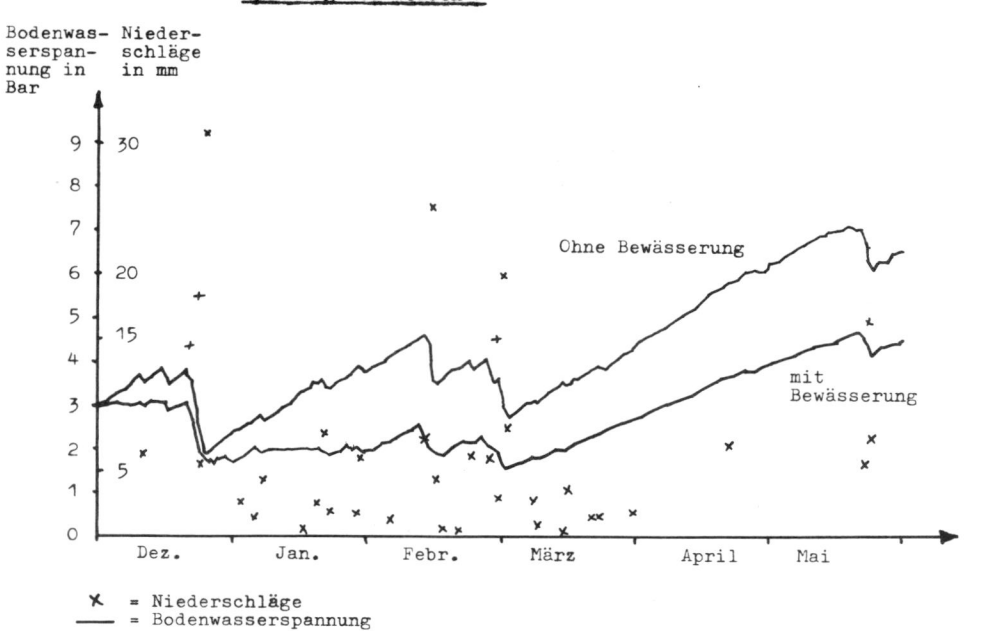

Bodenwasserspannung in Bar / Niederschläge in mm

Ohne Bewässerung

mit Bewässerung

✗ = Niederschläge
— = Bodenwasserspannung

Schaubild 4 **Die Verwertung des Wassers bei isolierter Betrachtung der Produktionsverfahren**

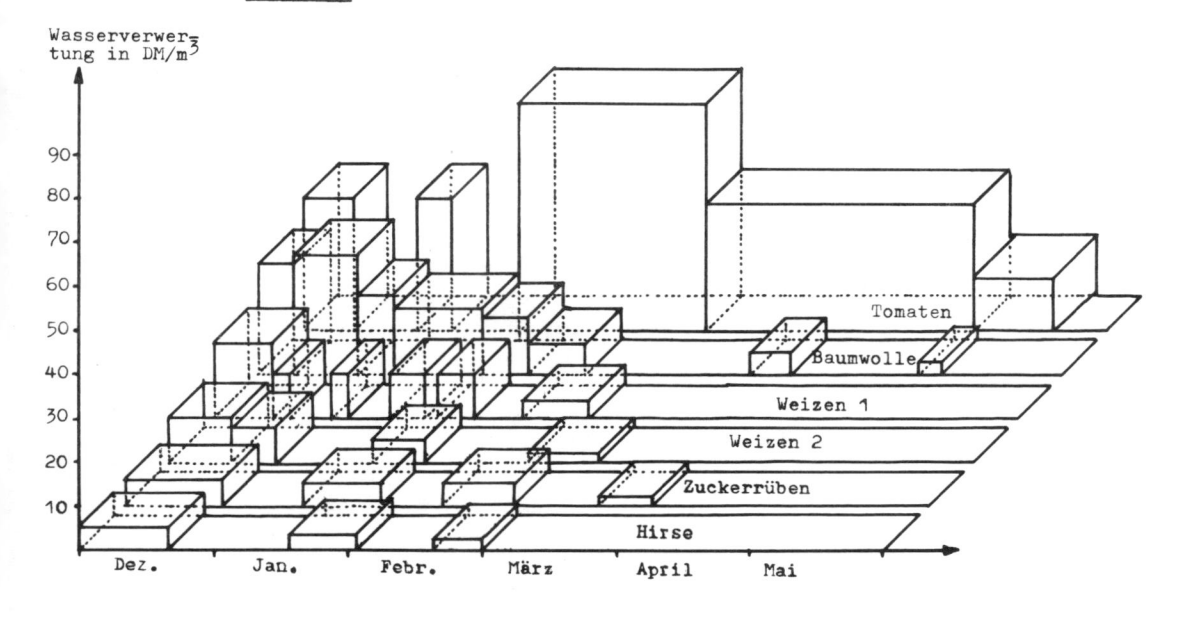

Wasserverwertung in DM/m³

Tomaten
Baumwolle
Weizen 1
Weizen 2
Zuckerrüben
Hirse

Übersicht 4   Der Einfluß der Kosten auf Bewässerungshäufigkeit und Wassermenge bei Weizen 1

Bereit-stellungs-kosten der Anlage je ha	Bewässe-rungs-häufig-keit	Wasser-menge in mm	mm je Bewäs-serung	Wasser-preis DM/m³	Bewässe-rungs-häufig-keit	Wasser-menge in mm	mm je Bewäs-serung
20.--	43	111	2,58	0,02	22	92	4,18
40.--	27	129	4,78	0,04	22	92	4,18
60.--	18	109	6,06	0,06	24	130	5,42
80.--	13	96	7,38	0,08	23	132	5,74
100.--	9	76	8,44	0,10	22	130	5,91
120.--	6	58	9,66	0,12	23	132	5,74

Übersicht 5   Die Organisation der Betriebe

Betrieb	Erste Lösung			Endlösung		
	A	B	C	A	B	C
Weizen 1 in ha	122	0	330	95	84	330
Weizen 2 in ha	0	0	0	78	0	66
Hirse in ha	0	0	0	0	0	0
Baumwolle in ha	180 [1]	200 [1]	240 [1]	180 [1]	200 [1]	240 [1]
Zuckerrüben, ha	0	0	0	0	0	0
Tomaten in ha	39	78	84	39	78	84
Ungenutzte Fläche in ha	99	109	66	48	25	0
Deckungsbeitrag in 1000.-- DM	256	347	409	262	359	412
Deckungsbeitrag je m³ Wasser in DM	0,21	0,24	0,17	0,22	0,25	0,17
Wasserknappheit in Periode	3	2	3	3,2	3,2	(3)

[1] Die vorgegebenen Fruchtfolgebegrenzungen wurden erreicht.

Übersicht 6 **Bewässerungsstrategie der intrasaisonalen Wasserverteilung für Betrieb C [1)]**

3-Tages-Abschnitte	Wassergabe in mm									
	Weizen 1		Weizen 2		Hirse		Baumwolle		Zuckerrüben		Tomaten	
	$a^{2)}$	$b^{2)}$	$a^{2)}$	$b^{2)}$	$a^{2)}$	$b^{2)}$	$a^{2)}$	$b^{2)}$	$a^{2)}$	$b^{2)}$	$a^{2)}$	$b^{2)}$
1	3	3	5	5			6	6	20		8	8
2	8	8	8	8	10		8	8	20		12	12
3							8	8	10		11	11
4	9	9	9	9	10		8	8	10		11	11
5	5	5	7	7			8	8	10		10	10
6	6	6	8	8	8		8	8			10	10
7	5	5	9	9			7	7	10		9	9
8	5	5	10	10			7	7			11	11
9							7	7			11	11
10	5	5					9	9			10	10
11							9	9			9	9
12	5	5					9	9			9	9
13	5	5	5	5			9	9	10		9	9
14	5	5	5	5			10	10	10		9	9
15	5	5	5	5			10	10	10		9	9
16	4	4			6		11	11	20		10	10
17	4	4					11	11			10	10
18							11	11	10		10	10
19			6	6			10	10	15		11	11
20	5	5			7		9	9			11	11
21	5						18	18			15	15
22							21	21			16	16
23	5		5				25	25			18	18
24	5		5				24	24	8		19	19
25							22	22	10		21	21
26												
27												
28							8	8			16	16
29			9				12	12	10		21	21
30												
31		8		10								
32												
33												
34												
35												
36	4	4					5	5			10	10
37							8	8			11	11
38							9	9			14	14
39							10	10			18	18
40							9	9	7		20	20
41												
42	6	6	5	5			7	7			10	10
43											5	5
44							4	4			10	10
45												
46												
47							3	3	5		10	10
48												
49							5	5			10	10
50	3	3							5		5	5
51												
52												
53												
54												
55												
56												
57												
58												
59												
60												
Summe	97	99	91	92	41		365	365	200		449	449

1) Bereitstellungskosten der Beregnungsanlage DM 50.-- je ha; Wasserpreis DM 0,04 je m^3
2) **a** = Ergebnis ohne Wasserbegrenzung
   b = Ergebnis mit Wasserbegrenzung aus der Ermittlung der Betriebsorganisation nach der 6. Rückkopplung von Betriebsorganisation zu intrasaisonaler Wasserverteilung.

tionszeit ab, eine Folge der abnehmenden Bedeutung der Wasserversorgung der Pflanzen bis zur Reife- und Erntezeit und eine Folge der Wirkung einer früheren Bewässerung auf die nachfolgenden Vegetationsabschnitte.

Von erheblichem Einfluß auf die intrasaisonale Wasserverteilung bei Weizen sind die Kosten der Bereitstellung und Ingangsetzung der Beregnungsanlage für eine Bewässerung. Mit zunehmenden Kosten nimmt die Bewässerungshäufigkeit erheblich ab, die Höhe der Wassergabe je Bewässerung steigt (Übersicht 4). Das bedeutet beispielsweise beim Übergang von Tröpfchenbewässerung, mobiler Beregnungsanlage mit Aufrollen von Schläuchen, mit Verlegung durch Schlepper bis zum Handvorschub nimmt die Gefahr von Engpässen in der Wasserversorgung zu. Die Erhöhung des Wasserpreises brachte lediglich beim Übergang von DM 0,04 auf DM 0,06 je m^3 einen Einfluß auf die verbrauchte Wassermenge, im wesentlichen ergab sich jedoch eine Umstrukturierung bei den Anwendungszeitpunkten.

Mit den Ergebnissen der intrasaisonalen Wasserverteilung der einzelnen Produktionsverfahren (Schaubild 4, Übersicht 3) ergaben sich Betriebsorganisationen der drei Betriebe, die in Periode 2 und 3 nicht ausreichend Wasser hatten und infolgedessen bewässerbare Fläche ungenutzt blieb (Übersicht 5). Die darauf folgende Korrekturrechnung der intrasaisonalen Wasserverteilung führte in Betrieb A zu einer Reduzierung der Wassermenge bei Weizen 1 in Periode 3, wodurch die Organisation sich zugunsten des Anbaus von Weizen 2 verschob. In Betrieb C führte eine zeitliche Verschiebung der Bewässerung bei Weizen 1 zur Bewirtschaftung der gesamten Betriebsfläche. Die innerbetriebliche Wasserverteilung ist in Schaubild 5 wiedergegeben.

Die vorliegende regionale Wasserverteilung zwischen den Betrieben, bei der der Wasseranteil dem Flächenanteil entspricht, wird dahingehend verändert, daß der größte Betrieb (C) 20 v.H. seines bisherigen Wassers weniger erhält und die freigewordene Wassermenge zu gleichen Anteilen den beiden übrigen Betrieben zufällt. Es ergibt sich eine Veränderung bei den intrasaisonalen Wasserverteilung und den Betriebsorganisationen, die zu folgendem Gesamtergebnis führen:

Schaubild 5: Innerbetrieblicher Wasserverteilungsplan im Zeitablauf

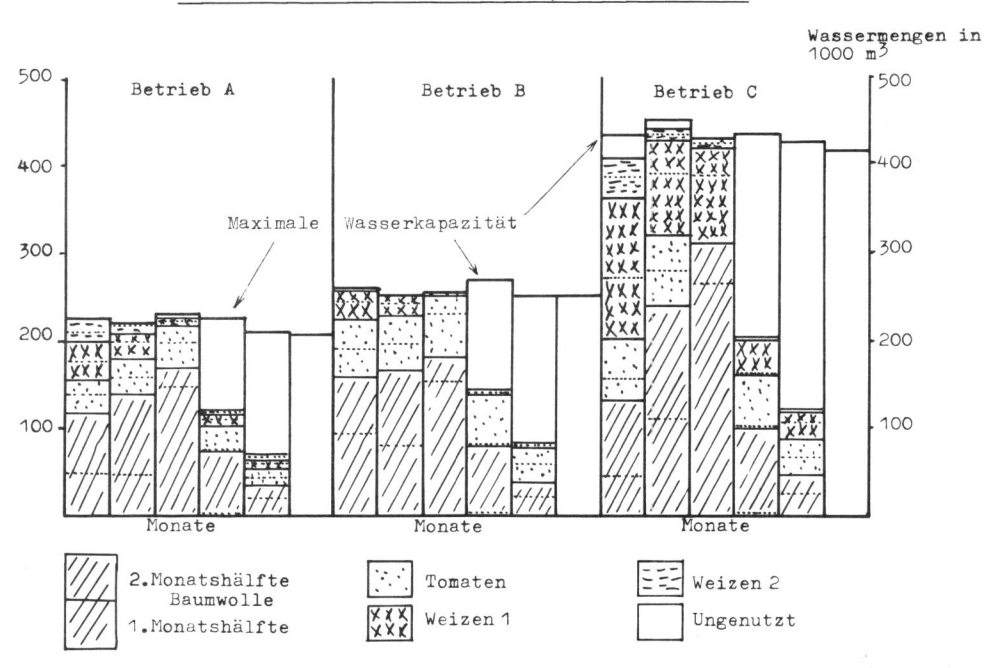

	Betrieb A	Betrieb B	Betrieb C
Deckungsbeitrag in 1 000,-- DM/Betrieb	269	372	391
Deckungsbeitrag in DM/m³ verbrauchtes Wasser	0,18	0,22	0,20

Die wichtigste Veränderung ergab sich bei Betrieb C, der vor allem den Baumwollanbau reduzierte und in Periode 3 weniger bewässerte. Betrieb A dehnte aus Gründen der AK-Knappheit den Weizenanbau aus, während Betrieb B Weizen- und Tomatenanbau erhöhte.

4.2 Möglichkeiten und Grenzen des Ansatzes

Zielsetzung bei der Konzeption des vorliegenden Simulationsmodells war, ein Instrument zu schaffen, mit dem praktische Probleme in einfach handhabbarer Weise gelöst werden können. In einigen Bereichen wurde daher auf spezifische Problemformulierungen verzichtet.

Mit dem vorgestellten Simulationsansatz lassen sich unter Beachtung stochastischer Elemente intrasaisonale, innerbetriebliche Wasserverteilung und deren Interdependenzen erfassen und Auswirkungen von Entscheidungen der regionalen Wasserverteilung bestimmen. Das Modell geht über den Ansatz von ANDERSON und MAASS (1974, 2) hinaus durch die Einbeziehung der intrasaisonalen Wasserverteilung und stochastischer Klimavariablen, und es kann über die von WINDSOR und Chow (1971, 46) erfaßte Problematik hinaus den Wettbewerb und die Wasserverteilung zwischen den Betrieben erfassen. Als wesentlich für die praktische Anwendbarkeit des vorgestellten Simulationsmodells wird die relativ einfache Handhabbarkeit angesehen, die sich in einer relativ eingeschränkten Datengrundlage und einer vergleichsweise niedrigen Rechenkapazität [1] niederschlägt. Die relative Einfachheit des Ansatzes zur Lösung der vergleichsweise komplexen Problematik gilt sowohl für die erforderliche Datengrundlage als auch für die notwendige Rechenzeit und den Kernspeicherbedarf. Durch die Verwendung der Bodenwasserspannung, die in der Praxis leicht zu messen ist, unterliegt die Ermittlung der Wasserspannungsverhältnisse im Modell einer einfachen Kontrolle. Der Ansatz bietet sich daher auch in ariden und semi-ariden Gebieten als ein Handlungsinstrument für Entscheidungsträger auf regionaler und betrieblicher Ebene an

a) zur Vorausplanung der Wasserverteilung nach Menge und Zeit (inklusive Festlegung des Wasserpreises),
b) zur problemgerechten Korrektur der Planung während der Vegetationsperiode mit Hilfe bereits ermittelter tatsächlicher Beobachtungswerte.

Eine Problematik aus der Datengrundlage konnte auch hier nicht umgangen werden:

- die Ermittlung und Verwendung der Ertragsreduzierungskoeffizienten, da ihre Bestimmung in der Realität schwierig sein kann und
- die Festlegung der oberen Ertragsschädigungsschwelle der Bodenwasserspannung und der Zeitdauer, in der diese Schwelle überschritten sein muß, um zu Ertragsdepressionen zu führen.

Zur Ermittlung der Auswirkung von Fehlschätzungen der Ertragsreduzierungskoeffizienten wurden beim Weizenanbau verschiedene b-Werte verwendet. Es zeigte sich, daß bei einer Unterschätzung im Januar (b = 57) um 12,3 v.H. (auf b = 50) die Häufigkeit der Bewässerung um 1 Bewässerung (4,7 v.H.) anstieg und die gesamte Wassermenge etwa konstant blieb. Im Monat März dagegen (b = 6) führte eine Fehlschätzung von -33 v.H. (+ 33 v.H.) zu einer Abnahme (Zunahme) der Bewässerungshäufigkeit von 4,3 v.H. (22,7 v.H.) und der Wassermenge von 4,5 v.H. (34,4 v.H.).

Die offensichtlich stärkste Einschränkung bei dem Ziel, die Komplexität der Bewässerung und Interdependenz verschiedener Ebenen der Wasserverteilung zu erfassen, ergibt sich für das vorliegende Modell aus der Ausklammerung der Kapazitätsausdehnung durch Investitionen. Dies

---

[1] 3 Betriebe mit je 6 Produktionsverfahren benötigten ca. 12 000 Kernspeicherplätze bei einer Turn Around Time von ca. 14 Minuten auf einer Rechenanlage ICL, 1 900 A.

ist auf regionaler Ebene vor allem deshalb gravierend, da hier durch die Inflexibilität der Anlagen bezüglich Standort, Kapazitätserweiterung und Wiederverkauf die Investitionsfrage besonderen Charakter hat.

Die Einbeziehung der betrieblichen und regionalen Investition würde eine Erweiterung auf die intersaisonale Betrachtung und die Einbeziehung mehrperiodischer Programmteile erfordern, wobei die Untersuchungen von BELLMANN (1953, 9), MOHN und HANF (30), BEBEHANI (1972, 8), IRVIN (1973, 26), ASOPA (1971, 4) und LANDIS (1968, 28) eine Ausgangsbasis dafür bieten.

5 Schlußbetrachtung

Zur Erweiterungsmöglichkeit des Ansatzes hat sich bei der Anwendung gezeigt, daß für die Bestimmung des Bewässerungszeitpunktes nicht ein Tag als kleinste Zeiteinheit gewählt werden muß, sondern es würde ausreichen, die Bewässerung für die Wochen festzulegen. Es böte sich dann an, die von NAGEL (33) behandelten arbeitswirtschaftlichen Probleme der Bewässerungsreihenfolge einzelner Parzellen mittels eines Netzplanes zu lösen. Die trotzdem noch vorhandene einfache Handhabbarkeit ließe es zu, die Fragestellung um die Investitionsproblematik zu erweitern und beispielsweise mehrperiodisch-dynamische Ansätze anzukoppeln.

Literatur

1. ACHTNICH, W.: Cultivations of Plant under extreme climatic conditions through use of salty irrigation water. In: Plant Research and Development. Vol. 1, S. 12-21, Separate Print, ohne Jahr.

2. ANDERSON, R.L. and MAASS, A.: A Simulation of irrigation systems – The effect of water supply and operating rules on production and income on irrigation farms. Techni. Bull. No. 1431, USDA, Econ. Serv., Washington, D.C. 20250, 1974.

3. ASKEW, A.J., YEH, W.W.-G. and HALL, W.A.: A comparative Study of critical drought simulation. In: Water Resources Research, Vol. 7, Feb. 1971, S. 56-62.

4. ASOPA, V.: An Application of Mathematical Decision. Theorie to the Economic Evaluation of Water Use in Crop Production. Diss. Urbana, University of Illinois 1971.

5. BALOGH, J.: Water Consumption of Irrigated Crops. In: ICID-Bulletin, July 1974.

6. BAIER, W. and ROBERTSON, G.W.: A New Versatile Soil Moisture Budget. In: Canadian Journal of Plant Science, Vol. 46, S. 299-315.

7. BAUMANN, H. Schendel, U. und MANN, G.: Wasserwirtschaft in Stichworten. Kiel, 1974.

8. BEHBEHANI, E.: Möglichkeiten zur Steigerung der landwirtschaftlichen Einkommen in dem Bewässerungsgebiet VARAMIN in Persien; Diss. Fachber. Wirtschafts- u. Sozial-Wiss. Univ. Hohenheim, 1972.

9. BELLMANN, R.E.: An introduction to the theory of dynamic programming. Rep. R-245, Rand Corp. Santa Monica, California, 1953.

10. BERINGER, C.: An Economic Model for Determining the Production Function for Water in Agriculture. University of California, Giannini Foundation Research Report, No. 240, Febr. 1961.

11. BLANEY, H.F. and GRIDDLE, W.D.: Determining water requirements in irrigated areas from climatological and irrigation data. USDA, Soil Conservation Service, Washington 25, D.C., 1950.

12. BURT, O.R. and STAUBER, M.S.: Economic analysis of irrigation in subhumid climates. In: American Journal of Farm Economics. Vol. 53, No. 1, 1971, S. 33-46.

13. CHRISTIANSEN, J.E. und HARGREAVES, G.H.: Irrigation Requirements from Evaporation. In: Seventh Congress on Irrigation and Drainage. International Commission on Irrigation and Drainage. Mexico City, 1969, Question 23, S. 570-596.

14. CHOW, V.T and KARELIOTIS, S.J.: Analysis of stochastic hydrologie Systems. In: Water Resources Research, Vol. 6, Dez. 1970, S. 1569-1582.

15. DE HAEN, H.: Landwirtschaftliche Strukturprojektionen mit Hilfe von Simulationsmodellen. Methodisches Konzept und Anwendungsmöglichkeiten. Manuskript zur Tagung der GeWiSoLa, Okt. 1972.

16. DENMEAD, O.T. and SHAW, R.H.: The Effects of Soil Moisture Stress at Different Stages of Growth on the Development and Yield of Corn. In: Agronomy Journal, Vol. 52 (1960), S. 272-274.

17. DUDLEY, N.J., HOWELL, D.T. and MUSGRAVE, W.F.: Irrigation planning 3. The best size of irrigation area for a given reservoir. In: Water Resources Research. Vol. 8, Nor. 1, Febr. 1972 S. 7-17.

18 FLINN, J.C.: The Simulation of crop irrigation system in: DENT, J.B. and ANDERSON, J.R. Systems analysis in agricultural management; New York (123-151), 1971.

19 FLINN, J.C. and MUSGRAVE, W.F.: Development and analysis of input-output relations for irrigation water; in: The Australian Journal of Agric. Econ., Vol. 11, No. 1, June 1967, S. 1-19.

20 GUISE, J.W.B. and FLINN, J.C.: The allocation and pricing of water in a river basin. In: American Journal of Agricultural Economics. Vol. 52, Nor. 3, Aug. 1970.

21 HALL, W.A. and BUTCHER, W.S.: Optimal timing of irrigation. In: Journal of Irrigation and Drainage Devision. IR2 (94), Juni 1968.

22 HALTER, A.N. and MILLER, S.F.: River Basin planning: a Simulation approach. Oregon State University, Agricultural Experiment Station, Special report 224, Nov. 1966.

23 HARGREAVES, G.H.: Consumptive use derived grom evaporation pan data. In: Journal of Irrigation and Drainage Devision. IR1, Vol. 94, 1968, S. 97-104.

24 HUFSCHMIDT, M.M.: Simulating the behaviour of a multiunit, multi-purpose water-resource system. In: HOGGATT, A.G. (Hrsg): Symposion on simulation models: methodology and Applications to the behavioural Sciences. Cincinnati, Ohio, 1963, S. 203-226.

25 HUFSCHMIDT, M.M. and FIERING, M.B.: Simulation techniques for design of water resource systems. Cambridge, Mass., Harvard University Press, 1966.

26 IRVIN, C.W.: Irrigation planning at farm level using Linear programming techniques. Discussion paper no. 18, Institute of Development Studies, University of Sussex. Juli 1973.

27 KEULEN, VAN H.: Simulation of water use and herbage growth in arid regions. Wageningen, 1975.

28 LANDIS, W.L.: Dynamische und lineare Programmierung zur optimalen Dimensionierung eines Bewässerungsprojektes; Diss. Zürich, 1968.

29 MAASS, A. HUFSCHMIDT, M.M. DORFMAN, R., THOMAS, H.A., MARGLIN, S.A. and FAIR, G.M.: Design of Water-resource systems. Cambridge, Mass., Harvard University Press, 1966.

30 MOHN, R. und HANF, E.: Ein Beitrag zu den Kriterien und Methoden der Beurteilung von Bewässerungsprojekten; In: Z.f.Bewässerungswirtschaft, Jg. 5, Heft 1, 1970, S. 8-27.

31 MARANI, A., SHIMSI, D. and AMIRAV, A.: The effect of time and duration of soil moisture stress on flowering, boll shedding, seed and lint development, yield and lint quality of cotton. Second and final Res. Rep., Vol. 2, Rehovet, 1971.

32 MIERNYK, W.H.: An interindustry forecasting model with water quantity and quality restraints. In: System analysis for great lakes water resources. Ohio State University, Okt. 1969.

33 NAGEL, F.W.: Die Ökonomik der Beregnung bei Weizen in semi-ariden Regionen Nordafrikas und des Nahen Ostens - untersucht für die Negev Israels, Diss., Hohenheim, 1975.

34 NAGEL, F.W.: Water-yield relations in wheat-growing in the Negev (Israel). Sonderdruck, ohne Ort, 1974.

35 NAYLOR, T.H.: Computer simulation experiments with models of economic systems, New York, 1971.

36 ORCUTT, G.H.: Simulation of economic systems. In: American Economic Review. Vol. 50, 1970, S. 843-907.

37 PENMAN, H.L.: Evaporation: an introductory survey. In: Netherland Journal of Agricultural Science. 1956, Vol. 4, S. 9-29.

38 RAWITZ, E. and HILLEL, D.I. Comparison of Indexes Relating Plant Response to Soil Moisture Status. In: Agronomy Journal, Vol. 61, March-April 1969.

39 ROGERS, P. and SMITH, D.V.: The integrated use of ground and surface water in irrigation project planning. In: American Journal of Agricultural Economics. Vol. 52, No. 1, 1970.

40 SCHROEDER, G.: Landwirtschaftlicher Wasserbau. 4. Aufl. Berlin, Heidelberg, New York, 1968.

41 SEUSTER, H.: Unternehmungssysteme in der Landwirtschaft. Manuskript, Gießen 1975.

42 TAYLOR, S.A.: Use of Mean Soil Moisture Tension to Evaluate the Effect of Soil Moisture Crop Yields. In: Soil Science, Vol. 74, No. 3, 1972.

43 WADLEIGH, C.H. and AYERS, A.D.: Growth and Biochemical Composition of Bean Plants as Conditioned by Soil Moisture Tension and Salt Concentration.

44 WADLEIGH, C.H.: Soil Moisture in Relation to Plant Growth. In: "Water", The Yearbook of Agriculture, 1955, Washington, US-Government Printing Office.

45 WEINSCHENCK, G. und WEINDLMAIER, H.: Möglichkeiten und Grenzen der Anwendung von Systemforschung und Simulation in der Landwirtschaftlichen Sektoranalyse. Vorläufige Fassung. Manuskript. Hohenheim, Juni 1975.

46 WINDSOR, J.S. and CHOW, V.T.: Model for farm irrigation in humid areas. Journal of the Irrig. and Drain. Div., Vol. 97, IR 3, S. 369-383, Sept. 1971.

47 ZUSMAN, P. and AMIAD, A.: Simulation: a tool for farm planning under conditions of weather uncertainty; Journal of Farm Economics, 1965, Vol. 47, S. 574-594.

ZUR ANWENDUNG DER THEORIE STOCHASTISCHER SPIELE FÜR DIE EINZELBETRIEBLICHE ORGANISATIONSPLANUNG

von

B. Tries, Braunschweig-Völkenrode

1	Einführung	543
2	Darstellung der Vorgehensweise anhand eines Spielbaumes	545
3	Planung mit Hilfe des stochastischen Spiels	545
3.1	Einführung in den Aufbau stochastischer Spiele	546
3.2	Anwendung auf die Planung	547
4	Beispiel	548
5	Schluß	553
	Anhang	554

1 Einführung

Planungsprobleme, die sich durch Berücksichtigung ungewisser Daten ergeben, werden meistens entweder mit Hilfe der stochastischen Programmierung oder durch Anwendung der Theorie der Spiele bearbeitet und gelöst (HANF, 1; KRELLE, 3; SCHNEEWEISS, 5).

Das erste Verfahren bedient sich im wesentlichen objektiver und/oder subjektiver Wahrscheinlichkeiten, mit denen die einzelnen relevanten Situationen bzw. die sie charakterisierenden Daten gewichtet werden. Soweit man objektive Wahrscheinlichkeiten ermitteln kann, ist gegen das Verfahren nichts einzuwenden. Problematisch, zumal bei langfristiger Planung, wird die Anwendung subjektiver Wahrscheinlichkeiten, da Eintritts- und Übergangswahrscheinlichkeiten von Situationen zu Situationen subjektiven Vorstellungen entsprechen und daher in der Regel objektiv fehlerhaft sind, soweit sie nicht zufällig den objektiven Wahrscheinlichkeiten gleichen.

Die zweite o.a. Lösungsmethode unterstellt, daß man die Umwelt als rationalen Spieler ansieht, der mit den relevanten Situationen als Strategien "spielt". Da aber das Planungsproblem als sogenanntes Matrixspiel behandelt wird, bedeutet diese Annahme, daß die Umwelt ihren Nutzen zu maximieren und damit den Nutzen des Planenden (als Unternehmer) zu minimieren trachtet.

---

1) Arbeit aus dem Institut für Betriebswirtschaft der Forschungsanstalt für Landwirtschaft. Direktor: Prof. Dr. K. Meinhold.

(Annahme einer rationalen Spielweise der Umwelt, die zur Min-Max-Lösung als Planungsergebnis führt). Diese Annahme über die Umwelt ist aber sehr pessimistisch. Daher gibt es eine Anzahl von Abwandlungen des Min-Max-Prinzips um diese einseitige Betrachtungsweise zu mildern und optimistischere Annahmen berücksichtigen zu können.(HURWICZ-Kriterium etc., s. HANF, 1; KRELLE, 3; SCHNEEWEISS, 5). Im vorliegenden Papier wird ein Verfahren aus der Spieltheorie vorgestellt und für eine Anwendung auf langfristige Planungsprobleme vorgeschlagen, das die stochastische Programmierung und die Spieltheorie in gewisser Weise verbindet, das sogenannte "stochastische Spiel". Es ermöglicht die Ausnutzung der Vorteile beider Verfahren und die Abschwächung deren Nachteile.

Für die Anwendung auf langfristige Planungsprobleme ist der Ausgangspunkt im wesentlichen die Vorstellung, daß es möglich ist, dem Übergang von einer Situation (in einer Periode des Planungszeitraumes) zu einem Bündel von Situationen (auf der folgenden Stufe) eine Übergangswahrscheinlichkeit zuzuordnen.

Unterstellt man beispielsweise, daß der Preis für Schweinefleisch alleine die relevante Situation bestimmt, dann kann bei der Ausgangssituation "Preis auf dem Schweineberg" als folgendes Situationsbündel ein Preisbereich auf hohem Niveau, das mit großer Wahrscheinlichkeit erreicht wird, angenommen werden.

Die einzelnen Situationen können je nach Planungsproblem in ihrer Gesamtheit gänzlich unterschiedlicher Struktur sein. Ein Oligopolist (KIRMAN, SOBEL, 2), dessen eigene Strategie einen wesentlichen Einfluß auf die Marktsituation hat, wird gänzlich andere Situationen betrachten müssen als ein Mengenanpasser, für den die von ihm nicht beeinflußbaren Preissituationen die alleinigen Situationen darstellen.

Auf die Problematik, die sich aus der Bestimmung von relevanten Situationen und der Übergangswahrscheinlichkeiten ergibt, wird später noch eingegangen.

Da a priori nicht bekannt ist, welche Situation aus dem jeweiligen Bündel (im folgenden Situationenblock genannt) tatsächlich eintritt, soll auf jeder Stufe des Planungszeitraumes nach dem Min-Max-Prinzip entschieden werden. Dazu ist es notwendig, den einzelnen Situationen in jedem Situationenblock Strategien gegenüberzustellen. Die mit den Übergangswahrscheinlichkeiten aufeinanderfolgenden Planungsperioden haben den Charakter eines stochastischen Spiels. Daher läßt sich das aus der Forderung nach einem langfristigen Optimum ergebende Problem mit Hilfe der Theorie der stochastischen Spiele lösen. Die Spiele und Strategien auf jeder Stufe bzw. Periode heißen lokale Spiele und lokale Strategien; ihre Aufeinanderfolge ergeben das globale Spiel und die globalen Strategien des stochastischen Spiels.

Neben dem Vorteil, auf diese Weise sehr lange (theoretisch unendliche) Folgen von Situationenblöcken (und damit auch von Situationen), die zwangsläufig sehr viele Verzweigungen im Entscheidungsbaum verursachen, berücksichtigen zu können, werden die Nachteile beider zu Anfang aufgeführten Verfahren gemildert:

- Die möglichen Fehler der subjektiven Übergangswahrscheinlichkeiten von Situation zu Situation werden sehr stark reduziert, da es wesentlich einfacher und objektiv genauer ist, die Übergangswahrscheinlichkeiten auf Situationenblöcke zu ermitteln;
- Das Min-Max-Prinzip wird auf die lokalen Spiele eingeschränkt.

Der oft geäußerte Nachteil der pessimistischen Planung (HANF, 1) bleibt also teilweise bestehen, da es nicht möglich ist, auf andere Weise in den einzelnen Perioden objektiv richtige Entscheidungen zu treffen. Die für die Lösung des stochastischen Spiels notwendige Voraussetzung eines unendlichen Zeitraumes läßt streng genommen nur die Anwendung auf Probleme mit unendlichem Planungshorizont zu; der durch Anwendung auf endliche Zeiträume verursachte Fehler ist aber bei Annahme genügend langer Zeiträume vernachlässigbar. Dagegen steht der Vorteil eines sehr einfachen und schnell konvergierenden Lösungsalgorithmus.

2 Darstellung der Vorgehensweise anhand eines Spielbaumes

Ein stochastisches Spiel besteht aus einer unendlichen Folge von lokalen Spielen. Da es i.a. nicht notwendig ein Anfangsspiel besitzt, muß ein solches bestimmt werden, damit die Anwendungsmöglichkeit auf Planungsprobleme gegeben ist. Unter diesen Voraussetzungen läßt sich dann ein stochastisches Spiel mit Hilfe eines Spielbaumes als globales Spiel darstellen:

Auf jede der Situationen S_i (i = 1, ..., m) in jedem Situationenblock G_j (j = 0, ..., r) folgt mit der Übergangswahrscheinlichkeit p_i^l der Situationenblock G_l (l = 1, ..., r). Da man, wie oben angeführt, nicht in der Lage ist, zu bestimmen, welche Situation aus dem Block G_l tätsächlich eintritt, soll auf jeder Stufe (innerhalb eines jeden Stituationenblocks) nach dem Min-Max-Prinzip entschieden werden. Dazu ist es notwendig, jeder Situation Organisationen O_i (i = 1, ..., n) gegenüberzustellen, so daß Strategienpaare (O_i, S_j) und Ergebnismatrizen für die auf diese Weise erzeugten lokalen Spiele entstehen. Die Aufeinanderfolge der lokalen Spiele wird durch die p_i^l geregelt, so daß ein stochastisches Spiel entsteht, dessen Ablauf im folgenden Schaubild skizziert ist.

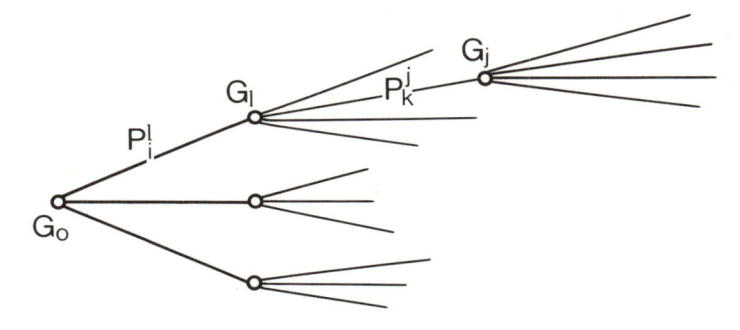

p_i^l ist beispielsweise die Übergangswahrscheinlichkeit von der Situation S_i im Block G_0 auf den Block G_l,

p_k^j analog von S_k (in G_l) auf G_j.

Wie man unschwer erkennen kann, hat dieser Baum neben der durch den Planungszeitraum bedingten großen Anzahl von Perioden sehr viel Verzweigungen: Von jedem G_j (j = 0, ..., r) gehen soviele Abweichungen aus, wie Verbindungen von Situationen mit den unmittelbar folgenden lokalen Spielen existieren; d.h. Anzahl der Situationen in G_j multipliziert mit der Anzahl der jeweils folgenden Spiele. Diese Tatsache verhindert eine Wahl einer Globalstrategie mit Hilfe von Entscheidungsbaumverfahren, die nur auf Probleme mit nicht sehr vielen Verzweigungen sinnvoll und praktikabel einsetzbar sind.

3 Planung mit Hilfe des stochastischen Spiels

Eine zum Planungsanfang formulierte und im Verlauf des betrachteten Zeitraumes im wesentlichen fixierte Organisation bestimmt die Ergebnisse in allen Perioden und damit auch das globale Ergebnis. Deshalb müssen zu jedem Entscheidungszeitpunkt, also in jedem lokalen Spiel, alle Ergebnisse der folgenden lokalen Spiele berücksichtigt werden. Zum näheren Verständnis bedarf es daher einer kurzen Einführung in den Aufbau stochastischer Spiele [1].

---

[1] Eine genaue Darstellung und die im folgenden angewendete Lösungsmethode findet man z.B. bei OWEN (4), S. 103 - 115.

3.1 Einführung in den Aufbau stochastischer Spiele

Die lokalen Spiele G_K (K = O, ..., r) werden allgemein folgendermaßen formuliert:

$$G_K: \quad \begin{array}{c|ccc} & S_1^K & \cdots & S_m^K \\ \hline O_1^K & a_{11} & \cdots & a_{1m} \\ \vdots & \vdots & & \vdots \\ O_n^K & a_{n1} & \cdots & a_{nm} \end{array}$$

für i = 1,...,n; j = 1,..., m gilt

$$a_{ij} = u_{ij} + \sum_{l=1}^{r} p_{ij}^l \; G_l$$

$u_{ij} = E(O_i^K, S_j^K)$ (Ergebnis der Organisation O_i^K bei Situation S_j^K)

p_{ij}^l ist die Übergangswahrscheinlichkeit vom Strategienpaar (O_i^K, S_j^K) auf das Spiel G_l. Es gilt also

$$p_{ij}^l \geq 0; \quad \sum_{l=1}^{r} p_{ij}^l = 1 \quad (i = 1,...,n; \; j = 1,...,m)$$

Durch die Formulierung von a_{ij} erscheinen also in jeder Matrix alle Folgespiele G_l (l = 1,...,r), d.h. G_O wird nur als Anfangsspiel formuliert und erscheint in keinem a_{ij}.

Setzt man nun anstelle von allen G_l deren Min-Max-Lösung v_l, dann ändert sich a_{ij} zu

$$b_{ij} = u_{ij} + \sum_{l=1}^{r} p_{ij}^l \cdot v_l$$

und man hat auf diese Weise in jeder Stufe die Ergebnisse aller folgenden Spiele berücksichtigt.

Ein globales Optimum und eine Globalstrategie, also die zum Erhalt des globalen Optimums in jeder Stufe notwendige Handlungsweise, läßt sich dann ermitteln, wenn

$$\sum_{l=1}^{r} p_{ij}^{l} < 1$$

ist. Dies läßt sich rein formal dadurch erreichen, daß man die Werte v_l (die Lösung der lokalen Folgespiele) auf das jeweilige lokale Spiel diskontiert, d.h. mit einem Faktor β, $0 \leq \beta < 1$ 1) multipliziert. Daraus folgt

$$b_{ij}^{*} = u_{ij} + \sum_{l=1}^{r} p_{ij}^{l} \cdot \beta \cdot v_l = u_{ij} + \beta \sum_{l=1}^{r} p_{ij}^{l} \cdot v_l$$

$\beta \sum_{l=1}^{r} p_{ij}^{l}$ ist also kleiner als Eins.

Die ökonomisch sinnvolle Diskontierung und ein angenommener unendlicher Planungshorizont ermöglichen somit eine Lösung des vorgestellten Planungsproblems.

3.2 Anwendung auf die Planung

Zur Anwendung des Verfahrens auf Planung von Betriebsorganisationen muß G_0 besonders formuliert werden:

Da G_0 den Planungsanfang darstellt, müssen alle möglichen infrage kommenden Betriebsorganisationen aufgeführt werden. Diesen Organisationen $O_1, \ldots, O_n$ werden dann alle relevanten Situationen der ersten Periode gegenübergestellt. Man nimmt also an, daß der Situationenblock $S_1^0, \ldots, S_{m_0}^0$ mit Wahrscheinlichkeit Eins eintritt.

In jedem Folgespiel G_l ($l \neq 0$) muß ausgeschlossen werden, daß ein Umspringen von der Strategie O_i zur Strategie O_j ($i \neq j$) möglich ist. Es dürfen lediglich "Anpassungen" von O_i ($i = 1, \ldots, n$) an einzelne Situationen erlaubt werden. Daraus folgt, daß zu jedem Situationenblock G_K ($K=1,\ldots,r$) soviel Spiele zugeordnet werden, wie die Anzahl der O_i ($i = 1, \ldots, n$) vorgibt:

G_K^k ($K = 1, \ldots, r; k = 1, \ldots, n$). Die "Unternehmerstrategien" sind dann die Organisationen O_k und die angepaßten Organisationen O_k^i. Damit folgt für G_0

$$
\begin{array}{c|c}
 & S_1^o \quad \cdots \quad S_{m_o}^o \\
\hline
O_1 & \\
\vdots & a_{ij}^o = u_{ij}^o + \sum_{K=1,}^{r} p_{ij}^{Kk} \cdot G_K^k \\
\vdots & \\
 & (i=1,\ldots,n;\ j=1\ldots,m_o; k=i) \\
O_n &
\end{array}
$$

---
1) $\beta = \frac{1}{1+i}$; $i = \frac{\text{Zinssatz}}{100}$

und für G_k^k mit der Organisation $O_k^1 = O_k$ und den davon möglichen Abwandlungen O_k^j ($j = 2, \ldots, n_K$):

$$\begin{array}{c|ccc}
 & S_1^K & \cdots & S_{m_K}^K \\ \hline
O_k^1 & & & \\
\vdots & a_{ij}^{Kk} = u_{ij}^{Kk} + \sum_{K=1}^{r} p_{ij}^{Kk} G_K^k & & \\
\vdots & & & \\
\vdots & (i = 1, \ldots, n_K \; ; \quad j = 1, \ldots, m_K; \; k \text{ fest}) & & \\
O_k^{n_K} & & &
\end{array}$$

Wie man sieht, sind die relevanten Situationen und die Situationenblöcke zu ermitteln, die Übergangswahrscheinlichkeiten zu bestimmen und die einzelnen Organisationen aufzustellen.

Die Situationen sind i.a. sehr vielschichtig und durch viele Faktoren bestimmt. Technischer Fortschritt, Marktsituationen, Preis-Kosten-Verhältnisse etc. bilden eine nahezu unübersehbare Palette von Situationen, die vom Planenden zu beachten sind und auf die er i.a. keinen Einfluß ausüben kann. Ein Mengenanpasser hat beispielsweise keine Einwirkungsmöglichkeit auf Preiskonstellationen und Kosten, und er muß demnach alle möglichen von diesen Konstellationen gebildeten Situationen in Erwägung ziehen. Die Berücksichtigung dieses Sachverhaltes ist aber kein spezifisches Problem des hier vorgeschlagenen Planungsverfahrens, es bietet im Gegenteil die Möglichkeit der Zusammenfassung zu Blöcken, was die Bestimmung der Übergangswahrscheinlichkeiten erleichtert.

Für die Übergangswahrscheinlichkeiten (subjektiv und/oder objektiv) gelten die gleichen Aussagen wie für die Situationen; auch sie sind nicht verfahrensspezifisch sondern für jede periodenweise langfristige Planung, beispielsweise auch bei Entscheidungsbaumverfahren, notwendig.
Die Aufstellung der zugrunde liegenden Organisationen $O_1, \ldots, O_n$ hat nicht notwendig über ein Optimierungsverfahren (Anpassung an eine bestimmte Situation) zu erfolgen, sondern kann sich aus betrieblichen, finanziellen und technischen Möglichkeiten oder durch "Vorliebe" des Unternehmers ergeben. Daher ist auch die Ganzzahligkeit kein Problem sondern "Nebensache", ähnlich wie bei Entscheidungsbaumverfahren. Die Planung ermittelt also eine Globalstrategie mit relativer Vorzüglichkeit und nicht notwendig das "Optimum".

Bemerkung zu den Übergangswahrscheinlichkeiten p_{ij}^l: Beim stochastischen Spiel wird vorausgesetzt, daß die Übergangswahrscheinlichkeiten von den Strategien beider Spieler abhängen. Im atomistischen Markt hat aber die Organisation eines einzelnen Betriebes keinen Einfluß auf die Marktsituation. Aus diesem Grunde kann, wie in Abschnitt 2 geschehen, der zur Organisation gehörige Index weggelassen werden, wenn eine einzelbetriebliche Planung unter diesen Voraussetzungen durchgeführt wird.

Die bisher dargestellten Sachverhalte und die mögliche Anwendung des Verfahrens sollen zum besseren Verständnis an einem sehr vereinfachten Beispiel erläutert werden.

4 Beispiel
======

Für den, wie in Abschnitt 1 erwähnt, notwendigen unendlichen Planungshorizont, soll hier angenommen werden, daß es nur sieben relevante Situationen gibt, die ihrerseits, wenig praxisnah, nur durch die Preise für Milch, Rind- und Schweinefleisch bestimmt werden. Alle übrigen Preise, Kosten, technischer Fortschritt etc. werden als konstant bzw. als nicht vorhanden vorausgesetzt. Diese Situationen werden durch den Zeilenvektor (x,y,z) wie folgt charakterisiert, wobei x der Preis für Milch/kg, y der Preis für Rindfleisch/kg und z der Preis für Schweinefleisch/kg ist:

$S_1 \triangleq (0,45; 3,60; 2,60)$ 1)

$S_2 \triangleq (0,45; 4,60; 2,60)$

$S_3 \triangleq (0,45; 3,60; 3,10)$

$S_4 \triangleq (0,50; 4,50; 3,00)$ ⎫ ceteris paribus

$S_5 \triangleq (0,50; 4,00; 3,00)$

$S_6 \triangleq (0,45; 3,60; 2,90)$

$S_7 \triangleq (0,45; 3,60; 2,70)$

Die Situationenblöcke seien folgendermaßen angenommen:

$B_0 = (S_3, S_7)$

$B_1 = (S_1, S_4)$

$B_2 = (S_1, S_2)$

$B_3 = (S_2, S_5)$

$B_4 = (S_3, S_2)$

$B_5 = (S_6, S_2)$

Für die Übergangswahrscheinlichkeit p_i^l gelte für alle i und l einheitlich $p_i^l = 0,5$ und für ß sei 0,8 angenommen. Damit sind die für den Planenden notwendigen extern vorgegebenen Daten umrissen.

Für den hier als Beispiel zugrunde gelegten Modellbetrieb (siehe Anhang) sollen die beiden "langfristig wirksamen Strategien" O_1 und O_2 auf relative Vorzüglichkeit geprüft werden, d.h. O_1 und O_2 gehen als Ausgangsstrategien in das Spiel G_0 ein.

O_1 stehe synonym für: 48 ha AF, 30 ha GL, 3 AK, 64 Kuhstallplätze und 16 Schweinestallplätze;

O_2 stehe für: 48 ha AF, 30 ha GL, 3 AK, 38 Kuhstallplätze und 166 Schweineplätze.

Diese beiden "Organisationen" werden also im Spiel G_0 den Situationen S_3 und S_7 gegenübergestellt und mit Hilfe des LP die Werte für $E(O_i, S_j)$, (Gesamtdeckungsbeitrag, siehe Abschnitt 3.1), errechnet. Nimmt man weiterhin an, daß auf S_3 die Blöcke B_3 und B_4, d.h. also die Spiele G_3^1 bzw. G_3^2 und G_4^1 bzw. G_4^2 folgen, und B_1 und B_2 auf S_7, dann hat die Spielmatrix von G_0 die folgende Gestalt:

---

1) $\triangleq$ steht für "entspricht".

G_o:

	S_3	S_7
O_1	96 800 + 0,4 $(G_3^1 + G_4^1)$	95 200 + 0,4 $(G_1^1 + G_2^1)$
O_2	113 500 +0,4 $(G_3^2 + G_4^2)$	97 500 +0,4 $(G_1^2 + G_2^2)$

Gäbe es keine Anweisung, in den folgenden Perioden weitere Situationenblöcke zu berücksichtigen, dann wäre die (lokale) Strategie klar. Man würde sich für O_2 entscheiden, die in beiden Situationen bessere Ergebnisse liefert als O_1. Für das globale Optimum müssen aber die übrigen Situationen und die gebildeten Situationengruppen berücksichtigt und damit die resultierenden Spiele aufgestellt werden.

Die einzelnen Spiele G_j^i (j = 1,2; i = 1,...,5) müssen so formuliert werden, daß der "Strategie O_i" kein Spiel folgen darf mit der "Strategie O_i" (j ≠ i). Es dürfen nur solche Organisationen auftreten, die kurzfristig von O_i ableitbar sind: O_i^i. (O_i^i (j = 1,...,5) ist eine mit den Gegebenheiten der Organisation O_i im Sinne der LP-Lösung einer bestimmten, in den folgenden Spielen mit einem * gekennzeichneten Situation optimal angepaßte Organisation).

Die getroffenen Annahmen über die Situationenblöcke, die in den lokalen Spielen den einzelnen Situationen folgen, können den folgenden Spielmatrizen analog zu G_0 entnommen werden.

G_1^1:

	S_1^*	S_4
O_1	94 800 + 0,4 $(G_1^1 + G_2^1)$	110 800 + 0,4 $(G_2^1 + G_5^1)$
O_1^1	94 800 + 0,4 $(G_1^1 + G_2^1)$	110 800 + 0,4 $(G_2^1 + G_5^1)$

G_2^1:

	S_1	S_2^*
O_1	94 800 + 0,4 $(G_1^1 + G_2^1)$	94 800 + 0,4 $(G_3^1 + G_2^1)$
O_1^2	88 600 + 0,4 $(G_1^1 + G_2^1)$	95 100 + 0,4 $(G_3^1 + G_2^1)$

G_3^1:

	S_2^*	S_5
O_1	94 800 $+\ 0{,}4\ (G_3^1 + G_2^1)$	110 800 $+\ 0{,}4\ (G_3^1 + G_4^1)$
O_1^3	95 100 $+\ 0{,}4\ (G_3^1 + G_2^1)$	102 000 $+\ 0{,}4\ (G_3^1 + G_4^1)$

G_4^1:

	S_3	S_2^*
O_1	96 800 $+\ 0{,}4\ (G_4^1 + G_3^1)$	94 800 $+\ 0{,}4\ (G_3^1 + G_2^1)$
O_1^4	90 400 $+\ 0{,}4\ (G_4^1 + G_3^1)$	95 100 $+\ 0{,}4\ (G_3^1 + G_2^1)$

G_5^1:

	S_6	S_2^*
O_1	96 000 $+\ 0{,}4\ (G_3^1 + G_5^1)$	94 800 $+\ 0{,}4\ (G_3^1 + G_2^1)$
O_1^5	89 700 $+\ 0{,}4\ (G_3^1 + G_5^1)$	95 100 $+\ 0{,}4\ (G_3^1 + G_2^1)$

G_1^2:

	S_1^*	S_4
O_2	93 500 $+\ 0{,}4\ (G_1^2 + G_2^2)$	118 100 $+\ 0{,}4\ (G_2^2 + G_5^2)$
O_2^1	93 500 $+\ 0{,}4\ (G_1^2 + G_2^2)$	118 100 $+\ 0{,}4\ (G_2^2 + G_5^2)$

G_2^2:

	S_1	S_2^*
O_2	93 500 $+ 0{,}4\,(G_1^2 + G_2^2)$	93 500 $+ 0{,}4\,(G_3^2 + G_2^2)$
O_2^2	93 500 $+ 0{,}4\,(G_1^2 + G_2^2)$	93 500 $+ 0{,}4\,(G_3^2 + G_2^2)$

G_3^2:

	S_2^*	S_5
O_2	93 500 $+ 0{,}4\,(G_3^2 + G_2^2)$	118 100 $+ 0{,}4\,(G_3^2 + G_4^2)$
O_2^3	93 500 $+ 0{,}4\,(G_3^2 + G_2^2)$	118 100 $+ 0{,}4\,(G_3^2 + G_4^2)$

G_4^2:

	S_3	S_2^*
O_2	113 500 $+ 0{,}4\,(G_4^2 + G_3^2)$	93 500 $+ 0{,}4\,(G_3^2 + G_2^2)$
O_2^4	113 500 $+ 0{,}4\,(G_4^2 + G_3^2)$	93 500 $+ 0{,}4\,(G_3^2 + G_2^2)$

G_5^2:

	S_6	S_2^*
	105 500 $+ 0{,}4\,(G_3^2 + G_5^2)$	93 500 $+ 0{,}4\,(G_3^2 + G_2^2)$
	105 500 $+ 0{,}4\,(G_3^2 + G_5^2)$	93 500 $+ 0{,}4\,(G_3^2 + G_2^2)$

Die aufgeführten Spielmatrizen sind sehr einfach; es zeigen sich aufgrund des einfachen Beispiels nur wenig "Anpassungseffekte" ($o_1^2, o_1^3, o_1^4, o_1^5$). Trotzdem wurden der Vollständigkeit halber alle "Spiele" aufgeführt.

Auf das durch diese Matrizen formulierte stochastische Spiel wurde das bei OWEN angeführte Iterationsverfahren angewendet, und es ergab sich (nach 12 Rechenschritten) für G_0 folgende Ergebnismatrix, in die alle lokalen Min-Max-Lösungen über den Diskontierungsfaktor eingehen.

G_0:

	S_3	S_7
O_1	476 100	474 400
O_2	472 500	471 500

Im Gegensatz zu der lokalen Lösung O_2 folgt hier die globale Lösung O_1, d.h. langfristig ist O_1 und die u.U. notwendige Anpassung von O_1, nämlich $o_1^2 = o_1^3 = o_1^4 = o_1^5$, die "bessere Alternative" unter Ungewißheit.

5 Schluß

Wenn es möglich ist, den Übergängen jeweils von einer Situation zu einem Situationenblock subjektive Wahrscheinlichkeiten zuzuordnen, dann sind diese Übergangswahrscheinlichkeiten sicherlich objektiv genauer als diejenigen von Situation zu Situation. Das auf diese Weise entstehende Problem der Lösbarkeit eines solchen Ansatzes für Planungszwecke kann dann mit Hilfe der Theorie der stochastischen Spiele bearbeitet werden, wenn die "übrigbleibende" Ungewißheit über das tatsächliche Auftreten einer Situation innerhalb einer Periode durch das Min-Max-Prinzip berücksichtigt wird. Auf diese Weise ist es möglich, die optimistische Annahme, daß die subjektiven Wahrscheinlichkeiten objektiv richtig sind, mit der pessimistischen Annahme, daß die Natur ein Spieler sei, der unter Berücksichtigung der Strategien des Gegenspielers auf die Maximierung seines Vorteils bedacht ist, zum Ausgleich zu bringen.

Schließlich sei noch bemerkt, daß es für die Anwendung des Lösungsverfahrens gleichgültig ist, welcher Wert als Lösung der lokalen Spiele zugrunde gelegt wird. Darauf wird aber nicht weiter eingegangen, weil es für die Vorstellung des stochastischen Spiels als Planungsverfahren unerheblich ist.

Anhang

Kurze Beschreibung des Modellbetriebes

Dem Planungsbeispiel "Investition von Stallplätzen" im Abschnitt 4 liegt folgender bereits für andere Zwecke verwendeter Modell- (Gemischt-)Betrieb zugrunde: 48 ha AF, 30 ha GL, 3 AK. Unter dem hier verwendeten Begriff der "Organisation" wird, unbeschadet der Nutzungsmöglichkeit der AF, die durch zusätzliche Ausstattung mit Stallkapazität vergrößerte Menge der Ressourcen verstanden. D.h. O_1 steht für 48 ha AF, 30 ha GL, 3 AK, 64 Kuhstallplätze mit 64 Milchkühen, 36 Schweinemastplätze; O_2 steht für 48 ha AF, 30 ha GL, 3 AK, 38 Kuhstallplätze und 166 Schweineplätze.

Die im Beispiel erwähnte Anpassung einer Organisation O_i an eine Situation S_j wird kurz mit $O_i(S_j)$ bezeichnet und ergibt die folgenden Nutzungen der Stallkapazitäten.

$O_1(S_1)$:   64 Kühe,   keine Bullen,   36 Schweine/Jahr
$O_1(S_2)$:   42 "   22 "   ,   36 "   "
$O_1(S_3)$:   64 "   keine "   ,   36 "   "
$O_1(S_4) = O_1(S_5) = O_1(S_6) = O_1(S_7) = O_1(S_3)$

$O_2(S_1)$:   38 Kühe, keine Bullen,   366 Schweine/Jahr
$O_2(S_2) = O_2(S_3) = O_2(S_4) = O_2(S_5) = O_2(S_6) = O_2(S_7) = O_2 = (S_1)$.

Die Organisationen unterscheiden sich also in der Anpassung an die Situationen nur in einem Fall: $O_1(S_2)$. Dies ist die im Abschnitt 4 hervorgehobene $O_1^2 = O_1^3 = O_1^4 = O_1^5$.

Literatur

1 HANF, E.: Mathematische Modelle als Entscheidungshilfen. Vortrag auf der 16. Jahrestagung der GEWISOLA, Kiel 1975.

2 KIRMAN, A.P.; M.J. SOBEL: Dynamic Oligopoly with Inventories. Econometrica, Vol. 42 (1974), S. 279 - 287.

3 KRELLE, W.: Präferenz- und Entscheidungstheorie. Tübingen 1968.

4 OWEN, G.: Spieltheorie, Berlin-Heidelberg-New York 1972.

5 SCHNEEWEISS, H.: Entscheidungskriterien bei Risiko. Berlin-Heidelberg-New York 1967.

ERGEBNISSE DER DISKUSSION DER REFERATE VON
BUDDE, GASCHÜTZ/THAMLING, KUHLMANN/KURZ, DOPPLER und TRIES

zusammengestellt von

Halvor Jochimsen, Kiel

Die Referate schildern konkrete Anwendungsbeispiele für Planungsverfahren bei Unsicherheit; die Diskussion bezieht sich daher auf ganz spezifische Ansätze der verwendeten Modelle. Im wesentlichen werden folgende Punkte angesprochen:

1. Referat BUDDE:

Erwartungen über negative Deckungsbeiträge in der Schweinemast treten insbesondere bei schlechter Produktionstechnik und Zusammentreffen von saisonalem und zyklischem Preistief auf und erfordern eine Verzögerung des Beginns der Mast soweit die Einflußnahme auf Ferkelgewichte und - zeitpunkte dies zulassen. Das dargestellte Prognosemodell kann an historischen Zeitreihen getestet werden, wobei es sich als brauchbares Instrument der Entscheidungsfindung erweist. Die Korrelation zwischen einzelbetrieblichen und regionalen Preisreihen wurde nicht überprüft.

2. Referat GASCHÜTZ/THAMLING:

Es wird auf die Probleme eines einjährigen Planungshorizontes und auf den möglicherweise zu weit angenommenen Aktionsraum (Zu- und Verkäufe) hingewiesen. Die Autoren betonen die Berücksichtigung saisonaler Preisentwicklungen und die Bedeutung der betriebsinternen, aus einem LP-Modell abgeleiteten Daten (Grenzwerte). Für das Weidegras wurden vereinfachend konstante Nutzungskosten innerhalb des Sommers unterstellt.

3. Referat KUHLMANN/KURZ:

Nachdem eingangs kurz die generelle Problematik der Verwendung von Prognosemodellen im Hinblick auf individuellen Nutzen und gesamtwirtschaftliche Rückwirkungen angesprochen worden war, konzentrierte sich die Diskussion auf 2 Fragen:

(a) Es wurde nochmals klargestellt, daß mit diesem Modell an einer einzigen Preisreihe die Güte alternativer Prognoseverfahren und Entscheidungsregeln getestet wurde. Dies sei nicht ohne Probleme.

(b) Die Entscheidung über die Mastdauer müßte auf einer Vorschätzung der Nutzungskosten von Gebäude und Arbeit beruhen; entsprechende Erweiterungen des Ansatzes werden diskutiert.

4. Referat DOPPLER:

Es werden im wesentlichen Verständnisfragen gestellt und daraufhin erläutert, daß die verwendete Niederschlagsverteilung einer historischen Verteilung entnommen sei. Es ergibt sich ein deutlicher Einfluß alternativer Stichproben. Eine Anpassung während einer Periode fehlt. Als Entscheidungsregel dient ein LP-Algorithmus. Es wird kritisiert, daß das Modell den Investitionsbereich vernachlässigt.

5. Referat TRIES:

Die Diskussion beschäftigt sich insbesondere mit der Frage, inwieweit sich das vorgestellte Modell von anderen unterscheidet. Es wird deutlich gemacht, daß innerhalb von durchspielten Situationsbündeln für die weiteren Verzweigungen implizit Gleichverteilung angenommen wird.

ZENTRALE FRAGEN DER LANDWIRTSCHAFTLICHEN STABILISIERUNGSPOLITIK

(Kurzprotokoll der Podiumsdiskussion)

Diskussionsleiter: Prof. Dr. W. Scheper

Teilnehmer am
Podiumsgespräch: Prof. Dr. C.-H. Hanf
Prof. Dr. W. Henrichsmeyer
Prof. Dr. G. Schmitt
Prof. Dr. E. Wöhlken
und Teilnehmer aus dem Auditorium

In der Podiumsdiskussion wurden drei Themenkomplexe behandelt:
I. Stabilisierungspolitik: warum und wozu
II. Risiken und Kosten einer Stabilisierungspolitik
III. Voraussetzungen einer rationalen Stabilisierungspolitik

Jeder Themenkomplex wurde in mehrere Teilbereiche zerlegt und jeder Teilbereich war zunächst Gegenstand einer Diskussion zwischen den vier genannten Herren am Podium. Anschließend wurde jeweils der Diskussionskreis um Teilnehmer aus dem Auditorium erweitert.

I. Stabilisierungspolitik: warum und wozu?

Die Diskussion beschäftigte sich zunächst mit der Frage, welche Vorteile eine stabile Entwicklung auf dem Agrarsektor für die verschiedenen beteiligten Gruppen mit sich bringt. Große Schwankungen der Nahrungsmittelpreise bedeuten für die Konsumenten eine Dispositionserschwerung und zusätzliche Liquiditätsprobleme. Insofern kann man auch bei den Verbrauchern von einem Interesse an einer Stabilisierung der Agrarpreise ausgehen.

Ob Stabilisierung der Agrarpreise für die Konsumenten längerfristig Mehr- oder Minderausgaben für Nahrungsmittel bedeutet, hängt von sehr vielen Komponenten ab. Es gibt einige Argumente dafür, daß die Nahrungsmittel im Trend billiger werden (effizientere Produktion und Verarbeitung) und andere, die das Gegenteilige ergeben (Tendenz zu Preisen, die infolge staatlicher Intervention über den Gleichgewichtspreisen liegen). Bei Handel und Verarbeitung bedeutet größere Stabilität der Agrarpreise eine Reduzierung des Risikos, die jedoch sehr unterschiedlich zu Buche schlägt, je nachdem, welche Stellung die instabilen Produkte im Rahmen des gesamten Produktions- und Verkaufssortiments einnehmen.

Preisstabilität bedeutet für die Landwirte einfachere Planung, insbesondere im Bereich der Liquidität. Sehr gut informierte Landwirte können aus kalkulierbaren Preisschwankungen Vorteile ziehen, indem sie eine antizyklische Produktion verwirklichen. Weniger informierte Landwirte erleiden relativ stärkere Nachteile bei Instabilität. Längerfristig gesehen hat Instabilität bei Preisen und Einkommen auch einen gewissen reinigenden Effekt im Sinne des Schumpeterschen Arguments, wenn die Schwankungen und Störungen nicht zu groß sind. Die Diskussion dieser Punkte zeigte, daß die Vor- und Nachteile von Betriebstyp zu Betriebstyp und Produktgruppe zu Produktgruppe recht unterschiedlich zu beurteilen sind. Märkte, auf denen der Staat weniger durch Stabilisierungsmaßnahmen eingreift, zeigen – das lehren die Erfahrungen der letzten Jahrzehnte – im allgemeinen eine bessere und schnellere Anpassung an das längerfristige Gleichgewicht.
Vor- und Nachteile der Stabilisierungspolitik können nach Auffassung der Diskussionsteilnehmer nicht völlig voneinander getrennt werden. Im übrigen setzt die Diskussion über Vor- und Nach-

teile einer Stabilisierungspolitik das Bestehen einer ziemlich weit ausgebauten Zielstruktur voraus. Hieran mangelt es in vielen Fällen.

Es wurde die Frage aufgeworfen, ob eigentlich bei den verschiedenen Agrarprodukten die gleichen Stabilitätskriterien zugrunde gelegt werden oder ob die relativ stärkere Stabilisierung dieses oder jenes Marktes andere Ursachen hat. Es scheint so, daß die unterschiedliche Stabilisierungspolitik bei den einzelnen Agrarprodukten nicht nur mit rein ökonomischen und technischen Argumenten erklärt werden kann, sondern auch historische Gründe und Machtkonstellationen eine erhebliche Rolle spielen. In diesem Zusammenhang wurde diskutiert, ob den Landwirten nicht auch eine Getreidepreisentwicklung zugemutet werden könnte, die erheblich größere Schwankungen aufweist. Die Diskussion brachte in diesem Punkt keine völlige Übereinstimmung.

Als sehr wichtig wurde die Frage angesehen, inwieweit die Politik einer vermehrten Stabilisierung in einem Teilbereich eine vermehrte Instabilität in anderen Teilbereichen induziert, z.B. inwieweit Stabilisierungsmaßnahmen innerhalb der EWG zu stärkeren Schwankungen auf den Agrarweltmärkten führen. Die Vorteile, die eine Stabilisierung der Preise und Einkommen erbringt, sind von der Größe der Schwankungen abhängig. Die Abschwächung großer Schwankungen und Entwicklungsbrüche verspricht wesentlich mehr Vorteile als die Politik einer Feinsteuerung, die darauf abzielt, auch kleinere und mittlere Schwankungen zu eliminieren.

Die Diskussionsbeiträge aus dem Auditorium wandten sich zunächst der Frage zu, welche übergeordneten Ziele eigentlich mit der Stabilitätspolitik verfolgt werden sollen. Einkommensstabilisierung im Sinne von Gewinnstabilisierung wurde nur sehr eingeschränkt als alternatives Ziel akzeptiert, dagegen wohl Einkommensstabilisierung aus dem Gesichtswinkel der Sozialpolitik und der Sicherung der Nahrungsversorgung. Viele Beispiele zeigen, daß Stabilisierungspolitik zu einem Preistrend führt, der Überschüsse verursacht, die mit erheblichen und gesamtwirtschaftlich nicht zu vertretenden Kosten verbunden sind. Der Theorie nach ist zwar eine Stabilisierungspolitik möglich, die nicht zu Überschüssen führt, jedoch führen politische Entscheidungskonstellationen häufig zu den erwähnten Nachteilen. Insgesamt gesehen ergab die Diskussion, daß die Vorteile der Stabilisierung von Preisen und Einkommen nur in großen Zügen herausgearbeitet werden können, daß aber die detailliertere Betrachtung stets zu neuen Pro- und Kontra-Gesichtspunkten führt. Grobsteuerung ist wesentlich unproblematischer als Feinsteuerung.

II. Risiken und Kosten einer Stabilisierungspolitik

Die Diskussion dieses Punktes wurde durch die Frage eingeleitet, ob wir überhaupt einige allgemeingültige Aussagen über Risiken, Kosten und Erfolge staatlicher Stabilisierungspolitik machen können oder ob nur von Fall zu Fall Aussagen möglich sind. Nach Auffassung der meisten Diskussionsteilnehmer muß ziemlich ins Detail gegangen werden, wenn eine Stabilisierungspolitik sinnvoll beurteilt werden soll. Es muß sehr sorgfältig unterschieden werden zwischen theoretischer Modellanalyse und Beurteilung von tatsächlichen Entwicklungspfaden. Während in theoretischen Modellen die Niveausteuerung und die Stabilisierung als unabhängig voneinander gelten können, ist dies in der Praxis nicht der Fall. Damit ergibt sich bereits die Schwierigkeit, wieviel Prozent der Kosten der Niveaupolitik und wieviel Prozent der Stabilisierungspolitik zugerechnet werden müssen. Die Frage, welche Kostenpositionen bei der Ermittlung der Stabilisierungskosten berücksichtigt werden sollen, läßt sich nicht eindeutig beantworten, hier muß ein weiter Spielraum durch Annahmen eingeengt werden. Schließlich gibt es große Schwierigkeiten bei der Bewertung von Veränderungen, die eine Stabilisierungspolitik auslöst. Hier stellen sich die aus der Welfare- und Einkommensverteilungstheorie wohlbekannten Fragen.

Insbesondere ergibt sich die Frage, wie sich die Stabilisierungskosten zwischen In- und Ausland aufteilen. Es wurde die überspitzte These in den Raum gestellt, daß ein Land alle mit der Stabilisierung verbundenen Kosten auf das Ausland abwälzen könnte, wenn gleichzeitig eine richtige Niveausteuerung betrieben würde. Diese These führte zu einer interessanten Diskussion, und es zeigte sich, daß sie nicht in dieser allgemeinen Form aufrechterhalten werden kann. Es wurde die Auffassung vertreten, daß man Stabilisierungsprogramme bereits vor ihrer Realisierung überprüfen könne im Hinblick auf die Wahrscheinlichkeit eines Mißbrauchs, d.h. beispielsweise im Hinblick auf eine Anwendung, die zu kostspieligen Überschüssen führt.

Die Frage, ob es bis jetzt Beispiele vollbefriedigender Stabilisierungspolitik gegeben habe, führte zu dem Ergebnis, daß keine "glänzenden" Erfolge vorzuweisen sind, jedoch andererseits von Fall zu Fall unterschiedliche "Zensuren" gegeben werden können. Die Schwierigkeiten einer Stabilisierungspolitik werden nicht so sehr im technischen Bereich, als vielmehr im politischen Bereich gesehen.

Im Zusammenhang mit der Frage, wer eigentlich die Kosten der Stabilisierungspolitik trägt, wurde angeregt, den betreffenden Produzentengruppen oder einer unabhängigen halbstaatlichen Behörde die Aufgaben der Stabilisierungspolitik zu übertragen. Hierdurch könnten gewisse negative politische Einflüsse zurückgedrängt werden. Diese Anregung wurde nicht allgemein geteilt. Einerseits wurde auf die Gefahr von Monopolisierungstendenzen hingewiesen, andererseits auf die Schwierigkeiten, die für eine autonome Behörde entstehen, wenn der zu stabilisierende Markt stark mit dem Weltmarkt verflochten ist. Im Rahmen der Kostendiskussion wurde kurz das Prinzip der Kostenverursachung diskutiert. Insbesondere im Hinblick auf das Verhalten der Sowjetunion am Getreidemarkt wurden Möglichkeiten erörtert, die Sowjetunion durch entsprechend konditionierte Vertragsabschlüsse zu einem stärker stabilitätsorientierten Verhalten zu bewegen.

Insgesamt gesehen war die Diskussion über Risiken und Kosten einer Stabilisierungspolitik nicht so konstruktiv, wie viele Teilnehmer es zunächst erwartet hatten. Es zeigte sich, daß sehr viele Faktoren eine Rolle spielen und Kosten-Nutzen-Analysen nur unter Verwendung rigoroser Prämissen zustande kommen können. Einig war man sich darüber, daß die agrarökonomische Wissenschaft auf diesem Gebiet in Zukunft mehr Forschungs-Input einsetzen sollte als bisher.

III. Voraussetzungen einer rationalen Stabilisierungspolitik

Nach der Diskussion der Erträge und Kosten der Stabilisierungspolitik beschäftigten sich die Diskussionsteilnehmer mit der Frage, bis zu welchem Grade überhaupt die Durchführung einer Stabilisierungspolitik möglich ist, die den Nahmen "rationale Stabilisierungspolitik" verdient. Eine notwendige Voraussetzung für eine rationale Stabilisierungspolitik ist ein gewisses Maß an Information über Angebot und Nachfrage auf den einzelnen Märkten. Hier wurde zunächst die Frage gestellt, ob wir in Zukunft besser als bisher die landwirtschaftliche Produktion prognostizieren können. Es wurde gesagt, daß sich zwar einerseits die Prognosemethoden laufend verbessern, andererseits aber abnehmende Preiselastizitäten und nicht voraus kalkulierbare staatliche Interventionen die Ausgangsbasis für Prognosen wesentlich schwieriger machen. Es kann also für die Zukunft per Saldo nicht damit gerechnet werden, daß wesentlich richtiger prognostiziert wird als bisher. Vielleicht kann ein Umdenken bei den Prognosen Verbesserungen bringen.

Es wurde die Auffassung vertreten, daß man sich sowohl bei Prognosen als auch bei der Bereitstellung von Stabilisierungsinstrumenten stärker auf gewisse Ober- und Untergrenzen konzentrieren sollte. Die Prognosen sollten angeben, wann die Gefahr besteht, daß die wirtschaftliche Entwicklung den begrenzten Raum verläßt und die Stabilisierungsinstrumente sollten so eingesetzt werden können, daß die vorgegebenen Grenzen nicht überschritten werden.

Die Notwendigkeit der Prognose zukünftiger Entwicklungen muß auch vor dem Hintergrund der Stabilitätsziele gesehen werden. Wenn eine Behörde eine Feinsteuerung von Preisen, Einkommen und Mengen anstrebt, benötigt sie detailliertere Vorausschätzungen als in dem Fall, in dem nur eine Grobsteuerung angestrebt wird.

Ein Problem, das in Zukunft noch größere Bedeutung erlangen wird als bisher, ist das Wechselspiel zwischen Prognosen und Stabilisierungsverhalten der beteiligten Gruppen. Die Forschung hat sich zwar sehr bemüht, diesen Zusammenhang transparent zu machen, jedoch ist nach wie vor vieles im dunklen. Unumstritten war, daß ohne Abschätzung des Verhaltens der staatlichen Institutionen und der am Produktionsprozeß Beteiligten Länderprognosen ein Torso bleiben und erst dann wirkliche Durchbrüche erzielt werden können, wenn die staatliche Wirtschaftspolitik kalkulierbarer wird, was u.a. mehr Kontinuität in der Wirtschaftspolitik voraussetzt. Hier wurde wiederholt auf das Verhalten der Sowjets am Getreidemarkt hingewiesen. Dagegen wurde dem destabilisierenden Verhalten der EG weniger Aufmerksamkeit geschenkt.

Insgesamt gesehen war man sich einig darüber, daß die Erwartungen, die immer wieder in die Stabilisierungspolitik gesetzt werden, zu hoch sind. Dementsprechend wurde eine Stabilisierungspolitik befürwortet, die sich nicht mehr am unerreichbaren Ziel der Feinsteuerung orientiert, sondern am bescheideneren Ziel der Grobsteuerung. So angelegte nationale Stabilisierungspolitiken bieten auch eine größere Chance, zu Koordinierungen auf internationaler Ebene zu kommen.

Schriften der Gesellschaft für Wirtschafts- und Sozialwissenschaften des Landbaues e.V.

Band 1
Grenzen und Möglichkeiten einzelstaatlicher Agrarpolitik
Herausgegeben von H.-H. Herlemann - Vergriffen.

Band 2
Konzentration und Spezialisierung in der Landwirtschaft
Herausgegeben von P. Rintelen - Vergriffen.

Band 3
Landentwicklung   Soziologische und ökonomische Aspekte
Herausgegeben von Prof. Dr. H. Kötter - 123 Seiten, 13 Abb.

Band 4
Quantitative Methoden in den Wirtschafts- und Sozialwissenschaften des Landbaues
Herausgegeben von Prof. Dr. E. Reisch - 458 Seiten, 38 Abb.

Band 5
Die Landwirtschaft in der volks- und weltwirtschaftlichen Entwicklung
Herausgegeben von Prof. Dr. H.-G. Schlotter - Vergriffen.

Band 6
Möglichkeiten und Grenzen der Agrarpolitik in der EWG
Herausgegeben von Prof. Günther Schmitt - Vergriffen.

Band 7
Entwicklungstendenzen in der Produktion und im Absatz tierischer Erzeugnisse
Herausgegeben von Prof. Dr. R. Zapf - 490 Seiten, 42 Abb.

Band 8
Die Willensbildung in der Agrarpolitik
Herausgegeben von Prof. Dr. H.-G. Schlotter - 453 Seiten.

Band 9
Mobilität der landwirtschaftlichen Produktionsfaktoren und regionale Wirtschaftspolitik
Herausgegeben von Günther Schmitt - Vergriffen.

Band 10
Die künftige Entwicklung der europäischen Landwirtschaft   Prognosen und Denkmodelle
Herausgegeben von Günther Weinschenck - Vergriffen.

Band 11
Agrarpolitik im Spannungsfeld der internationalen Entwicklungspolitik
Herausgegeben von Prof. Dr. H. E. Buchholz und Prof. Dr. W. v. Urff - Vergriffen.

Band 12
Forschung und Ausbildung im Bereich der Wirtschafts- und Sozialwissenschaften des Landbaues
Herausgegeben von H. Albrecht und G. Schmitt - 324 Seiten, 10 Graphiken.

BLV Verlagsgesellschaft mbH München